**유럽 풋볼
스카우팅 리포트
2024-25**

Column 01	손흥민: 2024-25시즌 and so on	· 004
Column 02	킬리안 음바페, 왕관의 무게를 견뎌라	· 010
Column 03	메시와 호날두, 북중미 월드컵 '한 번 더?'	· 014
Column 04	월드컵 3차 예선 책임질 '유럽의 태극전사들' 23/24시즌 돌아보기	· 018

플레이어 랭킹 & 스카우팅 리포트

공격형 미드필더 & 윙어 ATTACKING MF & WINGERS	· 024
센터 포워드 & 폴스9 CENTER FORWARDS	· 058
미드필더 MIDFIELDERS	· 078
풀백 & 윙백 FULL BACKS & WING BACKS	· 106
센터백 CENTER BACKS	· 132
골키퍼 GOAL KEEPERS	· 158

잉글랜드 프리미어리그 · 172

맨체스터 시티 FC / 아스날 FC / 리버풀 FC / 아스톤 빌라 FC / 토트넘 핫스퍼 FC / 첼시 FC / 뉴캐슬 유나이티드 FC / 맨체스터 유나이티드 FC / 웨스트햄 유나이티드 FC / 크리스털 팰리스 FC / 브라이튼&호브 알비온 FC / AFC 본머스 / 풀럼 FC / 울버햄튼 원더러스 FC / 에버튼 FC / 브렌포드 FC / 노팅엄 포리스트 FC / 레스터 시티 FC / 입스위치 타운 FC / 사우스햄튼 FC

CONTENTS

스페인 라리가 · 220

레알 마드리드 CF / FC 바르셀로나 / 히로나 FC / 아틀레티코 마드리드 / 아슬레틱 빌바오 / 레알 소시에다드 / 레알 베티스 발롬피에 / 비야레알 CF / 발렌시아 CF / 데포르티보 알라베스 / CA 오사수나 / 헤타페 CF / RC 셀타 비고 / 세비야 FC / RCD 마요르카 / UD 라스 팔마스 / 라요 바예카노 / CD 레가네스 / 레알 바야돌리드 CF / RCD 에스파뇰

독일 분데스리가 · 266

바이에르 레버쿠젠 / VfB 슈투트가르트 / FC 바이에른 뮌헨 / RB 라이프치히 / 보루시아 도르트문트 / 아인트라흐트 프랑크푸르트 / TSG 1899 호펜하임 / FC 하이덴하임 / SV 베르더 브레멘 / SC 프라이부르크 / FC 아우크스부르크 / VfL 볼프스부르크 / FSV 마인츠 05 / 보루시아 묀헨글라트바흐 / FC 우니온 베를린 / VfL 보훔 / FC 장크트파울리 / 홀슈타인 킬

이탈리아 세리에 A · 308

인테르 밀란 / AC 밀란 / 유벤투스 FC / 아탈란타 BC / 볼로냐 FC 1909 / AS 로마 / SS 라치오 / ACF 피오렌티나 / 토리노 FC / SSC 나폴리 / 제노아 CFC / AC 몬차 / 엘라스 베로나 FC / US 레체 / 우디네세 칼초 / 칼리아리 칼초 / 엠폴리 FC / 파르마 칼초 1913 / 코모 1907 / 베네치아 FC

프랑스 리그1 · 354

파리 생제르맹 FC / AS 모나코 FC / 스타드 브레스트 / 릴 OSC / OGC 니스 / 올랭피크 리옹 / RC 랑스 / 올랭피크 마르세유 / 스타드 랭스 / 스타드 렌 FC / 툴루즈 FC / 몽펠리에 HSC / RC 스트라스부르 / FC 낭트 / 르아브르 AC / AJ 오세르 / 앙제 SCO / AS 생테티엔

손흥민;
2024-25시즌
AND
SO
ON

홍재민
버벡대학교 대학원에서 축구산업학을 전공했다.
2012년부터 포포투에서 기자로 활동했으며
《2023 2024 파리생제르맹 가이드북》,
《프리미어리그 히스토리》 등을 썼으며,
《레드 온 레드》,《차세대 축구명장 36》등을 번역했다.

Column 01

영화 〈쇼생크 탈출〉(1994년작)은 지금도 회자되는 명작이다. 억울한 누명을 쓴 주인공 앤디(팀 로빈스)가 쇼생크 교도소에서 겪는 이야기다. 무기징역에도 불구하고 앤디는 발군의 능력으로 교도소 안을 조금씩 바꿔 간다. 절망 속에서도 희망을 잃지 않는다는 클리셰는 막판 반전으로 관객의 뒤통수를 시원하게 갈긴다.

손흥민이란 이름을 보자 저 영화가 불현듯 떠올랐다. 요즘 국내 팬들이 토트넘홋스퍼와 손흥민을 바라보면서 '탈출'이란 단어를 자주 사용하기 때문이다. 물론 손흥민은 토트넘에 갇힌 신세가 아니다. 2015년 그는 꿈에 그리던 프리미어리그에 입성했고, 여전히 "토트넘에서 행복하다"라고 말한다. 〈쇼생크 탈출〉과 손흥민이 닮은 구석도 꽤 된다. 제한된 상황에서 주인공이 큰 변화를 일으켰다는 점, 뛰어난 능력으로 리더가 됐다는 점, 그리고 지금 있는 곳을 벗어나면 훨씬 좋을 것 같다는 점 등이다. 토트넘 팬들에게 '금기어'인 무관 신세도 닮았다. 〈쇼생크 탈출〉은 아카데미 시상식에서 7개 부문에 후보로 올라 빈손으로 끝났다. 손흥민과 토트넘의 트로피 진열장이 어떤 상태인지는 굳이 설명하지 않겠다

토트넘과 손흥민의 9년은 공정거래였을까?

지금 손흥민은 토트넘에서 10번째 시즌을 앞두고 있다. 지난 아홉 시즌을 돌아보면, 양자가 모두 만족할 만한 '윈윈'이었다. 독일 분데스리가의 유망주는 런던에서 세계 축구의 거물이 됐다. 지난 시즌 영국 내 TV중계권자인 〈스카이스포츠〉는 손흥민을 메인 모델로 내세워 신규 가입자를 열심히 모집했다. FIFA월드컵이나 AFC아시안컵 현장에서는 많은 외신 기자가 '슈렉 고양이'의 눈망울로 손흥민의 코멘트 한 조각을 갈구한다. 국내 언론은 현역 '월드클래스' 중 한 명과 모국어로 인터뷰하는 호사를 누린다. 이름값은 경기장 밖에서도 강력하다. 광고 시장에서 손흥민이라는 개인 브랜드는 이미 포식자 위치를 점한다. 올 들어 이강인이 격하게 미끄러진 덕분에 2024년 여름 광고 시장에서 손흥민의 영토는 더욱 확장된 느낌이다. 세계 최고 인기를 뽐내는 프리미어리그의 주인공에게는 그만한 금전 보상이 뒤따른다.

스타덤의 최대 수혜자는 역시 토트넘이다. 토트넘 9시즌 동안 손흥민은 162골 84도움을 기록했다. 같은 기간에 프리미어리그에서 손흥민(120골)보다 많은 득점을 기록한 선수는 해리 케인, 모하메드 살라, 제이미 바디 셋뿐이다. 알다시피 세 명은 모두 전문 스트라이커다. 손흥민의 공헌은 팀을 성공으로 이끌었다. 2016-17시즌 토트넘은 6년 만에 UEFA챔피언스리그 무대에 나섰다. 손흥민이 합류한 2015-16시즌부터 해리 케인의 마지막 시간이었던 2022-23시즌까지 8년 동안 '손케' 라인의 공헌은 292골 94도움에 달한다.

토트넘은 챔피언스리그에 4시즌 연속으로 출전하며 막대한 대회 수입을 올렸고, 토트넘홋스퍼스타디움 개장으로 클럽 자산가치를 극대화했다. 손흥민이 뛰는 동안, 토트넘의 외형은 자타공인 빅클럽으로 변모했다. 마우리시오 포체티노 감독이 떠난 뒤에 영입됐던 조제 모리뉴와 안토니오 콘테 감독은 토트넘이 더는 그저 그런 클럽이 아니라는 증거라고 할 수 있다. 매출 규모 면에서 토트넘은 이미 숙적 아스널에 크게 앞선다. 클럽 역대 최다 득점 1위와 5위가 동시에 출현했던 해당 시기는 1960년대 빌 니콜슨 황금기 이후 가장 빛났던 '제2의 전성기'라고 해도 과언이 아니다. 한국 시장에서 토트넘은 스폰서십 유치, 유니폼 판매는 물론 각종 라이선스 사업까지 적지 않은 현금을 긁어 간다.

30대의 손흥민

2023-24시즌은 손흥민 개인에게 매우 중요한 시기였다. 전 시즌 손흥민과 토트넘은 거의 연옥 수준이었다. 토트넘은 콘테 감독 카드가 시끌벅적하게 찢기면서 리그에서 8위까지 밀렸다. 덜그럭거리는 전술 안에서 손흥민의 공격력은 리그 10골(시즌 14골)에 그쳤다. 안와 골절이란 큰 부상과 카타르월드컵 출전까지 겹쳐 손흥민은 에너지를 허비했다. 리그 적응에 애를 먹었던 첫 해 이후 가장 저조한 시즌이었다. 나이가 30세에서 31세로 넘어가다 보니 손흥민의 부진 원인을 '에이징커브'로 해석하는 시선이 많아졌다. 선수 본인이 아니라고 해 봤자 '기록은 거짓말을 하지 않는다'라는 심플한 반박이 득세했다. 2023년 여름을 거치면서 프리미어리그 경험이 없는 앙제 포스테코글루 감독이 들어왔고, 영혼의 단짝 케인이 팀을 떠났다. 손흥민에게는 주장 완장과 엄청난 부담감만 덩그러니 남았다. 그런 상태에서 맞이한 2023-24시즌이었다. 만약 이번 시즌에서 손흥민이 반등하지 못한다면, 결과는 뻔했다. 리더십 부족, 체력 하락, 몸값 폭락 등 비관적 평가가 줄을 이었을 것이다.

결정적 시즌에서 32세 손흥민은 보란 듯이 부활했다. AFC아시안컵 차출로 약 한 달을 날리고도 리그에서만 3,000분 가깝게 출전하면서 17골 10도움을 기록했다. 득점과 도움 합계 27개는 리그 5위에 해당했다. 뒷심 부족에 의한 UEFA챔피언스리그 출전권 획득 실패가 아쉬웠지만, 32세 베테랑으로서는 '에이징커브' 우려를 불식했다는 의미가 컸다. 리그 17골은 공동 득점왕에 빛났던 2021-22시즌(23골)에 이어 두 번째로 많은 개인 득점에 해당한다. 27, 28세에 각각 기록했던 리그 두 자릿수 도움 기록이 32세가 되던 해에 재현됐다는 사실도 긍정적이다.

30대 전후의 기록 비교에서는 하락세가 발견되지 않는다. 기대득점 수치가 집계되기 시작한 2017-18시즌(26세)부터 2020-21시즌(29세)까지, 그리고 만 30세가 되던 2021-22시즌부터 지난 시즌까지의 통계를 비교했다. 경기당 득점수가 0.47골에서 0.50골로 늘었다. 기대득점 역시 9.0에서 12.6으로 증가했다. 30대에 접어들어 개인 기록이 오히려 나아진 것이다. 2024-25시즌을 거쳐 손흥민은 33세에 근접한다. 퍼포먼스 그래프의 각도가 완만해져도 이상하지 않지만, 향후 1, 2년 정도는 손흥민이 최고의 무대에서 활약할 수 있다는 기대가 가능하다. 국가대표팀에서도 손흥민은 이미 2026년 북중미월드컵(34세가 된다)을 향해 달린다.

손흥민의 주변

지금까지 살핀 손흥민의 축구적 가치는 '오케이'다. 그러나 우리 인생처럼 슈퍼스타의 행보에도 각종 변수가 다양하게 작용한다. 현실적으로 선수의 가치는 본인보다 시장에 의해 더 크게 좌우된다. 앞으로 손흥민이 어디서 어떤 모습을 보여줄지는 한국인 슈퍼스타를 둘러싼 수요의 크기로 결정된다는 뜻이다.

레비 회장의 스타 관리는 단순명료하다. 항상 기존 계약의 반환점에서 재계약해 '웹스터룰' 여지를 사전에 차단한다. 토트넘과 손흥민의 첫 계약은 2015년 이루어진 5년짜리(2020년까지)였다. 3년 뒤인 2018년 양자는 새로운 5년 계약을 체결했다. 계약기간은 2023년까지로 재설정됐다. 2021년 해당 계약이 반환점을 돌면서 이적설이 대두되기 시작했다. 손흥민으로서는 계약 갱신을 미뤄야 할 이유가 충분했다. 당시 손흥민은 29세, 자유계약 신분이 되면 2023년에도 31세인 상황이었다. 시황도 뜨거웠다. 카타르월드컵을 1년 앞둔 시점에서 파리생제르맹(PSG)은 돈을 펑펑 써댔다. 굴지의 빅클럽들도 손흥민이라는 매력적인 카드를 그냥 내버려 둘 리가 없었다. 시간은 손흥민 편처럼 보였다. 그러나 손흥민은 예상을 뒤엎고 토트넘과 2025년(33세)까지 동행하기로 했다. 인상됐다는 연봉은 여전히 리그 최고액의 절반 수준이었다. 코로나19 팬데믹 시국이었다고 해도 당시 손흥민 측의 재계약 판단에 관해서는 지금도 선명한 풀이가 불가능하다.

시간은 화살처럼 지났다. 어느새 계약 만료가 1년 앞으로 다가왔다. 언론 보도에 따르면, 클럽 측은 1년 연장 권한을 보유했다. 해당 권리의 발동 여부와 별개로 현재 양자간 협상 진행은 과거와 다르다. 레비 회장의 협상 스타일을 봐서는 2023년 여름이 재계약의 마지노선이었다. 그로부터 1년이 경과했다. 토트넘과 손흥민은 미래를 약속하지 않은 채 시간을 보내는 중이다. 2026년까지 토트넘은 이적료를 요구할 권리를 포기할 리가 만무하고, 손흥민은 30대 중반의 삶을 설계해야 한다.

이제 손흥민은 30대 중반을 앞둔 베테랑이다. 시간이 흐를수록 셀링파워는 감소한다. 이적료가 딸린 상황에서는 이적이 쉽지 않은 나이다. 물론 사례가 없진 않다. 크리스티아누 호날두는 33세에 이적료 1억 유로를 기록하며 유벤투스와 4년 계약을 맺었다. 3시즌 동안 유벤투스에서 호날두는 134경기 101골로 본인 가치를 증명했다. 이어 36세의 호날두는 맨체스터 유나이티드와 2년 계약을 체결했고, 1년 뒤에는 사우디아라비아의 알나스르와 3년 계약에 성공했다. 그러나 호날두는 지나치게 예외적이어서 참고하기가 어렵다. 발롱도르 수상자인 루카 모드리치의 사례가 현실에 가깝다. 31세에 2년을 연장한 이래, 모드리치와 레알마드리드는 2021년부터 매해 1년짜리 단발 계약으로 3년을 보냈다. 레알로서는 연령 리스크를 최소화하는 동시에 레전드를 대접해주고, 모드리치는 번거로운 이적보다 제2의 고향이나 다름없는 마드리드에서 여유롭게 은퇴 계획을 세울 수 있었다. 올해 모드리치는 39세다.

세 장의 카드

테이블 위에 놓인 카드는 세 장이다. '토트넘 잔류'라고 쓴 카드의 뒷면에는 굵은 글씨로 '안전제일'이라고 새겨져 있다. 선수가 제 기량을 발휘하려면 안정적 생활이 보장돼야 한다. 런던은 그 조건을 완벽히 채운다. 2015년부터 시작된 손흥민의 런던살이는 올해로 10년째가 된다. 런던은 그가 축구선수로서 대부분의 성취를 이룬 터전이다. 그 외에도 손흥민이 런던에 머물고 싶은 이유는 차고 넘친다. 런던은 다양한 인프라를 갖췄다. 손흥민이 개인적으로 관심이 큰 럭셔리 패션브랜드가 밀집했다. 지인과 마음 편하게 시간을 보낼 수 있는 아지트도 다양하게 퍼져있다. 런던-인천 구간은 직항 노선도 넉넉해 국가대표팀 소집에 따른 피로를 최소화할 수 있다.

축구적 관점에서는 토트넘 재계약이 머뭇거려진다. 알다시피 손흥민의 유일한 결핍은 타이틀이다. 토트넘에 남아 트로피를 꿈꿀 수도 있겠지만, 솔직히 실현 가능성이 크지 않다. 프리미어리그나 유럽 대회 우승은 언감생심이다. 자국 컵대회가 현실적 목표인데 클럽의 과거사가 그런 낙관을 방해한다. 국내 팬들은 손흥민의 개인상을 강조하지만, 축구에서 최고 지향점은 역시 우승 경력이다. 통상적으로 영국 현지에서는 선수를 소개할 때 이름 앞에 타이틀 경력을 붙인다. '챔피언스리그 및 프리미어리그 우승자 모하메드 살라' 식이다. 손흥민에게는 '토트넘 레전드', '2021-22 프리미어리그 공동 득점왕' 외에 동원할 수식어가 궁색하다. 득점왕은 눈부신 성취이자 동시에 쉽게 잊히는 과거사다. 손흥민이 2021-22시즌 프리미어리그 득점왕이라고 하는데, 그 전 시즌의 득점왕이 누구였는지를 기억하는 축구 팬은 그리 많지 않다.

두 번째 카드는 '챔피언 클럽 이적'이다. 뒷면에는 '아직 심장이 뛴다면'이라는 문구가 있다. 2024년을 기준으로 우승을 보장하는 빅5 리그 클럽들로는 맨체스터시티, 레알마드리드, 바이에른뮌헨, 파리생제르맹(PSG), 인터밀란, 유벤투스, 바르셀로나 정도로 요약할 수 있다. 바르셀로나는 2022년 2월 피에르-에메릭 오바메양(당시 32세), 7월 로베르트 레반도프스키(당시 33세)를 각각 영입했다. 레반도프스키는 이적료 5천만 유로가 투입된 계약이었다. 2014년 리버풀의 미드필더 사비 알론소(현 바이어레버쿠젠 감독)는 32세 나이로 바이에른의 일원이 됐다. 베테랑에게 제일 자비로운 클럽은 PSG다. 다니 아우베스(당시 34세), 잔루이지 부폰(당시 40세), 리오넬 메시(당시 34세), 세르히오 라모스(당시 35세) 등이 대표적 계약 건이다. 2019년 PSG는 32세 골키퍼 케일러 나바스에게 무려 4년 계약을 체결했다. 2023-24시즌부터 PSG는 갈락티코 정책을 폐기하는 방향으로 선회했지만, 경기력과 시장성을 겸비한 한국인 슈퍼스타라면 이야기가 달라질 수 있다.

물론 이적은 쉽지 않다. 손흥민 급 스타라면 이적 진행이 더 복잡하다. 이번 여름 1년 연장 옵션을 발동하면, 토트넘은 2026년까지 손흥민을 확보한다. 구매 희망자가 나타나도 레비 회장이 적극적으로 대응할 이유가 없다. 남은 계약기간이 충분하고, 연봉도 저렴한 데다 손흥민은 변함없이 최고 수준의 서비스를 제공한다. 최근 에버턴 전 대표이사는 "토트넘이 손흥민에게 2년 계약을 제안할 것"이라고 전망했다. 예를 들어, 토트넘이 대폭 인상한 연봉으로 손흥민의 노고를 보상한다면 선수로서도 나쁠 것 없다. 그런데 아무것도 제안하지 않아도 토트넘은 이미 손흥민을 2년 보유할 권리를 쥐고 있다. 이런 상황에서 레비 회장이 손흥민의 공로를 금전적으로 보상해주고 싶다고 생각할까? 친아들에게 재산을 상속하는 마음이 아니라면 어려울 것이다. 레비 회장의 협상력은 유명하다. 타협이 없다. 바이에른은 계약이 1년밖에 남지 않은 케인의 이적료로 1억 유로나 지급해야 했다. 2020년 겨울 레비 회장은 5개월 뒤 계약이 끝나는 크리스티안 에릭센을 2천만 유로에 파는 신공을 발휘했다. 축구 통계 사이트 〈트랜스퍼마르크트〉는 손흥민의 시장가격을 4,500만 유로로 매긴다. 과거 협상 태도를 보면, 토트넘의 호가는 최소한 시세의 두 배 수준에서 시작할 것 같다.

그런 고액 이적료를 감당하면서까지 32세 공격수를 영입할 곳을 찾아 두리번거리면, 자연스레 사우디아라비아 프로리그가 시야에 들어온다. 세 번째 카드 내용이다. 뒷면에는 '현실에 눈을 뜨세요'라고 썼다. 지난 시즌부터 손흥민 주변에서는 사우디행 소문이 꾸준하게 나온다. 선수가 직접 "프리미어리그에서 자부심을 갖고 뛰면서 더 많은 것을 이루고 싶다"라며 중동행 여지를 차단했다. 그런데도 사우디 클럽들은 한국인 슈퍼스타 영입을 포기하지 않는 눈치다. 돈에 넘어오지 않을 장사가 드물기 때문이다. 손흥민처럼 30대 중반을 향해 가는 베테랑이라면 특히 그렇다.

이미 많은 슈퍼스타가 사우디에서 '머니샤워'에 흠뻑 젖었다. 발롱도르 수상자가 두 명이나 사우디행을 선택했다. 네이마르는 물론 은골로 캉테, 후벵 네베스, 리야드 마흐레즈, 세르게이 밀린코비치-사비치 등이 사우디 프로리그 무대를 누비고 있다. 유럽을 떠나는 보상은 어마어마하다. 호날두의 연봉은 약 3천억 원에 달한다. 프리미어리그 시절에 손흥민과 자주 비교됐던 사디오 마네는 알나스르에서 연간 6백억 원 넘게 받는다. 현재 손흥민의 연봉은 약 178억 원 수준으로 추정된다. 영국의 높은 소득세율을 적용하면 실제 수령액이 100억 원 언저리로 추정된다. 알이티하드의 벤제마가 한두 달이면 거뜬히 버는 액수다. 손흥민의 은퇴 후 설계가 어떤 모습인지는 알 수 없지만, 단기간에 몇 년 치 수입을 올릴 기회는 누구에게나 흔하지 않다.

2023 AFC아시안컵을 끝내고 손흥민은 국가대표팀 은퇴를 심각하게 고민했다고 밝혔다. 하지만 많은 선배로부터 '킵고잉(keep going)' 조언이 쇄도했다. 손흥민은 최상급 몸 상태를 유지한다. 지금 당장 프리미어리그에서 한 시즌에 득점과 도움을 30개 가깝게 올리는 공격수는 많지 않다. 올여름에도 손흥민은 토트넘과 함께 한국을 방문한다. 현장에서 국내 팬들은 프리미어리그 스타와 함께 호흡한다는 만족감을 재차 만끽할 것이다. 동시에 팬들은 이런 꿈에서 슬슬 깨어날 준비가 필요하다는 사실도 자각하고 있다. 그렇기에 팬들은 자신들의 영웅이 하루라도 빨리 거대하고 영원한 구원을 받기 원할 것 같다. 〈쇼생크 탈출〉의 주인공 앤디는 기발한 작전으로 자신을 구원했다. ●

박찬하 | SPOTV 축구 해설위원

킬리안 음바페, 왕관의 무게를 견뎌라

Column 02

마침내 킬리안 음바페의 레알 마드리드 이적이 결정됐다. 지네딘 지단과 크리스티아누 호날두를 보며 자란 소년의 꿈이 이뤄진 순간. 그간 몇 번의 이적 시도가 있었고 그때마다 이런저런 이유로 계약서에 도장을 찍지 못했지만 이번 여름은 비교적 조용하게, 신속하게 유니폼을 바꿔 입는 데 성공했다. 사실 음바페의 이번 스페인행은 진작 결정된 일이었을지도 모른다. 2022년 맺은 PSG와의 재계약이 2+1이었기 때문이다. 1년 연장 옵션 거부가 공식화되면서 발표가 되지 않았을 뿐, 그의 새로운 행선지는 이미 레알 마드리드로 향하고 있었다.

PSG에서 보낸 8시즌

음바페는 2017년 여름, AS 모나코에서 PSG로 이적하면서 무려 1억 8천만 유로의 이적료를 기록했다. 당시 한화 약 2천400억이라는 큰 금액으로 PSG가 같은 해 이미 네이마르를 영입하면서 2억 2,200만 유로를 쓴 상태였기 때문에 1년 임대 후 이적이라는 편법을 쓰기도 했다. UEFA의 재정 규정을 어기면 징계 위험이 뒤따르기 때문. PSG의 계획은 명확했다. 음바페와 네이마르를 구단의 아이콘으로 삼고 두 슈퍼스타를 필두로 실력과 인기 모두 유럽 정상에 오르겠다는 포부였다. 10대였던 음바페도 야망으로 똘똘 뭉친 PSG와의 건강한 공존을 기대했다. 이곳에서 챔피언스 리그 정상에 오른다면? 이후 월드컵 활약까지 더했을 때 역대 몇 번째 선수로 올라갈지만 남은 거였다.

음바페의 활약은 대단했다. 리그를 지배하며 단연 리그1 최고의 선수로 거듭났다. 첫 시즌 모든 대회 21골을 시작으로 2018-19시즌 39골, 2019-20시즌 30골, 2020-21시즌 42골, 2021-22시즌 39골, 2022-23시즌 41골, 2023-24시즌 44골로 화려한 기록을 남겼다. 다만 문제가 있었다면 파리와 음바페가 간절히 원했던 유럽 대항전 성적이다. 2018년은 16강에서 레알 마드리드, 2019년은 16강에서 맨체스터 유나이티드, 2021년은 준결승에서 맨체스터 시티, 2022년은 16강에서 레알 마드리드, 2023년은 16강에서 바이에른 뮌헨에 패했다. 결승에서 패한 2020년을 제외하면 속 쓰린 결과다. 또 파리에서의 마지막 챔피언스 리그 도전으로 꼽힌 2024년 준결승에서도 뜻밖의 복병 보루시아 도르트문트에 덜미가 잡혔다. 도전이 계속되는 사이 음바페는 세계 최고의 축구 선수 중 한 명으로 거듭났고 파리도 메시를 영입하는 등 갖은 노력을 다했지만 마지막 방점은 이루지 못했다.

음바페의 드림 클럽 REAL

현재 음바페에게 필요한 것은 실력으로 무엇을 더 증명하는 것보다는 타이틀이다. 이미 2번의 월드컵 결승 그리고 리그, UEFA 챔피언스 리그에서의 활약으로 실력은 증명하고도 남았다. 하지만 상대적으로 저평가되는 프랑스 리그 우승만으로는 차세대 황제 조건에 모자란다고도 볼 수 있다. 아니 그렇다고 말하는 이가 많다. 프랑스 리그라고 해도 그 정도 활약을 선보이기란 어려운 일임에도 말이다. 그래서 경쟁력이 높은 리그, 궁극적으로 UEFA 챔피언스 리그 타이틀을 차지하면서 확실하게 정상에 오르려고 한다. 그렇게 자신이 가지려고 하는 모든 조건을 기가 막히게 충족시켜 주는 곳이 바로 레알 마드리드다. 현재 최고의 가치를 지녔고, 나아가 모든 대회 우승 가능성이 아주 큰 곳. 음바페의 모든 야망을 충족시켜 줄 곳 말이다.

게다가 레알 마드리드는 음바페의 드림 클럽이다. 어린 시절 프랑스 축구 학교인 클레르퐁텐을 오갈 때부터 전 세계 빅클럽의 오퍼를 받았는데, 그 가운데서도 레알 마드리드는 특별했다. 레알은 어린 음바페를 초청해 구단을 견학시키고 우상이던 지단과 호날두를 앞세워 마음을 흔들었다. 우상과 만나게 하면서 마음속 깊이 레알 마드리드를 자리 잡게 만든 것. 프로 선수가 되면 언젠가 꼭 레알 마드리드에서 뛰겠다는 목표가 생겨나도록 말이다. 시간이 조금 걸리긴 했지만 결과는 성공. 어쩌면 그 사이 마음속 레알 마드리드의 크기가 더 커졌을지도 모른다.

스페인 레알 마드리드는 축구 선수들 사이에서도 축구팀 이상으로 특별하게 다가온다. 스페인 프리메라 리가의 강세가 예전 같지 않고 많은 축구 선수가 잉글리시 프리미어 리그로 눈을 돌리는 지금도 그렇다. 유구한 역사와 전통, 수많은 우승 트로피. 단적으로 UEFA 챔피언스 리그 15회 우승이 모든 것을 말해준다. 그래서 음바페도 몇 년 전부터 파리를 떠나 레알 마드리드로의 이적을 구체화하기 시작했다. 매년 여름 이적 기사가 쏟아졌고 2022년 여름에는 실제로 이적이 진행되는 것처럼 보였다. 하지만 에마뉘엘 마크롱 프랑스 대통령까지 나서는 등 범국가 차원에서 음바페의 이적을 가로막으면서 파리에서의 도전이 2년 더 이어졌다.

판타스틱 4와 대관식 준비

이제 자유의 몸(?)이 된 음바페는 공식적으로 레알 마드리드 합류를 알리며 진짜 대관식을 준비 중이다. 지난 시즌 리그와 챔피언스 리그를 가져간 레알 마드리드도 음바페 영입으로 행복한 비명을 지르는 상태. 한동안 뜸했던 슈퍼스타 영입이 이뤄지면서 레알 다운 이적 시장이 열렸다는 반응이다. 공격진들의 위력만 살펴보면 팀이 얼마나 더 강해질까 하는 기대감이 생긴다. 비니시우스와 호드리구가 버티는 공격진에 음바페가 가세했으니 말이다. 여기에 2006년생 브라질 신성 엔드릭까지 생각하면 평균 연령 22세 '판타스틱 4'가 전방에 배치된다.

물론 선수들의 면면만 살펴보면 무시무시한 위력을 뽐낼 것으로 예상하지만 마냥 장밋빛 기대만이 뒤따르는 것은 아니다. 음바페의 활약에는 의심의 여지가 없지만 다시 한번 카를로 안첼로티 감독의 전술적 교통정리 능력이 시험대에 오를 전망. 카림 벤제마가 떠나고 주드 벨링엄이 오면서 새로운 포메이션을 만들어낸 안첼로티지만 비니시우스와 호드리구의 공존까지는 시간이 걸리는 모습이었다. 디펜딩 챔피언으로 모든 팀이 레알을 잡기 위해 모든 힘을 쏟아 달려들 것이다.

이제 또 음바페와 엔드릭을 집어넣는 새 팀을 구상해야 한다. 놓칠 수 없는 재능 터키의 아르다 귈레르도 출전 시간을 늘려줄 필요가 있다. 그라운드의 사령관 토니 크로스는 은퇴했고 루카 모드리치는 예전의 모드리치가 아니다. 수비진 팔방미인 나초도 팀을 떠났다. 중원의 사령관을 찾는 것이 급선무. 자칫 갈락티코 시절 공격에 모든 초점이 맞춰지면서 아슬아슬했던 기억이 스쳐 지나간다. 그래서 곧바로 모든 우승컵을 차지하고 싶은 음바페지만 자칫 파리에서만큼이나 어려운 난이도가 될 가능성도 존재한다.

물론 그때만큼 불안할 필요는 없다. 자연스럽게 벨링엄이 조금 아래로 내려갈 것이고 오렐리앙 추아메니, 에두아르도 카마빙가 같은 미드필더들도 기량이 급성장했으니까. 무엇보다 안첼로티의 마법이 난이도를 줄여주리라는 것을 잊어서는 안 된다. 지구상에서 전술적 교통 정리를 그보다 잘해 낼 감독은 없으니까. 음바페가 왕관의 무게를 견딜지 궁금하기만 한 시즌이 다가온다. ●

메시와 호날두, 북중미 월드컵 '한 번 더?'

박찬하 | SPOTV 축구 해설위원

Column 03

분명히 2022 카타르 월드컵이 마지막인 줄 알았다. 그래서 모든 언론이 그들의 마지막 월드컵을 '라스트 댄스'로 표현했다. 아침부터 저녁까지, 조금 지겨울 정도로 남발된 '라스트 댄스.' 그런데 이상하게도 카타르 월드컵은 진작에 끝났고 다음 월드컵이 불과 2년 여 남은 지금도 달라진 것이 없다. 리오넬 메시, 크리스티아누 호날두 모두 그대로다. 유럽 빅리그 무대에서는 사라졌지만 여전히 각자 소속팀에서 놀라운 활약을 이어가는 중이다. 당연히 대표팀 역할도 축소되지 않았다. 이쯤 되면 조금씩 이들의 행보가 궁금해진다. '진짜 다음 월드컵까지 나오는 거 아냐?'

메시의 첫 월드컵 경기는 2006 독일 월드컵 세르비아 전이었다. 당시 호세 페케르만 감독이 이끌던 팀은 중원의 사령관 후안 로만 리켈메의 지휘 아래 에르난 크레스포, 하비에르 사비올라, 카를로스 테베스 등이 공격수로 활약했다. 메시는 18살로 이제 막 바르셀로나 1군에 자리 잡은 신예. 조별리그 세르비아 전에서 기념비적인 월드컵 첫 골을 터트리기도 했다. 16강 멕시코 전까지 승승장구하던 아르헨티나는 8강에서 개최국 독일에 승부차기 끝에 패했는데, 아쉽게도 메시는 8강 무대를 밟지 못했다.

2010년은 메시의 기량이 절정으로 치닫던 시기였다. 20대 초반의 메시는 건강했고 신체 능력 또한 가히 압도적이었다. 하지만 바르셀로나에서 47골을 터트리고 합류한 것치고는 개인 기록이나 경기력이 돋보이지 않았다. 대회 도중에는 몸살감기로 정상 컨디션도 아니었다. 디에고 마라도나 감독이 무리하게 공격수들을 다 집어넣으면서 메시를 전술적 희생양으로 만든 것도 이유 중에 하나. 2014년 브라질 월드컵은 아르헨티나 대표팀에서 메시의 존재가 얼마나 큰지 보여준 대회였다. 알레한드로 사베야 감독은 모든 전술을 메시에 맞췄고 메시는 조별 리그부터 보스니아, 이란, 나이지리아를 상대로 연속 골을 터트렸다. 팀은 토너먼트에서도 실리적인 컨셉으로 끈적끈적하게 경기를 치러갔다. 다만 스위스와의 16강부터 연장 승부를 펼친 까닭에 메시의 체력은 급속도로 바닥나기 시작했고 네덜란드와의 준결승까지 승부차기로 끝나면서 결승전은 정신력으로 버텨야 했다. 심지어 독일과의 결승 역시 120분 연장 혈투. 힘이 조금만 남아있었다면 축구 역사는 브라질 리우데자네이루 마라카낭에서 어떻게 다시 쓰였을지 모른다.

2018 러시아 월드컵은 준비 과정부터 엉망이었다. 월드컵 출전을 장담할 수 없을 정도로 아르헨티나 전력이 휘청거렸다. 남미 예선 마지막 경기 에콰도르 원정에서 해트트릭을 기록한 구세주 메시가 없었더라면, 러시아 월드컵을 집에서 볼 뻔한 아르헨티나였다. 급한 대로 호르헤 삼파올리 감독이 수습되는 것 같았지만 큰 오산. 칠레를 이끌던 총명한 감독이 아니었고 월드컵에서 단 1승만을 거둔 채 프랑스 우승에 날개만 달아주게 된다. 그렇게 찾아온 2022년 카타르. 진짜 마지막이라는 각오로 뛴 월드컵에서의 활약상은 역대 최고였다. 월드컵 토너먼트에서 부진했다고 최고로 인정하지 않던 이들에게 시위라도 하듯 16강부터 결승까지 꼬박꼬박 골을 터트렸다. 피파컵을 바라보던 2014년의 아련하고 슬픈 눈빛이 마침내 기쁨의 환희로 바뀐 순간이었다.

메시는 카타르 월드컵 이후 유럽 생활을 끝내고 미국 인터 마이애미로 향했다. 조금 이른 빅리그 퇴장이었는데 미국 MLS는 아직 메시에게는 너무 쉬운 무대(?)다. 전성기와 비교하면 운동 능력이나 폭발력이 조금 떨어지긴 했지만 (어디까지나 전성기 기준) 여전한 솜씨를 뽐낸다. 소속팀에 루이스 수아레스, 세르지오 부스케츠, 조르디 알바 같은 옛 동료들을 불러 모든 경기를 행복하게 즐기고 있다. 현재 37세. 북중미 월드컵이 펼쳐질 때면 39살이 되는데 지금 분위기라면 다음 월드컵까지 큰 무리는 없으리라 예상된다. 월드컵 우승을 차지하면서 부담을 떨친 것이 대표팀 생활도 한결 편한 게 만드는 모양새다.

1985년생. 39살의 호날두 역시 놀라운 운동 능력을 유지하며 계속 선수 생활을 이어가는 중이다. 맨체스터 유나이티드를 떠난 호날두가 반등에 성공한 것은 중동 이적이 결정적이었다. 사우디아라비아 알-나스르 유니폼을 입은 것이 신의 한 수. 2023-24시즌은 리그에서만 35골을 기록하며 당당히 득점왕에 올랐다. 골 넣는 기계, 온몸이 무기인 사나이 호날두의 시계는 쉽게 멈추지 않는다.

호날두의 첫 월드컵도 2006년으로 거슬러 올라가야 한다. 이미 유로 2004를 거치며 대표팀 주전으로 올라선 터라 첫 월드컵부터 주전으로 활약했다. 하지만 첫 월드컵은 개인 활약상에 아주 높은 점수를 주기는 어려운 대회. 아무래도 네덜란드와의 16강에서 입은 부상이 영향을 끼쳤다고 봐야겠다. 오히려 잉글랜드와의 8강전 웨인 루니 퇴장 과정에서 나온 윙크만 기억에 남는다. 물론 조별 리그 이란 전에서 나온 월드컵 첫 골, 잉글랜드와의 승부차기에서 침착하게 성공시킨 킥도 빼놓을 수는 없겠지만.

2010년 남아공 월드컵은 레알 마드리드에서 첫 시즌을 보내고 펼쳐졌다. 호날두는 그 사이에 대표팀 주장까지 맡았다. 하지만 포르투갈은 7-0으로 대파한 북한 전을 제외하면 조별리그 코트디부아르, 브라질, 16강 스페인을 상대로 무득점 빈공에 시달리며 대회를 마감했다. 카를로스 케이로스 감독이 이끌던 팀은 호날두가 전방에서 고군분투했음에도 공격력에 한계를 보였다. 2014년은 파울루 벤투 감독과 함께한 월드컵이었다. 유로 2012에서 성과를 내면서 연속성을 이어가려고 했던 것이 당시 포르투갈. 하지만 브라질 월드컵은 조 편성부터 독일, 미국, 가나와 함께 죽음의 조에 묶였다. 플레이오프 끝에 어렵게 본선에 진출하면서 죽음의 조를 뚫어야 했다. 사실 호날두의 경이로운 레알 마드리드 득점과는 별개로 포르투갈은 월드컵 예선부터 삐걱댔는데, 결국 그 여파가 본선에서 드러나고 말았다. 포르투갈의 완성도는 매우 부족했다. 설상가상으로 호날두까지 무릎 부상 때문에 정상 컨디션이 아니었다. 몸만 생각한다면 오히려 경기에 출전하는 것이 무리였을 정도다. 그래도 조별리그 3차전 가나 전에서 결승 골을 터트리며 고군분투했지만 골득실에서 밀려 16강 진출이 좌절됐다.

4년 뒤 러시아에서는 첫 경기부터 아쉬움을 훌훌 털어냈다. 스페인과의 1차전, PK-중거리-프리킥으로 월드컵 해트트릭을 달성하며 이번 월드컵은 다르다는 인상을 심었다. 조별리그 첫 경기 활약상은 말 그대로 득점 기계, 우리가 아는 호날두 그 자체였다. 그리고 2차전 모로코 전 골로 페렌츠 푸스카시를 넘어 유럽 선수 A매치 최다 득점 기록을 갈아치웠다. 그때만 하더라도 모로코 전 헤더가 러시아 월드컵 마지막 골이 될 줄은 몰랐다. 그만큼 쾌조의 컨디션이었고 다른 월드컵과는 확실히 달랐으니까. 하지만 이후 호날두의 득점 침묵과 더불어 포르투갈도 전체 컨디션이 살아나지 않으며 우루과이에 8강 진출이 가로막히고 만다. 모두가 아는 것처럼 카타르에서는 월드컵 다섯 대회 연속 득점만이 유일한 위안거리.

두 선수 모두 2006년부터 지난 2022년까지 5번의 월드컵 무대를 누비며 독일의 로타어 마테우스, 멕시코의 안토니오 카르바할-안드레스 과르다도-라파엘 마르케스와 어깨를 나란히 한다. 다음 월드컵까지 참가하면 월드컵 6회 참가, 출전이라는 불멸의 기록을 달성할 수 있다. 메시는 이미 월드컵 26경기 출전으로 월드컵 최다 출전 기록을 경신한 상태. 그들이 어떤 결정을 할지 지켜볼 필요가 있겠지만, 지금 활약하는 모습을 보고 있자면 월드컵 6회 출전이 무리가 아니라는 생각이 든다. 다만 한가지 변수가 있다면 지난 유로에서 극도로 부진했던 호날두의 대표팀 거취 여부다. 강한 경쟁력을 요구하는 경기에서는 존재가 드러나지 않는 까닭에 그가 계속 대표팀에 남으려 할지는 미지수다. 이미 지난 카타르 월드컵부터 그런 조짐이 보였지만 소속팀과 유럽 지역 예선 활약으로 대표팀 부동의 공격수 자리를 놓치지 않았다. 메시 역시 코파 아메리카 이후 변화의 가능성이 있다는 점에서 그들의 6번째 월드컵이 성사될지 이래저래 흥미롭기만 하다.●

월드컵 3차 예선 책임질 '유럽의 태극전사들' 23/24시즌 돌아보기

박찬하 | SPOTV 축구 해설위원

Column 04

2023-24시즌에도 유럽 무대를 누비는 태극 전사들의 활약은 뜨거웠다. 축구 팬들도 유럽 전역을 누비는 선수들 소식을 찾아보느라 바쁜 시간을 보냈다. 곧 개막할 시즌은 2026 북중미 월드컵 3차 예선과 겹치는 까닭에 우리 선수들의 활약이 훨씬 중요하게 다가온다. 사실 대부분 준수하게 활약 중이라 딱히 걱정할 필요는 없다. 지난 시즌처럼만 하면 아무런 걱정이 없다. 우리 선수들의 지난 시즌 전반적인 활약상은 어땠는지, 대표팀에서의 입지나 전망은 어떠한지 간단히 살펴봤다.

황희찬 (EPL 울버햄튼)

프로 데뷔 이후 가장 많은 골을 터트린 시즌이었다. 울버햄튼 첫 시즌 5골, 2022-23시즌 3골을 합친 것보다 더 많은 골을 터트린 것. 잉글랜드 프리미어 리그에서 12골을 기록하며 팀 내 최고 득점자가 됐다. (마테우스 쿠냐와 동률) 대표팀에서는 주로 왼쪽 사이드를 누비는 저돌적인 움직임이 인상적인데, 지난 시즌 울버햄튼에서는 최전방 공격수로도 기용되는 등 보다 득점에 맞춰진 임무를 떠맡았다. 슛 시도가 많지 않으면서도 정확한 위치 선정을 바탕으로 한 침착한 골 결정력이 누구보다 앞섰기 때문이다. 황희찬의 적은 자기 자신이다. 저돌적인 움직임, 폭발적인 속도를 이기지 못하는 잦은 부상이 걸림돌. 그래도 경험이 쌓이면서 보다 영리해지고 부상 빈도가 줄어가는 점은 다행이다. 울버햄튼 이적 이후 지난 시즌 처음으로 리그 출전 시간이 2,000분을 넘겼다. 이제는 대표팀에서도 황희찬의 역할을 다시 생각할 시점. 과거처럼 왼쪽 사이드에서 직선적인 움직임만 보이기에는 플레이 스타일이 다변화됐다.

이강인 (리그1 PSG)

이강인은 지난 시즌 익숙한 스페인을 떠나 프랑스 파리에 새 보금자리를 마련했다. 라리가가 아닌 리그1이라는 낯선 무대였지만 메가 클럽 PSG의 선택을 받은 이유가 증명될 만한 활약상. 부상과 대표팀 차출로 오롯이 팀과 1년을 함께 보내지 못한 것치고는 꽤 만족스러운 성과였다. 이강인은 시즌 초반 부상으로 1달가량 결장했고 한창 몸이 좋아지던 시기에는 아시안컵 차출로 팀을 떠나야 했다. 아시안컵이 끝난 후반기에는 팀이 얼추 자리를 잡아가면서 주전 경쟁이 더욱 치열하게 펼쳐졌는데 그런 가운데서도 측면 미드필더, 중앙 미드필더 좌-우, 오른쪽 윙포워드를 오가며 기량을 뽐냈다. 물론 마요르카 시절 공격을 혼자 이끌던 소년 가장의 모습과 비교한다면 개인적 역량은 비교적 덜 발휘된 해였다고 볼 수 있다. 그런 점에서는 가끔 고군분투하던 시절의 이강인이 그리울 때도 있었다. 하지만 전체 구성원 사이에서 균형을 맞추고 간간이 선보이는 드리블이나 킥, 공격 전개 과정을 보고 있자면 감탄사가 절로 나온다. 무엇보다 수비적인 능력이 계속 좋아진다는 점도 고무적. 감독부터 (본인 포함) 선수까지 PSG를 처음 경험한 구성원이 많았고, 프랑스 무대가 처음이라 첫 시즌 빠른 적응을 보였다는 것만으로도 꽤 높은 점수를 줄 만하다. 리그와 챔피언스 리그를 오가며 쌓은 안정감은 대표팀에서 독보적인 기량으로 이어지는 중이다. 현재 빌드업의 시발점이자 공격의 핵심 역할을 동시에 수행한다. 경쟁이 더욱 치열할 것으로 예상되는 북중미 월드컵 3차 예선에서도 공격의 열쇠를 쥐고 있다.

이재성 (분데스리가 마인츠 & 정우영 분데스리가 슈투트가르트)

벌써 독일에서 6시즌을 보낸 이재성이다. 1부 리그 마인츠 유니폼을 입은 지도 3년이나 지났다. 지난 시즌을 돌아보면 정말 안도의 한숨이 절로 나온다. 개인적인 활약상이야 독일 1부 리그로 넘어온 이후에 달라진 것이 없다. 성실하고 헌신적이고 여러 포지션을 군말 없이 뛴다. 거기에 특유의 득점 감각으로 중요할 때마다 한 방을 터트려준다. 지난 시즌에도 리그 29경기에 나서 6골을 기록했다. 이재성이 득점한 경기에서는 패하지 않았고 심지어 후반기 2경기는 멀티 골로 팀 승리에 주역이 됐다. 문제는 시즌 마지막까지 강등권을 맴돈 팀 성적이었다. 마인츠는 개막 후 9경기 연속 무승, 21경기 1승이라는 처참한 성적표로 일찌감치 유력한 강등 후보로 꼽혔다. 감독을 2번이나 바꾸는 초강수 속에 1부 리그에서 생존한 것은 기적 같은 결과라 할 수 있다. 아시안컵 이후 컨디션을 찾은 이재성의 활약이 없었다면 불가능했을지도 모를 결과다. 어느 팀에서나 궂은일을 도맡는 특유의 플레이 스타일이 대한민국 대표팀에서도 꼭 필요한 존재다. 대표팀에 오면 더 많이 뛰고 경기장 이곳저곳을 누비며 공격적인 선수들이 편안하게 공격에 전념하게 돕는다. 북중미 3차 예선에서도 상대 허리와 싸우려면 성실한 이재성이 필요하다.

바이에른 뮌헨 B팀 시절 은사였던 세바스티안 회네스 감독이 있는 슈투트가르트에 합류한 정우영. 감독과 잘 아는 사이였다는 점에서 프라이부르크 시절보다 많은 기회가 주어질 것으로 예상됐다. 실제로 1라운드부터 3경기 연속 출전으로 팀을 잘 옮겼다는 소리를 들었다. 그런데 항저우 아시안게임에 다녀온 후 상황이 뒤바뀌었다. 개인적으로는 아시안게임 금메달을 목에 걸며 기분 좋게 팀에 복귀했지만 그 사이 2002년생 엔조 밀로가 정우영의 자리를 꿰차버렸다. 게다가 2022-23시즌 승강 플레이오프까지 추락해 가까스로 살아남은 슈투트가르트가 새 시즌은 상위권을 유지하는 바람에 변화도 불필요했다. 그렇게 불안한 상태로 떠난 아시안컵 이후에 출전 시간이 더 줄어들었고 대표팀까지 살짝 멀어진 분위기가 됐다. 현재 대한민국 대표팀 2선은 포화 상태다. 기존 경쟁자도 벅찬데 급부상하는 젊은 선수들까지 가세하면서 경쟁은 더욱 치열해졌다. 소속팀에서의 활약만이 다시 정우영의 대표팀 복귀를 확정 지을 것이다.

황인범 (수페르리가 츠르베나 즈베즈다)

갑작스러운 이적으로 세르비아로 날아간 황인범. 자칫 중간에 붕 뜰 수 있는 위기였는데 츠르베나 즈베즈다가 (a.k.a 레드스타 베오그라드) 손을 내밀었고 황인범은 멋진 활약으로 보답했다. 세르비아 리그 올해의 선수로 선정됐으니 굳이 구체적인 언급이 필요할까 싶을 정도다. 적응

시간이 필요 없을 정도로 완벽한 몸놀림. 진가는 챔피언스 리그에서 잘 드러났는데, 특히 맨체스터 시티와의 경기에서도 제 기량을 뽐내며 빅 리그 스카우트들의 관심을 끌었다. 황인범은 공격과 수비 사이를 적절하게 오가는 중앙 미드필더다. 일찍 K리그에 데뷔했을 때부터 기술적인 부분이 남달랐고 양발에서 나오는 날카로운 킥도 좋은 무기로 꼽혔다. 유럽 생활이 길어지면서 경험과 기술적인 안정감도 더해지는 중. 활동량이 많은 편인데 지나치게 과부하를 주지 않는 선에서 장점을 살리는 역할 부여가 중요하다. 우리 대표팀에서도 없어서는 안 될 존재로, 공격과 수비 사이에서 윤활유 역할을 해낼 재목이다.

홍현석 (프로리그 AA 헨트)

벨기에 AA 헨트의 홍현석도 바쁜 시즌을 보냈다. 지난 시즌에도 리그와 컵대회, 대표팀을 오가며 부지런히 뛰었다. 2022-23시즌보다 리그 출전 시간이 짧았는데, (2,849분 -> 2,242분) 앞서 말한 것처럼 대표팀을 오가는 일정 탓에 관리를 많이 받았다. 전반기에는 아시안게임, 후반기에는 아시안컵 차출까지 있었으니 소속팀에서 배려하지 않았다면 일찍 지쳤을 가능성이 크다. 홍현석은 소속팀에서 주로 공격형 미드필더에 배치된다. 대한민국 대표팀보다는 더 공격적인 임무다. 벨기에에서 편안하고 주도적으로 경기를 뛰는 것과 비교하면 아직 대표팀에서의 활약은 어색해 보이는 것이 사실. 다재다능하다는 확실한 장점 외에 대표팀에서도 자기 색을 조금씩 내비칠 필요가 있다. 교체보다는 선발로 뛰어야 인상을 남길 수 있는 스타일이라 조금 손해 보는 면도 있다.

배준호 (챔피언십 스토크시티)

지난 시즌의 발견이자 마르지 않는 대한민국 유럽파 축구 선수의 계보를 이어간다. 대전 하나 시티즌에서 스토크 시티로의 이적은 어떤 의미에서는 과감한 결정이었다. 국내에서 자리를 잡고 해외로 가기보다는 일찍 가서 도전하고 자리매김하려는 용감한 선택. 대전 시절에는 U-22 제도의 혜택을 받은 것도 있고 2023년 여름 U-20 월드컵 활약 이후 한층 성장하면서 기회를 조금씩 늘려가던 참이었다. 하지만 잉글랜드는 제도의 수혜도 없고, 오히려 외국인 선수로 경쟁하고 빠른 적응 후 결과를 보여야 하는 어려운 실정이니 말이다. 스무 살의 젊은 청년 배준호의 용감한 도전은 정확하게 맞아떨어졌다. 잉글랜드 챔피언십이 워낙에 거친 무대라 체격, 체력적 어려움이 찾아오기도 전에 속도와 기술, 과감함으로 적응을 끝냈다. 특히 12월에 스티브 슈마허 감독이 온 것이 적응에 큰 도움이 된 모양새다. 그전까지만 해도 선발과 교체를 오갔지만 새 감독이 오면서는 확실하게 주전으로 자리 잡았다. 주로 공격형 미드필더로 배치됐고 상황에 따라 왼쪽 사이드를 오가며 활약, 스토크 시티 올해의 선수로 선정됐다. 시즌 막바지 3부 리그 강등 위기를 실질적으로 구해낸 에이스급 활약이 큰 인상을 남겼다. 북중미 2차 예선 싱가포르 전에서 A매치 데뷔와 데뷔골을 터트린 모습을 기억할 필요가 있다. 향후 대표팀을 이끌어갈 차세대 에이스의 첫 시작이었던 경기 말이다. ●

PLAYER'S RANKING & SCOUTING REPORT

유럽 풋볼 스카우팅 리포트 2024-25에서는 지난해에 이어 올해도 유럽 5대리그 주요 선수 800여명에 대한 포지션별 랭킹을 매겼다. 지난 시즌 선수들의 프리미어리그, 라리가, 분데스리가, 세리에A, 리그1, UEFA 챔피언스리그, 유로파리그 등의 개인 기록을 합산해 90분 기준 기록으로 환산한 다음, 항목별 랭킹을 백분율로 매겼다. 또한 선수들의 기록에 더해 팀 성적과의 연관 관계, 유럽 주요 축구 언론의 평점 등을 종합적으로 합산해 유럽 풋볼 스카우팅 리포트 자체의 시스템으로 포지션별 랭킹을 매겼다. 그 결과 공격형 MF 주드 벨링엄, CF 킬리안 음바페, 미드필더 로드리, 풀백&윙백 알렉스 그리말도, 센터백 알레산드로 부온조르노, 골키퍼 잔루이지 돈나룸마 등이 각 포지션별 1위에 올랐다.

ATTACKING MF & WINGERS
CENTER FORWARDS
MIDFIELDERS
FULL BACKS & WING BACKS
CENTER BACKS
GOAL KEEPERS

유럽 5대리그 포지션별 랭킹 ❶

공격형 미드필더 & 윙어

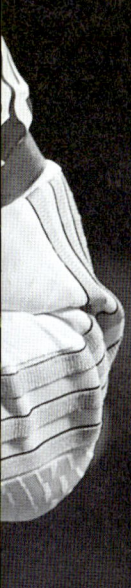

공격형 미드필더와 윙어는 축구에서 가장 화려한 포지션이다. 늘 최고의 축구 선수들이 이 위치를 맡아왔다. 리오넬 메시, 펠레, 디에고 마라도나, 요한 크러이프, 알프레도 디스테파노, 미셸 플라티니, 보비 찰튼, 가린샤, 차범근 등이 공격형 미드필더 혹은 윙어로 축구 역사를 화려하게 수놓았다. 지난 시즌 5대리그에서 가장 두각을 나타낸 2선 공격수는 레알 마드리드의 주드 벨링엄이다. 그는 드리블, 패스, 슈팅 등 다방면에서 뛰어난 기량을 뽐내며 소속팀의 라리가 및 챔피언스리그 우승을 주도했다. 벨링엄에 이어 르로이 자네(바이에른 뮌헨), 부카요 사카(아스널), 자말 무시알라(바이에른 뮌헨), 흐비차 크바라츠헬리아(나폴리), 사비 시몬스(RB 라이프치히), 플로리안 비르츠(바이에르 레버쿠젠) 등이 상위권에 올랐다.

유럽 5대리그 공격형 미드필더 & 윙어 항목별 랭킹 (90분 기준 기록, 100분율)

범례: 전체 슈팅 시도-득점 / 직접프리킥 시도-득점 / LG 왼발 / RG 오른발 / HG 헤더 / 출전횟수 선발-교체 / 출전시간 분(MIN) / A 도움 / P 평균 패스 시도-성공 / P% 패스 성공률 / DR 평균 드리블 시도-성공 / TK 평균 태클 / IC 평균 인터셉트 / 경고-퇴장 / 페어플레이 / MOM / G 득점 / A 도움 / SH 전체 슈팅 / SG 패스 시도 / PC 패스 성공 / P% 박스 안 패스 / PP 크로스 / CR 크로스기회 창출 / SC 태클 / TK 인터셉트 / IC 볼 터치 / BT 드리블 성공 / DC 패스 받음 / PR

Jude BELLINGHAM — 평점 7.84
주드 벨링엄 2003.06.29 / 186cm

현 세대, 그리고 향후 10년 동안 세계 최고 공격형 미드필더 자리를 다툴 자원. 본래 포지션은 박스 투 박스 유형의 중앙 미드필더나 공격형은 물론 아예 전방에서 골잡이 역할도 맡을 수 있다. 레알 마드리드 이적 후 때마침 팀을 떠나게 된 카림 벤제마의 공백을 어느 정도 메우면서 더욱 성장했다는 평가를 받고 있다. 뛰어난 축구 지능까지 겸비했다. 시장 가치는 1억 8000만 유로, 추정 연봉은 2083만 유로.

슈팅-득점 / 2023-24시즌 레알 마드리드 / 위치
- 46-18
- 27-1 | 2324 | 4 | 51.7-46.5 | 90% | AM / CF / LW / LM / CM
- 17-1
- 63-19 LG-7
- 0-0 RG-9
- 1-1 HG-3
- DR 3.6-1.9 / TK 2.3-1.5 / IC 0.8 / 5-1 / ★ 7

G	A	SH	SG	PC	P%	PP	CR	SC	TK	IC	BT	DC	PR
상위 2%	상위 19%	상위 42%	상위 4%	상위 1%	상위 0%	상위 8%	상위 40%	상위 21%	상위 11%	상위 6%	상위 0%	상위 9%	상위 3%

Leroy SANÉ — 평점 7.68
르로이 사네 1996.01.11 / 183cm

클래식한 정밥 날개와 트렌드인 인버티드 윙 모두 뛸 수 있다. 다만 폭발적인 스피드와 돌파력으로 상대 수비진을 깨뜨렸던 절정의 시기에 비해서는 경기력이 많이 내려왔다는 평. 한때 결정력 부족과 공격권을 너무 쉽게 내준다는 비판도 받았다. 한창 좋았을 때 당한 십자인대 부상으로 상승세가 꺾인 탓이다. 그래도 활동량을 바탕으로 수비에는 적극 가담한다. 시장 가치는 7000만 유로 유로, 추정 연봉은 2000만 유로.

슈팅-득점 / 2023-24시즌 바이에른 뮌헨 / 위치
- 46-7
- 27-1 | 25-2 | 2142 | 11 | 37.1-31.0 | 84% | LW / AM
- 73-8 LG-7
- 6-0 RG-1
- HG-0
- DR 6.1-3.4 / TK 1.2-0.6 / IC 0.3 / 4-0 / ★ 2

G	A	SH	SG	PC	P%	PP	CR	SC	TK	IC	BT	DC	PR
상위 31%	상위 10%	상위 17%	상위 12%	상위 28%	상위 22%	상위 45%	상위 11%	상위 12%	상위 17%	상위 32%	하위 3%	하위 0%	상위 24%

Bukayo SAKA — 평점 7.66
부카요 사카 2001.09.05 / 178cm

훌륭한 개인기와 지능적인 팀플레이 모두 최고 수준으로 소화해내는 2선 공격수. 화려한 볼 컨트롤과 균형 감각을 가졌으며 스피디한 발까지 겸비해 수비수를 쉽게 따돌린다. 또한 빠른 템포로 패스 앤 무브를 이어가며 조직적으로 상대 압박에서 벗어나는 지능적인 면모를 보인다. 여기에 양발을 자유자재로 활용해 굉장히 선택지가 넓은 플레이를 펼친다. 시장 가치는 1억 4000만 유로, 추정 연봉은 1178만 유로.

슈팅-득점 / 2023-24시즌 아스널 / 위치
- 80-15
- 28-1 | 35-0 | 2937 | 9 | 37.3-31.1 | 83% | RW
- 108-16 LG-11
- 0-0 RG-4
- 6-6 HG-1
- DR 3.4-1.5 / TK 2.8-1.9 / IC 0.5 / 4-0 / ★ 6

G	A	SH	SG	PC	P%	PP	CR	SC	TK	IC	BT	DC	PR
상위 7%	상위 15%	상위 18%	상위 33%	상위 29%	상위 50%	상위 47%	상위 17%	상위 9%	상위 10%	상위 45%	상위 24%	하위 45%	상위 29%

Jamal MUSIALA — 평점 7.65
자말 무시알라 2003.02.26 / 184cm

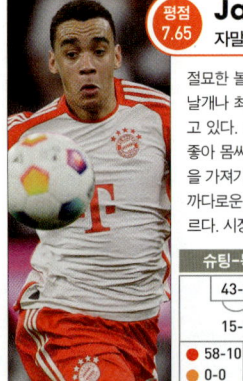

절묘한 볼 테크닉을 자랑하는 공격형 MF. 주 포지션은 측면 날개나 최근에는 팀 사정에 따라 중앙 미드필더로도 기용되고 있다. 외관상 호리호리한 체격이지만 유연하고 밸런스가 좋아 몸싸움에 쉽게 밀리지 않는다, 쉴 새 없이 가속과 감속을 가져가는데다 볼을 매우 잘 다루기 때문에 수비수가 막기 까다로운 유형의 선수다. 다만 경기 템포 조율에는 아직 서투르다. 시장 가치는 1억 1000만 유로, 추정 연봉 500만 유로.

슈팅-득점 / 2023-24시즌 바이에른 뮌헨 / 위치
- 43-9
- 15-1 | 20-4 | 1767 | 6 | 31.2-25.6 | 82% | AM / LW / RW
- 58-10 LG-2
- 0-0 RG-7
- 0-0 HG-0
- DR 6.5-3.7 / TK 2.6-1.8 / IC 0.7 / 2-0 / ★ 4

G	A	SH	SG	PC	P%	PP	CR	SC	TK	IC	BT	DC	PR
상위 12%	상위 39%	상위 21%	상위 31%	상위 33%	상위 49%	상위 24%	상위 2%	상위 16%	상위 18%	상위 0%	상위 6%	상위 36%	상위 25%

Michael OLISE — 평점 7.60
마이클 올리세 2001.12.12 / 184cm

왼발로 오른쪽 터치라인을 휩쓰는 반대발 날개. 스피디하면서도 저돌적인 돌파로 수비진을 흔들면서 상대 수비 배후를 지능적으로 깨뜨리는 센스 있는 패스까지 갖춰 수많은 찬스를 혼자서 만들어낸다. 정확한 왼발 크로스로 골문 앞 동료들에게 득점 기회를 제공하는 것 역시 매우 능숙하게 해낸다. 다만 지나치게 왼발에 의존하는 플레이가 그의 단점이다. 시장 가치는 5500만 유로, 추정 연봉은 604만 유로.

슈팅-득점 / 2023-24시즌 크리스털 팰리스 / 위치
- 34-8
- 23-2 | 14-5 | 1277 | 4 | 32.0-26.7 | 83% | RW / AM / RM
- 57-10 LG-9
- 4-0 RG-0
- 1-1 HG-1
- DR 4.4-2.2 / TK 1.8-1.1 / IC 0.5 / 0-0 / ★ 5

G	A	SH	SG	PC	P%	PP	CR	SC	TK	IC	BT	DC	PR
상위 1%	상위 4%	상위 1%	상위 5%	상위 18%	하위 45%	상위 19%	상위 5%	상위 39%	상위 10%	상위 2%	상위 13%	상위 6%	상위 10%

Xavi SIMONS — 평점 7.59
사비 시몬스 2003.04.21 / 179cm

라마시아 출신 차세대 공격형 MF. 유년 시절부터 영리한 오프더볼 움직임과 간결한 패스를 통해 경기를 풀어가는 우수한 축구 지능으로 유명했다. 또한 측면 날개로서 갖춰야 할 스피드와 발재간 모두 기본적으로 갖췄으며, 라이프치히 임대 후 기량이 일취월장했다는 평을 받고 있다. 피지컬도 벌크업을 통해 많이 개선됐다. 하지만 아직 약발 활용 등 미숙한 면모도 있다. 시장가치는 8000만 유로, 추정 연봉 156만 유로.

슈팅-득점 / 2023-24시즌 RB라이프치히 / 위치
- 38-6
- 43-2 | 32-0 | 2675 | 11 | 41.9-34.2 | 82% | AM / LM / RM / LW
- 81-8 LG-1
- 3-0 RG-6
- 2-1 HG-1
- DR 5.1-2.7 / TK 1.4-0.9 / IC 0.5 / 9-1 / ★ 6

G	A	SH	SG	PC	P%	PP	CR	SC	TK	IC	BT	DC	PR
상위 38%	상위 9%	상위 24%	상위 32%	상위 19%	상위 27%	상위 12%	상위 40%	상위 4%	상위 24%	상위 31%	상위 16%	상위 14%	하위 38%

28 공격형 미드필더 & 윙어

○ 유럽 5대리그 공격형 미드필더 & 윙어 항목별 랭킹(90분 기준 기록, 100분율)

Florian WIRTZ
평점 7.57
플로리안 비르츠   2003.05.03 / 177cm

2021-2022시즌부터 공격형 MF로 전진 배치된 후 기량이 만개하고 있다. 피지컬적으로 왜소하다는 평가도 있으나, 뛰어난 보디 밸런스와 민첩성을 통해 볼을 간수하고 다음 플레이로 전개한다. 한 수 앞서 경기 흐름을 꿰뚫는 영리함과 발을 가리지 않는 질 좋은 패스가 강점이며, 활동량도 기본 이상이라 수비 가담에도 적극적이다. 다만 슛을 좀 아끼는 편. 시장 가치는 1억 1000만 유로, 추정 연봉은 450만 유로.

슈팅-득점	2023-24시즌 바이에르 레버쿠젠					위치
43-10		A	P	P%		AM
28-1	26-6	2384	11	54.9-46.3	85%	CF
71-11 LG-1	DR	TK	IC		★	
1-0 RG-10						
1-1 HG-0	5.2-2.6	1.5-0.8	0.3	3-0	5	

G	A	SH	SG	PC	P%	PP	CR	SC	TK	IC	BT	DC	PR
상위	상위	상위	상위	상위	상위	상위	하위	상위	하위	하위	상위	상위	상위
10%	1%	25%	9%	1%	9%	1%	26%	2%	23%	44%	1%	14%	1%

Khvicha KVARATSKHELIA
평점 7.54
흐비차 크바라츠헬리아   1999.06.09 / 178cm

상대 수비의 빈틈을 치명적으로 파고드는 크랙. 순간 가속도와 민첩성을 활용한 스피디한 돌파가 특기이며, 이를 통해 많은 파울을 얻는다. 상대 수비 견제에 쉽게 밀리지 않는 단단한 피지컬도 그의 강점. 좌측면에서 중앙으로 들어와 날리는 오른발 슈팅은 패턴 플레이일지 몰라도 매우 위력적이다. 다만 턴오버가 다소 많고, 기복도 심해 안 되는 날에는 꽤 헤맨다. 시장 가치는 8000만 유로, 추정 연봉은 154만 유로.

슈팅-득점	2023-24시즌 나폴리					위치
79-9		A	P	P%		LW
49-2	32-2	2752	9	31.6-27.2	86%	AM
128-11 LG-2	DR	TK	IC		★	
4-1 RG-8						
0-0 HG-1	6.4-3.0	2.2-1.2	0.4	8-0	10	

G	A	SH	SG	PC	P%	PP	CR	SC	TK	IC	BT	DC	PR
상위	상위	상위	상위	상위	상위	상위	상위	상위	상위	상위	하위	상위	상위
33%	44%	2%	4%	35%	20%	34%	43%	14%	39%	48%	34%	5%	21%

Phil FODEN
평점 7.54
필 포든   2000.05.28 / 171cm

뛰어난 테크닉과 강력한 전진성을 가진 공격형 MF. 온더볼 플레이가 역동적이며, 중앙에서 전방으로 볼을 옮길 수 있는 우수한 기동력을 갖추고 있다. 수비를 뚫어내는 드리블 기술과 동료들과의 기민한 연계 플레이도 뛰어나다. 부드럽고 빠른 터닝으로 공을 받자마자 곧바로 돌면서 드리블 돌파를 시도해 공격 찬스를 만들어내는 게 특기다. 중거리슛도 강점. 시장 가치는 1억 5000만 유로, 추정 연봉은 1395만 유로.

슈팅-득점	2023-24시즌 맨체스터 시티					위치
59-13		A	P	P%		RW
46-4	33-2	2869	8	47.8-42.6	89%	AM
						LW
105-17 LG-17	DR	TK	IC		★	RM
4-2 RG-1						CM
0-0 HG-1	2.9-1.4	1.4-0.9	0.4	2-0	10	LM

G	A	SH	SG	PC	P%	PP	CR	SC	TK	IC	BT	DC	PR
상위	상위	상위	상위	상위	상위	상위	상위	상위	상위	상위	상위	상위	상위
3%	17%	6%	4%	5%	2%	16%	43%	24%	11%	65%	7%	45%	4%

Cole PALMER
평점 7.50
콜 파머   2002.05.06 / 189cm

전술적 활용도가 매우 큰 왼발잡이 플레이메이커. 왼쪽 날개와 톱스나인으로 활약하는데, 우측면에서도 종종 뛴다. 뛰어난 신체 밸런스와 영리한 축구 지능을 활용해 침착하게 볼을 지켜낸다. 주발인 왼발 의존도가 높지만 양발 사용 능력이 점점 향상되고 있으며, 감독 교체가 빈번했던 첼시에서도 아랑곳하지 않고 제 몫을 해내는 소위 '감독 안 타는 선수'다. 시장 가치는 8000만 유로, 추정 연봉은 453만 유로.

슈팅-득점	2023-24시즌 맨체스터 시티+첼시					위치
52-19		A	P	P%		AM
57-3	29-5	2628	11	38.6-32.0	83%	RW
						CF
109-22 LG-17	DR	TK	IC		★	
11-0 RG-3						
9-9 HG-2	3.2-1.6	1.0-0.7	0.6	7-0	5	

G	A	SH	SG	PC	P%	PP	CR	SC	TK	IC	BT	DC	PR
상위	상위	상위	상위	상위	상위	상위	하위	하위	상위	상위	상위	상위	상위
1%	8%	7%	4%	17%	6%	26%	45%	8%	10%	17%	17%	41%	12%

Julián ÁLVAREZ
평점 7.49
훌리안 알바레스   2000.01.31 / 170cm

펩 과르디올라의 특급 조커. 홀란의 벤치 공격수로 나서지만 공격형 미드필더나 측면 윙 포워드로도 출전한다. 스피드와 테크닉이 출중해 순간적인 방향 전환만으로 상대를 제친다. 감독이 요구하는 부분을 철저히 이해하며 빈공간 침투에 뛰어나다. 거친 수비수에 밀리는 경향도 점차 나아지고 있다. 라우타로·메시와 함께 아르헨티나의 공격력을 책임지고 있다. 시장 가치는 9000만 유로, 추정 연봉은 520만 유로.

슈팅-득점	2023-24시즌 맨체스터 시티					위치
62-10		A	P	P%		AM
36-1	31-5	2660	9	30.9-27.2	88%	CF
						CM
98-11 LG-2	DR	TK	IC		★	LW
13-1 RG-8						RW
2-2 HG-1	1.2-0.6	1.3-0.7	0.1	2-0	1	

G	A	SH	SG	PC	P%	PP	CR	SC	TK	IC	BT	DC	PR
상위	상위	상위	상위	상위	상위	상위	하위	하위	상위	하위	상위	하위	상위
8%	15%	7%	5%	24%	15%	49%	21%	28%	13%	1%	31%	15%	37%

ISCO
평점 7.45
이스코   1997.01.29 / 185cm

말라가 시절부터 매우 기술적인 미드필더로 유명했다. 주로 공격형 미드필더로 뛰지만, 중앙 미드필더로도 우수한 경기 운영 능력을 보여준다. 뛰어난 드리블과 패스 능력은 물론 상대 수비를 흔드는 드리블과 정확한 패스로 공격을 이끌며, 특히 4-3-1-2 포메이션에서 프리롤 미드필더로 활약한다. 활동량도 풍부하다. 비록 기복과 주력 부족이 단점으로 지적된다. 시장 가치는 800만 유로, 추정 연봉은 625만 유로.

슈팅-득점	2023-24시즌 레알 베티스					위치
41-8		A	P	P%		AM
23-0	28-1	2340	5	46.2-39.8	86%	CM
64-8 LG-2	DR	TK	IC		★	
4-0 RG-6						
2-2 HG-1	4.9-2.7	2.1-1.4	0.3	10-0	5	

G	A	SH	SG	PC	P%	PP	CR	SC	TK	IC	BT	DC	PR
상위	상위	상위	상위	상위	상위	상위	상위	상위	상위	하위	상위	상위	상위
29%	33%	43%	43%	6%	23%	2%	15%	7%	31%	38%	4%	11%	5%

○ 유럽 5대리그 공격형 미드필더 & 윙어 항목별 랭킹(90분 기준 기록, 100분율)

Bruno FERNANDES
평점 **7.45**
브루누 페르난데스 1994.09.08 / 179cm

맨체스터 유나이티드의 버팀목이자 정신적 지주. 동료는 물론 팬들에게도 절대적 지지를 받는 훌륭한 캡틴이다. 2023-2024 UEFA 유로파리그 우승의 주역이며, PL에서도 리그 내 최다 찬스 창출 횟수를 기록한 선수 중 하나로 꼽히고 있다. 동료들이 잘했다면 더 훌륭한 시즌을 보낼 수 있었다는 뜻. 또한 '미들라이커'로 불릴 정도로 많은 득점도 직접 책임진다. 시장 가치는 7000만 유로, 추정 연봉은 1450만 유로.

슈팅-득점	2023-24시즌 맨체스터 유나이티드					위치
39-8	35-0	3120	8	54.8-43.3	79%	AM
56-2						RW
						CF
● 95-10 LG-2	DR	TK	IC		★	CM
● 11-0 RG-7						
● 5-4 HG-1	1.4-0.6	3.7-1.9	0.8	9-0	6	

G	A	SH	SG	PC	P%	PP	CR	SC	TK	IC	BT	DC	PR
상위	상위	상위	상위	하위	상위	상위	상위	상위	상위	상위	상위	하위	상위
31%	29%	33%	30%	7%	30%	10%	6%	12%	13%	3%	9%	10%

Romain DEL CASTILLO
평점 **7.44**
로맹 델카스티요 1996.03.29 / 172cm

프랑스, 스페인 이중국적자. 2023-2024 프랑스 리그1에서 8골을 넣으며 브레스트가 창단 후 처음으로 UEFA 챔피언스리그에 진출하는 데 큰 공을 세웠다. 뛰어난 시야와 패스로 공격을 주도하는 창의적인 플레이메이커이며, 출중한 개인기와 무서운 스피드로 상대 수비를 제압한다. 중거리슛도 그의 무기 중 하나이며 전술적 이해도가 높아 동료와 연계도 훌륭하다. 시장 가치는 900만 유로, 추정 연봉은 109만 유로.

슈팅-득점	2023-24시즌 브레스트					위치
22-6	30-3	2522	8	35.7-26.8	75%	RW
18-2						AM
						CM
● 40-8 LG-7	DR	TK	IC		★	LW
● 3-1 RG-1						
● 3-3 HG-0	4.8-2.4	3.0-1.4	0.3	4-0	7	

G	A	SH	SG	PC	P%	PP	CR	SC	TK	IC	BT	DC	PR
상위	상위	하위	상위	상위	상위	상위	하위	상위	상위	상위	상위	상위	상위
34%	19%	6%	16%	26%	12%	1%	5%	23%	25%	11%	15%	17%

Eberechi EZE
평점 **7.43**
에베레치 에제 1998.06.29 / 178cm

27경기 11골 4도움을 올리며 크리스털 팰리스의 중위권 안착에 기여했다. 어렸을 적 축구 선수의 꿈을 한때 포기하고 아르바이트를 했던 이색 경력의 소유자다. 창의적이고 다재다능한 플레이 스타일은 팀의 공격과 수비 모두에서 중요한 영향을 끼치고 있다. 상대 수비를 순간적으로 무너뜨리는 공간 활용 플레이와 돌파 능력이 강점이다. 중거리 슈팅도 위협적. 시장 가치는 5500만 유로, 추정 연봉은 520만 유로.

슈팅-득점	2023-24시즌 크리스털 팰리스					위치
43-7	24-3	2064	4	29.2-24.6	84%	AM
40-4						CM
						LW
● 83-11 LG-2	DR	TK	IC		★	RW
● 12-1 RG-9						
● 1-1 HG-0	5.1-2.6	1.9-1.3	0.4	3-0	5	

G	A	SH	SG	PC	P%	PP	CR	SC	TK	IC	BT	DC	PR
상위	상위	상위	상위	상위	상위	상위	상위	상위	상위	상위	상위	상위	상위
8%	48%	5%	5%	41%	43%	41%	22%	19%	22%	45%	29%	9%	40%

Rafael LEÃO
평점 **7.35**
하파엘 레앙 1999.06.10 / 188cm

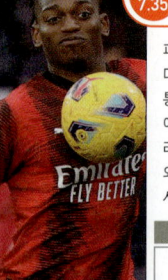

파괴적인 드리블과 스피드를 자랑하는 왼쪽 날개. 단순히 온 더볼이 강한 선수가 아니라 상대 허점을 파고들거나 연계를 통해 상대 수비진의 공간을 창출하는 능력이 뛰어나다. 덕분에 드리블러가 가지는 탐욕적 성향이 적다. 2023-2024 세리에 A 도움 2위(10개)에 랭크된 이유라 할 수 있다. 축구 외적으로 래퍼로서 활동하며, 다양한 세리머니로 유명하다. 시장 가치는 9000만 유로, 추정 연봉은 641만 유로.

슈팅-득점	2023-24시즌 AC 밀란					위치
48-9	29-5	2524	9	26.3-21.0	80%	LW
22-0						LM
						CF
● 70-9 LG-2	DR	TK	IC		★	
● 0-0 RG-7						
● 0-0 HG-0	4.5-2.3	0.6-0.5	0.3	5-0	8	

G	A	SH	SG	PC	P%	PP	CR	SC	TK	IC	BT	DC	PR
상위	상위	상위	상위	하위	하위	상위	상위	하위	하위	상위	하위	상위	상위
22%	11%	27%	27%	40%	40%	48%	38%	24%	28%	38%	13%	41%

Aleksandr GOLOVIN
평점 **7.32**
알렉산드르 골로빈 1996.05.30 / 178cm

한때 아르센 벵거 전 아스널 감독이 눈독 들였던 공격형 MF. 중앙에서는 공격형은 물론 수비형까지도 활약할 수 있으며 측면에서는 주로 왼쪽으로 뛴다. 프랑스의 저명한 스포츠 매체 르키프가 선정한 2023-2024 시즌 베스트 11에 이름을 올렸다. 골과 도움 가릴 것 없이 균일한 공격 포인트 양산 능력을 가졌으며, 기회가 있을 때 과감하게 날리는 중거리슛도 강점. 시장 가치는 3000만 유로, 추정 연봉 480만 유로.

슈팅-득점	2023-24시즌 AS 모나코					위치
19-4	25-0	2155	6	44.1-35.7	81%	AM
25-2						CM
						LW
● 34-6 LG-1	DR	TK	IC		★	LM
● 6-1 RG-5						DM
● 0-0 HG-0	1.8-1.0	2.8-1.7	0.8	9-1	3	

G	A	SH	SG	PC	P%	PP	CR	SC	TK	IC	BT	DC	PR
상위	상위	상위	상위	상위	상위	상위	상위	상위	상위	상위	상위	하위	상위
48%	27%	29%	48%	16%	48%	24%	32%	19%	7%	14%	23%	26%

○ 유럽 5대리그 공격형 미드필더 & 윙어 항목별 랭킹(90분 기준 기록, 100분율)

Anthony GORDON
평점 7.31 / 앤소니 고든 / 2001.02.24 / 183cm

뉴캐슬이 선정한 2023-2024시즌 최우수 선수. 에버턴 시절에는 부진한 경기력 때문에 팬들에게 공격적인 비판을 받았던 걸 생각하면 굉장한 발전을 이룬 셈이다. 피지컬적으로 약해 경합 상황에서 지는 경우가 많지만, 대신 눈부신 주력을 앞세워 상대 수비를 돌파하는데 능하다. 수비 가담도 굉장히 열심히 하며 간결하게 찬스를 마무리하는 능력도 훌륭하다. 시장 가치는 6000만 유로, 추정 연봉은 362만 유로.

슈팅-득점	2023-24시즌 뉴캐슬 유나이티드	위치
52-10		LW
29-1	34-1 2906 10 26.1-21.4 82%	CF
81-11 LG-1		RW
1-0 RG-0	DR TK IC 🟨 ⭐	LM
1-1 HG-0	3.8-1.6 2.9-1.7 0.2 10-1 4	AM

G	A	SH	SG	PC	P%	PP	CR	SC	TK	IC	BT	DC	PR
상위	상위	상위	상위	상위	상위	상위	상위	상위	상위	상위	하위	하위	하위
30%	21%	40%	43%	30%	46%	32%	48%	37%	20%	7%	24%	50%	26%

Ousmane DEMBÉLÉ
평점 7.30 / 우스만 뎀벨레 / 1997.05.15 / 178cm

어렸을 적 멘탈이 좋지 못해 여러 문제를 일으켜 많은 비판을 받았으나, 마음 잡고 뛰면 늘 기대에 부응한 바 있는 날개 자원. 양발을 자유자재로 활용할 수 있는 덕에 측면을 가리지 않으며 클래식한 윙은 물론 인버티드도 거뜬히 소화해낸다. 무엇보다 전술 이해도가 높다는 게 강점이며, 시원시원한 스피드와 테크닉도 우수하다. 2023-2024 리그1 도움왕(9개)이다. 시장 가치는 6000만 유로, 추정 연봉은 2000만 유로.

슈팅-득점	2023-24시즌 PSG	위치
32-3		RW
11-0	17-9 1510 8 36.0-29.6 82%	RM
43-3 LG-2		AM
0-0 RG-2	DR TK IC 🟨 ⭐	
0-0 HG-0	5.3-2.5 1.0-0.7 0.3 8-0 4	

G	A	SH	SG	PC	P%	PP	CR	SC	TK	IC	BT	DC	PR
하위	상위	상위	상위	하위	상위	상위	상위	상위	하위	상위	상위	하위	상위
31%	14%	20%	38%	9%	33%	6%	48%	8%	15%	1%	6%	7%	2%

Jan-Niklas BESTE
평점 7.30 / 얀-니클라스 베스테 / 1999.01.04 / 174cm

하이덴하임의 분데스리가 사상 첫 골의 주인공이자 2023-2024시즌 소속팀의 돌풍을 이끈 주역. 두 골만 더 기록했다면 10-10 클럽(8골 11도움)을 달성할 수 있었는데 아쉽게 됐다. 현재 분데스리가에서 가장 뛰어난 왼발 킥 스페셜리스트. 측면에서 크로스는 물론 컷백 플레이 모두 최고의 질을 자랑하며, 드리블 테크닉은 평범하지만 스피드만큼은 뛰어나다. 시장 가치는 1500만 유로, 추정 연봉은 29만 유로.

슈팅-득점	2023-24시즌 FC 하이덴하임	위치
18-3		AM
31-5	31-0 2625 11 20.4-13.7 67%	LM
49-8 LG-6		CM
10-2 RG-2	DR TK IC 🟨 ⭐	RW
1-0 HG-0	2.6-1.1 3.5-2.6 0.6 4-0 7	RM

G	A	SH	SG	PC	P%	PP	CR	SC	TK	IC	BT	DC	PR
상위	상위	하위	하위	하위	하위	하위	상위	하위	상위	하위	상위	상위	하위
39%	7%	20%	32%	12%	1%	7%	1%	33%	2%	21%	9%	26%	6%

Mohamed SALAH
평점 7.28 / 모하메드 살라 / 1992.06.15 / 175cm

리버풀은 물론 현세대 아프리카를 대표하는 슈퍼스타. 리버풀 역사상 최초로 공식전 기준 일곱 시즌 연속 20골을 넣은 최초의 선수가 됐다. 트레이드마크는 폭발적인 스피드와 돌파력이다. 보통 이런 유형의 선수는 찬스에서 약하지만, 앞서 소개한 기록에서 알 수 있듯 득점력도 역대 최고 수준. 심지어 도움도 10개나 만들어 낼 정도로 찬스메이킹에도 강하다. 시장 가치는 5500만 유로, 추정 연봉은 1820만 유로.

슈팅-득점	2023-24시즌 리버풀 FC	위치
92-17		RW
22-1	28-4 2536 10 28.4-22.2 76%	
114-18 LG-14		
1-0 RG-2	DR TK IC 🟨 ⭐	
7-5 HG-0	2.4-0.9 1.0-0.5 0.1 2-0 4	

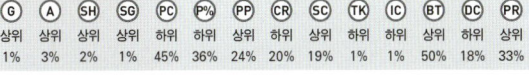

G	A	SH	SG	PC	P%	PP	CR	SC	TK	IC	BT	DC	PR
상위	상위	상위	상위	상위	상위	상위	상위	상위	하위	하위	하위	하위	상위
1%	3%	2%	2%	45%	36%	24%	2%	19%	1%	1%	50%	18%	33%

SAVINHO
평점 7.28 / 사비뉴 / 2004.4.10 / 176cm

1990년대 레알 마드리드 전설 사비우의 이름에서 차용한 '작은 사비우'라는 이름을 내걸고 있다. 꿈은 맨체스터 시티 입단이며, 이 때문에 아스널의 제안을 거절하고 시티 풋볼 그룹 산하 클럽 지로나 유니폼을 입었다. 현란한 기술과 빠른 발을 활용해 상대를 돌파하는 전형적인 브라질리언이다. 날카로운 왼발 킥을 자랑하는 인버티드 윙이다. 결정력을 보완해야 한다. 시장 가치는 4000만 유로, 추정 연봉은 104만 유로.

슈팅-득점	2023-24시즌 지로나	위치
32-8		LW
13-1	35-2 2292 10 25.3-21.0 83%	LM
35-9 LG-9		AM
0-0 RG-2	DR TK IC 🟨 ⭐	RM
0-0 HG-0	6.3-2.9 1.5-1.1 0.5 5-0 6	

G	A	SH	SG	PC	P%	PP	CR	SC	TK	IC	BT	DC	PR
상위	상위	하위	하위	상위	상위	상위	상위	상위	상위	상위	상위	하위	하위
41%	17%	7%	29%	32%	46%	23%	36%	46%	45%	36%	30%	7%	43%

Mohammed KUDUS
평점 7.25 / 모하메드 쿠두스 / 2000.08.02 / 177cm

2022 FIFA 카타르 월드컵 때 한국에 멀티골을 넣었던 선수로 한국 팬들에게 이름을 알렸다. 뛰어난 드리블과 강한 피지컬을 두루 갖춘 공격형 미드필더이며, 발도 빠르고 매서운 왼발 킥을 가졌다. 전방 압박도 굉장히 성실하게 수행하며, 약점이던 골 결정력도 크게 보완했다. 다만 플레이메이킹이 좀 더 세련되어야 하며 부상도 잦아 관리가 필요하다는 평이다. 시장 가치는 5000만 유로, 추정 연봉은 468만 유로.

슈팅-득점	2023-24시즌 아약스+웨스트햄 UTD.	위치
37-6		RW
30-2	29-6 2668 7 23.9-20.1 84%	LW
67-8 LG-4		AM
0-0 RG-4	DR TK IC 🟨 ⭐	LM
0-0 HG-0	6.8-3.9 2.6-1.9 0.3 6-0 1	RM
		CF

G	A	SH	SG	PC	P%	PP	CR	SC	TK	IC	BT	DC	PR
상위	하위	상위	상위	상위	하위	상위	하위	상위	하위	상위	상위	하위	하위
20%	48%	38%	45%	39%	26%	28%	24%	45%	5%	47%	45%	2%	40%

유럽 5대리그 공격형 미드필더 & 윙어 항목별 랭킹(90분 기준 기록, 100분율)

Jérémy DOKU
평점 7.24
제레미 도쿠 2002.05.27 / 173cm

맨체스터 시티에서 케빈 더 브라위너와 함께 팀 내 최고의 찬스메이커로 인정받고 있다. 심지어 더 브라위너의 추천을 받아 블루문 일원이 된 특이한 이력도 있다. 빠른 스피드와 민첩성을 바탕으로 뛰어난 돌파 능력을 지닌 윙어로, 상대 수비 타이밍을 빼앗는 변칙적인 드리블 스킬을 가졌다. 성실한 수비 가담과 빠른 방향 전환 등 전술적 측면에서도 매우 유용하다. 시장 가치는 5000만 유로, 추정 연봉은 260만 유로.

슈팅-득점		2023-24시즌 스타드 렌+맨체스터 시티					위치
46-3		19-12	1707	8	26.9-23.1	86%	AM
9-0							RM
55-3	LG-2						LM
0-0	RG-3	DR	TK	IC		★	LWB
0-0	HG-0	5.7-3.1	1.7-0.4	0.3	3-0	6	RW

G	A	SH	SG	PC	P%	PP	CR	SC	TK	IC	BT	DC	PR
하위	상위	상위	상위	상위	하위	상위	상위	하위	하위	하위	하위	하위	상위
46%	4%	8%	6%	14%	9%	40%	41%	2%	17%	26%	20%	1%	7%

Iñaki WILLIAMS
평점 7.20
이냐키 윌리엄스 1994.06.15 / 186cm

동생 니코와 함께 빌바오의 핵심이다. 니코가 스페인 국가대표를 선택한 것과 달리 이냐키는 가나 국가대표로 활동하고 있다. 운동 능력 하나만큼은 라 리가 최고 수준. 특히 순간 속도 35.7km/h에 달하는 주력은 그의 가장 큰 강점이며, 이를 통해 라인 브레이킹을 통한 찬스를 노린다. 스프린트 횟수도 상당하다. 다만 볼 테크닉과 골 결정력은 다소 부족하다. 시장 가치는 2500만 유로, 추정 연봉은 1140만 유로.

슈팅-득점		2023-24시즌 아슬레틱 빌바오					위치
71-10		32-2	2856	3	25.0-18.5	74%	RW
22-2							CF
93-12	LG-2						
0-0	RG-9	DR	TK	IC		★	
0-0	HG-1	3.4-1.5	1.3-0.7	0.4	4-0	4	

G	A	SH	SG	PC	P%	PP	CR	SC	TK	IC	BT	DC	PR
상위	하위	상위	하위	하위	하위	하위	상위	상위	하위	상위	하위	상위	하위
17%	24%	14%	5%	19%	12%	17%	38%	34%	6%	47%	33%	49%	36%

Edon ZHEGROVA
평점 7.20
에돈 제그로바 1999.03.31 / 181cm

알바니아계 코소보 출신이며 어려서부터 잠재성이 충만하다고 기대를 받아온 선수이다. 드리블로 상대 수비를 파괴하는 크랙이며, 득점 가능 지역에서 민첩한 페인팅을 통해 왼발 슈팅 각을 만들어내는 플레이에 능하다. 그리고 이 왼발 킥은 매우 정교해 팀의 주된 공격 루트로 활용된다. 다만 패턴 플레이라는 점에서 읽힐 소지가 있다. 또한, 왼발에 너무 의존한다. 시장 가치는 1500만 유로, 추정 연봉은 120만 유로.

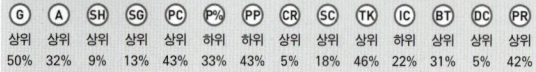

슈팅-득점		2023-24시즌 릴 OSC					위치
39-3		25-8	2299	4	25.3-21.0	83%	RW
43-3							
82-6	LG-5						
8-0	RG-1	DR	TK	IC		★	
0-0	HG-0	5.4-2.8	1.6-1.0	0.3	3-1	5	

G	A	SH	SG	PC	P%	PP	CR	SC	TK	IC	BT	DC	PR
상위	상위	상위	하위	하위	상위	상위	상위	하위	하위	하위	상위	하위	상위
50%	32%	9%	13%	43%	33%	43%	5%	18%	46%	22%	5%	50%	42%

Dani OLMO
평점 7.19
다니 올모 1998.05.07 / 179cm

라마시아 출신이지만 크로아티아에서 데뷔했으며 현재 독일에서 뛰는, 즉 라리가 경험이 전혀 없는 특이한 경력의 스페인 국가대표 공격형 MF. 부드럽고 정교한 볼 컨트롤과 패스가 강점이며, 간결한 볼 터치와 패스를 통해 팀 내에서 기회 창출 횟수가 가장 많다. 다만, 피지컬이 좋지 못한 편이며 수비 성공률이 낮다. 슈팅을 아낀다는 단점도 있어 개선해야 한다. 시장 가치는 5000만 유로, 추정 연봉은 943만 유로.

슈팅-득점		2023-24시즌 RB 라이프치히					위치
23-2		17-4	1455	5	29.9-23.9	80%	AM
22-2							CF
45-4	LG-1						RW
3-0	RG-2	DR	TK	IC		★	
0-0	HG-1	3.3-1.6	1.8-1.2	0.6	0-0	1	

G	A	SH	SG	PC	P%	PP	CR	SC	TK	IC	BT	DC	PR
상위	상위	상위	상위	상위	상위	상위	하위	상위	상위	상위	상위	상위	상위
40%	21%	12%	38%	34%	39%	37%	19%	47%	24%	14%	38%	35%	33%

Paulo DYBALA
평점 7.18
파울로 디발라 1993.11.15 / 177cm

2023-2024시즌 13골 9도움이라는 훌륭한 시즌을 보냈으나, 자신을 신뢰하던 조세 무리뉴 감독이 떠남에 따라 입지는 지켜볼 일이다. 유망주 시절에는 한정된 쓰임새에 갇혀 있는 선수라는 평가를 받았으나, 커리어를 쌓으면서 CF 뒤에서 펼치는 플레이메이킹에 눈을 뜨며 한 단계 성장했다는 평을 받고 있다. 측면 날개는 물론 나인도 OK. 시장 가치는 2500만 유로, 추정 연봉은 704만 유로.

슈팅-득점		2023-24시즌 AS 로마					위치
33-11		25-3	1944	9	32.2-27.1	84%	RW
26-2							CF
59-13	LG-13						AM
5-1	RG-0	DR	TK	IC		★	LW
7-7	HG-0	2.8-1.1	1.4-0.8	0.1			

G	A	SH	SG	PC	P%	PP	CR	SC	TK	IC	BT	DC	PR
상위	상위	상위	상위	상위	상위	상위	하위	상위	하위	하위	상위	하위	상위
7%	10%	35%	45%	24%	22%	15%	33%	33%	20%	7%	26%	33%	16%

Chris FÜHRICH
평점 7.16
크리스 퓌리히 1998.01.09 / 181cm

빠른 주력과 간결한 돌파가 강점인 윙어. 순간적인 가속과 바디 페인팅을 통해 압박을 벗어나며, 공을 가진 상태에서도 속도를 유지하며 역습을 전개한다. 간결한 볼 터치와 잔기술, 준수한 킥으로 지공 상황에서도 공격에 기여할 수 있다. 그러나 폼이 좋지 않은 날에는 턴오버가 잦고 드리블 고집이 심해지는 단점이 있다. 주 포지션은 중앙 공격형 미드필더. 시장 가치는 2800만 유로, 추정 연봉은 250만 유로.

슈팅-득점		2023-24시즌 슈투트가르트					위치
39-8		33-1	2595	7	36.1-31.1	86%	LW
15-0							AM
54-8	LG-2						LM
2-0	RG-6	DR	TK	IC		★	CM
1-0	HG-0	4.4-2.2	1.8-0.9	0.1	2-0	2	LWB

G	A	SH	SG	PC	P%	PP	CR	SC	TK	IC	BT	DC	PR
상위	상위	상위	상위	상위	하위	하위	상위	상위	하위	하위	상위	상위	상위
37%	30%	31%	42%	17%	14%	39%	21%	31%	13%	22%	17%	18%

유럽 5대리그 공격형 미드필더 & 윙어 항목별 랭킹 (90분 기준 기록, 100분율)

Christian PULISIC
크리스천 풀리식 1998.9.18 / 178cm
평점 7.16

성(姓)에서 알 수 있듯, 크로아티아 혈통의 미국 국가대표다. 한때 부상 때문에 경기력 저하가 있었으나, AC 밀란 입단 후 침체에서 벗어났다. 주로 라이트 윙으로 출전하나 2선 모든 위치에 설 수 있다. 직선적인 드리블과 양발 킥을 통해 공격에 기여하며 영리한 축구 센스로 찬스를 제공한다. 빠른 스피드와 뛰어난 위치 선정으로 밀란의 중요한 역할을 맡고 있다. 시장 가치는 3200만 유로, 추정 연봉은 513만 유로.

슈팅-득점	2023-24시즌 AC 밀란	위치
46-10 / 19-2	32-4 2621 8 26.7-21.9 82%	RW AM LW
65-12 LG-7 / 0-0 RG-5 / 0-0 HG-0	3.5-1.4 1.3-1.0 0.3 2-0 2	

G	A	SH	SG	PC	P%	PP	CR	SC	TK	IC	BT	DC	PR
상위	상위	상위	상위	상위	상위	하위	상위	하위	상위	상위	상위	상위	상위
14%	33%	49%	21%	46%	39%	29%	34%	36%	43%	16%	45%	49%	47%

James MADDISON
제임스 매디슨 1996.11.23 / 175cm
평점 7.15

토트넘 입단 첫 시즌부터 손흥민과 좋은 호흡을 보여 한국 팬들에게 크게 시선을 모았던 잉글랜드 국가대표 공격형 MF. 뛰어난 오른발 킥과 세트피스 능력으로 유명하며, 중거리 슈팅과 정확한 패스로 기회를 창출한다. 볼 테크닉과 탈압박도 기본 이상이며, 부상 복귀 후 기복이 있지만 토트넘에서는 여전히 공격형 미드필더로서 중요한 역할을 수행하고 있다. 시장 가치는 7000만 유로, 추정 연봉은 1027만 유로.

슈팅-득점	2023-24시즌 토트넘 핫스퍼	위치
31-3 / 27-1	26-2 2155 9 48.3-42.0 87%	AM CM
58-4 LG-1 / 3-0 RG-3 / 0-0 HG-0	2.9-1.2 1.7-1.2 0.5 5-0 1	

G	A	SH	SG	PC	P%	PP	CR	SC	TK	IC	BT	DC	PR
하위	상위	상위	상위	하위	하위	상위	하위	상위	상위	상위	상위	하위	상위
24%	7%	36%	24%	3%	17%	1%	16%	1%	37%	34%	2%	41%	2%

Matías SOULÉ
마티아스 술래 2003.04.15 / 171cm
평점 7.14

현 시점, 세리에 A 최대 유망주. 라이트윙이며, 2023-2024 세리에 A에서 가장 많은 찬스메이킹을 기록한 선수 중 하나다. 영리한 축구 지능으로 유리한 상황을 만드는 유형이며, 정교한 왼발 킥을 앞세워 중앙으로 치고 들어간 후 뿌리는 패스가 강점이다. 다만 스피드와 탈압박 능력은 그리 훌륭한 수준은 아니다. 이탈리아 국가대표 제안을 받았으나 이를 거부했다. 시장 가치는 2500만 유로, 추정 연봉은 56만 유로.

슈팅-득점	2023-24시즌 프로시노네	위치
36-9 / 47-2	36-0 3141 3 39.2-31.8 82%	AM RW RM CF
83-11 LG-8 / 7-1 RG-1 / 6-5 HG-2	6.2-2.9 1.8-1.1 0.6 4-0 3	

G	A	SH	SG	PC	P%	PP	CR	SC	TK	IC	BT	DC	PR
상위	하위	상위	상위	상위	상위	하위	상위	하위	상위	상위	상위	상위	하위
27%	19%	47%	27%	33%	14%	45%	10%	43%	38%	24%	10%	22%	

Nico WILLIAMS
니코 윌리엄스 2002.07.12 / 181cm
평점 7.14

아슬레틱 팀 동료 이냐키의 친동생. 형은 가나 국가대표를 선택했지만, 니코는 스페인 국가대표로 뛰고 있다. 매우 빠른 속도와 순간 가속력을 가진 날개. 이를 통해 공격 빌드업시 볼을 운반하는 역할을 수행하며, 전방과 측면에서 쉴 새 없이 상대 수비진을 들쑤신다. 다만 경험이 부족해 상황 판단과 섬세한 플레이가 다소 떨어지며, 드리블 돌파 시 실수가 잦다. 시장 가치는 5000만 유로, 추정 연봉은 1042만 유로.

슈팅-득점	2023-24시즌 아슬레틱 빌바오	위치
47-5 / 9-0	29-2 2283 11 21.3-16.8 79%	LW RW
56-5 LG-5 / 1-0 RG-3 / 0-0 HG-0	6.1-2.9 1.7-1.0 0.2 4-1 3	

G	A	SH	SG	PC	P%	PP	CR	SC	TK	IC	BT	DC	PR
하위	상위	상위	상위	상위	하위	상위	상위	상위	하위	상위	상위	하위	하위
36%	2%	45%	50%	25%	21%	9%	13%	12%	50%	5%	42%	6%	38%

Bernardo SILVA
베르나르도 실바 1994.08.10 / 173cm
평점 7.13

2023-2024시즌 맨체스터 시티의 우측 터치라인의 최전방과 최후방을 두루 책임지며 팀에 공헌했다. 뛰어난 탈압박 능력과 활동량으로 팀에 크게 기여한다. 작고 민첩한 체구로 정확한 드리블과 패스를 구사해 압박을 벗어나며, 약한 체구로 인해 슈팅이 강하지는 않지만 높은 축구 IQ로 팀 전술상 매우 필수적인 역할을 수행한다. 날카로운 왼발을 자랑한다. 시장 가치는 7000만 유로, 추정 연봉은 1812만 유로.

슈팅-득점	2023-24시즌 맨체스터 시티	위치
26-5 / 8-1	29-4 2582 9 55.5-49.4 89%	RW AM DM RM CM
34-6 LG-5 / 0-0 RG-1 / 0-0 HG-0	1.9-1.3 2.4-1.4 0.5 8-0 2	

G	A	SH	SG	PC	P%	PP	CR	SC	TK	IC	BT	DC	PR
상위	상위	상위	상위	상위	상위	상위	상위	하위	하위	상위	상위	상위	상위
6%	3%	21%	12%	14%	25%	23%	18%	50%	37%	14%	50%	16%	9%

Jonas HOFMANN
요나스 호프만 1992.07.14 / 176cm
평점 7.12

2023-2024시즌 무패 우승을 달성한 사비 알론소 레버쿠젠 감독의 전술상 핵심. 뛰어난 전술 이해도와 다양한 포지션 소화 능력을 지닌 공격형 미드필더. 상황에 따라서는 라이트백도 가능하다. 온더볼과 오프더볼 플레이가 모두 뛰어나며, 활동량이 많고, 킥과 드리블 퀄리티가 높다. 하지만 피지컬, 주력 등 특출난 부분은 없고, 부상에 자주 시달려 경기력이 기복이 있다. 시장 가치는 1000만 유로, 추정 연봉은 400만 유로.

슈팅-득점	2023-24시즌 바이에르 레버쿠젠	위치
32-3 / 28-2	26-6 2215 7 42.5-36.1 85%	AM CF CM
60-5 LG-1 / 0-0 RG-4 / 0-0 HG-1	1.1-0.6 1.1-0.6 3-0 2	

G	A	SH	SG	PC	P%	PP	CR	SC	TK	IC	BT	DC	PR
상위	상위	상위	상위	상위	상위	상위	상위	상위	상위	하위	상위	하위	상위
47%	14%	39%	19%	4%	18%	26%	18%	17%	32%	5%	10%	5%	

○ 유럽 5대리그 공격형 미드필더 & 윙어 항목별 랭킹 (90분 기준 기록, 100분율)

KUBO Takefusa
평점 7.12
구보 다케후사　2001.06.04 / 173cm

2023-2024시즌 7골 4도움, 나름 나쁘지 않은 스탯이나 시즌 초 무서운 기세였다는 걸 생각하면 다소 아쉽다. 이강인의 '절친'으로 유명하다. 과거에는 킥과 볼터치의 기복이 있었으나, 레알 소시에다드 이적 후 안정된 킥과 드리블, 패스, 슈팅 능력을 보이고 있다. 그러나 약한 피지컬때문에 압박에 약하고, 후반전 체력 저하까지는 고질적 문제에 시달리고 있다. 시장 가치는 6000만 유로, 추정 연봉은 250만 유로.

슈팅-득점	2023-24시즌 레알 소시에다드					위치
31-7		A	P	P%		RW
15-0	24-6　2155	4	23.6-19.2	81%		CF
● 46-7　LG-6	DR	TK	IC	🟨	⭐	RM
● 2-0　RG-1	3.8-1.9	1.3-0.9	0.4	2-0		
● 0-0　HG-0						

G	A	SH	SG	PC	P%	PP	CR	SC	TK	IC	BT	DC	PR
하위	하위	하위	상위	하위	하위	하위	상위	상위	하위	하위	상위	하위	상위
48%	47%	33%	47%	38%	24%	49%	12%	17%	27%	46%	47%	18%	45%

Florian SOTOCA
평점 7.12
플로리안 소토카　1990.10.25 / 187cm

센터포워드, 섀도 스트라이커, 라이트윙으로 활약한다. 득점력에서는 아쉬움이 많다는 평가를 받지만, 플레이하는 위치에서 볼을 지키고 동료를 살리는 플레이에 능하다. 또한, 성실한 활동량과 활발한 압박을 통해 전방에서부터 수비에 적극 가담한다. 2023-2024시즌 두 자릿수 공격 포인트(7골 6도움)를 올렸으나, 톱 플레이어가 되려면 득점과 도움 좀 더 향상시켜야 한다. 시장 가치는 250만 유로, 추정 연봉은 60만 유로.

슈팅-득점	2023-24시즌 스타드 랭스					위치
57-7		A	P	P%		AM
12-0	29-3　2603	6	39.9-31.0	78%		CF
● 69-7　LG-0	DR	TK	IC	🟨	⭐	CM
● 0-0　RG-5	1.2-0.6	1.7-1.0	0.6	4-1	3	RB
● 4-4　HG-2						RW
						RM

G	A	SH	SG	PC	P%	PP	CR	SC	TK	IC	BT	DC	PR
상위	상위	상위	하위	하위	상위	하위	상위	상위	하위	상위	상위	하위	상위
33%	41%	49%	28%	26%	30%	20%	48%	43%	38%	17%	21%	7%	14%

ITO Junya
평점 7.10
이토 준야　1994.03.09 / 176cm

2023-2024시즌 도중 성폭력 혐의로 고소를 당하는 어려운 시기를 겪었으나, 31경기 3골 7도움을 기록하는 등 경기력을 유지했다. 현재 아시아를 넘어 유럽에서도 손꼽히는 '스피드 스타'이며, 오른쪽 측면에서 가속도를 잔뜩 실은 드리블로 상대 수비를 무너뜨린다. 크로스와 컷백이 상당히 우수하고, 체력도 좋은 편이다. 오프사이드에 자주 걸리는 게 단점. 시장 가치는 1000만 유로, 추정 연봉은 120만 유로.

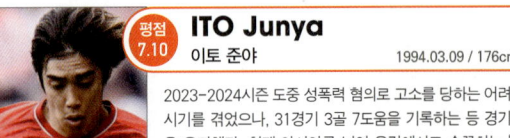

슈팅-득점	2023-24시즌 스타드 렝스					위치
32-3		A	P	P%		RW
14-0	31-0　2722	7	29.3-21.4	73%		CF
● 46-3　LG-1	DR	TK	IC	🟨	⭐	RM
● 1-0　RG-2	3.5-1.8	1.9-1.1	0.5	2-0	3	RWB
● 0-0　HG-0						

G	A	SH	SG	PC	P%	PP	CR	SC	TK	IC	BT	DC	PR
하위	상위	하위	하위	하위	하위	상위	상위	상위	상위	상위	상위	상위	하위
5%	34%	12%	13%	33%	8%	31%	9%	25%	34%	5%	40%	40%	39%

Diogo JOTA
평점 7.10
디오구 조타　1996.12.04 / 178cm

2023-2024시즌, 부상 때문에 21경기 출전에 그쳤다. 10골 3도움이니 출전 시간 대비 공격 포인트 양산 능력은 제법 훌륭했으나, 리버풀 처지에서는 조타의 공백이 여러모로 아쉬웠다. 지능적인 오프더볼과 저돌적인 온더볼 능력을 모두 갖췄다. 발기술도 좋지만, 체격에 비해 공중볼 처리도 좋아 곧잘 헤더골을 터뜨린다. 기복만 극복하면 최고의 자원이다. 시장 가치는 5000만 유로, 추정 연봉은 845만 유로.

슈팅-득점	2023-24시즌 리버풀 FC					위치
38-9		A	P	P%		LW
3-1	14-7　1151	3	18.4-13.6	75%		CF
● 41-10　LG-4	DR	TK	IC	🟨	⭐	RW
● 0-0　RG-5	2.0-0.8	1.7-1.1	0.3	1-1	1	
● 0-0　HG-1						

G	A	SH	SG	PC	P%	PP	CR	SC	TK	IC	BT	DC	PR
상위	상위	상위	하위	상위	상위	상위	하위	상위	상위	하위	상위	상위	하위
1%	40%	9%	4%	20%	32%	18%	46%	46%	20%	49%	30%	38%	34%

Lamine YAMAL
평점 7.09
라민 야말　2007.07.13 / 181cm

현재 전 세계를 통틀어 가장 주목받는 10대 유망주 선수라 해도 과언이 아니다. 2023-2024시즌을 통해 라 리가 최연소 선발, 최연소 어시스트, 최연소 득점 등 각종 진기록을 쌓았다. 왼발을 사용하는 오른쪽 날개다. 뛰어난 드리블, 강력한 슈팅, 탁월한 패스 능력을 갖췄다. 다만 신체적 성장이 어느 정도 이뤄지느냐에 따라 향후 플레이스타일이 바뀔 가능성이 크다. 시장 가치는 7500만 유로, 추정 연봉은 167만 유로.

슈팅-득점	2023-24시즌 FC 바르셀로나					위치
37-4		A	P	P%		RW
21-1	22-15　2200	5	27.7-23.3	84%		RWB
● 58-5　LG-4	DR	TK	IC	🟨	⭐	
● 0-0　RG-1	4.3-2.0	2.6-1.7	0.5	3-0	4	
● 0-0　HG-0						

G	A	SH	SG	PC	P%	PP	CR	SC	TK	IC	BT	DC	PR
하위	상위	하위	상위	하위	상위	하위	상위	상위	하위	상위	상위	상위	상위
23%	36%	32%	49%	24%	27%	35%	40%	29%	6%	7%	19%	10%	12%

Lucas PAQUETÁ
평점 7.09
루카스 파케타　1997.08.27 / 180cm

2022 FIFA 브라질 월드컵 당시 한국전에서 득점하며 신명나는 댄스 세리머니를 한 것으로 유명하다. 공격형 미드필더로서 뛰어난 볼 컨트롤, 드리블, 왼발 킥, 패스 등 여러 장점을 두루 갖추었다. 성실한 플레이와 높은 활동량이 장점이다. 그러나 볼을 끄는 습관과 왼발 의존, 무리한 수비와 다혈질적인 성향이 단점이다. 2023-2024시즌 31경기 4골 6도움. 시장 가치는 6500만 유로, 추정 연봉은 906만 유로.

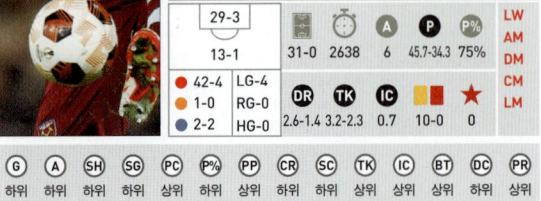

슈팅-득점	2023-24시즌 웨스트햄 유나이티드					위치
29-3		A	P	P%		LW
13-1	31-0　2638	6	45.7-34.3	75%		AM
● 42-4　LG-4	DR	TK	IC	🟨	⭐	DM
● 1-0　RG-1	2.6-1.4	3.2-2.3	0.7	10-0	1	CM
● 2-2　HG-2						LM

G	A	SH	SG	PC	P%	PP	CR	SC	TK	IC	BT	DC	PR
하위	상위	하위	하위	상위	상위	하위	상위	상위	상위	상위	상위	하위	상위
42%	45%	8%	5%	14%	40%	12%	26%	19%	10%	42%	10%	10ㄴ%	

유럽 5대리그 공격형 미드필더 & 윙어 항목별 랭킹(90분 기준 기록, 100분율)

Luis DÍAZ
평점 7.08
루이스 디아스 1997.01.13 / 180cm

팔카오와 하메스의 뒤를 잇는 콜롬비안 슈퍼스타. 2023-2024시즌 중 부친이 납치당하는 일을 겪었음에도 37경기를 뛰는 프로다운 면모를 보였다. 시원시원한 스피드와 유연한 신체 능력, 뛰어난 드리블로 측면을 파괴하는 날개. 테크닉이 좋아 1대1 싸움을 즐긴다. 종종 결정력과 마무리에서 아쉬움을 보이며, 볼을 끄는 경향이 있어 비효율적이라는 비판을 받는다. 시장 가치는 7500만 유로, 추정 연봉은 332만 유로.

슈팅-득점	2023-24시즌 리버풀 FC	위치
73-8 / 21-0	32-5 2646 5 27.7-23.6 85%	LW RW
● 94-8 LG-2 / ● 0-0 RG-4 / ● 0-0 HG-1	3.7-1.8 1.7-1.0 0.1 3	

G	A	SH	SG	PC	P%	PP	CR	SC	TK	IC	BT	DC	PR
상위	하위	상위	상위	상위	하위	상위	하위	상위	하위	상위	하위	상위	상위
26%	43%	10%	16%	38%	6%	46%	7%	12%	41%	4%	49%	21%	38%

Donyell MALEN
평점 7.08
도니엘 말런 1999.01.19 / 176cm

16세 유망주 시절부터 뛰어난 잠재성 때문에 빅클럽과 이적설을 뿌린 바 있다. 엄청난 스피드를 자랑하는 돌파 능력이 강점인 날개. 왼쪽 날개였으나 2년 전부터 전술상 이유로 오른쪽에 위치하는 일이 잦아졌다. 피지컬도 제법 단단하며 신체 밸런스도 우수해 상대 수비수와 경합에서 곧잘 이겨낸다. 다만 공중볼에 약하며, 공간 창출 능력이 부족하다는 단점을 가지고 있다. 시장 가치는 4000만 유로, 추정 연봉은 600만 유로.

슈팅-득점	2023-24시즌 도르트문트	위치
48-11 / 24-2	21-6 1786 1 18.3-14.6 80%	RW LW CF AM
● 72-13 LG-0 / ● 2-0 RG-12 / ● 0-0 HG-1	3.5-1.6 0.6-0.4 0.1 5-0 4	

G	A	SH	SG	PC	P%	PP	CR	SC	TK	IC	BT	DC	PR
상위	하위	상위	상위	상위	상위	상위	상위	하위	상위	하위	상위	상위	하위
5%	6%	3%	1%	17%	45%	30%	25%	9%	1%	16%	17%	29%	30%

Andrej KRAMARIĆ
평점 7.07
안드레이 크라마리치 1991.06.19 / 177cm

2023-24 독일 분데스리가 득점 랭킹 3위. 3월 이후 공격 포인트를 몰아치기로 쏟아내는 등 뒷심을 발휘했다. 강팀 상대로 약하다는 평도 있었으나 바이에른 뮌헨을 상대로 해트트릭을 몰아치기도 했다. 최전방 스트라이커로 뛰지만 2선 전체를 모두 소화할 수 있는 범용성이 큰 자원이며, 슈팅력과 오프더볼 움직임이 뛰어나고 활동량이 풍부하다. 공중볼은 좀 약한 편. 시장 가치는 500만 유로, 추정 연봉은 400만 유로.

슈팅-득점	2023-24시즌 호펜하임	위치
39-14 / 30-1	25-5 2207 9 33.6-28.2 84%	AM CM CF LW
● 69-15 LG-3 / ● 8-0 RG-11 / ● 5-5 HG-1	1.7-0.8 0.6-0.4 0.3 4-0 2	

G	A	SH	SG	PC	P%	PP	CR	SC	TK	IC	BT	DC	PR
상위	상위	상위	상위	상위	상위	하위	하위	하위	하위	하위	하위	하위	상위
3%	30%	28%	11%	20%	25%	27%	23%	8%	1%	44%	19%	6%	57%

Jérémie BOGA
평점 7.06
제레미 보가 1997.01.03 / 174cm

첼시 유스 출신이나 자리를 잡지 못하고 오랜 임대 생활을 했다. 지난 시즌 생애 처음 도전하는 프랑스 리그1에서 두 자릿수 공격 포인트를 올렸다. 호리호리한 체격이지만 폭발적인 스피드를 자랑하는 드리블러이며, 순간적인 방향 전환 플레이와 좌측면에서 반대로 전개하는 침투 패스가 매우 위협적이다. 다만 피지컬 한계 때문에 볼을 쉽게 뺏기고 수비 가담이 적다. 시장 가치는 1500만 유로, 추정 연봉은 278만 유로.

슈팅-득점	2023-24시즌 니스	위치
26-5 / 13-1	24-4 2011 6 23.3-19.8 85%	LW AM LWB RW
● 39-6 LG-2 / ● 4-0 RG-3 / ● 0-0 HG-1	4.0-2.3 1.0-0.6 0.3 1-0 4	

G	A	SH	SG	PC	P%	PP	CR	SC	TK	IC	BT	DC	PR
상위	하위	상위	상위	하위	상위	상위	상위	하위	상위	하위	상위	하위	하위
43%	22%	24%	40%	42%	9%	31%	48%	10%	31%	26%	12%	6%	33%

Nicolás GONZÁLEZ
평점 7.06
니콜라스 곤살레스 1998.04.06 / 180cm

지난해 여름 이적설이 뜨거웠으나, 클럽에서 판매 불가를 선언했다. 왼발잡이 날개로 재빠른 스프린트와 간결한 기본기를 바탕으로 한 직선적인 드리블이 강점이다. 좌측면에서 크로스와 컷백, 파 포스트 슈팅으로 득점을 만들며, 높은 점프력을 바탕으로 헤더도 준수하다. 그러나 퍼스트 터치와 개인 기술의 기복이 있어 패스와 슈팅의 정확도가 떨어질 때가 많다. 시장 가치는 4000만 유로, 추정 연봉은 385만 유로.

슈팅-득점	2023-24시즌 피오렌티나	위치
60-12 / 27-0	21-8 1914 2 24.7-18.3 74%	LW RW
● 87-12 LG-5 / ● 2-0 RG-2 / ● 3-1 HG-5	3.2-1.3 1.7-1.0 0.4 1-0 2	

G	A	SH	SG	PC	P%	PP	CR	SC	TK	IC	BT	DC	PR
상위	하위	상위	상위	상위	하위	하위	상위	상위	하위	상위	상위	상위	상위
5%	22%	1%	9%	43%	24%	29%	26%	26%	40%	29%	45%	48%	43%

Ayoze PÉREZ
평점 7.03
아요세 페레스 1993.07.29 / 178cm

뉴캐슬·레스터를 통해 잉글랜드에 도전했으나 기대만큼의 활약을 하지 못하고 지난해부터 스페인으로 돌아와 뛰고 있다. 귀를 막는 세리머니로 유명하다. 2선 전역 커버 가능하며 세컨드 스트라이커로도 뛸 수 있다. 발재간과 퍼스트 터치가 뛰어나며, 빠른 침투와 헤더 능력도 갖추고 있다. 다만 피지컬이 약해 볼 경합에서 밀리며 솔로 플레이로는 한계를 보인다. 시장 가치는 700만 달러, 추정 연봉은 125만 유로.

슈팅-득점	2023-24시즌 레알 베티스	위치
61-8 / 7-1	29-2 2309 1 22.9-18.4 80%	LW CF LM RW AM
● 68-9 LG-1 / ● 0-0 RG-8 / ● 0-0 HG-0	3.5-1.5 2.9-1.9 0.6 4-0 6	

G	A	SH	SG	PC	P%	PP	CR	SC	TK	IC	BT	DC	PR
상위	하위	상위	상위	상위	상위	상위	하위	상위	하위	상위	상위	상위	하위
15%	13%	24%	19%	26%	38%	20%	45%	7%	10%	29%	29%	29%	31%

○ 유럽 5대리그 공격형 미드필더 & 윙어 항목별 랭킹(90분 기준 기록, 100분율)

Bryan MBEUMO
평점 7.02
브라이언 음뵈모 1999.08.07 / 171cm

본래 프랑스 국가대표를 지망했으나 뜻을 이루지 못하자 2022 FIFA 카타르 월드컵을 앞두고 카메룬 국가대표로 전향했다. 날카로운 왼발 킥을 자랑하는 우측 인버티드 윙이며, 뛰어난 스피드와 드리블을 바탕으로 승부한다. 체격은 작지만 단단한 피지컬과 밸런스로 볼을 지켜내며 동료와 연계를 통해 수비 허점을 공략한다. 왼발 감아차기는 그의 주특기다. 압박에는 약한 편. 시장 가치는 4000만 유로, 추정 연봉은 271만 유로.

슈팅-득점		2023-24시즌 브렌트포드					위치
39-8				A	P	P%	RW
14-1		22-3	1960	6	26.2-18.9	72%	CF
53-9	LG-8	DR	TK	IC	🟨	⭐	
4-0	RG-1						
3-3	HG-0	3.4-1.1	1.2-0.6	0.3	2-0	3	

G	A	SH	SG	PC	P%	PP	CR	SC	TK	IC	BT	DC	PR
상위	상위	상위	하위	하위	상위	상위	상위	상위	하위	하위	상위	상위	하위
11%	21%	43%	48%	29%	11%	42%	28%	50%	4%	25%	43%	37%	35%

Brahim DÍAZ
평점 7.02
브라임 디아스 1999.08.03 / 170cm

AC밀란 임대 후 일취월장해 지난해 원 소속팀 레알 마드리드로 돌아왔다. 2023-2024시즌 20개 공격 포인트(12골 8도움)를 올렸다. 볼 다루는 실력이 매우 뛰어난 양발잡이 공격형 미드필더. 그만큼 플레이에 선택지가 넓은 2선 공격 자원이다. 오프더볼 움직임으로도 지능적으로 찬스를 만들어낸다. 다만 시야가 좁고 종종 무리한 플레이로 턴오버를 자주 범한다. 시장 가치는 3500만 유로, 추정 연봉은 729만 유로.

슈팅-득점		2023-24시즌 레알 마드리드					위치
29-8				A	P	P%	AM
9-0		18-13	1513	6	22.6-19.6	87%	CF
38-8	LG-2	DR	TK	IC	🟨	⭐	LW
0-0	RG-6						RW
0-0	HG-0	3.6-1.9	1.3-0.9	0.2	1-0	4	RM
							LM

G	A	SH	SG	PC	P%	PP	CR	SC	TK	IC	BT	DC	PR
상위	상위	상위	상위	상위	상위	상위	상위	상위	하위	상위	상위	상위	상위
8%	12%	42%	25%	25%	33%	32%	24%	8%	12%	26%	6%	12%	12%

Teun KOOPMEINERS
평점 7.02
툰 코프메이너스 1998.02.28 / 184cm

현재 유벤투스의 강력한 러브콜을 받고 있는 중원 자원. 본래 수비형 MF였지만 공격형 미드필더로 전진배치되어 기량이 더욱 만개하고 있다. 2023-2024시즌 이탈리아 진출 후 가장 많은 12골을 성공시켰다. 날카롭고 파워풀한 왼발 킥과 우수한 세트 피스 능력을 지녔다. AZ 알크마르 시절에는 주장으로도 활약할 정도로 리더십이 출중하다. 발이 빠르진 않다. 시장 가치는 4000만 유로, 추정 연봉은 192만 유로.

슈팅-득점		2023-24시즌 아탈란타					위치
32-9				A	P	P%	AM
22-3		29-5	2633	5	37.2-30.5	82%	CM
54-12	LG-10	DR	TK	IC	🟨	⭐	RW
2-1	RG-1						CF
2-2	HG-1	1.5-0.6	2.1-1.1	0.4	5-0	2	

G	A	SH	SG	PC	P%	PP	CR	SC	TK	IC	BT	DC	PR
상위	상위	하위	하위	상위	하위	상위	하위	상위	상위	상위	하위	하위	상위
29%	46%	28%	30%	1%	48%	28%	43%	30%	42%	18%	13%	26%	26%

Pedro NETO
평점 7.00
페드로 네투 2000.03.19 / 172cm

황희찬과 더불어 울브스의 원투 펀치 구실을 했다. 2023-2024시즌 종료 후 이적설의 중심에 선 상황, 울버햄튼은 클럽 레코드 가격표를 붙인 상태이다. 빠른 템포로 방향 전환 플레이를 구사하며, 폭발적 주력과 예리한 왼발까지 두루 갖췄다. 클래식 윙과 인버티드 윙 모두 소화할 수 있으며 플레이 패턴도 굉장히 다양하다. 다만 부상이 잦으며 약한 피지컬이 약점. 시장 가치는 5500만 유로, 연봉은 302만 유로.

슈팅-득점		2023-24시즌 울버햄튼					위치
27-2				A	P	P%	RW
9-0		18-2	1521	9	29.6-24.6	83%	CF
36-2	LG-2	DR	TK	IC	🟨	⭐	LW
3-0	RG-2						AM
0-0	HG-0	4.4-2.0	0.9-0.4	0.3	4-0	1	

G	A	SH	SG	PC	P%	PP	CR	SC	TK	IC	BT	DC	PR
하위	상위	상위	상위	상위	상위	상위	상위	상위	하위	상위	상위	상위	상위
9%	1%	47%	43%	33%	42%	34%	5%	28%	1%	20%	35%	21%	31%

RAPHINHA
평점 7.00
하피냐 1996.12.14 / 176cm

우상은 호나우두, 에이전트는 과거 포르투갈 레전드 데쿠다. 리즈 시절 팬들의 사랑을 독차지했으며, '드림 클럽'은 현 소속팀 바르셀로나다. 원래 라이트윙이었으나, 2023-2024시즌 후반기에 야말에게 이 자리를 넘기고 좌측에서 뛰고 있다. 정교한 왼발 킥으로 공격의 맥을 풀어가는 플레이메이커 성향을 가졌다. 지나치게 왼발에 치중하는 플레이가 단점. 시장 가치는 5000만 달러, 추정 연봉은 1250만 유로.

슈팅-득점		2023-24시즌 FC 바르셀로나					위치
29-4				A	P	P%	RW
30-2		17-11	1373	9	21.1-17.1	81%	LW
59-6	LG-5	DR	TK	IC	🟨	⭐	CM
10-0	RG-3						
1-1	HG-1	1.6-0.9	1.1-0.6	0.5	4-1	3	

G	A	SH	SG	PC	P%	PP	CR	SC	TK	IC	BT	DC	PR
상위	상위	상위	상위	상위	하위	상위	상위	상위	하위	상위	상위	상위	상위
10%	1%	1%	2%	32%	43%	20%	12%	33%	18%	28%	24%	24%	40%

Morgan GIBBS-WHITE
평점 7.00
모건 깁스화이트 2000.01.27 / 171cm

울버햄튼 유스 출신이나 임대생 신분이었던 셰필드 Utd.에서 이름을 알렸다. 2017 FIFA U-17 월드컵 우승 멤버다. 2선 공격형 미드필더로서 저돌적인 드리블과 발재간으로 빠르게 전방으로 공을 운반한다. 아웃프런트 패스와 원터치 패스로 공격 템포를 높인다. 그러나 골 결정력이 약하고, 경기 조율 능력이 부족하다. 다혈질적 행동으로 카드를 받는 일이 잦다. 시장 가치는 4000만 유로, 추정 연봉은 483만 유로.

슈팅-득점		2023-24시즌 노팅엄 포리스트					위치
35-4				A	P	P%	AM
36-1		35-2	3164	10	34.5-26.6	77%	RW
71-5	LG-4	DR	TK	IC	🟨	⭐	RM
4-0	RG-1						LW
1-1	HG-0	3.0-1.2	1.5-1.0	0.5	9-0	2	CF
							CM

G	A	SH	SG	PC	P%	PP	CR	SC	TK	IC	BT	DC	PR
하위	상위	상위	상위	상위	하위	상위	상위	상위	상위	상위	상위	하위	하위
17%	20%	36%	44%	23%	17%	36%	29%	44%	36%	36%	39%	6%	47%

○ 유럽 5대리그 공격형 미드필더 & 윙어 항목별 랭킹(90분 기준 기록, 100분율)

Mattia ZACCAGNI
평점 7.00
마티아 차카니 1995.06.16 / 176cm

공격형 미드필더로 윙이나 중앙 미드필더로도 활약 가능하다. 2023-2024시즌에는 주로 왼쪽 터치라인을 누비는 오른발 날개로 기용되었다. 스피드와 기술적인 돌파, 넓은 시야와 창의적인 전진 패스로 각광받는다. 활동량도 우수해 적극적으로 전방에서 압박을 수행한다. 기동력도 평균 이상이다. 패스 성공률이 낮고 드리블 돌파로 템포를 잡아먹는 경향이 있다. 시장 가치는 2200만 유로, 추정 연봉은 593만 유로.

슈팅-득점	2023-24시즌 라치오	위치
24-5 / 18-1	⏱ 24-4 1974 A 1 P 28.8-24.2 P% 84%	LW AM LM LWB
● 42-6 LG-2 / ● 3-1 RG-4 / ● 0-0 HG-3	DR 4.1-2.0 TK 1.5-1.1 IC 0.7 🟨🟥 8-0 ★ 5	

G	A	SH	SG	PC	P%	PP	CR	SC	TK	IC	BT	DC	PR
하위	하위	하위	하위	상위	상위	하위	상위	상위	상위	상위	하위	상위	상위
45%	5%	27%	26%	36%	29%	16%	48%	38%	41%	41%	19%	30%	

Jacob MURPHY
평점 6.99
제이콥 머피 1995.02.24 / 179cm

쌍둥이 형제 조쉬와 더불어 노리치 유스팀을 통해 축구에 입문했다. 커리어 내내 임대 생활을 전전했으나 2020년 이후 뉴캐슬에서 뿌리를 내렸다. 오른쪽 측면에서는 포지션을 가리지 않지만, 양발을 자유자재로 활용할 수 있어 왼쪽에서도 뛸 수 있다. 직선적인 드리블과 크로스가 강점이며, 활동량도 풍부하다. 다만 볼 테크닉은 다소 투박한 편이며, 기복이 심하다. 시장 가치는 1500만 유로, 추정 연봉은 211만 유로.

슈팅-득점	2023-24시즌 뉴캐슬	위치
19-3 / 11-0	⏱ 14-7 1194 A 7 P 20.1-14.9 P% 74%	RW RM RWB RB
● 30-3 LG-0 / ● 0-0 RG-3 / ● 0-0 HG-0	DR 1.3-0.6 TK 1.6-1.0 IC 0.4 🟨🟥 1-0 ★ 1	

G	A	SH	SG	PC	P%	PP	CR	SC	TK	IC	BT	DC	PR
하위	상위	하위	하위	하위	하위	상위	상위	하위	상위	상위	상위	하위	하위
40%	1%	44%	43%	35%	11%	46%	15%	44%	29%	50%	19%	33%	

LEE Kangin
평점 6.98
이강인 2001.02.19 / 174cm

한국의 차세대 스타. 파리 생제르맹 이적 후 마케팅 파워에 있어서는 전 아시아를 아우를 만큼 엄청난 유명세를 자랑한다. 마요르카 시절이던 2022-2023시즌 중반부터 기량이 급성장했다. 환상적인 테크닉을 자랑하는 왼발잡이 공격형 미드필더. 탈압박 능력과 세트 피스 처리 능력도 최고 수준. 상황에 따라서는 유효적절하게 오른발로도 제법 많은 스탯을 쌓는다. 시장 가치는 2500만 유로, 추정 연봉은 727만 유로.

슈팅-득점	2023-24시즌 PSG	위치
14-2 / 9-1	⏱ 18-5 1472 A 4 P 39.6-35.2 P% 89%	RW AM LW CM CF
● 23-3 LG-2 / ● 0-0 RG-1 / ● 0-0 HG-1	DR 2.2-1.2 TK 2.0-1.1 IC 0.3 🟨🟥 2-0 ★ 1	

G	A	SH	SG	PC	P%	PP	CR	SC	TK	IC	BT	DC	PR
하위	상위	하위	하위	상위	하위	상위	상위	상위	상위	상위	하위	상위	상위
38%	27%	23%	36%	1%	8%	3%	13%	22%	25%	37%	3%	46%	4%

Bradley BARCOLA
평점 6.98
브래들리 바르콜라 2002.09.02 / 186cm

올랭피크 리옹 출신 토고계 프랑스 국적 날개. 롤모델은 크리스티아누 호날두와 피에르 에메릭 오바메양이다. 양발을 고루 사용하기 때문에 2선 공격진 어느 포지션에서든 뛸 수 있다. 간결하면서도 빠른 볼 터치로 수비수를 제쳐낸다. 슈팅이나 패스 역시 다른 선수에 비해 템포가 빠르며 무엇보다 이타적 플레이로 찬스를 만드는 데 능하다. 다만 골 결정력은 아쉽다. 시장 가치는 5000만 유로, 추정 연봉은 660만 유로.

슈팅-득점	2023-24시즌 리옹+PSG	위치
27-4 / 6-0	⏱ 21-7 1651 A 7 P 22.4-17.9 P% 80%	LW AM RW CF
● 33-4 LG-0 / ● 0-0 RG-4 / ● 0-0 HG-0	DR 4.0-1.9 TK 2.3-1.4 IC 0.4 🟨🟥 2-1 ★ 1	

G	A	SH	SG	PC	P%	PP	CR	SC	TK	IC	BT	DC	PR
하위	상위	상위	하위	상위	상위	상위	하위	상위	상위	상위	상위	하위	상위
41%	12%	43%	46%	48%	78%	46%	14%	36%	48%	21%	45%	8%	38%

Lucas OCAMPOS
평점 6.95
루카스 오캄포스 1994.07.11 / 187cm

2019년부터 세비야에서 뛰어왔다. 매 시즌 들쭉날쭉한 퍼포먼스를 선보였다. 2023-2024시즌에는 35경기를 뛸 정도로 큰 부상은 없었다. 큰 체격 조건에도 훌륭한 볼 테크닉이 돋보이는 날개 자원이다. 주력이 빠르진 않지만 순간적인 스피드는 상당히 좋고 돌파에 능한 모습을 보이고 있다. 엄청난 체력까지 갖춰 수비 공헌도가 높고, 윙백 기용도 가능하다. 시장 가치는 900만 유로, 추정 연봉은 170만 유로.

슈팅-득점	2023-24시즌 세비야	위치
46-3 / 18-1	⏱ 34-1 2887 A 3 P 28.5-21.1 P% 74%	LW CF RW AM
● 64-4 LG-1 / ● 0-0 RG-2 / ● 1-1 HG-1	DR 3.6-1.4 TK 2.8-1.9 IC 0.6 🟨🟥 9-0 ★ 1	

G	A	SH	SG	PC	P%	PP	CR	SC	TK	IC	BT	DC	PR
하위	하위	상위	상위	하위	하위	하위	상위	하위	하위	하위	상위	상위	상위
15%	18%	45%	47%	38%	11%	36%	28%	13%	14%	37%	39%	48%	

Bryan ZARAGOZA
평점 6.95
브라이언 사라고사 2001.09.09 / 164cm

164cm(!). 장신 선수들이 즐비한 분데스리가 역사상 가장 키가 작은 선수로 꼽힌다. 2022-2023시즌 하반기 임대로 바이에른 뮌헨 유니폼을 입은 후 잠재성을 인정받아 완전 이적에 성공했다. 폭발적인 주력과 순간 스피드가 상당히 인상적인 날개이며, 이를 통해 박스 안팎에서 많은 파울을 이끌어 낸다. 윙이지만, 모든 공격 포지션을 뛸 수 있는 것도 장점. 시장 가치는 1200만 유로, 추정 연봉은 660만 유로.

슈팅-득점	2023-24시즌 그라나다+바이에른 뮌헨	위치
31-5 / 10-1	⏱ 19-9 1819 A 2 P 14.5-9.9 P% 68%	LW CF RW AM
● 41-6 LG-0 / ● 1-0 RG-6 / ● 1-1 HG-0	DR 5.2-2.2 TK 2.5-1.4 IC 0.2 🟨🟥 6-0 ★ 4	

G	A	SH	SG	PC	P%	PP	CR	SC	TK	IC	BT	DC	PR
상위	하위	상위	상위	하위	상위	상위	상위	하위	상위	상위	상위	상위	하위
30%	27%	35%	16%	5%	2%	12%	16%	50%	34%	13%	13%	9%	16%

○ 유럽 5대리그 공격형 미드필더 & 윙어 항목별 랭킹(90분 기준 기록, 100분율)

Vincenzo GRIFO
평점 6.95
빈첸초 그리포 1993.04.07 / 180cm

이탈리아 국가대표지만 유소년 시절부터 모든 클럽 커리어를 독일에서만 보낸 독특한 이력의 소유자. 이는 독일 태생이기 때문이다. 2022-2023시즌 독일 키커지로부터 '분데스리가 올해의 팀'에 선정됐다. 좌측면에서 안쪽으로 파고들어 오른발로 골문을 자주 노린다. 특히 킥이 강점이며 플레이 상황이든 데드볼이든 매우 정교한 킥을 뽐낸다. 수비 가담도 성실한 편. 시장 가치는 900만 유로, 추정 연봉은 95만 유로.

슈팅-득점		2023-24시즌 프라이부르크					위치
28-7				A	P	P%	AM
20-1		29-3	2347	8	35.8-28.7	81%	LM
● 48-8	LG-2						LW
● 5-0	RG-6	DR	TK	IC		★	CM
● 6-6	HG-0	1.9-0.8	1.5-1.0	0.5	3-0	2	

G	A	SH	SG	PC	P%	PP	CR	SC	TK	IC	BT	DC	PR
상위	상위	하위	하위	상위	하위	상위	상위	하위	상위	상위	하위	상위	상위
18%	16%	17%	8%	15%	38%	32%	8%	41%	43%	26%	14%	21%	31%

Matteo POLITANO
평점 6.94
마테오 폴리타노 1996.05.30 / 178cm

오른쪽 터치라인을 오르내리며 활약한다. 스피드와 테크닉으로 승부하는 크랙이다. 화려하지는 않지만 매우 저돌적이며, 짧고 간결한 볼 터치로 드리블해 수비수들이 대응하기 까다롭다. 특히 파이널 서드 지역에서 날리는 왼발 슈팅이 매우 위협적이다. 수비 가담 역시 매우 헌신적이다. 다만 피지컬이 왜소하며 오른발 플레이는 서투르다는 게 단점이다. 잔부상도 잦다. 시장 가치는 1300만 유로, 추정 연봉은 593만 유로.

슈팅-득점		2023-24시즌 나폴리					위치
32-7				A	P	P%	RW
43-1		31-6	2387	7	30.0-24.9	83%	AM
● 75-8	LG-8						LW
● 4-0	RG-6	DR	TK	IC		★	
● 3-2	HG-0	2.1-0.9	1.1-0.5	0.4	2-1	1	

G	A	SH	SG	PC	P%	PP	CR	SC	TK	IC	BT	DC	PR
상위	상위	상위	상위	상위	상위	상위	상위	상위	상위	상위	하위	상위	상위
40%	31%	29%	35%	2%	49%	11%	19%	15%	3%	43%	25%	31%	20%

Enzo MILLOT
평점 6.94
엔조 밀로 2002.07.17 / 174cm

2019 FIFA U-17 월드컵 베스트 일레븐에 선정될 정도로 유망주 시절부터 잠재성을 인정받았었다. 슈투트가르트도 잠재성을 인정해 2028년 6월까지 계약 기간을 연장했다. 왼발을 사용하는 중앙 공격형 미드필더이며, 발기술과 정확한 패스가 강점이다. 스피드도 훌륭하며 수비에도 적극 참여하는 편이지만 몸 싸움에는 약하다. 어린 선수다 보니 기복도 있는 편. 시장 가치는 3000만 유로, 추정 연봉은 189만 유로.

슈팅-득점		2023-24시즌 슈투트가르트					위치
22-5				A	P	P%	AM
17-0		27-4	2256	4	45.4-39.5	87%	DM
● 39-5	LG-5						CM
● 0-0	RG-0	DR	TK	IC		★	RW
● 1-1	HG-0	2.8-1.5	2.0-1.3	0.5	5-0	0	RM

G	A	SH	SG	PC	P%	PP	CR	SC	TK	IC	BT	DC	PR
하위	상위	하위	하위	상위	상위	하위	상위	상위	상위	상위	상위	상위	상위
38%	45%	13%	10%	4%	5%	23%	21%	35%	29%	20%	7%	38%	6%

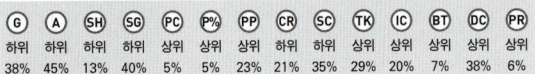

Dilane BAKWA
평점 6.93
딜란 바크와 2002.08.26 / 179cm

보르도 유스 출신 유망주. 스트라스부르에서는 2년차다. 프랑스 연령별 대표 코스를 두루 밟고 있는 유망주며, 스트라이커와 날개 모두 활약할 수 있다. 주로 왼발잡이 인버티드 윙으로 기용되며, 어시스트 능력이 좋다. 팀을 위해 헌신하는 플레이와 스피디한 돌파력이 강점이며, 뛰어난 세트 피스 처리 능력을 자랑한다. 다만 멘탈 문제는 수시로 지적된다. 시장 가치는 1000만 유로, 추정 연봉은 70만 유로.

슈팅-득점		2023-24시즌 스트라스부르					위치
23-2				A	P	P%	RW
21-1		25-6	2188	6	21.7-16.7	77%	AM
● 44-3	LG-2						LW
● 4-0	RG-1	DR	TK	IC		★	CM
● 0-0	HG-0	3.8-1.7	1.9-1.0	0.6	4-1	6	

G	A	SH	SG	PC	P%	PP	CR	SC	TK	IC	BT	DC	PR
하위	상위	상위	하위	상위	상위	상위	상위	상위	상위	상위	상위	상위	하위
11%	28%	26%	12%	31%	15%	49%	31%	48%	3%	48%	8%	23%	25%

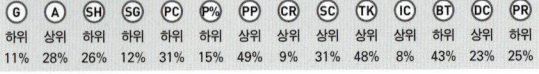

Felipe ANDERSON
평점 6.93
펠리피 안데르송 1993.04.15 / 177cm

환상적인 발기술을 자랑하는 전형적인 브라질리언 크랙. 드리블로 상대 수비진을 무너뜨리며, 세트 피스 키커로도 굉장히 위협적이다. 보통 이런 유형은 공격에만 치중하는데, 수비에도 매우 열심히 임하며 윙백까지 종종 소화한다. 다만 패스 미스가 많은데 드리블로 상대 수비진을 무너뜨리고도 마지막 패스가 좋지 못해 찬스를 날린다. 결정력도 다소 아쉬운 편. 시장 가치는 800만 유로, 추정 연봉은 282만 유로.

슈팅-득점		2023-24시즌 라치오					위치
32-5				A	P	P%	RW
11-0		33-5	2784	9	32.8-25.9	79%	LW
● 43-5	LG-2						AM
● 1-0	RG-3	DR	TK	IC		★	CF
● 0-0	HG-0	2.7-1.2	3.6-2.1	0.7	3-0	5	RM

G	A	SH	SG	PC	P%	PP	CR	SC	TK	IC	BT	DC	PR
하위	상위	상위	하위	상위	상위	상위	상위	상위	상위	하위	상위	하위	상위
14%	42%	10%	3%	31%	48%	6%	24%	22%	3%	4%	26%	47%	27%

Dejan KULUSEVSKI
평점 6.92
데얀 클루셰프스키 2000.04.25 / 186cm

북마케도니아 이민자 출신 스웨덴 대표. 세리에A 시절에도 비범한 능력을 인정받았으며, 임대 생활을 보낸 후 토트넘으로 완전히 이적했다. 엄청난 활동량과 연계 플레이에 특화된 측면 공격형 MF이며 매우 예리한 왼발 킥을 자랑한다. 전방 압박 등 전술적 움직임이 상당히 좋으며 종종 주전 공격형 미드필더들이 빠질 때 그 자리를 채운다. 윙으로서는 빠르지 않다. 시장 가치는 5500만 유로, 추정 연봉은 664만 유로.

슈팅-득점		2023-24시즌 토트넘					위치
47-8				A	P	P%	RW
10-0		31-5	2767	3	31.5-25.7	82%	AM
● 57-8	LG-4						CF
● 0-0	RG-3	DR	TK	IC		★	LW
● 0-0	HG-1	3.6-1.6	2.9-1.7	0.5	7-0	3	

G	A	SH	SG	PC	P%	PP	CR	SC	TK	IC	BT	DC	PR
상위	상위	상위	상위	상위	상위	하위	상위	상위	상위	하위	상위	상위	상위
45%	26%	30%	50%	38%	43%	30%	48%	38%	11%	25%	40%	42%	36%

유럽 5대리그 공격형 미드필더 & 윙어 항목별 랭킹(90분 기준 기록, 100분율)

Marco ASENSIO
평점 6.92
마르코 아센시오 1996.01.21 / 182cm

2019년 십자인대 부상 이후 테크닉과 스피드가 떨어졌다는 평가를 받지만, 그래도 이 선수가 여전히 빅 클럽 생활을 하는 건 결정적일 때 한 방을 날릴 줄 아는 클러치 능력 때문이다. 아무도 예상하지 못한 타이밍에 날리는 정교한 왼발 슈팅으로 꽤 많은 골을 넣는다. 다행스러운 점은 2019년 부상 이후 크게 다친 적이 없다는 점이다. 덕분에 스탯만큼은 확실하게 챙긴다. 시장 가치는 2000만 유로, 추정 연봉은 1450만 유로.

슈팅-득점		2023-24시즌 PSG				위치
14-3		⏱	A	P	P%	CF
13-1		13-6	1114	5	31.3-27.6	88%	LW
● 27-4	LG-4	DR	TK	IC	🟨	⭐	RW
● 1-0	RG-0						AM
● 0-0	HG-0	1.3-0.6	1.1-0.6	0.3	0-0	1	CM

G	A	SH	SG	PC	P%	PP	CR	SC	TK	IC	BT	DC	PR
상위	상위	상위	상위	상위	상위	상위	상위	상위	하위	하위	상위	하위	상위
32%	8%	34%	27%	10%	8%	13%	32%	35%	28%	33%	7%	18%	12%

Giacomo BONAVENTURA
평점 6.91
자코모 보나벤투라 1989.08.22 / 180cm

34세 백전노장이지만 여전히 세리에 A에서 그 실력을 인정받는 돌격대장. 왼쪽에서 활약했으나, 최근에는 주로 하프윙 위치에서 뛴다. 전성기에 비해 속도가 다소 떨어졌지만 그래도 상대 수비수를 제칠 만한 수준은 된다. 반대편으로 크게 넘기는 횡패스를 통해 시원시원하게 공격 전개를 펼치며 득점력도 준수하다. 멀티 포지션 능력도 그의 강점 중 하나이다. 시장 가치는 300만 유로, 추정 연봉은 278만 유로.

슈팅-득점		2023-24시즌 피오렌티나				위치
24-7		⏱	A	P	P%	AM
28-1		27-4	2288	3	34.5-29.3	85%	LW
● 52-8	LG-2	DR	TK	IC	🟨	⭐	CM
● 1-0	RG-6						
● 1-0	HG-0	1.6-1.0	1.2-0.8	0.5	6-0	2	

G	A	SH	SG	PC	P%	PP	CR	SC	TK	IC	BT	DC	PR
상위	하위	하위	상위	상위	하위	상위	하위	상위	상위	상위	상위	하위	상위
28%	33%	40%	18%	22%	17%	33%	30%	43%	22%	38%	36%	31%	

Ruben LOFTUS-CHEEK
평점 6.91
루벤 로프터스치크 1996.01.23 / 191cm

AC 밀란에서 첫해를 보낸 2023-2024시즌 하반기에는 페이스가 떨어졌고 부상까지 당해 좋지 못한 마무리를 하고 말았다. 주로 중앙 미드필더로 뛰지만, 전후좌우 가리지 않고 여러 위치를 뛴다. 민첩하면서도 드리블 때 헤드업 플레이를 펼치는데, 아쉬운 점은 시야가 좁아 패스 선택이 좋지 못하다는 것이다. 오프더볼 움직임도 좀 더 개선해야 할 부분이다. 시장 가치는 2500만 유로, 추정 연봉은 513만 유로.

슈팅-득점		2023-24시즌 AC 밀란				위치
28-5		⏱	A	P	P%	AM
12-1		26-3	2081	3	24.8-21.3	86%	CM
● 40-6	LG-1	DR	TK	IC	🟨	⭐	LM
● 0-0	RG-4						RM
● 0-0	HG-0	1.9-1.0	1.4-1.0	0.3	5-0	3	

G	A	SH	SG	PC	P%	PP	CR	SC	TK	IC	BT	DC	PR
상위	하위	상위	상위	상위	상위	하위	하위	상위	상위	상위	상위	상위	하위
26%	3%	35%	25%	41%	6%	12%	35%	30%	17%	34%	57%	23%	

Lee Jaesung
평점 6.90
이재성 1992.08.10 / 180cm

뛰어난 공수 밸런스를 자랑하는 공격형 미드필더. 뛰어난 활동량과 빼어난 축구 센스를 두루 지녔으며, 많이 뛰는 스타일이다 보니 팀 전체적으로 수비에 크게 기여하고 있다. 좁은 공간에서도 간결하면서도 빠른 템포의 볼 터치와 우수한 오프더볼 움직임을 통해 상대 수비진을 뚫고 다음 공격 상황을 만들어내는데 능하다. 친형인 이재권 역시 프로축구 선수였다. 시장 가치는 250만 유로, 추정 연봉은 189만 유로.

슈팅-득점		2023-24시즌 마인츠				위치
27-5		⏱	A	P	P%	AM
11-1		24-5	2128	3	25.9-20.5	80%	LW
● 38-6	LG-4	DR	TK	IC	🟨	⭐	RW
● 0-0	RG-0						CM
● 0-0	HG-2	1.4-0.6	2.0-1.1	0.9	6-0	1	

G	A	SH	SG	PC	P%	PP	CR	SC	TK	IC	BT	DC	PR
상위	하위	상위	상위	상위	하위	상위	하위	상위	상위	상위	상위	하위	상위
46%	37%	17%	23%	37%	3%	5%	16%	36%	6%	23%	47%	38%	24%

Simon ADINGRA
평점 6.89
시몬 아딩그라 2002.01.01 / 175cm

브라이튼에 원 소속을 두고 위성 클럽인 로얄 위니옹 생질루아즈 임대를 다녀와서 기량이 만개하고 있는 모습이 미토마와 꼭 닮았다. 2023 CAF 아프리카 네이션스컵 영플레이어상을 품은 기대주다. 탄력적이면서도 빠른 돌파 능력이 상당히 좋다. 오프더볼 움직임도 우수하며, 득점력도 제법 준수한 편. 로얄 위니옹 생질루아즈 시절에는 윙백으로도 뛰기도 했다. 시장 가치는 3000만 유로, 추정 연봉은 75만 유로.

슈팅-득점		2023-24시즌 브라이튼				위치
38-5		⏱	A	P	P%	RW
14-1		25-6	2233	1	24.2-19.6	81%	LW
● 52-6	LG-0	DR	TK	IC	🟨	⭐	RM
● 0-0	RG-5						
● 0-0	HG-1	4.0-1.7	2.3-1.6	0.5	3-0	3	

G	A	SH	SG	PC	P%	PP	CR	SC	TK	IC	BT	DC	PR
하위	상위	상위	상위	상위	상위	하위	상위	상위	상위	하위	상위	상위	하위
47%	26%	41%	26%	34%	48%	11%	50%	31%	22%	22%	36%	70%	29%

Minamino TAKUMI
평점 6.89
미나미노 다쿠미 1995.01.06 / 174cm

레드불 잘츠부르크 시절 황희찬의 절친한 동료로 유명하다. 리버풀 시절 별명은 '타키'. 부드러운 볼 테크닉과 드리블이 강점이며, 시야도 넓고 적재적소에 뿌리는 패스가 위협적이다. 오프더볼 상황에서 넓은 활동 반경을 가져가며 찬스를 만들어낸다. 그러나 피지컬이 약해 경합에서 밀리고 날개에서 활약할 경우 다소 부족한 스피드 때문에 돌파 성공률이 낮다. 시장 가치는 2000만 유로, 추정 연봉은 460만 유로.

슈팅-득점		2023-24시즌 AS 모나코				위치
41-7		⏱	A	P	P%	AM
19-2		25-5	2128	8	27.8-21.2	76%	LM
● 60-9	LG-2	DR	TK	IC	🟨	⭐	RM
● 0-0	RG-5						CM
● 0-0	HG-2	1.4-0.5	2.5-1.2	0.4	4-0	2	RW
							LW

G	A	SH	SG	PC	P%	PP	CR	SC	TK	IC	BT	DC	PR
상위	상위	상위	상위	상위	상위	상위	상위	상위	상위	상위	상위	하위	하위
16%	26%	33%	10%	47%	32%	40%	17%	29%	34%	49%	48%	7%	48%

유럽 5대리그 공격형 미드필더 & 윙어 항목별 랭킹 (90분 기준 기록, 100분율)

João FÉLIX
평점 6.87
조앙 펠릭스   1999.11.10 / 181cm

임대 신분으로 바르셀로나에서 활약했던 2023-2024시즌 7골 3도움이라는 나쁘지 않은 스탯을 쌓았다. 벤피카 시절부터 포르투갈의 차세대 스타로 유명했다. 뛰어난 온더볼 능력을 가진 2선 공격 자원이며, 부드러운 볼 터치와 민첩한 몸놀림으로 상대 수비수를 가볍게 제친다. 경기 상황을 이용하는 센스도 비범하다. 다만 훌륭한 플레이스타일에 비해 스탯은 아쉬운 편. 시장 가치는 3000만 유로, 추정 연봉은 40만 유로.

슈팅-득점	2023-24시즌 FC 바르셀로나					위치
45-7	⏱	A	P	P%		LW
16-0	18-12 1544	3	20.8-17.5	84%		CF
● 61-7 LG-2	DR	TK	IC	🟨🟥	★	
● 1-0 RG-5	3.0-1.1	1.2-0.7	0.3	3-0	3	
● 0-0 HG-0						

G	A	SH	SG	PC	P%	PP	CR	SC	TK	IC	BT	DC	PR
상위	상위	상위	상위	상위	상위	상위	상위	하위	하위	하위	상위	상위	상위
9%	43%	4%	4%	39%	25%	48%	13%	42%	49%	46%	33%	43%	17%

Jordan AYEW
평점 6.87
조던 아이유   1991.09.12 / 182cm

형 안드레와 더불어 지난 10년간 가나를 대표하는 스타로 활약했었다. 최전방과 좌우 날개 모두 소화할 수 있으며, 2023-2024시즌에는 주로 도움에 치중하는 모습을 보였다. 기본적으로 운동 능력이 매우 좋은 선수로 활동량과 스피드가 훌륭하며, 피지컬 싸움에서도 쉽게 밀리지 않는다. 온더볼 상황에서 매서운 테크닉으로 상대 선수를 공략한다. 다만 결정력은 아쉽다. 시장 가치는 400만 유로, 추정 연봉은 151만 유로.

슈팅-득점	2023-24시즌 크리스탈 팰리스					위치
28-3	⏱	A	P	P%		RW
20-1	30-5 2551	7	23.2-18.8	81%		AM
● 48-4 LG-0	DR	TK	IC	🟨🟥	★	LW
● 0-0 RG-3	3.6-1.6	2.6-1.9	0.5	7-1	3	
● 0-0 HG-1						

G	A	SH	SG	PC	P%	PP	CR	SC	TK	IC	BT	DC	PR
하위	상위	상위	상위	상위	상위	하위	상위	상위	상위	상위	상위	상위	하위
16%	29%	22%	39%	29%	39%	12%	40%	7%	5%	28%	40%	38%	43%

Gabriel MARTINELLI
평점 6.87
가브리엘 마르티넬리   2001.06.18 / 178cm

이탈리아 혈통을 가진 브라질 국가대표 레프트윙. 유망주 시절에는 스트라이커로도 활약했다. 2023-2024시즌 8골 5도움이라는 나쁘지 않은 스탯을 쌓았으나, 트로사르에게 주전 경쟁이 밀린 상황이다. 발기술보다는 시원시원한 스피드로 직선적인 돌파를 주로 시도하며, 활발한 전방 압박과 수비 가담을 통해 팀에 힘을 불어넣고 있다. 하지만 기복이 심하다는 단점이 있다. 시장 가치는 7000만 유로, 추정 연봉은 1087만 유로.

슈팅-득점	2023-24시즌 아스날					위치
48-5	⏱	A	P	P%		LW
10-1	24-11 2031	4	22.9-19.5	85%		RW
● 58-6 LG-1	DR	TK	IC	🟨🟥	★	CF
● 0-0 RG-5	3.3-1.2	1.4-0.9	0.1	1-0	1	
● 0-0 HG-0						

G	A	SH	SG	PC	P%	PP	CR	SC	TK	IC	BT	DC	PR
상위	상위	상위	상위	상위	하위	상위	상위	상위	상위	상위	상위	상위	상위
35%	45%	36%	36%	37%	20%	45%	45%	48%	45%	48%	19%	35%	29%

Riccardo ORSOLINI
평점 6.86
리카르도 오르솔리니   1997.01.24 / 183cm

2017년 한국에서 열렸던 FIFA U-20 월드컵에서 5골을 넣으며 득점왕을 차지한 바 있다. 2019년부터 볼로냐에 충성을 바쳐 왔고, 매우 빠른 발을 가진 드리블러다. 조직적인 방어로 정평 난 세리에 A에서도 개인 능력으로 두세 명을 공략해내는 공격 자원이며, 퍼스터 터치와 볼 컨트롤도 우수한 테크니션으로서의 면모를 가지고 있다. 세트 피스 처리 능력도 좋다. 시장 가치는 1600만 유로, 추정 연봉은 370만 유로.

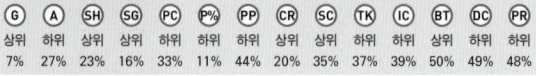

슈팅-득점	2023-24시즌 볼로냐					위치
38-9	⏱	A	P	P%		RW
20-1	19-14 1795	2	19.1-14.1	74%		RM
● 58-10 LG-9	DR	TK	IC	🟨🟥	★	AM
● 5-0 RG-1	2.4-1.0	1.4-0.7	0.2	2-0	3	
● 3-2 HG-0						

G	A	SH	SG	PC	P%	PP	CR	SC	TK	IC	BT	DC	PR
상위	하위	상위	상위	상위	상위	상위	상위	상위	상위	상위	상위	상위	하위
7%	27%	16%	33%	11%	44%	6%	35%	3%	39%	50%	8%	49%	48%

Maghnes AKLIOUCHE
평점 6.85
마그네스 아클리우슈   2002.02.25 / 175cm

AS 모나코 유스가 발굴해 낸 차세대 2선 공격 자원. 2023-2024시즌 주전으로 올라서며 7골 4도움을 기록하는 등 두각을 보이고 있다. 덕분에 파리 생제르맹 등 빅클럽의 관심을 받고 있다. 알제리 혈통을 가진 이민자 선수이며, 볼 테크닉이 대단히 뛰어나며 엄청난 활동량으로 피치 곳곳을 누비며 전술적으로 기여한다. 나이 답지 않은 노련한 패스 실력도 일품. 시장 가치는 2500만 유로, 추정 연봉은 12만 유로.

슈팅-득점	2023-24시즌 AS 모나코					위치
29-7	⏱	A	P	P%		AM
7-0	18-10 1620	4	27.3-22.4	82%		RW
● 36-7 LG-5	DR	TK	IC	🟨🟥	★	CM
● 1-0 RG-2	2.0-1.1	2.3-1.3	0.1	5-0	1	RM
● 0-0 HG-0						

G	A	SH	SG	PC	P%	PP	CR	SC	TK	IC	BT	DC	PR
상위	상위	하위	상위	상위	상위	상위	상위	상위	하위	상위	상위	상위	상위
13%	37%	38%	9%	24%	42%	22%	49%	17%	49%	42%	21%	46%	25%

Cyril NGONGE
평점 6.85
시릴 은곤게   2002.07.12 / 181cm

저돌적인 드리블과 왼발 킥을 주 무기로 삼는 우측 날개. 중앙으로 접어 들어와 날카로운 왼발 슈팅을 시도하며, 드리블 시 빠르고 간결한 터치를 선보인다. 세트피스 키커로도 활약하나 직접 골문을 노릴 때 슛의 정확성은 조금 아쉽다. 활동량이 많고 수비 가담이 뛰어나지만, 파울이 많고 공중볼 경합 능력이 부족한 편이다. 아버지 미첼 역시 프로 축구 선수였다. 시장 가치는 1200만 유로, 추정 연봉은 154만 유로.

슈팅-득점	2023-24시즌 베로나+나폴리					위치
36-5	⏱	A	P	P%		AM
23-2	18-14 1745	2	13.4-9.7	72%		RW
● 59-7 LG-6	DR	TK	IC	🟨🟥	★	CF
● 6-0 RG-1	2.6-1.2	0.9-0.6	0.1	6-0	1	
● 0-0 HG-0						

G	A	SH	SG	PC	P%	PP	CR	SC	TK	IC	BT	DC	PR
상위	상위	상위	상위	상위	상위	상위	상위	상위	상위	상위	상위	상위	하위
19%	28%	11%	23%	9%	14%	25%	35%	30%	26%	10%	13%	32%	19%

○ 유럽 5대리그 공격형 미드필더 & 윙어 항목별 랭킹 (90분 기준 기록, 100분율)

Alexis SAELEMAEKERS
평점 6.84
알렉시스 살레마커스 1999.06.27 / 180cm

AC 밀란에서 볼로냐로 임대 이적했을 때 다소 '팽'당한 감이 있었다. 그러나 티아고 모타 감독의 핵심으로 중용되며 자신의 가치를 재증명했다. 다만 모타 감독이 유벤투스로 떠나면서 다시 입지가 혼란한 상황. 측면에서는 모든 포지션을 소화하며, 민첩하고 테크니컬 좋다. 다만 공격 포인트 양산 능력은 다소 아쉽다는 평가를 받고 있다. 몸싸움에도 다소 약한 편. 시장 가치는 1200만 유로, 추정 연봉은 128만 유로.

슈팅-득점	2023-24시즌 볼로냐					위치
14-1	⏱	A	P	P%		AM
15-3	21-9	1893	2	30.0-24.9	83%	LM
● 29-4 LG-0	DR	TK	IC		★	LW
● 4-1 RG-4	3.5-1.4	1.6-1.1	0.4	5-1	1	RW
● 0-0 HG-0						

G	A	SH	SG	PC	P%	PP	CR	SC	TK	IC	BT	DC	PR
하위 33%	하위 25%	하위 8%	하위 11%	상위 20%	상위 33%	상위 47%	하위 30%	상위 39%	상위 30%	상위 23%	상위 17%	상위 32%	상위 16%

Arnaud NORDIN
평점 6.84
아르노 노르댕 1998.06.17 / 170cm

부상 때문에 몽펠리에 내에서 출전 횟수가 줄면서 입지가 다소 흔들렸다. 작지만 단단한 피지컬을 자랑하는 '돌격 대장'이며 상대 수비의 거친 태클을 뚫고 전진할 수 있다. 왼발잡이로 분류되나 오른발 사용도 매우 능숙하다. 그래서 좌우 가릴 것 없이 측면 날개로서 존재감을 발휘한다. 마르티니크 혈통이며, 마르티니크 국가대표로 콜업됐으나 이를 거부했다. 시장 가치는 800만 유로, 추정 연봉은 75만 유로.

슈팅-득점	2023-24시즌 몽펠리에					위치
23-4	⏱	A	P	P%		RW
6-1	15-5	1254	3	17.4-14.8	85%	CF
● 29-5 LG-2	DR	TK	IC		★	LW
● 0-0 RG-1	2.9-1.8	1.1-0.6	0.1	1-1	2	CM
● 0-0 HG-2						

G	A	SH	SG	PC	P%	PP	CR	SC	TK	IC	BT	DC	PR
상위 19%	상위 37%	상위 45%	상위 48%	하위 22%	상위 35%	상위 49%	상위 38%	상위 39%	하위 16%	하위 10%	하위 13%	상위 18%	하위 23%

Marcus TAVERNIER
평점 6.84
마커스 태버니어 1999.03.22 / 178cm

스코틀랜드 레인저스에서 뛰고 있는 제임스와 더불어 형제 프로축구 선수로 유명하다. 주로 좌측 미드필더로 뛰지만, 중앙과 우측까지 모두 활용가능하다. 선수 본인이 뛰길 원하며 공격형 미드필더 역할로 뛰는 걸 선호한다고 인터뷰를 통해 밝힌 바 있다. 좋은 드리블 스킬을 가졌으며, 무엇보다 수비 가담 능력이 상당히 좋아 전술적 가치가 높다는 평. 시장 가치는 2000만 유로, 추정 연봉은 211만 유로.

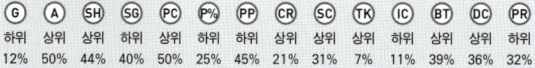

슈팅-득점	2023-24시즌 본머스					위치
27-2	⏱	A	P	P%		LW
26-1	25-5	2134	4	25.6-20.2	79%	RW
● 53-3 LG-3	DR	TK	IC		★	CM
● 4-0 RG-0	3.4-1.6	2.6-1.8	0.2	3-0	1	
● 0-0 HG-0						

G	A	SH	SG	PC	P%	PP	CR	SC	TK	IC	BT	DC	PR
하위 12%	상위 50%	상위 44%	상위 40%	상위 25%	상위 45%	상위 21%	상위 31%	상위 7%	상위 11%	상위 39%	상위 36%	상위 32%	하위

Antoine SEMENYO
평점 6.83
앙투안 세메뇨 2000.01.07 / 185cm

젊지만 하부리그 클럽부터 착실히 경험치를 쌓으며 톱 리그까지 올라선 날개 자원. 2023-2024시즌을 통해 커리어 하이(8골 3도움)를 찍었다. 주로 오른쪽에서 뛰된다. 런던 출신이지만 가나 국가대표로 활동하고 있다. 양발을 가리지 않는 굉장히 질 좋은 슈팅 능력을 자랑한다. 뛰어난 피지컬을 활용해 볼을 간수하고 동료를 살리는 이타적 플레이에도 능하다. 시장 가치는 1000만 유로, 추정 연봉은 120만 유로.

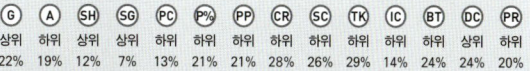

슈팅-득점	2023-24시즌 본머스					위치
46-8	⏱	A	P	P%		RW
24-0	25-8	2113	2	18.0-13.3	74%	LW
● 70-8 LG-4	DR	TK	IC		★	CF
● 0-0 RG-4	3.4-1.5	1.3-0.7	0.2	6-0	3	
● 0-0 HG-0						

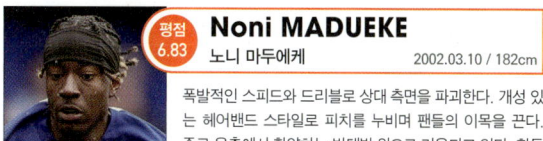

G	A	SH	SG	PC	P%	PP	CR	SC	TK	IC	BT	DC	PR
상위 22%	상위 19%	상위 7%	상위 13%	상위 28%	상위 32%	상위 29%	상위 14%	상위 24%	하위 20%				

Thomas MÜLLER
평점 6.83
토마스 뮐러 1989.09.13 / 185cm

바이에른 뮌헨과 독일의 리빙 레전드. 뮌헨 유스로 충성심을 발휘하며 수많은 트로피를 올렸다. 기술적인 면에서 크게 돋보이는 장점은 없는 편이다. 그러나 '공간 연주자'로 불릴 정도로 위치 선정 및 오프더볼이 압도적이다. 또한, 간결한 볼 처리, 정확한 패스, 탁월한 골 결정력으로 승부를 낸다. '미드필더와 공격수의 혼합체'라고 스스로 지칭할 정도로 '만능키'다. 시장 가치는 800만 유로, 추정 연봉은 2050만 유로.

슈팅-득점	2023-24시즌 바이에른 뮌헨					위치
34-5	⏱	A	P	P%		AM
2-0	20-11	1660	9	23.3-18.2	78%	RW
● 36-5 LG-0	DR	TK	IC		★	CF
● 0-0 RG-4	0.7-0.4	1.5-0.8	0.1	2-0	1	
● 0-0 HG-1						

G	A	SH	SG	PC	P%	PP	CR	SC	TK	IC	BT	DC	PR
상위 45%	상위 2%	상위 31%	상위 29%	상위 33%	상위 45%	상위 33%	상위 44%	상위 13%	상위 38%	상위 7%	상위 48%	상위 5%	상위 32%

Noni MADUEKE
평점 6.83
노니 마두에케 2002.03.10 / 182cm

폭발적인 스피드와 드리블로 상대 측면을 파괴한다. 개성 있는 헤어밴드 스타일로 피치를 누비며 팬들의 이목을 끈다. 주로 우측에서 활약하는 반대발 윙어로 기용되고 있다. 활동량 자체는 상당히 많으나 정작 찬스에서는 다소 약하다는 평가가 주를 이룬다. 극단적으로 왼발에 치중하는 점도 개선해야 할 대목. 다만 아직 어린 선수라 개선될 여지가 있다. 시장 가치는 2800만 유로, 추정 연봉은 302만 유로.

슈팅-득점	2023-24시즌 첼시					위치
22-5	⏱	A	P	P%		RW
10-0	13-10	1057	2	19.7-17.5	89%	CF
● 32-5 LG-3	DR	TK	IC		★	
● 0-0 RG-1	3.6-1.7	1.7-0.7	0.2	2-0	2	
● 1-1 HG-0						

G	A	SH	SG	PC	P%	PP	CR	SC	TK	IC	BT	DC	PR
상위 11%	상위 50%	상위 26%	상위 22%	상위 26%	상위 33%	상위 27%	상위 51%	상위 37%	상위 27%	상위 26%	상위 7%	상위 20%	

유럽 5대리그 공격형 미드필더 & 윙어 항목별 랭킹 (90분 기준 기록, 100분율)

Leandro TROSSARD
평점 6.82
레안드로 트로사르 1994.12.04 / 172cm

2023-2024시즌 아스날이 PL 우승에 도전하는 데 가장 큰 원동력을 불어넣은 선수라 평가해도 모자람이 없다. 12골을 넣었는데, 이는 PL 진출 후 최다 득점이다. 스피드가 단점이나, 간결하면서도 저돌적인 드리블과 예리한 오른발 킥으로 승부를 본다. 왼쪽에서 활약하는 오른발잡이 날개를 주포지션이나 폴스 나인으로 메짤라, 심지어 윙백까지 소화하는 다기능 자원이다. 시장 가치는 3500만 유로, 추정 연봉은 543만 유로.

슈팅-득점	2023-24시즌 아스날				위치
42-12	18-16	1647	A:1	P:17.7-14.0	LW
18-0				P%:79%	CF
●60-12 LG-4	DR	TK	IC	★	CM
●0-0 RG-7	1.4-0.7	1.3-0.8	0.2	2-0 1	RW
●0-0 HG-1					

G	A	SH	SG	PC	P%	PP	CR	SC	TK	IC	BT	DC	PR
상위	하위	상위	상위	하위	상위	상위	상위	상위	하위	하위	상위	하위	하위
2%	17%	17%	12%	33%	37%	45%	49%	39%	44%	48%	37%	57%	38%

Martin TERRIER
평점 6.82
마르탱 테리에 1997.03.04 / 184cm

2023-2024시즌 전반기 최고의 플레이를 펼쳤으나 십자인대 부상으로 그 페이스가 꺾이는 불운을 경험했다. 주 포지션은 왼쪽 날개지만, 2023-2024시즌 후 득점력에 눈뜨면서 최전방 공격수로 기용되는 빈도가 많아졌다. 테크닉은 다소 투박하되, 빠른 가속도를 가져 직선적 플레이로 상대 수비수를 궁지로 몬다. 패스 정확도 역시 수준급이다. 다만 수비 가담이 적다. 시장 가치는 2000만 유로, 추정 연봉은 300만 유로.

슈팅-득점	2023-24시즌 스타드 렌				위치
35-7	19-5	1533	A:3	P:20.6-16.5	LW
3-0				P%:80%	AM
●38-7 LG-3	DR	TK	IC	★	CF
●0-0 RG-4	1.6-0.8	0.9-0.6	0.4	2-1 2	
●0-0 HG-0					

G	A	SH	SG	PC	P%	PP	CR	SC	TK	IC	BT	DC	PR
상위	하위	상위	상위	하위	하위	상위	하위	상위	상위	상위	하위	하위	하위
18%	40%	49%	48%	33%	17%	47%	1%	29%	28%	49%	18%	15%	27%

Rayan CHERKI
평점 6.82
라얀 셰르키 2003.08.17 / 177cm

양발을 자유자재로 활용하는 테크니션. 에덴 아자르, 하템 벤 아르파, 카림 벤제마 등 어마어마한 선수들의 과거 활약상과 비교 될 정도로 기대를 한 몸에 받는 특급 유망주다. 드리블 스킬이 뛰어나다. 현란하면서도 무게 중심이 낮아 상대가 몸싸움을 걸어도 쉽게 넘어지지 않는다. 올랭피크 리옹이 2023-2024시즌 침체에 빠지자 뉴캐슬 이적설이 나돌고 있다. 시장 가치는 2500만 유로, 추정 연봉은 360만 유로.

슈팅-득점	2023-24시즌 리옹				위치
45-1	19-14	1723	A:6	P:29.6-24.0	AM
12-0				P%:81%	LW
●57-1 LG-0	DR	TK	IC	★	RW
●1-0 RG-1	4.3-2.5	1.7-0.8	0.2	0-0 1	CF
●0-0 HG-0					

G	A	SH	SG	PC	P%	PP	CR	SC	TK	IC	BT	DC	PR
하위	상위	상위	상위	상위	하위	상위	상위	하위	하위	하위	하위	상위	상위
3%	15%	12%	36%	10%	39%	4%	34%	8%	33%	7%	1%	7%	7%

Moses SIMON
평점 6.82
모제스 사이먼 1995.07.12 / 168cm

2019년 임대생으로 낭트와 인연을 맺은 후 현재 클럽의 간판 중 하나로 뿌리내렸다. 작은 키에도 불구하고 빠른 발과 엄청난 속도를 통해 승부를 거는 크랙이다. 양발 사용에 능하며 상대의 압박에도 쉽게 쓰러지지 않고 돌파에 성공한다. 다만 볼 경합 상황에서 승률이 낮은데다, 수비 가담이 부족하다. 패스나 슈팅의 정확도도 다소 아쉽다는 평가를 받고 있다. 시장 가치는 1200만 유로, 추정 연봉은 240만 유로.

슈팅-득점	2023-24시즌 낭트				위치
27-2	21-1	1794	A:3	P:17.5-13.3	AM
7-1				P%:76%	LW
●34-3 LG-1	DR	TK	IC	★	RW
●0-0 RG-3	4.0-2.1	0.6-0.3	0.1	0-0 1	CF
●1-1 HG-0					

G	A	SH	SG	PC	P%	PP	CR	SC	TK	IC	BT	DC	PR
하위	상위	상위	상위	상위	상위	상위	상위	상위	하위	상위	하위	상위	하위
18%	27%	20%	27%	4%	27%	15%	2%	1%	6%	6%	2%	18%	16%

Amine GOUIRI
평점 6.81
아민 구이리 2000.02.16 / 180cm

'제2의 카림 벤제마'로 불릴 정도로 기대를 받고 있는 유망한 공격수. 세컨드 스트라이커뿐만 아니라 왼쪽 날개로도 기용 가능하다. 프랑스 연령별 대표 코스를 밟았으나, 지난해부터 알제리 국가대표로 뛰고 있다. 뛰어난 개인 테크닉과 축구 센스를 가졌으며, 동료를 살리는 이타적 플레이에 능하다. 십자인대 부상 이후 스피드가 다소 떨어졌다는 평가도 있다. 시장 가치는 2500만 유로, 추정 연봉은 120만 유로.

슈팅-득점	2023-24시즌 스타드 렌				위치
66-7	24-7	2076	A:3	P:24.3-20.2	LW
12-0				P%:83%	CF
●78-7 LG-1	DR	TK	IC	★	RW
●0-0 RG-3	2.8-1.5	1.0-0.6	0.5	2-0 1	AM
●0-0 HG-1					

G	A	SH	SG	PC	P%	PP	CR	SC	TK	IC	BT	DC	PR
상위	상위	하위	상위	상위	상위	하위	상위	상위	하위	상위	상위	상위	하위
24%	31%	5%	11%	48%	11%	43%	2%	47%	26%	37%	38%	33%	49%

Marco REUS
평점 6.81
마르코 로이스 1989.05.31 / 180cm

햇수로만 13년 동안 도르트문트에서 활약하다 재계약에 실패, 현재의 소속 팀에 둥지를 틀었다. 커리어 초창기에는 '독일이 배출한 최고의 크랙'이라는 평가를 받았으나, 두 차례 십자인대 부상으로 수술을 받은 이후 테크닉보다는 축구 지능에 의존하는 스타일에 변화를 줬다. 치명적인 킬 패스와 동료를 살리는 연계를 통해 무수히 많은 찬스를 만들어냈다. 시장 가치는 500만 유로, 추정 연봉은 700만 유로.

슈팅-득점	2023-24시즌 묀헨글라드바흐				위치
31-5	18-8	1612	A:6	P:25.6-22.0	AM
11-1				P%:86%	RW
●42-6 LG-2	DR	TK	IC	★	LW
●8-1 RG-4	0.8-0.3	2.0-1.4	0.2	2-0 3	CM
●0-0 HG-0					

G	A	SH	SG	PC	P%	PP	CR	SC	TK	IC	BT	DC	PR
상위	상위	상위	상위	상위	상위	상위	상위	상위	하위	상위	상위	하위	하위
21%	5%	50%	22%	37%	12%	27%	9%	9%	29%	6%	3%	34%	

○ 유럽 5대리그 공격형 미드필더 & 윙어 항목별 랭킹(90분 기준 기록, 100분율)

Callum HUDSON-ODOI
평점 6.81
캘럼 허드슨오도이   2000.11.07 / 178cm

잉글랜드 최연소 국가대표 데뷔(18세 135일) 기록을 가졌을 만큼 유망주 시절에는 최고의 잠재성을 인정받았다. 누누 산투 감독 부임 후 역습 첨병 역할을 부여받으며 제 몫을 톡톡히 해냈다. 좌우 측면 모두 뛸 수 있으며, 뛰어난 스프린트와 스피드로 승부한다. 킥 역시 매우 위력적이다. 다만 여전히 기복 있는 경기력 때문에 종종 팬들의 비판을 받는다. 시장 가치는 1800만 유로, 추정 연봉은 483만 유로.

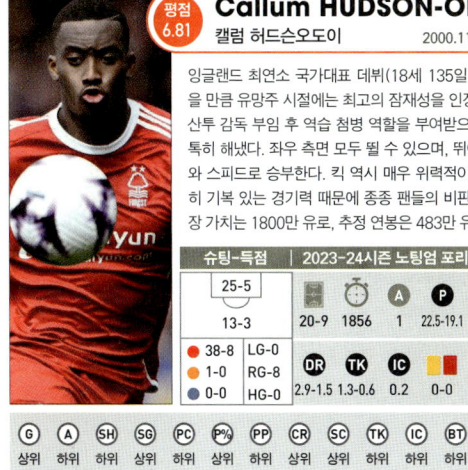

슈팅-득점 | 2023-24시즌 노팅엄 포리스트 | 위치
25-5 / 13-3 | 20-9 1856 1 22.5-19.1 85% | LW LM RW
38-8 LG-2 / 1-0 RG-8 / 0-0 HG-0 | DR 2.9-1.5 TK 1.3-0.6 IC 0.2 0-0 ★3

G	A	SH	SG	PC	P%	PP	CR	SC	TK	IC	BT	DC	PR
상위	하위	하위	상위	하위	상위	하위	상위	상위	하위	상위	하위	상위	상위
14%	10%	29%	24%	49%	33%	24%	37%	45%	17%	27%	31%	25%	40%

Mahdi CAMARA
평점 6.81
마흐디 카마라   1998.06.30 / 178cm

2023-2024시즌을 통해 데뷔 후 가장 많은 득점(7골)을 기록하며 진가를 인정받았다. 감비아 이민자 출신 공격수이며, 스타드 라발 시절 팬들로부터 '탱고'라는 별명으로 불리었다. 주로 2선 공격형 미드필더로 활약하며 축구 지능이 좋아 전방에서부터 상대 빌드업을 차단하는 지능적인 전술적 움직임을 가져간다. 다만 패스는 좀 더 예리해질 필요가 있다는 평. 시장 가치는 1000만 유로, 추정 연봉은 30만 유로.

슈팅-득점 | 2023-24시즌 브레스트 | 위치
31-5 / 11-2 | 26-6 2039 3 25.0-21.0 84% | AM CM
42-7 LG-1 / 0-0 RG-6 / 1-1 HG-0 | DR 1.4-0.6 TK 2.6-1.7 IC 0.8 7-0 ★2

G	A	SH	SG	PC	P%	PP	CR	SC	TK	IC	BT	DC	PR
상위	하위	상위	하위	상위	하위	상위	하위	상위	상위	하위	상위	하위	하위
28%	39%	27%	24%	39%	14%	46%	30%	26%	32%	4%	1%	15%	30%

Robin HACK
평점 6.80
로빈 하크   1998.08.27 / 176cm

커리어 내내 2부리그 혹은 1부리그 약팀에서 활약했으나 묀헨글라트바흐 입단 후 기량이 서서히 만개하고 있다. 유스 시절 경골 부상 때문에 어려움이 있었지만 다행히 기량 회복에는 문제가 없었다. 2선 공격 포지션에서는 어느 위치든 가리지 않는다. 날카로운 패스 센스를 가졌으며, 이따금 터지는 중장거리 슈팅 역시 그의 강점이다. 다만 수비 공헌도는 크지 않다. 시장 가치는 800만 유로, 추정 연봉은 60만 유로.

슈팅-득점 | 2023-24시즌 묀헨글라트바흐 | 위치
26-9 / 17-1 | 14-15 1348 2 16.5-12.9 78% | LW CF RW AM
43-10 LG-2 / 0-0 RG-6 / 0-0 HG-2 | DR 2.2-1.0 TK 1.0-0.5 IC 0.5 2-0 ★4

G	A	SH	SG	PC	P%	PP	CR	SC	TK	IC	BT	DC	PR
상위	하위	상위	상위	하위	상위	상위	상위	상위	하위	하위	상위	상위	상위
1%	39%	17%	9%	42%	6%	40%	34%	49%	24%	27%	6%	42%	50%

Brajan GRUDA
평점 6.80
브라얀 그루다   1999.08.03 / 170cm

알바니아 이민자 출신 독일 국적 공격형 미드필더. 부친인 부자르 역시 독일에서 활동한 바 있다. 마인츠 유스 출신이며 잠재성이 대단해 도르트문트 등 분데스리가 내 빅 클럽 이적설이 파다한 상태다. 드리블이 우수하며 패스 역시 거리를 가리지 않고 정확성을 자랑한다. 좁은 공간에서도 연계를 통해 다음 상황을 이어가는 지능을 가졌다. 오프더볼도 좋다. 시장 가치는 2000만 유로, 추정 연봉은 12만 유로.

슈팅-득점 | 2023-24시즌 마인츠 | 위치
17-3 / 13-1 | 19-9 1652 3 19.2-13.6 71% | AM RW
30-4 LG-3 / 2-0 RG-0 / 0-0 HG-1 | DR 5.3-2.6 TK 1.2-0.8 IC 0.2 5-0 ★1

G	A	SH	SG	PC	P%	PP	CR	SC	TK	IC	BT	DC	PR
하위	상위	하위	하위	상위	하위	상위	상위	상위	하위	상위	하위	상위	하위
43%	46%	19%	28%	9%	45%	49%	5%	47%	17%	46%	33%	42%	42%

Armand LAURIENTÉ
평점 6.78
아르망 로리엔테   1998.12.04 / 177cm

2022년, 사수올로로 이적한 후 클럽의 주축 선수로 활약 중. 2023-2024시즌에는 이탈리아 진출 후 최다 출전을 기록했다. 과들루프계 프랑스 국적이며, 저돌적인 돌파 능력이 강점인 윙어. 간결하면서도 빠른 주력을 십분 활용하는 직선적인 플레이를 펼치며, 볼 키핑과 템포도 굉장히 유니크하다. 가장 큰 강점은 킥, 파워와 정확성 모두 우수하다는 평을 받고 있다. 시장 가치는 1000만 유로, 추정 연봉은 115만 유로.

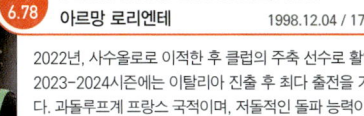

슈팅-득점 | 2023-24시즌 사수올로 | 위치
39-4 / 45-1 | 35-2 2929 4 20.8-16.2 78% | LW CF RW
84-5 LG-1 / 11-0 RG-4 / 0-0 HG-0 | DR 3.6-1.7 TK 1.7-0.8 IC 0.4 5-0 ★1

G	A	SH	SG	PC	P%	PP	CR	SC	TK	IC	BT	DC	PR
하위	하위	상위	상위	상위	하위	상위	상위	상위	하위	상위	하위	상위	하위
19%	35%	30%	31%	14%	17%	31%	29%	40%	22%	50%	14%	31%	14%

Chiedozie OGBENE
평점 6.78
치에도지 오그베네   1997.05.01 / 181cm

나이지리아계 아일랜드 국가대표. 스피드에서만큼은 프리미어리그에서 가장 빠른 선수 중 하나로 평가받는다. 테크닉 이전에 주력만으로도 상대 수비수를 제친다는 평가를 받고 있으며, 그렇다 보니 상대로부터 많은 파울을 이끌어내고 있다. 역시나 공격 첨병 구실은 확실히 수행해낸다. 다만 드리블 스킬 자체는 그리 대단하다고 할 수 없으며, 크로스도 그리 정확하진 않다. 시장 가치는 800만 유로, 연봉은 90만 유로.

슈팅-득점 | 2023-24시즌 루턴 타운 | 위치
27-4 / 8-0 | 20-10 1994 1 20.9-17.1 82% | AM LW RW LM RM LB RB
35-4 LG-0 / 0-0 RG-3 / 0-0 HG-1 | DR 4.1-2.1 TK 0.9-0.6 IC 0.3 1-1 ★1

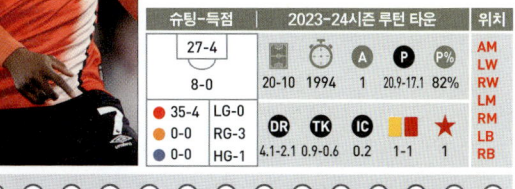

G	A	SH	SG	PC	P%	PP	CR	SC	TK	IC	BT	DC	PR
하위	하위	하위	상위	상위	상위	상위	상위	하위	상위	하위	하위	상위	하위
30%	7%	15%	32%	44%	42%	37%	46%	6%	23%	43%	14%	21%	21%

○ 유럽 5대리그 공격형 미드필더 & 윙어 항목별 랭킹 (90분 기준 기록, 100% 분율)

MITOMA Kaoru
평점 6.77
미토마 가오루   1997.05.20 / 178cm

현재 일본 축구를 대표하는 스타플레이어. 환상적인 드리블과 시원한 돌파로 박스 주변에서 상당히 많은 찬스를 만든다. 수비수 타이밍을 뺏는 드리블 스킬 덕분에 파울도 상당히 많이 이끌어내는 크랙이다. 오프더볼 움직임도 훌륭하다. 다만 2023-2024시즌 내내 부상이 많았다는 점이 아쉽다. 그리고 그리 강하다고 볼 수 없는 킥력은 고질적인 단점으로 제기된다. 시장 가치는 4500만 유로, 추정 연봉은 483만 유로.

슈팅-득점	2023-24시즌 브라이튼					위치
31-3	⏱	A	P	P%		LW
3-0	15-4	1488	4	31.6-26.2	83%	LM
34-3 LG-3	DR	TK	IC	🟨🟥	★	LWB
0-0 RG-2						
0-0 HG-1	4.9-2.2	1.5-0.7	0.3	4-0	1	

G	A	SH	SG	PC	P%	PP	CR	SC	TK	IC	BT	DC	PR
하위	상위	상위	상위	상위	상위	하위	상위	하위	하위	상위	상위	상위	상위
13%	23%	26%	45%	47%	39%	46%	32%	47%	6%	41%	49%	24%	48%

Raheem STERLING
평점 6.77
라힘 스털링   1994.12.08 / 172cm

2023-2024시즌 활약상은 한마디로 용두사미. 전반기에는 우수한 퍼포먼스를 보였으나 후반기에는 기대에 못 미쳤다는 평가다. 현재 페네르바체 이적설이 돌고 있다. 현재는 저평가되고 있으나 한때 프리미어리그 최고의 날개 공격수로 평가받았다. 특히 동료 움직임과 상대 수비의 허점을 정확히 노린 컷백과 크로스로 많은 찬스를 만들어내는데 능하다. 시장 가치는 3500만 유로, 추정 연봉은 1936만 유로.

슈팅-득점	2023-24시즌 첼시					위치
38-7	⏱	A	P	P%		LW
13-1	22-9	1983	4	21.5-16.9	79%	RW
51-8 LG-3	DR	TK	IC	🟨🟥	★	AM
5-1 RG-5						
0-0 HG-0	4.3-1.6	1.1-0.7	0.4	7-0	2	

G	A	SH	SG	PC	P%	PP	CR	SC	TK	IC	BT	DC	PR
상위	상위	상위	상위	상위	상위	상위	상위	상위	상위	상위	상위	상위	상위
19%	45%	40%	26%	31%	38%	43%	41%	48%	21%	24%	36%	26%	50%

Lameck BANDA
평점 6.76
라멕 반다   2001.01.29 / 169cm

레체 입단을 통해 이탈리아 세리에 A를 누비게 되는 최초의 잠비아 국적 선수라는 이색적 타이틀을 얻게 됐다. 2023년 라치오전에서 상대 팬들로부터 인종 차별 피해를 당해 이슈의 중심에 서기도 했다. 정확도가 높은 슈팅과 크로스를 장착한 레프트 윙어며, 측면 구석보다는 상대 센터백을 노리는 플레이에 좀 더 능숙한 모습을 보이고 있다. 슈팅 빈도도 높다. 시장 가치는 600만 유로, 추정 연봉은 64만 유로.

슈팅-득점	2023-24시즌 레체					위치
29-1	⏱	A	P	P%		LW
21-1	17-4	1360	4	13.8-11.3	83%	RW
50-2 LG-1	DR	TK	IC	🟨🟥	★	
1-0 RG-1						
0-0 HG-0	4.6-2.1	2.0-1.3	0.1	5-1	3	

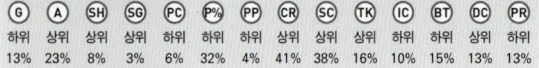

G	A	SH	SG	PC	P%	PP	CR	SC	TK	IC	BT	DC	PR
하위	상위	상위	상위	상위	상위	하위	상위	상위	상위	상위	하위	상위	하위
13%	23%	8%	3%	6%	32%	4%	41%	38%	16%	10%	15%	13%	13%

Alex IWOBI
평점 6.76
알렉스 이워비   1996.05.03 / 183cm

아스널 유스가 발굴해 낸 재능. 한때 잉글랜드의 미래 중 하나로 거론됐으나 지금은 혈통을 쫓아 나이지리아 국가대표로 활동 중이다. 나이지리아 레전드 제이제이 오코차의 조카로 유명하다. 2선 어느 위치에서든 뛸 수 있으며 우수한 양발 테크닉을 앞세워 온더볼 상황에서 강점을 드러낸다. 활동량도 좋다. 다만 찬스에서 마무리 능력이 아쉽다는 평가를 받고 있다. 시장 가치는 2500만 유로, 추정 연봉은 483만 유로.

슈팅-득점	2023-24시즌 에버튼+풀럼					위치
30-5	⏱	A	P	P%		LW
25-0	27-5	2345	2	31.6-25.8	82%	RW
55-5 LG-1	DR	TK	IC	🟨🟥	★	AM
0-0 RG-4						CM
0-0 HG-0	2.4-1.3	1.4-1.0	0.5	2-0	2	

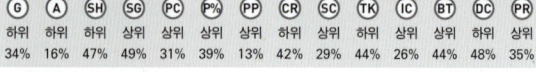

G	A	SH	SG	PC	P%	PP	CR	SC	TK	IC	BT	DC	PR
하위	상위	상위	상위	상위	상위	하위	상위	하위	상위	상위	상위	상위	상위
34%	16%	47%	49%	31%	39%	13%	42%	59%	44%	26%	44%	48%	35%

Brennan JOHNSON
평점 6.76
브래넌 존슨   2001.05.23 / 186cm

2023-2024시즌 토트넘에 입단해 후반 승부수로 주로 기용된 라이트윙. 스피드와 날카로운 컷백으로 공격 포인트를 쌓았으나 후반기가 되면서 장점을 잃었다는 평가도 받고 있다. 웨일스 대선배 가레스 베일을 연상케 하는 폭발적 주력이 인상적이다. 최전방과 2선에서 어떤 위치든 가리지 않는다는 장점도 있다. 다만 피지컬적으로 다소 약하다는 평가를 받고 있다. 시장 가치는 4800만 유로, 추정 연봉은 422만 유로.

슈팅-득점	2023-24시즌 노팅엄 포리스트+토트넘					위치
46-5	⏱	A	P	P%		RW
7-0	26-9	2333	10	20.0-15.3	77%	LW
53-5 LG-1	DR	TK	IC	🟨🟥	★	AM
0-0 RG-4						CF
0-0 HG-0	2.2-0.8	1.5-0.9	0.1	3-0	1	

G	A	SH	SG	PC	P%	PP	CR	SC	TK	IC	BT	DC	PR
하위	상위	하위	상위	하위	상위	하위	상위	하위	하위	하위	하위	하위	하위
35%	6%	42%	48%	21%	26%	24%	43%	24%	47%	36%	18%	26%	24%

Alejandro GARNACHO
평점 6.75
알레한드로 가르나초   2004.07.01 / 180cm

아르헨티나와 맨체스터 유나이티드의 미래. 2023-2024시즌 PL 올해의 골 수상자다. 저돌성과 섬세함을 두루 갖춘 날개 공격수이며, 주로 왼쪽에서 뛰지만, 오른쪽도 무리 없이 소화한다. 뛰어난 볼 터치와 드리블, 패스가 강점이며 슈팅도 강하고 정확하다. 다만 아직 경험이 부족한 탓인지 동료를 활용하는 플레이에서 약점을 보인다. 경기마다 기복도 있다. 시장 가치는 4500만 유로, 추정 연봉은 302만 유로.

슈팅-득점	2023-24시즌 맨체스터 Utd.					위치
81-7	⏱	A	P	P%		LW
19-0	30-6	2578	4	23.1-18.3	79%	AM
100-7 LG-3	DR	TK	IC	🟨🟥	★	RW
0-0 RG-3						
0-0 HG-1	3.7-1.4	1.5-0.6	0.1	4-0	2	

G	A	SH	SG	PC	P%	PP	CR	SC	TK	IC	BT	DC	PR
상위	하위	상위	하위	하위	하위	상위	하위	상위	하위	상위	하위	상위	하위
48%	36%	7%	19%	27%	46%	8%	30%	43%	12%	14%	53%	47%	45%

Andreas PEREIRA
평점 6.75
안드레아스 페레이라
1996.01.01 / 178cm

안드레아스의 아버지 마르쿠스가 벨기에리그에서 활약할 당시 태어났다. 벨기에 이중국적자가 될 수 있었던 이유인데, 정작 국가대표는 뿌리인 브라질을 찾아갔다. 날카로운 킥과 민첩함이 돋보이는 공격형 MF이며, 간결한 움직임과 동료를 활용한 탈압박 능력이 뛰어나다. 한때 피지컬이 약점이라는 평가도 있었는데 풀럼 이적 후 개선되었다. 역습 전개에 능하다. 시장 가치는 2000만 유로, 추정 연봉은 302만 유로.

슈팅-득점	2023-24시즌 풀럼					위치
20-2		A	P	P%		AM
32-1	34-3	2638	7	28.7-22.7	79%	CM
● 52-3 LG-1	DR	TK	IC		★	LM
● 7-0 RG-2						RM
● 0-0 HG-0	1.2-0.6	1.5-0.7	0.1	6-0	2	

G	A	SH	SG	PC	P%	PP	CR	SC	TK	IC	BT	DC	PR
하위	상위	하위	하위	상위	하위	상위	상위	상위	하위	하위	상위	하위	상위
7%	31%	25%	22%	36%	22%	28%	2%	21%	15%	5%	42%	10%	46%

Muhammed CHAM
평점 6.75
무하메드 캄
2000.09.29 / 180cm

볼프스부르크 유스 출신이며 오스트리아 국적을 가진 아프리카 이민자 가정 출신 선수다. 주로 오른쪽 날개로 뛰지만, 중앙과 왼쪽에서도 뛸 수 있는 유틸리티 선수다. 빠른 속도와 드리블을 앞세워 측면 돌파를 즐기며, 인사이드 포워드로서의 움직임도 뛰어나다. 결정력이 부족해 득점과 어시스트 기록이 저조하며, 볼 터치와 '약발'을 사용한 플레이에 미숙하다. 시장 가치는 600만 유로, 추정 연봉은 27만 유로.

슈팅-득점	2023-24시즌 클레어몽 풋					위치
32-8		A	P	P%		AM
42-0	29-4	2563	4	35.9-30.9	86%	CF
● 74-8 LG-7	DR	TK	IC		★	RW
● 10-0 RG-1						CM
● 5-4 HG-1	2.1-1.1	1.2-0.8	0.2	4-0	1	

G	A	SH	SG	PC	P%	PP	CR	SC	TK	IC	BT	DC	PR
상위	하위	상위	상위	상위	하위	하위	상위	상위	하위	하위	상위	하위	상위
36%	41%	38%	32%	20%	24%	14%	29%	35%	18%	18%	27%	38%	28%

Andrea COLPANI
평점 6.74
안드레아 콜파니
1999.05.11 / 184cm

테크닉과 축구 지능, 피지컬 등 장점을 두루 갖춘 2선 공격형 미드필더. 주로 라이트윙으로 뛰며 뛰어난 속도와 드리블 능력으로 상대를 제압한다. 정교한 오른발 킥과 패스로 찬스를 만들어내는 데 능숙하며, 민첩한 움직임과 간결한 테크닉을 바탕으로 상대를 효과적으로 제친다. 전술 이해도도 높다. 피지컬이 약하고, 판단이 느린 편이라 턴오버가 자주 발생한다. 시장 가치는 1800만 유로, 추정 연봉은 93만 유로.

슈팅-득점	2023-24시즌 몬차					위치
32-6		A	P	P%		AM
33-2	36-2	2685	4	22.9-18.5	83%	RW
● 65-8 LG-5	DR	TK	IC		★	CF
● 9-0 RG-2						
● 0-0 HG-1	2.2-0.8	0.9-0.7	0.4	1-0	4	

G	A	SH	SG	PC	P%	PP	CR	SC	TK	IC	BT	DC	PR
상위	상위	상위	상위	하위	하위	하위	상위	상위	하위	하위	상위	상위	하위
43%	40%	48%	34%	35%	33%	38%	13%	45%	21%	9%	21%	28%	

Amine ADLI
평점 6.74
아민 아들리
2000.05.10 / 174cm

툴루즈의 리그1 승격을 이끈 주역이며, 2023-2024시즌 레버쿠젠 우승의 핵심 중 하나다. 다이내믹한 드리블러이며, 주로 세컨드 스트라이커와 레프트윙으로 활약한다. 양발을 활용한 드리블과 빠른 방향 전환, 속도 조절로 좁은 공간을 효과적으로 활용한다. 그러나 피지컬적으로 다소 약하며 상황 판단력이 부족하다. 열심히 수비에 가담하나, 수비력은 미흡하다. 시장 가치는 3000만 유로, 추정 연봉은 114만 유로.

슈팅-득점	2023-24시즌 바이에르 레버쿠젠					위치
23-4		A	P	P%		AM
4-0	8-15	892	4	18.6-15.4	83%	LW
● 27-4 LG-3	DR	TK	IC		★	RW
● 0-0 RG-0						CF
● 0-0 HG-1	1.2-0.6	1.1-0.7	0.3	5-0	1	

G	A	SH	SG	PC	P%	PP	CR	SC	TK	IC	BT	DC	PR
상위	상위	상위	상위	상위	상위	상위	하위	상위	상위	상위	상위	상위	상위
49%	6%	21%	8%	20%	19%	41%	38%	24%	18%	45%	22%	22%	15%

Ernest NUAMAH
평점 6.73
어니스트 누아마
2003.11.01 / 178cm

우수한 신체 밸런스를 자랑하는 인사이드 포워드. 측면을 가리지 않는다. 노르셸란 시절 2022-2023 덴마크 수페리리가 올해의 선수상을 거머쥐며 빅 리그 진출의 기회를 만들었다. 스피디한 몸놀림과 창의적인 볼 테크닉이 강점이라 수비수와 일대일 싸움에 능하다. 온더볼 상황에서 변화무쌍한 플레이를 펼쳐 보인다. 다만 찬스에서 좀 더 침착할 필요가 있다. 시장 가치는 1800만 유로, 추정 연봉은 85만 유로.

슈팅-득점	2023-24시즌 리옹					위치
29-2		A	P	P%		RW
14-1	21-8	1849	2	21.2-17.8	84%	CF
● 43-3 LG-2	DR	TK	IC		★	
● 3-0 RG-0						
● 0-0 HG-1	2.2-1.1	2.6-1.6	0.9	4-0	1	

G	A	SH	SG	PC	P%	PP	CR	SC	TK	IC	BT	DC	PR
하위	하위	상위	하위	상위	상위	상위	하위	상위	상위	상위	하위	상위	하위
18%	26%	46%	26%	42%	42%	46%	35%	46%	37%	36%	43%	18%	48%

Ismaïla SARR
평점 6.73
이스마일라 사르
1998.02.15 / 185cm

2021 CAF 네이션스컵 우승을 차지한 세네갈 국가대표 공격수. 주로 오른쪽에서 뛰며, 큰 보폭을 활용한 가공할 만한 스피드로 상대 수비진을 휩쓴다. 공격 전환시 사르의 장점이 최대치로 발휘된다. 볼이 없을 때 상대 수비를 끌어내는 지능적인 움직임을 성실히 수행하며, 수비에서도 전방에서 강한 압박을 가하며 팀에 보탬이 된다. 결정력도 제법 준수하다. 시장 가치는 1800만 유로, 추정 연봉은 468만 유로.

슈팅-득점	2023-24시즌 마르세유					위치
22-3		A	P	P%		RW
3-0	15-8	1449	4	19.1-15.5	81%	CF
● 25-3 LG-0	DR	TK	IC		★	LW
● 0-0 RG-3						AM
● 0-0 HG-0	2.0-0.7	1.1-0.6	0.6	4-1	1	

G	A	SH	SG	PC	P%	PP	CR	SC	TK	IC	BT	DC	PR
상위	상위	상위	상위	상위	상위	하위	상위	상위	상위	상위	상위	상위	상위
49%	42%	25%	44%	23%	50%	15%	31%	47%	18%	19%	17%	22%	23%

Mousa AL TA'MARI
평점 6.72
무사 알타마리
1997.06.10 / 178cm

2023 AFC 카타르 아시안컵 당시 한국 수비를 격파해 시선을 모았던 '요르단의 메시'. 정작 본인은 이 별명을 싫어한다. 2023-2024시즌 리그1에서 가장 빠른 스피드를 가진 선수 중 하나로 지목되었다. 강력한 왼발 킥을 자랑하는 날개이며, 활동량도 우수하다. 드리블 성공률도 상당히 높은 편. 다만, 왼발에 지나치게 편중되어 있어 패턴을 읽기 쉽다는 단점이 있다. 시장 가치는 1800만 유로, 추정 연봉은 45만 유로.

슈팅-득점	2023-24시즌 몽펠리에					위치
31-5		A	P	P%		AM
15-0	24-3 1943	2	19.1-14.5	76%		CF
46-5 LG-3	DR	TK	IC		★	LW
0-0 RG-1						RW
0-0 HG-1	4.4-1.7	1.2-0.7	0.1	0-0	1	

G	A	SH	SG	PC	P%	PP	CR	SC	TK	IC	BT	DC	PR
상위	하위	상위	상위	하위	상위	하위	하위	하위	하위	하위	gdnl	상위	하위
49%	21%	48%	37%	11%	31%	18%	9%	32%	19%	10%	12%	26%	16%

Antonio CANDREVA
평점 6.71
안토니오 칸드레바
1987.02.28 / 173cm

인테르 밀란 시절 세리에 A 최정상급 라이트윙으로 평가받았으나, 현재는 조금 내려왔다는 평. 하지만 여전히 1부리그에서 통하는 편이다. 노련함까지 장착해 현재는 윙백으로도 정상급 기량을 발휘하고 있다. 주로 스리백 포메이션에서 재능을 발휘하는 편. 정확한 크로스와 슈팅 능력을 앞세워 찬스를 만들어내며, 전성기만큼은 아니지만, 오버래핑도 위협적이다. 시장 가치는 100만 유로, 추정 연봉은 241만 유로.

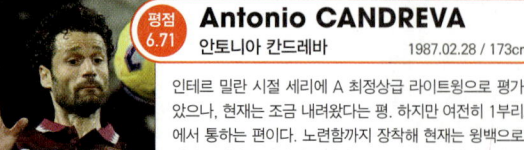

슈팅-득점	2023-24시즌 살레르니타나					위치
33-3		A	P	P%		AM
32-3	32-2 2760	6	33.3-27.3	82%		RW
65-6 LG-1	DR	TK	IC		★	LW
3-0 RG-5						CM
1-1 HG-0	1.3-0.5	1.0-0.5	0.2	5-0	3	RM
						LM

G	A	SH	SG	PC	P%	PP	CR	SC	TK	IC	BT	DC	PR
하위	상위	상위	상위	하위	하위	하위	상위	하위	하위	하위	하위	하위	상위
36%	40%	45%	36%	29%	29%	4%	12%	40%	4%	6%			45%

Pablo SARABIA
평점 6.71
파블로 사라비아
1992.05.11 / 174cm

득점하면 일명 경례 세리머니를 펼치는 것으로 유명하다. 이는 황희찬과 같은 셀러브레이션이다. 모난 구석이 없는 '육각형' 공격형 미드필더이며, 탄탄한 기본기와 정교한 왼발 킥을 앞세워 찬스를 만들어낸다. 활동량 역시 우수해 성실하게 전방 압박을 가해 팀에 보탬이 된다. 다만 스피드가 빠르지 않고 종종 좋지 못한 볼 터치로 턴오버를 자주 범하는 경우가 많다. 시장 가치는 1000만 유로, 추정 연봉은 543만 유로.

슈팅-득점	2023-24시즌 울버햄튼					위치
27-4		A	P	P%		AM
19-0	20-10 1752	7	27.5-21.2	77%		CF
46-4 LG-3	DR	TK	IC		★	RW
7-0 RG-0						LW
2-2 HG-1	1.4-0.7	1.5-0.8	0.3	5-0	1	CM
						LB

G	A	SH	SG	PC	P%	PP	CR	SC	TK	IC	BT	DC	PR
하위	상위	상위	상위	하위	상위	상위	하위	상위	상위	하위	하위	상위	상위
39%	8%	44%	44%	26%	22%	16%	7%	27%	27%	5%	18%	45%	23%

David Pereira DA COSTA
평점 6.70
다비드 페레이라 다코스타
2001.01.05 / 168cm

랑스 유스 출신 포르투갈 공격수. 2020-2021시즌부터 팀의 핵심으로 올라섰으며, 뛰어난 드리블과 창의적인 패스 전개를 통해 리그 내 정상급 공격형 미드필더로 평가받고 있다. 종종 왼쪽 날개로도 활약할 수 있다. 그러나 피지컬이 워낙 왜소하다보니 상대의 몸싸움에 약하며, 이를 의식해서인지 수비 기여 빈도가 적다. 중요한 순간에 미숙한 판단을 내릴 때도 있다. 시장 가치는 800만 유로, 추정 연봉은 72만 유로.

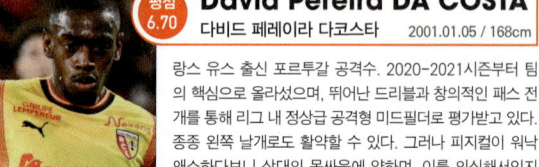
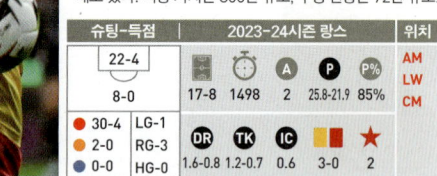
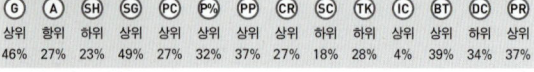

슈팅-득점	2023-24시즌 랑스					위치
22-4		A	P	P%		AM
8-0	17-8 1498	2	25.8-21.9	85%		LW
30-4 LG-1	DR	TK	IC		★	CM
2-0 RG-3						
0-0 HG-0	1.6-0.8	1.2-0.7	0.6	3-0	2	

G	A	SH	SG	PC	P%	PP	CR	SC	TK	IC	BT	DC	PR
상위	하위	상위	상위	상위	상위	상위	하위	상위	하위	상위	상위	하위	상위
46%	27%	23%	49%	32%	37%	22%	5%	27%	28%	4%	39%	34%	37%

WILLIAN
평점 6.70
윌리안
1988.08.09 / 175cm

첼시 시절 EPL 우승을 경험하는 등 최정상급 공격형 MF 중 하나로 군림했으며, 현재도 풀럼에서 노익장을 과시하고 있다. 2023-2024시즌에도 31경기라는 넉넉한 출전 기회를 부여받았다. 경기력 기복이 있지만, 무엇보다 부상 없이 시즌을 소화하는 게 최대 강점이다. 브라질 선수답게 기교파 드리블러이며, 좁은 공간에서 탈압박도 훌륭한 편이다. 수비 가담도 많다. 시장 가치는 300만 유로, 추정 연봉은 543만 유로.

슈팅-득점	2023-24시즌 풀럼					위치
24-4		A	P	P%		LW
21-0	24-7 2061	2	34.2-29.1	86%		AM
45-4 LG-0	DR	TK	IC		★	RW
2-0 RG-4						
2-2 HG-0	2.1-1.0	1.2-0.6	0.3	1-0	1	

G	A	SH	SG	PC	P%	PP	CR	SC	TK	IC	BT	DC	PR
하위	하위	하위	하위	상위	상위	상위	상위	상위	상위	하위	상위	상위	상위
27%	20%	33%	42%	12%	14%	5%	7%	43%	17%	9%	36%	23%	40%	15%

Jack GREALISH
평점 6.70
잭 그릴리시
1995.09.10 / 175cm

2023-2024시즌 공격 포인트가 다소 줄었으나 그래도 과르디올라 감독의 신뢰를 등에 업고 풀시즌을 소화했다. 현재 바이에른 뮌헨 이적설이 나돌고 있다. 아스턴 빌라 시절 '슈퍼 잭'이라는 애칭으로 통했다. 뛰어난 드리블 스킬과 창의적인 패스를 가진 핵심 플레이메이커이며, 상대 수비수로부터 많은 파울을 이끌어낸다. 다만 공격 전개 템포가 다소 느린 편. 시장 가치는 6000만 유로, 추정 연봉은 1812만 유로.

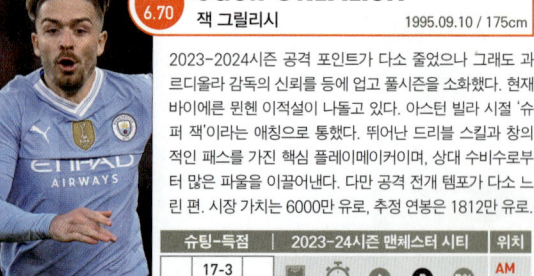

슈팅-득점	2023-24시즌 맨체스터 시티					위치
17-3		A	P	P%		AM
5-0	10-10 1004	1	27.6-24.3	88%		CF
22-3 LG-1	DR	TK	IC		★	LW
0-0 RG-2						LM
0-0 HG-0	2.1-1.0	1.0-0.7	0.5	7-0	1	

G	A	SH	SG	PC	P%	PP	CR	SC	TK	IC	BT	DC	PR
하위	상위	하위	상위	하위	하위	하위	상위	상위	하위	하위	상위	하위	상위
27%	48%	41%	25%	8%	3%	6%	29%	14%	20%	48%	17%	43%	9%

Jamie BYNOE-GITTENS
평점 6.70 제이미 바이노기튼스 2004.08.08 / 175cm

프로 데뷔를 잉글랜드가 아닌 독일에서, 그것도 보루시아 도르트문트에서 했다는 이유로 '제2의 제이든 산초'로 불린다. 만 18세에 퍼스트 팀에 콜업되어 핵심 레프트 윙으로 활약하고 있으며, 오른발로 인사이드 컷을 통한 슈팅을 주로 시도한다. 기본적으로 우수한 드리블과 결정력을 갖추고 있다. 다만, 피지컬과 동료와 연계 플레이를 보강할 필요가 있다. 시장 가치는 2800만 유로, 추정 연봉은 350만 유로.

슈팅-득점	2023-24시즌 도르트문트					위치
23-0		A	P	P%		AM
20-1	14-11	1061	4	14.0-11.2	80%	LW
						RW
● 43-1	LG-0	DR	TK	IC		LM
● 0-0	RG-1					
● 0-0	HG-0	4.1-1.8	1.2-0.6	0.2	1-0	1

G	A	SH	SG	PC	P%	PP	CR	SC	TK	IC	BT	DC	PR
하위	상위	상위	상위	상위	상위	상위	하위	상위	상위	하위	상위	하위	상위
16%	20%	4%	41%	23%	46%	11%	8%	46%	37%	30%	40%	6%	48%

Rémy CABELLA
평점 6.69 레미 카벨라 1990.03.08 / 172cm

2011-2012시즌 몽펠리에의 리그1 우승 주역이며 이를 통해 EPL에 진출했으나 좋은 성과를 내진 못했다. 2년 전부터 릴에서 활약하고 있다. 창의적이고 빠른 패스로 공격을 전개한다. 정확한 킥을 자랑하며, 이는 팀의 역습에 상당히 중요한 옵션이 된다. 또한, 풍부한 경험과 리더십이 팀 내 유망주들에게 상당한 도움이 되고 있다. 다만 볼을 끄는 타입이며, 몸싸움에 약하다. 시장 가치는 350만 유로, 추정 연봉은 144만 유로.

슈팅-득점	2023-24시즌 릴 OSC					위치
26-2		A	P	P%		LW
7-0	14-16	1468	2	27.3-23.2	85%	AM
						RW
● 33-2	LG-1	DR	TK	IC		
● 0-0	RG-1					
● 0-0	HG-0	1.6-0.7	2.9-1.8	0.2	0-0	2

G	A	SH	SG	PC	P%	PP	CR	SC	TK	IC	BT	DC	PR
하위	상위	상위	상위	하위	상위	하위	상위	상위	하위	상위	하위	상위	하위
10%	33%	38%	41%	7%	17%	9%	46%	23%	1%	21%	9%	40%	11%

Mathys TEL
평점 6.69 마티스 텔 2005.04.27 / 183cm

미성년자 때 렌에서 바이에른 뮌헨으로 이적할 당시 무려 2000만 유로의 거액으로 화제가 된 바 있다. 축구를 처음 시작했을 때 포지션은 수비수였다고 한다. 양발을 자유자재로 사용하며 스피디한 침투 능력을 갖추고 있어 뒷공간을 방어하려는 상대 수비에 골칫거리를 안기고 있다. 스트라이커와 윙 모두 소화할 수 있다. 다만 몸싸움에 약하고 제공권도 약하다. 시장 가치는 4000만 유로, 추정 연봉은 500만 유로.

슈팅-득점	2023-24시즌 바이에른 뮌헨					위치
33-7		A	P	P%		RW
10-0	6-24	1031	5	12.8-10.8	85%	CF
						LW
● 43-7	LG-0	DR	TK	IC		
● 0-0	RG-5					
● 0-0	HG-2	2.3-1.3	0.5-0.4	0.2	2-0	5

G	A	SH	SG	PC	P%	PP	CR	SC	TK	IC	BT	DC	PR
상위	상위	상위	상위	상위	상위	하위	하위	상위	상위	상위	상위	하위	상위
1%	1%	2%	4%	44%	9%	14%	22%	27%	23%	41%	4%	37%	

Aleksey MIRANCHUK
평점 6.69 알렉세이 미란추크 1998.01.09 / 181cm

2023-2024시즌 아탈란타의 UEFA 유로파리그 우승 주역. 러시아 내에서는 안톤과 더불어 쌍둥이 국가대표 선수로 유명하다. 볼을 다루는 테크닉이 상당히 화려하고 정확한 왼발 킥과 패스로 동료들에게 찬스를 만들어내는 데 유능한 면모를 보인다. 데뷔전 상황에서 특히 강점을 드러내며 동료와 연계 플레이도 우수하다. 문제점이던 기복 역시 상당히 사라졌다. 시장 가치는 1000만 유로, 추정 연봉은 278만 유로.

슈팅-득점	2023-24시즌 아탈란타					위치
24-3		A	P	P%		AM
13-0	12-15	1172	5	19.9-15.5	78%	CF
						RW
● 37-3	LG-1	DR	TK	IC		
● 0-0	RG-2					
● 0-0	HG-0	1.8-0.7	0.7-0.4	0.1	1-0	2

G	A	SH	SG	PC	P%	PP	CR	SC	TK	IC	BT	DC	PR
하위	상위	상위	상위	상위	상위	상위	하위	상위	하위	상위	상위	상위	상위
25%	1%	34%	8%	28%	39%	19%	14%	7%	32%	20%	23%	38%	20%

Nabil FEKIR
평점 6.68 나빌 페키르 1993.7.18 / 173cm

알제리계 프랑스인. 동경하던 리옹 유스팀에서 축구에 입문했으나 실력 부족으로 방출당한 아픔이 있다. 2021-2022시즌 레알 베티스의 코파 델 레이 우승 주역이다. 강한 피지컬과 뛰어난 테크닉을 자랑하며, 드리블이 좋아 팀 공격 상황에서 핵심 볼 운반책으로 활용된다. 키 패스 빈도가 상당히 많은 선수이기도 하다. 다만 피지컬 한계 때문에 수비시 약점을 보인다. 시장 가치는 1000만 유로, 추정 연봉은 680만 유로.

슈팅-득점	2023-24시즌 레알 베티스					위치
16-1		A	P	P%		AM
12-0	10-9	1050	2	29.0-24.4	84%	CF
						CM
● 28-1	LG-0	DR	TK	IC		LW
● 6-0	RG-1					RW
● 0-0	HG-0	1.8-1.1	1.1-0.8	0.4	1-0	

G	A	SH	SG	PC	P%	PP	CR	SC	TK	IC	BT	DC	PR
하위	상위	상위	상위	하위	상위	상위	상위	하위	상위	상위	상위	상위	하위
4%	31%	39%	36%	11%	24%	25%	15%	47%	27%	11%	43%	8%	

Marcus RASHFORD
평점 6.68 마커스 래시포드 1996.11.23 / 175cm

맨체스터 유나이티드 유스 때 발탁됐다. 2023-2024시즌 7골 3도움을 기록했으나, 기대에 못 미쳐 다소 아쉽다는 평이다. 레프트윙으로 뛰어난 스피드와 드리블 능력으로 위협적인 공격을 펼친다. 빠른 움직임과 파워풀한 슈팅이 강점이지만, 정확도는 개선이 필요하다. 크로스와 패스 역시 훌륭한 퀄리티를 자랑한다. 단, 시즌별로 기복이 극심하다는 단점이 있다. 시장 가치는 6000만 유로, 추정 연봉은 1812만 유로.

슈팅-득점	2023-24시즌 맨체스터 Utd.					위치
45-5		A	P	P%		LW
17-2	26-7	2279	3	20.9-16.5	79%	CF
						AM
● 62-7	LG-0	DR	TK	IC		RW
● 1-0	RG-7					
● 2-2	HG-0	3.3-1.6	1.1-0.6	0.1	2-0	0

G	A	SH	SG	PC	P%	PP	CR	SC	TK	IC	BT	DC	PR
상위	하위	상위	상위	하위	상위	상위	상위	하위	하위	하위	하위	상위	하위
49%	40%	48%	43%	24%	50%	27%	19%	7%	8%	19%	27%	31%	

○ 유럽 5대리그 공격형 미드필더 & 윙어 항목별 랭킹(90분 기준 기록, 100분율)

Farès CHAÏBI — 평점 6.68
파레스 샤이비 2002.11.28 / 183cm

툴루즈 시절 리그1 최고 유망주 중 하나로 꼽혔으며, 한때 아스널의 관심을 받기도 했다. 공격형 MF는 물론이고, 상황에 따라 날개와 최전방 스트라이커로도 뛸 수 있는 다재다능한 선수다. 빠른 주력을 가졌으며 테크닉도 우수하다. 큰 키 덕에 공중볼 경합에서도 상당한 강점을 보이고 있다. 다만 경험이 부족한 탓인지 꾸준한 플레이를 보이진 못하고 있다. 시장 가치는 1800만 유로, 추정 연봉은 80만 유로.

슈팅-득점	2023-24시즌 툴루즈+프랑크푸르트					위치
24-2			A	P	P%	AM
16-0	21-9	1980	5	24.8-18.2	73%	CF
● 40-2 LG-2	DR	TK	IC		★	LW
● 6-0 RG-2						CM
● 0-0 HG-0	0.7-0.2	1.2-0.9	0.2	3-0	1	

G	A	SH	SG	PC	P%	PP	CR	SC	TK	IC	BT	DC	PR
하위	상위	상위	상위	상위	하위	상위	하위	상위	상위	상위	상위	하위	상위
4%	35%	28%	33%	48%	6%	39%	1%	49%	49%	11%	35%	1%	42%

Moussa DIABY — 평점 6.66
무사 디아비 1999.07.07 / 170cm

PSG 유스 출신이며 2018 UEFA U-19 챔피언십에서 우수한 활약을 펼쳐 이름을 알렸다. 훌륭한 스피드와 양발 사용 능력을 자랑하며, 뛰어난 드리블 능력을 갖추고 있다. 패스 센스도 제법 훌륭해 창의적인 플레이메이킹도 가능하다. 다만 피지컬 약점을 가지고 있으며, 슈팅 정확도의 기복이 다소 있는 편. 수비 가담 빈도도 그리 많지 않다는 것 역시 단점이다. 시장 가치는 5500만 유로, 추정 연봉은 785만 유로.

슈팅-득점	2023-24시즌 애스턴 빌라					위치
40-4			A	P	P%	AM
14-2	25-13	2188	8	15.1-12.4	83%	LW/RW
● 54-6 LG-3	DR	TK	IC		★	CF
● 0-0 RG-3						CM
● 0-0 HG-0	1.8-0.9	0.8-0.3	0.2	1-0	2	

G	A	SH	SG	PC	P%	PP	CR	SC	TK	IC	BT	DC	PR
하위	상위	상위	상위	상위	하위	상위	하위	상위	상위	상위	상위	상위	상위
16%	4%	27%	30%	20%	14%	4%	10%	18%	31%	20%	40%	21%	36%

Luis SINISTERRA — 평점 6.65
루이스 시니스테라 1994.08.10 / 173cm

페예노르트 시절이던 2021-2022시즌, UEFA 컨퍼런스 리그 올해의 팀과 영 플레이어에 선정된 바 있다. 드리블에 자신감이 있어 수비수와 1대1 싸움을 즐긴다. 중앙은 물론 측면에서 플레이메이킹을 자주 시도하며, 무엇보다 굉장한 공격 포인트 양산 능력을 가지고 있다는 게 강점이다. 그러면서도 욕심 없는 플레이를 한다는 게 더 무섭다. 다만 피지컬 약점을 갖고 있다. 시장 가치는 1700만 유로, 추정 연봉은 392만 유로.

슈팅-득점	2023-24시즌 본머스					위치
21-1			A	P	P%	LW
6-1	7-13	692	2	14.1-11.3	80%	RW
● 27-2 LG-0	DR	TK	IC		★	AM
● 0-0 RG-2						LM
● 0-0 HG-0	2.5-1.5	1.5-1.2	0.4	0-0	1	

G	A	SH	SG	PC	P%	PP	CR	SC	TK	IC	BT	DC	PR
상위	상위	상위	상위	상위	하위	상위	상위	상위	상위	상위	상위	상위	상위
46%	25%	6%	22%	45%	42%	26%	20%	11%	1%	4%	30%	4%	37%

Luis RIOJA — 평점 6.65
루이스 리오하 1993.10.16 / 176cm

2019년부터 알라베스의 핵심 공격수로 활약 중인 레프트 윙. 2023-2024시즌 주로 왼쪽에서 활약했지만 오른쪽 날개 출전 횟수도 꽤 된다. 팀 내에서는 몇 안 되는 스피드 스타이며, 왕성한 활동량과 우수한 오프더볼 움직임을 가지고 있다. 측면 크로스도 나쁘지 않고 종종 라인브레이킹으로 찬스를 만든다. 다만 투박한 테크닉과 좋지 못한 볼 터치가 아쉽다. 시장 가치는 400만 유로, 추정 연봉은 82만 유로.

슈팅-득점	2023-24시즌 알라베스					위치
29-4			A	P	P%	LW
28-1	31-6	2515	4	17.7-13.3	75%	RW
● 57-5 LG-5	DR	TK	IC		★	LM
● 4-0 RG-0						RM
● 4-3 HG-0	1.9-1.1	1.6-0.8	0.4	4-0	3	

G	A	SH	SG	PC	P%	PP	CR	SC	TK	IC	BT	DC	PR
하위	상위	상위	상위	상위	상위	상위	상위	상위	상위	상위	상위	상위	하위
29%	42%	34%	21%	15%	22%	10%	9%	25%	7%	16%	27%	46%	12%

Adri EMBARBA — 평점 6.64
아드리 엠바르바 1992.05.07 / 173cm

라요 바예카노 시절 팬들의 사랑을 한몸에 받았던 프랜차이즈 스타. 4부에서 시작해 1부까지 올라온 '인생 역전의 주인공'이다. '아드리'라는 별명으로도 불린다. 주 위치는 라이트 윙. 팀 공격을 이끄는 핵심 역할을 하고 있다. 정교한 오른발 패스와 득점력, 그리고 민첩성이 강점이다. 체력이 좋아 수비에서도 쉴 새 없이 상대를 압박할 수 있다. 단, 기복이 심하다. 시장 가치는 180만 유로, 추정 연봉은 96만 유로.

슈팅-득점	2023-24시즌 알메리아					위치
21-2			A	P	P%	LW
43-1	29-7	2487	2	20.5-15.6	75%	RW
● 64-3 LG-1	DR	TK	IC		★	LM
● 12-0 RG-2						RM
● 1-1 HG-0	3.3-1.4	2.3-1.5	0.4	5-0	0	CF

G	A	SH	SG	PC	P%	PP	CR	SC	TK	IC	BT	DC	PR
하위	하위	상위	상위	상위	하위	상위	상위	상위	상위	상위	상위	하위	하위
8%	14%	43%	39%	23%	9%	45%	11%	45%	12%	35%	41%	61%	21%

Florian KAINZ — 평점 6.64
플로리안 카인츠 1992.10.24 / 175cm

FC 쾰른의 캡틴. 소속 팀의 강등에도 팀 잔류를 선택했다. 좌우 중앙 할 것 없이 2선 모든 위치에서 뛸 수 있으며, 유사시 수비형 미드필더로도 기용될 수 있다. 다만 여러 포지션에 걸쳐 활용되는 탓에 경기력적인 측면에서 일관성을 유지하는 데 버거워한다는 평가가 있다. 측면에서의 크로스가 상당히 위력적이다. 다만 제공권 다툼에서는 약한 면모를 보인다. 시장 가치는 250만 유로, 추정 연봉은 140만 유로.

슈팅-득점	2023-24시즌 FC 쾰른					위치
13-5			A	P	P%	AM
15-0	29-4	2212	4	28.0-21.2	76%	LW
● 28-5 LG-0	DR	TK	IC		★	CM
● 3-0 RG-5						DM
● 5-5 HG-0	1.3-0.7	1.6-0.8	0.4	4-0	1	LM/CF

G	A	SH	SG	PC	P%	PP	CR	SC	TK	IC	BT	DC	PR
하위	상위	하위	하위	상위	하위	상위	하위	상위	상위	상위	상위	상위	하위
39%	46%	1%	1%	36%	16%	25%	6%	40%	37%	37%	35%	20%	39%

유럽 5대리그 공격형 미드필더 & 윙어 항목별 랭킹(90분 기준 기록, 100분율)

Eren DINKÇI
평점 6.63
에렌 딩크치 2001.12.13 / 188cm

지난 시즌 하이덴하임 돌풍의 주역 중 1명. 10골 4도움으로 공격을 주도했다. 튀르키예 이민자 출신 이중국적자며, 튀르키예와 독일의 연령별 대표를 모두 경험했다. 2선 전지역에서 활약할 수 있으며, 3선에서도 제 몫을 해낼 수 있다. 중거리 슈팅이 강력하고, 볼을 지켜내는 능력이 우수한 편이다. 다만 패스 정확도를 높이고, 볼을 지켜내는 능력을 더 키워야 한다. 시장 가치는 1200만 유로, 추정 연봉은 27만 유로.

슈팅-득점 / 2023-24시즌 FC 하이덴하임 / 위치
28-7 / 21-3 / 49-10 LG-3 / 0-0 RG-7 / 0-0 HG-0
33-0 / 2677 / 4 / 22.2-14.5 / 65%
DR 2.9-1.3 / TK 1.8-1.0 / IC 0.4 / 8-0 / ★ 1
RW RM CM LW AM

G 상위 23% | A 상위 49% | SH 하위 21% | SG 상위 43% | PC 하위 7% | P% 하위 3% | PP 상위 31% | CR 하위 40% | SC 하위 19% | TK 상위 43% | IC 상위 15% | BT 상위 43% | DC 하위 13%

Mykhailo MUDRYK
평점 6.63
미하일로 무드리크 2001.01.05 / 175cm

우크라이나를 대표하는 축구 스타. 첼시가 아스널과 경쟁 끝에 무려 6200만 파운드를 쏟아내며 영입했다. 강한 체력과 빠른 스피드를 가진 날개로 직선 플레이에 능하며, 상황에 따라 매우 변칙적인 드리블 스킬을 보여준다. 양발 모두 사용 가능하며 센스 있는 볼 터치도 주목할 만한 장점. 다만 수비 가담과 판단 능력에서 문제가 있으며, 결정력이 다소 모자란 편이다. 시장 가치는 3500만 유로, 추정 연봉은 602만 유로.

슈팅-득점 / 2023-24시즌 첼시 / 위치
23-4 / 12-1 / 35-5 LG-2 / 0-0 RG-3 / 0-0 HG-0
18-13 / 1581 / 2 / 15.6-12.0 / 77%
DR 2.7-1.4 / TK 1.4-1.0 / IC 0.3 / 5-0 / ★ 0
LW

G 상위 34% | A 상위 32% | SH 상위 38% | SG 상위 41% | PC 상위 22% | P% 하위 14% | PP 상위 19% | CR 상위 26% | SC 상위 41% | TK 상위 45% | IC 상위 39% | BT 상위 27% | DC 하위 19% | PR 하위 33%

Lovro MAJER
평점 6.63
로브로 마예르 1998.01.07 / 178cm

2022 FIFA 카타르 월드컵 주전과 교체를 오가며 크로아티아의 두 대회 연속 4강 진출에 기여했다. '모드리치의 후계자'로서 창의적이고 우수한 드리블을 구사한다. 볼을 빼앗겼을 때 곧바로 전방에서 압박을 수행해 동료들이 수비를 위한 시간을 벌게 하는 움직임도 우수하다. 다만 빌드업에 깊게 참여하지 않고 볼을 지나치게 짧게 소유하려는 플레이는 단점이다. 시장 가치는 2000만 유로, 추정 연봉은 472만 유로.

슈팅-득점 / 2023-24시즌 스타드 렌+볼프스부르크 / 위치
20-5 / 18-0 / 38-5 LG-4 / 2-0 RG-1 / 2-2 HG-0
25-8 / 2137 / 5 / 29.1-22.7 / 78%
DR 1.5-0.8 / TK 1.8-1.2 / IC 0.4 / 5-0 / ★ 3
AM RW CM LW CF RM

G 하위 40% | A 상위 38% | SH 하위 14% | SG 상위 30% | PC 상위 35% | P% 상위 34% | PP 상위 32% | CR 상위 49% | SC 상위 24% | TK 상위 40% | IC 상위 30% | BT 상위 27% | DC 상위 36%

Nicolas VIOLA
평점 6.62
니콜라스 비올라 1989.10.12 / 180cm

남동생 알레시오도 축구 선수다. 2023년 '사회적 정서 발달 과정에서 공감의 역할'이라는 논문으로 심리학 학위를 취득한 '공부하는 선수'다. 왼발잡이 공격형 미드필더이며, 전술적 요구에 따라 수비형 미드필더로도 활약할 수 있다. 침투 패스가 위협적이며, 정교한 페널티킥 처리 능력으로 유명하다. 다만 공중볼 경합과 골문 앞 찬스에서 다소 약하다는 단점을 가지고 있다. 시장가치는 80만 유로, 추정 연봉은 139만 유로.

슈팅-득점 / 2023-24시즌 칼리아리 / 위치
17-5 / 21-0 / 38-5 LG-3 / 6-0 RG-0 / 1-0 HG-2
11-15 / 1203 / 2 / 16.2-12.0 / 74%
DR 1.5-0.6 / TK 0.9-0.5 / IC 0.1 / 3-0 / ★ 0
AM CM

G 상위 18% | A 하위 43% | SH 상위 23% | SG 상위 44% | PC 상위 5% | P% 상위 37% | PP 상위 1% | CR 상위 21% | SC 상위 24% | TK 상위 35% | IC 상위 37% | BT 하위 48%

Iliman NDIAYE
평점 6.62
일만 은디아이 2000.03.06 / 180cm

프랑스 태생이지만 영국으로 이주해 그곳에서 축구를 배웠다. 2022 FIFA 카타르 월드컵 당시 세네갈 국가대표로 활약했고, 카타르전에서 1도움을 올렸다. 본래 공격형 미드필더이며, 유사시 최전방 공격수로도 기용된다. 연계 플레이에 능해 동료들에게 좋은 공간과 기회를 제공한다. 양발을 가리지 않고 날리는 슈팅도 상당히 좋다. 다만 경험 부족 때문에 실수가 잦다. 시장 가치는 1500만 유로, 추정 연봉은 200만 유로.

슈팅-득점 / 2023-24시즌 마르세유 / 위치
25-3 / 10-0 / 35-3 LG-2 / 0-0 RG-1 / 0-0 HG-0
19-11 / 1626 / 3 / 18.2-15.5 / 85%
DR 2.6-1.8 / TK 1.3-0.7 / IC 0.2 / 0-1 / ★ 1
LW CF RW AM RM

G 하위 20% | A 하위 32% | SH 하위 35% | SG 하위 21% | PC 하위 33% | P% 상위 9% | PP 상위 44% | CR 하위 7% | SC 상위 34% | TK 상위 50% | IC 상위 17% | BT 상위 19% | DC 상위 18% | PR 하위 23%

Álvaro GARCÍA
평점 6.61
알바로 가르시아 1992.10.27 / 168cm

주 위치는 레프트윙이지만 수비력도 기대 이상이라 위기 상황에서 윙백 플레이도 성실히 수행해낸다. 활동량도 매우 왕성하며, 볼 없을 때 움직임이 상당히 지능적이다. 경기 흐름을 잘 읽고 수비 상황에서 먼저 대처하는 플레이가 우수하다. 그러나 스페인 선수치고는 테크닉이 그리 훌륭하지는 않다. 라요 바예카노 입단 전에는 주로 하부리그에서만 활약한 바 있다. 시장 가치는 300만 유로, 추정 연봉은 145만 유로.

슈팅-득점 / 2023-24시즌 라요 바예카노 / 위치
35-6 / 10-0 / 45-6 LG-4 / 0-0 RG-2 / 0-0 HG-0
30-2 / 2492 / 1 / 21.3-16.7 / 69%
DR 0.8-0.4 / TK 1.9-1.1 / IC 1.0 / 6-1 / ★ 0
LW LM AM CF

G 하위 43% | A 하위 5% | SH 상위 18% | SG 상위 31% | PC 하위 12% | P% 하위 5% | PP 상위 13% | CR 상위 27% | SC 상위 17% | TK 상위 49% | IC 상위 5% | BT 상위 14% | DC 상위 1% | PR 하위 7%

○ 유럽 5대리그 공격형 미드필더 & 윙어 항목별 랭킹 (90분 기준 기록, 100분율)

Abdoulaye DOUCOURÉ
평점 6.61
압둘라이 두쿠레 1993.01.01 / 185cm

왓포드 시절부터 코트디부아르 레전드 야야 투레를 연상시키는 플레이로 유명했다. 주 위치는 공격형 미드필더지만 더 후방(중앙 미드필더)에서 뛸 때도 진가가 발휘된다. 볼을 가지고 상대 박스까지 잘 운반한다. 이는 드리블 실력이 일정 수준 이상이 되기 때문이다. 몸싸움과 공중볼에 강하다. 다만 지나치게 안전한 패스만을 고집해 창의성이 부족하다는 평이다. 시장 가치는 1000만 유로, 추정 연봉은 676만 유로.

슈팅-득점		2023-24시즌 에버튼					위치
40-7				A	P	P%	AM
7-0		32-0	2643	2	26.8-21.2	79%	CM
47-7	LG-1	DR	TK	IC		★	
0-0	RG-5						
0-0	HG-1	1.5-0.8	2.2-1.3	0.5	7-0	0	

G	A	SH	SG	PC	P%	PP	CR	SC	TK	IC	BT	DC	PR
하위	하위	하위	상위	상위	상위	상위	상위	상위	상위	하위	상위	상위	상위
14%	7%	3%	12%	13%	21%	11%	20%	43%	4%	6%	17%	41%	28%

Rubén GARCÍA
평점 6.61
루벤 가르시아 1993.07.14 / 171cm

최근 오사수나와 계약 기간을 3년 더 늘렸다. 왼쪽 날개이지만, 2선 공격진에서는 포지션을 가리지 않는다. 날카로운 드리블 스킬을 앞세워 측면에서 중앙으로 컷인 플레이를 즐기는 편. 주로 왼발을 활용하지만 오른발을 쓰는 것도 문제 없으며, 이따금 날리는 중거리슛이 굉장히 위협적이다. 볼 테크닉도 상당히 현란하다. 다만 수비 가담 빈도가 적고, 기복이 심하다. 시장 가치는 250만 유로, 추정 연봉은 135만 유로.

슈팅-득점		2023-24시즌 오사수나					위치
17-3				A	P	P%	RW
11-0		19-11	1552	2	22.2-16.2	73%	RM
28-3	LG-1	DR	TK	IC		★	CF
3-0	RG-1						AM
0-0	HG-1	1.0-0.6	1.7-1.1	0.4	1-0	0	LW

G	A	SH	SG	PC	P%	PP	CR	SC	TK	IC	BT	DC	PR
하위	상위	하위	상위	상위	상위	하위	상위	상위	하위	상위	상위	하위	상위
27%	32%	18%	24%	42%	12%	40%	14%	50%	15%	16%	30%	27%	49%

Oihan SANCET
평점 6.60
오이안 산세트 2000.04.25 / 188cm

아슬레틱 빌바오 유스 출신이며 2023년부터 스페인 국가대표로도 활동하고 있다. 2023-24 코파 델 레이 결승전에서 극적인 동점골을 터뜨려 팀의 우승에 기여했다. 좁은 공간에서 빼어난 테크닉으로 압박에서 잘 벗어나며, 우수한 양발 테크닉을 지녀 상대 수비수가 예측하기 힘든 플레이를 펼친다. 그러나 기복이 심하며, 골문 앞 찬스 마무리 능력은 개선해야 한다. 시장 가치는 3500만 유로, 연봉은 250만 유로.

슈팅-득점		2023-24시즌 아슬레틱 빌바오					위치
34-3				A	P	P%	AM
8-1		25-5	1993	5	25.3-21.0	83%	CF
42-4	LG-2	DR	TK	IC		★	
0-0	RG-4						
1-0	HG-0	2.0-1.1	1.2-0.6	0.5	3-2	1	

G	A	SH	SG	PC	P%	PP	CR	SC	TK	IC	BT	DC	PR
상위	상위	상위	하위	상위	상위	하위	상위	상위	하위	상위	상위	하위	상위
31%	36%	32%	14%	45%	21%	49%	18%	49%	19%	49%	41%	34%	45%

Angelo FULGINI
평점 6.60
안젤로 풀지니 1996.08.20 / 178cm

탁월한 드리블 능력과 패스 성공률을 자랑하며, 신체적으로도 강인한 면모를 보인다. 특히 잡은 공을 빠르게 전진시키고 다른 선수들에게 기회를 제공하는 데 뛰어나다. 양쪽 시절에는 페널티킥 전담 키커로 나서기도 했으며, 위력적인 중거리슛을 가지고 있다. 다만 최종 공격 포인트 생성 능력은 부족한 편이다. 수비적으로는 약점을 가지고 있다. 특히 태클 성공률이 낮다. 시장 가치는 700만 유로, 추정 연봉은 182만 유로.

슈팅-득점		2023-24시즌 스타드 랭스					위치
21-1				A	P	P%	LW
25-0		16-13	1382	2	22.3-18.3	81%	AM
46-1	LG-0	DR	TK	IC		★	RW
7-0	RG-1						
0-0	HG-0	1.3-0.6	1.2-0.8	0.3	1-0	1	

G	A	SH	SG	PC	P%	PP	CR	SC	TK	IC	BT	DC	PR
하위	상위	상위	상위	상위	상위	상위	하위	상위	상위	상위	상위	하위	상위
20%	29%	19%	48%	23%	31%	5%	27%	28%	49%	48%	12%	33%	21%

Florent MOLLET
평점 6.60
플로랑 몰레 1991.11.19 / 174cm

2022-2023시즌 생애 처음으로 해외 무대(독일 샬케 04)에 도전했으나 성공하지 못하고 프랑스로 돌아왔다. 오른발잡이 공격형 미드필더로 볼 간수에 능하며 세트 피스 처리 능력도 탁월하다. 주로 중앙에서 활약하나 오른쪽 측면에서도 문제없이 임무를 수행할 수 있다. 그러나 신체적 약점 때문에 공중볼 다툼에 약하며, 태클 등 수비 능력은 다소 아쉬운 편이다. 시장 가치는 180만 유로, 추정 연봉은 164만 유로.

슈팅-득점		2023-24시즌 낭트					위치
34-4				A	P	P%	AM
30-0		24-5	2091	4	31.1-27.1	87%	RW
64-4	LG-1	DR	TK	IC		★	LW
8-0	RG-3						CF
0-0	HG-0	1.2-0.5	1.4-0.7	0.3	4-0	1	RM
							LM

G	A	SH	SG	PC	P%	PP	CR	SC	TK	IC	BT	DC	PR
하위	상위	상위	하위	상위	상위	상위	하위	상위	하위	하위	상위	하위	상위
26%	50%	22%	14%	15%	37%	39%	12%	17%	30%	29%	6%	11%	49%

Nikola VLAŠIĆ
평점 6.60
니콜라 블라시치 1997.10.04 / 178cm

오래 전 일이긴 하지만, 영국 〈가디언〉이 2014년에 선정한 세계 최대 유망주 40인에 이름을 올린 적이 있다. 부친은 크로아티아의 유명한 철인 10종 선수였던 요스코다. 훌륭한 테크닉을 자랑하는 공격형 미드필더며, 정확한 프리킥과 찬스메이킹으로 동료들에게 많은 찬스를 제공한다. 상황에 따라서는 날개와 세컨드 스트라이커, 폴스 나인도 OK. 수비 가담은 약한 편. 시장 가치는 1000만 유로, 추정 연봉은 256만 유로.

슈팅-득점		2023-24시즌 토리노					위치
22-2				A	P	P%	AM
24-1		30-3	2615	2	28.8-23.9	83%	RW
46-3	LG-1	DR	TK	IC		★	CM
1-0	RG-2						LW
0-0	HG-0	1.6-0.8	1.5-0.8	0.3	3-0	2	

G	A	SH	SG	PC	P%	PP	CR	SC	TK	IC	BT	DC	PR
하위	하위	상위	하위	상위	상위	상위	하위	상위	하위	하위	하위	하위	하위
7%	12%	16%	6%	48%	16%	22%	15%	49%	40%	34%	23%	22%	26%

유럽 5대리그 공격형 미드필더 & 윙어 항목별 랭킹(90분 기준 기록, 100분율)

전체 시도-득점	직접프리킥 시도-득점
PK 시도-득점	왼발 득점
오른발 득점	헤더 득점
출전횟수 선발-교체	출전시간 분(MIN)
A 도움	P 평균 패스 시도-성공
P% 패스 성공률	DR 평균 드리블 시도-성공
TK 평균 태클 시도-성공	IC 평균 인터셉트
경고-퇴장	페어플레이
MOM	★ 평점
G 득점	A 도움
SH 전체 슈팅	SG 슈팅 시도
PC 패스	P% 패스 성공
PP 박스안 패스	CR 크로스
SC 득점기회 창출	TK 태클
IC 인터셉트	BT 볼 터치
DC 드리블 성공	PR 패스 받음

Nathan TELLA — 평점 6.60
네이선 텔라 · 1999.07.05 / 173cm

사우샘프턴 유스 출신. 데뷔 당시 '제2의 월콧'으로 불리며 큰 기대를 받았다. 2023-2024시즌에는 공식전 기준으로 무려 42경기를 뛰며 레버쿠젠의 분데스리가 우승에 기여했다. 폭발적인 스피드와 직선적 돌파력이 강점이다. 주로 날개 공격수로 뛰지만, 번리 시절에는 팀의 필요에 따라 스트라이커로도 기용됐다. 다만 테크닉은 그리 세련되지 않은 편. 패스도 투박한 편. 시장 가치는 2300만 유로, 추정 연봉은 180만 유로.

슈팅-득점 / 2023-24시즌 바이에르 레버쿠젠 / 위치
- 17-5 / 4-0
- A 8-16 · P 811 · P% 2 · 12.5-10.4 · 83%
- LG-0 / RG-3 / HG-2
- DR 1.7-0.4 · TK 0.8-0.5 · IC 0.1 · 경고 2-0 · ★ 1
- 위치: AM, RW, LW, RM, RWB, RB

G	A	SH	SG	PC	P%	PP	CR	SC	TK	IC	BT	DC	PR
상위	상위	하위	상위	하위	상위	하위	하위	하위	하위	하위	하위	상위	하위
13%	41%	47%	21%	49%	27%	23%	44%	40%	35%	48%	47%	17%	37%

Pontus ALMQVIST — 평점 6.60
폰투스 암키스트 · 1999.07.10 / 172cm

3살 터울 형인 토비 역시 스웨덴에서 프로축구 선수로 활동하고 있다. 원 소속팀은 러시아 클럽 로스토프이며 입단 당시 클럽 레코드까지 기록했으나, 자리를 잡지 못하고 임대를 전전했다. 2023-2024시즌부터 레체에서 임대 생활 중이다. 수비수와 1대1 싸움에 굉장히 능한 라이트윙. 왼쪽으로 뛰는 경우는 거의 없으며, 대신 스트라이커로 전진 배치되곤 한다. 시장 가치는 300만 유로, 추정 연봉은 77만 유로.

슈팅-득점 / 2023-24시즌 레체 / 위치
- 21-2 / 19-0
- A 25-5 · P 2115 · P% 1 · 15.0-11.4 · 76%
- LG-2 / RG-0 / HG-0
- DR 3.0-1.3 · TK 2.5-1.5 · IC 0.5 · 경고 5-0 · ★ 1
- 위치: RW, LW, RM, LM

G	A	SH	SG	PC	P%	PP	CR	SC	TK	IC	BT	DC	PR
하위	하위	하위	하위	하위	하위	하위	하위	상위	하위	하위	하위	상위	하위
4%	7%	23%	33%	4%	35%	7%	13%	14%	24%	2%	48%	7%	

Alberto MOLEIRO — 평점 6.60
알베르토 몰레이로 · 2003.09.30 / 172cm

'야구 천국' 쿠바 출신의 축구 선수. 라스 팔마스 유스 출신이며 이적 없이 시니어 무대까지 쭉 뛰고 있다. 본인의 드림 클럽은 바르셀로나. 오른발잡이 레프트윙이며 중앙에 위치할 경우 상대 하프 스페이스 공략에 주력한다. 최대 강점은 오른발 킥, 시야도 우수해 패스도 크게 흩뿌리며, 이따금 중거리 슈팅으로 상대를 놀라게 한다. 왼발 사용 빈도는 낮다. 시장 가치는 1500만 유로, 추정 연봉은 19만 유로.

슈팅-득점 / 2023-24시즌 라스 팔마스 / 위치
- 19-1 / 14-2
- A 21-7 · P 1811 · P% 3 · 24.9-20.4 · 82%
- LG-0 / RG-3 / HG-0 (33-3 / 0-0 / 0-0)
- DR 4.0-2.0 · TK 1.4-0.5 · IC 0.3 · 경고 1-0 · ★ 0
- 위치: LW, LM, CF, AM

G	A	SH	SG	PC	P%	PP	CR	SC	TK	IC	BT	DC	PR
하위	하위	하위	하위	상위	상위	상위	하위	상위	하위	하위	상위	상위	상위
18%	43%	19%	14%	36%	35%	16%	37%	5%	29%	46%	12%	6%	44%

Roland SALLAI — 평점 6.60
롤란드 설러이 · 1997.05.20 / 182cm

정우영의 소속팀 동료로 이름이 알려져 있으며, 2023-2024 분데스리가 전반기 랑리스테 NK-9에 선정됐다. 매우 빠른 스피드를 가진 준족 윙이다. 잔발로 볼을 터치하며 상대 진영으로 돌파하는 드리블 스킬을 가졌으며, 킥력이 좋아 상대가 조금만 틈을 보이면 적극적으로 상대 골문을 겨냥한다. 다만 다소 욕심이 과한 플레이를 펼치며, 수비 가담은 부족한 편. 시장 가치는 1500만 유로, 추정 연봉은 72만 유로.

슈팅-득점 / 2023-24시즌 프라이부르크 / 위치
- 40-3 / 16-0
- A 22-5 · P 1852 · P% 3 · 18.8-14.7 · 78%
- LG-1 / RG-1 / HG-1 (56-3 / 0-0 / 1-0)
- DR 2.1-0.9 · TK 1.1-0.6 · IC 0.2 · 경고 6-0 · ★ 0
- 위치: AM, CF, LW, RW, LM, RM, CM

G	A	SH	SG	PC	P%	PP	CR	SC	TK	IC	BT	DC	PR
상위	하위	상위	상위	상위	상위	상위	상위	상위	하위	상위	하위	상위	하위
46%	30%	9%	17%	18%	26%	41%	37%	10%	26%	10%	26%	0%	23%

Miguel ALMIRÓN — 평점 6.60
미겔 알미론 · 1994.02.10 / 174cm

침체기인 파라과이에서 현재 가장 유명한 축구 스타. 2022년 한국 원정 경기에서 멀티골을 넣으며 주목받은 바 있다. 주로 왼발잡이 라이트윙으로 뛰지만 윙백이나 우측 메짤라 포지션에서도 활약한다. 다부진 피지컬과 왕성한 체력으로 우측면 곳곳을 누비며 팀에 활력을 불어넣는다. 그러나 마무리 패스가 섬세하지 못하며, 오른발 사용 상황이 주어지면 템포가 죽는다. 시장 가치는 2000만 유로, 추정 연봉은 362만 유로.

슈팅-득점 / 2023-24시즌 뉴캐슬 Utd. / 위치
- 29-2 / 12-1
- A 23-10 · P 1947 · P% 1 · 23.3-20.0 · 86%
- LG-3 / RG-0 / HG-0 (41-3 / 0-0 / 0-0)
- DR 1.6-0.7 · TK 1.6-1.1 · IC 0.3 · 경고 2-0 · ★ 0
- 위치: LW, RW, AM, CF

G	A	SH	SG	PC	P%	PP	CR	SC	TK	IC	BT	DC	PR
하위	하위	상위	상위	상위	상위	상위	하위	상위	하위	상위	상위	하위	하위
19%	15%	40%	24%	42%	12%	48%	11%	14%	36%	44%	7%	19%	41%

Sergio ARRIBAS — 평점 6.60
세르히오 아리바스 · 2001.09.30 / 172cm

레알 마드리드 유스 출신이나 3년 동안 자리를 잡지 못하고 알메리아 이적 후 본격적으로 기량을 펼치고 있다. 하프라인 근처에서 볼을 받아 상대 문전까지 돌파할 수 있을 수준의 기술을 가진 테크니션. 패스 능력도 꽤 준수하다. 다만 지나치게 욕심을 부리는 플레이 때문에 많은 비판을 받는다. 개인 포인트는 좋을지 몰라도 팀으로는 높은 평가를 못 받는 편. 시장 가치는 1000만 유로, 추정 연봉은 55만 유로.

슈팅-득점 / 2023-24시즌 알메리아 / 위치
- 39-9 / 21-0
- A 22-12 · P 2057 · P% 4 · 19.9-16.5 · 83%
- LG-4 / RG-3 / HG-1 (60-9 / 1-0 / 0-0)
- DR 1.4-0.6 · TK 1.5-1.0 · IC 0.5 · 경고 1-0 · ★ 0
- 위치: AM, RW, RM, LW, CF, LM

G	A	SH	SG	PC	P%	PP	CR	SC	TK	IC	BT	DC	PR
상위	상위	상위	상위	상위	상위	상위	상위	상위	상위	상위	하위	하위	하위
13%	47%	26%	25%	40%	32%	46%	39%	45%	31%	15%	28%	12%	17%

유럽 5대리그 공격형 미드필더 & 윙어 항목별 랭킹 (90분 기준 기록, 100분율)

Anthony ELANGA
안토니 엘랑가
평점 6.59
2002.04.27 / 178cm

부친 조셉은 1998 FIFA 프랑스 월드컵에서 카메룬 수비를 책임졌던 선수였다. 폭발적 주력으로 승부를 거는 날개. 신체 밸런스도 좋아 상대 수비의 태클에도 어지간해서는 쓰러지지 않는다. 많이 뛰는 데다 전술 이해도가 높은 편이다. 그러나 아직 어린 선수다 보니 시야가 좁고 드리블을 시도할 때 자주 볼을 빼앗기는 편이다. 포인트 역시 많은 편은 아니다. 시장 가치는 2200만 유로, 추정 연봉은 130만 유로.

슈팅-득점 / 2023-24시즌 노팅엄 포리스트 / 위치
40-4						RW
14-1	25-11	2434	9	18.0-13.5	75%	LW
						CF
54-5	LG-1	DR	TK	IC		RM
0-0	RG-3	2.1-0.9	1.4-0.9	0.2	1-0	1
0-0	HG-1					

G	A	SH	SG	PC	P%	PP	CR	SC	TK	IC	BT	DC	PR
하위	상위	하위	상위	하위	하위	하위	상위	상위	하위	하위	하위	상위	하위
33%	13%	37%	44%	10%	21%	7%	34%	48%	20%	10%	25%	14%	

Riccardo SOTTIL
리카르도 소틸
평점 6.59
1999.06.03 / 180cm

피오렌티나 유스가 발굴해 낸 보석. 이탈리아 연령별 대표를 두루 거치고 있다. 임대 생활을 한 것을 제외하곤 줄곧 '비올라' 군단에서 뛰었다. 뛰어난 드리블러라 상대 박스 인근에서 파울을 많이 얻어내는 윙어. 본래 발이 빠른 데다 순간 가속도가 폭발적이라 상대 수비수가 대처하기 힘든 타입. 양발잡이이며, 주로 우측에서 인사이드 포워드로 뛴다. 판단력은 좀 아쉽다. 시장 가치는 600만 유로, 추정 연봉은 111만 유로.

슈팅-득점 / 2023-24시즌 피오렌티나 / 위치
25-1						LW
9-1	13-9	1110	3	17.2-14.6	85%	RW
34-2	LG-0	DR	TK	IC		
1-0	RG-2	2.4-1.1	0.7-0.5	0.1	1-0	2
0-0	HG-0					

G	A	SH	SG	PC	P%	PP	CR	SC	TK	IC	BT	DC	PR
하위	상위	하위	하위	상위	하위	하위	상위	상위	하위	하위	하위	상위	상위
23%	31%	21%	17%	44%	31%	20%	34%	49%	11%	6%	3%	43%	44%

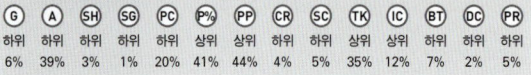

Jon GURIDI
욘 구리디
평점 6.59
1995.02.28 / 179cm

레알 소시에다드에서 줄곧 활약하다 2022년 4년 계약 조건으로 알라베스 유니폼을 입었으며, 그해 팀의 승격을 주도했다. 굉장히 정교한 패스 능력을 자랑하는 공격형 미드필더. 경기 흐름을 꿰뚫는 영리한 축구 지능을 가졌으며, 이는 공격은 물론 수비 상황에서도 십분 활용된다. 그러나 연약한 피지컬 때문에 상대와 몸싸움에서 쉽게 밀리는 단점을 가지고 있다. 시장 가치는 400만 유로, 추정 연봉은 46만 유로.

슈팅-득점 / 2023-24시즌 알라베스 / 위치
32-3						AM
4-0	34-2	2697	4	22.0-17.6	80%	CM
						DM
36-3	LG-2	DR	TK	IC		RW
0-0	RG-0	1.2-0.5	2.1-1.2	0.6	2-0	1	RM
0-0	HG-1					

G	A	SH	SG	PC	P%	PP	CR	SC	TK	IC	BT	DC	PR
하위	상위	하위	하위	상위	상위	상위	하위	상위	상위	하위	상위	하위	하위
6%	39%	3%	1%	41%	44%	4%	1%	47%	7%	2%	5%		

NAKAMURA Keito
나카무라 게이토
평점 6.59
2000.07.28 / 181cm

LASK 린츠 시절 황현석의 절친한 동료였으며, 2022-2023시즌 오스트리아 분데스리가 '올해의 팀'에 선정됐다. 일본 대표팀에서도 '거물' 미토마 카오루와 포지션 경쟁 중이다. 스피드로 승부하는 전형적인 윙어가 아니라 뛰어난 슈팅으로 승부하는 인사이드 포워드 유형이다. 특히 감아차기는 그의 전매특허다. 볼을 다루는 테크닉도 수준급. 다만 찬스메이킹에는 약하다. 시장 가치는 900만 유로, 추정 연봉은 90만 유로.

슈팅-득점 / 2023-24시즌 스타드 렝 / 위치
29-4						LW
12-0	17-8	1390	4	15.1-11.6	77%	LM
41-4	LG-0	DR	TK	IC		
0-0	RG-3	1.3-0.8	1.9-1.1	0.2	1-0	0
0-0	HG-1					

G	A	SH	SG	PC	P%	PP	CR	SC	TK	IC	BT	DC	PR
상위	하위	상위	상위	하위	하위	상위	하위	상위	하위	상위	상위	하위	하위
45%	12%	25%	48%	13%	32%	20%	15%	36%	9%	47%	38%	6%	9%

Ander BARRENETXEA
안데르 바레네체아
평점 6.58
2001.12.27 / 178cm

레알 소시에다드의 성골 유스 윙. 라 리가 역대 최연소 득점 3위(18세 30일)라는 기록을 가지고 있다. 긴 이름 탓에 2022-23시즌에는 '바레네'라는 백넘버를 붙이고 뛰었다. 스피드 자체는 특출나지 않으나, 상황에 따라 순간적으로 감속 혹은 가속하는 플레이가 매우 위협적이다. 풀백을 경험한 적이 있어 수비시에 적극적으로 압박한다. 다만 킥의 파워는 부족하다. 시장 가치는 2000만 유로, 추정 연봉은 156만 유로.

슈팅-득점 / 2023-24시즌 레알 소시에다드 / 위치
23-4						LW
14-0	20-9	1440	1	17.1-12.5	73%	LM
						CF
37-3	LG-0	DR	TK	IC		CM
1-0	RG-2					RW
0-0	HG-0	2.7-1.4	1.7-1.1	0.4	1-0	0	RM

G	A	SH	SG	PC	P%	PP	CR	SC	TK	IC	BT	DC	PR
상위	하위	상위	하위	하위	하위	하위	상위	하위	하위	하위	하위	상위	상위
49%	27%	44%	34%	33%	16%	2%	50%	25%	8%	29%	45%	16%	44%

Michael FOLORUNSHO
마이클 폴로룬쇼
평점 6.58
1998.02.07 / 185cm

2023-24시즌 34경기 5골 1도움을 기록, 엘라스 베로나가 기대 이상의 성적을 내며 세리에 A에 잔류하게 한 공신 중 하나. 활약상을 인정받아 유로 2024 이탈리아 대표에 승선했다. 슈팅이 좋아 공격형 미드필더로 주로 활약한다. 또한, 우수한 테크닉과 민첩성 때문에 수비형 미드필더로 뛸 수도 있다. 박스 외곽에서 이따금 날리는 중거리 슈팅은 꽤 위협적이다. 시장 가치는 850만 유로, 추정 연봉은 74만 유로.

슈팅-득점 / 2023-24시즌 베로나 / 위치
25-2						AM
22-3	33-1	2794	1	21.2-13.8	65%	CM
						DM
47-5	LG-3	DR	TK	IC		CF
0-0	RG-2					LW
0-0	HG-0	2.0-0.7	2.6-1.6	5-0	0		RW

G	A	SH	SG	PC	P%	PP	CR	SC	TK	IC	BT	DC	PR
하위	하위	하위	하위	하위	하위	하위	하위	상위	하위	상위	하위	하위	하위
22%	2%	11%	6%	5%	6%	31%	9%	27%	33%	12%	14%	5%	

○ 유럽 5대리그 공격형 미드필더 & 윙어 항목별 랭킹 (90분 기준 기록, 100분율)

Ferrán TORRES
평점 6.58
페란 토레스
2000.02.29 / 184cm

발렌시아 시절 이강인의 절친으로 한국 팬들에게 이름을 알렸다. 한때는 스페인 최고의 재능 중 1명이었다. 재정난에 빠진 바르셀로나의 상황 때문에 이적 가능성이 제기되고 있다. 현역 스페인 선수 중 발이 가장 빠른 선수 중 1명이다. 양발을 자유자재로 사용하는 테크니션이다. 패스 센스도 뛰어나 측면은 물론 중앙도 가능하다. 그러나 골 결정력이 다소 아쉽다. 시장 가치는 3000만 유로, 추정 연봉은 1000만 유로.

슈팅-득점 | 2023-24시즌 FC 바르셀로나 | 위치
26-6 / 12-1 | 12-17 1203 2 14.5-11.6 80% | LW CF RW
● 38-7 LG-3
● 2-1   RG-4
● 0-0   HG-0
DR 0.9-0.4 TK 0.7-0.3 IC 0.2 2-0 ★ 1

G A SH SG PC P% PP CR SC TK IC BT DC PR
상위 하위 상위 상위 하위 상위 하위 상위 하위 상위 하위 상위 하위 하위
4% 49% 21% 17% 43% 45% 46% 30% 46% 5% 19% 28% 15% 48%

Julien PONCEAU
평점 6.57
쥘리앵 퐁소
2000.11.28 / 170cm

앙골라 혈통의 프랑스 대표팀 공격형 MF. 프랑스 연령별 대표를 두루 거쳤으나 A대표팀 콜업은 없으며, 훗날 앙골라 대표 차출 가능성도 제기된다. 종종 라이트윙으로 전진 배치된다. 좋은 패스 능력을 가진 공격형 미드필더인데, 그 재능을 발휘하려면 좀 더 낮은 위치에서 뛰어야 한다는 평가가 있다. 신체적 한계 탓에 몸싸움과 제공권에는 약하다고 평가된다. 시장 가치는 350만 유로, 추정 연봉은 60만 유로.

슈팅-득점 | 2023-24시즌 로리앙 | 위치
16-3 / 17-0 | 27-5 2253 1 35.3-30.7 87% | AM CM RW LM
● 33-3 LG-1
● 0-0   RG-1
● 0-0   HG-0
DR 2.7-1.4 TK 1.7-1.0 IC 0.6 5-0 ★ 0

G A SH SG PC P% PP CR SC TK IC BT DC PR
하위 상위 하위 상위 하위 상위 하위 상위 상위 하위 상위 상위 상위 상위
10% 17% 5% 19% 13% 5% 29% 5% 43% 29% 5% 20% 44% 23%

Justin KLUIVERT
평점 6.57
저스틴 클라위버르트
1999.05.05 / 171cm

1990년대 후반, 월드 클래스 공격수였던 파트릭 클라위버르트의 아들이다. 키는 작은 편이나 폭발적인 스피드, 양발을 고루 사용해 시도하는 볼 컨트롤, 화려한 드리블로 상대 측면을 깨부순다. 레프트윙으로 상대 수비수와 일대일 싸움에 매우 강하다. 그러나 포인트 양산 능력은 아쉽다. 볼 없을 때 움직임과 역습을 허용했을 때 수비 가담도 미미하다. 기복도 있다. 시장 가치는 1400만 유로, 추정 연봉은 483만 유로.

슈팅-득점 | 2023-24시즌 본머스 | 위치
39-7 / 17-0 | 26-6 1937 1 12.1-8.7 72% | AM LW RW LM
● 56-7 LG-2
● 3-0   RG-5
● 0-0   HG-0
DR 2.0-0.9 TK 1.6-0.9 IC 0.3 5-0 ★ 0

G A SH SG PC P% PP CR SC TK IC BT DC PR
상위 하위 상위 상위 하위 상위 하위 상위 하위 상위 하위 상위 하위 하위
24% 9% 28% 29% 2% 16% 17% 14% 40% 33% 5% 30% 5% 1%

Harvey BARNES
평점 6.57
하비 반스
1997.12.09 / 180cm

다이내믹한 2선 공격수. 빠른 주력과 힘을 바탕으로 직선적인 드리블을 주로 구사한다. 강력한 오른발 슈팅과 중거리 슈팅, 원터치 마무리 능력이 뛰어나며 왼발 사용도 제법 능숙하다. 하지만 투박한 발밑 기술과 낮은 드리블 성공률, 패스의 정교함 부족으로 지공 상황에서는 조금 아쉽다. 또, 박스 안 지능적인 움직임은 부족하고 수비 가담의 효율성도 낮다. 시장 가치는 3500만 유로, 추정 연봉은 416만 유로.

슈팅-득점 | 2023-24시즌 뉴캐슬 Utd. | 위치
21-3 / 6-2 | 7-14 795 3 12.3-9.7 79% | LW AM
● 27-5 LG-1
● 0-0   RG-3
● 0-0   HG-1
DR 1.2-0.4 TK 0.3-0.3 IC 0.2 2-0 ★ 0

G A SH SG PC P% PP CR SC TK IC BT DC PR
상위 상위 상위 상위 상위 상위 상위 상위 상위 상위 상위 상위 상위 하위
6% 12% 11% 6% 28% 48% 49% 15% 32% 3% 30% 17% 15% 29%

Jim ALLEVINAH
평점 6.56
짐 알레비나
1995.02.27 / 173cm

그리 우월하다고 볼 수 없는 신체 조건 때문에 플레이상에서 다소 단점이 많다. 패스나 마무리에서도 좀 더 집중력이 요구된다. 하지만 최전방과 좌우 날개, 그리고 2선까지 다양하게 책임질 수 있는 멀티 포지션 능력만큼은 출중하다. 측면에서 크로스를 자주 시도하며 상대 수비를 흔들어놓는 플레이를 펼친다. 승부처에서 보이는 집중력 역시 훌륭한 편이다. 시장 가치는 200만 유로, 추정 연봉은 13만 유로.

슈팅-득점 | 2023-24시즌 클레어몽 풋 | 위치
28-2 / 9-0 | 22-7 1880 1 21.9-18.4 84% | AM LWB RWB LW CF
● 37-2 LG-0
● 0-0   RG-1
● 0-0   HG-1
DR 2.3-1.1 TK 1.8-1.0 IC 0.4 1-0 ★ 0

G A SH SG PC P% PP CR SC TK IC BT DC PR
하위 하위 상위 상위 상위 상위 하위 상위 하위 상위 상위 상위 하위 하위
4% 9% 25% 20% 48% 25% 18% 36% 15% 3% 21% 46% 42% 34%

Dodi LUKÉBAKIO
평점 6.56
도디 루케바키오
1997.09.24 / 187cm

공격형 미드필더, 윙어를 겸비하는 2선 공격의 첨병. 훌륭한 피지컬과 빠른 발을 활용해 공을 잘 지키고, 과감하게 전진하며 패스를 뿌려주는 능력이 뛰어나다. 볼 경합 상황에서는 특히 강점을 보인다. 다만 섬세한 테크닉을 가지지 못했으며, 크로스나 스루 패스, 슈팅 등에서 아쉬운 면이 있다. 그래도 세비야 유니폼을 입은 후 찬스메이킹 실력이 발전했다. 시장 가치는 1500만 유로, 추정 연봉은 300만 유로.

슈팅-득점 | 2023-24시즌 세비야 | 위치
32-5 / 10-0 | 12-11 1127 1 13.5-11.3 84% | LW RW CF AM
● 42-5 LG-4
● 1-0   RG-1
● 0-0   HG-0
DR 2.7-1.4 TK 0.4-0.2 IC 0.1 0-0 ★ 0

G A SH SG PC P% PP CR SC TK IC BT DC PR
상위 하위 상위 상위 하위 상위 상위 하위 상위 하위 상위 상위 상위 하위
25% 12% 11% 11% 19% 45% 8% 45% 44% 1% 10% 18% 19% 36%

Alex BERENGUER
평점 6.54
알렉스 베렝게르 1995.07.04 / 175cm

현란한 볼 컨트롤과 주력을 두루 갖춘 드리블러. 저돌적인 움직임과 양발을 활용한 변칙적인 드리블로 수비수를 혼란에 빠뜨린다. 종종 프리롤로 기용될 때 이러한 크랙 기질이 매우 도드라지는 경향이 있다. 오프 더 볼 실력도 뛰어나며, 배후 침투는 물론 지공 상황에서도 늘 적절한 위치를 선점한다. 그러나 피지컬적 약점 때문인지 강한 압박에 눌리면 종종 부진하다. 시장 가치는 1200만 유로, 추정 연봉은 170만 유로.

슈팅-득점	2023-24시즌 아슬레틱 빌바오					위치
24-6			A	P	P%	LW
8-1	15-20	1582	3	12.6-9.2	73%	RW
						CF
32-7	LG-3	DR	TK	IC	★	LM
3-0	RG-3					RM
1-1	HG-1	1.7-0.7	1.1-0.7	0.1	4-0	2	CM

G	A	SH	SG	PC	P%	PP	CR	SC	TK	IC	BT	DC	PR
상위	상위	하위	하위	하위	상위	하위	상위	하위	상위	하위	상위	상위	하위
13%	48%	24%	31%	18%	4%	5%	2%	40%	4%	19%	35%	36%	19%

Roberto PEREYRA
평점 6.53
로베르토 페레이라 1991.01.07 / 182cm

아르헨티나 출신답게 볼을 온더볼 상황에서 최상의 실력을 발휘한다. 오른발을 주로 쓰지만 왼발도 종종 사용한다. 매서운 양발 드리블로 상대 수비진을 파헤친다. 전성기 시절에 비해 활동량과 스피드는 다소 하락한 감은 있으나, 오프더볼 때 동료를 활용해 찬스를 만들어나가는 노련함도 갖추었다. 최근에는 윙백으로도 기용되는데, 이때 언더래핑이 위력적이다. 시장 가치는 300만 유로, 추정 연봉은 103만 유로.

슈팅-득점	2023-24시즌 우디네세					위치
20-4			A	P	P%	AM
7-0	22-5	1865	3	20.7-17.0	82%	CF
						CM
27-4	LG-1	DR	TK	IC		RM
0-0	RG-3				★	LM
1-1	HG-0	1.5-0.7	1.4-0.7	0.3	6-0	1	

G	A	SH	SG	PC	P%	PP	CR	SC	TK	IC	BT	DC	PR
하위	상위	하위	하위	상위	상위	상위	하위	상위	상위	상위	상위	상위	상위
7%	41%	1%	1%	15%	12%	10%	16%	42%	29%	21%	45%	9%	36%

Yusuf YAZICI
평점 6.53
유수프 야지지 1997.01.29 / 185cm

튀르키예에서는 그 메수트 외질과 비견될 정도로 재능을 인정받는 왼발잡이 플레이메이커. 킥이 매우 정확해 데드볼 스페셜리스트로서 존재감을 발휘하며 플레이가 진행되는 상황에서 번뜩이는 패스로 찬스를 만들어낸다. 기본적인 하드웨어뿐만 아니라 굉장한 활동량을 갖추고 있어 수비 가담에도 굉장히 적극적이다. 다만 수비 기술이 부족해 파울이 많은 편이다. 시장 가치는 1000만 유로, 추정 연봉은 105만 유로.

슈팅-득점	2023-24시즌 릴 OSC					위치
28-4			A	P	P%	AM
12-1	16-11	1318	2	17.2-13.6	79%	RW
						CF
40-5	LG-4	DR	TK	IC		LW
6-1	RG-1				★	RM
0-0	HG-0	1.1-0.6	1.1-0.7	0.2	5-0	2	LM

G	A	SH	SG	PC	P%	PP	CR	SC	TK	IC	BT	DC	PR
상위	하위	상위	상위	상위	상위	상위	상위	상위	상위	상위	상위	하위	상위
21%	40%	23%	25%	41%	43%	37%	15%	13%	42%	28%	25%	19%	34%

Dany MOTA
평점 6.53
대니 모타 1998.05.02 / 180cm

주로 2선에서 세컨드 스트라이커로 활약하지만, 여차하면 최전방까지도 거뜬히 소화해낸다. 피지컬적으로 상당히 단단한 선수라 수비와 몸싸움에 능한데, 그렇다고 해서 테크닉이 모자란 선수도 아니라 상대로서는 골머리가 아픈 존재다. 게다가 골 결정력도 준수하다. 그렇지만 상대의 오프사이드 트랩에 자주 빠지는 편이며 수비 가담 빈도가 극히 적다. 시장 가치는 500만 유로, 추정 연봉은 111만 유로.

슈팅-득점	2023-24시즌 몬차					위치
30-4			A	P	P%	LW
8-0	24-10	2060	3	21.9-17.5	80%	RW
						CF
38-4	LG-0	DR	TK	IC		AM
0-0	RG-4				★	
0-0	HG-0	1.4-0.6	0.6-0.4	0.1	3-0	2	

G	A	SH	SG	PC	P%	PP	CR	SC	TK	IC	BT	DC	PR
하위	하위	상위	상위	상위	상위	상위	상위	하위	상위	상위	상위	상위	상위
29%	38%	21%	12%	46%	44%	17%	31%	2%	31%	49%	27%	27%	44%

Dan NDOYE
평점 6.53
단 은도이 2000.10.25 / 184cm

매우 다재다능한 라이트 윙. 오른쪽 터치라인에서는 날개뿐만 아니라 미드필더와 윙백까지 모두 소화해낸다. 종종 팀 사정에 따라 중앙 미드필더로도 쓰이곤 한다. 굉장히 빠른 발을 가진 드리블러이며, 자신의 강점을 십분 활용해 많은 찬스를 만들어내는 돌격대장이다. 그러나 크로스가 좀 더 발전해야 하고, 수비 상황 때 볼 간수 능력 역시 보완할 필요가 있다. 시장 가치는 1000만 유로, 추정 연봉은 103만 유로.

슈팅-득점	2023-24시즌 볼로냐					위치
28-1			A	P	P%	LW
13-0	20-12	1776	1	17.0-14.3	84%	RW
						AM
41-1	LG-0	DR	TK	IC		LM
0-0	RG-0				★	RM
0-0	HG-1	2.9-1.2	1.6-0.9	0.4	5-0	1	CM

G	A	SH	SG	PC	P%	PP	CR	SC	TK	IC	BT	DC	PR
하위	하위	상위	상위	상위	상위	하위	상위	상위	상위	상위	상위	상위	하위
3%	10%	42%	46%	29%	39%	7%	37%	29%	30%	41%	27%	42%	34%

ANTONY
평점 6.53
안토니 2000.02.24 / 174cm

아약스 시절에는 환상적인 테크닉과 돌파 능력을 발휘하며 전 세계의 주목을 받았던 선수였다. 오른쪽 터치라인에서 상대 수비수와 일대일 싸움을 즐기는 왼발잡이 날개이며, 허를 찌르는 테크닉으로 많은 찬스를 만들었다. 하지만 프리미어리그에서는 그 장점이 잘 나타나지 않고 있다. 피지컬적인 약점과 빠르다 볼 수 없는 스피드 때문에 손쉽게 공략당하고 있다. 시장 가치는 2000만 유로, 추정 연봉은 1040만 유로.

슈팅-득점	2023-24시즌 맨체스터 Utd.					위치
21-1			A	P	P%	RW
22-0	15-14	1324	1	19.3-15.5	80%	RM
41-1	LG-1	DR	TK	IC		
0-0	RG-0				★	
0-0	HG-0	2.4-1.0	2.1-1.4	0.4	5-0	1	

G	A	SH	SG	PC	P%	PP	CR	SC	TK	IC	BT	DC	PR
하위	상위	상위	상위	상위	상위	하위	상위	하위	상위	상위	상위	상위	상위
3%	12%	29%	40%	40%	31%	33%	10%	4%	5%	49%	37%	37%	48%

Luca WALDSCHMIDT
평점 6.52
루카 발트슈미트 1996.05.19 / 181cm

주로 세컨드 스트라이커로 뛰며, 2선의 모든 지역에서 활약할 수 있는 다기능 공격 자원. 오른쪽 측면에서 왼발로 접고 들어가는 인사이드 포워드 유형이며, 거리가 주어지면 장기인 왼발 슛으로 적극적으로 골문을 노린다. 골 결정력도 좋다. 그러나 측면에서 뛸 때 크로스가 그리 정확하진 않으며, 신장에 비해 제공권 싸움에서도 좋은 모습을 보이진 못하는 편이다. 시장 가치는 300만 유로, 추정 연봉은 340만 유로.

슈팅-득점	2023-24시즌 FC 쾰른					위치
15-1						AM
28-2	14-8	1151	0	18.1-14.1	78%	LW
43-3 LG-2						RW
2-0 RG-0	DR	TK	IC		★	CF
1-0 HG-1	1.9-0.9	1.4-0.9	0.3	4-0	1	

G	A	SH	SG	PC	P%	PP	CR	SC	TK	IC	BT	DC	PR
하위	하위	상위	상위	하위	상위	하위	상위	상위	하위	상위	상위	상위	하위
49%	1%	8%	11%	33%	25%	46%	49%	35%	2%	46%	40%	44%	23%

Josué CASIMIR
평점 6.52
조수에 카시미르 2001.09.24 / 178cm

오른쪽에서는 날개와 윙백 모두 소화한다. 왼쪽에서도 이런 기질을 보일 줄 아는데, 아무래도 우측에서 플레이가 좀 더 자연스러운 편이다. 어쨌든 멀티 포지션 능력은 카시미르의 최대 장점이다. 정교한 킥 능력을 바탕으로 영리하게 경기를 풀어나가며 상당히 많은 찬스를 만들어내어 2023-2024시즌 최고의 발견 중 하나로 평가받고 있다. 적극적인 중거리슛도 특징. 시장 가치는 250만 유로, 추정 연봉은 30만 유로.

슈팅-득점	2023-24시즌 르 아브르					위치
15-0						CF
7-0	25-5	2035	5	21.2-16.3	77%	RW
22-0 LG-0						LW
0-0 RG-0	DR	TK	IC		★	RM
0-0 HG-0	2.1-0.9	1.4-1.0	0.4	6-0	1	LM

G	A	SH	SG	PC	P%	PP	CR	SC	TK	IC	BT	DC	PR
하위	상위	하위	하위	상위	상위	상위	상위	상위	하위	상위	상위	상위	하위
1%	37%	1%	1%	35%	32%	22%	36%	6%	37%	25%	33%	25%	15%

Ludovic BLAS
평점 6.52
뤼도빅 블라 1997.12.31 / 180cm

매서운 왼발을 가진 테크니션. 상대의 강한 압박에도 불구하고 좁은 공간에서 벗어나 찬스를 만들어내는 데 능하다. 수비수들의 혼을 빼놓는 환상적인 발기술을 가진 선수라 대응하기 힘들다. 수비수 사이를 노리는 침투 패스 실력도 수준급이며, 기본적으로 많이 뛰는 타입이라 팀에도 보탬이 된다. 하지만 볼을 가질 때 템포가 죽는 경향이 있으며, 왼발만 고집하는 편. 시장 가치는 1800만 유로, 추정 연봉은 260만 유로.

슈팅-득점	2023-24시즌 스타드 렌					위치
24-4						RW
20-0	18-11	1568	1	15.3-13.2	86%	LW
44-4 LG-3						CF
0-0 RG-1	DR	TK	IC		★	RM
2-1 HG-0	2.4-1.0	1.7-1.0	0.2	3-0	1	LM
						AM

G	A	SH	SG	PC	P%	PP	CR	SC	TK	IC	BT	DC	PR
상위	하위	상위	상위	상위	상위	상위	상위	상위	상위	상위	하위	상위	상위
25%	8%	26%	14%	26%	79%	33%	42%	24%	26%	26%	19%	45%	21%

Rubén VARGAS
평점 6.52
루벤 바르가스 1998.08.05 / 179cm

왼쪽 측면에서 주로 기용되는 날개 자원. 온더볼 상황에서는 상대 수비 허를 찌르는 창의적인 플레이를 자랑하며, 적극적인 슈팅으로 상대 수비를 곤혹스럽게 한다. 볼 없을 때 침투 능력도 수준급이라, 아우크스부르크에서는 주로 오른쪽 측면 공격을 전담하다 바르가스에게 공간이 주어졌을 때 이를 활용하는 팀 전술을 종종 쓴다. 그러나 수비 가담 능력이 부족하다. 시장 가치는 650만 유로, 추정 연봉은 85만 유로.

슈팅-득점	2023-24시즌 아우크스부르크					위치
31-4						CM
18-0	25-6	1977	4	18.8-14.3	76%	CF
49-4 LG-2						RW
3-0 RG-2	DR	TK	IC		★	LW
0-0 HG-0	1.7-0.7	1.2-0.7	0.2	3-0	1	

G	A	SH	SG	PC	P%	PP	CR	SC	TK	IC	BT	DC	PR
상위	상위	상위	상위	상위	상위	상위	상위	상위	상위	상위	상위	상위	하위
32%	35%	45%	48%	21%	18%	42%	47%	29%	31%	24%	25%	24%	15%

Jamie LEWELING
평점 6.51
제이미 레벨링 2001.02.26 / 185cm

주 포지션은 라이트 윙이지만, 2선 중앙 공격형 미드필더와 최전방 스트라이커까지 두루 쓰인다. 큰 체격 조건에도 불구하고 스피디한 발과 준수한 테크닉을 두루 자랑하며, 크로스도 제법 준수하다. 대단한 스테미너를 자랑해 오른쪽 터치라인 전체를 책임진다. 그러나 신장에 비해 헤더가 약하고, 찬스에서 마무리 능력은 좀 더 향상시킬 필요가 있다. 시장 가치는 600만 유로, 추정 연봉은 102만 유로.

슈팅-득점	2023-24시즌 슈투트가르트					위치
34-4						RW
10-0	17-17	1523	4	16.1-13.1	83%	AM
44-4 LG-1						RM
0-0 RG-2	DR	TK	IC		★	CF
0-0 HG-0	1.7-0.8	0.9-0.5	0.1			

G	A	SH	SG	PC	P%	PP	CR	SC	TK	IC	BT	DC	PR
상위	상위	상위	하위	상위	상위	하위	상위	상위	상위	상위	상위	상위	상위
49%	32%	30%	6%	47%	32%	8%	43%	48%	32%	20%	48%	48%	50%

Tomáš SUSLOV
평점 6.51
토마시 수슬로프 2002.06.07 / 173cm

굉장히 넓은 시야와 창의적인 패스를 자랑하는 왼발잡이 플레이메이커. 오른쪽에서 컷인 플레이로 상대 수비진을 무너뜨린 후 찬스를 만들어내고, 동료를 활용한 간결한 패스 플레이와 위치 선정을 바탕으로 한 훌륭한 탈압박 능력을 갖춰 스페인 레전드 다비드 실바와 흡사하다는 평이다. 현재 슬로바키아에서는 마렉 함식 이후 모처럼 대형 스타가 나왔다고 기대하는 중. 시장 가치는 600만 유로, 추정 연봉은 51만 유로.

슈팅-득점	2023-24시즌 베로나					위치
14-2						AM
38-1	23-9	2099	5	15.4-12.2	79%	RW
52-3 LG-3						LW
4-0 RG-0	DR	TK	IC		★	RM
1-1 HG-0	2.3-1.2	2.3-1.3	0.2	7-0	2	DM
						CM

G	A	SH	SG	PC	P%	PP	CR	SC	TK	IC	BT	DC	PR
하위	상위	상위	상위	하위	상위	상위	상위	상위	상위	상위	상위	상위	하위
12%	37%	50%	36%	10%	31%	20%	47%	23%	16%	15%	7%	46%	2%

유럽 5대리그 공격형 미드필더 & 윙어 항목별 랭킹(90분 기준 기록, 100분율)

Grigoris KASTANOS
평점 6.51
그리고리스 카스타노스 1998.01.30 / 179cm

전술적 가치가 매우 높은 공격형 미드필더. 팀이 원할 때 세컨드 스트라이커나 트레콰르티스타로 뛰며, 종종 후방으로 내려와 메짤라 역할을 맡기도 한다. 양발 모두 훌륭한 테크닉을 갖췄으며, 넓은 시야까지 갖춰 직선적인 킬 패스로 어시스트를 창출해낸다. 오른발 프리킥도 능숙하며 골문 앞 찬스에서도 냉정한 마무리가 돋보인다. 공간 침투도 수준급. 시장 가치는 180만 유로, 추정 연봉은 19만 유로.

슈팅-득점	2023-24시즌 살레르니타나					위치
11-3	18-8	1488	3	21.7-16.2	75%	AM RM CM
19-0						
30-3 LG-0	1.0-0.5	1.3-0.9	0.3	5-0	1	
1-0 RG-2						
0-0 HG-1						

G	A	SH	SG	PC	P%	PP	CR	SC	TK	IC	BT	DC	PR
하위	상위	하위	상위	하위	하위	상위	하위	상위	상위	상위	상위	하위	하위
31%	44%	27%	30%	49%	23%	28%	36%	43%	36%	43%	49%	15%	32%

Christian KOUAMÉ
평점 6.51
크리스티앙 쿠아메 1997.12.06 / 185cm

좌우 측면을 가리지 않는 공격형 미드필더. 상황에 따라서는 세컨드 스트라이커는 물론 최전방도 소화한다. 가장 눈여겨 볼 만한 특징은 폭발적인 스피드. 운동 능력이 굉장히 좋은 선수라 상대 수비수가 막아내기 힘든 타입이다. 하지만 볼 터치 등 기술적 측면에서는 다소 모자람이 많다는 평이다. 그래서 찬스를 만드는 빈도에 비해 득점 수는 많지 않은 편. 시장 가치는 900만 유로, 추정 연봉은 222만 유로.

슈팅-득점	2023-24시즌 피오렌티나					위치
15-2	11-12	1084	1	18.3-13.9	76%	LW CF RW
9-0						
24-2 LG-0	1.4-0.5	0.7-0.6	0.1	4-0	1	
0-0 RG-1						
0-0 HG-1						

G	A	SH	SG	PC	P%	PP	CR	SC	TK	IC	BT	DC	PR
하위	하위	상위	하위	상위	하위	상위	하위	상위	상위	하위	상위	하위	상위
23%	17%	35%	24%	44%	30%	39%	24%	23%	32%	6%	47%	15%	39%

PORTU
평점 6.51
포르투 1992.05.21 / 167cm

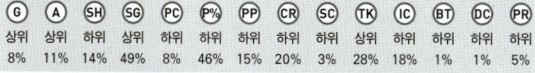

작은 체격이지만 빠른 주력과 다부진 돌파력으로 단점을 상쇄한다. 피지컬적으로 약점이 있는 선수다보니 테크닉과 동료를 이용한 패스로 플레이를 전개하나가며, 위치 선정과 결정력도 좋아 최전방 스트라이커로도 활약할 수 있다. 또한 강한 킥도 장기다. 하지만 스페인 출신치고는 볼을 컨트롤하는 능력이 다소 부족해 패스 실수가 많은 편이며, 수비 가담이 적다. 시장 가치는 350만 유로, 추정 연봉은 180만 유로.

슈팅-득점	2023-24시즌 헤타페+히로나					위치
21-7	11-25	1275	5	8.5-6.8	80%	AM CF LW RW
1-0						
22-7 LG-0	0.6-0.2	1.1-0.6	0.1	4-0	1	
0-0 RG-6						
0-0 HG-1						

G	A	SH	SG	PC	P%	PP	CR	SC	TK	IC	BT	DC	PR
상위	상위	하위	상위	하위	상위	하위	상위	상위	하위	상위	하위	하위	하위
8%	11%	14%	49%	8%	46%	15%	20%	28%	18%	1%	1%	1%	5%

Ansgar KNAUFF
평점 6.50
안스가르 크나우프 2002.01.10 / 180cm

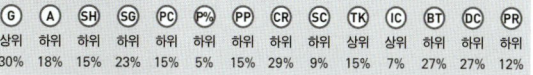

스피드로 승부하는 날개. 잠재성이 매우 크지만 발전해야 할 여지가 많은 미완의 대기로 평가받는다. 시원시원한 직선적 돌파로 측면을 무너뜨리며 직선적 패스로 찬스를 만든다. 단 테크닉과 공간 인지 능력이 부족해 탈압박에 취약하다. 장점을 살리기 위해 한 계단 낮은 위치인 윙백으로 뛸 때도 있지만, 이때는 필히 갖추어야 할 수비 능력이 미숙하다는 단점이 있다. 시장 가치는 1000만 유로, 추정 연봉은 54만 유로.

슈팅-득점	2023-24시즌 프랑크푸르트					위치
32-7	24-7	2122	4	20.8-13.5	65%	LW RW AM LM RM
5-0						
37-7 LG-1	2.1-1.0	1.8-1.4	0.6	5-1	1	
0-0 RG-6						
0-0 HG-0						

G	A	SH	SG	PC	P%	PP	CR	SC	TK	IC	BT	DC	PR
상위	하위	상위	하위	상위	상위	하위	상위	상위	하위	상위	하위	상위	하위
30%	18%	15%	23%	15%	29%	15%	7%	27%	27%	12%

Gabriel STREFEZZA
평점 6.50
가브리엘 스트레페차 1997.04.18 / 168cm

이탈리아 이중국적자지만, 브라질 출신답게 상대 수비수를 놀라게 하는 테크닉의 소유자다. 찬스만 나면 적극적으로 골문을 겨냥하는 라이트윙이며, 동료를 겨냥한 정확한 크로스로 공격을 이끈다. 단단한 체격 조건을 바탕으로 한 드리블과 측면 돌파가 매우 위협적이라는 평가를 받는다. 레프트윙은 물론이고, 세컨드 스트라이커로도 뛸 수 있는 범용성도 갖추었다. 시장 가치는 600만 유로, 추정 연봉은 47만 유로.

슈팅-득점	2023-24시즌 레체					위치
11-2	13-6	1118	0	33.8-26.4	78%	LW CF RW LM
26-1						
37-3 LG-1	1.8-0.9	1.6-1.3	0.4	4-0	1	
0-0 RG-2						
0-0 HG-0						

G	A	SH	SG	PC	P%	PP	CR	SC	TK	IC	BT	DC	PR
하위	하위	상위	상위	상위	상위	상위	상위	상위	상위	상위	하위	하위	상위
46%	44%	17%	14%	22%	47%	13%	15%	8%	22%	36%	49%	48%	20%

Eric CHOUPO-MOTING
평점 6.50
에릭 추포모팅 1989.03.23 / 191cm

훌륭한 하드웨어와 유연성, 그리고 준수한 스피드로 유망주 시절부터 크게 주목받았던 스트라이커였으나 빅 클럽 혹은 빅 리그에서는 한계가 있다는 평가를 받았었다. 하지만 바이에른 뮌헨 입단 후 그간 쌓아온 경험을 바탕으로 최전방과 2선 측면을 오가며 제몫 이상을 해냈다. 최정상급은 아니나 그래도 확실한 한방을 자랑하며 슈퍼 서브로서 존재감을 보이는 중. 시장 가치는 300만 유로, 추정 연봉은 700만 유로.

슈팅-득점	2023-24시즌 바이에른 뮌헨					위치
23-2	7-20	704	2	10.1-8.5	84%	LW CF RW AM
3-0						
26-2 LG-0	1.4-0.9	0.9-0.6	0.1	1-0	0	
0-0 RG-1						
0-0 HG-1						

G	A	SH	SG	PC	P%	PP	CR	SC	TK	IC	BT	DC	PR
상위	상위	상위	상위	상위	상위	상위	상위	상위	상위	상위	상위	상위	하위
49%	32%	6%	3%	45%	11%	17%	15%	32%	8%	8%	47%	12%	49%

유럽 5대리그 포지션별 랭킹 ❷

센터포워드 & 폴스9

센터포워드는 팀의 최전방 중앙에 위치한다. 상대 골문과 가장 가까이에 포진하기에 많은 골을 터뜨리는 게 첫 번째 임무다. 현대축구에서는 여기에 더해 공간 침투, 공간 창출, 포스트에서의 피딩 능력이 더욱 중요해졌다. 정통 공격수는 아니지만, 센터포워드 위치에 있다가 상대 수비를 교란하는 폴스9도 유용한 옵션 중 하나다. 지난 시즌 유럽 5대리그 최고의 공격수는 단연 킬리안 음바페(PSG)였다. 최전방과 좌측면을 자유롭게 넘나들며 리그1에서 27골-7도움을 기록했다. 올 시즌 레알 마드리드 유니폼을 입기에 더 큰 파괴력을 발휘할 것으로 기대된다. 음바페에 이어 해리 케인(바이에른 뮌헨), 세루 기라시(슈투트가르트), 라우타로 마르티네스(인테르 밀란), 빅터 보니페이스(바이에르 레버쿠젠) 등도 빼어난 활약을 펼쳤다.

○ 유럽 5대리그 센터포워드 항목별 랭킹(90분 기준 기록, 100분율)

Kylian MBAPPÉ
평점 7.82
킬리안 음바페   1998.12.10 / 178cm

2023-24 프랑스 리그 득점왕. 지난 시즌 페널티 박스 안팎을 가리지 않고 59개의 유효 슈팅을 기록했다. 리그 총 27골을 넣어 xG값 21.5를 넘어섰다. 빠른 스피드를 특기로 상대 팀 수비 라인을 휘젓는 드리블을 선보인다. 반대편에서 날아오는 크로스를 아크로바틱한 발리킥으로 마무리 짓기도 한다. 러시아 월드컵에서 우승을 차지하며 골든부츠를 수상했다. 시장 가치는 1억 8000만 유로, 추정 연봉은 3125만 유로.

슈팅-득점	2023-24시즌 PSG					위치
84-22	24-5	2160	7	32.3-27.4	85%	CF
36-5						LW
120-27 LG-4	DR	TK	IC		★	AM
2-0 RG-23						
8-6 HG-0	4.5-2.2	0.3-0.1	0.1	4-0	8	

G	xG	A	xA	SH	SG	PC	P%	SC	BT	DC	TK	IC	A%
상위	상위	상위	상위	상위	상위	상위	상위	상위	상위	하위	하위	하위	상위
2%	5%	27%	3%	2%	4%	3%	42%	2%	1%	3%	42%	13%	

Harry KANE
평점 7.79
해리 케인   1992.07.28 / 188cm

토트넘에서의 무관을 떨쳐내기 위해 2023년 바이에른에 합류했다. 리그 32경기에서 36골을 넣으며 데뷔 시즌에 득점왕까지 올랐으나 우승하진 못했다. 감독장의 대표 주자로서 이적한 첫해부터 페널티 킥 전담 키커로 활약했다. 골문 앞에서의 위치 선정이 뛰어나다. 역습 상황에서는 간결한 볼 터치로 동료를 잘 활용하며 직접 마무리를 짓기도 한다. 시장 가치는 1억 1000만 유로, 추정 연봉은 2500만 유로.

슈팅-득점	2023-24시즌 바이에른 뮌헨					위치
119-33	32-0	2844	8	19.5-14.4	74%	CF
27-3						
146-36 LG-6	DR	TK	IC		★	
4-1 RG-22						
5-5 HG-8	1.8-0.8	0.8-0.4	0.2	2-0	8	

G	xG	A	xA	SH	SG	PC	P%	SC	BT	DC	TK	IC	A%
상위	상위	상위	상위	상위	상위	상위	상위	상위	상위	하위	하위	하위	상위
1%	2%	10%	8%	6%	42%	4%	41%	6%	43%	31%	40%	23%	

Serhou GUIRASSY
평점 7.73
세루 기라시   1996.03.12 / 187cm

187cm의 큰 키지만 유연한 무브먼트가 특기다. 2선에서 침투하는 킬 패스를 받기 위한 라인 브레이킹이 제법나다. 페널티 박스 안에서 순간적인 접기 동작으로 상대 골키퍼를 제치는 모습도 종종 보여준다. 기니와 프랑스의 이중 국적을 가졌지만 2022년부터 기니 국가 대표로 활약하고 있다. 같은 해 슈투트가르트로 임대를 온 후 다음 시즌 900만 유로로 이적했다. 시장 가치는 4000만 유로, 추정 연봉은 216만 유로.

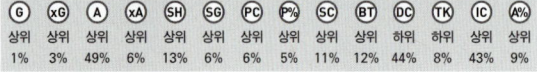

슈팅-득점	2023-24시즌 슈투트가르트					위치
76-24	25-3	2214	2	27.5-22.3	81%	CF
16-4						
92-28 LG-5	DR	TK	IC		★	
3-0 RG-18						
4-4 HG-5	1.5-0.6	0.3-0.2	0.4	0-0	8	

G	xG	A	xA	SH	SG	PC	P%	SC	BT	DC	TK	IC	A%
상위	상위	상위	상위	상위	상위	상위	상위	상위	하위	하위	상위	상위	상위
1%	3%	49%	6%	13%	6%	5%	11%	6%	44%	8%	43%	9%	

Lautaro MARTÍNEZ
평점 7.54
라우타로 마르티네스   1997.08.22 / 174cm

지난 시즌부터 인테르의 주장으로 선임되었다. 득점 레이스는 38라운드까지 이어졌고 24골로 득점왕의 영예를 차지하였다. 3년 만에 리그 우승을 되찾았고 1등 공신이 되었다. 174cm로 작은 키지만 상체가 두껍고 탄탄한 하체를 가졌다. 상대 골문에서 저돌적인 돌파와 몸을 아끼지 않는 플레이로 골을 만들어낸다. 주로 투톱으로 출전하며 파트너와의 연계가 좋다. 시장 가치는 1억 1000만 유로, 추정 연봉은 1110만 유로.

슈팅-득점	2023-24시즌 인테르 밀란					위치
88-21	31-2	2668	3	22.9-18.1	79%	CF
20-3						
108-24 LG-5	DR	TK	IC		★	
0-0 RG-17						
3-2 HG-2	2.0-0.7	1.2-0.7	0.6	5-0	9	

G	xG	A	xA	SH	SG	PC	P%	SC	BT	DC	TK	IC	A%
상위	상위	하위	하위	상위	상위	상위	상위	상위	상위	상위	상위	하위	상위
10%	11%	47%	41%	9%	11%	22%	20%	20%	20%	43%	43%	4%	6%

Victor BONIFACE
평점 7.50
빅터 보니페이스   2000.12.23 / 190cm

현재 유럽에서 가장 주목받고 있는 공격수 중 한 명. 이적료 1600만 유로로 레버쿠젠으로 합류한 첫 시즌부터 맹공을 펼치고 있다. 첫 달부터 분데스리가 이달의 선수로 선정되었다. 거구지만 발이 빠르다. 아프리카 출신의 유연함과 점프력은 리그 내에서도 상위급에 속한다. 2년 전 유로파에서 득점왕에 올랐고 지난 시즌에는 아탈란타와의 결승전에 뛰었다. 시장 가치는 4000만 유로, 추정 연봉은 200만 유로.

슈팅-득점	2023-24시즌 레버쿠젠					위치
68-14	18-5	1554	8	16.4-12.0	73%	CF
12-0						AM
80-14 LG-2	DR	TK	IC		★	
0-0 RG-11						
4-4 HG-3	4.0-2.0	0.4-0.2	0.4	2-0	3	

G	xG	A	xA	SH	SG	PC	P%	SC	BT	DC	TK	IC	A%
상위	상위	상위	상위	상위	상위	상위	상위	상위	하위	하위	상위	상위	상위
3%	1%	1%	14%	1%	4%	34%	41%	16%	25%	2%	26%	16%	4%

Erling HAALAND
평점 7.45
엘링 홀란   2000.07.21 / 195cm

공격수가 갖춰야 할 모든 것을 가졌다. 큰 키에서 나오는 제공권과 뛰어난 슈팅 세기 그리고 골문 앞에서의 침착함은 세계 최고로 평가받는다. 지난 시즌 xG값 29.3골에 가까운 27골로 프리미어리그 득점왕에 올랐다. 2년 연속 수상이라 가히 괴물이라는 평가가 어울린다. 하지만 노르웨이가 유로 본선에 진출하지 못해 국가 대표 커리어는 아쉬움이 남고 있다. 시장 가치는 1억 8000만 유로, 추정 연봉은 2265만 유로.

슈팅-득점	2023-24시즌 맨체스터 시티					위치
114-25	29-2	2559	5	12.5-9.6	77%	CF
7-2						
121-27 LG-20	DR	TK	IC		★	
1-0 RG-2						
8-7 HG-4	1.0-0.4	0.2-0.2	0.1	1-0	6	

G	xG	A	xA	SH	SG	PC	P%	SC	BT	DC	TK	IC	A%
상위	상위	상위	상위	상위	상위	하위	상위	상위	하위	하위	하위	하위	상위
3%	1%	37%	41%	4%	3%	21%	29%	5%	17%	11%	12%	13%	

유럽 5대리그 센터포워드 항목별 랭킹 (90분 기준 기록, 100분율)

Deniz UNDAV

평점 7.44
데니스 운다프   1996.07.19 / 179cm

독일과 튀르키예의 이중 국적 출신. 지난 시즌 브라이튼 소속으로 자리를 잡지 못하고 슈투트가르트와 임대 계약을 맺었다. 입단 초기에 부상으로 출전이 힘들었고 평가도 좋지 못했다. 하지만 11월 이달의 선수상으로 시작으로 리그 30경기에서 18골을 넣었다. 슈투트가르트판 임대 신화의 주인공. 179cm의 키를 가진 스트라이커지만 높은 점프력이 가졌다. 시장 가치는 2200만 유로, 추정 연봉은 120만 유로.

슈팅-득점	2023-24시즌 슈투트가르트	위치
76-16		CF
31-2	23-7 2100 9 25.7-19.3 75%	AM
🔴 107-18 LG-4		RW
🟠 0-0 RG-10	1.7-0.9 1.3-0.9 0.2 5 ★	
🔵 1-0 HG-4		

G	xG	A	xA	SH	SG	PC	P%	SC	BT	DC	TK	IC	A%
상위	상위	상위	상위	상위	상위	상위	상위	상위	상위	상위	상위	상위	하위
6%	11%	1%	1%	2%	1%	7%	27%	3%	4%	23%	9%	38%	27%

Loïs OPENDA

평점 7.31
로이스 오펜다   2000.02.16 / 177cm

주로 센터 포워드로 출전하지만, 측면으로 이동한 후 중앙으로 돌파하는 것을 선호한다. 동료와의 2대1 패스를 통해 상대 팀 수비 대열을 무너뜨린다. 감각적인 볼 터치와 유연한 상체 움직임으로 순식간에 골키퍼와의 일대일 상황을 만들어낸다. 벨기에 연령별 팀에서 꾸준히 콜업이 되었다. 루카쿠의 뒤를 이어 벨기에 국가 대표팀 차기 공격수로 거론되고 있다. 시장 가치는 6600만 유로, 추정 연봉은 566만 유로.

슈팅-득점	2023-24시즌 RB 라이프치히	위치
106-23		CF
15-1	33-1 2716 7 14.3-9.9 69%	
🔴 121-24 LG-15		
🟠 1-0 RG-5	1.9-0.6 0.3-0.1 1 4-0 6	
🔵 3-2 HG-4		

G	xG	A	xA	SH	SG	PC	P%	SC	BT	DC	TK	IC	A%
상위	상위	상위	상위	상위	상위	하위	상위	상위	상위	상위	하위	상위	하위
6%	7%	18%	23%	7%	3%	17%	26%	9%	18%	42%	1%	29%	41%

Marcus THURAM

평점 7.30
마르퀴 튀랑   1997.08.06 / 192cm

2023년 묀헨글라트바흐에서 FA로 이적했다. 첫 시즌부터 리그 13골을 넣었다. 전체 76개의 슈팅 중에서 28번 유효 슈팅을 기록했다. 거구지만 순간 가속도가 빠르고 공중전에서 강점을 보인다. 하지만 세밀한 패스에 약점을 보이기도 한다. 프랑스 국가 대표 릴리앙 튀랑의 아들로도 유명하고 동생 케펜 튀랑 역시 2023년 국가 대표팀에서 데뷔했다. 시장 가치는 6000만 유로, 추정 연봉은 833만 유로.

슈팅-득점	2023-24시즌 인테르 밀란	위치
69-12		CF
8-1	34-1 2707 7 18.2-13.5 74%	LW
🔴 77-13 LG-3		
🟠 0-0 RG-9	1.6-0.9 0.9-0.7 0.1 3-0 2	
🔵 0-0 HG-1		

G	xG	A	xA	SH	SG	PC	P%	SC	BT	DC	TK	IC	A%
하위	상위	상위	상위	상위	상위	상위	상위	상위	상위	상위	상위	상위	상위
49%	43%	25%	29%	40%	28%	14%	38%	25%	24%	20%	43%	31%	3%

SON Heungmin

평점 7.30
손흥민   1992.07.08 / 184cm

대한민국과 토트넘의 간판 공격수. EPL 통산 300경기에 출전했다. 아시아 선수 역사상 유럽 리그 최다 득점에 성공했다. 케인이 떠나 주장으로 선정되었다. 서포터즈에게 책임감 있는 언행을 보여주었다. 측면을 선호하나 중앙 공격수로 출전했다. 상황에 따라 2선으로 빠져 공격을 이끌었다. 마지막 경기에서 통산 3번째 10-10을 달성하며 유종의 미를 거두었다. 시장 가치는 5000만 유로, 추정 연봉은 1148만 유로.

슈팅-득점	2023-24시즌 토트넘	위치
66-16		CF
19-1	34-1 2948 10 29.4-25.0 85%	LW
🔴 85-17 LG-4		AM
🟠 0-0 RG-13	2.6-1.2 0.9-0.6 0.2 1-0 6	
🔵 2-2 HG-0		

G	xG	A	xA	SH	SG	PC	P%	SC	BT	DC	TK	IC	A%
상위	상위	상위	상위	상위	상위	상위	상위	상위	상위	상위	상위	상위	하위
29%	35%	6%	2%	46%	36%	5%	1%	9%	14%	22%	44%	43%	9%

Ollie WATKINS

평점 7.27
올리 왓킨스   1995.12.30 / 180cm

치명적인 단점이던 골 결정력을 보완했다. 해가 지나면서 경기를 읽는 시야도 넓어졌다. 동료를 활용하여 뒷공간의 패스를 시도한다. 자신이 직접 측면에서 중앙으로 돌파해 득점으로 성공한다. 지난 시즌 리그에서 19골을 넣어 빌라의 챔피언스리그 진출에 주역이 되었다. 그리고 EPL 도움왕의 영예도 차지해 더 높은 평가를 얻었다. 그 기세로 유로 2004에도 합류했다. 시장 가치는 6500만 유로, 추정 연봉은 676만 유로.

슈팅-득점	2023-24시즌 애스턴 빌라	위치
96-19		CF
11-0	37-0 3227 13 15.8-12.2 77%	
🔴 107-19 LG-4		
🟠 0-0 RG-10	1.7-0.9 0.5-0.3 0.1 4-0 5	
🔵 0-0 HG-5		

G	xG	A	xA	SH	SG	PC	P%	SC	BT	DC	TK	IC	A%
상위	상위	상위	상위	상위	상위	하위	상위	상위	상위	하위	상위	상위	하위
28%	34%	3%	31%	29%	22%	29%	24%	30%	10%	49%	16%	23%	37%

Antoine GRIEZMANN

평점 7.25
앙투안 그리즈만   1991.03.21 / 176cm

2024년 아라고네스를 넘어 아틀레티코 역사상 최다 득점자가 되었다. 축구 지능이 좋고 측면과 중앙 공격수 그리고 플레이 메이커로서의 역량이 도드라진다. 32경기에서 30경기에 선발로 출전하였다. 총 1000개의 패스를 시도했고 82.6%의 성공률까지 보여주었다. 아틀레티코 '시즌2'의 커리어는 리빙 레전드로 평가받는다. 푸마의 메인 홍보 모델이다. 시장 가치는 2500만 유로, 추정 연봉은 1250만 유로.

슈팅-득점	2023-24시즌 아틀레티코 마드리드	위치
56-16		CF
23-0	31-2 2654 6 37.5-31.1 83%	AM
🔴 79-16 LG-12		LW
🟠 3-0 RG-2	1.5-0.5 1.8-1.0 0.3 5-0 6	RW
🔵 4-4 HG-2		

G	xG	A	xA	SH	SG	PC	P%	SC	BT	DC	TK	IC	A%
상위	상위	상위	하위	상위	상위	상위	하위	상위	상위	하위	상위	상위	하위
24%	47%	33%	10%	43%	41%	1%	17%	9%	1%	49%	11%	12%	40%

유럽 5대리그 센터포워드 항목별 랭킹(90분 기준 기록, 100분율)

Georges MIKAUTADZE
평점 7.23
조르지 미카우타제 2000.10.31 / 176cm

리옹 출생의 조지아 국가 대표팀 공격수. 메츠에서 데뷔. 아약스로 이적했지만, 임대 신분으로 돌아왔다. 리그 후반기 19경기에서 13골을 넣었다. 메츠 팬들이 선정한 올해의 선수에 선정되었다. 화려한 볼 테크닉으로 측면에서 공격을 시작한다. 혼자 상대 수비수를 집중시킨 후 공간을 이용한 킬 패스는 최고의 무기다. 오른발잡이지만 왼발로도 원더골을 만들어낸다. 시장 가치는 900만 유로, 추정 연봉은 104만 유로.

슈팅-득점	2023-24시즌 아약스+FC 메스					위치
47-11		A	P	P%		CF
17-2	22-4 1989	4	16.4-12.1	74%		AM
64-13 LG-3	DR	TK	IC		★	
4-0 RG-10						
3-0 HG-0	4.5-1.8	0.7-0.2	0.3	1-1	4	

G	xG	A	xA	SH	SG	PC	P%	SC	BT	DC	TK	IC	A%
상위	상위	상위	하위	상위	상위	상위	상위	하위	상위	상위	하위	상위	하위
15%	30%	23%	16%	36%	31%	42%	41%	23%	35%	9%	5%	17%	9%

Alexander SØRLOTH
평점 7.23
알렉산데르 쇠를로트 1995.12.05 / 195cm

2023-24 라리가의 득점왕을 놓쳤다. 37라운드에서 레알 마드리드를 상대로 4골을 만들어냈다. 195cm와 90kg의 피지컬을 가지고 있지만 발이 빠르다. 직접 드리블 돌파를 시도하여 슈팅을 시도하기도 한다. 리그에서 77개의 슈팅을 때렸고 36번의 유효 슈팅을 만들어냈다. 숏의 정확도도 높은 편이다. 축구 부자로도 유명하다. 아버지는 국대 공격수 예란 쇠를로트. 시장 가치는 1500만 유로, 추정 연봉은 360만 유로.

슈팅-득점	2023-24시즌 비야레알					위치
71-23		A	P	P%		CF
7-0	30-4 2493	6	13.6-10.5	77%		RW
78-23 LG-12	DR	TK	IC		★	
0-0 RG-4						
0-0 HG-7	2.1-1.0	0.3-0.1		3-0	7	

G	xG	A	xA	SH	SG	PC	P%	SC	BT	DC	TK	IC	A%
상위	상위	상위	상위	상위	상위	상위	상위	상위	상위	상위	상위	하위	하위
5%	48%	29%	27%	34%	29%	상위 26%	48%	20%	27%	3%	6%	1%	

Robert LEWANDOWSKI
평점 7.20
로베르트 레반도프스키 1988.08.21 / 185cm

골에 관해서는 타의 추종을 불허한다. 어느덧 30대 중후반의 나이지만 리그에서 18득점을 성공시켰다. 팀의 PK를 책임지고 있고, 라커룸에서도 베테랑의 면모를 발휘하고 있다. 뮌헨과 대표팀의 살아있는 레전드. 특히 폴란드 대표팀 최다 출장과 최다 득점 기록은 연이어 신기록 갱신 중이다. 우승 DNA가 한물 꺾였지만 바르셀로나의 최전방은 여전히 언터처블이다. 시장 가치는 1500만 유로, 추정 연봉은 2708만 유로.

슈팅-득점	2023-24시즌 FC 바르셀로나					위치
78-17		A	P	P%		CF
16-2	32-3 2759	8	16.4-11.8	72%		
94-19 LG-1	DR	TK	IC		★	
3-1 RG-14						
4-4 HG-4	1.5-0.7	0.5-0.2	0.3	5-0	4	

G	xG	A	xA	SH	SG	PC	P%	SC	BT	DC	TK	IC	A%
상위	상위	상위	상위	상위	하위	하위	상위	하위	하위	하위	상위	상위	상위
25%	18%	20%	35%	34%	37%	49%	39%	28%	42%	24%	45%	21%	

RODRYGO
평점 7.16
호드리구 2001.01.09 / 174cm

영혼의 파트너 비니시우스와 함께 레알 마드리드와 대표팀을 책임지고 있다. 안첼로티 감독의 투톱 전술로 벨링엄과 공포의 역삼각 편대를 구성했다. 공격에 관여된 모든 포지션을 소화한다. 역습 전술에서 빠른 스피드와 영리한 축구 지능은 빛을 발한다. 어린 시절부터 호날두의 팬으로 알려졌다. 산투스 선배 네이마르와의 친분이 두터운 편. 11월 재계약에 성공했다. 시장 가치는 1억 유로, 추정 연봉은 1250만 유로.

슈팅-득점	2023-24시즌 레알 마드리드					위치
67-9		A	P	P%		CF
20-1	28-6 2391	5	28.2-25.4	90%		LW
87-10 LG-1	DR	TK	IC		★	RW
4-0 RG-9						
1-0 HG-0	4.3-1.8	0.9-0.5	0.2	2-0	3	

G	xG	A	xA	SH	SG	PC	P%	SC	BT	DC	TK	IC	A%
하위	상위	상위	상위	상위	상위	상위	상위	상위	상위	상위	상위	하위	하위
48%	38%	32%	19%	16%	1%	1%	35%	44%	41%	37%	6%		

Matheus CUNHA
평점 7.15
마테우스 쿠냐 1999.05.27 / 183cm

늑대 군단의 공격 선봉장. 15라운드 첼시전에서 해트트릭을 달성했다. 부드러운 볼 터치와 간수 능력 그리고 연계 플레이가 뛰어나다. 동료와의 2대1 패스로 수비 라인을 붕괴시키거나 타이밍 빠른 슛으로 골망을 흔든다. 다만 아쉬운 판단으로 쉬운 골을 놓치기도 한다. 평소에 흥이 많아 팬서비스가 좋다. 2020년 도쿄 올림픽 결승전에 골머니 넣어 금메달을 목에 걸었다. 시장 가치는 4200만 유로, 추정 연봉은 312만 유로.

슈팅-득점	2023-24시즌 울버햄튼					위치
49-12		A	P	P%		CF
24-0	29-3 2454	7	24.5-20.1	82%		AM
73-12 LG-1	DR	TK	IC		★	LW
0-0 RG-9						
1-1 HG-2	4.4-2.1	1.6-0.9	0.4	9-0	5	

G	xG	A	xA	SH	SG	PC	P%	SC	BT	DC	TK	IC	A%
상위	상위	상위	상위	상위	상위	상위	상위	상위	상위	상위	상위	상위	하위
41%	28%	14%	33%	45%	20%	6%	10%	27%	6%	3%	17%	9%	11%

Gorka GURUZETA
평점 7.15
고르카 구루제타 1996.09.12 / 188cm

빌바오 유스 출신. 여러 클럽에서 뛰다가 2022년에 돌아왔다. 188cm의 장신으로 고공 헤더와 세트피스 상황에서 수비력이 좋다. 측면에서 시도되는 크로스나 컷백 전술 시 빈 공간을 잘 찾고 원터치 슈팅에 뛰어나다. 스페인 토종 공격수의 자존심을 지키고 있다. 아버지와 동생 모두 축구 선수로 활약했고 스페인 연령별 팀과 성인 대표팀에 한 번도 포함되지 않았다. 시장 가치는 1500만 유로, 추정 연봉은 208만 유로.

슈팅-득점	2023-24시즌 아슬레틱 빌바오					위치
51-13		A	P	P%		CF
13-1	30-2 2241	5	18.6-13.0	69%		
64-14 LG-2	DR	TK	IC		★	
3-0 RG-9						
1-0 HG-3	1.0-0.6	1.7-1.1	0.5	2-0	4	

G	xG	A	xA	SH	SG	PC	P%	SC	BT	DC	TK	IC	A%
상위	상위	상위	상위	상위	상위	상위	상위	상위	상위	상위	상위	상위	상위
25%	34%	24%	48%	41%	29%	68%	42%	27%	46%	6%	1%	46%	

○ 유럽 5대리그 센터포워드 항목별 랭킹(90분 기준 기록, 100분율)

●	전체 슈팅 시도-득점
●	직접프리킥 시도-득점
●	PK 시도-득점
LG	왼발 득점
RG	오른발 득점
HG	헤더 득점
□	출전횟수 선발·교체
⏱	출전시간(MIN)
A	도움
P	평균 패스 시도-성공
P%	패스 성공율
DR	평균 드리블 시도-성공
TK	평균 태클 시도-성공
IC	평균 인터셉트
🟨🟥	경고-퇴장
★	페어플레이/MOM
G	득점 기대값
xG	득점 기대값
A	도움
xA	도움 기대값
SH	슈팅 시도
SG	유효 슈팅
PC	패스 성공
P%	패스 성공율
SC	슈팅기회 창출
BT	볼 터치
DC	드리블 성공
TK	태클
IC	인터셉트
A%	공중전 승율

평점 7.15 — Kai HAVERTZ 카이 하베르츠
1999.06.11 / 193cm

이렇게 차이가 있을 수 있을까. 2023년 아스날로 이적한 이후 첼시에서의 모습은 찾기 힘들다. 그야말로 환골탈태의 경기력을 보여주었다. 제수스를 벤치로 보냈고, 마지막 라운드까지 우승을 다투는데 주전으로 출전했다. 펄스 나인의 공격 전술과 코너킥 상황에서 직접 결정을 짓기도 한다. 발밑이 부드럽고 볼 터치가 좋아 팀 특유의 컬러와 잘 맞는다. 시장 가치는 6000만 유로, 추정 연봉은 1456만 유로.

슈팅-득점
- 62-13
- 7-0
- ● 69-13 LG-7
- 0-0 RG-3
- 1-1 HG-3

2023-24시즌 아스날
⏱	A	P	P%
30-7 2641	7	25.2-20.4	81%

DR	TK	IC	🟨🟥	★
11-0.4	1.6-0.9	0.5	11-0	3

위치: CF / CM / AM / RW

G	xG	A	xA	SH	SG	PC	P%	SC	BT	DC	TK	IC	A%
하위	하위	상위	상위	하위	하위	상위	상위	상위	하위	상위	상위	상위	상위
39%	25%	34%	23%	16%	16%	9%	6%	20%	13%	26%	6%	3%	19%

평점 7.14 — Vinícius JÚNIOR 비니시우스 주니오르
1991.01.07 / 182cm

브라질 최고의 크랙이다. 레프트윙과 센터포워드를 겸한다. 폭발적인 스피드와 번뜩이는 테크닉, 이를 활용한 돌파력과 득점력까지 겸비한, 가장 브라질 선수다운 공격수다. 장기간 부상에 빠졌던 네이마르와는 달리 내구성도 상당히 좋아 소속팀과 대표팀에 크게 기여하고 있다. 다만 상대 수비는 물론 팬들의 도발에 쉽게 넘어가 크게 흥분하는 게 약점이다. 시장 가치는 1억 5000만 유로, 추정 연봉은 2083만 유로.

슈팅-득점
- 26-6
- 4-0
- ● 30-6 LG-1
- 0-0 RG-5
- 1-1 HG-0

2023-24시즌 레알 마드리드
⏱	A	P	P%
22-4 1875	5	27.3-21.9	78%

DR	TK	IC	🟨🟥	★
6.7-2.6	1.0-0.7	0.0	3-0	4

위치: CF / LW

G	xG	A	xA	SH	SG	PC	P%	SC	BT	DC	TK	IC	A%
상위	상위	상위	상위	상위	상위	상위	상위	상위	상위	상위	상위	하위	하위
13%	17%	8%	9%	15%	7%	9%	6%	4%	11%	4%	35%	13%	16%

평점 7.13 — Albert GUDMUNDSSON 알베르트 귀드뮌드손
1997.06.15 / 177cm

아이슬란드판 축구 명문가 집안. 아버지와 어머니 모두 아이슬란드 국가 대표팀 선수였다. 그리고 증조 할아버지 알베르트 역시 밀란과 아스날에서 뛰었다. 최전방 공격수를 보좌하는 2선에서 자신의 가치를 더 보여준다. 볼 컨트롤이 좋고 순간적인 센스가 뛰어나 뒷공간 로빙 패스나 킬 패스를 시도한다. 지난 시즌 리그에서 17개의 공격 포인트를 기록했다. 시장 가치는 2200만 유로, 추정 연봉은 154만 유로.

슈팅-득점
- 29-11
- 28-3
- ● 57-14 LG-3
- 8-1 RG-1
- 5-4 HG-0

2023-24시즌 제노아
⏱	A	P	P%
34-1 3024	4	28.8-23.6	82%

DR	TK	IC	🟨🟥	★
2.7-1.3	1.6-0.8	0.3	4-0	6

위치: CF / AM / CM

G	xG	A	xA	SH	SG	PC	P%	SC	BT	DC	TK	IC	A%
상위	상위	상위	상위	상위	상위	상위	상위	상위	상위	상위	상위	상위	하위
46%	17%	49%	11%	1%	4%	6%	25%	9%	20%	6%	49%	26%	2%

평점 7.13 — Jarrod BOWEN 제러드 보웬
1996.12.20 / 175cm

영국의 지역 클럽 해리퍼드에서 시작했다. 헐 시티를 거쳐 2020년 명문 웨스트햄과 계약을 맺었다. 다부진 체격으로 상대 수비수의 거친 맨 마킹에 잘 넘어지지 않는다. 과감한 돌파와 골문 앞에서의 번뜩이는 재치는 가장 큰 장점이다. EPL 역사상 최초로 원정 6경기 연속골을 넣었다. 이 기세로 국가 대표팀에도 포함되었다. 어릴 때 베컴의 팬으로 알려졌다. 시장 가치는 5000만 유로, 추정 연봉은 624만 유로.

슈팅-득점
- 67-14
- 17-2
- ● 84-16 LG-8
- 0-0 RG-3
- 0-0 HG-5

2023-24시즌 웨스트햄 Utd.
⏱	A	P	P%
34-0 3021	6	18.3-13.7	75%

DR	TK	IC	🟨🟥	★
2.9-1.1	1.9-1.2	0.6	2-0	2

위치: CF / RW / LW / AM

G	xG	A	xA	SH	SG	PC	P%	SC	BT	DC	TK	IC	A%
상위	하위	상위	상위	상위	상위	상위	상위	상위	상위	상위	상위	상위	하위
43%	25%	15%	20%	50%	48%	37%	32%	42%	25%	12%	7%	7%	21%

평점 7.13 — Gerard MORENO 제라르 모레노
1992.04.07 / 180cm

3년 만에 리그 두 자릿수 골을 기록했다. 시즌 초반 10경기에서 7골을 넣으며 순항했다. 리그 후반부엔 부상으로 출전하지 못했다. 30대가 넘으면서 기동력이 줄었지만, 골에 관여된 위치 선정은 여전히 좋다. 페널티 안팎으로 시도하는 감아차기 슈팅은 트레이드 마크다. 비야레알 유스 팀 출신이고 구단 역사상 최다골 사나이가 되었으니 신망이 상당히 두터운 편. 시장 가치는 1400만 유로, 추정 연봉은 362만 유로.

슈팅-득점
- 53-9
- 10-1
- ● 63-10 LG-7
- 0-0 RG-3
- 3-2 HG-0

2023-24시즌 비야레알
⏱	A	P	P%
28-2 2232	4	32.0-25.6	80%

DR	TK	IC	🟨🟥	★
2.9-1.5	1.3-0.8	0.3	0-0	4

위치: CF / RW / AM

G	xG	A	xA	SH	SG	PC	P%	SC	BT	DC	TK	IC	A%
하위	상위	상위	상위	상위	상위	상위	상위	상위	상위	상위	상위	상위	상위
45%	50%	16%	14%	42%	17%	3%	20%	2%	10%	18%	18%	58%	29%

평점 7.12 — Alexander ISAK 알렉산더 이삭
1999.09.21 / 192cm

스웨덴 대표팀 역사상 최연소 골을 넣었던 공격수. 어느새 프리미어리그에서 대표팀 선배 이브라히모비치의 골 기록까지 넘어섰다. xG값 20.5를 넘어 리그 21골을 넣었다. 구단의 전설 시어러 이후 리그에서 처음으로 20골을 넘는 선수가 되기도 했다. 192cm의 장신이지만 유연하며 활처럼 휘는 움직임을 보여준다. 상대적으로 빈약했던 골 결정력도 점차 나아지고 있다. 시장 가치는 7000만 유로, 추정 연봉은 624만 유로.

슈팅-득점
- 67-20
- 11-1
- ● 78-21 LG-1
- 1-0 RG-19
- 6-5 HG-1

2023-24시즌 뉴캐슬 Utd.
⏱	A	P	P%
27-3 2267	2	15.8-12.6	80%

DR	TK	IC	🟨🟥	★
2.5-1.4	0.4-0.2	0.1	1-0	3

위치: CF

G	xG	A	xA	SH	SG	PC	P%	SC	BT	DC	TK	IC	A%
상위	상위	상위	상위	상위	상위	상위	상위	상위	상위	상위	하위	하위	하위
7%	6%	27%	36%	39%	17%	14%	37%	21%	12%	6%	49%	7%	7%

Omar MARMOUSH
평점 7.11
오마 마무시 1999.02.07 / 183cm

2004년 프랑크푸르트에서 가장 많은 환호를 받은 선수. 18개의 공격 포인트를 기록했는데 이는 팀 내에서 가장 많은 수치였다. 좌우를 가리지 않고 공격 진영 전체를 아우른다. 축구 센스가 좋아 역방향으로 상대를 쉽게 제친다. PK 전담 키커로도 나섰다. 캐나다와 이집트의 이중 국적을 가졌지만, 이집트를 성인 국가대표팀으로 선택했다. 살라의 뒤를 잇는 적임자다. 시장 가치는 2200만 유로, 추정 연봉은 160만 유로.

슈팅-득점	2023-24시즌 프랑크푸르트	위치
57-12		CF
22-0	27-2 2311 3 18.6-13.6 73%	AM
79-12 LG-1		LW
5-0 RG-11	DR TK IC	
2-2 HG-0	3.8-1.4 1.2-0.7 7-0 4	

G	xG	A	xA	SH	SG	PC	P%	SC	BT	DC	TK	IC	A%
상위	상위	상위	상위	상위	상위	상위	상위	상위	상위	상위	상위	상위	상위
37%	40%	19%	16%	29%	32%	40%	47%	26%	29%	13%	37%	11%	31%

Ante BUDIMIR
평점 7.09
안테 부디미르 1991.07.22 / 190cm

190cm의 장신에다가 발밑도 좋다. 페널티 박스 안에서의 움직임이 영리하다. 왼발을 잘 쓰며 상황에 따라서는 오른발과 헤딩으로 포스트 플레이를 만들어낸다. 상대 문전 앞에서 수비수를 이겨내는 압박 플레이를 자주 보인다. 크로아티아 출신의 대표팀 저니먼. 하지만 오사수나에 정착했다. 지난 시즌 리그에서 19개의 공격 포인트를 기록했다. 대표팀의 주전 공격수. 시장 가치는 500만 유로, 추정 연봉은 135만 유로.

슈팅-득점	2023-24시즌 오사수나	위치
72-16		CF
5-1	29-4 2449 2 12.9-7.1 55%	
79-17 LG-12		
0-0 RG-1	DR TK IC	
4-3 HG-4	0.9-0.3 0.9-0.6 0.2 4-0 6	

G	xG	A	xA	SH	SG	PC	P%	SC	BT	DC	TK	IC	A%
상위	상위	상위	하위	상위	상위	하위	하위	상위	하위	상위	상위	상위	하위
18%	21%	29%	38%	41%	40%	3%	6%	13%	42%	45%			6%

Jonathan DAVID
평점 7.08
조너선 데이비드 2000.01.14 / 180cm

릴에서의 4년 차. 4시즌 연속 리그 두 자릿수 골을 넣었다. 리그 34경기 중 30경기에서 선발로 나섰다. 19골을 성공시켜 17.5의 xG 값을 앞질렀다. 무엇보다도 총 79번의 슈팅 중 47번의 유효 슈팅을 기록한 점은 공격수로서 값진 데이터다. 뉴욕 브루클린 출생으로 캐나다 국적을 가졌다. 겐트에서 데뷔했고 프로 2년 차에 득점왕과 벨기에 올해의 선수상을 받았다. 시장 가치는 5000만 유로, 추정 연봉은 168만 유로.

슈팅-득점	2023-24시즌 릴 OSC	위치
66-17		CF
13-2	30-4 2641 4 18.9-15.7 83%	
79-19 LG-6		
0-0 RG-10	DR TK IC	
3-2 HG-3	1.1-0.5 1.3-0.8 0.3 4-0 3	

G	xG	A	xA	SH	SG	PC	P%	SC	BT	DC	TK	IC	A%
상위	상위	상위	하위	상위	상위	상위	하위	상위	상위	상위	상위	상위	하위
16%	13%	45%	49%	14%	25%	3%	40%	38%	28%	30%			10%

Pierre-Emerick AUBAMEYANG
평점 7.07
피에르 에메릭 오바메양 1989.06.18 / 187cm

2023-24 유로파 리그 올해의 선수. 팀은 유로파 리그 결승행이 좌절됐지만 10골로 득점왕이 되었다. 프랑스 리그에서도 17골을 넣었다. 아스날에서의 전 동료 라카제트보다 2골을 못 넣었지만 골문 앞에서의 마무리 능력은 녹슬지 않았다. 풀백의 컷백 전술이 신박한 무브먼트로 슈팅 공간을 잘 찾는다. 특유의 탄력으로 아크로바틱한 바이시클 킥도 보여준다. 시장 가치는 400만 유로, 추정 연봉은 780만 유로.

슈팅-득점	2023-24시즌 마르세유	위치
89-17		CF
27-0	30-4 2628 8 17.7-12.6 71%	LW
116-17 LG-3		AM
5-0 RG-12	DR TK IC	RW
4-4 HG-2	1.0-0.5 1.2-0.6 0.3 4-0 7	

G	xG	A	xA	SH	SG	PC	P%	SC	BT	DC	TK	IC	A%
상위	상위	상위	상위	상위	상위	상위	상위	상위	상위	상위	상위	상위	하위
14%	9%	12%	20%	11%	13%	33%	47%	45%	31%	37%			37%

Nicolas JACKSON
평점 7.07
니콜라스 잭슨 2001.06.20 / 188cm

EPL 명문 첼시로 이적한 첫해 14골을 넣었다. 안정적인 정착을 했지만, 상대적으로 아쉬움이 더 남는다. 터닝이 없는 기회 상실로 결정적인 골 기회를 많이 잃어버렸기 때문이다. 하지만 가진 잠재력이 높아 두 번째 시즌을 기대하게 한다. 오프 더 볼 상황에서 발이 빨라 역습 시 가장 위협적인 공격 옵션이다. 볼 터치가 다소 투박하고 경고받는 확률이 높다. 시장 가치는 3500만 유로, 추정 연봉은 392만 유로.

슈팅-득점	2023-24시즌 첼시	위치
69-14		CF
11-0	31-4 2810 8 19.0-14.6 78%	LW
80-14 LG-3		AM
0-0 RG-8	DR TK IC	
0-0 HG-3	3.0-1.5 1.1-0.6 0.1 10-0 3	

G	xG	A	xA	SH	SG	PC	P%	SC	BT	DC	TK	IC	A%
상위	상위	상위	상위	하위	상위	상위	하위	상위	상위	상위	상위	하위	상위
40%	40%	37%	14%	49%	31%	31%	19%	22%	46%	9%	49%	26%	32%

Dominic SOLANKE
평점 7.06
도미닉 솔란케 1997.09.14 / 186cm

드디어 터졌다. 잉글랜드 연령별 대표팀에서 꾸준히 뛰었던 천재 공격수. 지난 시즌 첼시와 리버풀에서 보여준 아쉬움을 날려버렸다. 리그 38경기에서 37경기를 선발로 뛰었다. 19골을 넣었고 2번의 PK도 포함된다. 예전부터 지적된 골 결정력을 보완하니 육각형 공격수로 가는 길은 멀지 않았다. 리그 37R에서 만화 나루토의 캐릭터 가면 세레모니로 화제가 되었다. 시장 가치는 4000만 유로, 추정 연봉은 422만 유로.

슈팅-득점	2023-24시즌 본머스	위치
97-17		CF
12-2	37-1 3333 3 13.9-10.3 74%	
109-19 LG-1		
0-0 RG-14	DR TK IC	
3-2 HG-4	2.8-1.1 1.1-0.6 0.2 3-0 1	

G	xG	A	xA	SH	SG	PC	P%	SC	BT	DC	TK	IC	A%
상위	상위	하위	상위	상위	상위	하위	상위	상위	하위	상위	상위	상위	상위
30%	20%	32%	19%	34%	34%	31%	30%	22%	28%	40%	46%	46%	46%

○ 유럽 5대리그 센터포워드 항목별 랭킹 (90분 기준 기록, 100분율)

| 전체슈팅 시도-득점 | 직접프리킥 시도-득점 | PK 시도-득점 | LG 완발 득점 | RG 오른발 득점 | HG 헤더 득점 | 출전횟수 신발-교체 | 출전시간 분(MIN) | A 도움 | P 평균 패스 시도-성공 | P% 패스 성공률 | DR 평균드리블 시도-성공 | TK 평균태클 시도-성공 | IC 인터셉트 | 페어플레이 경고-퇴장 | ★ MOM | G 득점 기대값 | xG 득점 기대값 | xA 도움 기대값 | SH 슈팅 시도 | SG 유효 슈팅 | PC 패스 성공률 | P% 패스 성공률 | SC 슈팅기회 창출 | BT 볼터치 | DC 드리블 성공 | TK 태클 | IC 인터셉트 | A% 공중전 승률 |

Alexandre LACAZETTE
평점 7.05
알렉산드르 라카제트   1991.05.28 / 175cm

지난 시즌 2번의 감독 교체를 단행했다. 역사상 최악의 스타트를 보냈다. 그래도 가장 믿을맨은 라카제트였다. 경기 기록은 잦았고 활동량이 줄었지만, 결정력만큼은 여전하다. 음바페에 이은 리그 득점 2위를 기록했다. 무게 중심이 낮아 상대가 볼을 쉽게 빼앗지 못하고 순간적인 방향 전환으로 상대를 제친다. 상황에 따라선 측면이나 2선으로 위치해 공격을 이끈다. 시장 가치는 1000만 유로, 추정 연봉은 600만 유로.

슈팅-득점	2023-24시즌 올랭피크 리옹	위치
48-19 14-0	27-2 2308 2 19.0-13.7 72%	CF
●62-19 LG-9 / ●6-0 RG-16 / ●2-2 HG-0	DR 1.4-0.8 TK 1.1-0.7 IC 0.3 3-1 ★5	

G	xG	A	xA	SH	SG	PC	P%	SC	BT	DC	TK	IC	A%
상위	상위	하위	상위	하위	상위	상위	상위	상위	상위	상위	상위	하위	하위
9%	43%	31%	48%	31%	24%	44%	49%	34%	45%	40%	46%	27%	42%

Joshua ZIRKZEE
평점 7.04
조슈아 지르크제이   2001.05.22 / 193cm

193cm의 거구지만 볼을 잘 다룬다. 동료와의 연계 플레이가 좋고 직접 페널티 박스 밖으로 나와 크로스를 올리기도 한다. 특히 섬세한 드리블은 가장 큰 무기 중 하나다. 뮌헨 유스 출신으로 프로 1년 차에 트레블을 경험했다. 그러나 성장이 더뎠고 선수의 멘탈 부분에서 비난받았다. 그 후 볼로냐로의 이적은 신의 한수였다. 유망주를 벗어나 정상급 골게터로 성장했다. 시장 가치는 4000만 유로, 추정 연봉은 115만 유로.

슈팅-득점	2023-24시즌 볼로냐	위치
60-10 26-1	32-2 2772 4 26.5-20.6 78%	CF
●86-11 LG-5 / ●3-0 RG-6 / ●2-2 HG-0	DR 3.8-1.6 TK 1.3-0.9 IC 0.1 8-0 ★5	

G	xG	A	xA	SH	SG	PC	P%	SC	BT	DC	TK	IC	A%
하위	상위	상위	상위	하위	상위	상위	상위	상위	상위	상위	상위	하위	하위
37%	14%	46%	38%	33%	42%	18%	51%	6%	30%	41%	19%	19%	49%

Tim KLEINDIENST
평점 7.04
팀 클라인딘스트   1995.08.31 / 194cm

분데스리가의 돌풍 하이덴하임의 타겟형 공격수. 양발을 잘 쓰고 골문 앞에서의 마무리 능력이 뛰어나다. 큰 피지컬을 가졌지만, 발이 빠르다. 역습 상황에서 길게 볼을 차 놓고 달리는 가속력이 발군이다. PK 전담 키커로 나서기도 한다. 주로 하부 리그에서 뛰던 선수였으나 2016년부터 하이덴하임과 인연을 맺었다. 구단의 역사상 첫 1부 리그 승격을 주도했다. 시장 가치는 500만 유로, 추정 연봉은 120만 유로.

슈팅-득점	2023-24시즌 FC 하이덴하임	위치
71-11 12-1	33-0 2877 3 25.7-15.4 60%	CF / LW / LM
●83-12 LG-6 / ●0-0 RG-3 / ●2-2 HG-3	DR 1.9-0.7 TK 1.2-0.6 IC 0.4 6-0 ★4	

G	xG	A	xA	SH	SG	PC	P%	SC	BT	DC	TK	IC	A%
하위	상위	하위	하위	상위	상위	상위	하위	상위	하위	하위	상위	상위	상위
43%	46%	39%	31%	45%	40%	35%	5%	35%	14%	37%	46%	20%	2%

Victor OSIMHEN
평점 7.03
빅터 오시멘   1998.12.29 / 186cm

2년 전만 해도 유럽에서 가장 뜨거운 공격수였다. 하지만 1시즌 만에 시장가치가 하락했다. 팀의 하락과 맞물려 부상으로 많은 경기에서 결장했다. 구단의 공식 SNS 영상과 관련해 갈등의 골이 깊어진 것도 한몫했다. 그럼에도 불구하고 리그에서 15골을 넣었다. 동물과도 같은 민첩성 그리고 빠른 움직임으로 공간을 뚫어낸다. 에투와 바르셀로나의 팬으로 알려져 있다. 시장 가치는 1억 1000만 유로, 추정 연봉은 1282만 유로.

슈팅-득점	2023-24시즌 나폴리	위치
82-15 8-0	22-3 1990 3 10.8-7.7 71%	CF
●90-15 LG-0 / ●0-0 RG-10 / ●5-3 HG-5	DR 1.6-0.7 TK 0.4-0.4 IC 0.1 4-1 ★2	

G	xG	A	xA	SH	SG	PC	P%	SC	BT	DC	TK	IC	A%
상위	상위	상위	상위	상위	상위	하위	상위	상위	상위	상위	상위	하위	하위
19%	9%	46%	22%	10%	9%	5%	30%	47%	45%	15%	44%	47%	47%

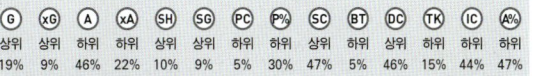

Ermedin DEMIROVIĆ
평점 7.02
에르메딘 데미로비치   1998.05.25 / 185cm

라이프치히 유스 출신. 지금은 아우크스부르크의 주장. 33경기에서 모두 선발 출장했다. 총 81번의 슈팅을 시도했고 15번은 골로 연결되었다. 최전방 공격수임에도 불구하고 살림꾼 역할을 수행했다. 미드필더 지역까지 내려와서 연계한다. 보스니아 헤르체고비나의 연령별 대표팀을 거쳐 2021년부터 성인 대표팀에서 뛰고 있다. 대표팀에서의 골 기록은 단 1골. 시장 가치는 2800만 유로, 추정 연봉은 114만 유로.

슈팅-득점	2023-24시즌 아우크스부르크	위치
72-15 9-0	33-0 2881 4 16.7-11.2 67%	CF / AM / LW
●81-15 LG-0 / ●0-0 RG-13 / ●4-3 HG-1	DR 2.0-1.0 TK 1.6-0.8 IC 0.4 7-0 ★3	

G	xG	A	xA	SH	SG	PC	P%	SC	BT	DC	TK	IC	A%
상위	하위	하위	상위	상위	상위	상위	하위	상위	상위	상위	상위	상위	하위
36%	49%	9%	31%	35%	44%	17%	19%	26%	35%	45%	22%	33%

Charles De KETELAERE
평점 7.02
샤를 더케털라러   2001.03.10 / 192cm

한때 벨기에의 천재로 불렸다. 하지만 성장 폭은 더딘 상태다. 2023년 밀란을 떠나 아탈란타로 합류했다. 가스페리니 감독 아래 다시 잠재력을 높이고 있다. 리그 10골을 성공시켰고 유로파 리그 챔피언이 되는데 일조했다. 큰 키에서 나오는 제공권과 동료와 부드럽게 볼 터치 그리고 공간 활용하는 능력은 점점 무르익고 있다. 잘생긴 외모로 잡지 촬영 모델로도 활약한다. 시장 가치는 3000만 유로, 추정 연봉은 321만 유로.

슈팅-득점	2023-24시즌 아탈란타	위치
39-9 6-1	25-10 2045 8 20.8-15.7 76%	CF / AM / LW / RW
●45-10 LG-6 / ●0-0 RG-2 / ●1-1 HG-2	DR 2.5-1.2 TK 1.2-0.9 IC 0 3 ★3	

G	xG	A	xA	SH	SG	PC	P%	SC	BT	DC	TK	IC	A%
상위	하위	상위	하위	상위	하위	상위	상위	상위	상위	상위	하위	상위	상위
47%	21%	36%	15%	20%	46%	9%	35%	6%	14%	3%	16%	31%

○ 유럽 5대리그 센터포워드 항목별 랭킹(90분 기준 기록, 100분율)

전체 슈팅 | 직접프리킥 | PK | LG | RG | HG | 출전횟수 선발-교체 | 출전시간(MIN) | A 도움 | P 평균 패스 시도-성공 | P% 패스 성공률 | DR 평균 드리블 시도-성공 | TK 평균 태클 시도-성공 | IC 평균 인터셉트 | 페어플레이 경고-퇴장 | MOM | G 득점 | xG 득점 기댓값 | A 도움 | xA 도움 기댓값 | SH 슈팅 시도 | SG 유효 슈팅 | PC 패스 성공 | P% 패스 성공률 | SC 슈팅기회 창출 | BT 볼 터치 | DC 드리블 성공 | TK 태클 | IC 인터셉트 | A% 공중전 승률

Jonas WIND
평점 7.01 · 요나스 빈 · 1999.02.07 / 190cm

덴마크 대표팀 출신의 최전방 공격수. 코펜하겐에서 데뷔했었고, 2번의 리그 우승을 함께했다. 2021년 많은 기대를 안고 볼프스부르크와 계약을 맺었다. 지난 시즌은 리그에서 18개의 공격 포인트를 기록했다. 타겟형 공격수로 분류되지만, 측면과 2선을 가리지 않는다. 페널티 박스 밖에서 시도하는 슈팅도 많은 편이다. 하지만 세밀한 플레이와 패스의 정확도는 낮다. 시장 가치는 2000만 유로, 추정 연봉은 204만 유로.

슈팅-득점	2023-24시즌 볼프스부르크					위치
56-11			A	P	P%	CF
17-0	31-3	2662	7	19.6-13.9	71%	AM
73-11 LG-11	DR	TK	IC		★	
0-0 RG-8						
1-0 HG-1	0.9-0.4	0.7-0.4	0.1	3-0	6	

G	xG	A	xA	SH	SG	PC	P%	SC	BT	DC	TK	IC	A%
하위	하위	상위	상위	상위	상위	상위	상위	상위	하위	하위	하위	하위	상위
42%	20%	17%	24%	37%	39%	38%	44%	42%	40%	22%	29%	20%	18%

Artem DOVBYK
평점 7.01 · 아르템 도브비크 · 1997.06.21 / 189cm

2023-24 스페인 라리가 득점왕. 페널티 박스 안에서 괴물과도 같은 몸싸움을 보여준다. 슈팅의 세기가 강하며 골문 앞에서의 결정력은 한 마리의 맹수와도 같다. 점프력이 좋아 제공권에서도 우위를 점한다. 셰브첸코 이후 우크라이나 대표팀의 스트라이커 계보를 잇고 있다. 다만 경기 기복이 심한 편. 지난 시즌 리그 초반과 후반의 경기력 차이가 존재한다. 시장 가치는 3000만 유로, 추정 연봉은 250만 유로.

슈팅-득점	2023-24시즌 히로나					위치
83-20			A	P	P%	CF
5-1	32-4	2606	8	10.8-7.8	72%	
88-21 LG-17	DR	TK	IC		★	
0-0 RG-1						
8-7 HG-6	0.7-0.5	0.2-0.1	0.1	2-0	4	

G	xG	A	xA	SH	SG	PC	P%	SC	BT	DC	TK	IC	A%
상위	상위	상위	상위	상위	상위	상위	상위	상위	상위	상위	상위	하위	상위
4%	3%	9%	25%	43%	29%	상위 50%	23%	상위 2%	37%	1%	20%	26%

Iago ASPAS
평점 7.01 · 이아고 아스파스 · 1987.08.01 / 176cm

최전방을 보좌하는 세컨드 스트라이커. 측면에서 중앙으로 들어와 시도하는 반 박자 빠른 슈팅은 장점 중 하나. 경기장 내에서 활동량도 좋은 편이다. 30대 중후반의 선수가 보여주고 있으니 더욱 놀라운 일이다. 2015년 셀타 비고로 합류한 이후 300경기를 훌쩍 넘겼다. 이미 구단의 리빙 레전드로 평가받는다. 리그 31경기에서 선발을 뛰었을 정도로 자기 관리에 철저. 시장 가치는 300만 유로, 추정 연봉은 290만 유로.

슈팅-득점	2023-24시즌 셀타 비고					위치
53-7			A	P	P%	CF
26-2	31-4	2716	10	33.1-25.8	78%	RW
79-9 LG-8	DR	TK	IC		★	AM
6-0 RG-1						
5-3 HG-0	1.3-0.8	0.7-0.3	0.3	6-1	4	

G	xG	A	xA	SH	SG	PC	P%	SC	BT	DC	TK	IC	A%
하위	하위	상위	상위	상위	상위	상위	상위	상위	상위	상위	하위	하위	하위
24%	41%	4%	1%	39%	15%	2%	35%	1%	3%	33%	20%	25%	4%

Niclas FÜLLKRUG
평점 6.99 · 니클라스 퓔크루크 · 1993.02.09 / 189cm

2019년 브레멘으로 돌아온 이후 기량이 만개했다. 득점왕을 차지한 이후 지난 시즌 도르트문트와 계약했다. 결과는 준수했다. 리그에서 20개의 공격 포인트를 기록했다. 득점력 부분에선 다소 아쉬웠다. 최전방에서 상대 수비수와의 몸싸움을 즐긴다. 활동량도 많고 측면으로 이동한 후 연계하는 모습도 많다. 하지만 발이 느리고 볼 터치가 투박해 쉽게 주도권을 내준다. 시장 가치는 1500만 유로, 추정 연봉은 600만 유로.

슈팅-득점	2023-24시즌 베르더 브레멘+도르트문트					위치
50-12			A	P	P%	CF
8-0	29-2	2405	8	20.4-13.7	67%	
58-12 LG-2	DR	TK	IC		★	
0-0 RG-7						
3-3 HG-3	0.7-0.2	0.5-0.3	0.1	1-0	2	

G	xG	A	xA	SH	SG	PC	P%	SC	BT	DC	TK	IC	A%
하위	상위	상위	상위	상위	상위	상위	상위	상위	상위	상위	하위	하위	상위
47%	32%	14%	28%	31%	30%	26%	44%	48%	3%	10%	14%	35%

Maximilian BEIER
평점 6.98 · 막시밀리안 바이어 · 2002.10.17 / 185cm

최전방도 좋지만 측면 공격수로 뛰는 것도 제법이다. 상대의 움직임을 속여 순간적인 볼 터치로 시도하는 감아차기가 일품. 동료와의 연계 플레이도 좋다. 다만 왼발 사용이 많지 않아 결정적인 상황에서 한 템포 늦는 경우가 있다. 호펜하임의 유스 출신으로 하노버에서의 임대를 통해 성장했다. 독일 청소년 대표팀 출신. 2024년 성인 대표팀에서 부름을 받았다. 시장 가치는 2400만 유로, 추정 연봉은 100만 유로.

슈팅-득점	2023-24시즌 호펜하임					위치
62-14			A	P	P%	CF
20-2	29-4	2434	1	15.0-11.1	74%	AM
82-16 LG-5	DR	TK	IC		★	LW
0-0 RG-11						
0-0 HG-0	2.6-1.1	1.1-0.6	0.3	0-0	2	

G	xG	A	xA	SH	SG	PC	P%	SC	BT	DC	TK	IC	A%
상위	상위	하위	상위	상위	상위	상위	상위	상위	상위	상위	상위	상위	하위
23%	49%	10%	32%	26%	15%	40%	37%	29%	49%	21%	47%	24%	24%

JOÃO PEDRO
평점 6.98 · 조앙 페드루 · 2001.09.26 / 188cm

2023년 브라이튼에 왔다. 구단 역사상 최대 이적료가 발생했다. 우려가 있었지만 데 제르비 감독 지휘 아래 잠재력을 폭발시켰다. 리그에서 12개의 공격 포인트를 기록했다. 기세를 이어 브라질 국가 대표팀 데뷔도 해냈다. 빠른 스피드와 현란한 드리블이 가장 큰 무기. 측면에서 상대 수비수와의 대결을 피하지 않는다. 하지만 강도가 높은 압박에는 고전한다. 시장 가치는 4500만 유로, 추정 연봉은 302만 유로.

슈팅-득점	2023-24시즌 브라이튼					위치
69-9			A	P	P%	CF
6-0	19-12	2046	3	24.7-20.5	83%	LW
75-9 LG-0	DR	TK	IC		★	AM
0-0 RG-6						
5-4 HG-3	3.5-1.5	1.3-1.0	0.2	2-0	3	

G	xG	A	xA	SH	SG	PC	P%	SC	BT	DC	TK	IC	A%
상위	상위	상위	상위	상위	상위	상위	하위	상위	상위	상위	하위	상위	상위
27%	13%	46%	14%	30%	30%	4%	3%	7%	10%	3%	24%	1%

Duván ZAPATA
평점 6.97
두반 자파타 1991.04.04 / 188cm

전방에서 상대를 등지며 볼의 흐름을 이어간다. 거구에서 나오는 파워는 상대 수비수에게 위협적이다. 슈팅의 세기가 강하며 전방 압박에 대한 전술 이해도가 높다. 하지만 패스의 정확도가 낮고 볼 관리에 있어서 실수가 잦다. 2023년 토리노와 임대 계약을 맺었다. 리그에서 12골을 성공시켰다. 2017년부터 대표팀에서 뛰었다. 크리스티안 사파타와는 사촌 관계. 시장 가치는 800만 유로, 추정 연봉은 463만 유로.

슈팅-득점	2023-24시즌 아탈란타+토리노	위치
89-13 / 15-0	36-1 / 3007 / A 4 / P 19.7-13.9 / P% 70%	CF / LW
● 104-13 LG-2 / ○ 0-0 RG-3 / ● 0-0 HG-3	DR 3.1-1.0 / TK 0.8-0.5 / IC 0.2 / 2-0 / ★ 4	

G	xG	A	xA	SH	SG	PC	P%	SC	BT	DC	TK	IC	A%
하위 45%	하위 24%	상위 50%	하위 12%	상위 24%	상위 33%	상위 41%	하위 23%	상위 48%	하위 23%	하위 23%	하위 34%	상위 50%	하위 15%

Borja MAYORAL
평점 6.96
보르하 마요랄 1997.04.05 / 182cm

청소년 대표팀 시절 장래가 촉망받던 공격수. 레알 마드리드 로컬 보이. 2022년 헤타페로 왔다. 리그에서 15골을 넣어 팀 내 최다 골을 넣었다. 총 47개의 슈팅을 시도했고 27개의 유효 슈팅을 성공시켰다. 골 마무리 부분에 있어서는 리그에서도 손꼽힌다. PK 전담 키커로 나서 4골을 넣었다. 3월의 무릎 부상으로 인해 시즌 아웃이 되었다. 여러모로 아쉬운 시즌이었다. 시장 가치는 1500만 유로, 추정 연봉은 479만 유로.

슈팅-득점	2023-24시즌 헤타페	위치
38-15 / 9-0	25-2 / 2165 / A 1 / P 19.5-15.2 / P% 78%	CF / LW
● 47-15 LG-1 / ○ 0-0 RG-9 / ● 4-4 HG-5	DR 1.6-0.7 / TK 1.0-0.3 / IC 0.1 / 2-0 / ★ 4	

G	xG	A	xA	SH	SG	PC	P%	SC	BT	DC	TK	IC	A%
상위 19%	상위 24%	하위 13%	상위 20%	상위 9%	상위 37%	상위 26%	상위 49%	상위 47%	상위 25%	하위 7%	하위 43%	하위 46%	하위 42%

Ademola LOOKMAN
평점 6.96
아데몰라 루크먼 1997.10.20 / 174cm

2023-24 유로파 리그 결승전의 사나이. 레버쿠젠의 51경기 무패 행진을 끊은 장본인. 어린 시절부터 높은 잠재력으로 인정받았다. 여러 클럽을 거쳐 아탈란타에서 기량을 만개했다. 빠른 돌파와 상대 수비와의 일대일 대결을 즐긴다. 측면에서 시도하는 컷백 전술에 주된 옵션이 된다. 2017년 FIFA U-20 월드컵 우승 멤버. 성인 대표팀은 나이지리아를 선택했다. 시장 가치는 3000만 유로, 추정 연봉은 231만 유로.

슈팅-득점	2023-24시즌 아탈란타	위치
54-9 / 13-2	22-9 / 1903 / A 7 / P 24.8-19.8 / P% 80%	CF / AM / LW / RW
● 67-11 LG-1 / ○ 0-0 RG-9 / ● 0-0 HG-1	DR 2.8-1.4 / TK 1.1-0.6 / IC 0.3 / 4-0 / ★ 5	

G	xG	A	xA	SH	SG	PC	P%	SC	BT	DC	TK	IC	A%
상위 26%	하위 46%	상위 11%	상위 11%	상위 21%	상위 40%	상위 9%	상위 27%	상위 2%	상위 1%	상위 6%	상위 25%	상위 14%	상위 41%

Olivier GIROUD
평점 6.96
올리비에 지루 1986.09.30 / 192cm

많은 감독이 좋아하는 스트라이커. 필요한 골 뿐만 아니라 동료와의 연계가 뛰어나기 때문이다. 명문 아스날과 첼시를 거쳐 밀란까지 뛰었다. 라커룸에서도 좋은 영향력을 보였고 투철한 자기 관리로 어린 선수들에게 모범이 된다. 정들었던 유럽을 떠나 미국행이 결정되었다. 프랑스 국가 대표팀 역사상 최다 골 보유자로 이전 티에리 앙리의 기록을 넘어섰다. 시장 가치는 400만 유로, 추정 연봉은 449만 유로.

슈팅-득점	2023-24시즌 AC 밀란	위치
69-15 / 8-0	28-7 / 2374 / A 8 / P 14.1-9.7 / P% 69%	CF
● 77-15 LG-7 / ○ 2-0 RG-1 / ● 5-4 HG-6	DR 0.3-0.1 / TK 0.8-0.5 / IC 0.2 / 1-1 / ★ 2	

G	xG	A	xA	SH	SG	PC	P%	SC	BT	DC	TK	IC	A%
상위 38%	상위 23%	상위 11%	상위 42%	상위 49%	상위 47%	상위 24%	상위 35%	상위 19%	하위 3%	상위 37%	상위 47%	하위 47%	상위 11%

Federico CHIESA
평점 6.96
페데리코 키에사 1997.10.25 / 175cm

이탈리아 국가대표 엔리코 키에사의 아들. 어린 시절부터 천재로 칭송받았고 성장세도 도드라졌다. 유벤투스로 이적한 이후 잦은 부상이 발목을 잡았지만 지난 시즌은 리그 33경기에 출전했다. 드리블이 현란하고 공간 침투가 빠르다. 수비 공헌도까지 높아 서포터즈가 좋아한다. 지난 시즌은 6.43의 xG값을 넘어 리그 9호골을 성공시켰다. 경기 기복을 줄이는 것이 관건. 시장 가치는 4000만 유로, 추정 연봉은 926만 유로.

슈팅-득점	2023-24시즌 유벤투스	위치
46-8 / 29-1	25-8 / 2207 / A 2 / P 17.4-13.4 / P% 77%	CF / LW / RW / AM
● 75-9 LG-3 / ○ 5-0 RG-6 / ● 1-1 HG-0	DR 2.8-1.4 / TK 0.9-0.6 / IC 0.1 / 1-0 / ★ 2	

G	xG	A	xA	SH	SG	PC	P%	SC	BT	DC	TK	IC	A%
하위 40%	상위 9%	상위 33%	상위 4%	상위 27%	상위 45%	상위 18%	하위 39%	상위 1%	상위 35%	상위 16%	하위 38%	하위 42%	하위 1%

Wissam BEN YEDDER
평점 6.94
비삼 벤예데르 1990.08.12 / 170cm

최전방 공격수로 뛰지만 사실상 공격형 미드필더에 가깝다. 공격에 관여된 모든 흐름에 관여한다. 순간적인 판단이 빠르고 정교한 볼 관리 능력으로 킬 패스를 종종 시도한다. 물론 골문 앞에서의 마무리 능력은 단연 발군이다. 모나코의 주장으로서 어느덧 200경기 이상 출전했다. 2023-24 시즌 팀을 리그 2위로 올리는데 1등 공신이다. 튀니지계 프랑스 출신. 시장 가치는 1000만 유로, 추정 연봉은 780만 유로.

슈팅-득점	2023-24시즌 AS 모나코	위치
64-16 / 0-0	26-6 / 2323 / A 3 / P 23.1-17.3 / P% 75%	CF / AM
● 64-16 LG-8 / ○ 0-0 RG-5 / ● 1-1 HG-3	DR 1.4-0.5 / TK 0.4-0.1 / IC 0.1 / 2-0 / ★ 4	

G	xG	A	xA	SH	SG	PC	P%	SC	BT	DC	TK	IC	A%
상위 21%	상위 31%	상위 30%	상위 6%	상위 37%	상위 43%	상위 31%	상위 28%	상위 45%	상위 20%	상위 24%	상위 29%	상위 29%	상위 30%

○ 유럽 5대리그 센터포워드 항목별 랭킹 (90분 기준 기록, 100분율)

Thijs DALLINGA
평점 6.94
테이스 달링가 2000.08.03 / 190cm

2021년 네덜란드 2부 리그의 득점왕 출신. 엑셀시오르를 승격시키며 툴루즈로 이적했다. 지금까지 주포로 뛰고 있다. 190cm의 큰 키를 가져 제공권에 우위를 가진다. 최전방에서 상대 선수와의 몸싸움을 견뎌 볼 소유권을 지킨다. 2년 연속 프랑스 리그에서 두 자릿수 득점에 성공했다. 기세를 이어 네덜란드 국가 대표팀에도 부름을 받았다. 네덜란드 U-20 팀 출신. 시장 가치는 1500만 유로, 12만 유로.

슈팅-득점	2023-24시즌 툴루즈					위치
75-14	⏱	A	P	P%		CF
9-0	28-5 2518	2	18.4-12.5	68%		
● 84-14 LG-3	DR	TK	IC	🟨	★	
● 1-0 RG-5						
● 3-1 HG-6	1.2-0.6	1.1-0.9	0.1	6-0	3	

G	xG	A	xA	SH	SG	PC	P%	SC	BT	DC	TK	IC	A%
상위	상위	하위	하위	상위	상위	하위	하위	상위	상위	하위	하위	하위	하위
31%	36%	48%	43%	48%	46%	43%	27%	15%	48%	22%	23%	7%	

Gonçalo RAMOS
평점 6.94
곤살루 하모스 2001.06.20 / 185cm

6500만 유로를 기록하며 파리에 입단했다. 입단 첫해 리그 11골을 기록했다. 분명 기대에 맞는 행진은 아니었다. 음바페의 중앙 공격수 출전과 무아니의 영입으로 출전 시간을 많이 받지 못했다. 아직 첫 시즌이기에 시간이 더 필요할 듯 보인다. 피지컬이 좋아 중앙에서 잘 버틴다. 볼 소유권을 지켜 측면과 2선으로 곧잘 연결한다. 라커룸에서 동료들과의 관계가 좋다. 시장 가치는 5000만 유로, 추정 연봉은 550만 유로.

슈팅-득점	2023-24시즌 PSG					위치
48-11	⏱	A	P	P%		CF
7-0	16-13 1422	1	13.4-10.3	77%		
● 55-11 LG-2	DR	TK	IC	🟨	★	
● 0-0 RG-6						
● 1-1 HG-3	0.7-0.3	1.3-0.9	0.2	1-0	3	

G	xG	A	xA	SH	SG	PC	P%	SC	BT	DC	TK	IC	A%
상위	상위	하위	상위	하위	상위	하위	상위	상위	상위	상위	하위	상위	상위
22%	8%	21%	39%	14%	38%	20%	16%	41%	26%	21%	2%	34%	17%

Darwin NÚÑEZ
평점 6.93
다르윈 누녜스 1999.06.24 / 187cm

시즌 내내 불안했다. 초반 주전 경쟁에서 밀렸지만, 중반부터는 반등했다. 하지만 경기 기복이 심했고 골문 앞에서의 기회 상실이 뼈아팠다. 개인 SNS 계정에서 불만을 드러냈다 팀과의 마찰로 화제가 되었다. 오프 사이드 트랩을 뚫는 민첩함과 여러 자세에서 슈팅을 시도한다. 직접 2선으로 내려와 측면으로 볼의 흐름을 바꾸기도 하며 승부욕이 강해 파울이 많은 편. 시장 가치는 7000만 유로, 추정 연봉은 845만 유로.

슈팅-득점	2023-24시즌 리버풀					위치
83-9	⏱	A	P	P%		CF
25-2	22-14 2050	8	13.1-9.4	72%		LW
● 105-11 LG-2	DR	TK	IC	🟨	★	
● 0-0 RG-7						
● 1-0 HG-2	1.3-0.6	0.9-0.6	0.1	9-0	0	

G	xG	A	xA	SH	SG	PC	P%	SC	BT	DC	TK	IC	A%
상위	상위	상위	상위	상위	상위	상위	상위	상위	상위	상위	상위	하위	하위
23%	4%	5%	17%	1%	1%	46%	49%	13%	37%	40%	20%	31%	35%

Marvin DUCKSCH
평점 6.93
마르빈 둑슈 1994.05.07 / 188cm

도르트문트의 미래로 불렸던 공격수. 독일 연령별 대표팀에서 꾸준히 부름을 받았다. 하지만 주로 하부 리그에서 경기를 뛰었다. 2021년 브레멘에 입단해 승격을 도왔다. 그 후로 분데스리가에서 2년 연속 두 자릿수 득점을 넣었다. 이 기세로 성인 대표팀에도 승선했다. 장신이지만 발밑도 좋다. 상황에 따라선 측면에서도 된다. PK 전담 키커로 5골이나 넣었다. 시장 가치는 900만 유로, 추정 연봉은 226만 유로.

슈팅-득점	2023-24시즌 베르더 브레멘					위치
52-11	⏱	A	P	P%		CF
28-1	32-1 2713	9	23.6-15.6	66%		AM
● 80-12 LG-1	DR	TK	IC	🟨	★	LW
● 12-1 RG-9						
● 6-5 HG-3	0.8-0.4	0.5-0.2	0.1	9-0	2	

G	xG	A	xA	SH	SG	PC	P%	SC	BT	DC	TK	IC	A%
하위	상위	상위	상위	하위	상위	상위	상위	상위	상위	상위	상위	상위	하위
49%	49%	6%	9%	40%	9%	7%	9%	12%	22%	15%	11%	28%	24%

Gabriel JESUS
평점 6.90
가브리엘 제주스 1997.04.03 / 175cm

팀은 고공 행진을 달리다가 우승 코앞까지 갔다. 하지만 본인은 행복하지 못했다. 잦은 부상이 이어졌다. 리그 27경기에 선발로 나선 경기는 단 17경기에 불과했다. 골 기록은 5개의 도움보다도 작은 4골이었다. 코파 아메리카에도 제외됐다. 시간이 지나면서 측면보다는 센터 포워드로 출전했다. 브라질 출신 답게 드리블이 좋고 순간적인 방향 전환으로 상대를 제친다. 시장 가치는 6500만 유로, 추정 연봉은 1601만 유로.

슈팅-득점	2023-24시즌 아스널					위치
50-4	⏱	A	P	P%		CF
5-0	17-10 1482	5	18.0-14.5	81%		LW
● 55-4 LG-1	DR	TK	IC	🟨	★	RW
● 0-0 RG-0						
● 0-0 HG-2	2.8-1.4	1.4-0.9	0.5	4-0	0	

G	xG	A	xA	SH	SG	PC	P%	SC	BT	DC	TK	IC	A%
하위	하위	상위	상위	상위	상위	상위	상위	상위	상위	상위	상위	상위	하위
44%	46%	2%	13%	18%	26%	11%	11%	14%	6%	3%	4%	2%	24%

Wout WEGHORST
평점 6.89
바우트 베흐호르스트 1992.08.07 / 197cm

잘생긴 외모로 유명한 패셔니스타. 맨체스터 유나이티드와의 계약이 종료된 후 호펜하임과 임대 계약을 맺었다. 197cm의 큰 키는 고공전에 유리하다. 세트피스 상황에서 공수를 가리지 않고 팀에 큰 도움이 된다. 경기마다 뛰는 활동량이 많아 전방 압박을 자주 시도한다. 하지만 드리블 시도가 적고 세밀한 패스 운영에는 한계점을 보인다. 네덜란드 U-21 대표팀 출신. 시장 가치는 600만 유로, 추정 연봉은 212만 유로.

슈팅-득점	2023-24시즌 호펜하임					위치
36-7	⏱	A	P	P%		CF
3-0	24-4 1987	3	20.1-14.7	73%		
● 39-7 LG-3	DR	TK	IC	🟨	★	
● 0-0 RG-2						
● 1-1 HG-2	0.6-0.1	0.7-0.5	0.2	4-0	2	

G	xG	A	xA	SH	SG	PC	P%	SC	BT	DC	TK	IC	A%
상위	상위	상위	상위	하위	상위	상위	상위	상위	상위	하위	상위	상위	상위
29%	22%	46%	26%	6%	7%	37%	19%	32%	1%	37%	36%	36%	36%

○ 유럽 5대리그 센터포워드 항목별 랭킹 (90분 기준 기록, 100분율)

| 전체 슈팅 시도-득점 | 직접프리킥 시도-득점 | PK 시도-득점 | 왼발 득점 | 오른발 득점 | 헤더 득점 | 출전횟수 선발-교체 | 출전시간 (MIN) | A 도움 | P 평균 패스 시도-성공 | P% 패스 성공률 | DR 평균드리블 시도-성공 | TK 평균 태클 시도-성공 | IC 평균 인터셉트 | 페어플레이 경고-퇴장 | ★ MOM | G 득점 | xG 득점 기대값 | A 도움 | SG 슈팅 시도 | P% 유효 슈팅 | SC 패스 성공률 | BT 슈팅기회 창출 | DC 볼 터치 | TK 드리블 성공 | IC 태클 | A% 인터셉트 | 공중전 승률 |

평점 6.89 Gianluca SCAMACCA
잔루카 스카마카   1999.01.01 / 195cm

2년 연속 UEFA 주관 국제 대회에서 우승했다. 지난 시즌은 아탈란타의 유로파 리그 우승에 일조했다. 웨스트햄에서의 도전 실패로 이탈리아로 돌아왔고 결과는 성공이었다. 큰 키와 부드러운 볼 터치 그리고 강한 슈팅은 최고의 카드. 하지만 득점의 기복이 심하고 다혈질으로 인해 마인드 컨트롤에 애를 먹기도 한다. 이탈리아 연령별 대표팀에 모두 뛴 엘리트 출신. 시장 가치는 2500만 유로, 추정 연봉은 593만 유로.

슈팅-득점	2023-24시즌 아탈란타					위치
41-9	⏱	A	P	P%		CF
19-3	17-12	1459	6	14.8-10.2	69%	
● 60-12 LG-1	DR	TK	IC	🟨	★	
● 0-0 RG-9						
● 0-0 HG-2	1.1-0.5	0.8-0.5	0.1	1-0	3	

G	xG	A	xA	SH	SG	PC	P%	SC	BT	DC	TK	IC	A%
상위	상위	상위	하위	상위	상위	하위	하위	상위	상위	상위	상위	상위	하위
8%	37%	7%	49%	11%	9%	28%	24%	17%	20%	37%	32%	49%	44%

평점 6.87 Milan DJURIĆ
밀란 주리치   1990.05.22 / 199cm

보스니아 전쟁으로 인해 가족들과 함께 이탈리아로 왔다. 아버지와 형제 모두 축구 선수 출신이다. 2023년 몬자와 계약을 맺었다. 지난 시즌은 리그에서 9골을 넣었고 팀 내 최다 득점자가 되었다. 199cm의 피지컬로 거의 2m에 육박하다. 고공 헤더가 장점. 페널티 박스 안에서의 위치 선정이 좋아 마무리 능력도 제법이다. 2022년 대표팀에서 은퇴를 선언했다. 시장 가치는 180만 유로, 추정 연봉은 90만 유로.

슈팅-득점	2023-24시즌 베로나+몬차					위치
50-9	⏱	A	P	P%		CF
1-0	26-11	2466	2	16.6-8.8	53%	
● 51-9 LG-0	DR	TK	IC	🟨	★	
● 0-0 RG-3						
● 3-1 HG-6	0.2-0.1	0.3-0.2	0.4	4-0	5	

G	xG	A	xA	SH	SG	PC	P%	SC	BT	DC	TK	IC	A%
하위	하위	상위	하위	상위	상위	하위	하위	하위	하위	하위	하위	하위	상위
32%	12%	26%	50%	7%	9%	18%	1%	12%	24%	22%	6%	7%	1%

평점 6.87 Álvaro MORATA
알바로 모라타   1992.10.23 / 189cm

각종 모든 대회를 통틀어 21골을 넣었다. 지난 시즌 골 기록만 놓고 보면 커리어에서 가장 많은 골을 넣었다. 하지만 평가는 그렇게 좋지 못했다. 시즌 후반부엔 2달 가까이 골 맛을 보지 못했고 경기 내내 기복이 심했다. 하지만 여전히 골 냄새를 잘 맡고 동료와의 연계 플레이도 좋다. 스페인 대표팀 호출에도 꾸준히 소집되고 있다. 4명의 아이를 둔 다둥이 아빠. 시장 가치는 2000만 유로, 추정 연봉은 1354만 유로.

슈팅-득점	2023-24시즌 아틀레티코 마드리드					위치
61-15	⏱	A	P	P%		CF
6-0	21-11	1912	3	11.7-8.3	71%	
● 67-15 LG-3	DR	TK	IC	🟨	★	
● 0-0 RG-7						
● 1-0 HG-5	1.1-0.6	0.6-0.5	0.1	2-1	5	

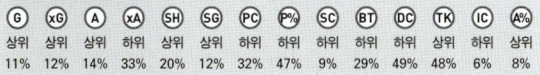

G	xG	A	xA	SH	SG	PC	P%	SC	BT	DC	TK	IC	A%
상위	상위	상위	하위	상위	상위	하위	하위	상위	상위	상위	상위	상위	상위
11%	12%	14%	33%	20%	12%	32%	47%	9%	29%	49%	48%	6%	8%

평점 6.87 Cody GAKPO
코디 학포   1999.05.07 / 193cm

다사다난했던 2023-24시즌. 여러 포지션을 소화할 수 있는 장점 때문에 최전방 공격수는 물론 측면과 더 많은 역할을 부여받았다. 하지만 만족할만한 성과를 보이지 못했다. 컨디션 난조와 출장 시간은 부족했다. 반전은 후반부였다. 경기력이 올라왔고 공격 포인트도 기록했다. PSV의 로컬 보이. 팀의 주장까지 역임했다. 29라운드에서는 아내의 출산으로 결장했다. 시장 가치는 5000만 유로, 추정 연봉은 725만 유로.

슈팅-득점	2023-24시즌 리버풀					위치
49-8	⏱	A	P	P%		CF
17-0	17-18	1646	5	15.4-12.2	79%	LW
● 66-8 LG-2	DR	TK	IC	🟨	★	RW
● 0-0 RG-3						AM
● 0-0 HG-3	1.5-0.8	1.3-0.8	0.4	1-0	2	

G	xG	A	xA	SH	SG	PC	P%	SC	BT	DC	TK	IC	A%
상위	상위	상위	상위	상위	상위	상위	상위	상위	상위	상위	상위	상위	상위
35%	31%	18%	3%	20%	19%	10%	13%	6%	11%	11%	8%	5%	15%

평점 6.87 Yoane WISSA
요안 위사   1996.09.03 / 176cm

브렌트포드가 자랑하는 측면 공격수. 최전방 스트라이커도 될 수 있다. 현란한 드리블과 상대 후방을 깨트리는 라인 브레이킹을 잘한다. 전방 압박 능력과 역습 전술에서 중요한 옵션이 된다. 콩고와 프랑스의 이중 국적자. 2021년 리그앙을 거쳐 브렌트포드로 입단했다. 지난 시즌 27라운드 첼시전에서 바이시클 킥 골을 넣었다. 토니가 없던 팀에서 최다 득점원이었다. 시장 가치는 2800만 유로, 추정 연봉은 151만 유로.

슈팅-득점	2023-24시즌 브렌트포드					위치
55-9	⏱	A	P	P%		CF
12-3	29-5	2509	4	12.9-9.4	73%	LW
● 67-12 LG-4	DR	TK	IC	🟨	★	AM
● 0-0 RG-8						
● 0-0 HG-0	1.5-0.7	1.3-0.8	0.3	7-0	2	

G	xG	A	xA	SH	SG	PC	P%	SC	BT	DC	TK	IC	A%
상위	하위	하위	하위	상위	상위	하위	상위	상위	하위	상위	상위	상위	상위
43%	42%	46%	44%	36%	23%	20%	49%	44%	12%	49%	23%	26%	43%

평점 6.85 Alassane PLÉA
알라산 플레아   1993.05.10 / 181cm

묀헨글라트바흐의 최고 연봉자. 오른발이 주발이지만 왼발도 잘 쓴다. 다부진 체격과 탄탄한 파워를 가져 상대 압박에 잘 견딘다. 공격에 관여되는 모든 포지션을 소화한다. 측면에서 중앙으로 파고드는 상황을 즐긴다. 동료와의 패스 플레이나 약속된 무브먼트를 선호하나 볼 터치가 거칠어서 실수를 종종 한다. 프랑스 청소년 대표팀에 해마다 부름을 받던 엘리트 출신. 시장 가치는 700만 유로, 추정 연봉은 472만 유로.

슈팅-득점	2023-24시즌 묀헨글라트바흐					위치
41-7	⏱	A	P	P%		CF
17-0	24-3	1914	4	27.0-19.7	73%	AM
● 58-7 LG-0	DR	TK	IC	🟨	★	LW
● 0-0 RG-5						RW
● 1-1 HG-2	2.0-0.8	0.9-0.5	0.1	1-0	2	

G	xG	A	xA	SH	SG	PC	P%	SC	BT	DC	TK	IC	A%
하위	상위	상위	상위	상위	상위	상위	하위	상위	상위	상위	상위	상위	하위
33%	23%	31%	12%	42%	20%	8%	39%	14%	8%	31%	40%	17%	32%

○ 유럽 5대리그 센터포워드 항목별 랭킹(90분 기준 기록, 100분율)

Dušan VLAHOVIĆ
평점 6.84
두샨 블라호비치 2000.01.28 / 190cm

아탈란타와의 코파 이탈리아 결승전에서 선제골을 넣었다. 팀을 우승으로 이끌었지만, 리그 전체로 놓고 봤을 때 아쉬움이 많았다. 2달 가까이 골을 넣지 못했기도 했고 4경기 연속골을 기록하기도 했다. 그리고 근육 부상으로 2주 결장하기도 했다. 트레이드 마크인 왼발이 상대에게 많이 노출되었다. 그래도 리그에서는 16골을 넣었고, 득점 랭킹 2위였다. 시장 가치는 6500만 유로, 추정 연봉은 1296만 유로.

슈팅-득점	2023-24시즌 유벤투스	위치
84-12		CF
26-4	27-6 2318 4 16.0-11.5 72%	AM
● 110-16 LG-8		
● 7-2 RG-5	1.3-0.6 0.5-0.3 0.0 6-1 7	
● 4-2 HG-3		

G	xG	A	xA	SH	SG	PC	P%	SC	BT	DC	TK	IC	A%
상위	상위	상위	상위	상위	상위	하위	하위	상위	상위	상위	하위	하위	하위
20%	10%	40%	31%	6%	18%	47%	41%	29%	50%	5%	19%	8%	45%

Youssef EN-NESYRI
평점 6.84
유세프 엔네시리 1997.06.01 / 192cm

카타르 월드컵 4강 신화를 이끈 스트라이커. 2023년 대표팀 동료들과 마라케시-사피 지진으로 인한 재난민들에게 피를 기증하기도 했다. 리그에서 시도한 73개의 슈팅 중 페널티 박스 밖에서 시도한 슛은 단 4개. 골문 앞에서 최적화된 공격수다. 10.6의 xG값을 넘어 16골을 기록했다. 다만 활동 범위의 폭이 넓지 못하고 오프 사이드 트랩에 걸리는 경우가 잦다. 시장 가치는 1800만 유로, 추정 연봉은 300만 유로.

슈팅-득점	2023-24시즌 세비야	위치
69-15		CF
4-1	28-5 2576 2 9.5-6.2 65%	
● 73-16 LG-9		
● 0-0 RG-0	1.0-0.3 0.6-0.3 0.2 4-0 1	
● 1-1 HG-6		

G	xG	A	xA	SH	SG	PC	P%	SC	BT	DC	TK	IC	A%
상위	상위	하위	하위	상위	상위	하위	하위	상위	하위	하위	상위	상위	상위
29%	34%	23%	6%	33%	43%	1%	1%	19%	2%	28%	5%	33%	46%

Vedat MURIQI
평점 6.84
베다트 무리치 1994.04.24 / 194cm

한국 팬들에게는 이강인의 공격 파트너로 화제가 되었다. 전형적인 타겟맨 스타일. 전방에서 버텨주며 볼 소유권을 따낸다. 측면과 2선 미드필더와의 호흡으로 공격을 전개한다. 다만 투박한 볼 터치와 주력이 빠른 편은 아니다. 코소보와 알바니아의 이중 국적자 출신으로 양쪽의 청소년 대표팀을 모두 겪었다. 코소보 대표팀 역사상 최다 골 기록을 보유하고 있다. 시장 가치는 1500만 유로, 추정 연봉은 458만 유로.

슈팅-득점	2023-24시즌 마요르카	위치
55-7		CF
10-0	25-4 2330 2 21.9-14.0 64%	
● 65-7 LG-3		
● 0-0 RG-1	0.9-0.4 0.8-0.4 0.1 5-0 3	
● 3-1 HG-3		

G	xG	A	xA	SH	SG	PC	P%	SC	BT	DC	TK	IC	A%
하위	상위	상위	상위	하위	상위	하위	하위	하위	상위	상위	하위	하위	상위
18%	44%	29%	40%	34%	18%	12%	24%	29%	26%	27%	46%	15%	—

RICHARLISON
평점 6.83
히샬리송 1997.05.10 / 184cm

부상이 악재로 다가왔다. 사타구니와 무릎 그리고 후반엔 종아리 부상으로 일찌감치 시즌 아웃이 되었다. 결정적인 찬스를 놓쳤고 아쉬운 판단으로 관중의 야유를 듣기도 했다. 그렇다고 해도 손흥민에 이어 두 번째로 많은 골을 넣었다. 측면과 중앙을 가리지 않는다. 남미 출신의 화려한 발재간과 테크닉을 보여주기도 한다. SNS 계정으로 자갈로 감독을 추모했다. 시장 가치는 3800만 유로, 추정 연봉은 543만 유로.

슈팅-득점	2023-24시즌 토트넘	위치
51-10		CF
11-1	18-10 1493 4 13.4-9.5 71%	LW
● 62-11 LG-4		AM
● 0-0 RG-0	1.3-0.5 0.9-0.6 0.3 3-0 1	RW
● 0-0 HG-3		

G	xG	A	xA	SH	SG	PC	P%	SC	BT	DC	TK	IC	A%
상위	상위	상위	상위	상위	하위	상위	상위	상위	상위	상위	상위	상위	하위
14%	16%	17%	46%	9%	11%	31%	21%	38%	24%	8%	—	—	17%

Rodrigo MUNIZ
평점 6.81
호드리구 무니스 2001.05.04 / 186cm

26경기에서 선발은 18번밖에 되질 않았다. 리그에서 9골을 넣었고 팀 내 최다골의 주인공이 되었다. 30R에선 추가 시간에 바이시클 킥으로 극적인 동점 골을 넣었다. 이를 계기로 EPL 3월의 선수상이 되었다. 골문 앞에서 마무리 능력이 좋고 상대 수비의 거친 몸싸움에서 끝까지 밀리지 않는다. 현란한 드리블로 상대의 역방향으로 터치하여 단숨에 돌파한다. 시장 가치는 2000만 유로, 추정 연봉은 45만 유로.

슈팅-득점	2023-24시즌 풀럼	위치
67-8		CF
6-1	18-8 1598 3 8.5-5.3 62%	
● 73-9 LG-0		
● 0-0 RG-7	0.9-0.3 0.5-0.3 0.2 1-0 2	
● 0-0 HG-2		

G	xG	A	xA	SH	SG	PC	P%	SC	BT	DC	TK	IC	A%
상위	상위	하위	하위	상위	상위	하위	하위	상위	하위	상위	하위	상위	상위
32%	26%	22%	15%	6%	14%	1%	10%	34%	7%	25%	23%	43%	

Phillip TIETZ
평점 6.81
필립 티츠 1997.07.09 / 190cm

190cm 86kg의 큰 피지컬을 가졌고 오른발 슈팅이 강력하다. 공간을 찾아 들어가 템포 빠른 슛을 연결한다. 리그에선 데미로비치와 투톱으로 출전하여 23골을 합작했다. 지난 시즌에 합류했기 때문에 성공적인 영입 사례로 남았다. 브라운슈바이크에서 프로에 데뷔했다. 내내 하부 리그에 있었지만, 다름슈타트에서 주목받았다. 2016년 독일 U-20 팀에 소집되었다. 시장 가치는 500만 유로, 추정 연봉은 75만 유로.

슈팅-득점	2023-24시즌 아우크스부르크	위치
39-8		CF
13-0	31-3 2407 4 15.6-9.8 63%	
● 52-8 LG-3		
● 1-0 RG-4	1.3-0.5 0.0-0.7 1.0 1-0 3	
● 0-0 HG-1		

G	xG	A	xA	SH	SG	PC	P%	SC	BT	DC	TK	IC	A%
하위	하위	상위	상위	상위	상위	하위	상위	상위	상위	상위	상위	상위	상위
25%	20%	40%	26%	11%	9%	20%	11%	28%	34%	25%	33%	49%	39%

유럽 5대리그 센터포워드 항목별 랭킹(90분 기준 기록, 100분율)

| 전체 슈팅 시도-득점 | 직접프리킥 시도-득점 | PK 시도-득점 | LG 완발 득점 | RG 오른발 득점 | HG 헤더 득점 | 출전횟수 선발-교체 | 출전시간 (MIN) | A 도움 | P 평균 패스 시도-성공 | P% 패스 성공률 | DR 평균드리블 시도-성공 | TK 평균 태클 | IC 평균 인터셉트 | 페어플레이 경고-퇴장 | MOM | G 득점 기대값 | xG 득점 | A 도움 기대값 | xA 도움 | SH 슈팅 시도 | SG 유효 슈팅 | PC 패스 성공 | P%C 패스 성공률 | SC 슈팅기회 창출 | BT 볼터치 | DC 드리블 성공 | TK 태클 | IC 인터셉트 | A% 공중전 승률 |

평점 6.81 Oliver MCBURNIE
올리버 맥버니 1996.06.04 / 188cm

팀의 강등을 막지 못했다. 경고 누적과 부상으로 리그에서 21경기만 출전했다. 총 9개의 공격 포인트로 팀 내에서 가장 많은 수치. 탄탄한 피지컬과 제공권이 강점. 역습 상황 시 전방 압박을 자주 시도한다. 볼 테크닉이 좋은 편은 아니지만, 측면으로 열어주는 패스는 정확하다. 스코틀랜드 U-21 출신. 레인저스의 팬으로도 알려져 있다. 여러 기행으로 화제가 되었다. 시장 가치는 450만 유로, 추정 연봉은 151만 유로.

슈팅-득점	2023-24시즌 셰필드 Utd.					위치
32-6		A	P	P%		CF
1-0	15-6	1287	3	19.2-11.5	60%	
● 33-6 LG-1	DR	TK	IC		★	
● 0-0 RG-4						
● 2-2 HG-1	0.9-0.4	1.1-0.8	0.2	3-2	2	

G	xG	A	xA	SH	SG	PC	P%C	SC	BT	DC	TK	IC	A%
상위	상위	상위	상위	상위	상위	하위	하위	상위	하위	상위	상위	상위	상위
46%	29%	23%	22%	23%	50%	29%	6%	26%	19%	45%	10%	21%	27%

평점 6.81 Jørgen STRAND LARSEN
요른 스트란 라슨 2000.02.06 / 193cm

미래가 더욱 기대되는 공격수. 셀타 비고의 미래. 2022년 입단한 후 적응기가 필요했고 지난 시즌에 기대에 부응했다. 리그 36경기에 선발 출전했고 13골을 넣었다. 피지컬이 장대하지만 발이 빠르다. 측면으로 나와 뛰는 것을 선호하고 화려한 개인기로 수비를 부순다. 노르웨이의 연령별 대표팀에 모두 부름을 받았고, 국가 대표팀에선 2020년에 모습을 드러냈다. 시장 가치는 2000만 유로, 추정 연봉은 55만 유로.

슈팅-득점	2023-24시즌 셀타 비고					위치
79-13		A	P	P%		CF
	36-1	2889	3	16.1-11.3	70%	LW
● 82-13 LG-5	DR	TK	IC		★	RW
● 0-0 RG-8						
● 0-0 HG-2	2.0-0.9	1.4-0.6	0.1	5-0	1	

G	xG	A	xA	SH	SG	PC	P%C	SC	BT	DC	TK	IC	A%
상위	상위	상위	상위	상위	상위	하위	상위	상위	하위	상위	상위	상위	상위
48%	40%	40%	37%	49%	45%	31%	33%	42%	34%	47%	37%	43%	33%

평점 6.81 Benjamin ŠEŠKO
벤야민 셰시코 2003.05.31 / 195cm

리그 7경기 연속골에 성공했다. 전반기 평가는 참혹했지만, 후반기 경기력은 반대였다. 리그에서 14골을 넣었고 7.62의 xG 값을 뛰어넘었다. 하프 라인에서 직접 볼을 몰고 역습을 이끌기도 한다. 골문 앞에서 침착한 마무리는 시간이 지나면서 나아졌다. 슬로베니아의 주전 공격수로 출전해 24년 만의 유로 본선으로 이끌었다. 자국 영 플레이어 상을 3년 연속으로 수상. 시장 가치는 5000만 유로, 추정 연봉은 566만 유로.

슈팅-득점	2023-24시즌 RB 라이프치히					위치
44-13		A	P	P%		CF
3-1	17-14	1532	2	10.4-7.0	67%	
● 47-14 LG-3	DR	TK	IC		★	
● 0-0 RG-6						
● 0-0 HG-5	1.1-0.5	0.6-0.4	0.1	0-0	2	

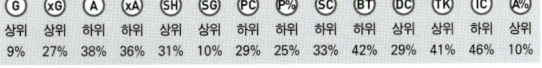

G	xG	A	xA	SH	SG	PC	P%C	SC	BT	DC	TK	IC	A%
상위	상위	하위	하위	상위	상위	하위	하위	상위	상위	상위	하위	하위	상위
9%	27%	38%	36%	31%	10%	29%	25%	42%	29%	41%	46%	50%	10%

평점 6.79 HWANG Heechan
황희찬 1996.01.26 / 177cm

EPL 통산 20호 골을 넣고 박지성의 득점 기록을 넘었다. 단일 시즌 두 자릿수를 넘는 두 번째 아시안 선수로 올라섰다. 후반부에 종아리 부상과 아시안 컵의 여파로 경기력이 좋지 않아 아쉬웠다. 하지만 커리어 통틀어 가장 눈부신 시즌이었다. 박스 안에서 위치 선정이 좋았고 골문 앞에서 침착함이 돋보였다. 상대를 앞에 두고 접는 개인기는 더욱 예리해졌다. 시장 가치는 2500만 유로, 추정 연봉은 422만 유로.

슈팅-득점	2023-24시즌 울버햄튼					위치
40-12		A	P	P%		CF
5-0	25-4	2133	0	18.3-14.3	78%	LW
● 45-12 LG-2	DR	TK	IC		★	RW
● 0-0 RG-8						AM
● 1-1 HG-2	2.4-1.2	1.2-0.7	0.3	2-0	2	LM
						RM

G	xG	A	xA	SH	SG	PC	P%C	SC	BT	DC	TK	IC	A%
상위	하위	상위	상위	상위	상위	하위	상위	상위	상위	상위	상위	상위	하위
32%	21%	47%	29%	10%	13%	26%	20%	25%	44%	13%	35%	12%	2%

평점 6.79 Kevin BEHRENS
케빈 베렌스 1991.02.03 / 185cm

하부 리그에서 뛰다 잔트하우젠에서 두각을 드러냈다. 유니온 베를린을 거쳐 겨울에 볼프스부르크로 입단했다. 이적료는 400만 유로. 주로 중앙 공격수로 출전하나 182cm로 큰 편은 아니다. 하지만 단단한 체구와 무게 중심이 낮아 볼 소유권을 지켜낸다. 밑밥이 좋고 민첩한 움직임으로 오프 사이드 트랩을 뚫는다. 여동생은 비치 발리볼 선수인 킴 반 데 벨데. 시장 가치는 200만 유로, 추정 연봉은 130만 유로.

슈팅-득점	2023-24시즌 우니온 베를린+볼프스부르크					위치
47-5		A	P	P%		CF
5-0	21-10	1882	1	16.3-10.6	65%	
● 52-5 LG-0	DR	TK	IC		★	
● 0-0 RG-0						
● 0-0 HG-5	0.4-0.2	0.6-0.5	0.1	4-0	2	

G	xG	A	xA	SH	SG	PC	P%C	SC	BT	DC	TK	IC	A%
하위	상위	하위	상위	상위	상위	상위	상위	상위	상위	상위	상위	상위	상위
9%	31%	12%	44%	34%	24%	14%	28%	36%	9%	46%	15%	13%	

평점 6.79 Romelu LUKAKU
로멜루 루카쿠 1993.05.13 / 191cm

소속팀은 첼시지만 계속 임대를 다니고 있다. 인터와의 관계가 나빠졌고 이적설은 끊이질 않는다. 지난 시즌은 로마에서 뛰었다. 리그 30경기에서 선발 출장했고 디발라와의 파트너 쉽은 좋았다. 잡음이 많았어도 리그에서 13골을 넣었다. 저돌적인 돌파와 가속이 붙는 드리블은 줄어들었지만 골문 앞에서 버티는 힘은 여전하다. 대표팀의 역사상 최다 득점자. 시장 가치는 3000만 유로, 추정 연봉은 897만 유로.

슈팅-득점	2023-24시즌 AS 로마					위치
58-13		A	P	P%		CF
7-0	30-2	2648	3	18.8-13.5	72%	RW
● 65-13 LG-7	DR	TK	IC		★	
● 0-0 RG-2						
● 1-0 HG-3	0.8-0.3	0.3-0.2	0.1	5-1	4	

G	xG	A	xA	SH	SG	PC	P%C	SC	BT	DC	TK	IC	A%
상위	상위	상위	상위	상위	상위	상위	상위	상위	상위	상위	하위	하위	상위
34%	30%	41%	50%	23%	45%	44%	46%	28%	20%	7%	9%	31%	

○ 유럽 5대리그 센터포워드 항목별 랭킹 (90분 기준 기록, 100분율)

●	전체 슈팅 시도-득점
●	직접프리킥 시도-득점
●	PK 시도-득점
LG	왼발 득점
RG	오른발 득점
HG	헤더 득점
⏱	출전횟수 선발/교체
🕐	출전시간 분(MIN)
A	도움
P	평균 패스 시도-성공
P%	패스 성공률
DR	평균드리블 시도-성공
TK	평균 태클 시도-성공
IC	평균 인터셉트
🟨🟥	페어플레이 경고-퇴장
★	MOM
G	득점
xG	득점 기대값
A	도움
xA	도움 기대값
SH	유효 슈팅
SG	유효 슈팅 성공
PC	패스 성공률
P%	패스 성공률
SC	슈팅기회 창출
BT	볼터치
DC	드리블 성공
TK	태클
IC	인터셉트
A%	공중전 승률

평점 6.78 Lucas HÖLER
루카스 훨러 1994.07.10 / 184cm

프라이부르크의 얼굴 마담. 2017년부터 일곱 시즌째 뛰고 있다. 최전방 공격수와 2선 모두 소화한다. 좁은 공간에서 연결하는 패스보다는 측면을 열어주는 패스를 선호하는 편. 박스 안에서 직접 해결하거나 동료와의 2대1 패스로 공간을 찾는다. 지난 시즌에는 2번의 PK를 얻어내기도 했다. 세 시즌 연속 리그에서 두 자릿수 공격 포인트를 기록했다. 시장 가치는 400만 유로, 추정 연봉은 52만 유로.

슈팅-득점	2023-24시즌 프라이부르크	위치
32-7		CF
2-0	26-7 2311 2 21.8-14.8 68%	LW
● 34-7 LG-4	DR TK IC 🟨🟥 ★	RW
● 0-0 RG-2	1.0-0.5 1.5-1.0 0.5 7-0 2	AM
● 2-1 HG-1		

G	xG	A	xA	SH	SG	PC	P%	SC	BT	DC	TK	IC	A%
하위 9%	하위 17%	하위 34%	상위 47%	하위 1%	하위 6%	상위 21%	하위 29%	상위 46%	하위 7%	상위 23%	상위 7%	상위 11%	상위 43%

평점 6.77 Michael GREGORITSCH
미하엘 그레고리치 1994.04.18 / 193cm

한 팀에서 2년 이상 머문 적이 없었다. 팀을 전전하다 프라이부르크에 입단했다. 지난 시즌까지 40경기 이상 뛰었고 경기력의 편차도 많이 줄었다. 190cm의 거구. 골킥 상황에서 헤딩으로 소유권을 잘 이어간다. 경기장에서 활동량도 많다. 리그에서 74번의 슈팅을 시도했는데 16번이나 박스 밖에서 기록했다. 아버지는 오스트리아 U-21 팀의 감독 베르너 그레고리치. 시장 가치는 800만 유로, 추정 연봉은 114만 유로.

슈팅-득점	2023-24시즌 프라이부르크	위치
58-7		CF
16-0	19-13 1686 4 11.7-8.3 71%	AM
● 74-7 LG-2	DR TK IC 🟨🟥 ★	RW
● 2-0 RG-2	0.6-0.2 0.9-0.5 0.3 2-0 4	
● 0-0 HG-3		

G	xG	A	xA	SH	SG	PC	P%	SC	BT	DC	TK	IC	A%
상위 27%	상위 17%	상위 21%	상위 30%	상위 3%	상위 8%	상위 43%	상위 13%	상위 46%	상위 34%	상위 6%	상위 29%	상위 10%	상위 27%

평점 6.76 VÍTINHA
비티냐 2000.05.15 / 178cm

측면에서 현란한 드리블로 상대 압박을 뚫어낸다. 볼 관리 능력이 좋고 좁은 공간에서 세밀한 패스로 돌파하는 편. 178cm로 큰 키는 아니지만 무게 중심이 낮다. 순간적인 방향 전환으로 상대와의 간격을 벌리고 빠른 템포의 슈팅을 가져간다. 2024년 제노아와 임대 계약을 맺고 9경기에 2골을 넣었다. 브라가 유스 출신. 포르투갈 청소년 팀에도 꾸준히 소집되었다. 시장 가치는 1500만 유로, 추정 연봉은 545만 유로.

슈팅-득점	2023-24시즌 제노아+마르세유	위치
46-5		CF
5-0	12-15 1203 2 8.9-6.6 74%	RW
● 51-5 LG-2	DR TK IC 🟨🟥 ★	AM
● 0-0 RG-3	1.6-0.7 1.0-0.6 0.1 3-0 1	
● 0-0 HG-0		

G	xG	A	xA	SH	SG	PC	P%	SC	BT	DC	TK	IC	A%
하위 40%	상위 39%	상위 49%	하위 9%	상위 14%	상위 48%	상위 9%	상위 44%	상위 17%	상위 17%	상위 17%	상위 20%	상위 31%	하위 28%

평점 6.76 Patrik SCHICK
파트리크 쉬크 1996.01.24 / 191cm

장기 부상으로 시즌이 시작된 10월이 되어야 뛸 수 있었다. 경기력을 올리던 중 보훔전에서 해트트릭을 달성했다. 시즌 내내 주전과 벤치를 오가며 출전했고 팀 우승에 일조했다. 원톱으로 나오지만, 과거 윙 포워드로도 뛴 적이 있다. 그래서 측면에서도 좋은 모습을 보여준다. 포스트 플레이가 강점이며 전방 압박 전술을 잘 이해한다. 선수를 하기 전 직업 모델을 꿈꿨다. 시장 가치는 2200만 유로, 추정 연봉은 600만 유로.

슈팅-득점	2023-24시즌 레버쿠젠	위치
35-7		CF
5-0	12-8 1065 0 11.4-9.1 80%	RW
● 40-7 LG-5	DR TK IC 🟨🟥 ★	
● 0-0 RG-0	1.3-0.5 0.5-0.3 0.1 1-0 1	
● 1-1 HG-2		

G	xG	A	xA	SH	SG	PC	P%	SC	BT	DC	TK	IC	A%
상위 5%	상위 16%	상위 3%	상위 29%	상위 9%	상위 21%	상위 39%	상위 7%	상위 33%	상위 44%	상위 45%	상위 13%	상위 16%	상위 18%

평점 6.76 Jean-Philippe MATETA
장필립 마테타 1997.06.28 / 192cm

2023-24 시즌 크리스탈 팰리스 올해의 선수. 구단 역사상 최초로 홈 6경기 연속골 사나이. 4월에는 프리미어리그 이달의 선수상 후보에도 올랐다. 문전 앞에서 골 결정력은 물이 올랐다. 적절하게 라인 브레이킹을 하여 상대 골키퍼와 일대일 상황을 만들어낸다. 양발을 모두 잘 쓰고 슈팅의 세기가 강력하다. 콩고와 이중 국적자로 프랑스의 U-21 대표팀 출신. 시장 가치는 2000만 유로, 추정 연봉은 302만 유로.

슈팅-득점	2023-24시즌 크리스탈 팰리스	위치
45-16		CF
1-0	25-10 2285 5 11.8-8.7 74%	
● 46-16 LG-3	DR TK IC 🟨🟥 ★	
● 0-0 RG-12	1.9-0.7 0.7-0.6 0.1 3-0 2	
● 2-2 HG-1		

G	xG	A	xA	SH	SG	PC	P%	SC	BT	DC	TK	IC	A%
상위 17%	상위 46%	상위 26%	하위 17%	상위 6%	상위 40%	상위 22%	하위 43%	상위 43%	상위 31%	상위 34%	상위 37%	하위 48%	

평점 6.75 Dominic CALVERT-LEWIN
도미닉 칼버트르윈 1997.03.16 / 189cm

리그 16경기 연속 무득점을 기록했고 악평이 들끓었다. 하지만 후반부는 달랐다. 뉴캐슬전 PK를 시작으로 다음 2경기 연속골까지 넣었다. 시즌 총 골수는 7골. 12.9의 xG 값보다 낮게 넣었고 팀 상황과 더불어서 아쉬운 시즌이었다. 타겟형 공격수지만 발밑이 좋고 주력도 빠른 편. 점프력이 뛰어나 제공권에서 우위를 가진다. 그러나 결정적인 골 찬스를 자주 놓친다. 시장 가치는 2200만 유로, 추정 연봉은 604만 유로.

슈팅-득점	2023-24시즌 에버튼	위치
62-6		CF
11-1	26-6 2189 2 13.7-7.8 57%	
● 73-7 LG-1	DR TK IC 🟨🟥 ★	
● 1-0 RG-5	1.3-0.5 0.9-0.7 0.1 2-0 0	
● 2-2 HG-1		

G	xG	A	xA	SH	SG	PC	P%	SC	BT	DC	TK	IC	A%
하위 23%	하위 19%	하위 34%	하위 37%	하위 30%	하위 37%	하위 11%	하위 4%	하위 37%	하위 32%	하위 34%	하위 34%	하위 41%	상위 29%

Lucas BOYÉ
평점 6.75 루카스 보예 1996.02.28 / 183cm

팀의 강등을 막지 못했다. 리그 30경기에서 선발 출전하며 분전했지만 역부족이었다. 총 9개의 공격 포인트를 기록했다. 공격을 책임지는 모든 포지션을 소화한다. 투톱이지만 처진 공격수 역할을 선호한다. 남미 출신 특유의 드리블과 센스있는 공간 패스가 강점. 하지만 거친 수비에 대한 해결법과 수비 가담에서 아쉬움을 보인다. 리버 플레이트 유스 출신. 시장 가치는 700만 유로, 추정 연봉은 90만 유로.

슈팅-득점	2023-24시즌 그라나다					위치
48-6	30-1	2555	3	19.5-14.4	74%	CF
8-0						AM
56-6 LG-1	DR 4.2-1.8	TK 2.3-1.6	IC 0.3	8-1	★ 2	LW
1-0 RG-4						
0-0 HG-1						

G	xG	A	xA	SH	SG	PC	P%	SC	BT	DC	TK	IC	A%
하위	하위	상위	상위	상위	하위	상위	상위	상위	상위	상위	하위	상위	상위
11%	3%	45%	42%	12%	2%	37%	40%	33%	18%	7%	1%	20%	49%

Carlton MORRIS
평점 6.75 칼튼 모리스 1995.12.16 / 185cm

루턴 타운 역사상 프리미어리그 첫 득점자. 2022년 챔피언쉽에서 20골을 넣었고 팀 내 최다 득점자가 되어 승격을 이끌기도 했다. 지난 시즌엔 생애 첫 1부 리그에서 11골을 성공시켰다. 아쉽게 곧바로 강등됐지만, EPL에서도 저력 있는 모습을 보여주었다. 잉글랜드 U-19 대표팀 출신으로 원톱에 최적화된 공격수다. 양발을 잘 쓰며 높은 타점의 헤딩이 뛰어나다. 시장 가치는 1300만 유로, 추정 연봉은 60만 유로.

슈팅-득점	2023-24시즌 루턴 타운					위치
62-11	32-6	2867	4	19.1-12.8	67%	CF
9-0						LW
71-11 LG-0	DR 1.4-0.8	TK 0.6-0.4	IC 1	4-0	★ 1	AM
0-0 RG-9						
5-5 HG-2						

G	xG	A	xA	SH	SG	PC	P%	SC	BT	DC	TK	IC	A%
하위	하위	상위	하위	상위	상위	상위	상위	하위	상위	상위	상위	하위	상위
34%	32%	47%	14%	17%	19%	49%	17%	37%	41%	32%	29%	5%	44%

Callum WILSON
평점 6.74 칼럼 윌슨 1992.02.27 / 180cm

부상으로 안타까운 시즌이었다. 이삭의 성장과 30대 초반이 되면서 줄어든 활동량. 그리고 부족한 출장 시간은 해결하기 어려운 숙제였다. 그래도 리그에서 9골을 넣었다. 총 35번의 슈팅을 시도했는데 그중에서 21번이 유효 슈팅이었다. 여전히 칼날은 서 있으며 라커룸에서도 영향력이 상당하다. 코벤트리에서 데뷔, 2014년 본머스에선 구단 역사상 최다 이적료를 갱신. 시장 가치는 1300만 유로, 추정 연봉은 277만 유로.

슈팅-득점	2023-24시즌 뉴캐슬 Utd.					위치
33-9	9-11	984	1	8.2-5.3	65%	CF
2-0						
35-9 LG-1	DR 1.7-0.8	TK 0.5-0.3	IC 0.1	3-0	★ 0	
0-0 RG-7						
2-2 HG-1						

G	xG	A	xA	SH	SG	PC	P%	SC	BT	DC	TK	IC	A%
상위	상위	하위	하위	상위	하위	상위	상위	상위	상위	하위	하위	하위	하위
16%	7%	28%	16%	35%	10%	25%	15%	4%	29%	21%	32%	5%	37%

Randal KOLO MUANI
평점 6.74 란달 콜로무아니 1998.12.05 / 187cm

무려 9500만 유로였다. 많은 기대를 받았지만, 첫 시즌 성적표는 좋지 못했다. 리그에서 6골에 그쳤다. 험난한 주전 경쟁을 펼쳤고 출전 시간도 적었다. 첫 골은 6라운드에서 맛보았다. 아쉬웠지만 음바페의 이적은 청신호가 될 전망이다. 최전방과 측면을 가리지 않으며 주력이 빨라 동물과도 같은 돌파를 보여준다. 2020년 도쿄 올림픽 본선 무대에 소집되었다. 시장 가치는 6000만 유로, 추정 연봉은 1273만 유로.

슈팅-득점	2023-24시즌 프랑크푸르트+PSG					위치
26-7	15-13	1419	5	13.4-9.7	73%	CF
1-0						LW
27-7 LG-2	DR 3.1-1.1	TK 0.6-0.4	IC 0.1	1-0	★ 2	RW
0-0 RG-5						AM
0-0 HG-0						

G	xG	A	xA	SH	SG	PC	P%	SC	BT	DC	TK	IC	A%
하위	상위	상위	하위	하위	상위	상위	상위	상위	상위	하위	상위	상위	상위
44%	46%	17%	7%	11%	30%	43%	21%	27%	7%	39%	44%	20%	

Mostafa MOHAMED
평점 6.74 모스타파 모하메드 1997.11.28 / 185cm

이집트 국가 대표팀 주전 스트라이커. 2021년 갈라타사라이에 입단하며 주목받기 시작했다. 체구가 단단하고 몸을 튕겨내도 잘 넘어지질 않는다. 주로 원톱 역할을 잘 소화하고 상황에 따라서는 측면에서 볼 소유권을 이어간다. 아프리카 네이션스 컵 결승전에서도 풀타임 활약했다. 체력적인 관리가 쉽지 않았지만 복잡한 렌스 전에서 골을 넣었다. 동료 살라와 절친. 시장 가치는 1000만 유로, 추정 연봉은 177만 유로.

슈팅-득점	2023-24시즌 낭트					위치
52-6	24-5	2018	2	12.1-8.0	66%	CF
13-2						
65-8 LG-0	DR 1.3-0.6	TK 1.5-0.7	IC 0.4	3-1	★ 5	
4-2 RG-7						
3-3 HG-1						

G	xG	A	xA	SH	SG	PC	P%	SC	BT	DC	TK	IC	A%
하위	상위	상위	상위	상위	상위	상위	하위	상위	상위	상위	상위	하위	하위
37%	29%	36%	26%	37%	49%	12%	18%	31%	30%	43%	46%	26%	6%	17%

Hugo DURO
평점 6.73 우고 두로 1999.11.10 / 177cm

레알 마드리드의 미래로 불렸던 유망주. 헤타페를 거쳐 발렌시아로 합류했다. 리그에서 35경기 선발 출전했다. 13골을 넣었고 11.5의 xG 값을 넘어섰다. 박스 밖에서 시도하는 슛이 많은 편. 중앙에서 볼만 기다리지 않고 좌우로 전방 압박과 공간을 잘 찾아 들어간다. 저돌적인 돌파를 선호해 PK 반칙을 3번이나 얻기도 했다. 부인은 레이싱 드라이버 네레아 마트리. 시장 가치는 1600만 유로, 추정 연봉은 289만 유로.

슈팅-득점	2023-24시즌 발렌시아					위치
56-13	35-2	2998	2	15.3-11.0	72%	CF
10-0						LW
66-13 LG-5	DR 1.2-0.5	TK 1.0-0.4	IC 0.1	4-0	★ 2	
2-0 RG-4						
0-0 HG-4						

G	xG	A	xA	SH	SG	PC	P%	SC	BT	DC	TK	IC	A%
상위	상위	상위	하위	상위	상위	하위	상위	상위	상위	상위	하위	상위	하위
46%	26%	24%	1%	14%	26%	23%	44%	26%	15%	14%	17%	34%	19%

유럽 5대리그 센터포워드 항목별 랭킹(90분 기준 기록, 100분율)

Martín SATRIANO
평점 6.73
마르틴 사트리아노 2001.02.20 / 187cm

큰 체구에서 나오는 파워가 좋다. 볼을 길게 차 놓고 뛰는 주력도 빠른 편. 양발을 잘 쓰며 슈팅의 세기가 강력하다. 상대 볼 줄기를 끊기 위한 전방 압박이 제법이다. 하지만 유효 슈팅의 비율은 높일 필요가 있다. 원소속 팀은 인테르. 브레스트로 두 번째 임대를 왔다. 2022년 캐나다와의 친선전에서 우루과이 국가 대표팀에 데뷔했다. 2023년 아이를 얻었다. 시장 가치는 600만 유로, 추정 연봉은 64만 유로.

슈팅-득점	2023-24시즌 브레스트					위치
43-4 / 20-0	21-12	1871	4	13.3-9.6	72%	CF LW RW
● 63-4 LG-0	DR	TK	IC			★
● 0-0 RG-2	1.4-0.6	1.2-0.7	0.2	4-0		0
● 0-0 HG-2						

G	xG	A	xA	SH	SG	PC	P%	SC	BT	DC	TK	IC	A%
하위	상위	상위	상위	상위	상위	상위	상위	상위	상위	상위	하위	상위	상위
7%	16%	29%	29%	26%	37%	43%	45%	34%	38%	29%	13%	23%	20%

Steve MOUNIÉ
평점 6.73
스티브 무니에 1994.09.29 / 190cm

리더쉽이 대단한 스트라이커. 전방에서 버텨주며 측면으로 열어주는 패스가 좋다. 동료를 활용해 공간으로 침투하는 패스를 시도한다. 2020년 팀에 온 이후 주장단에 포함되었다. 지난 시즌은 브레스트의 돌풍을 주도했다. 2017년엔 허더스필드의 역사상 최다 이적료를 받고 EPL에 도전했지만, 강등을 막지는 못했다. 베냉 대표팀의 주장으로서 A매치 50경기 이상 출전 중. 시장 가치는 500만 유로, 추정 연봉은 84만 유로.

슈팅-득점	2023-24시즌 브레스트					위치
54-6 / 6-0	20-12	1773	2	13.1-8.8	63%	CF
● 60-6 LG-0	DR	TK	IC			★
● 0-0 RG-0	0.6-0.3	0.5-0.3	0.1	2-1		0
● 0-0 HG-4						

G	xG	A	xA	SH	SG	PC	P%	SC	BT	DC	TK	IC	A%
상위	상위	상위	상위	상위	상위	상위	하위	상위	상위	상위	상위	상위	하위
26%	41%	44%	43%	25%	27%	40%	11%	40%	31%	26%	20%	20%	4%

Mohamed DARAMY
평점 6.73
모하메드 다라미 2002.01.07 / 180cm

3월 대표팀 경기에서 무릎 부상을 얻었다. 안타깝게 시즌 아웃을 판정받았다. 리그에서 9개의 공격 포인트를 기록했기에 아쉬움이 더 컸다. 180cm로 체격이 탄탄하다. 최전방 공격수뿐만 아니라 윙 포워드도 겸할 수 있다. 기본적으로 볼 관리 능력이 좋아 연계 플레이나 낮은 위치에서의 공격 전개가 가능하다. 코펜하겐에서 데뷔했고 덴마크와 시에라리온의 이중 국적. 시장 가치는 1000만 유로, 추정 연봉은 150만 유로.

슈팅-득점	2023-24시즌 스타드 렝					위치
26-4 / 5-0	19-6	1657	3	20.0-15.5	78%	CF LW
● 31-4 LG-1	DR	TK	IC			★
● 0-0 RG-3	3.8-2.1	0.8-0.4	0.2	0-0		0
● 1-1 HG-1						

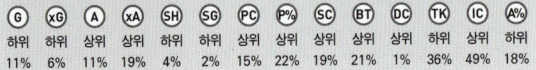

G	xG	A	xA	SH	SG	PC	P%	SC	BT	DC	TK	IC	A%
하위	하위	상위	하위	상위	상위	상위	하위	상위	상위	상위	하위	하위	하위
11%	6%	11%	9%	15%	29%	21%	1%	36%	49%	5%	19%	21%	18%

Ángel CORREA
평점 6.72
앙헬 코레아 1995.03.09 / 171cm

아틀레티코의 10번. 공격에 관한 모든 포지션에 뛸 수 있다. 직접 해결할 수 있는 능력부터 동료와 2대1 패스를 통해 상대 압박을 뚫어낸다. 페널티 박스 안에서 움직임이 좋고 상대의 허를 찌르는 민첩함이 제법이다. 지난 시즌은 32경기에 출전했지만, 선발은 14경기뿐이었다. 리그 초반 부상으로 이탈했지만, 아르헨티나 대표팀에서는 꾸준히 소집되고 있다. 시장 가치는 1800만 유로, 추정 연봉은 350만 유로.

슈팅-득점	2023-24시즌 아틀레티코 마드리드					위치
33-8 / 10-1	14-18	1528	2	14.4-11.5	80%	CF AM LW RW
● 43-9 LG-2	DR	TK	IC			★
● 1-0 RG-5	1.8-0.9	1.1-0.7	0.1	3-0		3
● 1-1 HG-2						

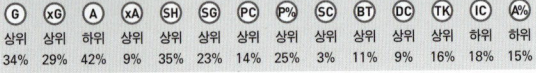

G	xG	A	xA	SH	SG	PC	P%	SC	BT	DC	TK	IC	A%
상위	상위	상위	하위	상위	상위	상위	하위	상위	상위	상위	하위	하위	하위
34%	29%	42%	9%	35%	23%	9%	11%	25%	40%	16%	18%	15%	15%

Jonathan BURKARDT
평점 6.72
요나탄 부르카트 2000.07.11 / 183cm

독일 대표팀의 미래. 장기 부상으로 11월이 지나서 복귀했다. 리그에선 8골과 2개의 어시스트를 기록했다. 이재성의 공격 파트너로 국내 팬에게도 익숙하다. 원톱 공격수는 물론 세컨드 스트라이커와 측면 모두에서 뛴다. 활동량이 많고 전방 압박의 강도가 센 편. 슈팅의 모션이 크고 세기가 강력하다. 독일 연령별 대표팀에 한 번도 빠지지 않은 천재다. 시장 가치는 1200만 유로, 추정 연봉은 189만 유로.

슈팅-득점	2023-24시즌 마인츠 05					위치
33-7 / 8-1	18-3	1542	2	16.9-12.2	72%	CF RW AM
● 41-8 LG-2	DR	TK	IC			★
● 0-0 RG-3	2.7-1.1	0.9-0.6	0.1	2-0		1
● 1-1 HG-3						

G	xG	A	xA	SH	SG	PC	P%	SC	BT	DC	TK	IC	A%
상위	상위	상위	하위	상위	상위	상위	하위	상위	상위	하위	상위	하위	하위
38%	31%	49%	26%	30%	33%	44%	28%	48%	36%	19%	49%	43%	3%

Chris WOOD
평점 6.72
크리스 우드 1991.12.07 / 191cm

시즌 중반부터 출전 시간을 늘렸다. 지난 시즌은 인연이 있는 원소속팀과 화젯거리가 많았다. 뉴캐슬에겐 해트트릭을 달성했고 번리에겐 멀티골을 넣었다. 세레모니는 최대한 피했다. 정확도 높은 헤딩과 큰 키에 비해 좋은 드리블 스킬을 가지고 있다. 리그 14골로 팀 내 최다 득점자가 되었다. 잉글랜드에서 가장 성공한 뉴질랜드 선수로서 챔피언십 득점왕 출신이다. 시장 가치는 700만 유로, 추정 연봉은 483만 유로.

슈팅-득점	2023-24시즌 노팅엄 포리스트					위치
44-13 / 4-1	20-11	1810	1	13.8-9.0	65%	CF
● 48-14 LG-5	DR	TK	IC			★
● 0-0 RG-4	0.5-0.2	0.4-0.2	0.1	0-0		1
● 0-0 HG-5						

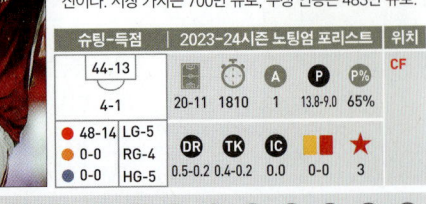

G	xG	A	xA	SH	SG	PC	P%	SC	BT	DC	TK	IC	A%
상위	하위	하위	하위	상위	상위	하위	상위	상위	하위	하위	하위	하위	상위
11%	14%	19%	20%	32%	25%	30%	16%	32%	39%	8%	18%	11%	50%

○ 유럽 5대리그 센터포워드 항목별 랭킹 (90분 기준 기록, 100분율)

Joselu

평점 6.71
호셀루
1990.03.27 / 191cm

돌아온 옛집은 따뜻했다. 12년 만에 레알 마드리드의 품에 왔고 결과도 좋았다. 모든 대회를 통틀어 48경기에서 21개의 공격 포인트를 기록했다. 슈퍼 서브의 역할을 톡톡히 해냈다. 리그에서 공중볼 경합 성공률이 53.2%였고 양발 모두 잘 사용했다. 플레이의 범위도 넓어 동료들과의 호흡 면에서 도드라졌다. 스페인 청소년 대표팀 출신으로 2023년 대표팀에 데뷔. 시장 가치는 500만 유로, 추정 연봉은 250만 유로.

슈팅-득점 | 2023-24시즌 레알 마드리드 | 위치

		A	P	P%	
58-10					CF
5-0	15-19	1676	2	10.3-7.6	74%

		DR	TK	IC		
● 63-10	LG-2					
● 0-0	RG-4	0.4-0.2	0.4-0.2	0.2	1-0	2
● 2-0	HG-4					

G	xG	A	xA	SH	SG	PC	P%	SC	BT	DC	TK	IC	A%
상위	상위	하위	상위	상위	상위	하위	하위	하위	상위	상위	하위	상위	하위
12%	6%	37%	37%	5%	6%	44%	37%	11%	25%	0%	14%	35%	5%

Arnaud KALIMUENDO

평점 6.70
아르노 칼리뮈앙도
2002.01.20 / 178cm

프랑스 U-21 대표팀 주전 스트라이커. 빠른 스피드가 강점. 측면 공격수로 시작했기 때문에 드리블 능력이 좋다. 시간이 지나면서 중앙 공격수로 뛰는 빈도가 높아졌고 마무리 능력도 제법이다. 순식간에 공간을 파고드는 민첩함 그리고 헤딩의 타점을 높여 세트 플레이에서 득점도 만들어낸다. 콩고계 프랑스 인으로 PSG에서 데뷔했다. 아디다스와 후원 계약을 맺었다. 시장 가치는 2000만 유로, 추정 연봉은 150만 유로.

슈팅-득점 | 2023-24시즌 스타드 렌 | 위치

		A	P	P%	
45-10					CF
16-0	25-5	2154	1	16.0-13.3	83%

		DR	TK	IC		
● 61-10	LG-0					
● 0-0	RG-10	1.5-0.7	0.3-0.2	0.1	6-0	1
● 2-2	HG-0					

G	xG	A	xA	SH	SG	PC	P%	SC	BT	DC	TK	IC	A%
상위	하위	하위	상위	상위	상위	하위	상위	상위	하위	상위	하위	하위	하위
49%	39%	9%	38%	46%	35%	3%	26%	4%	9%	0%	47%	33%	1%

Terem MOFFI

평점 6.70
테렘 모피
1999.05.25 / 188cm

지난 시즌 파리와의 5R에서 2골과 1도움을 기록하며 팀에 승리를 안겼다. 188cm의 큰 키지만 몸놀림이 유연하다. 아프리카 출신의 현란한 움직임과 드리블로 측면을 허문다. 왼발에 최적화된 슈팅과 박스 밖에서 시도하는 감아차기가 일품. 아프리카 네이션스 컵에 차출되었음에도 리그 두 자릿수 골을 성공했다. 아버지 역시 축구 선수로 활약했고 포지션은 골키퍼. 시장 가치는 2500만 유로, 추정 연봉은 90만 유로.

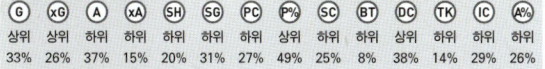

슈팅-득점 | 2023-24시즌 니스 | 위치

		A	P	P%	
41-10					CF
8-1	23-7	1961	2	12.6-9.2	73%	RW

		DR	TK	IC		
● 49-11	LG-8					
● 0-0	RG-2	1.1-0.6	0.5-0.2	0.1	4-0	2
● 3-3	HG-1					

G	xG	A	xA	SH	SG	PC	P%	SC	BT	DC	TK	IC	A%
상위	상위	하위	하위	상위	상위	하위	상위	하위	상위	상위	하위	하위	하위
33%	26%	37%	15%	20%	31%	27%	49%	25%	8%	38%	14%	29%	26%

Davie SELKE

평점 6.68
데이비 젤케
1995.01.20 / 195cm

브레멘의 유스 출신. 주목받은 건 독일 청소년 대표팀 시절. U-19 유럽 선수권에서 득점왕과 최고 선수상을 받았었다. 기대에 맞는 성장을 하진 못했다. 2022년부터 쾰른과 인연을 이어가고 있다. 타겟맨 공격수로 최전방에서 신체 능력을 활용해 포스트 플레이를 펼친다. 팀 내에서 6골로 최다 득점자가 되었지만, 강등을 막진 못했다. 대표팀 출신 마리오 고메즈의 팬. 시장 가치는 280만 유로, 추정 연봉은 150만 유로.

슈팅-득점 | 2023-24시즌 FC 쾰른 | 위치

		A	P	P%	
31-6					CF
2-0	16-3	1274	0	11.9-7.5	63%

		DR	TK	IC		
● 33-6	LG-0					
● 0-0	RG-5	0.6-0.3	0.3-0.2	0.0	3-0	2
● 0-0	HG-0					

G	xG	A	xA	SH	SG	PC	P%	SC	BT	DC	TK	IC	A%
상위	하위	하위	상위	상위	상위	하위	하위	상위	상위	상위	하위	상위	상위
44%	24%	2%	30%	11%	15%	24%	4%	19%	11%	2%	5%	7%	

André AYEW

평점 6.68
안드레 아이유
1989.12.17 / 175cm

가나의 유명한 축구 패밀리. 아베디 펠레의 아들이자 조던 아이유와 형제다. 지난 시즌 르아브르의 데뷔전에서 2분 만에 퇴장당하여 화제가 되었다. 아프리카 네이션스 컵과 30대 중반의 나이로 출장 시간은 적은 편. 하지만 여전히 번뜩이는 재치와 문전 앞에서의 결정력이 돋보였다. 3.11의 xG값을 넘어 5골을 성공시켰다. 대표팀의 주장이자 최다 출전 선수. 시장 가치는 100만 유로, 추정 연봉은 150만 유로.

슈팅-득점 | 2023-24시즌 르아브르 | 위치

		A	P	P%	
24-5					CF
8-0	12-7	1105	0	13.7-10.4	76%	LW
						RW

		DR	TK	IC		
● 32-5	LG-4					
● 1-0	RG-0	1.5-0.8	0.9-0.8	0.1	2-1	0
● 0-0	HG-1					

G	xG	A	xA	SH	SG	PC	P%	SC	BT	DC	TK	IC	A%
상위	하위	상위	상위	상위	상위	하위	상위	하위	상위	상위	하위	하위	상위
48%	7%	3%	11%	48%	40%	38%	30%	34%	44%	19%	9%	41%	45%

Willian JOSÉ

평점 6.67
윌리앙 조제
1991.11.23 / 189cm

5년 만에 라리가에서 두 자릿수 득점에 성공했다. 2022년 베티스로 입단한 이후 하락했던 폼을 다시 찾고 있다. 골 찬스가 주어지면 낮고 정교한 슈팅으로 골망을 흔든다. 공간을 찾아 들어가는 움직임도 여전하다. 박스 밖에서 2골을 터뜨렸고 베테랑이 되면서 경기를 읽는 시야도 넓어졌다. 라리가에서 잔뼈가 굵은 공격수로 브라질 U-20 대표팀 출신이다. 시장 가치는 600만 유로, 추정 연봉은 220만 유로.

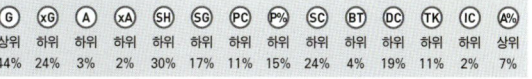

슈팅-득점 | 2023-24시즌 레알 베티스 | 위치

		A	P	P%	
34-8					CF
14-2	25-8	1984	5	16.0-12.8	80%

		DR	TK	IC		
● 48-10	LG-4					
● 4-1	RG-5	0.4-0.2	0.3-0.2	0.0	0-1	2
● 0-0	HG-0					

G	xG	A	xA	SH	SG	PC	P%	SC	BT	DC	TK	IC	A%
상위	하위	상위	하위	상위	상위	하위	상위	상위	하위	상위	상위	하위	상위
44%	6%	22%	47%	28%	49%	20%	8%	22%	46%	5%	17%	25%	40%

유럽 5대리그 센터포워드 항목별 랭킹(90분 기준 기록, 100분율)

Chris RAMOS
평점 6.67
크리스 라모스 1997.01.18 / 190cm

193cm의 키를 활용해 포스트 플레이를 즐긴다. 몸의 밸런스가 무너지는 순간에도 볼을 향한 집념이 대단하다. 전방 압박이 좋고 박스 내에서의 터치가 많다. 2번의 PK 반칙을 유도했다. 하지만 수비 가담 빈도와 유효 슈팅이 적은 건 아쉽다. 주로 하부 리그에서 뛰었다. 2022년 카디즈로 입단하며 1부 리그에서 인정받기 시작했다. 아버지는 아프리카계 스페인 국적자. 시장 가치는 400만 유로, 추정 연봉은 32만 유로.

슈팅-득점	2023-24시즌 카디스					위치
72-5 4-0	30-7	2627	1	12.8-7.4	58%	CF
● 76-5 LG-0 ● 0-0 RG-2 ● 0-0 HG-3	DR 1.9-0.6	TK 1.3-0.8	IC 0.2	5-0	2	★

G	xG	A	xA	SH	SG	PC	P%	SC	BT	DC	TK	IC	A%
하위	하위	하위	하위	상위	상위	상위	상위	상위	하위	상위	상위	상위	상위
5%	27%	8%	13%	47%	32%	0%	34%	39%	26%	9%	5%	29%	19%

Jordan SIEBATCHEU
평점 6.65
조던 시바추 1996.04.26 / 191cm

워싱턴에서 출생. 카메룬 출신의 부모와 함께 프랑스로 이주했다. 세 개의 국적을 가졌고 프랑스 U-21 팀에서 뛰기도 했다. 하지만 2021년 미국을 선택했다. 리그 초중반기에 비해 후반기엔 기회를 많이 얻지 못했다. 리그에서 8개의 공격 포인트를 기록했다. 6.91의 xG 값을 넘지 못했다. 장신이지만 볼 테크닉이 뛰어나다. 탄력이 좋아 제공권에 강점을 둔다. 시장 가치는 400만 유로, 추정 연봉은 180만 유로.

슈팅-득점	2023-24시즌 우니온 베를린+묀헨글라트바흐					위치
32-5 3-0	18-8	1467	3	10.9-8.5	78%	CF
● 35-5 LG-0 ● 0-0 RG-3 ● 0-0 HG-2	DR 0.4-0.1	TK 0.6-0.4	IC 0.2	2-0	1	★

G	xG	A	xA	SH	SG	PC	P%	SC	BT	DC	TK	IC	A%
하위	하위	상위	상위	하위	상위	상위	상위	상위	상위	하위	하위	상위	상위
27%	31%	30%	22%	36%	16%	38%	42%	0%	4%	39%	4%	28%	23%

Philipp HOFMANN
평점 6.65
필립 호프만 1993.03.30 / 195cm

독일의 미래로 불렸던 공격수. 18세부터 연령별 대표팀에 꾸준히 뽑혔다. 2015년 21세 이하의 유럽 선수권에도 참여했다. 하지만 프로는 달랐다. 주로 하부 리그에서 뛰었고 2022년 보훔과 계약을 맺으며 1부 리그에 올라왔다. 문전 앞에서 높은 제공권이 강점. 직접 해결하는 장면보다도 동료에게 연결하는 포스트 플레이에 능하다. 리그에 4골을 넣었다. 시장 가치는 180만 유로, 추정 연봉은 78만 유로.

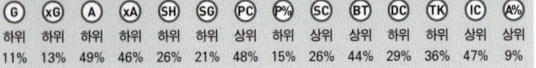

슈팅-득점	2023-24시즌 보훔					위치
37-4 2-0	18-11	1578	2	14.2-9.2	65%	CF
● 39-4 LG-2 ● 0-0 RG-0 ● 0-0 HG-2	DR 0.5-0.3	TK 0.4-0.3	IC 0.1	1-0	1	★

G	xG	A	xA	SH	SG	PC	P%	SC	BT	DC	TK	IC	A%
하위	하위	하위	하위	상위	상위	상위	하위	상위	상위	하위	상위	상위	하위
11%	13%	49%	46%	26%	21%	48%	15%	26%	4%	29%	36%	47%	9%

Tim SKARKE
평점 6.64
팀 스카르케 1996.09.07 / 181cm

등과 근육 부상, 징계로 8경기에 출전 못했다. 하지만 29경기에 선발 출장했고 팀 내에서 최다 득점자가 되었다. 팀의 부실한 지원 속에서 가장 도드라진 활약을 보였다. 전술 운영에 따라 측면과 중앙 공격수를 겸한다. 우측 윙 포워드를 선호하는 편. 볼 관리 능력이 좋고 원 터치의 반 박자 빠른 슈팅이 특기. 2017년 독일 U-21 대표팀에서 부름을 받았다. 시장 가치는 300만 유로, 추정 연봉은 42만 유로.

슈팅-득점	2023-24시즌 다름슈타트					위치
34-8 35-0	29-1	2418	0	24.1-19.0	79%	CF LW RW AM
● 69-8 LG-2 ● 1-0 RG-6 ● 0-0 HG-0	DR 2.1-0.9	TK 1.5-0.9	IC 0.2	7-0	1	★

G	xG	A	xA	SH	SG	PC	P%	SC	BT	DC	TK	IC	A%
하위	상위	상위	상위	상위	하위	상위	상위	상위	상위	상위	상위	상위	하위
24%	1%	3%	32%	50%	13%	35%	34%	13%	28%	9%	49%	49%	4%

Rasmus HØJLUND
평점 6.64
라스무스 회일룬 2003.02.04 / 191cm

맨체스터 유나이티드의 공격을 이끌어갈 차세대 선봉장. 아탈란타에서 7300만 유로로 영입되었다. 초반 골 가뭄에 시달렸지만, EPL 역사상 최연소 6경기 연속 득점을 기록했다. 전방에서 상대 수비수와 잘 버텨준다. 체구는 크지만, 발이 빠르다. 하프 라인에서 직접 볼을 가지고 마무리를 짓기도 한다. 2년 연속 프리미어리그 두 자릿수 득점이 목표. 덴마크의 주전 공격수. 시장 가치는 6500만 유로, 추정 연봉은 513만 유로.

슈팅-득점	2023-24시즌 맨체스터 Utd.					위치
35-10 3-0	25-5	2172	2	13.0-10.0	77%	CF
● 38-10 LG-5 ● 0-0 RG-4 ● 0-0 HG-0	DR 1.3-0.6	TK 0.4-0.4	IC 0.0	2-0	1	★

G	xG	A	xA	SH	SG	PC	P%	SC	BT	DC	TK	IC	A%
상위	하위	하위	하위	하위	하위	하위	상위	하위	하위	상위	하위	하위	하위
31%	40%	26%	11%	5%	27%	0%	29%	46%	4%	45%	22%	14%	20%

Mateo RETEGUI
평점 6.64
마테오 레테기 1999.04.29 / 186cm

아르헨티나 태생. 명문 리버 플레이트와 보카 주니어스를 모두 거쳤다. 외할아버지의 국적으로 이탈리아 대표팀이 될 수 있었다. 골문 앞에서 저돌적인 돌파와 집념을 보인다. 볼 관리 능력과 터치가 투박하나, 동물적인 감각으로 골망을 흔든다. 남미 출신의 현란한 드리블과 아크로바틱한 킥은 덤. 필드하키 선수 출신 집안. 친누나는 도쿄 올림픽에서 은메달을 수상. 시장 가치는 1600만 유로, 추정 연봉은 231만 유로.

슈팅-득점	2023-24시즌 제노아					위치
54-7 9-0	26-3	2226	2	13.5-9.2	68%	CF
● 63-7 LG-2 ● 0-0 RG-3 ● 1-1 HG-2	DR 1.2-0.6	TK 1.1-0.6	IC 0.0	5-0	1	★

G	xG	A	xA	SH	SG	PC	P%	SC	BT	DC	TK	IC	A%
하위	하위	상위	상위	상위	하위	하위	하위	하위	하위	상위	하위	하위	상위
21%	3%	32%	3%	44%	29%	0%	17%	15%	32%	50%	2%	6%	25%

유럽 5대리그 센터포워드 항목별 랭킹 (90분 기준 기록, 100분율)

Andrea PINAMONTI
평점 6.62 · 안드레아 피나몬티 · 1999.05.19 / 185cm

인테르가 애지중지하며 키웠던 유망주. 지난 시즌 사수올로와 완전 계약에 성공했다. 구단 역사상 최대 이적료인 2000만 유로가 발생되었다. 리그에서 11골을 넣었고 전 경기에 출전하였다. 하지만 충격적인 강등을 당했다. 186cm의 좋은 신장은 골문 앞에서 높은 제공권을 자랑한다. 박스 안 헤더가 좋지만, 동료를 이용하는 플레이도 좋다. 이카르디의 팬. 시장 가치는 1500만 유로, 추정 연봉은 444만 유로.

슈팅-득점 | **2023-24시즌 사수올로** | **위치: CF**
- 63-10 / 20-1 / 83-11 LG-1 / 0-0 RG-6 / 3-2 HG-4
- 37-1 · 3100 · A 1 · P 16.2-10.7 · P% 66%
- DR 0.8-0.4 · TK 0.8-0.3 · IC 0 · 4-0 · ★

G	xG	A	xA	SH	SG	PC	P%	SC	BT	DC	TK	IC	A%
하위 31%	하위 8%	하위 6%	하위 34%	하위 30%	하위 3%	하위 21%	하위 22%	하위 14%	하위 7%	하위 11%	하위 23%	하위 4%	하위 22%

Michail ANTONIO
평점 6.61 · 미하일 안토니오 · 1990.03.28 / 180cm

무릎 부상으로 두 달 가까이 결장했다. 리그에서 8개의 공격 포인트밖에 얻지 못했다. 30대 중반이 되면서 순발력과 주력이 줄어들었지만 골 결정력은 여전하다. 총 30개의 슈팅 중에서 절반 가까이 유효 슈팅으로 연결하였다. 잉글랜드 대표팀에 차출됐지만, 경기에 출전하지 못했다. 그로 인해 2021년 자메이카 대표팀으로 데뷔. 4월 웨스트햄 소속으로 300경기 출전. 시장 가치는 400만 유로, 추정 연봉은 513만 유로.

슈팅-득점 | **2023-24시즌 웨스트햄 Utd.** | **위치: CF / LW / RW / AM**
- 24-6 / 6-0 / 30-6 LG-0 / 0-0 RG-4 / 0-0 HG-2
- 21-5 · 1711 · A 2 · P 10.3-6.7 · P% 65%
- DR 2.4-1.2 · TK 0.9-0.6 · IC 0.2 · 6-0 · ★

G	xG	A	xA	SH	SG	PC	P%	SC	BT	DC	TK	IC	A%
하위 28%	하위 16%	하위 35%	하위 43%	하위 2%	하위 11%	하위 10%	하위 5%	하위 17%	하위 14%	상위 49%	상위 43%	하위 5%	하위 38%

Yussuf POULSEN
평점 6.61 · 유수프 포울슨 · 1994.06.15 / 192cm

라이프치히가 사랑한 남자. 11년째 활약하고 있다. 30대가 되자 없었던, 기동력은 현저하게 낮아졌다. 매서웠던 결정력도 무뎌진 편. 오펜다와 세슈코에게 밀려 3옵션이 되었지만 팀을 하나로 묶는 결속력만큼은 대단하다. 탄자니아 국적의 아버지와 덴마크 국적의 어머니로 인해 이중 국적을 가졌다. 덴마크 연령별 대표팀에서 단 한 번도 제외된 적이 없다. 시장 가치는 600만 유로, 추정 연봉은 660만 유로.

슈팅-득점 | **2023-24시즌 RB 라이프치히** | **위치: CF / RW / AM**
- 26-5 / 3-0 / 29-5 LG-1 / 0-0 RG-4 / 0-0 HG-0
- 12-16 · 1213 · A 2 · P 10.0-7.2 · P% 72%
- DR 0.8-0.4 · TK 0.8-0.5 · IC 0.1 · 0-0 · ★

G	xG	A	xA	SH	SG	PC	P%	SC	BT	DC	TK	IC	A%
하위 22%	하위 34%	상위 36%	하위 18%	상위 14%	상위 44%	상위 49%	상위 44%	상위 36%	상위 4%	상위 44%	상위 39%	하위 5%	하위 34%

Mohamed BAYO
평점 6.60 · 모하메드 바요 · 1998.06.04 / 188cm

기니계 프랑스 국적의 선수. 2020년에는 팀이 속한 2부 리그에서 득점왕에 오르기도 했다. 릴로 이적했지만 지난 시즌은 르 아브르로 임대되었다. 아프리카 네이션스 컵까지 다녀오는 바람에 많은 경기에 출전하진 못했다. 리그에서 5골을 넣었다. 그 중에서 PK골은 2골이나 된다. 상대를 등지며 순식간에 공간에 돌진하는 게 장점. 어떤 상황에서도 골문을 겨냥한다. 시장 가치는 500만 유로, 추정 연봉은 72만 유로.

슈팅-득점 | **2023-24시즌 르아브르** | **위치: CF**
- 41-5 / 4-0 / 45-5 LG-2 / 0-0 RG-3 / 2-2 HG-0
- 16-6 · 1394 · A 1 · P 13.6-9.0 · P% 66%
- DR 1.8-0.8 · TK 1.0-0.6 · IC 0.1 · 4-0 · 1

G	xG	A	xA	SH	SG	PC	P%	SC	BT	DC	TK	IC	A%
하위 31%	상위 37%	하위 25%	하위 11%	상위 37%	상위 39%	하위 20%	상위 43%	상위 37%	하위 26%	상위 36%	상위 26%	하위 6%	상위 37%

Elijah ADEBAYO
평점 6.59 · 엘리야 아데바요 · 1998.01.07 / 193cm

5.92의 xG값을 넘어섰다. 리그 10골을 넣으며 모리스와 함께 팀을 이끌었다. 전방에서 센터백과 싸워 주고 동료에게 볼 소유권을 이어간다. 주력도 좋아 측면에서도 낮은 크로스나 직접 돌파하는 경우가 많다. 박스 밖에서의 슈팅은 한 차례. 오로지 박스 안에서 승부하는 공격수다. 2021년 루턴으로 이적한 이후 승격으로 이끌었다. 나이지리아와 잉글랜드의 이중 국적자. 시장 가치는 1200만 유로, 추정 연봉은 65만 유로.

슈팅-득점 | **2023-24시즌 루턴 타운** | **위치: CF / AM**
- 30-10 / 1-0 / 31-10 LG-1 / 0-0 RG-5 / 0-0 HG-4
- 16-11 · 1419 · A 0 · P 7.4-5.4 · P% 73%
- DR 2.5-0.8 · TK 0.6-0.2 · IC 0.2 · 1-0 · 1

G	xG	A	xA	SH	SG	PC	P%	SC	BT	DC	TK	IC	A%
상위 17%	하위 38%	하위 3%	하위 4%	하위 11%	상위 29%	하위 5%	상위 49%	하위 21%	하위 23%	상위 24%	하위 9%	하위 19%	상위 23%

Nikola KRSTOVIĆ
평점 6.59 · 니콜라 크르스토비치 · 1998.01.07 / 193cm

몬테네그로 출신의 특급 골게터. 슬로바키아 리그의 득점왕. 상대 골대 앞에서 위치 선정이 좋다. 동료의 크로스를 한 템포 빠르게 연결한 슈팅이 제법이다. 185cm의 체격에 점프력도 좋아 헤딩에 강점을 보인다. 몬테네그로 청소년 대표팀 출신으로 2022년 성인 대표팀에도 소집이 되었다. 7골을 넣어 이적한 첫해에 팀 내 최다 득점원이 되었다. 시장 가치는 500만 유로, 추정 연봉은 45만 유로.

슈팅-득점 | **2023-24시즌 레체** | **위치: CF**
- 71-5 / 21-2 / 92-7 LG-1 / 2-0 RG-4 / 3-1 HG-2
- 30-5 · 2391 · A 1 · P 14.8-9.9 · P% 67%
- DR 1.7-0.9 · TK 0.6-0.5 · IC 0.1 · 4-1 · ★

G	xG	A	xA	SH	SG	PC	P%	SC	BT	DC	TK	IC	A%
하위 17%	상위 45%	하위 11%	상위 37%	하위 14%	하위 33%	상위 28%	상위 42%	상위 46%	하위 26%	하위 45%	하위 11%	하위 35%	상위 47%

유럽 5대리그 포지션별 랭킹 ③

미드필더

미드필더는 그라운드의 '야전 사령관'이다. 필드 한가운데 위치하기에 넓은 시야를 바탕으로 경기를 조율한다. 상대의 공을 뺏고, 공격과 수비를 연결하며 정확한 장단 패스를 뿌려야 한다. 이 포지션은 야구의 포수, 미식축구의 쿼터백, 농구의 포인트가드, 배구의 세터와 자주 비교된다. 유럽 5대리그 2023-24시즌 가장 뛰어난 활약을 보인 미드필더는 맨체스터 시티의 프리미어리그 우승 주역 로드리였다. 중심을 잡고 팀을 완벽하게 컨트롤 했다. 그에게서 시작되는 '부채살 패스'는 맨시티 점유율 축구의 핵심이었다. 로드리에 이어 인테르 밀란 세리에A 우승의 주역인 하칸 찰하놀루, 아스널의 컨트롤 타워 데클런 라이스, 레버쿠젠의 역사를 쓴 에세키엘 팔라시오스, 뉴캐슬의 수비형 미드필더 브루누 기마랑이스 등이 탑티어였다.

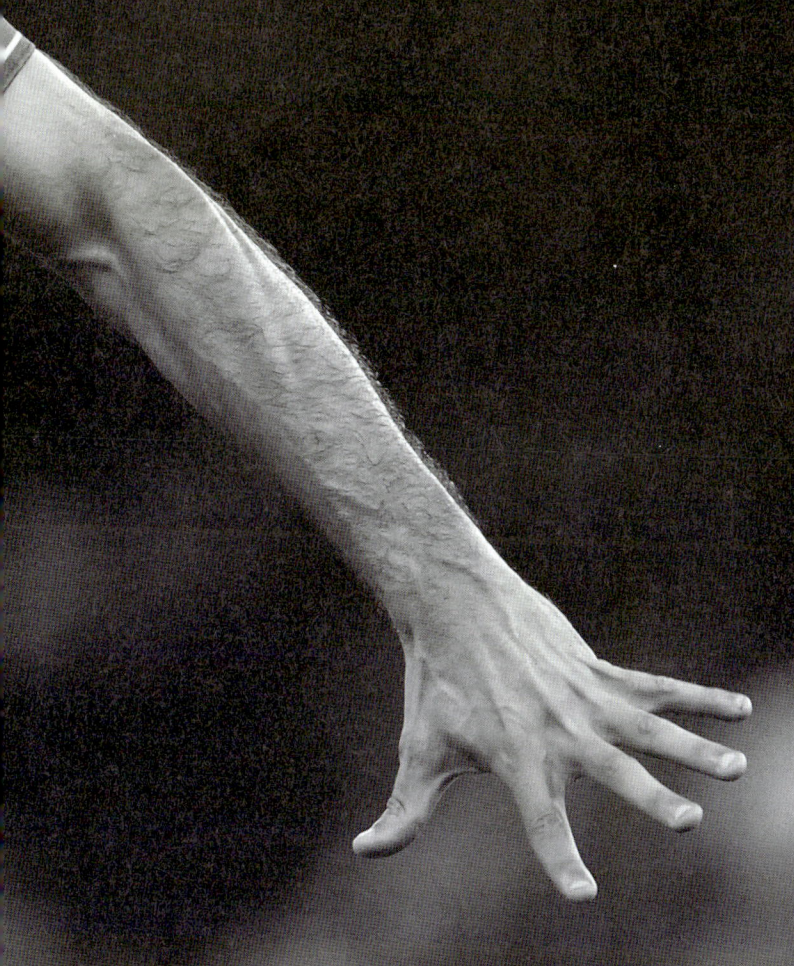

Rodri
평점 7.62
로드리 1996.06.22 / 191cm

EPL 역사상 최초로 리그 4연패를 주도했다. 강한 피지컬과 폭넓은 수비, 그리고 상황에 따라서는 직접 득점포도 터뜨린다. 현 시점 수비형 미드필더의 교본서. 수비 라인을 보호하는 임무와 빌드업의 시발점 역할까지 수행한다. 퇴장 징계로 결장했던 3경기. 모두 졌다. 팀에서 어느 정도로 영향을 끼치는 선수인지 확인할 수 있었다. 대학에서 경영학 학위를 취득. 시장 가치는 1억 2000만 유로, 추정 연봉은 1354만 유로.

슈팅-득점	2023-24시즌				위치
25-4 / 37-4	34-0	2937	9	106.3-98.9	93%	DM CM
● 62-8 LG-3	DR 1.9-1.2	TK 3.0-2.1	IC 0.8	🟨 8-1	⭐ 5	
● 0-0 RG-5						
● 0-0 HG-0						

G	A	SH	SG	PC	P%	LC	L%	SC	BT	DC	TK	IC	BR
상위	상위	상위	상위	상위	상위	상위	상위	상위	상위	상위	상위	하위	상위
7%	3%	11%	7%	4%	3%	4%	3%	11%	44%	38%	5%	9%	

Martin ØDEGAARD
평점 7.44
마르틴 외데고 1998.12.17 / 178cm

스트룀스고세에서 뛸 때부터 세계적으로 주목받는 유망주였다. 성장 과정에 부침(浮沈)이 있었으나 지금은 홀란과 더불어 노르웨이 최고의 스타로 성장했다. 8골을 넣으며 2023-2024시즌 아스널의 EPL 우승 경쟁의 핵심 중 하나였다. 뛰어난 시야와 패스 능력을 활용해 팀의 공격 전개를 주도하는 공격형 MF다. 동료와 연계 등 전술적 움직임을 매끄럽게 가져간다. 시장 가치 1억 1000만 유로, 추정 연봉은 1450만 유로.

슈팅-득점	2023-24시즌 아스널				위치
38-7 / 39-1	35-0	3104	10	54.1-47.1	87%	CM AM
● 77-8 LG-8	DR 2.4-1.2	TK 2.6-1.4	IC 0.4	🟨 2-0	⭐ 5	
● 4-0 RG-0						
● 2-2 HG-0						

G	A	SH	SG	PC	P%	LC	L%	SC	BT	DC	TK	IC	BR
상위	상위	상위	상위	상위	상위	하위	상위	상위	상위	상위	하위	하위	상위
5%	4%	4%	9%	32%	38%	50%	38%	36%	18%	14%	10%	22%	

Hakan ÇALHANOĞLU
평점 7.41
하칸 찰하놀루 1994.02.08 / 178cm

인테르 중원의 살림꾼. 공격형 미드필더보다는 수비형 역할을 맡으며 기량이 만개했다. 넓은 시야와 정확한 장거리 패스 그리고 직접 해결하는 슛까지. 상대의 공격 전진 시 재치 넘치는 커팅 능력도 종종 보여주었다. 지난 시즌 팀을 우승으로 이끌었고, 세리에A 최고의 미드필더 상을 받았다. 튀르키예 국가 대표팀 주장으로서 라커룸에서의 리더십도 훌륭하다. 시장 가치는 4500만 유로, 추정 연봉은 1111만 유로.

슈팅-득점	2023-24시즌 인테르 밀란				위치
16-12 / 46-1	32-0	2576	3	67.6-62.2	92%	CM DM
● 62-13 LG-1	DR 0.5-0.2	TK 2.7-2.1	IC 0.8	🟨 5-0	⭐ 6	
● 12-0 RG-12						
● 10-10 HG-0						

G	A	SH	SG	PC	P%	LC	L%	SC	BT	DC	TK	IC	BR
상위	상위	상위	상위	상위	상위	상위	상위	하위	상위	하위	상위	상위	상위
1%	47%	10%	26%	6%	18%	1%	28%	11%	5%	8%	37%	46%	43%

Declan RICE
평점 7.38
데클런 라이스 1999.01.14 / 188cm

여름 이적 시장에서 가장 비싼 이적료를 기록했던 미드필더. 기대를 충족시켰다. 마치 과거부터 아스널의 선수였던 것처럼 빨리 팀에 녹아들었다. 아르테타 전술에서 핵심 역할을 담당했다. 거친 몸싸움은 기본으로 중원에서 알맞은 볼 배급으로 팀 흐름을 살렸다. 결승골도 넣으며 팀 스피릿 상승에도 영향을 미쳤다. 잉글랜드 국가 대표팀의 주장단으로 선임되었다. 시장 가치는 1억 2000만 유로, 추정 연봉은 1477만 유로.

슈팅-득점	2023-24시즌 아스널				위치
25-5 / 33-2	37-1	3232	8	58.4-53.1	91%	CM DM CB
● 58-7 LG-0	DR 1.3-0.7	TK 2.9-2.3	IC 1.1	🟨 5-0	⭐ 5	
● 2-0 RG-5						
● 0-0 HG-2						

G	A	SH	SG	PC	P%	LC	L%	SC	BT	DC	TK	IC	BR
상위	상위	상위	상위	상위	상위	상위	상위	상위	상위	상위	상위	상위	하위
19%	14%	29%	25%	15%	34%	43%	6%	41%	35%	6%	41%	27%	29%

Exequiel PALACIOS
평점 7.37
에세키엘 팔라시오스 1998.10.05 / 177cm

무릎과 햄스트링 부상 그리고 레드 카드 징계로 24경기만 출전했다. 하지만 그것만으로도 충분했다. 팀의 중원에 에너지를 불어넣었고 상대 미드필더의 전진은 과감히 막아냈다. 중원에서 활동 범위가 넓고 리커버리에 도움을 준다. 명문 리버플레이트 출신으로 2020년 레버쿠젠에 합류했다. 2022년 카타르 월드컵 우승 멤버. 아디다스의 광고 모델로도 활약한다. 시장 가치는 4500만 유로, 추정 연봉은 500만 유로.

슈팅-득점	2023-24시즌 바이에르 레버쿠젠				위치
9-4 / 12-0	21-3	1841	5	83.5-76.8	92%	CM
● 21-4 LG-1	DR 1.1-1.0	TK 3.6-2.5	IC 1.2	🟨 6-0	⭐ 1	
● 0-0 RG-3						
● 2-2 HG-0						

G	A	SH	SG	PC	P%	LC	L%	SC	BT	DC	TK	IC	BR
상위	상위	상위	하위	상위	상위	상위	상위	상위	상위	상위	상위	상위	상위
20%	16%	48%	36%	1%	5%	37%	8%	28%	1%	22%	5%	18%	2%

Bruno GUIMARÃES
평점 7.32
브루누 기마랑이스 1997.11.16 / 182cm

불과 몇 시즌 만에 프리미어리그 정상급 미드필더로 올라섰다. 공수의 연결 고리 역할을 잘한다. 직접 골망을 흔들거나 최후방 수비까지도 책임진다. 에너자이저와 같은 활동량으로 중원 전체를 커버한다. 때론 거친 플레이로 상대팀에 원성을 사기도 하지만 같은 팀에게는 이처럼 든든할 수가 없다. 2022년 뉴캐슬과 계약을 맺었다. 2020년 도쿄 올림픽 금메달 위너. 시장 가치는 8500만 유로, 추정 연봉은 984만 유로.

슈팅-득점	2023-24시즌 뉴캐슬 Utd.				위치
26-6 / 22-1	37-0	3269	8	61.3-52.1	85%	CM DM
● 48-7 LG-1	DR 3.6-1.9	TK 3.4-2.4	IC 0.9	🟨 9-0	⭐ 5	
● 0-0 RG-5						
● 0-0 HG-1						

G	A	SH	SG	PC	P%	LC	L%	SC	BT	DC	TK	IC	BR
상위	상위	상위	상위	상위	상위	상위	상위	상위	상위	상위	상위	상위	상위
17%	10%	40%	23%	24%	45%	15%	48%	20%	3%	27%	45%	16%	

유럽 5대리그 미드필더 항목별 랭킹 (90분 기준 기록, 100분율)

평점 7.25 — Téji SAVANIER (테지 사바니에)
1991.12.22 / 172cm

몽펠리에의 캡틴. 날카로운 전진 패스와 로빙 패스로 상대의 뒷 공간을 허문다. 특히 아웃 사이드 패스가 일품. 지난 시즌에는 팀의 PK 전담 키커로서 6골이나 성공시켰다. 총 82골의 슈팅 중 박스 밖에서 시도한 슛은 57개. 킥력이 정확하고 세기가 강하다. 알제리계 프랑스 국적으로 몽펠리에의 유스 출신이다. 2018년 님 올림피크 소속으로 리그앙 도움왕을 차지했었다. 시장 가치는 900만 유로, 추정 연봉은 132만 유로.

슈팅-득점 / 2023-24시즌 몽펠리에 / 위치
25-8 / 57-1 / 32-0, 2777, 6, 50.7-38.5, 76% / CM, AM, DM
82-9 LG-0
21-0 RG-9
7-7 HG-0
DR 3.4-1.7 TK 2.7-1.2 IC 1.0 🟨8-1 ⭐5

G	A	SH	SG	PC	P%	LC	L%	SC	BT	DC	TK	IC	BR
상위 2%	상위 14%	상위 1%	상위 5%	상위 43%	하위	상위 16%	상위 1%	상위 19%	상위 4%	상위 6%	상위	상위 37%	상위 28%

평점 7.23 — VITINHA (비티냐)
2000.02.13 / 172cm

2023-24시즌 리그앙 최고의 미드필더 중 하나. 이적한 첫 시즌부터 팀의 중심축으로 자리 잡았다. 넘치는 활동량과 넓은 커버 범위 그리고 부드러운 볼 터치가 제법이다. 공수의 연결 고리 역할을 잘하고 상황에 따라선 직접 중거리 슛으로 마무리 짓는다. 자국 명문 포르투에서 프로에 데뷔했다. EPL 울버햄튼에서는 아쉬웠지만, 포르투로 돌아온 이후 기량이 만개했다. 시장 가치는 5000만 유로, 추정 연봉은 545만 유로.

슈팅-득점 / 2023-24시즌 PSG / 위치
18-3 / 27-4 / 23-5, 2130, 4, 64.3-58.5, 91% / CM, DM, LM
45-7 LG-0
1-0 RG-7
0-0 HG-0
DR 1.9-1.1 TK 2.5-1.4 IC 0.8 🟨0-0 ⭐1

G	A	SH	SG	PC	P%	LC	L%	SC	BT	DC	TK	IC	BR
상위 3%	상위 23%	상위 7%	상위 4%	상위 6%	상위 4%	상위 10%	상위 4%	상위 6%	상위 12%	상위 26%	상위	하위 37%	상위 18%

평점 7.22 — Pierre LEES-MELOU (피에르 레스멜루)
1993.05.25 / 185cm

브레스트의 돌풍을 주도한 인물. 팀의 첫 유럽 챔피언스리그 진출을 이끌었다. 중원의 지휘자로서 공수 조율과 헌신적인 플레이가 돋보인다. 지난 시즌 성공한 롱패스는 총 191개이며 성공률도 70%에 육박한다. 정교한 오른발 킥은 트레이드마크다. 프랑스 국가 대표팀 데샹에게 러브콜을 받았지만, 거절 의사를 표하며 화제가 되기도 했다. 리그 올해의 팀에 선정되었다. 시장 가치는 1000만 유로, 추정 연봉은 218만 유로.

슈팅-득점 / 2023-24시즌 브레스트 / 위치
17-2 / 35-2 / 29-0, 2521, 0, 56.6-48.7, 87% / DM, CM
52-4 LG-1
0-0 RG-3
0-0 HG-0
DR 1.5-1.0 TK 6.1-3.3 IC 1.5 🟨10-1 ⭐4

G	A	SH	SG	PC	P%	LC	L%	SC	BT	DC	TK	IC	BR
상위 21%	하위 9%	상위 10%	상위 22%	상위 27%	상위 37%	상위 4%	상위 14%	상위 29%	상위 18%	상위 21%	상위 4%	상위 10%	상위 1%

평점 7.19 — Joshua KIMMICH (요슈아 키미히)
1995.02.08 / 177cm

시즌 중반부터 라이트 백으로 돌아왔다. 마침 잔여 선수들이 부상이었고 수비형 미드필드 역할에서 한계점을 보였다. 3개의 도움을 기록했다. 이런 활약으로 독일 대표팀에서도 오른쪽 수비수로 출전하고 있다. 지난 시즌 91%의 패스 성공률을 기록했고 먼 거리에서 시도하는 크로스는 타의 추종을 불허한다. 2015년부터 바이에른에서 뛰며 390경기를 넘어섰다. 시장 가치는 5000만 유로, 추정 연봉은 1950만 유로.

슈팅-득점 / 2023-24시즌 바이에른 뮌헨 / 위치
4-0 / 21-1 / 27-1, 2186, 3, 71.2-64.8, 91% / DM, CM, RB, RM
25-1 LG-0
3-0 RG-1
0-0 HG-0
DR 0.9-0.4 TK 2.1-1.6 IC 0.5 🟨1-1 ⭐2

G	A	SH	SG	PC	P%	LC	L%	SC	BT	DC	TK	IC	BR
하위 43%	상위 8%	상위 42%	상위 45%	상위 3%	상위 31%	상위 3%	상위 43%	상위 5%	상위 2%	상위 24%	상위 44%	하위 27%	하위 40%

평점 7.17 — Manuel UGARTE (마누엘 우가르테)
2001.04.11 / 182cm

이적료 6000만 유로의 사나이. 지난해 스포르팅을 떠나 파리로 합류했다. 허술해진 중원을 책임질 것으로 평가받았으나 중반부터 아쉬운 경기력을 보였다. 거친 몸싸움도 마다하지 않는 하드워커. 뛰어난 수비 기술과 왕성한 활동량 그리고 고난도의 태클을 구사한다. 지난 시즌 57개의 태클 시도와 40번의 가로채기에 성공했다. 2021년 우루과이 대표팀에 차출되었다. 시장 가치는 4500만 유로, 추정 연봉은 618만 유로.

슈팅-득점 / 2023-24시즌 PSG / 위치
2-0 / 8-0 / 21-4, 1935, 2, 52.7-48.5, 92% / CM, DM
10-0 LG-0
0-0 RG-0
0-0 HG-0
DR 1.6-0.8 TK 5.8-3.9 IC 1.6 🟨5-0 ⭐0

G	A	SH	SG	PC	P%	LC	L%	SC	BT	DC	TK	IC	BR
하위 11%	하위 47%	하위 13%	하위 2%	상위 17%	상위 5%	상위 19%	상위 3%	상위 18%	상위 33%	상위 1%	상위 4%	상위 1%	상위 1%

평점 7.17 — Pascal GROSS (파스칼 그로스)
1991.06.15 / 181cm

호펜하임의 유스 출신. 독일 연령별 대표팀에 꾸준히 포함된 엘리트. 대표팀과 인연은 없었으나 지난 시즌부터 부름을 받았다. EPL의 대표적인 멀티 플레이어. 미드필드와 풀백 그리고 측면에서도 전술적인 역할을 담당한다. 리그에서 10개의 도움을 기록하며 자신의 전성기가 왔음을 알렸다. 경기 조율 능력이 뛰어나고 90%가 넘는 패스 성공률을 자랑한다. 시장 가치는 800만 유로, 추정 연봉은 400만 유로.

슈팅-득점 / 2023-24시즌 브라이튼 / 위치
25-3 / 30-1 / 34-2, 3114, 10, 81.6-73.4, 90% / DM, CM, LB, RB, AM, CF
55-4 LG-1
4-0 RG-3
1-1 HG-0
DR 0.8-0.4 TK 3.2-1.9 IC 0.6 🟨7-0 ⭐6

G	A	SH	SG	PC	P%	LC	L%	SC	BT	DC	TK	IC	BR
상위 32%	상위 4%	상위 25%	상위 8%	상위 2%	상위 29%	상위	상위 21%	상위 2%	상위 4%	상위 28%	상위 44%	하위 11%	하위 6%

○ 유럽 5대리그 미드필더 항목별 랭킹(90분 기준 기록, 100분율)

Granit XHAKA
평점 7.15
그라니트 자카　　1992.09.27 / 186cm

리그 32경기에서 선발 출장했다. 알론소 감독 전술에 있어 본체와도 같은 존재. 왕성한 활동량과 끊임없이 동료와 연계하는 패스가 좋다. 특히 자신의 강점인 왼발 캐논 슛은 분데스리가에서도 빛을 보고 있다. 지난 시즌 45개의 슈팅 중 그 박스 밖에서 시도하는 슛이 41개. 중거리 슛에 대한 자부심이 대단하다. 스위스 국가 대표팀 역사상 최다 출전 기록 보유자. 시장 가치는 2000만 유로, 추정 연봉은 415만 유로.

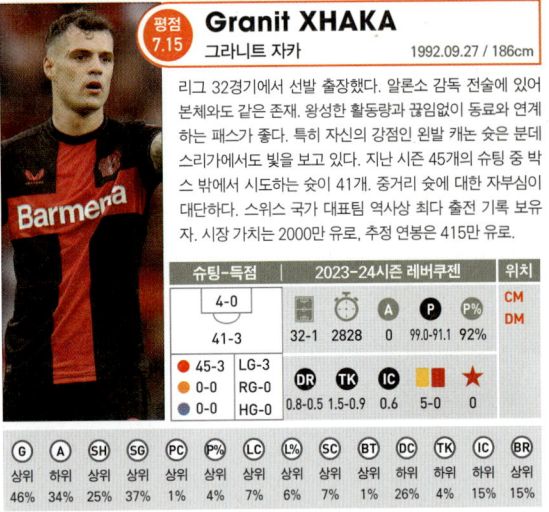

슈팅-득점	2023-24시즌 레버쿠젠					위치
4-0 / 41-3	32-1 / 2828	A: 0	P: 99.0-91.1	P%: 92%		CM AM DM
● 45-3 LG-3	DR	TK	IC		★	
● 0-0 RG-0	0.8-0.5	1.5-0.9	0.6	5-0	0	
● 0-0 HG-0						

G	A	SH	SG	PC	P%	LC	L%	SC	BT	DC	TK	IC	BR
상위	하위	상위	상위	상위	하위	상위	상위	하위	상위	하위	하위	상위	상위
46%	34%	25%	37%	1%	4%	7%	6%	7%	1%	26%	4%	15%	15%

Ilkay GÜNDOGAN
평점 7.14
일카이 귄도안　　1990.10.24 / 180cm

바르셀로나의 데뷔골은 엘 클라시코에서 터졌다. 당시 팀은 패했고 결과적으로 우승에도 실패했다. 하지만 선수 본인의 폼은 좋았다. 33경기에 선발 출전했고 9개의 어시스트를 기록했다. 공수에서 적재적소의 움직임으로 가장 활발히 뛰어다녔다. 간결한 볼 터치와 탈압박 그리고 동료들과 삼각 편대의 패스 존을 꾸준히 지켰다. 튀르키예계의 독일 이민자 출신. 시장 가치는 1600만 유로, 추정 연봉은 1875만 유로.

슈팅-득점	2023-24시즌 FC 바르셀로나					위치
26-5 / 17-0	33-3 / 2998	A: 9	P: 64.5-58.7	P%: 91%		CM AM DM LW
● 43-5 LG-2	DR	TK	IC		★	
● 5-0 RG-3	1.7-0.9	1.6-0.9	0.6	5-0	2	
● 2-1 HG-0						

G	A	SH	SG	PC	P%	LC	L%	SC	BT	DC	TK	IC	BR
상위	상위	상위	상위	상위	상위	상위	상위	상위	상위	상위	상위	상위	하위
31%	2%	33%	24%	9%	28%	14%	41%	3%	22%	1%	22%	39%	

Federico VALVERDE
평점 7.13
페데리코 발베르데　　1998.07.22 / 182cm

2023년 11월 레알 마드리드와의 재계약에 성공했다. 팀 내에서 비중이 더욱 높아졌다. 지난 시즌은 37경기에 출전하며 주전으로서의 입지를 두텁게 쌓았다. 거리에 제한되지 않는 패스 능력, 넓은 범위의 커버 능력과 활동량. 그리고 트레이드 마크인 강력한 중거리 슛까지. 현시점 육각형 미드필더에 가장 가까운 미드필더. 레알 마드리드 카스티야 출신이다. 시장 가치는 1억 유로, 추정 연봉은 1667만 유로.

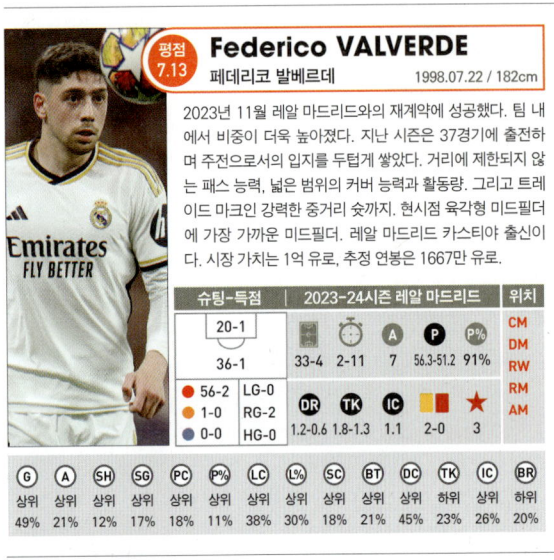

슈팅-득점	2023-24시즌 레알 마드리드					위치
20-1 / 36-1	33-4	A: 2-11	P: 56.3-51.2	P%: 91%		CM DM RW RM AM
● 56-2 LG-2	DR	TK	IC		★	
● 1-0 RG-0	1.2-0.6	1.8-1.3	1.1	2-0	3	
● 0-0 HG-0						

G	A	SH	SG	PC	P%	LC	L%	SC	BT	DC	TK	IC	BR
상위	상위	상위	상위	상위	상위	상위	상위	상위	상위	상위	상위	상위	하위
49%	21%	12%	17%	9%	11%	38%	30%	18%	21%	45%	23%	20%	

Kevin STÖGER
평점 7.13
케빈 스퇴거　　1993.08.27 / 175cm

리그에서 16개의 공격 포인트를 기록하며 고군분투했지만, 팀의 강등을 막지 못했다. 탈압박 후 시도하는 공간 패스는 리그 상위권에 속한다. 팀의 페널티 킥 전담 키커로서 127번의 기회 창출과 96번의 로빙 패스를 성공시켰다. 볼을 잡기 전 주위를 둘러보는 습관이 좋다. 무게 중심이 낮아 반칙 유도에도 제법이다. 오스트리아 연령별 대표팀에서 늘 뽑던 엘리트. 시장 가치는 500만 유로, 추정 연봉은 72만 유로.

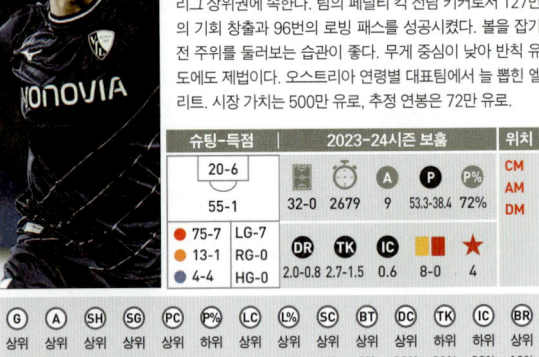

슈팅-득점	2023-24시즌 보훔					위치
20-6 / 55-0	32-0 / 2679	A: 9	P: 53.3-38.4	P%: 72%		CM AM DM
● 75-7 LG-7	DR	TK	IC		★	
● 13-1 RG-0	2.0-0.8	2.7-1.5	0.6	8-0	4	
● 4-4 HG-0						

G	A	SH	SG	PC	P%	LC	L%	SC	BT	DC	TK	IC	BR
상위	상위	상위	상위	상위	상위	상위	상위	상위	상위	상위	상위	상위	상위
5%	2%	20%	35%	6%	20%	11%	8%	33%	30%	6%	22%	10%	

Mikel MERINO
평점 7.12
미켈 메리노　　1996.06.22 / 189cm

소시에다드 중원의 언터처블. 여섯 시즌째 맹활약 중이다. 이제 뉴캐슬과 도르트문트에서 아쉬웠던 시간은 생각나지 않는다. 상대 수비 라인을 붕괴시키는 킬 패스로 기회를 만든다. 빠른 전진으로 빌드업의 속도까지 조절하는 편. 왼발로 파 포스트 쪽 방향을 잡고 시도하는 감아차기도 좋다. 아버지는 오사수나에서 선수, 유소년 팀 감독도 역임했던 앙헬 메리노. 시장 가치는 5000만 유로, 추정 연봉은 320만 유로.

슈팅-득점	2023-24시즌 레알 소시에다드					위치
22-5 / 8-0	27-5 / 2485	A: 3	P: 42.9-33.5	P%: 78%		CM DM
● 30-5 LG-2	DR	TK	IC		★	
● 0-0 RG-1	1.3-0.8	3.2-2.4	0.5	10-0	6	
● 0-0 HG-2						

G	A	SH	SG	PC	P%	LC	L%	SC	BT	DC	TK	IC	BR
상위	상위	상위	상위	하위	하위	하위	하위	상위	상위	상위	상위	하위	상위
8%	35%	36%	27%	47%	18%	42%	41%	44%	39%	23%	27%	16%	7%

Frenkie DE JONG
평점 7.12
프렝키 더용　　1997.05.12 / 181cm

지난 시즌 발목 부상만 3차례. 장기 부상도 2차례나 된다. 20경기밖에 소화하지 못했다. 그래도 바르셀로나 중원의 핵이었다. 93%의 패스 성공률과 순간의 판단으로 상대의 압박에서 벗어난다. 주장단에 합류한 이후 팀 내에서 목소리를 높이는 경우도 많아졌다. 아약스를 거쳐 2019년 바르셀로나와 계약을 맺었다. 등번호 21번은 할아버지의 생신 날짜로 알려졌다. 시장 가치는 7000만 유로, 추정 연봉은 3750만 유로.

슈팅-득점	2023-24시즌 FC 바르셀로나					위치
4-2 / 3-0	20-0 / 1644	A: 0	P: 81.9-76.2	P%: 93%		CM DM CB
● 7-2 LG-0	DR	TK	IC		★	
● 0-0 RG-2	1.2-0.7	2.7-2.2	0.7	7-0	1	
● 0-0 HG-0						

G	A	SH	SG	PC	P%	LC	L%	SC	BT	DC	TK	IC	BR
상위	하위	상위	상위	상위	하위	상위	상위	상위	상위	상위	상위	하위	상위
41%	9%	2%	27%	2%	1%	26%	7%	28%	3%	42%	31%	34%	42%

유럽 5대리그 미드필더 항목별 랭킹(90분 기준 기록, 100분율)

Conor GALLAGHER
평점 7.11
코너 갤러거   2000.02.06 / 182cm

첼시 중원의 대들보. 말도 많고 탈도 많았던 선수단에서 가장 성실했던 선수. 지난 시즌 팀 내에서 가장 많은 시간을 보장받았다. 6번과 8번 역할을 모두 소화하며 팀 사정에 따라 측면 공격수도 가능하다. 동료와 원투 패스를 시도하는 순간 수비 압박을 벗어난다. 지난 시즌엔 53번의 기회 창출을 기록했다. 첼시의 로컬 보이. 첼시 소속으로 3번의 임대를 다녀왔다. 시장 가치는 5000만 유로, 추정 연봉은 307만 유로.

슈팅-득점		2023-24시즌 첼시				위치
21-3			A	P	P%	DM
27-2		37-0 3137	7	51.8-47.7	92%	AM CM
● 48-5	LG-1	DR	TK	IC	★	LW
● 0-0	RG-4					LM
● 0-0	HG-0	1.8-1.0	3.5-2.3	1.2	7-1 1	

G	A	SH	SG	PC	P%	LC	L%	SC	BT	DC	TK	IC	BR
상위	상위	상위	상위	상위	상위	상위	하위	상위	상위	상위	상위	상위	상위
21%	13%	28%	19%	24%	13%	36%	41%	25%	25%	21%	25%	28%	29%

Adrien RABIOT
평점 7.11
아드리앙 라비오   1995.04.03 / 188cm

볼 컨트롤이 좋고 무브먼트가 유연하다. 최전방으로 연결하는 전진 패스와 직접 볼을 몰고 전진하는 모습까지. 시즌이 흐르며 적극성까지 더해지고 있다. 장신에서 나오는 제공권은 공수의 세트피스 상황에서 도움이 된다. 지난 시즌 3.5의 xG 값을 넘어 5골을 넣었다. 데샹 감독과의 불화를 이겨내고 월드컵, 유로 무대에 참가했다. 2월 팀에서 200경기 출장을 축하했다. 시장 가치는 3500만 유로, 추정 연봉은 897만 유로.

슈팅-득점		2023-24시즌 유벤투스				위치
24-5			A	P	P%	CM
14-0		30-1 2651	3	37.0-31.1	84%	DM
● 38-5	LG-3	DR	TK	IC	★	
● 0-0	RG-0					
● 0-0	HG-2	1.7-0.9	2.4-1.9	0.8	8-0	4	

G	A	SH	SG	PC	P%	LC	L%	SC	BT	DC	TK	IC	BR
상위	상위	상위	상위	하위	하위	상위	상위	상위	상위	상위	상위	상위	하위
14%	42%	35%	14%	30%	7%	15%	39%	44%	28%	25%	49%	42%	28%

Toni KROOS
평점 7.11
토니 크로스   1990.01.04 / 183cm

독일 선수 역사상 개인 통산 우승을 가장 많이 한 선수. 총 34번의 우승을 했고 챔피언스리그 6번과 월드컵 우승까지 경험했다. 경기를 읽는 시야, 최후방을 보조하는 임무 그리고 2선에서 한 번에 시도하는 킬 패스. 활동량은 많이 줄어들었지만 여유로운 경기 운영이 이를 커버한다. 2024년을 끝으로 은퇴를 선언했다. 마지막으로 리그, 챔피언스리그 우승으로 마무리했다. 시장 가치는 1500만 유로, 추정 연봉은 2438만 유로.

슈팅-득점		2023-24시즌 레알 마드리드				위치
4-0			A	P	P%	CM
31-1		24-9 2130	3	71.6-68.0	95%	DM
● 35-1	LG-0	DR	TK	IC	★	
● 10-0	RG-1					
● 0-0	HG-0	0.2-0.2	2.7-1.6	0.5	3-0	2	

G	A	SH	SG	PC	P%	LC	L%	SC	BT	DC	TK	IC	BR
하위	상위	상위	상위	상위	상위	상위	상위	상위	상위	하위	하위	상위	상위
26%	2%	37%	14%	1%	3%	4%	10%	5%	37%	46%	36%		

Yangel HERRERA
평점 7.11
양헬 에레라   1998.01.07 / 184cm

맨체스터 시티 소속으로 내내 임대를 다녔다. 2022년 지로나에 입단한 후 잠재력이 터졌다. 지로나의 고공 행진의 주역. 강한 체력을 바탕으로 끊임없이 전방 압박을 가한다. 여러 태클을 구사하며 수비 스킬이 좋아 볼 줄기를 끊어내는데 제격이다. 하지만 거친 몸싸움으로 경고가 많은 편. 2019년부터 7장의 퇴장을 받았다. FIFA U-20 월드컵에 참가했었다. 시장 가치는 2500만 유로, 추정 연봉은 110만 유로.

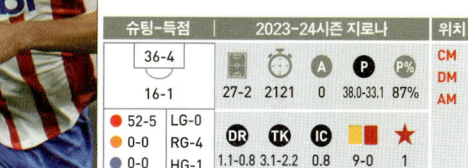

슈팅-득점		2023-24시즌 지로나				위치
36-4			A	P	P%	CM
16-1		27-2 2121	0	38.0-33.1	87%	DM
● 52-5	LG-0	DR	TK	IC	★	AM
● 0-0	RG-4					
● 0-0	HG-1	1.1-0.8	3.1-2.2	0.8	9-0	1	

G	A	SH	SG	PC	P%	LC	L%	SC	BT	DC	TK	IC	BR
상위	상위	상위	상위	상위	상위	상위	상위	상위	상위	상위	상위	상위	하위
7%	9%	3%	47%	34%	5%	35%	37%	42%	27%	15%	40%	37%	

Leon GORETZKA
평점 7.09
레온 고레츠카   1995.02.06 / 189cm

발목 힘이 엄청나다. 빨랫줄 같은 슈팅을 구사하고 단단한 피지컬로 상대 압박을 견뎌낸다. 최후방 수비수를 보조하며 순식간에 볼을 전진 패스를 시도한다. 중원에서 여러 포지션을 소화한다. 6번과 8번 역할을 수행하며 때로는 센터백으로도 출전한다. 지난 시즌에는 전체적인 폼이 내려왔다. 이로 인해 유로 2024 최종 스쿼드에도 탈락했다. 보훔 유스 출신. 시장 가치는 3000만 유로, 추정 연봉은 1800만 유로.

슈팅-득점		2023-24시즌 바이에른 뮌헨				위치
30-5			A	P	P%	CM
26-1		25-5 2243	7	58.0-51.7	89%	DM CB
● 56-6	LG-2	DR	TK	IC	★	RM
● 0-0	RG-3					
● 0-0	HG-1	0.8-0.5	2.4-1.4	1.0	3-0	3	

G	A	SH	SG	PC	P%	LC	L%	SC	BT	DC	TK	IC	BR
상위	상위	상위	상위	상위	상위	상위	상위	하위	상위	상위	하위	상위	상위
12%	8%	8%	30%	10%	10%	20%	32%	11%	36%	4%	12%	20%	

Youssouf FOFANA
평점 7.09
유수프 포파나   1999.01.10 / 185cm

리그앙 최고의 박스 투 박스 미드필더. 프랑스 연령별 대표팀에서 꾸준히 뛰었다. 성인 국가 대표팀에서의 데뷔는 UEFA 네이션스 리그였다. 엄청난 활동량을 자랑한다. 150번의 볼 경합에서 성공할 정도로 태클이 좋다. 탄력이 좋아 상대의 롱 볼 패스에서 높은 제공권으로 볼을 탈취한다. 하지만 패스의 세밀함이나 정확도는 낮은 편. 말리와 프랑스의 이중 국적자. 시장 가치는 3000만 유로, 추정 연봉은 28만 유로.

슈팅-득점		2023-24시즌 AS 모나코				위치
26-3			A	P	P%	CM
26-1		31-1 2703	4	54.9-45.0	82%	DM
● 52-4	LG-1	DR	TK	IC	★	
● 0-0	RG-2					
● 0-0	HG-1	2.1-1.2	3.0-1.9	1.2	3-0	3	

G	A	SH	SG	PC	P%	LC	L%	SC	BT	DC	TK	IC	BR
상위	상위	상위	상위	상위	하위	상위	상위	상위	상위	상위	상위	상위	상위
25%	29%	14%	27%	31%	40%	45%	37%	26%	25%	11%	48%	29%	4%

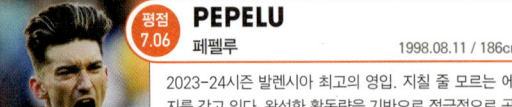

PEPELU
평점 7.06
페펠루
1998.08.11 / 186cm

2023-24시즌 발렌시아 최고의 영입. 지칠 줄 모르는 에너지를 갖고 있다. 왕성한 활동량을 기반으로 적극적으로 공수에 관여한다. 몸을 아끼지 않는 볼 클리어링, 간결한 볼 터치 그리고 넓은 시야를 자랑한다. 리그 37경기 모두 선발 출전했으며 팀을 위한 헌신도 역시 높다. 레반테에서 프로 데뷔했다. 스페인 U-15, U-21 대표팀까지. 꾸준한 부름을 받았다. 시장 가치는 2200만 유로, 추정 연봉은 130만 유로.

슈팅-득점		2023-24시즌 발렌시아				위치
8-7		37-0	3305	1	53.5-43.9 82%	CM
27-0						DM
35-7	LG-0	DR	TK	IC		★
12-0	RG-7	0.7-0.3	3.0-2.1	1.3	4-0	5
8-7	HG-0					

G	A	SH	SG	PC	P%	LC	L%	SC	BT	DC	TK	IC	BR
상위	하위	하위	하위	상위	상위	상위	하위	상위	하위	상위	하위	상위	상위
10%	19%	27%	19%	37%	26%	12%	31%	21%	33%	17%	43%	19%	20%

Anton STACH
평점 7.05
안톤 슈타흐
1998.11.15 / 194cm

194cm의 88kg의 피지컬 소유자. 공중전에서의 강점을 보인다. 최후방 수비진을 보좌하고 빌드업의 시작점이 된다. 공격적인 역량도 지니고 있어 박스 내에서의 슈팅도 13번이나 기록했다. 주력도 좋은 편이다. 측면에서 파고드는 상대 선수를 향해 거친 태클도 마다하지 않는다. 독일 21세 이하의 대표팀 출신. 아버지 마티아스 슈타흐는 축구 해설자로 활동했다. 시장 가치는 1500만 유로, 추정 연봉은 150만 유로.

슈팅-득점		2023-24시즌 마인츠 05+호펜하임				위치
13-1		28-5	2497	3	39.9-32.3 81%	CM
27-1						AM
40-2	LG-0	DR	TK	IC		★	DM
1-0	RG-2	1.7-0.8	3.4-2.4	2.2	4-0	2
0-0	HG-0					

G	A	SH	SG	PC	P%	LC	L%	SC	BT	DC	TK	IC	BR
상위	상위	상위	상위	상위	상위	상위	하위	상위	상위	상위	상위	상위	하위
46%	39%	23%	42%	48%	25%	46%	12%	47%	36%	22%	14%	1%	2%

Alexis MAC ALLISTER
평점 7.05
알렉시스 매칼리스터
1998.12.24 / 176cm

아르헨티나 대표팀 핵심 미드필더. 2023년 여름 4200만 유로에 리버풀로 입단했다. 앤필드의 데뷔전에서 퇴장을 받았다. 초반에 주춤했지만 생각보다 빨리 팀에 적응했다. 볼 잘 다루며 뛰어난 축구 센스로 공격을 지원한다. 발등에 깊숙하게 얹힌 슈팅은 골키퍼가 막기 힘든 위치로 간다. 하지만 상대의 강한 프레싱 전술에 고전하는 모습을 종종 보인다. 시장 가치는 7500만 유로, 추정 연봉은 1107만 유로.

슈팅-득점		2023-24시즌 리버풀				위치
11-3		31-2	2612	5	58.4-51.4 88%	CM
33-2						LM
44-5	LG-0	DR	TK	IC		★
2-0	RG-4	1.0-0.5	5.0-3.1	1.1	7-1	2
1-1	HG-1					

G	A	SH	SG	PC	P%	LC	L%	SC	BT	DC	TK	IC	BR
상위	상위	상위	하위	상위	상위	하위	상위	상위	하위	상위	상위	상위	상위
13%	11%	25%	38%	6%	12%	48%	14%	9%	47%	20%	25%	16%	

Aleix GARCÍA
평점 7.04
알렉스 가르시아
1997.06.28 / 173cm

지로나의 주장 출신. 돌풍을 이끈 중원의 지휘관. 리그 최상위급의 패싱력을 자랑한다. 거리에 구애받지 않고 패스를 시도한다. 특히 71%가 넘는 롱 패스 성공률은 팀 전술에 큰 도움을 준다. 좁은 공간에서 당황하지 않고 상대의 압박을 벗어난다. 팀의 세트 피스 상황에선 전담 키커로 나선다. 2022년 지로나에 온 이후 구단 역사상 첫 챔피언스리그 진출을 이끌었다. 시장 가치는 2500만 유로, 추정 연봉은 120만 유로.

슈팅-득점		2023-24시즌 지로나				위치
6-2		36-1	3201	6	73.3-67.4 92%	CM
33-1						DM
39-3	LG-0	DR	TK	IC		★
8-0	RG-3	0.6-0.4	2.1-1.4	1.0	4-1	5
0-0	HG-0					

G	A	SH	SG	PC	P%	LC	L%	SC	BT	DC	TK	IC	BR
상위	상위	상위	상위	상위	상위	상위	상위	상위	하위	상위	하위	상위	상위
43%	19%	50%	44%	5%	10%	46%	13%	50%	28%	13%	41%	3%	47%

Benjamin ANDRÉ
평점 7.04
벤자맹 앙드레
1990.08.03 / 180cm

아작시오에서 데뷔한 이래 단 한 번도 리그앙 외의 다른 리그에서 뛴 적이 없다. 2019년 700만 유로에 릴로 이적했다. 팀의 주장으로서 리더십이 뛰어나다. 일대일 수비가 뛰어나고 탄탄한 체격을 가지고 있어 상대의 압박에 잘 버텨낸다. 2선과 3선을 오가며 볼 배급을 담당한다. 특히 측면으로 열어주는 롱 패스가 일품이다. 프랑스 U-21 대표팀 출신. 시장 가치는 800만 유로, 추정 연봉은 156만 유로.

슈팅-득점		2023-24시즌 릴 OSC				위치
12-4		29-1	2575	0	63.3-53.2 84%	DM
11-0						CM
23-4	LG-0	DR	TK	IC		★	RB
0-0	RG-0	0.8-0.5	4.2-3.0	1.2	9-0	4	LB
0-0	HG-4					

G	A	SH	SG	PC	P%	LC	L%	SC	BT	DC	TK	IC	BR
상위	상위	상위	상위	상위	상위	하위	상위	상위	하위	상위	상위	상위	상위
12%	9%	33%	49%	17%	13%	29%	48%	23%	하위 21%	7%	상위 29%	14%	

Ross BARKLEY
평점 7.03
로스 바클리
1993.12.05 / 189cm

승격팀 루턴 타운과 찰떡궁합이었다. EPL에서 경험을 쌓은 베테랑 미드필더가 필요했고 선수 역시 많은 출장 시간을 원했다. 지난 시즌 9개의 공격 포인트를 쌓았다. 4.16의 xG 값을 넘어 5골을 기록했다. 볼을 다루는 능력이 뛰어나다. 직접 상대를 제치고, 전진이 가능하다. 양발을 잘 쓰며 적극적으로 슈팅을 시도한다. 태클 시도가 낮은 건 아쉬운 편. 시장 가치는 800만 유로, 추정 연봉은 184만 유로.

슈팅-득점		2023-24시즌 루턴 타운				위치
22-5		30-2	2622	4	43.8-37.2 85%	CM
44-0						LM
66-5	LG-2	DR	TK	IC		★	RM
6-0	RG-2	3.4-2.2	2.6-1.5	0.8	6-0	1
0-0	HG-1					

G	A	SH	SG	PC	P%	LC	L%	SC	BT	DC	TK	IC	BR
상위	상위	상위	상위	상위	상위	상위	상위	상위	상위	상위	하위	상위	상위
13%	27%	3%	6%	45%	47%	6%	41%	16%	44%	1%	27%	43%	12%

유럽 5대리그 미드필더 항목별 랭킹(90분 기준 기록, 100분율)

Amadou HAIDARA
평점 7.03
아마두 하이다라 1998.01.31 / 175cm

아프리카 네이션스 컵과 무릎, 종아리 부상으로 21경기만 출전했다. 그럼에도 불구하고 90분당 태클 시도와 클리어링은 팀 내 3번째로 많았다. 볼 관리 능력이 좋다. 상대 공격을 차단하여 곧바로 전진 패스를 시도한다. 지난 시즌 67%의 태클 성공률을 보여주었다. 깔끔하게 볼만 건드리는 슬라이딩 태클이 제법이다. 지금까지 레드불 산하 구단에서 뛰었다. 시장 가치는 2000만 유로, 추정 연봉은 380만 유로.

슈팅-득점	2023-24시즌 RB 라이프치히	위치
4-1		CM
17-1	19-2 1537 1 38.8-33.0 85%	DM
●21-1 LG-2	DR TK IC 🟨 ⭐	RB
●0-0 RG-0		
●0-0 HG-0	0.5-0.4 2.9-2.0 1.0 5-0 1	

G	A	SH	SG	PC	P%	LC	L%	SC	BT	DC	TK	IC	BR
상위	하위	상위	상위	상위	하위	상위	상위	상위	상위	상위	상위	상위	상위
35%	36%	38%	16%	47%	38%	4%	18%	44%	48%	1%	24%	33%	48%

João PALHINHA
평점 7.03
조앙 팔리냐 1995.07.09 / 190cm

프리미어리그 2년 차는 성공적이었다. 경기당 2.5개의 태클을 시도했고 1895번의 볼 터치를 가져왔다. 190cm의 장신이지만 유연한 움직임으로 볼 소유권을 이어간다. 제공권이 좋고 상대의 전진을 막기 위해 여러 가지의 태클을 구사한다. 하지만 반칙이 잦다. 지난 시즌 13개의 경고를 받았고 이는 리그 최다 기록이었다. 포르투갈 명문 스포르팅 리스본 출신. 시장 가치는 5500만 유로, 추정 연봉은 492만 유로.

슈팅-득점	2023-24시즌 풀럼	위치
28-3		CM
17-1	31-2 2711 1 41.5-33.2 83%	DM
●45-4 LG-0	DR TK IC 🟨 ⭐	
●1-0 RG-2		
●0-0 HG-0	0.7-0.3 6.1-4.6 1.4 13-0 2	

G	A	SH	SG	PC	P%	LC	L%	SC	BT	DC	TK	IC	BR
상위	하위	상위	상위	하위	상위	상위	상위	상위	상위	하위	상위	하위	상위
26%	22%	21%	22%	41%	46%	49%	48%	2%	49%	22%	1%	10%	24%

Teddy TEUMA
평점 7.02
테디 퇴마 1993.09.30 / 176cm

2023년 랭스에 합류했다. 계약 기간은 2년이었다. 몰타 국가 대표팀의 10번으로서 강력한 왼발 킥과 넘치는 활동량이 인상적이다. 스킨 헤드의 강력한 외모로도 유명하다. 공수의 연결 고리 역할을 잘 수행하며 세트 피스를 전담할 정도로 정교한 킥을 자랑한다. 박스 밖에서 성공시킨 4골 모두 자신의 특기가 잘 녹아들었다. 지난 시즌은 종아리, 발목 부상을 당했다. 시장 가치는 700만 유로, 추정 연봉은 85만 유로.

슈팅-득점	2023-24시즌 스타드 렝스	위치
12-2		CM
32-4	25-3 2125 3 48.1-40.4 84%	AM
●44-6 LG-6	DR TK IC 🟨 ⭐	
●8-1 RG-1		
●1-1 HG-0	1.7-1.0 3.3-1.9 0.7 7-0 4	

G	A	SH	SG	PC	P%	LC	L%	SC	BT	DC	TK	IC	BR
상위	상위	상위	상위	상위	하위	상위	하위	상위	상위	상위	하위	상위	상위
4%	31%	11%	9%	28%	25%	14%	18%	10%	17%	17%	32%	43%	35%

John MCGINN
평점 7.02
존 맥긴 1994.10.18 / 178cm

빌라의 챔피언스리그 진출권 획득에 기여했다. 팀의 주장으로서 90분 내내 활력을 불어넣었다. 중원에서 거친 몸싸움을 피하지 않는다. 저돌적인 움직임과 강력한 슬라이딩 태클은 트레이드 마크. 때로 직접 해결하는 모습도 보여준다. 양발을 잘 쓰고 페널티 박스 밖에서 올려주는 크로스는 정확도가 높다. 할아버지 잭 맥긴은 스코틀랜드 축구 협회의 회장 출신. 시장 가치는 3000만 유로, 추정 연봉은 738만 유로.

슈팅-득점	2023-24시즌 애스턴 빌라	위치
20-4		CM
20-2	35-0 3010 4 32.7-27.1 83%	LM
●40-6 LG-3	DR TK IC 🟨 ⭐	RM
●3-1 RG-3		AM
●0-0 HG-0	2.7-1.5 3.0-1.7 0.6 9-1 3	LW
		RW

G	A	SH	SG	PC	P%	LC	L%	SC	BT	DC	TK	IC	BR
상위	상위	상위	상위	하위	상위	상위	상위	상위	상위	상위	하위	하위	하위
12%	34%	43%	30%	19%	30%	45%	35%	41%	25%	40%	36%	21%	18%

Angelo STILLER
평점 7.02
안젤로 슈틸러 2001.04.04 / 183cm

슈투트가르트의 돌풍을 이끈 미드필더. 마른 체형이지만 몸싸움을 잘한다. 어깨를 잘 쓰고 팔을 이용하여 벨런스 붕괴를 막는다. 상대의 압박에서 벗어나 전방으로 연결하는 패스가 제법. 특히 오프 사이드 트랩을 뚫는 왼발 로빙 패스는 리그에서 상위권에 속한다. 어린 시절부터 뮌헨에서 자랐다. 회네스 감독과는 바이에른의 유스 시절과 호펜하임에서 함께 했다. 시장 가치는 2000만 유로. 추정 연봉은 130만 유로.

슈팅-득점	2023-24시즌 호펜하임+슈투트가르트	위치
5-1		CM
13-0	31-1 2781 9 80.9-73.6 91%	DM
●18-1 LG-1	DR TK IC 🟨 ⭐	CB
●2-0 RG-1		
●0-0 HG-0	0.7-0.5 2.3-1.7 0.9 6-0 0	

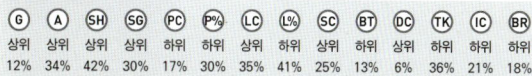

G	A	SH	SG	PC	P%	LC	L%	SC	BT	DC	TK	IC	BR
하위	상위	상위	상위	상위	상위	상위	상위	상위	상위	상위	상위	상위	상위
27%	20%	16%	17%	3%	14%	21%	36%	10%	2%	43%	36%	50%	28%

James WARD-PROWSE
평점 7.02
제임스 워드프라우스 1994.11.01 / 177cm

EPL 최고의 데드볼 스페셜리스트. 리그 32라운드에서 코너 킥을 직접 골로 만들며 화제가 되기도 했다. 경기를 읽는 능력이 뛰어나고 공수의 간격 조절을 잘한다. 전술 이해도가 좋고 활동량이 많아 90분 내내 뛴다. 2023-24시즌 웨스트햄으로 합류했다. 리그에서 3000분을 넘게 뛰었고 14개의 공격 포인트를 기록했다. 페널티 킥 전담 키커로서 2골이나 넣었다. 시장 가치는 3000만 유로, 추정 연봉은 707만 유로.

슈팅-득점	2023-24시즌 웨스트햄 Utd.	위치
15-6		CM
29-1	34-3 3006 7 39.4-35.5 90%	AM
●44-7 LG-1	DR TK IC 🟨 ⭐	DM
●16-0 RG-5		RM
●2-2 HG-1	0.6-0.3 1.9-1.2 1.0 4-0 4	

G	A	SH	SG	PC	P%	LC	L%	SC	BT	DC	TK	IC	BR
상위	상위	상위	상위	상위	상위	상위	상위	상위	상위	하위	하위	상위	하위
17%	4%	47%	24%	40%	45%	27%	17%	48%	14%	8%	38%	11%	11%

Julian BRANDT
평점 7.01 율리안 브란트 1996.05.02 / 185cm

가끔 로이스와 헷갈린다. 외모뿐만 아니라 플레이 스타일도 마찬가지다. 2선 공격수와 측면 윙 포워드 그리고 상황에 따라서는 최전방에서 뛰기도 한다. 전진 드리블을 통해 직접 빌드업을 주도한다. 상체 움직임만으로도 볼 전개 방향을 쉽게 바꾼다. 양발을 잘 쓰고 골문 앞에서 마무리가 침착한 편. 독일 연령별 대표팀에 꾸준하게 차출된 엘리트 출신. 시장 가치는 4000만 유로, 추정 연봉은 700만 유로.

슈팅-득점	2023-24시즌 도르트문트					위치
18-6		A	P	P%		CM
15-1	26-6 2232	11	35.4-30.8	87%		LM / RM
● 33-7 LG-2	DR	TK	IC	🟨🟥	★	AM
● 2-1 RG-5	2.2-0.9	1.1-0.5	0.3	2-0	4	LW
● 0-0 HG-0						RW

G	A	SH	SG	PC	P%	LC	L%	SC	BT	DC	TK	IC	BR
상위	상위	상위	상위	상위	하위	상위	하위	상위	상위	하위	상위	하위	하위
3%	1%	19%	6%	47%	27%	16%	32%	1%	41%	20%	2%	11%	19%

Eduardo CAMAVINGA
평점 7.00 에두아르도 카마빙가 2002.11.10 / 182cm

프랑스 대표팀의 현재이자 미래. 콩고계 프랑스 국적을 가졌다. 축구 지능이 높고 포지션 이해도가 뛰어나다. 6번과 8번 그리고 10번 역할까지 수행한다. 팀의 상황에 따라서는 왼쪽 풀백도 소화한다. 탈압박 후 측면을 열어주는 로빙 패스, 박스 안으로의 전진 패스가 일품. 활동량도 많아 90분 내내 경기장에서다. 2021년 3100만 유로로 레알 마드리드로 입단했다. 시장 가치는 1억 유로, 추정 연봉은 1250만 유로.

슈팅-득점	2023-24시즌 레알 마드리드					위치
5-0		A	P	P%		CM
12-0	21-10 1826	2	42.1-38.3	91%		DM
● 17-0 LG-0	DR	TK	IC	🟨🟥	★	LB
● 0-0 RG-0	2.2-1.3	3.1-2.5	0.9	9-0	0	
● 0-0 HG-0						

G	A	SH	SG	PC	P%	LC	L%	SC	BT	DC	TK	IC	BR
하위	상위	하위	상위	상위	상위	하위	상위	하위	상위	하위	상위	상위	상위
11%	40%	41%	39%	14%	44%	13%	39%	13%	6%	13%	8%	22%	19%

Maxence CAQUERET
평점 7.00 막상스 카케레 2000.02.15 / 174cm

리옹의 원 클럽 맨. 유소년 팀과 B팀을 거쳐 2018년 프로에 데뷔했다. 볼을 잘 다룬다. 개인기가 뛰어나고 민첩한 움직임으로 상대 공간을 벗어난다. 마티치의 합류로 좀 더 공격적인 롤을 수행하지만 거친 몸싸움에 고전한다. 리그 34경기에 모두 선발 출전했다. 팀을 이끄는 동력이자 서포터즈가 사랑하는 선수. 프랑스 청소년 대표팀에서 한 번도 빠짐없이 차출되었다. 시장 가치는 2000만 유로, 추정 연봉은 336만 유로.

슈팅-득점	2023-24시즌 리옹					위치
9-0		A	P	P%		CM
15-1	34-0 3025	3	55.8-48.0	86%		DM
● 24-1 LG-1	DR	TK	IC	🟨🟥	★	AM
● 0-0 RG-0	2.5-1.5	4.7-2.7	1.4	1-0	2	
● 0-0 HG-0						

G	A	SH	SG	PC	P%	LC	L%	SC	BT	DC	TK	IC	BR
하위	상위	상위	상위	상위	상위	상위	상위	상위	상위	상위	상위	상위	상위
24%	47%	25%	45%	29%	49%	33%	47%	22%	25%	7%	16%	15%	11%

Aurélien TCHOUAMÉNI
평점 7.00 오렐리앙 추아메니 1993.02.09 / 189cm

다부진 체격에 강력한 맨 마킹으로 중원을 지배한다. 볼 소유권을 잘 지키고 간결한 터치로 점유율을 높인다. 2023-24시즌은 발목과 발, 징계로 인해 27경기만 소화했다. 1371개의 패스를 시도했고, 92%의 패스 성공률을 기록했다. 특히 68%의 공중볼 경합 성공률은 제공권의 강점을 나타내는 지표다. 2022년 월드컵 결승전 승부차기 실축을 했다. 시장 가치는 1억 유로, 추정 연봉은 1250만 유로.

슈팅-득점	2023-24시즌 레알 마드리드					위치
11-2		A	P	P%		CM
16-1	22-5 1987	1	55.1-50.7	92%		CB
● 27-3 LG-0	DR	TK	IC	🟨🟥	★	DM
● 0-0 RG-1	0.5-0.2	1.4-1.4	1.0	7-0	1	
● 0-0 HG-2						

G	A	SH	SG	PC	P%	LC	L%	SC	BT	DC	TK	IC	BR
상위	상위	상위	상위	상위	상위	상위	상위	상위	상위	상위	상위	상위	하위
34%	23%	49%	39%	10%	4%	8%	21%	16%	19%	6%	29%	25%	8%

Douglas LUIZ
평점 6.99 더글라스 루이스 1998.05.09 / 177cm

빌라의 PK 전담 키커 출신. 리그 9골 중 4골이 페널티 킥이다. 대담한 멘탈리티와 승부에 대한 강한 집념은 팀에 도움이 된다. 중원의 에너자이저로서 많은 활동량과 넓은 범위의 지역을 커버한다. 177cm의 큰 키가 아니지만, 점프력이 좋아 헤딩골도 뽑아낸다. 하지만 거친 플레이로 상대 팀과 마찰이 잦은 것으로 유명하다. 2020년 도쿄 올림픽 금메달 멤버. 시장 가치는 7000만 유로 추정 연봉은 00만 유로.

슈팅-득점	2023-24시즌 애스턴 빌라					위치
20-7		A	P	P%		CM
28-2	35-0 3003	5	56.7-50.5	89%		DM
● 48-9 LG-0	DR	TK	IC	🟨🟥	★	
● 5-0 RG-8	1.3-0.7	2.5-1.7	1.2	12-0	3	
● 4-4 HG-1						

G	A	SH	SG	PC	P%	LC	L%	SC	BT	DC	TK	IC	BR
상위	상위	상위	상위	상위	상위	상위	하위	상위	상위	상위	상위	상위	하위
2%	22%	32%	36%	20%	33%	17%	44%	17%	23%	45%	35%	27%	43%

Lorenzo PELLEGRINI
평점 6.99 로렌초 펠레그리니 1996.06.19 / 186cm

결과적으로 데 로시와의 재회는 좋았다. 47개의 슈팅 중 20개를 유효 슈팅으로 연결했다. 킥의 정교함은 여전하나 경기 기복이 심했다. 롱 패스의 정확도도 33%가 떨어졌다. 하지만 4.80의 xG 값을 넘어 8골을 넣었다. 부진했던 초반의 흐름을 반전시켰다. 로마의 아카데미를 졸업한 후 프로에 데뷔했다. 유로 2024는 이탈리아의 국가 대표팀으로서 첫 메이저 대회였다. 시장 가치는 2500만 유로, 추정 연봉은 648만 유로.

슈팅-득점	2023-24시즌 AS 로마					위치
24-7		A	P	P%		CM
23-1	20-9 1867	3	26.5-22.0	83%		AM
● 47-8 LG-2	DR	TK	IC	🟨🟥	★	LW
● 5-0 RG-6	1.3-0.7	2.4-1.2	0.7	7-0	2	
● 1-1 HG-0						

G	A	SH	SG	PC	P%	LC	L%	SC	BT	DC	TK	IC	BR
상위	상위	상위	상위	상위	상위	하위	상위	상위	상위	상위	상위	상위	하위
2%	18%	5%	4%	23%	22%	29%	24%	32%	30%	27%	41%	12%	

Henrikh MKHITARYAN
평점 6.98
헨리크 미키타리안 1989.01.21 / 177cm

팀 내에서 최다 도움을 기록했다. 30대 중후반이 되며 활동량은 줄었지만 2선에서 공격을 지원하는 역할을 잘 해낸다. 번뜩이는 재치와 낮은 무게 중심을 이용한 돌파가 주특기. 상대 팀의 볼 줄기를 끊어 곧바로 전진 패스를 시도한다. 오프 더 볼의 움직임이 좋아 순식간에 오프 사이드 트랩을 뚫는다. 아르메니아 대표팀의 최다골 사나이. 그가 넣는 골은 역사가 된다. 시장 가치는 600만 유로, 추정 연봉은 487만 유로.

슈팅-득점		2023-24시즌 인테르 밀란				위치
20-2		⏱	A	P	P%	CM
19-0		35-1 2804	8	45.5-40.1	88%	LM
						RM
🔴 39-2	LG-1	DR	TK	IC	🟨	★ CF
🟠 0-0	RG-1					
🔵 0-0	HG-0	1.1-0.5	2.4-1.7	0.8	4-0	1

G	A	SH	SG	PC	P%	LC	L%	SC	BT	DC	TK	IC	BR
하위	상위	상위	하위	상위	상위	하위	상위	상위	하위	상위	상위	하위	상위
42%	9%	42%	23%	37%	28%	48%	22%	16%	40%	40%	48%	42%	39%

Dwight MCNEIL
평점 6.97
드와이트 맥닐 1999.11.22 / 183cm

EPL에서 가장 낮은 평가를 받는 선수. 2선 공격수와 측면 윙어 그리고 최전방 스트라이커까지 소화한다. 드리블 테크닉이 훌륭하고 주력이 빠르다. 때로는 무모할 정도로 침투를 하지만 좋은 상황으로 이어지는 경우가 많다. 트레이드 마크인 왼발 크로스와 슛은 팀 내 가장 중요한 공격 옵션이다. 리그 35경기에 출전하면서 9개의 공격 포인트를 기록했다. 시장 가치는 2200만 유로, 추정 연봉은 153만 유로.

슈팅-득점		2023-24시즌 에버튼				위치
28-2		⏱	A	P	P%	LM
29-1		33-2 2900	6	28.8-22.3	78%	AM
						LB
🔴 47-3	LG-3	DR	TK	IC	🟨	★ CM
🟠 0-0	RG-0					
🔵 0-0	HG-0	1.9-0.9	2.1-1.3	0.6	2-0	3

G	A	SH	SG	PC	P%	LC	L%	SC	BT	DC	TK	IC	BR
상위	상위	상위	상위	하위	하위	상위	하위	상위	상위	하위	하위	하위	하위
39%	16%	13%	27%	13%	43%	5%	9%	22%	28%	13%	26%	41%

Álex BAENA
평점 6.97
알렉스 바에나 2001.07.20 / 174cm

2023-24 라리가 도움왕. 9.54은 xA 값을 넘어 14개의 어시스트를 기록했다. 기회 창출의 시도는 총 84번. 공격에 관여된 모든 곳에서 뛰고 상황에 따라서는 최전방도 소화한다. 볼 다루는 능력이 좋고 탈압박 후 시도하는 로빙 패스가 위력적이다. 하지만 플레이가 거친 편. 리그에서 7번째로 많은 경고를 받았다. 비야레알 유스 출신으로 2023년 대표팀에서도 데뷔했다. 시장 가치는 4000만 유로, 추정 연봉은 200만 유로.

슈팅-득점		2023-24시즌 비야레알				위치
41-2		⏱	A	P	P%	LM
32-0		33-1 2599	14	30.6-24.2	79%	CF
						AM
🔴 71-2	LG-0	DR	TK	IC	🟨	★ CM
🟠 5-0	RG-2					LW
🔵 1-0	HG-0	1.6-0.8	1.8-1.0	0.4	11-1	2

G	A	SH	SG	PC	P%	LC	L%	SC	BT	DC	TK	IC	BR
상위	상위	상위	상위	하위	하위	상위	하위	상위	상위	하위	상위	하위	하위
31%	1%	2%	19%	4%	25%	17%	2%	31%	30%	4%	15%	3%

Leon BAILEY
평점 6.96
레온 베일리 1997.08.09 / 178cm

빌라와 재계약에 성공했다. EPL 도전기는 쉽지 않았지만, 적응을 완료했다. 19개의 공격 포인트를 기록하며 팀의 챔피언스리그 진출을 도왔다. 빠른 주력을 이용하여 측면과 중앙을 가리지 않는다. 직접 페널티 박스 안으로 돌진해 시도하는 왼발 슈팅이 최대 장점. 거기다가 오른발도 잘 사용한다. 자메이카 출신으로 10대 시절에 벨기에의 헹크로 건너왔다. 시장 가치는 4200만 유로, 추정 연봉은 738만 유로.

슈팅-득점		2023-24시즌 애스턴 빌라				위치
38-9		⏱	A	P	P%	RM
15-1		22-13 2080	9	20.3-15.8	78%	RW
						CF
🔴 53-10	LG-6	DR	TK	IC	🟨	★
🟠 1-0	RG-4					
🔵 0-0	HG-0	3.4-1.6	0.8-0.4	0.3	5-0	3

G	A	SH	SG	PC	P%	LC	L%	SC	BT	DC	TK	IC	BR
상위	상위	상위	상위	하위	상위	상위	상위	상위	상위	상위	하위	하위	하위
1%	1%	3%	3%	9%	2%	36%	7%	11%	1%	9%	4%	16%

Lewis FERGUSON
평점 6.96
루이스 퍼거슨 1990.08.12 / 170cm

볼로냐 돌풍의 핵심이자 팀의 주장이다. 스코틀랜드의 대표적인 축구 가문. 아버지와 삼촌은 레인저스와 국가 대표팀 출신인 데렉과 베리. 볼에 대한 집중력이 뛰어나다. 여러 태클을 구사하며 간결한 터치로 상대를 제친다. 박스 밖에서 시도하는 오른발 슈팅은 팀 공격의 핵심 옵션. 지난 4월 십자인대 파열로 시즌 아웃이 되었다. 유로 본선 무대에 불참했다. 시장 가치는 2400만 유로, 추정 연봉은 77만 유로.

슈팅-득점		2023-24시즌 볼로냐				위치
43-5		⏱	A	P	P%	CM
17-1		31-0 2718	5	56.4-50.2	89%	AM
						DM
🔴 60-6	LG-0	DR	TK	IC	🟨	★
🟠 0-0	RG-5					
🔵 0-0	HG-1	1.1-0.5	1.9-1.2	0.5	8-0	3

G	A	SH	SG	PC	P%	LC	L%	SC	BT	DC	TK	IC	BR
상위	상위	상위	상위	상위	하위	상위	상위	하위	하위	하위	하위	하위	하위
10%	44%	7%	6%	22%	15%	21%	23%	35%	29%	34%	7%	15%	16%

유럽 5대리그 미드필더 항목별 랭킹 (90분 기준 기록, 100분율)

Éderson
평점 6.95
에데르손
1999.07.04 / 183cm

2023-24 유로파 리그 우승을 맛본 미드필더. 브라질 출신의 현란한 개인기와 상체의 움직임으로 압박을 벗어난다. 최후방의 센터백을 보좌하며 빌드업의 시작점이 되기도 한다. 페널티 박스 안에서 상대와의 거리가 벌어진다면 곧바로 중거리 슛으로 연결한다. 2년 전 살레르니타나가 강등을 면하는데, 혁혁한 공을 세웠다. 2024년 코파 아메리카 명단에 소집되었다. 시장 가치는 4000만 유로, 추정 연봉은 256만 유로.

슈팅-득점 / 2023-24시즌 아탈란타 / 위치: CM, DM

				A	P	P%
23-6		32-4	2875	1	45.8-38.5	84%
15-0						
38-6	LG-0	DR	TK	IC		★
0-0	RG-4	1.2-0.6	2.8-2.3	1.1	8-0	1
0-0	HG-2					

G	A	SH	SG	PC	P%	LC	L%	SC	BT	DC	TK	IC	BR
상위	하위	상위	상위	상위	상위	하위	상위	상위	상위	상위	상위	하위	상위
16%	18%	44%	38%	44%	48%	25%	33%	46%	41%	44%	23%	15%	40%

Xaver SCHLAGER
평점 6.94
사버 슐라거

라이프치히 중원의 살림꾼. 엄청난 체력과 활동량 그리고 넓은 범위의 커버 능력을 지녔다. 리커버리와 볼 소유권을 지켜 팀 공격 흐름을 이어간다. 몸을 사리지 않는 태클과 전방으로 찔러주는 전진 패스는 리그 상위급. 오스트리아 대표팀의 핵심 자원이지만 5월초 십자 인대 부상을 당했다. 유로 2024 본선 무대에 참가하지 못했다. 아디다스와 후원 계약을 맺었다. 시장 가치는 2800만 유로, 추정 연봉은 400만 유로.

슈팅-득점 / 2023-24시즌 RB 라이프치히 / 위치: CM, DM

				A	P	P%
3-0		29-0	2482	5	60.8-54.1	89%
18-0						
21-0	LG-0	DR	TK	IC		★
0-0	RG-0	1.1-0.7	3.9-2.8	0.7	7-0	0
0-0	HG-0					

G	A	SH	SG	PC	P%	LC	L%	SC	BT	DC	TK	IC	BR
하위	상위	상위	상위	상위	상위	상위	상위	상위	상위	상위	상위	하위	상위
24%	12%	22%	13%	20%	19%	49%	34%	28%	47%	10%	29%	7%	

Khéphren THURAM
평점 6.92
케프렌 튀랑
2001.03.26 / 192cm

종아리와 무릎 부상 그리고 경고 징계로 리그 27경기만 소화했다. 그래도 87%의 패스 성공률을 보였고 팀의 허리를 잘 책임졌다. 특히 70%의 태클 성공률과 118번의 경합 성공은 몸값을 올리는 주된 기록이다. 프랑스 대표팀의 레전드 릴리앙 튀랑의 차남. 형인 마르쿠스와 함께 대표팀의 미래로 불린다. 모나코 유소년 팀 출신으로 파리 올림픽 명단에 포함됐다. 시장 가치는 3500만 유로, 추정 연봉은 87만 유로.

슈팅-득점 / 2023-24시즌 니스 / 위치: CM, DM, LM

				A	P	P%
23-1		25-2	2114	3	41.3-35.9	87%
16-0						
39-1	LG-0	DR	TK	IC		★
0-0	RG-1	2.3-1.3	2.3-1.6	0.7	7-0	0
0-0	HG-0					

G	A	SH	SG	PC	P%	LC	L%	SC	BT	DC	TK	IC	BR
하위	하위	상위	상위	상위	상위	상위	상위	상위	상위	상위	상위	상위	상위
34%	30%	15%	21%	46%	29%	22%	39%	21%	48%	7%	37%	35%	41%

Luka MODRIĆ
평점 6.90
루카 모드리치
1985.09.09 / 172cm

2018년 발롱도르 위너. 6번의 챔피언스리그 우승을 경험한 세계 최고의 미드필더. 90분 내내 제 기량을 펼칠 지구력은 떨어졌다. 하지만 볼 소유 능력과 경기를 조율하는 모습 그리고 어느 위치에서든지 다양하게 연결하는 패싱력까지. 여전히 톱 클래스다. 크로아티아 대표팀 역사상 가장 성공한 선수이자 팀의 주장. 2번의 월드컵에서 준우승과 3위로 이끌었다. 시장 가치는 600만 유로, 추정 연봉은 2188만 유로.

슈팅-득점 / 2023-24시즌 레알 마드리드 / 위치: CM, AM, DM, RM

				A	P	P%
11-1		18-14	1688	6	48.8-44.4	91%
14-1						
25-2	LG-1	DR	TK	IC		★
1-0	RG-1	1.4-0.7	1.2-0.7	0.7	2-0	3
0-0	HG-0					

G	A	SH	SG	PC	P%	LC	L%	SC	BT	DC	TK	IC	BR
상위	상위	상위	상위	상위	상위	상위	상위	상위	상위	상위	상위	상위	하위
43%	4%	32%	3%	23%	2%	39%	1%	23%	39%	15%	35%	15%	27%

Ryan CHRISTIE
평점 6.90
라이언 크리스티
1995.02.22 / 178cm

원래 공격형 미드필더로 시작했기 때문에 측면과 2선 공격수 역할도 가능하다. 시간이 지나면서 3선의 역할도 이해했고, 넓어진 시야도 한몫했다. 중원에서 공수의 연결 고리 롤을 수행한다. 터치가 간결하며 상대 압박을 뚫어낸 뒤 직접 전진 드리블을 시도한다. 셀틱에서 2번의 리그 우승을 경험했고 2021년 본머스로 합류했다. 스코틀랜드 소속으로 유로 2024에 참가. 시장 가치는 1200만 유로, 추정 연봉은 307만 유로.

슈팅-득점 / 2023-24시즌 본머스 / 위치: DM, AM, CM, LM, RM

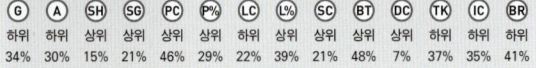

				A	P	P%
19-0		35-2	2922	5	33.2-26.2	79%
24-0						
43-0	LG-0	DR	TK	IC		
0-0	RG-0	2.6-1.4	3.8-2.3	1.4	6-0	2
0-0	HG-0					

G	A	SH	SG	PC	P%	LC	L%	SC	BT	DC	TK	IC	BR
하위	상위	상위	상위	상위	상위	상위	상위	상위	상위	상위	상위	상위	상위
11%	21%	32%	33%	21%	16%	30%	13%	35%	6%	17%	8%	8%	

Benjamin BOURIGEAUD
평점 6.90
벵자맹 부리조
1994.01.14 / 178cm

어느덧 8시즌째 팀에서 뛰고 있다. 랑스에서 데뷔 후 2017년 스타드 렌으로 입단했다. 오른쪽 측면 미드필더와 중앙을 겸임한다. 압박 후 반대편으로 열어주는 로빙 패스와 공을 지키는 능력이 돋보인다. 밀란과의 유로파 리그 32강전 2차전에서는 해트트릭을 기록하기도 했다. 팀의 PK 전담 키커로서 리그에서 7골을 넣었다. 2014년 프랑스 20세 이하의 대표팀 출신. 시장 가치는 1800만 유로, 추정 연봉은 228만 유로.

슈팅-득점 / 2023-24시즌 스타드 렌 / 위치: CM, RM, DM, LM

				A	P	P%
27-9		29-3	2437	6	42.4-34.8	82%
24-0						
51-9	LG-1	DR	TK	IC		★
13-0	RG-8	0.8-0.3	1.9-1.0	0.7	1-0	3
7-7	HG-0					

G	A	SH	SG	PC	P%	LC	L%	SC	BT	DC	TK	IC	BR
상위	상위	상위	상위	상위	상위	상위	상위	상위	상위	상위	상위	상위	하위
1%	9%	17%	33%	39%	19%	10%	26%	7%	33%	16%	3%	48%	3%

○ 유럽 5대리그 미드필더 항목별 랭킹 (90분 기준 기록, 100분율)

| ● 전체 슈팅 시도-득점 | ● 직접프리킥 시도-득점 | ● PK 득점 | LG 왼발 득점 | RG 오른발 득점 | HG 헤더 득점 | 출전횟수 산입-교체 | 출전시간 (MIN) | A 도움 | P 평균 패스 시도-성공 | P% 패스 성공률 | DR 평균드리블 시도-성공 | TK 평균 태클 시도-성공 | IC 평균 인터셉트 | 페어플레이 경고-퇴장 | ★ MOM | G 득점 | A 도움 | SH 슈팅 시도 | SG 유효 슈팅 | PC 패스 성공 | P% 패스 성공률 | LC 롱볼 성공 | L% 롱볼 성공률 | SC 슈팅기회 창출 | BT 볼 터치 | DC 드리블 성공 | TK 태클 | IC 인터셉트 | BR 리커버리 |

Tomáš SOUČEK — 평점 6.90
토마시 수체크 1999.02.27 / 192cm

2024년 1월 웨스트햄과 재계약에 성공했다. 팀의 핵심 미드필더이자 리더. 192cm의 장신에서 나오는 파워와 제공권이 강점. 볼을 잘 다루며 오프 더 볼 상황시 공간 침투가 좋다. 리그 37경기에 출전하며 6.90의 xG 값을 넘어 7골에 성공했다. 슬라비하 프라하의 로컬 보이로 2020년 EPL에 입성했다. 체코 대표팀의 주장으로 2년 연속 체코 올해의 선수상 수장자. 시장 가치는 3000만 유로, 추정 연봉은 553만 유로.

슈팅-득점: 39-6 / 4-1 / ●43-7 LG-2 / 0-0 RG-4 / 0-0 HG-1
2023-24시즌 웨스트햄 Utd. : 34-3 2876 2 25.5-19.4 76%
DR 0.3-0.1 TK 2.1-1.4 IC 1.0 🟨7-0 ★3
위치: DM CM AM

G 상위 6% | A 하위 46% | SH 상위 31% | SG 상위 15% | PC 하위 9% | P% 하위 17% | LC 하위 16% | L% 상위 50% | SC 하위 9% | BT 하위 1% | DC 하위 22% | TK 상위 24% | IC 하위 20% | BR —

DOAN Ritsu — 평점 6.90
도안 리츠 1998.01.16 / 172cm

시즌 후반기가 되니까 2022년의 경기력을 되찾았다. 3백 전술과 4백 전술이 모두 우측면에서 시작했다. 좁은 공간에서 몇 번의 터치로 돌파를 해낸다. 볼 전개 방향을 중앙으로 돌려 박스 안에서도 슈팅을 시도한다. 37개의 슈팅 중 19번을 유효 슈팅으로 만들었다. 일본 연령별 대표팀에 모두 소집된 엘리트 출신. 2016년 아시아 올해의 영 플레이어 상 주인공. 시장 가치는 1800만 유로, 추정 연봉은 84만 유로.

슈팅-득점: 26-6 / 11-1 / ●37-7 LG-2 / 0-0 RG-2 / 0-0 HG-3
2023-24시즌 프라이부르크 : 26-4 2255 2 21.7-16.3 75%
DR 3.8-1.9 TK 2.2-1.7 IC 0.3 🟨2-0 ★—
위치: RM RWB AM RW RB

G 하위 3% | A 상위 35% | SH 상위 19% | SG 상위 3% | PC 하위 4% | P% 하위 5% | LC 하위 4% | L% 상위 29% | SC 상위 5% | BT 상위 43% | DC 하위 2% | TK — | IC 하위 1% | BR —

Luis ALBERTO — 평점 6.90
루이스 알베르토 1992.09.28 / 183cm

라치오의 10번이 떠났다. 300경기를 넘게 뛰었고 이탈리아 세리에A의 도움왕을 2번이나 차지했다. 2024년 알 두하일로 이적했지만, 팬들의 사랑은 여전하다. 뛰어난 축구 센스와 영리한 위치 선정 그리고 패스의 강도가 자유자재다. 공간을 향해 찔러 놓는 스루 패스는 리그 상위급. 스페인 세비야의 아카데미 출신으로 스페인 U-19, U-21 팀에 소집되었다. 시장 가치는 1100만 유로, 추정 연봉은 741만 유로.

슈팅-득점: 21-4 / 35-1 / ●56-5 LG-5 / 4-0 RG-5 / 0-0 HG-0
2023-24 시즌 라치오 : 29-4 2321 7 45.5-38.2 84%
DR 1.4-0.8 TK 2.2-1.1 IC 0.2 🟨7-0 ★3
위치: CM AM

G 상위 19% | A 상위 6% | SH 상위 5% | SG 하위 13% | PC 상위 24% | P% 상위 25% | LC 상위 4% | L% 상위 3% | SC 상위 16% | BT 상위 30% | DC 하위 5% | TK 하위 — | IC 하위 — | BR 하위 33%

Marten DE ROON — 평점 6.90
마르턴 더룬 1991.03.29 / 185cm

아탈란타의 진공 청소기. 팀의 언성 히어로. 중앙에서 궂은일을 마다하지 않는다. 강력한 몸 싸움과 왕성한 스테미너 그리고 끊임없이 상대 볼 흐름을 막는다. 후방 빌드업에 적극 가담한 채 측면으로 열어주는 로빙 패스도 좋다. 164번의 리커버리와 43번의 태클에 성공했다. 코파 이탈리아 결승에서 햄스트링 부상 때문에 유로 2024 본선에 불참했다. 시장 가치는 700만 유로, 추정 연봉은 185만 유로.

슈팅-득점: 1-0 / 15-0 / ●16-0 LG-0 / 0-0 RG-0 / 0-0 HG-0
2023-24시즌 아탈란타 : 29-1 2599 5 56.2-47.7 85%
DR 0.3-0.1 TK 4.2-2.7 IC 1.3 🟨10-0 ★0
위치: CM DM CB

G 하위 11% | A 상위 31% | SH 하위 12% | SG 하위 10% | PC 상위 33% | P% 상위 47% | LC 상위 14% | L% 상위 36% | SC 상위 34% | BT 상위 2% | DC 하위 20% | TK 상위 24% | IC 상위 48% | BR —

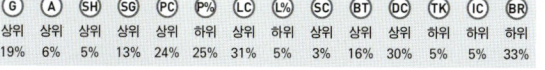

Brais MÉNDEZ — 평점 6.90
브라이스 멘데스 1997.01.07 / 184cm

측면 공격수와 공격형 미드필더, 2선에 배치되어 경기를 조율하기도 한다. 축구 지능이 좋아 전술 이해도가 높은 편. 90분 내내 경기장을 뛰며 볼 소유권에 관여한다. 양발을 잘 쓰며 박스 밖에서의 슛 시도도 많다. 스페인 청소년 대표팀에 꾸준히 소집되었고, 2018년에 대표팀도 뛰었다. 아버지도 프로 축구 선수였다. 등번호 23번은 NBA 스타 르브론의 팬이기 때문이다. 시장 가치는 4000만 유로, 추정 연봉은 220만 유로.

슈팅-득점: 24-2 / 42-3 / ●66-5 LG-3 / 10-2 RG-5 / 0-0 HG-2
2023-24 시즌 레알 소시에다드 : 27-5 2422 4 35.2-28.5 81%
DR 1.8-0.8 TK 2.2-1.3 IC 0.4 🟨7-0 ★2
위치: CM RM AM CF

G 상위 5% | A 상위 10% | SH 상위 2% | SG 하위 7% | PC 상위 35% | P% 상위 18% | LC 상위 26% | L% 상위 8% | SC 상위 13% | BT 상위 47% | DC 하위 24% | TK 하위 5% | IC 하위 — | BR 하위 15%

Angel GOMES — 평점 6.89
앙헬 고메스 2000.08.31 / 168cm

프리미어리그 역사상 최초의 2000년대생 선수. 맨체스터 유나이티드의 아카데미 출신으로 잉글랜드 연령별 대표팀을 두루 거친 엘리트. 2020년 릴과 5년 계약을 맺었다. 뛰어난 테크닉과 유연한 무브먼트로 상대 압박에서 벗어난다. 동료와의 2대1 패스로 공간을 만들고 전방으로 시도하는 스루 패스가 강점. 하지만 체구가 왜소해 거친 압박에 고전한다. 시장 가치는 2500만 유로, 추정 연봉은 71만 유로.

슈팅-득점: 10-0 / 24-0 / ●34-0 LG-0 / 5-0 RG-0 / 0-0 HG-0
2023-24시즌 릴 OSC : 29-2 2583 8 54.9-50.0 91%
DR 1.1-0.7 TK 1.4-0.8 IC 0.6 🟨5-0 ★—
위치: DM CM AM LM

G 하위 11% | A 상위 2% | SH 상위 43% | SG 상위 40% | PC 상위 19% | P% 상위 11% | LC 하위 6% | L% 상위 29% | SC 상위 39% | BT 상위 1% | DC 하위 — | TK 하위 21% | IC 하위 — | BR 하위 10%

○ 유럽 5대리그 미드필더 항목별 랭킹(90분 기준 기록, 100분율)

| LG | RG | HG | 출전횟수 선발-교체 | 출전시간 분(MIN) | A 도움 | P 평균 패스 시도-성공 | P% 패스 성공률 | DR 평균드리블 시도-성공 | TK 평균 태클 | IC 평균 인터셉트 | 페어플레이 경고-퇴장 | ★ MOM | G 득점 | A 도움 | SH 슈팅 시도 | SG 유효 슈팅 | PC 패스 성공률 | P% 패스 성공률 | LC 롱볼 성공률 | L% 롱볼 성공률 | SC 슈팅기회 창출 | BT 볼 터치 | DC 드리블 성공 | TK 태클 | IC 인터셉트 | BR 리커버리 |
| 전체 슈팅 시도-득점 | 직접프리킥 시도-득점 | PK 시도-득점 | 완발 득점 | 오른발 득점 | 헤더 득점 | | | | | | | | | | | | | | | | | | | | | |

CASEMIRO
평점 6.89
카제미루
1992.02.23 / 185cm

급격히 기량이 줄었다. 강점이던 넓은 시야와 리커버리, 흐름 끊기와 같은 수비 능력이 줄어들었다. 팀의 부상 여파로 인해 센터백 출장도 잦아졌다. 코파 아메리카 최종 명단에도 제외되었다. 하지만 라커룸에서의 영향력이나 유망주들에겐 좋은 본보기가 되고 있다. 상 파울루 출신으로 레알 마드리드에서 5번의 챔피언스리그 우승을 경험했다. 맨유의 최다 연봉 선수. 시장 가치는 2000만 유로, 추정 연봉은 2154만 유로.

슈팅-득점	2023-24 시즌 맨체스터Utd.	위치
24-1	⏱ A P P%	DM
15-0	24-1 1987 2 55.9-46.4 83%	CM
39-1 LG-0	DR TK IC 🟨 ★	CB
1-0 RG-1	0.7-0.4 5.6-3.4 0.7 7-0 1	
0-0 HG-0		

G	A	SH	SG	PC	P%	LC	L%	SC	BT	DC	TK	IC	BR
상위	상위	상위	상위	상위	하위	하위	하위	하위	하위	하위	상위	하위	상위
28%	50%	10%	23%	23%	42%	19%	29%	32%	11%	27%	2%	38%	31%

Bryan CRISTANTE
평점 6.88
브라이언 크리스탄테
1995.03.03 / 186cm

2023-24시즌 팀에서 가장 많이 출전한 미드필더. 리그에서 3292분을 소화했다. 팀에 대한 헌신도가 높고 전술적인 이해도가 뛰어나다. 최후방의 수비까지 가능한 멀티 플레이어. 간결한 퍼스트 터치를 통해 볼 전개 방향을 정한다. 원 터치로 연결되는 로빙 패스는 세기와 정확도가 높은 편. 캐나다와 이탈리아의 이중 국적자로 유로 2020에서 정상에 등극했다. 시장 가치는 2000만 유로, 추정 연봉은 519만 유로.

슈팅-득점	2023-24시즌 AS 로마	위치
35-2	⏱ A P P%	CM
19-1	37-0 3292 4 58.0-48.1 83%	CB
54-3 LG-0	DR TK IC 🟨 ★	DM
0-0 RG-1	0.7-0.5 2.5-1.9 0.7 8-0 5	
0-0 HG-2		

G	A	SH	SG	PC	P%	LC	L%	SC	BT	DC	TK	IC	BR
상위	상위	상위	상위	상위	상위	상위	상위	상위	상위	상위	상위	상위	하위
44%	41%	30%	45%	32%	46%	23%	38%	30%	23%	50%	35%	35%	49%

Tijjani REIJNDERS
평점 6.88
티자니 레인더스
1998.07.29 / 185cm

네덜란드 대표팀의 주전 미드필더. 알크마르에서의 활약을 기반으로 2023년 밀란으로 이적했다. 이적 첫 시즌에 만족스러운 성적표를 받았다. 33경기에서 선발 출전했고 6개의 공격 포인트를 기록했다. 91%가 넘는 패스 성공률을 보여주었고, 롱 패스 정확도는 72.2%로 나타났다. 패싱 능력이 뛰어나고 드리블 기술도 좋다. 네덜란드와 인도네시아 이중 국적자. 시장 가치는 3000만 유로, 추정 연봉은 218만 유로.

슈팅-득점	2023-24시즌 AC 밀란	위치
23-2	⏱ A P P%	DM
21-1	33-3 2830 3 46.7-43.0 92%	CM
44-3 LG-0	DR TK IC 🟨 ★	AM
0-0 RG-3	1.5-0.9 1.9-1.3 0.5 8-0 2	
0-0 HG-0		

G	A	SH	SG	PC	P%	LC	L%	SC	BT	DC	TK	IC	BR
상위	하위	상위	상위	상위	상위	하위	상위	상위	상위	상위	상위	상위	상위
37%	45%	22%	37%	33%	8%	16%	9%	43%	15%	17%	24%	7%	

Martín ZUBIMENDI
평점 6.88
마르틴 수비멘디
1999.02.02 / 181cm

레알 소시에다드를 애정하는 남자. 어린 시절부터 줄곧 소시에다드에서 뛰었다. 아카데미를 졸업 후 2020년 1군에 등록되었다. 공격 진영으로 연결하는 전진 패스가 일품. 볼을 잘 다루며 탈압박 능력이 좋다. 수비 상황에서 여러 태클을 구사하며 전술적인 지능도 높다. 이야라멘디의 레알 소시에다드 마지막 경기에서 등번호 4번을 직접 이어받아 화제가 되었다. 시장 가치는 5000만 유로, 추정 연봉은 300만 유로.

슈팅-득점	2023-24시즌 레알 소시에다드	위치
16-4	⏱ A P P%	CM
6-0	29-2 2655 1 49.5-42.6 86%	DM
22-4 LG-1	DR TK IC 🟨 ★	
0-0 RG-2	0.6-0.4 2.2-1.6 1.2 5-0 3	
0-0 HG-1		

G	A	SH	SG	PC	P%	LC	L%	SC	BT	DC	TK	IC	BR
상위	하위	상위	상위	상위	상위	하위	상위	상위	상위	상위	상위	상위	상위
33%	19%	31%	47%	36%	31%	40%	26%	27%	36%	36%	32%	44%	

Mason GREENWOOD
평점 6.88
메이슨 그린우드
2001.05.04 / 186cm

골문 앞에서 결정력이 발군이다. 양발을 잘 쓰며 슈팅 타이밍이 빠른 편. 측면에서 중앙으로 돌진해 시도하는 슈팅은 여러 코스를 자랑한다. 동료와의 2대1 패스를 통해 압박을 벗어난 후 낮고 빠른 크로스는 팀의 중요한 공격 옵션. 맨유에서 사생활 이슈로 1년 8개월 공백기를 가졌음에도 리그에서 8골을 넣었다. 2024년 헤타페 올해의 선수상의 주인공. 시장 가치는 2500만 유로, 추정 연봉은 150만 유로.

슈팅-득점	2023-24시즌 헤타페	위치
52-7	⏱ A P P%	RM
50-1	30-3 2668 6 27.8-22.8 82%	CF
102-8 LG-3	DR TK IC 🟨 ★	LM
5-0 RG-5	4.2-2.2 0.8-0.3 0.1 6-1 2	AM
3-2 HG-0		RW
		LW

G	A	SH	SG	PC	P%	LC	L%	SC	BT	DC	TK	IC	BR
상위	상위	상위	상위	상위	하위	하위	하위	상위	하위	상위	하위	하위	하위
3%	13%	1%	1%	11%	14%	48%	26%	12%	41%	1%	44%	5%	

Lazar SAMARDZIC
평점 6.88
라자 사마르지치
2002.02.24 / 184cm

세르비아 대표팀의 미래. 측면에서 저돌적인 움직임과 현란한 발기술이 뛰어나다. 트레이드 마크인 왼발 킥은 세트 피스 상황에서 가장 돋보인다. 오른발도 잘 쓰는 편. 하지만 종종 과감한 돌파로 인해 볼 소유권을 빼앗긴다. 독일 청소년 대표팀 출신으로 2019년 프리츠 발터 동메달을 수상하기도 했다. 하지만 성인 국가 대표팀은 세르비아로 결정했다. 시장 가치는 2000만 유로, 추정 연봉은 51만 유로.

슈팅-득점	2023-24시즌 우디네세	위치
13-5	⏱ A P P%	CM
44-1	28-6 2381 2 24.8-20.1 81%	AM
57-6 LG-4	DR TK IC 🟨 ★	
13-0 RG-2	3.0-1.4 1.9-1.2 0.3 5-0 3	
1-1 HG-0		

G	A	SH	SG	PC	P%	LC	L%	SC	BT	DC	TK	IC	BR
상위	하위	상위	상위	상위	하위	상위	하위	상위	하위	상위	하위	하위	하위
6%	46%	5%	9%	14%	11%	22%	26%	9%	48%	4%	22%	3%	38%

Denis ZAKARIA
데니스 자카리아 1996.06.04 / 188cm
평점 6.87

재기에 성공했다. 한때 유럽에서 가장 주목받던 3선 미드필더였으나 경기력이 급격히 하락했다. 하지만 2024년 모나코와 계약을 맺으며 리그 정상급의 기량을 펼쳤다. 볼 배급 능력과 많은 활동량으로 상대를 압박한다. 189cm의 장신과 긴 다리는 비에이라가 연상된다. 하지만 반칙이 많고 퇴장 2번 받았다. 4월에 입은 허벅지 부상으로 유로 2024에는 불참하였다. 시장 가치는 2500만 유로, 추정 연봉은 390만 유로.

슈팅-득점: 11-3 / 15-1 / 26-4 / 0-0 / 0-0
2023-24시즌 AS 모나코: 24-1, 2142, 0, 46.8-43.1, 92%
위치: CM, DM, CB
LG-0, RG-2, HG-2
DR 1.6-1.2, TK 2.2-1.5, IC 1.9, 9-2, 2

G	A	SH	SG	PC	P%	LC	L%	SC	BT	DC	TK	IC	BR
상위	하위	하위	상위	상위	상위	하위	하위	상위	상위	하위	상위	상위	상위
14%	9%	49%	30%	37%	4%	46%	5%	13%	46%	14%	26%	2%	12%

Emre CAN
엠레 잔 1994.01.12 / 186cm
평점 6.87

도르트문트의 주장. 강인한 피지컬과 넓은 활동 반경을 바탕으로 상대와의 경합에서 굳센 모습을 보인다. 1281번의 패스를 시도했고 센터백 바로 앞에서 후방 빌드업을 이끈다. 직접 페널티 박스 안으로 들어와 유효 슈팅을 기록하기도 한다. 뮌헨의 아카데미 출신. 유럽의 굵직한 클럽에서 활약했다. 유로 2024 명단에서 떨어졌으나, 파블로비치의 부상으로 복귀했다. 시장 가치는 1000만 유로, 추정 연봉은 800만 유로.

슈팅-득점: 6-2 / 11-0 / 17-2 / 0-0 / 2-2
2023-24시즌 도르트문트: 22-3, 1956, 2, 58.3-51.3, 88%
위치: CM, DM, CB
LG-2, RG-2, HG-0
DR 1.2-0.6, TK 3.3-2.5, IC 0.9, 5-0, 1

G	A	SH	SG	PC	P%	LC	L%	SC	BT	DC	TK	IC	BR
하위	상위	하위	상위	하위	상위	상위	상위	상위	상위	상위	상위	상위	상위
49%	42%	20%	6%	21%	3%	25%	25%	25%	25%	9%	17%	37%	25%

Mario LEMINA
마리오 레미나 1993.09.01 / 184cm
평점 6.87

다사다난했던 시즌이었다. 팀의 핵심으로서 프리미어리그에서 좋은 평가를 받았다. 하지만 아버지를 떠나보내며 슬픈 나날도 함께했다. 동료들은 골 세레머니로 추모했다. 공수의 밸런스가 잡힌 박스 투 박스 미드필더. 경기 흐름을 조율하며 직접 볼 배급에 주도한다. 친동생 노아 르미나도 같은 팀에 입단하여 시즌 중에 유니폼 이름을 'MARIO JR'로 수정했다. 시장 가치는 1000만 유로, 추정 연봉은 276만 유로.

슈팅-득점: 30-4 / 18-0 / 48-4 / 0-0 / 0-0
2023-24시즌 울버햄튼: 34-1, 2976, 1, 40.9-35.6, 87%
위치: CM, DM, AM
LG-0, RG-1, HG-3
DR 1.3-0.7, TK 3.2-2.6, IC 1.2, 10-1, 1

G	A	SH	SG	PC	P%	LC	L%	SC	BT	DC	TK	IC	BR
상위	하위	상위	상위	상위	상위	상위	상위	상위	상위	상위	상위	상위	상위
30%	20%	22%	13%	47%	32%	49%	10%	39%	41%	15%	27%	41%	41%

Viktor TSYGANKOV
빅토르 치한코우 1997.11.15 / 178cm
평점 6.87

유로 2020 8강 진출의 주역. 4년동안 더 성장했고, 지로나의 공격진 삼각 편대의 한 명, 사비우와 함께 좌우 측면을 휘둘렀고, 도우비크는 리그 득점왕이 되었다. 주로 오른쪽 측면에서 뛰지만 공격에 관여된 모든 포지션을 소화한다. 주력이 빨라 오프 더 볼 상황에서 공간 침투가 뛰어나다. 디나모 키이우의 로컬 보이. 입단 첫 해에 팀을 챔피언스리그로 이끌었다. 시장 가치는 3000만 유로, 추정 연봉은 140만 유로.

슈팅-득점: 27-7 / 17-1 / 44-8 / 3-0 / 0-0
2023-24시즌 지로나: 26-4, 2067, 7, 28.2-23.4, 83%
위치: CM, RM, RW, RWB, AM
LG-4, RG-4, HG-0
DR 1.8-0.7, TK 1.4-1.0, IC 0.4, 0-0, 1

G	A	SH	SG	PC	P%	LC	L%	SC	BT	DC	TK	IC	BR
상위	상위	상위	상위	상위	하위	상위	상위	상위	상위	상위	하위	상위	하위
2%	2%	8%	9%	22%	28%	3%	22%	26%	25%	9%	13%	9%	13%

Manuel LOCATELLI
마누엘 로카텔리 1998.01.08 / 185cm
평점 6.86

간결한 터치와 순간적인 상체 움직임으로 압박을 풀어낸다. 양발을 잘 사용하며 활동 반경과 시야가 넓은 편. 공수의 조율과 전방으로 찔러주는 패스가 좋다. 하지만 주력이 느려 역습 상황에서는 후방에 대기한다. 밀란의 유스 출신. 이탈리아 연령별 대표팀에 모두 소집된 엘리트. 유로 2020에서는 대표팀에 소집됐지만, 유로 2024에서는 소집되지 못했다. 시장 가치는 2800만 유로, 추정 연봉은 611만 유로.

슈팅-득점: 8-0 / 16-1 / 24-1 / 0-0 / 0-0
2023-24시즌 유벤투스: 34-2, 3011, 4, 54.4-46.8, 86%
위치: CM, DM
LG-1, RG-1, HG-0
DR 0.5-0.4, TK 2.7-1.7, IC 0.7, 6-0, ★

G	A	SH	SG	PC	P%	LC	L%	SC	BT	DC	TK	IC	BR
하위	상위	상위	상위	상위	상위	상위	상위	상위	상위	상위	상위	하위	하위
25%	34%	25%	8%	26%	33%	4%	24%	49%	27%	24%	46%	33%	29%

Atakan KARAZOR
아타칸 카라조르 1996.10.13 / 191cm
평점 6.86

2024년 6월 슈투트가르트와 4년 재계약에 성공했다. 팀에서 여섯 시즌째 뛰고 있다. 파트너 슈틸러와 함께 리그 2위로 올리는데 결정적인 공헌을 했다. 190cm의 큰 키에서 나오는 제공권과 강력한 맨 마킹이 강점. 포백 보호와 빌드업의 시작점 그리고 뛰어난 수비 스킬을 지녔다. 다만 결정적인 순간에 실수가 잦다는게 흠이다. 튀르키예와 독일의 이중국적자. 시장 가치는 1200만 유로, 추정 연봉은 47만 유로.

슈팅-득점: 6-0 / 13-0 / 19-0 / 0-0 / 0-0
2023-24시즌 슈투트가르트: 31-2, 2630, 4, 57.1-51.4, 90%
위치: DM, CM, CB
LG-0, RG-0, HG-0
DR 0.8-0.2, TK 3.1-2.2, IC 0.8, 9-0, ★

G	A	SH	SG	PC	P%	LC	L%	SC	BT	DC	TK	IC	BR
하위	상위	상위	하위	상위	상위	상위	상위	상위	하위	상위	상위	상위	상위
10%	28%	21%	7%	13%	12%	6%	18%	30%	17%	3%	24%	49%	43%

○ 유럽 5대리그 미드필더 항목별 랭킹(90분 기준 기록, 100분율)

Désiré DOUÉ
평점 6.85 — 데시레 두에 — 2005.06.03 / 181cm

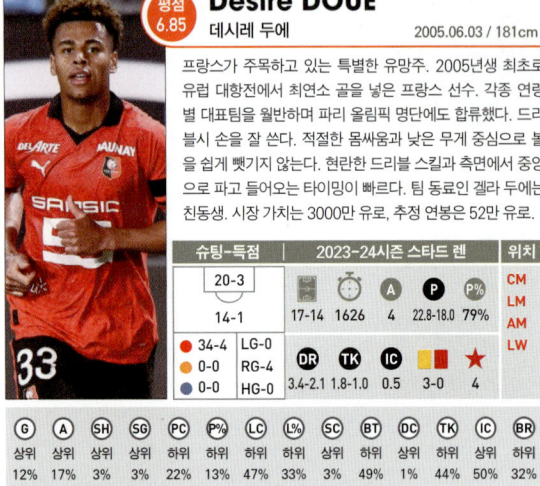

프랑스가 주목하고 있는 특별한 유망주. 2005년생 최초로 유럽 대항전에서 최연소 골을 넣은 프랑스 선수. 각종 연령별 대표팀을 월반하며 파리 올림픽 명단에도 합류했다. 드리블시 손을 잘 쓴다. 적절한 몸싸움과 낮은 무게 중심으로 볼을 쉽게 뺏기지 않는다. 현란한 드리블 스킬과 측면에서 중앙으로 파고 들어오는 타이밍이 빠르다. 팀 동료인 겔라 두에는 친동생. 시장 가치는 3000만 유로, 추정 연봉은 52만 유로.

슈팅-득점	2023-24시즌 스타드 렌	위치
20-3		CM
14-1	A P P%	LM
	17-14 1626 4 22.8-18.0 79%	AM
34-4 LG-3	DR TK IC	LW
0-0 RG-4		
0-0 HG-0	3.4-2.1 1.8-1.0 0.5 3-0 4	

G	A	SH	SG	PC	P%	LC	L%	SC	BT	DC	TK	IC	BR
상위	상위	상위	상위	하위	하위	하위	상위	하위	상위	하위	상위	상위	하위
12%	17%	3%	3%	22%	13%	47%	33%	3%	49%	1%	44%	50%	32%

James GARNER
평점 6.85 — 제임스 가너 — 2001.03.13 / 182cm

에버튼의 미드필더 중 가장 많은 시간을 출전한 미드필더. 리그에서 3005분을 소화했다. 3선에서 침착한 경기 운영이 돋보인다. 상황에 따라서는 오른쪽 측면 미드필더로도 뛴다. 볼 간수 능력이 좋고 전진 패스의 강도를 자유자재로 컨트롤한다. 다만 주력이 느린 편. 거친 압박에 고전하는 모습을 보인다. 2023년 유럽 U-21 챔피언십에서 우승을 차지했다. 시장 가치는 2200만 유로, 추정 연봉은 184만 유로.

슈팅-득점	2023-24시즌 에버튼	위치
15-0		CM
26-1	A P P%	RM
	34-3 3006 2 30.0-24.9 83%	AM
41-1 LG-0	DR TK IC	DM
5-0 RG-1		
0-0 HG-0	1.1-0.5 3.5-2.2 1.2 7-0 0	

G	A	SH	SG	PC	P%	LC	L%	SC	BT	DC	TK	IC	BR
하위	상위	상위	상위	하위	상위	하위	상위	상위	상위	상위	상위	상위	하위
25%	41%	39%	49%	16%	21%	35%	12%	30%	18%	45%	22%	18%	30%

Laurent ABERGEL
평점 6.85 — 로랑 아베젤 — 1993.02.01 / 170cm

종아리 부상과 경고 징계로 5경기 결장했다. 팀의 주장으로서 중원에서 굳은 일을 마다하지 않는다. 공수의 연결 고리 역할을 자처하며 상대 공격 루트를 잘 끊는다. 정교한 터치와 측면 깊숙이 연결하는 로빙 패스가 좋다. 226번의 리커버리와 52번의 태클에 성공했다. 줄곧 리그 1에서만 커리어를 보냈다. 팀의 강등을 막지 못했지만, 재계약에 서명하며 박수를 받았다. 시장 가치는 300만 유로, 추정 연봉은 82만 유로.

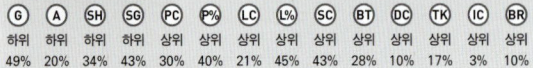

슈팅-득점	2023-24시즌 로리앙	위치
2-1		CM
24-1	A P P%	DM
	32-1 2862 1 54.1-46.5 86%	
26-2 LG-1	DR TK IC	
0-0 RG-1		
0-0 HG-0	2.0-1.3 4.4-2.7 1.7 4-0 2	

G	A	SH	SG	PC	P%	LC	L%	SC	BT	DC	TK	IC	BR
하위	하위	상위	상위	상위	상위	상위	상위	상위	상위	상위	상위	하위	상위
49%	20%	34%	49%	30%	40%	21%	45%	43%	28%	10%	17%	3%	10%

Joris CHOTARD
평점 6.84 — 조리스 쇼타르 — 2001.09.24 / 179cm

몽펠리에가 사랑하는 남자. 팀의 유소년 팀을 거쳐 프로에 데뷔했다. 1군에 합류한 2019년부터 가장 성실한 선수 중 하나로 꼽힌다. 3선에서 수비진 보호와 리커버리에 힘쓴다. 볼 배급력이 좋고 전방으로 찔러주는 패스가 강점. 상대의 패스를 미리 예측해 미리 차단하는 모습이 잦다. 프랑스 U-18, U-19, U-21 대표팀을 거쳤지만 성인 대표팀 차출은 아직이다. 시장 가치는 1000만 유로, 추정 연봉은 12만 유로.

슈팅-득점	2023-24시즌 몽펠리에	위치
4-0		CM
17-0	A P P%	DM
	30-1 2594 3 36.9-30.6 83%	
21-0 LG-0	DR TK IC	
0-0 RG-0		
0-0 HG-0	0.5-0.1 4.2-2.6 1.4 5-0 0	

G	A	SH	SG	PC	P%	LC	L%	SC	BT	DC	TK	IC	BR
하위	상위	하위	상위	상위	상위	상위	상위	상위	상위	상위	상위	상위	상위
11%	40%	26%	39%	27%	41%	18%	19%	17%	27%	1%	13%	11%	8%

Nicolò BARELLA
평점 6.83 — 니콜로 바렐라 — 1997.03.16 / 189cm

2024년 6월 인테르와 5년 계약에 서명했다. 팀의 주장단이자 리그 최고 미드필더. 공수 완급 조절과 패스 능력이 뛰어나다. 여러 패스를 자유롭게 구사한다. 86%의 패스 성공률과 2512번의 볼 터치를 가져갔다. 리그 우승의 주역이지만 선수 개인의 공격 포인트가 기대 수치보다 낮아 아쉬웠다. 대표팀 주전 미드필더이며 리그 올해의 팀에 5년 연속 선정되었다. 시장 가치는 8000만 유로, 추정 연봉은 1204만 유로.

슈팅-득점	2023-24시즌 인테르 밀란	위치
22-2		CM
18-0	A P P%	AM
	34-3 2860 2 56.7-48.8 86%	
40-2 LG-2	DR TK IC	
0-0 RG-0		
0-0 HG-0	1.6-0.8 2.4-1.2 0.3 7-0 2	

G	A	SH	SG	PC	P%	LC	L%	SC	BT	DC	TK	IC	BR
하위	상위	상위	상위	하위	상위	상위	상위	상위	상위	상위	하위	하위	상위
42%	38%	38%	32%	14%	42%	8%	44%	13%	37%	32%	4%	8%	39%

Jefferson LERMA
평점 6.83 — 제퍼르손 레르마 — 1994.10.25 / 179cm

햄스트링 부상만 2번이나 겪었다. 하지만 팀에서 가장 강한 미드필더였다. 리그 27경기에서 선발 출전했고, 65%의 공중 볼 경합 성공률을 기록했다. 수비형 미드필더 뿐만 아니라 센터백도 겸한다. 강력한 하드웨어를 기반으로 수비 스킬이 좋다. 상대와의 신경전에서 절대 물러서지 않는다. 콜롬비아 대표팀은 2018년 월드컵을 시작으로 여러 대회에 출전했다. 시장 가치는 2000만 유로, 추정 연봉은 364만 유로.

슈팅-득점	2023-24시즌 크리스털 팰리스	위치
17-0		CM
17-1	A P P%	DM
	27-1 2404 1 43.8-35.9 82%	CB
34-1 LG-0	DR TK IC	RB
0-0 RG-0		
0-0 HG-0	0.5-0.1 2.3-1.5 1.3 8-0 1	

G	A	SH	SG	PC	P%	LC	L%	SC	BT	DC	TK	IC	BR
하위	하위	상위	상위	상위	상위	상위	상위	상위	상위	상위	상위	상위	상위
31%	26%	36%	44%	46%	41%	30%	33%	36%	43%	27%	25%	17%	23%

Renato TAPIA
평점 6.83
레나토 타피아 — 1995.07.28 / 185cm

팀의 살림꾼. 중원에서 투치 넘치는 플레이로 활기를 불어 넣는다. 왕성한 활동량으로 공격 기회를 만든다. 185cm의 균형 잡힌 바디 밸런스와 남미 특유의 집념이 돋보인다. 볼만 건드리는 슬라이딩 태클이 일품이다. 하지만 플레이가 거칠어 경고를 자주 받는다. 대퇴부 부상으로 2달을 결장하여 리그 21경기에만 출전했다. 페루 A매치 출장 기록은 85경기가 넘었다. 시장 가치는 500만 유로, 추정 연봉은 40만 유로.

슈팅-득점	2023-24시즌 셀타 비고	위치
6-0 / 13-0	15-6 / 1338 / 0 / 33.1-25.3 / 77%	CM / DM / CB
● 19-0 LG-0 / ● 2-0 RG-0 / ● 0-0 HG-0	DR 1.9-1.3 / TK 2.5-2.0 / IC 1.0 / 3-1 / ★ 1	

G	A	SH	SG	PC	P%	LC	L%	SC	BT	DC	TK	IC	BR
하위 11%	하위 9%	상위 36%	하위 7%	상위 40%	상위 16%	상위 15%	하위 26%	상위 38%	하위 4%	상위 14%	상위 15%	하위 5%	

Lewis COOK
평점 6.82
루이스 쿡 — 1997.02.03 / 175cm

본머스에서만 9시즌째 뛰고 있다. 팀에 대한 충성도가 높아 팬이 가장 아끼는 선수. 경기장에 90분 내내 뛰며 공수의 연결 고리 역할을 맡는다. 67%의 태클 성공율을 기록했고 대인 마크 능력도 좋아 분위기 전환에 힘이 된다. 228번의 리커버리와 65번의 가로채기 성공은 리그에서 상위권이다. 잉글랜드 연령별 대표팀에 꾸준히 차출되던 특급 유망주였다. 시장 가치는 1200만 유로, 추정 연봉은 246만 유로.

슈팅-득점	2023-24시즌 본머스	위치
3-0 / 9-0	32-1 / 2792 / 3 / 41.0-33.1 / 81%	CM / DM / CB / LB
● 12-0 LG-0 / ● 0-0 RG-0 / ● 0-0 HG-0	DR 1.1-0.6 / TK 2.7-1.8 / IC 2.0 / 5-1 / ★ 2	

G	A	SH	SG	PC	P%	LC	L%	SC	BT	DC	TK	IC	BR
하위 11%	상위 46%	하위 4%	상위 17%	상위 42%	상위 17%	상위 42%	상위 6%	상위 45%	상위 48%	상위 49%	하위 1%	상위 5%	

Vincent SIERRO
평점 6.82
빈센트 시에로 — 1998.12.05 / 187cm

28살에 첫 국가 대표팀에 소집되었다. 상승세를 이어 유로 2024 본선에도 참가. 준수한 패스 능력과 종종 터지는 중거리 슛이 화제가 되었다. 2022년 툴루즈에 입단했고, 그 다음 시즌부터 주장을 맡았다. 침착한 경기 마인드와 정교한 오른발은 팀 내에서 최고. PK 전담 키커로 4골이나 성공시켰다. 스위스 명문 시온의 유소년 팀 출신. 3대가 모두 축구계에서 종사했다. 시장 가치는 400만 유로, 추정 연봉은 36만 유로.

슈팅-득점	2023-24시즌 툴루즈	위치
13-5 / 23-1	25-5 / 2265 / 2 / 39.9-32.7 / 82%	CM / DM / AM
● 36-6 LG-0 / ● 7-1 RG-6 / ● 5-4 HG-0	DR 1.0-0.6 / TK 3.0-1.5 / IC 0.9 / 8-0 / ★ 3	

G	A	SH	SG	PC	P%	LC	L%	SC	BT	DC	TK	IC	BR
상위 12%	상위 46%	상위 40%	상위 6%	하위 48%	하위 20%	상위 6%	하위 18%	상위 42%	하위 4%	상위 47%	상위 48%	상위 28%	하위 45%

Robert ANDRICH
평점 6.82
로베르트 안드리히 — 1994.09.22 / 187cm

2023-24 시즌 유럽에서 가장 뜨거웠던 수비형 미드필더 중 한 명. 레버쿠젠의 무패 우승에 언성 히어로를 담당했다. 중원의 넓은 지역을 커버했고, 공을 간수하면서 탄탄한 피지컬로 압박을 이겨낸다. 수비 라인을 보호하고 후방 빌드업에 강점을 둔다. 컷백 상황에서 공간을 침투해 강한 슈팅으로 연결한다. 독일 U-20 팀 출신이지만 10년이 지나 대표팀에 차출되었다. 시장 가치는 1700만 유로, 추정 연봉은 160만 유로.

슈팅-득점	2023-24시즌 레버쿠젠	위치
9-3 / 14-1	18-10 / 1683 / 2 / 52.5-47.8 / 91%	CM / DM / CB
● 23-4 LG-1 / ● 2-0 RG-3 / ● 0-0 HG-0	DR 0.4-0.3 / TK 1.5-1.1 / IC 0.7 / 4-0 / ★ 4	

G	A	SH	SG	PC	P%	LC	L%	SC	BT	DC	TK	IC	BR
상위 11%	상위 37%	상위 35%	상위 26%	상위 6%	상위 46%	상위 8%	상위 35%	상위 12%	하위 18%	상위 17%	하위 44%	상위 44%	

Marcel SABITZER
평점 6.81
마르셀 자비처 — 1994.03.17 / 178cm

47개의 슈팅 중 20개를 유효 슈팅으로 연결했다. 정확도가 높은 오른발 킥은 페널티 안팎을 가리지 않는다. 볼을 관리하는 능력이 좋다. 중앙과 측면에 구애받지 않고 낮은 스루 패스를 시도한다. 도르트문트로 온 이후 제 기량을 찾는 모습이다. 챔피언스리그 도움왕을 차지했고, 유로 2024 본선 무대에도 참가했다. 오스트리아 국가 대표팀의 주장이다. 시장 가치는 2000만 유로, 추정 연봉은 750만 유로.

슈팅-득점	2023-24시즌 도르트문트	위치
19-4 / 28-0	23-2 / 1966 / 3 / 40.8-33.9 / 83%	DM / CM / RM / LM / AM
● 47-4 LG-2 / ● 5-0 RG-2 / ● 1-1 HG-0	DR 1.2-0.4 / TK 2.3-1.6 / IC 0.5 / 3-1 / ★ 1	

G	A	SH	SG	PC	P%	LC	L%	SC	BT	DC	TK	IC	BR
상위 18%	상위 6%	상위 12%	하위 2%	상위 33%	상위 36%	상위 4%	상위 31%	상위 6%	하위 34%	상위 25%	하위 17%	하위 5%	

Warren ZAÏRE-EMERY
평점 6.81
워렌 자이르에메리 — 2006.03.08 / 178cm

프랑스를 넘어 전 세계가 주목하는 유망주. 16살의 나이로 PSG 역사상 최연소 득점자. 볼을 잘 다룬다. 패스 능력이 발군이며 좁은 공간에서 침착한 무브먼트로 탈압박에 성공한다. 스테미너도 높아 공수의 조율도 가능하다. 공간을 침투하는 동료를 향해 로빙 패스, 스루 패스를 자유자재로 구사한다. 시즌 올해의 팀에 선정되었고, 2029년까지 재계약에 서명했다. 시장 가치는 6000만 유로, 추정 연봉은 840만 유로.

슈팅-득점	2023-24시즌 PSG	위치
8-1 / 6-1	21-5 / 1963 / 3 / 53.5-49.2 / 92%	CM / DM / RB / RWB
● 14-2 LG-0 / ● 0-0 RG-2 / ● 0-0 HG-0	DR 1.5-0.6 / TK 2.8-2.0 / IC 0.6 / 4-0 / ★ 0	

G	A	SH	SG	PC	P%	LC	L%	SC	BT	DC	TK	IC	BR
상위 39%	상위 15%	상위 39%	상위 21%	상위 18%	상위 25%	상위 1%	상위 24%	상위 36%	상위 45%	상위 27%	하위 35%		

유럽 5대리그 미드필더 항목별 랭킹(90분 기준 기록, 100분율)

Morten FRENDRUP
평점 6.81
모어텐 프렌드룹
2001.04.07 / 178cm

제노아를 지탱하는 기둥. 중원의 에너자이저로서 엄청난 스테미너를 보여준다. 공을 다루는 테크닉이 좋고 상대를 압박하고 공 소유권을 이어간다. 양발을 잘 쓰고 강한 슈팅은 박스 안팎에 구애받지 않고 골도 만든다. 크로스 상황에서 직접 헤딩으로 골도 만든다. 브렌뵈 역사상 최연소 프로 선수였고, 2022년 제노아에 입단했다. 덴마크 청소년 대표팀에 꾸준히 소집되었다. 시장 가치는 1500만 유로, 추정 연봉은 103만 유로.

슈팅-득점: 13-1 / 17-1 / 30-2 LG-1 / 0-0 RG-1 / 0-0 HG-0
2023-24시즌 제노아: 36-1 3143 6 32.0-25.9 81%
DR 0.7-0.4 TK 4.6-3.6 IC 1.4 6-0 ★1
위치: CM / LM / DM / RB

G	A	SH	SG	PC	P%	LC	L%	SC	BT	DC	TK	IC	BR
하위	상위	상위	하위	하위	상위	하위	상위	하위	상위	상위	상위	상위	상위
45%	25%	45%	36%	14%	33%	6%	22%	21%	14%	33%	1%	13%	48%

Leandro BARREIRO
평점 6.81
레안드루 바레이루
2000.01.03 / 174cm

박스 안에서 4골을 넣었다. 오프 더 볼 상황에서 움직임이 좋다. 주력이 빨라 3선에서 크로스를 직접 마무리하는 모습이 있다. 볼 터치가 간결하고 센스있는 개인기로 탈압박에 성공한다. 마인츠의 유소년 팀을 거쳐 2019년 1군 로스터에 등록되었다. 이재성의 좋은 호흡으로 국내 팬들에게도 익숙하다. 룩셈부르크와 포르투갈 이중 국적자로 룩셈부르크의 핵심 멤버. 시장 가치는 1700만 유로, 추정 연봉은 168만 유로.

슈팅-득점: 25-4 / 13-0 / 38-4 LG-0 / 0-0 RG-3 / 0-0 HG-1
2023-24시즌 마인츠 05: 29-2 2607 1 29.6-21.9 74%
DR 1.1-0.6 TK 2.7-2.1 IC 1.2 8-0 ★2
위치: CM / DM

G	A	SH	SG	PC	P%	LC	L%	SC	BT	DC	TK	IC	BR
상위	하위	상위	상위	상위	하위	상위	하위	상위	상위	하위	상위	상위	하위
22%	23%	33%	24%	6%	8%	17%	37%	35%	11%	41%	35%	27%	24%

Dominik SZOBOSZLAI
평점 6.81
도미니크 소보슬러이
1995.03.09 / 171cm

햄스트링과 근육 부상을 당해 리그 4경기에 결장했다. 리그 후반부 컨디션 난조와 경기 기복이 심해졌다. 측면 윙어와 공격형 미드필더, 최전방 공격수 역할도 소화한다. 정교하고 강력한 킥이 트레이드 마크. 스프린트 속도가 빠르고 탄탄한 피지컬에서 나오는 몸싸움은 플러스 요인이다. 2022년 헝가리 국가 대표팀의 주장이 되어 유로 본선에 참가했다. 시장 가치는 7500만 유로, 추정 연봉은 738만 유로.

슈팅-득점: 16-2 / 44-1 / 60-3 LG-1 / 7-0 RG-1 / 0-0 HG-1
2023-24시즌 리버풀: 25-8 2110 2 42.5-37.0 87%
DR 1.7-0.8 TK 2.0-1.0 IC 0.5 1-0 ★1
위치: CM / AM / LW / RW / DM

G	A	SH	SG	PC	P%	LC	L%	SC	BT	DC	TK	IC	BR
상위	상위	상위	상위	하위	상위	하위	상위	상위	하위	상위	하위	상위	상위
11%	37%	1%	4%	16%	48%	5%	41%	5%	10%	28%	50%	30%	9%

Christian NØRGAARD
평점 6.80
크리스티안 노코
1994.03.10 / 187cm

브렌트포드의 주장. 2023-24 시즌이 시작되면서 새로 선임되었다. 전술 이해도가 높고 공수의 밸런스 조절이 뛰어나다. 공격시 과감한 돌파와 전진 패스로 공격 진영에 도움을 준다. 1차 압박시 가장 먼저 볼에 다가간다. 수비형 미드필더 뿐만 아니라 센터백과 풀백도 소화한다. 덴마크 U-16 팀부터 성인 국가 대표팀까지 순항했다. 2번의 유로 대회에 참가했다. 시장 가치는 1800만 유로, 추정 연봉은 182만 유로.

슈팅-득점: 25-2 / 10-0 / 35-2 LG-0 / 0-0 RG-0 / 0-0 HG-2
2023-24시즌 브렌포드: 30-1 2513 1 46.7-37.8 81%
DR 0.4-0.2 TK 4.4-2.6 IC 1.7 8-0 ★1
위치: CM / DM / CB

G	A	SH	SG	PC	P%	LC	L%	SC	BT	DC	TK	IC	BR
상위	하위	상위	상위	상위	하위	상위	상위	상위	상위	하위	상위	상위	상위
47%	24%	33%	42%	41%	9%	37%	47%	34%	7%	11%	2%	5%	3%

Moisés CAICEDO
평점 6.80
모이세스 카이세도
2001.11.02 / 178cm

리그 38R에서 터뜨린 중거리 슛은 첼시에서의 데뷔골이자 구단 올해의 골로 선정되었다. 팀 역사상 최다 이적료의 사나이. 무려 1억 1600만 유로였다. 초반 적응에 애를 먹었지만, 중후반부터 자신의 기량을 펼쳤다. 왕성한 스테미너와 넓은 시야, 화려하지 않지만 안정된 패스 능력. 중원의 청소부 역할을 담당했다. 에콰도르 대표팀 데뷔는 아르헨티나 전이었다. 시장 가치는 7500만 유로, 추정 연봉은 923만 유로.

슈팅-득점: 0-0 / 13-1 / 13-1 LG-0 / 0-0 RG-1 / 0-0 HG-0
2023-24시즌 첼시: 33-2 2875 3 59.9-54.5 91%
DR 1.6-0.8 TK 3.4-2.7 IC 1.1 11-0 ★2
위치: DM / CM

G	A	SH	SG	PC	P%	LC	L%	SC	BT	DC	TK	IC	BR
하위	상위	하위	하위	상위	상위	상위	상위	상위	상위	상위	상위	상위	상위
27%	45%	5%	16%	11%	9%	36%	10%	39%	14%	36%	12%	33%	33%

Junior Dina EBIMBE
평점 6.78
주니오르 디나 에빔베
2000.11.21 / 184cm

카메룬계 프랑스 국적을 가진 선수. 2023년 프랑크푸르트와 완전 계약에 성공했다. 14R 바이에른 전에서 2골을 터트려 승리로 이끌었다. 중앙 미드필더와 좌우 풀백을 소화하는 멀티 플레이어. 축구 지능이 높고 볼 간수 능력이 좋다. 스프린트 가속력이 빠른 편. 강한 체력을 바탕으로 상대를 끊임없이 압박한다. PSG 유스 출신. 프랑스 U-21 대표팀에서 소집되었다. 시장 가치는 1200만 유로, 추정 연봉은 72만 유로.

슈팅-득점: 43-5 / 9-0 / 52-5 LG-3 / 0-0 RG-1 / 0-0 HG-1
2023-24시즌 프랑크푸르트: 25-6 1972 3 26.6-20.2 76%
DR 2.9-1.5 TK 2.2-1.4 IC 0.3 5-0 ★2
위치: CM / RM / LM / DM / AM

G	A	SH	SG	PC	P%	LC	L%	SC	BT	DC	TK	IC	BR
상위	상위	상위	상위	상위	하위	상위	하위	상위	상위	상위	하위	상위	상위
6%	26%	2%	6%	25%	14%	36%	46%	47%	24%	49%	5%	5%	30%

PEDRI
평점 6.78
페드리
2002.11.25 / 174cm

근육 부상으로 리그 24경기만 출전했다. 10대 시절부터 많은 경기에 출전해 철저한 관리가 필요하다. 뛰어난 볼 컨트롤과 패싱력을 자랑한다. 좁은 공간에서 현란한 발놀림으로 압박에서 벗어난다. 오프 더 볼 상황에서 민첩한 움직임으로 공간을 찾고 템포가 빠른 슛을 시도한다. 2020년 대표팀 역사상 최연소로 유로 대회 참가했다. 2021년 골든 보이 수상자. 시장 가치는 8000만 유로, 추정 연봉은 838만 유로.

슈팅-득점	2023-24시즌 FC 바르셀로나					위치
12-4		⏱	A	P	P%	CM
3-0		16-8 1476	2	48.6-42.8	88%	AM
● 15-4	LG-4	DR	TK	IC	🟨🟥 ★	LW
● 0-0	RG-0	1.6-0.8	2.2-1.4	0.6	3-0 1	
● 0-0	HG-0					

G	A	SH	SG	PC	P%	LC	L%	SC	BT	DC	TK	IC	BR
상위	상위	하위	상위	상위	상위	상위	상위	상위	상위	상위	하위	하위	상위
9%	5%	39%	34%	12%	26%	24%	2%	7%	12%	26%	41%	39%	33%

Rodrigo DE PAUL
평점 6.78
로드리고 데 폴
1994.05.25 / 180cm

라 리가의 대표적인 패셔니스타. 화려한 헤어 스타일과 잘생긴 외모로 화보 잡지 모델로도 활약한다. 왕성한 스테미너를 기반으로 넓은 범위를 커버한다. 67%의 태클 성공률을 기록했고 59번의 파울을 얻기도 했다. 기본기가 좋아 패스의 강도와 방향 선택이 뛰어나다. 아르헨티나 대표팀 소속에서 코파 아메리카, 2022년 카타르 월드컵에서 우승을 경험했다. 시장 가치는 3000만 유로, 추정 연봉은 667만 유로.

슈팅-득점	2023-24시즌 아틀레티코 마드리드					위치
16-1		⏱	A	P	P%	CM
14-2		25-9 2088	5	43.4-37.3	86%	AM LM
● 30-3	LG-0	DR	TK	IC	🟨🟥 ★	RM
● 1-0	RG-3	1.6-0.8	1.6-0.9	0.3	7-0 2	
● 0-0	HG-0					

G	A	SH	SG	PC	P%	LC	L%	SC	BT	DC	TK	IC	BR
상위	상위	상위	상위	상위	하위	상위	상위	상위	상위	상위	상위	상위	상위
25%	19%	25%	41%	20%	49%	11%	35%	17%	16%	19%	5%	8%	29%

Guido RODRÍGUEZ
평점 6.77
기도 로드리게스
1994.04.12 / 185cm

아르헨티나 명문 리버 플레이트의 아카데미 출신. 2019년 레알 베티스와 계약을 맺었다. 상대의 볼 흐름을 끊고 곧바로 전진 패스를 시도한다. 패스의 정확도가 높고, 후방 빌드업에도 관여한다. 시즌 중반 발목 골절로 3달 결장했다. 다시 경기력을 올리는데 성공했고, 코파 아메리카 2024 최종 엔트리에도 포함되었다. 이탈리아와 아르헨티나의 이중 국적자. 시장 가치는 2000만 유로, 추정 연봉은 170만 유로.

슈팅-득점	2023-24시즌 레알 베티스					위치
10-2		⏱	A	P	P%	CM
8-0		22-2 1852	0	43.1-37.1	86%	DM
● 18-2	LG-0	DR	TK	IC	🟨🟥 ★	
● 0-0	RG-2	0.6-0.4	3.1-2.2	1.2	6-0 1	
● 0-0	HG-0					

G	A	SH	SG	PC	P%	LC	L%	SC	BT	DC	TK	IC	BR
상위	하위	하위	상위	상위	상위	상위	상위	하위	상위	상위	상위	상위	상위
44%	29%	38%	47%	41%	38%	38%	5%	44%	36%	22%	13%	5%	4%

Pablo BARRIOS
평점 6.77
파블로 바리오스
2003.06.15 / 181cm

볼 관리 능력이 뛰어나다. 상대가 예측하는 순간, 한 번 더 방향 전환을 시도한다. 간결한 터치와 상체 무브먼트만으로도 탈압박을 해낸다. 드리블 스킬이 좋아 리그에서 35번의 성공을 기록했다. 활동량이 좋아 수비의 깊은 위치까지 커버한다. 다만 적극적인 압박에는 고전하는 모습. 아틀레티코 유소년 팀 출신. 팀이 주도적으로 성장을 돕고 있다. 시장 가치는 2500만 유로, 추정 연봉은 115만 유로.

슈팅-득점	2023-24시즌 아틀레티코 마드리드					위치
7-0		⏱	A	P	P%	CM
10-0		17-7 1559	1	35.0-30.1	86%	RM
● 17-0	LG-0	DR	TK	IC	🟨🟥 ★	
● 0-0	RG-0	2.0-1.5	2.8-1.9	1.3	5-0 0	
● 0-0	HG-0					

G	A	SH	SG	PC	P%	LC	L%	SC	BT	DC	TK	IC	BR
하위	상위	상위	상위	상위	상위	상위	상위	상위	상위	상위	하위	상위	하위
38%	44%	46%	25%	39%	42%	45%	29%	49%	37%	2%	6%	6%	44%

Boubacar KAMARA
평점 6.76
부바카르 카마라
1999.11.23 / 184cm

아스톤 빌라 중원의 만능 열쇠. 상대가 볼을 잡는 즉시 압박한다. 축구 지능이 높고 전술적 이해도가 제법이다. 크루이프 턴과 같은 고급 드리블 기술로 탈압박에 성공한다. 리그 20경기 모두 선발 출전했지만, 2월 십자 인대 파열로 시즌 아웃 판정을 받았다. 세네갈계의 프랑스 선수. 17세부터 잠재력을 인정받았으며 프랑스 연령별 대표팀에 꾸준히 차출되었다. 시장 가치는 3800만 유로, 추정 연봉은 906만 유로.

슈팅-득점	2023-24시즌 애스턴 빌라					위치
3-0		⏱	A	P	P%	CM
2-0		20-0 1662	1	51.4-45.8	89%	DM CB
● 5-0	LG-0	DR	TK	IC	🟨🟥 ★	LB
● 0-0	RG-0	1.5-0.7	3.4-2.3	1.1	7-1 1	
● 0-0	HG-0					

G	A	SH	SG	PC	P%	LC	L%	SC	BT	DC	TK	IC	BR
하위	상위	하위	하위	상위	상위	상위	상위	상위	상위	상위	상위	상위	상위
11%	37%	1%	3%	28%	13%	44%	32%	39%	36%	41%	29%	33%	34%

Konrad LAIMER
평점 6.76
콘라트 라이머
1997.05.27 / 180cm

2023년 바이에른으로 이적할 당시 24번을 선택했다. 하지만 공석이 된 27번으로 바꿨고, 라이프치히와 잘츠부르크에서부터 달던 번호였다. 생일과 같은 이유로도 아꼈다. 순조로운 시작은 경기력으로도 이어졌다. 미드필더 진영에서 굳은 일을 마다하지 않았다. 상황에 따라서는 수비수와 풀백도 소화했다. 패스 성공률은 90%에 육박했다. 오스트리아의 대표적인 미드필더. 시장 가치는 3000만 유로, 추정 연봉은 900만 유로.

슈팅-득점	2023-24시즌 바이에른 뮌헨					위치
11-0		⏱	A	P	P%	DM
6-0		18-11 1770	3	46.1-41.5	90%	CM RB
● 17-0	LG-0	DR	TK	IC	🟨🟥 ★	RW
● 0-0	RG-0	1.7-0.8	3.0-1.9	0.6	5-0 0	
● 0-0	HG-0					

G	A	SH	SG	PC	P%	LC	L%	SC	BT	DC	TK	IC	BR
하위	상위	상위	상위	상위	상위	상위	상위	상위	상위	상위	상위	상위	하위
11%	25%	22%	26%	12%	17%	17%	29%	31%	13%	17%	9%	49%	43%

유럽 5대리그 미드필더 항목별 랭킹(90분 기준 기록, 100분율)

Lucas ROBERTONE
루카스 로베르토네 1997.05.18 / 169cm
평점 6.76

남미 출신답게 화려한 개인기가 탑재된 중앙 미드필더. 어려운 상황에서도 몇 번의 터치로 압박에서 벗어난다. 2.17의 xA 값을 넘어 5개의 도움을 기록했다. 163개의 리커버리와 161개의 볼 경합 성공은 팀에서 얼마나 필요한 존재인지 알 수 있는 부분이다. 2020년 알메리아로 이적한 후 팀의 1부 리그 승격에 일조했다. 팀의 주장으로 리그 33경기에 출전했다. 시장 가치는 700만 유로, 추정 연봉은 110만 유로.

슈팅-득점		2023-24시즌 알메리아					위치
6-0		29-4	2392	5	38.6-32.8	85%	DM
31-0							CM
37-0	LG-0	DR	TK	IC	🟨	⭐	AM
3-0	RG-0	0.6-0.2	2.6-1.8	1.5	11-0	2	
0-0	HG-0						

G	A	SH	SG	PC	P%	LC	L%	SC	BT	DC	TK	IC	BR
하위	상위	상위	상위	상위	상위	상위	하위	상위	하위	상위	하위	상위	상위
11%	1%	26%	18%	40%	23%	36%	33%	46%	16%	31%	3%	38%	

Idrissa GUEYE
이드리사 게이 1989.09.26 / 174cm
평점 6.75

2024년 5월 에버튼과 계약 연장에 성공했다. 시즌 내내 각종 부상에 시달렸지만, 팀은 가장 높은 평점을 기록했다. 엄청난 활동량으로 그라운드를 누비는 미드필더. 공수의 밸런스가 좋고 상대 공격 루트를 미리 파악하는 것이 특기. 포백을 보호하며 클리어링에 주력하는 모습도 잦다. 세네갈 국가 대표팀 역사상 처음으로 센추리 클럽에 가입했다. 시장 가치는 300만 유로, 추정 연봉은 492만 유로.

슈팅-득점		2023-24시즌 에버튼					위치
8-2		24-1	1896	0	35.0-30.1	86%	CM
18-2							DM
26-4	LG-1	DR	TK	IC	🟨	⭐	
1-1	RG-3	1.0-0.4	3.6-2.9	1.1	8-0	1	
0-0	HG-0						

G	A	SH	SG	PC	P%	LC	L%	SC	BT	DC	TK	IC	BR
상위	하위	상위	상위	상위	상위	상위	하위	상위	상위	상위	상위	상위	하위
10%	9%	39%	46%	39%	40%	4%	38%	46%	36%	42%	4%	19%	1%

Kobbie MAINOO
코비 마이누 2005.04.19 / 175cm
평점 6.75

맨유와 잉글랜드 대표팀의 라이징 스타. 강호 벨기에와의 국가 대표팀 데뷔전에서 맨 오브 매치에 선정되기도 했다. 볼 관리 능력이 우수하다. 볼을 받기 전 미리 상대의 동선을 파악한 후 탈압박을 시도한다. 직접 박스 안으로 침투하여 중거리 슛을 노리며 드리블 스킬도 뛰어나다. 가나와 잉글랜드의 이중 국적자. 유로 2024 명단에 가장 어린 선수로 소집되었다. 시장 가치는 5000만 유로, 추정 연봉은 123만 유로.

슈팅-득점		2023-24시즌 맨체스터 Utd.					위치
5-3		24-0	1942	1	35.9-31.2	87%	DM
6-0							CM
11-3	LG-0	DR	TK	IC	🟨	⭐	
0-0	RG-3	2.4-1.3	3.1-2.1	0.9	3-0	0	
0-0	HG-0						

G	A	SH	SG	PC	P%	LC	L%	SC	BT	DC	TK	IC	BR
상위	상위	하위	상위	상위	상위	하위	상위	상위	하위	상위	상위	상위	하위
23%	32%	12%	37%	35%	28%	4%	49%	27%	8%	35%	42%	5%	13%

Edson ÁLVAREZ
에드손 알바레스 1997.10.24 / 190cm
평점 6.75

수비형 미드필더와 센터백, 풀백도 소화 가능하다. 포지션 이해도가 좋고, 경기 시작 전 감독의 의중을 잘 파악한다. 다부진 체격과 일대일 대인 마킹이 제법이다. 팀의 전체적인 흐름을 조율하고 패스의 방향 선택이 좋은 편. 다만 플레이가 거칠다. 리그에서 5번째로 많은 경고를 받았다. 멕시코 국가 대표팀 소속으로 2018년과 2022년 월드컵에 참가했다. 시장 가치는 3500만 유로, 추정 연봉은 615만 유로.

슈팅-득점		2023-24시즌 웨스트햄 Utd.					위치
7-1		28-3	2385	1	38.7-33.3	86%	DM
10-0							CM
17-1	LG-0	DR	TK	IC	🟨	⭐	CB
0-0	RG-1	1.4-0.9	3.7-2.7	1.3	11-0	0	
0-0	HG-0						

G	A	SH	SG	PC	P%	LC	L%	SC	BT	DC	TK	IC	BR
상위	하위	하위	상위	상위	상위	상위	상위	상위	상위	상위	상위	상위	상위
48%	42%	19%	15%	49%	30%	4%	36%	6%	42%	24%	11%	12%	32%

Fabián RUIZ
파비안 루이스 1996.04.03 / 189cm
평점 6.75

스페인 출신의 패스 테크닉이 우수한 미드필더. 정확도가 높은 왼발 킥은 최고의 장점. 90%가 넘는 패스 성공률을 기록했고, 볼 터치도 많이 가지고 가는 편이다. 빌드업의 시작점이 되기도 하며 뛰어난 축구 지능으로 공간으로 때려주는 패스가 일품. 하지만 주력이 느려 역습 상황에서 아쉬운 모습을 보인다. 지난 시즌 어깨 탈구 부상으로 한달 결장했다. 시장 가치는 3000만 유로, 추정 연봉은 909만 유로.

슈팅-득점		2023-24시즌 PSG					위치
6-1		14-7	1195	3	40.9-36.8	90%	CM
13-0							DM
19-1	LG-1	DR	TK	IC	🟨	⭐	LM
0-0	RG-0	1.0-0.8	2.6-1.6	0.5	3-0	1	RM
0-0	HG-0						

G	A	SH	SG	PC	P%	LC	L%	SC	BT	DC	TK	IC	BR
상위	하위	상위	상위	상위	상위	하위	상위	상위	상위	상위	상위	상위	상위
39%	6%	18%	43%	4%	12%	34%	12%	29%	6%	15%	28%	47%	30%

Weston MCKENNIE
웨스턴 맥캐니 1998.08.28 / 185cm
평점 6.75

적재적소의 활약을 펼쳤다. 부상 선수의 이탈로 풀백에서 경기에 출전했다. 골을 못 넣었지만 3.16의 xA 값을 넘어 7개의 어시스트를 기록했다. 넘치는 활동량을 기반으로 한 박스 투 박스 미드필더. 몸싸움이나 공중볼 다툼에서 밀리지 않는 집념을 가졌다. 볼만 건드리는 태클을 잘하며 공간을 만든 뒤 시도하는 크로스도 좋다. 2021년 북중미 골드컵의 챔피언이다. 시장 가치는 2800만 유로, 추정 연봉은 321만 유로.

슈팅-득점		2023-24시즌 유벤투스					위치
21-0		29-5	2603	7	27.7-22.4	81%	CM
2-0							RM
23-0	LG-0	DR	TK	IC	🟨	⭐	AM
0-0	RG-0	1.6-0.5	1.7-1.4	0.6	6-0	1	CB
0-0	HG-0						

G	A	SH	SG	PC	P%	LC	L%	SC	BT	DC	TK	IC	BR
하위	상위	상위	상위	상위	하위	상위	상위	상위	상위	상위	상위	상위	하위
11%	7%	32%	26%	21%	19%	4%	27%	32%	23%	50%	31%	20%	4%

Ellyes SKHIRI
평점 6.75
엘리스 스키리 1995.05.10 / 185cm

튀니지계 부친과 프랑스 국적을 가진 모친 덕분에 이중 국적을 가졌다. 2014년 튀니지의 올림픽 대표팀에 차출되었고, 국가 대표팀도 같았다. 2018년과 2022년 2번의 월드컵에 참가했다. 센터백과 호흡이 좋아 후방 빌드업에 관여한다. 185cm의 단단한 피지컬을 기반으로 상대와의 몸싸움에 물러서지 않는다. 수비형 미드필더임에도 반칙과 옐로우 카드가 적은 편. 시장 가치는 1100만 유로, 추정 연봉은 280만 유로.

슈팅-득점		2023-24시즌 프랑크푸르트					위치
10-1		24-3	2170		A	P	CM
8-1						47.4-39.5 84%	DM
18-2	LG-0	DR	TK	IC		★	
1-0	RG-2	0.6-0.4	2.3-1.7	1.4	1-0	0	
0-0	HG-0						

G	A	SH	SG	PC	P%	LC	L%	SC	BT	DC	TK	IC	BR
상위	하위	하위	상위	상위	상위	하위	하위	하위	상위	하위	상위	하위	상위
44%	49%	29%	46%	38%	43%	40%	39%	23%	37%	39%	40%	8%	20%

Julian WEIGL
평점 6.74
율리안 바이글 1995.09.08 / 186cm

1860 뮌헨의 유스 출신으로 1군 로스터에 등록되고 나서 다음 시즌 주장 완장도 찼다. 당시 구단 역사상 최연소 캡틴이었다. 상대의 움직임을 미리 예측해 태클을 한다. 후방 깊숙히 위치해서 포백 보호에 앞장선다. 직접 볼을 몰고 전진하는 것보다는 전진 패스로 공격을 지원한다. 하지만 경고가 많은 편. 지난 시즌 묀헨글라드바흐로 완전 이적했다. 시장 가치는 600만 유로, 추정 연봉은 396만 유로.

슈팅-득점		2023-24시즌 묀헨글라트바흐					위치
5-2		31-0	2766	3	A	P	CM
14-0						47.3-42.1 89%	DM
19-2	LG-0	DR	TK	IC		★	CB
1-0	RG-2	0.8-0.5	3.1-2.2	1.5	10-0	0	
2-2	HG-0						

G	A	SH	SG	PC	P%	LC	L%	SC	BT	DC	TK	IC	BR
상위	상위	하위	상위	상위	하위	상위	상위	상위	상위	하위	상위	하위	하위
50%	44%	14%	18%	42%	13%	30%	9%	21%	33%	41%	10%	40%	40%

Maximilian ARNOLD
평점 6.74
막시밀리안 아놀트 1994.05.27 / 184cm

볼프스부르크의 원 클럽 맨. 구단 서포터즈가 가장 사랑하는 선수. 유소년 팀 시절부터 지금까지 팀에 대한 헌신도가 높다. 왕성한 스테미너와 넓은 활동 반경으로 중원을 커버한다. 투박하지만 강력한 맨 마킹이 트레이드 마크. 세트 피스 상황에서 빛나는 왼발 킥은 분데스리가에서 상위권. 106번의 로빙 패스 성공, 85% 패스 성공률을 자랑한다. 시장 가치는 700만 유로, 추정 연봉은 550만 유로.

슈팅-득점		2023-24시즌 볼프스부르크					위치
1-0		27-3	2504		A	P	CM
31-2						48.6 86%	DM
32-2	LG-2	DR	TK	IC		★	RM
8-1	RG-0	0.4-0.2	2.7-1.7	0.8	9-0	1	
0-0	HG-0						

G	A	SH	SG	PC	P%	LC	L%	SC	BT	DC	TK	IC	BR
상위	하위	상위	상위	상위	상위	상위	상위	상위	상위	상위	상위	상위	상위
47%	24%	45%	25%	35%	40%	6%	27%	30%	35%	10%	41%	44%	34%

Dani PAREJO
평점 6.74
다니 파레호 1989.04.16 / 182cm

2023년 3월 구단과 3년 재계약에 서명했다. 동료와 주고 받는 패스를 통해 빌드업을 이어간다. 패스의 구질과 방향, 세기 모두 리그 상위권. 1601개의 패스를 성공시켰고 정확도는 90%가 넘었다. 팀의 PK 전담 키커로 3골을 성공시켰다. 레알 마드리드 카스티야 출신. 발렌시아의 주장으로 383경기를 뛰고 비야레알로 합류했다. 2007년 19세 이하의 유럽 선수권 챔피언. 시장 가치는 250만 유로, 추정 연봉은 313만 유로.

슈팅-득점		2023-24시즌 비야레알					위치
4-3		29-4	2588	5	A	P	CM
8-0						53.8-48.4 90%	DM
12-3	LG-0	DR	TK	IC		★	
2-0	RG-3	0.9-0.6	2.1-1.3	0.6	4-0	1	
3-3	HG-0						

G	A	SH	SG	PC	P%	LC	L%	SC	BT	DC	TK	IC	BR
상위	상위	상위	상위	상위	상위	상위	상위	상위	상위	상위	상위	상위	상위
31%	23%	6%	15%	16%	19%	5%	28%	24%	50%	22%	30%	30%	36%

Nabil BENTALEB
평점 6.73
나빌 벤탈렙 1994.11.24 / 187cm

토트넘 아카데미 출신이지만 출생지는 프랑스 릴. 2023년 자신의 고향으로 돌아왔다. 시즌 초반 종아리 부상으로 한달 결장했다. 그 후 경기력을 끌어올린 뒤 주전으로 시즌을 마쳤다. 187cm의 큰 키와 유연한 몸놀림이 인상적이다. 3선에서 측면으로 연결하는 로빙 패스, 역습 상황을 만드는 전진 패스가 좋다. 알제리계 프랑스 국적자로 알제리 대표팀을 선택했다. 시장 가치는 1000만 유로, 추정 연봉은 100만 유로.

슈팅-득점		2023-24시즌 릴 OSC					위치
0-0		23-3	1968	3	A	P	CM
10-0						55.6-47.8 86%	DM
10-0	LG-0	DR	TK	IC		★	
1-0	RG-0	0.7-0.5	2.7-1.9	1.4	7-0	1	
0-0	HG-0						

G	A	SH	SG	PC	P%	LC	L%	SC	BT	DC	TK	IC	BR
하위	상위	하위	하위	상위	상위	상위	상위	상위	하위	상위	상위	하위	상위
11%	27%	8%	9%	15%	32%	6%	21%	20%	15%	49%	35%	7%	24%

Yacine ADLI
평점 6.73
야신 아들리 2000.07.29 / 186cm

밀란의 딥-라잉 미드필더. 공격 가담을 최대한 배제하고 3선에서 수비진 지원과 경기 조율을 맡았다. 볼을 가진 상태에서 유연한 몸놀림을 보여준다. 볼 간수 능력이 좋고 88%의 패스 성공률을 기록했다. 186cm의 장신으로 60%의 공중볼 경합 성공률과 제공권에서 우위를 보였다. PSG 유스 출신. 한국 팬에게 익숙한 건, 보르도에서 황희찬과 호흡을 맞췄다. 시장 가치는 3000만 유로, 추정 연봉은 103만 유로.

슈팅-득점		2023-24시즌 AC 밀란					위치
2-1		17-7	1413	2	A	P	CM
2-0						51.7-46.0 89%	DM
4-1	LG-1	DR	TK	IC		★	
0-0	RG-0	1.4-0.9	2.4-1.5	0.8	3-0	1	
0-0	HG-0						

G	A	SH	SG	PC	P%	LC	L%	SC	BT	DC	TK	IC	BR
하위	상위	하위	상위	상위	상위	상위	상위	상위	상위	하위	상위	상위	하위
40%	41%	6%	11%	5%	26%	3%	36%	4%	9%	40%	25%	40%	49%

유럽 5대리그 미드필더 항목별 랭킹 (90분 기준 기록, 100분율)

Lamine CAMARA
평점 6.73
라민 카마라 2004.01.01 / 173cm

세네갈 대표팀의 미래. 2022년 U-20 아프리카 네이션스 컵에서 우승을 차지했다. 다음 해 아프리카 네이션스 컵에서 최연소 선수로 소집되었다. 결과는 아쉬웠다. 공수의 밸런스가 잡힌 박스 투 박스 미드필더. 볼 터치가 부드럽고 순간적인 턴으로 상대의 압박을 이겨낸다. 킥이 정교해 세트 피스 상황에서 직접 해결하기도 한다. 2022년 메츠의 승격을 함께했다. 시장 가치는 1000만 유로, 추정 연봉은 13만 유로.

슈팅-득점		2023-24시즌 메스					위치
4-0		26-5	2266	4	27.8-22.0	79%	CM
26-1							AM
● 30-1	LG-0	DR	TK	IC		★	DM
● 4-0	RG-1						
● 0-0	HG-0	1.9-0.8	2.8-2.0	0.9	3-0		

G	A	SH	SG	PC	P%	LC	L%	SC	BT	DC	TK	IC	BR
하위	상위	상위	상위	하위	하위	하위	상위	하위	하위	상위	상위	상위	하위
33%	20%	44%	48%	16%	7%	13%	35%	33%	30%	29%	23%	34%	8%

Aleksandar PAVLOVIC
평점 6.73
알렉산다르 파블로비치 2004.05.03 / 188cm

2023-24 시즌 뮌헨이 발견한 보물. 1군 로스터에 등록되고 2경기 연속골에 성공했다. 팀 전술 특성상 센터백의 전방 침투가 이루어지면, 그 자리를 묵묵히 메꾼다. 패스의 방향 선택이 좋아 후방 빌드업 시 강점을 보인다. 상대가 볼을 잡기 전 미리 예측하고 커팅을 한다. 태클의 성공률도 높은 편. 유로 2024 합류가 유력했으나, 편도선염 부상으로 함께하지 못했다. 시장 가치는 3000만 유로, 추정 연봉은 180만 유로.

슈팅-득점		2023-24시즌 바이에른 뮌헨					위치
5-2		14-5	1231	3	49.5-46.5	94%	CM
3-0							DM
● 8-2	LG-1	DR	TK	IC		★	
● 0-0	RG-0						
● 0-0	HG-0	0.6-0.3	2.3-1.5	0.9	6-0		

G	A	SH	SG	PC	P%	LC	L%	SC	BT	DC	TK	IC	BR
상위	상위	하위	하위	상위	하위	상위	상위	하위	상위	하위	상위	하위	하위
28%	32%	11%	15%	7%	1%	0%	2%	35%	8%	31%	40%	27%	40%

Íñigo Ruíz de GALARRETA
평점 6.72
이니고 루이스 데갈라레타 1993.08.06 / 175cm

체격은 작지만 무게 중심이 낮아 볼을 간수하는 능력이 좋다. 동료와 연결하는 2대1 패스로 압박을 벗어나며 중장거리 패스의 시도가 많은 편. 공수의 역할 모두 수행할 수 있다. 아틀레틱 빌바오의 유소년 팀 출신. 줄곧 하부 리그에서 뛰었지만 2023년 다시 팀으로 돌아왔다. 마요르카에서 주목을 받기 시작했다. 전형적인 대기 만성형의 선수. 시장 가치는 500만 유로, 추정 연봉은 76만 유로.

슈팅-득점		2023-24시즌 아슬레틱 빌바오					위치
1-0		25-4	2106	1	40.4-33.5	83%	DM
10-1							CM
● 11-1	LG-0	DR	TK	IC		★	
● 0-0	RG-1						
● 0-0	HG-0	1.1-0.8	2.7-1.7	0.4	7-0		0

G	A	SH	SG	PC	P%	LC	L%	SC	BT	DC	TK	IC	BR
하위	하위	하위	하위	상위	하위	하위	하위	하위	하위	하위	상위	하위	상위
34%	30%	9%	7%	42%	35%	26%	43%	48%	45%	26%	43%	11%	22%

Enzo FERNÁNDEZ
평점 6.72
엔소 페르난데스 2001.01.17 / 178cm

시즌 시작 전 등번호를 8번으로 바꿨다. 구단 레전드 램파드의 번호와 같아 상징성도 부여됐다. 공수의 밸런스가 뛰어난 미드필더. 전진 드리블, 후방 조율, 패스 게임에서 강점을 나타낸다. 박스 안팎을 가리지 않고 슈팅을 시도한다. 낮게 깔린 슈팅과 파 포스트를 노리는 감아차기가 좋은 편. 하지만 경기가 과열되면 플레이가 거칠어진다. 4월에 탈장 수술을 받았다. 시장 가치는 7500만 유로, 추정 연봉은 1107만 유로.

슈팅-득점		2023-24시즌 첼시					위치
23-3		26-2	2215	2	64.0-55.7	87%	CM
24-0							DM
● 47-1	LG-0	DR	TK	IC		★	AM
● 2-0	RG-2						
● 2-1	HG-1	1.6-0.8	3.2-1.9	0.6	7-0		1

G	A	SH	SG	PC	P%	LC	L%	SC	BT	DC	TK	IC	BR
상위	상위	상위	상위	상위	하위	상위	상위	상위	상위	상위	상위	상위	하위
30%	49%	11%	2%	8%	40%	2%	22%	6%	28%	48%	0%	24%

Jonathan BAMBA
평점 6.72
조너선 밤바 1996.05.26 / 175cm

코트디부아르계 프랑스 국적 선수. 셍테티엔 유스 출신이다. 2018년 릴에 입단해 프랑스 리그 상위권 윙 포워드로 활약했다. 2023-24 시즌 FA 계약으로 셀타 비고에 입단했다. 2선 공격수보다는 측면에서 더 위력적. 빠른 가속도와 현란한 개인 기술, 여러 구질의 크로스를 시도한다. 유효 슈팅의 비율이 적은 편이고 드리블 돌파 시도가 많은 것에 비해 성공 확률은 낮다. 시장 가치는 900만 유로, 추정 연봉은 416만 유로.

슈팅-득점		2023-24시즌 셀타 비고					위치
24-2		24-3	1997	2	26.0-21.1	81%	LM
17-1							CM
● 41-3	LG-1	DR	TK	IC		★	LW
● 0-0	RG-2						AM
● 0-0	HG-0	3.8-1.7	1.1-0.5	0.7			RM
							RW

G	A	SH	SG	PC	P%	LC	L%	SC	BT	DC	TK	IC	BR
상위	상위	상위	하위	하위	하위	하위	하위	하위	하위	하위	하위	하위	하위
24%	46%	9%	8%	12%	19%	8%	28%	15%	14%	3%	1%	40%	14%

Remo FREULER
평점 6.72
레모 프로일러 1992.04.15 / 180cm

볼로냐 돌풍의 주요 엔진. 높은 스테미너와 왕성한 신체 에너지로 경기장을 누빈다. 볼 관리 능력이 뛰어나고 3선에서 한 번에 연결하는 전진 패스가 좋다. 양발을 잘 쓰며 중장거리 패스 시도시 슈팅 모션이 큰 편. 50번의 태클에 성공했고, 성공률은 64%로 기록되었다. 스위스 국가 대표팀의 주전 미드필더. 총 2번의 월드컵과 2번의 유로 대회에 참가했다. 시장 가치는 650만 유로, 추정 연봉은 185만 유로.

슈팅-득점		2023-24시즌 볼로냐					위치
8-1		30-2	2632	1	58.5-53.2	91%	CM
6-0							DM
● 14-1	LG-1	DR	TK	IC		★	
● 0-0	RG-0						
● 0-0	HG-0	0.4-0.3	3.4-2.4	1.1	9-0		1

G	A	SH	SG	PC	P%	LC	L%	SC	BT	DC	TK	IC	BR
상위	하위	하위	하위	하위	하위	상위	하위	상위	상위	하위	하위	상위	하위
28%	22%	10%	19%	13%	7%	13%	34%	31%	24%	12%	16%	29%	16%

○ 유럽 5대리그 미드필더 항목별 랭킹(90분 기준 기록, 100분율)

Ivan ILIĆ
평점 6.72
이반 일리치 2001.03.17 / 186cm

세르비아 대표팀의 주전 미드필더. 탄탄한 체구를 가져 상대와의 몸싸움을 피하지 않는다. 오프 더 볼 상황에서 공간 창출이 좋다. 볼을 잡기 전 미리 상대의 위치를 파악해 볼 터치를 가져간다. 페널티 박스 밖에서 시도하는 오른발 중거리 슛은 강력한 무기. 즈베즈다에서 프로에 데뷔. 당시 구단 역사상 최연소의 나이로 로스터에 등록되었다. 시장 가치는 1800만 유로, 추정 연봉은 154만 유로.

2023-24시즌 토리노 / 위치 CM, DM
슈팅-득점: 7-2 / 20-1
25-6 / 2103 / A 2 / P 39.8-34.2 / P% 86%
● 27-3 LG-2
● 6-0 RG-0
● 0-0 HG-1
DR 1.1-0.6 / TK 1.2-0.7 / IC 0.6 / 3-0 / ★ 2

G	A	SH	SG	PC	P%	LC	L%	SC	BT	DC	TK	IC	BR
상위	상위	상위	상위	하위	상위	하위	하위	상위	상위	하위	하위	상위	하위
27%	49%	44%	20%	33%	46%	43%	22%	26%	33%	39%	39%	43%	17%

Leandro PAREDES
평점 6.71
레안드로 파레데스 1994.06.29 / 180cm

산전수전을 다 겪었다. 아르헨티나 명문 보카 주니어스 출신으로 2014년 로마와 계약을 체결했다. 유럽의 굵직한 클럽에서 뛰다가 다시 로마로 합류했다. 수비적인 밸런스가 좀 더 높다. 안정적인 볼 탈취 후 로빙 패스, 킬 패스를 시도한다. 세트 피스 상황에서 전담 키커로 활약하며 팀 내 중요한 옵션으로 자리잡았다. 지난 시즌의 패스 성공률은 90%에 육박한다. 시장 가치는 800만 유로, 추정 연봉은 577만 유로.

2023-24시즌 AS 로마 / 위치 CM, DM
슈팅-득점: 6-3 / 26-0
32-2 / 2646 / A 1 / P 60.4-54.4 / P% 90%
● 32-3 LG-0
● 4-0 RG-3
● 3-3 HG-0
DR 0.5-0.2 / TK 3.1-1.8 / IC 0.9 / 15-1 / ★ 0

G	A	SH	SG	PC	P%	LC	L%	SC	BT	DC	TK	IC	BR
상위	하위	상위	하위	상위	상위	하위	하위	상위	상위	하위	상위	상위	상위
29%	18%	39%	22%	8%	15%	4%	31%	40%	10%	14%	38%	30%	33%

Eric MARTEL
평점 6.71
에릭 마르텔 2002.04.29 / 188cm

187cm의 장신. 월등한 피지컬로 상대와의 볼 다툼에서 우위를 점한다. 공중볼 경합을 71번이나 이길 정도로 제공권이 좋다. 수비형 미드필더와 센터백 모두 소화한다. 후방 빌드업을 시도할 때 측면으로 열어주는 시도가 많다. 라이프치히 유소년 팀 출신. 독일 청소년 대표팀에서 꾸준히 부름받았다. U-21 팀에서 주전으로 출전하고 있다. 안타깝게 팀은 강등되었다. 시장 가치는 750만 유로, 추정 연봉은 27만 유로.

2023-24시즌 FC 쾰른 / 위치 CM, DM
슈팅-득점: 15-1 / 12-0
29-1 / 2464 / A 1 / P 36.4-30.2 / P% 83%
● 27-1 LG-0
● 0-0 RG-1
● 0-0 HG-0
DR 0.6-0.2 / TK 3.3-2.3 / IC 1.4 / 6-0 / ★ 1

G	A	SH	SG	PC	P%	LC	L%	SC	BT	DC	TK	IC	BR
하위	하위	상위	하위	하위	상위	하위	하위	상위	상위	상위	하위	상위	하위
30%	26%	44%	9%	28%	9%	7%	16%	10%	39%	11%	19%	9%	45%

Nemanja MAKSIMOVIĆ
평점 6.71
네마냐 막시모비치 1995.01.26 / 189cm

세르비아의 황금 세대 일원. 2013년 21세 이하의 유럽 선수권과 2015년 FIFA U-20 월드컵에서 정상에 올랐다. 당시 브라질과의 결승전에서 118분에 결승골을 넣어 화제가 되었다. 지난 시즌 팀 내 필드 플레이어 중 가장 많은 시간을 출전했다. 전술적인 상황에 맞춰 수비형 미드필더와 3백의 센터백으로 출전했다. 높은 수준의 수비 스킬, 뛰어난 맨 마킹을 자랑한다. 시장 가치는 600만 유로, 추정 연봉은 208만 유로.

2023-24시즌 헤타페 / 위치 CM, AM, DM
슈팅-득점: 31-4
37-0 / 3272 / A 0 / P 27.6-22.6 / P% 82%
● 34-4 LG-1
● 0-0 RG-0
● 0-0 HG-3
DR 0.5-0.2 / TK 2.2-1.8 / IC 1.2 / 4-0 / ★ 2

G	A	SH	SG	PC	P%	LC	L%	SC	BT	DC	TK	IC	BR
상위	하위	상위	하위	상위	하위	상위	하위	상위	하위	상위	상위	상위	하위
33%	9%	42%	31%	5%	41%	40%	40%	37%	5%	37%	37%	26%	2%

Rocco REITZ
평점 6.71
로코 라이츠 1995.01.26 / 189cm

훌륭한 첫 시즌이었다. 묀헨글라트바흐의 로컬 보이. 어린 시절 내내 팀 아카데미에서 성장했다. 임대를 다녀온 후 기회를 받았고, 리그 34경기에 출전했다. 활동량이 많고 중원에서 커버하는 범위가 넓다. 짧은 볼 터치로 상대의 압박을 벗어난다. 3.68의 xG 값을 넘어 리그 6호골을 기록했다. 골문 앞에서 마무리가 좋은 편이다. 형인 토니 라이츠도 축구 선수다. 시장 가치는 1000만 유로, 추정 연봉은 72만 유로.

2023-24시즌 묀헨글라트바흐 / 위치 CM, DM, AM, RM
슈팅-득점: 18-6 / 15-0
24-10 / 2142 / A 3 / P 30.3-23.0 / P% 76%
● 33-6 LG-1
● 0-0 RG-4
● 0-0 HG-1
DR 1.5-0.7 / TK 2.6-1.8 / IC 2-0 / ★ 1

G	A	SH	SG	PC	P%	LC	L%	SC	BT	DC	TK	IC	BR
상위	상위	상위	상위	상위	하위	하위	상위	하위	상위	상위	하위	상위	상위
4%	31%	27%	10%	26%	14%	28%	24%	39%	48%	33%	19%	5%	7%

Mathias JENSEN
평점 6.71
마티아스 옌슨 1995.01.26 / 189cm

정교한 킥을 기반으로 팀 내 세트 피스 전담 키커로 활약한다. 중장거리 패스에 일가견이 있다. 최전방에서 공격 가담을 하다가 상황에 따라 센터백 위치까지 내려갈 정도로 뛴다. 빌드업에 가장 많이 기여하는 선수 중 하나. 2019년 당시 챔피언쉽의 브랜트포드에 합류했고 팀을 프리미어리그로 승격시키는데 기여했다. 덴마크 연령별 대표팀에 빠짐없이 차출되었다. 시장 가치는 2800만 유로, 추정 연봉은 307만 유로.

2023-24시즌 브렌트포드 / 위치 CM, DM
슈팅-득점: 5-2 / 9-1
27-5 / 2220 / A 3 / P 30.4-24.0 / P% 79%
● 14-3 LG-1
● 3-1 RG-2
● 0-0 HG-0
DR 1.4-0.7 / TK 3.8-1.8 / IC 0.7 / 5-0 / ★ 1

G	A	SH	SG	PC	P%	LC	L%	SC	BT	DC	TK	IC	BR
상위	상위	하위	상위	하위	하위	상위	하위	상위	상위	하위	상위	상위	하위
29%	33%	15%	47%	38%	7%	31%	16%	50%	44%	38%	48%	26%	26%

유럽 5대리그 미드필더 항목별 랭킹(90분 기준 기록, 100분율)

전체 슈팅 시도-득점	직접프리킥 시도-득점	PK 시도-득점	LG 완쪽발 득점	RG 오른발 득점	HG 헤더 득점	출전횟수 (선발·교체)	출전시간 (MIN)	A 도움	P 평균 패스 시도	P% 평균 패스 성공률	DR 평균드리블 시도-성공	TK 평균태클 시도-성공	IC 평균 인터셉트	경고·퇴장	★ 페어플레이	MOM	G 득점	A 도움	SH 유효 슈팅	PC 패스 성공	P% 패스 성공률	LC 롱볼 성공	L% 롱볼 성공률	SC 슈팅기회 창출	BT 볼 터치	DC 드리블 성공	TK 태클	IC 인터셉트	BR 리커버리

Frank ANGUISSA — 평점 6.71
프랑크 앙기사 · 1995.11.16 / 184cm

팀 내 3번째로 많은 시간에 출전했다. 온 더 볼 상황에서 유연한 움직임과 센스있는 볼 터치를 보여준다. 패스 시도가 많은 편. 88%의 패스 성공률을 기록했다. 많은 활동량과 영리한 위치 선정을 바탕으로 상대 공격 루트를 차단한다. 마르세유에서 프로에 데뷔했다. 2021년 나폴리로 입단한 후 우승에 기여했다. 카메룬 국가 대표팀의 붙박이 미드필더. 시장 가치는 2800만 유로, 추정 연봉은 346만 유로.

슈팅-득점 / 2023-24시즌 나폴리 / 위치
21-0			A	P	P%	CM
12-0	32-2	2792	2	53.0-46.6	88%	DM

		DR	TK	IC		★
33-0	LG-0					
0-0	RG-0					
0-0	HG-0	1.8-0.7	2.8-1.8	0.8	2-0	0

G	A	SH	SG	PC	P%	LC	L%	SC	BT	DC	TK	IC	BR
하위	하위	상위	상위	상위	상위	상위	상위	상위	상위	하위	상위	상위	상위
23%	48%	47%	38%	26%	22%	23%	23%	35%	27%	35%	46%	46%	48%

Luca MAZZITELLI — 평점 6.71
루카 마치텔리 · 1995.11.16 / 184cm

프로시노네의 승격을 이끈 공신. 팀의 주장. 날카로운 전진 패스와 로빙 패스로 빌드업을 이끈다. 퍼스트 터치가 뛰어나고 넓은 시야와 패스 범위를 가졌다. 오른발 슛은 정확도가 높고 득점력도 갖추었다. 팀의 세트 피스 상황에서 전담 키커로 나선다. 로마의 유스 출신. 여러 클럽을 전전하다 프로시노네로 합류했다. 한 시즌 만에 팀은 강등됐지만, 충성도는 여전하다. 시장 가치는 400만 유로, 추정 연봉은 259만 유로.

슈팅-득점 / 2023-24시즌 프로시노네 / 위치
16-4			A	P	P%	CM
33-1	26-3	2223	0	43.4-33.4	77%	DM

		DR	TK	IC		★
49-5	LG-1					
3-1	RG-3					
0-0	HG-1	0.6-0.4	2.2-1.5	0.7	4-1	2

G	A	SH	SG	PC	P%	LC	L%	SC	BT	DC	TK	IC	BR
상위	상위	상위	상위	상위	상위	상위	하위	상위	상위	상위	상위	상위	하위
8%	9%	7%	5%	50%	11%	6%	30%	37%	32%	41%	36%	32%	

Manu KONÉ — 평점 6.71
마누 코네 · 2001.05.17 / 185cm

툴루즈에서 프로에 데뷔. 2021년 분데스리가의 묀헨글라트바흐와 계약했다. 아프리카 혈통의 탄탄한 피지컬, 현란한 드리블이 돋보이는 미드필더. 상대 선수를 제치고 비어있는 공간을 향해 직접 전진하여 슈팅까지 해낸다. 하지만 마인드 컨트롤을 하지 못해 과열된 양상에서 쉽게 흥분한다. 코트디부아르와 프랑스의 이중 국적자. 파리 올림픽 명단에도 합류했다. 시장 가치는 2000만 유로, 추정 연봉은 192만 유로.

슈팅-득점 / 2023-24시즌 묀헨글라트바흐 / 위치
13-0			A	P	P%	CM
11-1	18-4	1567	0	31.1-26.4	85%	DM

		DR	TK	IC		★
24-1	LG-0					
0-0	RG-1					
0-0	HG-0	3.1-1.7	2.4-2.0	0.7	4-1	0

G	A	SH	SG	PC	P%	LC	L%	SC	BT	DC	TK	IC	BR
하위	상위	상위	상위	상위	상위	하위	상위	상위	상위	상위	하위	상위	상위
45%	9%	28%	22%	29%	38%	14%	27%	20%	34%	2%	18%	45%	26%

Neil EL AYNAOUI — 평점 6.71
닐 엘안야위 · 2001.07.02 / 185cm

모로코 국가 대표팀의 미래. 중원에서 넘치는 활동량을 보여준다. 상대 볼을 커팅하여 곧바로 전진 패스로 시도한다. 오른발을 잘 사용하며 86%의 패스 성공률을 기록했다. 하지만 중장거리 패스 성공 확률은 낮은 편. 낭시 유스 출신. 2023년 랑스에 입단했다. 지난 시즌 팀의 중위권 도약에 기여. 아버지는 모로코 출신의 유명 테니스 선수, 유네스 엘안야위이다. 시장 가치는 800만 유로, 추정 연봉은 15만 유로.

슈팅-득점 / 2023-24시즌 랑스 / 위치
14-1			A	P	P%	CM
8-0	17-8	1567	2	26.4-23.0	87%	DM

		DR	TK	IC		★
22-1	LG-1					
0-0	RG-0					
0-0	HG-0	1.7-0.7	2.5-1.5	1.2	1-0	0

G	A	SH	SG	PC	P%	LC	L%	SC	BT	DC	TK	IC	BR
하위	상위	상위	상위	상위	상위	상위	상위	하위	상위	상위	상위	상위	하위
37%	45%	48%	9%	22%	39%	33%	33%	6%	19%	42%	39%	9%	32%

Amine HARIT — 평점 6.70
아민 하리트 · 1997.06.08 / 180cm

번뜩이는 센스가 돋보이는 공격형 미드필더. 측면과 2선 공격수, 상황에 따라서 8번 역할까지도 소화한다. 볼 다루는 기술이 좋고 드리블을 통해 전진하는 플레이가 일품. 프랑스 연령별 대표팀에 해마다 차출되었지만, 국가 대표팀은 모로코를 선택했다. 2018년과 2022년 월드컵에 참가. 2023-24시즌 6개의 어시스트를 기록해 유로파 리그의 도움왕에 랭크되었다. 시장 가치는 1500만 유로, 추정 연봉은 310만 유로.

슈팅-득점 / 2023-24시즌 마르세유 / 위치
22-1			A	P	P%	CM
11-0	21-7	1829	2	32.5-28.3	87%	AM
						LW

		DR	TK	IC		★	LM
33-1	LG-1						RW
1-0	RG-0						RM
0-0	HG-0	2.7-1.4	1.9-1.0	0.4	5-0	1	

G	A	SH	SG	PC	P%	LC	L%	SC	BT	DC	TK	IC	BR
하위	상위	상위	상위	상위	상위	상위	상위	상위	하위	상위	하위	하위	하위
46%	7%	30%	35%	46%	39%	24%	22%	9%	38%	4%	6%	13%	44%

Joelinton — 평점 6.70
조엘린톤 · 1996.08.14 / 186cm

각종 부상으로 신음한 시즌이었다. 허벅지 부상으로 3달 넘게 아웃되기도 했다. 리그 20경기만 출전했고 3개의 공격 포인트를 기록했다. 최전방 공격수부터 3선 미드필더까지 소화하는 멀티 플레이어. 뛰어난 신체 조건을 기반으로 적극적인 몸싸움을 보여준다. 브라질 U-17 팀 출신. 기니와의 A매치 평가전에서 브라질 국가 대표팀에 데뷔했고, 데뷔골까지 맛보았다. 시장 가치는 4000만 유로, 추정 연봉은 923만 유로.

슈팅-득점 / 2023-24시즌 뉴캐슬 Utd. / 위치
12-2			A	P	P%	CM
7-0	15-5	1281	1	31.0-26.0	84%	LW

		DR	TK	IC		★
19-2	LG-0					
0-0	RG-2					
0-0	HG-0	1.8-0.9	3.1-2.0	1.1	6-0	1

G	A	SH	SG	PC	P%	LC	L%	SC	BT	DC	TK	IC	BR
상위	상위	상위	상위	상위	상위	상위	상위	상위	상위	상위	상위	상위	상위
16%	39%	22%	12%	39%	46%	12%	24%	41%	13%	24%	26%	38%	

Robert NAVARRO
평점 6.70 로베르트 나바로 2002.04.12 / 178cm

바르셀로나 유스 출신. 모나코에서 16살의 나이로 클럽 역사상 최연소로 출전했다. 하지만 프로의 벽은 높았고, 소시에다드를 거쳐 카디스로 입단했다. 41번의 기회 창출로 팀의 중요한 공격 옵션. 볼 터치와 점유율을 중시하며 박스 안에서의 짧은 패스가 좋다. 스페인 청소년 대표팀을 두루 거쳤다. 축구 부자로서, 아버지 로베르토 역시 프로 축구 선수 출신이다. 시장 가치는 600만 유로, 추정 연봉은 42만 유로.

슈팅-득점: 17-1 / 13-0 / 30-1 LG-1 / 0-0 RG-1 / 0-0 HG-0
2023-24시즌 카디스: 24-4, 1906, 1, 22.5-17.8, 79%
DR 4.1-2.0 TK 2.4-1.6 IC 0.7 0-1 2
위치: LM, RM, LW

G	A	SH	SG	PC	P%	LC	L%	SC	BT	DC	TK	IC	BR
하위 38%	하위 33%	상위 25%	상위 29%	하위 10%	하위 5%	상위 4%	하위 6%	하위 20%	하위 1%	상위 39%	하위 49%	상위 37%	상위 43%

Kirian RODRÍGUEZ
평점 6.70 키리안 로드리게스 1996.03.05 / 178cm

팀에 대한 충성도가 높다. 라커룸에서 가장 목소리를 내며 그라운드 위에서도 '작은 감독'과 같다. 축구 지능이 높아 전술적인 이해도가 높은 편. 볼을 다루는 기술과 측면에서 열어주는 로빙 패스가 좋다. 리그 37경기에 출전하며 8개의 공격 포인트에 성공했다. 2.07의 xG 값을 넘어 6골을 넣었다. 구단의 원 클럽 맨으로서 팀의 주장이자 팬이 가장 사랑하는 선수. 시장 가치는 1200만 유로, 추정 연봉은 83만 유로.

슈팅-득점: 7-3 / 36-3 / 43-6 LG-1 / 2-0 RG-5 / 0-0 HG-0
2023-24시즌 라스 팔마스: 36-1, 3217, 2, 80.9-72.8, 90%
DR 1.0-0.7 TK 2.7-1.4 IC 0.8 7-0 5
위치: CM, DM

G	A	SH	SG	PC	P%	LC	L%	SC	BT	DC	TK	IC	BR
상위 15%	하위 39%	상위 41%	상위 35%	상위 4%	상위 16%	상위 31%	상위 4%	상위 40%	상위 45%	상위 5%	상위 17%	상위 37%	상위 25%

Rubén ALCARAZ
평점 6.69 루벤 알카라스 1991.05.01 / 180cm

잔뼈가 굵은 베테랑. 볼 컨트롤이 좋고 왕성한 활동량으로 넓은 범위의 중원을 커버한다. 상대 공격을 예측하는 컷팅이 제법. 하지만 플레이가 매우 거친 편이다. 2023-24시즌 리그에서 2번째로 많은 경고를 받았다. 팀의 강등을 막지 못했지만, 3168분을 소화하며 팀에 가장 필요한 선수였다. 6월 구단과 2년 재계약에 성공했다. 만삭인 아내와 함께 1명의 아이를 가졌다. 시장 가치는 150만 유로, 추정 연봉은 47만 유로.

슈팅-득점: 16-2 / 32-1 / 48-3 LG-0 / 8-1 RG-3 / 2-2 HG-0
2023-24시즌 카디스: 36, 3141, 1, 42.4-34.8, 82%
DR 0.6-0.3 TK 4.6-2.6 IC 0.9 14-0 2
위치: CM, DM

G	A	SH	SG	PC	P%	LC	L%	SC	BT	DC	TK	IC	BR
상위 42%	하위 20%	상위 33%	상위 47%	상위 24%	상위 35%	상위 25%	상위 42%	상위 43%	상위 14%	상위 14%	상위 47%	상위 57%	상위 18%

Mario PAŠALIĆ
평점 6.69 마리오 파살리치 1995.02.09 / 188cm

크로아티아 대표팀의 형제 축구 선수. 친형 마르코와 함께 유로 2024 본선에 참가했다. 공격에 관여된 모든 포지션을 소화한다. 간결하고 정교한 패스로 압박에서 벗어난 후 공격을 지휘한다. 주력이 빨라 컷백 전술과 측면에서 날아오는 크로스 처리가 좋은 편. 리그에서 PK 전담 키커로 2골을 넣었다. 하지만 경기력의 편차가 커 풀타임 출장은 다소 어려운 편. 시장 가치는 1300만 유로, 추정 연봉은 185만 유로.

슈팅-득점: 35-6 / 5-0 / 41-6 LG-2 / 0-0 RG-4 / 2-2 HG-0
2023-24시즌 아탈란타: 23-11, 2051, 6, 33.4-29.1, 87%
DR 0.7-0.4 TK 1.3-0.8 IC 0.5 3-0 2
위치: CM, AM, CF

G	A	SH	SG	PC	P%	LC	L%	SC	BT	DC	TK	IC	BR
상위 4%	상위 9%	상위 17%	상위 48%	상위 37%	상위 40%	상위 15%	상위 34%	상위 46%	상위 46%	상위 47%	상위 47%	상위 31%	상위 42%

Iván MARTÍN
평점 6.68 이반 마르틴 1999.02.14 / 178cm

지로나의 돌풍에 한몫을 담당했다. 자신의 트레이드 마크인 예리한 킥과 패스로 팀에 큰 도움을 주었다. 36경기에 출전하며 92%가 넘는 '경이로운' 패스 성공률을 보여주었다. 특히 로빙 패스의 정확도도 73%가 넘었다. 팀에 대한 충성도 높은 편. 바스크 태생으로 비야레알 유스 출신. 2022년 지로나로 합류했다. 스페인 U-16 팀부터 U-19 팀까지 차출되었다. 시장 가치는 1500만 유로, 추정 연봉은 55만 유로.

슈팅-득점: 13-5 / 6-0 / 19-5 LG-4 / 0-0 RG-1 / 0-0 HG-0
2023-24시즌 지로나: 33-3, 2747, 4, 44.7-41.2, 92%
DR 1.7-1.2 TK 2.1-1.2 IC 0.4 5-0 0
위치: CM, AM, DM, RM

G	A	SH	SG	PC	P%	LC	L%	SC	BT	DC	TK	IC	BR
상위 18%	상위 30%	상위 20%	상위 41%	상위 30%	상위 4%	상위 4%	상위 49%	상위 40%	상위 11%	상위 16%	상위 29%	하위 18%	하위 18%

Yves BISSOUMA
평점 6.68 이브 비수마 1996.08.30 / 182cm

코트디부아르와 말리의 이중 국적 선수. 릴과 브라이튼을 거쳐 2022년 토트넘으로 합류했다. 볼을 가로챈 후 전방으로 빠르게 연결하는 능력이 돋보인다. 볼 다루는 기술이 좋고 축구 센스가 좋아 창의적인 공간 창출을 즐겨한다. 수비 스킬이 좋지만, 다혈질로 경고가 잦은 편. 2016년 코트디부아르와의 A매치에서 데뷔골을 넣었다. 당시 그 골은 결승골이 되었다. 시장 가치는 3500만 유로, 추정 연봉은 338만 유로.

슈팅-득점: 5-0 / 19-0 / 24-0 LG-0 / 1-0 RG-0 / 0-0 HG-0
2023-24시즌 토트넘: 26-2, 2088, 0, 65.3-60.1, 92%
DR 1.8-1.1 TK 3.7-2.9 IC 1.2 9-2 0
위치: CM, DM

G	A	SH	SG	PC	P%	LC	L%	SC	BT	DC	TK	IC	BR
하위 11%	하위 9%	상위 46%	상위 34%	상위 4%	상위 2%	상위 5%	상위 31%	상위 4%	상위 16%	상위 4%	상위 8%	상위 8%	하위 46%

○ 유럽 5대리그 미드필더 항목별 랭킹(90분 기준 기록, 100분율)

Jens STAGE
평점 6.68
옌스 스타게
1996.11.08 / 187cm

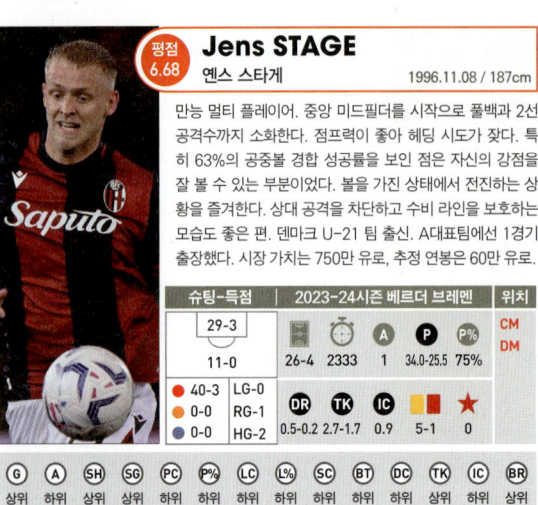

만능 멀티 플레이어. 중앙 미드필더를 시작으로 풀백과 2선 공격수까지 소화한다. 점프력이 좋아 헤딩 시도가 잦다. 특히 63%의 공중볼 경합 성공률을 보인 점은 자신의 강점을 잘 볼 수 있는 부분이었다. 볼을 가진 상태에서 전진하는 상황을 즐겨한다. 상대 공격을 차단하고 수비 라인을 보호하는 모습도 좋은 편. 덴마크 U-21 팀 출신. A대표팀에선 1경기 출장했다. 시장 가치는 750만 유로, 추정 연봉은 60만 유로.

슈팅-득점 / 2023-24시즌 베르더 브레멘 / 위치
29-3 / 11-0
26-4 / 2333 / 1 / 34.0-25.5 / 75%
40-3 LG-0, 0-0 RG-1, 0-0 HG-2
DR 0.5-0.2 / TK 2.7-1.7 / IC 0.9 / 5-1 / ★ 0
CM DM

G	A	SH	SG	PC	P%	LC	L%	SC	BT	DC	TK	IC	BR
상위 32%	하위 27%	상위 19%	상위 29%	상위 18%	하위 15%	하위 11%	상위 34%	하위 40%	하위 23%	하위 12%	상위 49%	상위 47%	상위 28%

Morgan SANSON
평점 6.68
모르강 상송
1994.08.18 / 180cm

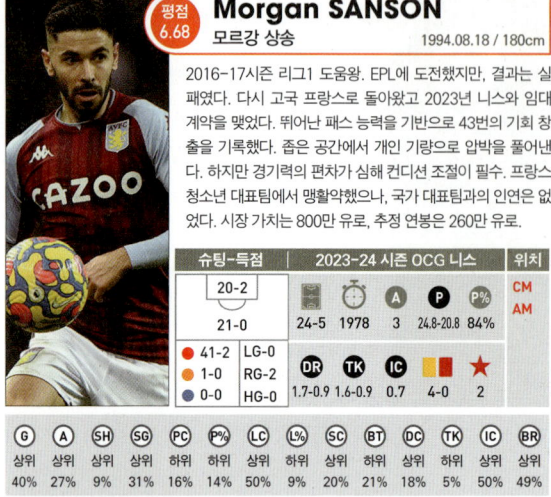

2016-17시즌 리그1 도움왕. EPL에 도전했지만, 결과는 실패였다. 다시 고국 프랑스로 돌아와 2023년 니스와 임대 계약을 맺었다. 뛰어난 패스 능력을 기반으로 43번의 기회 창출을 기록했다. 좁은 공간에서 개인 기량으로 압박을 풀어낸다. 하지만 경기력의 편차가 심해 컨디션 조절이 필수. 프랑스 청소년 대표팀에서 맹활약했으나, 국가 대표팀과의 인연은 없었다. 시장 가치는 800만 유로, 추정 연봉은 260만 유로.

슈팅-득점 / 2023-24 시즌 OGC 니스 / 위치
20-2 / 21-0
24-5 / 1978 / 3 / 24.8-20.8 / 84%
41-2 LG-0, 1-0 RG-2, 0-0 HG-0
DR 1.7-0.9 / TK 1.6-0.9 / IC 0.7 / 4-0 / ★ 2
CM AM

G	A	SH	SG	PC	P%	LC	L%	SC	BT	DC	TK	IC	BR
상위 40%	상위 27%	상위 9%	상위 31%	하위 14%	하위 50%	상위 9%	상위 20%	상위 21%	상위 18%	상위 5%	상위 37%	상위 50%	상위 49%

Scott MCTOMINAY
평점 6.67
스콧 맥토미니
1996.12.08 / 191cm

점점 득점력이 강조되고 있다. 유로 2024 예선에서 가장 많은 골을 넣었다. 191cm의 월등한 피지컬을 기반으로 상대와의 몸싸움을 피하지 않는다. 활동 반경이 넓은 편. 볼에 대한 집중력이 높아 세트 피스 상황에서 극적인 골을 터트린다. 맨체스터 유나이티드의 아카데미 출신. 팀에 대한 충성도가 높아 팬들이 아끼는 선수 중 하나. 격렬한 골 세레머니로도 유명하다. 시장 가치는 3200만 유로, 추정 연봉은 369만 유로.

슈팅-득점 / 2023-24시즌 맨체스터 Utd. / 위치
32-7 / 12-0
18-14 / 1893 / 1 / 20.4-16.5 / 82%
44-7 LG-1, 0-0 RG-2, 0-0 HG-4
DR 0.8-0.4 / TK 1.9-1.5 / IC 0.4 / 2 / ★ 2
CM DM AM CF CB

G	A	SH	SG	PC	P%	LC	L%	SC	BT	DC	TK	IC	BR
상위 2%	하위 48%	상위 6%	상위 3%	하위 10%	하위 44%	상위 18%	하위 7%	상위 4%	하위 30%	상위 49%	상위 17%	하위 7%	

Amadou ONANA
평점 6.67
아마두 오나나
2001.08.16 / 195cm

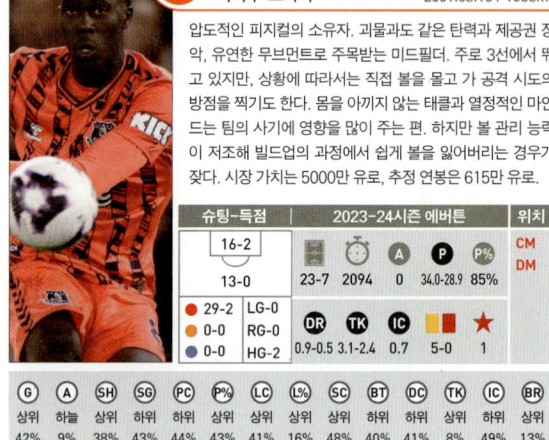

압도적인 피지컬의 소유자. 괴물과도 같은 탄력과 제공권 장악, 유연한 무브먼트로 주목받는 미드필더. 주로 3선에서 뛰고 있지만, 상황에 따라서는 직접 볼을 몰고 가 공격 시도의 방점을 찍기도 한다. 몸을 아끼지 않는 태클과 열정적인 마인드는 팀의 사기에 영향을 많이 주는 편. 하지만 볼 관리 능력이 저조해 빌드업의 과정에서 쉽게 볼을 잃어버리는 경우가 잦다. 시장 가치는 5000만 유로, 추정 연봉은 615만 유로.

슈팅-득점 / 2023-24시즌 에버튼 / 위치
16-2 / 13-0
23-7 / 2094 / 0 / 34.0-28.9 / 85%
29-2 LG-0, 0-0 RG-0, 0-0 HG-2
DR 0.9-0.5 / TK 3.1-2.4 / IC 0.7 / 5-0 / ★ 1
CM DM

G	A	SH	SG	PC	P%	LC	L%	SC	BT	DC	TK	IC	BR
상위 42%	상위 9%	상위 38%	상위 43%	상위 44%	상위 43%	상위 41%	상위 16%	상위 48%	상위 40%	상위 41%	상위 8%	상위 49%	상위 13%

Piotr ZIELINSKI
평점 6.67
피오트르 젤린스키
1994.05.20 / 180cm

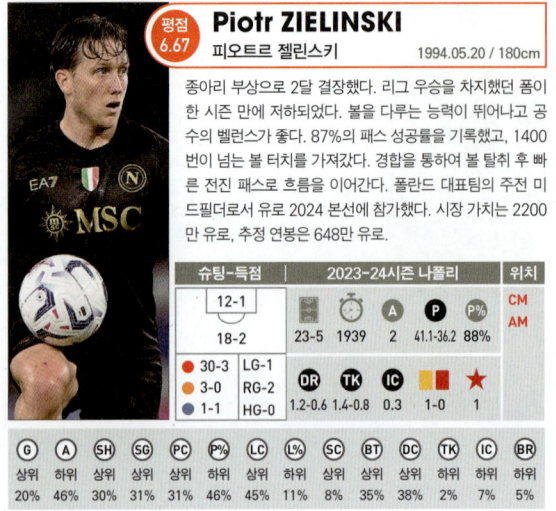

종아리 부상으로 2달 결장했다. 리그 우승을 차지했던 폼이 한 시즌 만에 저하되었다. 볼을 다루는 능력이 뛰어나고 공수의 밸런스가 좋다. 87%의 패스 성공률을 기록했고, 1400번이 넘는 볼 터치를 했다. 경합을 통하여 볼 탈취 후 빠른 전진 패스로 흐름을 이어간다. 폴란드 대표팀의 주전 미드필더로서 유로 2024 본선에 참가했다. 시장 가치는 2200만 유로, 추정 연봉은 648만 유로.

슈팅-득점 / 2023-24시즌 나폴리 / 위치
12-1 / 18-2
23-5 / 1939 / 2 / 41.1-36.2 / 88%
30-3 LG-1, 3-0 RG-2, 1-1 HG-0
DR 1.2-0.6 / TK 1.4-0.8 / IC 0.3 / 1-0 / ★ 3
CM AM

G	A	SH	SG	PC	P%	LC	L%	SC	BT	DC	TK	IC	BR
상위 20%	하위 46%	상위 30%	상위 31%	상위 31%	상위 46%	상위 45%	하위 11%	상위 8%	상위 35%	상위 38%	하위 2%	상위 7%	하위 5%

Luis MILLA
평점 6.67
루이스 미야
1994.10.07 / 175cm

헤타페의 언성 히어로. 중앙 미드필더로서 과감한 수비와 적극적인 압박을 가한다. 체구가 탄탄한 편. 동료와의 2대1 패스 후 측면 깊숙이 시도하는 로빙 패스가 제법이다. 174번의 리커버리와 125번의 볼 경합에서 성공했다. 공수의 연결 고리 역할을 톡톡히 해냈다. 친아버지는 1980년대 레알 마드리드와 바르셀로나 모두 뛰었던 전설, 루이스 미야다. 시장 가치는 350만 유로, 추정 연봉은 78만 유로.

슈팅-득점 / 2023-24시즌 헤타페 / 위치
3-0 / 13-0
25-2 / 2124 / 1 / 43.1-36.2 / 84%
16-0 LG-0, 1-0 RG-1, 0-0 HG-0
DR 1.2-0.4 / TK 2.8-2.1 / IC 1.2 / 6-0 / ★ 1
CM DM

G	A	SH	SG	PC	P%	LC	L%	SC	BT	DC	TK	IC	BR
하위 11%	상위 29%	상위 22%	상위 33%	상위 41%	상위 30%	상위 7%	상위 46%	상위 24%	상위 30%	상위 34%	상위 26%	상위 17%	상위 5%

Saúl ÑÍGUEZ
평점 6.67
사울 니게스 1994.11.21 / 184cm

팀 내 최고 연봉자 중 하나. 아틀레티코의 유소년 팀 출신으로 2012년부터 뛰고 있다. 왕성한 스테미너를 기반으로 중원 전체를 커버한다. 볼 관리 능력이 우수하고 동료를 활용한 패스 앤 무브 플레이가 좋다. 간간이 시도하는 중거리 슛도 위협적인 편. 하지만 거친 압박에 고전하는 모습을 보인다. 축구 선수 출신 형제들과 소도시 엘체에서 작은 축구 클럽을 열었다. 시장 가치는 750만 유로, 추정 연봉은 1200만 유로.

슈팅-득점	2023-24 시즌 아틀레티코 마드리드					위치
13-1		A	P	P%		CM
3-0	14-20	1365	5	19.5-16.0	82%	LM
16-1	LG-1	DR	TK	IC	★	RM
0-0	RG-0	0.4-0.2	2.5-1.9	0.5	8-1	CB
0-0	HG-0				2	LB

G	A	SH	SG	PC	P%	LC	L%	SC	BT	DC	TK	IC	BR
상위	상위	하위	하위	하위	하위	상위	하위	하위	상위	상위	상위	상위	상위
36%	14%	46%	40%	39%	35%	8%	15%	45%	25%	2%	44%	25%

Jan SCHÖPPNER
평점 6.67
얀 쇠프너 1999.06.12 / 190cm

190cm의 장신. 탁월한 제공권을 가지고 있다. 수비형 미드필더에서 뛰지만, 센터백으로도 출전한다. 공격을 최대한 배제한 채 후방 빌드업에 초점을 둔다. 상대가 볼을 잡는 즉시 압박하는 상체 프레싱이 뛰어난 편. 하지만 주력이 느리고 세밀한 패스 게임에는 한계점을 보여주었다. 종종 거친 플레이를 하지만 경고가 적은 편. 팀의 중위권 도약에 영향을 끼쳤다. 시장 가치는 300만 유로, 추정 연봉은 48만 유로.

슈팅-득점	2023-24 시즌 하이덴하임					위치
13-2		A	P	P%		DM
4-0	23-3	2002	2	25.2-16.9	67%	CM
17-2	LG-1	DR	TK	IC	★	
0-0	RG-0	0.9-0.5	0.7-1.8	1.0	3-0	
0-0	HG-2				0	

G	A	SH	SG	PC	P%	LC	L%	SC	BT	DC	TK	IC	BR
상위	상위	상위	상위	하위	하위	상위	상위	하위	상위	상위	상위	상위	상위
41%	46%	30%	28%	2%	1%	15%	11%	6%	38%	6%	32%	42%	19%

Alfred DUNCAN
평점 6.66
알프레드 던컨 1993.03.10 / 178cm

탄탄한 체구와 뛰어난 운동 신경을 가졌다. 강한 체력을 바탕으로 전술상 거친 일을 마다하지 않는 편. 특히 전형적인 하드워커로서 상대와의 중원 싸움에서 가장 돋보인다. 2.83의 xA 값을 넘어 5개의 도움을 기록했다. 이탈리아 리그에서 잔뼈가 굵은 베테랑. 인테르의 유스 출신으로 많은 클럽을 전전했다. 2013년 FIFA U-20 월드컵, 가나 소속으로 3위에 올랐다. 시장 가치는 400만 유로, 추정 연봉은 241만 유로.

슈팅-득점	2023-24 시즌 피오렌티나					위치
7-1		A	P	P%		DM
16-1	24-6	1899	5	31.7-25.7	81%	CM
23-2	LG-1	DR	TK	IC	★	
0-0	RG-0	1.3-0.7	1.9-1.3	0.4	2-0	
0-0	HG-1				1	

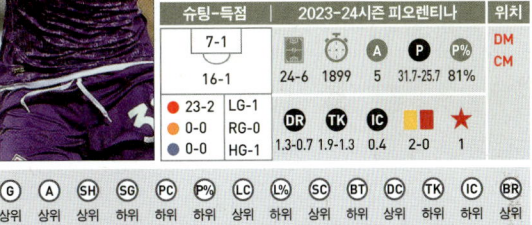

G	A	SH	SG	PC	P%	LC	L%	SC	BT	DC	TK	IC	BR
상위	상위	상위	상위	하위	하위	상위	상위	상위	상위	상위	상위	상위	상위
38%	8%	50%	47%	46%	23%	12%	40%	32%	42%	25%	31%	12%	47%

Nicolas HÖFLER
평점 6.66
니콜라스 회플러 1990.03.09 / 181cm

프라이부르크의 리빙 레전드. 팀의 강등과 승격을 모두 겪은 선수. 귄터와 함께 오랫동안 팀의 중원을 책임지고 있다. 수비 스킬이 좋고 여러 종류의 태클을 구사한다. 63%의 태클 성공률을 기록했다. 수비형 미드필더와 센터백을 가리지 않고 출전하며 멀티 플레이어로의 입지도 두터운 편. 30대 중반이지만 자기 관리가 투철하다. 2007년 독일 U-18 대표팀 출신. 시장 가치는 200만 유로, 추정 연봉은 90만 유로.

슈팅-득점	2023-24 시즌 프라이부르크					위치
9-1		A	P	P%		CM
7-0	26-2	2333	1	41.0-35.3	86%	DM
16-1	LG-0	DR	TK	IC	★	CB
0-0	RG-0	0.6-0.5	3.3-2.4	1.1	10-1	
0-0	HG-1				1	

G	A	SH	SG	PC	P%	LC	L%	SC	BT	DC	TK	IC	BR
하위	하위	하위	상위	상위	상위	상위	상위	상위	상위	상위	상위	상위	상위
23%	19%	30%	5%	45%	26%	23%	19%	30%	47%	35%	26%	30%	38%

Roberto GAGLIARDINI
평점 6.66
로베르토 갈리아르디니 1994.04.07 / 188cm

3선에서 중원 조율을 잘한다. 볼을 간수하며 압박에 벗어나는데 능하다. 한 번에 연결하는 로빙, 빌드업을 위한 전진 패스가 최대 강점. 하지만 주력이 느리고 경기력의 편차가 심해 시즌 내내 유지하기 어렵다. 아탈란타의 유스 출신. 2017년 인테르와 계약을 맺으며 5개의 우승컵을 들었다. 이탈리아 청소년 대표팀을 거쳐 2017년 네덜란드전에서 A대표팀에 데뷔. 시장 가치는 300만 유로, 추정 연봉은 278만 유로.

슈팅-득점	2023-24 시즌 몬차					위치
19-1		A	P	P%		CM
17-0	29-4	2368	2	44.4-40.4	91%	DM
36-1	LG-1	DR	TK	IC	★	CB
1-0	RG-0	0.5-0.2	2.5-1.7	0.9	5-0	
0-0	HG-0				2	

G	A	SH	SG	PC	P%	LC	L%	SC	BT	DC	TK	IC	BR
하위	하위	하위	하위	상위	상위	상위	상위	상위	상위	상위	상위	상위	하위
32%	47%	29%	44%	25%	9%	38%	15%	33%	31%	16%	31%	31%	36%

Milan BADELJ
평점 6.66 / 밀란 바데이 / 1989.02.25 / 186cm

제노아의 약진을 이끈 주장. 후방에서 가장 궂은 일을 도맡아 한다. 왕성한 활동량과 투지로 무장했다. 30대 중반의 나이지만 리그 33경기에 출전했다. 크로스의 정확도와 볼 터치를 많이 한다. 상대 압박을 이겨내기 위한 움직임이 좋다. 크로아티아의 U-16 대표팀부터 성인 국가 대표팀까지 꾸준히 차출되었다. 2021년을 끝으로 11년간의 대표팀 생활을 마무리했다. 시장 가치는 800천 유로, 추정 연봉은 179만 유로.

슈팅-득점: 9-1, 12-0, 21-1 LG-0, 0-0 RG-0, 0-0 HG-1
2023-24시즌 제노아: 32-1 / 2555 / A:3 / P:41.9-33.9 / P%:81%
DR 1.0-0.5 / TK 2.7-1.5 / IC 1.5 / 6-0 / ★2
위치: CM, DM

G	A	SH	SG	PC	P%	LC	L%	SC	BT	DC	TK	IC	BR
하위 30%	상위 39%	하위 28%	상위 20%	상위 49%	상위 36%	상위 35%	하위 35%	상위 36%	상위 46%	하위 48%	상위 39%	하위 5%	상위 32%

Enzo LE FÉE
평점 6.65 / 엔조 프레 / 2000.02.03 / 173cm

빠른 판단이 특기. 공격에 관여된 모든 포지션에서 자신의 기량을 발휘한다. 특히 화려한 개인기로 순식간에 탈압박에 성공한다. 전진 패스의 시도나 정확도가 좋은 편. 수비 가담도 좋아 전술 운영에 큰 도움이 된다. 로리앙 아카데미 출신. 2023년 2000만 유로로 스타드 렌에 합류했다. 프랑스 U-20, U-21 대표팀을 거쳐 파리 올림픽 명단에 합류해 경기에 뛰었다. 시장 가치는 1800만 유로, 추정 연봉은 200만 유로.

슈팅-득점: 4-0, 8-0, 12-0 LG-0, 2-0 RG-0, 0-0 HG-0
2023-24시즌 스타드 렌: 19-6 / 1537 / A:4 / P:40.7-35.3 / P%:87%
DR 2.1-1.2 / TK 3.0-2.0 / IC 0.8 / 3-0 / ★1
위치: CM, DM, LM, AM

G	A	SH	SG	PC	P%	LC	L%	SC	BT	DC	TK	IC	BR
하위 11%	상위 14%	상위 26%	하위 21%	상위 31%	상위 23%	상위 41%	하위 19%	하위 5%	상위 15%	상위 45%	하위 6%		

Niklas SCHMIDT
평점 6.65 / 니클라스 슈미트 / 1998.03.01 / 184cm

브레멘의 아카데미를 거쳐 1군 로스터에 등록되었다. 2번의 임대를 거쳐 2023년 툴루즈에 합류했다. 2015년 17세 이하의 유럽 선수권에 참가해 2개의 공격 포인트를 기록하기도 했다. 중원에서 공격 방향을 선택하며 중장거리 패스 시도가 많다. 67%의 로빙 패스 성공률과 42%의 크로스 정확도를 기록했다. 하지만 수비 상황시 판단이 느려 아쉬운 장면을 보여준다. 시장 가치는 300만 유로, 추정 연봉은 57만 유로.

슈팅-득점: 3-1, 17-0, 20-1 LG-0, 2-0 RG-1, 0-0 HG-0
2023-24시즌 툴루즈: 15-7 / 1273 / A:1 / P:35.5-29.8 / P%:84%
DR 0.9-0.5 / TK 2.4-1.6 / IC 0.2 / 4-0 / ★1
위치: CM, AM, DM, CF

G	A	SH	SG	PC	P%	LC	L%	SC	BT	DC	TK	IC	BR
하위 41%	하위 37%	상위 23%	하위 3%	상위 35%	상위 30%	상위 3%	상위 39%	상위 17%	상위 34%	상위 25%	상위 21%	하위 3%	상위 38%

Sergi DARDER
평점 6.65 / 세르지 다르데르 / 1993.12.22 / 180cm

에스파뇰의 강등 이후 마요르카에 입단했다. 등번호는 10번. 큰 부상 없이 리그 36경기에 출전했고, 결과는 좋았다. 볼을 다루는 기술이 좋고 높은 스테미너와 시야가 넓어 팀의 공격 전개에 힘을 실어주었다. 페널티 박스 안팎을 가리지 않는 슈팅, 공수의 연결 고리 역할을 잘했다. 반칙도 적어 생각보다 빨리 팀에 녹아들었다. 스페인 U-18, U-21 대표팀 출신. 시장 가치는 600만 유로, 추정 연봉은 225만 유로.

슈팅-득점: 13-1, 19-1, 32-2 LG-0, 1-0 RG-2, 0-0 HG-0
2023-24시즌 마요르카: 21-15 / 2155 / A:5 / P:23.0-18.4 / P%:80%
DR 1.7-0.9 / TK 1.6-1.1 / IC 0.4 / 4-0 / ★2
위치: CM, LM, AM, RM

G	A	SH	SG	PC	P%	LC	L%	SC	BT	DC	TK	IC	BR
상위 43%	하위 11%	상위 31%	상위 16%	상위 20%	하위 6%	상위 11%	상위 20%	상위 26%	상위 9%	상위 27%	상위 28%	하위 24%	상위 31%

Isi PALAZÓN
평점 6.64 / 이시 팔라손 / 1994.12.27 / 169cm

팀 내 최단신이지만 가장 빠르다. 측면을 휘젓는 스피드 스타. 어린 시절 레알 마드리드와 비야레알에서 축구를 배웠다. 줄곧 하부 리그에서 보내다 2020년 라요 바예카노로 합류하며 빛을 보기 시작했다. 측면에서 중앙으로 들어와 시도하는 낮은 슈팅, 감아차기가 일품. 왼쪽에서 시도한 슈팅은 극히 드물다. 수비 가담도 좋은 편. 156번의 리커버리도 기록했다. 시장 가치는 800만 유로, 추정 연봉은 120만 유로.

슈팅-득점: 29-3, 43-1, 72-4 LG-4, 5-0 RG-0, 2-2 HG-0
2023-24시즌 라요 바예카노: 34-3 / 2810 / A:3 / P:28.7-21.5 / P%:75%
DR 2.4-1.0 / TK 2.3-1.2 / IC 0.4 / 1-0 / ★1
위치: RM, RW, AM, LM, CM, LW

G	A	SH	SG	PC	P%	LC	L%	SC	BT	DC	TK	IC	BR
상위 27%	상위 21%	상위 3%	상위 1%	상위 11%	하위 2%	상위 33%	하위 2%	상위 14%	상위 20%	상위 6%	하위 20%	하위 6%	상위 27%

Jordan VERETOUT
평점 6.63 / 조르당 베레투 / 1993.03.01 / 177cm

경기 흐름을 파악하여 완급 조절에 탁월. 3선에 위치하면서 동료와 주고받는 패스로 빌드업을 시작을 알린다. 하지만 강력한 압박 플레이에 고전하여 어떤 파트너를 만나느냐에 따라 경기력의 차이가 뚜렷한 편. 2022년 해외 생활을 마치고 프랑스로 돌아왔다. 2013년 FIFA U-20 월드컵에 참가했던 재능. 성인 국가 대표팀에선 걸출한 경쟁자로 인해 기회를 잡기 어려웠다. 시장 가치는 1500만 유로, 추정 연봉은 540만 유로.

슈팅-득점: 10-1, 26-0, 36-1 LG-0, 6-0 RG-0, 0-0 HG-1
2023-24시즌 마르세유: 24-5 / 2184 / A:2 / P:41.9-35.1 / P%:84%
DR 0.7-0.3 / TK 2.0-1.3 / IC 0.4 / 4-0 / ★1
위치: CM, DM

G	A	SH	SG	PC	P%	LC	L%	SC	BT	DC	TK	IC	BR
상위 32%	상위 35%	상위 23%	상위 40%	상위 46%	상위 26%	하위 20%	상위 15%	상위 14%	상위 47%	상위 17%	상위 18%	상위 15%	하위 34%

유럽 5대리그 미드필더 항목별 랭킹 (90분 기준 기록, 100분율)

Samú COSTA (사무 코스타)
평점 6.62 / 2000.11.27 / 185cm

포르투갈 출신의 수비형 미드필더. 공격 가담을 줄이고 수비 공헌도가 높다. 평소 침착한 성향이 경기 스타일에도 반영된다. 하지만 플레이 중 거친 파울로 경고도 자주 받는 편. 왕성한 활동량을 바탕으로 중원의 넓은 지역에 자신의 히트맵을 작성한다. 자국 명문 브라가의 유스 출신으로 알메리아에서 뛰며 라리가에 적응을 완료했다. 포르투갈 U-21 대표팀 출신. 시장 가치는 1000만 유로, 추정 연봉은 70만 유로.

슈팅-득점: 11-1 / 11-0
2023-24시즌 마요르카: 26-8, 2307분, A 1, P 30.9-24.1, P% 78%
LG-1 22-1, RG-1 1-0, HG-1 0-0
DR 0.7-0.4, TK 4.1-2.7, IC 1.1, 경고 8-0, ★ 0
위치: CM, DM

G	A	SH	SG	PC	P%	LC	L%	SC	BT	DC	TK	IC	BR
하위	하위	하위	하위	상위	상위	하위	하위	하위	상위	하위	상위	상위	상위
32%	28%	36%	14%	25%	18%	37%	43%	28%	40%	34%	3%	11%	26%

ARTHUR (아르투르)
평점 6.62 / 1996.08.12 / 172cm

패스에 능통한 플레이어. 좁은 공간에서 짧은 터치와 턴을 이용해 탈압박에 성공한다. 볼을 간수하여 공간으로 침투하는 동료를 향해 전진 패스를 시도한다. 강한 압박이 오면 자신의 경기 템포가 낮아진다. 그렇게 잃은 장면이 종종 있다. 2023년 피오렌티나와 계약을 맺었다. 리그 33경기에 출전하며 감각을 찾는 중. 명불허전의 패스 정확도는 92%가 넘었다. 시장 가치는 1500만 유로, 추정 연봉은 321만 유로.

슈팅-득점: 2-1 / 10-1
2023-24시즌 피오렌티나: 23-10, 1998분, A 3, P 44.6-41.0, P% 92%
LG-0 12-2, RG-2 0-0, HG-0 1-1
DR 0.6-0.3, TK 1.8-1.4, IC 0.5, 경고 2-0, ★ 0
위치: DM, CM

G	A	SH	SG	PC	P%	LC	L%	SC	BT	DC	TK	IC	BR
상위	상위	하위	상위	상위	상위	상위	상위	상위	상위	상위	하위	하위	상위
40%	28%	11%	36%	9%	4%	23%	17%	39%	47%	40%	27%		

Vitaly JANELT (비탈리 야넬트)
평점 6.60 / 1998.05.10 / 184cm

브랜트포드를 넘어 EPL에서 가장 돋보이는 수비형 미드필더 중 한 명. 막강한 피지컬을 앞세워 수비 라인을 책임진다. 주로 후방에 위치하며 역습 상황에서는 빠른 패스를 시도한다. 볼에 대한 집념도 많고 태클의 시도가 많다. 2021년 브렌트포드의 승격을 함께했다. 2023-24시즌 구단 올해의 선수로도 선정되었다. 2021년 21세 이하의 유럽 선수권에서 우승을 경험. 시장 가치는 2200만 유로, 추정 연봉은 184만 유로.

슈팅-득점: 12-1 / 9-0
2023-24시즌 브렌트포드: 37-1, 3072분, A 3, P 34.3-27.4, P% 80%
LG-1 21-1, RG-0 0-0, HG-0 0-0
DR 0.5-0.2, TK 2.5-1.7, IC 0.9, 경고 8-0, ★ 1
위치: CM, DM, LB

G	A	SH	SG	PC	P%	LC	L%	SC	BT	DC	TK	IC	BR
하위	상위	하위	상위	하위	하위	하위	상위	하위	하위	하위	상위	하위	하위
24%	47%	18%	2%	23%	24%	31%	19%	50%	22%	8%	43%	38%	46%

KOKE (코케)
평점 6.58 / 1998.05.10 / 184cm

2024년 3월 구단과 재계약에 성공했다. 구단 최다 출전기록을 가진, 살아있는 역사 그 자체다. 유소년 시절부터 오로지 아틀레티코에서만 뛰고 있는 원 클럽 맨. 30대 중반이 되며 활동량과 반경은 줄어들었다. 하지만 팀에 대한 헌신과 열정은 여전하다. 리그 35경기에 출전했고 2034개의 패스를 시도했다. 성공률은 90%가 넘었고, 198번의 리커버리도 기록됐다. 시장 가치는 1200만 유로, 추정 연봉은 184만 유로.

슈팅-득점: 3-0 / 7-0
2023-24시즌 아틀레티코 마드리드: 32-3, 2504분, A 4, P 63.7-58.0, P% 91%
LG-0 10-0, RG-0 0-0, HG-0 0-0
DR 0.3-0.1, TK 3.1-1.9, IC 0.5, 경고 5-0, ★ 0
위치: CM, DM, LM, RM

G	A	SH	SG	PC	P%	LC	L%	SC	BT	DC	TK	IC	BR
하위	상위	하위	하위	상위	상위	상위	상위	상위	상위	하위	하위	하위	상위
11%	26%	3%	4%	5%	10%	24%	46%	9%	5%	36%	12%	17%	

Fredrik JENSEN (프레드릭 옌슨)
평점 6.57 / 1997.09.09 / 183cm

공격형 미드필더와 측면 공격수, 상황에 따라서는 최전방에서 마지막 몇 시간을 뛰기도 한다. 전술적인 이해도가 높은 편. 중앙에서 볼 배급을 잘하며 찬스 메이킹이 뛰어나다. 오프 더 볼 상황에서 적극적으로 공간을 만든다. 트벤테 유소년 팀을 거쳐 2018년 아우크스부르크와 5년 계약을 체결했다. 핀란드의 슈퍼 키드로서 2017년부터 오스트리아와 평가전에서 데뷔했다. 시장 가치는 350만 유로, 추정 연봉은 56만 유로.

슈팅-득점: 11-2 / 3-0
2023-24시즌 아우크스부르크: 18-4, 1352분, A 4, P 17.4-12.0, P% 69%
LG-0 14-2, RG-2 0-0, HG-0 0-0
DR 1.2-0.2, TK 1.7-1.0, IC 0.9, 경고 5-0, ★ 0
위치: CM, RM, RW, AM

G	A	SH	SG	PC	P%	LC	L%	SC	BT	DC	TK	IC	BR
상위	상위	하위	상위	하위	하위	상위	하위	상위	하위	하위	하위	하위	하위
24%	3%	43%	45%	2%	1%	31%	2%	22%	6%	19%	23%	39%	5%

Stijn SPIERINGS (스테인 스피어링스)
평점 6.54 / 1996.03.12 / 188cm

툴루즈의 최고 연봉자. 랑스로 이적했지만, 곧바로 리턴했다. 188cm의 엄청난 피지컬을 자랑하는 미드필더. 수비형 미드필더 위치에서 빌드업의 시작점이 된다. 볼 배급을 담당하며 전방으로 넣어주는 로빙 패스가 좋다. 하지만 주력이 느려 뒷 공간으로 돌파하는 상대 선수를 자주 놓친다. 네덜란드 연령별 대표팀에 꾸준히 차출된 인재. 성인 대표팀 차출 기록은 없다. 시장 가치는 450만 유로, 추정 연봉은 80만 유로.

슈팅-득점: 3-0 / 8-0
2023-24시즌 랑스+툴루즈: 17-9, 1631분, A 1, P 43.2-38.0, P% 88%
LG-0 11-0, RG-0 0-0, HG-0 0-0
DR 0.4-0.2, TK 3.0-2.1, IC 1.1, 경고 7-0, ★ 1
위치: CM, DM

G	A	SH	SG	PC	P%	LC	L%	SC	BT	DC	TK	IC	BR
하위	하위	하위	하위	상위	상위	상위	상위	상위	상위	상위	하위	상위	하위
11%	36%	24%	16%	21%	28%	14%	23%	50%	21%	10%	47%	14%	1%

유럽 5대리그 포지션별 랭킹 ④

풀백 & 윙백

현대축구에서 측면 수비수의 역할은 점점 커지는 추세다. 터치라인 수비가 가장 중요하지만, 빌드업과 찬스메이킹, 어시스트, 득점까지 다양한 역할을 수행한다. 측면 수비수는 백4 시스템에서 풀백, 백3 시스템에서 윙백(윙미드필더 & 풀백의 줄임말)으로 불린다. 유럽 5대리그 2023-24시즌은 독일 분데스리가 왼쪽 풀백(윙백)들이 가장 돋보였던 시기였다. 바이에르 레버쿠젠이 분데스리가 역사상 처음 우승하는 데 큰 공을 세운 알렉스 그리말도는 가장 높은 평점을 받았다. 이어 막시밀리안 미텔슈테트(슈투트가르트), 다비트 라움(RB 라이프치히), 알폰소 데이비스(바이에른 뮌헨) 등이 최상위권에 올랐다. 라이트백 중에선 트렌트 알렉산더아놀드(리버풀), 제레미 프림퐁(레버쿠젠), 아시라프 하키미(PSG) 등이 두각을 나타냈다.

○ 유럽 5대리그 풀백 & 윙백 항목별 랭킹(90분 기준 기록, 100분율)

Álex GRIMALDO
평점 7.58
알렉스 그리말도   1995.09.20 / 171cm

지난 시즌 유럽 5대리그 최고의 풀백(윙백) 중 1명이었다. 소속 팀 무패 우승에 일조했다. 유럽 최고의 왼발 데드볼 스페셜리스트다. 거리에 상관없이 시도하는 중거리 슈팅이 위력적이다. 지난 시즌 총 55개의 크로스를 성공시켰다. 전술 이해도가 높아 풀백은 물론이고 윙 포워드까지 올라간다. 상대 공격수와의 일대일에서 침착하게 수비한다. 스페인 연령별 대표 출신. 시장 가치는 4500만 유로, 추정 연봉은 600만 유로.

슈팅-득점	2023-24시즌 레버쿠젠					위치
27-7	31-2	2787	13	52.9-46.0	87%	LB
44-3						LWB
71-10 LG-9	DR	TK	IC		★	LM
18-2 RG-1	1.5-0.7	2.1-1.4	0.7	1-0	7	
0-0 HG-0						

G	A	SH	SG	PC	P%	SC	BT	DC	TK	IC	CL	CR	BR
상위	상위	상위	상위	상위	상위	상위	상위	하위	하위	상위	상위	상위	상위
1%	1%	2%	2%	11%	26%	3%	12%	43%	22%	29%	6%	7%	44%

David RAUM
평점 7.20
다비트 라움   1998.04.22 / 180cm

공격적인 역할을 행할 때 빛이 난다. 80개의 크로스를 시도했고, 68번의 기회 창출을 기록했다. 정교한 왼발은 라이프치히의 중요한 공격 옵션. 리그 31경기에서 출전했고 모두 풀타임으로 뛰었다. 키가 큰 편은 아니지만 다부진 체격으로 공중볼에서도 강점을 보인다. 그로이터 퓌르트의 유소년 팀 출신. 지난 시즌 경기당 2.0개의 인터셉트를 기록했다. 시장 가치는 2000만 유로, 추정 연봉은 750만 유로.

슈팅-득점	2023-24시즌 RB 라이프치히					위치
6-2	31-0	2745		50.1-40.5	81%	LB
8-0						LWB
14-2 LG-1	DR	TK	IC		★	LM
4-0 RG-0	1.0-0.6	2.6-1.9	0.9	6-0	2	RM
0-0 HG-1						

G	A	SH	SG	PC	P%	SC	BT	DC	TK	IC	CL	CR	BR
상위	상위	상위	상위	상위	상위	상위	상위	하위	상위	상위	상위	상위	상위
20%	6%	4%	26%	48%	20%	21%	7%	30%	49%	40%	32%	6%	37%

Federico DIMARCO
평점 7.12
페데리코 디마르코   1997.11.10 / 175cm

구단과 2027년까지 재계약에 서명했다. 2.90의 xG 값을 넘어 5골을 넣었다. 51개의 슈팅을 시도했고 19번의 유효 슈팅을 기록했다. 풀백의 포지션 특성상 이례적인 공격력으로 설명이 된다. 볼에 대한 집념이 강하고 태클 스킬이 뛰어나다. 지난 시즌 단 하나의 경고도 받지 않았다. 인터의 아카데미 출신. 이탈리아 국가 대표팀에서도 주전 풀백으로 출전하고 있다. 시장 가치는 5000만 유로, 추정 연봉은 648만 유로.

슈팅-득점	2023-24시즌 인테르 밀란					위치
25-3	29-1	2105	6	33.6-28.6	85%	LWB
26-2						LB
51-5 LG-5	DR	TK	IC		★	LM
3-0 RG-0	0.6-0.2	2.0-1.4	0.3	0-0	2	CB
0-0 HG-0						

G	A	SH	SG	PC	P%	SC	BT	DC	TK	IC	CL	CR	BR
상위	상위	상위	상위	상위	하위	상위	상위	하위	상위	상위	상위	상위	하위
3%	9%	2%	2%	37%	48%	2%	38%	11%	20%	6%	12%	6%	34%

Maximilian MITTELSTÄDT
평점 7.12
막시밀리안 미텔슈테트   1997.03.18 / 180cm

분데스리가 최고의 레프트 백. 뛰어난 수비 기술과 위치 선정이 좋다. 크로스 시도 전에 거리를 확인하기 때문에 정확도가 높다. 상대 선수와의 일대일 대결에서 끝까지 집중력을 잃지 않는다. 공수의 밸런스가 좋고 왼발의 볼 컨트롤도 뛰어나다. 슈투트가르트의 돌풍을 이끌었고 기세를 이어 독일 대표팀에도 합류했다. 유로 2024 본선에서는 주전 풀백으로 뛰었다. 시장 가치는 1700만 유로, 추정 연봉은 100만 유로.

슈팅-득점	2023-24시즌 슈투트가르트					위치
7-2	23-8	2106	4	46.5-40.5	88%	LB
14-0						LWB
21-2 LG-2	DR	TK	IC		★	CB
0-0 RG-0	2.0-1.3	4.0-2.9	1.5	5-0	3	
0-0 HG-0						

G	A	SH	SG	PC	P%	SC	BT	DC	TK	IC	CL	CR	BR
상위	상위	상위	상위	상위	상위	상위	상위	상위	상위	상위	상위	상위	상위
19%	20%	25%	25%	7%	13%	8%	26%	1%	2%	2%	24%	18%	14%

Alphonso DAVIES
평점 7.11
알폰소 데이비스   2000.11.02 / 185cm

측면을 지배하는 스피드 스타. 볼을 가진 상태에서 더 빠른 주력을 보여준다. 공간을 향해 길게 치솟고 질주하는 모습은 한 마리의 치타와도 같다. 기본적으로 볼 관리 능력이 좋다. 윙어와 호흡도 좋아 2대1 패스로 단숨에 돌파한다. 캐나다 국가 대표팀의 주장이며 2024년 코파 아메리카에도 출전했다. 2018년 뮌헨으로 이적 후, 6번 연속으로 리그 우승을 경험했다. 시장 가치는 5000만 유로, 추정 연봉은 1125만 유로.

슈팅-득점	2023-24시즌 바이에른 뮌헨					위치
6-1	24-5	2067	5	49.9-44.4	89%	LB
7-1						LM
13-2 LG-1	DR	TK	IC		★	LW
0-0 RG-1	4.3-2.5	2.4-1.6	0.9	0-0	1	RW
0-0 HG-0						

G	A	SH	SG	PC	P%	SC	BT	DC	TK	IC	CL	CR	BR
상위	상위	하위	하위	상위	상위	상위	상위	하위	하위	하위	하위	하위	상위
16%	23%	43%	49%	8%	4%	19%	9%	1%	50%	41%	39%	10%	2%

Trent ALEXANDER-ARNOLD
평점 7.10
트렌트 알렉산더-아놀드   1998.10.07 / 180cm

'오로지' 리버풀맨. 태어난 곳부터 지금까지 리버풀에서만 뛰고 있다. 팀에 대한 충성도가 매우 높다. 로벗슨과 함께 리그 최고의 풀백 라인을 구성했다. 장소를 구애받지 않고 시도하는 로빙 패스는 최고의 무기. 하지만 수비력의 문제점이 강조되었고, 잉글랜드 대표팀에서는 중앙 미드필더로 출전했다. 챔피언스리그, 프리미어리그 우승 당시 최고의 활약을 펼쳤다. 시장 가치는 5000만 유로, 추정 연봉은 1107만 유로.

슈팅-득점	2023-24시즌 리버풀					위치
15-2	25-3	2161	4	60.1-48.1	80%	RB
32-1						DM
47-3 LG-0	DR	TK	IC		★	RM
5-1 RG-3	1.9-1.0	3.5-1.5	1.6	6-0	3	
0-0 HG-0						

G	A	SH	SG	PC	P%	SC	BT	DC	TK	IC	CL	CR	BR
상위	상위	상위	상위	상위	상위	상위	상위	하위	하위	상위	상위	하위	상위
13%	5%	3%	14%	9%	42%	6%	14%	27%	12%	30%	4%	1%	1%

○ 유럽 5대리그 풀백 & 윙백 항목별 랭킹 (90분 기준 기록, 100분율)

Jeremie FRIMPONG
평점 7.09
제레미 프림퐁   2000.12.10 / 172cm

공격적인 재능이 풍부하다. 원래의 포지션은 풀백이지만, 측면 윙 포워드나 2선 공격수도 가능하다. 온 더 볼 상황에서 현란한 개인기를 보여준다. 왕성한 체력을 바탕으로 공수의 경계 없이 넓은 히트맵을 자랑한다. 그리말도와 함께 알론소 감독 전술의 핵심. 박스 안에서의 터치는 228번으로 많은 편. 네덜란드 U-21 팀 출신으로 A대표팀에서도 출장 수를 늘리고 있다. 시장 가치는 5000만 유로, 추정 연봉은 400만 유로.

슈팅-득점	2023-24시즌 레버쿠젠					위치
48-8	27-4	2265	7	26.8-21.7	81%	RB
7-1						RWB
55-9 LG-2	DR	TK	IC		★	RW
0-0 RG-7	3.4-1.6	1.2-0.8	0.2	6-0	2	AM
0-0 HG-0						

G	A	SH	SG	PC	P%	SC	BT	DC	TK	IC	CL	CR	BR
상위	상위	상위	상위	하위	상위	하위	상위	하위	상위	하위	하위	상위	하위
1%	10%	1%	1%	11%	49%	7%	12%	4%	6%	2%	5%	28%	5%

Andy ROBERTSON
평점 7.09
앤디 로버슨   1994.03.11 / 178cm

스코틀랜드 대표팀 내에서 가장 많은 경기에 출전한 주장. 경기장에서 가장 크게 목소리를 내는 선수. 승부욕이 강하고 팀에 대한 충성심이 강한 편. 가끔 거친 플레이로 화제가 된다. 원 터치 패스가 좋고, 빠른 판단으로 방향 전환 후 돌파를 시도한다. 측면에서 연결하는 크로스는 여러 구질을 자랑한다. 2017년 리버풀로 입단했고, 팀의 영광에 한 축이 되었다. 시장 가치는 3000만 유로, 추정 연봉은 615만 유로.

슈팅-득점	2023-24시즌 리버풀					위치
10-3	18-5	1693	2	53.9-47.4	88%	LB
2-0						LWB
12-3 LG-2	DR	TK	IC		★	LM
0-0 RG-1	0.7-0.2	2.3-1.5	0.6	2-0	1	
0-0 HG-0						

G	A	SH	SG	PC	P%	SC	BT	DC	TK	IC	CL	CR	BR
상위	상위	하위	상위	하위	상위	상위	하위	상위	하위	상위	상위	상위	상위
8%	50%	48%	23%	3%	26%	9%	2%	46%	38%	16%	41%	1%	33%

João CANCELO
평점 7.08
조앙 칸셀루   1994.05.27 / 182cm

좌우를 가리지 않는 풀백. 공격적인 오버 래핑 후 직접 마무리하거나 한다. 박스 밖에서 시도하는 슈팅은 팀 전술의 강력한 무기. 동료와의 패스를 통해 압박을 벗어난다. 하지만 뒷공간의 수비가 약해 종종 허점을 노출하기도 한다. 유럽의 굵직한 클럽에서 활약했고, 2023년 여름에 바르셀로나와 계약을 맺었다. 포르투갈의 연령별 대표팀에 꾸준히 차출된 엘리트 출신. 시장 가치는 2500만 유로, 추정 연봉은 1250만 유로.

슈팅-득점	2023-24시즌 FC 바르셀로나					위치
16-2	29-3	2506	4	48.6-41.3	85%	LB
16-0						RB
32-2 LG-0	DR	TK	IC		★	LM
0-0 RG-2	3.6-1.9	2.7-2.1	0.8	7-0	4	RM
0-0 HG-0						

G	A	SH	SG	PC	P%	SC	BT	DC	TK	IC	CL	CR	BR
상위	상위	상위	상위	상위	상위	상위	상위	상위	상위	상위	하위	상위	상위
14%	27%	11%	11%	20%	13%	11%	6%	17%	14%	40%	43%	6%	20%

Bradley LOCKO
평점 7.07
브래들리 로코   2002.05.06 / 180cm

프랑스 국가 대표팀의 미래. 2023-24시즌 리그1 올해의 팀에 선정되었다. 나이에 맞지 않게 침착한 플레이를 보여준다. 공수의 밸런스가 잘 갖춰져있고, 종종 볼을 길게 차 놓고 돌파를 한다. 특히 상대 공격 루트를 커팅하는 모습이 많은 편. 2023년 브레스트에서 기량을 만개했다. 콩고와 프랑스의 이중 국적을 가졌다. 파리 올림픽의 프랑스 대표팀에 부름을 받았다. 시장 가치는 1200만 유로, 추정 연봉은 50만 유로.

슈팅-득점	2023-24시즌 브레스트					위치
3-0	33-0	2961	3	44.7-38.4	86%	LB
9-0						LM
12-0 LG-0	DR	TK	IC		★	
0-0 RG-0	3.5-1.8	3.8-2.8	1.2	5-0	1	
0-0 HG-0						

G	A	SH	SG	PC	P%	SC	BT	DC	TK	IC	CL	CR	BR
하위	상위	상위	상위	상위	상위	상위	상위	하위	상위	상위	하위	상위	상위
20%	48%	21%	18%	26%	21%	4%	26%	9%	19%	43%	46%	46%	6%

Joško GVARDIOL
평점 7.05
요시코 그바르디올   2002.01.23 / 186cm

2022 FIFA 카타르 월드컵을 통해 혜성 같이 등장해 실력을 인정받은 크로아티아의 철벽. 이름 어원의 유래 때문에 현지 언론에서 맨시티 사령탑 펩 과르디올라 감독과 종종 함께 언급된다. 타이트한 맨마킹을 기본 장착했으며, 볼 다루는 기술도 훌륭해 후방 빌드업 기점이 된다. 주력도 기대 이상으로 빠르기 때문에 상황에 따라서는 왼쪽 풀백으로도 뛸 수 있다. 시장 가치는 7500만 유로, 추정 연봉은 1230만 유로.

슈팅-득점	2023-24시즌 맨체스터 시티					위치
20-4	26-2	2330	1	62.2-54.7	88%	LB
12-0						CB
32-4 LG-0	DR	TK	IC		★	
0-0 RG-3	1.6-0.9	2.6-2.0	1.0	3-0	1	
0-0 HG-1						

G	A	SH	SG	PC	P%	SC	BT	DC	TK	IC	CL	CR	BR
상위	상위	상위	상위	상위	상위	상위	상위	상위	상위	상위	상위	하위	상위
4%	37%	16%	5%	2%	3%	4%	43%	25%	48%	29%	15%	8%	24%

Kieran TRIPPIER
평점 7.04
키어런 트리피어   1990.09.19 / 173cm

2023-24시즌 프리미어리그에서 도움 랭킹 3위에 올랐다. 10개의 어시스트를 기록했고, 뉴캐슬의 주장으로서 경기장 안팎으로 영향력을 선보였다. 프리미어리그 최고로 평가 받는 오른발. 높은 정확도를 자랑하며 세트 피스 상황에서 전담 키커로 나선다. 대표팀의 주전으로 1번의 월드컵과 2번의 유로에 참가했다. 번리와 뉴캐슬에서 각각 구단 올해의 선수상을 받았다. 시장 가치는 1000만 유로, 추정 연봉은 738만 유로.

슈팅-득점	2023-24시즌 뉴캐슬 Utd.					위치
1-1	26-2	2240	10	60.9-48.9	80%	LB
7-0						RB
8-1 LG-1	DR	TK	IC		★	LM
4-0 RG-0	0.8-0.6	3.6-2.1	0.9	5-0	3	RM
0-0 HG-0						

G	A	SH	SG	PC	P%	SC	BT	DC	TK	IC	CL	CR	BR
하위	상위	상위	상위	상위	상위	상위	하위	상위	상위	상위	상위	상위	상위
44%	1%	20%	9%	6%	46%	6%	2%	45%	33%	47%	46%	3%	7%

유럽 5대리그 풀백 & 윙백 항목별 랭킹 (90분 기준 기록, 100분율)

Pedro PORRO
평점 7.03
페드로 포로 1999.09.13 / 173cm

2023-24시즌 팀의 필드 플레이어 중 가장 많은 시간을 출장했다. 리그 35경기 모두 선발로 출전했다. 팀에 확실히 적응했고, 수비수임에도 공격 포인트 생산력이 좋다. 손흥민, 메디슨에 이어 팀 내 3번째로 많은 도움을 기록했다. 페널티 박스 안까지 돌파해 직접 해결하는 능력도 갖췄다. 스페인 대표팀 소속으로 유로 2024 참가를 꿈꿨으나, 최종 명단에서 탈락했다. 시장 가치는 4500만 유로, 추정 연봉은 523만 유로.

슈팅-득점 | **2023-24시즌 토트넘** | **위치**
27-3 / 26-0 | 35-0 / 3093 / 7 / 53.1-42.5 / 80% | RB, RM
53-3 LG-0 / 4-0 RG-3 / 0-0 HG-0 | 1.7-0.8 4.3-2.1 0.5 3-0 3

G 상위 18% | A 상위 13% | SH 상위 5% | SG 상위 13% | PC 상위 16% | P% 하위 45% | SC 상위 11% | BT 상위 9% | DC 상위 42% | TK 상위 16% | IC 상위 39% | CL 상위 15% | CR 상위 8% | BR 상위 19%

Benjamin HENRICHS
평점 7.01
베냐민 헨릭스 1999.09.13 / 173cm

근육 부상과 경고 누적 징계로 리그 33경기에 출전했다. 다시 분데스리가로 돌아왔고, 성공적으로 안착했다. 볼을 잘 다루며 후방 빌드업에도 관여한다. 68%의 드리블 성공률을 기록했고, 상대편 박스 안에서 터치도 많다. 반칙도 자주 얻는 편. 가나와 독일의 이중 국적자. 2016년 프리츠 발터 금메달 수상자. 독일 대표팀 소속으로 유로 2024의 최종 명단에 포함되었다. 시장 가치는 4500만 유로, 추정 연봉은 755만 유로.

슈팅-득점 | **2023-24시즌 RB 라이프치히** | **위치**
17-1 / 18-0 | 28-5 / 2532 / 5 / 41.3-33.0 / 80% | RB, RWB, LB, LWB, RM, DM
35-1 LG-0 / 4-0 RG-1 / 0-0 HG-0 | 1.6-1.0 3.0-2.1 1 5-0 1

G 하위 42% | A 상위 11% | SH 상위 10% | SG 상위 5% | PC 상위 27% | P% 하위 45% | SC 상위 3% | BT 상위 21% | DC 상위 15% | TK 상위 6% | IC 상위 31% | CL 상위 14% | CR 하위 37% | BR 상위 15%

Achraf HAKIMI
평점 7.00
아시라프 하키미 1998.11.04 / 181cm

측면 공격수도 가능한 풀백. 엄청난 주력으로 자신의 가치를 높이고 있다. 오버 래핑에 이은 크로스는 높낮이를 따지지 않고 꽂는다. 88%의 패스 성공률을 보여줬고, 2319번의 볼 터치를 가져갔다. 하지만 공중볼의 경합 성공률은 낮은 편. 지난 시즌 9개의 공격 포인트를 기록했다. 레알 마드리드 카스티야 출신. 2016년부터 모로코 대표팀에서 성실히 활약하고 있다. 시장 가치는 4500만 유로, 추정 연봉은 1455만 유로.

슈팅-득점 | **2023-24시즌 PSG** | **위치**
22-3 / 20-1 | 20-5 / 1931 / 5 / 69.2-61.6 / 89% | RB, LB, RM
42-4 LG-1 / 9-1 RG-0 / 0-0 HG-0 | 2.3-1.2 1.8-1.2 0.5 3-0 1

G 상위 4% | A 상위 17% | SH 상위 3% | SG 상위 6% | PC 상위 8% | P% 상위 2% | SC 상위 4% | BT 상위 18% | DC 상위 7% | TK 하위 33% | IC 하위 10% | CL 상위 31% | CR 상위 5% | BR 상위 4%

Mitchell WEISER
평점 7.00
미첼 바이저 1998.11.04 / 181cm

독일인 아버지와 알제리인 어머니 사이에서 출생. 독일의 U-16 팀부터 시작해 엘리트 코스를 밟았다. 2017년 21세 이하의 유럽 선수권에서 정상에 올랐다. 2021년 브레멘으로 입단하면서 팀의 주축으로 활약 중이다. 3백 포메이션에서는 주로 오른쪽 윙백으로 출전한다. 강한 압박에서도 침착하게 볼을 관리한다. 전진 패스의 정확도와 볼 배급의 타이밍이 좋다. 시장 가치는 4500만 유로, 추정 연봉은 1455만 유로.

슈팅-득점 | **2023-24시즌 베르더 브레멘** | **위치**
37-3 / 7-0 | 30-0 / 2639 / 5 / 37.6-28.6 / 76% | RB, RWB, RM
44-3 LG-1 / 0-0 RG-0 / 0-0 HG-2 | 3.7-1.8 2.9-2.1 0.7 5-0 2

G 상위 15% | A 상위 8% | SH 상위 6% | SG 상위 4% | PC 하위 28% | P% 하위 14% | SC 상위 46% | BT 상위 5% | DC 상위 36% | TK 상위 26% | IC 상위 16% | CL 상위 50% | CR 상위 18% | BR 상위 18%

Franck HONORAT
평점 7.00
프랑크 오노라 1996.08.11 / 180cm

2023년 묀헨글라트바흐와 5년 계약을 체결했다. 이적한 첫 시즌부터 팀 내에서 가장 많은 도움을 기록했다. 주로 오른쪽 측면에서 뛰는 걸 선호한다. 개인기가 좋고 빠른 주력을 자랑한다. 낮은 크로스나 컷백 전술, 반대편 측면으로 열어주는 로빙 패스가 제법이다. 일찍이 잠재력을 인정받아 프랑스 연령별 대표팀에서 소집되었다. 하지만 A대표팀과 인연은 없었다. 시장 가치는 1200만 유로, 추정 연봉은 125만 유로.

슈팅-득점 | **2023-24시즌 묀헨글라트바흐** | **위치**
22-2 / 6-1 | 28-4 / 2359 / 4 / 29.1-21.5 / 74% | RB, RWB, RWB, RM, CF, LW
28-3 LG-0 / 1-0 RG-3 / 0-0 HG-0 | 1.7-0.7 1.1-0.8 1-0 4

G 상위 12% | A 상위 1% | SH 상위 14% | SG 상위 10% | PC 상위 12% | P% 상위 1% | SC 상위 15% | BT 하위 24% | DC 상위 2% | TK 상위 3% | IC 상위 9% | CL 상위 2% | CR 상위 1% | BR 상위 36%

Tiago SANTOS
평점 6.99
티아구 산토스 1996.08.11 / 180cm

포르투갈 대표팀의 미래로 불린다. 2023년 21세 이하의 포르투갈 대표팀에 차출되었다. 축구 센스가 좋아 좁은 공간에서 번뜩이는 재치를 보여준다. 1883번의 볼 터치를 했고, 60%의 드리블 성공률을 기록했다. 빠른 발을 가져 인버티드 풀백의 장점을 많이 가지고 있다. 하지만 뒷공간 수비와 위험 지역에서 반칙을 내준다. 슈팅 시도는 박스 안팎을 가리지 않는다. 시장 가치는 1500만 유로, 추정 연봉은 70만 유로.

슈팅-득점 | **2023-24시즌 릴 OSC** | **위치**
13-0 / 20-1 | 26-3 / 2364 / 2 / 38.2-31.7 / 83% | RB, CB
33-1 LG-0 / 0-0 RG-1 / 0-0 HG-0 | 3.6-1.9 2.9-2.2 0.5 6-0 1

G 상위 50% | A 하위 43% | SH 상위 9% | SG 상위 42% | PC 상위 25% | P% 상위 40% | SC 하위 7% | BT 상위 24% | DC 하위 15% | TK 상위 12% | IC 상위 39% | CL 하위 45%

Dan BURN
평점 6.99 댄 번 1992.05.09 / 201cm

2m가 넘는 풀백. 공중볼에 대한 제공권이 강점. 공중볼 경합 성공률은 67.8%에 육박한다. 발밑도 좋고 주력도 빨라 희소성이 높은 레프트 백. 종종 센터백으로도 출전한다. 하지만 패스의 정확도는 낮고 크로스의 성공률도 아쉽다. 전형적인 대기만성형의 선수로서 청소년 대표팀을 포함해 A대표팀과의 접촉은 없었다. 13살 사고로 오른쪽 4번째 손가락을 잃었다. 시장 가치는 800만 유로, 추정 연봉은 338만 유로.

슈팅-득점	2023-24시즌 뉴캐슬 Utd.	위치
23-2	32-1 2733 2 45.3-36.7 81%	LB
0-0		CB
● 23-2 LG-1	DR TK IC	
● 0-0 RG-0	0.2-0.1 2.9-1.8 1.1 4-0 1	
● 0-0 HG-1		

G	A	SH	SG	PC	P%	SC	BT	DC	TK	IC	CL	CR	BR
상위	하위	상위	상위	상위	하위	상위	상위	하위	상위	상위	하위	하위	하위
18%	35%	33%	45%	39%	35%	1%	42%	19%	48%	25%	1%	1%	14%

Ben WHITE
평점 6.98 벤 화이트 1997.10.08 / 186cm

브라이튼 유소년 팀 출신. 임대를 통해 성장했고, 2021년 아스날과 계약을 맺었다. 5800만 유로라는 거금의 이적료가 발생했다. 센터백과 풀백 그리고 상황에 따라서는 수비형 미드필더도 소화한다. 축구 지능이 좋고 전술적인 이해도가 높다. 부지런히 오버 래핑을 시도하면서 컷백과 크로스 전술을 구사한다. 2023년 6월 오래된 친구와 결혼하며 품절남이 되었다. 시장 가치는 5500만 유로, 추정 연봉은 923만 유로.

슈팅-득점	2023-24시즌 아스날	위치
10-4	35-2 2995 4 51.4-44.7 87%	RB
3-0		CB
● 13-4 LG-2	DR TK IC	
● 0-0 RG-1	0.7-0.3 2.2-1.3 0.9 8-0 1	
● 0-0 HG-1		

G	A	SH	SG	PC	P%	SC	BT	DC	TK	IC	CL	CR	BR
상위	상위	상위	상위	상위	상위	상위	상위	상위	상위	상위	상위	상위	하위
17%	33%	34%	50%	15%	15%	30%	16%	11%	13%	41%	42%	14%	7%

Dani CARVAJAL
평점 6.98 다니 카르바할 1992.01.11 / 173cm

2023-24 챔피언스리그 결승전의 MOM. 선제골을 넣어 팀의 15번째 우승을 이끌었다. 구단의 여러 선수와 함께 챔피언스리그 최다 우승 타이 기록을 세웠다. 풀백이 가져야 할 모든 면을 가졌다. 공수의 밸런스와 높은 크로스 성공률, 수비의 안정성도 보여준다. 2013년 레알 마드리드로 돌아온 후 400경기 넘게 출전했다. 스페인 대표팀의 주장단에 속해 있다. 시장 가치는 1200만 유로, 추정 연봉은 1042만 유로.

슈팅-득점	2023-24시즌 레알 마드리드	위치
13-3	25-3 2177 3 45.7-39.8 87%	RB
5-1		CB
● 18-4 LG-3	DR TK IC	
● 0-0 RG-2	0.8-0.3 2.4-1.7 0.8 3-1 2	
● 0-0 HG-1		

G	A	SH	SG	PC	P%	SC	BT	DC	TK	IC	CL	CR	BR
상위	상위	상위	상위	하위	상위	상위	상위	상위	상위	상위	상위	하위	하위
5%	34%	34%	15%	12%	9%	26%	18%	39%	50%	41%	20%	27%	

Kenny LALA
평점 6.98 케니 랄라 1991.10.03 / 178cm

프랑스 리그에서 잔뼈가 굵은 수비수. 커리어 내내 프랑스에서 뛰었다. 2023년 브레스트로 입단했고, 리그 3위의 돌풍을 이끌었다. 로코와 함께 리그앙 최고의 풀백 라인을 형성했다. 정교한 크로스와 수비 스킬이 뛰어나다. 피지컬이 탄탄해 경합 상황에서도 밀리지 않는다. 프랑스와 마다가스카르의 이중 국적자. 2024년 마다가스카르 대표팀에 첫 부름을 받았다. 시장 가치는 300만 유로, 추정 연봉은 72만 유로.

슈팅-득점	2023-24시즌 브레스트	위치
3-2	33-0 2970 3 52.7-43.2 82%	RB
11-0		LB
● 14-2 LG-0	DR TK IC	RM
● 0-0 RG-2	1.2-0.6 3.2-2.4 0.8 7-0 1	
● 0-0 HG-0		

G	A	SH	SG	PC	P%	SC	BT	DC	TK	IC	CL	CR	BR
상위	상위	상위	상위	상위	상위	상위	상위	상위	상위	상위	상위	상위	상위
30%	48%	26%	32%	18%	47%	15%	41%	50%	40%	46%	21%	5%	

Antonee ROBINSON
평점 6.98 앤토니 로빈슨 1997.08.08 / 183cm

출생은 잉글랜드지만, 아버지의 국적이 미국. 미국 U-18, U-23 대표팀에서 뛰었다. 2018년 볼리비아전에서 A대표팀에 데뷔했다. 지난 시즌 필드 플레이어 중 가장 많은 시간을 보장받았다. 80번의 가로채기에 성공했고, 공중볼 경합이나 태클 성공률도 높다. 축구 지능이 높아 직접 빌드업의 중심이 되기도 한다. 2028년까지 구단과 재계약에 성공했다. 시장 가치는 2500만 유로, 추정 연봉은 307만 유로.

슈팅-득점	2023-24시즌 풀럼	위치
6-0	37-0 3269 9 44.1-33.5 76%	LB
10-0		LM
● 16-0 LG-0	DR TK IC	
● 0-0 RG-0	2.2-1.0 4.1-2.5 6-0 1	
● 0-0 HG-0		

G	A	SH	SG	PC	P%	SC	BT	DC	TK	IC	CL	CR	BR
하위	상위	하위	상위	상위	상위	상위	상위	상위	상위	하위	상위	상위	상위
20%	22%	28%	39%	47%	25%	2%	25%	22%	28%	1%	9%	29%	9%

Diogo DALOT
평점 6.97 디오구 달롯 1999.03.18 / 184cm

2023-24시즌 선수들이 선정한 올해의 선수상을 받았다. 팀이 '부상 악몽'에 시달렸지만, 리그 36경기에 출전했다. 선발은 35경기였다. 프리미어리그의 대표적인 인버티드 풀백으로서 측면에서 중앙으로 들어가 직접 공격을 마무리한다. 측면의 크로스 성공률은 낮은 편이다. 포르투갈 청소년 대표팀 출신. 2021년부터 국가 대표팀의 주축 멤버로 활약하고 있다. 시장 가치는 3500만 유로, 추정 연봉은 523만 유로.

슈팅-득점	2023-24시즌 맨체스터 Utd.	위치
11-1	35-1 3174 3 41.3-34.7 84%	RB
19-1		LB
● 30-2 LG-0	DR TK IC	RM
● 0-0 RG-2	1.4-0.9 2.9-2.3 1.0 4-1 1	
● 0-0 HG-0		

G	A	SH	SG	PC	P%	SC	BT	DC	TK	IC	CL	CR	BR
상위	하위	상위	상위	상위	상위	상위	상위	상위	상위	상위	상위	상위	상위
39%	42%	32%	37%	45%	35%	49%	48%	30%	37%	40%	11%	38%	20%

Samuel LINO
평점 6.97
사무엘 리노 1999.12.23 / 170cm

주로 측면 윙백으로 출전했다. 사이드 라인에서 가장 돋보인다. 경기 감각이 올라 상대와의 일대일 대결에서 물러서지 않았다. xG와 xA 값 모두 측정치보다 넘어섰다. 54번의 슈팅 시도 중에서 21번을 유효 슈팅으로 완성했다. 브라질 출신의 현란한 개인기와 역습 상황에서 혼자 볼을 몰고 역습할 정도로 자신감이 넘친다. 지난 시즌 경고 한 번도 없이 시즌을 마무리했다. 시장 가치는 3000만 유로, 추정 연봉은 125만 유로.

슈팅-득점	2023-24시즌 아틀레티코 마드리드					위치
41-4			A	P	P%	LWB
13-0	25-9	2092	5	27.5-22.8	83%	LB
54-4 LG-3	DR	TK	IC	🟨	⭐	CM
0-0 RG-1						AM
0-0 HG-0	2.2-1.2	2.8-1.8	0.4	0-0	0	LM

G	A	SH	SG	PC	P%	SC	BT	DC	TK	IC	CL	CR	BR
상위	상위	상위	상위	하위	상위	하위	상위	상위	상위	상위	하위	상위	상위
1%	5%	1%	1%	34%	28%	9%	28%	5%	20%	14%	3%	20%	12%

Théo HERNÁNDEZ
평점 6.97
테오 에르난데스 1997.10.06 / 184cm

격렬했던 밀라노 더비였다. 몸싸움 끝에 퇴장당했고 그 외 징계 누적 사유로 리그 32경기에 출전했다. 공수의 밸런스가 좋은 풀백. 직접 볼을 이끌고 결망까지 흔든다. 라커룸에서도 영향력이 있고, 팀의 주장답다. 44번의 기회 창출을 기록했고, 공격 진영으로의 전진 패스도 좋았다. 프랑스 대표팀의 일원으로서 유로 2024에서 주전으로 출전했다. 시장 가치는 6000만 유로, 추정 연봉은 513만 유로.

슈팅-득점	2023-24시즌 AC 밀란					위치
32-5			A	P	P%	LB
25-0	31-1	2795	4	55.3-48.7	88%	CB
57-5 LG-5	DR	TK	IC	🟨	⭐	LWB
2-0 RG-0						
2-1 HG-0	2.5-1.2	1.3-0.9	0.7	11-1	2	

G	A	SH	SG	PC	P%	SC	BT	DC	TK	IC	CL	CR	BR
상위	상위	상위	상위	상위	하위	상위	상위	하위	상위	상위	하위	상위	상위
12%	16%	4%	7%	16%	10%	4%	22%	14%	4%	35%	2%	43%	36%

Noussair MAZRAOUI
평점 6.96
누사이르 마즈라위 1997.11.14 / 183cm

킥 능력이 뛰어난 풀백. 일대일 대인 마킹이 뛰어나고, 어깨를 잘 이용해 돌파를 막는다. 왕성한 활동량으로 상대를 압박한다. 패스 길을 잘 끊어 곧바로 역습 전환의 시작점이 된다. 햄스트링과 질병, 종아리 부상으로 19경기만 소화했다. 아약스에서 데뷔했다. 2022년 네덜란드 리그 올해의 팀에 선정되기도 했다. 같은 해 뮌헨으로 이적했다. 시장 가치는 3000만 유로, 추정 연봉은 800만 유로.

슈팅-득점	2023-24시즌 바이에른 뮌헨					위치
5-0			A	P	P%	RB
7-0	15-4	1198	3	45.2-40.7	90%	LB
12-0 LG-0	DR	TK	IC	🟨	⭐	RWB
0-0 RG-0						
0-0 HG-0	1.3-0.6	2.1-1.7	1.1	3-0	0	

G	A	SH	SG	PC	P%	SC	BT	DC	TK	IC	CL	CR	BR
하위	상위	상위	상위	상위	상위	상위	상위	상위	상위	상위	하위	하위	상위
20%	15%	29%	39%	8%	23%	3%	11%	34%	25%	13%	2%	11%	36%

Matthieu UDOL
평점 6.96
마티외 우돌 1996.03.20 / 178cm

메스의 원 클럽 맨. 지금까지 3번의 승격을 함께했다. 그리고 지난 시즌에 다시 팀은 강등되었다. 주장으로서 서포터즈가 가장 아끼는 선수. 후방 빌드업에 적극적으로 관여한다. 부지런한 움직임과 과감한 태클로 볼을 빼내기도 한다. 50번의 인터셉트에 성공했다. 하지만 패스 성공률은 낮다. 프랑스와 과들루프의 이중 국적을 가졌다. 계약 종료 기간은 2027년이다. 시장 가치는 250만 유로, 추정 연봉은 78만 유로.

슈팅-득점	2023-24시즌 메스					위치
17-3			A	P	P%	LB
2-0	30-0	2700	3	33.1-25.8	78%	CB
19-3 LG-0	DR	TK	IC	🟨	⭐	LM
0-0 RG-0						
0-0 HG-3	1.3-0.7	2.4-1.8	1.7	5-0	3	

G	A	SH	SG	PC	P%	SC	BT	DC	TK	IC	CL	CR	BR
상위	상위	하위	상위	상위	하위	상위	상위	하위	상위	상위	상위	하위	상위
16%	46%	49%	31%	17%	29%	4%	21%	19%	4%	5%	3%	42%	48%

Jules KOUNDÉ
평점 6.95
쥘 쿤데 1998.11.12 / 180cm

센터백과 풀백 모두 소화 가능한 멀티 플레이어. 축구 지능이 높고, 축구 센스가 좋아 영리하게 무브먼트만으로도 상대를 제친다. 장신은 아니지만 탄탄한 피지컬로 제공권에서 우위를 가진다. 몸 컨디션 조절도 잘하는 편. 리그 35경기에 출전하며 팀의 수비를 책임졌다. 프랑스 대표팀에선 풀백으로 뛰고 있다. 2021년부터 2년 연속 라 리가 올해의 팀에 선정되었다. 시장 가치는 4500만 유로, 추정 연봉은 1355만 유로.

슈팅-득점	2023-24시즌 FC 바르셀로나					위치
18-1			A	P	P%	RB
6-0	32-3	2899	2	71.6-65.2	91%	CB
24-1 LG-0	DR	TK	IC	🟨	⭐	
0-0 RG-0						
0-0 HG-1	1.2-0.6	1.7-1.1	0.7	4-0	2	

G	A	SH	SG	PC	P%	SC	BT	DC	TK	IC	CL	CR	BR
하위	하위	상위	상위	상위	상위	상위	상위	상위	상위	상위	상위	하위	하위
40%	29%	49%	48%	2%	1%	33%	3%	33%	4%	45%	21%	6%	44%

Ruben AGUILAR
평점 6.95
루벤 아길라르 1993.04.26 / 172cm

리그앙을 잘 알고 있는 선수. 생테티엔의 유스 출신으로 줄곧 자국 리그에서만 뛰었다. 몽펠리에와 모나코에서 커리어의 전성기를 보냈다. 2023년 350만 유로에 랑스와 계약을 맺었다. 좌우 풀백을 소화한다. 정확한 크로스와 낮은 전진 패스로 득점을 돕는다. 상대의 공격 지역에서 점유율을 많이 가져간다. 아버지의 국적이 스페인이기에 프랑스와 이중 국적을 가졌다. 시장 가치는 500만 유로, 추정 연봉은 150만 유로.

슈팅-득점	2023-24시즌 RC 랑스					위치
9-1			A	P	P%	RB
3-0	22-3	1923	3	41.3-34.7	84%	RM
12-1 LG-0	DR	TK	IC	🟨	⭐	CB
0-0 RG-0						
0-0 HG-1	0.8-0.2	2.8-2.1	1.0	3-0	2	

G	A	SH	SG	PC	P%	SC	BT	DC	TK	IC	CL	CR	BR
상위	상위	상위	상위	상위	상위	상위	상위	상위	하위	상위	상위	상위	상위
46%	30%	42%	35%	25%	32%	48%	21%	16%	20%	25%	50%	35%	50%

○ 유럽 5대리그 풀백 & 윙백 항목별 랭킹 (90분 기준 기록, 100분율)

BERNARDO

평점 6.95

베르나르두 1995.05.14 / 186cm

센터백과 레프트 백 모두 뛸 수 있는 선수. 왼발 킥이 정교하며 오버 래핑에 이은 크로스가 강점이다. 197번의 리커버리와 55번의 인터셉트는 팀 내 최다 수치. 2023년 보훔으로 이적했고 첫 시즌부터 팀의 주전 레프트 백이 되었다. 하지만 플레이가 거칠어 경고가 많은 편이다. 1990년대 바이에른과 코린치안스, 브라질 대표팀에서 뛰었던 베르나르두는 친아버지다. 시장 가치는 500만 유로, 추정 연봉은 120만 유로.

슈팅-득점	2023-24시즌 보훔					위치
25-1	⏱	A	P	P%		LB
4-0	33-0 2926	0	41.1-29.2	71%		CB
● 29-1 LG-0	DR	TK	IC	🟨	⭐	RB
● 0-0 RG-0						LM
● 0-0 HG-1	0.7-0.4 3.7-3.0	1.7	9-0	2		

G	A	SH	SG	PC	P%	SC	BT	DC	TK	IC	CL	CR	BR
하위	하위	상위	상위	상위	하위	상위	상위	하위	상위	상위	상위	하위	상위
42%	7%	25%	28%	32%	15%	12%	44%	20%	7%	4%	2%	5%	11%

Jonathan CLAUSS

평점 6.95

조나탕 클로스 1992.09.25 / 178cm

대기만성형의 선수. 오랜 시간 하부 리그에서 뛰었다. 2022년 랑스에서 주목받기 시작했고, 명문 마르세유와 3년 계약을 맺었다. 무릎과 햄스트링으로 27경기에 출전했음에도 팀 내 가장 높은 평점을 받았다. 공격 포인트를 양산하는 정교한 킥. 46번의 기회 창출과 높은 정확도의 크로스로 이어진다. 카타르 월드컵의 최종 명단에서 제외됐지만, 유로 2024에는 참가했다. 시장 가치는 1200만 유로, 추정 연봉은 330만 유로.

슈팅-득점	2023-24시즌 마르세유					위치
7-1	⏱	A	P	P%		RB
21-2	25-2 2072	4	42.9-34.3	80%		RWB
● 28-3 LG-1	DR	TK	IC	🟨	⭐	RM
● 3-0 RG-2						LM
● 0-0 HG-0	1.3-0.7 2.6-1.7	1.3	2-1	3		

G	A	SH	SG	PC	P%	SC	BT	DC	TK	IC	CL	CR	BR
상위	상위	상위	상위	상위	상위	상위	상위	상위	상위	상위	상위	상위	상위
6%	4%	18%	6%	29%	30%	8%	18%	46%	50%	6%	36%	6%	47%

Frédéric GUILBERT

평점 6.92

프레데릭 길베르 1994.12.24 / 178cm

캉의 유스 출신. 보르도와 아스톤 빌라에서 기회를 잡지 못했다. 2021년 스트라스부르와 임대 계약을 맺었다. 지난해 구단과 완전 이적에 성공했다. 팀의 주장으로서 3백의 오른쪽 센터백으로 출전했다. 뛰어난 신체 능력을 자랑하며 수비적인 견고함이 돋보인다. 후방 빌드업에 적극적으로 관여한다. 경기당 2.6개의 인터셉트로 팀 내에서 가장 높은 수치를 기록했다. 시장 가치는 400만 유로, 추정 연봉은 128만 유로.

슈팅-득점	2023-24시즌 스트라스부르					위치
7-2	⏱	A	P	P%		LB
14-0	29-3 2495	0	38.0-30.8	81%		CB
● 21-2 LG-0	DR	TK	IC	🟨	⭐	RB
● 4-0 RG-0						RWB
● 0-0 HG-2	1.1-0.6 3.5-2.7	2.2	3-0	1		

G	A	SH	SG	PC	P%	SC	BT	DC	TK	IC	CL	CR	BR
상위	하위	상위	상위	상위	하위	상위	상위	상위	상위	상위	상위	상위	하위
24%	7%	37%	43%	44%	39%	17%	33%	50%	5%	1%	3%	42%	48%

Melvin BARD

평점 6.92

멜빈 바르 2000.11.06 / 173cm

프랑스 17세 이하의 대표팀부터 꾸준히 차출된 천재. 도쿄 올림픽의 명단에도 3차례 포함되었다. 명문 리옹의 유소년 팀을 거쳐 프로에 데뷔했다. 2021년 니스로 이적했고 어린 나이임에도 왼쪽의 '언터쳐블'로 불린다. 현란한 개인기와 저돌적인 플레이가 인상적. 수비 상황에서 볼만 빼내는 스탠딩 태클을 잘한다. 2215번의 볼 터치와 204개의 리커버리를 기록했다. 시장 가치는 1200만 유로, 추정 연봉은 20만 유로.

슈팅-득점	2023-24시즌 니스					위치
2-0	⏱	A	P	P%		LB
13-1	31-1 2663	2	45.8-38.5	84%		LM
● 15-1 LG-1	DR	TK	IC	🟨	⭐	
● 2-0 RG-0						
● 0-0 HG-0	2.4-1.2 3.1-2.3	1.2	7-1	1		

G	A	SH	SG	PC	P%	SC	BT	DC	TK	IC	CL	CR	BR
하위	상위	상위	상위	상위	상위	상위	상위	상위	상위	상위	상위	상위	상위
45%	40%	35%	50%	22%	25%	29%	19%	25%	26%	10%	19%	39%	3%

Robin GOSENS

평점 6.92

로빈 고젠스 1994.07.05 / 183cm

최대 장점이던 빠른 돌파가 살아났다. 아탈란타에서 보여준 경기력이 돌아왔다. 측면에서 중앙으로 들어와 공격을 지휘한다. 오버 래핑이나 빠른 크로스 등 측면 플레이에 뛰어나다. 박스 안에서의 집중력이 강해 골까지 기록했다. 아버지가 네덜란드 국적이며 어머니는 독일인이다. 독일 대표팀의 데뷔전은 2020년 스페인. 3년 후 2월 심리학 학사 학위를 취득했다. 시장 가치는 1200만 유로, 추정 연봉은 283만 유로.

슈팅-득점	2023-24시즌 우니온 베를린					위치
29-5	⏱	A	P	P%		LB
3-1	27-3 2300	3	30.1-22.6	75%		LM
● 32-6 LG-3	DR	TK	IC	🟨	⭐	CM
● 0-0 RG-0						LW
● 0-0 HG-3	0.5-0.2 2.7-2.2	1	7-1	2		AM

G	A	SH	SG	PC	P%	SC	BT	DC	TK	IC	CL	CR	BR
하위	상위	하위	상위	상위	하위	상위	상위	하위	상위	상위	하위	상위	하위
2%	46%	2%	9%	19%	17%	39%	26%	5%	29%	15%	0%	44%	23%

ISMAILY

평점 6.92

이스마일리 1990.01.11 / 177cm

경험이 많은 레프트 백. 샤흐타르의 레전드 출신으로 16개의 트로피를 들었다. 2022년 리그앙의 릴과 계약을 맺었다. 큰 키는 아니지만, 공중볼 경합에서 72%의 성공률을 보였다. 브라질 출신의 개인 기량과 스피드가 뛰어나다. 30대 중반의 나이로 접어들면서 시야가 더 넓어졌다. 태클의 시도가 많은 편. 하지만 반칙의 빈도가 낮고, 경고도 1장에 받지 않았다. 시장 가치는 180만 유로, 추정 연봉은 180만 유로.

슈팅-득점	2023-24시즌 릴 OSC					위치
4-1	⏱	A	P	P%		LB
3-0	28-2 2467	1	42.7-35.4	83%		LM
● 7-1 LG-0	DR	TK	IC	🟨	⭐	
● 0-0 RG-1						
● 0-0 HG-0	1.9-0.9 3.5-2.4	1.1	1-0	1		

G	A	SH	SG	PC	P%	SC	BT	DC	TK	IC	CL	CR	BR
하위	상위	하위	하위	상위	상위	상위	상위	상위	상위	상위	상위	하위	하위
47%	18%	9%	30%	18%	5%	37%	17%	22%	23%	6%	8%	37%	

○ 유럽 5대리그 풀백&윙백 항목별 랭킹(90분 기준 기록, 100분율)

Ismail JAKOBS
평점 6.90
이스마일 야콥스 1999.08.17 / 184cm

반데르송과 함께 모나코의 풀백을 책임지고 있다. 왼발을 잘 사용하며 볼을 끝까지 주시하며 수비한다. 수준급의 패싱력은 후방 빌드업에도 도움을 준다. 헤딩 클리어링과 공중볼 경합에 강점을 보인다. 쾰른에서 출생하여 유스 팀을 뛰었고, 프로까지 데뷔했다. 독일 청소년 대표팀 출신이지만, 2022년 세네갈 대표팀을 선택했다. 2023년 아프리카 네이션스 컵에 참가했다. 시장 가치는 800만 유로, 추정 연봉은 65만 유로.

슈팅-득점	2023-24시즌 AS 모나코					위치
16-1			A	P	P%	LB
5-0	16-6	1467	2	30.8-24.0	78%	LM
21-1 LG-1	DR	TK	IC		★	LW
1-0 RG-0	0.6-0.5	3.3-2.5	0.6	0-0	3	
0-0 HG-0						

G	A	SH	SG	PC	P%	SC	BT	DC	TK	IC	CL	CR	BR
상위	상위	상위	상위	하위	상위	상위	하위	상위	하위	상위	상위	상위	하위
29%	32%	7%	6%	41%	13%	11%	37%	45%	3%	25%	39%	15%	38%

Sergi CARDONA
평점 6.90
세르지 카르도나 1999.07.08 / 186cm

2020년부터 라스 팔마스에서 뛰고 있다. 상대를 압박하여 볼을 받기 전 미리 커팅해낸다. 체격이 큰 편이라 제공권 다툼에서 우위를 점한다. 볼 관리 능력이 좋아 탈압박을 잘한다. 양발을 잘 쓴다. 경기 감각을 유지하며 건강 관리를 잘한다. 3시즌 내내 큰 부상 없이 보냈다. 거친 플레이를 잘하여 팀 내에서 가장 많은 경고를 받았다. 주력도 빠른 편은 아니다. 시장 가치는 600만 유로, 추정 연봉은 17만 유로.

슈팅-득점	2023-24시즌 라스 팔마스					위치
21-1			A	P	P%	LB
5-0	30-5	2816	2	49.2-40.8	83%	LM
26-1 LG-1	DR	TK	IC		★	
0-0 RG-0	1.1-0.6	3.7-2.6	1.3	10-0	2	
0-0 HG-0						

G	A	SH	SG	PC	P%	SC	BT	DC	TK	IC	CL	CR	BR
하위	상위	상위	상위	상위	하위	상위	상위	상위	하위	상위	상위	상위	하위
44%	39%	29%	47%	14%	37%	31%	7%	36%	19%	22%	4%	47%	13%

Vitalii MYKOLENKO
평점 6.90
비탈리 미콜렌코 1999.05.29 / 180cm

우크라이나의 스피드 스타. 빠른 가속력과 발재간이 일품이다. 운동 신경이 좋아 오프 더 볼 상황에서는 쉴새 없이 공간을 만든다. 먼 거리에서 시도하는 왼발 슈팅은 자신의 트레이드 마크. 지난 시즌은 발목 부상으로 많은 경기에 결장했다. 우크라이나의 연령별 대표팀에 모두 포함된 인재. 우크라이나 전쟁 발발로 인해 많은 위로를 받았다. 유로 2024 본선에 참가했다. 시장 가치는 2800만 유로, 추정 연봉은 356만 유로.

슈팅-득점	2023-24시즌 에버튼					위치
12-2			A	P	P%	LB
14-0	28-2	2472	0	31.6-23.7	75%	CB
26-5 LG-0	DR	TK	IC		★	LM
0-0 RG-1	1.1-0.6	3.4-2.5	1.3	1-0	2	
0-0 HG-1						

G	A	SH	SG	PC	P%	SC	BT	DC	TK	IC	CL	CR	BR
상위	하위	상위	상위	상위	상위	상위	하위	상위	상위	상위	상위	상위	상위
23%	7%	21%	42%	14%	29%	17%	47%	22%	14%	5%	29%	39%	39%

Michael KAYODE
평점 6.90
마이클 카요데 2004.07.10 / 179cm

나이지리아계 이탈리아 선수. 2023년 19세 이하의 유럽 선수권에서 정상에 올랐다. 피오렌티나 유스를 거쳐 1군 로스터에 등록되었고, 도도의 장기 부상으로 기회를 잡았다. 긴 다리와 다부진 체구로 상대와의 몸싸움에서 밀리지 않는다. 현란한 발기술과 빠른 스피드로 저돌적인 돌파를 한다. 2023년 10월 구단과 장기 계약에 서명했다. 빅 클럽이 주목하고 있는 유망주. 시장 가치는 2500만 유로, 추정 연봉은 185만 유로.

슈팅-득점	2023-24시즌 피오렌티나					위치
2-1			A	P	P%	RB
5-0	22-4	2064	1	39.9-34.7	87%	RM
7-1 LG-0	DR	TK	IC		★	
0-0 RG-1	1.8-0.8	2.5-2.0	0.7	2-0	1	
0-0 HG-0						

G	A	SH	SG	PC	P%	SC	BT	DC	TK	IC	CL	CR	BR
하위	상위	상위	상위	상위	상위	상위	상위	상위	상위	상위	상위	상위	하위
44%	23%	13%	29%	31%	13%	30%	18%	27%	37%	38%	45%	45%	37%

Kyle WALKER
평점 6.89
카일 워커 1990.05.28 / 178cm

프리미어리그 4연패를 이끈 주장. 리그 32경기에 출전하여 팀의 우승에 도움을 줬다. 과르디올라의 전술 특성상 3백의 센터백이나 윙백으로 출전한다. 볼 컨트롤이 좋고 패싱 능력도 수준급이다. 박스 밖에서 시도하는 오른발 슈팅은 트레이드 마크. 잉글랜드 대표팀 소속으로 2번의 월드컵과 2번의 유로 대회에 참가했다. PFA 올해의 팀에 3번이나 선정되었다. 시장 가치는 1300만 유로, 추정 연봉은 1077만 유로.

슈팅-득점	2023-24시즌 맨체스터 시티					위치
1-0			A	P	P%	RB
15-0	30-2	2767	4	66.9-60.2	90%	CB
16-0 LG-0	DR	TK	IC		★	RM
1-0 RG-0	1.1-0.7	1.8-1.2	0.8	2-0	0	
0-0 HG-0						

G	A	SH	SG	PC	P%	SC	BT	DC	TK	IC	CL	CR	BR
하위	상위	상위	상위	상위	하위	상위	상위	상위	하위	상위	상위	상위	상위
20%	38%	33%	33%	3%	2%	45%	6%	43%	9%	41%	5%	25%	47%

Oleksandr ZINCHENKO
평점 6.89
올렉산드르 진첸코 1996.12.15 / 175cm

종아리 부상을 안고 있었다. 리그에서는 27경기만 출전했다. 89%의 패스 성공률을 보였고 로빙 패스의 정확도도 높은 편. 미드필더와 풀백 모두 소화한다. 축구 센스가 뛰어나고 오프 더 볼 상황에서 공간 창출에 일가견이 있다. 스테미너가 높아 수비 가담률도 높은 편. 우크라이나의 대표팀 소속으로 전쟁과 관련된 이슈가 많았다. 유로 2024에서는 주전 멤버로 참가. 시장 가치는 3800만 유로, 추정 연봉은 923만 유로.

슈팅-득점	2023-24시즌 아스널					위치
6-1			A	P	P%	LB
11-0	20-7	1727	2	52.6-42.8	89%	LM
17-1 LG-1	DR	TK	IC		★	CM
0-0 RG-0	0.5-0.3	2.5-1.9	0.7	2-0	3	RM
0-0 HG-0						

G	A	SH	SG	PC	P%	SC	BT	DC	TK	IC	CL	CR	BR
상위	상위	상위	상위	상위	상위	상위	상위	하위	상위	상위	상위	하위	상위
43%	50%	31%	45%	2%	3%	11%	4%	15%	21%	30%	7%	12%	27%

○ 유럽 5대리그 풀백 &윙백 항목별 랭킹 (90분 기준 기록, 100% 율)

평점 6.89 Diego RICO
디에고 리코 1993.02.23 / 183cm

3.43의 xA 값을 넘어 7개의 도움을 기록했다. 정교한 왼발 킥은 리그에서도 상위권에 속한다. 경기를 읽는 시야가 넓어졌고, 점프력이 좋아 공중볼 경합에서도 높은 승률을 자랑한다. 피지컬을 활용한 대인 마킹이 뛰어나다. 사라고사의 아카데미 출신. 2023년 헤타페와 임대 계약을 맺었다. 입단한 첫 시즌부터 가장 높은 평점을 받았다. 나이키 브랜드와 후원 계약을 맺었다. 시장 가치는 150만 유로, 추정 연봉은 120만 유로.

슈팅-득점		2023-24시즌 헤타페					위치
4-0		⏱	A	P	P%		LB
14-0		28-4 2538	7	32.8-22.0	67%		CB
● 18-0	LG-0	DR	TK	IC	🟨	★	LM
● 0-0	RG-0						
● 0-0	HG-0	1.1-0.4	3.1-2.1	1.3	10-0	1	

G	A	SH	SG	PC	P%	SC	BT	DC	TK	IC	CL	CR	BR
하위	상위	상위	상위	하위	하위	상위	상위	하위	상위	상위	상위	상위	상위
20%	7%	50%	46%	31%	3%	45%	45%	22%	30%	9%	27%	16%	18%

평점 6.89 Yuri BERCHICHE
유리 베르치체 1990.02.10 / 181cm

팀 내에서 가장 나이가 많은 축에 속한다. 햄스트링과 발목 부상으로 많은 경기에 결장했다. 여러 해외 리그에서 뛰며 쌓은 경험치가 빛을 발한다. 수비 스킬이 좋고 75%의 태클 성공률을 자랑한다. 기동력을 앞세운 측면 드리블이 좋다. 알제리와 스페인의 이중 국적자. 스페인의 청소년 대표팀 출신으로 A대표팀 출전 기록은 없다. 알제리 대표팀의 요청은 거절했다. 시장 가치는 180만 유로, 추정 연봉은 428만 유로.

슈팅-득점		2023-24시즌 아슬레틱 빌바오					위치
11-2		⏱	A	P	P%		LB
7-1		22-5 1934	1	38.7-32.5	84%		LM
● 18-3	LG-2	DR	TK	IC	🟨	★	
● 0-0	RG-1						
● 0-0	HG-0	0.5-0.3	1.7-1.2	0.7	5-0	2	

G	A	SH	SG	PC	P%	SC	BT	DC	TK	IC	CL	CR	BR
상위	하위	상위	상위	상위	하위	상위	상위	상위	하위	상위	상위	상위	상위
7%	26%	28%	22%	20%	23%	24%	23%	25%	19%	48%	19%	30%	27%

평점 6.88 Lucas HERNÁNDEZ
루카스 에르난데스 1996.02.14 / 184cm

2024년 5월 십자 인대 부상을 당했다. 시즌을 빨리 끝냈고, 유로 2024 본선 무대에도 차출되지 못했다. 2022년 카타르 월드컵에서도 십자 인대 부상으로 대회 도중에 하차했었다. 전술적인 이해도와 센터백, 풀백 모두 소화한다. 주력도 빠르고 상대와의 대인 마킹에 뛰어나다. 하지만 패스의 정확도가 낮아 빌드업할 때 아쉬운 점을 보여준다. 2018년 러시아 월드컵 위너. 시장 가치는 4000만 유로, 추정 연봉은 1900만 유로.

슈팅-득점		2023-24시즌 PSG					위치
3-0		⏱	A	P	P%		LB
3-1		23-4 1917	1	62.9-57.2	91%		CB
● 6-1	LG-1	DR	TK	IC	🟨	★	
● 0-0	RG-0						
● 0-0	HG-0	0.6-0.3	2.7-1.9	1.0	6-0	0	

G	A	SH	SG	PC	P%	SC	BT	DC	TK	IC	CL	CR	BR
상위	하위	하위	하위	상위	하위	상위	상위	상위	상위	상위	상위	하위	하위
26%	14%	16%	0%	1%	9%	25%	3%	35%	42%	32%	4%	20%	29%

평점 6.88 Levi COLWILL
레비 콜윌 2003.02.26 / 187cm

첼시의 로컬 보이. 2번의 임대를 다녀온 후 팀의 1군 로스터에 등록되었다. 왼발을 잘 사용하는 센터백. 상황에 따라서는 왼쪽 풀백으로도 출전한다. 볼 관리 능력이 좋고 후방 빌드업이 뛰어나다. 상대의 공격할 때 빠른 압박으로 인터셉트한다. 2023년 21세 이하의 유럽 선수권에서 잉글랜드 대표팀 소속으로 우승을 경험했다. 발가락의 골절 부상으로 시즌 아웃이 되었다. 시장 가치는 5000만 유로, 추정 연봉은 615만 유로.

슈팅-득점		2023-24시즌 첼시					위치
10-1		⏱	A	P	P%		LB
1-0		20-3 1800	1	46.1-38.3	83%		CB
● 11-1	LG-0	DR	TK	IC	🟨	★	
● 0-0	RG-0						
● 0-0	HG-0	0.6-0.4	2.4-2.1	1.1	2-0	2	

G	A	SH	SG	PC	P%	SC	BT	DC	TK	IC	CL	CR	BR
상위	상위	상위	상위	상위	하위	상위	상위	상위	상위	상위	상위	하위	하위
38%	24%	29%	38%	23%	22%	25%	28%	12%	25%	8%	6%	2%	43%

평점 6.88 Miguel GUTIÉRREZ
미겔 구티에레스 2001.07.27 / 180cm

레알 마드리드가 자랑했던 풀백. 스페인의 연령별 대표팀에 꾸준히 소집됐던 유망주. 2019년 19세 이하의 유럽 선수권에서 우승했다. 2022년 지로나로 이적했다. 상대의 볼 줄기를 잘 끊어내고, 곧바로 전진 패스를 시도한다. 왕성한 활동량과 빠른 스피드를 자랑한다. 볼 관리 능력이 좋고 기본기가 탄탄하다. 2023-24시즌 스페인 리그 올해의 팀에 선정되었다. 시장 가치는 2500만 유로, 추정 연봉은 33만 유로.

슈팅-득점		2023-24시즌 히로나					위치
15-2		⏱	A	P	P%		LB
19-0		35-0 3037	7	43.4-38.2	88%		LM
● 34-2	LG-1	DR	TK	IC	🟨	★	
● 0-0	RG-1						
● 0-0	HG-0	1.8-0.8	1.5-0.8	0.6	4-0	0	

G	A	SH	SG	PC	P%	SC	BT	DC	TK	IC	CL	CR	BR
상위	상위	상위	하위	상위	하위	상위	상위	하위	하위	상위	하위	상위	상위
31%	12%	19%	45%	25%	7%	34%	43%	44%	1%	21%	34%	46%	13%

평점 6.88 Alfie DOUGHTY
알피 도우티 1999.12.21 / 183cm

왼발이 주발이지만, 양발을 잘 쓴다. 좌우 측면 모두에서 뛴다. 상황에 따라서는 수비형 미드필더로도 출전한다. 리그에서 37경기에 출전했지만, 팀의 강등은 막지 못했다. 주력이 빠르고 볼을 잘 다룬다. 탄탄한 피지컬을 바탕으로 다부진 플레이를 보여준다. 팀 내 최다 도움을 기록했다. 찰튼 유스 출신. 2019년 찰튼 구단의 올해의 영 플레이어 상을 받았다. 시장 가치는 1000만 유로, 추정 연봉은 46만 유로.

슈팅-득점		2023-24시즌 루턴타운					위치
20-1		⏱	A	P	P%		LB
6-1		34-3 2938	8	29.6-22.2	75%		LWB
● 26-2	LG-2	DR	TK	IC	🟨	★	CB
● 2-1	RG-0						RB
● 0-0	HG-0	1.8-0.9	2.9-1.7	0.8	5-0	2	RWB

G	A	SH	SG	PC	P%	SC	BT	DC	TK	IC	CL	CR	BR
상위	상위	상위	상위	상위	하위	상위	상위	상위	상위	상위	상위	하위	상위
28%	7%	32%	28%	28%	3%	6%	44%	23%	48%	46%	9%	1%	22%

유럽 5대리그 풀백&윙백 항목별 랭킹 (90분 기준 기록, 100분율)

Neto BORGES
평점 6.88
네투 보르지스
1996.09.13 / 185cm

아르헨티나 명문 보카 주니어스 유소년 팀 출신으로 2017년 프로에 데뷔했다. 공수의 밸런스가 좋다. 상대 문전 앞으로 곧장 연결하는 전진 패스, 로빙 패스가 제법이다. 57번의 인터셉트를 기록했다. 가속도가 있는 편. 하지만 세밀한 볼 터치와 크로스 성공률은 낮다. 지난 시즌 주장 완장을 차기도 했고, 리그 28경기에 선발 출장했다. 팀의 강등을 막지 못했다. 시장 가치는 300만 유로, 추정 연봉은 45만 유로.

슈팅-득점 / 2023-24시즌 클레르몽 풋 / 위치

슈팅			출장-교체	출전시간	도움	평균 패스 시도-성공	평균 패스 성공률	위치
9-0			28-0	2517	1	41.0-34.0	83%	LB CB LM
7-0								
● 16-0	LG-0	DR	TK	IC			★	
● 0-0	RG-0	1.9-1.1	3.1-1.7	2.0	3-1		1	
● 0-0	HG-0							

G	A	SH	SG	PC	P%	SC	BT	DC	TK	IC	CL	CR	BR
하위	하위	하위	하위	상위	상위	하위	상위	하위	상위	하위	상위	상위	상위
20%	17%	44%	20%	50%	34%	32%	48%	24%	32%	14%	48%	26%	

Marc PUBILL
평점 6.87
마르크 푸빌
2003.06.20 / 191cm

희소성이 높은 190cm의 라이트 백. 상대와의 몸싸움에서 밀리지 않는다. 위치 선정이 좋다. 제공권이 좋아 세트 피스 상황에서 도움이 된다. 드리블 기술이 좋아 하프 라인을 넘어 질주하기도 한다. 하지만 체구가 크기에 순발력은 부족하다. 볼을 탈취하는 모습과 슬라이딩 태클 시도가 적다. 레반테 유스 출신. 스페인 U-19, U-21 대표팀에서 부름을 받았다. 시장 가치는 400만 유로, 추정 연봉은 35만 유로.

슈팅-득점 / 2023-24시즌 알메리아 / 위치

9-1			22-1	1889	3	30.5-23.5	77%	RB RM
11-0								
● 20-1	LG-0	DR	TK	IC			★	
● 0-0	RG-1	2.8-1.8	2.8-2.0	0.7	2-0		1	
● 0-0	HG-0							

G	A	SH	SG	PC	P%	SC	BT	DC	TK	IC	CL	CR	BR
상위	상위	상위	상위	하위	하위	하위	상위	하위	상위	하위	상위	상위	하위
40%	26%	21%	29%	26%	13%	46%	39%	7%	29%	6%	41%	36%	32%

Gabriel SUAZO
평점 6.87
가브리엘 수아소
1997.08.09 / 178cm

칠레 대표팀이 자랑하는 풀백. 얼리 크로스의 달인이다. 왕성한 활동량과 운동 능력이 탁월하여 전진성이 좋다. 측면에서 연결하는 로빙 패스, 후방에서 전방으로 찔러주는 킬 패스 모두 정교하다. 칠레 명문 콜로-콜로 출신. 팀의 주장으로 활약했다. 2022년 유럽 진출을 위해 툴루즈와 계약했다. 칠레 U-20, U-23 대표팀에서 활약. A대표팀에서도 주전으로 활약했다. 시장 가치는 350만 유로, 추정 연봉은 60만 유로.

슈팅-득점 / 2023-24시즌 툴루즈 / 위치

8-0			27-4	2363	4	38.2-31.3	82%	LB LWB LM LW
2-0								
● 10-0	LG-0	DR	TK	IC			★	
● 1-0	RG-0	2.0-1.1	3.7-2.1	0.8	5-0		0	
● 0-0	HG-0							

G	A	SH	SG	PC	P%	SC	BT	DC	TK	IC	CL	CR	BR
상위	상위	하위	상위	상위	상위	상위	하위	하위	상위	상위	상위	상위	상위
29%	25%	30%	46%	41%	46%	12%	46%	13%	23%	49%	11%	30%	28%

Pavel KADEŘÁBEK
평점 6.86
파벨 카데자베크
1992.04.25 / 182cm

한 달의 무릎 부상으로 출전하지 못했다. 경고 누적도 있었다. 좌우를 가리지 않고 뛰지만 주로 오른쪽 풀백으로 나선다. 오버 래핑을 한 뒤 날카로운 크로스를 올린다. 여러 구질의 패스를 구사하며 컷백 전술을 애용한다. 체코 연령별 대표팀에 한차례 빠짐없이 소집되었다. 국가 대표팀 데뷔는 2014년, 유로 2016에 참가했다. 건강상의 이유로 2021년 국대에서 은퇴. 시장 가치는 300만 유로, 추정 연봉은 200만 유로.

슈팅-득점 / 2023-24시즌 호펜하임 / 위치

17-3			28-1	2421	4	32.4-23.0	71%	RB RWB RM
2-0								
● 19-3	LG-0	DR	TK	IC			★	
● 0-0	RG-2	0.5-0.1	1.9-1.2	0.9	7-0		0	
● 0-0	HG-1							

G	A	SH	SG	PC	P%	SC	BT	DC	TK	IC	CL	CR	BR
하위	상위	상위	상위	하위	하위	상위	하위	상위	하위	상위	상위	상위	하위
12%	25%	43%	32%	22%	7%	40%	7%	42%	34%	26%	1%		

Marc CUCURELLA
평점 6.86
마르크 쿠쿠렐라
1998.07.22 / 173cm

바르셀로나의 라 마시아 유소년 팀 출신. 드리블, 패스, 크로스 등 볼로 할 수 있는 기술 모두 뛰어나다. 지구력이 좋고 활동 반경도 넓어 순식간에 중앙으로 들어가 공격 전개에 참여한다. 왜소한 체구로 강한 압박과 제공권 장악에 어려움을 겪는다. 2022년 브라이튼을 떠나 첼시와 계약을 맺었다. 청소년 대표팀 시절 수재로 불렸고, A대표팀에서는 주전 풀백으로 출전하고 있다. 시장 가치는 2500만 유로, 추정 연봉은 1077만 유로.

슈팅-득점 / 2023-24시즌 첼시 / 위치

7-0			20-1	1786	2	50.1-43.6	87%	LB RB CB LM
1-0								
● 8-0	LG-0	DR	TK	IC			★	
● 0-0	RG-0	0.6-0.2	4.5-3.1	1.0	10-0		0	
● 0-0	HG-0							

G	A	SH	SG	PC	P%	SC	BT	DC	TK	IC	CL	CR	BR
하위	상위	상위	상위	상위	상위	상위	하위	하위	상위	상위	상위	하위	상위
20%	44%	25%	37%	17%	5%	31%	18%	6%	4%	28%	40%	3%	46%

EMERSON PALMIERI
평점 6.86
에메르송 팔미에리
1994.08.03 / 176cm

브라질 태생이지만, 이탈리아 국가 대표팀을 선택했다. 청소년 대표팀은 브라질 소속으로 뛰었다. 지난 시즌 팀 내에서 가장 많은 시간을 출전했다. 왕성한 체력과 침투가 좋아 왼쪽 윙 포워드로 뛰어도 무방하다. 낮고 빠른 왼발 크로스가 장점. 하지만 종종 집중력이 흐려져 대인 마크 선수를 놓치기도 한다. 친형인 지오반니도 프로 축구 선수로 활약했다. 시장 가치는 1200만 유로, 추정 연봉은 584만 유로.

슈팅-득점 / 2023-24시즌 웨스트햄 Utd. / 위치

13-0			35-1	3143	0	41.0-33.1	83%	LB LWB LM
6-1								
● 19-1	LG-1	DR	TK	IC			★	
● 0-0	RG-0	1.8-0.8	3.9-2.9	1.2	10-0		1	
● 0-0	HG-0							

G	A	SH	SG	PC	P%	SC	BT	DC	TK	IC	CL	CR	BR
하위	상위	상위	상위	상위	상위	상위	상위	상위	상위	상위	상위	하위	하위
39%	29%	37%	38%	47%	31%	39%	46%	49%	8%	29%	25%	11%	25%

○ 유럽 5대리그 풀백 & 윙백 항목별 랭킹 (90분 기준 기록, 100분율)

Lucas VÁZQUEZ
평점 6.85 루카스 바스케스 1991.07.01 / 173cm

30대에 접어들었지만, 에너자이저와 같은 스테미너를 자랑한다. 측면 윙 포워드 출신으로 번뜩이는 돌파가 발군이다. 양발을 잘 쓰며 좌우 포지션에 구애받지 않는다. 동료와 패스 연계로 찬스를 만든다. 레알 마드리드 아카데미 출신. 에스파뇰로 잠시 임대를 다녀왔고, 그 외 나머지 커리어는 레알 마드리드에서만 뛰었다. 4번의 리그 우승과 5번의 챔스 우승을 차지했다. 시장 가치는 400만 유로, 추정 연봉은 938만 유로.

슈팅-득점	2023-24시즌 레알 마드리드					위치
9-3		A	P	P%		RB
3-0	14-15	1412	6	31.6-28.1	89%	RM
● 12-3 LG-1	DR	TK	IC		★	
● 0-0 RG-1	1.6-0.8	1.5-1.3	0.4	0-0	2	
● 0-0 HG-1						

G	A	SH	SG	PC	P%	SC	BT	DC	TK	IC	CL	CR	BR
상위	상위	상위	상위	상위	상위	상위	상위	하위	하위	상위	상위	상위	상위
5%	1%	37%	9%	7%	9%	4%	8%	12%	41%	20%	33%	32%	46%

Mathías OLIVERA
평점 6.85 마티아스 올리베라 1997.10.31 / 185cm

우루과이 대표팀의 주전 레프트 백. 스피드와 활동량이 우수하다. 빠른 돌파를 기반으로 윙백 크로스나 컷백 전술을 구사한다. 직접 박스 안까지 질주하여 오른발로 감아차는 모습이 종종 있는 편. 태클 시도가 많고 몸싸움이 좋아 115번의 볼 경합에서 승리했다. 지난 시즌 무릎 인대 부상으로 3달 정도 결장했다. 2017년 남미 선수권과 FIFA U-20 월드컵에 소집되었다. 시장 가치는 1500만 유로, 추정 연봉은 192만 유로.

슈팅-득점	2023-24시즌 나폴리					위치
12-1		A	P	P%		LB
0-0	18-5	1574	1	42.7-37.6	88%	LM
● 12-1 LG-1	DR	TK	IC		★	
● 0-0 RG-0	0.8-0.6	2.8-2.1	0.9	3-0	2	
● 0-0 HG-0						

G	A	SH	SG	PC	P%	SC	BT	DC	TK	IC	CL	CR	BR
상위	하위	상위	상위	상위	상위	상위	상위	상위	하위	하위	상위	상위	상위
40%	27%	47%	11%	10%	9%	30%	13%	32%	9%	17%	18%	17%	26%

Marvin SENAYA
평점 6.84 마르뱅 세나야 2001.01.28 / 181cm

스트라스부르 유소년 팀의 보물. 엄청난 주력의 소유자. 몸을 아끼지 않는 슬라이딩 태클로도 유명하다. 직접 중앙으로 들어와 반대편 선수에게 볼을 배급한다. 현대 축구가 요구하는 인버티드 풀백의 전형. 하지만 패스 미스가 잦고, 경기 중에 흥분하는 모습이 많다. 양발을 잘 쓰고 좌우 포지션을 소화한다. 토고의 프로 축구 선수였던 아오 세나야의 아들이기도 하다. 시장 가치는 200만 유로, 추정 연봉은 140만 유로.

슈팅-득점	2023-24시즌 스트라스부르					위치
9-1		A	P	P%		RB
8-0	23-9	2141	1	26.5-21.7	82%	RM
● 17-1 LG-1	DR	TK	IC		★	
● 0-0 RG-0	2.3-0.9	3.1-2.3	1.3	3-1	1	
● 0-0 HG-0						

G	A	SH	SG	PC	P%	SC	BT	DC	TK	IC	CL	CR	BR
상위	하위	상위	상위	상위	상위	상위	하위	하위	상위	상위	상위	하위	상위
46%	22%	42%	50%	35%	49%	31%	45%	17%	7%	4%	21%	34%	8%

Óscar DE MARCOS
평점 6.84 오스카르 데마르코스 1989.04.14 / 182cm

아틀레틱 클루브의 역사상 2번째로 많은 경기에 출전했다. '리빙 레전드'로 불리고 있다. 팀의 주장 무니아인과 함께 존경심의 대상이다. 좌우 풀백과 미드필더, 상황에 따라서는 센터백도 가능하다. 30대 중후반이 되었지만, 활동량과 커버 범위가 넓다. 3.37의 xA 값을 넘어 5개의 도움도 기록했다. 스페인 청소년 대표팀 출신으로 바스크 국가 대표로도 1경기 차출되었다. 시장 가치는 150만 유로, 추정 연봉은 125만 유로.

슈팅-득점	2023-24시즌 아슬레틱 빌바오					위치
3-1		A	P	P%		RB
2-0	26-2	2263	5	42.0-34.9	83%	RM
● 5-1 LG-0	DR	TK	IC		★	
● 0-0 RG-1	0.8-0.2	3.1-2.1	0.5	5-0	2	
● 0-0 HG-0						

G	A	SH	SG	PC	P%	SC	BT	DC	TK	IC	CL	CR	BR
상위	하위	상위	상위	상위	상위	상위	하위	상위	하위	상위	상위	하위	상위
48%	14%	6%	22%	21%	42%	35%	32%	9%	9%	17%	25%	14%	50%

José GAYÀ
평점 6.83 호세 가야 1995.05.25 / 172cm

발렌시아의 최고 연봉자. 팀의 원 클럽 맨. 유소년 팀 시절부터 지금까지 뛰고 있다. 지난 시즌은 각종 부상으로 24경기만 뛰었다. 정교한 왼발 킥은 양질의 크로스를 생산하고 팀 전술의 핵심 공격 루트가 된다. 90분 내내 경기장을 뛰며 동료와 연계하여 패스 플레이를 펼친다. 스페인 연령별 대표팀을 거쳤고, 2018년 크로아티아전에서 국가 대표팀에 데뷔했다. 시장 가치는 2500만 유로, 추정 연봉은 583만 유로.

슈팅-득점	2023-24시즌 발렌시아					위치
5-1		A	P	P%		LB
5-0	22-2	1799	2	33.3-26.3	79%	LM
● 10-1 LG-1	DR	TK	IC		★	
● 1-0 RG-0	0.8-0.3	4.1-3.1	0.6	2-0	0	
● 0-0 HG-0						

G	A	SH	SG	PC	P%	SC	BT	DC	TK	IC	CL	CR	BR
상위	상위	하위	상위	상위	하위	상위	상위	하위	상위	하위	상위	상위	상위
38%	45%	34%	13%	45%	38%	42%	49%	24%	2%	13%	45%	23%	23%

Raoul BELLANOVA
평점 6.83 라울 벨라노바 2000.05.17 / 188cm

188cm의 거구지만 발이 빠르다. 기본기가 탄탄하고 볼을 가진 상태에서 개인 기량도 월등하다. 2023-24시즌 필드 플레이어 중 가장 많은 출전 시간을 보장받았다. 72%의 태클 성공률은 이탈리아의 또 다른 대형 수비수가 등장했음을 알렸다. 밀란 유소년 팀 출신. 보르도에서 프로 데뷔했다. 이탈리아 연령별 대표팀에 꾸준히 소집되었고, 유로 2024에도 참가했다. 시장 가치는 1500만 유로, 추정 연봉은 222만 유로.

슈팅-득점	2023-24시즌 토리노					위치
22-1		A	P	P%		RWB
10-0	36-1	3065	7	30.4-25.8	85%	RM
● 32-1 LG-0	DR	TK	IC		★	RB
● 0-0 RG-1	2.6-1.3	1.3-1.0	0.4	5-0	1	
● 0-0 HG-0						

G	A	SH	SG	PC	P%	SC	BT	DC	TK	IC	CL	CR	BR
하위	상위	상위	상위	상위	상위	상위	하위	상위	상위	하위	하위	상위	하위
41%	12%	22%	25%	35%	47%	19%	20%	14%	5%	7%	3%	11%	12%

Przemysław FRANKOWSKI
평점 6.83
프셰미스와프 프랑코프스키   1995.04.12 / 175cm

MLS 시카고 파이어에서 활약하다가 2021년 리그앙으로 이적했다. 폴란드 16세 이하의 대표팀부터 시작해 성인 대표팀에서도 주전으로 출전한다. 온 더 볼 상황에서 빠른 발로 돌파를 한다. 좌우 측면을 가리지 않으며 축구 센스가 좋아 재치 있는 돌파를 시도한다. 지난 시즌 팀의 페널티킥 득점을 기록했고, 상대편 페널티 박스 안에서 57번의 터치를 가져갔다. 시장 가치는 900만 유로, 추정 연봉은 155만 유로.

슈팅-득점	2023-24시즌 RC 랑스	위치
11-2 / 20-1	24-6 2196 2 33.8-27.4 81%	RB / RWB / LB / LWB / RM / LM
31-3 / 2-0 / 2-1 LG-1 / RG-2 / HG-0	DR 1.1-0.5 TK 3.4-2.1 IC 0.8 🟨 4-0 ★ 3	

G	A	SH	SG	PC	P%	SC	BT	DC	IC	CL	CR	BR
상위	상위	상위	상위	하위	하위	상위	하위	상위	하위	상위	하위	상위
10%	31%	19%	21%	49%	39%	17%	44%	31%	18%	37%	23%	14%	28%

Max FINKGRÄFE
평점 6.82
막스 핑크그레페   2004.03.27 / 183cm

퀼른이 배출한 레프트 백. 중앙 미드필더도 소화한다. 볼을 잘 다룬다. 동료와 연계하여 패스를 통해 압박을 벗어난다. 63%의 드리블 성공을 기록했고, 크로스의 질도 제법이다. 테크닉이 뛰어난 편은 아니지만, 축구 지능이 높다. 2023-24시즌 1군 로스터에 등록되었고, 곧바로 주전으로 올라섰다. 팀은 2부 리그로 강등됐다. 스포츠 브랜드 후원 계약은 아디다스와 맺었다. 시장 가치는 600만 유로, 추정 연봉은 100만 유로.

슈팅-득점	2023-24시즌 FC 퀼른	위치
5-0 / 7-1	18-6 1757 0 26.3-18.9 73%	LB / LM / LW
12-1 / 0-0 / 0-0 LG-1 / RG-0 / HG-0	DR 2.4-1.5 TK 4.2-2.7 IC 0.9 🟨 4-0 ★ 2	

G	A	SH	SG	PC	P%	SC	BT	DC	IC	CL	CR	BR
상위	하위	상위	상위	상위	상위	상위	하위	상위	상위	상위	상위	상위
37%	7%	46%	36%	11%	6%	46%	28%	6%	27%	37%	40%	35%

IAGO
평점 6.82
이아고   1997.03.23 / 181cm

브라질 U-20, U-23 대표팀 출신. 인터나시오날에서 프로에 데뷔. 2019년 아우크스부르크와 계약을 맺었다. 지난 시즌 햄스트링과 발 부상으로 리그 23경기에만 출전했다. 여섯 시즌째 팀에 뛰며 가장 헌신적인 선수 중 하나. 브라질 출신의 개인기와 볼 키핑이 좋다. 역동적인 드리블을 구사하며 역습 상황에서 수비 복귀가 빠르다. 좁은 공간에서 패스의 정확도는 낮다. 시장 가치는 600만 유로, 추정 연봉은 12만 유로.

슈팅-득점	2023-24시즌 아우크스부르크	위치
13-1 / 5-0	18-5 1625 1 25.4-19.3 76%	LB / LM
18-1 / 0-0 / 0-0 LG-1 / RG-1 / HG-0	DR 1.6-0.8 TK 2.3-1.6 IC 0.8 🟨 4-0 ★ 1	

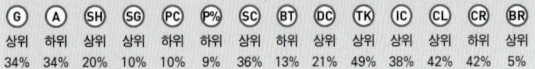

G	A	SH	SG	PC	P%	SC	BT	DC	IC	CL	CR	BR
상위	상위	상위	상위	상위	하위	상위	하위	상위	상위	상위	상위	상위
34%	34%	20%	10%	10%	9%	36%	13%	21%	49%	38%	42%	5%

Aitor RUIBAL
평점 6.82
아이토르 루이발   1996.03.22 / 176cm

부상의 여파로 많은 경기에 출전하지 못했다. 충수염과 무릎, 발목 부상은 컨디션 저하로 이어졌다. 18경기만 출전했음에도 3개의 공격 포인트를 기록했다. 측면에서 중앙으로 볼을 몰고 공격 전개를 이끈다. 탄탄한 체격을 바탕으로 상대와의 일대일 수비에서 밀리지 않는다. 하부 리그에서 뛰다가 2017년 베티스와 계약을 맺었다. 총 계약 기간은 2025년 6월 30일이다. 시장 가치는 350만 유로, 추정 연봉은 60만 유로.

슈팅-득점	2023-24시즌 레알 베티스	위치
5-1 / 8-1	11-7 1018 1 26.3-20.7 79%	RB / RM / RW
13-2 / 0-0 / 0-0 LG-0 / RG-2 / HG-0	DR 2.5-1.5 TK 4.1-2.6 IC 0.8 🟨 5-0 ★ 2	

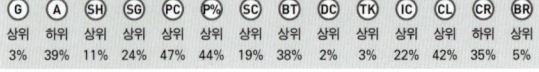

G	A	SH	SG	PC	P%	SC	BT	DC	IC	CL	CR	BR
상위	상위	상위	상위	상위	상위	상위	상위	상위	상위	상위	상위	하위
3%	39%	11%	24%	47%	44%	28%	18%	35%	13%	22%	35%	5%

Stefan POSCH
평점 6.81
슈테판 포쉬   1997.05.14 / 190cm

오스트리아 대표팀의 주전 라이트 백. 상황에 따라서는 센터백도 겸한다. 190cm의 큰 피지컬에서 나오는 파워와 제공권이 최대 강점. 발도 빠르다. 길게 볼을 차 놓고 달리는 스프린트가 좋다. 세트 피스 상황에서 헤딩골도 종종 터뜨린다. 오른발 킥의 정확도가 높아 박스 밖에서 시도하는 기습적인 중거리 슛도 제법이다. 분데스리가의 호펜하임 유소년 팀 출신. 시장 가치는 1400만 유로, 추정 연봉은 100만 유로.

슈팅-득점	2023-24시즌 볼로냐	위치
9-1 / 9-0	29-2 2420 2 57.5-47.7 83%	RB / CB
18-1 / 0-0 / 0-0 LG-0 / RG-0 / HG-1	DR 0.8-0.3 TK 3.7-2.5 IC 0.6 🟨 7-0 ★ 1	

G	A	SH	SG	PC	P%	SC	BT	DC	IC	CL	CR	BR
하위	상위	상위	상위	상위	상위	상위	하위	상위	상위	상위	상위	하위
49%	43%	46%	45%	5%	26%	22%	5%	25%	10%	23%	28%	13%	20%

Julian RYERSON
평점 6.81
율리안 뤼에르손   1997.11.17 / 183cm

만능 멀티 플레이어. 주요 포지션인 라이트 백뿐만 아니라 3백 전술의 센터백, 수비형 미드필더도 가능하다. 투지 넘치는 플레이와 전진성이 좋아 빌드업의 시작점이 되기도 한다. 주력도 빨라 슬라이딩 태클의 성공률이 높은 편. 노르웨이 청소년 대표팀을 차례로 거치면서 성장했다. 미국인 아버지와 노르웨이 국적의 어머니 사이에서 출생. 마티아스 라스무센은 사촌. 시장 가치는 2000만 유로, 추정 연봉은 204만 유로.

슈팅-득점	2023-24시즌 도르트문트	위치
9-3 / 9-1	20-1 1772 1 46.1-40.6 88%	RB / LB / RM / LM
18-4 / 0-0 / 0-0 LG-1 / RG-3 / HG-0	DR 1.8-0.8 TK 3.0-2.1 IC 1.25 🟨 3-0 ★ 1	

G	A	SH	SG	PC	P%	SC	BT	DC	IC	CL	CR	BR
상위	하위	상위	상위	상위	상위	상위	상위	상위	상위	상위	상위	상위
8%	17%	33%	18%	24%	9%	13%	29%	24%	9%	27%	29%	11%

○ 유럽 5대리그 풀백 & 윙백 항목별 랭킹 (90분 기준 기록, 100분율)

Issiaga SYLLA
평점 6.80
이시아가 실라   1994.01.01 / 180cm

리그앙에서 잔뼈가 굵다. 선수 생활 내내 프랑스에서만 뛰었다. 툴루즈에서 데뷔했다. 왼발을 잘 쓴다. 다양한 구질의 크로스를 시도하고 패스의 방향 선택도 좋은 편이다. 운동 능력이 좋아 기동성과 넓은 활동 반경을 가진다. 지난 시즌은 종아리 부상으로 3차례 입었다. 기니 대표팀 출신으로 아프리카 네이션스 컵에 출전하면서 리그 경기 소화는 절반밖에 되지 않았다. 시장 가치는 250만 유로, 추정 연봉은 40만 유로.

슈팅-득점	2023-24시즌 몽펠리에					위치
11-1		A	P	P%		LB
2-0	17-2	1457	2	28.1-21.1	75%	LM
13-1 LG-1	DR	TK	IC		★	
0-0 RG-0						
0-0 HG-0	1.0-0.5	2.5-1.5	1.1	3-0	1	

G	A	SH	SG	PC	P%	SC	BT	DC	TK	IC	CL	CR	BR
상위	상위	상위	상위	상위	상위	하위	하위	하위	상위	상위	하위	상위	상위
27%	31%	31%	17%	19%	23%	41%	21%	45%	33%	10%	7%	48%	26%

Malo GUSTO
평점 6.80
말로 구스토   2003.05.19 / 178cm

제임스의 장기 부상으로 많은 기회를 얻었다. 입단 초기 적응에 힘겨워했지만, 금세 경기력을 올렸다. 빠른 주력과 저돌적인 움직임을 가졌다. 동료와 2대1 패스를 시도하며 좁은 공간에서 벗어난다. 어깨를 먼저 넣어 수비 시에 우위를 가진다. 팀 내에서 3번째로 많은 도움을 기록했다. 리옹의 유스 출신으로 프랑스 연령별 대표팀에서 주전으로 활약했던 인재. 시장 가치는 3500만 유로, 추정 연봉은 276만 유로.

슈팅-득점	2023-24시즌 첼시					위치
7-0		A	P	P%		RB
8-0	19-8	1756	6	45.2-40.2	89%	RM
15-0 LG-0	DR	TK	IC		★	
0-0 RG-0						
0-0 HG-0	1.7-0.7	2.7-2.0	0.6	7-1	1	

G	A	SH	SG	PC	P%	SC	BT	DC	TK	IC	CL	CR	BR
하위	상위	상위	상위	하위	하위	하위	상위	상위	상위	상위	상위	상위	상위
20%	3%	35%	25%	5%	6%	22%	6%	11%	45%	50%	36%	6%	

Raphaël GUERREIRO
평점 6.80
하파엘 게헤이루   1993.12.22 / 170cm

축구 지능이 뛰어나다. 전술적인 이해도가 높아 여러 포지션을 소화한다. 좌우 풀백을 시작으로 중앙 미드필더와 측면 윙포워드도 가능하다. 볼을 잘 다루며 키핑 능력, 경기 흐름을 잘 조율한다. 굵직한 메이저 대회에서 경험치도 얻었고, 라커룸에서의 영향력도 두터운 편. 지난 여름 바이에른으로 이적했지만, 5월의 인대 부상으로 유로 2024 본선 무대에 불참했다. 시장 가치는 1200만 유로, 추정 연봉은 800만 유로.

슈팅-득점	2023-24시즌 바이에른 뮌헨					위치
10-2		A	P	P%		LB
8-1	13-7	1194	0	46.0-40.9	89%	DM
18-3 LG-3	DR	TK	IC		★	RB
0-0 RG-0						LW
0-0 HG-0	1.0-0.7	1.3-1.0	0.8	2-0	1	

G	A	SH	SG	PC	P%	SC	BT	DC	TK	IC	CL	CR	BR
상위	상위	상위	상위	하위	하위	하위	하위	하위	상위	하위	하위	상위	상위
3%	36%	7%	14%	5%	6%	8%	40%	12%	30%	7%	43%	25%	

Tyrick MITCHELL
평점 6.79
타이릭 미첼   1999.09.01 / 175cm

크리스탈 팰리스의 로컬 보이. 아카데미를 거쳐 1군에서 뛰고 있다. 지난 시즌 안데르손과 함께 팀에서 가장 많은 출전 시간을 보냈다. 17번의 크로스 성공과 2130번의 볼 터치를 보여주었다. 과감한 태클로 공을 잘 따낸다. 오프 더 볼 상황에서 수비 라인을 잘 맞추고 오프 사이드 트랩 전술에 용이하다. 2022년 자메이카의 러브콜에도 불구하고, 잉글랜드 대표팀에 합류. 시장 가치는 2500만 유로, 추정 연봉은 246만 유로.

슈팅-득점	2023-24시즌 크리스탈 팰리스					위치
11-2		A	P	P%		LB
1-0	37-0	3209	3	32.7-24.2	74%	LM
12-2 LG-2	DR	TK	IC		★	
0-0 RG-0						
0-0 HG-0	1.0-0.5	3.3-2.8	0.7	6-0	1	

G	A	SH	SG	PC	P%	SC	BT	DC	TK	IC	CL	CR	BR
상위	하위	하위	상위	상위	상위	하위	상위	하위	상위	상위	상위	상위	상위
33%	46%	17%	35%	21%	7%	10%	32%	9%	31%	17%	27%	18%	

Clinton MATA
평점 6.79
클린턴 마타   1992.11.07 / 180cm

2023년 3년 계약으로 리옹에 합류했다. 결과는 좋았다. 팀의 주전 라이트 백으로 자리 잡았다. 빠른 스피드로 측면을 돌파한 뒤 크로스를 올리는데 능하다. 얼리 크로스와 땅볼 크로스, 컷백 전술 등 다양한 선택을 한다. 벨기에 베베에르에서 출생. 앙골라와 이중 국적을 가졌다. 2024년 7월 앙골라 국가 대표팀의 오퍼를 받아 데뷔했다. 브뤼헤에서 리그 2연패를 겪었다. 시장 가치는 400만 유로, 추정 연봉은 110만 유로.

슈팅-득점	2023-24시즌 리옹					위치
3-0		A	P	P%		RB
11-0	25-3	2222	3	47.1-40.4	86%	CB
14-0 LG-0	DR	TK	IC		★	RWB
3-0 RG-0						
0-0 HG-0	1.4-0.8	2.1-1.5	1.4	6-0	0	

G	A	SH	SG	PC	P%	SC	BT	DC	TK	IC	CL	CR	BR
하위	상위	상위	하위	상위	상위	상위	상위	상위	상위	하위	상위	상위	상위
20%	32%	44%	3%	18%	12%	18%	31%	33%	5%	39%	52%	16%	

Rayan AÏT-NOURI
평점 6.79
라얀 아이트누리   2001.06.06 / 180cm

프랑스 연령별 대표팀에 꾸준히 뽑혔지만, A대표팀은 알제리로 결정했다. 지난 시즌 아프리카 네이션스 컵에도 참가했다. 그 외에 부상은 없어서 리그 33경기에 출전했다. 민첩한 움직임과 센스 있는 볼 터치. 중앙으로 치고 들어가는 전진성까지. 주목받고 있는 풀백으로서 자신의 존재감을 뽐내고 있다. 62%의 태클 성공률과 136번의 리커버리도 좋은 기록이다. 시장 가치는 3500만 유로, 추정 연봉은 615만 유로.

슈팅-득점	2023-24시즌 울버햄튼					위치
13-2		A	P	P%		LB
11-0	29-4	2347	3	31.1-27.1	87%	LM
24-2 LG-0	DR	TK	IC		★	RM
0-0 RG-1						
0-0 HG-1	3.5-2.0	2.8-2.2	0.5	7-0	1	

G	A	SH	SG	PC	P%	SC	BT	DC	TK	IC	CL	CR	BR
상위	하위	하위	상위	하위	상위	상위	하위	상위	하위	상위	하위	하위	상위
20%	21%	23%	17%	42%	14%	27%	35%	9%	13%	15%	16%	15%	38%

○ 유럽 5대리그 풀백 & 윙백 항목별 랭킹(90분 기준 기록, 100분율)

Aaron WAN-BISSAKA
평점 6.79
애런 완비사카   1997.11.26 / 183cm

잦은 부상과 경기 기복이 심하여 몸값이 낮아졌다. 좌우 풀백을 모두 뛸 수 있다. 긴 다리와 넓은 보폭으로 높은 태클 성공률을 자랑한다. 볼 키핑 능력과 측면 윙어와 호흡을 맞추며 전진한다. 하지만 오프 사이드 라인을 잘 맞추지 못해 뒷 공간 침투를 허용한다. 잉글랜드와 콩고의 이중 국적을 가졌다. 두 국가 모두에서 청소년 대표팀에 참가한 이력이 있다. 시장 가치는 2000만 유로, 추정 연봉은 553만 유로.

슈팅-득점	2023-24시즌 맨체스터 Utd.					위치
1-0			A	P	P%	RB
2-0	20-2	1782	2	38.0-31.5	83%	LB
						RM
● 3-0 LG-0	DR	TK	IC			★
● 0-0 RG-0						
● 0-0 HG-0	1.5-0.8	2.2-1.9	1.9	4-0		1

G	A	SH	SG	PC	P%	SC	BT	DC	IC	CL	CR	BR
하위	상위	하위	하위	상위	상위	하위	상위	상위	상위	상위	상위	하위
20%	28%	3%	10%	46%	17%	9%	47%	37%	34%	1%	4%	3%	46%

Matteo RUGGERI
평점 6.78
마테오 루제리   2002.07.11 / 187cm

아탈란타 유스가 배출한 대형 레프트 백. 187cm의 장신이지만 빠른 발을 가졌다. 측면 터치 라인을 타고 돌파하는 것을 즐겨한다. 볼 간수하여 팀 소유권을 지킨다. 어린 나이지만 대담함이 돋보이며 위기 상황에서 침착한 선택마저 주목받고 있다. 이탈리아의 연령별 대표팀 출신. 2023-24시즌 유로파 리그 올해의 팀에 선정되었다. 푸마 브랜드와 후원 계약을 맺었다. 시장 가치는 2000만 유로, 추정 연봉은 93만 유로.

슈팅-득점	2023-24시즌 아탈란타					위치
10-0			A	P	P%	LWB
2-0	28-6	2470	4	37.1-30.4	82%	LB
						LM
● 12-0 LG-0	DR	TK	IC			★
● 0-0 RG-0						
● 0-0 HG-0	1.2-0.6	1.3-0.9	0.7	3-0		0

G	A	SH	SG	PC	P%	SC	BT	DC	IC	CL	CR	BR
상위	상위	상위	상위	상위	상위	상위	상위	상위	상위	상위	상위	상위
35%	28%	30%	40%	41%	37%	45%	49%	48%	24%	30%	4%

Pervis ESTUPIÑÁN
평점 6.78
페르비스 에스투피냔   1998.01.21 / 175cm

지난 시즌은 부상의 악몽이었다. 발목과 근육 부상으로 리그 19경기에만 출전했기 때문이다. 스피드와 활동량, 돌파력 그리고 드리블까지 공격적인 재능을 고루 갖추고 있다. 측면에서 중앙으로 돌파하여 직접 마무리까지 한다. 박스 밖에서 시도하는 중거리 슛도 위협적인 편. 에콰도르의 A대표팀 데뷔는 아르헨티나와의 평가전이었다. 2022년 카타르 월드컵에 참가했다. 시장 가치는 3000만 유로, 추정 연봉은 307만 유로.

슈팅-득점	2023-24시즌 브라이튼					위치
6-1			A	P	P%	LB
5-1	15-4	1248	3	43.1-38.4	89%	LWB
						LM
● 11-1 LG-2	DR	TK	IC			★
● 0-0 RG-0						
● 0-0 HG-0	1.2-0.5	2.2-1.4	1.2	4-0		1

G	A	SH	SG	PC	P%	SC	BT	DC	IC	CL	CR	BR
상위	상위	상위	상위	상위	상위	상위	하위	상위	상위	상위	상위	상위
10%	6%	25%	11%	9%	15%	11%	40%	12%	18%	20%	15%

Yan COUTO
평점 6.78
얀 쿠토   2002.06.03 / 168cm

브라질 대표팀의 미래. 끊임없이 배출되는 유망주 시장에서 가장 주목받고 있는 풀백이다. 공격적인 재능이 뛰어나서 윙 포워드도 가능하다. 4.33의 xA 값을 훨씬 뛰어넘어 8번의 어시스트를 기록했다. 특히 75%의 태클 성공률은 볼에 대한 집중력이 어느 정도로 높은지 알 수 있는 부분이었다. 브라질 국가 대표팀에 차출되었고, 코파 아메리카 2024 명단에도 포함됐다. 시장 가치는 2500만 유로, 추정 연봉은 48만 유로.

슈팅-득점	2023-24시즌 지로나					위치
14-1			A	P	P%	RB
15-0	24-10	2246	8	32.0-26.6	83%	RWB
						RM
● 29-1 LG-0	DR	TK	IC			RW
● 0-0 RG-0						
● 0-0 HG-0	3.3-1.5	1.9-1.3	0.3	8-0		0

G	A	SH	SG	PC	P%	SC	BT	DC	IC	CL	CR	BR
상위	상위	상위	상위	상위	상위	상위	상위	상위	하위	상위	상위	상위
48%	2%	11%	5%	42%	46%	4%	44%	39%	3%	5%	6%	18%	11%

Anthony CACI
평점 6.77
앙토니 카시   1997.07.01 / 184cm

3백 전술에서는 좌우 윙백으로 출전한다. 오른발잡이 레프트 백. 정교한 킥과 측면으로 열어주는 패스가 좋다. 커리어 내내 큰 부상 없는 '철강왕'이기도 하다. 화려하진 않지만 견고한 수비력을 보여준다. 한국 팬들에게는 이재성과의 호흡으로도 친숙하다. 프랑스 U-21 팀 출신. 도쿄 올림픽 멤버로도 참가했다. 스트라스부르의 아카데미를 거쳐 프로에 데뷔했다. 시장 가치는 700만 유로, 추정 연봉은 168만 유로.

슈팅-득점	2023-24시즌 마인츠 05					위치
20-2			A	P	P%	LWB
11-0	29-2	2493	3	41.0-31.6	77%	LB
						CB
● 31-2 LG-1	DR	TK	IC			RB
● 0-0 RG-0						RWB
● 0-0 HG-0	1.4-0.7	2.5-1.8	1.0	8-0		1

G	A	SH	SG	PC	P%	SC	BT	DC	IC	CL	CR	BR
상위	상위	상위	상위	상위	상위	하위	하위	상위	상위	상위	상위	상위
23%	39%	12%	43%	46%	23%	48%	43%	38%	47%	23%	21%	47%	9%

Niels NKOUNKOU
평점 6.77
닐스 은쿤쿠   2000.11.01 / 180cm

2023-24시즌 프랑크푸르트의 이적생 중 단연 으뜸. 징계로 인한 결장이 있었지만, 큰 부상 없이 시즌을 마무리했다. 측면 미드필더와 좌우 풀백을 소화한다. 축구 센스가 뛰어난 편이라 상대 패스를 예측하고 차단하는 것을 잘한다. 프랑스와 콩고의 이중 국적을 가졌다. 프랑스 18세 이하의 대표팀부터 꾸준히 부름을 받았다. 도쿄 올림픽에 합류했던 기억이 있다. 시장 가치는 750만 유로, 추정 연봉은 70만 유로.

슈팅-득점	2023-24시즌 프랑크푸르트					위치
9-3			A	P	P%	LWB
13-0	13-16	1304	2	23.2-17.2	74%	LB
						LM
● 22-3 LG-3	DR	TK	IC			★
● 0-0 RG-0						
● 0-0 HG-0	2.8-1.6	3.1-1.9	0.6	3-1		2

G	A	SH	SG	PC	P%	SC	BT	DC	IC	CL	CR	BR
상위	상위	상위	상위	상위	상위	상위	상위	하위	상위	상위	상위	상위
3%	27%	6%	4%	9%	16%	11%	14%	1%	29%	40%	29%	2%

Destiny UDOGIE

평점 6.76
데스티니 우도기 2002.11.28 / 188cm

프리미어리그에서 성장세가 돋보이는 레프트 백. 토트넘에서 보낸 첫 시즌 성적표는 만점이었다. 폭발적인 속도를 활용한 과감한 돌파가 인상적이다. 일대일 대결에서 강한 모습을 보여준다. 몸을 아끼지 않는 플레이와 태클을 구사한다. 하지만 과열된 경기 양상으로 거친 파울도 잦다. 이탈리아 청소년 대표팀 출신. 4월 허벅지 부상으로 유로 2024 본선행에 불참했다. 시장 가치는 4500만 유로, 추정 연봉은 461만 유로.

슈팅-득점	2023-24시즌 토트넘					위치
9-2						LB
0-0	28-0	2398	3	43.2-38.1	88%	LM
● 9-2 LG-2	DR	TK	IC		★	
● 0-0 RG-0						
● 0-0 HG-0	2.1-1.0	3.3-2.5	1.3	5-1	0	

G	A	SH	SG	PC	P%	SC	BT	DC	TK	IC	CL	CR	BR
상위	상위	하위	상위	상위	상위	상위	상위	상위	상위	상위	상위	하위	상위
22%	37%	18%	41%	28%	8%	47%	32%	33%	11%	13%	4%	8%	

Giovanni DI LORENZO

평점 6.76
조반니 디로렌초 1993.08.04 / 183cm

유로 2020과 나폴리의 우승을 주도한 멤버. 팀의 주장으로서 그라운드에서 가장 목소리가 큰 선수다. 왕성한 활동량으로 90분 내내 공수의 연결 고리 역할을 한다. 전술적인 이해도가 높아 3백에서 윙백과 스토퍼까지 겸한다. 이탈리아의 U-20, U-21 대표팀 출신. 국가 대표팀 소속으로 2번의 유로 대회에 소집되었다. 2년 연속 세리에A 올해의 팀에 선정되었다. 시장 가치는 1500만 유로, 추정 연봉은 649만 유로.

슈팅-득점	2023-24시즌 나폴리					위치
34-1						RB
3-0	36-0	3235	6	62.6-54.5	87%	RWB
● 37-1 LG-0	DR	TK	IC		★	RM
● 0-0 RG-1						
● 0-0 HG-0	1.5-0.5	2.7-1.5	0.7	6-0	2	

G	A	SH	SG	PC	P%	SC	BT	DC	TK	IC	CL	CR	BR
상위	상위	상위	상위	상위	상위	상위	상위	하위	상위	상위	하위	상위	하위
41%	24%	15%	32%	6%	15%	8%	7%	34%	26%	11%	34%	19%	

Filippo TERRACCIANO

평점 6.72
필립포 테라치아노 2003.02.08 / 186cm

지난 시즌 겨울 시장을 통해서 밀란에 합류했다. 4년 계약이었다. 어린 나이지만 축구 지능이 높다. 풀백과 센터백, 수비형 미드필더로 뛸 수 있다. 안정적인 볼 관리 능력과 얼리 크로스가 최대 강점. 양발을 잘 쓰고 직접 중앙으로 들어오면서 공간을 향한 킬 패스도 자주 시도한다. 줄곧 벤치를 지키다가 리그 후반기에 기회를 잡았다. 이탈리아 청소년 대표팀 출신. 시장 가치는 450만 유로, 추정 연봉은 148만 유로.

슈팅-득점	2023-24시즌 베로나+AC 밀란					위치
4-0						LB
4-0	15-6	1371	1	27.2-20.5	75%	LWB
● 8-0 LG-0	DR	TK	IC		★	RB
● 0-0 RG-0						RWB
● 0-0 HG-0	1.5-0.6	2.3-1.5	1.0	2-0	1	CB

G	A	SH	SG	PC	P%	SC	BT	DC	TK	IC	CL	CR	BR
하위	상위	상위	상위	상위	하위	상위	상위	상위	상위	상위	상위	상위	상위
20%	39%	36%	49%	32%	18%	36%	37%	35%	15%	9%	26%	41%	

Matteo DARMIAN

평점 6.70
마테오 다르미안 1989.12.02 / 183cm

이탈리아를 대표하는 베테랑 수비수. 수비에 관련된 모든 포지션을 소화한다. 3백의 스토퍼와 풀백, 센터백도 가능하다. 수비수로서 큰 키는 아니지만, 점프력을 바탕으로 공중볼 경합에서 승리한다. 85%의 패스 성공률과 정교한 로빙 패스가 장점. 양발을 잘 쓰고 크로스의 질도 좋은 편. 인테르의 리그 우승에 큰 도움을 줬다. 2023년 8년 만에 대표팀에서 골 맛을 보았다. 시장 가치는 400만 유로, 추정 연봉은 321만 유로.

슈팅-득점	2023-24시즌 인테르 밀란					위치
7-1						RWB
3-1	27-6	2417	4	37.3-32.1	86%	RB
● 10-2 LG-2	DR	TK	IC		★	CB
● 0-0 RG-0						RM
● 0-0 HG-0	0.5-0.2	2.5-1.5	0.4	2-0	1	

G	A	SH	SG	PC	P%	SC	BT	DC	TK	IC	CL	CR	BR
상위	하위	하위	상위	상위	상위	상위	상위	상위	상위	하위	상위	하위	하위
26%	16%	23%	48%	34%	14%	49%	40%	12%	35%	9%	8%	4%	1%

Fabiano PARISI

평점 6.70
파비아노 파리시 2000.11.09 / 178cm

볼만 건드리는 태클 후 곧바로 전진 패스를 시도한다. 공간이 나오면 직접 드리블하여 하프 라인을 넘기도 한다. 탄탄한 피지컬을 기반으로 빠른 스피드와 왕성한 활동량을 자랑한다. 베네벤토의 유소년 팀 출신. 2020년 엠폴리에서 주목받기 시작했다. 피오렌티나로 입단한 후 주장 비라기의 부재로 인해 기회를 받았다. 이탈리아 21세 이하의 대표팀 출신이다. 시장 가치는 950만 유로, 추정 연봉은 334만 유로.

슈팅-득점	2023-24시즌 피오렌티나					위치
6-0						LB
6-0	16-5	1454	1	39.5-34.0	86%	RB
● 12-0 LG-0	DR	TK	IC		★	
● 0-0 RG-0						
● 0-0 HG-0	2.0-1.1	2.0-1.4	0.8	4-0	1	

G	A	SH	SG	PC	P%	SC	BT	DC	TK	IC	CL	CR	BR
하위	상위	상위	상위	상위	상위	상위	상위	상위	하위	하위	하위	상위	상위
20%	36%	39%	39%	19%	22%	26%	17%	10%	43%	33%	20%	45%	1%

Juan MIRANDA

평점 6.69
후안 미란다 2000.01.19 / 185cm

바르셀로나 라 마시아의 아카데미 출신. 스페인 대표팀의 미래로 불린다. 2020년 베티스와 임대로 인연을 맺었다. 2021년 코로나 사태로 A대표팀의 선수들이 대량으로 확진되자 U-21 대표팀에 호출되었다. 절호의 찬스를 맞아 대표팀에 데뷔했고 데뷔골까지 만들었다. 레프트 백과 센터백 모두 소화한다. 볼을 잘 다루며 공중볼 제공권 장악에 강점을 보인다. 시장 가치는 900만 유로, 추정 연봉은 130만 유로.

슈팅-득점	2023-24시즌 레알 베티스					위치
9-1						LB
7-0	21-4	1862	1	37.1-30.4	82%	LM
● 16-1 LG-1	DR	TK	IC		★	
● 1-0 RG-0						
● 0-0 HG-0	0.8-0.3	2.1-1.5	0.8	8-0	1	

G	A	SH	SG	PC	P%	SC	BT	DC	TK	IC	CL	CR	BR
상위	하위	상위	상위	상위	상위	상위	하위	상위	상위	하위	상위	상위	하위
18%	24%	36%	17%	36%	44%	44%	34%	50%	38%	47%	15%	41%	18%

○ 유럽 5대리그 풀백 & 윙백 항목별 랭킹(90분 기준 기록, 100분율)

Lucas DIGNE
평점 6.69 뤼카 디뉴 1993.07.20 / 178cm

빠른 발과 뛰어난 테크닉. 역습 상황에서 혼자 볼을 전개할 정도로 드리블이 뛰어나다. 20개의 슈팅을 기록했고, 4개의 유효 슈팅을 만들었다. 3.61의 xA 값과 같은 3개의 도움을 기록했다. 하지만 공중볼 경합에서 약한 것은 옥의 티. 프랑스 U-16 팀부터 A대표팀까지. 어린 시절부터 잠재력을 인정받았다. 2013년 FIFA U-20 월드컵에서 우승을 차지했다. 시장 가치는 1200만 유로, 추정 연봉은 738만 유로.

슈팅-득점		2023-24시즌 애스턴 빌라					위치
9-1				A	P	P%	LB
11-0		27-6	2413	3	30.9-25.0	81%	LWB
							CB
● 20-1	LG-0	DR	TK	IC		★	
● 6-0	RG-0	1.0-0.3	2.0-1.4	0.8	7-0	0	
● 0-0	HG-1						

G	A	SH	SG	PC	P%	SC	BT	DC	TK	IC	CL	CR	BR
하위	상위	상위	하위	상위	하위	상위	하위	상위	하위	상위	상위	하위	하위
48%	37%	38%	45%	38%	33%	20%	37%	20%	34%	4%	36%	9%	13%

Filip KOSTIĆ
평점 6.69 필립 코스티치 1992.11.01 / 184cm

세르비아 대표팀의 황금 날개. 3백의 윙백 포지션에 최적화된 선수. 직선적인 드리블과 빠른 주력, 낮고 빠른 크로스로 무장했다. 상대팀 박스 내에서의 터치가 많다, 수비 가담에도 적극적이다. 깔끔한 태클과 위치 선정으로 공을 가로채는데 능하다. 2015년 6월 세르비아 국가 대표팀에서 데뷔했다. 지금까지 러시아와 카타르 월드컵 그리고 유로 2024에 참가했다. 시장 가치는 650만 유로, 추정 연봉은 321만 유로.

슈팅-득점		2023-24시즌 유벤투스					위치
11-0				A	P	P%	LWB
10-0		26-3	1834	4	24.7-20.0	81%	LB
							LM
● 21-0	LG-0	DR	TK	IC		★	
● 0-0	RG-0	1.0-0.3	1.8-1.3	0.3	2-0	1	
● 0-0	HG-0						

G	A	SH	SG	PC	P%	SC	BT	DC	TK	IC	CL	CR	BR
하위	상위	상위	하위	상위	하위	상위	하위	상위	하위	상위	하위	상위	하위
20%	15%	17%	27%	19%	6%	41%	14%	41%	7%	46%	3%	10%	

Andrea CAMBIASO
평점 6.69 안드레아 캄비아소 2000.02.20 / 182cm

양발을 잘 쓴다. 좌우 측면을 가리지 않으며 윙 포워드로도 뛴다. 측면에서 연결하는 크로스는 정확도가 높다. 박스 안으로 돌파하여 시도하는 슈팅도 위협적. 위치 선정이 좋아 종종 골을 터트린다. 2골과 3개의 도움을 기록했고 2.19의 xG와 3.81의 xA 값 모두에 부합했다. 성실함과 투쟁심까지 갖춰 경기에서 긍정적인 영향을 끼친다. 유로 2024 최종 명단에 포함. 시장 가치는 2500만 유로, 추정 연봉은 440만 유로.

슈팅-득점		2023-24시즌 유벤투스					위치
16-2				A	P	P%	RB
13-0		28-6	2389	3	30.9-27.2	88%	LB
							RWB
● 29-2	LG-0	DR	TK	IC		★	LWB
● 0-0	RG-2	1.8-0.9	1.9-1.4	0.4	10-0	2	RM
● 0-0	HG-0						LM

G	A	SH	SG	PC	P%	SC	BT	DC	TK	IC	CL	CR	BR
상위	상위	상위	상위	상위	하위	상위	하위	상위	하위	상위	하위	상위	하위
21%	36%	14%	18%	39%	24%	17%	35%	6%	2%	41%	6%	41%	

Juan CABAL
평점 6.69 후안 카발 2001.01.08 / 186cm

근육 부상으로 시즌 초반 2달 결장했다. 좋은 체격 조건을 가졌다. 레프트 백뿐만 아니라 센터백도 가능하다. 피지컬을 활용한 돌파와 압박이 장점. 뛰어난 드리블 스킬로 공간을 침투한다. 상대 볼 흐름을 끊어낸 뒤 곧바로 역습으로 돌입한다. 콜롬비아 U-18, U-20 팀 출신. 지난 3월 국가 대표팀에 부름을 받았지만, 데뷔전을 갖지 못했다. 팀과의 계약은 2027년까지. 시장 가치는 350만 유로, 추정 연봉은 45만 유로.

슈팅-득점		2023-24시즌 베로나					위치
8-0				A	P	P%	LB
4-0		17-5	1497	0	27.5-19.5	71%	CB
● 12-0	LG-0	DR	TK	IC		★	
● 0-0	RG-0	1.1-0.5	2.1-1.6	1.2	6-0	0	
● 0-0	HG-0						

G	A	SH	SG	PC	P%	SC	BT	DC	TK	IC	CL	CR	BR
하위	상위	상위	상위	상위	하위	상위	상위	상위	하위	상위	상위	상위	하위
20%	7%	42%	44%	11%	30%	47%	5%	6%	1%	6%	21%		

Nicolás TAGLIAFICO
평점 6.69 니콜라스 탈리아피코 1992.08.31 / 172cm

아르헨티나 국가 대표팀 풀백. 투지가 넘치는 선수. 엄청난 활동량과 안으로 좁혀 들어오는 언더래핑을 즐겨한다. 페널티 박스 밖에서 시도하는 강력한 왼발 중거리 슛은 트레이드 마크. 볼만 건드리 후 소유권을 갖는다. 반대편 측면으로 열어주는 로빙 패스도 좋다. 하지만 거친 플레이와 강한 항의로 카드를 받았다. 2017년 아약스로 입단하며 유럽행을 시작했다. 시장 가치는 800만 유로, 추정 연봉은 546만 유로.

슈팅-득점		2023-24시즌 리옹					위치
12-3				A	P	P%	LB
3-0		25-0	2129	1	39.5-34.4	87%	LWB
							LM
● 15-3	LG-2	DR	TK	IC		★	
● 0-0	RG-0	0.7-0.3	3.2-2.3	1.1	5-0	1	
● 0-0	HG-1						

G	A	SH	SG	PC	P%	SC	BT	DC	TK	IC	CL	CR	BR
상위	하위	상위	상위	상위	하위	상위	하위	상위	상위	상위	상위	상위	하위
9%	22%	49%	25%	43%	12%	20%	34%	7%	2%	21%	29%	21%	4%

Marcos ACUÑA
평점 6.69 마르코스 아쿠냐 1991.10.28 / 172cm

햄스트링과 무릎, 종아리, 근육 부상 그리고 징계 누적으로 21경기에만 출전했다. 저돌적인 돌파와 측면에서 올려주는 크로스가 훌륭하다. 장신은 아니지만. 탄탄한 피지컬을 가지고 있다. 운동 신경이 좋아 밸런스가 무너진 상황에서도 볼을 지켜낸다. 63%의 태클 성공률을 기록했고, 활약상은 대표팀으로도 이어졌다. 2022년 카타르 월드컵에서 정상에 올랐다. 시장 가치는 400만 유로, 추정 연봉은 290만 유로.

슈팅-득점		2023-24시즌 세비야					위치
1-1				A	P	P%	LB
8-0		18-3	1304	2	30.4-24.3	80%	LWB
							CB
● 9-1	LG-0	DR	TK	IC		★	LM
● 0-0	RG-0	1.0-0.5	1.9-1.6	0.2	7-0	0	CM
● 0-0	HG-0						

G	A	SH	SG	PC	P%	SC	BT	DC	TK	IC	CL	CR	BR
상위	상위	상위	상위	상위	하위	상위	하위	상위	하위	상위	하위	상위	상위
30%	18%	47%	29%	48%	24%	14%	39%	48%	7%	2%	21%	12%	3%

Cristiano BIRAGHI

평점 6.69

크리스티아노 비라기 1992.09.01 / 185cm

피오렌티나의 주장. 2018년 팀에 합류했다. 2년 연속 UEFA 컨퍼런스 리그 결승전에 진출했다. 운동 능력이 좋은 편. 자기 관리가 투철하여 커리어 내내 큰 부상이 없었다. 왼쪽에서 올려주는 크로스와 땅볼 패스, 컷백 전술을 애용한다. 신예 파리시와 함께 왼쪽 수비를 책임지고 있다. 2023년 11월 우크라이나와의 경기를 기점으로 대표팀에서의 호출은 없다. 시장 가치는 350만 유로, 추정 연봉은 315만 유로.

슈팅-득점		2023-24시즌 피오렌티나					위치
3-1			A	P	P%		LB
14-1		27-2	2359	5	45.2-37.5	83%	LM
17-2	LG-1	DR	TK	IC		★	
7-1	RG-1						
1-0	HG-0	0.5-0.1	2.4-1.6	0.5	8-0	0	

G	A	SH	SG	PC	P%	SC	BT	DC	TK	IC	CL	CR	BR
상위	상위	하위	상위	하위	상위	하위	상위	하위	하위	하위	상위	상위	하위
21%	16%	46%	40%	15%	38%	12%	13%	3%	36%	11%	22%	6%	12%

Joakim MÆHLE

평점 6.68

요아킴 멜레 1997.05.20 / 185cm

2023-24시즌 볼프스부르크와 1200만 유로에 계약을 맺었다. 입단 첫 시즌은 좋았다. 리그 30경기에 출전하여 5개의 공격 포인트를 기록했다. 1.36의 xG 값을 넘어 2골을 넣었다. 풀백과 윙 포워드를 겸한다. 간결한 볼 터치는 좁은 공간에서 찬스를 만드는 중요한 이유다. 덴마크의 청소년 대표팀을 거쳐 국가 대표팀에 합류했다. 유로 2024에서는 주전으로 활약했다. 시장 가치는 1400만 유로, 추정 연봉은 190만 유로.

슈팅-득점		2023-24시즌 볼프스부르크					위치
12-1			A	P	P%		RB
8-1		27-3	2455	3	41.5-34.0	82%	LB
20-2	LG-0	DR	TK	IC		★	RM
0-0	RG-2						LM
0-0	HG-0	1.9-0.8	2.8-2.1	1.0	5-0	0	CM

G	A	SH	SG	PC	P%	SC	BT	DC	TK	IC	CL	CR	BR
상위	상위	상위	상위	상위	상위	상위	상위	상위	상위	상위	상위	하위	상위
22%	38%	40%	33%	28%	32%	28%	29%	39%	6%	32%	43%	34%	52%

Thierry CORREIA

평점 6.68

티에리 코레이아 1999.03.09 / 176cm

빠른 스피드로 측면을 허문 뒤 크로스를 시도한다. 얼리 크로스보다는 낮고 빠른 땅볼 크로스가 낫다. 오프 더 볼 상황에서 공간을 창출해내고 오프 사이드 트랩을 사용하기 위해 수비 라인을 계속 맞춘다. 자국 명문 스포르팅을 거쳐 2019년 발렌시아로 합류했다. 포르투갈 청소년 대표팀에 빠짐없이 콜업되었다. U-17, U-19 유럽 선수권 대회에서 모두 우승을 경험했다. 시장 가치는 600만 유로, 추정 연봉은 184만 유로.

슈팅-득점		2023-24시즌 발렌시아					위치
2-0			A	P	P%		RB
3-0		25-6	2162	2	33.2-25.2	76%	RM
5-0	LG-0	DR	TK	IC		★	LB
0-0	RG-0						
0-0	HG-0	1.6-0.7	2.7-2.0	1.1	4-1	0	

G	A	SH	SG	PC	P%	SC	BT	DC	TK	IC	CL	CR	BR
하위	하위	하위	하위	상위	상위	상위	상위	상위	상위	상위	상위	상위	상위
20%	45%	7%	23%	41%	44%	32%	28%	16%	11%	33%	28%	8%	

Denzel DUMFRIES

평점 6.68

덴젤 둠프리스 1996.04.18 / 188cm

네덜란드 대표팀의 '흑표범'. 스파르타 로테르담 유스 출신. 아인트호벤에서 재능을 인정받았다. 엄청난 가속력과 저돌적인 돌파가 인상적이다. 최후방에서 상대 페널티 박스까지 드리블하여 슈팅까지 만든다. 압도적인 피지컬과 활동량을 기반으로 여러 태클을 구사한다. 수리남계 네덜란드인으로서 2018년부터 A대표팀에서 활약 중이다. 유로 2024의 주전 풀백. 시장 가치는 2400만 유로, 추정 연봉은 321만 유로.

슈팅-득점		2023-24시즌 인테르 밀란					위치
23-4			A	P	P%		RB
1-0		19-12	1643	4	19.9-16.1	81%	RM
24-4	LG-2	DR	TK	IC		★	
0-0	RG-1						
0-0	HG-1	1.1-0.5	1.2-0.7	0.4	2-1	1	

G	A	SH	SG	PC	P%	SC	BT	DC	TK	IC	CL	CR	BR
상위	상위	상위	상위	상위	상위	상위	상위	상위	상위	상위	상위	하위	하위
3%	9%	6%	16%	41%	2%	12%	39%	5%	7%	32%	4%	46%	3%

Kevin MBABU

평점 6.68

케빈 음바부 1995.04.19 / 184cm

사타구니 부상으로 한 달을 결장했다. 그 밖에 무릎, 근육 부상을 입었다. 경고 누적으로 리그에서는 25경기만 출전했다. 공수의 밸런스가 잡힌 라이트 백. 76%의 태클 성공률과 119번의 리커버리를 기록했다. 상황에 따라서 오른쪽 윙어나 미드필더도 소화한다. 수비의 커버 범위가 넓고 경기를 읽는 시야도 좋다. 스위스가 자랑하는 풀백. 원 소속팀은 풀럼이다. 시장 가치는 400만 유로, 추정 연봉은 242만 유로.

슈팅-득점		2023-24시즌 아우크스부르크					위치
3-0			A	P	P%		RB
1-0		22-3	2049	2	27.5-19.5	71%	RWB
4-0	LG-0	DR	TK	IC		★	RM
0-0	RG-0						
0-0	HG-0	3.3-1.3	2.7-2.0	1.0	4-0	0	

G	A	SH	SG	PC	P%	SC	BT	DC	TK	IC	CL	CR	BR
하위	하위	상위	상위	하위	상위	상위	상위	상위	상위	상위	상위	상위	상위
20%	48%	5%	9%	7%	1%	28%	29%	13%	32%	44%	19%	27%	

Carlos AUGUSTO

평점 6.68

카를로스 아우구스토 1999.01.07 / 184cm

몬차의 승격을 주도했던 수비수. 2021년 세리에 B에서 올해의 팀에 선정되기도 했다. 2023년 인테르와 임대 계약을 맺었다. 왼발을 잘 쓴다. 풀백보다는 윙으로 출전하며 기량을 발전시켰다. 과감하고 저돌적인 드리블 돌파로 측면을 장악. 곧바로 중앙으로 들어와 공격을 이끌기도 한다. 이탈리아와 브라질의 이중 국적자. 브라질 U-20 팀 출신으로 A대표팀 데뷔도 이뤘다. 시장 가치는 2200만 유로, 추정 연봉은 282만 유로.

슈팅-득점		2023-24시즌 인테르 밀란					위치
15-0			A	P	P%		LWB
7-0		14-23	1705	3	25.7-22.6	88%	LB
22-0	LG-0	DR	TK	IC		★	CB
0-0	RG-0						
0-0	HG-0	0.6-0.3	1.0-0.8	0.4	1-0	1	

G	A	SH	SG	PC	P%	SC	BT	DC	TK	IC	CL	CR	BR
하위	상위	상위	상위	상위	상위	상위	상위	상위	상위	상위	상위	상위	하위
20%	32%	11%	16%	31%	28%	2%	36%	34%	2%	25%	25%	37%	21%

○ 유럽 5대리그 풀백 & 윙백 항목별 랭킹(90분 기준 기록, 100분율)

| 전체슈팅 시도-득점 | 직접프리킥 시도-득점 | PK 시도-득점 | LG 왼발 득점 | RG 오른발 득점 | HG 헤더 득점 | 출전횟수 선발-교체 | 출전시간 분(MIN) | A 도움 | P 평균 패스 시도-성공 | P% 패스 성공률 | DR 평균드리블 시도-성공 | TK 평균 태클 성공 | IC 평균 인터셉트 | ★ 페어플레이 경고-퇴장 | MOM | G 득점 | A 도움 | SH 슈팅 시도 | SG 유효 슈팅 | PC 평균 패스 성공 | P% 패스 성공률 | SC 슈팅기회 창출 | BT 볼 터치 | DC 드리블 성공 | TK 태클 | IC 인터셉트 | CL 클리어 | CR 크로스 | BR 리커버리 |

평점 6.68 Matty CASH 마티 캐시 1997.08.07 / 185cm

빌라의 챔피언스리그 진출에 도움을 줬다. 오른쪽 풀백뿐만 아니라 윙어, 중앙 미드필더까지 겸한다. 적절한 타이밍에 태클과 인터셉트를 시도한다. 노팅엄 유소년 팀 출신. 1군 로스터에 등록된 후 챔피언 쉽에서 경험을 쌓았다. 2020년 빌라와 5년 계약에 서명했다. 아버지 스튜어트도 축구 선수로 활약했다. 잉글랜드 태생이지만 조부의 영향으로 폴란드 대표팀을 선택. 시장 가치는 2800만 유로, 추정 연봉은 492만 유로.

슈팅-득점		2023-24시즌 애스턴 빌라					위치
24-2			A	P	P%		RB
9-0		23-6 2144	2	35.5-29.8	84%		RWB
33-2	LG-0	DR	TK	IC	★		RM
0-0	RG-2						CM
0-0	HG-0	1.5-0.5	2.9-1.9	0.6	8-0	1	LM

G	A	SH	SG	PC	P%	SC	BT	DC	TK	IC	CL	CR	BR
상위	하위	상위	상위	상위	상위	상위	하위	상위	상위	상위	상위	상위	하위
19%	46%	7%	4%	49%	36%	36%	48%	31%	31%	34%	38%	18%	38%

평점 6.67 Kieran TIERNEY 키어런 티어니 1997.06.05 / 180cm

2019년 아스날로 이적할 당시, 스코틀랜드 리그 역사상 최다 이적료를 발생시켰다. 셀틱에서, 4시즌 연속 리그 우승을 경험했다. 2023-24시즌 소시에다드와 임대 계약을 맺었다. 시즌 내내 햄스트링과 사타구니 쪽 이상 징후를 느꼈다. 스코틀랜드 소속으로 뛴 유로 2024 본선에서도 허벅지 부상을 당했다. 왼발의 스페셜리스트로 좋은 킥력과 크로스 정확도를 가졌다. 시장 가치는 1200만 유로, 추정 연봉은 667만 유로.

슈팅-득점		2023-24시즌 레알 소시에다드					위치
2-0			A	P	P%		LB
2-0		14-6 1244	2	36.6-29.3	80%		CB
2-0	LG-0	DR	TK	IC	★		LM
0-0	RG-0						
0-0	HG-0	0.9-0.4	2.3-1.9	0.5	1-0	1	

G	A	SH	SG	PC	P%	SC	BT	DC	TK	IC	CL	CR	BR
상위	상위	상위	상위	상위	상위	상위	상위	하위	상위	하위	상위	상위	하위
20%	27%	10%	3%	22%	45%	9%	14%	12%	38%	6%	37%	22%	16%

평점 6.67 Neco WILLIAMS 네코 윌리엄스 2001.04.13 / 183cm

리버풀 아카데미의 산물. 어린 시절부터 리버풀 유소년 팀에서 자랐다. 2022년에 출전 기회를 위해 노팅엄으로 이적했다. 좌우 풀백을 소화한다. 상대의 볼 흐름을 인터셉트하여 전진 패스를 시도한다. 주력이 좋아 공격 가담 후 빠르게 수비로 복귀하는 편. 웨일즈 청소년 대표팀을 거쳐 국가 대표팀에 차출되었다. 유로 2020은 웨일즈 소속으로 치룬 첫 메이저 대회. 시장 가치는 1700만 유로, 추정 연봉은 307만 유로.

슈팅-득점		2023-24시즌 노팅엄 포리스트					위치
8-0			A	P	P%		RB
7-0		18-8 1634	1	23.1-16.6	72%		RWB
15-0	LG-0	DR	TK	IC	★		LB
0-0	RG-0						LWB
0-0	HG-0	1.8-0.8	3.5-2.7	0.8	4-0		RM
							LM

G	A	SH	SG	PC	P%	SC	BT	DC	TK	IC	CL	CR	BR
하위	하위	상위	상위	하위	하위	하위	상위	상위	상위	상위	하위	상위	하위
20%	33%	30%	33%	7%	2%	25%	37%	22%	1%	19%	18%	27%	16%

평점 6.67 Óscar MINGUEZA 오스카르 밍게사 1999.05.13 / 184cm

2021년 도쿄 올림픽에 참가했다. 같은 해 A대표팀에서 데뷔했다. 바르셀로나의 라 마시아 출신. 볼을 잘 다룬다. 간수 능력이 좋고 볼을 받기 전 미리 상황을 예측한다. 셀타 비고에서의 2년 차인 2023-24시즌. 리그 전 경기에 출전했다. 164번의 리커버리와 158번의 볼 경합에서 승리했다. 하지만 바르셀로나에서부터 지적받았던 제공권 다툼은 여전히 아쉽다. 시장 가치는 800만 유로, 추정 연봉은 115만 유로.

슈팅-득점		2023-24시즌 셀타 비고					위치
13-1			A	P	P%		RB
15-1		33-5 3004	2	41.2-33.5	81%		RM
28-2	LG-0	DR	TK	IC	★		RWB
0-0	RG-2						CB
0-0	HG-0	2.1-1.0	2.8-1.6	0.4	4-0	3	LWB

G	A	SH	SG	PC	P%	SC	BT	DC	TK	IC	CL	CR	BR
상위	상위	상위	상위	상위	하위	상위	상위	하위	상위	하위	상위	상위	하위
31%	36%	28%	9%	36%	10%	27%	19%	44%	10%	17%	19%	9%	49%

평점 6.67 Phillipp MWENE 필립 음웨네 1994.01.29 / 170cm

3백 포메이션에서는 윙백을 선호한다. 문전으로 올리는 얼리 크로스가 좋다. 단신이지만 볼에 대한 집념과 집중력이 강해 쉽게 볼을 뺏기지 않는다. 슈투트가르트의 유스 출신으로 줄곧 분데스리가에서만 뛰다가 PSV 아인트호벤으로 이적했다. 2023년 마인츠로 리턴했다. 오스트리아 대표팀의 주전 풀백. 대표팀의 강세와 유로 2024 본선에서 자신의 존재감을 뽐냈다. 시장 가치는 180만 유로, 추정 연봉은 90만 유로.

슈팅-득점		2023-24시즌 마인츠 05					위치
12-0			A	P	P%		LB
12-1		23-0 2004	2	28.5-21.4	75%		RB
24-1	LG-0	DR	TK	IC	★		LM
0-0	RG-1						RM
0-0	HG-0	1.4-0.7	2.2-1.5	0.7	4-1		

G	A	SH	SG	PC	P%	SC	BT	DC	TK	IC	CL	CR	BR
상위	상위	상위	하위	상위	상위	상위	상위	하위	상위	하위	상위	상위	하위
42%	50%	14%	8%	9%	7%	27%	11%	49%	18%	35%	46%	25%	17%

평점 6.67 Timothy CASTAGNE 티모시 카스타뉴 1995.12.05 / 185cm

1.84의 xA 값을 넘어 3개의 도움을 기록했다. 롱패스 정확도는 낮았지만, 119번의 리커버리를 기록했다. 측면에서 빠른 발과 직선적인 움직임을 보여준다. 중앙으로 연결하는 크로스 시도가 많다. 직접 볼을 몰고 박스 안까지 돌파하기도 한다. 헹크에서 프로에 데뷔했다. 벨기에 연령별 대표팀 출신. 2022년 카타르 월드컵과 유로 2024 본선에서 주전으로 활약했다. 시장 가치는 1700만 유로, 추정 연봉은 400만 유로.

슈팅-득점		2023-24시즌 풀럼					위치
13-1			A	P	P%		RB
1-0		29-5 2634	3	39.9-32.3	81%		LB
14-1	LG-0	DR	TK	IC	★		CB
0-0	RG-1						RM
0-0	HG-0	0.9-0.5	2.0-1.1	1.1	3-0	1	LM

G	A	SH	SG	PC	P%	SC	BT	DC	TK	IC	CL	CR	BR
상위	상위	하위	상위	상위	상위	상위	상위	상위	상위	상위	상위	상위	하위
46%	43%	32%	42%	30%	32%	26%	36%	30%	15%	43%	6%	22%	19%

○ 유럽 5대리그 풀백 & 윙백 항목별 랭킹 (90분 기준 기록, 100분율)

Alessandro FLORENZI
평점 6.66 알레산드로 플로렌치   1991.03.11 / 173cm

체격은 작지만, 스피드와 드리블 스킬 그리고 크로스 능력을 겸비한 풀백. 좌우를 가리지 않고 윙어와 중앙 미드필더로도 활약한다. 30대 중반의 나이지만 넘치는 활동량이 장점. 경기 후반까지 체력을 유지하는 편. 넓은 활동 반경과 끊임없이 상대를 압박. 유로 2020 대회에서 이탈리아의 우승을 경험했다. 2023-24시즌 세리에A 페어 플레이어 상을 받았다. 시장 가치는 200만 유로, 추정 연봉은 556만 유로.

슈팅-득점		2023-24시즌 AC 밀란					위치
4-1				A	P	P%	LB
28-0		19-12	1732	4	33.4-29.4	88%	RB
● 32-1	LG-0	DR	TK	IC	★		CM
● 4-0	RG-0	0.4-0.1	2.1-1.4	0.6	5-0	1	LM
● 0-0	HG-1						RM

G	A	SH	SG	PC	P%	SC	BT	DC	TK	IC	CL	CR	BR
상위	상위	상위	상위	상위	상위	상위	상위	하위	상위	하위	상위	하위	상위
46%	4%	4%	6%	14%	27%	3%	14%	4%	34%	43%	18%	8%	42%

Luca NETZ
평점 6.66 루카 네츠   2003.05.15 / 184cm

프리츠 발터 U-19 은메달 수상자. 독일 대표팀이 주목하고 있는 풀백. 헤르타 베를린에서 성장했고, 2021년 묀헨글라트바흐와 5년 계약에 서명했다. 세트 피스를 전담할 정도로 왼발 킥이 정교하고 정확하다. 대인 마킹 능력이 좋고 오버래핑에 이은 크로스가 훌륭하다. 이적 시장이 열릴 때마다 빅 클럽과의 링크가 끊이지 않는다. 독일 연령별 대표팀 출신. 시장 가치는 1000만 유로, 추정 연봉은 240만 유로.

슈팅-득점		2023-24시즌 묀헨글라드바흐					위치
12-0				A	P	P%	LB
5-0		25-5	2233	4	32.4-25.9	80%	LWB
● 17-0	LG-0	DR	TK	IC	★		LM
● 0-0	RG-0	1.6-0.8	1.9-1.6	0.7	2-0	0	
● 0-0	HG-0						

G	A	SH	SG	PC	P%	SC	BT	DC	TK	IC	CL	CR	BR
하위	상위	상위	상위	상위	상위	상위	상위	하위	상위	하위	상위	상위	상위
20%	23%	44%	36%	40%	50%	9%	41%	32%	18%	46%	11%	42%	37%

Valentin GENDREY
평점 6.66 발랑탱 장드레   2000.06.21 / 179cm

수비력이 돋보이는 풀백. 지난 시즌 경기당 2.5개의 클리어링을 보여주었다. 레체로 이적한 3시즌 동안 큰 부상 없이 시즌을 마무리했다. 스피드와 체력이 좋아 과감한 오버 래핑에 이은 정확한 크로스가 장점. 아미앵에서 프로로 데뷔했다. 프랑스 U-18, U-21 대표팀에 차출되었다. 프랑스와 과들루프의 이중 국적자. 프랑스 전 국가 대표 올리비에 다쿠르의 조카. 시장 가치는 700만 유로, 추정 연봉은 64만 유로.

슈팅-득점		2023-24시즌 레체					위치
16-2				A	P	P%	RB
2-0		35-2	3052	3	27.1-20.9	77%	RM
● 18-2	LG-0	DR	TK	IC	★		
● 0-0	RG-0	0.9-0.4	1.9-1.5	0.9	5-0	0	
● 0-0	HG-2						

G	A	SH	SG	PC	P%	SC	BT	DC	TK	IC	CL	CR	BR
상위	상위	하위	하위	상위	상위	상위	상위	상위	상위	상위	상위	상위	하위
32%	48%	39%	44%	11%	31%	37%	10%	29%	46%	35%	17%	24%	1%

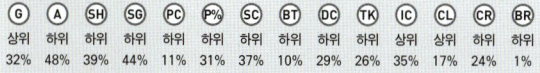

Nélson SEMEDO
평점 6.65 넬송 세메두   1993.11.16 / 177cm

울버햄튼의 '포르투갈 커넥션'의 일원. 킬먼과 함께 지난 시즌 팀에서 가장 많이 출전한 선수. 잔 부상마저도 없어 의료팀이 좋아한다. 축구 지능이 좋아 짧은 패스로 동료와 연계하여 압박을 벗어난다. 양쪽 풀백뿐만 아니라 윙어로도 나선다. 공간으로 길게 차 놓고 올리는 크로스도 발군. 대표팀 소속으로 월드컵에 한 번도 소집되지 못했지만, 2번의 유로는 참여했다. 시장 가치는 1200만 유로, 추정 연봉은 492만 유로.

슈팅-득점		2023-24시즌 울버햄튼					위치
11-0				A	P	P%	RB
6-0		36-0	3091	4	42.2-34.2	81%	RWB
● 17-0	LG-0	DR	TK	IC	★		LB
● 0-0	RG-0	2.5-1.4	2.6-2.2	1.0	11-1	0	RM
● 0-0	HG-0						CB

G	A	SH	SG	PC	P%	SC	BT	DC	TK	IC	CL	CR	BR
하위	상위	상위	상위	상위	상위	상위	상위	상위	상위	상위	상위	상위	하위	상위
20%	15%	33%	36%	39%	39%	20%	41%	10%	27%	34%	38%	39%	29%

Victor KRISTIANSEN
평점 6.65 빅터 크리스티앤슨   2002.12.16 / 181cm

2023년 레스터가 강등되었다. 출장 기회를 얻기 위해 볼로냐로 임대를 왔는데, 결과는 성공이었다. 팀의 돌풍을 주도했고, 이탈리아에서 경험을 쌓으며 더 성장했다. 공에 대한 집중력이 높고 태클의 시도와 성공률이 높다. 수비적인 공헌도가 더 높은 편. 하지만 오버 래핑 후에 시도하는 크로스도 훌륭하다. 덴마크가 자랑하던 재능이 만개하여, 국대의 주전이 되었다. 시장 가치는 1500만 유로, 추정 연봉은 150만 유로.

슈팅-득점		2023-24시즌 볼로냐					위치
3-0				A	P	P%	LB
3-0		26-6	2312	4	45.0-38.7	86%	LM
● 6-0	LG-0	DR	TK	IC	★		
● 0-0	RG-0	0.7-0.3	2.1-1.6	0.4	4-0	1	
● 0-0	HG-0						

G	A	SH	SG	PC	P%	SC	BT	DC	TK	IC	CL	CR	BR
하위	상위	상위	상위	상위	상위	상위	상위	상위	상위	상위	상위	하위	하위
20%	35%	8%	21%	13%	16%	24%	16%	26%	8%	25%	12%	5%

Darlin YONGWA
평점 6.65 다를랭 용와   2000.09.22 / 177cm

탄탄한 피지컬을 자랑하는 레프트 백. 왼발을 잘 쓰고 측면을 돌파한 후 시도하는 컷백 전술이 좋다. 특히 몸을 아끼지 않는 태클과 인터셉트가 발군. 지난 시즌 허벅지 부상으로 한 달을 결장했다. 하부 리그에서 프로로 데뷔했고, 2022년 로리앙과 계약을 맺었다. 1년 만에 카메룬 국가 대표팀의 부름을 받았고, 아프리카 네이션스 컵에서 주전 풀백으로 참가했다. 시장 가치는 150만 유로, 추정 연봉은 21만 유로.

슈팅-득점		2023-24시즌 로리앙					위치
8-0				A	P	P%	LWB
7-1		11-11	1153	1	20.0-14.4	72%	LB
● 15-1	LG-1	DR	TK	IC	★		
● 0-0	RG-0	2.6-1.3	1.9-1.4	0.7	3-0	1	
● 0-0	HG-0						

G	A	SH	SG	PC	P%	SC	BT	DC	TK	IC	CL	CR	BR
상위	하위	상위	하위	상위	상위	상위	상위	상위	상위	상위	상위	상위	상위
20%	43%	11%	10%	19%	34%	50%	47%	2%	26%	22%	23%	8%	4%

○ 유럽 5대리그 풀백 & 윙백 항목별 랭킹 (90분 기준 기록, 100분율)

Julián ARAUJO
평점 6.64
훌리안 아라우호 2001.08.13 / 176cm

미국과 멕시코의 이중 국적자. 미국 청소년 대표팀을 거쳐 국가 대표팀에서도 1경기를 뛰었다. A매치에서 뛰었기 때문에 국적 변경이 힘들었지만, FIFA의 승인을 받고 멕시코 대표팀으로 승선했다. 현란한 개인기와 빠른 돌파로 측면을 부순다. 강한 체력을 바탕으로 꾸준한 활동량을 보여준다. 2023년 바르셀로나와 계약 후 곧바로 라스 팔마스와 임대 계약을 맺었다. 시장 가치는 800만 유로, 추정 연봉은 156만 유로.

슈팅-득점	2023-24시즌 라스 팔마스					위치
3-1 / 4-0	15-10	1462	0	27.7-23.0	83%	RB RM
● 7-1 LG-0	DR	TK	IC		★	
● 0-0 RG-0	0.8-0.5	2.0-1.6	0.4	5-0	0	
● 0-0 HG-0						

G	A	SH	SG	PC	P%	SC	BT	DC	TK	IC	CL	CR	BR
상위	하위	하위	하위	상위	하위	상위	하위	하위	상위	하위	하위	하위	상위
28%	7%	27%	38%	46%	29%	39%	47%	45%	21%	18%	8%	13%	46%

Ferland MENDY
평점 6.64
페를랑 멘디 1995.06.08 / 180cm

다재다능함이 돋보이는 풀백. 공수의 밸런스가 좋고 스피드와 민첩성, 패스의 정확도가 좋다. 공격 가담 후 빠르게 복귀하여 자신의 수비 지역을 커버한다. 리옹에서 리그앙 최고의 레프트 백으로 올라섰고, 2019년 레알 마드리드와 계약에 성공했다. 3번의 리그 우승과 2번의 챔피언스리그 우승에 관여했다. 프랑스 국가 대표팀에서는 주로 벤치에서 경기를 시작한다. 시장 가치는 2200만 유로, 추정 연봉은 1042만 유로.

슈팅-득점	2023-24시즌 레알 마드리드					위치
3-0 / 2-0	21-2	1727	1	49.4-46.4	94%	LB LM
● 5-0 LG-0	DR	TK	IC		★	
● 0-0 RG-0	1.2-0.6	0.8-0.7	0.4	5-0	0	
● 0-0 HG-0						

G	A	SH	SG	PC	P%	SC	BT	DC	TK	IC	CL	CR	BR
하위	하위	하위	하위	상위	상위	상위	상위	상위	하위	하위	상위	하위	하위
20%	6%	4%	6%	11%	1%	16%	31%	46%	22%	14%	1%	1%	36%

Jesús ARESO
평점 6.64
헤수스 아레소 1999.07.02 / 182cm

2023-24시즌 오사수나의 필드 플레이어 중 가장 많이 뛰었다. 2.94의 xA 값을 훌쩍 넘어 6개의 도움을 기록했다. 자신의 커리어 사상 가장 많은 공격 포인트를 쌓았다. 기본기가 뛰어나다. 측면에서 시도하는 크로스는 높은 성공률을 보여준다. 아틀레틱 클럽의 유소년 팀 출신. 스페인 U-18, U-19 대표팀에 차출되었고 2019년 바스크 국가대표팀에서도 뛰었다. 시장 가치는 750만 유로, 추정 연봉은 40만 유로.

슈팅-득점	2023-24시즌 오사수나					위치
1-0 / 8-1	29-8	2663	6	25.4-20.6	81%	RB RM
● 9-1 LG-0	DR	TK	IC		★	
● 0-0 RG-1	2.2-1.2	1.5-1.2	0.5	3-0	0	
● 0-0 HG-0						

G	A	SH	SG	PC	P%	SC	BT	DC	TK	IC	CL	CR	BR
하위	상위	하위	상위	상위	상위	하위	상위	상위	상위	상위	상위	상위	하위
45%	14%	13%	1%	28%	30%	24%	9%	18%	18%	35%	27%	6%	31%

Aihen MUÑOZ
평점 6.64
아이엔 무뇨스 1997.08.16 / 175cm

레알 소시에다드의 '원 클럽 맨'. 유소년 시절부터 지금껏 한 팀에서 뛰고 있다. 리코와 함께 주전 경쟁을 펼치고 있다. 공격적인 오버 래핑, 동료와 연계하는 패스 플레이, 빠르고 정확한 크로스가 일품. 지난 1월 십자 인대 부상으로 시즌 아웃이 되었다. 예상 복귀는 2024년 후반부. 장기 부상으로 인해 재활이 필요하다. 2019년 바스크 국가 대표팀에서 2경기를 치렀다. 시장 가치는 800만 유로, 추정 연봉은 86만 유로.

슈팅-득점	2023-24시즌 레알 소시에다드					위치
2-0 / 5-0	11-10	1120	2	24.4-18.8	77%	LB LM
● 7-0 LG-0	DR	TK	IC		★	
● 0-0 RG-0	0.9-0.5	2.2-1.7	0.4	2-0	0	
● 0-0 HG-0						

G	A	SH	SG	PC	P%	SC	BT	DC	TK	IC	CL	CR	BR
하위	상위	상위	상위	상위	상위	상위	상위	상위	상위	하위	상위	상위	하위
20%	21%	47%	35%	27%	39%	25%	25%	11%	24%	24%	24%	35%	47%

Fabian NÜRNBERGER
평점 6.63
파비안 뉘른베르거 1999.07.28 / 181cm

아버지의 국적은 독일이고 어머니는 불가리아 국적을 가졌다. 3백 전술을 사용할 때 왼쪽 윙백으로 출전한다. 수비형 미드필더도 소화하며 멀티 플레이어로서의 가능성을 갖고 있다. 박스 밖에서의 슛 시도가 많고, 찬스 메이킹이 많은 풀백. 상대 공격을 차단하여 곧바로 역습 상황을 만들기도 한다. 뉘른베르크 아카데미 출신으로 2019년 1군 로스터에 등록되었다. 시장 가치는 250만 유로, 추정 연봉은 50만 유로.

슈팅-득점	2023-24시즌 다름슈타트					위치
8-1 / 11-0	17-4	1519	1	34.8-28.9	83%	LB LWB CM RB RWB
● 19-1 LG-0	DR	TK	IC		★	
● 4-0 RG-0	1.6-0.9	2.3-1.4	2-0	0		
● 0-0 HG-0						

G	A	SH	SG	PC	P%	SC	BT	DC	TK	IC	CL	CR	BR
상위	하위	상위	하위	상위	하위	상위	하위	상위	상위	하위	상위	상위	하위
31%	35%	12%	12%	41%	39%	11%	46%	20%	24%	36%	19%	26%	39%

Andoni GOROSABEL
평점 6.63
안도니 고로사벨 1996.08.04 / 174cm

2023년 도전을 택했다. 어린 시절부터 함께했던 레알 소시에다드를 떠났다. 알라베스와 1년 계약을 맺었다. 승격한 팀에게 경험 많은 풀백이 필요했다. 공수 능력을 겸비했고, 볼 컨트롤이 좋아 빌드업에 강점을 둔다. 지난 시즌 팀 내 가장 많이 출전한 선수 중 하나였다. 67%가 넘는 태클 성공률과 164번의 리커버리를 기록했다. 2024년 바스크 대표팀에 차출되었다. 시장 가치는 500만 유로, 추정 연봉은 100만 유로.

슈팅-득점	2023-24시즌 알라베스					위치
4-1 / 11-0	33-3	2865	0	26.7-21.9	82%	RB RWB RM
● 15-1 LG-0	DR	TK	IC		★	
● 0-0 RG-1	1.4-0.7	2.8-1.7	0.8	6-0	2	
● 0-0 HG-0						

G	A	SH	SG	PC	P%	SC	BT	DC	TK	IC	CL	CR	BR
하위	상위	상위	상위	하위	상위	하위	하위	상위	상위	상위	상위	상위	상위
43%	7%	31%	41%	23%	39%	7%	10%	40%	49%	46%	49%	44%	40%

○ 유럽 5대리그 풀백 & 윙백 항목별 랭킹 (90분 기준 기록, 100분율)

Pascal STENZEL
평점 6.62 파스칼 슈텐첼   1996.03.20 / 183cm

오른쪽 풀백과 미드필더, 상황에 따라서는 센터백도 가능하다. 측면에서 중앙으로 들어와 직접 공격을 이끈다. 인버티드 풀백의 성향이 짙다. 일대일 맨 마킹에 뛰어나지만, 크로스 능력도 좋다. 주로 벤치에서 후보로 뛰었지만, 슈투트가르트 돌풍에 함께했다. 도르트문트 아카데미 출신으로 독일의 U-19, U-20, U-21 대표팀에서 주전으로 뛰었다. 시장 가치는 250만 유로, 추정 연봉은 94만 유로.

슈팅-득점		2023-24시즌 슈투트가르트					위치
1-0		⏱	A	P	P%		RB
13-0		14-9 1092	5	30.2-26.6	88%		CB
							RM
● 14-0	LG-0	DR	TK	IC	▨	★	
● 1-0	RG-0						
● 0-0	HG-0	0.3-0.3	1.7-0.8	0.8	1-1	1	

G	A	SH	SG	PC	P%	SC	BT	DC	TK	IC	CL	CR	BR
하위	상위	상위	상위	상위	상위	상위	상위	하위	상위	상위	상위	하위	하위
20%	1%	10%	14%	7%	4%	9%	11%	32%	18%	17%	50%	34%	23%

Lukas KÜBLER
평점 6.62 루카스 퀴블러   1992.08.30 / 182cm

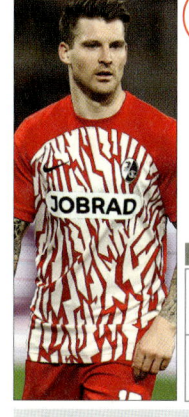

2015년부터 프라이부르크에서 뛰고 있다. 지난 시즌은 발가락 골절과 햄스트링, 징계 누적으로 26경기에만 출전했다. 주로 3백의 스토퍼 중 오른쪽에 위치한다. 61%의 볼 경합에서 성공했고, 37번의 인터셉트를 기록했다. 후방 빌드업에 깊이 관여한다. 프라이부르크가 1부 리그로 승격할 당시 합류했다. 독일 20세 이하의 청소년 대표팀에 콜업되었던 적이 있다. 시장 가치는 200만 유로, 추정 연봉은 39만 유로.

슈팅-득점		2023-24시즌 프라이부르크					위치
5-1		⏱	A	P	P%		RB
3-0		22-4 1853	0	32.1-25.6	80%		CB
							LB
● 8-1	LG-0	DR	TK	IC	▨	★	RM
● 0-0	RG-0						LM
● 0-0	HG-1	0.4-0.1	2.5-1.9	1.4	7-0	0	

G	A	SH	SG	PC	P%	SC	BT	DC	TK	IC	CL	CR	BR
상위	하위	상위	상위	상위	상위	상위	하위	상위	상위	상위	상위	하위	상위
49%	7%	27%	38%	49%	42%	9%	46%	9%	26%	9%	28%	5%	40%

Krépin DIATTA
평점 6.62 크레팽 디아타   1999.02.25 / 175cm

세네갈 대표팀의 주전 멤버. 빠른 발과 순간적인 스프린트가 좋다. 측면에서 안쪽으로 파고 들어 키패스를 시도한다. 축구 센스가 좋고 기본기가 탄탄해 상대 선수와의 일대일을 피하지 않는다. 여러 포지션을 소화한다. 좌우 풀백과 윙 포워드도 가능하다. 세네갈 U-20 대표팀 출신으로 2019년에 A대표팀에 데뷔했다. 지난 시즌은 아프리카 네이션스 컵에 차출되었다. 시장 가치는 1200만 유로, 추정 연봉은 300만 유로.

슈팅-득점		2023-24시즌 AS 모나코					위치
2-0		⏱	A	P	P%		RB
7-0		12-14 1196	3	23.8-18.8	79%		RWB
							LB
● 9-0	LG-0	DR	TK	IC	▨	★	LWB
● 1-0	RG-0						DM
● 0-0	HG-0	1.7-1.1	3.0-3.0	0.5	2-0	0	LW

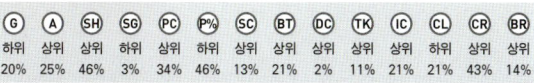

G	A	SH	SG	PC	P%	SC	BT	DC	TK	IC	CL	CR	BR
하위	상위	상위	하위	상위	상위	상위	상위	상위	상위	하위	상위	상위	상위
20%	25%	46%	3%	34%	46%	13%	21%	2%	11%	21%	43%	43%	14%

Rubén PEÑA
평점 6.61 루벤 페냐   1991.07.18 / 170cm

선수 커리어 내내 스페인에서만 활약했다. 주로 하부 리그에서 활약하다가 에이바르와 비야레알을 거쳐 오사수나에 입단했다. 좌우 측면을 가리지 않고 뛴다. 윙 포워드와 풀백 모두 소화한다. 기동력을 앞세운 공격 능력이 탁월하다. 뛰어난 볼 컨트롤과 단단한 피지컬로 경합 상황에서 쉽게 밀리지 않는다. 햄스트링과 무릎, 종아리 부상으로 29경기만 출전했다. 시장 가치는 220만 유로, 추정 연봉은 83만 유로.

슈팅-득점		2023-24시즌 오사수나					위치
8-0		⏱	A	P	P%		LB
9-0		26-3 2105	2	23.6-17.0	72%		RB
							LM
● 17-0	LG-0	DR	TK	IC	▨	★	RM
● 0-0	RG-0						LW
● 0-0	HG-0	2.5-1.2	2.6-1.6	1.0	3-0	4	RW

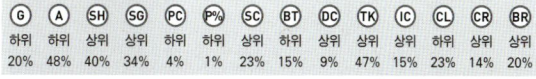

G	A	SH	SG	PC	P%	SC	BT	DC	TK	IC	CL	CR	BR
하위	하위	상위	상위	하위	상위	하위	상위	상위	상위	하위	상위	상위	상위
20%	48%	40%	34%	1%	20%	15%	10%	15%	15%	23%	14%	20%	20%

Álex SUÁREZ
평점 6.61 알렉스 수아레스   1993.03.18 / 180cm

라스 팔마스가 사랑하는 남자. 수비의 전 지역을 커버하는 멀티 플레이어. 장신은 아니지만, 점프력이 좋아 제공권에서 우위를 점한다. 리그 32경기에 출전했다. 87%의 패스 성공률과 74번의 롱패스 시도에 성공했다. 발렌시아와의 24R에서 89분에 헤딩골을 넣어 화제가 되었다. 삼촌 알렉시스도 과거 라스 팔마스와 레반테에서 프로 축구 선수로 활약했다. 시장 가치는 120만 유로, 추정 연봉은 63만 유로.

슈팅-득점		2023-24시즌 라스 팔마스					위치
6-2		⏱	A	P	P%		RB
1-0		30-2 2569	0	46.2-40.1	87%		CB
● 7-2	LG-0	DR	TK	IC	▨	★	
● 0-0	RG-1						
● 0-0	HG-1	0.5-0.3	1.8-1.7	0.6	7-0	2	

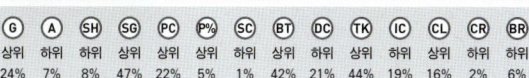

G	A	SH	SG	PC	P%	SC	BT	DC	TK	IC	CL	CR	BR
상위	하위	상위	상위	상위	하위	하위	상위	상위	상위	하위	상위	하위	하위
24%	7%	8%	47%	22%	5%	1%	42%	21%	24%	19%	16%	2%	6%

Hamari TRAORÉ
평점 6.61 아마리 트라오레   1992.01.27 / 175cm

좋은 체격 조건을 가졌다. 탄탄한 피지컬을 앞세워 저돌적인 돌파와 압박이 강점. 볼에 대한 집중력이 좋아 다양한 태클을 시도하고 성공률도 좋은 편. 하지만 거친 플레이로 인해 카드가 잦다. 2023-24시즌 리그앙을 떠나 소시에다드와 계약을 맺었다. 아프리카 네이션스 컵 차출로 리그 31경기에 출전했다. 공격 포인트는 아쉽지만, 이적생의 첫 성적표는 만족스럽다. 시장 가치는 600만 유로, 추정 연봉은 240만 유로.

슈팅-득점		2023-24시즌 레알 소시에다드					위치
5-0		⏱	A	P	P%		RB
13-0		27-4 2301	2	39.2-33.3	85%		RM
● 18-0	LG-0	DR	TK	IC	▨	★	
● 0-0	RG-0						
● 0-0	HG-0	0.9-0.5	2.0-1.4	0.6	7-0	0	

G	A	SH	SG	PC	P%	SC	BT	DC	TK	IC	CL	CR	BR
하위	상위	상위	상위	상위	상위	상위	상위	상위	상위	상위	상위	상위	상위
20%	38%	46%	25%	39%	27%	48%	26%	24%	49%	27%	25%		

○ 유럽 5대리그 풀백 & 윙백 항목별 랭킹 (90분 기준 기록, 100분율)

Guela DOUÉ
평점 6.60 겔라 두에 2002.10.17 / 187cm

주포지션은 라이트 백이지만, 센터백 출전도 가능하다. 수비형 미드필더 역할도 맡을 수 있다. 당당한 체격이 돋보이고 피지컬과 영리한 움직임을 통해 볼을 잘 지킨다. 74%의 드리블 성공률을 보이며 돌파에 자신감이 있다. 렌의 아카데미 출신. 동생 데지레와 함께 리그 경기에 출전한다. 코트디부아르의 청소년 대표팀을 거쳐 2024년 국가 대표팀에서 데뷔했다. 시장 가치는 700만 유로, 추정 연봉은 15만 유로.

슈팅-득점	2023-24시즌 스타드 렌					위치
5-0	13-11	1229	2	21.9-17.3	79%	RB
10-0						RM
● 15-0	LG-0	DR	TK	IC	★	
● 0-0	RG-0	1.3-0.8	1.7-1.3	0.6	1-1	0
● 0-0	HG-0					

G	A	SH	SG	PC	P%	SC	BT	DC	TK	IC	CL	CR	BR
하위	상위	상위	상위	상위	하위	상위	하위	상위	상위	하위	상위	상위	상위
20%	34%	23%	30%	30%	36%	13%	34%	9%	41%	38%	1%	33%	41%

Ola AINA
평점 6.60 올라 아이나 1996.10.08 / 184cm

첼시 아카데미 출신. 2023년 노팅엄으로 완전이적했다. 월등한 스피드와 풍부한 활동량이 돋보인다. 공을 간수하는 능력이 좋고 얼리 크로스, 땅볼 크로스 시도가 많다. 좌우 풀백 포지션을 소화하며 상황에 따라서는 윙어도 가능하다. 잉글랜드 연령별 대표팀에 모두 소집된 엘리트. 대표팀은 나이지리아로 결정했다. 지난 아프리카 네이션스 컵에서도 준우승을 차지했다. 시장 가치는 1200만 유로, 추정 연봉은 246만 유로.

슈팅-득점	2023-24시즌					위치
1-0	20-2	1701	1	28.9-23.1	80%	LB
10-1						RB
● 11-1	LG-0	DR	TK	IC	★	LM
● 0-0	RG-1	2.0-1.2	2.7-2.1	0.8	3-0	1	RM
● 0-0	HG-0					CM

G	A	SH	SG	PC	P%	SC	BT	DC	TK	IC	CL	CR	BR
상위	상위	상위	하위	하위	상위	상위	상위	상위	상위	상위	상위	하위	상위
35%	32%	45%	15%	14%	36%	46%	15%	11%	22%	46%	26%	14%	41%

Maximilian WITTEK
평점 6.60 막시밀리안 비텍 1995.08.21 / 173cm

강등 플레이오프 2차전에서 120분 뛰었다. 다행히 승리했고 팀의 잔류에 도움을 줬다. 왼쪽 윙어도 가능한 레프트 백. 체격은 작지만 다부진 플레이를 보여준다. 1.27의 xG 값을 넘어 리그에서 3골을 넣었다. 1860 뮌헨의 유스 출신. 2023-24시즌 보훔과 3년 계약을 맺었다. 독일 20세 이하의 대표팀에 차출되어 15경기를 소화했다. 6월 백년가약의 결혼식을 올렸다. 시장 가치는 200만 유로, 추정 연봉은 80만 유로.

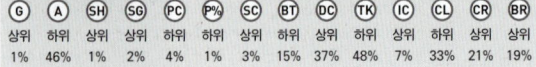

슈팅-득점	2023-24시즌 비테세+보훔					위치
10-2	14-8	1160	1	19.2-12.8	67%	LB
19-1						LM
● 29-3	LG-0	DR	TK	IC	★	LW
● 5-1	RG-0	1.1-0.5	1.6-1.1	0.9	4-0	1	RM
● 0-0	HG-0					

G	A	SH	SG	PC	P%	SC	BT	DC	TK	IC	CL	CR	BR
하위	상위	하위	상위	상위	하위	상위	상위	상위	상위	하위	상위	상위	상위
1%	46%	1%	4%	1%	3%	15%	37%	48%	7%	33%	21%	19%	19%

Davide CALABRIA
평점 6.60 다비데 칼라브리아 1996.12.06 / 176cm

밀란의 '원 클럽 맨'. 산 시로 경기장에서 아카데미부터 지금까지 뛰고 있다. 팀에 대한 충성도가 높고, 라크룸에서 가장 영향력 있는 선수 중 하나. 팀의 주장으로서 리더십이 투철하다. 근육과 무릎 부상 그리고 징계로 29경기에 출장했다. 경기 집중력이 대단하고 공수의 밸런스가 뛰어난 풀백. 경기 내내 압박을 시도하고 뛰어난 수비 스킬로 상대를 상대한다. 시장 가치는 1300만 유로, 추정 연봉은 370만 유로.

슈팅-득점	2023-24시즌 AC 밀란					위치
13-1	26-3	2196	3	44.8-39.0	87%	RB
8-0						RM
● 21-1	LG-0	DR	TK	IC	★	LB
● 0-0	RG-0	0.7-0.2	3.4-2.4	0.8	3-2	0	
● 0-0	HG-1					

G	A	SH	SG	PC	P%	SC	BT	DC	TK	IC	CL	CR	BR
하위	상위	하위	상위	상위	상위	하위	상위	상위	상위	상위	상위	하위	하위
43%	30%	43%	26%	17%	9%	25%	19%	25%	6%	11%	40%	17%	22%

Javi LÓPEZ
평점 6.60 하비 로페스 2002.03.25 / 183cm

스페인 U-21 대표팀의 레프트 백. 왼쪽 윙 포워드도 뛸 수 있다. 빠른 스피드와 왕성한 활동량이 좋다. 볼을 관리하는 능력이 좋고 컷백 전술을 자주 사용하는 편. 지난 시즌 32경기에 출전하며 주전으로 입지를 확고히 다졌다. 2.48의 xA의 값을 넘어 3개의 도움도 기록했다. 스페인 연령별 대표팀에 꾸준히 차출된 엘리트 출신. 2019년 FIFA U-17 월드컵에 참여했었다. 시장 가치는 750만 유로, 추정 연봉은 16만 유로.

슈팅-득점	2023-24시즌 알라베스					위치
13-1	25-7	2387	3	24.3-17.5	72%	LB
5-0						LWB
● 18-1	LG-1	DR	TK	IC	★	LM
● 0-0	RG-0	2.4-1.4	1.1-0.7	0.5	3-0	1	
● 0-0	HG-0					

G	A	SH	SG	PC	P%	SC	BT	DC	TK	IC	CL	CR	BR
상위	상위	상위	상위	하위	상위	하위	하위	하위	상위	하위	상위	상위	하위
50%	36%	45%	36%	8%	42%	15%	7%	2%	4%	18%	25%	7%	39%

Joe GOMEZ
평점 6.60 조 고메스 1997.05.23 / 188cm

큰 부상 없이 시즌을 보냈다. 수비에 관한 모든 포지션에서 활약했다. 좌우 풀백과 센터백에서 존재감을 보였다. 다만 공격 포인트가 1개 밖에 없는 건 아쉬운 부분이다. 뛰어난 운동 신경을 바탕으로 상대의 맨마킹을 시도한다. 찰튼의 아카데미 출신으로 2015년 리버풀에 합류. 어느새 팀 내 최고 선배가 되었다. 유로 2024는 대표팀 소속으로 치른 첫 메이저 대회. 시장 가치는 2800유로, 추정 연봉은 523만 유로.

슈팅-득점	2023-24시즌 리버풀					위치
9-0	17-15	1779	1	36.1-31.1	86%	LB
10-0						RB
● 19-0	LG-0	DR	TK	IC	★	CB
● 0-0	RG-0	1.0-0.5	2.5-1.5	0.6	5-0	0	DM
● 0-0	HG-0					

G	A	SH	SG	PC	P%	SC	BT	DC	TK	IC	CL	CR	BR
하위	상위	상위	상위	하위	상위	상위	상위	상위	상위	상위	상위	하위	상위
20%	35%	18%	21%	9%	14%	26%	10%	4%	25%	21%	41%	25%	21%

○ 유럽 5대리그 풀백 & 윙백 항목별 랭킹 (90분 기준 기록, 100분율)

Adrien TRUFFERT
평점 6.60
아드리앵 트뤼페레 2001.11.20 / 176cm

렌이 자랑하는 주전 풀백. 프랑스 국가 대표팀의 미래로 불린다. 프랑스 18세 이하의 대표팀부터 차근차근 성장했다. 파리 올림픽 명단에도 부름을 받았다. 직접 볼을 끌고 중앙으로 침투한다. 드리블 기술이 좋고 볼 관리 능력이 뛰어나 쉽게 소유권을 잃지 않는다. 하지만 크로스의 정확도는 아쉽다. 태클 시도가 많아 플레이가 거친 편. 렌의 아카데미 출신. 시장 가치는 1800만 유로, 추정 연봉은 100만 유로.

슈팅-득점	2023-24시즌 스타드 렌					위치
7-0	24-6	2146	1	34.4-28.2	82%	LB
13-1						LM
● 20-1 LG-0	DR	TK	IC			
● 0-0 RG-0	1.9-0.9	1.8-1.3	0.6	6-0	2	
● 0-0 HG-0						

G	A	SH	SG	PC	P%	SC	BT	DC	TK	IC	CL	CR	BR
상위	하위	상위	상위	상위	상위	상위	하위	상위	하위	하위	상위	상위	상위
25%	40%	26%	24%	35%	43%	38%	33%	25%	17%	23%	34%	35%	43%

Patrick CIURRIA
평점 6.60
파트릭 추리아 1995.02.09 / 178cm

주로 하부 리그에서 뛰었다. 몬자의 1부 리그 승격을 함께했다. 지난 시즌 세리에A의 중위권에 안착하는데 기여했다. 좌우 측면을 가리지 않는 미드필더. 풀백에서도 활약한다. 공격적인 성향이 뚜렷하고 현란한 드리블을 구사한다. 하지만 성공률은 낮은 편. 무릎 부상을 시즌 내내 겪으며 리그 22경기에만 출전했다. 이탈리아의 U-19, U-20 대표팀에서 뛰었다. 시장 가치는 400만 유로, 추정 연봉은 148만 유로.

슈팅-득점	2023-24시즌 몬차					위치
7-0	18-4	1602	1	32.0-25.3	79%	RB
21-0						RWB
● 28-0 LG-0	DR	TK	IC			LB
● 0-0 RG-0	1.2-0.5	1.8-1.5	0.4	2-0	0	LWB
● 0-0 HG-0						RW
						LW

G	A	SH	SG	PC	P%	SC	BT	DC	TK	IC	CL	CR	BR
하위	상위	하위	상위	상위	상위	하위	상위	하위	하위	하위	상위	상위	하위
20%	34%	5%	9%	37%	46%	15%	29%	32%	20%	20%	43%	2%	

Alfonso ESPINO
평점 6.59
알폰소 에스피노 2003.08.15 / 186cm

어린 나이지만 수비 스킬이 좋다. 기본기가 탄탄하고 볼을 끝까지 보고 태클을 시도한다. 장신이지만 달리기와 스프린트가 빠른 편. 상대편 박스 내에서의 터치를 많이 가져가며 반칙도 23번이나 얻었다. 풀백과 윙어 모두 소화 가능하다. 세비야의 유스 출신. 스페인 16세 이하의 대표팀부터 꾸준히 차출되어 왔다. 지난 시즌 7R에 교체되어 들어온 후 도움을 기록했다. 시장 가치는 1500만 유로, 추정 연봉은 25만 유로.

슈팅-득점	2023-24시즌 라요 바예카노					위치
8-0	29-2	2514	1	36.1-27.1	75%	LB
10-0						CB
● 18-0 LG-0	DR	TK	IC			
● 0-0 RG-0	1.6-0.8	3.8-2.2	1.3	9-0	0	
● 0-0 HG-0						

G	A	SH	SG	PC	P%	SC	BT	DC	TK	IC	CL	CR	BR
하위	하위	상위	상위	상위	상위	상위	하위	상위	상위	하위	상위	상위	상위
20%	18%	49%	46%	39%	30%	49%	49%	37%	24%	10%	47%	23%	10%

Juanlu SÁNCHEZ
평점 6.59
후안루 산체스 2003.08.15 / 186cm

어린 나이지만 수비 스킬이 좋다. 기본기가 탄탄하고 볼을 끝까지 보고 태클을 시도한다. 장신이지만 달리기와 스프린트가 빠른 편. 상대편 박스 내에서의 터치를 많이 가져가며 반칙도 23번이나 얻었다. 풀백과 윙어 모두 소화 가능하다. 세비야의 유스 출신. 스페인 16세 이하의 대표팀부터 꾸준히 차출되어 왔다. 지난 시즌 7R에 교체되어 들어온 후 도움을 기록했다. 시장 가치는 1500만 유로, 추정 연봉은 25만 유로.

슈팅-득점	2023-24시즌 세비야					위치
5-0	11-15	1178	2	21.3-17.7	83%	RB
6-0						RWB
● 11-0 LG-0	DR	TK	IC			
● 0-0 RG-0	2.0-1.0	3.1-2.2	0.5	2-0	0	
● 0-0 HG-0						

G	A	SH	SG	PC	P%	SC	BT	DC	TK	IC	CL	CR	BR
하위	상위	상위	상위	상위	상위	상위	상위	하위	상위	상위	하위	상위	상위
20%	18%	48%	9%	40%	45%	36%	24%	4%	39%	39%	22%	22%	32%

Emil HOLM
평점 6.59
에밀 홀름 2000.05.13 / 191cm

스웨덴 대표팀의 차세대 기대주. 세대 교체가 절실한 대표팀에서 차근차근 기회를 받고 있다. 월등한 피지컬을 자랑하는 풀백. 상황에 따라서는 윙백이나 측면 공격수도 가능하다. 체구는 크지만, 기동력을 갖추고 있다. 운동 능력을 활용한 직선적인 돌파가 좋다. 양발을 잘 쓰며 전진 패스의 시도가 많은 편. 예테보리의 유스 출신으로 2023년 아탈란타로 임대를 왔다. 시장 가치는 1200만 유로, 추정 연봉은 26만 유로.

슈팅-득점	2023-24시즌 아탈란타					위치
24-1	12-10	950	1	14.9-10.3	69%	RB
2-0						RM
● 26-1 LG-1	DR	TK	IC			
● 0-0 RG-0	1.5-0.8	2.2-1.3	1	5-0	1	
● 0-0 HG-0						

G	A	SH	SG	PC	P%	SC	BT	DC	TK	IC	CL	CR	BR
상위	상위	하위	하위	상위	상위	상위	상위	하위	하위	하위	상위	상위	상위
24%	41%	1%	2%	10%	4%	44%	42%	3%	18%	15%	48%	35%	32%

Dango OUATTARA
평점 6.59
당고 와타라 2002.02.11 / 177cm

빠른 스피드로 무장한 선수. 왕성한 활동량과 스프린트로 쉴 새 없이 측면을 책임진다. 주요 포지션은 윙 포워드이나 여건상 풀백도 가능하다. 종종 직접 드리블 돌파 후 크로스를 시도한다. 2023년 프리미어리그로 입성했다. 20대 초반이지만, 이미 부르키나 파소의 국가 대표팀에서 A매치 10경기를 넘게 소화했다. 구단과의 계약 기간은 2028년 6월 30일이다. 시장 가치는 2200만 유로, 추정 연봉은 215만 유로.

슈팅-득점	2023-24시즌 본머스					위치
21-1	12-18	1222	2	15.1-10.2	68%	LB
9-0						LM
● 30-1 LG-0	DR	TK	IC			RM
● 0-0 RG-0	1.6-0.8	2.0-1.5	0.7	3-0	2	LW
● 0-0 HG-1						RM
						CF

G	A	SH	SG	PC	P%	SC	BT	DC	TK	IC	CL	CR	BR
상위	상위	하위	하위	하위	하위	상위	상위	상위	하위	하위	상위	하위	상위
22%	26%	1%	4%	4%	3%	46%	28%	6%	6%	6%	33%	47%	44%

○ 유럽 5대리그 풀백 & 윙백 항목별 랭킹(90분 기준 기록, 100분율)

● 전체 슈팅 시도-득점	● 직접프리킥 시도-득점	● PK 시도-득점
LG 왼발 득점	RG 오른발 득점	HG 헤더 득점
⏱ 출전시간 선발-교체 분(MIN)	A 도움	P 평균 패스 시도-성공
P% 패스 성공률	DR 평균 드리블 시도-성공	TK 평균 태클 시도-성공
IC 평균 인터셉트	🟨🟥 페어플레이 경고-퇴장	★ MOM
G 득점	A 도움	SH 슈팅 시도
SG 유효 슈팅	PC 패스 성공	P% 패스 성공률
SC 슈팅기회 창출	BT 볼터치	DC 드리블 성공
TK 태클	IC 인터셉트	CL 클리어링
CR 크로스	BR 리커버리

Ainsley MAITLAND-NILES
평점 6.59
에인슬리 메이틀랜드나일스 1997.08.29 / 180cm

멀티 플레이어. 측면 윙 포워드나 풀백 그리고 중앙 미드필더까지 소화한다. 전술적인 이해도가 높고, 축구 지능이 좋아 영리한 판단이 돋보인다. 뛰어난 운동 신경과 볼 관리 능력 그리고 세밀한 패스 게임을 선호한다. 아스날에서 프로에 데뷔했다. 2023년 리옹으로 FA 이적했다. 2017년 FIFA U-20 월드컵에서 우승을 차지했고, 대표팀에서도 5경기를 소화했다. 시장 가치는 900만 유로, 추정 연봉은 220만 유로.

슈팅-득점 / 2023-24시즌 리옹 / 위치

슈팅-득점	⏱	A	P	P%	위치
14-1	16-7 1433	4	29.9-25.1	84%	RB
4-0					LB
● 18-1 LG-0	DR	TK	IC	🟨🟥	★	RM
● 0-0 RG-1	1.4-0.7	2.3-1.5	0.7	1-1	0	CM
● 1-1 HG-0						LM

G	A	SH	SG	PC	P%	SC	BT	DC	TK	IC	CL	CR	BR
상위	상위	상위	상위	상위	상위	상위	하위	상위	하위	하위	하위	상위	상위
27%	7%	15%	17%	47%	21%	49%	38%	24%	39%	31%	29%	11%	17%

Leonardo SPINAZZOLA
평점 6.59
레오나르도 스피나촐라 1993.03.25 / 186cm

선수 생활 대부분 임대 생활로 보냈다. 2019년 로마와 4년 계약을 맺으며 터닝 포인트를 찾았다. 지난 시즌 근육 부상을 4번이나 겪었다. 측면의 파괴자. 엄청난 스피드와 스프린트로 돌파한다. 직선적인 움직임을 보여주며 시도하는 크로스가 일품. 하지만 수비 가담에서 아쉽다. 이탈리아 청소년 대표팀의 일원. A대표팀 소속으로 유로 2020에서 우승을 경험했다. 시장 가치는 400만 유로, 추정 연봉은 556만 유로.

슈팅-득점	⏱	A	P	P%	위치
1-0	15-9 1313	2	27.2-22.6	83%	LB
7-1					RB
● 8-1 LG-1	DR	TK	IC	🟨🟥	★	LM
● 0-0 RG-1	1.8-0.9	1.0-0.6	0.1	0-0	1	
● 0-0 HG-0						

G	A	SH	SG	PC	P%	SC	BT	DC	TK	IC	CL	CR	BR
상위	상위	하위	상위	상위	상위	상위	하위	상위	하위	하위	하위	상위	상위
43%	28%	32%	46%	37%	45%	18%	49%	11%	6%	1%	4%	13%	49%

Íñigo LEKUE
평점 6.58
이니고 레쿠에 1993.05.04 / 180cm

오직 아틀레틱 빌바오에서만 뛴 남자. 2025년까지 재계약에 서명하며 팀에 대한 충성도를 한 번 더 확인했다. 좌우 풀백은 물론, 윙 포워드와 중앙 미드필더를 소화한다. 지난 시즌은 데 마르코스와 함께 측면 풀백을 담당했다. 볼 관리가 좋고 전진 드리블이 제법이다. 점프력이 좋아 제공권에서 62% 경합 성공률을 보였다. 2016년 대표팀에서 차출되었지만, 뛰지 못했다. 시장 가치는 300만 유로, 추정 연봉은 100만 유로.

슈팅-득점	⏱	A	P	P%	위치
2-0	22-5 2001	2	38.3-30.5	80%	LB
3-0					RB
● 5-0 LG-0	DR	TK	IC	🟨🟥	★	CB
● 0-0 RG-0	1.6-0.8	2.5-1.5	0.7	4-0	0	LM
● 0-0 HG-0						RM

G	A	SH	SG	PC	P%	SC	BT	DC	TK	IC	CL	CR	BR
하위	상위	하위	하위	상위	상위	상위	상위	상위	상위	하위	상위	상위	상위
20%	49%	7%	3%	33%	41%	18%	35%	39%	47%	24%	48%	19%	10%

Fran GARCÍA
평점 6.58
프란 가르시아 1999.08.14 / 169cm

팀에서 가장 작지만, 속도만큼은 가장 빠르다. 드리블 실력이 탁월하고 상대 수비수를 제친 후 시도하는 크로스가 일품. 특히 왼발의 정교한 로빙 패스는 최대 장점이다. 왕성한 스태미너를 기반으로 부지런히 공수의 경계를 커버한다. 레알 마드리드 카스티야 출신. 스페인 연령별 대표팀에서 한 번도 빠지지 않고 차출되었다. 아디다스 축구화 홍보 모델로 활약했다. 시장 가치는 1500만 유로, 추정 연봉은 521만 유로.

슈팅-득점	⏱	A	P	P%	위치
5-1	15-10 1397	5	32.4-28.8	89%	LB
4-0					LM
● 9-1 LG-1	DR	TK	IC	🟨🟥	★	
● 0-0 RG-0	0.8-0.4	1.8-1.1	0.7	2-0	0	
● 0-0 HG-0						

G	A	SH	SG	PC	P%	SC	BT	DC	TK	IC	CL	CR	BR
상위	상위	하위	상위	상위	상위	상위	상위	상위	하위	상위	하위	상위	하위
33%	2%	35%	16%	11%	11%	41%	5%	45%	10%	26%	32%	24%	7%

Davide ZAPPACOSTA
평점 6.58
다비데 차파코스타 1992.06.11 / 182cm

30대가 되면서 풀타임 출장은 많지 않았다. 리그 31경기에 출전했고 선발은 23경기만 가졌다. 하지만 압도적인 스프린트 후 얼리 크로스, 땅볼 크로스는 여전하다. 발목 힘이 좋아 방향 전환을 통해 상대 압박을 벗어난다. 아탈란타와는 세 번째 만남이다. 2021년 4년 계약에 서명했다. 2023-24시즌 유로파 리그 결승전에서 도움을 기록하며 팀에게 우승을 안겼다. 시장 가치는 600만 유로, 추정 연봉은 167만 유로.

슈팅-득점	⏱	A	P	P%	위치
26-2	23-8 1878	1	26.0-22.9	88%	RB
11-0					RM
● 37-2 LG-0	DR	TK	IC	🟨🟥	★	LB
● 0-0 RG-2	1.4-0.6	1.5-1.0	0.2	5-0	1	LM
● 0-0 HG-0						

G	A	SH	SG	PC	P%	SC	BT	DC	TK	IC	CL	CR	BR
상위	상위	상위	상위	상위	상위	상위	상위	상위	하위	하위	하위	상위	하위
25%	19%	5%	10%	48%	22%	8%	31%	36%	4%	1%	1%	32%	35%

Josip JURANOVIC
평점 6.58
요시프 유라노비치 1995.08.16 / 173cm

크로아티아 국가 대표팀의 풀백. 2022년 카타르 월드컵과 2번의 유로에서 활약했다. 좌우 풀백 모두 가능하다. 주발은 오른발이지만 양발 사용에 능숙한 편. 크로스의 정확도가 높은 편. 방향 선택과 패스의 세기가 적절하다. 기본적으로 수비 감각이 좋고 일대일 마크나 압박에 능하다. 지난 시즌 셀틱을 떠나 베를린으로 합류. 근육 부상을 3차례 입어 21경기만 소화했다. 시장 가치는 750만 유로, 추정 연봉은 160만 유로.

슈팅-득점	⏱	A	P	P%	위치
5-0	14-7 1291	2	23.2-17.7	77%	RB
7-0					RWB
● 12-0 LG-0	DR	TK	IC	🟨🟥	★	LB
● 2-0 RG-0	1.1-0.5	1.5-1.0	0.6	4-0	0	LWB
● 1-0 HG-0						

G	A	SH	SG	PC	P%	SC	BT	DC	TK	IC	CL	CR	BR
하위	상위	상위	상위	하위	하위	상위	상위	하위	상위	하위	하위	상위	하위
20%	41%	32%	30%	25%	8%	25%	46%	12%	32%	37%	6%	14%	

○ 유럽 5대리그 풀백 & 윙백 항목별 랭킹(90분 기준 기록, 100분율)

Antonino GALLO
평점 6.57
안토니노 갈로　2000.01.05 / 183cm

왕성한 활동량으로 측면을 누빈다. 정교한 왼발 킥과 박스 밖에서 시도하는 슈팅은 상대 골키퍼에게 위협적이다. 드리블 기술이 좋고 볼 테크닉도 수준급. 2021년 겨울 이적 시장을 통해 레체에 합류했다. 팀의 1부 리그 승격에 함께했다. 2023년 이탈리아 U-21 대표팀에서 데뷔했다. 2022년에 결혼한 아내 스테파니는 전 프로 축구 선수 지아콤마치의 딸이다. 시장 가치는 450만 유로, 추정 연봉은 96만 유로.

슈팅-득점	2023-24시즌 레체					위치
7-0						LB
8-0	30-5	2504	3	28.9-21.7	75%	LM
● 15-0 LG-0	DR	TK	IC		★	
● 0-0 RG-0	1.2-0.6	1.7-1.2	0.7	2-0	2	
● 0-0 HG-0						

G	A	SH	SG	PC	P%	SC	BT	DC	TK	IC	CL	CR	BR
하위	상위	하위	상위	하위	상위	상위	하위	상위	상위	상위	상위	하위	상위
20%	39%	40%	32%	32%	10%	24%	39%	50%	21%	48%	40%	13%	19%

Jakub KIWIOR
평점 6.57
야쿠프 키비오르　2000.02.15 / 189cm

폴란드가 자랑하는 수비수. 전술적인 이해도와 축구 지능이 좋아 수비에 관한 모든 포지션을 소화한다. 풀백과 센터백, 3백의 스토퍼도 가능하다. 왼발을 잘 쓰는 수비수로서 희소성이 높은 편. 폴란드 연령별 대표팀에 꾸준히 차출된 엘리트 출신. 2022년 6월 A대표팀에서 데뷔를 했다. 2022년 카타르 월드컵과 유로 2024 두 대회 모두 주전 센터백으로 출장했다. 시장 가치는 3000만 유로, 추정 연봉은 356만 유로.

슈팅-득점	2023-24시즌 아스널					위치
4-1						LB
2-0	11-9	946	3	27.4-23.6	86%	CB
● 6-1 LG-0	DR	TK	IC		★	DM
● 0-0 RG-0	0.2-0.1	1.3-1.1	0.4	1-0	1	
● 0-0 HG-1						

G	A	SH	SG	PC	P%	SC	BT	DC	TK	IC	CL	CR	BR
상위	하위	상위	상위	상위	하위	상위	상위	하위	상위	상위	상위	하위	하위
25%	14%	38%	36%	28%	7%	46%	16%	46%	25%	48%	4%	1%	

Vladimír COUFAL
평점 6.57
블라디미르 초우팔　1992.08.22 / 174cm

2023-24시즌 팀에서 가장 많이 출장한 선수. 에메르송과 함께 팀의 좌우 풀백을 책임졌다. 투지가 넘치는 플레이로 징계를 받는 편. 하지만 엄청난 스태미너로 넓은 범위의 히트맵을 작성한다. 지난 시즌 2.97의 xA 값을 훌쩍 넘어 7개의 도움까지 기록했다. 팀 내 가장 많은 어시스트 수치. 웨스트햄에서 대표팀의 동료 소우첵과 함께 '체코 듀오'를 담당하고 있다. 시장 가치는 800만 유로, 추정 연봉은 215만 유로.

슈팅-득점	2023-24시즌 웨스트햄 Utd.					위치
4-0						RB
4-0	36-0	3140	7	34.1-24.9	73%	RM
● 8-0 LG-0	DR	TK	IC		★	
● 0-0 RG-0	1.2-0.4	2.9-1.8	1.2	5-1	0	
● 0-0 HG-0						

G	A	SH	SG	PC	P%	SC	BT	DC	TK	IC	CL	CR	BR
하위	상위	하위	하위	하위	하위	하위	하위	하위	상위	하위	상위	상위	하위
20%	22%	10%	26%	26%	9%	38%	32%	24%	28%	24%	19%	44%	35%

Thomas DELAINE
평점 6.56
토마 들렌　1992.03.24 / 180cm

줄곧 리그앙에서만 활약했다. 렌스의 유소년 팀 출신으로 메츠에서 주목받기 시작했다. 2022년 스트라스부르와 3년 계약을 맺었다. 좌우 풀백 모두 가능하다. 화려하진 않지만 견고한 수비력을 자랑한다. 오버 래핑 이후 수비 복귀가 빠른 편. 하지만 일대일 마크에서 종종 실수를 범한다. 상황에 따라서는 측면 미드필더로도 된다. 계약 기간은 2025년 6월 30일. 시장 가치는 100만 유로, 추정 연봉은 52만 유로.

슈팅-득점	2023-24시즌 스트라스부르					위치
9-1						LB
3-0	24-3	2052	1	23.5-18.1	77%	LM
● 12-1 LG-1	DR	TK	IC		★	LW
● 0-0 RG-0	1.2-0.7	2.2-1.4	0.6	5-0	0	RM
● 0-0 HG-0						

G	A	SH	SG	PC	P%	SC	BT	DC	TK	IC	CL	CR	BR
상위	하위	상위	하위	상위	하위	상위	상위	하위	상위	상위	상위	하위	하위
44%	24%	38%	25%	6%	12%	46%	30%	34%	48%	17%	4%		

Mikkel DESLER
평점 6.56
미켈 데슬러　1995.02.19 / 184cm

덴마크 U-16 대표팀부터 시작해 21세 이하의 대표팀까지. 엘리트 코스를 밟은 선수. 2021년 툴루즈와 계약을 맺었고, 팀의 1부 리그 승격에 일등 공신이었다. 2023년 프랑스 리그컵 정상에도 올랐다. 왼쪽보다는 오른쪽을 선호한다. 26번의 기회 창출에 성공했고 정교한 오른발 크로스가 장점. 2024년 MLS로 이적을 선언했다. 2016년 리우 올림픽에 참가했다. 시장 가치는 300만 유로, 추정 연봉은 60만 유로.

슈팅-득점	2023-24시즌 툴루즈					위치
12-0						RB
4-0	19-5	1552	1	31.9-27.1	85%	RWB
● 16-0 LG-0	DR	TK	IC		★	RM
● 0-0 RG-0	1.0-0.6	1.2-0.8	0.6	4-0	5	
● 0-0 HG-0						

G	A	SH	SG	PC	P%	SC	BT	DC	TK	IC	CL	CR	BR
상위	하위	상위	하위	상위	상위	하위	상위	상위	하위	하위	하위	상위	상위
45%	23%	24%	8%	35%	30%	18%	38%	22%	24%	11%	43%	58%	39%

Rick KARSDORP
평점 6.56
릭 카르스도르프　1995.02.19 / 184cm

페예노르트 유소년 팀 출신. 1군 로스터에 등록된 후 리그 우승을 경험했다. 2017년 로마와 1600만 유로에 계약을 맺었다. 주전 경쟁에 뒤지며 페예노르트로 리턴을 결정하기도 했다. 지난 시즌 벤치 멤버로 활약했다. 좋은 피지컬을 지닌 왼쪽 풀백. 스피드와 볼 기술 그리고 크로스가 좋다. 2017년 불가리아와의 월드컵 예선전 이후 A대표팀 출장 기록은 없다. 시장 가치는 500만 유로, 추정 연봉은 407만 유로.

슈팅-득점	2023-24시즌 AS 로마					위치
7-0						RB
1-0	14-4	1216	2	29.8-24.4	82%	RWB
● 8-0 LG-0	DR	TK	IC		★	RM
● 0-0 RG-0	0.4-0.2	1.9-1.5	0.5	2-0	0	
● 0-0 HG-0						

G	A	SH	SG	PC	P%	SC	BT	DC	TK	IC	CL	CR	BR
하위	상위	상위	하위	상위	상위	하위	상위	상위	하위	하위	상위	하위	하위
20%	40%	39%	16%	40%	27%	28%	50%	22%	45%	10%	22%	18%	

유럽 5대리그 포지션별 랭킹 ⑤

센터백

축구에서 필드 플레이어 중 가장 뒤쪽(안쪽)에 위치하는 포지션은 센터백이다. 골키퍼 앞에서 수비의 마지노선을 맡는다. 큰 체격, 강한 지구력, 높은 축구 IQ, 리더십 등 다양한 덕목이 필요한 위치다. 유럽 풋볼 스카우팅 리포트의 집계 결과 2023-24시즌 유럽 5대리그에서 가장 뛰어난 활약을 보인 센터백은 토리노의 알레산드로 부온조르노였다. 그는 지난 시즌 태클, 드리블 차단, 인터셉트, 클리어링, 공중전, 세트 피스 공격 가담 등 다방면에서 유럽 정상급 활약을 선보였다. 국내 일반 축구팬에게는 덜 알려져 있지만, 세리에A를 즐겨보는 매니아에게는 유명한 센터백이다. 부온조르노에 이어 버질 반데이크(리버풀), 제임스 타코우스키(에버튼), 알레산드로 바스토니(인테르 밀란) 등 EPL과 세리에A 소속 센터백들이 두각을 나타냈다.

| 전체슈팅
시도-득점 | 직접프리킥
시도-득점 | PK
시도-득점 | LG
왼발
득점 | RG
오른발
득점 | HG
헤딩
득점 | 출전횟수
선발-교체 | 출전시간
분(MIN) | A
평균 패스
시도-성공 | P
패스
성공률 | P%
DR
평균드리블
시도-성공 | TK
평균 태클
시도-성공 | IC
평균
인터셉트 | 페어플레이
경고-퇴장 | MOM
포인트 | OP
공격
시도 | SH
유효
슈팅 | SG
패스
성공 | PC
패스
성공률 | LC
롱볼
성공 | BT
볼터치 | DC
드리블
성공 | TK
태클
성공 | DT
드리블러
태클성공률 | BL
블로킹 | IC
인터셉트 | CL
클리어링 | A%
공중전
승률 |

Alessandro BUONGIORNO
평점 7.16
알레산드로 부온조르노 1999.06.06 / 194cm

프로 데뷔 후 토리노 수비의 핵심으로 맹활약하고 있으며, 현재 빅 클럽의 관심을 한 몸에 받고 있는 현재 세리에 A 최고 수비수 중의 한 명. 마케팅 관련 논문으로 박사 학위를 가진 학구파 선수다. 피지컬 싸움에 매우 능한 왼발잡이 중앙 수비수. 후방에서 빌드업으로 경기를 구성하는 데 매우 능하며, 훌륭한 위치 선정 능력을 가지고 있다. 리더십도 출중하다. 시장 가치는 3500만 유로, 추정 연봉은 148만 유로.

슈팅-득점	2023-24시즌 토리노	위치
13-3 0-0	29-0 2530 0 41.1-34.9 85%	CB
● 13-3 LG-2 ● 0-0 RG-0 ● 0-0 HG-1	DR TK IC 🟨 ⭐ 0.1-0.0 2.9-2.5 2.5 7-0 6	

OP	SH	SG	PC	P%	LC	BT	DC	TK	DT	BL	IC	CL	A%
상위	상위	상위	상위	상위	상위	상위	하위	상위	하위	상위	하위	상위	상위
35%	15%	8%	38%	48%	15%	33%	1%	46%	34%	30%	2%	30%	13%

Wilfried SINGO
평점 7.15
윌프리드 싱고 2000.12.25 / 190cm

만능 수비수. 소속팀에서는 센터백으로, 코트디부아르 대표팀에선 라이트백으로 뛴다. 2023 CAF 아프리카 네이션스컵 우승 멤버이며, 코트디부아르에서 세르주 오리에의 후계자로 평가받는다. 뛰어난 운동 능력을 자랑하며 자주 공격에 가담한다. 볼을 빼앗긴 후 곧바로 반응하는 속도가 매우 빠르며, 훌륭한 신체 조건을 가져 몸싸움과 공중볼 다툼에도 능하다. 시장 가치는 2500만 유로, 추정 연봉은 184만 유로.

슈팅-득점	2023-24시즌 AS 모나코	위치
15-1 4-0	24-1 2187 1 57.6-50.1 87%	CB RB
● 19-1 LG-0 ● 0-0 RG-0 ● 0-0 HG-1	DR TK IC 🟨 ⭐ 1.6-1.2 1.7-1.4 2.0 8-1 2	

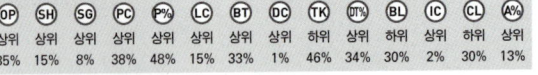

OP	SH	SG	PC	P%	LC	BT	DC	TK	DT	BL	IC	CL	A%
상위	상위	상위	상위	상위	상위	상위	하위	상위	하위	상위	하위	상위	상위
35%	15%	8%	38%	48%	15%	33%	1%	46%	34%	30%	2%	30%	13%

Virgil VAN DIJK
평점 7.15
버질 반데이크 1991.07.08 / 195cm

현 세대를 대표하는 수비수이자 리버풀의 핵심 수비수로 세계적 명성을 가지고 있다. 강한 피지컬 지녔으며, 굉장히 깨끗한 수비력을 자랑한다. 맨마킹이 뛰어나며, 우수한 제공권 덕분에 세트 피스 상황에서 매우 위협적인 존재다. 뿐만 아니라 정교한 볼 스킬을 가지고 있어 후방에서 경기 흐름을 조율하는 것에도 능하다. 팀을 위한 헌신과 충성심이 대단하다. 시장 가치는 3000만 유로, 추정 연봉은 1144만 유로.

슈팅-득점	2023-24시즌 리버풀	위치
41-2 4-0	36-0 3178 2 79.3-72.9 92%	CB
● 45-2 LG-0 ● 1-0 RG-1 ● 0-0 HG-2	DR TK IC 🟨 ⭐ 0.1-0.1 1.2-1.1 1.1 3-1 1	

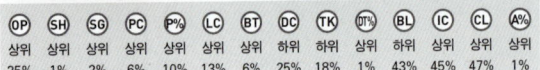

OP	SH	SG	PC	P%	LC	BT	DC	TK	DT	BL	IC	CL	A%
상위	상위	상위	상위	상위	상위	상위	하위	상위	상위	상위	상위	상위	상위
25%	1%	2%	6%	10%	13%	6%	25%	18%	1%	43%	45%	47%	1%

Sergio RAMOS
평점 7.08
세르히오 라모스 1986.03.30 / 184cm

지난 십수 년 동안 세계 최고 수비수 중 하나로 군림한 바 있다. 2023-2024시즌 종료 후 세비야와 결별해 현재 무적 상태다. 젊었을 땐 우측 풀백과 수비형 MF로 뛰었지만, 나이가 든 후부터는 센터백으로 뛰고 있다. 리더십 · 운동 능력 · 피지컬 · 테크닉 · 전술적 유연성 등 현대적 수비수의 덕목을 모두 갖추고 있으며, 종종 득점도 곧잘 뽑아낸다. 거친 태클이 유일한 흠. 시장 가치는 250만 유로, 추정 연봉은 229만 유로.

슈팅-득점	2023-24시즌 세비야	위치
18-3 10-0	28-0 2518 0 54.4-48.4 89%	CB RB
● 28-3 LG-0 ● 5-0 RG-1 ● 0-0 HG-2	DR TK IC 🟨 ⭐ 0.4-0.2 2.1-1.6 1.5 7-1 2	

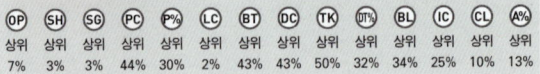

OP	SH	SG	PC	P%	LC	BT	DC	TK	DT	BL	IC	CL	A%
상위	상위	상위	상위	상위	상위	상위	상위	상위	상위	상위	상위	상위	상위
7%	3%	3%	44%	30%	3%	43%	50%	3%	43%	25%	10%	13%

James TARKOWSKI
평점 7.06
제임스 타코우스키 1992.11.19 / 185cm

조부가 폴란드 혈통이라 폴란드 축구 국가대표팀 선수가 될 수 있었지만, 이를 거부하고 잉글랜드 대표 경력을 쌓았다. 우수한 집중력과 판단력을 가진 센터백이다. 우수한 위치 선정과 점프력을 통해 크다 할 수 없는 신체적 한계를 넘고 있다. 그러나 패스 정확도는 부족하며, 발이 느려 수비라인을 올릴 시 배후를 쉽게 허용하는 단점을 지니고 있다. 시장 가치는 1300만 유로, 추정 연봉은 615만 유로.

슈팅-득점	2023-24시즌 에버튼	위치
22-1 3-0	38-0 3420 1 40.1-31.3 78%	CB
● 25-1 LG-0 ● 0-0 RG-0 ● 0-0 HG-1	DR TK IC 🟨 ⭐ 0.5-0.4 2.2-1.6 1.5 11-0 5	

OP	SH	SG	PC	P%	LC	BT	DC	TK	DT	BL	IC	CL	A%
하위	상위	상위	상위	상위	상위	상위	상위	상위	하위	상위	상위	상위	상위
42%	28%	38%	10%	7%	37%	14%	13%	39%	28%	1%	17%	33%	10%

Alessandro BASTONI
평점 7.06
알레산드로 바스토니 1999.04.13 / 190cm

2023-2024시즌 세리에 A 최우수 수비수 상에 빛나는 이 이탈리아 국가대표 센터백. 부친 니콜라 역시 프로축구 선수였다. 유소년 시절엔 풀백이었지만 센터백으로 전향했다. 정확한 패스와 볼 컨트롤이 돋보이는 볼 플레잉 왼발잡이 중앙 수비수이며, 후방에서 플레이메이커 역할도 종종 수행한다. 신체조건이 훌륭해 공중볼 다툼에서도 자신의 능력을 발휘한다. 시장 가치는 7000만 유로, 추정 연봉은 1019만 유로.

슈팅-득점	2023-24시즌 인테르 밀란	위치
13-1 2-0	28-0 2283 3 63.6-57.2 90%	CB
● 15-1 LG-1 ● 0-0 RG-0 ● 0-0 HG-0	DR TK IC 🟨 ⭐ 0.7-0.4 2.2-1.7 5-0 0	

OP	SH	SG	PC	P%	LC	BT	DC	TK	DT	BL	IC	CL	A%
상위	상위	상위	상위	상위	상위	상위	상위	상위	상위	상위	상위	상위	하위
16%	39%	27%	15%	3%	12%	12%	34%	46%	19%	32%	2%	47%

유럽 5대리그 센터백 항목별 랭킹(90분 기준 기록, 100분율)

●	●	●	LG	RG	HG	⏱	⏱	A	P	P%	DR	TK	IC	🟨🟥	★	OP	SH	SG	PC	P%	LC	BT	DC	TK	DT%	BL	IC	CL	A%
전체 슈팅 시도-득점	직접프리킥 시도-득점	PK 시도-득점	왼발 득점	오른발 득점	헤더 득점	출전횟수 선발-교체	출전시간(MIN)	도움	평균 패스 시도-성공	패스 성공률	평균드리블 시도-성공	평균 태클 시도-성공	평균 인터셉트	페어플레이 경고-퇴장	MOM	공격 포인트	슈팅 시도	유효 슈팅	패스 성공	패스 성공률	롱패스 성공률	볼 터치	드리블 성공	태클 성공률	드리블러 태클성공률	볼로스트	인터셉트	클리어링	공중전 승률

KIM Minjae · 평점 7.03
김민재   1996.11.15 / 190cm

2022-2023시즌 나폴리의 스쿠데토 주역이 되며 세계적 명성을 얻었으나, 바이에른 뮌헨 이적 후 평가가 떨어져 입지가 다소 흔들리는 중이다. 압도적인 피지컬을 자랑하는 센터백이며, 거칠고 강력한 수비 스타일로 수비진을 책임진다. 무엇보다 역습을 허용했을 때 폭발적 주력을 앞세워 이를 커버하는 능력이 탁월하다. 볼 플레잉 스킬과 드리블도 기본 이상. 시장 가치는 4500만 유로, 추정 연봉은 1200만 유로.

슈팅-득점		2023-24시즌 바이에른 뮌헨				위치
10-1		⏱	A	P	P%	CB
0-0		22-3 1971	1	85.3-79.3	93%	
● 10-1	LG-0	DR	TK	IC	🟨🟥	★
● 0-0	RG-0	0.1-0.1	2.0-1.5	1.8	3-0	1
● 0-0	HG-0					

OP	SH	SG	PC	P%	LC	BT	DC	TK	DT%	BL	IC	CL	A%
상위	하위	하위	상위	상위	상위	상위	상위	하위	상위	하위	상위	하위	상위
43%	36%	37%	2%	5%	47%	2%	23%	39%	8%	31%	1%	25%	25%

Sepp VAN DEN BERG · 평점 7.03
세프 반덴베르흐   2001.12.20 / 192cm

리버풀이 장래성을 내다보고 임대 이적을 통해 열심히 키우고 있는 수비 유망주. 마인츠 임대를 통해 분데스리가 최고 수준 센터백으로 인정받는 등 주가를 드높였다. 매우 빠르고 용감하며 개성이 넘치는 중앙 수비수이다. 탄탄한 마크 능력을 갖춘 그는 날씬한 체격과 공중 경합에서 뛰어난 능력을 보여준다. 스리백에서는 어떤 롤도 능숙하게 소화해낸다. 시장 가치는 1200만 유로, 추정 연봉은 54만 유로.

슈팅-득점		2023-24시즌 마인츠 05				위치
25-3		⏱	A	P	P%	CB
0-0		31-2 2839	3	44.3-35.9	81%	RB
● 25-3	LG-1	DR	TK	IC	🟨🟥	★ RM
● 0-0	RG-0	0.2-0.1	1.6-1.2	1.3	9-0	2
● 0-0	HG-2					

OP	SH	SG	PC	P%	LC	BT	DC	TK	DT%	BL	IC	CL	A%
상위	상위	상위	하위	하위	상위	상위	하위	하위	상위	상위	하위	상위	상위
28%	14%	4%	38%	19%	15%	32%	38%	29%	34%	2%	25%	13%	12%

Cristian ROMERO · 평점 7.03
크리스티안 로메로   1999.04.27 / 185cm

미키 반더벤과 훌륭한 호흡을 보이며 전보다 훨씬 나은 수비력을 보이고 있다고 평가받고 있다. 본래 라이트백으로 커리어를 시작했으며 투지가 넘치고 재빠른 맨마크가 일품이라는 평가를 받고 있다. 종종 과한 열정 때문에 거친 플레이를 펼치다 퇴장당하는 등 팬들을 불안하게 하지만, 기본적으로 우수한 테크닉과 지능적인 경기 운영 능력을 가진 중앙 수비수다. 시장 가치는 6000만 유로, 추정 연봉은 1015만 유로.

슈팅-득점		2023-24시즌 토트넘				위치
21-3		⏱	A	P	P%	CB
3-2		33-0 2793	0	78.3-72.0	92%	
● 24-5	LG-0	DR	TK	IC	🟨🟥	★
● 0-0	RG-2	0.2-0.2	2.4-2.0	1.3	7-1	1
● 0-0	HG-3					

OP	SH	SG	PC	P%	LC	BT	DC	TK	DT%	BL	IC	CL	A%
상위	상위	상위	상위	상위	상위	상위	상위	상위	상위	상위	상위	상위	상위
8%	17%	7%	5%	9%	28%	4%	47%	11%	31%	26%	21%	34%	11%

Gabriel MAGALHÃES · 평점 7.01
가브리엘 마갈량이스   1997.12.19 / 190cm

향후 브라질 수비의 핵심이 될 왼발잡이 중앙 수비수로서 뛰어난 체격을 갖추고 있으며, 공을 다루는 기술과 빠른 속도를 겸비하고 있다. 스리백과 포백 모두 활용할 수 있으며, 제공권 장악 능력이 뛰어나 공격 세트 피스가 유효한 공격 옵션으로도 위력을 발휘한다. 큰 키와 긴 다리, 그리고 빠른 스피드까지 갖춰 역습 시 수비 공간을 광범위하게 커버할 수 있다. 시장 가치는 7000만 유로, 추정 연봉은 615만 유로.

슈팅-득점		2023-24시즌 아스날				위치
28-4		⏱	A	P	P%	CB
3-0		34-2 3044	0	59.8-53.2	89%	
● 31-4	LG-0	DR	TK	IC	🟨🟥	★
● 0-0	RG-0	0.1-0.1	1.5-1.3	0.9	4-0	1
● 0-0	HG-4					

OP	SH	SG	PC	P%	LC	BT	DC	TK	DT%	BL	IC	CL	A%
상위	상위	상위	상위	하위	상위	상위	하위	상위	상위	하위	상위	하위	상위
31%	12%	15%	28%	24%	17%	31%	13%	38%	6%	37%	17%	20%	43%

Danilo · 평점 7.01
다닐루   1991.07.15 / 184cm

2023-2024시즌부터 유벤투스의 캡틴으로 활약하고 있다. 산투스 · 레알 마드리드 · 맨시티 등 빅 클럽을 두루 거친 베테랑 라이트백. 왼쪽 수비도 가능하다. 우수한 기동력과 훌륭한 테크닉을 자랑하며 종종 수비형 MF로도 기용될 수 있다. 심지어 과거 피를로 감독 체제의 유벤투스에서는 센터백으로도 기용된 바 있다. 즉, 어떤 롤도 수행 가능한 '육각형 디펜더'다. 시장 가치는 1000만 유로, 추정 연봉은 513만 유로.

슈팅-득점		2023-24시즌 유벤투스				위치
9-1		⏱	A	P	P%	CB
8-0		27-2 2451	1	59.8-52.0	87%	RB
● 17-1	LG-0	DR	TK	IC	🟨🟥	★ DM
● 0-0	RG-1	0.4-0.3	2.6-2.1	1.3	7-0	1
● 0-0	HG-0					

OP	SH	SG	PC	P%	LC	BT	DC	TK	DT%	BL	IC	CL	A%
상위	상위	상위	하위	상위	상위	상위	상위	상위	상위	상위	상위	상위	하위
39%	34%	26%	26%	48%	23%	29%	26%	28%	44%	26%	35%	35%	40%

유럽 5대리그 센터백 항목별 랭킹(90분 기준 기록, 100분율)

Bremer
평점 7.01 · 브레메르 · 1997.03.18 / 188cm

2000년대 브라질 레전드 수비수였던 루시우가 롤 모델이다. 자신의 우상과 흡사하게 강한 피지컬과 빠른 발을 앞세운 맨마킹이 강점이다. 위치 선정과 점프 능력까지 두루 갖춰 공격 상황에서도 위력을 발휘한다. 이런 능력을 바탕으로 토리노 소속이었던 2021-2022시즌에는 세리에 A 최우수 수비상을 거머쥐기도 했다. 다만 볼 다루는 기술은 아쉽다. 시장 가치는 6000만 유로, 시장 가치는 926만 유로.

슈팅-득점	2023-24시즌 유벤투스	위치
15-3 / 3-0	36-0 / 3234 / 0 / 53.7-46.2 / 86%	CB
18-3 LG-0 / 0-0 RG-0 / 0-0 HG-3	0.4-0.3 / 1.9-1.6 / 1.2 / / 3	

OP	SH	SG	PC	P%	LC	BT	DC	TK	DT%	BL	IC	CL	A%
상위 35%	상위 48%	하위 42%	상위 47%	상위 47%	상위 11%	하위 44%	상위 30%	상위 38%	상위 16%	상위 48%	상위 48%	상위 45%	상위 28%

Antonio RAÍLLO
평점 7.01 · 안토니오 라이요 · 1991.10.08 / 187cm

2016년부터 마요르카 뒷마당을 책임지고 있는 정신적 지주이자 캡틴. 레알 베티스·에스파뇰 유스 출신이나 그땐 자리를 잡지 못했다. 투박한 기술을 가졌지만, 탄탄한 체격 조건을 앞세워 상대 공격수를 늘어지는 클래식한 센터백이다. 볼 다툼과 제공권 경합 모두 강점을 가졌으며, 특히 세트피스 찬스 때 공격에 가담해 상대 수비에 위협을 가하곤 한다. 시장 가치는 200만 유로, 추정 연봉은 88만 유로.

슈팅-득점	2023-24시즌 마요르카	위치
21-3 / 8-0	25-1 / 2203 / 2 / 44.4-38.2 / 86%	CB
29-3 LG-0 / 0-0 RG-0 / 0-0 HG-3	0.1-0.0 / 1.4-1.2 / 1.4 / 4-1 / 2	

OP	SH	SG	PC	P%	LC	BT	DC	TK	DT%	BL	IC	CL	A%
하위 5%	하위 1%	하위 6%	상위 30%	상위 47%	상위 43%	하위 30%	상위 11%	상위 33%	상위 11%	상위 7%	상위 13%	상위 40%	상위 17%

Patrick MAINKA
평점 7.00 · 파트릭 마인카 · 1994.11.6 / 194cm

빌레펠트·베르더 브레멘·도르트문트 등에서 몸담았으나 그땐 B팀 소속이었다. 2018년 하이덴하임 입단 후 자리를 잡았으며 현재 팀의 주장이다. 우수한 피지컬과 드높은 신장으로 수비진을 책임지는 센터백이다. 강력한 태클과 지능적인 인터셉트 능력을 갖추었으며, 당연히 공중볼 경합에도 강하다. 다만 발 기술은 투박해 후방 빌드업을 맡기기에는 부담스러운 선수. 시장 가치는 250만 유로, 추정 연봉은 75만 유로.

슈팅-득점	2023-24시즌 하이덴하임	위치
27-2 / 2-0	34-0 / 3060 / / 45.4-37.7 / 83%	CB
29-2 LG-0 / 0-0 RG-0 / 0-0 HG-2	0.6-0.3 / 3.6-2.5 / 1.4 / 1-0 / 3	

OP	SH	SG	PC	P%	LC	BT	DC	TK	DT%	BL	IC	CL	A%
하위 47%	상위 10%	상위 32%	상위 21%	상위 30%	상위 49%	상위 29%	상위 1%	상위 16%	상위 6%	상위 19%	상위 26%	상위 45%	

Francesco ACERBI
평점 6.99 · 프란체스코 아체르비 · 1988.2.10 / 192cm

유로 2020 당시 이탈리아 우승의 주역. 하지만 유로 2024에서는 부상 때문에 최종 엔트리에서 탈락했다. 왼발을 능숙하게 사용하는 센터백이며, 뛰어난 리더십을 자랑한다. 매우 건고한 체격 조건을 갖추었으며, 공중볼을 포함한 대부분의 경합에서 승리하는 모습을 보인다. 최후방에서 시도하는 패스 성공률도 상당히 높다. 다만 나이가 들면서 민첩성은 줄어들었다. 시장 가치는 350만 유로, 추정 연봉은 278만 유로.

슈팅-득점	2023-24시즌 인테르 밀란	위치
13-3 / 2-0	26-3 / 2387 / 1 / 61.0-55.5 / 91%	CB
15-3 LG-0 / 0-0 RG-0 / 0-0 HG-3	0.1-0.1 / 0.9-0.8 / 1.1 / 1-0 / 1	

OP	SH	SG	PC	P%	LC	BT	DC	TK	DT%	BL	IC	CL	A%
상위 9%	상위 47%	상위 28%	상위 22%	상위 17%	상위 40%	상위 29%	상위 7%	상위 23%	상위 1%	상위 41%	상위 16%	상위 22%	

Leonardo BALERDI
평점 6.99 · 레오나르도 발레르디 · 1999.01.26 / 187cm

처음 축구를 시작했을 때는 중앙 미드필더였으나, 성장하면서 수비수로 포지션을 바꾸었다. 미드필더 경험 덕분에 안정적인 기본기를 갖추었으며, 좀처럼 빈틈을 보이지 않는 견고한 수비력이 강점이며, 지능적이고 안정적인 커버링 실력으로 상대 공격 상황을 무산시킨다. 다만 피지컬이 너무 호리호리하다보니 직접적인 몸 싸움에는 크게 밀린다는 단점이 있다. 시장 가치는 2000만 유로, 추정 연봉은 99만 유로.

슈팅-득점	2023-24시즌 마르세유	위치
8-1 / 6-1	26-1 / 2275 / 0 / 59.4-51.7 / 87%	CB
14-2 LG-0 / 0-0 RG-1 / 0-0 HG-1	0.7-0.5 / 3.7-2.9 / 1.9 / 4-1 / 1	

OP	SH	SG	PC	P%	LC	BT	DC	TK	DT%	BL	IC	CL	A%
하위 45%	상위 36%	상위 41%	상위 40%	상위 47%	상위 19%	상위 31%	상위 8%	상위 1%	상위 9%	상위 41%	상위 2%	상위 6%	상위 41%

Nico SCHLOTTERBECK
평점 6.99 · 니코 슐로터벡 · 1999.12.01 / 191cm

현재 독일에서 가장 고평가를 받고 있는 센터백. 카타르 월드컵이 벌어졌던 2022년 이후 기량이 급성장한 센터백. 후방에서 볼을 안정적으로 다루며 정교한 빌드업을 통해 전방으로 매끄럽게 볼을 공급한다. 롱 패스 정확도도 상당히 좋다. 폭발적 주력을 갖춘 선수라 상대 역습 저지에 매우 능하다. 예측과 판단 또한 우수해 과감한 전진 수비로 상대를 무력화시킨다. 시장 가치는 4000만 유로, 추정 연봉은 472만 유로.

슈팅-득점	2023-24시즌 도르트문트	위치
20-1 / 7-1	32-1 / 2861 / 1 / 80.7-71.8 / 89%	CB
27-1 LG-1 / 0-0 RG-0 / 0-0 HG-1	0.5-0.2 / 2.8-2.1 / 1.4 / 4-0 / 1	

OP	SH	SG	PC	P%	LC	BT	DC	TK	DT%	BL	IC	CL	A%
상위 19%	상위 52%	상위 37%	상위 12%	상위 34%	상위 3%	상위 2%	상위 39%	상위 7%	상위 2%	상위 13%	상위 29%	하위 27%	하위 38%

○ 유럽 5대리그 센터백 항목별 랭킹 (90분 기준 기록, 100분율)

| ● 전체 슈팅 시도-득점 | ● 직접프리킥 시도-득점 | PK 시도-득점 | LG 왼발 득점 | RG 오른발 득점 | HG 헤더 득점 | ⏱ 출전횟수 선발-교체 | ⏱ 출전시간 분(MIN) | A 도움 | P 평균 패스 시도-성공 | P% 평균 패스 성공률 | DR 평균드리블 시도-성공 | TK 평균 태클 시도-성공 | IC 평균 인터셉트 | 🟨🟥 페어플레이 경고-퇴장 | ★ MOM | OP 공격 포인트 | SH 슈팅 시도 | SG 유효 슈팅 | PC 패스 성공 | P% 패스 성공률 | LC 롱패스 성공 | BT 볼터치 | DC 드리블 성공 | DT% 드리블 성공률 | BL 블로킹 | IC 인터셉트 | CL 클리어링 | A% 공중전 승률 |

Josip STANIŠIĆ — 평점 6.97
요시프 스타니시치 · 2000.04.02 / 187cm

바이에른 뮌헨에서 자리를 잡지 못해 레버쿠젠으로 임대를 갔으나, 이 팀에서 무패 우승을 차지하며 원 소속팀에 한 방제대로 먹였다. 센터백은 물론 라이트백, 심지어 보다 공격적인 윙백으로도 활약할 수 있다. 상대 공격을 한 수 앞서 읽는 예측 수비가 상당히 뛰어나다. 발이 빨라 공격 가담에도 능하며, 헤더 능력도 좋아 공격 상황시 상대 박스 안으로 적극 침투한다. 시장 가치는 2800만 유로, 추정 연봉은 189만 유로.

슈팅-득점: 6-3, 4-0 / ●10-3 LG-0, ○0-0 RG-2, ●0-0 HG-3
2023-24시즌 바이에르 레버쿠젠: 13-7 / 1257 / A - / P 50.9-46.3 / P% 91%
DR 1.0-0.6 / TK 2.5-1.9 / IC 0.5 / 🟨🟥 3-0 / ★ 3
위치: CB, RWB, RB

OP	SH	SG	PC	P%	LC	BT	DC	DT%	BL	IC	CL	A%
상위	상위	상위	상위	하위	상위	상위	상위	하위	하위	하위	하위	하위
1%	39%	5%	17%	18%	39%	18%	1%	6%	31%	34%	11%	4%

Jonathan TAH — 평점 6.97
요나탄 타 · 1996.02.11 / 195cm

분데스리가에서 제일이라 할 만한 거한 수비수. 2010년대 전차군단 후방을 책임졌던 제롬 보아텡을 연상케 한다는 평가를 받고 있다. 덩치에 비해 굉장히 날쌘 수비를 펼치며, 태클은 매우 강력하다. 볼 다루는 기본기가 탄탄하여 후방 빌드업 기점으로도 제 몫을 해낸다. 스리백과 포백을 가리지 않는다는 것도 강점. 다만 종종 수비 집중력에서 문제를 드러낸다는 평. 시장 가치는 2800만 유로, 추정 연봉은 283만 유로.

슈팅-득점: 21-4, 5-0 / ●26-4 LG-1, ○0-0 RG-1, ●0-0 HG-2
2023-24시즌 바이에르 레버쿠젠: 30-1 / 2633 / A 1 / P 70.2-66.7 / P% 95%
DR 0.3-0.2 / TK 1.0-0.6 / IC 0.7 / 🟨🟥 6-0 / ★ 0
위치: CB

OP	SH	SG	PC	P%	LC	BT	DC	DT%	BL	IC	CL	A%
상위	상위	상위	상위	하위	상위	상위	상위	하위	상위	상위	하위	상위
18%	16%	13%	11%	1%	21%	14%	44%	3%	7%	16%	22%	9%

Waldemar ANTON — 평점 6.97
발데마르 안톤 · 1996.07.20 / 189cm

우즈베키스탄 태생이라는 굉장히 독특한 이력을 가진 수비수. 독일·우즈베키스탄·러시아 삼중국적자이며, 슈투트가르트의 캡틴이다. 우수한 피지컬을 상황에 맞게 활용하는 면모를 보이면서도, 위치 선정을 통해 상대 공격 전개를 도중 차단하는 지능적인 플레이도 펼칠 줄 안다. 후방 빌드업도 기본 이상이다. 다만 발이 느려 배후가 쉽게 열리고, 잔부상이 많다. 시장 가치는 2000만 유로, 추정 연봉은 283만 유로.

슈팅-득점: 20-0, 8-0 / ●28-0 LG-0, ○0-0 RG-0, ●0-0 HG-0
2023-24시즌 슈투트가르트: 32-1 / 2888 / A 3 / P 78.2-69.6 / P% 89%
DR 0.7-0.5 / TK 1.8-1.2 / IC 1.2 / 🟨🟥 7-0 / ★ 1
위치: CB, RB, DM

OP	SH	SG	PC	P%	LC	BT	DC	DT%	BL	IC	CL	A%
상위	상위	상위	상위	상위	상위	상위	상위	하위	하위	하위	상위	상위
29%	9%	29%	8%	26%	50%	5%	10%	31%	24%	21%	34%	24%	26%

Ethan PINNOCK — 평점 6.96
이선 피녹 · 1993.05.29 / 194cm

2002년 밀월 유스로 축구에 입문했을 당시에는 날개 공격수였다. 2023-2024시즌 브렌드포드가 선정한 올해의 선수상 영광을 안았다. 굉장히 좋은 피지컬을 바탕으로 공중볼 경합과 거친 대인 방어로 공격수들과 승부한다. 스피드도 키에 비해 빠른 왼발잡이 센터백. 다만 빌드업이 정교하지는 않다. 다소 덤비는 플레이스타일상 배후를 열어주는 편이다. 시장 가치는 1200만 유로, 추정 연봉은 184만 유로.

슈팅-득점: 19-2, 0-0 / ●19-2 LG-0, ○0-0 RG-0, ●0-0 HG-2
2023-24시즌 브렌포드: 28-1 / 2521 / A - / P 48.3-40.6 / P% 84%
DR 0.3-0.2 / TK 1.6-1.2 / IC 1.5 / 🟨🟥 1-0 / ★ 1
위치: CB

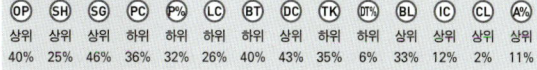

OP	SH	SG	PC	P%	LC	BT	DC	DT%	BL	IC	CL	A%
상위	상위	상위	상위	하위	상위	상위	상위	상위	상위	상위	상위	상위
40%	25%	46%	32%	6%	40%	43%	35%	6%	33%	12%	2%	11%

Brendan CHARDONNET — 평점 6.95
브렌단 샤도네 · 1994.12.22 / 183cm

임대 신분으로 SAS 에피날에서 뛰었던 2014-2015시즌을 제외하면 모든 커리어를 브레스트에서 뛴 충신. 오른발을 사용하는 클래식한 센터백이며, 중앙 수비수로서는 작은 체격이지만 굉장히 거친 수비를 펼친다. 또한 정신력이 매우 우수해 팀을 위한 헌신적인 플레이도 적극 행하는 편이다. 제공권 다툼과 슛 블록에서도 강점을 보인다. 다만 테크닉은 다소 투박한 편. 시장 가치는 800만 유로, 추정 연봉은 54만 유로.

슈팅-득점: 17-1, 1-0 / ●18-1 LG-0, ○0-0 RG-1, ●0-0 HG-0
2023-24시즌 브레스트: 33-0 / 2970 / A - / P 54.8-45.5 / P% 83%
DR 0.2-0.1 / TK 2.7-1.7 / IC 1.6 / 🟨🟥 4-0 / ★ 1
위치: CB

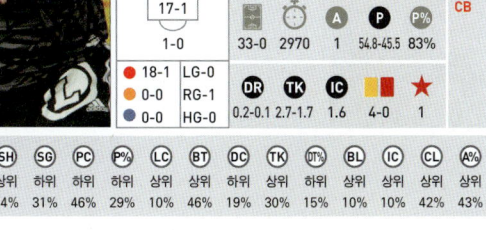

OP	SH	SG	PC	P%	LC	BT	DC	DT%	BL	IC	CL	A%
하위	상위	상위	상위	상위	하위	상위	상위	하위	상위	상위	상위	상위
49%	44%	31%	46%	29%	10%	24%	19%	30%	15%	10%	42%	43%

Joseph OKUMU — 평점 6.95
조셉 오쿠무 · 1997.05.26 / 193cm

케냐 출신으로 자국 리그에서 시작해 스웨덴·벨기에를 거쳐 2023-2024시즌 랭스 입단을 통해 빅 리그 입성에 성공한 축구 인생의 승리자. 지난 4월 리옹전을 통해 케냐는 물론 동아프리카 출신 최초의 리그1 득점에 성공했다. 굉장히 좋은 피지컬을 가지고 있으며, 동시에 예측 수비와 질 좋은 패스가 강점이다. 롱 패스로 후방 공격 기점 구실도 한다. 시장 가치는 900만 유로, 추정 연봉은 100만 유로.

슈팅-득점: 10-1, 1-0 / ●11-1 LG-0, ○0-0 RG-1, ●0-0 HG-1
2023-24시즌 스타드 렝: 19-2 / 1743 / A 0 / P 60.8-50.5 / P% 83%
DR 0.5-0.3 / TK 2.8-2.1 / IC 1.7 / 🟨🟥 3-0 / ★ 1
위치: CB

OP	SH	SG	PC	P%	LC	BT	DC	DT%	BL	IC	CL	A%
하위	상위	상위	상위	하위	상위	상위	상위	상위	상위	상위	하위	상위
41%	39%	43%	34%	24%	1%	38%	19%	43%	43%	38%	3%	43%

○ 유럽 5대리그 센터백 항목별 랭킹(90분 기준 기록, 100분율)

Willy-Arnaud BOLY
윌리 아르노 볼리 1991.02.03 / 195cm
평점 6.94

어린 시절 프랑스 축구사관학교 클레르퐁텐 출신의 유망주였다. 하지만 4년 전 부름이 없던 프랑스 대신 코트디부아르 국가대표가 됐다. 엄청난 존재감을 자랑하는 피지컬의 소유자다. 당연히 몸싸움에서 굉장한 강점을 드러낸다. 주변에 자신의 플레이를 도울 파트너가 있다면 강점이 더욱 도드라지는 편. 하지만 실수가 잦고 발 빠른 공격수에게 취약하다. 시장 가치는 250만 유로, 추정 연봉은 246만 유로.

슈팅-득점	2023-24시즌 노팅엄 포레스트				위치
13-2		A	P	P%	CB
1-0	18-2 1443	1	30.6-23.6	77%	
● 14-2 LG-0	DR	TK	IC		★
● 0-0 RG-0					
● 0-0 HG-2	0.4-0.2 3.2-2.3	1.3	1-1		1

OP	SH	SG	PC	LC	BT	DC	TK	DT%	BL	IC	CL	A%
상위	상위	상위	하위	하위	하위	하위	상위	상위	상위	상위	상위	상위
6%	8%	2%	10%	17%	20%	46%	25%	4%	12%	4%	12%

Loïc BADÉ
로익 바데 2000.04.11 / 191cm
평점 6.93

2023-2024시즌을 앞두고 토트넘 홋스퍼 이적설이 돌았으나 없던 일이 됐다. 그 뒤 세비야로 임대 후 완전 이적에 성공했다. 강력한 피지컬과 뛰어난 태클을 지녀온다. 경기 흐름을 영리하게 읽고 이에 대처하는 능력이 탁월하다. 리그1 시절부터 패스 성공률도 상당히 좋다고 평가받은 바 있다. 다만 공격 세트 피스 가담 빈도에 비해 득점 등 유효타로 이어지는 빈도는 적다. 시장 가치는 1400만 유로, 추정 연봉은 330만 유로.

슈팅-득점	2023-24시즌 세비야				위치
13-0		A	P	P%	CB
1-0	27-1 2284	1	47.8-39.7	83%	
● 14-0 LG-0	DR	TK	IC		★
● 0-0 RG-0					
● 0-0 HG-0	0.8-0.4 3.0-2.3	1.4	5-1		1

OP	SH	SG	PC	LC	BT	DC	TK	DT%	BL	IC	CL	A%
하위	상위	하위	상위	상위	상위	상위	상위	상위	상위	상위	상위	상위
29%	45%	43%	39%	28%	44%	46%	14%	38%	12%	16%	20%

Odilon KOSSOUNOU
오딜론 코수누 2001.01.04 / 191cm
평점 6.92

2023-2024 레버쿠젠의 도메스틱 더블의 주역. 단 DFB 포칼 결승 때 경고 누적 퇴장이라는 뼈아픈 실수를 범해 하마터면 팀에 폐를 끼칠 뻔했다. 굉장히 빠른 주력과 뛰어난 피지컬을 자랑하는 센터백이며, 상황에 따라 라이트백이나 수비형 미드필더로도 기용 가능하다. 다만 수비 상황에서 안정감이 더 필요하며, 피지컬에 비해 몸싸움이 약하다는 평가를 받고 있다. 시장 가치는 3500만 유로, 추정 연봉은 163만 유로.

슈팅-득점	2022-23시즌 바이에르 레버쿠젠				위치
3-1		A	P	P%	CB
2-0	21-1 1813	0	62.2-55.4	89%	RB
● 5-1 LG-0	DR	TK	IC		★
● 0-0 RG-0					
● 0-0 HG-1	1.9-1.1 1.9-1.4	1.2	3-0		1

OP	SH	SG	PC	LC	BT	DC	TK	DT%	BL	IC	CL	A%
하위	하위	상위	상위	상위	상위	상위	상위	하위	상위	상위	하위	상위
36%	6%	13%	18%	25%	28%	20%	1%	43%	27%	46%	35%	3%	48%

Riccardo CALAFIORI
리카르도 칼라피오리 2002.05.19 / 188cm
평점 6.92

본래 레프트백으로 커리어를 시작했으나, 은신 티아고 모타 감독의 지도 덕에 중앙 수비수로서 각성했다. 2021년 UEFA가 발표한 올해의 유망주 50인 중 한 명으로 선정됐다. 기본기가 매우 탄탄한 왼발잡이 수비수이며, 전술 수행 능력도 우수하다. 이따금 날리는 장거리슛은 상대에게 매우 위협적이다. 종종 컷백 플레이를 시도하는데, 성공률은 그리 높지 않은 편. 시장 가치는 3000만 유로, 추정 연봉은 74만 유로.

슈팅-득점	2023-24시즌 FC 바젤+볼로냐				위치
13-2		A	P	P%	CB
7-0	29-4 2590	5	56.8-50.8	89%	LB
● 20-2 LG-1	DR	TK	IC		★
● 0-0 RG-1					
● 0-0 HG-0	0.7-0.4 2.0-1.6	1.7	4-0		1

OP	SH	SG	PC	LC	BT	DC	TK	DT%	BL	IC	CL	A%
상위	상위	상위	상위	상위	상위	상위	상위	상위	상위	상위	상위	상위	상위
1%	29%	18%	19%	21%	46%	21%	36%	22%	26%	28%	4%	12%	5%

Jarrad BRANTHWAITE
재러드 브랜스웨이트 2002.06.27 / 195cm
평점 6.91

시즌 내내 이적설이 파다했던 에버튼 수비의 핵심. 특히 맨체스터 유나이티드가 가장 강력한 관심을 보이고 있다. 굉장한 스피드를 자랑하는 '거한' 센터백이다. 큰 키를 가진 만큼 압도적 제공권 장악 능력을 자랑한다. 훌륭한 피지컬을 가졌지만, 단순히 신체에 의존하는 수비를 하지 않는다는 점도 강점. 각을 줄여 숏 블록을 유도하거나 인터셉트하는 데 능하다. 시장 가치는 4200만 유로, 추정 연봉은 215만 유로.

슈팅-득점	2023-24시즌 에버튼				위치
12-3		A	P	P%	CB
2-0	35-0 3117	0	39.3-31.4	80%	LB
● 14-3 LG-2	DR	TK	IC		★
● 0-0 RG-0					
● 0-0 HG-1	0.2-0.1 2.4-1.9	1.4	8-0		1

OP	SH	SG	PC	LC	BT	DC	TK	DT%	BL	IC	CL	A%
상위	상위	하위	하위	상위	상위	상위	상위	상위	상위	상위	상위	상위
33%	34%	44%	11%	15%	21%	13%	43%	20%	15%	27%	18%	23%	12%

Bafodé DIAKITÉ
바포데 디아키테 2001.01.06 / 185cm
평점 6.91

기니 혈통을 가진 프랑스 국적 라이트백. 티에리 앙리 감독의 부름을 받아 2024 파리 올림픽 본선을 대비한 예비 엔트리에 승선했다. 2023-2024시즌에는 근소하게 센터백으로 출전한 횟수가 많았다. 종종 레프트백으로도 뛴다. 뛰어난 패스 실력과 볼 간수 능력을 가진 수비수이며, 수비 상황에서 집중력 있는 숏 블록 상황을 많이 만든다. 크로스는 정확하진 않다. 시장 가치는 1800만 유로, 추정 연봉은 36만 유로.

슈팅-득점	2023-24시즌 릴 OSC				위치
16-5		A	P	P%	CB
0-0	19-2 1697	2	60.0-55.2	92%	RB
● 16-5 LG-1	DR	TK	IC		★
● 0-0 RG-1					
● 0-0 HG-3	0.4-0.2 1.8-1.4	1.0	3-0		1

OP	SH	SG	PC	LC	BT	DC	TK	DT%	BL	IC	CL	A%
상위	상위	상위	상위	상위	상위	상위	상위	상위	상위	상위	상위	상위	상위
1%	10%	3%	17%	8%	41%	32%	42%	7%	48%	7%	37%

Emmanuel AGBADOU
평점 6.91
에마뉘엘 아그바두   1997.06.17 / 192cm

강력한 수비 스킬과 안정적인 볼 처리 능력을 갖춘 센터백이며, 우수한 오프더볼 움직임과 좌우 전환 플레이가 뛰어나 종종 수비형 미드필더로도 기용된다. 경기 흐름에 알맞게 본인은 물론 동료의 위치까지 내다보는 커맨딩형 수비수다. 일대일 상황에서도 강력한 피지컬을 활용해 상대를 강하게 압박한다. 긴 발을 활용한 태클도 위력적이다. 다만 패스는 좀 더 정확해야 한다. 시장 가치는 900만 유로, 추정 연봉은 60만 유로.

슈팅-득점	2023-24시즌 스타드 렝스	위치
23-1 9-0	29-3 2597 1 55.9-48.6 87%	CB RB DM
32-1 0-0 0-0 LG-0 RG-0 HG-1	DR 1.0-0.5 TK 2.7-2.0 IC 1.7 🟨1-0 ★2	

OP	SH	SG	PC	P%	LC	BT	DC	TK	DT%	BL	IC	CL	A%
상위 42%	상위 3%	상위 33%	상위 33%	상위 40%	상위 3%	상위 25%	상위 5%	상위 7%	상위 22%	상위 16%	상위 5%	상위 46%	하위 44%

Lucas MARTÍNEZ
평점 6.89
루카스 마르티네스   1996.05.10 / 183cm

얼굴이 동양인을 닮았다하여 '엘 치노'라는 별명을 가지고 있다. 주로 포백에서 제 기능을 발휘하는 오른발잡이 센터백이며, 침착하면서도 정확한 태클과 능동적 수비가 높은 평가를 받고 있다. 작은 키에도 불구하고 공격 세트 피스시 적극 가담해 곧잘 득점도 뽑아낸다. 후방 빌드업도 기본 이상으로 해내며, 이런 특성 때문에 수비형 미드필더로도 종종 기용되고 있다. 시장 가치는 1500만 유로, 추정 연봉은 192만 유로.

슈팅-득점	2023-24시즌 피오렌티나	위치
24-5	26-3 2292 1 57.0-46.7 82%	CB
24-5 0-0 0-0 LG-0 RG-1 HG-4	DR 1.0-0.4 TK 3.3-2.7 IC 1.0 🟨9-0 ★1	

OP	SH	SG	PC	P%	LC	BT	DC	TK	DT%	BL	IC	CL	A%
상위 2%	상위 6%	상위 10%	상위 36%	상위 23%	상위 6%	상위 24%	상위 6%	상위 4%	상위 28%	상위 25%	상위 41%	상위 10%	하위 6%

Giorgio SCALVINI
평점 6.89
조르조 스칼비니   2003.12.11 / 194cm

2023-2024시즌 아탈란타의 UEFA 유로파리그 우승 주역. 차세대 아주리 군단의 유망주 센터백 중 하나로 평가되며, 롤 모델은 티아고 실바다. 정확한 롱 패스 실력을 갖춰 후방에서 공격 시발점 구실을 해내며, 이런 능력 덕에 중앙 미드필더로도 기용된다. 스리백과 포백 모두 무난하게 소화한다. 맨마킹과 공중볼 다툼 능력이 우수한 오른발잡이 센터백이다. 시장 가치는 4500만 유로, 추정 연봉은 56만 유로.

슈팅-득점	2023-24시즌 아탈란타	위치
15-0 4-1	31-2 2556 4 46.2-37.9 82%	CB DM
19-1 0-0 0-0 LG-0 RG-1 HG-0	DR 0.6-0.5 TK 2.2-1.6 IC 1.8 🟨3-0 ★2	

OP	SH	SG	PC	P%	LC	BT	DC	TK	DT%	BL	IC	CL	A%
상위 12%	상위 34%	상위 22%	하위 42%	하위 19%	하위 9%	상위 49%	하위 9%	하위 10%	상위 43%	상위 38%	하위 3%	상위 29%	상위 29%

Timo HÜBERS
평점 6.88
티모 휘버스   1996.07.20 / 190cm

불명예스러운 기록인데, 분데스리가에서 최초로 코로나19에 감염되었다고 보고된 최초의 프로축구 선수다. 2023년 여름 쾰른과 계약 기간을 연장했다. 강력한 피지컬과 위치 선정 능력을 갖춘 중앙 수비수로, 대인 방어와 공중볼 경합에서 뛰어나다. 정확한 패스와 침착한 패스 전개로 후방에서 공격 윤활유 구실도 한다. 리더십도 출중하며 전술 이해도도 높다. 시장 가치는 550만 유로, 추정 연봉은 113만 유로.

슈팅-득점	2023-24시즌 FC 쾰른	위치
19-0 3-0	31-0 2779 0 55.5-47.2 85%	CB
22-0 0-0 0-0 LG-0 RG-0 HG-0	DR 0.2-0.1 TK 3.2-2.2 IC 2.0 🟨6-0 ★2	

OP	SH	SG	PC	P%	LC	BT	DC	TK	DT%	BL	IC	CL	A%
하위 10%	상위 21%	상위 39%	상위 49%	상위 40%	상위 42%	상위 40%	상위 38%	상위 9%	상위 49%	상위 10%	상위 6%	상위 6%	상위 19%

Jean-Clair TODIBO
평점 6.88
장클레어 토디보   1999.1.30 / 190cm

한때 바르셀로나에 입단해 차비의 등번호까지 물려받을 정도로 큰 기대를 받았던 적이 있다. 중앙 수비수지만 수비형 미드필더와 라이트백으로도 뛸 수 있다. 빠른 발을 가졌으며 볼을 가지고 적극적으로 전진 드리블을 시도하며 빌드업을 펼친다. 다만 패스 성공률은 좋다고 할 수 없고, 잔실수와 거친 수비 때문에 쓸데없는 카드 수집이 많은 편이다. 시장 가치는 3500만 유로, 추정 연봉은 118만 유로.

슈팅-득점	2023-24시즌 니스	위치
5-0 4-0	30-0 2654 3 82.1-73.9 90%	CB
9-0 0-0 0-0 LG-0 RG-0 HG-0	DR 0.9-0.5 TK 2.8-2.0 IC 1.5 🟨2-1 ★2	

OP	SH	SG	PC	P%	LC	BT	DC	TK	DT%	BL	IC	CL	A%
상위 44%	하위 16%	하위 9%	상위 6%	상위 21%	상위 42%	상위 4%	상위 4%	상위 17%	상위 46%	상위 35%	상위 30%	상위 29%	상위 49%

Dan-Axel ZAGADOU
평점 6.88
댄-악셀 자가두   1999.06.03 / 196cm

파리 생제르맹 유스 출신이며 거의 모든 커리어를 분데스리가에서 쌓았다. 2m에 조금 못 미치는 엄청난 피지컬의 소유자인데, 굼뜨지 않고 상당히 빠른 발을 자랑하는데다 심지어 희귀한 왼발잡이 센터백이라 어려서부터 크게 주목받았다. 그러나 피지컬에 비해 축구 지능은 다소 아쉬운 편이며, 볼을 다루는 기술 자체는 훌륭하다고 볼 수 없어 전방 압박에 약하다. 시장 가치는 1000만 유로, 추정 연봉은 283만 유로.

슈팅-득점	2023-24시즌 슈투트가르트	위치
10-1 1-0	16-3 1453 0 71.3-62.0 87%	CB LB
11-1 0-0 0-0 LG-0 RG-0 HG-1	DR 0.2-0.2 TK 1.3-1.1 IC 1.0 🟨1-0 ★2	

OP	SH	SG	PC	P%	LC	BT	DC	TK	DT%	BL	IC	CL	A%
상위 49%	상위 24%	상위 48%	상위 8%	상위 43%	상위 14%	상위 4%	상위 47%	상위 39%	상위 13%	상위 34%	상위 2%	상위 19%	상위 1%

○ 유럽 5대리그 센터백 항목별 랭킹(90분 기준 기록, 100분율)

전체 슈팅 시도-득점 | 직접프리킥 시도-득점 | LG 시도-득점 | RG 시도-득점 | HG 헤더 득점 | 오픈플 득점 | 출전횟수 선발-교체 | 출전시간 분(MIN) | A 도움 | P 평균 패스 시도-성공 | P% 패스 성공률 | DR 평균드리블 시도-성공 | TK 평균 태클 시도-성공 | IC 평균 인터셉트 | 페어플레이 경고-퇴장 | ★ MOM | OP 공격 포인트 | SH 슈팅 시도 | SG 유효 슈팅 | PC 패스 성공 | P% 패스 성공률 | LC 롱볼 성공 | BT 볼 터치 | DC 드리블 성공 | DT% 드리블성공률 | BL 블로킹 | IC 인터셉트 | CL 클리어링 | A% 공중전 승률

평점 6.88 Jeff CHABOT
제프 샤보   1998.02.12 / 195cm

프랑스 국적이지만 독일에서 태어나 독일의 연령별 대표를 두루 밟았다. 압도적 피지컬과 제공권 장악 능력, 지능적인 위치 선정 능력을 갖추었다. 무엇보다 상황 판단력이 좋아 수비할 때 자신이 필요할 때와 그렇지 않을 때를 굉장히 잘 구분한다. 왼발잡이이며 종종 수비형 미드필더로도 뛸 수 있다. 2023-2024시즌 종료 후 쾰른에서 슈투트가르트로 이적했다. 시장 가치는 900만 유로, 추정 연봉은 72만 유로.

슈팅-득점	2023-24시즌 FC 쾰른					위치
19-0	32-0	2708	A 2	P 49.9-42.4	P% 85%	CB
0-0						
● 19-0 LG-0	DR	TK	IC	🟨🟥	★	
● 0-0 RG-0	0.6-0.3	2.7-1.8	1.4	7-1	2	
● 0-0 HG-0						

OP	SH	SG	PC	P%	LC	BT	DC	DT%	BL	IC	CL	A%
하위	상위	하위	상위	상위	상위	상위	상위	상위	상위	상위	상위	상위
10%	33%	40%	45%	37%	43%	47%	27%	18%	40%	15%	19%	5%

평점 6.87 Keven SCHLOTTERBECK
케벤 숄로터벡   1997.04.28 / 189cm

독일 대표팀 센터백 니코 숄로터벡이 동생이며, 2020 도쿄 올림픽에 독일 대표로 출전했다. 안정적인 수비력과 뛰어난 공중볼 경합 능력을 갖춘 센터백이며 강한 피지컬과 위치선정 능력으로 스트라이커를 효과적으로 막아낸다. 정확한 태클과 배후 커버 능력도 훌륭하다. 그러나 패스 정확도는 다소 부족하며 순간 스피드가 느려 준족 공격수에게 약점을 노출한다. 시장 가치는 600만 유로, 추정 연봉은 54만 유로.

슈팅-득점	2023-24시즌 보훔					위치
25-5	24-3	2184	A 1	P 37.5-29.6	P% 79%	CB
2-0						
● 27-5 LG-1	DR	TK	IC	🟨🟥	★	
● 0-0 RG-0	0.3-0.2	1.8-1.6	1.2	9-0	1	
● 0-0 HG-4						

OP	SH	SG	PC	P%	LC	BT	DC	DT%	BL	IC	CL	A%
상위	상위	상위	상위	상위	상위	상위	상위	상위	상위	상위	상위	상위
1%	2%	1%	13%	10%	19%	36%	29%	1%	43%	26%	39%	42%

평점 6.87 Harry MAGUIRE
해리 매과이어   1991.07.15 / 184cm

2019년 맨유 입단 당시 수비수로서는 세계 최고액 이적료(8700만 유로)를 기록한 것으로 유명하다. 수년 동안 혹독한 비판을 받았으나, 동료 수비수의 부상 덕에 제법 많은 출전 기회를 잡았던 2023-2024시즌에는 준수하다는 호평을 받기도 했다. 강력한 피지컬을 앞세운 일대일 싸움에 매우 능하다. 세트 피스 가담을 통한 득점력도 제법 좋다. 다만 발이 느리다. 시장 가치는 1800만 유로, 추정 연봉은 1169만 유로.

슈팅-득점	2023-24시즌 맨체스터 Utd.					위치
19-2	18-4	1651	A 2	P 50.1-41.5	P% 83%	CB
1-0						
● 20-2 LG-1	DR	TK	IC	🟨🟥	★	
● 0-0 RG-0	0.1-0.0	1.5-1.1	1.1	4-0	0	
● 0-0 HG-1						

OP	SH	SG	PC	P%	LC	BT	DC	DT%	BL	IC	CL	A%
상위	상위	상위	상위	상위	하위	상위	하위	상위	상위	상위	상위	상위
3%	4%	19%	40%	34%	22%	8%	4%	22%	29%	8%	28%	34%	1%

평점 6.87 Joachim ANDERSEN
요아킴 앤더슨   1995.05.13 / 192cm

적응하지 못하며 많은 비판을 받아 커리어 흑역사가 된 올랭피크 리옹 시절, 리그1에 입성한 덴마크 선수 중 역대 최고액 이적료를 기록할 정도로 기대를 받았다. 중앙 수비수로서 뛰어난 신체 조건과 개인기를 지녔다. 상대 공격수를 대인 방어하는 플레이에 능숙하며, 볼 플레잉 스킬도 기본 이상. 특히 최전방으로 단번에 날리는 정확한 롱 패스가 그의 최대 강점이다. 시장 가치는 3500만 유로, 추정 연봉은 492만 유로.

슈팅-득점	2023-24시즌 크리스털 팰리스					위치
18-2	38-0	3418	A 3	P 56.5-45.2	P% 80%	CB
3-0						
● 21-2 LG-0	DR	TK	IC	🟨🟥	★	
● 1-0 RG-2	0.6-0.4	1.7-1.5	1.1	7-0	4	
● 0-0 HG-0						

OP	SH	SG	PC	P%	LC	BT	DC	DT%	BL	IC	CL	A%
상위	상위	상위	상위	상위	상위	상위	상위	상위	상위	하위	하위	상위	상위
15%	42%	22%	46%	10%	7%	42%	8%	45%	10%	8%	49%	6%	24%

평점 6.87 Dante
단치   1983.10.18 / 188cm

분데스리가 시절 리그 최강인 바이에른 뮌헨의 뒷마당을 책임졌던 40세 백전노장 브라질 센터백. 2023-2024시즌 종료 후 니스와 재계약에 성공했을 정도로 자기 관리에 투철하다. 큰 키를 활용한 제공권 장악을 통한 공격 세트 피스 가담 능력과 후방 빌드업 실력으로 유명하다. 그러나 나이가 든 지금은 스피드와 민첩성에서 문제가 있으며, 경기력도 기복도 있다. 시장 가치는 50만 유로, 추정 연봉은 150만 유로.

슈팅-득점	2023-24시즌 니스					위치
12-1	32-0	2844	A 1	P 86.8-79.0	P% 91%	CB
3-0						
● 15-1 LG-0	DR	TK	IC	🟨🟥	★	
● 0-0 RG-0	0.2-0.1	2.5-1.9	1.2	5-1	1	
● 0-0 HG-1						

OP	SH	SG	PC	P%	LC	BT	DC	DT%	BL	IC	CL	A%
상위	하위	상위	상위	상위	상위	상위	상위	상위	상위	상위	상위	상위
47%	48%	41%	3%	14%	23%	3%	38%	18%	47%	42%	43%	6%	30%

평점 6.86 Willi ORBÁN
윌리 오르반   1992.11.03 / 186cm

독일 카이저슬라우테른 태생이지만 아버지의 국적을 따라 헝가리 국가대표로 활동 중인 라이프치히의 캡틴. 수비 조율 능력이 탁월하며 경기 흐름에 대한 상황 판단력도 좋아 팀이 위기를 맞이하기 전 사전에 대처하는 지능적인 수비를 펼친다. 상대보다 좋은 위치를 선점해 헤더로 처리하는 플레이가 매우 우수하며, 후방 빌드업 임무도 문제없이 해결해내는 센터백이다. 시장 가치는 1000만 유로, 추정 연봉은 660만 유로.

슈팅-득점	2023-24시즌 RB 라이프치히					위치
7-0	18-1	1583	A 0	P 72.8-65.5	P% 90%	CB
0-0						
● 7-0 LG-0	DR	TK	IC	🟨🟥	★	
● 0-0 RG-0	0.2-0.1	1.5-1.1	0.8	2-0	0	
● 0-0 HG-0						

OP	SH	SG	PC	P%	LC	BT	DC	DT%	BL	IC	CL	A%
하위	상위	상위	상위	상위	상위	상위	하위	상위	상위	상위	상위	상위
41%	36%	44%	10%	18%	30%	46%	32%	20%	18%	26%	37%	19%

○ 유럽 5대리그 센터백 항목별 랭킹(90분 기준 기록, 100분율)

아이콘	의미
LG	왼발
RG	오른발
HG	헤더
⏱	출전시간(MIN)
A	도움
P	평균 패스 시도-성공
P%	평균 패스 성공율
DR	평균 드리블 시도-성공
TK	평균 태클 시도-성공
IC	평균 인터셉트
★	페어플레이 경고·퇴장
MOM	MOM
OP	공격 포인트
SH	슈팅 시도
SG	유효 슈팅
PC	패스 시도
P%	패스 성공율
LC	롱볼 성공
BT	볼 터치
DC	드리블 성공
TK	태클
DT%	드리블러 태클성공률
BL	블로킹
IC	인터셉트
CL	클리어링
A%	공중전 승률

평점 6.86 — Lilian BRASSIER
릴리앙 브라시에   1999.11.02 / 186cm

렌 유소년 팀에서 축구를 시작하여 렌 B팀에서 프로 데뷔를 했으며, 2021년에 브레스트로 이적해 지금에 이르고 있다. 탄탄한 피지컬과 탁월한 수비 능력, 공중볼 경합 능력을 앞세워 상대 공격수와 일대일 싸움에 강한 모습을 보인다. 패스 정확도 역시 기본 이상이다. 그러나 발이 느리며 상대의 전방 압박에 실수를 저지르는 경우가 많다. 종종 경험 미숙을 드러낸다. 시장 가치는 1200만 유로, 추정 연봉은 12만 유로.

슈팅-득점	2023-24시즌 브레스트	위치
9-3		CB
3-0	⏱ 30-0 2679 A 0 P 60.3-50.1 P% 83%	LB
12-3 LG-3		
0-0 RG-0	DR 0.5-0.4 TK 1.4-1.0 IC 1.4 9-1 ★ 0	
0-0 HG-3		

OP	SH	SG	PC	P%	LC	BT	DC	TK	DT%	BL	IC	CL	A%
상위	하위	하위	상위	상위	상위	하위	상위	하위	하위	하위	상위	하위	상위
26%	33%	36%	41%	31%	1%	40%	16%	12%	13%	13%	24%	23%	44%

평점 6.85 — William SALIBA
윌리암 살리바   2001.03.24 / 192cm

엄청난 뎁스를 자랑하는 프랑스 센터백 자원 중에서도 현재 가장 고평가를 받고 있는 수비수. 지난 2019년 UEFA로부터 주목할 만한 유망주 50명 중 하나로 선정됐다. 피지컬·스피드·빌드업 등 거의 모든 능력을 두루 갖추고 있으며, 영리한 축구 지능을 바탕으로 상대로부터 볼을 탈취하는 장면을 많이 만든다. 다만 발은 빠르지만 순간 스피드는 다소 부족하다. 시장 가치는 8000만 유로, 추정 연봉은 1169만 유로.

슈팅-득점	2023-24시즌 아스널	위치
8-2		CB
2-0	⏱ 38-0 3420 A 0 P 74.5-69.3 P% 93%	
10-2 LG-2		
0-0 RG-0	DR 0.4-0.3 TK 1.3-1.1 IC 0.8 4-0 ★ 2	
0-0 HG-0		

OP	SH	SG	PC	P%	LC	BT	DC	TK	DT%	BL	IC	CL	A%
상위	하위	상위	상위	상위	상위	상위	상위	상위	하위	상위	하위	상위	상위
48%	11%	20%	12%	9%	11%	35%	15%	10%	6%	16%	4%	1%	47%

평점 6.85 — Rúben DIAS
후벵 디아스   1999.12.01 / 191cm

그 까다로운 식견을 가진 과르디올라 감독으로부터 "본인은 물론 팀 자체를 업그레이드 시키는 수비수"라는 극찬을 받을 정도로 신뢰를 한 몸에 받고 있다. 소위 모난 구석이 없는 '육각형 센터백'. 태클에 능하며 선제적으로 대응하는 맨마킹이 트레이드마크. 우수한 드리블 스킬과 준수한 볼 스킬을 가졌다. 체격 조건과 위치 선정도 좋아 제공권에서도 탁월하다. 시장 가치는 8000만 유로, 추정 연봉은 1107만 유로.

슈팅-득점	2023-24시즌 맨체스터 시티	위치
15-0		CB
5-0	⏱ 28-2 2558 A 0 P 86.9-81.7 P% 94%	
20-0 LG-0		
0-0 RG-0	DR 0.0-0.0 TK 1.5-1.3 IC 1.0 0-0 ★ 0	
0-0 HG-0		

OP	SH	SG	PC	P%	LC	BT	DC	TK	DT%	BL	IC	CL	A%
하위	상위	상위	하위	하위	상위	상위	상위	상위	상위	상위	상위	상위	하위
10%	26%	10%	1%	2%	34%	1%	9%	43%	19%	25%	47%	8%	28%

평점 6.85 — Marco FRIEDL
마르코 프리들   1998.03.16 / 187cm

바이에른 뮌헨 유스 출신이나 자리를 잡지 못했고 2018년 베르더 브레멘 임대 이적 후 프로서 뿌리를 내렸다. 주로 왼쪽 풀백으로 뛰지만 센터백으로도 뛸 수 있다. 질 좋은 전방 패스 능력을 가졌으며, 레프트백으로 뛸 때 위협적인 오버래핑과 크로스를 날린다. 지능이 좋아 좋은 위치를 선점해 상대 볼 줄기를 사전에 차단하는 능력도 뛰어나다. 다만 기복이 심하다. 시장 가치는 750만 유로, 추정 연봉은 72만 유로.

슈팅-득점	2023-24시즌 베르더 브레멘	위치
2-1		CB
5-0	⏱ 25-0 2199 A 0 P 42.6-37.1 P% 87%	LB
7-1 LG-1		
0-0 RG-0	DR 0.2-0.2 TK 2.6-2.1 IC 1.4 6-0 ★ 2	
0-0 HG-0		

OP	SH	SG	PC	P%	LC	BT	DC	TK	DT%	BL	IC	CL	A%
하위	상위	상위	상위	상위	상위	상위	상위	상위	상위	상위	상위	상위	하위
33%	15%	12%	22%	48%	24%	23%	45%	11%	9%	6%	19%	8%	10%

평점 6.85 — Benjamin PAVARD
벤자맹 파바르   1996.03.28 / 186cm

2018 FIFA 러시아 월드컵 당시 프랑스의 우승 주역. 16강 아르헨티나전에서 환상적인 발리 중거리슛으로 대회 최고의 골 장면을 연출했었다. 주 포지션은 라이트백이지만 최근에는 센터백으로 더 많이 뛰고 있다. 강철 같은 체력과 뛰어난 위치 선정으로 우측 터치라인을 오르내리며 강력한 중거리슛으로 유명하다. 다만 온더볼 스킬은 부족하다. 시장 가치는 5000만 유로, 추정 연봉은 641만 유로.

슈팅-득점	2023-24시즌 인테르 밀란	위치
9-0		CB
6-0	⏱ 21-2 1679 A 0 P 54.5-50.1 P% 92%	RB
15-0 LG-0		LB
0-0 RG-0	DR 0.3-0.3 TK 1.7-1.5 IC 1.4 6-0 ★ 1	RM
0-0 HG-0		

OP	SH	SG	PC	P%	LC	BT	DC	TK	DT%	BL	IC	CL	A%
상위	상위	상위	상위	상위	상위	상위	하위	상위	상위	하위	상위	상위	상위
34%	26%	22%	17%	23%	31%	20%	37%	30%	7%	49%	8%	15%	46%

평점 6.85 — Samuel GIGOT
사뮈엘 지고   1993.10.12 / 187cm

어렸을 적 럭비 선수였다는 독특한 이력을 가지고 있으며, 형 토비는 최근까지 프랑스 럭비 국가대표로 활동한 바 있다. 굉장히 다부진 피지컬을 활용해 끈질긴 대인마크를 펼친다. 실점 직전까지 집중력을 잃지 않고 위기 상황을 무마시키는 명장면을 여럿 만들어낸다. 외모와 달리 상대 공격 흐름을 먼저 예측하며 대응하는 지능적인 면모도 가졌다. 다만 카드가 많다. 시장 가치는 900만 유로, 추정 연봉은 227만 유로.

슈팅-득점	2023-24시즌 마르세유	위치
19-3		CB
0-0	⏱ 20-1 1729 A 0 P 45.5-40.0 P% 88%	
19-3 LG-0		
0-0 RG-2	DR 0.2-0.1 TK 2.0-1.6 IC 1.2 7-1 ★ 1	
0-0 HG-1		

OP	SH	SG	PC	P%	LC	BT	DC	TK	DT%	BL	IC	CL	A%
상위	하위	하위	상위	상위	하위	상위	상위	상위	상위	상위	상위	상위	하위
20%	7%	2%	38%	31%	1%	34%	31%	29%	16%	37%	22%	38%	3%

○ 유럽 5대리그 센터백 항목별 랭킹 (90분 기준 기록, 100분율)

Maximilian WÖBER
막시밀리안 뵈버   1998.02.04 / 188cm

평점 6.84

오스트리아 국가대표로 유로 2024에 출전한 왼발잡이 중앙 수비수. 폭 넓은 수비 범위를 자랑하며, 대인 마크와 빌드업 모두 능숙하다. 상당히 질 좋은 롱 패스 실력을 가졌으며, 레프트백으로도 뛸 수 있다. 능숙한 위치 선정으로 공중볼 처리에 강한 면모를 보인다. 그러나 발이 느리다는 단점이 있으며, 모험적인 수비를 펼치다 도리어 큰 위기를 자초하기도 한다. 시장 가치는 1000만 유로, 추정 연봉은 212만 유로.

슈팅-득점: 15-2 / 4-0 / 19-2 LG-0 / 0-0 RG-0 / 0-0 HG-0
2023-24시즌 묀헨글라트바흐: 24-1 / 2070 / A 3 / P 56.0-46.9 / P% 84%
DR 0.2-0.1 / TK 3.6-2.7 / IC 1.5 / 2-1 / 0
위치: CB, LB

OP 상위 4% / SH 상위 11% / SG 상위 50% / PC 상위 36% / P% 하위 26% / LC 상위 47% / BT 상위 22% / DC 상위 26% / TK 하위 2% / DT% 상위 36% / BL 하위 3% / IC 상위 18% / CL 상위 49% / A% 하위

MARQUINHOS
마르키뇨스   1994.05.14 / 183cm

평점 6.84

PSG에서 10년을 뛴 '파리지앵의 충신' 센터백. 상황에 따라서는 라이트백으로도 기용 가능하다. 지난해부터 사우디아라비아 이적설이 자주 제기된다. 센터백치고는 크다고 할 수 없으나 엄청난 점프력과 뛰어난 위치 선정으로 단점을 없앤다. 도리어 그의 헤더는 팀의 중요한 공격 옵션이다. 빠르고 민첩한 움직임으로 상대 공격을 무력화시키며, 빌드업도 우수하다. 시장 가치는 5000만 유로, 추정 연봉은 1680만 유로.

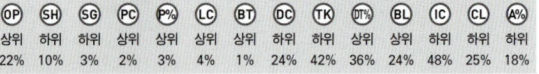

슈팅-득점: 4-0 / 0-0 / 4-0 LG-0 / 0-0 RG-0 / 0-0 HG-0
2023-24시즌 PSG: 18-3 / 1540 / A 1 / P 84.4-80.2 / P% 95%
DR 0.0-0.0 / TK 1.2-0.9 / IC 0.8 / 1-0 / 0
위치: CB, RB, DM

OP 상위 22% / SH 하위 10% / SG 하위 3% / PC 상위 3% / P% 상위 4% / LC 하위 24% / BT 상위 42% / DC 상위 36% / TK 상위 24% / DT% 상위 48% / BL 상위 25% / IC 하위 18% / CL / A%

Ibrahima KONATÉ
이브라히마 코나테   1999.05.25 / 194cm

평점 6.84

어렸을 적부터 리버풀 광팬이었음을 자처할 정도로 팀을 사랑한다. 소위 '괴물 피지컬'을 자랑하며 톱 수준 스트라이커를 윽박지르는 스타일로 유명한 센터백. 외견상 굼떠 보일지 모르나, 심지어 가속도가 붙었을 때 스피드가 실로 폭발적이다. 여기에 질 좋은 패스 능력까지 갖춰 전술적으로도 상당히 효용 가치가 드높다. 다만 부상이 잦다. 시장 가치는 4500만 유로, 추정 연봉은 430만 유로.

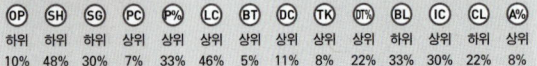

슈팅-득점: 11-0 / 0-0 / 11-0 LG-0 / 0-0 RG-0 / 0-0 HG-0
2023-24시즌 리버풀: 17-5 / 1571 / A 4 / P 65.9-58.0 / P% 88%
DR 0.5-0.3 / TK 2.0-1.7 / IC 0.9 / 3-1 / 0
위치: CB

OP 하위 10% / SH 하위 48% / SG 하위 30% / PC 상위 7% / P% 상위 33% / LC 상위 46% / BT 상위 4% / DC 상위 11% / TK 상위 8% / DT% 상위 22% / BL 상위 33% / IC 상위 30% / CL 상위 22% / A% 상위 8%

Alberto DOSSENA
알베르토 도세나   1998.10.13 / 188cm

평점 6.84

커리어 내내 하부리그 클럽에서 활약했고 현재 몸담고 있는 칼리아리 역시 세리에 B에 있을 때 인연을 맺었다. 단단한 피지컬이 인상적인 수비수이며, 볼을 다루는 기술 역시 수준급이다. 주로 스리백에서 활약하는 오른발잡이 센터백이지만, 포백에서도 활용할 수 있다. 저돌적이면서도 상대 공격을 미리 예측하고 대응하는 인터셉트 능력도 상당히 우수하다. 시장 가치는 500만 유로, 추정 연봉은 74만 유로.

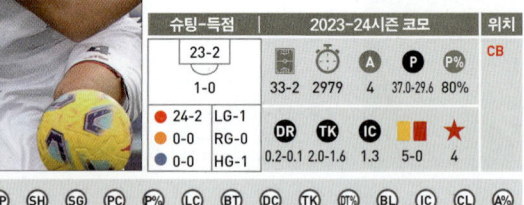
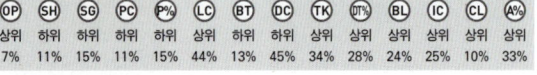

슈팅-득점: 23-2 / 1-0 / 24-2 LG-1 / 0-0 RG-0 / 0-0 HG-1
2023-24시즌 코모: 33-2 / 2979 / A 4 / P 37.0-29.6 / P% 80%
DR 0.2-0.1 / TK 2.0-1.6 / IC 1.3 / 5-0 / 4
위치: CB

OP 상위 7% / SH 상위 11% / SG 상위 15% / PC 하위 15% / P% 상위 44% / LC 상위 13% / BT 상위 45% / DC 상위 28% / TK 상위 24% / DT% 상위 25% / BL 하위 10% / IC 상위 33% / CL / A%

Mats HUMMELS
마츠 후멜스   1988.12.16 / 191cm

평점 6.84

지난 수십 년 동안 독일 축구의 최후방을 대표했던 수비수 중 하나였다. 2023-2024시즌 종료 후 도르트문트와 결별하고 새로운 도전을 모색하고 있다. 현역 시절 내내 비교됐던 선수는 스페인 레전드 제라르 피케, 실제로 피케처럼 굉장히 좋은 피지컬을 갖췄으며, 미드필더 못잖게 볼을 잘 다루며 공격 시발점 구실을 잘해냈다. 다만 민첩하지 못한 것이 약점이다. 시장 가치는 500만 유로, 추정 연봉은 700만 유로.

슈팅-득점: 13-3 / 3-0 / 16-3 LG-1 / 0-0 RG-0 / 0-0 HG-2
2023-24시즌 도르트문트: 20-5 / 1583 / A 0 / P 56.5-50.3 / P% 89%
DR 0.3-0.1 / TK 3.0-2.1 / IC 1.4 / 4-1 / 2
위치: CB

OP 상위 8% / SH 상위 10% / SG 상위 19% / PC 상위 20% / P% 상위 33% / LC 상위 9% / BT 상위 13% / DC 상위 28% / TK 상위 1% / DT% 상위 41% / BL 상위 11% / IC 상위 5% / CL 상위 15% / A% 상위 29%

ITO Hiroki
이토 히로키   1999.05.12 / 188cm

평점 6.84

슈투트가르트에서 3년 동안 꾸준히 스텝업을 한 끝에 2024년 여름 이적 시장을 통해 바이에른 뮌헨의 유니폼을 입게 됐다. 후방 빌드업과 발 기술이 굉장히 출중한 수비수다. 본래 센터백이지만 2023년부터는 레프트백으로 위치를 바꾸었는데, 이는 그의 범용성을 더욱 키우는 요소가 되고 있다. 다만 위치 선정이 좋지 못해 상대의 침투 플레이에 당하는 경우가 있다. 시장 가치는 3000만 유로, 추정 연봉은 250만 유로.

슈팅-득점: 9-0 / 9-0 / 18-0 LG-0 / 0-0 RG-0 / 0-0 HG-0
2023-24시즌 슈투트가르트: 25-1 / 2232 / A 2 / P 76.2-67.8 / P% 89%
DR 0.4-0.3 / TK 1.3-0.7 / IC 1.1 / 1-0 / 0
위치: CB, LB

OP 상위 36% / SH 상위 20% / SG 상위 39% / PC 상위 7% / P% 상위 27% / LC 상위 45% / BT 상위 30% / DC 상위 1% / TK 하위 36% / DT% 상위 42% / BL 상위 36% / IC 하위 4% / CL / A%

○ 유럽 5대리그 센터백 항목별 랭킹(90분 기준 기록, 100분율)

Florian GRILLITSCH
평점 6.83
플로리안 그릴리치   1995.08.07 / 187cm

프로 커리어를 독일에서 착실히 쌓다가 2022년 아약스로 이적, 새로운 도전에 임했으나 실패하고 친정팀 호펜하임에 돌아와 활약 중이다. 볼을 매우 잘 다루는 중앙 수비수이며, 패스 실력도 출중해 상황에 따라서는 수비형 미드필더로 전진 배치된다. 기본적으로 뛰어난 운동 능력을 갖춘 자원이며, 되도록 적은 터치로 플레이를 전개하는 스타일이다. 태클도 수준급. 시장 가치는 650만 유로, 추정 연봉은 250만 유로.

슈팅-득점	2023-24시즌 호펜하임	위치
5-0 / 16-1	25-5 2297 6 57.6-49.5 86%	CB CM DM
21-1 LG-0 / 0-0 RG-1 / 0-0 HG-0	DR 0.3-0.4 TK 2.9-1.8 IC 1.7 8-0 0	

OP	SH	SG	PC	P%	LC	BT	DC	TK	DT%	BL	IC	CL	A%
상위	상위	상위	상위	하위	상위	상위	상위	상위	상위	상위	상위	하위	하위
1%	11%	17%	26%	46%	22%	6%	12%	6%	17%	4%	39%	17%	

Rasmus NICOLAISEN
평점 6.83
라스무스 니콜라이슨   1997.03.16 / 191cm

덴마크 강호 미트윌란에서 줄곧 활약하다 2021년 포츠머스 임대 이적을 통해 국제적으로 기량을 인정받았으며, 이후 툴루즈에서 커리어를 쌓고 있다. 공중볼 다툼에 능한 센터백. 특히 공격 세트 피스시 위력을 발휘한다. 다만 민첩성이 떨어지고 결정적인 순간에 큰 실수를 저지르는 때가 종종 있다. 테크닉은 다소 투박해 개인기로 승부하는 공격수에게 약하다. 시장 가치는 600만 유로, 추정 연봉은 55만 유로.

슈팅-득점	2023-24시즌 툴루즈	위치
19-2 / 0-0	33-0 2927 1 50.8-43.2 85%	CB
19-2 LG-0 / 0-0 RG-0 / 0-0 HG-2	DR 0.1-0.1 TK 2.2-1.6 IC 1.2 4-1 1	

OP	SH	SG	PC	P%	LC	BT	DC	TK	DT%	BL	IC	CL	A%
하위	상위	상위	상위	하위	상위	상위	상위	상위	상위	상위	상위	상위	상위
39%	27%	44%	33%	40%	46%	35%	36%	48%	30%	53%	49%	28%	11%	3%

Fabian SCHÄR
평점 6.83
파비안 셰어   1991.12.20 / 189cm

스위스 클럽 빌에서 활약할 당시 미드필더였기 때문에 기본적으로 롱 패스 등 수준 높은 볼 배급 능력을 갖추고 있다. 센터백으로 전향한 것도 바로 그때의 일이다. 강하게 전진하며 수비를 펼친다. 정확한 킥 덕분에 페널티킥 키커로도 나서며, 점프력도 우수해 세트 피스시 종종 득점도 뽑아낸다. 다만 발이 빠르진 못해 커버 범위가 좁다. 위치 선정도 좋지 못한 편. 시장 가치는 1000만 유로, 추정 연봉은 276만 유로.

슈팅-득점	2023-24시즌 뉴캐슬 Utd.	위치
18-4 / 17-0	35-1 3057 1 58.6-48.6 83%	CB
35-4 LG-0 / 3-0 RG-3 / 0-0 HG-1	DR 0.6-0.4 TK 1.8-1.2 IC 1.0 5-0 1	

OP	SH	SG	PC	P%	LC	BT	DC	TK	DT%	BL	IC	CL	A%
상위	상위	상위	상위	하위	상위	상위	상위	상위	상위	상위	상위	상위	상위
11%	5%	6%	42%	33%	8%	37%	23%	32%	5%	33%	40%	46%	6%

Berat DJIMSITI
평점 6.82
베라트 짐시티   1993.02.19 / 191cm

알바니아 국가대표지만, 취리히에서 태어나 스위스 연령별 대표를 경험한 바 있는 이민자 출신 수비수. 알바니아·스위스·코소보·세르비아 4중 국적자다. 2023-2024 UEFA 유로파리그 베스트 일레븐에 선정됐다. 큰 키를 활용한 제공권 장악 능력이 강점이며, 무엇보다 잔실수 없는 수비로 유명하다. 지능적인 위치 선정과 긴 다리를 활용한 태클도 굉장히 우수하다. 시장 가치는 1000만 유로, 추정 연봉은 148만 유로.

슈팅-득점	2023-24시즌 아탈란타	위치
13-0 / 0-0	32-5 2832 1 44.1-38.8 88%	CB
13-0 LG-0 / 0-0 RG-0 / 0-0 HG-0	DR 0.3-0.3 TK 1.5-1.1 IC 1.5 4-0 1	

OP	SH	SG	PC	P%	LC	BT	DC	TK	DT%	BL	IC	CL	A%
하위	상위	상위	상위	상위	상위	하위	상위	상위	상위	상위	상위	상위	상위
37%	31%	23%	43%	41%	49%	38%	26%	26%	19%	6%	31%	6%	31%

Jhon LUCUMÍ
평점 6.82
존 루쿠미   1998.06.26 / 187cm

뛰어난 피지컬을 가진 왼발잡이 센터백. 공중볼 경합에 능하며 수비형 미드필더로 전진 배치될 시 정교한 왼발 패스를 활용해 우수한 경기 장악 능력을 발휘해 흐름을 바꾼다. 종종 레프트백으로도 활약할 수 있을 정도로 빠른 발을 자랑해 상대의 날개 공격수 방어에도 능한 면모를 보인다. 클리어링 빈도도 상당히 많은 편이다. 다만 키에 비해 공중볼 다툼 능력이 모자라다. 시장 가치는 1700만 유로, 추정 연봉은 96만 유로.

슈팅-득점	2023-24시즌 볼로냐	위치
6-0 / 5-0	23-6 2214 0 63.0-59.2 94%	CB LB
11-0 LG-0 / 0-0 RG-0 / 0-0 HG-0	DR 0.3-0.3 TK 2.0-1.7 IC 0.6 2-0 1	

OP	SH	SG	PC	P%	LC	BT	DC	TK	DT%	BL	IC	CL	A%
하위	상위	상위	상위	상위	상위	상위	상위	상위	상위	상위	상위	상위	상위
10%	43%	28%	11%	3%	18%	13%	24%	19%	9%	50%	11%	5%	13%

Eric GARCÍA
평점 6.82
에릭 가르시아   2001.01.09 / 182cm

연령별 대표 시절 월반을 해 활약할 정도로 전도유망한 수비수 자원이었다. 그러나 맨시티·바르셀로나 등 빅 클럽에서 자리잡지 못하고 지로나에서 만개했다. 출중한 테크닉과 후방 빌드업이 강점인 센터백이며, 팀이 필요로 하면 오른쪽 풀백으로도 기용 가능하다. 다만 센터백으로서는 너무 왜소한 피지컬을 가졌으며, 발이 빠르긴 하지만 가속도가 늦다는 약점이 있다. 시장 가치는 2000만 유로, 추정 연봉은 600만 유로.

슈팅-득점	2023-24시즌 FC 바르셀로나+지로나	위치
16-5 / 1-0	30-2 2697 3 69.6-63.3 91%	CB RB
17-5 LG-0 / 0-0 RG-0 / 0-0 HG-5	DR 0.3-0.1 TK 2.2-1.7 IC 0.5 3-0 1	

OP	SH	SG	PC	P%	LC	BT	DC	TK	DT%	BL	IC	CL	A%
상위	상위	상위	상위	상위	상위	상위	상위	하위	상위	상위	하위	상위	하위
8%	40%	25%	11%	21%	24%	40%	26%	20%	43%	40%	8%	38%

○ 유럽 5대리그 센터백 항목별 랭킹(90분 기준 기록, 100분율)

Stefan DE VRIJ
평점 6.82
스테판 더브레이 1992.02.05 / 185cm

전성기 시절이던 2019-2020시즌에는 세리에 A 최우수 수비수로 선정되었던 베테랑 센터백. 특기가 독특하게도 피아노 연주이며, 발매한 앨범도 있다. 스리백과 포백을 가리지 않는 센터백이며 침착한 온더볼 실력을 갖추었다. 넓은 시야와 정확한 전진 패스 능력을 가졌으며, 예측 수비와 리더십도 굉장히 출중하다. 2021-2022시즌 이후 에이징커브에 시달리고 있다. 시장 가치는 700만 유로, 추정 연봉은 704만 유로.

슈팅-득점	2023-24시즌 인테르 밀란					위치
9-1	17-8	1578	0	40.4-37.2	92%	CB
1-0						
10-1 LG-0	0.1-0.1	1.0-0.7	1.0	0-0	0	
0-0 RG-0						
0-0 HG-1						

OP	SH	SG	PC	P%	LC	BT	DC	TK	DT%	BL	IC	CL	A%
하위	하위	상위	상위	상위	상위	상위	상위	상위	상위	상위	상위	상위	상위
36%	40%	50%	29%	6%	13%	36%	39%	25%	18%	40%	33%	43%	38%

Craig DAWSON
평점 6.81
크레익 도슨 1990.05.06 / 188cm

어렸을 적 축구의 꿈을 포기하고 고향의 한 편에서 아르바이트를 했던 시절을 딛고 하부리그를 거쳐 프리미어리거의 꿈을 이룬 축구 인생의 승리자. 강력한 피지컬을 앞세워 상대 공격수를 상대로 대인마크를 펼치는 데 능한 파이터형 센터백이다. 허슬 플레이도 마다하지 않는 열정적인 수비를 펼친다. 다만 발이 느리고 거친 수비 스타일 때문에 카드 수집이 잦다. 시장 가치는 200만 유로, 추정 연봉은 276만 유로.

슈팅-득점	2023-24시즌 울버햄튼					위치
14-1	25-0	2211	0	50.6-44.0	87%	CB
2-0						RB
16-1 LG-0	0.1-0.1	1.8-1.3	0.6	7-0	2	
0-0 RG-1						
0-0 HG-0						

OP	SH	SG	PC	P%	LC	BT	DC	TK	DT%	BL	IC	CL	A%
상위	상위	상위	상위	상위	상위	상위	상위	상위	상위	상위	상위	상위	상위
35%	29%	24%	44%	44%	16%	39%	36%	31%	36%	8%	2%	10%	16%	21%

Fikayo TOMORI
평점 6.80
피카요 토모리 2002.01.23 / 186cm

캐나다 부친과 나이지리아 어머니 사이에서 태어난 잉글랜드 국가대표 출신 센터백. 첼시 시절 제2의 존 테리라고 불리며 큰 기대를 한몸에 받았었다. 매우 공격적 성향을 지닌 센터백이며, 뛰어난 운동 신경과 강력한 피지컬을 자랑한다. 발도 상당히 빠른 편. 때문에 경합 상황과 공중볼 다툼에 굉장히 능하다. 빌드업도 수준급. AC 밀란 이적 후 수비 스킬이 늘었다. 시장 가치는 4000만 유로, 추정 연봉은 449만 유로.

슈팅-득점	2023-24시즌 AC 밀란					위치
15-4	24-2	2125	0	64.6-58.3	91%	CB
2-0						RB
17-4 LG-0	0.2-0.1	2.1-1.6	1.0	6-1	1	
0-0 RG-2						
0-0 HG-2						

OP	SH	SG	PC	P%	LC	BT	DC	TK	DT%	BL	IC	CL	A%
상위	상위	상위	상위	하위	하위	상위	상위	상위	상위	하위	상위	하위	하위
17%	18%	13%	22%	14%	37%	26%	9%	15%	35%	20%	42%	21%	20%

Germán PEZZELLA
평점 6.80
헤르만 페셀라 1991.06.27 / 187cm

단단한 피지컬을 갖춘 수비수라 '엘 탕케(El Tanque)'라는 별명을 가지고 있는데, 이는 탱크라는 뜻이다. 우수한 제공권을 자랑하는 오른발잡이 센터백이며, 후방에서 차분한 수비 조율과 클리어링으로 팀에 안정감을 불어넣는다. 일대일 상황에서도 빈틈을 쉽게 보이지 않는다. 그러나 발이 느려 준족 공격수에게 약하며, 이 과정에서 많은 파울과 카드를 받는 편이다. 시장 가치는 300만 유로, 추정 연봉은 250만 유로.

슈팅-득점	2023-24시즌 레알 베티스					위치
23-1	32-0	2771	0	46.3-39.8	86%	CB
0-0						
23-1 LG-0	0.2-0.1	1.5-1.1	1.0	7-0	2	
0-0 RG-1						
0-0 HG-0						

OP	SH	SG	PC	P%	LC	BT	DC	TK	DT%	BL	IC	CL	A%
하위	상위	상위	상위	상위	상위	상위	상위	상위	상위	상위	상위	상위	상위
22%	24%	28%	34%	45%	20%	29%	30%	22%	46%	27%	47%	27%	23%

Tosin ADARABIOYO
평점 6.80
토신 아다라비오요 1997.09.24 / 196cm

풀럼에서 4년 동안 착실히 성장한 거한 센터백. 풀럼의 유럽클럽대항전 진출이 무산되자, 2023-2024시즌 종료 후 오랫동안 러브콜을 보낸 첼시 이적을 감행했다. 리그 최고 수준의 제공권 장악 능력을 자랑하며 빠른 발을 활용한 대인 마크 능력도 출중하다. 다만 볼을 다루는 데 미숙하며, 역동작에 걸릴 경우 민첩성이 좋지 못해 대응 능력이 떨어진다. 시장 가치는 2000만 유로, 추정 연봉은 246만 유로.

슈팅-득점	2023-24시즌 풀럼					위치
12-2	18-2	1617	0	60.5-51.4	85%	CB
2-0						RB
14-2 LG-0	0.2-0.1	1.1-1.1	1.0	2-0	0	
0-0 RG-0						
0-0 HG-2						

OP	SH	SG	PC	P%	LC	BT	DC	TK	BL	IC	CL	A%
상위	상위	상위	하위	상위	하위	하위	하위	상위	상위	하위	상위	상위
21%	16%	9%	30%	40%	16%	24%	18%	25%	31%	9%	24%	32%	20%

Jaka BIJOL
평점 6.80
자카 비졸 1999.02.05 / 190cm

슬로베니아 대표팀 수비의 핵. CSKA 모스크바에서 뛰었던 시절까지는 주로 센터백으로 활약했으나, 2022년 우디네세 이적 후 센터백으로 활동 영역을 넓혔다. 때문에 후방에서 상당히 질 좋은 패스 능력을 뽐낸다. 태클과 예측 수비 능력도 준수하다. 다만 스피드와 민첩성이 다소 부족하다. 수비수로서 버텨야 할 고비에 집중력이 흔들려 실점하는 경우도 제법 된다. 시장 가치는 1000만 유로, 추정 연봉은 103만 유로.

슈팅-득점	2023-24시즌 우디네세					위치
15-0	23-1	2083	0	34.2-27.0	79%	CB
0-0						DM
15-0 LG-0	0.0-0.0	2.4-1.8	1.0	4-0	3	CM
0-0 RG-0						
0-0 HG-0						

OP	SH	SG	PC	P%	LC	BT	DC	TK	DT%	BL	IC	CL	A%
하위	상위	상위	하위	하위	상위	상위	상위	상위	상위	상위	상위	상위	하위
10%	30%	29%	3%	11%	44%	5%	24%	45%	20%	39%	3%	2%

○ 유럽 5대리그 센터백 항목별 랭킹(90분 기준 기록, 100분율)

Facundo MEDINA

평점 **6.79**
파쿤도 메디나 1999.05.28 / 184cm

2020년부터 랑스 수비의 핵으로서 맹활약하고 있다. 체격 조건이 대단하다고는 볼 수 없으나, 다부진 체격조건을 십분 활용한 일대일 수비에 능하다. 굉장히 희귀한 왼발잡이 센터백인데, 이 왼발 빌드업 실력이 실로 빼어나다는 평가를 받고 있다. 지능적인 위치 선정 능력도 그의 강점. 다만 신체적으로 작다 보니 몸싸움과 공중볼 다툼에서 밀리는 경향을 보인다. 시장 가치는 2500만 유로, 추정 연봉은 164만 유로.

슈팅-득점		2023-24시즌 RC 랑스					위치
11-1		⏱		A	P	P%	CB
0-0		30-1	2714	3	67.0-58.3	87%	LB
● 11-1	LG-0	DR	TK	IC	🟨	⭐	
● 0-0	RG-1	1.1-0.6	2.9-2.1	0.8	11-0	1	
● 0-0	HG-0						

OP	SH	SG	PC	P%	LC	BT	DC	TK	DT%	BL	IC	CL	A%
상위	상위	상위	상위	상위	상위	상위	상위	상위	상위	하위	하위	하위	상위
24%	35%	3%	28%	48%	46%	26%	3%	13%	42%	47%	18%	1%	27%

Mohamed SIMAKAN

평점 **6.79**
모하메드 시마칸 2000.05.03 / 187cm

올랭피크 마르세유 유스 시절부터 특급 수비 유망주로 유명했다. 가나 혈통을 지녔으나 프랑스 연령별 대표로 활동한 센터백. 단단한 피지컬을 최대치로 활용한 거친 수비로 상대 공격수를 옥죄지른다. 스피드가 출중해 라이트백으로도 기용 가능하며, 악착같은 수비로 상대 공격을 끝까지 취급하는 플레이를 펼친다. 양발을 능숙하게 사용하는 테크니컬한 면모도 있다. 시장 가치는 3500만 유로, 추정 연봉은 200만 유로.

슈팅-득점		2023-24시즌 RB 라이프치히					위치
27-2		⏱		A	P	P%	CB
3-0		23-9	2140	3	46.7-40.2	86%	RB
● 30-2	LG-0	DR	TK	IC	🟨	⭐	RM
● 0-0	RG-2	0.7-0.4	2.0-1.5	0.9	8-0	1	
● 0-0	HG-0						

OP	SH	SG	PC	P%	LC	BT	DC	TK	DT%	BL	IC	CL	A%
상위	상위	상위	상위	상위	상위	상위	상위	상위	상위	상위	상위	하위	상위
5%	2%	1%	37%	44%	30%	1%	31%	36%	31%	6%	20%	—	46%

Micky VAN DE VEN

평점 **6.79**
미키 반더벤 2001.04.19 / 193cm

2023-2024시즌을 앞두고 토트넘에 영입됐을 때 무려 클럽 역대 7위에 달하는 높은 이적료를 기록했다. 2023-2024시즌 토트넘 오피셜 서포터스가 선정한 올해의 선수를 받으며 기대에 부응했다. 폭발적 주력과 출중한 피지컬을 고루 갖춘 센터백이며, 위기 상황에서 날리는 태클이 매우 정확하다. 배후 공간 클리어링도 상당히 안정적이다. 다만 공중볼 경합에 약하다. 시장 가치는 5500만 유로, 추정 연봉은 307만 유로.

슈팅-득점		2023-24시즌 토트넘					위치
7-3		⏱		A	P	P%	CB
1-0		27-0	2344	0	66.2-62.2	94%	LB
● 8-3	LG-3	DR	TK	IC	🟨	⭐	
● 0-0	RG-0	1.0-0.6	2.1-1.8	0.7	5-0	1	
● 0-0	HG-0						

OP	SH	SG	PC	P%	LC	BT	DC	TK	DT%	BL	IC	CL	A%
상위	하위	하위	상위	상위	상위	상위	상위	상위	상위	상위	하위	하위	하위
20%	17%	44%	16%	2%	23%	2%	14%	14%	14%	19%	9%	—	8%

Manuel AKANJI

평점 **6.78**
마누엘 아칸지 1995.07.19 / 188cm

과르디올라 감독이 "다른 선수는 열 번 훈련해야 전술을 이해하는데 아칸지는 한 번이면 충분하다"라고 극찬할 정도로 축구 지능이 비상한 센터백. 기본적으로 신체 능력도 출중하지만 경기 흐름을 꿰뚫고 예측 수비를 펼치며 후방에 부담을 덜어준다. 또한 수비형 미드필더와 풀백으로 활용할 수 있을 정도로 큰 범용성을 가지고 있다. 다만 키에 비해 공중볼이 약하다. 시장 가치는 4500만 유로, 추정 연봉은 1107만 유로.

슈팅-득점		2023-24시즌 맨체스터 시티					위치
9-2		⏱		A	P	P%	CB
6-0		28-2	2514	0	76.4-71.8	94%	DM
● 15-2	LG-0	DR	TK	IC	🟨	⭐	LB
● 0-0	RG-0	0.1-0.1	2.0-1.4	0.8	2-1	0	RB
● 0-0	HG-0						

OP	SH	SG	PC	P%	LC	BT	DC	TK	DT%	BL	IC	CL	A%
상위	상위	상위	상위	상위	상위	상위	상위	상위	상위	상위	상위	하위	하위
21%	40%	25%	4%	3%	50%	7%	25%	22%	39%	11%	13%	4%	12%

Danilo PEREIRA

평점 **6.78**
다닐루 페레이라 1991.09.09 / 190cm

파리 생제르맹의 부주장. 투헬 감독 시절 자신의 포지션을 두고 공개 설전을 벌였던 적이 있을 정도로 '에고'도 강하다. 포르투갈에서는 '제2의 비에이라'라고 불린다. 수비형 미드필더와 센터백을 오가며 활약하고 있으며, 강인한 피지컬과 경기 내내 유지하는 집중력 있는 수비로 유명하다. 넓은 보폭으로 빠른 스피드를 보이는데 순간 스피드는 비교적 평범한 편. 시장 가치는 800만 유로, 추정 연봉은 320만 유로.

슈팅-득점		2023-24시즌 PSG					위치
9-0		⏱		A	P	P%	CB
1-0		22-4	1993	0	85.2-80.2	94%	DM
● 10-0	LG-0	DR	TK	IC	🟨	⭐	
● 0-0	RG-0	0.2-0.1	1.2-0.8	0.9	2-0	0	
● 0-0	HG-0						

OP	SH	SG	PC	P%	LC	BT	DC	TK	DT%	BL	IC	CL	A%
하위	하위	상위	상위	상위	상위	상위	상위	상위	상위	상위	상위	상위	상위
10%	39%	13%	1%	2%	8%	—	37%	17%	26%	49%	41%	58%	34%

Gautier LLORIS

평점 **6.78**
고티에 요리스 1995.07.19 / 191cm

프랑스 레전드 골키퍼 위고 요리스가 9살 터울의 친형으로 유명하다. 유망주 시절 프랑스 U-19 대표였다. 괜찮은 수준의 위치 선정과 제공권 처리 능력을 가졌다. 피지컬도 상당히 준수하며 상대 공격에 반응하는 속도가 제법 재빠르다. 제한적이긴 해도 후방 빌드업도 어느 정도 해낸다. 다만 위기 상황에서 치명적인 판단 미스를 범하는 경우가 종종 있다. 시장 가치는 300만 유로, 추정 연봉은 54만 유로.

슈팅-득점		2023-24시즌 르아브르					위치
16-2		⏱		A	P	P%	CB
0-0		31-0	2780	0	44.7-38.4	86%	
● 16-2	LG-0	DR	TK	IC	🟨	⭐	
● 0-0	RG-1	0.3-0.1	2.2-1.6	1.0	2-0	0	
● 0-0	HG-0						

OP	SH	SG	PC	P%	LC	BT	DC	TK	DT%	BL	IC	CL	A%
상위	상위	상위	상위	상위	상위	상위	상위	상위	상위	상위	상위	상위	상위
46%	46%	49%	25%	47%	21%	38%	57%	28%	16%	44%	28%	45%	17%

○ 유럽 5대리그 센터백 항목별 랭킹(90분 기준 기록, 100분율)

Kevin DANSO
평점 6.78 케빈 단소 1998.09.19 / 190cm

아우크스부르크 시절 팀 내의 기대를 한 몸에 받는 특급 유망주였으며, 덕분에 구단 역대 최연소 분데스리가 데뷔라는 기록을 가지게 됐다. 먼저 자리를 선점하고 강인한 피지컬과 스피드를 통해 위기 상황을 무마시키는 플레이에 능하다. 전술 소화 능력도 출중하며, 후방 빌드업은 물론 적극적으로 공격에 가담한다. 다만 과한 자신감 때문에 위기를 자초할 때가 있다. 시장 가치는 2500만 유로, 추정 연봉은 150만 유로.

슈팅-득점		2023-24시즌 RC 랑스				위치
16-1			A	P	P%	CB
5-0		30-0 2656	0	57.0-50.2	88%	
21-1 LG-0	DR	TK	IC	🟨🟥	★	
0-0 RG-0						
0-0 HG-1	0.5-0.4	1.4-0.9	0.9	6-0	0	

OP	SH	SG	PC	P%	LC	BT	DC	TK	DT%	BL	IC	CL	A%
하위	상위	상위	상위	상위	하위	상위	상위	하위	상위	상위	상위	상위	상위
22%	11%	36%	48%	35%	37%	49%	4%	16%	29%	16%	50%	27%	

Mario HERMOSO
평점 6.76 마리오 에르모소 1999.12.01 / 191cm

레알 마드리드 B팀에서 프로 데뷔했으나 정작 1군 데뷔를 하지 못했고 마드리드를 연고로 하는 에스파뇰과 아틀레티코에서 커리어를 본격적으로 쌓는 특이한 이력을 가지고 있다. 왼발잡이 센터백이며 레프트백도 뛸 수 있다. 볼 탈취 능력이 대단히 뛰어나며 수비시 반응이 빠르고 기술적으로 훌륭하다. 롱 패스로 전방에 볼을 배급하며 왼발 프리킥에도 일가견이 있다. 시장 가치는 2500만 유로, 추정 연봉은 833만 유로.

슈팅-득점		2023-24시즌 아틀레티코 마드리드				위치
14-0			A	P	P%	CB / LB
3-0		29-2 2558	1	57.5-50.0	87%	
17-0 LG-0	DR	TK	IC	🟨🟥	★	
0-0 RG-0						
0-0 HG-1	0.6-0.4	2.2-1.5	1.0	9-0	1	

OP	SH	SG	PC	P%	LC	BT	DC	TK	DT%	BL	IC	CL	A%
하위	상위	상위	하위	상위	하위	상위	하위	상위	하위	상위	상위	상위	하위
44%	41%	48%	20%	50%	27%	19%	14%	48%	13%	35%	24%	43%	

Amir RRAHMANI
평점 6.76 아미르 라흐마니 1994.02.24 / 192cm

김민재가 나폴리에서 뛸 때 가장 가까이 지낸 선수이자 센터백 파트너로 한국에 잘 알려져 있다. 강력한 피지컬을 자랑하는 파이터형 중앙 수비수이며 이를 활용해 공중볼 다툼과 대인 방어에 상당히 강점을 드러낸다. 양발 사용에 능해 수비와 공격 시발점과 관련한 전술적 관점에서 상당한 효과를 불어넣어준다. 종종 풀백으로도 뛴다. 단 민첩성이 떨어지고 실책이 잦다. 시장 가치는 1500만 유로, 추정 연봉은 321만 유로.

슈팅-득점		2023-24시즌 나폴리				위치
24-3			A	P	P%	CB / LB
1-0		30-0 2603	0	74.9-67.4	90%	
25-3 LG-0	DR	TK	IC	🟨🟥	★	
0-0 RG-2						
0-0 HG-1	0.6-0.3	1.6-1.1	0.7	5-0	0	

OP	SH	SG	PC	P%	LC	BT	DC	TK	DT%	BL	IC	CL	A%
상위	상위	상위	상위	상위	상위	하위	하위	하위	하위	상위	상위	상위	상위
20%	9%	8%	13%	19%	14%	9%	21%	16%	4%	27%	38%	34%	

Thiago SILVA
평점 6.76 치아구 실바 1984.09.22 / 181cm

2023-2024시즌 종료 후 첼시를 떠나며 오랜 유럽 생활을 마감, 현재 프로 데뷔팀 플루미넨시로 돌아갔다. 센터백으로는 단신이지만, 전성기에는 최고의 기량을 뽐낸 바 있다. 30대 중·후반의 나이에도 불구하고 첼시에서 일대일 싸움에서 빈틈을 보이지 않는 철통 수비력을 뽐냈다. 세트 피스시 헤더로 득점을 올리는 등 공격 재능도 훌륭했다. 시장 가치는 100만 유로, 추정 연봉은 677만 유로.

슈팅-득점		2023-24시즌 첼시				위치
14-3			A	P	P%	CB
3-0		28-3 2528	1	73.3-69.6	95%	
14-3 LG-0	DR	TK	IC	🟨🟥	★	
0-0 RG-1						
0-0 HG-2	0.1-0.1	1.5-0.9	0.9	4-0	0	

OP	SH	SG	PC	P%	LC	BT	DC	TK	DT%	BL	IC	CL	A%
상위	상위	상위	상위	하위	상위	상위	하위	상위	상위	상위	상위	상위	상위
13%	48%	46%	4%	37%	37%	23%	37%	37%	31%	6%	22%		

Daley BLIND
평점 6.76 데일리 블린트 1990.03.09 / 180cm

부친 다니 블린트가 아약스와 네덜란드의 레전드 수비수였던 것으로 유명하다. 젊었을 땐 유능한 왼발잡이 레프트백으로 활약했으나, 센터백과 수비형 미드필더로도 제 몫을 충실히 해낸다. 지능적인 예측 수비를 펼치지만 피지컬이 강하지 못해 몸싸움에는 다소 약한 편. 대신 정확한 롱 패스로 후방 빌드업 구실을 하는 등 공격적 역할을 맡을 때 존재감을 보인다. 시장 가치는 300만 유로, 추정 연봉은 178만 유로.

슈팅-득점		2023-24시즌 지로나				위치
10-1			A	P	P%	CB / LB
7-0		33-1 2972	2	74.4-67.0	90%	
17-1 LG-1	DR	TK	IC	🟨🟥	★	
1-0 RG-0						
0-0 HG-0	0.8-0.5	1.9-1.4	0.6	5-0	0	

OP	SH	SG	PC	P%	LC	BT	DC	TK	DT%	BL	IC	CL	A%
상위	상위	상위	하위	상위	상위	하위	상위	상위	하위	하위	상위	상위	하위
30%	47%	30%	12%	25%	41%	11%	6%	50%	31%	8%	34%	25%	

Chancel MBEMBA
평점 6.75 샹셀 음벰바 1994.08.08 / 182cm

뉴캐슬 유니폼을 입고 PL에 도전한 바 있으나 실패한 바 있다. 콩고민주공화국 역대 A매치 최다 출전 기록을 가진 센터백이다. 빠른 발을 활용해 수비 커버 범위를 넓게 가져간다. 볼 테크닉도 괜찮은 편이며 상당히 훌륭한 패스 정확도를 자랑한다. 커리어를 쌓아가며 안정감있는 수비를 펼치는 편. 하지만 피지컬의 한계 때문에 볼 경합시 약점을 드러낸다. 시장 가치는 1500만 유로, 추정 연봉은 384만 유로.

슈팅-득점		2023-24시즌 마르세유				위치
18-2			A	P	P%	CB / RB
1-0		25-0 2209	2	54.5-48.0	88%	
19-2 LG-0	DR	TK	IC	🟨🟥	★	
0-0 RG-1						
0-0 HG-1	0.4-0.3	1.8-1.3	0.5	10-0	1	

OP	SH	SG	PC	P%	LC	BT	DC	TK	DT%	BL	IC	CL	A%
상위	하위	상위	하위	상위	상위	상위	상위	상위	상위	하위	상위	상위	하위
3%	10%	20%	48%	44%	32%	43%	41%	41%	20%	20%	47%	37%	

Robin Le NORMAND
평점 6.75
로뱅 르노르망   1996.11.11 / 188cm

프랑스 태생이지만 라 리가에서 실력을 인정받아 조국이 아닌 스페인 국가대표가 되는 길을 택했다. 정교한 태클과 대인 방어에 일가견을 보이는 센터백. 제공권 장악 능력도 좋고, 좋은 위치를 먼저 선점해 대응하는 편이다. 전방으로 향하는 통 패스도 제법 정확하다. 그러나 민첩성이 떨어져 수비 라인을 올리는 전술을 가동할 때 배후 커버에 어려움을 겪는다. 시장 가치는 4000만 유로, 추정 연봉은 280만 유로.

슈팅-득점		2023-24시즌 레알 소시에다드					위치
7-2			A	P	P%		CB
1-0		28-1 2473	0	60.4-53.8	89%		
● 8-2	LG-0	DR	TK	IC		★	
● 0-0	RG-2	0.0-0.0	1.5-1.1	1.0	13-0	1	
● 0-0	HG-0						

OP	SH	SG	PC	P%	LC	BT	DC	TK	DT%	BL	IC	CL	A%
하위	하위	하위	상위	상위	상위	상위	하위	하위	하위	하위	하위	상위	상위
48%	37%	23%	34%	28%	17%	38%	9%	24%	20%	6%	45%	29%	35%

Piero HINCAPIÉ
평점 6.75
피에로 인카피에   2002.01.09 / 184cm

2023-2024시즌 개막 전 리버풀의 러브콜을 받기도 했으나, 팀에 잔류하고 레버쿠젠의 리그 우승에 기여했다. 중앙 센터백은 물론 레프트백, 왼쪽 미드필더까지 소화하는 다기능 자원이다. 빠른 발과 활동량을 앞세운 폭 넓은 수비 범위를 자랑하며, 인터셉트 빈도가 상당히 많다. 저돌적인 수비 스타일을 펼치나 몸싸움에는 약한 면모를 보인다. 카드도 제법 많은 편. 시장 가치는 4000만 유로, 추정 연봉은 208만 유로.

슈팅-득점		2023-24시즌 바이에르 레버쿠젠					위치
14-1			A	P	P%		CB
4-0		16-10 1484	2	55.9-49.2	88%		LB
● 18-1	LG-1	DR	TK	IC		★	LWB
● 0-0	RG-0	0.0-0.0	1.5-1.3	0.5	2-0	1	
● 0-0	HG-0						

OP	SH	SG	PC	P%	LC	BT	DC	TK	DT%	BL	IC	CL	A%
상위	상위	상위	상위	상위	상위	상위	상위	상위	하위	상위	상위	하위	하위
21%	6%	11%	9%	21%	18%	6%	27%	13%	43%	26%	48%	10%	36%

Marcos SENESI
평점 6.75
마르코스 세네시   1997.05.10 / 185cm

이탈리아 시민권을 가지고 있어 한때 아주리 군단의 러브콜을 받았으나 이를 거부하고 아르헨티나를 선택했다. 엄청난 근성을 발휘하며 상대를 집요하게 괴롭히는 저돌적인 센터백이다. 위치 선정 능력이 뛰어나 먼저 각을 좁혀 상대에게 좋지 않은 선택지를 내주는 스타일이다. 왼발잡이 센터백이라 희귀성도 크다. 다만 종종 큰 실수를 범하며 발은 빠르지 않다. 시장 가치는 2200만 유로, 추정 연봉은 307만 유로.

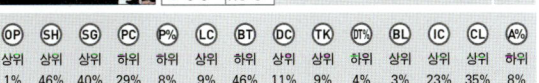

슈팅-득점		2023-24시즌 본머스					위치
10-4			A	P	P%		CB
3-0		26-5 2248	5	40.5-32.0	79%		
● 13-4	LG-0	DR	TK	IC		★	
● 0-0	RG-1	0.6-0.4	2.8-1.8	1.1	13-0	1	
● 0-0	HG-3						

OP	SH	SG	PC	P%	LC	BT	DC	TK	DT%	BL	IC	CL	A%
상위	상위	상위	상위	상위	하위	상위	상위	상위	상위	하위	상위	상위	하위
1%	46%	40%	29%	9%	46%	11%	4%	9%	4%	3%	23%	35%	8%

Arouna SANGANTE
평점 6.75
아루나 상간테   2002.04.12 / 189cm

18세의 어린 나이에 르아브르 1군에 데뷔해 차근차근 성장한 끝에 현재 팀의 핵심 수비수로 활약하고 있다. 과감한 태클과 몸을 날리는 허슬 플레이 수비를 펼치는 걸 즐긴다. 정확한 태클과 인터셉트에도 일가견을 가지고 있다. 큰 키를 활용한 헤더와 중거리슛 등 공격적 재능도 적당히 갖추고 있다. 다만 아직 어린 선수라 그런지 종종 집중력이 결여된 모습을 보인다. 시장 가치는 1000만 유로, 추정 연봉은 42만 유로.

슈팅-득점		2023-24시즌 르아브르					위치
12-0			A	P	P%		CB
4-0		30-0 2690	0	45.2-37.1	82%		RB
● 16-0	LG-0	DR	TK	IC		★	
● 0-0	RG-0	0.6-0.4	2.3-1.8	2.2	8-0	1	
● 0-0	HG-0						

OP	SH	SG	PC	P%	LC	BT	DC	TK	DT%	BL	IC	CL	A%
하위	상위	하위	상위	상위	상위	상위	하위	상위	하위	상위	상위	하위	하위
10%	44%	35%	31%	9%	28%	37%	18%	28%	37%	1%	26%	9%	22%

Carl STARFELT
평점 6.74
칼 스타펠트   1995.06.01 / 185cm

2022-2023시즌 PFA 선정 스코티시 프리미어리그 올해의 팀에 선정됐다. 이후 셀틱에서의 맹활약을 바탕으로 셀타로 이적했다. 센터백과 라이트백 포지션에서 활약했다. 빈틈없는 대인 방어 능력과 볼 가로채기에 강한 면모를 보인다. 발도 빠른 편이라 상대 공격수 움직임을 끈질기게 추적하는데도 능하다. 그러나 제공권 다툼에는 약한 편이며, 가끔 큰 실수를 범한다. 시장 가치는 500만 유로, 추정 연봉은 110만 유로.

슈팅-득점		2023-24시즌 셀타 비고					위치
12-1			A	P	P%		CB
0-0		26-1 2221	0	38.1-33.5	88%		
● 12-1	LG-0	DR	TK	IC		★	
● 0-0	RG-0	0.0-0.0	1.7-1.3	1.4	4-0	1	
● 0-0	HG-1						

OP	SH	SG	PC	P%	LC	BT	DC	TK	DT%	BL	IC	CL	A%
하위	하위	상위	하위	상위	상위	하위	상위	상위	상위	상위	하위	상위	상위
33%	49%	24%	19%	36%	5%	16%	4%	47%	26%	35%	24%	1%	8%

Leny YORO
평점 6.74
레니 요로   2005.11.13 / 190cm

18세의 어린 나이에도 불구하고 릴의 핵심 수비수로 자리해 현재 리그1 최대 수비 유망주로 꼽힌다. 현재 빅클럽 이적설이 솔솔 나돌고 있다. 날쌘 잔발 스텝으로 수비 전 지역을 커버한다. 긴 다리로 볼을 건드리는 영리한 태클 등 수비 스킬도 나이답지 않게 노련하다. 숏 패스로 전진하는 플레이를 즐기며 롱 패스 역시 상당히 정교하다. 다만 간혹 위험한 태클을 하는 편. 시장 가치는 5000만 유로, 추정 연봉은 36만 유로.

슈팅-득점		2022-23시즌 크리스털 팰리스					위치
14-2			A	P	P%		CB
0-0		30-2 2672	0	58.8-54.1	92%		
● 14-2	LG-0	DR	TK	IC		★	
● 0-0	RG-1	0.3-0.3	1.6-1.1	1.1	5-0	1	
● 0-0	HG-1						

OP	SH	SG	PC	P%	LC	BT	DC	TK	DT%	BL	IC	CL	A%
상위	상위	상위	상위	하위	상위	상위	상위	상위	하위	하위	하위	하위	상위
45%	47%	11%	27%	7%	42%	32%	31%	30%	41%	1%	39%	28%	31%

○ 유럽 5대리그 센터백 항목별 랭킹 (90분 기준 기록, 100분율)

Nathan AKÉ
평점 6.74
네이션 아케 1995.02.18 / 180cm

'오렌지 군단' 네덜란드와 맨체스터 시티의 핵심 수비수. 선수는 인터뷰를 통해 자신의 플레이스타일에 대해 브라질 레전드 다비드 루이스에게서 영감을 받았다고 한다. 깔끔한 수비 스킬을 자랑하는 센터백이며, 특히 인터셉트 등 예측 수비에 능한 모습을 보인다. 또한 레프트백과 수비형 MF로도 우수한 경기력을 뽐낸다. 다만 후방에서 공격 지원 능력은 조금 아쉽다. 시장 가치는 4000만 유로, 추정 연봉은 984만 유로.

슈팅-득점: 19-2 / 1-0 / LG 20-2 / RG 0-0 / HG 0-0
2023-24시즌 맨체스터 시티: 24-5 / 2044 / A 2 / P 60.9-56.5 / P% 93%
DR 0.3-0.2 / TK 1.2-0.9 / IC 0.5 / 카드 0-0 / ★ 0
위치: CB, LB, DM

OP	SH	SG	PC	P%	LC	BT	DC	TK	DT%	BL	IC	CL	A%
상위 12%	상위 8%	상위 12%	상위 4%	상위 5%	하위 5%	상위 40%	하위 19%	상위 34%	하위 1%	하위 3%	하위 6%	상위 33%	

Arthur THEATE
평점 6.74
아르투르 테아테 2000.05.25 / 186cm

유소년 시절 체격이 왜소하다는 이유로 방출을 경험하는 등 아픔이 있었으나 벨기에의 차세대 수비 유망주로 반전을 이뤘다. 어렸을 적 스트라이커로 축구를 시작해서인지 수비 상황에서 상당한 공격적 성향을 보인다. 센터백임에도 드리블과 전진 패스를 즐긴다. 레프트백으로도 뛸 수 있어 변형 스리백 효과를 낼 수 있다. 하지만 지나치게 공격적이라 카드가 많다. 시장 가치는 2000만 유로, 추정 연봉은 364만 유로.

슈팅-득점: 14-1 / 8-1 / LG 22-2 / RG 1-0 / HG 0-0
2023-24시즌 스타드 렌: 27-1 / 2300 / A 0 / P 57.1-50.8 / P% 89%
DR 0.5-0.3 / TK 1.5-1.1 / IC 1.1 / 카드 4-0 / ★ 1
위치: CB, LB

OP	SH	SG	PC	P%	LC	BT	DC	TK	DT%	BL	IC	CL	A%
상위 50%	상위 17%	상위 44%	상위 33%	상위 34%	상위 26%	상위 34%	상위 43%	상위 17%	하위 45%	상위 30%	상위 44%	상위 26%	상위 28%

Yunis ABDELHAMID
평점 6.74
유니스 압델하미드 1987.09.28 / 190cm

모로코가 한때 자랑했던 터프한 왼발잡이 센터백. 다만 부상 때문에 모로코의 카타르 월드컵 4강 신화와 함께 하지 못했다. 몽펠리에 시절부터 우수한 공중볼 처리 능력과 탄탄한 대인 방어로 유명했다. 리더십도 출중해 최후방에서 수비를 조율하는 커맨더 구실도 한다. 다만 빌드업을 기대하기에는 발기술이 좋지 못하며 순간 스피드가 다소 느리다는 약점이 거론된다. 시장 가치는 60만 유로, 추정 연봉은 120만 유로.

슈팅-득점: 17-4 / 5-0 / LG 22-4 / RG 0-0 / HG 1-1
2023-24시즌 스타드 랭스: 31-0 / 2782 / A 0 / P 58.0-49.3 / P% 85%
DR 0.5-0.3 / TK 2.7-2.1 / IC 1.3 / 카드 5-0 / ★ 1
위치: CB

OP	SH	SG	PC	P%	LC	BT	DC	TK	DT%	BL	IC	CL	A%
상위 17%	상위 25%	상위 20%	상위 42%	하위 40%	상위 49%	상위 37%	상위 34%	상위 12%	상위 15%	상위 33%	상위 39%	상위 38%	

Edmond TAPSOBA
평점 6.73
에드몬드 탑소바 1999.02.02 / 192cm

어렸을 적 부르키나파소의 길거리에서 축구를 하다 우연히 스카우트의 눈에 띄어 축구에 정식으로 입문, 현재 유럽에서 가장 유명한 센터백 중 하나가 됐다. 현재 분데스리가에서 손꼽히는 볼 플레잉 센터백이다. 양발 사용에 매우 능하며 이를 통해 지능적으로 상대의 전방 압박에서 벗어난다. 발도 어지간한 윙에 버금갈 정도로 빠르다. 다만 키에 비해 제공권은 약하다. 시장 가치는 4500만 유로, 추정 연봉은 500만 유로.

슈팅-득점: 8-0 / 4-0 / LG 12-0 / RG 0-0 / HG 0-0
2023-24시즌 바이에르 레버쿠젠: 23-5 / 2085 / A 1 / P 70.2-63.9 / P% 91%
DR 0.6-0.5 / TK 1.5-1.2 / IC 0.9 / 카드 4-0 / ★ 0
위치: CB

OP	SH	SG	PC	P%	LC	BT	DC	TK	DT%	BL	IC	CL	A%
상위 32%	상위 26%	상위 33%	상위 5%	상위 13%	상위 41%	상위 9%	상위 44%	상위 17%	상위 20%	상위 7%	상위 18%	하위 8%	하위 25%

Nico ELVEDI
평점 6.73
니코 엘베디 1996.12.11 / 189cm

쌍둥이 형제 얀 역시 카이저슬라우테른에서 현역 선수로 뛰고 있다. 가장 큰 특징은 폭발적인 주력을 자랑하는 수비수라는 점이다. 분데스리가에서도 최상위권인데, 단순 주력뿐만 아니라 반응 속도 역시 마찬가지다. 때문에 유사시 라이트백으로도 활용이 가능하다. 양발을 자유자재로 쓰며 패스 정확도가 높다. 하지만 롱패스보다는 숏패스로 풀어가는 걸 즐긴다. 시장 가치는 1000만 유로, 추정 연봉은 350만 유로.

슈팅-득점: 17-2 / 1-0 / LG 18-2 / RG 0-0 / HG 0-0
2023-24시즌 뮌헨글라트바흐: 28-2 / 2485 / A 1 / P 55.3-49.2 / P% 89%
DR 0.3-0.2 / TK 1.3-1.1 / IC 1.4 / 카드 5-0 / ★ 1
위치: CB, LB, RB

OP	SH	SG	PC	P%	LC	BT	DC	TK	DT%	BL	IC	CL	A%
상위 23%	상위 29%	상위 21%	상위 35%	상위 26%	하위 10%	상위 5%	상위 42%	상위 28%	상위 9%	상위 30%	상위 12%	상위 7%	상위 45%

Kiki KOUYATÉ
평점 6.73
키키 쿠야테 1997.04.15 / 192cm

본래 이름은 부바카르인데, 대중적으로는 키키라는 애칭으로 더 불린다. 메스 시절 이적을 원한다는 이유로 감독의 지시를 불이행해 팀 내에서 징계를 받은 적이 있다. 뛰어난 신체 조건을 바탕으로 공중볼에서 강점을 드러내며 저돌적인 태클과 대인 방어 능력을 선보인다. 양발도 능숙하게 사용한다. 다만 스피드가 빠르지 않고 집중력에서 가끔 문제를 보인다. 시장 가치는 500만 유로, 추정 연봉은 64만 유로.

슈팅-득점: 13-0 / 1-0 / LG 14-0 / RG 0-0 / HG 0-0
2023-24시즌 몽펠리에: 22-1 / 1930 / A 2 / P 37.6-31.2 / P% 83%
DR 0.1-0.1 / TK 3.2-2.1 / IC 1.2 / 카드 5-1 / ★ 1
위치: CB

OP	SH	SG	PC	P%	LC	BT	DC	TK	DT%	BL	IC	CL	A%
상위 29%	상위 28%	하위 32%	상위 14%	상위 26%	상위 48%	상위 15%	상위 41%	상위 6%	상위 24%	상위 30%	상위 27%	하위 4%	상위 13%

Nicolas PALLOIS
평점 6.73
니콜라 팔루아 1987.09.19 / 189cm

프로 초년생 시절 SM 캉과 프로 계약을 하지 못해 축구를 포기할 뻔했으나 우니옹 케빌리라는 작은 클럽을 통해 가치를 인정받고 지금까지 커리어를 쌓고 있다. 낭트와는 2017년부터 오랜 인연을 이어오고 있다. 다부지고 큰 체격 조건을 활용한 일대일 싸움에 강점을 보이는 수비수다. 클리어링 횟수도 상당히 많고, 리더십도 훌륭해 노련하게 수비진을 조율한다. 시장 가치는 60만 유로, 추정 연봉은 132만 유로.

슈팅-득점		2023-24시즌 낭트				위치
2-0		17-6	1586			CB
2-0				32.7-26.5	81%	
4-0	LG-0	0.5-0.4	2.3-1.6	1.1	5-0	2
0-0	RG-0					
0-0	HG-0					

OP	SH	SG	PC	P%	LC	BT	DC	TK	DT%	BL	IC	CL	A%
하위	하위	하위	하위	상위	하위	하위	상위	상위	하위	상위	상위	상위	상위
47%	9%	18%	16%	33%	24%	6%	20%	21%	9%	17%	2%	37%	

ITAKURA Ko
평점 6.73
이타쿠라 고 1997.01.27 / 188cm

2019년 맨체스터 시티에 입단하며 화제를 뿌렸으나 이후 임대를 전전했고 주로 활약했던 독일에 그대로 정착, 현재 묀헨글라트바흐의 핵심 수비수가 됐다. 2023 AFC 카타르 아시안컵 이후 부진했다는 평가를 받고 있다. 강력한 전진성을 수반한 대인 마크에 능하다. 탁월한 위치 선정과 후방 빌드업도 장점으로 꼽는다. 다만 배후가 쉽게 열리고 패스 미스 빈도가 많다. 시장 가치는 1200만 유로, 추정 연봉은 189만 유로.

슈팅-득점		2023-24시즌 묀헨글라트바흐				위치
15-2		18-2	1599	0		CB
6-1				45.2-39.8	88%	DM
21-3	LG-0	0.4-0.3	2.2-1.7	1.1	9-0	0
0-0	RG-0					
0-0	HG-2					

OP	SH	SG	PC	P%	LC	BT	DC	TK	DT%	BL	IC	CL	A%
상위	상위	상위	상위	상위	상위	상위	상위	상위	상위	상위	상위	하위	하위
8%	1%	1%	44%	36%	23%	40%	30%	50%	6%	37%	37%	37%	32%

Willian PACHO
평점 6.72
윌리안 파초 2001.10.16 / 186cm

벨기에 클럽 로얄 안트베르펜에서 프랑크푸르트로 이적할 때, 친정팀에 역대 최대 이적료 수익을 안겼다. 잠재성이 큰 수비 유망주로 빅 클럽 이적설이 심심찮게 제기되는 중. 왼발잡이 센터백이며 뛰어난 공간 인지 능력과 정교한 패스를 갖추었다. 태클 성공률도 상당히 높고, 빠른 스피드를 활용한 대인 방어가 강점이다. 출전수가 다소 많아 집중력이 흔들릴 때가 있다. 시장 가치는 3500만 유로, 추정 연봉은 80만 유로.

슈팅-득점		2023-24시즌 프랑크푸르트				위치
7-0		33-0	2970	2		CB
3-0				68.4-58.1	85%	LB
10-0	LG-0	0.4-0.4	2.6-1.9	1.5	7-0	1
0-0	RG-0					
0-0	HG-0					

OP	SH	SG	PC	P%	LC	BT	DC	TK	DT%	BL	IC	CL	A%
상위	하위	하위	상위	상위	하위	상위	하위	상위	하위	상위	상위	하위	상위
30%	16%	19%	26%	39%	41%	16%	19%	20%	36%	20%	20%	28%	20%

Unai NÚÑEZ
평점 6.72
우나이 누녜스 1997.01.30 / 186cm

친정팀 아슬레틱 빌바오에서 입지를 잃어가던 중 셀타 비고에 선임대 후이적 조건으로 반전을 모색한 뒤, 2023-2024시즌을 마치고 완전 이적에 성공했다. 탄탄한 피지컬과 함께 굉장히 빠른 수비 전환 속도를 가졌다. 볼을 소유했을 때는 적극적으로 전진하는 과감한 스타일이다. 강력한 몸싸움을 걸어오는 편이나 태클이 깔끔하지 못해 카드 수집 횟수가 상당히 많은 편. 시장 가치는 700만 유로, 추정 연봉은 170만 유로.

슈팅-득점		2023-24시즌 셀타 비고				위치
19-1		31-3	2802	0		CB
3-0				47.8-38.2	80%	
22-1	LG-0	0.4-0.3	2.3-1.5	1.5	4-0	0
1-0	RG-0					
0-0	HG-1					

OP	SH	SG	PC	P%	LC	BT	DC	TK	DT%	BL	IC	CL	A%
하위	상위	상위	상위	하위	상위	상위	상위	상위	하위	상위	하위	상위	상위
25%	22%	40%	32%	14%	31%	49%	24%	48%	41%	8%	16%	45%	

Johan VÁSQUEZ
평점 6.72
요한 바스케스 1998.10.22 / 184cm

리가 MX 시절 때부터 리그 최고 수비 유망주로 평가받았으며, 2020 도쿄 올림픽에 출전해 동메달을 획득하며 국제적으로 지명도를 높였다. 체격에 비해 공중볼 다툼에서 쉽게 밀리지 않으며 빠른 발을 활용해 배후 공간 커버에 기여한다. 역습 허용시 전환 속도도 빠르다. 빌드업에도 자신이 있는지 적극적으로 후방에서 볼을 뿌리는데, 정확도는 그리 좋지 않다. 시장 가치는 1000만 유로, 추정 연봉은 103만 유로.

슈팅-득점		2023-24시즌 제노아				위치
32-0		32-5	2853	1		CB
2-1				33.6-26.2	78%	LB
34-1	LG-1	0.6-0.5	1.9-1.4	1.4	5-0	0	LM
0-0	RG-0					
0-0	HG-0					

OP	SH	SG	PC	P%	LC	BT	DC	TK	DT%	BL	IC	CL	A%
상위	상위	상위	하위	하위	상위	상위	상위	상위	하위	상위	하위	하위	하위
48%	3%	5%	15%	24%	19%	25%	38%	39%	18%	21%	41%	43%	

Radu DRĂGUȘIN
평점 6.72
라두 드라구신 1995.05.13 / 192cm

제노아 시절 세리에 A에서 '골 넣는 수비수'로 유명했으며, 토트넘은 겨울 이적 시장에서 바이에른 뮌헨과 치열한 경합 끝에 영입하는 데 성공했다. 우수한 피지컬과 중후한 리더십을 바탕으로 수비진을 지휘하는 캡틴형 수비수지만, 대인 방어에도 일가견이 있다. 후방 빌드업도 적극적으로 임하는 편이다. 하지만 패스 정확도에는 다소 기복이 있는 편이다. 시장 가치는 2500만 유로, 추정 연봉은 523만 유로.

슈팅-득점		2023-24시즌 제노아+토트넘				위치
16-2		23-5	2135	1		CB
2-0				37.7-31.9	85%	
18-2	LG-0	0.1-0.0	0.8-0.8	1.0	2-0	1
0-0	RG-1					
0-0	HG-1					

OP	SH	SG	PC	P%	LC	BT	DC	TK	DT%	BL	IC	CL	A%
상위	상위	상위	하위	상위	하위	하위	하위	상위	하위	상위	상위	상위	하위
18%	19%	35%	24%	37%	3%	29%	12%	9%	15%	37%	32%	14%	

Kike SALAS
평점 6.73
키케 살라스 2002.04.23 / 186cm

9살이던 시절 라틴권에서 인기 높은 라켓 스포츠인 파델에서 최연소 세계 챔피언이었다는 독특한 이력을 가졌다. 어려서부터 운동 능력은 탁월했던 것으로 세비야 유스 시스템에서 성장한 성골. 왼발 방어에서 강점을 보이며 볼을 다루는 기술이 좋아 후방 빌드업에 보탬이 된다. 다만 아직 어린 선수다 보니 기복이 있으며, 스피드가 평범해 준족 공격수에게는 취약하다. 시장 가치는 1000만 유로, 추정 연봉은 36만 유로.

슈팅-득점	2023-24시즌 세비야					위치
15-3	⏱	A	P	P%		CB
1-0	20-4 1609	0	42.4-33.5	79%		LB
● 16-3 LG-1	DR	TK	IC	🟨	⭐	
● 0-0 RG-0	0.3-0.0	2.3-1.7	1.1	10-0		
● 0-0 HG-0						

OP	SH	SG	PC	P%	LC	BT	DC	TK	DT%	BL	IC	CL	A%
상위	상위	상위	하위	하위	하위	상위	하위	상위	상위	하위	상위	상위	상위
11%	4%	12%	40%	9%	6%	39%	16%	6%	43%	40%	11%	15%	50%

Ronald ARAUJO
평점 6.72
로날드 아라우호 1999.03.07 / 188cm

2023-2024시즌 하반기에 들어 치명적 실수를 범하며 평가가 다소 내려앉은 감이 있으나, 운동 능력에 있어서만큼은 현재 유럽 최고 수준이라는 평가를 받는 센터백이다. 우월한 피지컬과 폭발적 스피드로 뒷마당을 사수하는데, 굉장한 스피드를 가지고 있다 보니 커버 범위가 상당히 넓다. 다만 부상이 잦고, 잊을 만하면 뼈아픈 실수가 반복되는 약점이 있다. 시장 가치는 7000만 유로, 추정 연봉은 700만 유로.

슈팅-득점	2023-24시즌 FC 바르셀로나					위치
20-1	⏱	A	P	P%		CB
3-0	21-4 1996	2	63.1-56.8	90%		RB
● 23-1 LG-0	DR	TK	IC	🟨	⭐	
● 0-0 RG-0	0.4-0.3	1.3-1.1	0.5	6-0		
● 0-0 HG-1						

OP	SH	SG	PC	P%	LC	BT	DC	TK	DT%	BL	IC	CL	A%
상위	상위	상위	상위	상위	상위	상위	하위	하위	상위	하위	하위	하위	상위
26%	4%	6%	19%	30%	22%	21%	42%	14%	35%	12%	16%	4%	4%

Maxence LACROIX
평점 6.71
막상스 라크루아 2000.04.06 / 190cm

지난 2~3년간 분데스리가에서 최고 수준 센터백 중 하나로 꼽혔다. 2023-2024시즌 내내 리버풀과 AC 밀란의 관심을 받았다. 굉장히 저돌적인 센터백이며, 공중볼 경합에서도 우위를 점한다. 수비 전환 속도도 빠르다. 다만 측면 수비가 서투르고, 특히 드리블러 유형의 공격수에게 약하다. 이른바 덤비는 스타일이다 보니 허를 찔리는 경우가 제법 있다. 시장 가치는 2000만 유로, 추정 연봉은 362만 유로.

슈팅-득점	2023-24시즌 볼프스부르크					위치
11-3	⏱	A	P	P%		CB
1-1	27-1 2365	1	51.6-43.9	85%		RB
● 12-4 LG-1	DR	TK	IC	🟨	⭐	
● 0-0 RG-2	0.5-0.3	2.1-1.7	0.9	3-0		
● 0-0 HG-1						

OP	SH	SG	PC	P%	LC	BT	DC	TK	DT%	BL	IC	CL	A%
상위	하위	상위	상위	상위	상위	상위	하위	상위	상위	하위	하위	하위	하위
6%	44%	6%	48%	42%	25%	48%	32%	26%	18%	46%	30%	27%	33%

Matthijs DE LIGT
평점 6.71
마테이스 더리흐트 1999.08.12 / 189cm

2023-2024시즌 내내 쟁쟁한 경쟁자들에 밀려 주전 입지를 차지하는 데 애를 먹었다. 이 점 때문에 다가오는 여름 이적 시장에 뮌헨을 떠날 가능성이 높다고 전망된다. 볼을 매우 능숙하게 사용하는 현대적인 중앙 수비수다. 강력한 점프력을 가지고 있어 공수할 것 없이 제공권 장악에 힘을 보탠다. 롱 패스를 활용한 방향 전환 능력도 좋다. 단 민첩한 공격수에겐 약하다. 시장 가치는 6500만 유로, 추정 연봉은 1600만 유로.

슈팅-득점	2023-24시즌 바이에른 뮌헨					위치
14-2	⏱	A	P	P%		CB
0-0	16-6 1391	0	53.9-50.7	94%		
● 14-2 LG-0	DR	TK	IC	🟨	⭐	
● 0-0 RG-0	0.1-0.1	0.9-0.7	0.9	5-0		
● 0-0 HG-2						

OP	SH	SG	PC	P%	LC	BT	DC	TK	DT%	BL	IC	CL	A%
상위	상위	상위	상위	상위	상위	상위	상위	하위	하위	상위	하위	하위	상위
12%	7%	7%	13%	4%	21%	19%	19%	43%	20%	47%	43%	43%	43%

Jorge CUENCA
평점 6.71
호르헤 쿠엔카 1999.11.17 / 190cm

바르셀로나와 비야레알에서 자리를 잡지 못하다 2023-2024시즌부터 비야레알에서 기회를 얻기 시작했다. 스리백과 포백을 모두 소화하는 왼발잡이 센터백. 빠른 발 덕에 광범위한 수비 커버 범위를 자랑한다. 후방 빌드업이 약점이라는 평가도 있었으나, 헤타페에서 뛰던 2022-2023시즌부터 많이 개선되었다. 또한 공격 세트 피스 가담을 통해 곧잘 골을 뽑아낸다. 시장 가치는 600만 유로, 추정 연봉은 105만 유로.

슈팅-득점	2023-24시즌 비야레알					위치
18-3	⏱	A	P	P%		CB
2-0	21-8 1963	1	37.5-31.5	84%		LB
● 20-3 LG-0	DR	TK	IC	🟨	⭐	
● 0-0 RG-0	0.5-0.3	1.8-1.4	0.7	1-0		
● 0-0 HG-3						

OP	SH	SG	PC	P%	LC	BT	DC	TK	DT%	BL	IC	CL	A%
상위	상위	상위	하위	상위	하위	상위	상위	하위	상위	하위	상위	상위	상위
10%	13%	10%	43%	31%	19%	49%	26%	31%	45%	32%	36%	11%	44%

Lewis DUNK
평점 6.71
루이스 덩크 1991.11.21 / 192cm

프로 데뷔 후 두 차례 임대를 제외한 모든 시즌을 브라이튼에서 보낸 요즘 축구계에서 흔치 않은 충신 디펜더. 그런데 본인의 '워너비 클럽'은 첼시라고 한다. 최후방에서 수비진을 이끄는 리더형 센터백이며, 롱 패스 성공률이 높다. 세트 피스에서 공중볼 우위를 점하며 곧잘 득점을 터뜨린다. 다만 빠르지 않고, 한때 자책골이 많은 수비수라는 꼬리표가 붙기도 했다. 시장 가치는 1200만 유로, 추정 연봉은 492만 유로.

슈팅-득점	2023-24시즌 브라이튼					위치
27-3	⏱	A	P	P%		CB
6-0	33-0 2873	0	96.9-90.1	93%		
● 33-3 LG-0	DR	TK	IC	🟨	⭐	
● 4-0 RG-1	0.2-0.2	1.5-0.8	0.9	7-1	1	
● 0-0 HG-2						

OP	SH	SG	PC	P%	LC	BT	DC	TK	DT%	BL	IC	CL	A%
상위	상위	상위	상위	상위	상위	하위	상위	하위	상위	상위	하위	하위	상위
25%	4%	5%	1%	8%	13%	1%	46%	7%	31%	24%	27%	7%	29%

유럽 5대리그 센터백 항목별 랭킹 (90분 기준 기록, 100분율)

범례: ● 전체 슈팅 시도-득점 | ● 직접프리킥 시도-득점 | ● PK 시도-득점 | LG 왼발 득점 | RG 오른발 득점 | HG 헤더 득점 | ⏱ 출전횟수 선발-교체 | ⏱ 출전시간(MIN) | A 도움 | P 평균 패스 시도-성공 | P% 패스 성공률 | DR 평균드리블 시도-성공 | TK 평균 태클 시도-성공 | IC 평균 인터셉트 | 🟨🟥 페어플레이 경고-퇴장 | ⭐ MOM | OP 공격 포인트 | SH 슈팅 시도 | SG 유효 슈팅 | PC 패스 성공률 | P% 패스 성공률 | LC 롱패스 | BT 볼 터치 | DC 드리블 성공 | DT% 태클 성공률 | BL 드리블 블록 | IC 인터셉트 | CL 클리어링 | A% 공중전 승률

평점 6.71 — TUTA 투타
1999.07.04 / 185cm

과거 안양 LG에서 뚜따라는 이름으로 활약했던 모아시르 바스토스와 닮았다는 이유로 투타라는 애칭을 백 네임으로 쓰고 있다고 한다. 적당히 큰 체격 조건을 갖춘 센터백이며 체격에 비해 빠른 발을 가지고 있어 후방 곳곳을 누비며 공간을 메운다. 브라질 선수답게 발기술도 준수하며 후방 빌드업에도 적극 관여한다. 다만 판단력에서 문제가 있어 실수가 잦은 편이다. 시장 가치는 1200만 유로, 추정 연봉은 150만 유로.

슈팅-득점	2023-24시즌 프랑크푸르트					위치
15-1	⏱	⏱	A	P	P%	CB
3-0	30-0	2608	2	61.2-52.0	85%	RB DM
● 18-1 LG-0	DR	TK	IC	🟨🟥	⭐	
● 0-0 RG-0	1.0-0.4	2.8-2.1	1.2	1-2	0	
● 0-0 HG-1						

OP	SH	SG	PC	P%	LC	BT	DC	TK	DT%	BL	IC	CL	A%
상위	상위	상위	상위	하위	하위	상위	상위	상위	하위	하위	상위	하위	하위
25%	35%	15%	32%	42%	42%	40%	16%	31%	18%	34%	34%	24%	

평점 6.70 — Nemanja GUDELJ 네마냐 구데이
1991.11.16 / 187cm

중국 슈퍼리그가 한창 호황일 때 아시아 축구를 경험했으며, 광저우 시절 김영권과 한솥밥을 먹기도 했다. 세비야 이적 후 유로파리그에서 두 차례 정상을 경험했다. 본래 수비형 미드필더였으나 센터백으로도 뛸 수 있다. 기본적으로 볼 경합 능력이 우수한데다 위치 선정 능력도 상당히 좋다. 정확한 롱킥으로 방향 전환 플레이를 펼친다. 그러나 전방 압박에 취약한 편. 시장 가치는 350만 유로, 추정 연봉은 410만 유로.

슈팅-득점	2023-24시즌 세비야					위치
7-1	⏱	⏱	A	P	P%	CB
12-0	20-2	1744	1	47.5-41.3	87%	DM
● 19-1 LG-0	DR	TK	IC	🟨🟥	⭐	
● 4-0 RG-1	0.3-0.2	2.0-1.4	1.2	7-0	2	
● 0-0 HG-0						

OP	SH	SG	PC	P%	LC	BT	DC	TK	DT%	BL	IC	CL	A%
상위	상위	상위	상위	상위	상위	상위	하위	상위	하위	상위	상위	하위	상위
9%	7%	17%	49%	43%	49%	42%	47%	23%	6%	37%	14%	31%	

평점 6.70 — Danilho DOEKHI 다닐료 두키
1998.06.30 / 190cm

삼촌이 1990년대말 네덜란드 축구 국가대표 수비수였던 윈스턴 보흐르데다. 우니옹 베를린의 핵심 수비수이며, 공격 세트 피스 때 득점을 제법 자주 올리는 '골 넣는 수비수'다. 우월한 체격적 이점을 플레이에서 지능적으로 활용하며, 위치 선정이 좋다 보니 수비 자체가 상당히 깔끔하다. 즉, 파울 빈도가 적다. 다만 후방 빌드업은 개선의 여지가 있다. 시장 가치는 1700만 유로, 추정 연봉은 60만 유로.

슈팅-득점	2023-24시즌 우니온 베를린					위치
16-2	⏱	⏱	A	P	P%	CB
0-0	24-0	2160	0	38.1-30.9	81%	
● 16-2 LG-0	DR	TK	IC	🟨🟥	⭐	
● 0-0 RG-0	0.2-0.1	1.7-1.4	1.6	2-0	1	
● 0-0 HG-2						

OP	SH	SG	PC	P%	LC	BT	DC	TK	DT%	BL	IC	CL	A%
상위	상위	하위	하위	상위	하위	상위	상위	상위	상위	상위	상위	상위	하위
38%	38%	25%	9%	16%	9%	24%	49%	46%	6%	18%	29%	29%	

평점 6.70 — Jan Paul VAN HECKE 얀 폴 반헤케
2000.06.08 / 189cm

2023-2024시즌 들어 20경기 연속 출전 기록을 세울 만큼 기량이 급성장했다는 평가를 받았다. 데 제르비 브라이튼 감독이 신뢰하는 후방 빌드업 기점 중 하나다. 스트라이커와 몸싸움을 적극적으로 벌이는 타입이며, 주력도 평균 이상이라 굉장히 도전적인 수비를 펼친다. 다만 위험한 태클을 시도하거나 배후를 열어주는 빈도가 제법 되는 건 보완해야 한다. 시장 가치는 1800만 유로, 추정 연봉은 184만 유로.

슈팅-득점	2023-24시즌 브라이튼					위치
14-0	⏱	⏱	A	P	P%	CB
1-0	26-2	2368	0	86.1-79.2	92%	DM
● 15-0 LG-0	DR	TK	IC	🟨🟥	⭐	
● 0-0 RG-0	0.3-0.2	2.3-1.7	1.1	4-0	1	
● 0-0 HG-0						

OP	SH	SG	PC	P%	LC	BT	DC	TK	DT%	BL	IC	CL	A%
하위	상위	상위	상위	상위	상위	상위	상위	상위	상위	상위	하위	하위	상위
10%	37%	31%	3%	7%	39%	3%	48%	52%	9%	11%	49%	13%	40%

평점 6.70 — Guillermo MARIPÁN 기예르모 마리판
1994.05.06 / 193cm

별명은 '엘 토키(El Toqui)', 직역하면 도끼라는 무서운 별명이다. 그런데 남미 마푸체족의 지도자가 도끼로 사람들을 지휘했다는 것에서 유래된 '리더'가 진짜 뜻이라고 한다. 즉, 그만큼 리더십이 출중한 수비수라는 평가를 받아왔다. 주변 동료를 활용한 수비 조율 능력이 탁월하며, 세트 피스시 위력적인 공격 능력을 발휘했으며 2021-2022시즌에는 5골을 넣기도 했다. 시장 가치는 1000만 유로, 추정 연봉은 180만 유로.

슈팅-득점	2023-24시즌 AS 모나코					위치
7-1	⏱	⏱	A	P	P%	CB
4-0	21-2	1769	0	45.4-40.4	89%	
● 11-1 LG-0	DR	TK	IC	🟨🟥	⭐	
● 0-0 RG-0	0.0-0.0	1.7-1.0	1.3	4-0	1	
● 0-0 HG-1						

OP	SH	SG	PC	P%	LC	BT	DC	TK	DT%	BL	IC	CL	A%
하위	상위	상위	상위	상위	상위	상위	하위	상위	상위	하위	상위	하위	상위
40%	40%	12%	49%	28%	32%	46%	16%	20%	1%	48%	13%	7%	27%

평점 6.70 — Maximilian KILMAN 막시밀리안 킬만
1997.05.23 / 194cm

잉글랜드 풋살 국가대표로 A매치 25경기에 출전한 굉장히 독특한 이력을 가지고 있다. 우크라이나계 잉글랜드인이며, 울버햄튼의 주장이다. 풋살 선수 이력 덕에 볼을 다루는 게 굉장히 능숙한 왼발잡이 센터백이다. 상대 진영으로 단번에 넘어가는 중장거리 패스는 울버햄튼의 유효한 공격 옵션이다. 다만 순간 스피드에서 다소 약하며, 태클 성공률이 그리 높지 않다. 시장 가치는 3200만 유로, 추정 연봉은 307만 유로.

슈팅-득점	2023-24시즌 울버햄튼					위치
13-2	⏱	⏱	A	P	P%	CB
1-0	38-0	3420	0	60.2-51.8	86%	
● 14-2 LG-2	DR	TK	IC	🟨🟥	⭐	
● 0-0 RG-0	0.4-0.3	0.4-0.3	1.0	7-0	1	
● 0-0 HG-0						

OP	SH	SG	PC	P%	LC	BT	DC	TK	DT%	BL	IC	CL	A%
하위	하위	상위	상위	상위	상위	상위	상위	하위	하위	상위	상위	상위	상위
42%	28%	49%	39%	49%	43%	35%	33%	49%	9%	14%	43%	20%	7%

Florian LEJEUNE

평점 6.70

플로리안 뢰준 — 1988.12.16 / 191cm

한때 맨시티·뉴캐슬 등 PL 빅 클럽에서 활약한 적이 있으나, 뉴캐슬 시절 해리 케인에게 당한 거친 태클로 발목 인대 파열 부상을 당한 후 하향세를 겪었다. 2부에 속했던 라요 바예카노와 함께 승격을 이뤄내어 잔류까지 책임졌다. 부상 전에는 터프한 수비와 매끄러운 빌드업 실력을 두루 자랑했었다. 노련미로 버티고 있으나 수비진에서 치명적 실수를 범할 때가 많다. 시장 가치는 300만 유로, 추정 연봉은 125만 유로.

슈팅-득점	2023-24시즌 라요 바예카노					위치
20-2 / 47-1	37-0	3328	A 1	P 54.4-44.1	P% 81%	CB
67-3 LG-0 / 32-1 RG-0 / 0-0 HG-0	DR 0.1-0.1	TK 1.4-1.1	IC 0.6	🟨🟥 5-0	★ 3	

OP	SH	SG	PC	P%	LC	BT	DC	TK	DT%	BL	IC	CL	A%
상위	하위	하위	상위	하위	하위	상위	하위	하위	하위	상위	하위	상위	상위
23%	1%	1%	41%	19%	11%	45%	30%	14%	42%	11%	7%	43%	40%

Ivan ORDETS

평점 6.70

이반 오르데츠 — 1992.07.08 / 196cm

러시아-우크라이나 전쟁 때문에 디나모 모스크바를 박차고 떠나 보훔에서 활약 중인 우크라이나 국가대표 센터백. 2m에 조금 못 미치는 거구를 자랑하는 센터백이며, 이를 활용해 몸싸움과 공중볼 경합에서 우위를 점한다. 위치 선정도 잘해 제공권에 관해서는 침착하고 깔끔하게 대응한다. 수비 조율 능력도 준수하다. 다만 반응 속도가 느려 드리블러에 약한 모습을 보인다. 시장 가치는 250만 유로, 추정 연봉은 189만 유로.

슈팅-득점	2023-24시즌 보훔					위치
16-1 / 0-0	21-3	1879	A 0	P 27.1-19.8	P% 73%	CB
16-1 LG-0 / 0-0 RG-0 / 0-0 HG-1	DR 0.0-0.0	TK 1.2-0.9	IC 1.2	🟨🟥 4-0	★ 3	

OP	SH	SG	PC	P%	LC	BT	DC	TK	DT%	BL	IC	CL	A%
하위	상위	상위	하위	하위	상위	하위	상위	하위	하위	상위	상위	하위	상위
38%	17%	8%	1%	1%	4%	2%	4%	38%	5%	16%	2%	7%	

Axel WITSEL

평점 6.69

악셀 비첼 — 1989.01.12 / 186cm

중국에서 유럽으로 돌아간 후 점점 더블 클럽 커리어를 쌓아나가고 있다. 본래 유럽 정상급 수비형 MF였으나, 아틀레티코 마드리드 입단 후 히메네스·사비치·쇠윈쉬 등 동료 중앙 수비수들의 공백을 확실히 메우며 센터백으로서 존재감을 마음껏 뽐냈다. 그러면서도 전문 수비형 MF답게 후방 빌드업 기점으로서 맹활약 중이다. 더딘 스피드는 그의 오랜 단점이었다. 시장 가치는 350만 유로, 추정 연봉은 833만 유로.

슈팅-득점	2023-24시즌 아틀레티코 마드리드					위치
7-2 / 0-0	30-5	2784	A 0	P 52.3-48.1	P% 92%	CB / DM / CM
7-2 LG-0 / 0-0 RG-0 / 0-0 HG-1	DR 0.2-0.1	TK 1.2-1.0	IC 0.5	🟨🟥 5-0	★ 2	

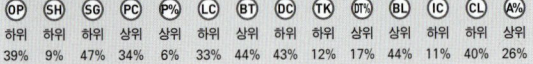

OP	SH	SG	PC	P%	LC	BT	DC	TK	DT%	BL	IC	CL	A%
하위	하위	하위	상위	하위	상위	상위	하위	하위	상위	하위	하위	하위	상위
39%	9%	47%	6%	33%	44%	12%	17%	11%	5%	11%	7%	43%	26%

Logan COSTA

평점 6.69

로간 코스타 — 2001.04.01 / 190cm

프랑스 연령별 대표 경력을 가지고 있으나 A대표팀은 부모 혈통을 쫓아 카보 베르데를 선택했다. 빅 리그 진출 가능성이 심심찮게 제기되는 수비 유망주이며, 뛰어난 피지컬과 전진 패스 능력을 자랑하는 센터백이다. 공중볼 경합에서 높은 승률을 자랑한다. 다만 전진성이 짙은 수비를 펼치다보니 배후 공간을 내주는 경우가 있다. 낮게 깔린 크로스 방어에 취약하다. 시장 가치는 1200만 유로, 추정 연봉은 45만 유로.

슈팅-득점	2023-24시즌 툴루즈					위치
11-1 / 3-0	29-2	2650	A 1	P 56.5-47.5	P% 84%	CB
14-1 LG-0 / 0-0 RG-1 / 0-0 HG-0	DR 0.3-0.2	TK 1.6-1.3	IC 0.7	🟨🟥 6-0	★ 0	

OP	SH	SG	PC	P%	LC	BT	DC	TK	DT%	BL	IC	CL	A%
하위	상위	상위	상위	상위	상위	상위	하위	상위	상위	상위	상위	상위	상위
46%	37%	47%	48%	28%	21%	49%	42%	7%	17%	39%	38%		

Chris RICHARDS

평점 6.69

크리스 리차즈 — 2000.03.28 / 188cm

바이에른 뮌헨 유스 출신이며 출전 기회를 통한 성장을 위해 호펜하임을 거쳐 현재 크리스털 팰리스에 자리잡았다. 글라스너 감독의 스리백 수비 전술의 한 축을 담당하고 있다. 상당히 안정적인 체격 조건을 가졌으며 터프하면서도 깔끔한 태클이 강점이다. 일대일 방어 능력도 출중하며, 수비 상황 때 집중력있는 모습을 보인다. 다만 태클은 평범하다. 시장 가치는 1200만 유로, 추정 연봉은 338만 유로.

슈팅-득점	2023-24시즌 크리스털 팰리스					위치
11-1 / 0-0	23-3	2092	A 1	P 35.5-29.5	P% 83%	CB / DM / RB
11-1 LG-0 / 0-0 RG-0 / 0-0 HG-0	DR 0.0-0.0	TK 2.2-1.8	IC 1.0	🟨🟥 5-0	★ 0	

OP	SH	SG	PC	P%	LC	BT	DC	TK	DT%	BL	IC	CL	A%
상위	하위	하위	상위	하위	상위	하위	상위	상위	상위	상위	상위	상위	하위
33%	48%	49%	13%	28%	7%	13%	12%	16%	28%	40%	44%	24%	42%

Jonathan GRADIT

평점 6.68

조나탕 그라디 — 1992.11.24 / 180cm

2019년 랑스 유니폼을 입기 전까지 비교적 하위권 혹은 소규모 클럽에서 활약한 단신 센터백이다. 키가 작지만 대신 지능적인 위치 선정으로 공중볼 경합시 약점을 메운다. 인터셉트 빈도도 높고, 수비 조율 능력도 좋아 랑스 후방의 주춧돌 구실을 하고 있다. 스피드는 평범한 편이라 빠른 발을 가진 공격수에게 취약하며, 전방 압박을 받을 때 실수가 종종 있다. 시장 가치는 450만 유로, 추정 연봉은 84만 유로.

슈팅-득점	2023-24시즌 스타드 랑스					위치
4-1 / 1-0	26-0	2122	A 0	P 52.0-45.2	P% 87%	CB / RB
5-1 LG-0 / 0-0 RG-0 / 0-0 HG-1	DR 0.3-0.2	TK 1.8-1.2	IC 1.4	🟨🟥 9-1	★ 1	

OP	SH	SG	PC	P%	LC	BT	DC	TK	DT%	BL	IC	CL	A%
하위	하위	상위	상위	하위	상위	상위	상위	상위	상위	상위	상위	상위	하위
24%	4%	8%	47%	45%	47%	40%	37%	48%	49%	14%	14%	34%	

○ 유럽 5대리그 센터백 항목별 랭킹 (90분 기준 기록, 100분율)

Mario GILA
평점 6.68
마리오 힐라 2000.08.29 / 183cm

레알 카스티야 부주장 출신이었으나 레알 마드리드에서는 자리를 잡지 못했다. 라치오에서 주전으로 등극한 건 2023-2024시즌부터다. 신체적으로 대단하다고는 볼 수 없으나 높은 수준의 축구 지능을 가진 센터백이다. 좋은 타이밍의 태클을 구사하며, 단단한 체구를 가지고 있어 몸 싸움에서도 쉽게 밀리지 않는다. 스페인 출신답게 볼 다루는 기술도 제법 준수하다. 시장 가치는 1300만 유로로, 추정 연봉은 64만 유로.

슈팅-득점	2023-24시즌 라치오					위치
5-0 / 3-0	21-0	1814	0	60.3-54.3	90%	CB LB
8-0 LG-0 / 0-0 RG-0 / 0-0 HG-0	0.7-0.4	2.2-1.5	1.0	2-1	★	

OP	SH	SG	PC	P%	LC	BT	DC	TK	DT%	BL	IC	CL	A%
하위	하위	상위	상위	상위	상위	상위	상위	상위	상위	하위	하위	상위	하위
10%	44%	35%	30%	17%	15%	31%	14%	33%	28%	35%	39%	31%	2%

Nehuén PÉREZ
평점 6.68
네우엔 페레스 2000.06.24 / 184cm

2020 도쿄 올림픽 당시 아르헨티나의 캡틴으로 활약할 만큼 어린 나이에도 리더십이 출중하다. 센터백으로서는 큰 키라고 볼 수 없으나 공중볼 경합에서 쉽게 밀리지 않으며, 섣불리 덤비는 수비보다 침착하게 먼저 위치를 선정하고 안정적인 방어를 더 선호한다. 패스 수준도 좋아 후방 빌드업 기점으로 삼을 만하다. 전술적 측면에서 스리백과 포백을 가리지 않는다. 시장 가치는 1300만 유로, 추정 연봉은 83만 유로.

슈팅-득점	2023-24시즌 우디네세					위치
17-0 / 3-0	36-0	3240	0	41.1-32.9	80%	CB
20-0 LG-0 / 0-0 RG-0 / 0-0 HG-0	0.4-0.3	2.3-2.0	1.3	7-1	★	

OP	SH	SG	PC	P%	LC	BT	DC	TK	DT%	BL	IC	CL	A%
하위	상위	하위	상위	하위	상위	상위	상위	상위	하위	상위	상위	상위	상위
10%	42%	17%	17%	12%	9%	40%	18%	35%	14%	2%	26%	33%	35%	27%

David LÓPEZ
평점 6.68
다비드 로페스 1989.10.09 / 185cm

에스파뇰의 프랜차이즈 스타로 오랫동안 활약하다 2022년부터 지로나 수비의 핵으로 활동하고 있다. 뛰어난 피지컬을 가진 오른발잡이 센터백이며, 제공권 다툼과 몸싸움에서 상당히 강한 모습을 보인다. 또한 위치 선정이 좋으며, 나폴리 시절에는 최후방을 보호하는 수비형 미드필더로도 자주 기용됐다. 에스파뇰 시절에는 주장으로 활약했을 만큼 리더십도 출중하다. 시장 가치는 250만 유로, 추정 연봉은 375만 유로.

슈팅-득점	2023-24시즌 지로나					위치
14-3 / 2-0	25-0	1977	0	62.9-58.5	93%	CB DM
16-3 LG-1 / 0-0 RG-2 / 0-0 HG-0	0.4-0.2	1.5-1.3	0.8	4-0	★	

OP	SH	SG	PC	P%	LC	BT	DC	TK	DT%	BL	IC	CL	A%
상위	상위	상위	상위	하위	상위	상위	상위	상위	하위	하위	하위	하위	하위
14%	20%	19%	13%	5%	25%	0%	40%	43%	6%	47%	30%	15%	5%

Federico GATTI
평점 6.67
페데리코 가티 1998.06.24 / 190cm

17세 때 부친의 실직 때문에 벽돌공 등 여러 일을 병행하며 힘들게 축구 선수의 꿈을 이어나간 끝에 이탈리아 국가대표가 된 인생의 승리자. 2023-2024시즌 유벤투스의 주전으로 자리 잡았으나 후반기로 갈수록 실수가 많아져 비판을 받았다. 큰 체구를 활용한 저돌적 맨마크가 굉장히 위협적인 선수다. 그러나 파울 빈도와 카드 받는 횟수가 많고, 빌드업에는 약하다. 시장 가치는 1800만 유로, 추정 연봉은 259만 유로.

슈팅-득점	2023-24시즌 유벤투스					위치
24-4 / 11-0	30-2	2641	0	40.7-35.0	86%	CB
35-4 LG-0 / 0-0 RG-3 / 0-0 HG-1	0.7-0.3	1.2-1.0	0.6	7-0	1	

OP	SH	SG	PC	P%	LC	BT	DC	TK	DT%	BL	IC	CL	A%
상위	상위	하위	상위	상위	하위	상위	상위	상위	하위	상위	하위	하위	상위
14%	1%	16%	27%	45%	34%	20%	26%	9%	9%	9%	10%	21%	41%

Alessio ROMAGNOLI
평점 6.67
알레시오 로마뇰리 1995.01.12 / 188cm

AS 로마에서 프로 데뷔했으나 자신의 어렸을 적 워너비 클럽은 현재 몸담고 있는 라치오였다고 한다. 미드필더 출신이며 왼발을 잘 쓰는 센터백이다. 침착하게 기다리는 수비 스타일을 가졌으며, 제공권에서도 제법 강점을 보인다. 다만 주력이 그리 좋지 못하다 보니 수비라인을 올리는 팀에서는 배후를 열어주는 약점이 도드라진다. 몸싸움에도 강하지 못하다. 시장 가치는 1500만 유로, 추정 연봉은 556만 유로.

슈팅-득점	2023-24시즌 라치오					위치
10-0 / 1-0	26-3	2410	0	60.2-55.4	92%	CB LB
11-0 LG-0 / 0-0 RG-0 / 0-0 HG-0	0.0-0.0	1.1-0.9	1.0	9-0	★	

OP	SH	SG	PC	P%	LC	BT	DC	TK	DT%	BL	IC	CL	A%
하위	상위	상위	상위	하위	하위	하위	하위	하위	하위	하위	하위	하위	하위
23%	50%	30%	25%	10%	25%	30%	4%	10%	31%	29%	33%	44%	45%

Alexsandro RIBEIRO
평점 6.67
알렉산드루 히베이루 1999.08.09 / 189cm

포르투갈 하부리그에서 커리어를 시작해 샤베스의 프리메이라 리가 승격을 통해 이름값을 얻었다. 2024년 초 릴과 계약 기간을 2028년 6월까지 늘렸다. 요로와 릴의 최후방을 책임지는 센터백 듀오를 이루고 있다. 양발을 능숙하게 사용하며 중장거리 패스로 공격에 힘을 보탠다. 그러나 발이 느려 배후가 열릴 경우 치명적인 약점을 보인다. 수비 커버 범위도 넓지 않다. 시장 가치는 800만 유로, 추정 연봉은 91만 유로.

슈팅-득점	2023-24시즌 릴 OSC					위치
14-0 / 3-0	24-5	2217	0	61.6-55.4	90%	CB
17-0 LG-0 / 0-0 RG-0 / 0-0 HG-0	0.3-0.1	1.7-1.1	1.2	6-1	★	

OP	SH	SG	PC	P%	LC	BT	DC	TK	DT%	BL	IC	CL	A%
하위	상위	상위	상위	상위	상위	상위	하위	상위	상위	상위	상위	상위	상위
10%	23%	27%	15%	22%	36%	12%	48%	39%	17%	19%	22%	24%	10%

유럽 5대리그 센터백 항목별 랭킹 (90분 기준 기록, 100분율)

Ozan KABAK
평점 6.67 / 외잔 카박 / 2000.03.25 / 186cm

슈투트가르트 시절 튀르키예 국적 선수 중 분데스리가 역대 최연소 출전 기록을 세운 바 있다. 잉글랜드에서는 실패를 맛봤으나 호펜하임에서는 핵심 수비수다. 굉장히 능동적 경기 자세를 보이는 센터백이며, 빠른 주력과 전진 드리블로 공격에 힘을 보탠다. 다만 패스 정확도는 좋지 못하며 다소 과도한 수비 때문에 위험 지역에서 파울을 자주 범한다. 시장 가치는 1000만 유로, 추정 연봉은 315만 유로.

슈팅-득점		2023-24시즌 호펜하임					위치
16-3							CB
3-1		28-0	2293	1	48.1-41.4	86%	
19-4	LG-1	DR	TK	IC		★	
0-0	RG-1						
0-0	HG-2	0.5-0.3	2.2-1.7	1.6	9-1	1	

OP	SH	SG	PC	P%	LC	BT	DC	TK	DT%	BL	IC	CL	A%
상위	상위	상위	상위	하위	하위	상위	상위	상위	하위	상위	상위	상위	하위
9%	19%	9%	46%	46%	30%	49%	20%	21%	33%	12%	6%	43%	47%

David GARCÍA
평점 6.67 / 다비드 가르시아 / 1994.02.14 / 185cm

오사수나 B팀에서 데뷔해 레오네사 임대를 제외한 모든 시즌을 오사수나에서 보낸 원클럽맨. 체격적으로 크다고 할 수 없으나 제공권 다툼에서 좀처럼 밀리지 않는다. 도리어 우수한 위치 선정 능력을 앞세워 공격 상황에서 유효한 득점 옵션으로 활약 중. 빠른 주력과 민첩성을 가졌으며, 상대 역습 시 무리하지 않고 클리어링에 주력한다. 빌드업 능력도 준수하다. 시장 가치는 1000만 유로, 추정 연봉은 80만 유로.

슈팅-득점		2023-24시즌 오사수나					위치
15-0							CB
0-0		27-0	2336	1	49.2-40.8	83%	
15-0	LG-0	DR	TK	IC		★	
0-0	RG-0						
0-0	HG-0	0.1-0.1	1.4-1.1	0.7	5-0	1	

OP	SH	SG	PC	P%	LC	BT	DC	TK	DT%	BL	IC	CL	A%
하위	상위	상위	상위	상위	상위	상위	상위	상위	상위	상위	상위	상위	상위
30%	39%	25%	37%	29%	40%	6%	32%	20%	50%	21%	12%	33%	5%

Matija NASTASIĆ
평점 6.67 / 마티야 나스타시치 / 1993.03.28 / 188cm

유망주 시절에는 또래 라파엘 바란·마르키뉴스와 비견될 정도로 엄청난 잠재성을 인정받았으나 잦은 부상 때문에 기대만큼 성장하진 못했다. 뛰어난 신체조건과 센터백으로는 희귀한 왼발잡이 선수이며, 준수한 볼 테크닉을 가져 팀 공격에도 적극 가담한다. 특히 최전방으로 단번에 넘기는 롱 패스가 장기특허다. 하지만 스피드가 느리고 대인 방어에 취약하다. 시장 가치는 150만 유로, 추정 연봉은 55만 유로.

슈팅-득점		2023-24시즌 마요르카					위치
7-2							CB
1-0		25-1	2257	0	38.0-30.4	80%	
8-2	LG-0	DR	TK	IC		★	
0-0	RG-1						
0-0	HG-1	0.0-0.0	1.7-1.3	1.1	8-0	1	

OP	SH	SG	PC	P%	LC	BT	DC	TK	DT%	BL	IC	CL	A%
상위	하위	상위	상위	상위	상위	상위	하위	상위	상위	상위	상위	상위	상위
37%	21%	27%	10%	13%	40%	4%	45%	9%	49%	45%	29%	40%	40%

Antonio RÜDIGER
평점 6.66 / 안토니오 뤼디거 / 1997.05.23 / 194cm

2023-2024시즌 레알 마드리드 내 수비수들의 연이은 부상에도 불구하고 홀로 우수한 경기력을 유지하며 팀의 UEFA 챔피언스리그 우승에 기여했다. 시에라리온 혈통을 지닌 독일 축구 국가대표팀 핵심 센터백이며, 저돌적이면서도 때로는 상대 공격수를 자극하는 심리전까지 마다하지 않는다. 과거 수비 집중력에서 문제가 있다는 평이 있지만 많이 개선되었다. 시장 가치는 2500만 유로, 추정 연봉은 1458만 유로.

슈팅-득점		2023-24시즌 레알 마드리드					위치
14-1							CB
5-0		30-3	2708	0	54.4-49.0	90%	LB
19-1	LG-0	DR	TK	IC		★	RB
0-0	RG-0						
0-0	HG-1	0.1-0.0	1.0-0.9	0.3	7-0	1	

OP	SH	SG	PC	P%	LC	BT	DC	TK	DT%	BL	IC	CL	A%
상위	상위	상위	상위	상위	상위	상위	상위	상위	상위	상위	상위	상위	상위
40%	37%	33%	37%	18%	48%	46%	14%	9%	35%	1%	9%	18%	16%

Étienne YOUTÉ
평점 6.66 / 에티엔 유테 / 2002.01.14 / 196cm

엄청난 피지컬을 자랑하는 카메룬 혈통을 지닌 프랑스의 중앙 수비수. 유망주 시절에는 인터 밀란 유스로도 활동했었다. 현 소속팀 르아브르에 자리잡은 후부터 본격적인 프로 커리어가 시작됐다고 볼 수 있다. 압도적 피지컬을 활용한 수비를 펼치면서도 지능적으로 인터셉트를 취하는 수비를 펼친다. 다만 덩치에 비해 태클이 강하지 않고 패스가 그리 정확하지 않다. 시장 가치는 700만 유로, 추정 연봉은 22만 유로.

슈팅-득점		2023-24시즌 르아브르					위치
6-0							CB
0-0		22-0	1943	0	43.6-37.9	87%	
6-0	LG-0	DR	TK	IC		★	
0-0	RG-0						
0-0	HG-0	0.1-0.0	1.0-0.8	1.9	1-0	0	

OP	SH	SG	PC	P%	LC	BT	DC	TK	DT%	BL	IC	CL	A%
하위	하위	상위	상위	상위	상위	상위	상위	하위	상위	상위	상위	상위	상위
10%	13%	3%	24%	43%	47%	6%	14%	2%	46%	15%	31%	19%	5%

Andrea CARBONI
평점 6.66 / 안드레아 카르보니 / 2001.02.04 / 185cm

주짓수 유단자라는 독특한 이력을 가지고 있다. 수비수로서 롤 모델은 안타깝게 유명을 달리한 다비데 아스토리다. 왼발잡이 센터백이며 상황에 따라서는 레프트백에서도 활약할 수 있다. 후방 빌드업을 즐기며, 기술적으로 완성도가 높아 상대 공격수에 상당한 부담을 주는 유형이다. 태클과 수비 집중력도 상당히 우수하다. 그러나 제공권 경합 능력은 보완해야 한다. 시장 가치는 400만 유로, 추정 연봉은 93만 유로.

슈팅-득점		2023-24시즌 몬차					위치
14-0							CB
4-1		16-5	1490	3	43.9-38.2	87%	LB
18-1	LG-1	DR	TK	IC		★	
0-0	RG-0						
0-0	HG-0	0.3-0.1	2.4-1.8	0.8	1-0	1	

OP	SH	SG	PC	P%	LC	BT	DC	TK	DT%	BL	IC	CL	A%
하위	상위	상위	상위	상위	상위	상위	상위	상위	상위	상위	상위	상위	하위
49%	3%	15%	41%	46%	36%	40%	48%	6%	37%	38%	43%	31%	27%

유럽 5대리그 센터백 항목별 랭킹 (90분 기준 기록, 100분율)

Felix UDUOKHAI
평점 6.66 · 펠릭스 우두오카이 · 1997.09.09 / 193cm

나이지리아계 독일 연령별 국가대표 출신 센터백. 왼발잡이인데다 레프트백과 수비형 MF도 종종 볼 수 있다는 점에서 오스트리아의 다비드 알라바와 종종 비교된다. 그러나 볼을 잘 다루는 선수는 아니며 자신의 피지컬과 운동 능력을 최대한 내세워 승부하는 전통적인 유형의 센터백이다. 아우크스부르크에서는 수비진의 리더로서 훌륭한 조율 능력을 보이고 있다. 시장 가치는 700만 유로, 추정 연봉은 150만 유로.

슈팅-득점 / 2023-24시즌 아우크스부르크 / 위치 CB
- 13-2 / 0-0
- 33-0 / 2923 / 0 / 49.6-40.5 / 82%
- LG-0 13-2 / RG-1 0-0 / HG-0 0-0
- DR 0.2-0.2 / TK 1.4-1.1 / IC 1.4 / 3-1 / ★ 1

OP	SH	SG	PC	P%	LC	BT	DC	TK	DT%	BL	IC	CL	A%
상위	하위	하위	하위	하위	하위	하위	상위	상위	하위	상위	상위	상위	하위
50%	32%	31%	32%	21%	39%	40%	48%	21%	39%	39%	22%	5%	40%

Simone ROMAGNOLI
평점 6.66 · 시모네 로마뇰리 · 1990.02.09 / 193cm

라치오 수비수 알레시오 로마뇰리와는 아무런 혈연 관계가 없다. 2023-2024시즌 33경기를 뛰었는데, 자신의 세리에 A 커리어를 통틀어 가장 많은 출전 횟수를 기록한 시즌이 됐다. 공중볼 경합에 강점을 보이며 롱 패스보다는 주변 동료를 활용하는 숏 패스 플레이를 즐긴다. 숏 블록에도 일가견이 있다. 그러나 좋은 피지컬을 가졌음에도 태클은 그리 위력적이진 않다. 시장 가치는 80만 유로, 추정 연봉은 93만 유로.

슈팅-득점 / 2023-24시즌 프로시노네 / 위치 CB
- 12-1 / 0-0
- 30-3 / 2716 / 1 / 43.1-37.1 / 86%
- LG-0 12-1 / RG-1 0-0 / HG-0 0-0
- DR 0.0-0.0 / TK 1.2-1.1 / IC 0.9 / 6-0 / ★ 1

OP	SH	SG	PC	P%	LC	BT	DC	TK	DT%	BL	IC	CL	A%
상위	하위	하위	상위	하위	상위	하위	상위	하위	상위	상위	하위	상위	하위
46%	31%	8%	29%	49%	11%	43%	4%	49%	9%	13%	35%	17%	28%

Becir OMERAGIC
평점 6.66 · 베시르 오메라기치 · 2002.01.20 / 187cm

지난 2020년 18세의 어린 나이로 스위스 A대표로 데뷔했을 만큼 잠재성을 인정받는 수비진의 멀티자원. 2023-2024시즌을 통해 몽펠리에 주전 경쟁에서 승리해 입지를 넓히고 있다. 주 포지션은 센터백이나 수비형 미드필더와 라이트백을 모두 소화한다. 질 좋은 패스를 전방에 뿌릴 줄 아는 중앙 수비수이며, 볼을 가지고 과감하게 전진하는 플레이를 즐긴다. 시장 가치는 600만 유로, 추정 연봉은 55만 유로.

슈팅-득점 / 2023-24시즌 몽펠리에 / 위치 CB DM
- 6-0 / 3-0
- 26-2 / 2313 / 0 / 37.9-32.2 / 85%
- LG-0 9-0 / RG-0 0-0 / HG-0 0-0
- DR 0.3-0.2 / TK 2.3-1.7 / IC 1.1 / 4-0 / ★ 1

OP	SH	SG	PC	P%	LC	BT	DC	TK	DT%	BL	IC	CL	A%
하위	상위	상위	상위	상위	상위	상위	상위	상위	상위	상위	하위	상위	하위
10%	25%	45%	16%	46%	34%	39%	24%	45%	5%	0%	6%	5%	2%

Robin KOCH
평점 6.65 · 로빈 코흐 · 1996.07.17 / 192cm

분데스리가 중하위권 클럽에서 커리어를 쌓다 리즈 유나이티드를 통해 스텝업에 성공했다. 2023-2024시즌에는 프랑크푸르트에서 임대 선수로 활약하다 1월 겨울 이적 시장을 통해 완전 이적에 성공했다. 수비형 미드필더로 뛸 수 있으며, 중장거리 롱패스로 공격에 힘을 보태며 예측 수비로 승부하는 타입이다. 하지만 압박에 약하고 대인 방어에 다소 취약하다. 시장 가치는 1800만 유로, 추정 연봉은 246만 유로.

슈팅-득점 / 2023-24시즌 프랑크푸르트 / 위치 CB
- 23-2 / 1-0
- 31-0 / 2740 / 1 / 69.5-61.2 / 88%
- LG-1 24-2 / RG-1 0-0 / HG-0 0-0
- DR 0.1-0.1 / TK 1.5-1.2 / IC 1 / 10-0 / ★ 1

OP	SH	SG	PC	P%	LC	BT	DC	TK	DT%	BL	IC	CL	A%
상위	상위	상위	상위	상위	상위	상위	상위	상위	상위	상위	상위	상위	상위
46%	15%	36%	34%	36%	16%	21%	45%	25%	46%	31%	42%		

Jeffrey GOUWELEEUW
평점 6.65 · 제프리 하우웰레유 · 1991.07.10 / 188cm

다부지고 큰 체격과 플레이스타일 때문에 네덜란드에서는 종종 루시우 혹은 제라르 피케와 비견되었다고 한다. 능숙한 볼 플레잉 센터백이며, 정확한 패스, 좋은 시야를 가진 오른발잡이 수비수다. 후방에서 드리블로도 볼을 운반하는 타입이며, 후방 빌드업을 자주 시도하지만 패스 수준은 좀 더 높일 필요가 있다는 평가를 받고 있다. 출중한 리더십으로 수비를 조율한다. 시장 가치는 200만 유로, 추정 연봉은 123만 유로.

슈팅-득점 / 2023-24시즌 아우크스부르크 / 위치 CB
- 16-1 / 7-0
- 29-1 / 2595 / 0 / 48.7-38.0 / 78%
- LG-1 23-1 / RG-0 0-0 / HG-0 0-0
- DR 0.8-0.5 / TK 1.5-1.2 / IC 1.2 / 7-0 / ★ 1

OP	SH	SG	PC	P%	LC	BT	DC	TK	DT%	BL	IC	CL	A%
하위	상위	상위	상위	하위	상위	상위	하위	상위	하위	상위	상위	상위	하위
27%	13%	37%	28%	7%	23%	37%	5%	30%	39%	23%	39%	45%	36%

Nikola MILENKOVIĆ
평점 6.65 · 니콜라 밀렌코비치 · 1990.02.09 / 193cm

피오렌티나 최후방의 핵심 수비수. 세르비아 내에서는 레전드인 네마냐 비디치와 비견될 정도로 커다란 신뢰를 받고 있다. 제공권 장악과 강력한 헤더가 강점인 센터백이며, 피지컬에 강한 자신감을 가지고 있어 적극적으로 상대를 다그치는 수비를 펼친다. 위치 선정도 준수하며, 큰 키에 비해 발이 빨라 라이트백으로도 종종 기용된다. 다만 빌드업은 다소 미숙한 편. 시장 가치는 1500만 유로, 추정 연봉은 556만 유로.

슈팅-득점 / 2023-24시즌 피오렌티나 / 위치 CB
- 6-0 / 4-0
- 27-7 / 2506 / 0 / 46.2-39.3 / 85%
- LG-0 10-0 / RG-0 0-0 / HG-0 0-0
- DR 0.1-0.1 / TK 1.5-1.1 / IC 0.8 / 4-0 / ★ 1

OP	SH	SG	PC	P%	LC	BT	DC	TK	DT%	BL	IC	CL	A%
하위	하위	하위	상위	상위	상위	상위	하위	상위	상위	상위	하위	하위	상위
10%	26%	40%	48%	42%	25%	47%	24%	48%	45%	36%	32%	6%	2%

유럽 5대리그 센터백 항목별 랭킹 (90분 기준 기록, 100분율)

MURILLO
평점 6.65
무리요 2002.07.04 / 184cm

2023-2024시즌을 통해 유럽 무대를 처음 경험했음에도 불구하고 노팅엄 포레스트가 선정한 올해의 선수상을 받았다. 센터백으로서는 크다고 볼 수 없으나 대신 피지컬이 매우 단단한 센터백이다. 다이내믹한 대인 방어와 클리어링으로 노팅엄 최후방을 사수하며, 왼발잡이 센터백이라 희소 가치가 높다. 하지만 제공권 다툼과 수비 위치 선정에서는 약점을 가지고 있다. 시장 가치는 3500만 유로, 추정 연봉은 184만 유로.

슈팅-득점 | 2023-24시즌 노팅엄 포리스트 | 위치
11-0 / 6-0 | 32-0 2793 A:2 P:44.7-34.9 P%:78% | CB
17-0 LG-0 / 0-0 RG-0 / 0-0 HG-0 | DR:1.1-0.6 TK:2.0-1.6 IC:1.2 5-0 ★0

OP	SH	SG	PC	P%	LC	BT	DC	TK	DT%	BL	IC	CL	A%
상위	상위	상위	하위	하위	상위	하위	하위	상위	상위	상위	하위	하위	하위
47%	43%	27%	19%	6%	39%	33%	2%	38%	33%	48%	40%	3%	8%

Diego COPPOLA
평점 6.65
디에고 코폴라 2003.12.28 / 192cm

이탈리아 축구계가 크게 기대하고 있는 수비 유망주. 레오나르도 보누치를 롤 모델로 삼고 있다고 한다. 체격 조건이 매우 인상적인 센터백이며, 지능적으로 좋은 위치를 잡아 방어진을 펼치며 반응 속도도 제법 빨라 배후 커버에 능하다. 전술 이해도가 높고 빌드업에도 소질을 가지고 있다. 다만 공격 가담 빈도가 그리 많지 않아 포인트를 잘 올리진 않는다. 시장 가치는 600만 유로, 추정 연봉은 46만 유로.

슈팅-득점 | 2023-24시즌 베로나 | 위치
13-2 / 0-0 | 18-6 1636 A:0 P:29.7-23.2 P%:78% | CB
13-2 LG-0 / 0-0 RG-0 / 0-0 HG-1 | DR:0.0-0.0 TK:2.0-1.5 IC:1.1 9-0 ★2

OP	SH	SG	PC	P%	LC	BT	DC	TK	DT%	BL	IC	CL	A%
상위	상위	상위	하위	하위	상위	상위	하위	상위	상위	상위	상위	상위	상위
22%	21%	35%	8%	8%	44%	14%	4%	16%	45%	33%	16%	16%	31%

John ANTHONY BROOKS
평점 6.65
존 앤소니 브룩스 1993.01.28 / 194cm

주독 미군 출신 부친을 두고 있으며 베를린에서 태어났기 때문에 미국과 독일 이중국적을 가지고 있다. 2023-2024시즌을 끝으로 호펜하임을 떠났다. 강력한 피지컬로 몸싸움을 즐기는 센터백이다. 위치 선정과 판단력도 준수하고, 왼발잡이 센터백이라 롱 패스 빌드업도 수준급으로 해낸다. 커리어를 쌓으며 조율 능력도 좋아졌다. 다만 느린 스피드가 약점이다. 시장 가치는 200만 유로, 추정 연봉은 150만 유로.

슈팅-득점 | 2023-24시즌 호펜하임 | 위치
11-2 / 0-0 | 18-3 1541 A:0 P:42.3-35.1 P%:83% | CB LB
11-2 LG-1 / 0-0 RG-0 / 0-0 HG-0 | DR:0.2-0.1 TK:2.0-1.3 IC:1.3 6-1 ★0

OP	SH	SG	PC	P%	LC	BT	DC	TK	DT%	BL	IC	CL	A%
상위	상위	상위	하위	하위	상위	상위	상위	상위	상위	상위	상위	상위	상위
19%	31%	18%	38%	31%	19%	48%	49%	36%	4%	12%	11%	1%	14%

Warmed OMARI
평점 6.64
와르메드 오마리 2000.04.23 / 185cm

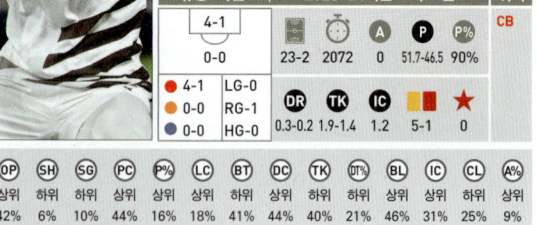

스타드 렌 유스가 발굴해 낸 수비 유망주. 제네시오 감독은 어린 나이에 기술적으로 완성도가 높고 일대일 승부를 즐기는 대범함을 칭찬했다. 후방에서 뿌리는 패스의 선택지가 매우 좋다는 평가를 받고 있으며, 체격 조건도 나쁘지 않아 제공권 싸움에서 밀리지 않는다. 그러나 어린 선수다 보니 수비 상황에서 집중력이 흔들릴 때가 많으며, 파울이 다소 많은 편이다. 시장 가치는 800만 유로, 추정 연봉은 64만 유로.

슈팅-득점 | 2023-24시즌 스타드 렌 | 위치
4-1 / 0-0 | 23-2 2072 A:0 P:51.7-46.5 P%:90% | CB
4-1 LG-0 / 0-0 RG-1 / 0-0 HG-0 | DR:0.3-0.2 TK:1.9-1.4 IC:1.2 5-1 ★0

OP	SH	SG	PC	P%	LC	BT	DC	TK	DT%	BL	IC	CL	A%
상위	상위	상위	상위	상위	상위	상위	상위	상위	상위	상위	상위	하위	상위
42%	6%	10%	44%	16%	18%	8%	44%	40%	21%	46%	31%	25%	9%

Matthias GINTER
평점 6.64
마티아스 긴터 1994.01.28 / 191cm

2014 FIFA 브라질 월드컵 당시 독일의 우승 멤버였으나, 경기에 출전하지는 못했다. 도르트문트에서 전성기를 보낸 후 친정팀 프라이부르크 뒷마당을 책임지는 중이다. 스리백과 포백을 가리지 않으며 센터백으로 주로 뛰지만 라이트백에서도 최고의 기량을 뽐낸다. 롱 패스를 통한 공격 전개가 탁월하며 위기에서 내리는 판단력 역시 정확하다. 단 발은 느리다. 시장 가치는 1000만 유로, 추정 연봉은 755만 유로.

슈팅-득점 | 2023-24시즌 프라이부르크 | 위치
7-0 / 0-0 | 22-1 1918 A:0 P:52.5-44.5 P%:84% | CB
7-0 LG-0 / 0-0 RG-0 / 0-0 HG-0 | DR:0.2-0.1 TK:1.8-1.3 IC:0.7 3-0 ★0

OP	SH	SG	PC	P%	LC	BT	DC	TK	DT%	BL	IC	CL	A%
상위	하위	상위	상위	상위	상위	하위	상위	하위	상위	상위	상위	상위	상위
44%	16%	34%	40%	32%	39%	37%	22%	37%	28%	23%	9%	47%	33%

Ezri KONSA
평점 6.64
에즈리 콘사 1997.10.23 / 183cm

한국에서 열렸던 2017 FIFA U-20 월드컵 당시 잉글랜드의 우승 멤버 중 하나였다. 2023-2024시즌 아스톤 빌라 수비진은 콘사를 중심으로 센터백 파트너는 여러 선수가 바뀌는 형태로 운영된다. 체격은 작지만 대신 그만큼 빨라 라이트백으로 기용할 수 있다. 작은 키에도 불구하고 점프력이 좋아 공격 세트 피스 때 좋은 무기가 된다. 전진 패스 빈도는 적은 편. 시장 가치는 3500만 유로, 추정 연봉은 461만 유로.

슈팅-득점 | 2023-24시즌 애스턴 빌라 | 위치
15-1 / 4-0 | 35-0 3074 A:0 P:56.0-51.5 P%:92% | CB RB
19-1 LG-0 / 0-0 RG-1 / 0-0 HG-0 | DR:1.0-0.5 TK:1.8-1.5 IC:0.8 5-0 ★0

OP	SH	SG	PC	P%	LC	BT	DC	TK	DT%	BL	IC	CL	A%
하위	상위	상위	상위	상위	상위	상위	하위	상위	상위	상위	상위	상위	상위
23%	42%	45%	32%	11%	12%	30%	3%	40%	4%	23%	22%	3%	14%

○ 유럽 5대리그 센터백 항목별 랭킹(90분 기준 기록, 100분율)

		LG	RG	HG			A	P	P%	DR	TK	IC		★	OP	SH	SG	PC		BT			IC	CL	A%
전체 슈팅 시도-득점	직접프리킥 시도-득점	PK 득점	왼발 득점	오른발 득점	헤더 득점	출전횟수 선발-교체	출전시간 분(MIN)	도움	평균 패스 시도-성공	패스 성공률	평균 드리블 시도-성공	평균 태클 시도-성공	평균 인터셉트	페어플레이 경고-퇴장	MOM	공격 포인트	슈팅 시도	유효 슈팅	패스 성공	패스 성공률	볼 터치	드리블 성공	태클 드리블러 태클성공률	블로킹	인터셉트	클리어링	공중전 승률

평점 6.64
Giangiacomo MAGNANI
잔자코모 마냐니 1995.10.04 / 195cm

커리어 내내 하부리그 클럽 혹은 하위권 팀에서 활약하다 엘라스 베로나의 2023-2024시즌 호성적과 더불어 주목받았다. 왼발잡이 센터백으로서 예측 수비에 매우 능한 선수이며, 수비 조율에 능하다. 하드웨어도 굉장히 좋다 보니 몸싸움과 공중볼 다툼에서도 강한 면모를 보인다. 그러나 태클이 부정확하며 패스 역시 좀 더 정교해질 필요가 있다. 반칙도 많은 편. 시장 가치는 300만 유로, 추정 연봉은 110만 유로.

슈팅-득점		2023-24시즌 베로나				위치
9-0 2-0		27-6	2442	0	A P P% 29.9-23.9 80%	CB
● 11-0 LG-0 ● 0-0 RG-0 ● 0-0 HG-0		DR 0.4-0.2	TK 1.3-1.0	IC 1.4	6-0 1 ★	

OP	SH	SG	PC	P%	LC	BT	DC	TK	DT%	BL	IC	CL	A%
하위 10%	하위 35%	하위 24%	하위 5%	하위 12%	상위 37%	하위 4%	상위 28%	상위 31%	상위 43%	하위 7%	하위 9%	상위 37%	하위 25%

평점 6.63
Gabriel OSHO
가브리엘 오쇼 1998.08.14 / 185cm

나이지리아 이민자 2세 선수로 루턴 타운의 프리미어리그 승격 이후 주목을 받아 나이지리아 국가대표가 됐다. 중앙 수비수와 라이트백을 오가며 활약하며, 뛰어난 태클과 인터셉트 능력을 가졌다. 준수한 스피드를 가지고 있어 빠른 발을 가진 공격수에게 쉽게 빈틈을 허용하지 않는다. 그러나 전술 이해도가 부족하며, 공격 기여도가 낮다. 기복도 다소 있는 편이다. 시장 가치는 300만 유로, 추정 연봉은 61만 유로.

슈팅-득점		2023-24시즌 루턴 타운				위치
8-2 2-0		21-0	1848	0	A P P% 33.5-27.8 83%	CB
● 10-2 LG-0 ● 0-0 RG-0 ● 0-0 HG-2		DR 0.6-0.3	TK 2.6-2.1	IC 1.4	3-0 0 ★	

OP	SH	SG	PC	P%	LC	BT	DC	TK	DT%	BL	IC	CL	A%
상위 27%	상위 50%	상위 33%	하위 4%	하위 25%	하위 4%	상위 22%	하위 15%	상위 40%	하위 7%	하위 14%	상위 31%	하위 10%

평점 6.63
Christopher JULLIEN
크리스토퍼 쥘리앙 1993.03.22 / 196cm

2023-2024시즌 키키 쿠야테의 파트너 자리를 놓고 오메가리치와 치열한 주전 다툼을 벌였다. 세트 피스 상황에서 자신의 장신을 활용해 골을 곧잘 뽑아내는 '수트라이커' 기질을 가지고 있다. 수비라인을 능숙하게 조율하며 후방 빌드업도 제법 준수하다. 그러나 셀틱 시절 당한 큰 부상 이후 스피드와 민첩성이 크게 떨어졌다. 종종 중요한 승부처에서 실수를 범한다. 시장 가치는 250만 유로, 추정 연봉은 90만 유로.

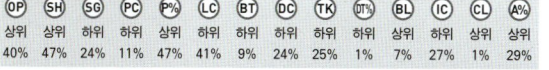

슈팅-득점		2023-24시즌 몽펠리에				위치
7-1 0-0		13-7	1222	0	A P P% 25.8-22.2 86%	CB
● 7-1 LG-0 ● 0-0 RG-1 ● 0-0 HG-0		DR 0.1-0.1	TK 1.4-0.8	IC 0.6	5-0 0 ★	

OP	SH	SG	PC	P%	LC	BT	DC	TK	DT%	BL	IC	CL	A%
상위 40%	상위 47%	하위 24%	하위 11%	상위 47%	상위 41%	하위 3%	상위 37%	하위 25%	상위 1%	하위 4%	상위 27%	상위 1%	상위 29%

평점 6.63
Sam BEUKEMA
샘 뵈케마 1998.11.17 / 188cm

2023-2024 세리에 A에서 돌풍을 일으킨 볼로냐의 핵심 수비수. 센터백이지만 적극적으로 오버래핑을 시도하며 상대 진영에서 과감하게 중거리슛을 날린다. 볼을 다루는 실력도 좋고, 패스의 질도 수준급이다. 라이트백으로도 활용할 수 있다. 파울이 적은 깔끔한 수비를 펼치나 태클은 그리 정확하진 않다. 주력은 평범한 편이며, 큰 경기 경험은 더 쌓을 필요가 있다. 시장 가치는 1800만 유로, 추정 연봉은 90만 유로.

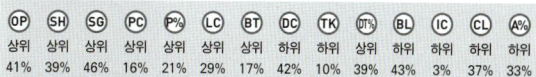

슈팅-득점		2023-24시즌 볼로냐				위치
11-1 1-0		29-1	2550	1	A P P% 67.9-61.1 90%	CB RB
● 12-1 LG-0 ● 0-0 RG-1 ● 0-0 HG-0		DR 0.3-0.1	TK 1.2-0.9	IC 0.5	4-1 0 ★	

OP	SH	SG	PC	P%	LC	BT	DC	TK	DT%	BL	IC	CL	A%
상위 41%	상위 39%	상위 46%	하위 16%	상위 21%	상위 29%	상위 17%	상위 42%	상위 39%	상위 43%	하위 3%	상위 37%	하위 33%

평점 6.63
Cristhian MOSQUERA
크리스티안 모스케라 2004.06.27 / 191cm

발렌시아 성골 유스 출신 센터백. 콜롬비아 국적도 지녔지만, 스페인 연령별 코스를 밟고 있다. 2023-2024시즌 종료 후 아틀레티코 마드리드 이적설이 거론되고 있다. 축구를 처음 시작했을 때 날개 공격수였기 때문에 큰 키에도 불구하고 굉장히 빠른 발을 가졌다. 또한 풋살도 배워선지 볼 플레이에 굉장히 능하다. 다만 큰 키에 비해 제공권 싸움에서 약한 면모가 있다. 시장 가치는 3000만 유로, 추정 연봉은 16만 유로.

슈팅-득점		2023-24시즌 발렌시아				위치
7-0 2-0		33-3	3075	0	A P P% 44.9-40.1 89%	CB RB
● 9-0 LG-0 ● 0-0 RG-0 ● 0-0 HG-0		DR 0.2-0.2	TK 2.1-1.6	IC 2-0	5-0 ★	

OP	SH	SG	PC	P%	LC	BT	DC	TK	DT%	BL	IC	CL	A%
하위 10%	하위 11%	하위 18%	상위 36%	하위 30%	상위 36%	상위 49%	하위 33%	상위 38%	상위 41%	상위 4%	상위 41%	상위 47%	하위 4%

평점 6.62
Lucas PERRIN
뤼카 페랭 1998.11.19 / 188cm

올랭피크 마르세유 출신이지만 자리잡지 못하고 스트라스부르에서 본격적으로 실력 발휘하고 있는 다기능 수비자원. 센터백이지만 라이트백도 가능하다. 유소년 레벨 시절 여러 차례 주장을 맡아 좋은 리더십과 수비 조율 능력을 뽐낸 바 있다. 거리에 관계없이 정확한 패스가 강점이며, 태클과 인터셉트에도 능하다. 키에 비해 부족한 공중볼 경합 능력은 보완해야 한다. 시장 가치는 300만 유로, 추정 연봉은 12만 유로.

슈팅-득점		2023-24시즌 스트라스부르				위치
8-0 4-0		30-1	2723	1	A P P% 58.4-51.4 88%	CB
● 12-0 LG-0 ● 0-0 RG-0 ● 0-0 HG-0		DR 0.3-0.2	TK 2.1-1.5	IC 0.9	3-0 0 ★	

OP	SH	SG	PC	P%	LC	BT	DC	TK	DT%	BL	IC	CL	A%
하위 26%	상위 31%	상위 34%	상위 37%	상위 37%	상위 38%	상위 49%	상위 47%	상위 45%	상위 25%	하위 47%	상위 25%	하위 44%	하위 45%

유럽 5대리그 포지션별 랭킹 ❻

골키퍼

골키퍼는 특수 포지션이다. 숫자가 적고 전문성이 강하기에 팀에서 선발 GK로 자리 잡으면 웬만큼 큰 실수를 하지 않는 한 절대 바뀌지 않는다. '한번 선발은 영원한 선발, 한번 백업은 영원한 백업'이 될 수밖에 없다. 하지만 무척 외롭다. 골키퍼 뒤에는 아무도 없다. 한번의 실수는 곧 실점으로 연결된다. 수많은 슈퍼 세이브를 연발하다가도 단 한차례의 실수가 나와도 온갖 비판을 받는다. 유럽 풋볼 스카우팅 리포트는 2023-24시즌 5대 리그에서 잔루이지 돈나룸마(PSG)을 1위로 꼽았다. 소속팀의 리그1 경기, 이탈리아 대표팀의 유로 2024 퍼포먼스에서 최고의 슛-스토핑을 선보였다. 돈나룸마에 이어 미켈레 디그레고리오(몬차), 안드리 루닌(레알 마드리드), 알폰스 아레올라(웨스트햄), 얀 조머(인테르 밀란) 등이 두각을 나타냈다.

○ 유럽 5대리그 골기퍼 항목별 랭킹 (90분 기준 기록, 100분율)

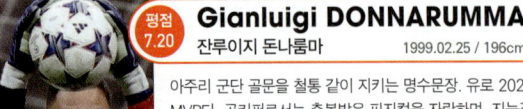

Gianluigi DONNARUMMA
평점 7.20
잔루이지 돈나룸마
1999.02.25 / 196cm

아주리 군단 골문을 철통 같이 지키는 명수문장. 유로 2020 MVP급. 골키퍼로서는 축복받은 피지컬을 자랑하며, 지능적으로 선방하기 좋은 위치를 먼저 선점해 실점을 줄이며, 세컨드 볼 상황에서도 굉장히 빠른 반응을 보인다. 페널티킥 선방 역시 돈나룸마의 최대 강점 중 하나다. 다만 전방으로 롱 패스를 날리는 데 취약하다. 중거리슛에도 다소 약하다. 시장 가치는 4000만 유로, 추정 연봉은 1273만 유로.

세이브-실점	2023-24시즌 PSG					레벨
65-18			S%	CS	CH	클럽 선발
25-2	25-0	2170	82%	10	4-25	국대 선발
○ 110-20	T-113	P	P%	LB		
○ 110-90	RC-10	26.3-22.9	87%	5.2-2.5	1-0	★ 2
○ 4-1	D-21					

GA	SV	S%	CS	C%	BT	KA	KD	LC	L%	PA	R%	RO	DA
상위	상위	상위	상위	상위	하위	하위	하위	하위	상위	상위	상위	하위	하위
13%	19%	2%	17%	17%	22%	30%	3%	2%	23%	26%	22%	39%	45%

Michele DI GREGORIO
평점 7.05
미켈레 디그레고리오
1997.07.27 / 187cm

인터 밀란 유스 출신이지만 자리를 잡지 못하고 임대를 전전하다 2022년 인연을 맺은 몬차에 뿌리를 내렸다. 2023-2024시즌 세리에A 최우수 골키퍼에 선정됐다. 지근거리 슈팅을 방어하는 데 특히 강하며, 후속 동작도 재빠르게 가져가 빈틈을 쉽게 내주지 않는다. 또한 수비수들이 편하게 대응할 수 있도록 펀칭 방향을 잘 설정한다. 다만 크로스 방어에 약하다. 시장 가치는 1800만 유로, 추정 연봉은 130만 유로.

세이브-실점	2023-24시즌 몬차					레벨
72-29			S%	CS	CH	클럽 선발
52-6	33-0	2874	78%	12	0-31	
○ 159-35	T-201	P	P%	LB		
○ 159-124	RC-7	35.2-26.1	16.1-7.4	0-0	★ 6	
○ 5-2	D-40					

GA	SV	S%	CS	C%	BT	KA	KD	LC	L%	PA	R%	RO	DA
상위	하위	상위	상위	상위	상위	상위	상위	상위	상위	상위	상위	하위	하위
21%	10%	3%	14%	14%	10%	43%	48%	16%	19%	20%	15%	15%	12%

Elia CAPRILE
평점 7.02
엘리아 카프릴레
2001.08.25 / 191cm

이탈리아 연령별 대표 출신 골키퍼 유망주. 2022-2023시즌 바리에서 맹활약하며 이탈리아 내에서 주가를 드높였다. 굉장히 안정적인 핸드 세이브 기술을 가졌다. 특히 골문과 가까운 거리에서 날아오는 슈팅을 침착하게 걷어내는 플레이에 능하며, 페널티킥 선방 실력도 굉장히 좋다. 역습 상황에서 곧바로 최전방으로 볼을 배급하는 롱 킥 역시 굉장히 빠르고 정확하다. 시장 가치는 600만 유로, 연봉은 64만 유로.

세이브-실점	2023-24시즌 엠폴리					레벨
56-25			S%	CS	CH	클럽 선발
23-2	23-0	2070	75%	5	0-15	클럽 백업
○ 106-27	T-137	P	P%	LB		
○ 106-79	RC-9	29.8-18.5	62%	17.1-6.1	0-0	★ 4
○ 5-1	D-41					

GA	SV	S%	CS	C%	BT	KA	KD	LC	L%	PA	R%	RO	DA
상위	상위	상위	하위	상위	상위	상위	상위	상위	상위	상위	상위	하위	하위
28%	26%	5%	38%	37%	43%	41%	35%	39%	35%	46%	25%	38%	41%

Andriy LUNIN
평점 7.00
안드리 루닌
1999.02.11 / 191cm

현재 우크라이나 수문장 중 최고의 명성을 가진 선수이나, 유로 2024 루마니아전에서 뼈아픈 실책을 범하며 명성에 크게 금이 갔다. 하지만 본래 어린 선수답지 않게 굉장히 침착한 대응이 돋보인다는 평가를 받았던 선수다. 특히 페널티킥 등 위기 상황에서 끝까지 볼에서 시선을 떼지 않는 방어 자세가 돋보인다. 다만 상대 전방 압박에 약해 종종 위험한 상황을 연출한다. 시장 가치는 2500만 유로, 연봉은 281만 유로.

세이브-실점	2023-24시즌 레알 마드리드					레벨
37-16			S%	CS	CH	클럽 백업
11-1	21-0	1890	74%	10	1-13	클럽 선발
○ 65-17	T-95	P	P%	LB		국대 선발
○ 65-48	RC-8	27.3-23.2	85%	7.1-3.3	2-0	★ 0
○ 1-0	D-26					

GA	SV	S%	CS	C%	BT	KA	KD	LC	L%	PA	R%	RO	DA
상위	하위	상위	상위	상위	상위	상위	상위	상위	상위	상위	상위	상위	하위
10%	40%	8%	11%	12%	21%	34%	10%	45%	8%	30%	8%	40%	8%

Alphonse AREOLA
평점 6.98
알폰스 아레올라
1993.02.27 / 195cm

PSG · 레알 마드리드 시절 오랜 백업 생활을 해야 했지만 경기에 나서면 늘 기대를 충족시켜줬던 선수였다. EPL 진출 후에는 몸담은 팀마다 주전으로 활약 중이다. 우월한 하드웨어와 긴 팔을 활용해 공중볼을 안전하게 처리하는 데 탁월한 면모를 보인다. 역습 때 위력을 발휘하는 강력한 스로인도 그의 강점이다. 다만 후방 빌드업에서는 기복이 다소 있는 편이다. 시장 가치는 1000만 유로, 연봉은 738만 유로.

세이브-실점	2023-24시즌 웨스트햄 Utd.					레벨
85-46			S%	CS	CH	클럽 선발
53-7	31-0	2702	72%	4	0-46	국대 백업
○ 191-53	T-144	P	P%	LB		
○ 191-138	RC-3	23.4-13.8	59%	15.4-6.0	1-0	★ 5
○ 7-2	D-43					

GA	SV	S%	CS	C%	BT	KA	KD	LC	L%	PA	R%	RO	DA
하위	상위	상위	상위	상위	상위	상위	상위	상위	상위	상위	상위	하위	상위
16%	1%	30%	16%	18%	16%	20%	35%	31%	40%	6%	40%	1%	2%

Oliver BAUMANN
평점 6.98
올리버 바우만
1990.06.02 / 187cm

독일 연령별 대표로 발탁될 만큼 기대를 받았던 유망주였지만, 성인 국가대표로는 기회가 없었다. 그래도 유로 2024 엔트리에는 발탁되는 등 뒤늦게 빛을 보고 있다. 2023-2024 시즌 분데스리가 최고의 골키퍼 중 하나이며, 뛰어난 반사 신경과 일대일 상황 무마 능력이 강점이다. 특히 빌드업이 좋다고 평가된다. 다만 지나치게 오른발에 편중되어 있다. 시장 가치는 300만 유로, 추정 연봉은 350만 유로.

세이브-실점	2023-24시즌 호펜하임					레벨
97-61			S%	CS	CH	클럽 선발
49-5	34-0	3060	69%	2	2-40	
○ 212-66	T-165	P	P%	LB		
○ 212-146	RC-20	36.7-26.4	72%	17.9-7.7	1-0	★ 1
○ 5-3	D-41					

GA	SV	S%	CS	C%	BT	KA	KD	LC	L%	PA	R%	RO	DA
하위	상위	상위	상위	상위	상위	상위	상위	상위	상위	상위	상위	상위	상위
10%	3%	39%	6%	4%	13%	22%	40%	25%	47%	25%	46%	3%	14%

유럽 5대리그 골키퍼 항목별 랭킹(90분 기준 기록, 100분율)

Anthony LOPES
안토니 로페스 1990.10.01 / 184cm
평점 6.97

2011년 올랭피크 리옹에서 데뷔해 지금까지 이 팀의 골문을 지키고 있는 충성심 넘치는 골키퍼. 작지만 뛰어난 반사신경과 순발력이 강점이며, 민첩한 움직임으로 역동작에서도 세컨드 볼을 선방한다. 예측과 판단력도 우수하며, 리옹의 원클럽맨으로서 훌륭한 리더십을 보이고 있다. 그러나 골키퍼로서 키가 작다보니 공중볼에 불리하며, 볼 다루는 기술은 서투르다. 시장 가치는 400만 유로, 추정 연봉은 420만 유로.

세이브-실점	2023-24시즌 올랭피크 리옹	레벨
68-41 39-8 ●156-49 T-156 ●156-107 RC-6 ●6-1 D-30	31-0 2790 69% 9 1-34 P P% LB 28.7-20.1 70% 13.7-5.6 0-0 ★	클럽 선발

GA	SV	S%	CS	C%	BT	KA	KD	LC	L%	PA	R%	RO	DA
하위	상위	하위	상위	상위	하위	상위	하위	상위	하위	상위	하위	상위	하위
37%	22%	48%	36%	38%	31%	48%	17%	47%	48%	39%	22%	41%	25%

Yann SOMMER
얀 조머 1988.12.17 / 183cm
평점 6.97

거의 십 년 동안 분데스리가 최고의 수문장으로 활약하다 2023-2024시즌부터 인터 밀란에서 뛰고 있다. 이탈리아 무대 첫 시즌 실점률은 무려 0.55골이다. 작지만 뛰어난 반사신경을 보유하고 있으며, 페널티킥을 굉장히 잘 막아낸다. 유소년 시절 풀백으로 뛰었던 경험 덕분인지 볼을 다루는 실력도 꽤 출중하다. 경기력 기복도 거의 없으며, 리더십도 훌륭하다. 시장 가치는 500만 유로, 연봉은 321만 유로.

세이브-실점	2023-24시즌 인테르 밀란	레벨
48-15 31-4 ●98-19 T-120 ●98-79 RC-4 ●4-1 D-25	34-0 3060 81% 19 0-20 P P% LB 32.8-28.2 86% 9.1-4.8 0-0 ★	클럽 선발 국대 선발

GA	SV	S%	CS	C%	BT	KA	KD	LC	L%	PA	R%	RO	DA
상위	하위	상위	상위	상위	상위	하위	상위	상위	상위	상위	상위	하위	하위
1%	20%	1%	1%	1%	39%	33%	6%	13%	34%	35%	8%	16%	16%

Mory DIAW
모리 디아우 1993.06.22 / 197cm
평점 6.94

한때 PSG가 무척 기대했던 골키퍼 유망주였지만, 이적 과정에서 분쟁에 휩싸이는 바람에 2년 동안 커리어가 단절된 아픔을 가지고 있다. 2m에 조금 못 미치는 엄청난 하드웨어와 긴 팔을 가진 덕에 박스 안 장악력이 대단하다. 안정적인 캐칭과 정확한 장거리 패스를 통한 공격 기여 역시 그의 장점. 페널티킥도 수준급으로 막아낸다. 다만 종종 위치 선정 실수를 범할 때가 있다. 시장 가치는 180만 유로, 연봉은 62만 유로.

세이브-실점	2023-24시즌 클레어몽 풋	레벨
85-45 50-9 ●189-54 T-129 ●189-135 RC-15 ●8-1 D-33	30-0 2700 71% 5 0-32 P P% LB 37.1-24.1 65% 20.9-8.4 3-0 ★	클럽 선발

GA	SV	S%	CS	C%	BT	KA	KD	LC	L%	PA	R%	RO	DA
하위	상위	상위	상위	상위	하위	상위	상위	상위	상위	상위	상위	상위	상위
15%	1%	4%	26%	0%	35%	44%	16%	45%	16%	5%	17%	41%

Paulo GAZZANIGA
파울로 가차니가 1992.01.02 / 196cm
평점 6.93

오래도록 백업 골키퍼 이미지가 강했던 선수였으나, 2023-2024시즌 지로나 돌풍의 일등 공신이 되며 뒤늦게 빛을 보고 있다. 굉장히 큰 체격 조건을 가졌음에도 불구하고 반사신경이 재빠르며 잔발을 활용해 노련하게 상대의 슈팅 각을 좁히는 지능적인 플레이를 펼친다. 골킥도 상당히 정확한 편이다. 다만 세트 피스 상황에서 실점이 많고, 빌드업은 조금 아쉽다. 시장 가치는 400만 유로, 추정 연봉은 124만 유로.

세이브-실점	2023-24시즌 히로나	레벨
84-44 38-2 ●168-46 T-178 ●168-122 RC-8 ●7-1 D-27	38-0 3420 73% 12 0-23 P P% LB 31.6-24.0 76% 12.7-5.2 2-0 4	클럽 선발

GA	SV	S%	CS	C%	BT	KA	KD	LC	L%	PA	R%	RO	DA
상위	상위	상위	상위	상위	상위	상위	상위	상위	상위	상위	상위	상위	하위
35%	35%	40%	27%	29%	45%	41%	42%	45%	44%	30%	37%	37%

Gregor KOBEL
그레고르 코벨 1997.12.06 / 195cm
평점 6.89

도르트문트의 부주장이자, 2023-2024시즌 도르트문트가 선정한 올해의 선수상에 선정된 강인한 골키퍼. 굉장히 영리한 판단력을 지녔으며 위기시 적재적소에 위치해 상황을 무마시킨다. 박스 안팎의 커버 범위가 넓고 페널티킥 선방에도 일가견이 있다. 발기술도 제법 준수한 편. 다만 볼 핸들링에 기복이 있으며, 이때문에 크로스에 약하다는 평가를 받고 있다. 시장 가치는 4000만 유로, 추정 연봉은 900만 유로.

세이브-실점	2023-24시즌 도르트문트	레벨
59-33 26-1 ●119-34 T-106 ●119-85 RC-3 ●6-1 D-26	27-0 2366 71% 7 3-18 P P% LB 39.4-32.3 82% 12.8-5.9 1-0 1	클럽 선발 국대 백업

GA	SV	S%	CS	C%	BT	KA	KD	LC	L%	PA	R%	RO	DA
상위	상위	상위	상위	상위	상위	상위	하위	상위	상위	상위	하위	하위	하위
25%	27%	6%	21%	21%	8%	40%	40%	16%	10%	7%	10%	11%

Michael ZETTERER
미하엘 체테러 1995.07.12 / 187cm
평점 6.89

2015년 베르더 브레멘에 입단했으나 네 차례 임대를 다녀오는 등 어려움이 많았다. 그러나 브레멘의 승격에 크게 일조하며 입지를 다졌다. 2023-2024시즌 분데스리가에서 가장 많은 선방 횟수를 기록한 골키퍼 중 하나다. 정확한 롱 패스와 장거리 스로인은 팀의 유효한 후방 빌드업 옵션 중 하나다. 골키퍼로서는 드물게 양발 사용에도 능숙하다. 그러나 실수가 잦다. 시장 가치는 300만 유로, 추정 연봉은 78만 유로.

세이브-실점	2023-24시즌 베르더 브레멘	레벨
69-32 23-5 ●129-37 T-161 ●129-92 RC-14 ●4-0 D-30	27-0 2430 72% 6 0-22 P P% LB 35.6-27.4 77% 16.3-8.2 2-0 ★	클럽 선발

GA	SV	S%	CS	C%	BT	KA	KD	LC	L%	PA	R%	RO	DA
상위	상위	상위	상위	상위	하위	상위	하위	상위	상위	상위	상위	상위	상위
50%	24%	28%	44%	43%	16%	26%	31%	30%	6%	11%	19%	41%	37%

André ONANA
평점 6.86
안드레 오나나 — 1996.04.02 / 190cm

2022 FIFA 카타르 월드컵 때 대회 역사상 박스 밖에서 가장 많이 볼 터치(61회)한 골키퍼라는 독특한 기록을 세웠다. 그만큼 발 기술과 스위핑에 강한 자신감을 가진 선수라 할 수 있다. 반사 신경이 출중한 현재 아프리카 최고의 골키퍼 중 하나로 평가되고 있으며, 정확한 패스가 강점이다. 그러나 캐칭에 다소 문제가 있어 세컨드 볼을 자주 내주는 약점이 있다. 시장 가치는 3500만 유로, 추정 연봉은 738만 유로

세이브-실점	2023-24시즌 맨체스터 Utd.	레벨
98-53 / 48-5	38-0 / 3420 / 72% / 9 / 1-35	클럽 선발 / 국대 선발
204-58 / 204-146 / 7-0	T-140 / RC-11 / D-28 / P 36.3-25.4 / P% 70% / LB 15.9-6.8 / 5-0 / ★ 2	

GA	SV	S%	CS	C%	BT	KA	KD	LC	L%	PA	R%	RO	DA
하위 28%	상위 13%	상위 36%	하위 48%	하위 46%	상위 21%	하위 9%	상위 40%	하위 48%	하위 14%	상위 17%	상위 44%	상위 40%	하위 25%

Martin DÚBRAVKA
평점 6.85
마르틴 두브라브카 — 1989.01.15 / 190cm

부친과 조부가 모두 골키퍼 출신인 독특한 가정사를 가지고 있다. 유소년 시절 첫 포지션은 라이트윙이었다고 한다. 뛰어난 순발력과 과감한 판단력을 통해 실점 위기 상황에서 슈퍼세이브로 팀을 구하는 장면을 많이 만들어낸다. 거리를 가리지 않는 후방 빌드업 실력을 가졌다. 다만 '되는 날'과 '안 되는 날'의 경기력 차가 크다. 크로스 방어에는 다소 미숙하다. 시장 가치는 100만 유로, 추정 연봉은 246만 유로

세이브-실점	2023-24시즌 뉴캐슬 Utd.	레벨
59-38 / 29-4	22-1 / 1984 / 68% / 4 / 6-13	클럽 선발 / 국대 선발
130-42 / 130-88 / 5-1	T-140 / RC-7 / D-23 / P 22.0-16.5 / P% 75% / LB 8.6-3.1 / 1-0 / ★ 2	

GA	SV	S%	CS	C%	BT	KA	KD	LC	L%	PA	R%	RO	DA
하위 12%	상위 12%	상위 39%	하위 37%	하위 8%	상위 17%	하위 15%	상위 39%	하위 10%	상위 31%	하위 12%	상위 42%	상위 45%	하위 32%

Filip JØRGENSEN
평점 6.85
필립 얀손 — 2002.04.16 / 190cm

유스 시절 이적 경험이 여섯 차례나 되는 굉장히 독특한 이력을 지녔다. 하지만 프로 데뷔 후에는 오로지 비야레알 골문만 지키고 있다. 탁월한 반사 신경과 판단력을 가진 수문장이다. 적극적으로 박스 안팎을 오가는 스위핑을 펼치며, 일대일 위기 상황에서도 쉽게 무너지지 않는다. 다만 경기력 기복이 심하고, 위치 선정과 불안한 손기술 때문에 실점을 내주는 편. 시장 가치는 2000만 유로, 추정 연봉은 208만 유로.

세이브-실점	2023-24시즌 비야레알	레벨
91-59 / 52-4	36-0 / 3240 / 69% / 5 / 1-22	클럽 선발
206-63 / 206-143 / 6-0	T-178 / RC-11 / D-27 / P 31.0-24.2 / P% 78% / LB 11.4-4.9 / 4-0 / ★ 3	

GA	SV	S%	CS	C%	BT	KA	KD	LC	L%	PA	R%	RO	DA
하위 20%	상위 7%	상위 45%	하위 20%	하위 20%	상위 45%	하위 38%	상위 29%	하위 38%	상위 24%	하위 48%	상위 39%	상위 46%	하위 48%

Marco CARNESECCHI
평점 6.83
마르코 카르네세키 — 2000.07.01 / 195cm

2023-2024시즌을 통해 아탈란타 주전 수문장으로 올라서기 시작한 골키퍼 유망주. 크레모네세에서 뛸 때 세리에 B에서 가장 많은 선방 횟수를 자랑하는 골키퍼 중 하나로 유명했다. 뛰어난 반사 신경과 순발력을 가졌으며, 위기 상황에서도 쉽게 흔들리지 않는 집중도가 강점이다. 적극적으로 박스 밖 수비도 하는 편. 그러나 패스 실력을 키워야 한다는 평이 뒤따른다. 시장 가치는 1600만 유로, 추정 연봉은 19만 유로.

세이브-실점	2023-24시즌 아탈란타	레벨
46-23 / 31-7	27-0 / 2426 / 72% / 8 / 0-21	클럽 선발
107-30 / 107-77 / 7-2	T-142 / RC-16 / D-31 / P 26.8-17.7 / P% 66% / LB 15.4-6.3 / 0-0 / ★ 2	

GA	SV	S%	CS	C%	BT	KA	KD	LC	L%	PA	R%	RO	DA
상위 20%	상위 18%	상위 19%	상위 34%	상위 27%	하위 41%	상위 48%	상위 19%	상위 28%	상위 48%	상위 22%	상위 37%		

Alexandre OUKIDJA
평점 6.83
알렉상드르 우키자 — 1988.07.19 / 184cm

스트라스부르 시절 리그1에서 경쟁력을 인정받았으며, 메스에서는 2018년부터 주전 골키퍼로 뛰고 있다. 알제리 국가대표 출신이나 경력은 그리 대단치 않다. 골키퍼로서는 작은 편이라 공중볼에는 취약하다. 선방 능력에 의지하는 전통적 의미의 수문장이며, 일대일 위기 상황에 특히 능하다. 긴 팔을 활용한 세이브가 돋보이지만, 크로스 등 공중볼에는 취약하다. 시장 가치는 50만 유로, 추정 연봉은 50만 유로.

세이브-실점	2023-24시즌 FC 메스	레벨
87-51 / 41-6	34-0 / 2988 / 69% / 6 / 2-26	클럽 선발
185-57 / 185-128 / 6-0	T-125 / RC-7 / D-39 / P 25.8-11.6 / P% 45% / LB 20.6-6.6 / 3-0 / ★ 4	

GA	SV	S%	CS	C%	BT	KA	KD	LC	L%	PA	R%	RO	DA
하위 24%	상위 10%	상위 41%	하위 27%	하위 27%	상위 20%	하위 3%	상위 20%	하위 7%	상위 5%	하위 24%	상위 25%	하위 5%	

Giorgi MAMARDASHVILI
평점 6.83
조르지 마마르다시빌리 — 2000.09.29 / 199cm

2021년 여름 발렌시아에 입단한 후 세 시즌 동안 팀의 핵심 골키퍼로 맹활약하며 이름값을 크게 알렸다. 현재 흐비차와 더불어 조지아를 대표하는 스타. 축복받은 골키퍼 하드웨어를 가졌으며, 덕분에 선방 범위가 매우 넓다 보니 빈 틈이 보이지 않는다. 볼에 대한 집중력이 좋아 과감한 판단력에 의한 선방도 자주 하는 편이다. 그러나 전방 압박에는 매우 취약한 편. 시장 가치는 3500만 유로, 추정 연봉은 150만 유로.

세이브-실점	2023-24시즌 발렌시아	레벨
78-38 / 28-3	37-0 / 3289 / 72% / 13 / 0-30	클럽 선발 / 국대 선발
147-41 / 147-106 / 6-3	T-142 / RC-11 / D-38 / P 26.2-12.3 / P% 47% / LB 19.3-5.6 / 3-1 / ★ 4	

GA	SV	S%	CS	C%	BT	KA	KD	LC	L%	PA	R%	RO	DA
상위 23%	상위 40%	상위 34%	하위 18%	하위 17%	상위 19%	하위 40%	상위 36%	하위 19%	상위 17%	하위 34%	상위 23%		

○ 유럽 5대리그 골기퍼 항목별 랭킹(90분 기준 기록, 100분율)

Brice SAMBA
평점 6.83
브리스 삼바 1994.04.25 / 187cm

2022-2023시즌 리그1에서 0점대 실점률(0.75골)을 기록, 랑스의 리그 2위 등극에 크게 기여하며 프랑스 국가대표까지 선발됐다. 과거 마르세유 레전드 스티브 망당다를 연상케 한다는 평가를 받고 있다. 특유의 탄력적인 움직임과 순발력을 바탕으로 한 선방이 굉장히 많다. 적극적인 스위핑과 공격적인 빌드업 플레이를 즐긴다. 롱 스로인 능력도 굉장히 출중하다. 시장 가치는 1500만 유로, 추정 연봉은 300만 유로.

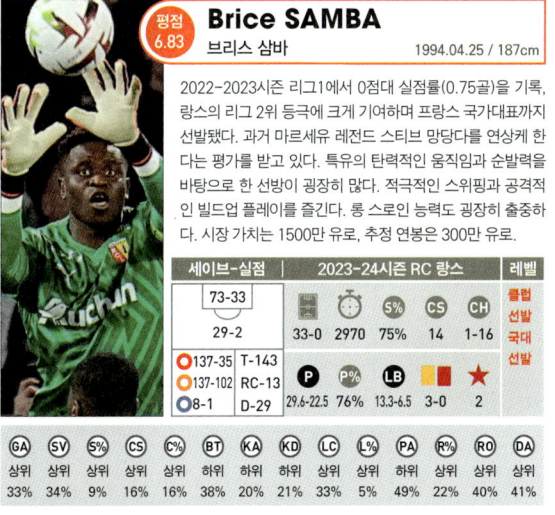

세이브-실점	2023-24시즌 RC 랑스					레벨
73-33						클럽 선발
29-2	33-0	2970	75%	14	1-16	국대 선발
●137-35	T-143	P	P%	LB		★
●137-102	RC-13					
●8-1	D-29	29.6-22.5	76%	13.3-6.5	3-0	2

GA	SV	S%	CS	C%	BT	KA	KD	LC	L%	PA	R%	RO	DA
상위	상위	상위	상위	상위	하위	상위	하위	하위	상위	상위	상위	상위	상위
33%	34%	9%	16%	16%	38%	20%	21%	33%	6%	49%	22%	40%	41%

Lucas CHEVALIER
평점 6.82
뤼카 슈발리에 2001.11.06 / 186cm

발렌시엔에 잠깐 몸담았던 201-2022시즌을 제외한 모든 커리어를 릴에서 쌓았다. 릴에서 주전 입지는 임대 복귀 이후부터 차지했다. 팔의 리치가 긴데다 볼 핸들링도 좋아 실수가 적다는 게 최대 강점이다. 반사 신경도 굉장히 좋다. 볼의 코스를 끝까지 지켜보고 몸을 던지는 타입이며, 덕분에 페널티킥에도 능하다. 롱킥의 정확도와 속도 역시 상당히 좋다. 시장 가치는 2500만 유로, 추정 연봉은 114만 유로.

세이브-실점	2023-24시즌 릴 OSC					레벨
53-30						클럽 선발
40-2	33-0	2970	80%	15	0-17	국대 선발
●125-32	T-121	P	P%	LB		★
●125-93	RC-3					
●5-2	D-27	32.1-24.1	75%	12.2-4.5	1-0	3

GA	SV	S%	CS	C%	BT	KA	KD	LC	L%	PA	R%	RO	DA
상위	하위	상위	상위	상위	하위	상위	상위	하위	상위	상위	상위	하위	하위
14%	32%	14%	7%	8%	47%	6%	44%	5%	10%	32%	46%	33%	30%

Benjamin LECOMTE
평점 6.82
벤자맹 르콩트 1991.04.26 / 186cm

리그1에서 차근차근 성장한 것을 바탕으로 라 리가에 진출했으나 성공하지 못하고 유턴했다. 골키퍼로서 큰 키는 아니지만 순발력과 반사 신경으로 승부한다. 후방 빌드업시 거리에 구애받지 않고 질 좋은 패스를 공급한다. 본인 스스로 "잔발 스텝이 내 최대 강점"이라고 말할 정도로 스텝을 통한 슈팅각 좁히기에 능하다. 다만 공중볼에 약하며 펀칭도 안정적이지 않다. 시장 가치는 350만 유로, 추정 연봉은 182만 유로.

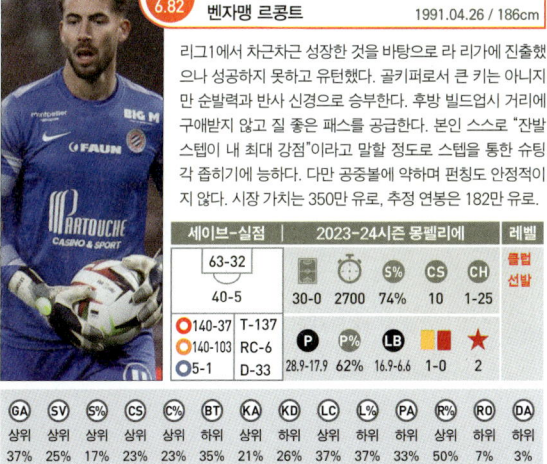

세이브-실점	2023-24시즌 몽펠리에					레벨
63-32						클럽 선발
40-5	30-0	2700	74%	10	1-25	
●140-37	T-137	P	P%	LB		★
●140-103	RC-6					
●5-1	D-33	28.9-17.9	62%	16.9-6.6	1-0	2

GA	SV	S%	CS	C%	BT	KA	KD	LC	L%	PA	R%	RO	DA
상위	상위	상위	상위	상위	상위	상위	상위	상위	상위	상위	하위	하위	하위
37%	25%	17%	23%	23%	35%	26%	37%	37%	33%	50%	7%	26%	3%

Lukás HRÁDECKY
평점 6.81
루카스 흐라데키 1989.11.24 / 192cm

레버쿠젠과 핀란드 축구 국가대표팀의 캡틴. 핀란드 국가대표 출신 수비수 마테이와 형제다. 리더십이 출중한 수문장이며, 그만큼 노련하게 수비라인을 조율해 사전에 위기 상황을 내주지 않는 지능적 면모를 가졌다. 예측 및 판단력이 뛰어나며 반사 신경도 빼어나 골문 방어에도 유능한 면모를 보인다. 하지만 기복이 심하고 가끔 이해 못할 플레이로 실점을 내준다. 시장 가치는 250만 유로, 추정 연봉은 260만 유로.

세이브-실점	2023-24시즌 바이에르 레버쿠젠					레벨
51-23						클럽 선발
27-1	33-0	2970	76%	15	0-11	국대 선발
●102-24	T-162	P	P%	LB		★
●102-78	RC-13					
●0-0	D-25	21.8-16.6	76%	8.2-3.2	2-0	0

GA	SV	S%	CS	C%	BT	KA	KD	LC	L%	PA	R%	RO	DA
상위	하위	상위	상위	하위	하위	하위	상위	하위	상위	상위	상위	상위	상위
1%	36%	3%	8%	19%	42%	6%	13%	15%	36%	17%			

Pietro TERRACCIANO
평점 6.81
피에트로 테라차노 1990.03.08 / 193cm

2019년부터 비올라의 골문을 책임지고 있다. 팬들은 '산 피에트로'라는 별명으로 부르며 그를 골문 앞 성인으로 추앙할 정도로 큰 신뢰를 보낸다. 큰 체격에도 불구하고 뛰어난 반사 신경을 가진 골키퍼다. 과감하게 골문을 비우고 나오는 스위핑이 뛰어나다. 수비 조율 능력도 수준급. 그러나 풋 세이브에 약하며 지나치게 손을 활용한 플레이에 치중한다. 시장 가치는 250만 유로, 추정 연봉은 148만 유로.

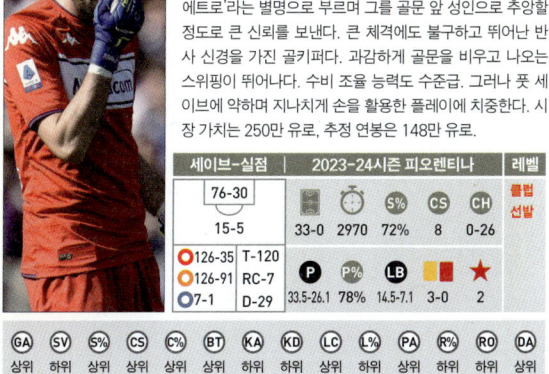

세이브-실점	2023-24시즌 피오렌티나					레벨
76-30						클럽 선발
15-5	33-0	2970	72%	8	0-26	
●126-35	T-120	P	P%	LB		★
●126-91	RC-7					
●7-1	D-29	33.5-26.1	78%	14.5-7.1	3-0	2

GA	SV	S%	CS	C%	BT	KA	KD	LC	L%	PA	R%	RO	DA
상위	상위	상위	상위	상위	상위	상위	상위	상위	하위	상위	하위	상위	상위
18%	31%	11%	45%	45%	35%	26%	32%	38%	10%	36%	4%	27%	37%

Álvaro VALLÉS
평점 6.80
알바로 바예스 1997.07.25 / 192cm

2023-2024시즌 무수히도 많은 선방을 펼치며 빅 클럽의 관심을 받고 있다. 2023-2024시즌 라스 팔마스 올해의 선수에 선정된 이유다. 굉장히 드넓은 활동 반경을 자랑하는 골키퍼다. 상대의 역습 상황 때 미리 위치를 잡고 수비를 조율해 공격을 무마시키며, 위기 상황에서도 정확한 예측력과 순발력을 앞세워 상대 슈팅을 걷어낸다. 후방 빌드업도 수준급으로 해낸다. 시장 가치는 1200만 유로, 추정 연봉은 37만 유로.

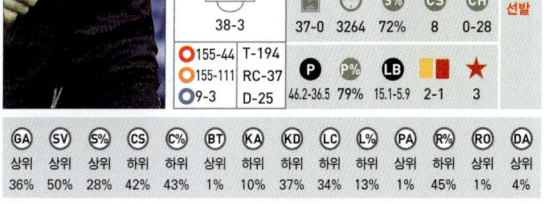

세이브-실점	2023-24시즌 라스 팔마스					레벨
73-41						클럽 선발
38-3	37-0	3264	72%	8	0-28	
●155-44	T-194	P	P%	LB		★
●155-111	RC-37					
●9-3	D-25	46.2-36.5	79%	15.1-5.9	2-1	3

GA	SV	S%	CS	C%	BT	KA	KD	LC	L%	PA	R%	RO	DA
상위	상위	상위	상위	상위	하위	상위	상위	하위	하위	상위	상위	하위	상위
36%	50%	28%	42%	43%	1%	37%	34%	1%	45%	1%	4%		

유럽 5대리그 골키퍼 항목별 랭킹 (90분 기준 기록, 100분율)

범례: 상대유효슈 시도-실점 / 상대유효슈 시도-선방 / 상대 PK 시도-방어 / GK 던지기 / 라이브 골킥 비거리 방어 성공 평균(m) / 출전횟수 선발-교체 / 출전시간 분(MIN) / GK 실점 / GK 선방율 / 클린시트 개최-평점 / 크로스처리 시도-성공 / 평균 패스 / 패스 평균 통화 시도-성공 / 페어플레이 경고-퇴장 / MOM / 최소 실점 / GK 선방 / GK 클린시트 비율 / BT 볼터치 / KA 골킥 시도 / 골킥 평균 비거리 / 통볼 성공율 / 패스 시도 / 크로스 차단율 / 런아웃 시도 / 활동 범위

Unai SIMÓN — 평점 6.80
우나이 시몬 · 1997.06.11 / 190cm

2023-2024시즌 라 리가 최우수 골키퍼(사모라상)에 선정된 '무적함대' 스페인 축구 국가대표팀의 주전 수문장. 큰 키에 정확한 롱 킥을 갖춘 골키퍼다. 롱 킥의 비거리가 매우 길어 직접적으로 상대 골문에 위험을 가할 수 있다. 스위핑에도 자신감을 가지고 있어 적극적으로 밀고 올라오는 편이며, 페널티킥에도 강하다. 다만 빌드업시에는 상대 전방 압박에 취약한 편. 시장 가치는 3000만 유로, 추정 연봉은 428만 유로.

세이브-실점 | 2023-24시즌 아슬레틱 빌바오 | 레벨
60-29 / 33-4 | 36-0 3184 74% 16 1-18 | 클럽 선발 / 국대 선발
126-33 T-144 / 126-93 RC-14 / 5-3 D-345 | 30.4-16.4 54% 20.3-6.9 2-0 3 |

GA 상위 11% / SV 하위 20% / S% 상위 38% / CS 상위 9% / C% 하위 7% / BT 상위 43% / KA 하위 39% / KD 상위 2% / LC 상위 20% / L% 하위 42% / PA 상위 38% / R% 상위 30% / RO 상위 20% / DA 상위 20%

Frederik RØNNOW — 평점 6.79
프레데릭 뢰노 · 1992.08.04 / 190cm

분데스리가에서 오랫동안 백업 설움을 맛봤던 선수였으나, 2022년 안드레아스 루테의 부상 공백을 틈타 주전으로 도약했다. 큰 체격 조건을 활용해 시원시원한 다이빙으로 많은 세이브를 해낸다. 전방으로 향하는 롱킥의 정확도도 상당히 좋다. 그러나 가끔 치명적 실수로 흐름을 내주는 실점을 범하며, 킥에 비해 볼을 다루는 실력은 그리 좋지 못하다. 부상도 잦다. 시장 가치는 450만 유로, 추정 연봉은 120만 유로.

세이브-실점 | 2023-24시즌 우니온 베를린 | 레벨
72-48 / 35-8 | 33-0 2970 66% 7 1-19 | 클럽 선발 / 국대 백업
163-56 T-174 / 163-107 RC-13 / 7-2 D-31 | 34.9-23.7 68% 17.8-7.3 2-0 4 |

GA 하위 25% / SV 상위 38% / S% 상위 31% / CS 상위 25% / C% 하위 26% / BT 상위 42% / KA 상위 30% / KD 상위 24% / LC 상위 43% / L% 상위 11% / PA 상위 46% / R% 하위 19% / RO / DA

Mike MAIGNAN — 평점 6.79
마이크 매냥 · 1995.07.03 / 191cm

리그1과 세리에A에서 모두 시즌 최우수 골키퍼상을 수상한 바 있다. 위고 요리스의 국가대표 은퇴 후 레블뢰 군단의 새로운 수문장으로 자리매김했다. 굉장히 탄력 넘치는 운동 능력을 가진 골키퍼이며, 지근거리에서 날아오는 슈팅을 놀라운 반사 신경으로 막아낸다. 스위핑 능력도 출중하며, 무엇보다 수비 조율 능력이 좋다. 다만 자주 부상을 당하는 게 흠이다. 시장 가치는 3800만 유로, 추정 연봉은 359만 유로.

세이브-실점 | 2023-24시즌 AC 밀란 | 레벨
49-25 / 37-9 | 29-0 2610 72% 10 2-14 | 클럽 선발 / 국대 선발
120-34 T-188 / 120-86 RC-9 / 7-0 D-26 | 35.7-29.3 82% 11.7-5.5 1-1 1 |

GA 상위 38% / SV 하위 47% / S% 상위 18% / CS 상위 32% / C% 상위 29% / BT 상위 30% / KA 하위 40% / KD 상위 11% / LC 상위 26% / L% 상위 40% / PA 상위 34% / R% 상위 57% / RO 상위 34% / DA 상위 34%

Arthur DESMAS — 평점 6.79
아르튀르 데스마스 · 1994.04.07 / 196cm

2022-2023시즌 르아브르의 리그1 승격에 크게 기여했으며, 이때 리그2 올해의 선수상을 차지했다. 긴 팔을 활용한 핸드 세이빙 실력이 좋다. 역동작이 걸린 상황에서도 안정적인 펀칭으로 상대 슈팅을 무산시킨다. 펀칭 상황 때도 쉽게 세컨드 볼을 내주지 않는다는 점도 강점이며, 페널티킥 방어에도 일견이 있다. 하지만 볼 다루는 게 서투르며 롱킥이 정확하지 않다. 시장 가치는 250만 유로, 추정 연봉은 30만 유로.

세이브-실점 | 2023-24시즌 르아브르 | 레벨
77-37 / 35-6 | 33-0 2970 72% 7 0-19 | 클럽 선발
155-43 T-135 / 155-112 RC-10 / 3-1 D-34 | 24.2-14.3 59% 15.6-5.6 2-0 2 |

GA 상위 42% / SV 상위 28% / S% 상위 40% / CS 상위 37% / C% 하위 34% / BT 상위 37% / KA 상위 43% / KD 상위 33% / LC 상위 10% / L% 상위 40% / PA 상위 28% / R% 하위 26% / RO / DA

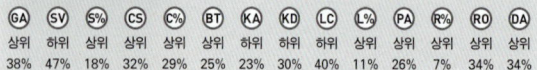

Vicente GUAITA — 평점 6.79
비센테 과이타 · 1987.02.18 / 190cm

2022-2023시즌 크리스털 팰리스에서 팀 내 갈등을 빚었으며, 이로 인해 2023-2024시즌부터 셀타 비고에서 활약하고 있다. PL과 라 리가에서 모두 높은 평가를 받은 수문장이며, 노련하게 수비진을 조율하며 활동 범위도 넓어 박스 안 장악 능력도 굉장히 출중하다. 승부처에서 놀라운 선방으로 경기 분위기를 바꾸는 면모도 가지고 있다. 다만 킥 실력은 평범한 편. 시장 가치는 80만 유로, 추정 연봉은 240만 유로.

세이브-실점 | 2023-24시즌 셀타 비고 | 레벨
69-35 / 14-4 | 26-1 2402 68% 5 0-13 | 클럽 선발
122-39 T-134 / 122-83 RC-14 / 5-0 D-32 | 24.9-15.7 63% 14.8-5.9 2-0 2 |

GA 하위 43% / SV 상위 41% / S% 상위 47% / CS 하위 60% / C% 상위 49% / BT 상위 17% / KA 상위 13% / KD 상위 38% / LC 상위 34% / L% 상위 35% / PA 상위 10% / R% 상위 50% / RO 상위 41% / DA

Maduka OKOYE — 평점 6.78
마두카 오코예 · 1999.08.28 / 197cm

나이지리아 혈통을 가진 독일 태생 골키퍼. 포르투나 뒤셀도르프에서 프로 데뷔했으나, 정작 제대로 된 커리어는 해외에서 쌓았다. 낮은 무게 중심과 재빠른 반사 신경을 자랑하며, 굉장히 안정적인 볼 핸들링 기술을 가지고 있다. 어지간해서는 후속 위기를 내주지 않는 펀칭도 칭찬할 만하다. 다만 지나치게 손에 의지하는 방어를 하는 편이다. 빌드업 기담은 많지 않다. 시장 가치는 400만 유로, 추정 연봉은 64만 유로.

세이브-실점 | 2023-24시즌 우디네세 | 레벨
44-22 / 21-3 | 21-0 1890 72% 5 0-14 | 클럽 선발 / 백업 / 국대 백업
90-25 T-45 / 90-65 RC-2 / 3-0 D-38 | 19.6-11.2 57% 13.2-4.9 2-0 2 |

GA 상위 30% / SV 상위 43% / S% 상위 23% / CS 상위 47% / C% 상위 47% / BT 상위 1% / KA 상위 16% / KD 상위 18% / LC 상위 34% / L% 상위 38% / PA 상위 10% / R% 하위 2% / RO 하위 1% / DA 하위 1%

Marcin BUŁKA
평점 6.78 | 마르친 부우카 | 1999.10.04 / 199cm

2019년 PSG에서 프로 데뷔했으나 주로 임대로 커리어를 쌓았다. 현 소속팀 니스에서는 2021년부터 활약 중이며, 2023-2024시즌 리그1 최소 실점 골키퍼라는 훌륭한 성과를 냈다. 2m에 육박하는 엄청난 체격 조건을 자랑하면서, 굉장히 빠른 반응 속도까지 가졌다. 끊임없이 쿨 플레이하며 동료 수비수들을 조율하고, 위기 시 집중력도 뛰어나다. PK 선방 능력도 좋은 편. 시장 가치는 2000만 유로, 추정 연봉은 36만 유로.

세이브-실점	2023-24시즌 니스	레벨
48-27 / 29-2	34-0 3060 73% 17 1-13	클럽 선발 국대 백업
●106-29 T-158	P P% LB ★	
●106-77 RC-7	31.7-26.6 84% 8.1-3.7 2-0 3	
●8-3 D-22		

GA	SV	S%	CS	C%	BT	KA	KD	LC	L%	PA	R%	RO	DA
상위	하위	상위	상위	상위	상위	하위	하위	상위	상위	상위	상위	상위	하위
5%	6%	10%	3%	3%	48%	11%	4%	5%	32%	35%	17%	18%	21%

NETO
평점 6.77 | 네투 | 1989.07.19 / 190cm

14년째 유럽 빅 리그를 두루 경험했으나 주전보다는 서브로서 활약한 시즌이 많았다. 본머스에서는 주전이자 주장으로서 팀을 수호하고 있다. 네투의 최대 강점은 기복 없는 플레이다. 긴 팔을 활용한 선방과 공중볼 처리에 강한 모습을 보이며, 판단력도 나쁘지 않다. 다만 활동 범위가 좁고 후방 빌드업에 약하다. 그래도 본머스 이적 후에는 킥이 정확해졌다는 평. 시장 가치는 250만 유로, 추정 연봉은 307만 유로.

세이브-실점	2023-24시즌 본머스	레벨
78-49 / 33-6	32-0 2880 68% 7 45312	클럽 선발
●166-55 T-154	P P% LB ★	
●166-111 RC-16	28.7-17.2 60% 16.9-5.9 5-0 2	
●6-1 D-34		

GA	SV	S%	CS	C%	BT	KA	KD	LC	L%	PA	R%	RO	DA
하위	상위	하위	상위	하위	상위	상위	하위	상위	상위	상위	상위	상위	상위
23%	20%	39%	5%	39%	29%	32%	48%	29%	40%	32%	48%	43%	50%

Jan OBLAK
평점 6.77 | 얀 오블락 | 1993.01.07 / 188cm

2014년부터 10년째 아틀레티코 마드리드 골문을 책임지고 있는 수호신. 현재 세계 최고의 골키퍼 중 하나로 꼽힌다. 빌드업 실력은 그리 좋지 못하나, '막는다'라는 골키퍼의 기본 임무라는 관점에서 볼 때 약점이 없는 수문장이다. 엄청난 반사 신경과 안정감을 자랑하며, 어지간해서는 세컨드 볼도 허용하지 않는다. 페널티 방어 역시 유럽 최고 수준으로 평가된다. 시장 가치는 2800만 유로, 추정 연봉은 2083만 유로.

세이브-실점	2023-24시즌 아틀레티코 마드리드	레벨
61-34	38-0 3420 70% 13 0-21	클럽 선발 국대 선발
●144-43 T-180	P P% LB ★	
●144-101 RC-8	22.4-15.8 71% 10.5-4.3 1-0 0	
●2-0 D-29		

GA	SV	S%	CS	C%	BT	KA	KD	LC	L%	PA	R%	RO	DA
상위	하위	상위	상위	상위	상위	상위	상위	상위	상위	상위	상위	상위	상위
26%	46%	50%	29%	32%	4%	23%	33%	16%	32%	2%	44%	12%	11%

Guglielmo VICARIO
평점 6.77 | 굴리엘모 비카리오 | 1996.10.07 / 194cm

토트넘을 떠난 위고 요리스의 뒤를 이어 골문을 책임지고 있다. 토트넘 이적시 기록한 이적료는 친정팀 엠폴리의 역대 최고 이적료 수익이었다. 빼어난 반사 신경과 운동 능력을 가진 수문장이면서 선방 상황에서 손발을 가리지 않고 굉장히 안정적인 면모를 보인다. 과거 빌드업이 약점이라는 평가를 받았으나 이를 많이 개선했으며, 적극적인 스위핑으로 수비를 보호한다. 시장 가치는 3500만 유로, 추정 연봉은 461만 유로.

세이브-실점	2023-24시즌 토트넘	레벨
78-58 / 31-3	38-0 3420 64% 7 0-34	클럽 선발 국대 백업
●170-61 T-193	P P% LB ★	
●170-109 RC-30	35.8-30.1 84% 7.6-2.2 2-0 0	
●7-0 D-22		

GA	SV	S%	CS	C%	BT	KA	KD	LC	L%	PA	R%	RO	DA
하위	상위	하위	상위	상위	상위	상위	상위	상위	하위	상위	상위	상위	상위
34%	45%	29%	30%	30%	17%	25%	2%	1%	3%	14%	44%	4%	11%

Vanja MILINKOVIĆ-SAVIĆ
평점 6.76 | 바니야 밀린코비치-사비치 | 1997.02.20 / 202cm

세르비아의 스타 미드필더 세르게이와 형제로 유명하다. 농구 선수 출신인 어머니의 혈통을 이어받아서인지 2m가 넘는 놀라운 신장을 자랑한다. 이처럼 큰 체격 조건에도 불구하고 굉장히 날랜 운동 신경을 가졌으며, 우월한 하드웨어 덕에 공중볼에 관해서는 압도적인 면모를 보이고 있다. 다만 위치 선정에 다소 문제가 있고, 종종 뼈아픈 실수를 저지르는 편이다. 시장 가치는 500만 유로, 추정 연봉은 130만 유로.

세이브-실점	2023-24시즌 토리노	레벨
55-27 / 48-4	36-0 3240 77% 18 45313	클럽 선발 국대 선발
●134-31 T-171	P P% LB ★	
●134-103 RC-14	37.8-22.7 60% 23.4-8.2 2-0 1	
●6-0 D-35		

GA	SV	S%	CS	C%	BT	KA	KD	LC	L%	PA	R%	RO	DA
상위	하위	상위	상위	상위	상위	상위	상위	상위	상위	상위	상위	상위	하위
7%	44%	1%	3%	3%	12%	45%	1%	10%	30%	15%	11%	48%	47%

Ørjan NYLAND
평점 6.76 | 연 닐란 | 1990.09.10 / 192cm

FA로 세비야에 입단한 뒤, 시즌 초 서브 골키퍼였던 입지에서 벗어나 주전으로 활약하고 있다. 공중볼 처리에 특화된 모습을 보이며 볼을 탈취한 후 전개하는 롱 킥 역습 플레이가 굉장히 재빠른게 강점이다. 다만 키에 비해 볼을 손으로 다루는 실력이 그리 좋지 못하고, 선방 이후 상대 공격수에게 위험한 세컨드 볼을 많이 내주는 편. 잔부상도 심하다. 시장 가치는 140만 유로, 추정 연봉은 73만 유로.

세이브-실점	2023-24시즌 세비야	레벨
48-24 / 30-3	24-0 2160 74% 6 45306	클럽 선발 클럽 백업 국대 선발
●105-27 T-108	P P% LB ★	
●105-78 RC-5	28.1-16.0 57% 19.5-7.2 1-0 1	
●3-0 D-36		

GA	SV	S%	CS	C%	BT	KA	KD	LC	L%	PA	R%	RO	DA
상위	상위	상위	상위	하위	하위	상위	상위	상위	상위	상위	상위	하위	상위
30%	30%	12%	50%	49%	32%	7%	14%	36%	22%	39%	22%	6%	41%

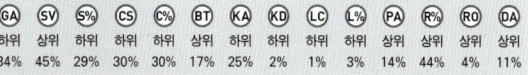

Marco BIZOT
평점 6.76
마르코 비조트   1991.03.10 / 194cm

알크마르에서 에레디비시에 최고 수준 GK로 군림하던 시절인 2020년에는 네덜란드 대표로도 발탁될 정도로 크게 주가를 드높였으나 지금은 멀어졌다. 그래도 브레스트에서는 세 시즌 연속 확고한 주전으로 활약 중. 볼에 대한 집중력이 좋고 안정적인 선방 실력을 갖추었지만 활동 범위가 좁아 스위핑을 기대하기엔 어렵다. 킥의 정확성 역시 톱 클래스라 할 수 없다. 시장 가치는 400만 유로, 추정 연봉은 91만 유로.

세이브-실점	2023-24시즌 브레스트					레벨
59-32 / 36-2	32-0	2878	74%	13	45309	클럽 선발
○ 129-34 T-134	P	P%	LB		★	
○ 129-95 RC-22	30.1-21.7	72%	16.0-7.7	3-1	1	
○ 3-1 D-32						

GA	SV	S%	CS	C%	BT	KA	KD	LC	L%	PA	R%	RO	DA
상위	하위	상위	상위	상위	하위	상위	상위	하위	상위	하위	상위	상위	상위
19%	48%	24%	12%	11%	45%	37%	24%	12%	2%	45%	32%	30%	24%

Moritz NICOLAS
평점 6.75
모리츠 니콜라스   1997.10.21 / 193cm

2016년부터 묀헨글라트바흐에 소속되어 있으나 임대를 떠났던 시즌이 상당히 많다. 주전 도약은 2023-2024시즌, 주전 요나스 오믈린의 부상 이후부터다. 볼을 끝까지 보고 대응하며, 때문에 마지막까지 핑거 세이브를 시도하려는 근성 있는 골키퍼다. 다만 펀칭할 때 세컨드 볼을 제법 내주는 편이며, 롱 킥 자신이 없어선지 상대 전방 압박시 숏패스로 풀어간다. 시장 가치는 250만 유로, 추정 연봉은 104만 유로.

세이브-실점	2023-24시즌 묀헨글라트바흐					레벨
71-39 / 40-10	27-0	2430	70%	4	0-22	클럽 선발
○ 160-49 T-140	P	P%	LB		★	
○ 160-111 RC-5	33.6-25.2	75%	13.8-5.5	2-0	2	
○ 4-0 D-27						

GA	SV	S%	CS	C%	BT	KA	KD	LC	L%	PA	R%	RO	DA
하위	상위	상위	상위	상위	하위	상위	상위	하위	상위	상위	상위	상위	하위
14%	5%	47%	19%	27%	41%	49%	44%	30%	29%	31%	37%		

Rui SILVA
평점 6.75
후이 실바   1994.02.07 / 191cm

그라나다 시절이었던 2018-2019 세군다 디비시온에서 최우수 GK상을 받았으며, 팀의 유로파리그 진출에도 기여하며 명성을 얻었다. 베티스에서도 상승세를 이어가는 중. 뛰어난 빌드업을 자랑하는 왼발잡이 GK이며, 높은 볼을 처리할 때 안정감을 보이며, 기복이 별로 없는 것도 그의 강점이다. 다만 숏 패스를 무리하게 시도하다 실수하는 경향이 있다. 시장 가치는 800만 유로, 추정 연봉은 90만 유로.

세이브-실점	2023-24시즌 레알 베티스					레벨
52-34 / 34-2	28-0	2476	71%	9	45334	클럽 선발
○ 122-36 T-119	P	P%	LB		★	
○ 122-86 RC-14	29.8-19.7	66%	15.7-5.8	4-0	2	
○ 8-1 D-31						

GA	SV	S%	CS	C%	BT	KA	KD	LC	L%	PA	R%	RO	DA
상위	하위	상위	상위	상위	하위	상위	상위	상위	상위	상위	하위	상위	상위
41%	43%	34%	25%	25%	40%	34%	45%	49%	26%	41%	32%	30%	

Marc-André TER STEGEN
평점 6.75
마르크-안드레 테어슈테겐   1992.04.30 / 187cm

라 리가에서 10년 넘게 최정상 위치를 지키고 있는 명수문장. 독일 대표팀에서는 마누엘 노이어에 가린 비운의 2인자로도 조명되기도 한다. 세계에서 가장 우수한 빌드업 능력을 가진 골키퍼 중 하나로 찬사받으며, 심지어 양발을 가리지 않는다. 그러면서도 발기술에 자신이 있다보니 적극적으로 스위핑에 임하는 편. 실점률은 조금 아쉽지만 그래도 선방 횟수는 상당하다. 시장 가치는 2800만 유로, 추정 연봉은 630만 유로.

세이브-실점	2023-24시즌 FC 바르셀로나					레벨
50-24 / 25-3	28-0	2520	74%	15	1-18	클럽 선발 국대 백업
○ 102-27 T-115	P	P%	LB		★	
○ 102-75 RC-3	32.9-29.0	88%	9.1-5.8	3-0	2	
○ 2-0 D-24						

GA	SV	S%	CS	C%	BT	KA	KD	LC	L%	PA	R%	RO	DA
상위	하위	상위	상위	상위	하위	상위	상위	하위	상위	상위	상위	상위	상위
16%	27%	27%	6%	44%	28%	12%	2%	38%	2%	33%	15%		

Wojciech SZCZĘSNY
평점 6.74
보이체흐 시쳉스니   1990.04.18 / 195cm

세리에 A 최정상급 골키퍼로 유벤투스에서 오래도록 헌신했으나 디 그레고리오가 팀에 합류하면서 주전 입지에 빨간불이 켜졌다. 이적설이 나도는 이유다. 아스널에서 활약하던 유망주 시절부터 빌드업과 선방 능력 모두 최상위권으로 평가되던 선수였다. 특히 롱킥이 정확하다. 좋은 피지컬에 높은 크로스에 대응하는 능력도 탁월하며 페널티킥 선방 횟수도 상당한 편. 시장 가치는 600만 유로, 추정 연봉은 1204만 유로.

세이브-실점	2023-24시즌 유벤투스					레벨
44-23 / 36-7	35-0	3150	73%	15	1-25	클럽 선발 국대 선발
○ 110-30 T-134	P	P%	LB		★	
○ 110-80 RC-4	24.7-18.5	75%	11.8-5.8	1-0	0	
○ 3-1 D-30						

GA	SV	S%	CS	C%	BT	KA	KD	LC	L%	PA	R%	RO	DA
상위	하위	상위	상위	상위	상위	상위	하위	하위	상위	하위	상위	하위	하위
6%	7%	30%	10%	9%	20%	41%	45%	8%	32%	16%	13%		

Ivan PROVEDEL
평점 6.74
이반 프로베델   1994.03.17 / 194cm

2022-2023시즌 세리에 A 최우수 GK. 러시아 혈통을 가진 이중국적자이며, 레프 야신을 우상으로 삼고 있다. 독특하게도 통산 2골을 기록 중. 굉장히 뛰어난 선방 능력을 가지고 있지만, 그보다 더 높게 평가되는 건 빌드업 실력이다. 전방으로 넘기는 롱킥의 정확성과 빌드업 방향 설정 능력이 굉장히 좋다고 평가된다. 다만 키에 비해 공중볼 대응이 아쉽다. 시장 가치는 1400만 유로, 추정 연봉은 370만 유로.

세이브-실점	2023-24시즌 라치오					레벨
60-28 / 26-5	30-0	2700	72%	9	0-23	클럽 선발
○ 119-33 T-103	P	P%	LB		★	
○ 119-86 RC-6	30.5-24.4	80%	12.2-6.6	0-1	1	
○ 3-0 D-28						

GA	SV	S%	CS	C%	BT	KA	KD	LC	L%	PA	R%	RO	DA
상위	상위	상위	상위	상위	상위	상위	상위	상위	하위	하위	하위	하위	상위
24%	39%	39%	26%	24%	39%	24%	26%	39%	17%	24%	48%		

Jordan PICKFORD
평점 6.72
조던 픽포드 1994.03.17 / 185cm

시즌 내내 악재가 가득했던 에버턴이 강등당하지 않았던 건 픽포드의 연이은 선방 덕분이라고 봐도 무방하다. 골키퍼로서는 큰 체격은 아니지만, 모자란 피지컬은 뛰어난 반사 신경과 슈퍼 세이브로 메운다. 적극적으로 박스 밖 수비에 나서는 등 공격적 성향을 가지고 있으며, 그만큼 리스크도 크다. 큰 경기에서 유독 존재감을 보이는 편이며, 빌드업 실력도 꽤 준수하다. 시장 가치는 2200만 유로, 추정 연봉은 769만 유로.

세이브-실점		2023-24시즌 에버턴				레벨
80-45						클럽 선발 국대 선발
37-6	38-0	3420	70%	13	1-32	
168-51	T-141	P	P%	LB		★
168-117	RC-23					
8-0	D-38	37.8-22.3	59%	25.6-10.5	5-0	1

GA	SV	S%	CS	C%	BT	KA	KD	LC	L%	PA	R%	RO	DA
상위	상위	상위	상위	상위	상위	상위	상위	하위	상위	상위	상위	상위	상위
45%	45%	32%	20%	21%	17%	26%	21%	1%	27%	24%	42%	20%	21%

Conan LEDESMA
평점 6.72
코난 레데스마 1993.02.13 / 187cm

2023-2024시즌 동안 악전고투하며 카디스 골문을 책임지며 아홉 차례 클린시트를 달성했지만 강등을 막지 못했다. 현재 리버 플레이트 이적설이 나돌고 있다. 판단력이 빠르고 정확하며, 플레이 템포가 상당히 빨라 공격수 처지에서는 빈틈을 찾기 힘든 타입의 골키퍼. 스위핑도 자주 시도하는 편인데, 다만 실수가 많은 편이라 퇴장 빈도가 많은 편. 빌드업은 평범하다. 시장 가치는 500만 유로, 추정 연봉은 100만 유로.

세이브-실점		2023-24시즌 카디스				레벨
64-44						클럽 선발
40-3	34-0	3049	69%	9	2-29	
151-47	T-115	P	P%	LB		★
151-104	RC-17					
2-0	D-40	31.5-17.0	54%	24.0-9.6	0-0	1

GA	SV	S%	CS	C%	BT	KA	KD	LC	L%	PA	R%	RO	DA
하위	상위	상위	상위	상위	상위	하위	상위	상위	상위	상위	하위	상위	하위
48%	46%	42%	40%	40%	47%	7%	4%	28%	36%	5%	29%	32%

Emiliano MARTÍNEZ
평점 6.72
에밀리아노 마르티네스 1992.09.02 / 195cm

2021 코파 아메리카와 2022 FIFA 카타르 월드컵에서 최우수 골키퍼상을 거머쥐는 등 현재 가장 큰 명성을 자랑하는 수문장 중 하나로 평가받다. 뛰어난 반사 신경과 순발력으로 승부하는 타입이며, 무엇보다 페널티킥 방어 능력에서는 최고 수준으로 평가된다. 상대 심리를 흔드는 트래쉬 토크도 서슴지 않은 편이며, 2022년 전후로 롱킥의 정확도도 크게 드높였다. 시장 가치는 2800만 유로, 추정 연봉은 738만 유로.

세이브-실점		2023-24시즌 애스턴 빌라				레벨
68-44						클럽 선발 국대 선발
27-4	34-0	3016	66%	8	2-22	
143-48	T-157	P	P%	LB		★
143-95	RC-37					
1-0	D-25	37.5-30.4	81%	11.4-4.8	4-0	0

GA	SV	S%	CS	C%	BT	KA	KD	LC	L%	PA	R%	RO	DA
하위	하위	상위	상위	상위	상위	상위	상위	상위	상위	하위	상위	상위	상위
46%	41%	18%	45%	11%	34%	24%	30%	50%	7%	1%	5%	5%	7%

Steve MANDANDA
평점 6.71
스티브 만당다 1985.03.28 / 187cm

마르세유 시절 리그1 최고의 수문장으로 군림했으며, 실제로 다섯 차례나 리그 최우수 골키퍼상을 수상하기도 했다. 골키퍼치고는 작지만 놀라운 탄력과 반사 신경으로 약점을 상쇄시킨다. 다만 빌드업보다는 막는 것에 특화된 전통적인 스타일의 수문장이며, 스위핑보다는 박스 안 수비에 집중하는 편이다. 수비 조율도 좋고, 엄청난 비거리의 스로인이 특기다. 시장 가치는 80만 유로, 추정 연봉은 228만 유로

세이브-실점		2023-24시즌 스타드 렌				레벨
69-39						클럽 선발
35-7	34-0	3060	70%	7	1-33	
150-46	T-149	P	P%	LB		★
150-104	RC-14					
3-0	D-29	31.1-21.8	70%	14.2-5.1	1-0	0

GA	SV	S%	CS	C%	BT	KA	KD	LC	L%	PA	R%	RO	DA
상위	상위	상위	상위	하위	상위	상위	상위	상위	상위	상위	상위	하위	상위
49%	49%	46%	26%	41%	9%	40%	45%	33%	25%	48%	25%	47%	34%

Łukasz SKORUPSKI
평점 6.71
우카시 스코룹스키 1991.05.05 / 187cm

2023-2024시즌 열세 차례 클린 시트 (리그 5위)를 기록하는 등 철통 방어를 뽐냈다. 골문과 가까운 지점에서 날아드는 위험한 슈팅을 굉장히 안정적으로 선방한다. 볼을 끝까지 살피고 대응하는 스타일이며, 손으로 볼을 다루는 실력도 좋아 쉽게 상대에게 세컨드 볼 찬스를 내주지 않는 편이다. 후속 동작도 재빠르게 가져가는 편. 다만 빌드업 실력은 아쉽다는 평가. 시장 가치는 350만 유로, 추정 연봉은 167만 유로.

세이브-실점		2023-24시즌 볼로냐				레벨
45-24						클럽 선발 국대 백업
33-5	32-0	2880	73%	13	1-20	
107-29	T-136	P	P%	LB		★
107-78	RC-6					
6-1	D-27	27.9-20.9	76%	11.0-4.6	2-0	1

GA	SV	S%	CS	C%	BT	KA	KD	LC	L%	PA	R%	RO	DA
상위	하위	상위	상위	상위	상위	상위	상위	하위	상위	상위	하위	하위	하위
10%	12%	22%	6%	13%	20%	36%	34%	18%	39%	30%	7%	9%	21%

Josep MARTÍNEZ
평점 6.71
호세프 마르티네스 1998.05.27 / 191cm

바르셀로나 유스 출신 수문장. 라이프치히에서 자리잡지 못해 세리에 B 클럽이었던 제노아에 임대 신분으로 입단한 후 명성을 얻었다. 현재 인터 밀란의 관심을 받는 중. 스페인 출신 골키퍼답게 볼 다루는 기술이 굉장히 안정적이며, 과감한 스위핑 플레이를 펼친다. 긴 팔을 활용한 세이브 반응 속도도 빠르며 펀칭도 안정적인 편. 페널티킥에도 강한 면모를 보인다. 시장 가치는 800만 유로, 추정 연봉은 64만 유로.

세이브-실점		2023-24시즌 제노아				레벨
51-37						클럽 선발
37-6	36-0	3240	67%	8	1-23	
131-43	T-107	P	P%	LB		★
131-88	RC-18					
4-1	D-33	36.8-25.4	69%	18.9-8.3	2-1	3

GA	SV	S%	CS	C%	BT	KA	KD	LC	L%	PA	R%	RO	DA
상위	하위	상위	상위	상위	상위	상위	하위	상위	상위	상위	상위	상위	하위
32%	13%	34%	45%	48%	24%	19%	17%	9%	35%	20%	28%	40%	21%

유럽 5대리그 골기퍼 항목별 랭킹(90분 기준 기록, 100분율)

범례: 상대유효슛-시도→실점 | 상대유효슛-시도→선방 | 상대PK-시도→방어 | T 던지기 | RC 방어 성공 | D 평균(m) | 출전횟수 선발→교체 | 출전시간(분) | S% GK 선방률 | CS GK 클린시트 | CH 크로스처리 캐칭→펀칭 | P 평균 패스 | LB 평균 롱볼 시도→성공 | 페어플레이 경고→퇴장 | ★ MOM | GA 최소 실점 | SV GK 선방 | S% GK 선방률 | CS GK 클린시트 | C% 클린시트 비율 | BT 볼터치 | KA 킥 시도 | KD 킥 성공 | LC 킥 평균 거리 | L% 롱볼 성공률 | PA 패스 시도 | R% 크로스 차단율 | RO 런아웃 시도 | DA 활동 범위

Álex REMIRO
평점 6.71
알렉스 레미로   1995.03.24 / 192cm

최근 라 리가에서 가장 괄목할 만한 활약을 펼치고 있는 골키퍼. 빌바오 유스 출신이나 정작 명성을 얻게 된 건 지역 라이벌 레알 소시에다드에서 뛰면서부터다. 팔이 길고 우수한 반사 신경으로 선방 펼치는 선수이며 특히 페널티킥에서 좋은 방어 능력을 보여준다. 빌드업도 우수한 편. 다만 활동 범위가 박스 안에 제한되는 경우가 많아 전술적인 실점이 많다. 시장 가치는 2500만 유로, 추정 연봉은 280만 유로.

세이브-실점		2023-24시즌 레알 소시에다드					레벨
64-32			S%	CS	CH		클럽
31-4		37-0	3276	73%	15	0-24	선발
T-111							국대
131-36 RC-19	T-111 RC-19	P	P%	LB		★	백업
131-95	D-29	30.9-23.2	75%	14.1-6.5	2-1	0	
6-1							

GA	SV	S%	CS	C%	BT	KA	KD	LC	L%	PA	R%	RO	DA
상위	하위	상위	상위	상위	하위	상위	하위	상위	상위	하위	상위	상위	상위
12%	21%	15%	10%	10%	41%	12%	18%	30%	21%	45%	25%	25%	13%

Bernd LENO
평점 6.70
베른트 레노   1992.03.04 / 189cm

독일 대표팀에서는 늘 세 번째 골키퍼 자리를 놓고 다투는 선수로 인식이 되어있다. 레버쿠젠 시절 손흥민과 '절친' 관계로 유명하다. 거의 내줄 것 같은 실점을 골문 밖으로 걷어내는 놀라운 반사 신경을 자랑한다. 낮은 무게 중심을 가져가는 플레이를 펼치며 빌드업도 굉장히 좋은 편이다. 하지만 종종 심각한 기복을 드러내며 어이없는 실수를 저지를 때가 있다. 시장 가치는 1300만 유로, 추정 연봉은 800만 유로.

세이브-실점		2023-24시즌 풀럼					레벨
86-49			S%	CS	CH		클럽
47-12		38-0	3420	69%	10	4-19	선발
194-61	T-167	P	P%	LB		★	국대
194-133	RC-19						백업
8-0	D-26	37.3-28.7	77%	12.8-4.6	3-0	3	

GA	SV	S%	CS	C%	BT	KA	KD	LC	L%	PA	R%	RO	DA
하위	상위	상위	상위	상위	상위	상위	상위	상위	상위	상위	상위	상위	상위
34%	18%	44%	41%	41%	19%	25%	42%	35%	21%	13%	19%	47%	43%

José SÁ
평점 6.70
조제 사   1993.01.17 / 192cm

울버햄튼 팬들은 그의 이름과 예수를 섞은 'Jesusa'라는 별칭으로 부르는데, 그만큼 뛰어난 실력을 인정받았다는 뜻일 것이다. 황희찬과 굉장히 친한 선수로 한국에서 유명하다. 일대일과 페널티킥 상황에서 굉장히 강한 면모를 보인다. 킥과 스로인을 통해 빌드업에 힘을 보태지만 정확하진 않다. 기복이 다소 있는 편이라 좋지 않은 날에는 치명적 실수를 범하기도 한다. 시장 가치는 1400만 유로, 추정 연봉은 246만 유로.

세이브-실점		2023-24시즌 울버햄튼					레벨
89-53			S%	CS	CH		클럽
42-5		35-0	3039	70%	4	0-31	선발
189-58	T-190	P	P%	LB		★	국대
189-131	RC-14						백업
8-0	D-30	25.9-15.3	59%	13.5-3.1	1-0	1	

GA	SV	S%	CS	C%	BT	KA	KD	LC	L%	PA	R%	RO	DA
하위	상위	상위	상위	상위	상위	상위	상위	하위	상위	상위	상위	상위	하위
23%	8%	35%	14%	15%	28%	18%	50%	11%	1%	23%	15%	32%	28%

Lorenzo MONTIPÒ
평점 6.70
로렌초 몬티포   1996.02.20 / 191cm

이탈리아 연령별 대표를 두루 거쳤으나 클럽 커리어는 주로 하위권 팀과 세리에 B에서 쌓았다. 침착하면서도 뛰어난 반사 신경을 갖춘 골키퍼다. 먼저 위치를 잡고 안정적인 핸드 세이빙을 펼치며, 캐칭도 굉장히 안정적이다. 지능적으로 전진하는 수비를 펼치며 상대의 중거리슛을 막아낸다. 풋 세이브 실력도 수준급. 그러나 활동폭이 골문 앞에 주로 한정되는 편이다. 시장 가치는 350만 유로, 추정 연봉은 50만 유로.

세이브-실점		2023-24시즌 베로나					레벨
67-44			S%	CS	CH		클럽
38-5		37-0	3330	68%	8	1-30	선발
154-49	T-109	P	P%	LB		★	
154-105	RC-15						
2-0	D-37	31.4-18.2	58%	22.7-9.8	0-0	1	

GA	SV	S%	CS	C%	BT	KA	KD	LC	L%	PA	R%	RO	DA
상위	하위	하위	상위	하위	상위	하위	상위	상위	상위	상위	상위	상위	상위
44%	42%	26%	3%	36%	49%	6%	4%	12%	40%	31%	27%	37%	28%

Wladimiro FALCONE
평점 6.70
블라디미로 팔코네   1995.04.12 / 195cm

삼프도리아 유스 출신으로 데뷔 후 이 팀에 거의 10년 가까이 있었으나 대부분의 커리어를 타 팀에서 임대로 쌓았다. 티보 쿠르투아가 그의 롤 모델이라고 한다. 뛰어난 기본기를 갖춘 골키퍼이며, 특히 높은 볼을 처리하는 능력과 중후한 반사 신경이 강점이다. 긴 발을 활용한 풋 세이브도 강점. 큰 체격임에도 불구하고 상당히 민첩하며, 페널티킥 방어 능력도 우수하다. 시장 가치는 500만 유로, 추정 연봉은 111만 유로.

세이브-실점		2023-24시즌 레체					레벨
85-48			S%	CS	CH		클럽
35-6		38-0	3420	70%	7	0-27	선발
174-54	T-159	P	P%	LB		★	
174-120	RC-8						
6-1	D-32	25.7-16.2	63%	14.4-4.9	1-0	2	

GA	SV	S%	CS	C%	BT	KA	KD	LC	L%	PA	R%	RO	DA
하위	상위	상위	상위	상위	상위	상위	상위	하위	하위	하위	하위	하위	하위
47%	39%	48%	30%	30%	18%	47%	20%	40%	15%	17%	16%	14%	6%

Predrag RAJKOVIC
평점 6.69
프레드라그 라이코비치   1995.10.31 / 191cm

2022-2023시즌 마요르카 입단 후 확고한 주전 입지를 차지하고 있다. 세르비아 대표팀에서는 백업으로 자리하는 중. 역동작에 걸린 상황에서도 놀라운 반사 신경으로 상대 슛을 걷어내는 면모를 보이며 페널티킥에서도 상당한 자신감을 가지고 있다. 체격 조건도 훌륭해 공중볼 처리에도 능하다. 다만 롱 킥 처리 등 후방에서 빌드업에 관여하는 게 굉장히 투박하다. 시장 가치는 1000만 유로, 추정 연봉은 84만 유로.

세이브-실점		2023-24시즌 마요르카					레벨
62-36			S%	CS	CH		클럽
34-7		36-0	3240	70%	9	2-19	선발
139-43	T-117	P	P%	LB		★	국대
139-96	RC-11						선발
5-1	D-41	31.5-17.3	55%	23.9-9.8	2-0	3	

GA	SV	S%	CS	C%	BT	KA	KD	LC	L%	PA	R%	RO	DA
상위	하위	상위	상위	상위	하위	하위	상위	하위	상위	상위	하위	상위	상위
31%	24%	48%	44%	44%	8%	3%	22%	35%	42%	30%	5%	0%	50%

유럽 5대리그 골기퍼 항목별 랭킹(90분 기준 기록, 100분율)

GA	SV	S%	CS	C%	CH	P	P%	LB		MOM	GA	SV	S%	CS	C%	BT	KA	KD	LC	L%	PA	R%	RO	DA
상대유효슛 시도-실점	상대유효슛 시도-선방	상대 PK 시도-방어	런아웃 던지기	골킥 버리기 방어 성공	출전횟수 선발-교체	출전시간 (MIN)	세이브 선방률	클린시트	크로스처리 캐칭-펀칭	평균 패스 선방-성공	평균 롱볼 성공-성공	페어플레이 경고-퇴장	MOM	최소 실점	골킥 선방	골킥 선방률	클린시트	클린시트 비율	골킥 평균 시도	골킥 비거리	롱볼 평균 성공	롱볼 성공률	크로스 시도	크로스 차단율	런아웃 시도	활동 범위

Mark FLEKKEN
평점 6.68
마크 플레컨 1993.06.31 / 194cm

프라이부르크 시절 분데스리가 선수들이 선정한 2021-2022 시즌 베스트 일레븐에 뽑히는 등 주가를 드높였다. 모든 커리어를 해외에서 쌓았다는 독특한 이력을 가지고 있다. 큰 체격에도 불구하고 놀라울 정도로 민첩한데, 몸의 무게 중심이 무너진 상황에서도 곧바로 후속 동작을 가져가는 속도가 굉장히 빠르다. 리더십도 중출하며 수비 조율에도 능하다. 다만 기복이 있는 편. 시장 가치는 1200만 유로, 추정 연봉은 184만 유로.

세이브-실점	2023-24시즌 브렌트포드					레벨
63-57						클럽 선발
50-6	37-0	3286	65%	7	0-24	국대 선발
●176-63	T-131					
●176-113	RC-15	P	P%	LB	★	
●2-0	D-31	39.3-27.1	69%	20.7-8.7	3-0	2

GA	SV	S%	CS	C%	BT	KA	KD	LC	L%	PA	R%	RO	DA
하위	상위	상위	상위	상위	상위	상위	상위	상위	상위	상위	상위	상위	하위
20%	42%	15%	32%	32%	9%	14%	31%	17%	40%	18%	30%	50%	28%

Kevin MÜLLER
평점 6.68
케빈 뮐러 1991.03.15 / 190cm

유망주 시절 독일 연령별 대표 코스를 밟았으며, 2015년부터 하이덴하임의 골문을 책임지며 하부리그부터 1부까지 여정을 함께 했다. 먼저 좋은 위치를 선점해 날쌘 반사 신경으로 상대 공격을 무시킨다. 풋 세이브도 제법 많은 편이다. 다만 종종 큰 실수를 하는데 동료의 평범한 백패스를 헛발질로 실점한 적도 있을 정도다. 빌드업은 다소 투박한 편이다. 시장 가치는 100만 유로, 추정 연봉은 110만 유로.

세이브-실점	2023-24시즌 하이덴하임					레벨
83-51						클럽 선발
39-4	34-0	3060	69%	2	2-12	국대 선발
●177-55	T-167					
●177-122	RC-10	P	P%	LB	★	
●10-1	D-33	38.6-27.8	72%	19.8-9.3	1-0	0

GA	SV	S%	CS	C%	BT	KA	KD	LC	L%	PA	R%	RO	DA
하위	상위	상위	상위	상위	상위	상위	상위	상위	상위	상위	상위	상위	하위
32%	16%	40%	24%	24%	7%	4%	36%	41%	15%	23%	35%	10%	37%

Yvon MVOGO
평점 6.68
이본 음보고 1994.06.06 / 186cm

카메룬 혈통을 지닌 스위스 국가대표 골키퍼. 2023-2024시즌 리그에서만 무려 66골을 내주며 팀의 강등을 막아내지 못했다. 빼어난 반사 신경으로 상당히 많은 유효 슈팅 선방 수를 가져가는 골키퍼다. 가까운 거리에서 날아드는 슈팅 방어에 특히 강한 면모를 보인다. 롱 킥의 정확성도 괜찮은 편. 다만 작은 체구의 골키퍼이다 보니 공중볼 처리에서 한계를 드러낸다. 시장 가치는 300만 유로, 추정 연봉은 72만 유로.

세이브-실점	2023-24시즌 로리앙					레벨
86-60						클럽 선발
56-6	34-0	3060	68%	4	4-33	국대 백업
●208-66	T-162					
●208-142	RC-3	P	P%	LB	★	
●8-0	D-29	29.2-21.1	72%	13.5-5.8	1-0	2

GA	SV	S%	CS	C%	BT	KA	KD	LC	L%	PA	R%	RO	DA
하위	상위	상위	하위	상위	상위	상위	상위	상위	상위	상위	상위	상위	하위
10%	4%	45%	12%	12%	상위	44%	35%	43%	46%	49%	20%	4%	1%

Alban LAFONT
평점 6.66
알반 라폰트 1999.01.23 / 196cm

부르키나파소 혼혈이며, 툴루즈 시절 리그1 역대 최연소 골키퍼(16세 310일)라는 진기록을 세운 바 있다. 유망주 시절부터 돈나룸마와 종종 비교가 됐었던 적도 있다. 2m에 조금 못 미치는 거한 골키퍼이며 제공권 장악 능력을 자랑한다. 체격에 비해 굉장히 좋은 반사 신경도 가지고 가지고 있으며, 어린 선수임에도 불구하고 수비 조율 능력이 탁월하다. 시장 가치는 900만 유로, 추정 연봉은 150만 유로.

세이브-실점	2023-24시즌 FC 낭트					레벨
53-41						클럽 선발
22-2	28-0	2497	64%	1	1-21	
●118-43	T-145					
●118-75	RC-14	P	P%	LB	★	
●8-0	D-31	30.6-20.8	68%	15.1-5.3	2-0	2

GA	SV	S%	CS	C%	BT	KA	KD	LC	L%	PA	R%	RO	DA
하위	상위	상위	상위	상위	상위	상위	상위	상위	상위	상위	상위	상위	하위
40%	40%	44%	43%	43%	40%	42%	29%	50%	37%	18%	15%	35%	33%

James TRAFFORD
평점 6.66
제임스 트래포드 2002.10.10 / 197cm

현재 잉글랜드 최고의 골키퍼 유망주. 번리에서 준수한 활약을 펼치며 PL에서 가치를 인정받았고, 현재 뉴캐슬과 링크가 나고 있다. 압도적인 체격 조건을 자랑하며, 볼의 궤적을 따라가며 방어하는 플레이스타일을 가지고 있다. 팔이 상당히 길기 때문에 핸드 세이브에 상당히 능하다. 롱 킥이 정확하며, 볼턴 시절 이를 통해 도움을 올린 적도 있다. 시장 가치는 1800만 유로, 추정 연봉은 153만 유로.

세이브-실점	2023-24시즌 번리					레벨
78-50						클럽 선발
28-12	28-0	2520	63%	2	1-34	클럽
●168-62	T-162					
●168-106	RC-20	P	P%	LB	★	
●5-0	D-29	48.9-30.3	62%	24.1-6.5	2-0	1

GA	SV	S%	CS	C%	BT	KA	KD	LC	L%	PA	R%	RO	DA
하위	상위	상위	하위	상위	상위	상위	상위	상위	상위	상위	상위	상위	상위
3%	11%	16%	5%	5%	1%	29%	9%	39%	4%	1%	35%	16%	32%

Bart VERBRUGGEN
평점 6.66
바르트 베르브뤼헌 2002.08.18 / 194cm

네덜란드의 차세대 골키퍼 유망주이자 A대표팀 주전 GK, 유로 2024 최종 엔트리에 등록된 최연소 선수로 기록됐다. 최대 강점은 거리에 구애받지 않고 필드 선수들에게 배급하는 킥의 정확도다. 굉장히 적극적인 스위핑 플레이를 펼치기 때문에 전술적 측면에서도 상당히 장점이 많은 선수다. 다만 골키퍼의 기본 덕목이라 할 수 있는 안정감과 반사신경은 조금 아쉽다. 시장 가치는 1800만 유로, 추정 연봉은 215만 유로.

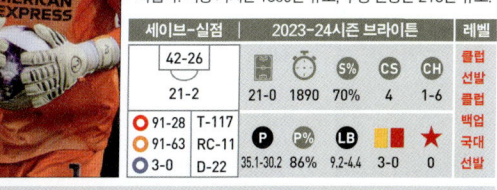

세이브-실점	2023-24시즌 브라이튼					레벨
42-26						클럽 선발
21-2	21-0	1890	70%	4	1-6	백업 국대 선발
●91-28	T-117					
●91-63	RC-11	P	P%	LB	★	
●3-0	D-22	35.1-30.2	86%	9.2-4.4	3-0	0

GA	SV	S%	CS	C%	BT	KA	KD	LC	L%	PA	R%	RO	DA
상위	상위	상위	상위	상위	상위	하위	상위	상위	하위	상위	상위	상위	상위
26%	49%	25%	54%	37%	22%	1%	12%	32%	9%	25%	23%	23%	24%

유럽 5대리그 골기퍼 항목별 랭킹(90분 기준 기록, 100분율)

Alisson BECKER
평점 6.65
알리송 베커 1992.10.02 / 193cm

현재 마누엘 노이어와 더불어 세계 최고의 골키퍼 자리를 다투고 있는 명수문장. 골키퍼로서 갖춰야 할 모든 덕목을 지니고 있다는 평가를 받고 있다. 빌드업은 물론 위기 상황에서 일대일 방어 능력이 뛰어난데 이는 수치적 측면에서도 확인될 정도다. 리버풀 이적 후 약점이라는 볼 핸들링 실력을 더욱 키웠으며, 노련한 수비 조율 실력을 발휘해 위기를 사전에 무마시켰다. 시장 가치는 2800만 유로, 추정 연봉은 923만 유로.

세이브-실점 | 2023-24시즌 리버풀 | 레벨
49-27 / 31-3 | 28-0 2520 73% 8 2-14 | 클럽 선발 / 국대 선발
110-30 / 110-80 / 1-0 T-140 / RC-9 / D-343 | 35.9-30.5 85% 7.9-3.0 1-0 0

GA 상위 15% | SV 하위 34% | S% 상위 30% | CS 상위 23% | C% 상위 23% | BT 상위 15% | KA 상위 10% | KD 하위 14% | LC 하위 8% | L% 하위 37% | PA 상위 6% | R% 상위 32% | RO 상위 31% | DA 상위 9%

Ederson
평점 6.65
에데르송 1993.08.17 / 188cm

맨체스터 시티 역대 최다 클린시트(155회)라는 대기록을 가지고 있는 브라질의 스타 골키퍼. 발 기술이 좋고 정확한 볼 배급으로 전술적으로 크게 기여하는 세계 최고의 볼 플레잉 골키퍼 중 하나다. 상대 공격수들이 전방 압박을 가해도 지능적으로 그 상황을 벗어날 정도의 테크닉을 지녔다. 그러나 종종 기복을 드러내며, 선방 능력은 평범한 편. 다이빙 선방 범위도 좁다. 시장 가치는 3500만 유로, 추정 연봉은 615만 유로.

세이브-실점 | 2023-24시즌 맨체스터 시티 | 레벨
37-23 / 19-4 | 33-0 2789 68% 10 0-15 | 클럽 선발 / 국대 백업
83-27 / 83-56 / 3-0 T-137 / RC-26 / D-25 | 33.1-28.5 86% 10.0-5.6 5-0 0

GA 상위 9% | SV 하위 1% | S% 상위 25% | CS 상위 37% | C% 상위 35% | BT 상위 33% | KA 상위 4% | KD 하위 16% | LC 하위 29% | L% 하위 1% | PA 상위 21% | R% 상위 6% | RO 상위 19% | DA 상위 12%

Pau LÓPEZ
평점 6.65
파우 로페스 1994.12.13 / 189cm

훌륭한 체격 조건과 민첩성을 자랑하는 골키퍼다. 동물적인 반사 신경을 갖추고 있으며 체격에 비해 공중볼 처리가 상당히 좋다. 레알 베티스 시절에는 리그에서 가장 많은 패스 성공 횟수를 기록했을 정도로 킥 처리도 상당히 좋은 편이다. 다만 낮게 깔리는 슈팅에 취약하며, 페널티킥 방어에는 약한 편이다. 2023-2024시즌 종료 후 세리에 A 진출설이 돌고 있다. 시장 가치는 1000만 유로, 추정 연봉은 385만 유로.

세이브-실점 | 2023-24시즌 마르세유 | 레벨
61-36 / 25-3 | 33-0 2939 70% 7 0-15 | 클럽 선발
125-39 / 125-86 / 3-0 T-113 / RC-10 / D-27 | 32.4-24.6 76% 12.2-4.4 1-0 1

GA 상위 43% | SV 하위 37% | S% 하위 44% | CS 상위 38% | C% 상위 16% | BT 상위 48% | KA 상위 28% | KD 하위 11% | LC 상위 30% | L% 하위 52% | PA 상위 29% | R% 상위 44% | RO | DA

Philipp KÖHN
평점 6.64
필립 쾬 1998.04.02 / 190cm

레드불 잘츠부르크 시절인 2022-2023시즌 오스트리아 분데스리가 최우수 골키퍼상을 거머쥐었다. 이를 통해 AS 모나코로 이적, 보다 큰 무대에 도전하고 있다. 박스 안에서 굉장한 안정감을 발휘하는 골키퍼이며, 침착하게 볼의 궤적을 따라가며 선방 플레이를 펼친다. 골킥의 정확도가 높고 빌드업 관여도 적극적으로 한다. 하지만 박스 밖 스위핑 플레이는 하지 않는 편. 시장 가치는 500만 유로, 추정 연봉은 110만 유로.

세이브-실점 | 2023-24시즌 AS 모나코 | 레벨
43-27 / 23-5 | 22-0 1980 68% 5 1-8 | 클럽 선발 / 클럽 백업
98-32 / 98-66 / 6-1 T-91 / RC-9 / D-29 | 26.3-17.6 68% 13.8-5.5 0-0 1

GA 하위 45% | SV 하위 40% | S% 상위 49% | CS 상위 40% | C% 상위 46% | BT 상위 10% | KA 상위 31% | KD 상위 32% | LC 하위 21% | L% 상위 6% | PA 상위 27% | R% 상위 36% | RO 상위 36% | DA 하위 10%

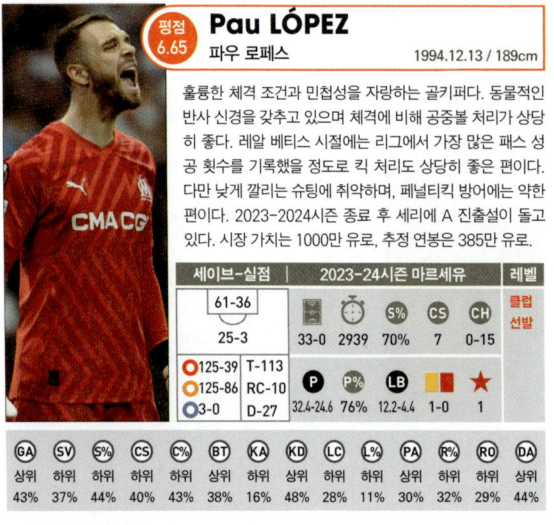
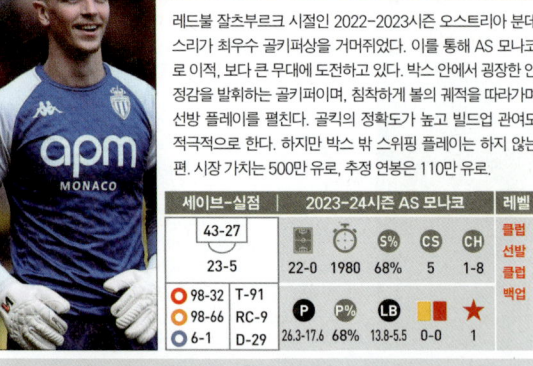

Yehvann DIOUF
평점 6.64
예반 디우프 1999.12.16 / 184cm

2022-2023시즌 리그1 클린시트 2위를 기록하는 등 좋은 페이스를 유지했으나, 2023-2024시즌에는 주춤했다. 작은 키에도 불구하고 우수한 위치 선정 능력과 판단력을 바탕으로 크로스 처리와 공중볼 경합 능력이 우수하며, 작은 체격 골키퍼답게 상당히 재빠른 몸놀림을 보인다. 무엇보다 안정적인 빌드업 실력까지 갖추고 있어 전술적 기여도가 상당히 크다. 시장 가치는 800만 유로, 추정 연봉은 60만 유로.

세이브-실점 | 2023-24시즌 스타드 렌 | 레벨
60-39 / 31-8 | 34-0 3060 66% 8 1-18 | 클럽 선발
138-47 / 138-91 / 7-1 T-179 / RC-17 / D-27 | 32.5-24.7 76% 13.3-4.5 1-0 1

GA 하위 49% | SV 하위 25% | S% 상위 41% | CS 상위 48% | C% 상위 48% | BT 상위 32% | KA 하위 15% | KD 상위 27% | LC 하위 40% | L% 하위 42% | PA 상위 28% | R% 상위 33% | RO 상위 24% | DA 상위 43%

Antonio SIVERA
평점 6.64
안토니오 시베라 1996.08.11 / 184cm

2017년부터 알라베스에서 활약했으나, 주전으로 도약한 건 주전 페르난도 파체코가 에스파뇰로 떠난 2022-2023시즌부터. 좋은 위치를 선정해 상대에게 슈팅 각을 쉽게 주지 않는 플레이스타일이며, 낮게 깔리는 위협적인 슈팅을 안정적인 핸드 세이브로 막아낸다. 역동작이 걸린 상황에서 시도하는 풋 세이빙도 훌륭하다. 다만 스위핑 플레이를 거의 하지 않는 편이다. 시장 가치는 600만 유로, 추정 연봉은 88만 유로.

세이브-실점 | 2023-24시즌 알라베스 | 레벨
60-30 / 27-8 | 34-0 3060 70% 10 0-22 | 클럽 선발
125-38 / 125-87 / 8-0 T-116 / RC-14 / D-41 | 28.9-15.9 55% 21.5-8.6 3-0 1

GA 상위 22% | SV 상위 22% | S% 상위 20% | CS 상위 33% | C% 상위 36% | BT 상위 60% | KA 하위 5% | KD 상위 22% | LC 하위 9% | L% 상위 29% | PA 상위 25% | R% 상위 37% | RO 상위 35% | DA 상위 35%

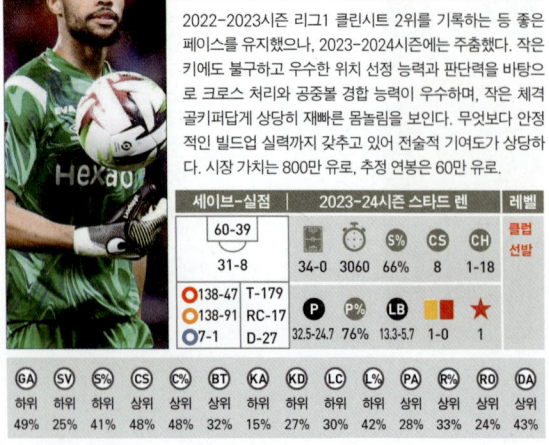

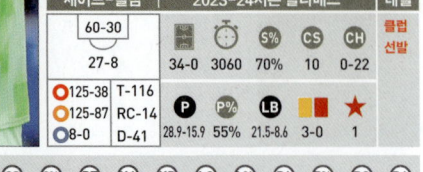

Sergio HERRERA
평점 6.64
세르히오 에레라 1993.06.05 / 192cm

커리어 내내 하부리그 팀에서 활약했으며, 2017년 오사수나에 자리잡은 후 주전으로 승격을 통해 라 리가에서 활동하고 있다. 페널티킥 선방 능력만큼은 리그 최고 수준으로 꼽힌다. 큰 키를 활용한 공중볼 처리 능력도 우수하며, 긴 팔을 활용한 다이빙 세이브가 상당히 우수하다. 판단력도 좋아 유효적절하게 박스 밖 외곽 처리 플레이도 해낸다. 빌드업도 OK. 시장 가치는 600만 유로, 추정 연봉은 95만 유로.

세이브-실점	2023-24시즌 오사수나					레벨
53-43 32-4	32-0	2870	65%	9	0-20	클럽 선발
132-47 132-85 1-1	T-100 RC-19 D-37	P 33.5-20.8	P% 62%	LB 22.3-9.8	2-0	★ 0

GA	SV	S%	CS	C%	BT	KA	KD	LC	L%	PA	R%	RO	DA
하위	하위	하위	상위	상위	상위	상위	상위	상위	상위	상위	상위	상위	상위
42%	23%	8%	39%	38%	37%	33%	15%	5%	10%	41%	50%	27%	19%

Alexander NÜBEL
평점 6.63
알렉산더 뉘벨 1996.09.30 / 193cm

2020년 1월 노이어 다음으로 뮌헨 골문을 책임질 선수로 영입됐으나, 노이어가 절대 주전 자리를 내주지 않겠다고 선언하면서 임대로 계속 커리어를 쌓고 있다. 양발을 자유자재로 사용하는 볼 플레잉 골키퍼다. 다만 롱 킥의 기복이 다소 있으며, 상대 전방 압박에 약해 종종 실수를 저지른다. 순발력과 공중볼 처리는 괜찮은 편이지만, 페널티킥 선방 능력은 좋지 못하다. 시장 가치는 1200만 유로, 추정 연봉은 350만 유로.

세이브-실점	2023-24시즌 슈투트가르트					레벨
54-33 20-3	30-0	2700	68%	11	1-13	클럽 선발
110-36 110-74 3-0	T-132 RC-15 D-26	P 36.1-28.9	P% 80%	LB 12.6-5.9	1-0	★ 1

GA	SV	S%	CS	C%	BT	KA	KD	LC	L%	PA	R%	RO	DA
상위	상위	상위	상위	상위	상위	하위	상위	상위	상위	상위	상위	상위	상위
34%	17%	34%	15%	15%	20%	6%	13%	6%	10%	13%	5%	7%	10%

Robin ZENTNER
평점 6.63
로빈 첸트너 1994.10.28 / 194cm

킬로 2년간 '임대 수행'을 다녀온 것을 제외하면 모든 커리어를 마인츠에서 쌓은 성골 유스 수문장. 유튜브 상에는 페널티 스팟을 볼로 착각해 헛발질하는 황당한 장면을 연출한 적이 있어 실수가 많다는 인식을 주지만 마인츠에서는 '로빈 더 월'이라는 평가를 할 정도로 신뢰가 두텁다. 볼에 대한 집중력이 좋으며, 기복이 없는 편이다. 다만 빌드업은 조금 아쉬운 편. 시장 가치는 300만 유로, 추정 연봉은 150만 유로.

세이브-실점	2023-24시즌 마인츠 05					레벨
52-43 29-5	30-0	2700	63%	7	2-21	클럽 선발
129-48 129-81 4-0	T-146 RC-24 D-35	P 30.0-17.4	P% 59%	LB 19.5-7.2	3-0	★ 2

GA	SV	S%	CS	C%	BT	KA	KD	LC	L%	PA	R%	RO	DA
하위	하위	하위	상위	상위	상위	상위	상위	상위	상위	상위	상위	상위	상위
35%	29%	13%	50%	50%	39%	33%	2%	6%	43%	47%	2%	15%	20%

Djordje PETROVIĆ
평점 6.62
조르제 페트로비치 1999.10.08 / 194cm

첼시 입단 당시 이적료 1600만 유로는 뉴잉글랜드 레볼루션 역대 최고 이적료 수익이다. 경기당 네다섯 개 가량의 슈퍼 세이브를 보일 정도로 선방에 관해서는 최고의 면모를 보인다. 큰 키와 좋은 위치 선정 능력을 지녔으며, 재빠른 던지기는 유효한 빌드업 옵션이다. 다만 키에 비해 공중볼 처리 능력은 좋지 못하며, 빌드업 실력도 최고 수준 GK에 비해 평범하다. 시장 가치는 2000만 유로, 추정 연봉은 153만 유로.

세이브-실점	2023-24시즌 첼시					레벨
44-35 29-3	22-1	1986	66%	5	0-15	클럽 선발
111-38 111-73 2-0	T-97 RC-11 D-25	P 30.9-23.5	P% 76%	LB 11.1-4.0	2-0	★ 0	백업 국대 백업

GA	SV	S%	CS	C%	BT	KA	KD	LC	L%	PA	R%	RO	DA
하위	상위	상위	상위	상위	상위	상위	상위	상위	상위	상위	상위	상위	하위
21%	31%	16%	47%	46%	42%	40%	30%	14%	16%	46%	46%	42%	30%

Manuel RIEMANN
평점 6.62
마누엘 리만 1988.09.09 / 186cm

2015년부터 보훔에 몸담아 승격을 함께 한 바 있다. 분데스리가에서 가장 페널티킥에 강한 골키퍼 중 하나로 평가된다. 양발을 가리지 않는 후방 빌드업을 통해 공격에 힘을 보태며, 반사 신경도 출중해 지근거리에서 날아드는 상대 슈팅에도 상당히 강한 면모를 보인다. 과감한 상황 판단력을 가졌으며 이를 통해 적극적으로 스위핑을 시도한다. 다만 크로스에는 약하다. 시장 가치는 60만 유로, 추정 연봉은 84만 유로.

세이브-실점	2023-24시즌 보훔					레벨
91-65 27-5	33-0	2970	63%	4	1-12	클럽 선발
188-70 188-118 11-2	T-89 RC-15 D-42	P 49.1-28.5	P% 58%	LB 35.0-15.4	5-0	★ 3

GA	SV	S%	CS	C%	BT	KA	KD	LC	L%	PA	R%	RO	DA
하위	상위	상위	상위	상위	상위	상위	상위	상위	상위	상위	상위	상위	상위
4%	17%	23%	15%	15%	2%	47%	29%	1%	20%	2%	38%	1%	2%

Finn DAHMEN
평점 6.62
핀 다멘 1998.03.27 / 186cm

독일 연령별 대표를 두루 거쳤으며, 지난 2021 UEFA U-21 챔피언십에서 독일 우승에 크게 기여하며 이름을 알렸다. 어머니가 잉글랜드 출신이라 영국 국적도 가지고 있다. 민첩한 몸놀림을 가진 수문장으로서 특히 일대일 위기 상황에 강하다. 박스 내 장악 능력이 좋고 키에 비해 공중볼 처리 실력도 우수하다. 다만 기복이 있으며, 펀칭 때 종종 위험한 상황을 유발한다. 시장 가치는 500만 유로, 추정 연봉은 84만 유로.

세이브-실점	2023-24시즌 아우크스부르크					레벨
71-48 37-4	31-0	2790	68%	3	1-21	클럽 선발
160-52 160-108 10-2	T-92 RC-9 D-30	P 40.1-30.1	P% 75%	LB 16.6-6.8	4-0	★ 2

GA	SV	S%	CS	C%	BT	KA	KD	LC	L%	PA	R%	RO	DA
하위	상위	상위	상위	하위	상위	상위	상위	상위	상위	상위	상위	하위	상위
26%	22%	50%	8%	7%	8%	43%	46%	26%	38%	6%	8%	13%	32%

TEAM'S RANKING
& SCOUTING REPORT

유럽 5대리그 2023-24시즌은 무척 흥미진진했다. 잉글랜드 프리미어리그에서는 2년 연속 맨체스터 시티, 아스널 '양웅(兩雄)'의 대권 레이스가 치열하게 전개돼 팬들의 이목을 집중시켰다. 결국, 맨시티가 승점 2점 차로 승리하면서 리그 4연패(連覇)를 달성했다. 스페인 라리가에서는 '꿈의 구단' 레알 마드리드가 라리가 36번째 우승 트로피를 들어 올렸다. 레알은 여기에 더해 유럽 챔피언스 리그에서 무패 우승하며 통산 15번째 '빅이어'를 차지했다. 독일 분데스리가에서는 새 역사가 만들어졌다. 바이에르 레버쿠젠이 1904년 팀 창단 이래 무려 120년 만에 첫 우승을 현실로 만들었다. 이탈리아 세리에A에서는 전통 강호 인테르 밀란이 AC 밀란과 유벤투스 라이벌들을 제치고 정상에 올랐다. 그리고 프랑스 리그1에서는 '1강팀' 파리 생제르맹이 AS 모나코를 제치고 지난 10년 사이 무려 8번째 타이틀을 따냈다.

ENGLISH PREMIERLEAGUE
SPANISH LA LIGA
GERMAN BUNDESLIGA
ITALIAN SERIE-A
FRENCH LIGUE 1

용호상박

龍虎相搏

드라마틱한 시즌이었다. 프리미어리그의 양웅(兩雄) 맨체스터 시티와 아스널이 최후의 순간까지 멋진 경기를 펼쳤다. 이들의 활약 덕분에 전 세계 축구팬들로부터 "EPL은 역시 세계 최고의 축구 리그"라는 찬사를 받았다. 2022-23시즌 앞서거니 뒤서거니 우승 경쟁을 벌였던 두 팀은 2023-24시즌에도 끝까지 손에 땀을 쥐게 하는 환상의 레이스를 선보였다. 최종 승자는 맨시티였다. 승점 91점으로 승점 89점의 아스널을 아슬아슬하게 제치고 정상에 올랐다. 맨시티는 이로써 지난 2017-18시즌 이후 최근 7년간 EPL에서 무려 6번이나 우승하는 괴력을 발휘했다. 그러나 준우승팀 아스널도 맨시티 못지않게 박수를 받았다. EPL 2024-25시즌 역시 이 두팀의 우승 경쟁이 유력해 보인다. 유럽의 유명 베팅업체들은 맨시티에 1.1~1.3배, 아스널에 1.75~2배의 가장 낮은 배당률을 매겨 우승 확률을 높게 보고 있다.

Premier League

2024-25시즌 우승 배당률

예상	팀	벳365	스카이벳	패디파워	윌리엄힐
1	Manchester City	1.1배	1.1배	1.3배	1.1배
2	Arsenal	1.875배	2배	1.75배	1.875배
3	Liverpool	7배	7.5배	7.5배	7배
4	Chelsea	20배	16배	14배	18배
5	Tottenham	33배	28배	28배	33배
6	Newcastle	25배	25배	28배	25배
7	Manchester United	25배	25배	28배	25배
8	Aston Villa	50배	50배	50배	50배
9	Brighton	150배	150배	66배	150배
10	West Ham	250배	250배	250배	250배
11	Crystal Palace	300배	250배	100배	200배
12	Fulham	500배	500배	175배	500배
13	Brentford	500배	500배	175배	500배
14	Bournemouth	350배	500배	150배	300배
15	Wolverhampton	500배	500배	200배	500배
16	Everton	750배	750배	300배	1000배
17	Nottingham Forest	1000배	1000배	300배	1000배
18	Southampton	1000배	1000배	500배	1000배
19	Ipswich	1500배	1000배	500배	1500배
20	Leicester	1500배	1000배	500배	1500배

배당률은 2024년 7월 10일 기준. 강팀일수록 배당률은 낮아짐

2023-24시즌 순위

순위	팀	경기	승	무	패	득점	실점	득실	승점
1	Manchester City ★	38	28	7	3	96	34	62	91
2	Arsenal ●	38	28	5	5	91	29	62	89
3	Liverpool ●	38	24	10	4	86	41	45	82
4	Aston Villa ●	38	20	8	10	76	61	15	68
5	Tottenham ●	38	20	6	12	74	61	13	66
6	Chelsea ●	38	18	9	11	77	63	14	63
7	Newcastle	38	18	6	14	85	62	23	60
8	Manchester United	38	18	6	14	57	58	-1	60
9	West Ham	38	14	10	14	60	74	-14	52
10	Crystal Palace	38	13	10	15	57	58	-1	49
11	Brighton	38	12	12	14	55	62	-7	48
12	Bournemouth	38	13	9	16	54	67	-13	48
13	Fulham	38	13	8	17	55	61	-6	47
14	Wolves	38	13	7	18	50	65	-15	46
15	Everton	38	13	9	16	40	51	-11	40
16	Brentford	38	10	9	19	56	65	-9	39
17	Nottingham Forest	38	9	9	20	49	67	-18	32
18	Luton ▼	38	6	8	24	52	85	-33	26
19	Burnley ▼	38	5	9	24	41	78	-37	24
20	Sheffield United ▼	38	3	7	28	35	104	-69	16

★ 우승　● 챔피언스리그 출전　● 유로파리그 출전　▼ 강등

2024-25 PREMIER LEAGUE MATCH SCHEDULE

*시간은 잉글랜드 현지 시간. 대한민국은 잉글랜드보다 9시간 빠름

DAY 1

2024.8.16	Manchester United	vs	Fulham
2024.8.17	Ipswich Town	vs	Liverpool
2024.8.17	Newcastle	vs	Southampton
2024.8.17	Nottingham Forest	vs	Bournemouth
2024.8.17	Everton	vs	Brighton & Hove Albion
2024.8.17	Arsenal	vs	Wolverhampton
2024.8.17	West Ham	vs	Aston Villa
2024.8.18	Brentford	vs	Crystal Palace
2024.8.18	Chelsea	vs	Manchester City
2024.8.19	Leicester City	vs	Tottenham

DAY 2

2024.8.24	Southampton	vs	Nottingham Forest
2024.8.24	Manchester City	vs	Ipswich Town
2024.8.24	Wolverhampton	vs	Chelsea
2024.8.24	Liverpool	vs	Brentford
2024.8.24	Tottenham	vs	Everton
2024.8.24	Brighton & Hove Albion	vs	Manchester United
2024.8.24	Fulham	vs	Leicester City
2024.8.24	Aston Villa	vs	Arsenal
2024.8.24	Bournemouth	vs	Newcastle
2024.8.24	Crystal Palace	vs	West Ham

DAY 3

2024.8.31	Manchester United	vs	Liverpool
2024.8.31	Newcastle	vs	Tottenham
2024.8.31	West Ham	vs	Manchester City
2024.8.31	Leicester City	vs	Aston Villa
2024.8.31	Nottingham Forest	vs	Wolverhampton
2024.8.31	Brentford	vs	Southampton
2024.8.31	Ipswich Town	vs	Fulham
2024.8.31	Arsenal	vs	Brighton & Hove Albion
2024.8.31	Chelsea	vs	Crystal Palace
2024.8.31	Everton	vs	Bournemouth

DAY 4

2024.9.14	Manchester City	vs	Brentford
2024.9.14	Southampton	vs	Manchester United
2024.9.14	Wolverhampton	vs	Newcastle
2024.9.14	Liverpool	vs	Nottingham Forest
2024.9.14	Tottenham	vs	Arsenal
2024.9.14	Fulham	vs	West Ham
2024.9.14	Crystal Palace	vs	Leicester City
2024.9.14	Aston Villa	vs	Everton
2024.9.14	Bournemouth	vs	Chelsea
2024.9.14	Brighton & Hove Albion	vs	Ipswich Town

DAY 5

2024.9.21	Manchester City	vs	Arsenal
2024.9.21	Tottenham	vs	Brentford
2024.9.21	West Ham	vs	Chelsea
2024.9.21	Liverpool	vs	Bournemouth
2024.9.21	Southampton	vs	Ipswich Town
2024.9.21	Leicester City	vs	Everton
2024.9.21	Crystal Palace	vs	Manchester United
2024.9.21	Brighton & Hove Albion	vs	Nottingham Forest
2024.9.21	Aston Villa	vs	Wolverhampton
2024.9.21	Fulham	vs	Newcastle

DAY 6

2024.9.28	Manchester United	vs	Tottenham
2024.9.28	Newcastle	vs	Manchester City
2024.9.28	Wolverhampton	vs	Liverpool
2024.9.28	Ipswich Town	vs	Aston Villa
2024.9.28	Nottingham Forest	vs	Fulham
2024.9.28	Everton	vs	Crystal Palace
2024.9.28	Bournemouth	vs	Southampton
2024.9.28	Brentford	vs	West Ham
2024.9.28	Arsenal	vs	Leicester City
2024.9.28	Chelsea	vs	Brighton & Hove Albion

DAY 7

2024.10.5	Everton	vs	Newcastle
2024.10.5	Leicester City	vs	Bournemouth
2024.10.5	Manchester City	vs	Fulham
2024.10.5	Crystal Palace	vs	Liverpool
2024.10.5	West Ham	vs	Ipswich Town
2024.10.5	Chelsea	vs	Nottingham Forest
2024.10.5	Aston Villa	vs	Manchester United
2024.10.5	Arsenal	vs	Southampton
2024.10.5	Brentford	vs	Wolverhampton
2024.10.5	Brighton & Hove Albion	vs	Tottenham

DAY 8

2024.10.19	Nottingham Forest	vs	Crystal Palace
2024.10.19	Southampton	vs	Leicester City
2024.10.19	Tottenham	vs	West Ham
2024.10.19	Newcastle	vs	Brighton & Hove Albion
2024.10.19	Wolverhampton	vs	Manchester City
2024.10.19	Manchester United	vs	Brentford
2024.10.19	Fulham	vs	Aston Villa
2024.10.19	Bournemouth	vs	Arsenal
2024.10.19	Ipswich Town	vs	Everton
2024.10.19	Liverpool	vs	Chelsea

DAY 9

2024.10.26	Leicester City	vs	Nottingham Forest
2024.10.26	Everton	vs	Fulham
2024.10.26	Manchester City	vs	Southampton
2024.10.26	Crystal Palace	vs	Tottenham
2024.10.26	West Ham	vs	Manchester United
2024.10.26	Chelsea	vs	Newcastle
2024.10.26	Brighton & Hove Albion	vs	Wolverhampton
2024.10.26	Arsenal	vs	Liverpool
2024.10.26	Aston Villa	vs	Bournemouth
2024.10.26	Brentford	vs	Ipswich Town

DAY 10

2024.11.2	Nottingham Forest	vs	West Ham
2024.11.2	Southampton	vs	Everton
2024.11.2	Newcastle	vs	Arsenal
2024.11.2	Wolverhampton	vs	Crystal Palace
2024.11.2	Tottenham	vs	Aston Villa
2024.11.2	Fulham	vs	Brentford
2024.11.2	Manchester United	vs	Chelsea
2024.11.2	Ipswich Town	vs	Leicester City
2024.11.2	Bournemouth	vs	Manchester City
2024.11.2	Liverpool	vs	Brighton & Hove Albion

DAY 11

2024.11.9	Tottenham	vs	Ipswich Town
2024.11.9	West Ham	vs	Everton
2024.11.9	Wolverhampton	vs	Southampton
2024.11.9	Nottingham Forest	vs	Newcastle
2024.11.9	Manchester United	vs	Leicester City
2024.11.9	Brentford	vs	Bournemouth
2024.11.9	Chelsea	vs	Arsenal
2024.11.9	Brighton & Hove Albion	vs	Manchester City
2024.11.9	Crystal Palace	vs	Fulham
2024.11.9	Liverpool	vs	Aston Villa

DAY 12

2024.11.23	Leicester City	vs	Chelsea
2024.11.23	Manchester City	vs	Tottenham
2024.11.23	Southampton	vs	Liverpool
2024.11.23	Ipswich Town	vs	Manchester United
2024.11.23	Newcastle	vs	West Ham
2024.11.23	Fulham	vs	Wolverhampton
2024.11.23	Arsenal	vs	Nottingham Forest
2024.11.23	Aston Villa	vs	Crystal Palace
2024.11.23	Bournemouth	vs	Brighton & Hove Albion
2024.11.23	Everton	vs	Brentford

DAY 13

2024.11.30	Crystal Palace	vs	Newcastle
2024.11.30	Chelsea	vs	Aston Villa
2024.11.30	Brentford	vs	Leicester City
2024.11.30	Liverpool	vs	Manchester City
2024.11.30	Brighton & Hove Albion	vs	Southampton
2024.11.30	Manchester United	vs	Everton
2024.11.30	Wolverhampton	vs	Bournemouth
2024.11.30	Tottenham	vs	Fulham
2024.11.30	West Ham	vs	Arsenal
2024.11.30	Nottingham Forest	vs	Ipswich Town

DAY 14

2024.12.3	Everton	vs	Wolverhampton
2024.12.3	Aston Villa	vs	Brentford
2024.12.3	Arsenal	vs	Manchester United
2024.12.3	Fulham	vs	Brighton & Hove Albion
2024.12.3	Bournemouth	vs	Tottenham
2024.12.3	Ipswich Town	vs	Crystal Palace
2024.12.3	Leicester City	vs	West Ham
2024.12.4	Newcastle	vs	Liverpool
2024.12.4	Southampton	vs	Chelsea
2024.12.4	Manchester City	vs	Nottingham Forest

DAY 15

2024.12.7	Everton	vs	Liverpool
2024.12.7	Crystal Palace	vs	Manchester City
2024.12.7	Aston Villa	vs	Southampton
2024.12.7	Fulham	vs	Arsenal
2024.12.7	Brentford	vs	Newcastle
2024.12.7	Ipswich Town	vs	Bournemouth
2024.12.7	West Ham	vs	Wolverhampton
2024.12.7	Manchester United	vs	Nottingham Forest
2024.12.7	Tottenham	vs	Chelsea
2024.12.7	Leicester City	vs	Brighton & Hove Albion

DAY 16

2024.12.14	Chelsea	vs	Brentford
2024.12.14	Brighton & Hove Albion	vs	Crystal Palace
2024.12.14	Arsenal	vs	Everton
2024.12.14	Liverpool	vs	Fulham
2024.12.14	Bournemouth	vs	West Ham
2024.12.14	Manchester City	vs	Manchester United
2024.12.14	Southampton	vs	Tottenham
2024.12.14	Wolverhampton	vs	Ipswich Town
2024.12.14	Nottingham Forest	vs	Aston Villa
2024.12.14	Newcastle	vs	Leicester City

DAY 17

2024.12.21	Everton	vs	Chelsea
2024.12.21	Crystal Palace	vs	Arsenal
2024.12.21	Brentford	vs	Nottingham Forest
2024.12.21	Fulham	vs	Southampton
2024.12.21	Aston Villa	vs	Manchester City
2024.12.21	Ipswich Town	vs	Newcastle
2024.12.21	Tottenham	vs	Liverpool
2024.12.21	West Ham	vs	Brighton & Hove Albion
2024.12.21	Manchester United	vs	Bournemouth
2024.12.21	Leicester City	vs	Wolverhampton

DAY 18

2024.12.26	Nottingham Forest	vs	Tottenham
2024.12.26	Newcastle	vs	Aston Villa
2024.12.26	Southampton	vs	West Ham
2024.12.26	Manchester City	vs	Everton
2024.12.26	Wolverhampton	vs	Manchester United
2024.12.26	Liverpool	vs	Leicester City
2024.12.26	Chelsea	vs	Fulham
2024.12.26	Arsenal	vs	Ipswich Town
2024.12.26	Bournemouth	vs	Crystal Palace
2024.12.26	Brighton & Hove Albion	vs	Brentford

DAY 19

2024.12.29	Leicester City	vs	Manchester City
2024.12.29	Manchester United	vs	Newcastle
2024.12.29	Tottenham	vs	Wolverhampton
2024.12.29	Ipswich Town	vs	Chelsea
2024.12.29	West Ham	vs	Liverpool
2024.12.29	Fulham	vs	Bournemouth
2024.12.29	Brentford	vs	Arsenal
2024.12.29	Aston Villa	vs	Brighton & Hove Albion
2024.12.29	Crystal Palace	vs	Southampton
2024.12.29	Everton	vs	Nottingham Forest

DAY 20

2025.1.4	Southampton	vs	Brentford
2025.1.4	Wolverhampton	vs	Nottingham Forest
2025.1.4	Liverpool	vs	Manchester United
2025.1.4	Tottenham	vs	Newcastle
2025.1.4	Manchester City	vs	West Ham
2025.1.4	Fulham	vs	Ipswich Town
2025.1.4	Bournemouth	vs	Everton
2025.1.4	Aston Villa	vs	Leicester City
2025.1.4	Crystal Palace	vs	Chelsea
2025.1.4	Brighton & Hove Albion	vs	Arsenal

DAY 21

2025.1.14	Nottingham Forest	vs	Liverpool
2025.1.14	West Ham	vs	Fulham
2025.1.14	Leicester City	vs	Crystal Palace
2025.1.14	Brentford	vs	Manchester City
2025.1.14	Ipswich Town	vs	Brighton & Hove Albion
2025.1.14	Arsenal	vs	Tottenham
2025.1.14	Everton	vs	Aston Villa
2025.1.15	Newcastle	vs	Wolverhampton
2025.1.15	Chelsea	vs	Bournemouth
2025.1.15	Manchester United	vs	Southampton

DAY 22

2025.1.18	Manchester United	vs	Brighton & Hove Albion
2025.1.18	Nottingham Forest	vs	Southampton
2025.1.18	West Ham	vs	Crystal Palace
2025.1.18	Arsenal	vs	Aston Villa
2025.1.18	Leicester City	vs	Fulham
2025.1.18	Newcastle	vs	Bournemouth
2025.1.18	Ipswich Town	vs	Manchester City
2025.1.18	Chelsea	vs	Wolverhampton
2025.1.18	Everton	vs	Tottenham
2025.1.18	Brentford	vs	Liverpool

DAY 23

2025.1.25	Southampton	vs	Newcastle
2025.1.25	Manchester City	vs	Chelsea
2025.1.25	Wolverhampton	vs	Arsenal
2025.1.25	Liverpool	vs	Ipswich Town
2025.1.25	Tottenham	vs	Leicester City
2025.1.25	Brighton & Hove Albion	vs	Everton
2025.1.25	Fulham	vs	Manchester United
2025.1.25	Bournemouth	vs	Nottingham Forest
2025.1.25	Aston Villa	vs	West Ham
2025.1.25	Crystal Palace	vs	Brentford

DAY 24

2025.2.1	Manchester United	vs	Crystal Palace
2025.2.1	Newcastle	vs	Fulham
2025.2.1	Ipswich Town	vs	Southampton
2025.2.1	Wolverhampton	vs	Aston Villa
2025.2.1	Nottingham Forest	vs	Brighton & Hove Albion
2025.2.1	Everton	vs	Leicester City
2025.2.1	Bournemouth	vs	Liverpool
2025.2.1	Brentford	vs	Tottenham
2025.2.1	Arsenal	vs	Manchester City
2025.2.1	Chelsea	vs	West Ham

DAY 25

2025.2.15	Southampton	vs	Bournemouth
2025.2.15	Tottenham	vs	Manchester United
2025.2.15	West Ham	vs	Brentford
2025.2.15	Manchester City	vs	Newcastle
2025.2.15	Liverpool	vs	Wolverhampton
2025.2.15	Aston Villa	vs	Ipswich Town
2025.2.15	Crystal Palace	vs	Everton
2025.2.15	Brighton & Hove Albion	vs	Chelsea
2025.2.15	Fulham	vs	Nottingham Forest
2025.2.15	Leicester City	vs	Arsenal

DAY 26

2025.2.22	Leicester City	vs	Brentford
2025.2.22	Manchester City	vs	Liverpool
2025.2.22	Southampton	vs	Brighton & Hove Albion
2025.2.22	Ipswich Town	vs	Tottenham
2025.2.22	Newcastle	vs	Nottingham Forest
2025.2.22	Arsenal	vs	West Ham
2025.2.22	Fulham	vs	Crystal Palace
2025.2.22	Bournemouth	vs	Wolverhampton
2025.2.22	Aston Villa	vs	Chelsea
2025.2.22	Everton	vs	Manchester United

DAY 27

2025.2.25	Tottenham	vs	Manchester City
2025.2.25	West Ham	vs	Leicester City
2025.2.25	Nottingham Forest	vs	Arsenal
2025.2.25	Wolverhampton	vs	Fulham
2025.2.25	Brentford	vs	Everton
2025.2.25	Brighton & Hove Albion	vs	Bournemouth
2025.2.25	Crystal Palace	vs	Aston Villa
2025.2.26	Chelsea	vs	Southampton
2025.2.26	Manchester United	vs	Ipswich Town
2025.2.26	Liverpool	vs	Newcastle

DAY 28

2025.3.8	Chelsea	vs	Leicester City
2025.3.8	Brighton & Hove Albion	vs	Fulham
2025.3.8	Brentford	vs	Aston Villa
2025.3.8	Liverpool	vs	Southampton
2025.3.8	Crystal Palace	vs	Ipswich Town
2025.3.8	Manchester United	vs	Arsenal
2025.3.8	West Ham	vs	Newcastle
2025.3.8	Wolverhampton	vs	Everton
2025.3.8	Tottenham	vs	Bournemouth
2025.3.8	Nottingham Forest	vs	Manchester City

DAY 29

2025.3.15	Aston Villa	vs	Liverpool
2025.3.15	Everton	vs	West Ham
2025.3.15	Arsenal	vs	Chelsea
2025.3.15	Bournemouth	vs	Brentford
2025.3.15	Fulham	vs	Tottenham
2025.3.15	Manchester City	vs	Brighton & Hove Albion
2025.3.15	Ipswich Town	vs	Nottingham Forest
2025.3.15	Newcastle	vs	Crystal Palace
2025.3.15	Southampton	vs	Wolverhampton
2025.3.15	Leicester City	vs	Manchester United

DAY 30

2025.4.1	Brighton & Hove Albion	vs	Aston Villa
2025.4.1	Arsenal	vs	Fulham
2025.4.1	Bournemouth	vs	Ipswich Town
2025.4.1	Nottingham Forest	vs	Manchester United
2025.4.1	Wolverhampton	vs	West Ham
2025.4.2	Liverpool	vs	Everton
2025.4.2	Newcastle	vs	Brentford
2025.4.2	Southampton	vs	Crystal Palace
2025.4.2	Manchester City	vs	Leicester City
2025.4.2	Chelsea	vs	Tottenham

DAY 31

2025.4.5	Everton	vs	Arsenal
2025.4.5	Crystal Palace	vs	Brighton & Hove Albion
2025.4.5	Aston Villa	vs	Nottingham Forest
2025.4.5	Fulham	vs	Liverpool
2025.4.5	Brentford	vs	Chelsea
2025.4.5	West Ham	vs	Bournemouth
2025.4.5	Ipswich Town	vs	Wolverhampton
2025.4.5	Tottenham	vs	Southampton
2025.4.5	Manchester United	vs	Manchester City
2025.4.5	Leicester City	vs	Newcastle

DAY 32

2025.4.12	Chelsea	vs	Ipswich Town
2025.4.12	Brighton & Hove Albion	vs	Leicester City
2025.4.12	Liverpool	vs	West Ham
2025.4.12	Bournemouth	vs	Fulham
2025.4.12	Arsenal	vs	Brentford
2025.4.12	Wolverhampton	vs	Tottenham
2025.4.12	Manchester City	vs	Crystal Palace
2025.4.12	Nottingham Forest	vs	Everton
2025.4.12	Southampton	vs	Aston Villa
2025.4.12	Newcastle	vs	Manchester United

DAY 33

2025.4.19	Everton	vs	Manchester City
2025.4.19	Crystal Palace	vs	Bournemouth
2025.4.19	Brentford	vs	Brighton & Hove Albion
2025.4.19	Aston Villa	vs	Newcastle
2025.4.19	Fulham	vs	Chelsea
2025.4.19	Ipswich Town	vs	Arsenal
2025.4.19	Tottenham	vs	Nottingham Forest
2025.4.19	West Ham	vs	Southampton
2025.4.19	Manchester United	vs	Wolverhampton
2025.4.19	Leicester City	vs	Liverpool

DAY 34

2025.4.26	Brighton & Hove Albion	vs	West Ham
2025.4.26	Chelsea	vs	Everton
2025.4.26	Arsenal	vs	Crystal Palace
2025.4.26	Bournemouth	vs	Manchester United
2025.4.26	Liverpool	vs	Tottenham
2025.4.26	Nottingham Forest	vs	Brentford
2025.4.26	Wolverhampton	vs	Leicester City
2025.4.26	Southampton	vs	Fulham
2025.4.26	Manchester City	vs	Aston Villa
2025.4.26	Newcastle	vs	Ipswich Town

DAY 35

2025.5.3	Chelsea	vs	Liverpool
2025.5.3	Brentford	vs	Manchester United
2025.5.3	Arsenal	vs	Bournemouth
2025.5.3	Crystal Palace	vs	Nottingham Forest
2025.5.3	Aston Villa	vs	Fulham
2025.5.3	Everton	vs	Ipswich Town
2025.5.3	Brighton & Hove Albion	vs	Newcastle
2025.5.3	Manchester City	vs	Wolverhampton
2025.5.3	West Ham	vs	Tottenham
2025.5.3	Leicester City	vs	Southampton

DAY 36

2025.5.10	Liverpool	vs	Arsenal
2025.5.10	Fulham	vs	Everton
2025.5.10	Bournemouth	vs	Aston Villa
2025.5.10	Manchester United	vs	West Ham
2025.5.10	Ipswich Town	vs	Brentford
2025.5.10	Newcastle	vs	Chelsea
2025.5.10	Tottenham	vs	Crystal Palace
2025.5.10	Wolverhampton	vs	Brighton & Hove Albion
2025.5.10	Newcastle	vs	Leicester City
2025.5.10	Southampton	vs	Manchester City

DAY 37

2025.5.18	Brighton & Hove Albion	vs	Liverpool
2025.5.18	Arsenal	vs	Newcastle
2025.5.18	Chelsea	vs	Manchester United
2025.5.18	Aston Villa	vs	Tottenham
2025.5.18	Brentford	vs	Fulham
2025.5.18	Crystal Palace	vs	Wolverhampton
2025.5.18	Manchester City	vs	Bournemouth
2025.5.18	West Ham	vs	Nottingham Forest
2025.5.18	Everton	vs	Southampton
2025.5.18	Leicester City	vs	Ipswich Town

DAY 38

2025.5.25	Liverpool	vs	Crystal Palace
2025.5.25	Ipswich Town	vs	West Ham
2025.5.25	Fulham	vs	Manchester City
2025.5.25	Manchester United	vs	Aston Villa
2025.5.25	Bournemouth	vs	Leicester City
2025.5.25	Southampton	vs	Arsenal
2025.5.25	Wolverhampton	vs	Brentford
2025.5.25	Tottenham	vs	Brighton & Hove Albion
2025.5.25	Nottingham Forest	vs	Chelsea
2025.5.25	Newcastle	vs	Everton

MANCHESTER CITY FC

Founded 1880년	**Owner** 맨체스터시티 풋볼그룹 LTD.	**CEO** 칼둔 알무바라크 1975.12.01	**Manager** 펩 과르디올라 1974.01.18	**24-25 Odds** 벳365 : 1.1배 스카이벳 : 1.1배	

English Premier League 10 | **English FA Cup** 7 | **UEFA Champions League** 1 | **UEFA Europa League** 0 | **FIFA Club World Cup** 1 | **UEFA-CONMEBOL Intercontinental** 0

Nationality 외국 선수 17명 · 잉글랜드 10명	**Age** 27명 평균 26.0세	**Height** 27명 평균 181cm	**Market Value** 1군 22명 평균 5774만 유로	**Game Points** 23-24 : 91점 통산 : 5669점
Win 23-24 : 28승 통산 1590승	**Draw** 23-24 : 7무 통산 899무	**Loss** 23-24 : 3패 통산 1321패	**Goals For** 23-24 : 96득점 통산 6165득점	**Goals Against** 23-24 : 34실점 통산 5377실점
More Minutes 로드리 2937분	**Top Scorer** 엘링 홀란 27골	**More Assists** 케빈 더브라위너 10도움	**More Subs** 마테오 코바치치 14회 교체 IN	**More Cards** 로드리 Y8+R1

TOTO GUIDE 지난 시즌 상대팀별 전적

상대팀	홈	원정
Arsenal	0-0	0-1
Liverpool	1-1	1-1
Aston Villa	4-1	0-1
Tottenham	3-3	2-0
Chelsea	1-1	4-4
Newcastle Utd	1-0	3-2
Manchester Utd	3-1	3-0
West Ham Utd	3-1	3-1
Crystal Palace	2-2	4-2
Brighton	2-1	4-0
Bournemouth	6-1	1-0
Fulham	5-1	4-0
Wolverhampton	5-1	1-2
Everton	2-0	3-1
Brentford	1-0	3-1
Nottm Forest	2-0	2-0
Luton Town	5-1	2-1
Burnley	3-1	3-0
Sheffield Utd	2-0	2-1

ETIHAD STADIUM
구장 오픈 / 증개축 : 2002년, 증개축 2회
구장 소유 : 맨체스터 시
수용 인원 : 5만 3400명
피치 규모 : 105m X 68m
잔디 종류 : 하이브리드 잔디

STRENGTHS & WEAKNESSES

OFFENSE		DEFENSE	
직접 프리킥	A	세트피스 수비	C
문전 처리	A	상대 볼 뺏기	C
측면 돌파	B	공중전 능력	D
스루볼 침투	B	역습 방어	C
개인기 침투	B	지공 방어	C
카운터 어택	C	스루패스 방어	C
기회 만들기	C	리드 지키기	C
세트피스	B	실수 조심	C
OS 피하기	C	측면 방어력	C
중거리 슈팅	A	파울 주의	C
볼 점유율	A	중거리슈팅 수비	C

매우 강함 A 강한 편 B 보통 수준 C 약한 편 D 매우 약함 E

RANKING OF LAST 10 YEARS

14-15	15-16	16-17	17-18	18-19	19-20	20-21	21-22	22-23	23-24
2	4	3	1	1	2	1	1	1	1
79점	66점	78점	100점	98점	81점	86점	93점	89점	89점

위치	선수	국적	생년월일	출전(분)	출전경기	선발11	교체인	교체아웃	벤치출발	득점	도움	경고	경고누적	퇴장
GK	Ederson	BRA	1993-08-17	2789	33	33	0	4	2	0	0	5	0	0
	Stefan Ortega	GER	1992-11-06	631	9	5	4	0	33	0	0	0	0	0
	Scott Carson	ENG	1985-09-03	0	0	0	0	0	13	0	0	0	0	0
DF	Kyle Walker	ENG	1990-05-28	2767	32	30	2	3	5	0	4	2	0	0
	Rúben Dias	POR	1997-05-14	2557	30	28	2	0	7	0	0	0	0	0
	Manuel Akanji	SUI	1995-07-19	2512	30	28	2	6	6	2	0	3	1	0
	Joško Gvardiol	CRO	2002-01-23	2330	28	26	2	4	9	4	1	3	0	0
	Nathan Aké	NED	1995-02-18	2042	29	24	5	5	11	2	2	0	0	0
	John Stones	ENG	1994-05-28	1063	16	12	4	3	15	1	0	2	0	0
	Rico Lewis	ENG	2004-11-21	806	16	8	8	4	30	2	0	0	0	0
MF	Rodri	ESP	1996-06-22	2937	34	34	0	6	1	8	9	8	0	1
	Phil Foden	ENG	2000-05-28	2868	35	33	2	14	4	19	8	2	0	0
	Bernardo Silva	POR	1994-08-10	2581	33	29	4	7	6	6	9	8	0	0
	Mateo Kovačić	CRO	1994-05-06	1546	30	16	14	9	18	1	0	4	0	0
	Kevin De Bruyne	BEL	1991-06-28	1228	18	15	3	10	6	4	10	2	0	0
	Jack Grealish	ENG	1995-09-10	1003	20	10	10	2	19	3	1	7	0	0
	Matheus Nunes	POR	1998-08-27	655	17	7	10	4	26	0	2	0	0	0
	Oscar Bobb	NOR	2003-07-12	291	14	2	12	1	33	1	1	0	0	0
	Sergio Gómez	ESP	2000-09-04	48	6	0	6	0	32	0	1	0	0	0
	Jacob Wright	ENG	2005-09-21	0	0	0	0	0	0	0	0	0	0	0
	Mahamadou Susoho	ESP	2005-01-20	0	0	0	0	0	0	0	0	0	0	0
	Micah Hamlton	ENG	2003-11-13	0	0	0	0	0	0	0	0	0	0	0
FW	Julián Álvarez	ARG	2000-01-31	2658	36	31	5	16	7	11	9	2	0	0
	Erling Håland	NOR	2000-07-21	2559	31	29	2	9	3	27	5	1	0	0
	Jérémy Doku	BEL	2002-05-27	1595	29	18	11	11	13	3	8	3	0	0

PREMIER LEAGUE 2023-24 SEASON

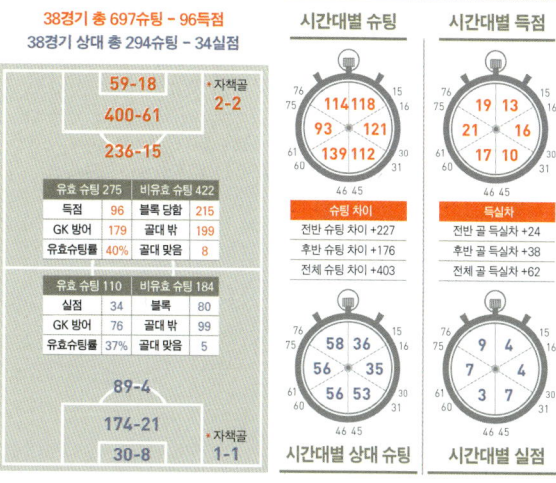
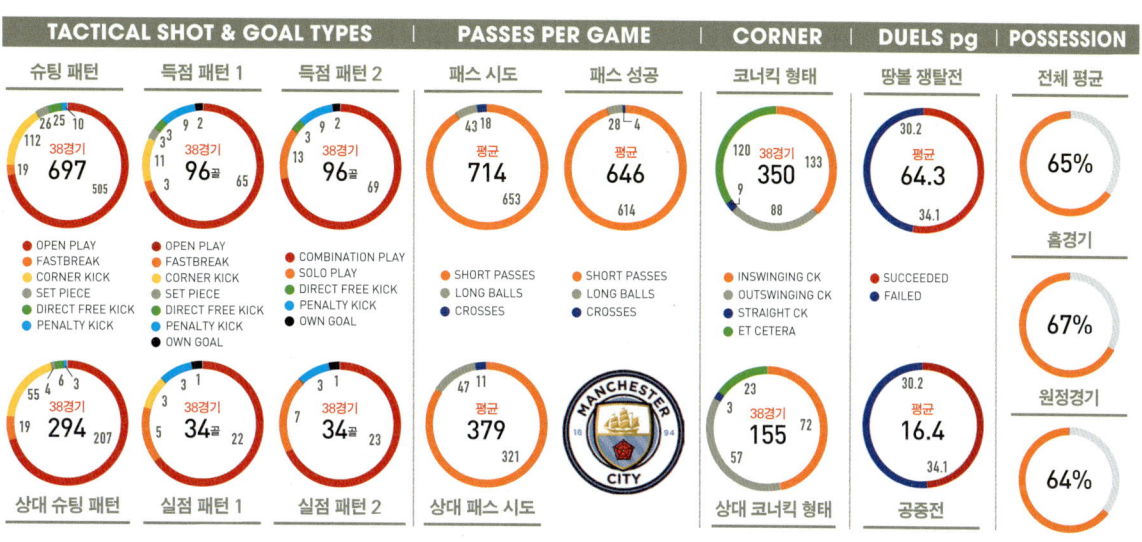
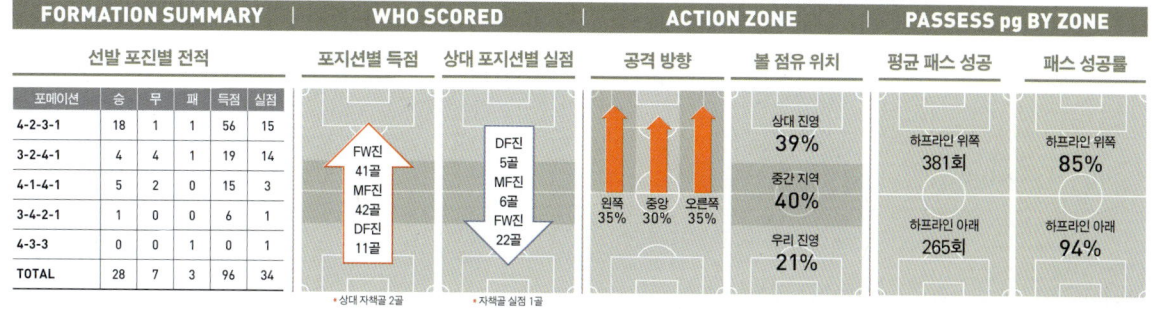

ARSENAL FC

🏆 13	🏆 14	🏆 0	🏆 0	🏆 0	🏆 0
ENGLISH PREMIER LEAGUE	ENGLISH FA CUP	UEFA CHAMPIONS LEAGUE	UEFA EUROPA LEAGUE	FIFA CLUB WORLD CUP	UEFA-CONMEBOL INTERCONTINENTAL

Founded	Owner	CEO	Manager	24-25 Odds
구단 창립 1886년	크롱키 스포츠 & 엔터테인먼트	스탠리 크롱키 1980.05.07	미켈 아르테타 1982.03.26	벳365 : 1.875배 스카이벳 : 2배

Nationality	Age	Height	Market Value	Game Points
외국 선수 19명 잉글랜드 11명	30명 평균 24.7세	30명 평균 182cm	1군 25명 평균 4474만 유로	23-24 : 89점 통산 : 7074점

Win	Draw	Loss	Goals For	Goals Against
23-24 : 24승 통산 : 1994승	23-24 : 10무 통산 : 1092무	23-24 : 4패 통산 : 1238패	23-24 : 91득점 통산 : 7216득점	23-24 : 29실점 통산 : 5397실점

More Minutes	Top Scorer	More Assists	More Subs	More Cards
윌리암 살리바 3420분	부카요 사카 16골	마르틴 외데고 10도움	에디 은케티아 17회 교체 IN	카이 하베르츠 Y11+R0

TOTO GUIDE 지난 시즌 상대팀별 전적

상대팀	홈	원정
Manchester City	1-0	0-0
Liverpool	3-1	1-1
Aston Villa	0-2	0-1
Tottenham	2-2	3-2
Chelsea	5-0	2-2
Newcastle Utd	4-1	0-1
Manchester Utd	3-1	1-0
West Ham Utd	0-2	6-0
Crystal Palace	5-0	1-0
Brighton	2-0	3-0
Bournemouth	3-0	4-0
Fulham	2-2	1-2
Wolverhampton	2-1	2-0
Everton	2-1	1-0
Brentford	2-1	1-0
Nottm Forest	2-1	2-1
Luton Town	2-0	4-3
Burnley	3-1	5-0
Sheffield Utd	5-0	6-0

EMIRATES STADIUM

구장 오픈 2006년
구장 소유 KSE
수용 인원 6만704명
피치 규모 105m X 68m
잔디 종류 하이브리드 잔디

STRENGTHS & WEAKNESSES

OFFENSE		DEFENSE	
직접 프리킥	C	세트피스 수비	A
문전 처리	A	상대 볼 뺏기	D
측면 돌파	B	공중전 능력	C
스루볼 침투	C	역습 방어	C
개인기 침투	C	지공 방어	C
카운터 어택	C	스루패스 방어	C
기회 만들기	C	리드 지키기	B
세트피스	B	실수 조심	C
OS 피하기	D	측면 방어력	C
중거리 슈팅	C	파울 주의	C
볼 점유율	A	중거리슈팅 수비	C

매우 강함 A 강한 편 B 보통 수준 C 약한 편 D 매우 약함 E

RANKING OF LAST 10 YEARS

14-15	15-16	16-17	17-18	18-19	19-20	20-21	21-22	22-23	23-24
3위 75점	2위 71점	5위 72점	6위 63점	5위 70점	8위 56점	8위 61점	5위 69점	2위 84점	2위 89점

선수 명단

위치	선수	국적	생년월일	출전(분)	출전경기	선발11	교체인	교체아웃	벤치출발	득점	도움	경고	경고누적	퇴장
GK	David Raya	ESP	1995-09-15	2880	32	32	0	0	3	0	0	2	0	0
GK	Aaron Ramsdale	ENG	1998-05-14	540	6	6	0	0	31	0	0	0	0	0
GK	Karl Hein	EST	2002-04-13	0	0	0	0	0	5	0	0	0	0	0
DF	William Saliba	FRA	2001-03-24	3420	38	38	0	0	0	2	1	4	0	0
DF	Gabriel	BRA	1997-12-19	3044	36	34	2	2	4	4	0	4	0	0
DF	Ben White	ENG	1997-11-08	2994	37	35	2	8	2	4	4	8	0	0
DF	Oleksandr Zinchenko	UKR	1996-12-15	1727	27	20	7	13	12	1	2	2	0	0
DF	Takehiro Tomiyasu	JPN	1998-11-05	1141	22	10	12	2	13	2	1	1	1	0
DF	Jakub Kiwior	POL	2000-02-15	941	20	11	9	4	27	1	3	1	0	0
DF	Jurrien Timber	NED	2001-06-17	71	2	1	1	1	1	0	0	2	0	0
DF	Cédric Soares	POR	1991-08-31	59	3	0	3	0	18	0	0	0	0	0
DF	James Sweet	WAL	2003-09-06	0	0	0	0	0	1	0	0	0	0	0
DF	Ayden Heaven	ENG	2006-09-22	0	0	0	0	0	0	0	0	0	0	0
MF	Declan Rice	ENG	1999-01-14	3232	38	37	1	8	1	7	8	5	0	0
MF	Martin Ødegaard	NOR	1998-12-17	3104	35	35	0	13	1	8	10	2	0	0
MF	Bukayo Saka	ENG	2001-09-05	2937	35	35	0	18	0	16	9	4	0	0
MF	Kai Havertz	GER	1999-06-11	2639	37	30	7	12	7	13	7	11	0	0
MF	Leandro Trossard	BEL	1994-12-04	1647	34	18	16	15	19	12	1	2	0	0
MF	Jorginho	ITA	1991-12-21	914	24	10	14	7	27	0	0	1	0	0
MF	Thomas Partey	GHA	1993-06-13	788	14	9	5	5	8	0	0	3	0	0
MF	Emile Smith Rowe	ENG	2000-07-28	346	13	3	10	3	28	0	1	0	0	0
MF	Fábio Vieira	POR	2000-05-30	291	11	2	9	2	22	1	2	0	0	1
MF	Mohamed Elneny	EGY	1992-07-11	25	3	0	3	0	16	0	0	0	0	0
MF	Ethan Nwaneri	ENG	2007-03-21	13	1	0	1	0	2	0	0	0	0	0
MF	Mauro Bandeira	POR	2003-11-18	0	0	0	0	0	2	0	0	0	0	0
MF	Myles Lewis-Skelly	ENG	2006-09-26	0	0	0	0	0	1	0	0	0	0	0
MF	Dan Casey	ENG	2006-11-18	0	0	0	0	0	8	0	0	0	0	0
FW	Gabriel Martinelli	BRA	2001-06-18	2029	35	24	11	20	11	6	4	1	0	0
FW	Gabriel Jesus	BRA	1997-04-03	1481	27	17	10	13	13	4	5	6	0	0
FW	Eddie Nketiah	ENG	1999-05-30	1072	27	10	17	7	28	5	2	2	0	0
FW	Reiss Nelson	ENG	1999-12-10	255	15	1	14	1	29	0	1	0	0	0
FW	Romari Forde	ENG	2006-03-28	0	0	0	0	0	1	0	0	0	0	0

PREMIER LEAGUE 2023-24 SEASON

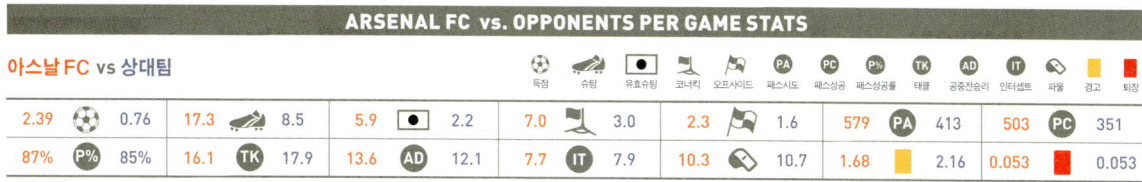

ARSENAL FC vs. OPPONENTS PER GAME STATS

아스날 FC	vs 상대팀	득점	슈팅	유효슈팅	코너킥	오프사이드	패스시도(PA)	패스성공(PC)	패스성공률(P%)	태클(TK)	공중전승리(AD)	인터셉트(IT)	파울	경고	퇴장
2.39	0.76		17.3 / 8.5	5.9 / 2.2	7.0 / 3.0	2.3 / 1.6	579 / 413	503 / 351							
87%	85%									16.1 / 17.9	13.6 / 12.1	7.7 / 7.9	10.3 / 10.7	1.68 / 2.16	0.053 / 0.053

2023-24 SEASON SQUAD LIST & GAMES PLAYED

※ 괄호 안의 숫자는 선발 출전 횟수, 교체 출전은 포함시키지 않음

LW	CF	RW
G.마르티넬리(23), L.트로사르(11), G.제수스	K.하베르츠(12), G.제수스(12), E.은케티아(10), L.트로사르(4)	B.사카(35), G.마르티넬리(1), G.제수스(1), R.넬손(1)

LAM	CAM	RAM
N/A	N/A	N/A

LM	CM	RM
N/A	D.라이스(37), M.외데고르(35), K.하베르츠(18), 조르지뉴(10), T.파티(6), E.S.로우(3), L.트로사르(3), F.비에라(2)	N/A

LWB	DM	RWB
N/A	N/A	N/A

LB	CB	RB
O.진첸코(20), J.키위오르(10), 도미야스 T.(7), J.팀버(1)	W.살리바(38), G.마갈량이스(34), B.화이트(3), J.키위오르(1)	B.화이트(32), T.파티(3), 도미야스 T.(3)

	GK	
	D.라야(32), A.램스데일(6)	

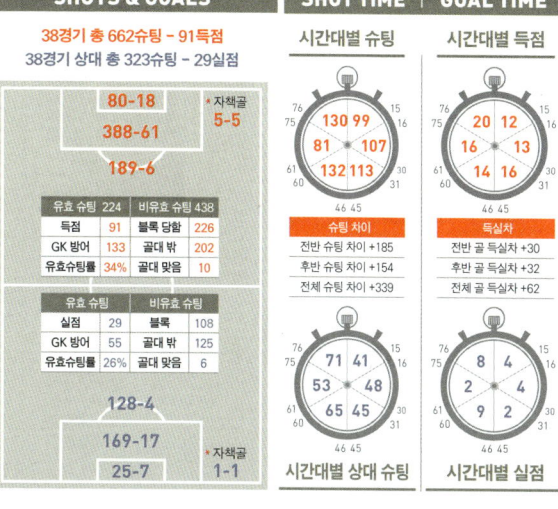

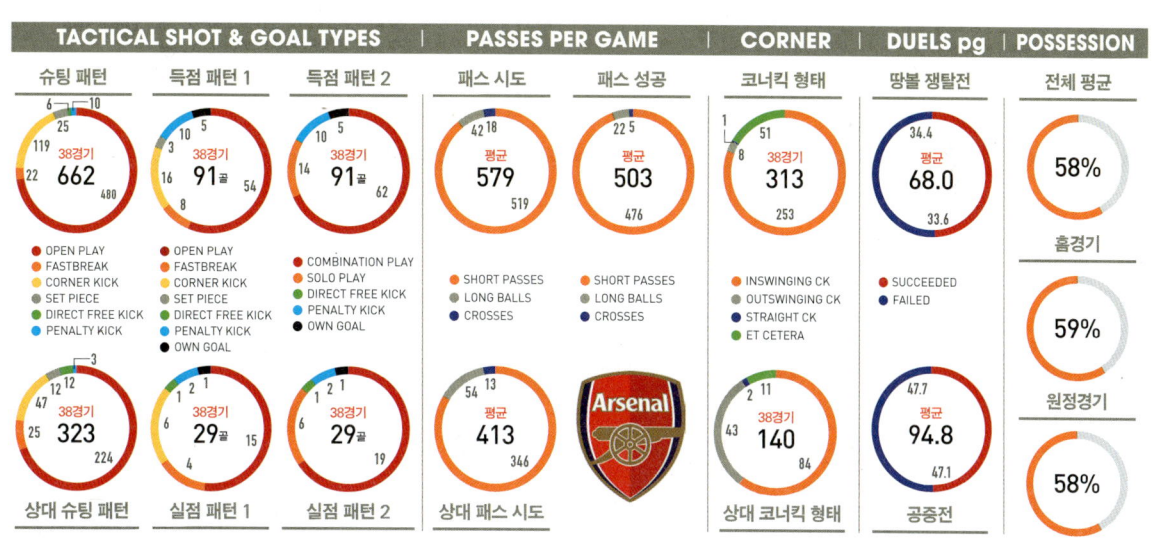

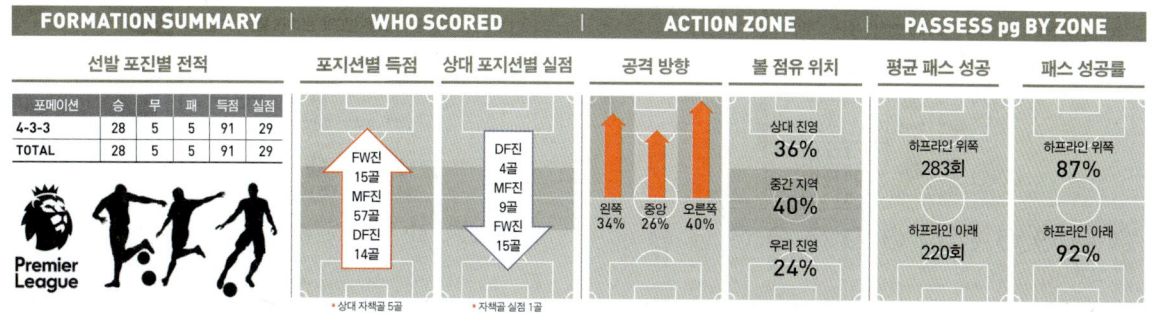

포메이션	승	무	패	득점	실점
4-3-3	28	5	5	91	29
TOTAL	28	5	5	91	29

LIVERPOOL FC

Founded 구단 창립 1892년	**Owner** 펜웨이 스포츠그룹	**CEO** 톰 워너 1950.04.12	**Manager** 아르네 슬롯 1978.9.17	**24-25 Odds** 벳365 : 7배 스카이벳 : 7.5배	
Nationality ● 외국 선수 24명 ● 잉글랜드 12명	**Age** 36명 평균 24.6세	**Height** 36명 평균 183cm	**Market Value** 1군 28명 평균 3291만 유로	**Game Points** 23-24 : 82점 통산 : 7248점	
Win 23-24 : 24승 통산 : 2059승	**Draw** 23-24 : 10무 통산 : 1071무	**Loss** 23-24 : 4패 통산 : 1194패	**Goals For** 23-24 : 86득점 통산 : 7276득점	**Goals Against** 23-24 : 41실점 통산 : 5191실점	
More Minutes 버질 반데이크 3178분	**Top Scorer** 모하메드 살라 18골	**More Assists** 모하메드 살라 10도움	**More Subs** 하비 엘리엇 23회 교체 IN	**More Cards** 엔도 와타루 Y10+R0	

	19		8		6		3		1		0
	ENGLISH PREMIER LEAGUE		ENGLISH FA CUP		UEFA CHAMPIONS LEAGUE		UEFA EUROPA LEAGUE		FIFA CLUB WORLD CUP		UEFA-CONMEBOL INTERCONTINENTAL

TOTO GUIDE 지난 시즌 상대팀별 전적

상대팀	홈	원정
Manchester City	1-1	1-1
Arsenal	1-1	1-3
Aston Villa	3-0	3-3
Tottenham	4-2	1-2
Chelsea	4-1	1-1
Newcastle Utd	4-2	2-1
Manchester Utd	0-0	2-2
West Ham Utd	3-1	2-2
Crystal Palace	0-1	2-1
Brighton	2-1	2-2
Bournemouth	3-1	4-0
Fulham	4-3	3-1
Wolverhampton	2-0	3-1
Everton	2-0	0-2
Brentford	3-0	4-1
Nottm Forest	3-0	1-0
Luton Town	4-1	1-1
Burnley	3-1	2-0
Sheffield Utd	3-1	2-0

ANFIELD

구장 오픈 / 증개축
1884년, 증개축 13회
구장 소유
펜웨이 스포츠그룹
수용 인원
5만 3394명
피치 규모
101m X 68m
잔디 종류
하이브리드 잔디

STRENGTHS & WEAKNESSES

OFFENSE		DEFENSE	
직접 프리킥	C	세트피스 수비	B
문전 처리	C	상대 볼 뺏기	B
측면 돌파	A	공중전 능력	A
스루볼 침투	B	역습 방어	C
개인기 침투	B	지공 방어	C
카운터 어택	B	스루패스 방어	D
기회 만들기	A	리드 지키기	C
세트피스	A	실수 조심	D
OS 피하기	E	측면 방어력	C
중거리 슈팅	B	파울 주의	C
볼 점유율	A	중거리슈팅 수비	C

매우 강함 **A** 강한 편 **B** 보통 수준 **C** 약한 편 **D** 매우 약함 **E**

RANKING OF LAST 10 YEARS

	14-15	15-16	16-17	17-18	18-19	19-20	20-21	21-22	22-23	23-24
순위	6	8	4	4	2	1★	3	2	5	3
점수	62점	60점	76점	75점	97점	99점	69점	92점	67점	82점

위치	선수	국적	생년월일	출전(분)	출전경기	선발11	교체인	교체아웃	벤치출발	득점	도움	경고	경고누적	퇴장
GK	Alisson Becker	BRA	1992-10-02	2520	28	28	0	0	0	0	0	1	0	0
	Caoimhin Kelleher	IRL	1998-11-23	900	10	10	0	0	27	0	0	0	0	0
	Adrián	ESP	1987-01-03	0	0	0	0	0	15	0	0	0	0	0
	Fabian Mrozek	POL	2003-09-28	0	0	0	0	0	1	0	0	0	0	0
DF	Virgil van Dijk	NED	1991-07-08	3178	36	36	0	0	0	2	2	3	0	1
	Trent Alexander-Arnold	ENG	1998-10-07	2161	28	25	3	11	3	3	4	6	0	0
	Joe Gomez	ENG	1997-05-23	1777	32	17	15	5	19	0	1	5	0	0
	Andrew Robertson	SCO	1994-03-11	1692	23	18	5	4	5	3	2	2	0	0
	Ibrahima Konaté	FRA	1999-05-25	1571	22	17	5	2	16	0	0	4	1	0
	Jarell Quansah	ENG	2003-01-29	1189	17	13	4	3	21	2	0	1	0	0
	Joel Matip	CMR	1991-08-08	783	10	9	1	3	5	0	0	2	0	0
	Conor Bradley	NIR	2003-07-09	761	11	10	1	8	9	1	3	2	0	0
	Kostas Tsimikas	GRE	1996-05-12	676	13	8	5	2	22	1	0	3	0	0
	Calum Scanlon	ENG	2005-02-14	0	0	0	0	0	2	0	0	0	0	0
	Amara Nallo	ENG	2006-11-18	0	0	0	0	0	1	0	0	0	0	0
MF	Alexis Mac Allister	ARG	1998-12-24	2611	33	31	2	13	2	5	5	7	0	1
	Dominik Szoboszlai	HUN	2000-10-25	2108	33	25	8	13	8	3	2	1	0	0
	Endo Wataru	JPN	1993-02-09	1722	29	20	9	9	13	1	0	10	0	0
	Harvey Elliott	ENG	2003-04-04	1337	34	11	23	7	27	3	6	2	0	0
	Curtis Jones	ENG	2001-01-30	1168	23	14	9	9	13	1	1	3	0	1
	Ryan Gravenberch	NED	2002-05-16	1117	26	12	14	11	19	1	0	0	0	0
	Stefan Bajčetić	ESP	2004-10-22	26	1	0	1	0	7	0	0	0	0	0
	Ben Doak	SCO	2005-11-11	13	1	0	1	0	9	0	0	0	0	0
	Thiago Alcántara	ESP	1991-04-11	5	1	0	1	0	1	0	0	0	0	0
	James McConnell	ENG	2004-09-13	1	3	0	3	0	18	0	0	0	0	0
	Lewis Koumas	ENG	2005-09-19	0	1	0	0	0	3	0	0	0	0	0
	Trey Nyoni	ENG	2007-06-30	0	0	0	0	0	2	0	0	0	0	0
FW	Luis Díaz	COL	1997-01-13	2645	37	32	5	21	5	8	5	3	0	0
	Mohamed Salah	EGY	1992-06-15	2536	32	28	4	6	4	18	10	2	0	0
	Darwin Núñez	URU	1999-06-24	2047	36	22	14	13	15	11	8	9	0	0
	Cody Gakpo	NED	1999-05-07	1645	35	17	18	14	18	8	5	1	0	0
	Diogo Jota	POR	1996-12-04	1150	21	14	7	11	8	10	3	2	0	0
	Bobby Clark	ENG	2005-02-07	86	5	1	4	1	9	0	0	0	0	0
	Jayden Danns	ENG	2006-01-16	7	2	0	2	0	6	0	0	1	0	0
	Kaide Gordon	ENG	2004-10-05	0	1	0	0	0	2	0	0	0	0	0

PREMIER LEAGUE 2023-24 SEASON

LIVERPOOL FC vs. OPPONENTS PER GAME STATS

리버풀 FC vs 상대팀

득점	슈팅	유효슈팅	코너킥	오프사이드	패스시도	패스성공	패스성공률	태클	공중전승리	인터셉트	파울	경고	퇴장
2.26 / 1.08	20.9 / 10.9	7.3 / 3.9	7.6 / 5.2	3.7 / 3.6	622 / 393	534 / 292	86% / 74%	17.8 / 25.2	15.6 / 11.9	7.7 / 14.6	12.2 / 15.7	2.47 / 3.47	0.132 / 0.132

2023-24 SEASON SQUAD LIST & GAMES PLAYED

*괄호 안의 숫자는 선발 출전 횟수, 교체 출전은 포함시키지 않음

LW: L.디아스(30), D.조타(5), D.누녜스(2), C.학포(1)
CF: D.누녜스(20), C.학포(12), D.조타(6)
RW: M.살라(28), H.엘리엇(4), D.조타(3), L.디아스(2), C.학포(1)

LAM: N/A
CAM: N/A
RAM: N/A

LM: N/A
CM: A.매칼리스터(31), D.소보슬라이(25), 엔도 W.(20), C.존스(14), R.흐라번버흐(12), H.엘리엇(7), G.학포(3), J.고메스(1), B.클라크(1)
RM: N/A

LWB: N/A
DM: N/A
RWB: N/A

LB: A.로버슨(18), J.고메스(12), K.치미카스(8)
CB: V.반데이크(31), I.코나테(17), J.콴사(13), J.마티프(9), J.고메스(1)
RB: T.알렉산더-아놀드(25), C.브래들리(10), J.고메스(3)

GK: 알리송 베커(28), C.켈러허(10)

SHOTS & GOALS

38경기 총 796슈팅 - 86득점
38경기 상대 총 415슈팅 - 41실점

62-19
454-49
274-12
*자책골 6-6

유효 슈팅 277 / 비유효 슈팅 519
득점 86 / 블록 당함 228
GK 방어 191 / 골대 밖 271
유효슈팅률 35% / 골대 맞음 20

유효 슈팅 149 / 비유효 슈팅 266
실점 41 / 블록 112
GK 방어 108 / 골대 밖 150
유효슈팅률 36% / 골대 맞음 4

140-4
240-27
34-9
*자책골 1-1

SHOT TIME | GOAL TIME

시간대별 슈팅: 157, 102, 127, 117, 160, 133
시간대별 득점: 25, 5, 14, 12, 17, 13

슈팅 차이: 전반 슈팅 차이 +190, 후반 슈팅 차이 +191, 전체 슈팅 차이 +381
득실차: 전반 골 득실차 +11, 후반 골 득실차 +34, 전체 골 득실차 +45

시간대별 상대 슈팅: 111, 58, 61, 46, 81, 58
시간대별 실점: 10, 8, 5, 6, 8, 4

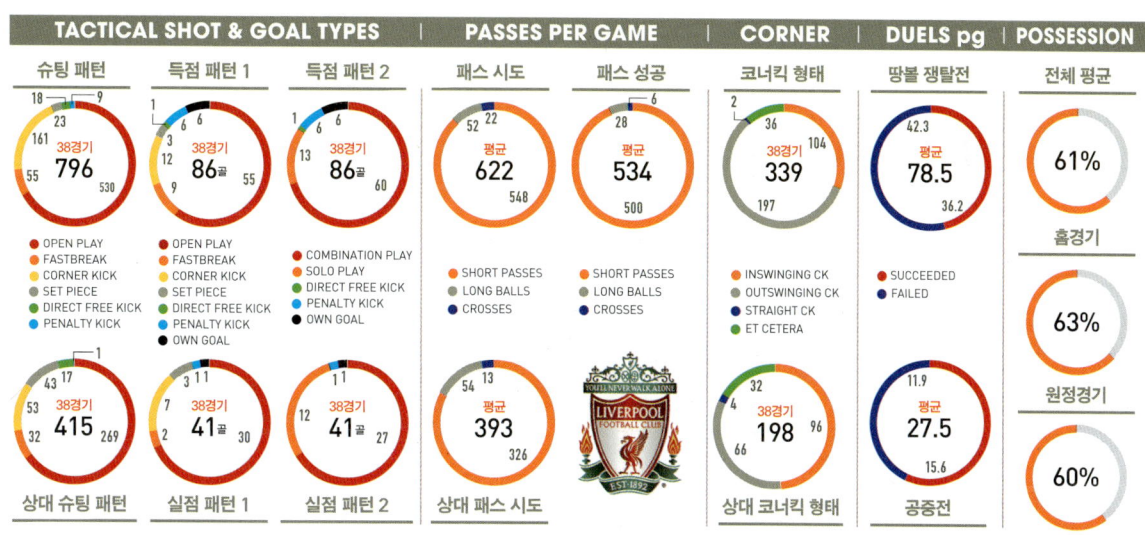

TACTICAL SHOT & GOAL TYPES

슈팅 패턴 38경기 796: OPEN PLAY 530, FASTBREAK, CORNER KICK 161, SET PIECE 55, DIRECT FREE KICK 23, PENALTY KICK 9, 18

득점 패턴 1 38경기 86골: OPEN PLAY 55, FASTBREAK, CORNER KICK 12, SET PIECE, DIRECT FREE KICK, PENALTY KICK

득점 패턴 2 38경기 86골: COMBINATION PLAY 60, SOLO PLAY 13, DIRECT FREE KICK, PENALTY KICK, OWN GOAL

상대 슈팅 패턴 38경기 415: 269, 53, 32, 43, 17, 1
실점 패턴 1 38경기 41골: 30, 7, 3, 11
실점 패턴 2 38경기 41골: 27, 12, 1, 1

PASSES PER GAME

패스 시도 평균 622 (SHORT PASSES 548, LONG BALLS 52, CROSSES 22)
패스 성공 평균 534 (SHORT PASSES 500, LONG BALLS 28)

상대 패스 시도 평균 393 (54, 13, 326)

CORNER

코너킥 형태 38경기 339: INSWINGING CK 104, OUTSWINGING CK 197, STRAIGHT CK 36, ET CETERA 2

상대 코너킥 형태 38경기 198: 96, 66, 32

DUELS pg

땅볼 쟁탈전 평균 78.5 (SUCCEEDED 42.3, FAILED 36.2)
공중전 평균 27.5 (11.9, 15.6)

POSSESSION

전체 평균 61%
홈경기 63%
원정경기 60%

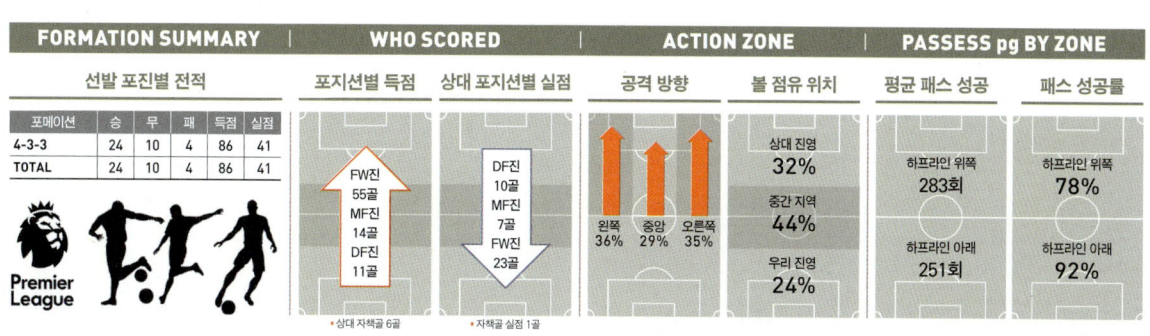

FORMATION SUMMARY

선발 포지션별 전적

포메이션	승	무	패	득점	실점
4-3-3	24	10	4	86	41
TOTAL	24	10	4	86	41

WHO SCORED

포지션별 득점: FW진 55골, MF진 14골, DF진 11골
*상대 자책골 6골

상대 포지션별 실점: DF진 10골, MF진 7골, FW진 23골
*자책골 실점 1골

ACTION ZONE

공격 방향: 왼쪽 36%, 중앙 29%, 오른쪽 35%
볼 점유 위치: 상대 진영 32%, 중간 지역 44%, 우리 진영 24%

PASSES pg BY ZONE

평균 패스 성공: 하프라인 위쪽 283회, 하프라인 아래 251회
패스 성공률: 하프라인 위쪽 78%, 하프라인 아래 92%

ASTON VILLA FC

Founded 구단 창립 1874년	**Owner** V-스포츠	**CEO** 나세프 사위리스 1961.01.19	**Manager** 우나이 에메리 1971.11.03	**24-25 Odds** 벳365 : 50배 스카이벳 : 50배	

ENGLISH PREMIER LEAGUE	ENGLISH FA CUP	UEFA CHAMPIONS LEAGUE	UEFA EUROPA LEAGUE	FIFA CLUB WORLD CUP	UEFA-CONMEBOL INTERCONTINENTAL
7	7	1	0	0	0

Nationality 외국 선수 20명 잉글랜드 13명	**Age** 33명 평균 25.3세	**Height** 33명 평균 183cm	**Market Value** 1군 27명 평균 2416만 유로	**Game Points** 23-24 : 68점 통산 : 6161점

Win 23-24 : 20승 통산 : 1719승	**Draw** 23-24 : 8무 통산 : 1004무	**Loss** 23-24 : 10패 통산 : 1537패	**Goals For** 23-24 : 76득점 통산 : 6883득점	**Goals Against** 23-24 : 61실점 통산 : 6351실점

More Minutes 에즈리 콘사 3074분	**Top Scorer** 올리 왓킨스 19골	**More Assists** 올리 왓킨스 13도움	**More Subs** 욘 두란 20회 교체 IN	**More Cards** 더글라스 루이스 Y12+R0

TOTO GUIDE 지난 시즌 상대팀별 전적

상대팀	홈	원정
Manchester City	1-0	1-4
Arsenal	1-0	2-0
Liverpool	3-3	0-3
Tottenham	0-4	2-1
Chelsea	2-2	1-0
Newcastle Utd	1-3	1-5
Manchester Utd	1-2	2-3
West Ham Utd	4-1	1-1
Crystal Palace	3-1	0-5
Brighton	6-1	0-1
Bournemouth	3-1	2-2
Fulham	3-1	2-1
Wolverhampton	2-0	1-1
Everton	4-0	0-0
Brentford	3-3	2-1
Nottm Forest	4-2	0-2
Luton Town	3-1	3-2
Burnley	3-2	3-1
Sheffield Utd	1-1	5-0

VILLA PARK

구장 오픈 / 증개축 1897년, 증개축 10회
구장 소유 아스톤 빌라 FC
수용 인원 4만 2682명
피치 규모 105m X 68m
잔디 종류 하이브리드 잔디

STRENGTHS & WEAKNESSES

OFFENSE		DEFENSE	
직접 프리킥	C	세트피스 수비	C
문전 처리	B	상대 볼 뺏기	C
측면 돌파	C	공중전 능력	E
스루볼 침투	B	역습 방어	C
개인기 침투	C	지공 방어	C
카운터 어택	B	스루패스 방어	D
기회 만들기	C	리드 지키기	D
세트피스	C	실수 조심	C
OS 피하기	C	측면 방어력	D
중거리 슈팅	C	파울 주의	C
볼 점유율	B	중거리슈팅 수비	C

매우 강함 A 강한 편 B 보통 수준 C 약한 편 D 매우 약함 E

RANKING OF LAST 10 YEARS

2부 리그

	14-15	15-16	16-17	17-18	18-19	19-20	20-21	21-22	22-23	23-24
순위	17	20	13	4	5	17	11	14	7	4
점수	38점	17점	62점	83점	76점	35점	55점	45점	61점	68점

위치	선수	국적	생년월일	출전(분)	출전경기	선발11	교체인	교체아웃	벤치출발	득점	도움	경고	경고누적	퇴장
GK	Emiliano Martínez	ARG	1992-09-02	3016	34	34	0	1	0	0	0	4	0	0
	Robin Olsen	SWE	1990-01-08	404	5	4	1	0	27	0	0	0	0	0
	Joe Gauci	AUS	2000-07-04	0	0	0	0	0	5	0	0	0	0	0
	Lander Emery	ESP	2003-03-29	0	0	0	0	0	1	0	0	0	0	0
	James Wright	ENG	2004-12-02	0	0	0	0	0	3	0	0	0	0	0
	Sam Proctor	ENG	2006-12-21	0	0	0	0	0	3	0	0	0	0	0
DF	Ezri Konsa	ENG	1997-10-23	3074	35	35	0	5	0	1	0	5	0	0
	Pau Torres	ESP	1997-01-16	2464	29	27	2	2	7	2	0	1	0	0
	Lucas Digne	FRA	1993-07-20	2413	33	27	6	9	6	1	3	7	0	0
	Matty Cash	POL	1997-08-07	2143	29	23	6	7	8	2	2	8	0	0
	Diego Carlos	BRA	1993-03-15	1811	27	20	7	2	12	0	0	4	0	0
	Boubacar Kamara	FRA	1999-11-23	1662	20	20	0	9	0	0	1	7	0	1
	Clément Lenglet	FRA	1995-06-17	1156	14	14	0	3	20	0	1	0	0	0
	Álex Moreno	ESP	1993-08-06	1028	21	11	10	6	14	2	0	2	0	0
	Calum Chambers	ENG	1995-01-20	148	5	1	4	1	30	0	1	1	0	0
	Tyrone Mings	ENG	1993-03-13	31	1	1	0	1	0	0	0	0	0	0
	Kaine Kesler Hayden	ENG	2002-10-23	3	3	0	3	0	17	0	0	0	0	0
	Finley Munroe	ENG	2005-02-08	3	1	0	1	0	3	0	0	0	0	0
MF	John McGinn	SCO	1994-10-18	3010	35	35	0	10	0	6	4	9	0	1
	Douglas Luiz	BRA	1998-05-09	3003	35	35	0	9	0	9	5	12	0	0
	Youri Tielemans	BEL	1997-05-07	1619	32	17	15	11	15	2	6	3	0	0
	Jacob Ramsey	ENG	2001-05-28	848	16	8	8	3	8	1	1	2	0	0
	Nicolò Zaniolo	ITA	1999-07-02	831	25	9	16	10	21	2	0	7	0	0
	Morgan Rogers	ENG	2002-07-26	639	11	8	3	5	6	3	1	3	0	0
	Tim Iroegbunam	ENG	2003-06-30	157	9	1	8	1	24	0	0	0	0	0
FW	Ollie Watkins	ENG	1995-12-30	3227	37	37	0	10	0	19	13	4	0	0
	Moussa Diaby	FRA	1999-07-07	2183	38	25	13	22	13	6	8	1	0	0
	Leon Bailey	JAM	1997-08-09	2076	35	22	13	20	14	10	9	5	0	0
	Jhon Durán	COL	2003-12-13	457	23	3	20	2	25	5	0	5	0	0
	Omari Kellyman	NIR	2005-09-25	35	2	0	2	0	12	0	0	0	0	0
	Kadan Young	ENG	2006-01-19	0	0	0	0	0	2	0	0	0	0	0

PREMIER LEAGUE 2023-24 SEASON

ASTON VILLA FC vs. OPPONENTS PER GAME STATS

애스턴 빌라 FC vs 상대팀

	득점	슈팅	유효슈팅	코너	오프사이드	패스시도	패스성공	패스성공률	태클	공중전승리	인터셉트	파울	경고	퇴장
	2.00 / 1.61	13.6 / 12.1	4.9 / 4.7	6.1 / 4.2	1.2 / 4.4	493 / 445	422 / 363	86% / 82%	14.4 / 19.2	8.9 / 9.7	6.2 / 8.0	10.8 / 12.7	2.47 / 2.47	0.053 / 0.105

2023-24 SEASON SQUAD LIST & GAMES PLAYED

* 괄호 안의 숫자는 선발 출전 횟수, 교체 출전은 포함시키지 않음

LW: N/A
CF: O.왓킨스(37), M.디아비(11), J.두란(3), N.차뉴올로(1), L.베일리(1)
RW: N/A

LAM: J.램지(5), N.차뉴올로(5), J.맥긴(4), M.로저스(1), M.디아비(1)
CAM: M.디아비(20), Y.틸레망스(7), J.맥긴(6), M.로저스(3)
RAM: L.베일리(11), J.맥긴(3), M.디아비(2)

LM: J.맥긴(8), M.로저스(4), N.차뉴올로(3), J.램지(2), Y.틸레망스(1)
CM: D.루이스(20), B.카마라(12), Y.틸레망스(6), J.맥긴(1), C.챔버스(1), J.램지(1)
RM: L.베일리(10), J.맥긴(4), M.캐시(3), M.디아비(3)

LWB: L.디뉴(1), A.모레노(1)
DM: D.루이스(20), B.카마라(8), J.맥긴(6), Y.틸레망스(3), L.덴돈커(1), T.이로에그부남(1)
RWB: M.캐시(2)

LB: L.디뉴(26), A.모레노(10)
CB: P.토레스(27), D.카를로스(20), E.콘사(17), C.랑글레(14), T.밍스(1)
RB: M.캐시(18), E.콘사(18)

GK: E.마르티네스(34), R.올센(4)

SHOTS & GOALS

38경기 총 516슈팅 - 76득점
38경기 상대 총 458슈팅 - 61실점

48-14 / 315-48 / 149-10 자책골 4-4

유효 슈팅 188	비유효 슈팅 328
득점 76	블록 당함 147
GK 방어 112	골대 밖 173
유효슈팅률 36%	골대 맞음 8

유효 슈팅 177	비유효 슈팅 281
실점 61	블록 118
GK 방어 116	골대 밖 157
유효슈팅률 39%	골대 맞음 6

125-9 / 277-35 / 52-13 자책골 4-4

SHOT TIME / GOAL TIME

시간대별 슈팅: 96 77 / 87 94 / 89 73
슈팅 차이: 전반 슈팅 차이 +62 / 후반 슈팅 차이 -4 / 전체 슈팅 차이 +58

시간대별 득점: 9 9 / 10 18 / 11 9
득실차: 전반 골 득실차 +16 / 후반 골 득실차 -1 / 전체 골 득실차 +15

시간대별 상대 슈팅: 107 66 / 71 49 / 98 67
시간대별 실점: 10 8 / 12 7 / 19 5

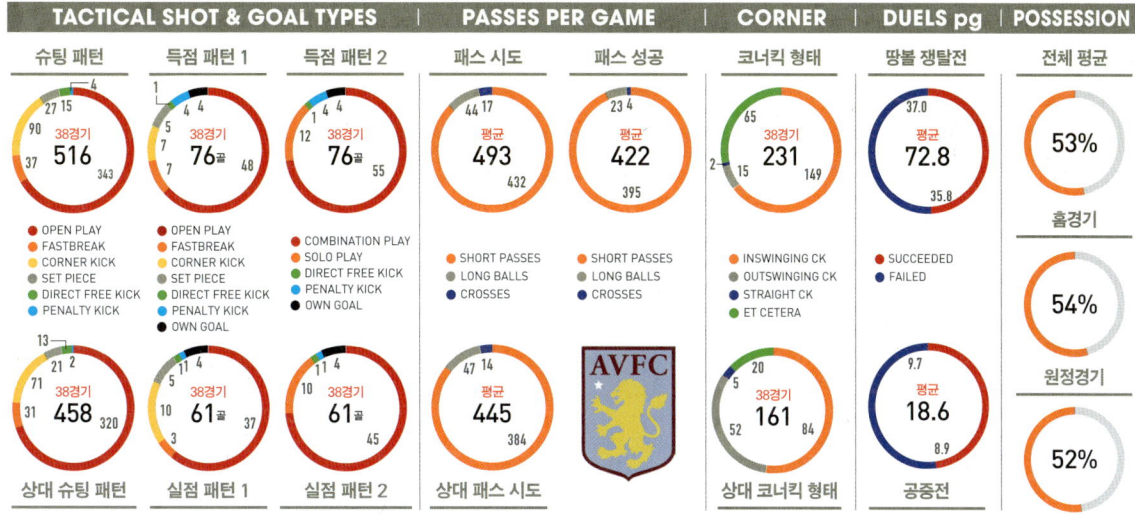

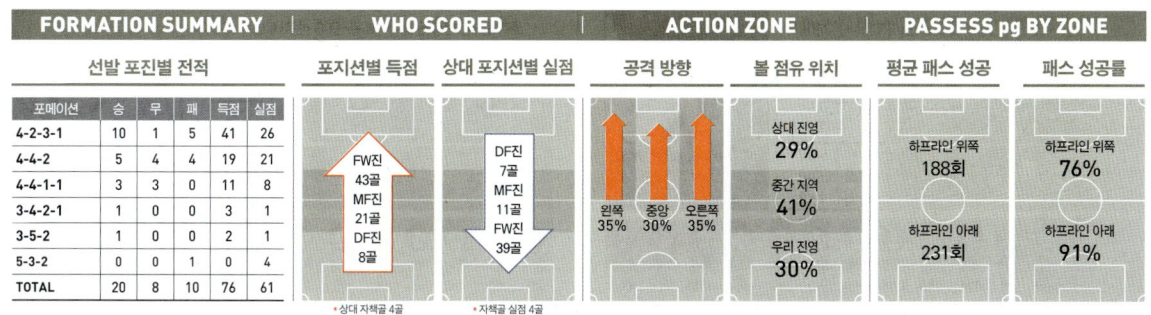

TOTTENHAM HOTSPUR FC

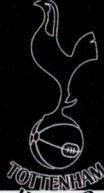

2	**8**	**0**	**2**	**0**	**0**
ENGLISH PREMIER LEAGUE	ENGLISH FA CUP	UEFA CHAMPIONS LEAGUE	UEFA EUROPA LEAGUE	FIFA CLUB WORLD CUP	UEFA-CONMEBOL INTERCONTINENTAL

Founded 구단 창립 1882년
Owner ENIC 인터내셔널 Ltd.
CEO 다니엘 레비 1962.02.08
Manager 앤지 포스테코글루 1965.08.27
24-25 Odds 벳365 : 33배 / 스카이벳 : 28배

Nationality 외국 선수 21명 / 잉글랜드 12명
Age 33명 평균 24.7세
Height 33명 평균 183cm
Market Value 1군 26명 평균 2959만 유로
Game Points 23-24 : 66점 / 통산 : 5368점

Win 23-24 : 20승 / 통산 : 1504승
Draw 23-24 : 6무 / 통산 : 856무
Loss 23-24 : 12패 / 통산 : 1224패
Goals For 23-24 : 74득점 / 통산 : 5701득점
Goals Against 23-24 : 61실점 / 통산 : 5003실점

More Minutes 굴리엘모 비카리오 3420분
Top Scorer 손흥민 17골
More Assists 손흥민 외 1명 10도움
More Subs 피에르 호이비어 28회 교체 IN
More Cards 이브 비수마 Y10+R1

TOTO GUIDE 지난 시즌 상대팀별 전적

상대팀	홈	원정
Manchester City	0-2	3-3
Arsenal	2-3	2-2
Liverpool	2-1	2-4
Aston Villa	1-2	4-0
Chelsea	1-4	0-2
Newcastle Utd	4-1	0-4
Manchester Utd	2-0	2-2
West Ham Utd	1-2	1-1
Crystal Palace	3-1	2-1
Brighton	2-1	2-4
Bournemouth	3-1	2-0
Fulham	2-0	0-3
Wolverhampton	1-2	1-2
Everton	2-1	2-2
Brentford	3-2	2-2
Nottm Forest	3-1	2-0
Luton Town	2-1	1-0
Burnley	2-1	5-2
Sheffield Utd	2-1	3-0

TOTTENHAM HOTSPUR STADIUM

구장 오픈 2019년
구장 소유 토트넘 핫스퍼 FC
수용 인원 6만 2850명
피치 규모 105m X 68m
잔디 종류 하이브리드 잔디

STRENGTHS & WEAKNESSES

OFFENSE		DEFENSE	
직접 프리킥	C	세트피스 수비	D
문전 처리	B	상대 볼 뺏기	B
측면 돌파	A	공중전 능력	D
스루볼 침투	B	역습 방어	D
개인기 침투	B	지공 방어	C
카운터 어택	C	스루패스 방어	B
기회 만들기	C	리드 지키기	C
세트피스	C	실수 조심	D
OS 피하기	D	측면 방어력	C
중거리 슈팅	B	파울 주의	C
볼 점유율	A	중거리슈팅 수비	C

매우 강함 A / 강한 편 B / 보통 수준 C / 약한 편 D / 매우 약함 E

RANKING OF LAST 10 YEARS

14-15	15-16	16-17	17-18	18-19	19-20	20-21	21-22	22-23	23-24
5	3	2	3	4	6	7	4	8	5
64점	70점	86점	77점	71점	59점	62점	71점	60점	66점

위치	선수	국적	생년월일	출전(분)	출전경기	선발11	교체인	교체아웃	벤치출발	득점	도움	경고	경고누적	퇴장
GK	Guglielmo Vicario	ITA	1996-10-07	3420	38	38	0	0	0	0	0	2	0	0
	Fraser Forster	ENG	1988-03-17	0	0	0	0	0	23	0	0	0	0	0
	Brandon Austin	USA	1999-01-08	0	0	0	0	0	18	0	0	0	0	0
	Alfie Whiteman	ENG	1998-10-02	0	0	0	0	0	1	0	0	0	0	0
DF	Pedro Porro	ESP	1999-09-13	3093	35	35	0	4	1	3	7	3	0	0
	Cristian Romero	ARG	1998-04-27	2793	33	33	0	2	0	5	0	7	0	1
	Destiny Udogie	ITA	2002-11-28	2398	28	28	0	6	0	2	3	6	1	0
	Micky van de Ven	NED	2001-04-19	2343	27	27	0	4	1	3	0	5	0	0
	Emerson	BRA	1999-01-14	1153	22	11	11	3	27	1	0	4	0	0
	Ben Davies	WAL	1993-04-24	1086	17	12	5	2	18	1	0	2	0	0
	Radu Drăgușin	ROU	2002-02-03	424	9	4	5	0	14	0	0	1	0	0
	Alfie Dorrington	ENG	2005-04-20	0	0	0	0	0	10	0	0	0	0	0
MF	Dejan Kulusevski	SWE	2000-04-25	2767	36	31	5	10	5	8	3	7	0	0
	James Maddison	ENG	1996-11-23	2154	28	26	2	22	2	4	9	5	0	0
	Brennan Johnson	WAL	2001-05-23	2091	32	23	9	15	9	5	10	3	0	0
	Pape Matar Sarr	SEN	2002-09-14	2085	34	27	7	23	7	3	3	9	0	0
	Yves Bissouma	MLI	1996-08-30	2083	28	26	2	16	2	0	0	10	1	1
	Pierre-Emile Højbjerg	DEN	1995-08-05	1287	36	8	28	4	30	0	0	4	0	0
	Rodrigo Bentancur	URU	1997-06-25	1007	23	13	10	12	10	1	1	7	0	0
	Oliver Skipp	ENG	2000-09-16	695	21	5	16	4	26	0	0	3	0	0
	Giovani Lo Celso	ARG	1996-04-09	495	22	4	18	4	24	2	2	2	0	0
	Bryan Gil	ESP	2001-02-11	202	11	2	9	2	22	0	0	0	0	0
	Manor Solomon	ISR	1999-07-24	198	5	2	3	2	5	0	1	0	0	0
	Ryan Sessegnon	ENG	2000-05-18	0	0	0	0	0	0	0	0	0	0	0
	Yago Santiago	ESP	2003-04-15	0	0	0	0	0	3	0	0	0	0	0
	Tyrese Hall	ENG	2005-09-04	0	0	0	0	0	1	0	0	0	0	0
FW	Son Heung-Min	KOR	1992-07-08	2948	35	34	1	15	1	17	10	1	0	0
	Richarlison	BRA	1997-05-10	1493	28	18	10	12	11	11	4	3	0	0
	Timo Werner	GER	1996-03-06	815	13	10	3	8	3	2	3	1	0	0
	Dane Scarlett	ENG	2004-03-24	18	4	0	4	0	8	0	0	0	0	0
	Mikey Moore	ENG	2007-08-11	2	2	0	2	0	5	0	0	0	0	0
	Jamie Donley	NIR	2005-01-03	0	3	0	3	0	13	0	1	0	0	0

PREMIER LEAGUE 2023-24 SEASON

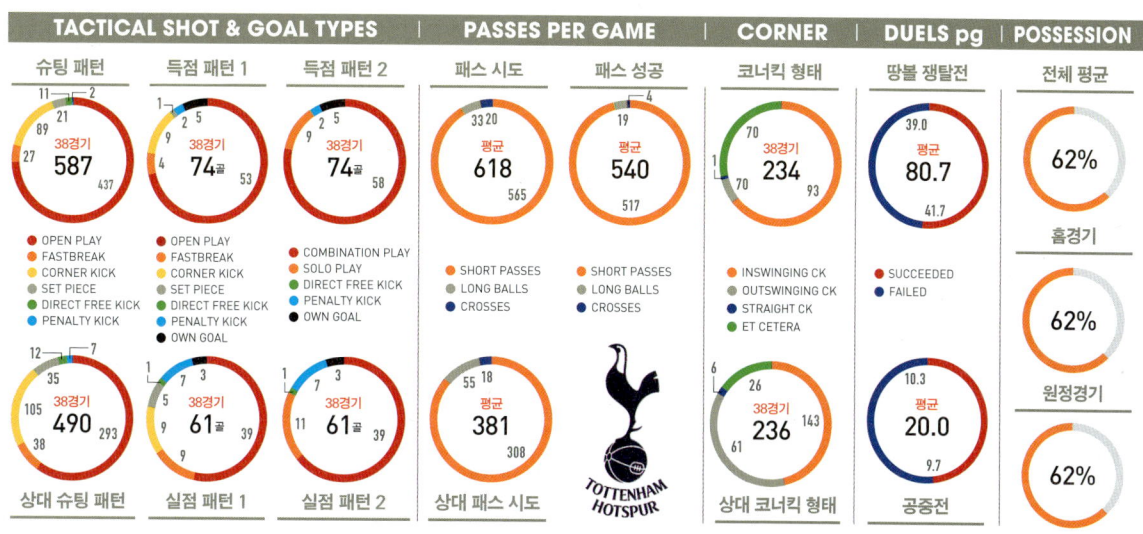

CHELSEA FC

6	8	2	2	1	0
ENGLISH PREMIER LEAGUE	ENGLISH FA CUP	UEFA CHAMPIONS LEAGUE	UEFA EUROPA LEAGUE	FIFA CLUB WORLD CUP	UEFA-CONMEBOL INTERCONTINENTAL

Founded 구단 창립 1905년
Owner 블루 Co.
CEO 토드 볼리 1973.09.20
Manager 엔조 마레스카 1980.2.10
24-25 Odds 벳365 : 20배 / 스카이벳 : 16배

Nationality 외국 선수 19명 / 잉글랜드 27명
Age 46명 평균 21.9세
Height 46명 평균 185cm
Market Value 1군 30명 평균 3040만 유로
Game Points 23-24 : 63점 / 통산 : 5348점

Win 23-24 : 18승 / 통산 1475승
Draw 23-24 : 9무 / 통산 923무
Loss 23-24 : 11패 / 통산 1190패
Goals For 23-24 : 77득점 / 통산 5527득점
Goals Against 23-24 : 63실점 / 통산 4989실점

More Minutes 코너 갤러거 3137분
Top Scorer 콜 파머 22골
More Assists 콜 파머 11도움
More Subs 미하일로 무드리크 13회 교체 IN
More Cards 모이세스 카이세도 Y11+R0

TOTO GUIDE 지난 시즌 상대팀별 전적

상대팀	홈	원정
Manchester City	4-4	1-1
Arsenal	2-2	0-5
Liverpool	1-1	1-4
Aston Villa	0-1	2-2
Tottenham	2-0	4-1
Newcastle Utd	3-2	1-4
Manchester Utd	4-3	1-2
West Ham Utd	5-0	1-3
Crystal Palace	2-1	3-1
Brighton	3-2	2-1
Bournemouth	2-1	0-0
Fulham	1-0	2-0
Wolverhampton	2-4	1-2
Everton	6-0	0-2
Brentford	0-2	2-2
Nottm Forest	0-1	3-2
Luton Town	3-0	3-2
Burnley	2-2	4-1
Sheffield Utd	2-0	2-2

STAMFORD BRIDGE

구장 오픈 / 증개축: 1877년, 증개축 4회
구장 소유: 첼시 피치 오너스
수용 인원: 4만 341명
피치 규모: 103m X 68m
잔디 종류: 하이브리드 잔디

STRENGTHS & WEAKNESSES

OFFENSE		DEFENSE	
직접 프리킥	B	세트피스 수비	D
문전 처리	B	상대 볼 뺏기	C
측면 돌파	B	공중전 능력	C
스루볼 침투	A	역습 방어	C
개인기 침투	A	지공 방어	C
카운터 어택	C	스루패스 방어	D
기회 만들기	B	리드 지키기	D
세트피스	C	실수 조심	C
OS 피하기	D	측면 방어력	C
중거리 슈팅	B	파울 주의	C
볼 점유율	A	중거리슈팅 수비	D

매우 강함 A / 강한 편 B / 보통 수준 C / 약한 편 D / 매우 약함 E

RANKING OF LAST 10 YEARS

14-15	15-16	16-17	17-18	18-19	19-20	20-21	21-22	22-23	23-24
1위 87점	10위 50점	1위 93점	5위 70점	3위 72점	4위 66점	4위 67점	3위 74점	12위 44점	6위 63점

위치	선수	국적	생년월일	출전(분)	출전경기	선발11	교체인	교체아웃	벤치출장	득점	도움	경고	경고누적	퇴장
GK	Djordje Petrović	SRB	1999-10-08	1986	23	22	1	0	13	0	0	2	0	0
	Robert Sánchez	ESP	1997-11-18	1434	16	16	0	1	2	0	0	2	0	0
	Marcus Bettinelli	ENG	1992-05-24	0	0	0	0	0	18	0	0	1	0	0
	Teddy Sharman-Lowe	ENG	2003-03-30	0	0	0	0	0	1	0	0	0	0	0
	Ted Curd	ENG	2006-02-14	0	0	0	0	0	1	0	0	0	0	0
DF	Axel Disasi	FRA	1998-03-11	2580	31	29	2	2	6	2	0	6	0	0
	Thiago Silva	BRA	1984-09-22	2527	31	28	3	3	8	3	1	4	0	0
	Levi Colwill	ENG	2003-02-26	1799	23	20	3	5	7	1	1	2	0	0
	Marc Cucurella	ESP	1998-07-22	1785	21	20	1	4	7	0	2	10	0	0
	Malo Gusto	FRA	2003-05-19	1754	27	19	8	10	9	0	6	7	0	1
	Benoît Badiashile	FRA	2001-03-06	1337	18	15	3	2	10	0	1	3	0	0
	Ben Chilwell	ENG	1996-12-21	758	13	9	4	6	5	0	1	5	0	0
	Reece James	ENG	1999-12-08	420	10	5	5	4	5	0	2	1	1	1
	Alfie Gilchrist	ENG	2003-11-28	199	11	2	9	2	23	1	0	1	0	0
	Josh-Kofi Acheampong	ENG	2006-05-05	5	1	0	1	0	4	0	0	0	0	0
	Josh Brooking	ENG	2002-09-01	0	0	0	0	0	1	0	0	0	0	0
	Zak Sturge	ENG	2004-06-15	0	0	0	0	0	1	0	0	0	0	0
	Ishé Samuels-Smith	ENG	2006-06-05	0	0	0	0	0	1	0	0	0	0	0
MF	Conor Gallagher	ENG	2000-02-06	3137	37	37	0	8	0	5	7	8	1	0
	Moisés Caicedo	ECU	2001-11-02	2874	35	33	2	10	2	1	3	11	0	0
	Enzo Fernández	ARG	2001-01-17	2215	28	26	2	8	2	3	2	7	0	0
	Mykhaylo Mudryk	UKR	2001-01-05	1579	31	18	13	16	17	5	2	5	0	0
	Noni Madueke	ENG	2002-03-10	1055	23	13	10	11	20	5	2	2	0	0
	Trevoh Chalobah	ENG	1999-07-05	950	13	10	3	1	4	1	0	1	0	0
	Lesley Ugochukwu	FRA	2004-03-26	294	12	3	9	2	14	0	0	0	0	0
	Carney Chukwuemeka	ENG	2003-10-20	222	9	2	7	2	11	1	1	2	0	0
	Cesare Casadei	ITA	2003-01-10	67	11	0	11	0	17	0	0	0	0	0
	Romeo Lavia	BEL	2004-01-06	32	1	0	1	0	2	0	0	0	0	0
	Leo Castledine	ENG	2005-08-20	0	0	0	0	0	4	0	0	0	0	0
	Kiano Dyer	ENG	2006-11-21	0	0	0	0	0	2	0	0	0	0	0
	Ollie Harrison	ENG	2007-08-07	0	0	0	0	0	1	0	0	0	0	0
FW	Nicolas Jackson	SEN	2001-06-20	2809	35	31	4	14	4	14	5	10	0	0
	Cole Palmer	ENG	2002-05-06	2618	33	29	4	15	4	22	11	7	0	0
	Raheem Sterling	ENG	1994-12-08	1983	31	22	9	13	12	8	4	2	0	0
	Christopher Nkunku	FRA	1997-11-14	435	11	2	9	2	10	3	0	0	0	0
	Deivid Washington	BRA	2005-06-15	11	2	0	2	0	19	0	0	0	0	0
	Ronnie Stutter	ENG	2005-01-06	0	0	0	0	0	1	0	0	0	0	0
	Tyrique George	ENG	2006-02-04	0	0	0	0	0	3	0	0	0	0	0

PREMIER LEAGUE 2023-24 SEASON

CHELSEA FC vs. OPPONENTS PER GAME STATS

첼시 FC vs 상대팀	득점	슈팅	유효슈팅	코너킥	오프사이드	패스시도 (PA)	패스성공 (PC)	태클 (TK)	공중전승리 (AD)	인터셉트 (IT)	파울	경고	퇴장
	2.03 / 1.66	14.4 / 14.7	5.4 / 5.0	5.3 / 5.0	2.2 / 1.8	599 / 416	524 / 330						
	88% / 79%	17.4 / 19.3	11.8 / 10.8	7.8 / 9.8	11.7 / 12.3	2.87 / 2.63	0.105 / 0.105						

2023-24 SEASON SQUAD LIST & GAMES PLAYED

* 괄호 안의 숫자는 선발 출전 횟수, 교체 출전은 포함시키지 않음

LW: R.스털링(1), M.무드리크(1)
CF: N.잭슨(28), A.보르하(6), C.파머(4), C.은쿤쿠(1)
RW: C.파머(2)

LAM: M.무드리크(17), R.스털링(11), N.잭슨(2), C.갤러거(1)
CAM: C.갤러거(14), C.파머(12), E.페르난데스(5), R.스털링(4), 추아메아키(2), N.잭슨(1), C.은쿤쿠(1)
RAM: N.마두에케(13), C.파머(11), R.스털링(6), I.마트센(1)

LM: N/A
CM: C.갤러거(7), E.페르난데스(5), M.카이세도(5)
RM: N/A

LWB: B.칠웰(5)
DM: M.카이세도(28), E.페르난데스(16), C.갤러거(15), L.우고추쿠(3)
RWB: M.구스토(4), R.제임스(1)

LB: M.쿠쿠렐라(17), L.콜윌(12), B.칠웰(4)
CB: T.실바(28), A.디사시(24), B.바디아실(15), L.콜윌(8), T.찰로바(6)
RB: M.구스토(15), A.디사시(5), T.찰로바(4), R.제임스(4), M.쿠쿠렐라(3), A.길크라이스트(2)

GK: D.페트로비치(22), R.산체스(16)

SHOTS & GOALS

38경기 총 549슈팅 - 77득점
38경기 상대 총 559슈팅 - 63실점

46-16
312-52
190-8

유효슈팅 207	비유효슈팅 342
득점 77	블록 담장 152
GK 방어 130	골대 밖 175
유효슈팅률 38%	골대 맞음 15

유효슈팅 189	비유효슈팅 370
실점 63	블록 171
GK 방어 126	골대 밖 183
유효슈팅률 34%	골대 맞음 16

184-5
318-43
54-12   *자책골 3-3

SHOT TIME | GOAL TIME

시간대별 슈팅: 107 / 85 / 81 / 87 / 112 / 77
슈팅 차이 77
전반 슈팅 차이 +24
후반 슈팅 차이 -34
전체 슈팅 차이 -10

시간대별 득점: 17 / 9 / 15 / 15 / 9 / 12
득실차
전반 골 득실차 +13
후반 골 득실차 +1
전체 골 득실차 +14

시간대별 상대 슈팅: 136 / 72 / 67 / 75 / 131 / 78

시간대별 실점: 18 / 7 / 9 / 6 / 13 / 10

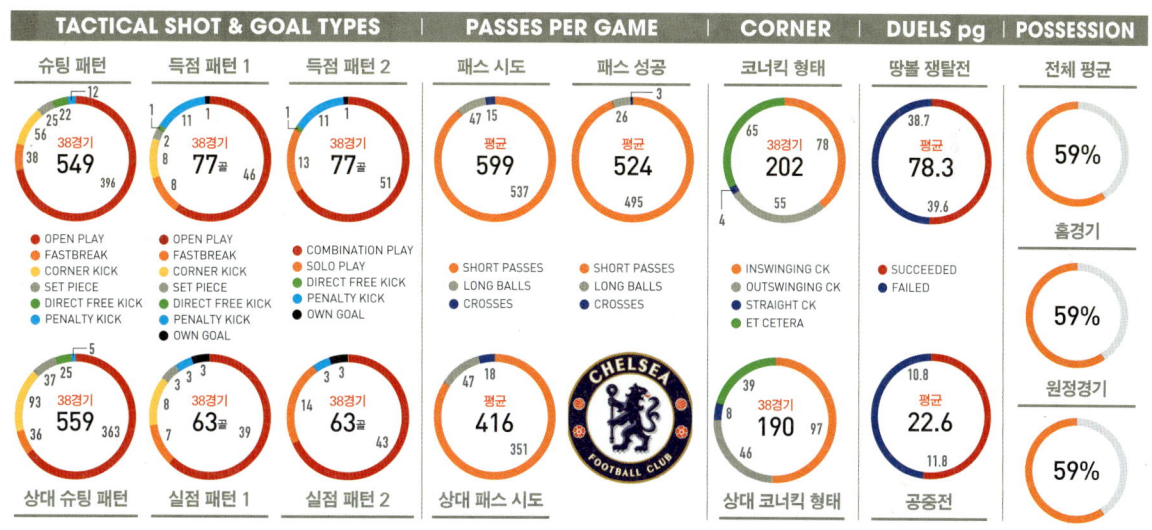

TACTICAL SHOT & GOAL TYPES | PASSES PER GAME | CORNER | DUELS pg | POSSESSION

슈팅 패턴: 38경기 549 (OPEN PLAY, FASTBREAK, CORNER KICK, SET PIECE, DIRECT FREE KICK, PENALTY KICK)

득점 패턴 1: 38경기 77골
득점 패턴 2: 38경기 77골 (COMBINATION PLAY, SOLO PLAY, DIRECT FREE KICK, PENALTY KICK, OWN GOAL)

패스 시도: 평균 599
패스 성공: 평균 524 (SHORT PASSES, LONG BALLS, CROSSES)

코너킥 형태: 38경기 202 (INSWINGING CK, OUTSWINGING CK, STRAIGHT CK, ET CETERA)

땅볼 쟁탈전: 평균 78.3 (SUCCEEDED, FAILED)

전체 평균: 59%
홈경기: 59%
원정경기: 59%

상대 슈팅 패턴: 38경기 559
실점 패턴 1: 38경기 63골
실점 패턴 2: 38경기 63골
상대 패스 시도: 평균 416
상대 코너킥 형태: 38경기 190
공중전: 평균 22.6

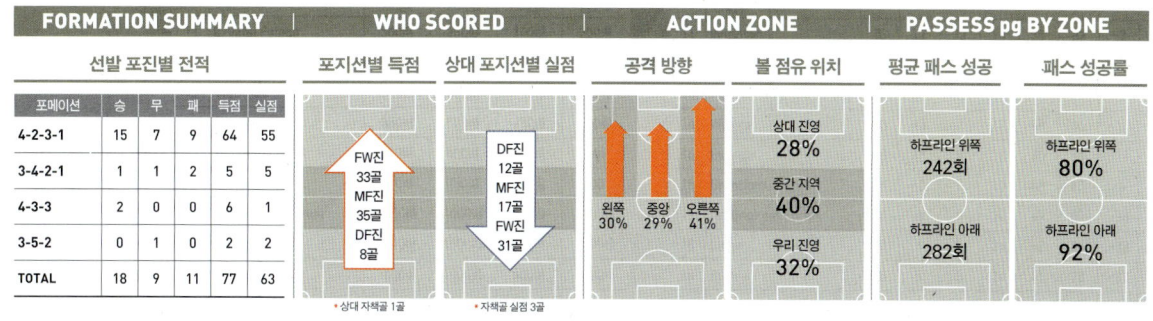

FORMATION SUMMARY | WHO SCORED | ACTION ZONE | PASSESS pg BY ZONE

선발 포지션별 전적

포메이션	승	무	패	득점	실점
4-2-3-1	15	7	9	64	55
3-4-2-1	1	1	2	5	5
4-3-3	2	0	0	6	1
3-5-2	0	1	0	2	2
TOTAL	18	9	11	77	63

포지션별 득점: FW진 33골, MF진 35골, DF진 8골 *상대 자책골 1골

상대 포지션별 실점: DF진 12골, MF진 17골, FW진 31골 *자책골 실점 3골

공격 방향: 왼쪽 30% / 중앙 29% / 오른쪽 41%

볼 점유 위치: 상대 진영 28%, 중간 지역 40%, 우리 진영 32%

평균 패스 성공: 하프라인 위쪽 242회, 하프라인 아래 282회

패스 성공률: 하프라인 위쪽 80%, 하프라인 아래 92%

NEWCASTLE UNITED FC

4	6	0	0	0	0
ENGLISH PREMIER LEAGUE	ENGLISH FA CUP	UEFA CHAMPIONS LEAGUE	UEFA EUROPA LEAGUE	FIFA CLUB WORLD CUP	UEFA-CONMEBOL INTERCONTINENTAL

Founded 구단 창립 1892년
Owner 퍼블리 인베스트먼트 RB 스포츠 & 미디어
CEO 야시르 알루마얀 1970.02.18
Manager 에디 하우 1977.11.29
24-25 Odds 벳365 : 25배 스카이벳 : 25배

Nationality 37명 · 외국 선수 16명 · 잉글랜드 21명
Age 37명 평균 26.2세
Height 37명 평균 184cm
Market Value 1군 28명 평균 2281만 유로
Game Points 23-24 : 60점 통산 : 5120점

Win 23-24 : 18승 통산 : 1410승
Draw 23-24 : 6무 통산 : 890무
Loss 23-24 : 14패 통산 : 1354패
Goals For 23-24 : 85득점 통산 : 5485득점
Goals Against 23-24 : 62실점 통산 : 5286실점

More Minutes 브루노 기마랑이스 3269분
Top Scorer 알렉산데르 이삭 21골
More Assists 앤서니 고든 10도움
More Subs 하비 반스 14회 교체 IN
More Cards 앤서니 고든 Y11+R1

TOTO GUIDE 지난 시즌 상대팀별 전적

상대팀	홈	원정
Manchester City	2-3	0-1
Arsenal	1-0	1-4
Liverpool	1-2	2-4
Aston Villa	5-1	3-1
Tottenham	4-0	1-4
Chelsea	4-1	2-3
Manchester Utd	1-0	2-3
West Ham Utd	4-3	2-2
Crystal Palace	4-0	0-2
Brighton	1-1	1-3
Bournemouth	2-2	0-2
Fulham	3-0	1-0
Wolverhampton	3-0	2-2
Everton	1-1	0-3
Brentford	1-0	4-2
Nottm Forest	1-3	3-2
Luton Town	4-4	0-1
Burnley	2-0	4-1
Sheffield Utd	5-1	8-0

ST JAMES' PARK

구장 오픈 / 증개축: 1892년, 2002년
구장 소유: 뉴캐슬 시
수용 인원: 5만 2305명
피치 규모: 105m X 68m
잔디 종류: 하이브리드 잔디

STRENGTHS & WEAKNESSES

OFFENSE		DEFENSE	
직접 프리킥	C	세트피스 수비	C
문전 처리	A	상대 볼 뺏기	B
측면 돌파	C	공중전 능력	C
스루볼 침투	A	역습 방어	D
개인기 침투	B	지공 방어	D
카운터 어택	B	스루패스 방어	D
기회 만들기	B	리드 지키기	C
세트피스	C	실수 조심	C
OS 피하기	C	측면 방어력	C
중거리 슈팅	C	파울 주의	C
볼 점유율	B	중거리슈팅 수비	D

매우 강함 A · 강한 편 B · 보통 수준 C · 약한 편 D · 매우 약함 E

RANKING OF LAST 10 YEARS

14-15	15-16	16-17	17-18	18-19	19-20	20-21	21-22	22-23	23-24
15	18	1	10	13	13	12	11	4	7
39점	37점	94점	44점	45점	44점	45점	49점	71점	60점

위치	선수	국적	생년월일	출전(분)	출전경기	선발11	교체인	교체아웃	벤치출발	득점	도움	경고	경고누적	퇴장
GK	Martin Dúbravka	SVK	1989-01-15	1984	23	22	1	0	15	0	0	1	0	0
	Nick Pope	ENG	1992-04-19	1346	15	15	0	1	3	0	0	1	0	0
	Loris Karius	GER	1993-06-22	90	1	1	0	0	21	0	0	0	0	0
	Mark Gillespie	ENG	1992-03-27	0	0	0	0	0	12	0	0	0	0	0
DF	Fabian Schär	SUI	1991-12-20	3057	36	35	1	4	1	3	4	5	0	0
	Dan Burn	ENG	1992-05-09	2733	33	32	1	8	1	2	2	4	0	0
	Kieran Trippier	ENG	1990-09-19	2239	28	26	2	5	2	1	10	5	0	0
	Sven Botman	NED	2000-01-12	1378	17	15	2	3	2	2	2	2	0	0
	Tino Livramento	ENG	2002-11-12	1302	26	12	14	4	21	1	0	1	0	0
	Jamaal Lascelles	ENG	1993-12-11	1081	16	13	3	4	13	1	0	4	0	0
	Emil Krafth	SWE	1994-08-02	905	17	8	9	1	20	0	0	2	0	0
	Lewis Hall	ENG	2004-09-08	777	18	8	10	3	25	1	0	2	0	0
	Matt Targett	ENG	1995-09-18	77	3	1	2	1	10	0	0	1	0	0
	Paul Dummett	WAL	1991-09-26	15	5	0	5	0	29	0	0	0	0	0
	Alex Murphy	IRL	2004-06-25	11	2	0	2	0	19	0	0	0	0	0
MF	Bruno Guimarães	BRA	1997-11-16	3269	37	37	0	6	0	7	8	9	0	0
	Anthony Gordon	ENG	2001-02-24	2906	35	34	1	17	1	11	10	11	1	0
	Sean Longstaff	ENG	1997-10-30	2748	35	30	5	5	5	6	2	7	0	0
	Miguel Almirón	PAR	1994-02-01	1947	33	23	10	19	10	3	1	2	0	0
	Lewis Miley	ENG	2006-05-01	1208	17	14	3	6	4	1	3	1	0	0
	Jacob Murphy	ENG	1995-02-24	1193	21	14	7	10	12	3	7	1	0	0
	Elliot Anderson	SCO	2002-11-06	1022	21	10	11	7	11	0	1	0	0	0
	Harvey Barnes	ENG	1997-12-09	794	21	7	14	6	14	5	3	2	0	0
	Sandro Tonali	ITA	2000-05-08	439	8	5	3	4	2	1	0	2	0	0
	Joe Willock	ENG	1999-08-20	419	9	5	4	5	4	1	0	1	0	0
	Matt Ritchie	SCO	1989-09-10	116	13	0	13	0	31	0	1	0	0	0
	Joe White	ENG	2002-10-01	9	4	0	4	0	14	0	0	0	0	0
	Travis Hernes	NOR	2005-11-04	0	0	0	0	0	1	0	0	0	0	0
FW	Alexander Isak	SWE	1999-09-21	2267	30	27	3	14	4	21	2	1	0	0
	Joelinton	BRA	1996-08-14	1281	20	15	5	8	5	2	1	6	0	0
	Callum Wilson	ENG	1992-02-27	983	20	9	11	4	11	9	1	3	0	0
	Ben Parkinson	ENG	2005-03-10	24	1	0	1	0	9	0	0	0	0	0
	Amadou Diallo	ENG	2003-02-15	0	1	0	1	0	6	0	0	0	0	0

PREMIER LEAGUE 2023-24 SEASON

NEWCASTLE UNITED FC vs. OPPONENTS PER GAME STATS

뉴캐슬 Utd. vs 상대팀	득점	슈팅	유효슈팅	코너킥	오프사이드	패스시도 (PA)	패스성공 (PC)	태클 (TK)	공중전승리 (AD)	인터셉트 (IT)	파울	경고	퇴장
	2.24 / 1.63	14.5 / 14.0	5.5 / 5.1	5.1 / 5.1	1.6 / 1.4	504 / 461	417 / 379						
	83% / 82% (P%)	17.4 / 18.1		12.0 / 11.3		7.5 / 9.0	10.2 / 12.8				2.08 / 2.55	0.026 / 0.079	

2023-24 SEASON SQUAD LIST & GAMES PLAYED

괄호 안의 숫자는 선발 출전 횟수, 교체 출전은 포함시키지 않음

LW	CF	RW
A.고든(26), H.반스(6) 조엘린튼(2), E.앤더슨(1) M.알미론(1)	A.이삭(27), C.윌슨(9) A.고든(3)	M.알미론(22), J.머피(11) A.고든(3)

LAM	CAM	RAM
N/A	A.고든(1), H.반스(1)	N/A

LM	CM	RM
A.고든(1)	B.기마랑이스(37), S.롱스태프(30) L.마일리(14), 조엘린튼(13) E.앤더슨(8), S.토날리(5) J.윌록(5)	J.머피(1)

LWB	DM	RWB
E.앤더슨(1)	N/A	J.머피(1)

LB	CB	RB
D.번(23), L.홀(8) T.리브라멘토(5), M.타겟(1)	F.셰어(35), S.보트만(15) J.윌록(5), J.러셀스(13) D.번(9), E.크래프트(3)	K.트리피어(26), T.리브라멘토(7) E.크래프트(3), J.머피(1)

	GK	
	M.두브라브카(37), N.포프(15) L.카리우스(1)	

SHOTS & GOALS

38경기 총 552슈팅 - 85득점
38경기 상대 총 533슈팅 - 62실점

63-19
333-57
154-7
* 자책골 2-2

유효슈팅 208		비유효슈팅 344	
득점	85	블록 당함	160
GK 방어	123	골대 밖	175
유효슈팅률	38%	골대 맞음	9

유효슈팅 195		비유효슈팅 338	
실점	62	블록	155
GK 방어	133	골대 밖	175
유효슈팅률	37%	골대 맞음	8

179-9
307-36
46-16 * 자책골 1-1

SHOT TIME | GOAL TIME

시간대별 슈팅: 113, 56, 92, 84, 107, 100
시간대별 득점: 19, 10, 13, 10, 14, 4

슈팅 차이
- 전반 슈팅 차이 -15
- 후반 슈팅 차이 +34
- 전체 슈팅 차이 +19

득실차
- 전반 골 득실차 +14
- 후반 골 득실차 +9
- 전체 골 득실차 +23

시간대별 상대 슈팅: 101, 99, 97, 102, 80, 54
시간대별 실점: 14, 4, 13, 13, 14, 4

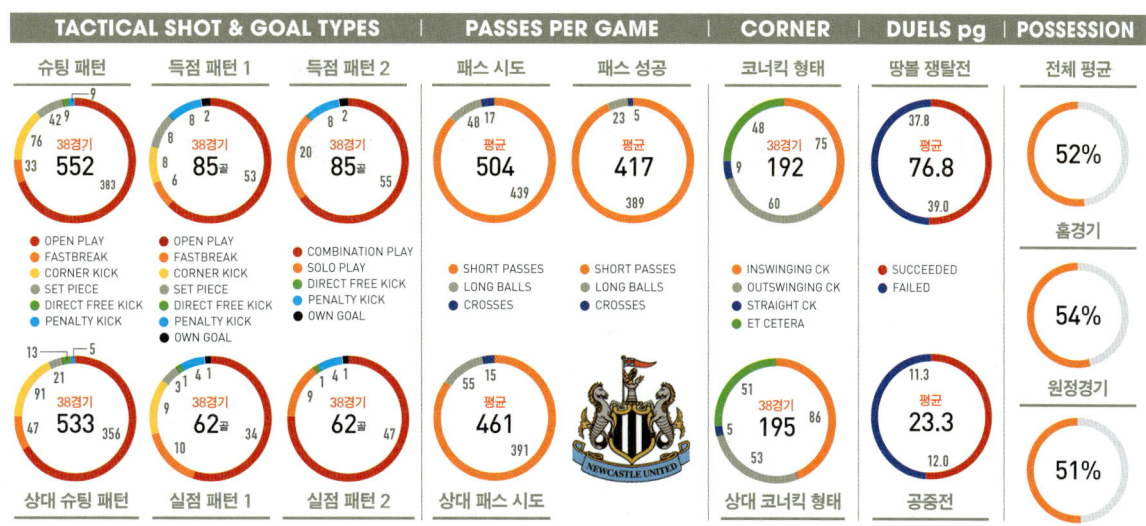

TACTICAL SHOT & GOAL TYPES | PASSES PER GAME | CORNER | DUELS pg | POSSESSION

슈팅 패턴 38경기 552
득점 패턴 1 38경기 85골
득점 패턴 2 38경기 85골
패스 시도 평균 504
패스 성공 평균 417
코너킥 형태 38경기 192
땅볼 쟁탈전 평균 76.8
전체 평균 52%
홈경기 54%
원정경기 51%

상대 슈팅 패턴 38경기 533
실점 패턴 1 38경기 62골
실점 패턴 2 38경기 62골
상대 패스 시도 평균 461
상대 코너킥 형태 38경기 195
공중전 평균 23.3

FORMATION SUMMARY | WHO SCORED | ACTION ZONE | PASSESS pg BY ZONE

선발 포지션별 전적

포메이션	승	무	패	득점	실점
4-3-3	17	6	13	81	59
4-4-2	1	0	0	4	1
3-4-2-1	0	0	1	2	2
TOTAL	18	6	14	87	62

포지션별 득점: FW진 52골, MF진 19골, DF진 12골
* 상대 자책골 2골

상대 포지션별 실점: DF진 6골, MF진 13골, FW진 42골
* 자책골 실점 1골

공격 방향: 왼쪽 33%, 중앙 28%, 오른쪽 39%
볼 점유 위치: 상대 진영 28%, 중간 지역 42%, 우리 진영 30%

평균 패스 성공: 하프라인 위쪽 225회, 하프라인 아래 192회
패스 성공률: 하프라인 위쪽 73%, 하프라인 아래 89%

MANCHESTER UNITED FC

 Founded 구단 창립 1878년

 Owner 맨체스터 Utd. Plc 트룰러스 Ltd.

 CEO 조엘 글레이저 아브람 글레이저

 Manager 에릭 텐 하흐 1970.2.2

24-25 Odds 벳365 : 25배 스카이벳 : 25배

 Nationality 34명
- 외국 선수 21명
- 잉글랜드 13명

 Age 34명 평균 25.4세

 Height 34명 평균 184cm

 **Market Value** 1군 26명 평균 2751만 유로

 Game Points 23-24 : 60점 통산 : 6691점

 **Win** 23-24 : 18승 통산 : 1906승

 **Draw** 23-24 : 6무 통산 : 973무

 Loss 23-24 : 14패 통산 : 1089패

 Goals For 23-24 : 57득점 통산 : 6823득점

 Goals Against 23-24 : 58실점 통산 : 5042실점

 More Minutes 안드레 오나나 3420분

 Top Scorer 라스무스 회일룬+1명 10골

 **More Assists** 브루노 페르난데스 8도움

 More Subs 안토니+1명 14회 교체 IN

 More Cards 브루노 페르난데스 Y9+R0

Trophies

20	13	3	1	1	1
ENGLISH PREMIER LEAGUE	ENGLISH FA CUP	UEFA CHAMPIONS LEAGUE	UEFA EUROPA LEAGUE	FIFA CLUB WORLD CUP	UEFA-CONMEBOL INTERCONTINENTAL

TOTO GUIDE 지난 시즌 상대팀별 전적

상대팀	홈	원정
Manchester City	0-3	1-3
Arsenal	0-1	1-3
Liverpool	2-2	0-0
Aston Villa	3-2	2-1
Tottenham	2-2	0-2
Chelsea	2-1	3-4
Newcastle Utd	3-2	0-1
West Ham Utd	3-0	0-2
Crystal Palace	0-1	0-4
Brighton	1-3	2-0
Bournemouth	0-3	2-2
Fulham	1-2	1-0
Wolverhampton	1-0	4-3
Everton	2-0	3-0
Brentford	2-1	1-1
Nottm Forest	3-2	1-2
Luton Town	1-0	2-1
Burnley	1-1	1-0
Sheffield Utd	4-2	2-1

OLD TRAFFORD

구장 오픈 / 증개축: 1910년, 증개축 7회
구장 소유: 맨체스터 유나이티드
수용 인원: 7만 4310명
피치 규모: 105m X 68m
잔디 종류: 하이브리드 잔디

STRENGTHS & WEAKNESSES

OFFENSE		DEFENSE	
직접 프리킥	C	세트피스 수비	E
문전 처리	C	상대 볼 뺏기	B
측면 돌파	B	공중전 능력	D
스루볼 침투	C	역습 방어	C
개인기 침투	C	지공 방어	D
카운터 어택	C	스루패스 방어	C
기회 만들기	C	리드 지키기	C
세트피스	C	실수 조심	C
OS 피하기	D	측면 방어력	C
중거리 슈팅	B	파울 주의	D
볼 점유율	C	중거리슈팅 수비	C

매우 강함 A 강한 편 B 보통 수준 C 약한 편 D 매우 약함 E

RANKING OF LAST 10 YEARS

14-15	15-16	16-17	17-18	18-19	19-20	20-21	21-22	22-23	23-24
4위 70점	5위 66점	6위 69점	2위 81점	6위 66점	3위 66점	2위 74점	6위 58점	3위 75점	8위 60점

선수 명단

위치	선수	국적	생년월일	출전(분)	출전경기	선발11	교체인	교체아웃	벤치출발	득점	도움	경고	경고누적	퇴장
GK	André Onana	CMR	1996-04-02	3420	38	38	0	0	0	0	0	5	0	0
GK	Altay Bayındır	TUR	1998-04-14	0	0	0	0	0	33	0	0	0	0	0
GK	Thomas Heaton	ENG	1986-04-15	0	0	0	0	0	4	0	0	0	0	0
GK	Dermot Mee	NIR	2002-11-20	0	0	0	0	0	1	0	0	0	0	0
DF	Diogo Dalot	POR	1999-03-18	3174	36	35	1	0	2	2	3	5	1	0
DF	Aaron Wan-Bissaka	ENG	1997-11-26	1782	22	20	2	4	5	0	2	4	0	0
DF	Harry Maguire	ENG	1993-03-05	1650	22	18	4	1	7	2	2	4	0	0
DF	Jonny Evans	NIR	1988-01-02	1391	23	15	8	7	11	0	1	2	0	0
DF	Raphaël Varane	FRA	1993-04-25	1373	22	16	6	4	10	1	0	2	0	0
DF	Victor Lindelöf	SWE	1994-07-17	1331	19	14	5	7	7	1	1	2	0	0
DF	Luke Shaw	ENG	1995-07-12	963	12	12	0	5	0	0	0	6	0	0
DF	Lisandro Martínez	ARG	1998-01-18	649	11	8	3	6	3	0	1	3	0	0
DF	Willy Kambwala	FRA	2004-08-25	326	8	3	5	3	13	0	0	1	0	0
DF	Tyrell Malacia	NED	1999-08-17	0	0	0	0	0	0	0	0	0	0	0
DF	Harry Amass	ENG	2007-05-16	0	0	0	0	0	6	0	0	0	0	0
DF	Habeeb Ogunneye	ENG	2005-11-12	0	0	0	0	0	7	0	0	0	0	0
DF	Louis Jackson	SCO	2005-09-18	0	0	0	0	0	3	0	0	0	0	0
MF	Bruno Fernandes	POR	1994-09-08	3120	35	35	0	2	0	10	8	9	0	0
MF	Casemiro	BRA	1992-02-23	1987	25	24	1	6	2	1	2	7	0	0
MF	Kobbie Mainoo	ENG	2005-04-19	1942	24	24	0	17	5	3	1	3	0	0
MF	Scott McTominay	SCO	1996-12-08	1890	32	18	14	3	16	7	1	2	0	0
MF	Christian Eriksen	DEN	1992-02-14	1138	22	12	10	7	21	1	2	1	0	0
MF	Sofyan Amrabat	MAR	1996-08-21	930	21	10	11	4	19	0	0	6	0	0
MF	Mason Mount	ENG	1999-01-10	511	14	5	9	9	9	1	0	2	0	0
MF	Amad Diallo	CIV	2002-07-11	387	9	3	6	3	14	1	1	1	0	0
MF	Omari Forson	ENG	2004-07-20	68	4	1	3	2	12	0	0	0	0	0
MF	Toby Collyer	ENG	2004-01-03	0	0	0	0	0	7	0	0	0	0	0
FW	Alejandro Garnacho	ARG	2004-07-01	2578	36	30	6	18	8	7	4	4	0	0
FW	Marcus Rashford	ENG	1997-10-31	2278	33	26	7	14	7	7	2	2	0	0
FW	Rasmus Højlund	DEN	2003-02-04	2171	30	25	5	17	5	10	2	2	0	0
FW	Antony	BRA	2000-02-24	1322	29	15	14	12	18	1	1	5	0	0
FW	Anthony Martial	FRA	1995-12-05	445	13	5	8	5	11	1	0	0	0	0
FW	Ethan Wheatley	ENG	2006-01-20	12	3	0	3	0	5	0	0	0	0	0
FW	Shola Shoretire	ENG	2004-02-02	0	0	0	0	0	1	0	0	0	0	0

PREMIER LEAGUE 2023-24 SEASON

MANCHESTER UNITED FC vs. OPPONENTS PER GAME STATS

맨체스터 Utd.		vs 상대팀	득점	슈팅	유효슈팅	코너킥	오프사이드	패스시도 (PA)	패스성공 (PC)	패스성공률 (P%)	태클 (TK)	공중전승리 (AD)	인터셉트 (IT)	파울	경고	퇴장
1.50		1.53		14.4	17.6	5.0	5.4	5.9	7.3	2.4	1.4	497	488	411	392	
83%		80%		17.8	17.0	11.6	12.2	8.2	9.9	10.6	9.3	2.18	2.24	0.026	0.026	

2023-24 SEASON SQUAD LIST & GAMES PLAYED

*괄호 안의 숫자는 선발 출전 횟수, 교체 출전은 포함시키지 않음

LW	CF	RW
N/A	R.회일룬(25), A.마르시알(5) M.래시포드(5), B.페르난데스(2) S.맥토미니(1)	N/A

LAM	CAM	RAM
M.래시포드(18), A.가르나초(16)	B.페르난데스(29), S.맥토미니(5) M.마운트(5), A.디알로(2) A.가르나초(2), H.메브리(1) F.펠리스트리(1)	안토니(14), A.가르나초(11) B.페르난데스(3), M.래시포드(3) A.디알로(1), O.포슨(1)

LM	CM	RM
A.가르나초(1)	S.맥토미니(1), C.에릭슨(1) B.페르난데스(1), M.마운트(1)	안토니(1)

LWB	DM	RWB
N/A	K.마이누(24), 카세미루(18) C.에릭슨(11), S.맥토미니(10) S.암라바트(9), M.마운트(2)	N/A

LB	CB	RB
D.달롯(12), L.쇼(10) V.린델뢰프(6), A.완비사카(1) S.레길론(4), S.암라바트(1)	H.매과이어(18), R.바란(16) J.에반스(15), V.린델뢰프(8) L.마르티네스(8), 카세미루(6) W.캄브왈라(3), L.쇼(2)	D.달롯(23), A.완비사카(15)

GK
A.오나나(38)

SHOTS & GOALS

38경기 총 549슈팅 · 57득점
38경기 상대 총 667슈팅 · 58실점

41-11
313-40
195-6

유효 슈팅 189		비유효 슈팅 360	
득점	57	블록 담함	178
GK 방어	132	골대 밖	176
유효슈팅률	34%	골대 맞음	6

유효 슈팅 204		비유효 슈팅 463	
실점	58	블록	215
GK 방어	146	골대 밖	230
유효슈팅률	31%	골대 맞음	18

225-5
373-36
68-16   *자책골 1-1

SHOT TIME | GOAL TIME

시간대별 슈팅: 110 96 / 94 70 / 99 80
슈팅 차이 — 전반 슈팅 차이 -58 / 후반 슈팅 차이 -60 / 전체 슈팅 차이 -118

시간대별 득점: 16 7 / 11 9 / 8 6
득점차 — 전반 골 득실차 -2 / 후반 골 득실차 +1 / 전체 골 득실차 -1

시간대별 상대 슈팅: 153 81 / 81 117 / 129 106

시간대별 실점: 17 7 / 9 11 / 8 6

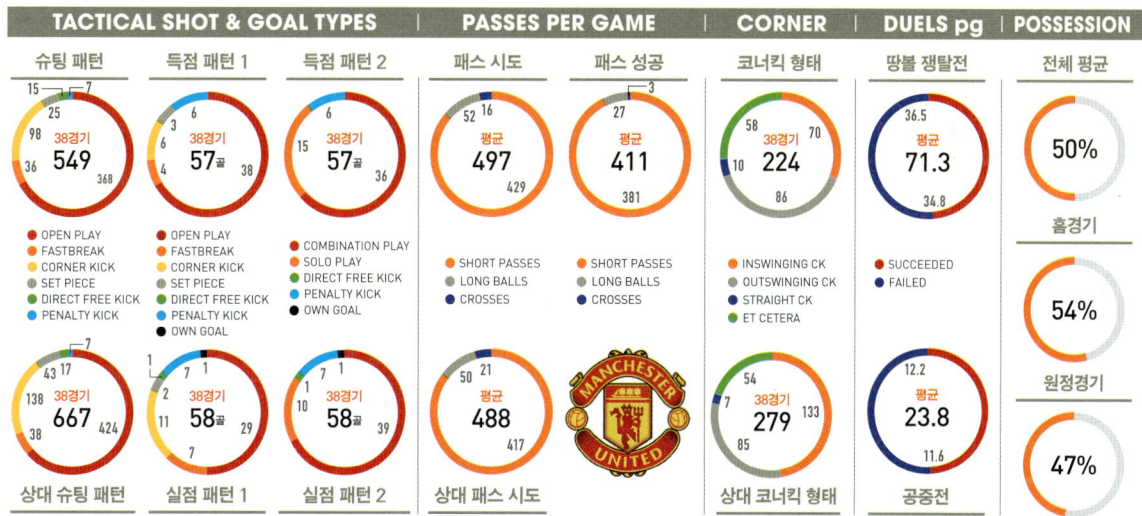

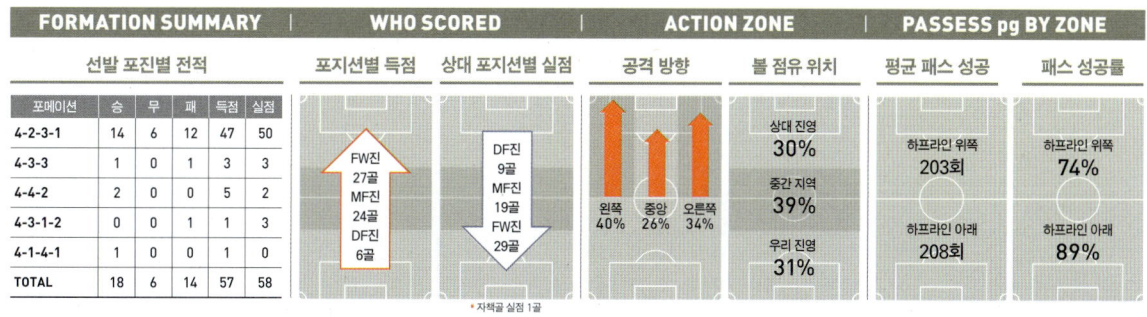

WEST HAM UNITED FC

Founded 구단 창립 1895년	**Owner** D.설리번, V.골드 D.크레틴스키 외 2명	**CEO** 데이비드 설리번 1949.02.05	**Manager** 훌렌 로페테기 1966.08.28	**24-25 Odds** 벳365 : 250배 스카이벳 : 250배	
Nationality 외국 선수 15명 잉글랜드 13명	**Age** 28명 평균 27.2세	**Height** 28명 평균 183cm	**Market Value** 1군 23명 평균 1863만 유로	**Game Points** 23-24 : 52점 통산 : 3385점	
Win 23-24 : 14승 통산 : 909승	**Draw** 23-24 : 10무 통산 : 658무	**Loss** 23-24 : 14패 통산 : 1095패	**Goals For** 23-24 : 60득점 통산 : 3764득점	**Goals Against** 23-24 : 74실점 통산 : 4172실점	
More Minutes 에메르송 3142분	**Top Scorer** 제러드 보웬 16골	**More Assists** 블라디미르 초우팔+1명 7도움	**More Subs** 대니 잉스 17회 교체 IN	**More Cards** 에드손 알바레스 Y11+R0	

ENGLISH PREMIER LEAGUE 0 | **ENGLISH FA CUP** 3 | **UEFA CHAMPIONS LEAGUE** 0 | **UEFA EUROPA LEAGUE** 0 | **FIFA CLUB WORLD CUP** 0 | **UEFA-CONMEBOL INTERCONTINENTAL** 0

TOTO GUIDE 지난 시즌 상대팀별 전적

상대팀	홈	원정
Manchester City	1-3	1-3
Arsenal	0-6	2-0
Liverpool	2-2	1-3
Aston Villa	1-1	1-4
Tottenham	1-1	2-1
Chelsea	3-1	0-5
Newcastle Utd	2-2	3-4
Manchester Utd	2-0	0-3
Crystal Palace	1-1	2-5
Brighton	0-0	3-1
Bournemouth	1-1	1-1
Fulham	0-2	0-5
Wolverhampton	3-0	2-1
Everton	0-1	3-1
Brentford	4-2	2-3
Nottm Forest	3-2	0-2
Luton Town	3-1	2-1
Burnley	2-2	2-1
Sheffield Utd	2-0	2-2

LONDON STADIUM

구장 오픈 / 증개축 2012년, 2016년
구장 소유 E20Stadium, LLP
수용 인원 6만 2500명
피치 규모 105m X 68m
잔디 종류 하이브리드 잔디

STRENGTHS & WEAKNESSES

OFFENSE		DEFENSE	
직접 프리킥	C	세트피스 수비	C
문전 처리	C	상대 볼 뺏기	B
측면 돌파	B	공중전 능력	C
스루볼 침투	C	역습 방어	B
개인기 침투	C	지공 방어	C
카운터 어택	B	스루패스 방어	D
기회 만들기	B	리드 지키기	D
세트피스	C	실수 조심	C
OS 피하기	C	측면 방어력	C
중거리 슈팅	C	파울 주의	C
볼 점유율	E	중거리슈팅 수비	C

매우 강함 A 강한 편 B 보통 수준 C 약한 편 D 매우 약함 E

RANKING OF LAST 10 YEARS

14-15	15-16	16-17	17-18	18-19	19-20	20-21	21-22	22-23	23-24
12 47점	7 62점	11 45점	13 42점	10 52점	16 39점	6 65점	7 56점	14 40점	9 52점

위치	선수	국적	생년월일	출전(분)	출전경기	선발11	교체인	교체아웃	벤치출발	득점	도움	경고	경고누적	퇴장
GK	Alphonse Areola	FRA	1993-02-27	2702	31	31	0	3	2	0	0	1	0	0
	Łukasz Fabiański	POL	1985-04-18	718	10	7	3	0	30	0	0	0	0	0
	Joseph Anang	ENG	2000-06-08	0	0	0	0	0	8	0	0	0	0	0
DF	Emerson Palmieri	ITA	1994-08-03	3142	36	35	1	6	1	1	2	10	0	0
	Vladimír Coufal	CZE	1992-08-22	3140	36	36	0	7	0	0	7	6	1	0
	Kurt Zouma	FRA	1994-10-27	2840	33	32	1	3	2	3	0	3	0	0
	Edson Álvarez	MEX	1997-10-24	2384	31	28	3	10	4	1	1	11	0	0
	Nayef Aguerd	MAR	1996-03-30	1859	21	21	0	1	3	1	0	2	1	0
	Konstantinos Mavropanos	GRE	1997-12-11	1498	19	16	3	1	13	1	0	2	0	0
	Angelo Ogbonna	ITA	1988-05-23	633	11	7	4	2	31	0	0	1	0	0
	Ben Johnson	ENG	2000-01-24	533	14	4	10	4	21	0	0	1	0	0
	Aaron Cresswell	ENG	1989-12-15	431	11	4	7	2	28	0	0	1	0	0
	Kaelan Casey	ENG	2004-10-28	0	1	0	1	0	8	0	0	0	0	0
	Levi Laing	ENG	2003-04-12	0	0	0	0	0	1	0	0	0	0	0
	Oliver Scarles	ENG	2005-12-12	0	0	0	0	0	5	0	0	0	0	0
MF	James Ward-Prowse	ENG	1994-11-01	3005	37	34	3	6	3	7	7	4	0	0
	Tomáš Souček	CZE	1995-02-27	2876	37	34	3	9	3	7	2	7	0	0
	Lucas Paquetá	BRA	1997-08-27	2638	31	31	0	16	0	4	6	10	0	0
	Mohammed Kudus	GHA	2000-08-02	2487	33	27	6	9	6	8	6	6	0	0
	Kalvin Phillips	ENG	1995-12-02	307	8	3	5	2	9	0	0	2	1	0
	Maxwel Cornet	CIV	1996-09-27	108	7	1	6	1	27	1	0	0	0	0
	George Earthy	ENG	2004-09-05	32	3	0	3	1	9	1	0	0	0	0
	Lewis Orford	ENG	2006-02-18	0	0	0	0	0	4	0	0	0	0	0
FW	Jarrod Bowen	ENG	1996-12-20	3021	34	34	0	3	0	16	6	2	0	0
	Michail Antonio	JAM	1990-03-28	1708	26	21	5	19	5	6	2	6	0	0
	Danny Ings	ENG	1992-03-16	389	20	3	17	2	35	1	0	1	0	0
	Divin Mubama	ENG	2004-10-25	75	5	0	5	0	31	0	0	0	0	0

PREMIER LEAGUE 2023-24 SEASON

WEST HAM UNITED FC vs. OPPONENTS PER GAME STATS

웨스트햄 FC vs 상대팀

	득점	슈팅	유효슈팅	코너킥	오프사이드	패스시도	패스성공	패스성공률	태클	공중전승리	인터셉트	파울	경고	퇴장
	1.58 / 1.95	11.9 / 17.3	4.0 / 6.4	4.3 / 5.9	1.9 / 1.4	411 / 605	325 / 506	79% / 84%	18.0 / 18.9	15.3 / 15.3	9.5 / 6.7	10.3 / 10.7	2.16 / 1.87	0.079 / 0.053

2023-24 SEASON SQUAD LIST & GAMES PLAYED

*괄호 안의 숫자는 선발 출전 횟수, 교체 출전은 포함시키지 않음

LW L.파케타(2)

CF M.안토니오(20), J.보웬(16), D.잉스(2), M.쿠두스(1)

RW J.보웬(1), M.쿠두스(1)

LAM L.파케타(18), M.쿠두스(6), S.벤라흐마(4), M.안토니오(1), B.존슨(1)

CAM J.워드프라우스(16), L.파케타(8), T.소우체크(5), M.쿠두스(3), P.포르날스(2), D.잉스(1)

RAM J.보웬(15), M.쿠두스(13), B.존슨(1), P.포르날스(1)

LM P.포르날스(2), L.파케타(1), S.벤라흐마(1), M.쿠두스(1)

CM T.소우체크(8), J.워드프라우스(7), E.알바레스(2), L.파케타(1), K.필립스(1)

RM J.보웬(2), M.쿠두스(2), M.코넷(1)

LWB 에메르손(1)

DM E.알바레스(26), T.소우체크(21), J.워드프라우스(11), K.필립스(2), L.파케타(1)

RWB V.초우팔(1)

LB 에메르손(34), A.크레스웰(3)

CB K.주마(32), N.아게르(21), K.마브로파노스(16), A.오그보나(7), A.크레스웰(1)

RB V.초우팔(35), B.존슨(2)

GK A.아레올라(31), L.파비안스키(7)

SHOTS & GOALS

38경기 총 451슈팅 - 60득점
38경기 상대 총 657슈팅 - 74실점

54-16
257-34
138-8
*자책골 2-2

유효슈팅 153		비유효슈팅 298	
득점	60	블록 당함	115
GK 방어	93	골대 밖	172
유효슈팅률	34%	골대 맞음	11

유효슈팅 245		비유효슈팅 412	
실점	74	블록	183
GK 방어	171	골대 밖	220
유효슈팅률	37%	골대 맞음	9

232-9
373-48
48-13
*자책골 4-4

SHOT TIME | GOAL TIME

시간대별 슈팅: 76 / 103 / 64 / 15 / 64 / 69 / 16 / 61 / 82 / 69 / 31 / 46 / 45

슈팅 차이
전반 슈팅 차이 -92
후반 슈팅 차이 -114
전체 슈팅 차이 -206

시간대별 득점: 76 / 14 / 7 / 15 / 11 / 9 / 16 / 61 / 10 / 9 / 31 / 46 / 45

득실차
전반 골 득실차 -8
후반 골 득실차 -6
전체 골 득실차 -14

시간대별 상대 슈팅: 76 / 124 / 86 / 15 / 107 / 101 / 16 / 61 / 132 / 107 / 30 / 46 / 45

시간대별 실점: 76 / 16 / 14 / 15 / 10 / 9 / 16 / 61 / 15 / 10 / 30 / 46 / 45

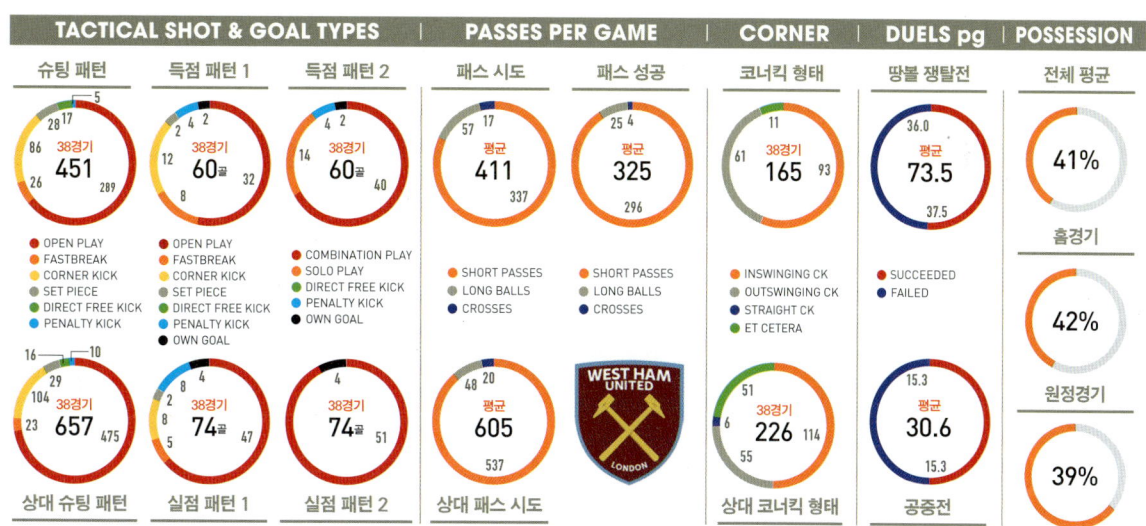

TACTICAL SHOT & GOAL TYPES | PASSES PER GAME | CORNER | DUELS pg | POSSESSION

슈팅 패턴 (38경기 451): 5 / 28 / 17 / 86 / 26 / 289
- OPEN PLAY
- FASTBREAK
- CORNER KICK
- SET PIECE
- DIRECT FREE KICK
- PENALTY KICK

득점 패턴 1 (38경기 60골): 4 / 2 / 12 / 32 / 8
- OPEN PLAY
- FASTBREAK
- CORNER KICK
- SET PIECE
- DIRECT FREE KICK
- PENALTY KICK

득점 패턴 2 (38경기 60골): 4 / 2 / 14 / 40
- COMBINATION PLAY
- SOLO PLAY
- DIRECT FREE KICK
- PENALTY KICK
- OWN GOAL

패스 시도 (평균 411): 57 / 17 / 337

패스 성공 (평균 325): 25 / 4 / 296
- SHORT PASSES
- LONG BALLS
- CROSSES

코너킥 형태 (38경기 165): 11 / 61 / 93
- INSWINGING CK
- OUTSWINGING CK
- STRAIGHT CK
- ET CETERA

땅볼 쟁탈전 (평균 73.5): 36.0 / 37.5
- SUCCEEDED
- FAILED

전체 평균: 41%

홈경기: 42%

상대 슈팅 패턴 (38경기 657): 16 / 10 / 29 / 104 / 23 / 475

실점 패턴 1 (38경기 74골): 8 / 2 / 2 / 15 / 47

실점 패턴 2 (38경기 74골): 4 / 2 / 17 / 51

상대 패스 시도 (평균 605): 48 / 20 / 537

상대 코너킥 형태 (38경기 226): 51 / 6 / 55 / 114

공중전 (평균 30.6): 15.3 / 15.3

원정경기: 39%

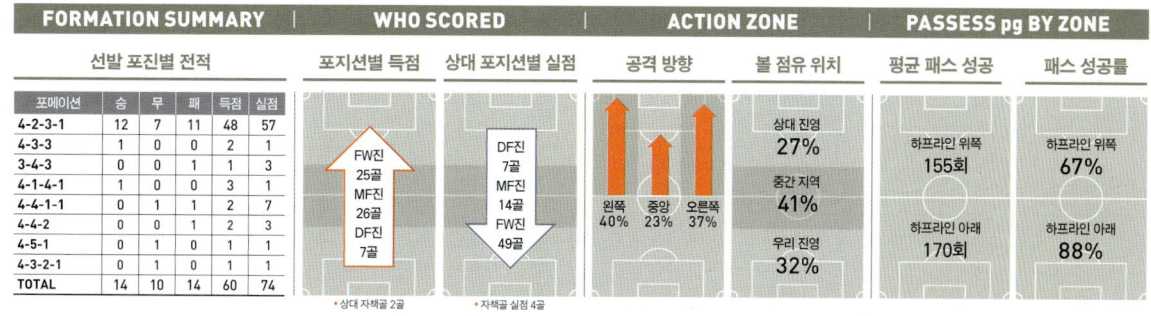

FORMATION SUMMARY | WHO SCORED | ACTION ZONE | PASSESS pg BY ZONE

선발 포지션별 전적

포메이션	승	무	패	득점	실점
4-2-3-1	12	7	11	48	57
4-3-3	1	0	0	2	1
3-4-3	0	0	1	1	3
4-1-4-1	0	0	1	0	2
4-4-1-1	0	1	1	2	7
4-4-2	0	0	1	2	3
4-5-1	0	1	0	1	1
4-3-2-1	0	1	0	1	1
TOTAL	14	10	14	60	74

포지션별 득점
FW진 25골
MF진 26골
DF진 7골
*상대 자책골 2골

상대 포지션별 실점
DF진 7골
MF진 14골
FW진 49골
*자책골 실점 4골

공격 방향
왼쪽 40% / 중앙 23% / 오른쪽 37%

볼 점유 위치
상대 진영 27%
중간 지역 41%
우리 진영 32%

평균 패스 성공
하프라인 위쪽 155회
하프라인 아래 170회

패스 성공률
하프라인 위쪽 67%
하프라인 아래 88%

CRYSTAL PALACE FC

Club Info

Founded 구단 창립 1905년	**Owner** J.텍스터, J.해리스 D.블리처, S.패리시	**CEO** 스티브 패리시 1965.07.18
Manager 올리버 글라스너 1974.08.28	**24-25 Odds** 벳365 : 300배 스카이벳 : 250배	

Nationality: 외국 선수 16명 / 잉글랜드 19명
Age: 35명 평균 25.5세
Height: 35명 평균 184cm
Market Value: 1군 28명 평균 1578만 유로
Game Points: 23-24 : 49점 / 통산 : 1065점

Win 23-24 : 13승 / 통산 : 269승
Draw 23-24 : 10무 / 통산 : 258무
Loss 23-24 : 15패 / 통산 : 421패
Goals For 23-24 : 57득점 / 통산 : 1030득점
Goals Against 23-24 : 58실점 / 통산 : 1382실점

More Minutes 요아힘 앤더슨 3418분
Top Scorer 장필립 마테타 16골
More Assists 조던 아이유 7도움
More Subs 나우이루 아하마다 20회 교체 IN
More Cards 조던 아이유 Y8+R1

RANKING OF LAST 10 YEARS

14-15	15-16	16-17	17-18	18-19	19-20	20-21	21-22	22-23	23-24
10	15	14	11	12	14	14	12	11	10
48점	42점	41점	44점	49점	50점	44점	48점	45점	49점

Trophies

ENGLISH PREMIER LEAGUE	ENGLISH FA CUP	UEFA CHAMPIONS LEAGUE	UEFA EUROPA LEAGUE	FIFA CLUB WORLD CUP	UEFA-CONMEBOL INTERCONTINENTAL
0	0	0	0	0	0

TOTO GUIDE 지난 시즌 상대팀별 전적

상대팀	홈	원정
Manchester City	2-4	2-2
Arsenal	0-1	0-5
Liverpool	1-2	1-0
Aston Villa	5-0	1-3
Tottenham	1-2	1-3
Chelsea	1-3	1-2
Newcastle Utd	2-0	0-4
Manchester Utd	4-0	1-0
West Ham Utd	5-2	1-1
Brighton	1-1	1-4
Bournemouth	0-2	0-1
Fulham	0-0	1-1
Wolverhampton	3-2	3-1
Everton	2-3	1-1
Brentford	3-1	1-1
Nottm Forest	0-0	1-1
Luton Town	1-1	1-2
Burnley	3-0	2-0
Sheffield Utd	3-2	1-0

SELHURST PARK

구장 오픈 1924년, 증개축 6회
구장 소유 크리스털 팰리스 FC
수용 인원 2만 5486명
피치 규모 101m X 68m
잔디 종류 하이브리드 잔디

STRENGTHS & WEAKNESSES

OFFENSE		DEFENSE	
직접 프리킥	B	세트피스 수비	C
문전 처리	C	상대 볼 뺏기	A
측면 돌파	C	공중전 능력	C
스루볼 침투	C	역습 방어	C
개인기 침투	C	지공 방어	C
카운터 어택	C	스루패스 방어	C
기회 만들기	C	리드 지키기	C
세트피스	C	실수 조심	C
OS 피하기	C	측면 방어력	D
중거리 슈팅	A	파울 주의	C
볼 점유율	D	중거리슈팅 수비	C

매우 강함 A / 강한 편 B / 보통 수준 C / 약한 편 D / 매우 약함 E

선수단

위치	선수	국적	생년월일	출전(분)	출전경기	선발11	교체인	교체아웃	벤치출발	득점	도움	경고	경고누적	퇴장
GK	Sam Johnstone	ENG	1993-03-25	1797	20	20	0	1	4	0	0	1	0	0
GK	Dean Henderson	ENG	1997-03-12	1620	18	18	0	0	7	0	0	2	0	0
GK	Remi Matthews	ENG	1994-02-10	3	1	0	1	0	29	0	0	0	0	0
GK	Joseph Whitworth	ENG	2004-02-29	0	0	0	0	0	1	0	0	0	0	0
DF	Joachim Andersen	DEN	1996-05-31	3418	38	38	0	2	0	2	3	7	1	0
DF	Tyrick Mitchell	ENG	1999-09-01	3209	37	37	0	6	0	2	3	6	1	0
DF	Chris Richards	USA	2000-03-28	2091	26	23	3	0	12	1	1	3	0	0
DF	Marc Guéhi	ENG	2000-07-13	2023	25	23	2	4	2	0	1	2	0	0
DF	Joel Ward	ENG	1989-10-29	1981	26	23	3	4	8	0	1	4	0	0
DF	Daniel Muñoz	COL	1996-05-26	1440	16	16	0	0	0	0	4	4	0	0
DF	Jeffrey Schlupp	GHA	1992-12-23	1356	29	17	12	15	15	2	2	1	0	0
DF	Nathaniel Clyne	ENG	1991-04-05	1337	19	14	5	4	23	0	0	0	0	0
DF	James Tomkins	ENG	1989-03-29	5	4	0	4	0	28	0	0	0	0	0
DF	Rob Holding	ENG	1994-11-09	0	0	0	0	0	10	0	0	0	0	0
MF	Jefferson Lerma	COL	1994-10-25	2404	28	27	1	5	1	1	1	8	0	0
MF	Eberechi Eze	ENG	1998-06-29	2063	27	24	3	12	3	11	4	3	0	0
MF	Will Hughes	ENG	1995-04-17	1898	30	23	7	15	8	0	1	6	0	0
MF	Adam Wharton	ENG	2004-02-06	1305	16	15	1	9	1	0	3	2	0	0
MF	Michael Olise	FRA	2001-12-12	1276	19	14	5	4	5	10	6	0	0	0
MF	Cheick Doucouré	MLI	2000-01-08	922	11	11	0	3	1	0	0	2	0	0
MF	Naouirou Ahamada	FRA	2002-03-29	333	20	0	20	0	34	0	0	3	1	0
MF	Jaïro Riedewald	NED	1996-09-09	229	9	2	7	2	27	0	0	0	0	0
MF	Matheus França	BRA	2004-04-01	224	10	1	9	2	18	0	1	1	0	0
MF	David Ozoh	ENG	2005-05-06	147	9	0	9	0	24	0	0	0	0	0
MF	Jesuran Rak-Sakyi	ENG	2002-10-05	130	6	0	6	0	13	0	0	0	0	0
MF	Kaden Rodney	ENG	2004-10-07	0	0	0	0	0	2	0	0	0	0	0
MF	Jadan Raymond	WAL	2003-10-15	0	0	0	0	0	2	0	0	0	0	0
MF	Roshaun Mathurin	ENG	2004-01-23	0	0	0	0	0	2	0	0	0	0	0
FW	Jordan Ayew	GHA	1991-09-11	2551	35	30	5	12	6	4	7	8	1	0
FW	Jean-Philippe Mateta	FRA	1997-06-28	2284	35	25	10	12	12	16	5	3	0	0
FW	Odsonne Édouard	FRA	1998-01-16	1554	30	17	13	12	16	7	0	4	0	0
FW	Franco Umeh-Chibueze	IRL	2005-01-26	0	0	0	0	0	5	0	0	0	0	0

PREMIER LEAGUE 2023-24 SEASON

CRYSTAL PALACE FC vs. OPPONENTS PER GAME STATS

크리스탈 팰리스 vs 상대팀																
	득점		슈팅		유효슈팅		코너킥		오프사이드		패스시도		패스성공		태클	
1.50		1.53	12.0	12.2	4.4	4.1	4.7	5.2	1.9	1.9	420	590	333	487		
79%	83%	20.7	19.6	14.8	14.9	8.5	7.9	12.0	11.6	1.92	2.05	0.053	0.053			
	패스성공률		공중전승률		인터셉트		파울		경고		퇴장					

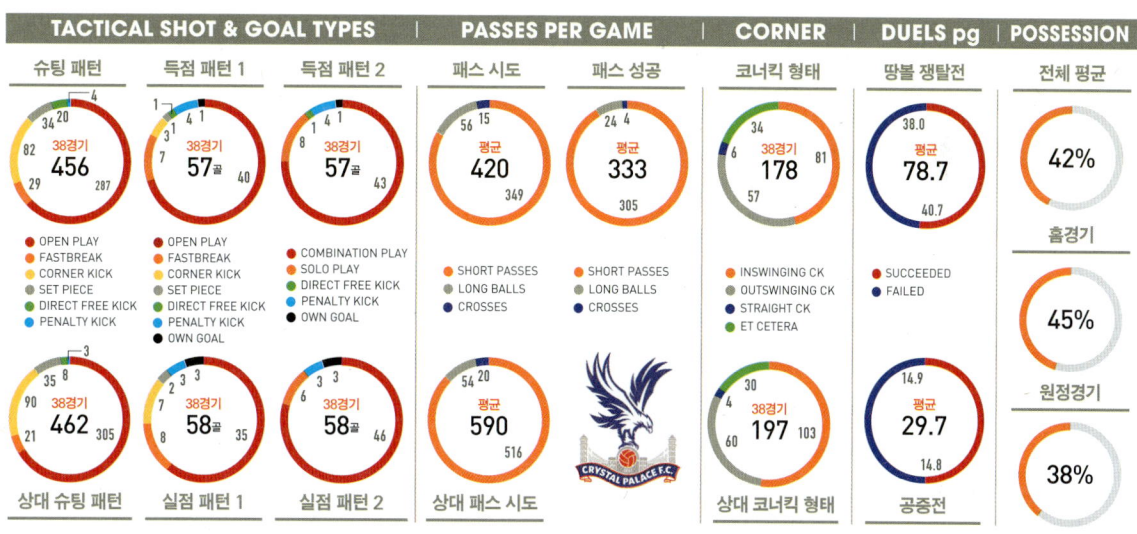

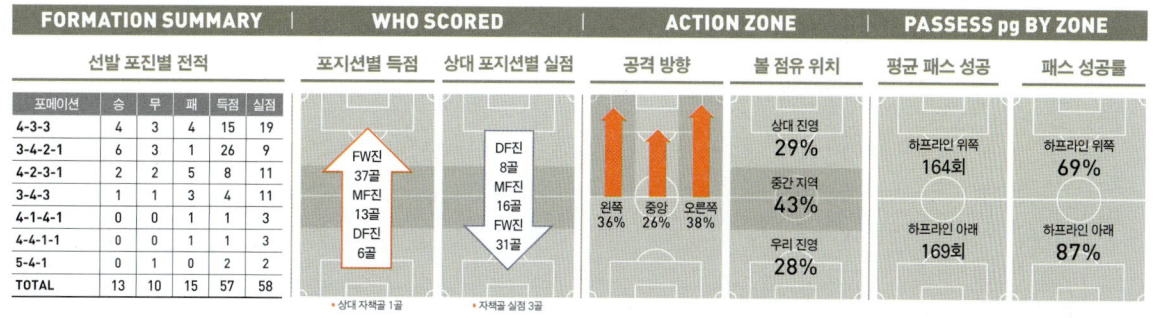

BRIGHTON & HOVE ALBION FC

Founded 구단 창립 1901년	**Owner** 토니 블룸 1970.03.20	**CEO** 토니 블룸 1970.03.20	**Manager** 파비안 휘르첼러 1993.2.26	**24-25 Odds** 벳365 : 150배 스카이벳 : 150배
Nationality • 외국 선수 24명 • 잉글랜드 13명	**Age** 37명 평균 24.6세	**Height** 37명 평균 180cm	**Market Value** 1군 27명 평균 1808만 유로	**Game Points** 23-24 : 48점 통산 : 508점
Win 23-24 : 12승 통산 : 125승	**Draw** 23-24 : 12무 통산 : 133무	**Loss** 23-24 : 14패 통산 : 176패	**Goals For** 23-24 : 55득점 통산 : 499득점	**Goals Against** 23-24 : 62실점 통산 : 617실점
More Minutes 파스칼 그로스 3114분	**Top Scorer** 조앙 페드로 9골	**More Assists** 파스칼 그로스 10도움	**More Subs** 안수 파티 16회 교체 IN	**More Cards** 빌리 길모어 Y8+R0

RANKING OF LAST 10 YEARS

14-15	15-16	16-17	17-18	18-19	19-20	20-21	21-22	22-23	23-24
20	3	2	15	17	15	16	9	6	11
47점	89점	93점	40점	36점	41점	41점	51점	62점	49점

명예의 전당
- ENGLISH PREMIER LEAGUE: 0
- ENGLISH FA CUP: 0
- UEFA CHAMPIONS LEAGUE: 0
- UEFA EUROPA LEAGUE: 0
- FIFA CLUB WORLD CUP: 0
- UEFA-CONMEBOL INTERCONTINENTAL: 0

TOTO GUIDE 지난 시즌 상대팀별 전적

상대팀	홈	원정
Manchester City	0-4	1-2
Arsenal	0-3	0-2
Liverpool	2-2	1-2
Aston Villa	1-0	1-6
Tottenham	4-2	1-2
Chelsea	1-2	2-3
Newcastle Utd	3-1	1-1
Manchester Utd	0-2	3-1
West Ham Utd	1-3	0-0
Crystal Palace	4-1	1-1
Bournemouth	3-1	0-3
Fulham	1-1	0-3
Wolverhampton	0-0	4-1
Everton	1-1	1-1
Brentford	2-1	0-0
Nottm Forest	1-0	3-2
Luton Town	4-1	0-4
Burnley	1-1	1-1
Sheffield Utd	1-1	5-0

FALMER STADIUM

구장 오픈 2011년
구장 소유 브라이튼&호브 시
수용 인원 3만 1800명
피치 규모 105m X 68m
잔디 종류 천연 잔디

STRENGTHS & WEAKNESSES

OFFENSE		DEFENSE	
직접 프리킥	C	세트피스 수비	B
문전 처리	D	상대 볼 뺏기	C
측면 돌파	B	공중전 능력	C
스루볼 침투	C	역습 방어	E
개인기 침투	C	지공 방어	D
카운터 어택	C	스루패스 방어	C
기회 만들기	C	리드 지키기	B
세트피스	C	실수 조심	D
OS 피하기	D	측면 방어력	C
중거리 슈팅	B	파울 주의	C
볼 점유율	B	중거리슈팅 수비	D

매우 강함 A 강한 편 B 보통 수준 C 약한 편 D 매우 약함 E

선수 명단

위치	선수	국적	생년월일	출전(분)	출전경기	선발11	교체인	교체아웃	벤치출발	득점	도움	경고	경고누적	퇴장
GK	Bart Verbruggen	NED	2002-08-18	1890	21	21	0	0	17	0	0	3	0	0
	Jason Steele	ENG	1990-08-18	1530	17	17	0	0	21	0	0	0	0	0
DF	Lewis Dunk	ENG	1991-11-21	2873	33	33	0	3	0	3	1	7	0	1
	Jan Paul van Hecke	NED	2000-06-08	2367	28	26	2	0	6	0	0	4	0	0
	Igor	BRA	1998-02-07	1635	24	17	7	6	17	0	0	4	0	0
	Joël Veltman	NED	1992-01-15	1582	27	17	10	4	12	1	1	4	0	0
	Pervis Estupiñán	ECU	1998-01-21	1246	19	15	4	6	5	2	3	4	0	0
	Adam Webster	ENG	1995-01-04	1144	15	13	2	2	14	0	0	2	0	0
	Tariq Lamptey	GHA	2000-09-30	913	19	10	9	9	9	0	3	3	0	0
	Valentín Barco	ARG	2004-07-23	305	6	3	3	1	7	0	0	1	0	0
	Odel Offiah	ENG	2002-10-26	126	4	1	3	1	7	0	0	0	0	0
	Ben Jackson	ENG	2003-09-03	0	0	0	0	0	1	0	0	0	0	0
	Leigh Kavanagh	IRL	2003-12-27	0	0	0	0	0	4	0	0	0	0	0
	Noël Atom	GER	2005-01-05	0	0	0	0	0	1	0	0	0	0	0
MF	James Milner	ENG	1986-01-04	779	15	11	4	10	6	0	2	3	0	0
	Solly March	ENG	1994-07-26	559	7	7	0	5	1	3	1	1	0	0
	Billy Gilmour	SCO	2001-06-11	2125	30	24	6	10	7	0	1	8	0	1
	Pascal Groß	GER	1991-06-15	3114	36	34	2	2	2	4	10	7	0	0
	Adam Lallana	ENG	1988-05-10	850	25	13	12	13	20	0	1	2	0	0
	Jakub Moder	POL	1999-04-07	612	17	6	11	5	21	0	0	2	0	0
	Carlos Baleba	CMR	2004-01-03	1323	27	15	12	8	19	0	0	7	0	0
	Kaoru Mitoma	JPN	1997-05-20	1485	19	15	4	3	4	3	4	4	0	0
	Facundo Buonanotte	ARG	2004-12-23	1367	27	17	10	16	16	3	1	7	0	0
	Jack Hinshelwood	ENG	2005-04-11	871	12	8	4	5	8	3	0	1	0	0
	Cameron Peupion	AUS	2002-09-23	0	0	0	0	0	6	0	0	0	0	0
	Samy Chouchane	TUN	2003-09-05	0	0	0	0	0	1	0	0	0	0	0
	Joshua Duffus	ENG	2004-12-15	0	0	0	0	0	1	0	0	0	0	0
FW	João Pedro	BRA	2001-09-26	2041	31	19	12	10	12	9	3	2	0	0
	Julio Enciso	PAR	2004-01-23	475	12	5	7	5	8	0	2	2	0	0
	Danny Welbeck	ENG	1990-11-26	1703	29	21	8	17	9	5	1	4	0	0
	Simon Adingra	CIV	2002-01-01	2231	31	25	6	15	7	6	1	3	0	0
	Evan Ferguson	IRL	2004-10-19	1365	27	15	12	11	13	6	0	1	0	0
	Ansu Fati	ESP	2002-10-31	511	19	3	16	3	21	2	0	2	0	0
	Benicio Baker-Boaitey	ENG	2004-01-09	35	5	0	5	0	14	0	0	0	0	0
	Luca Barrington	ENG	2004-12-12	0	0	0	0	0	2	0	0	0	0	0
	Mark O'Mahony	IRL	2005-01-14	62	3	1	2	1	10	0	0	0	0	0

PREMIER LEAGUE 2023-24 SEASON

BRIGHTON & HOVE ALBION FC vs. OPPONENTS PER GAME STATS

브라이튼&호브 알비온 vs 상대팀	득점	슈팅	유효슈팅	코너킥	오프사이드	패스시도	패스성공	태클	공중전승리	인터셉트	파울	경고	퇴장
	1.45 / 1.63	14.9 / 12.3	5.5 / 4.4	5.4 / 4.4	2.2 / 1.9	645 / 426	574 / 342						
	89% / 80%	16.9 / 17.5	10.8 / 9.2	7.6 / 9.3	10.9 / 12.1	2.37 / 2.61	0.079 / 0.132						

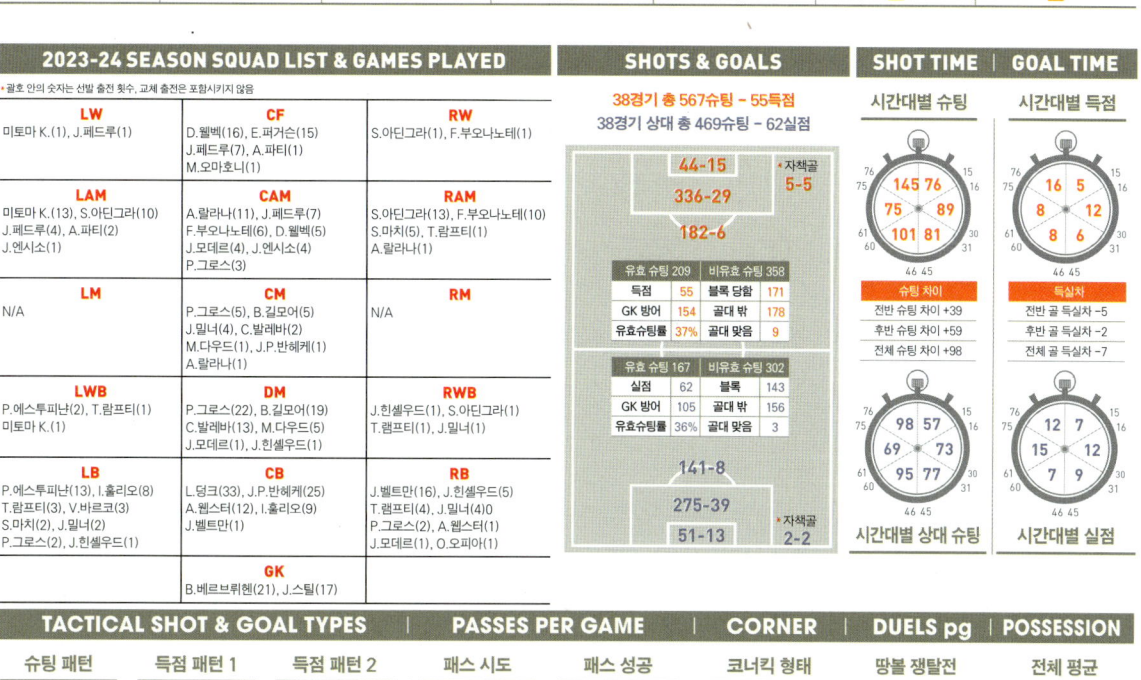

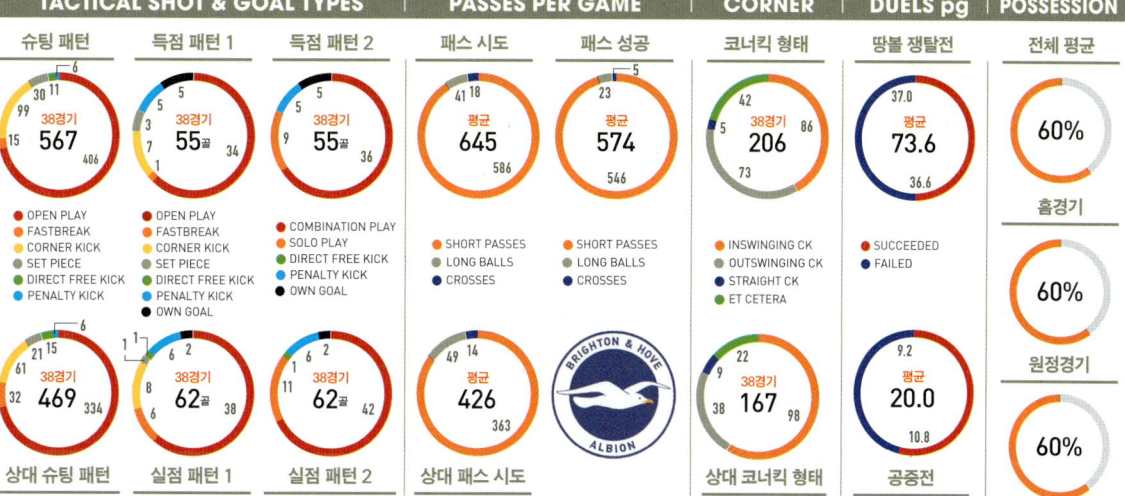

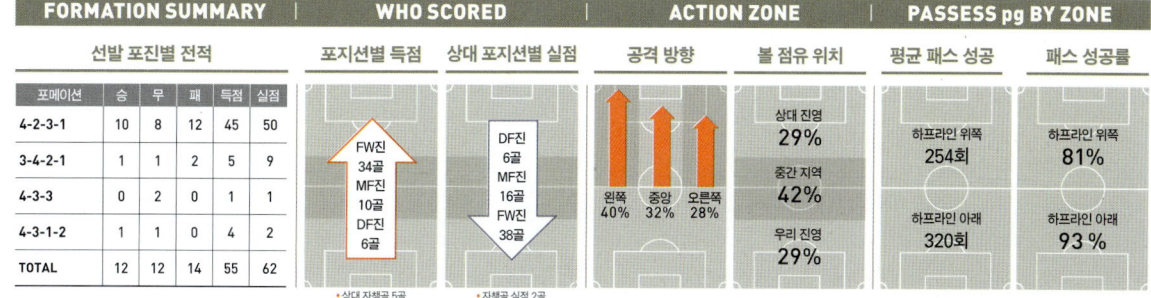

AFC BOURNEMOUTH

Founded 구단 창립 1899년	**Owner** 터쿼이즈 비드코 Ltd.	**CEO** 빌 폴리 1944.12.29	**Manager** 안도니 이라올라 1982.06.22	**24-25 Odds** 벳365 : 350배 스카이벳 : 500배	
Nationality ● 외국 선수 19명 ● 잉글랜드 11명	**Age** 30명 평균 25.6세	**Height** 30명 평균 182cm	 **Market Value** 1군 26명 평균 1393만 유로	**Game Points** 23-24 : 48점 통산 : 298점	
Win 23-24 : 13승 통산 : 80승	**Draw** 23-24 : 9무 통산 : 58무	**Loss** 23-24 : 16패 통산 : 128패	**Goals For** 23-24 : 54득점 통산 : 332득점	**Goals Against** 23-24 : 67실점 통산 : 468실점	
 **More Minutes** 도미닉 솔란키 3332분	**Top Scorer** 도미닉 솔란키 19골	**More Assists** 라이언 크리스티 외 1명 5도움	 **More Subs** 당고 우아타라 18회 교체 IN	**More Cards** 마르코스 세네시 Y13+R0	

0 ENGLISH PREMIER LEAGUE	0 ENGLISH FA CUP	0 UEFA CHAMPIONS LEAGUE	0 UEFA EUROPA LEAGUE	0 FIFA CLUB WORLD CUP	0 UEFA-CONMEBOL INTERCONTINENTAL

TOTO GUIDE 지난 시즌 상대팀별 전적

상대팀	홈	원정
Manchester City	0-1	1-6
Arsenal	0-4	0-3
Liverpool	0-4	1-3
Aston Villa	2-2	1-3
Tottenham	0-2	1-3
Chelsea	0-0	1-2
Newcastle Utd	2-0	2-2
Manchester Utd	2-2	3-0
West Ham Utd	1-1	1-1
Crystal Palace	1-0	2-0
Brighton	3-0	1-3
Fulham	3-0	1-3
Wolverhampton	1-2	1-0
Everton	2-1	0-3
Brentford	1-2	2-2
Nottm Forest	1-1	3-2
Luton Town	4-3	1-2
Burnley	2-1	2-0
Sheffield Utd	2-2	3-1

VITALITY STADIUM

구장 오픈 / 증개축
1910년, 증개축 3회
구장 소유
스트럭테이드
수용 인원
1만 1364명
피치 규모
105m X 68m
잔디 종류
천연 잔디

STRENGTHS & WEAKNESSES

OFFENSE		DEFENSE	
직접 프리킥	C	세트피스 수비	C
문전 처리	D	상대 볼 뺏기	B
측면 돌파	B	공중전 능력	C
스루볼 침투	C	역습 방어	C
개인기 침투	B	지공 방어	C
카운터 어택	A	스루패스 방어	D
기회 만들기	B	리드 지키기	D
세트피스	C	실수 조심	D
OS 피하기	C	측면 방어력	C
중거리 슈팅	C	파울 주의	C
볼 점유율	D	중거리슈팅 수비	C

매우 강함 A 강한 편 B 보통 수준 C 약한 편 D 매우 약함 E

RANKING OF LAST 10 YEARS

● 2부 리그

시즌	14-15	15-16	16-17	17-18	18-19	19-20	20-21	21-22	22-23	23-24
순위	1	16	9	12	14	18	6	2	15	12
승점	90점	42점	46점	44점	45점	34점	77점	88점	39점	48점

위치	선수	국적	생년월일	출전(분)	출전경기	선발11	교체인	교체아웃	벤치출발	득점	도움	경고	경고누적	퇴장
GK	Neto	BRA	1989-07-19	2880	32	32	0	0	4	0	0	5	0	0
	Mark Travers	IRL	1999-05-18	360	4	4	0	0	25	0	0	0	0	0
	Ionuț Andrei Radu	ROU	1997-05-28	180	2	2	0	0	11	0	0	0	0	0
	Darren Randolph	IRL	1987-05-12	0	0	0	0	0	1	0	0	0	0	0
	Callan McKenna	SCO	2006-12-22	0	0	0	0	0	3	0	0	0	0	0
DF	Illya Zabarnyi	UKR	2002-09-01	3330	37	37	0	0	0	1	0	5	0	0
	Marcos Senesi	ARG	1997-05-10	2247	31	26	5	9	6	4	5	13	0	0
	Adam Smith	ENG	1991-04-29	2158	28	25	3	10	9	0	2	6	0	0
	Milos Kerkez	HUN	2003-11-07	1974	28	22	6	10	9	0	1	4	0	1
	Lloyd Kelly	ENG	1998-10-01	1558	23	17	6	5	6	0	1	2	0	0
	Max Aarons	ENG	2000-01-04	1233	20	13	7	4	12	0	1	1	0	0
	Chris Mepham	WAL	1997-11-05	614	10	6	4	1	18	0	1	2	0	0
	James Hill	ENG	2002-01-10	58	4	1	3	1	11	0	0	0	0	0
	Max Kinsey-Wellings	ENG	2005-02-02	0	0	0	0	0	7	0	0	0	0	0
MF	Ryan Christie	SCO	1995-02-22	2922	37	35	2	17	2	0	5	6	0	0
	Lewis Cook	ENG	1997-02-03	2791	33	32	1	5	1	0	0	5	0	0
	Marcus Tavernier	ENG	1999-03-22	2132	30	25	5	18	5	3	4	3	0	0
	Philip Billing	DEN	1996-06-11	1392	29	13	16	7	20	2	2	3	0	1
	Alex Scott	ENG	2003-08-21	1012	23	11	12	10	14	1	1	3	0	0
	Luis Sinisterra	COL	1999-06-17	692	20	7	13	7	17	2	2	0	0	0
	Tyler Adams	USA	1999-02-14	118	3	1	2	0	4	0	0	0	0	0
	Romain Faivre	FRA	1998-07-14	36	5	0	5	0	13	0	1	0	0	0
	Dominic Sadi	ENG	2003-09-02	0	1	0	1	0	5	0	0	0	0	0
FW	Dominic Solanke	ENG	1997-09-14	3332	38	37	1	9	1	19	3	3	0	0
	Antoine Semenyo	GHA	2000-01-07	2111	33	25	8	15	11	8	2	6	0	0
	Justin Kluivert	NED	1999-05-05	1936	32	26	6	26	12	7	1	5	0	0
	Dango Ouattara	BFA	2002-02-11	1219	30	12	18	8	20	1	2	3	0	0
	Enes Ünal	TUR	1997-05-10	318	16	2	14	2	14	2	2	1	0	0
	Michael Dacosta	ESP	2005-03-05	0	0	0	0	0	4	0	0	0	0	0

PREMIER LEAGUE 2023-24 SEASON

AFC BOURNEMOUTH vs. OPPONENTS PER GAME STATS

본머스 vs 상대팀

본머스	항목	상대
1.42	득점	1.76
14.3	슈팅	14.0
4.7	유효슈팅	5.1
6.2	코너킥	5.6
1.5	오프사이드	1.3
399	패스시도 (PA)	508
308	패스성공 (PC)	404
77%	패스성공률 (P%)	80%
18.2	태클 (TK)	21.1
15.7	공중전승리 (AD)	17.9
9.4	인터셉트 (IT)	6.9
13.3	파울	10.4
2.08	경고	2.16
0.079	퇴장	0.053

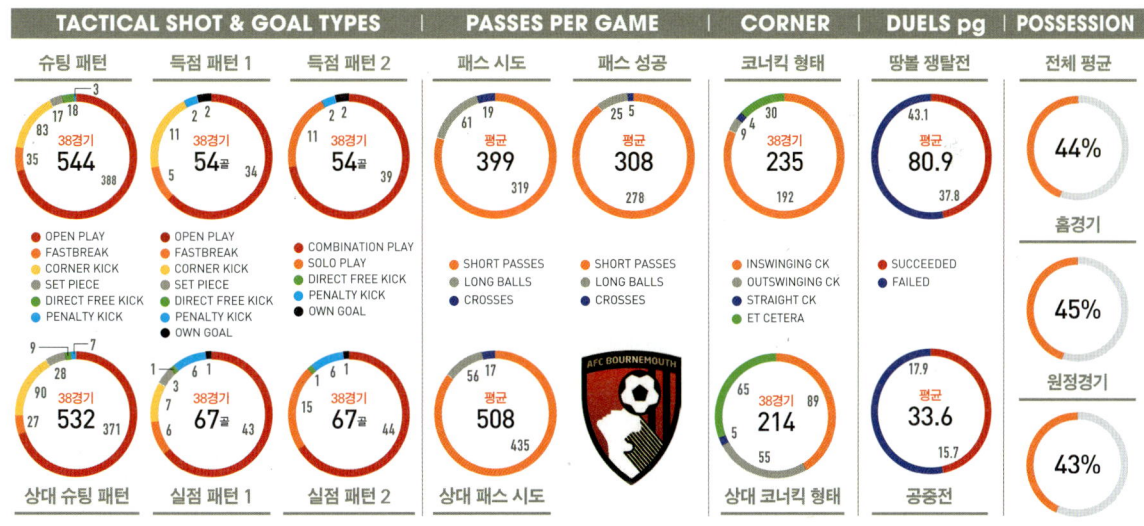

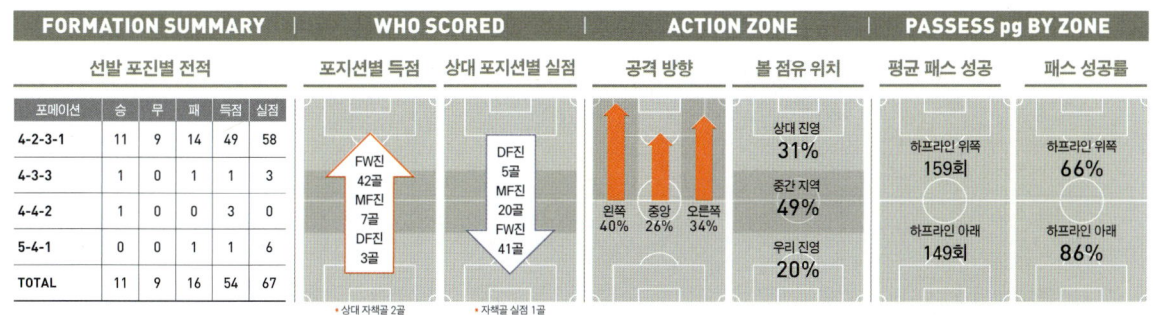

FULHAM FC

Founded 구단 창립 1879년	**Owner** 샤히드 칸 1950.07.28	**CEO** 샤히드 칸 1950.07.28	**Manager** 마르쿠 실바 1977.07.12	**24-25 Odds** 벳365 : 500배 스카이벳 : 500배	

ENGLISH PREMIER LEAGUE	ENGLISH FA CUP	UEFA CHAMPIONS LEAGUE	UEFA EUROPA LEAGUE	FIFA CLUB WORLD CUP	UEFA-CONMEBOL INTERCONTINENTAL
0	0	0	0	0	0

Nationality: 외국 선수 28명 / 잉글랜드 3명 (31명)
Age: 31명 평균 26.7세
Height: 31명 평균 184cm
Market Value: 1군 24명 평균 1424만 유로
Game Points: 23-24 : 47점 / 통산 : 1305점

Win: 23-24 : 13승 / 통산 : 338승
Draw: 23-24 : 8무 / 통산 : 291무
Loss: 23-24 : 17패 / 통산 : 521패
Goals For: 23-24 : 55득점 / 통산 : 1465득점
Goals Against: 23-24 : 61실점 / 통산 : 1873실점

More Minutes: 베른트 레노 3420분
Top Scorer: 호드리구 무니스 9골
More Assists: 안드레아스 페레이라 7도움
More Subs: 토머스 케어니 20회 교체 IN
More Cards: 조앙 팔리냐 Y13+R0

TOTO GUIDE 지난 시즌 상대팀별 전적

상대팀	홈	원정
Manchester City	0-4	1-5
Arsenal	2-1	2-2
Liverpool	1-3	3-4
Aston Villa	1-2	1-3
Tottenham	3-0	0-2
Chelsea	0-2	0-1
Newcastle Utd	0-1	0-3
Manchester Utd	0-1	2-1
West Ham Utd	5-0	2-0
Crystal Palace	1-1	0-0
Brighton	3-0	1-1
Bournemouth	3-1	0-3
Wolverhampton	3-2	1-2
Everton	0-0	1-0
Brentford	0-3	0-0
Nottm Forest	5-0	1-3
Luton Town	1-0	4-2
Burnley	0-2	2-2
Sheffield Utd	3-1	3-3

CRAVEN COTTAGE

구장 오픈 / 증개축: 1896년, 증개축 2회
구장 소유: 풀럼 FC
수용 인원: 2만 2384명
피치 규모: 105m X 68m
잔디 종류: 인조 잔디

STRENGTHS & WEAKNESSES

OFFENSE		DEFENSE	
직접 프리킥	C	세트피스 수비	C
문전 처리	C	상대 볼 뺏기	C
측면 돌파	B	공중전 능력	C
스루패스 침투	C	역습 방어	C
개인기 침투	C	지공 방어	C
카운터 어택	C	스루패스 방어	C
기회 만들기	C	리드 지키기	A
세트피스	C	실수 조심	C
OS 피하기	C	측면 방어력	C
중거리 슈팅	B	파울 주의	D
볼 점유율	C	중거리슈팅 수비	D

매우 강함 A / 강한 편 B / 보통 수준 C / 약한 편 D / 매우 약함 E

RANKING OF LAST 10 YEARS

시즌	14-15	15-16	16-17	17-18	18-19	19-20	20-21	21-22	22-23	23-24
순위	17	20	6	3	19	4	18	1	10	13
점수	52점	51점	80점	88점	26점	64점	28점	90점	52점	47점

● 2부 리그

위치	선수	국적	생년월일	출전(분)	출전경기	선발11	교체인	교체아웃	벤치출발	득점	도움	경고	경고누적	퇴장
GK	Bernd Leno	GER	1992-03-04	3420	38	38	0	0	0	0	0	3	0	0
	Marek Rodák	SVK	1996-12-13	0	0	0	0	0	38	0	0	1	0	0
DF	Antonee Robinson	USA	1997-08-08	3269	37	37	0	5	0	0	6	6	0	0
	Timothy Castagne	BEL	1995-12-05	2632	34	29	5	4	6	1	3	3	0	0
	Calvin Bassey	NGA	1999-12-31	2300	29	25	4	0	8	1	0	5	1	0
	Tosin Adarabioyo	ENG	1997-09-24	1616	20	18	2	1	4	2	0	2	0	0
	Tim Ream	USA	1987-10-05	1504	18	17	1	1	14	1	0	3	1	0
	Issa Diop	FRA	1997-01-09	1426	18	16	2	2	5	0	0	3	1	0
	Kenny Tete	NED	1995-10-09	868	14	10	4	5	18	1	0	2	0	0
	Fodé Ballo-Touré	SEN	1997-01-03	66	6	0	6	0	22	0	0	1	0	0
	Devan Tanton	COL	2004-01-03	0	0	0	0	0	1	0	0	0	0	0
	Luc De Fougerolles	CAN	2005-10-12	0	0	0	0	0	5	0	0	0	0	0
MF	João Palhinha	POR	1995-07-09	2711	33	31	2	13	2	4	1	13	0	0
	Andreas Pereira	BRA	1996-01-01	2638	37	34	3	29	4	3	7	6	0	0
	Alex Iwobi	NGA	1996-05-03	2202	30	25	5	16	5	5	2	2	0	0
	Willian	BRA	1988-08-09	2061	31	24	7	15	7	4	2	4	0	0
	Harry Wilson	WAL	1997-03-22	1613	35	16	19	11	20	4	6	6	0	0
	Tom Cairney	SCO	1991-01-20	1475	34	14	20	8	24	1	4	3	0	0
	Bobby Reid	JAM	1993-02-02	1424	33	17	16	16	21	6	2	4	0	0
	Harrison Reed	ENG	1995-01-27	1323	27	15	12	9	22	0	2	6	0	0
	Saša Lukić	SRB	1996-03-18	1117	24	13	11	8	20	1	0	3	0	0
	Matt Dibley-Dias	ENG	2003-10-29	0	0	0	0	0	1	0	0	0	0	0
	Kristian Šekularac	SUI	2003-12-07	0	0	0	0	0	2	0	0	0	0	0
	Joshua King	ENG	2007-01-03	0	0	0	0	0	2	0	0	0	0	0
FW	Rodrigo Muniz	BRA	2001-05-04	1596	26	18	8	11	15	9	1	1	0	0
	Raúl Jiménez	MEX	1991-05-05	1403	24	18	6	13	11	7	0	3	0	1
	Adama Traoré	ESP	1996-01-25	362	17	1	16	1	18	2	3	2	0	0
	Armando Broja	ALB	2001-09-10	81	8	0	8	0	12	0	0	0	0	0

PREMIER LEAGUE 2023-24 SEASON

FULHAM FC vs. OPPONENTS PER GAME STATS

풀럼 FC		상대팀
1.45	득점	1.61
13.1	슈팅	13.9
4.6	유효슈팅	5.1
5.6	코너킥	4.9
1.3	오프사이드	2.6
513	패스시도	508
423	패스성공	413
83%	패스성공률	81%
17.9	태클	14.7
13.0	공중전승리	13.5
9.8	인터셉트	8.4
10.1	파울	10.1
2.21	경고	1.71
0.105	퇴장	0.000

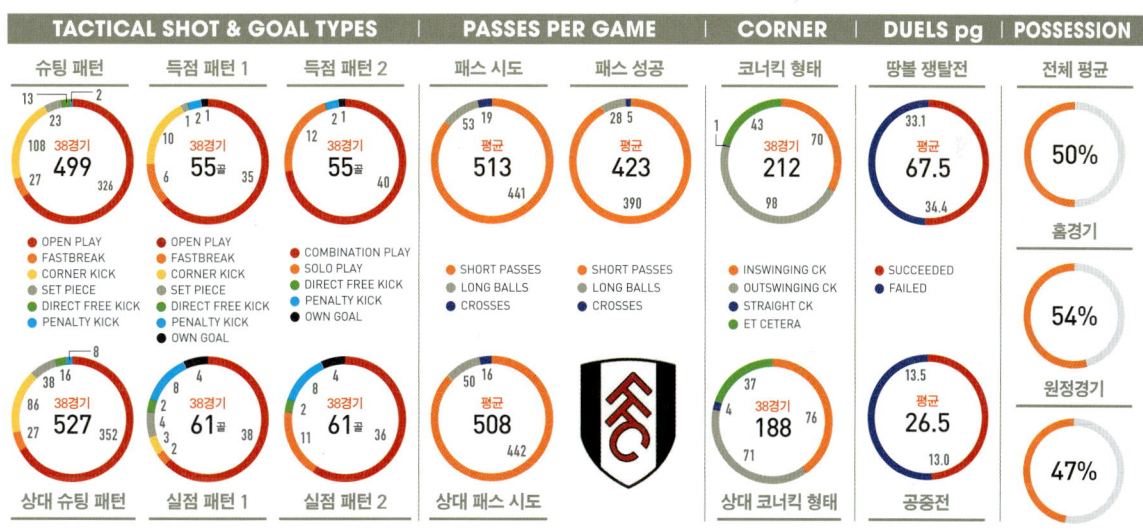

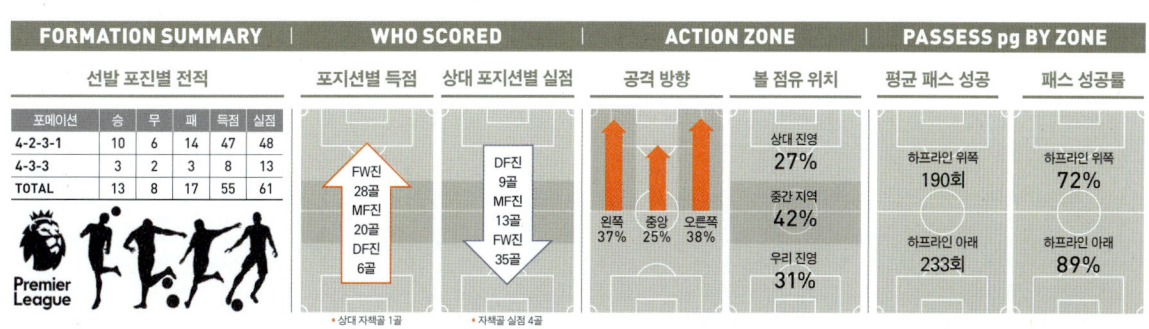

WOLVERHAMPTON WANDERERS FC

F Founded 구단 창립 1877년	**O** Owner 포순 인터내셔널	**C** CEO 제프 시 1977.07.05	**M** Manager 게리 오닐 1983.05.18	24-25 Odds 벳365 : 500배 스카이벳 : 500배	

Trophy	Count
ENGLISH PREMIER LEAGUE	3
ENGLISH FA CUP	4
UEFA CHAMPIONS LEAGUE	0
UEFA EUROPA LEAGUE	0
FIFA CLUB WORLD CUP	0
UEFA-CONMEBOL INTERCONTINENTAL	0

Nationality 외국 선수 21명 잉글랜드 13명	Age 34명 평균 23.9세	Height 34명 평균 181cm	Market Value 1군 23명 평균 1512만 유로	Game Points 23-24 : 46점 통산 : 3674점
Win 23-24 : 13승 통산 : 1025승	Draw 23-24 : 7무 통산 : 599무	Loss 23-24 : 18패 통산 : 1026패	Goals For 23-24 : 50득점 통산 : 4283득점	Goals Against 23-24 : 65실점 통산 : 4256실점
More Minutes 막시밀리안 킬만 3420분	Top Scorer 황희찬 외 1명 12골	More Assists 페드루 네투 9도움	More Subs 매슈 도허티 21회 교체 IN	More Cards 넬송 세메두 Y11+R1

TOTO GUIDE 지난 시즌 상대팀별 전적

상대팀	홈	원정
Manchester City	2-1	1-5
Arsenal	0-2	1-2
Liverpool	1-3	0-2
Aston Villa	1-1	0-2
Tottenham	2-1	2-1
Chelsea	2-1	4-2
Newcastle Utd	2-2	0-3
Manchester Utd	3-4	0-1
West Ham Utd	1-2	0-3
Crystal Palace	1-3	2-3
Brighton	1-4	0-0
Bournemouth	0-1	2-1
Fulham	2-1	2-3
Everton	3-0	1-0
Brentford	0-2	4-1
Nottm Forest	1-1	2-2
Luton Town	2-1	1-1
Burnley	1-0	1-1
Sheffield Utd	1-0	1-2

Molineux Stadium

구장 오픈 / 증개축 1889년, 증개축 6회
구장 소유 울버햄튼 시
수용 인원 3만 2050명
피치 규모 105m X 68m
잔디 종류 하이브리드 잔디

STRENGTHS & WEAKNESSES

OFFENSE		DEFENSE	
직접 프리킥	C	세트피스 수비	C
문전 처리	C	상대 볼 뺏기	B
측면 돌파	B	공중전 능력	D
스루볼 침투	C	역습 방어	C
개인기 침투	C	지공 방어	C
카운터 어택	C	스루패스 방어	C
기회 만들기	C	리드 지키기	A
세트피스	C	실수 조심	C
OS 피하기	C	측면 방어력	C
중거리 슈팅	E	파울 주의	E
볼 점유율	C	중거리슈팅 수비	C

매우 강함 A 강한 편 B 보통 수준 C 약한 편 D 매우 약함 E

RANKING OF LAST 10 YEARS

14-15	15-16	16-17	17-18	18-19	19-20	20-21	21-22	22-23	23-24
7	14	15	1	7	7	13	10	13	14
78점	58점	58점	99점	57점	59점	45점	51점	41점	46점

선수 명단

위치	선수	국적	생년월일	출전(분)	출전경기	선발11	교체인	교체아웃	벤치출발	득점	도움	경고	경고누적	퇴장
GK	José Sá	POR	1993-01-17	3039	35	35	0	2	0	0	1	1	0	0
	Daniel Bentley	ENG	1993-07-13	381	5	3	2	0	35	0	0	0	0	0
	Tom King	ENG	1995-03-09	0	0	0	0	0	4	0	0	0	0	0
DF	Max Kilman	ENG	1997-05-23	3420	38	38	0	0	0	2	0	7	0	0
	Nélson Semedo	POR	1993-11-16	3091	36	36	0	8	0	0	1	11	0	1
	Toti Gomes	POR	1999-01-16	2778	35	31	4	8	7	1	3	7	0	0
	Rayan Ait-Nouri	ALG	2001-06-06	2345	33	29	4	19	4	2	1	7	0	0
	Craig Dawson	ENG	1990-05-06	2211	25	25	0	2	2	1	1	7	0	0
	Matt Doherty	IRL	1992-01-16	1136	30	9	21	5	29	1	0	2	0	0
	Santiago Bueno	URU	1998-11-09	821	12	9	3	2	21	0	0	1	0	0
	Hugo Bueno	ESP	2002-09-18	730	22	7	15	6	26	0	0	1	0	0
	Wesley Okoduwa	ENG	2008-05-12	0	0	0	0	0	5	0	0	0	0	0
MF	Mario Lemina	GAB	1993-09-01	2976	35	34	1	7	1	4	1	11	1	0
	João Gomes	BRA	2001-02-12	2660	34	32	2	14	3	2	1	11	0	0
	Pablo Sarabia	ESP	1992-05-11	1749	30	20	10	15	17	4	7	5	0	0
	Tommy Doyle	ENG	2001-10-17	1213	26	11	15	6	21	0	0	2	0	0
	Jean-Ricner Bellegarde	FRA	1998-06-27	957	22	10	12	8	12	2	1	0	0	1
	Boubacar Traoré	MLI	2001-08-20	805	24	7	17	2	26	0	0	4	0	0
	Tawanda Chirewa	ENG	2003-10-11	139	8	1	7	1	22	0	0	1	0	0
	Noha Lemina	FRA	2005-06-17	0	0	0	0	0	5	0	0	0	0	0
	Harvey Griffiths	ENG	2003-09-22	0	0	0	0	0	2	0	0	0	0	0
	Ty Barnett	ENG	2005-07-19	0	0	0	0	0	6	0	0	0	0	0
	Temple Ojinnaka	ITA	2005-03-30	0	0	0	0	0	1	0	0	0	0	0
	Matthew Whittingham	ENG	2004-10-21	0	0	0	0	0	1	0	0	0	0	0
FW	Matheus Cunha	BRA	1999-05-27	2454	32	29	3	17	3	12	7	9	0	0
	Hwang Hee-Chan	KOR	1996-01-26	2125	29	25	4	11	4	12	3	6	0	0
	Pedro Neto	POR	2000-03-09	1520	20	18	2	6	3	2	9	4	0	0
	Nathan Fraser	IRL	2005-07-01	180	7	1	6	1	19	0	0	0	0	0
	Leon Chiwome	ENG	2006-01-10	175	3	2	1	2	2	0	0	0	0	0
	Enso González	PAR	2005-01-20	0	1	0	1	0	5	0	0	0	0	0
	Fletcher Holman	ENG	2004-10-12	0	0	0	0	0	3	0	0	0	0	0

PREMIER LEAGUE 2023-24 SEASON

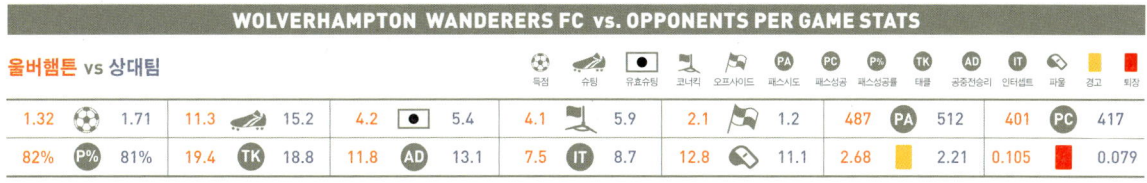

WOLVERHAMPTON WANDERERS FC vs. OPPONENTS PER GAME STATS

울버햄튼 vs 상대팀	득점	슈팅	유효슈팅	코너킥	오프사이드	패스시도	패스성공	태클	공중전승리	인터셉트	파울	경고	퇴장
	1.32 / 1.71	11.3 / 15.2	4.2 / 5.4	4.1 / 5.9	2.1 / 1.2	487 / 512	401 / 417						
	82% / 81%	19.4 / 18.8	11.8 / 13.1	7.5 / 8.7	12.8 / 11.1	2.68 / 2.21	0.105 / 0.079						

2023-24 SEASON SQUAD LIST & GAMES PLAYED

* 괄호 안의 숫자는 선발 출전 횟수, 교체 출전은 포함시키지 않음

LW: 황희찬(3), P.사라비아(2), M.쿠냐(1)
CF: M.쿠냐(16), 황희찬(15), P.네투(4), P.사라비아(3), F.실바(3), L.치우에메(2), J.벨가르드(1), S.칼라이치비(1), T.치레와(1), N.프레이저(1)
RW: P.네투(3), 황희찬(2), P.사라비아(1)

LAM: P.네투(1), 황희찬(1), J.벨가르드(1)
CAM: P.사라비아(12), M.쿠냐(12), P.네투(2), J.벨가르드(3), R.아이누리(1), 황희찬(1), M.레미나(1), T.도일(1), J.고메스(1)
RAM: P.네투(2), 황희찬(1)

LM: R.아이누리(4), M.누네스(2), 황희찬(1), P.네투(1), H.부에노(1), M.도허티(1)
CM: M.레미나(29), J.고메스(27), T.도일(10), B.트라오레(7), J.벨가르드(3)
RM: P.네투(2), P.사라비아(2), 황희찬(1), M.도허티(1), J.고메스(1), N.세메두(1)

LWB: R.아이누리(17), H.부에노(4), M.도허티(3), J.벨가르드(1)
DM: M.레미나(4), J.고메스(3)
RWB: N.세메두(21), M.도허티(5), R.아이누리(1)

LB: R.아이누리(6), T.고메스(4), H.부에노(2)
CB: M.킬먼(38), T.고메스(27), C.도슨(25), S.부에노(9), N.세메두(2)
RB: N.세메두(11), M.도허티(1)

GK: J.사(35), D.벤틀리(3)

SHOTS & GOALS

38경기 총 430슈팅 - 50득점
38경기 상대 총 577슈팅 - 65실점

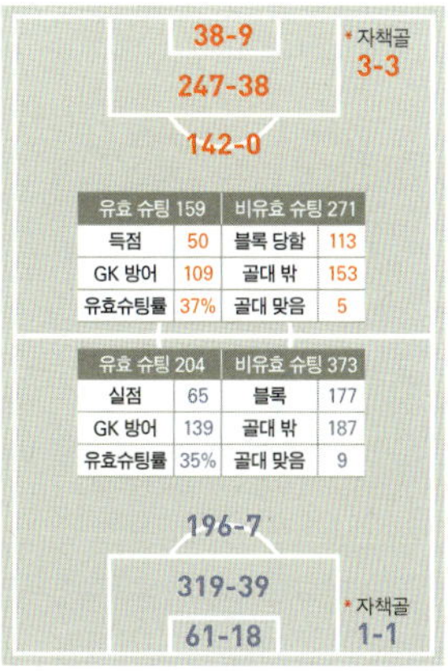

- 38-9
- 247-38
- 142-0
- 유효슈팅 159 / 비유효슈팅 271
  - 득점 50 / 블록 담함 113
  - GK 방어 109 / 골대 밖 153
  - 유효슈팅률 37% / 골대 맞음 5
- 유효슈팅 204 / 비유효슈팅 373
  - 실점 65 / 블록 177
  - GK 방어 139 / 골대 밖 187
  - 유효슈팅률 35% / 골대 맞음 9
- 196-7
- 319-39
- 61-18
- 자책골 3-3
- 자책골 1-1

SHOT TIME | GOAL TIME

시간대별 슈팅: 96/58, 66/64, 74/72, 46/45, 전반 슈팅 차이 -64, 후반 슈팅 차이 -83, 전체 슈팅 차이 -147 
시간대별 득점: 12/4, 10/5, 11/8, 46/45, 전반 골 득실차 -13, 후반 골 득실차 -2, 전체 골 득실차 -15

시간대별 상대 슈팅: 133/90, 65/81, 121/87, 76/15
시간대별 실점: 16/10, 8/7, 11/13, 30/15

TACTICAL SHOT & GOAL TYPES

슈팅 패턴 (38경기 430): OPEN PLAY 278, FASTBREAK 4, CORNER KICK 31, SET PIECE 77, DIRECT FREE KICK 12, PENALTY KICK 28

득점 패턴 1 (38경기 50골): OPEN PLAY 25, FASTBREAK 4, CORNER KICK 3, SET PIECE 10, DIRECT FREE KICK, PENALTY KICK

득점 패턴 2 (38경기 50골): COMBINATION PLAY 36, SOLO PLAY 7, DIRECT FREE KICK, PENALTY KICK, OWN GOAL

상대 슈팅 패턴 (38경기 577): 394, 8, 37, 97, 13, 28

실점 패턴 1 (38경기 65골): 37, 8, 2, 12, 1

실점 패턴 2 (38경기 65골): 43, 12, 8, 1

PASSES PER GAME

패스 시도 (평균 487): SHORT PASSES 417, LONG BALLS 55, CROSSES 15

패스 성공 (평균 401): SHORT PASSES 372, LONG BALLS 25, CROSSES 4

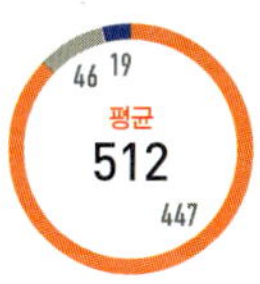

상대 패스 시도 (평균 512): 447, 46, 19

CORNER

코너킥 형태 (38경기 156): INSWINGING CK 75, OUTSWINGING CK 46, STRAIGHT CK 20, ET CETERA

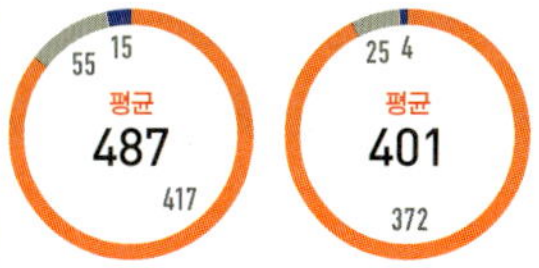

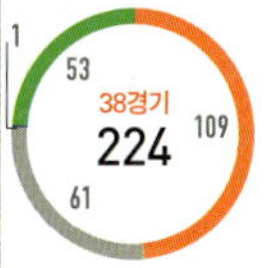

상대 코너킥 형태 (38경기 224): 109, 61, 53, 1

DUELS pg

땅볼 쟁탈전 (평균 79.1): SUCCEEDED 38.3, FAILED 40.8

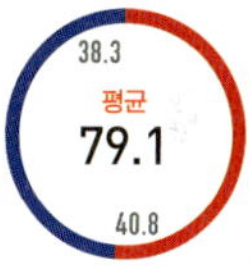

공중전 (평균 24.9): 13.1 / 11.8

POSSESSION

전체 평균: 49%
홈경기: 51%
원정경기: 46%

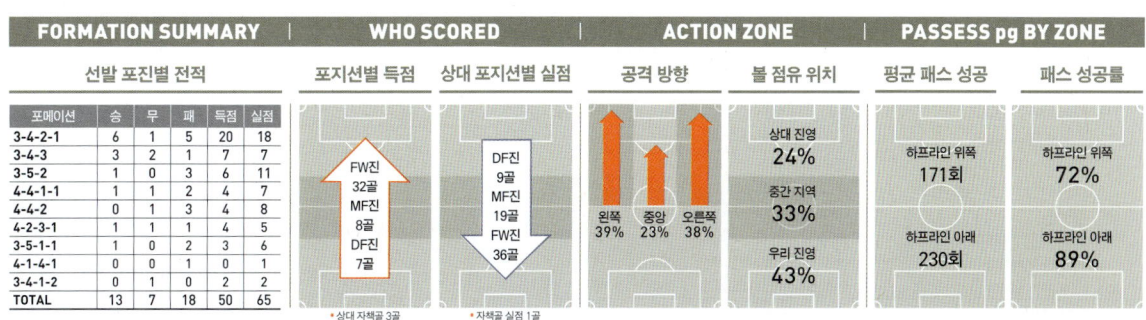

FORMATION SUMMARY

포메이션	승	무	패	득점	실점
3-4-2-1	6	1	5	20	18
3-4-3	3	2	1	7	7
3-5-2	1	0	3	6	11
4-4-1-1	1	1	2	4	7
4-4-2	0	1	3	4	8
4-2-3-1	1	1	1	4	5
3-5-1-1	1	0	2	3	6
4-1-4-1	0	1	0	2	2
3-4-1-2	0	1	0	2	1
TOTAL	13	7	18	50	65

WHO SCORED

포지션별 득점: FW진 32골, MF진 8골, DF진 7골
* 상대 자책골 3골

상대 포지션별 실점: DF진 9골, MF진 19골, FW진 36골
* 자책골 실점 1골

ACTION ZONE

공격 방향: 왼쪽 39%, 중앙 23%, 오른쪽 38%
볼 점유 위치: 상대 진영 24%, 중간 지역 33%, 우리 진영 43%

PASSES pg BY ZONE

평균 패스 성공: 하프라인 위쪽 171회, 하프라인 아래 230회
패스 성공률: 하프라인 위쪽 72%, 하프라인 아래 89%

EVERTON FC

Founded	Owner	CEO	Manager	24-25 Odds
구단 창립	파르하드 모시리	현재 공석	션 다이치	벳365 : 750배
1878년	1955.05.28		1971.06.28	스카이벳 : 750배

 9 | 5 | 0 | 0 | 0 | 0

ENGLISH PREMIER LEAGUE | ENGLISH FA CUP | UEFA CHAMPIONS LEAGUE | UEFA EUROPA LEAGUE | FIFA CLUB WORLD CUP | UEFA-CONMEBOL INTERCONTINENTAL

Nationality	Age	Height	Market Value	Game Points
외국 선수 11명	29명 평균	29명 평균	1군 24명 평균	23-24 : 40점
잉글랜드 18명	27.0세	185cm	1435만 유로	통산 : 6869점

Win	Draw	Loss	Goals For	Goals Against
23-24 : 13승	23-24 : 9무	23-24 : 16패	23-24 : 40득점	23-24 : 51실점
통산 : 1899승	통산 : 1180무	통산 : 1629패	통산 : 7235득점	통산 : 6533실점

More Minutes	Top Scorer	More Assists	More Subs	More Cards
조던 픽포드 +1명	압둘라이 두쿠레 +1명	드와이트 맥닐	베투	제임스 타코우스키
3420분	7골	6도움	21회 교체 IN	Y11+R0

RANKING OF LAST 10 YEARS

11 / 11 / 7 / 8 / 8 / 12 / 10 / 16 / 17 / 15
47점 / 47점 / 61점 / 49점 / 54점 / 49점 / 59점 / 39점 / 36점 / 40점
14-15 / 15-16 / 16-17 / 17-18 / 18-19 / 19-20 / 20-21 / 21-22 / 22-23 / 23-24

TOTO GUIDE 지난 시즌 상대팀별 전적

상대팀	홈	원정
Manchester City	1-3	0-2
Arsenal	0-1	1-2
Liverpool	2-0	0-2
Aston Villa	0-0	0-4
Tottenham	2-2	1-2
Chelsea	2-0	0-6
Newcastle Utd	3-0	1-1
Manchester Utd	0-3	0-2
West Ham Utd	1-3	1-0
Crystal Palace	1-1	3-2
Brighton	1-1	1-1
Bournemouth	3-0	1-2
Fulham	0-1	0-0
Wolverhampton	0-1	0-3
Brentford	1-0	3-1
Nottm Forest	2-0	1-0
Luton Town	1-2	1-1
Burnley	1-0	2-0
Sheffield Utd	1-0	2-2

GOODISON PARK

구장 오픈 / 증개축
1892년, 증개축 10회
구장 소유
에버튼 FC
수용 인원
3만 9414명
피치 규모
105m X 68m
잔디 종류
하이브리드 잔디

STRENGTHS & WEAKNESSES

OFFENSE		DEFENSE	
직접 프리킥	C	세트피스 수비	C
문전 처리	C	상대 볼 뺏기	B
측면 돌파	B	공중전 능력	A
스루볼 침투	C	역습 방어	C
개인기 침투	C	지공 방어	C
카운터 어택	C	스루패스 방어	C
기회 만들기	A	리드 지키기	B
세트피스	B	실수 조심	C
OS 피하기	C	측면 방어력	C
중거리 슈팅	C	파울 주의	C
볼 점유율	D	중거리슈팅 수비	C

매우 강함 A 강한 편 B 보통 수준 C 약한 편 D 매우 약함 E

위치	선수	국적	생년월일	출전(분)	출전경기	선발11	교체인	교체아웃	벤치출발	득점	도움	경고	경고누적	퇴장
GK	Jordan Pickford	ENG	1994-03-07	3420	38	38	0	0	0	0	0	5	0	0
	João Virgínia	POR	1999-10-10	0	0	0	0	0	38	0	0	0	0	0
	Andy Lonergan	ENG	1983-10-19	0	0	0	0	0	10	0	0	0	0	0
	Billy Crellin	ENG	2000-01-30	0	0	0	0	0	1	0	0	0	0	0
DF	James Tarkowski	ENG	1992-11-19	3420	38	38	0	1	0	1	1	11	0	0
	Jarrad Branthwaite	ENG	2002-06-27	3117	35	35	0	1	2	3	0	8	0	0
	Vitaliy Mykolenko	UKR	1999-05-29	2472	28	28	0	3	4	2	0	1	0	0
	Ashley Young	ENG	1985-07-09	2289	31	27	4	12	5	0	0	6	1	0
	Ben Godfrey	ENG	1998-01-15	1121	15	13	2	3	25	0	0	2	0	0
	Nathan Patterson	SCO	2001-10-16	996	20	9	11	2	23	0	2	4	0	0
	Séamus Coleman	IRL	1988-10-11	662	12	7	5	2	11	0	0	0	0	0
	Michael Keane	ENG	1993-01-11	435	9	4	5	1	31	1	0	0	0	0
MF	James Garner	ENG	2001-03-13	3006	37	34	3	5	3	1	2	7	0	0
	Dwight McNeil	ENG	1999-11-22	2899	35	33	2	9	2	3	6	2	0	0
	Abdoulaye Doucouré	MLI	1993-01-01	2643	32	32	0	15	0	7	2	7	0	0
	Jack Harrison	ENG	1996-11-20	2218	29	25	4	8	5	3	3	1	0	0
	Amadou Onana	BEL	2001-08-16	2091	30	23	7	7	8	2	0	5	0	0
	Idrissa Gueye	SEN	1989-09-26	1895	25	24	1	12	4	4	0	8	0	0
	André Gomes	POR	1993-07-30	503	12	3	9	3	13	1	0	4	0	0
	Lewis Warrington	ENG	2002-12-10	0	1	0	1	0	8	0	0	0	0	0
	MacKenzie Hunt	ENG	2001-11-14	0	0	0	0	0	17	0	0	0	0	0
	Tyler Onyango	ENG	2003-03-04	0	1	0	1	0	5	0	0	0	0	0
	Jenson Metcalfe	ENG	2004-09-06	0	0	0	0	0	4	0	0	0	0	0
FW	Dominic Calvert-Lewin	ENG	1997-03-16	2189	32	26	6	22	6	7	2	2	0	0
	Beto	POR	1998-01-31	936	30	9	21	8	23	3	0	2	0	0
	Arnaut Danjuma	NED	1997-01-31	589	14	5	9	3	23	1	0	0	0	0
	Lewis Dobbin	ENG	2003-01-03	222	12	1	11	1	27	1	0	0	0	0
	Youssef Chermiti	POR	2004-05-24	192	18	1	17	1	35	0	0	3	0	0

PREMIER LEAGUE 2023-24 SEASON

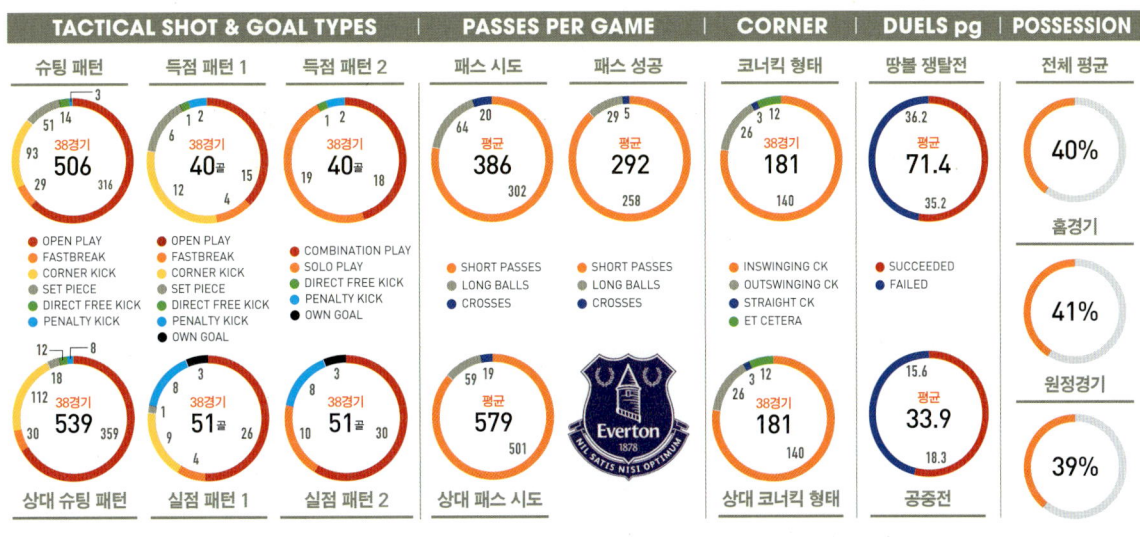

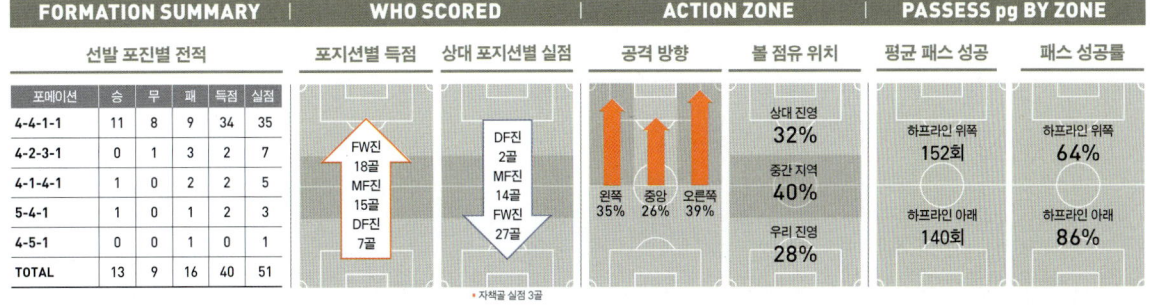

BRENTFORD FC

Founded 구단 창립 1889년	**Owner** 매슈 배넘 1968.05.18	**CEO** 클리프 크라운 1956.10.04	**Manager** 토머스 프랭크 1973.10.09	**24-25 Odds** 벳365 : 500배 스카이벳 : 500배
Nationality 외국 선수 27명 잉글랜드 9명	**Age** 36명 평균 25.3세	**Height** 36명 평균 183cm	**Market Value** 1군 30명 평균 1414만 유로	**Game Points** 23-24 : 39점 통산 : 418점
Win 23-24 : 10승 통산 : 114승	**Draw** 23-24 : 9무 통산 : 76무	**Loss** 23-24 : 19패 통산 : 134패	**Goals For** 23-24 : 56득점 통산 : 492득점	**Goals Against** 23-24 : 65실점 통산 : 526실점
More Minutes 마크 플레컨 3286분	**Top Scorer** 요안 빌레코 12골	**More Assists** 브라이언 음뵈모 6도움	**More Subs** 예호르 야르몰루크 21회 교체 IN	**More Cards** 비탈리 야넬트 +3명 Y8+R0

Honours

ENGLISH PREMIER LEAGUE	ENGLISH FA CUP	UEFA CHAMPIONS LEAGUE	UEFA EUROPA LEAGUE	FIFA CLUB WORLD CUP	UEFA-CONMEBOL INTERCONTINENTAL
0	0	0	0	0	0

TOTO GUIDE 지난 시즌 상대팀별 전적

상대팀	홈	원정
Manchester City	1-3	0-1
Arsenal	0-1	1-2
Liverpool	1-4	0-3
Aston Villa	1-2	3-3
Tottenham	2-2	2-3
Chelsea	2-2	2-0
Newcastle Utd	2-4	0-1
Manchester Utd	1-1	1-2
West Ham Utd	3-2	2-4
Crystal Palace	1-1	1-3
Brighton	0-0	1-2
Bournemouth	2-2	2-1
Fulham	0-0	3-0
Wolverhampton	1-4	2-0
Everton	1-3	0-1
Nottm Forest	3-2	1-1
Luton Town	3-1	5-1
Burnley	3-0	1-2
Sheffield Utd	2-0	0-1

GTECH COMMUNITY STADIUM

구장 오픈 2020년
구장 소유 브렌포드 시
수용 인원 1만 7250명
피치 규모 105m X 68m
잔디 종류 하이브리드 잔디

STRENGTHS & WEAKNESSES

OFFENSE		DEFENSE	
직접 프리킥	B	세트피스 수비	B
문전 처리	C	상대 볼 뺏기	C
측면 돌파	C	공중전 능력	C
스루볼 침투	B	역습 방어	B
개인기 침투	C	지공 방어	C
카운터 어택	B	스루패스 방어	C
기회 만들기	B	리드 지키기	D
세트피스	B	실수 조심	D
OS 피하기	B	측면 방어력	B
중거리 슈팅	C	파울 주의	C
볼 점유율	D	중거리슈팅 수비	C

매우 강함 A 강한 편 B 보통 수준 C 약한 편 D 매우 약함 E

RANKING OF LAST 10 YEARS

14-15	15-16	16-17	17-18	18-19	19-20	20-21	21-22	22-23	23-24
5	9	10	9	11	3	3	13	9	16
78점	65점	64점	69점	64점	81점	87점	46점	59점	39점

2부 리그 / 3부 리그

Squad

위치	선수	국적	생년월일	출전(분)	출전경기	선발11	교체인	교체아웃	벤치출발	득점	도움	경고	경고누적	퇴장
GK	Mark Flekken	NED	1993-06-13	3286	37	37	0	1	0	0	1	3	0	0
GK	Thomas Strakosha	ALB	1995-03-19	134	2	1	1	0	33	0	0	0	0	0
GK	Hákon Valdimarsson	ISL	2001-10-13	0	0	0	0	0	4	0	0	0	0	0
GK	Ellery Balcombe	ENG	1999-10-15	0	0	0	0	0	3	0	0	0	0	0
GK	Vincent Angelini	SCO	2003-09-12	0	0	0	0	0	2	0	0	0	0	0
DF	Nathan Collins	IRL	2001-04-30	2650	32	29	3	1	4	1	1	3	0	0
DF	Ethan Pinnock	JAM	1993-05-29	2520	29	28	1	0	1	2	0	1	0	0
DF	Mads Roerslev	DEN	1999-06-24	1987	34	22	12	14	15	1	2	1	0	0
DF	Kristoffer Ajer	NOR	1998-04-17	1832	28	21	7	8	8	2	1	5	0	0
DF	Ben Mee	ENG	1989-09-23	1275	16	15	1	3	3	2	0	0	0	1
DF	Sergio Reguilón	ESP	1996-12-16	1122	16	14	2	7	2	0	4	4	0	1
DF	Mathias Z. Jørgensen	DEN	1990-04-23	1086	14	12	2	1	25	1	0	4	0	0
DF	Aaron Hickey	SCO	2002-06-10	720	9	9	0	7	0	0	0	5	0	0
DF	Rico Henry	ENG	1997-07-08	402	5	5	0	1	0	0	1	1	0	0
DF	Kim Ji-Soo	KOR	2004-12-24	0	0	0	0	0	8	0	0	0	0	0
DF	Benjamin Fredrick	NGA	2005-05-28	0	0	0	0	0	2	0	0	0	0	0
DF	Benjamin Arthur	ENG	2005-10-09	0	0	0	0	0	1	0	0	0	0	0
MF	Vitaly Janelt	GER	1998-05-10	3072	38	37	1	21	1	1	3	8	0	0
MF	Christian Nørgaard	DEN	1994-03-10	2513	31	30	1	10	1	2	1	6	0	0
MF	Mathias Jensen	DEN	1996-01-01	2220	32	27	5	22	5	3	3	5	0	0
MF	Bryan Mbeumo	CMR	1999-08-07	1960	25	22	3	4	3	9	6	2	0	0
MF	Frank Onyeka	NGA	1998-01-11	1155	26	11	15	8	19	1	2	8	0	0
MF	Mikkel Damsgaard	DEN	2000-07-03	832	23	7	16	7	19	0	2	0	0	0
MF	Yehor Yarmolyuk	UKR	2004-03-01	674	27	6	21	6	32	0	0	2	0	0
MF	Shandon Baptiste	GRN	1998-04-08	224	10	2	8	2	19	1	1	1	0	0
MF	Josh Dasilva	ENG	1998-10-23	22	3	0	3	1	4	0	0	0	0	0
MF	Ryan Trevitt	ENG	2003-03-12	0	0	0	0	0	2	0	0	0	0	0
MF	Ethan Brierley	ENG	2003-11-23	0	0	0	0	0	13	0	0	0	0	0
MF	Yunus Emre Konak	TUR	2006-01-10	0	0	0	0	0	1	0	0	0	0	0
FW	Yoane Wissa	COD	1996-09-03	2509	34	29	5	20	5	12	3	7	0	0
FW	Ivan Toney	ENG	1996-03-16	1449	17	16	1	0	2	4	2	5	0	0
FW	Keane Lewis-Potter	ENG	2001-02-22	1440	30	15	15	13	18	3	1	0	0	0
FW	Neal Maupay	FRA	1996-08-14	1315	29	13	16	8	18	6	3	0	0	0
FW	Saman Ghoddos	IRN	1993-09-06	729	19	7	12	2	25	1	0	5	0	0
FW	Kevin Schade	GER	2001-11-27	330	11	3	8	3	8	2	0	0	0	0
FW	Val Adedokun	IRL	2003-02-14	0	0	0	0	0	7	0	0	0	0	0

PREMIER LEAGUE 2023-24 SEASON

BRENTFORD FC vs. OPPONENTS PER GAME STATS

브렌포드 시티 vs 상대팀

브렌포드	지표	상대팀
1.47	득점	1.71
12.5	슈팅	14.4
4.3	유효슈팅	4.8
4.8	코너킥	5.7
1.8	오프사이드	1.5
425	패스시도 (PA)	520
326	패스성공 (PC)	416
77%	패스성공률 (P%)	80%
17.8	태클 (TK)	14.2
16.9	공중전승리 (AD)	16.2
9.9	인터셉트 (IT)	7.7
10.1	파울	11.4
2.34	경고	1.97
0.053	퇴장	0.105

2023-24 SEASON SQUAD LIST & GAMES PLAYED

* 괄호 안의 숫자는 선발 출전 횟수, 교체 출전은 포함시키지 않음

LW: Y.위사(7), K.루이스포터(6), K.샤데(3)
CF: Y.위사(21), I.토니(16), N.모페(13), B.음뵈모(8), K.루이스포터(2)
RW: B.음뵈모(14), Y.위사(1), K.루이스포터(1)
LAM: N/A
CAM: N/A
RAM: N/A
LM: S.밥티스트(1)
CM: V.야넬트(32), C.노코(30), M.옌슨(27), F.온예카(10), M.댐스코(7), Y.야르물리우크(6), S.밥티스트(1)
RM: F.온예카(1)
LWB: S.레길론(8), K.루이스포터(5), S.고도스(2), A.히키(2)
DM: N/A
RWB: M.로어슐레프(16), K.루이스포터(1)
LB: S.레길론(8), V.야넬트(5), R.헨리(5), A.히키(2), S.고도스(2), M.로어슐레프(1)
CB: N.콜린스(29), E.피녹(28), B.미(15), K.에어(13), 잔카(12)
RB: K.에어(8), M.로어슐레프(5), A.히키(5), S.고도스(3)
GK: M.플레컨(37), T.스트라코샤(1)

SHOTS & GOALS

38경기 총 476슈팅 - 56득점
38경기 상대 총 547슈팅 - 65실점

54-14
293-33
127-7
자책골 2-2

유효 슈팅 164		비유효 슈팅 312	
득점	56	블록 당함	130
GK 방어	108	골대 밖	171
유효슈팅률	34%	골대 맞음	11

유효 슈팅 183		비유효 슈팅 364	
실점	65	블록	150
GK 방어	118	골대 밖	204
유효슈팅률	33%	골대 맞음	10

215-6
291-41
41-18

SHOT TIME | GOAL TIME

시간대별 슈팅: 115, 62, 72, 63, 93, 71 / 13, 6, 12, 9, 11, 5

슈팅 차이
전반 슈팅 차이 -60
후반 슈팅 차이 -11
전체 슈팅 차이 -71

득실차
전반 골 득실차 -5
후반 골 득실차 -4
전체 골 득실차 -9

시간대별 상대 슈팅: 105, 76, 74, 85, 112, 95 / 15, 9, 15, 7, 10, 9

시간대별 실점

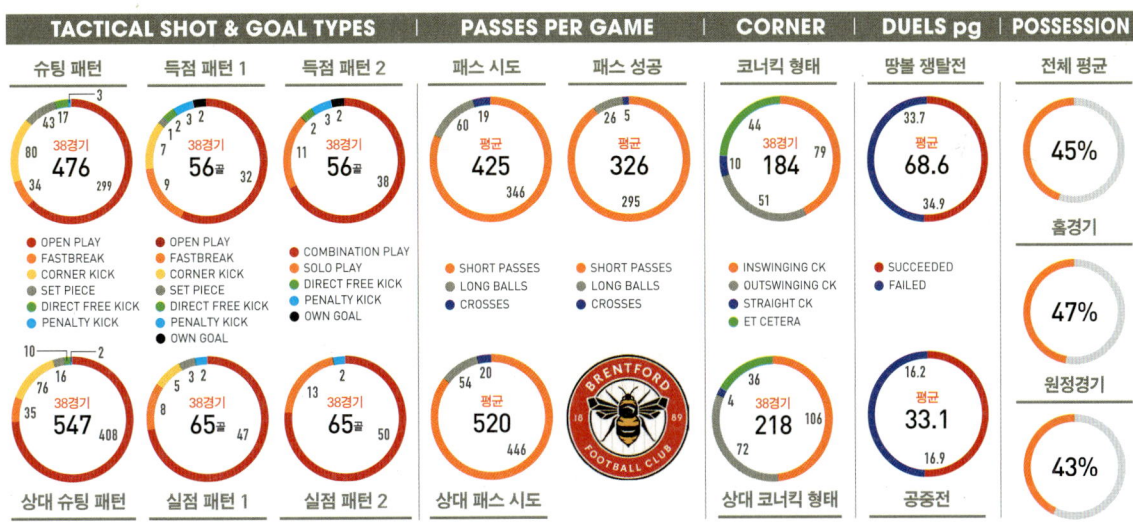

TACTICAL SHOT & GOAL TYPES

슈팅 패턴 38경기 476: 3, 17, 43, 80, 34, 299
- OPEN PLAY
- FASTBREAK
- CORNER KICK
- SET PIECE
- DIRECT FREE KICK
- PENALTY KICK

득점 패턴 1 38경기 56골: 1, 2, 3, 7, 9, 32
- OPEN PLAY
- FASTBREAK
- CORNER KICK
- SET PIECE
- DIRECT FREE KICK
- PENALTY KICK

득점 패턴 2 38경기 56골: 2, 3, 11, 38
- COMBINATION PLAY
- SOLO PLAY
- DIRECT FREE KICK
- PENALTY KICK
- OWN GOAL

상대 슈팅 패턴 38경기 547: 10, 2, 16, 76, 35, 408
실점 패턴 1 38경기 65골: 3, 2, 5, 8, 47
실점 패턴 2 38경기 65골: 2, 13, 50

PASSES PER GAME

패스 시도 평균 425 (19, 60, 346)
패스 성공 평균 326 (26, 6, 295)
상대 패스 시도 평균 520 (20, 54, 446)

- SHORT PASSES
- LONG BALLS
- CROSSES

CORNER

코너킥 형태 38경기 184 (44, 10, 51, 79)
상대 코너킥 형태 38경기 218 (36, 4, 72, 106)

- INSWINGING CK
- OUTSWINGING CK
- STRAIGHT CK
- ET CETERA

DUELS pg

땅볼 쟁탈전 평균 68.6 (33.7, 34.9)
공중전 평균 33.1 (16.2, 16.9)

- SUCCEEDED
- FAILED

POSSESSION

전체 평균 45%
홈경기 47%
원정경기 43%

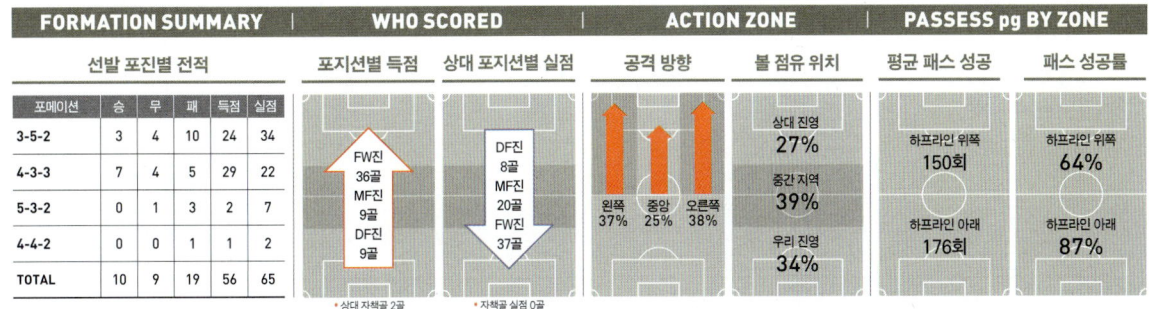

FORMATION SUMMARY

포메이션	승	무	패	득점	실점
3-5-2	3	4	10	24	34
4-3-3	7	4	5	29	22
5-3-2	0	1	3	2	7
4-4-2	0	0	1	1	2
TOTAL	10	9	19	56	65

WHO SCORED

포지션별 득점: FW진 36골, MF진 9골, DF진 9골
* 상대 자책골 2골

상대 포지션별 실점: DF진 8골, MF진 20골, FW진 37골
* 자책골 실점 0골

ACTION ZONE

공격 방향: 왼쪽 37%, 중앙 25%, 오른쪽 38%

볼 점유 위치:
상대 진영 27%
중간 지역 39%
우리 진영 34%

PASSES pg BY ZONE

평균 패스 성공
하프라인 위쪽 150회
하프라인 아래 176회

패스 성공률
하프라인 위쪽 64%
하프라인 아래 87%

NOTTINGHAM FOREST FC

Founded 구단 창립 1865년
Owner 에반겔로스 마리나키스 1967.07.30
CEO 톰 카틀리지 1979.06.03
Manager 누누 에스피리투 산투 1974.01.25
24-25 Odds 벳365 : 1000배 스카이벳 : 1000배

1	**2**	**2**	**0**	**0**	**0**
ENGLISH PREMIER LEAGUE	ENGLISH FA CUP	UEFA CHAMPIONS LEAGUE	UEFA EUROPA LEAGUE	FIFA CLUB WORLD CUP	UEFA-CONMEBOL INTERCONTINENTAL

Nationality 외국 선수 24명 / 잉글랜드 8명
Age 32명 평균 26.1세
Height 32명 평균 186cm
Market Value 1군 28명 평균 1342만 유로
Game Points 23-24 : 32점 / 통산 : 3019점

Win 23-24 : 9승 / 통산 : 818승
Draw 23-24 : 9무 / 통산 : 569무
Loss 23-24 : 20패 / 통산 : 867패
Goals For 23-24 : 49득점 / 통산 : 3156득점
Goals Against 23-24 : 67실점 / 통산 : 3306실점

More Minutes 모건 깁스화이트 3162분
Top Scorer 크리스 우드 14골
More Assists 모건 깁스화이트 10도움
More Subs 라이언 예이츠 +1명 14회 교체 IN
More Cards 모건 깁스화이트 Y9+R0

TOTO GUIDE 지난 시즌 상대팀별 전적

상대팀	홈	원정
Manchester City	0-2	0-2
Arsenal	1-2	1-2
Liverpool	0-1	0-3
Aston Villa	2-0	2-4
Tottenham	0-2	1-3
Chelsea	2-3	1-0
Newcastle Utd	2-3	3-1
Manchester Utd	2-1	2-3
West Ham Utd	2-0	2-3
Crystal Palace	1-1	0-0
Brighton	2-3	0-1
Bournemouth	2-3	1-1
Fulham	3-1	0-5
Wolverhampton	2-2	1-1
Everton	0-1	0-2
Brentford	1-1	2-3
Luton Town	2-2	1-1
Burnley	1-1	2-1
Sheffield Utd	2-1	3-1

CITY GROUND

구장 오픈 / 증개축 1898년, 증개축 5회
구장 소유 노팅엄 포리스트
수용 인원 3만 445명
피치 규모 105m X 71m
잔디 종류 천연 잔디

STRENGTHS & WEAKNESSES

OFFENSE		DEFENSE	
직접 프리킥	C	세트피스 수비	D
문전 처리	D	상대 볼 뺏기	B
측면 돌파	C	공중전 능력	B
스루볼 침투	C	역습 방어	C
개인기 침투	C	지공 방어	C
카운터 어택	A	스루패스 방어	D
기회 만들기	C	리드 지키기	D
세트피스	C	실수 조심	C
OS 피하기	C	측면 방어력	C
중거리 슈팅	C	파울 주의	D
볼 점유율	D	중거리슈팅 수비	C

매우 강함 A 강한 편 B 보통 수준 C 약한 편 D 매우 약함 E

RANKING OF LAST 10 YEARS

14-15	15-16	16-17	17-18	18-19	19-20	20-21	21-22	22-23	23-24
14	16	21	9	7	17	4	2부 리그	16 / 38점	17 / 32점
59점	55점	51점	53점	66점	70점	52점	80점		

위치	선수	국적	생년월일	출전(분)	출전경기	선발11	교체인	교체아웃	벤치출발	득점	도움	경고	경고누적	퇴장
GK	Matt Turner	USA	1994-06-24	1530	17	17	0	0	21	0	0	2	0	0
	Matz Sels	BEL	1992-02-26	1440	16	16	0	0	0	0	0	1	0	0
	Odisseas Vlachodimos	GRE	1994-04-26	450	5	5	0	0	14	0	0	0	0	0
	Wayne Hennessey	WAL	1987-01-24	0	0	0	0	0	1	0	0	0	0	0
DF	Murillo	BRA	2002-07-04	2793	32	32	0	4	0	0	2	5	0	0
	Ola Aina	NGA	1996-10-08	1701	22	20	2	11	5	1	1	3	0	0
	Neco Williams	WAL	2001-04-13	1633	26	18	8	4	13	0	1	4	0	0
	Moussa Niakhaté	SEN	1996-03-08	1457	21	15	6	1	18	1	0	4	1	0
	Harry Toffolo	ENG	1995-08-19	1454	23	15	8	3	17	1	3	3	0	0
	Willy Boly	CIV	1991-02-03	1443	20	18	2	6	5	2	1	2	1	0
	Gonzalo Montiel	ARG	1997-01-01	801	14	8	6	6	16	0	2	5	0	0
	Andrew Omobamidele	IRL	2002-06-23	780	11	8	3	0	11	0	0	2	0	0
	Nuno Tavares	POR	2000-01-26	455	8	5	3	1	8	0	0	2	0	0
	Felipe	BRA	1989-05-16	373	7	4	3	2	9	0	0	4	0	0
MF	Morgan Gibbs-White	ENG	2000-01-27	3162	37	35	2	8	2	5	10	9	0	0
	Ryan Yates	ENG	1997-11-21	1985	35	21	14	7	16	1	1	6	0	0
	Callum Hudson-Odoi	ENG	2000-11-07	1854	29	20	9	11	10	8	1	2	0	0
	Danilo	BRA	2001-04-29	1797	29	20	9	13	11	2	2	4	0	0
	Nicolás Domínguez	ARG	1998-06-28	1504	26	19	7	16	13	2	2	4	0	0
	Ibrahim Sangaré	CIV	1997-12-02	1040	17	13	4	9	11	0	0	6	0	0
	Giovanni Reyna	USA	2002-11-13	230	9	2	7	2	11	0	1	0	0	0
	Cheikhou Kouyaté	SEN	1989-12-21	204	12	2	10	2	28	0	0	2	0	0
	Jamie McDonnell	NIR	2004-02-16	0	0	0	0	0	1	0	0	0	0	0
	Joe Gardner	ENG	2005-06-06	0	0	0	0	0	2	0	0	0	0	0
FW	Anthony Elanga	SWE	2002-04-27	2433	36	25	11	10	11	5	9	1	0	0
	Chris Wood	NZL	1991-12-07	1808	31	20	11	7	11	14	1	0	0	0
	Taiwo Awoniyi	NGA	1997-08-12	1045	20	12	8	11	8	6	3	2	0	0
	Divock Origi	BEL	1995-04-18	598	20	6	14	6	21	0	1	1	0	0
	Rodrigo Ribeiro	POR	2005-04-28	13	4	0	4	0	12	0	0	0	0	0
	Detlef Esapa Osong	ENG	2004-09-21	0	0	0	0	0	1	0	0	0	0	0

212 NOTTINGHAM FOREST FC

PREMIER LEAGUE 2023-24 SEASON

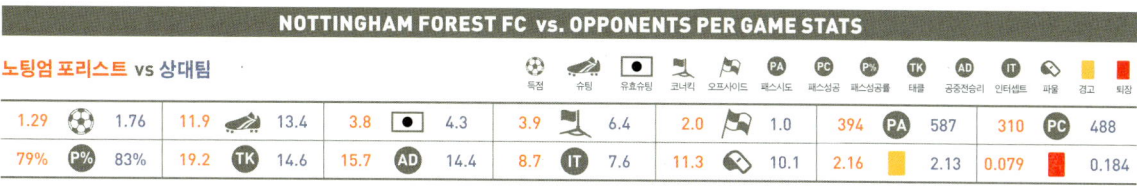

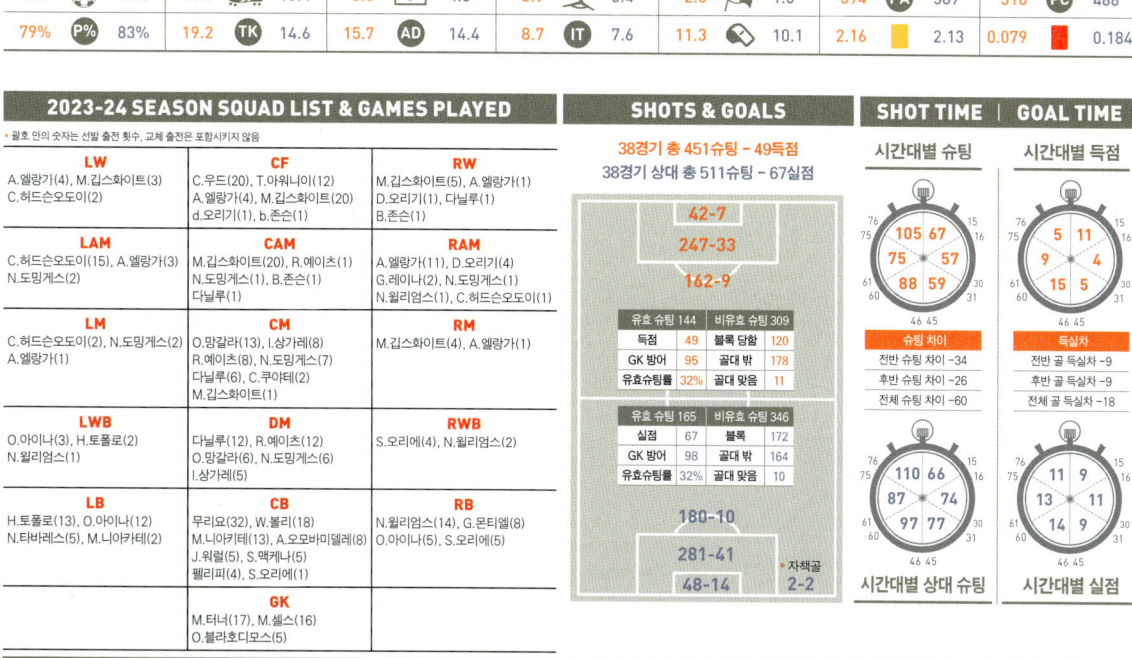

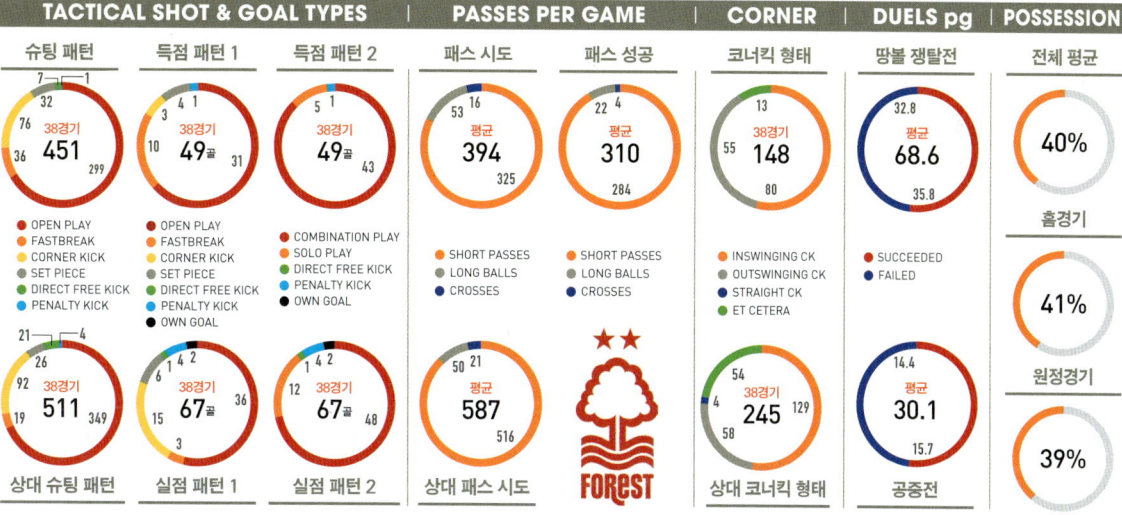

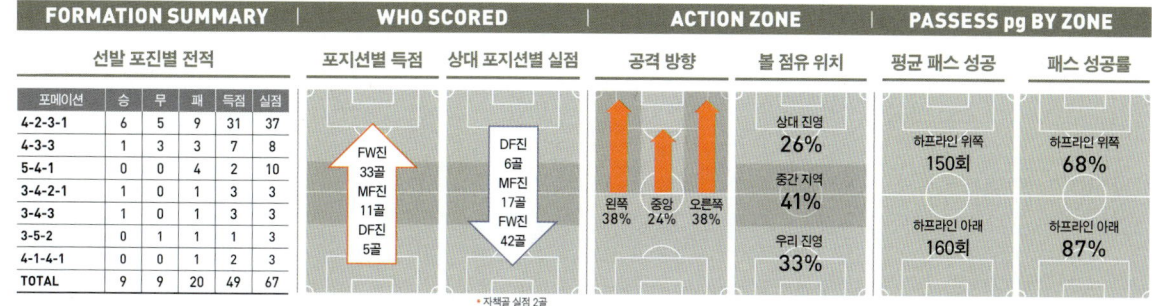

LEICESTER CITY FC

Founded 구단 창립 1884년	**Owner** 킹파워 국제 그룹	**CEO** A.스리바다나프라바 1985.07.26	**Manager** 스티브 쿠퍼 1979.12.10	**24-25 Odds** 벳365 : 1500배 스카이벳 : 1000배	
Nationality 외국 선수 17명 잉글랜드 16명	**Age** 33명 평균 25.7세	**Height** 33명 평균 183cm	**Market Value** 1군 25명 평균 825만 유로	**Game Points** 23-24 2부 : 97점 통산 2788점	
Win 23-24 2부 : 31승 통산 : 737승	**Draw** 23-24 2부 : 24무 통산 : 577무	**Loss** 23-24 2부 : 11패 통산 : 928패	**Goals For** 23-24 2부 : 89득점 통산 3313득점	**Goals Against** 23-24 2부 : 41실점 통산 : 3727실점	
More Minutes 해리 윙크스 4041분	**Top Scorer** 제이미 바디 18골	**More Assists** 키어넌 듀스버리홀 14도움	**More Subs** 함자 초우두리 19회 교체 IN	**More Cards** 야닉 비스트로 Y13+R0	

트로피

ENGLISH PREMIER LEAGUE	ENGLISH FA CUP	UEFA CHAMPIONS LEAGUE	UEFA EUROPA LEAGUE	FIFA CLUB WORLD CUP	UEFA-CONMEBOL INTERCONTINENTAL
1	1	0	0	0	0

TOTO GUIDE 지난 시즌 상대팀별 전적

상대팀	홈	원정
Ipswich Town	1-1	1-1
Leeds Utd	0-1	1-3
Southampton	5-0	4-1
West Brom	2-1	2-1
Norwich City	3-1	2-0
Hull City	0-1	2-2
Middlesbrough	1-2	0-1
Coventry City	2-1	1-3
Preston	3-0	3-0
Bristol City	1-0	0-1
Cardiff City	2-1	2-0
Millwall	3-2	0-1
Swansea City	3-1	3-1
Watford	2-0	2-1
Sunderland	1-0	1-0
Stoke City	2-0	5-0
QP Rangers	1-2	2-1
Blackburn	0-2	4-1
Sheffield Wed	2-0	1-1
Plymouth	4-0	0-1
Birmingham City	2-1	3-2
Huddersfield	4-1	1-0
Rotherham	3-0	1-0

TURF MOOR

구장 오픈 2002년
구장 소유 킹파워 그룹
수용 인원 3만 2261명
피치 규모 105m X 68m
잔디 종류 하이브리드 잔디

RANKING OF LAST 10 YEARS

시즌	14-15	15-16	16-17	17-18	18-19	19-20	20-21	21-22	22-23	23-24
순위	14	1	12	9	9	5	5	8	18	1
점수	41점	81점	44점	47점	52점	62점	66점	52점	34점	97점

위치	선수	국적	생년월일	출전(분)	출전경기	선발11	교체인	교체아웃	벤치출발	득점	도움	경고	경고누적	퇴장
GK	Mads Hermansen	DEN	2000-07-11	3960	44	44	0	0	1	0	0	2	0	0
GK	Jakub Stolarczyk	POL	2000-12-19	180	2	2	0	0	44	0	0	0	0	0
GK	Danny Ward	WAL	1993-06-22	0	0	0	0	0	6	0	0	0	0	0
DF	Wout Faes	BEL	1998-04-03	3826	43	43	0	1	3	2	0	6	0	0
DF	Jannik Vestergaard	DEN	1992-08-03	3722	42	42	0	4	0	2	0	13	0	0
DF	Ricardo Pereira	POR	1993-10-06	3284	39	37	2	8	5	3	3	8	0	0
DF	James Justin	ENG	1997-07-11	2610	39	27	12	6	18	2	2	4	0	0
DF	Callum Doyle	ENG	2003-10-03	1206	17	14	3	3	16	0	1	1	0	0
DF	Conor Coady	ENG	1993-02-25	697	12	8	4	1	33	0	0	1	0	0
DF	Ben Nelson	ENG	2004-03-18	207	5	2	3	1	15	1	0	2	0	0
DF	Harry Souttar	AUS	1998-10-22	98	3	1	2	1	19	0	0	0	0	0
MF	Harry Winks	ENG	1996-02-02	4041	45	45	0	2	0	2	0	9	0	0
MF	Kiernan Dewsbury-Hall	ENG	1998-09-06	3644	44	41	3	11	4	12	14	6	0	0
MF	Wilfred Ndidi	NGA	1996-12-16	2142	32	26	6	20	6	4	5	5	0	0
MF	Hamza Choudhury	ENG	1997-10-01	1458	34	15	19	5	31	0	1	5	0	0
MF	Kasey McAteer	ENG	2001-11-22	1159	23	13	10	11	12	6	0	2	0	0
MF	Dennis Praet	BEL	1994-05-14	613	17	6	11	6	18	0	1	0	0	0
MF	Wanya Marçal-Madivádua	POR	2002-10-19	143	3	2	1	2	14	1	0	0	0	0
MF	Marc Albrighton	ENG	1989-11-18	116	12	0	12	0	25	0	0	0	0	0
MF	Arjan Raikhy	ENG	2003-08-25	2	1	0	1	0	1	0	0	0	0	0
MF	Will Alves	ENG	2005-02-03	0	0	0	0	0	1	0	0	0	0	0
FW	Stephy Mavididi	ENG	1998-05-31	3600	46	42	4	16	4	12	6	7	0	0
FW	Abdul Fatawu	GHA	2004-03-08	2826	40	33	7	19	7	6	13	6	0	0
FW	Jamie Vardy	ENG	1987-01-11	1770	35	18	17	17	19	18	2	4	0	0
FW	Patson Daka	ZAM	1998-10-09	1094	20	15	5	14	20	7	5	1	0	0
FW	Kelechi Iheanacho	NGA	1996-10-03	915	23	10	13	8	18	5	1	1	0	0
FW	Yunus Akgün	TUR	2000-07-07	886	23	9	14	10	26	1	2	1	0	0
FW	Thomas Cannon	IRL	2002-12-28	422	13	3	10	2	22	2	1	1	0	0
FW	Tawanda Maswanhise	ENG	2002-11-20	0	0	0	0	0	3	0	0	0	0	0

ENGLISH LC(2부리그) 2023-24 SEASON

LEICESTER CITY FC vs. OPPONENTS PER GAME STATS

레스터 시티 vs 상대팀

레스터 시티		상대팀	항목
1.93	⚽	0.89	득점
14.1	👟	10.5	슈팅
4.8	●	3.4	유효슈팅
5.5	🚩	4.2	코너
1.7	🚩	1.9	오프사이드
646	PA	393	패스시도
569	PC	340	패스성공
88%	P%	87%	패스성공율
16.6	TK	16.3	태클
12.2	AD	10.4	공중전승리
8.9	IT	9.2	인터셉트
10.3		10.9	파울
1.80	🟨	2.54	경고
0.022	🟥	0.087	퇴장

2023-24 SEASON SQUAD LIST & GAMES PLAYED

*괄호 안의 숫자는 선발 출전 횟수, 교체 출전은 포함시키지 않음

LW: S.마비디디(27), K.매커티어(2), A.파타우(1)
CF: J.바디(18), P.디카(15), K.이헤나초(10), T.캐넌(3)
RW: A.파타우(19), K.매커티어(6), W.마르살(2), Y.아크권(2), R.페레이라(1)

LAM: S.마비디디(14), A.파타우(1), K.매커티어(1)
CAM: K.두스베리홀(8), D.프라트(5), Y.아크권(3), K.매커티어(1)
RAM: A.파타우(12), K.매커티어(2), S.마비디디(1), Y.아크권(1)

LM: N/A
CM: H.윙크스(29), K.두스베리홀(25), W.은디디(22), C.카사데이(6), Y.아크권(3), H.초우두리(2), D.프라트(1), R.페레이라(1)
RM: N/A

LWB: K.두스베리홀(1)
DM: H.윙크스(6), K.두스베리홀(7), W.은디디(4), C.카사데이(2), H.초우두리(1)
RWB: R.페레이라(1)

LB: J.저스틴(20), C.도일(12), W.파에스(6), R.페레이라(5), H.초우두리(1)
CB: J.비스트코(42), W.파에스(37), C.코디(8), C.도일(2), B.넬슨(2), H.수타(1), H.초우두리(1), J.저스틴(1)
RB: R.페레이라(27), H.초우두리(10), J.저스틴(5), K.매커티어(1)

GK: M.허맨슨(44), J.스톨라르치크(2)

SHOTS & GOALS

46경기 총 658슈팅 - 89득점

Inside The Box	458-81	자책골 1-1
Outside The Box	199-7	

유효 슈팅 223		비유효 슈팅 424	
득점	89	블록 당함	161
GK 방어	134	골대 밖	241
유효슈팅률	34%	골대 맞음	22

신체별		공격 형태별 슈팅-득점	
왼발	35	OP/FB/SP	633-76
오른발	38	직접 프리킥	12-1
헤더	15	페널티킥	13-12

* OP : 지공 / FB : 속공 / SP : 세트플레이

GOAL TIME | WHO SCORED

시간대별 득점: 23, 11, 18, 13, 13, 11

득실차
전반 골 득실차 +20
후반 골 득실차 +28
전체 골 득실차 +48

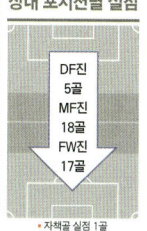

시간대별 실점: 15, 4, 6, 6, 6, 5

포지션별 득점
FW진 52골
MF진 26골
DF진 11골
* 상대 자책골 1골

상대 포지션별 실점
DF진 5골
MF진 18골
FW진 17골
* 자책골 실점 1골

PASSES PER GAME | CORNER | DUELS pg

패스 시도 평균 646 (48 short / 17 long / 581 crosses)
패스 성공 평균 569 (28 / 5 / 536)
코너킥 형태 46경기 254 (69 inswinging / 52 outswinging / 1 straight / 132 etc)
땅볼 쟁탈전 평균 68.7 (32.9 succeeded / 35.8 failed)

- SHORT PASSES / LONG BALLS / CROSSES
- INSWINGING CK / OUTSWINGING CK / STRAIGHT CK / ET CETERA
- SUCCEEDED / FAILED

상대 패스 시도 평균 393 (52 / 14 / 327)
상대 코너킥 형태 46경기 195 (45 / 5 / 54 / 91)
공중전 평균 22.6 (10.4 / 12.2)

PASSESS pg BY ZONE | FORMATION SUMMARY

평균 패스 성공	패스 성공률
하프라인 위쪽 268회	하프라인 위쪽 80%
하프라인 아래 301회	하프라인 아래 93%

선발 포진별 전적

포메이션	승	무	패	득점	실점
4-3-3	23	2	4	60	22
4-2-3-1	7	2	6	27	17
3-2-4-1	1	0	0	2	1
3-4-3	0	0	1	0	1
TOTAL	31	4	11	89	41

IPSWICH TOWN FC

ENGLISH PREMIER LEAGUE	1	ENGLISH FA CUP	1	UEFA CHAMPIONS LEAGUE	0	UEFA EUROPA LEAGUE	0	FIFA CLUB WORLD CUP	0	UEFA-CONMEBOL INTERCONTINENTAL	0

Founded 구단 창립 1987년
Owner 게임체인저 20 Ltd.
CEO 마이크 올리버리 1961.03.20
Manager 키이런 맥케나 1986.05.14
24-25 Odds 벳365 : 1500배 / 스카이벳 : 1000배

Nationality 외국 선수 17명 / 잉글랜드 13명
Age 30명 평균 26.6세
Height 30명 평균 182cm
Market Value 1군 29명 평균 225만 유로
Game Points 23-24 2부 : 96점 / 통산 : 1471점

Win 23-24 2부 : 28승 / 통산 : 402승
Draw 23-24 2부 : 12무 / 통산 : 265무
Loss 23-24 2부 : 6패 / 통산 : 417패
Goals For 23-24 2부 : 92득점 / 통산 : 1442득점
Goals Against 23-24 2부 : 57실점 / 통산 : 1500실점

More Minutes 바클라프 흘라드키 4140분
Top Scorer 코너 채플린+1명 13골
More Assists 레이프 데이비스 18도움
More Subs 마커스 마이어스하니스 27회 교체 IN
More Cards 샘 모르시 Y14+R0

TOTO GUIDE 지난 시즌 상대팀별 전적

상대팀	홈	원정
Leicester City	1-1	1-1
Leeds Utd	3-4	0-4
Southampton	3-2	1-0
West Brom	2-2	0-2
Norwich City	2-2	0-1
Hull City	3-0	3-3
Middlesbrough	1-1	2-0
Coventry City	2-1	2-1
Preston	4-2	2-3
Bristol City	3-2	1-0
Cardiff City	3-2	1-2
Millwall	3-1	4-0
Swansea City	3-2	2-1
Watford	0-0	2-1
Sunderland	2-1	2-1
Stoke City	2-0	0-0
QP Rangers	0-0	1-0
Blackburn	4-3	1-0
Sheffield Wed	6-0	1-0
Plymouth	3-2	2-0
Birmingham City	3-1	2-2
Huddersfield	2-0	1-1
Rotherham	4-3	2-2

PORTMAN ROAD

구장 오픈 1884년 / 2002년
토지 소유 : 시 정부
건물 소유 : 구단
수용 인원 2만 9673명
피치 규모 102m X 75m
잔디 종류

RANKING OF LAST 10 YEARS

● 2부 리그
● 3부 리그

14-15	15-16	16-17	17-18	18-19	19-20	20-21	21-22	22-23	23-24
6	7	16	12	24	11 52점	9 69점	11 70점	2 98점	2 96점
78점	69점	55점	60점	31점					

위치	선수	국적	생년월일	출전(분)	출전경기	선발11	교체인	교체아웃	벤치출발	득점	도움	경고	경고누적	퇴장
GK	Václav Hladký	CZE	1990-11-14	4140	46	46	0	1	0	0	0	4	0	0
	Christian Walton	ENG	1995-11-09	0	1	0	1	0	37	0	0	0	0	0
	Cieran Slicker	SCO	2002-09-15	0	0	0	0	0	9	0	0	0	0	0
DF	Leif Davis	ENG	2000-1-12	3788	43	43	0	7	0	2	18	5	0	0
	Luke Woolfenden	ENG	1998-10-21	3611	41	40	1	0	6	1	1	5	0	0
	Cameron Burgess	AUS	1995-10-21	3420	39	38	1	0	1	2	1	3	0	0
	Harry Clarke	ENG	2001-03-02	2359	35	25	10	6	17	1	1	7	0	0
	Axel Tuanzebe	ENG	1997-11-14	1379	18	16	2	5	16	0	1	4	0	0
	George Edmundson	ENG	1997-08-15	889	10	10	0	1	8	0	2	2	0	0
	Brandon Williams	ENG	2000-09-03	797	15	8	7	3	11	2	0	5	0	0
	Lewis Travis	ENG	1997-10-16	332	9	4	5	4	15	0	0	3	0	0
	Janoi Donacien	LCA	1993-11-03	217	3	3	0	2	2	0	0	1	0	0
	Dominic Ball	ENG	1995-08-02	138	10	1	9	1	27	0	0	2	0	0
MF	Sam Morsy	EGY	1991-09-10	3752	42	42	0	3	0	3	6	14	0	0
	Massimo Luongo	AUS	1992-09-25	3177	43	37	6	24	6	3	0	11	0	0
	Omari Hutchinson	JAM	2003-10-29	2176	44	20	24	9	25	10	5	3	0	0
	Marcus Harness	ENG	1994-08-01	965	34	7	27	7	34	4	1	2	0	0
	Jack Taylor	IRL	1998-06-23	867	33	7	26	6	33	2	1	3	0	0
	Jeremy Sarmiento	ECU	2002-6-16	632	20	5	15	5	15	3	1	2	0	0
	Cameron Humphreys	ENG	2003-10-30	93	3	1	2	0	20	0	1	0	0	0
FW	Conor Chaplin	ENG	1997-02-16	3371	44	42	2	35	3	13	8	7	0	0
	Wes Burns	WAL	1995-10-28	2403	35	31	4	26	4	6	4	7	0	0
	Nathan Broadhead	WAL	1998-04-05	2311	38	29	9	26	11	13	3	3	0	0
	George Hirst	ENG	1999-02-15	1785	26	24	2	24	2	7	6	3	0	0
	Kieffer Moore	WAL	1992-08-08	1148	18	14	4	12	4	7	1	1	0	0
	Kayden Jackson	ENG	1994-02-22	957	29	9	20	10	35	3	3	2	0	0
	Ali Al-Hamadi	IRQ	2002-03-01	281	14	1	13	1	15	4	0	1	0	0
	Sone Aluko	NGA	1989-02-19	3	1	0	1	0	4	0	0	0	0	0
	Gerard Buabo	ENG	2005-05-05	3	1	0	1	0	5	0	0	0	0	0

ENGLISH LC(2부리그) 2023-24 SEASON

IPSWICH TOWN FC vs. OPPONENTS PER GAME STATS

입스위치 vs 상대팀 — 득점 / 슈팅 / 유효슈팅 / 코너킥 / 오프사이드 / 패스시도 / 패스성공 / 패스성공률 / 태클 / 공중전승리 / 인터셉트 / 파울 / 경고 / 퇴장

입스위치		상대팀	항목
2.00	⚽	1.24	득점
15.6	👟	10.8	슈팅
5.7	●	5.5	유효슈팅
5.3	🚩	5.1	코너킥
1.8	🚩	1.7	오프사이드
501	PA	448	패스시도
409	PC	345	패스성공
82%	P%	77%	패스성공률
16.2	TK	15.6	태클
16.6	AD	14.0	공중전승리
8.8	IT	10.6	인터셉트
12.3		10.6	파울
2.20	🟨	1.76	경고
0.000	🟥	0.087	퇴장

2023-24 SEASON SQUAD LIST & GAMES PLAYED

*괄호 안의 숫자는 선발 출전 횟수. 교체 출전은 포함시키지 않음

LW	CF	RW
N/A	G.허스트(24), K.무어(14) K.잭슨(5), F.라다포(2) A.A.하마디(1)	N/A

LAM	CAM	RAM
N.브로드헤드(29), M.하네스(7) O.허친슨(5), J.사르미엔토(5)	C.채플린(42), O.허친슨(4)	W.번스(31), O.허친슨(11) K.잭슨(4)

LM	CM	RM
N/A	N/A	N/A

LWB	DM	RWB
N/A	S.모시(42), M.루옹고(37) J.테일러(7), L.트레비스(4) D.볼(1), L.에반스(1)	N/A

LB	CB	RB
L.데이비스(43), C.험프리스(1) H.클락(1), B.윌리엄스(1)	L.울펜든(40), C.버지스(38) G.에드문드슨(10), A.투안제베(4)	H.클라크(24), A.투안제베(12) B.윌리엄스(7), J.도나센(3)

	GK	
	V.흘라댜키(46)	

SHOTS & GOALS

46경기 총 719슈팅 - 92득점

- Inside The Box: 481-76
- Outside The Box: 238-12
- 자책골: 4-4

유효 슈팅 294		비유효 슈팅 425	
득점	92	블록 당함	216
GK 방어	202	골대 밖	189
유효슈팅률	41%	골대 맞음	20

*자책골 4골

신체별
- 왼발: 28
- 오른발: 50
- 헤더: 12

공격 형태별 슈팅-득점
- OP/FB/SP: 702-86
- 직접 프리킥: 14-0
- 페널티킥: 3-2

*OP: 지공 / FB: 속공 / SP: 세트플레이

*자책골 6-6

GOAL TIME | WHO SCORED

시간대별 득점
- 0-15: 11
- 16-30: 26
- 31-45: 13
- 46-60: 8
- 61-75: 19
- 76-90: 15

포지션별 득점
- FW진: 62골
- MF진: 17골
- DF진: 9골

*상대 자책골 4골

득실차
- 전반 골 득실차 +16
- 후반 골 득실차 +19
- 전체 골 득실차 +35

시간대별 실점
- 0-15: 4
- 16-30: 14
- 31-45: 12
- 46-60: 10
- 61-75: 8
- 76-90: 9

상대 포지션별 실점
- DF진: 4골
- MF진: 16골
- FW진: 31골

*자책골 실점 6골

PASSES PER GAME | CORNER | DUELS pg

패스 시도 평균 501 (SHORT PASSES 431, LONG BALLS 51, CROSSES 19)

패스 성공 평균 409 (SHORT PASSES 381, LONG BALLS 23, CROSSES 5)

코너킥 형태 46경기 244 (INSWINGING CK 37, OUTSWINGING CK 122, STRAIGHT CK 84, ET CETERA 1)

땅볼 쟁탈전 평균 68.8 (SUCCEEDED 35.9, FAILED 32.9)

상대 패스 시도 평균 448 (SHORT PASSES 369, LONG BALLS 62, CROSSES 17)

상대 코너킥 형태 46경기 236 (INSWINGING CK 60, OUTSWINGING CK 117, STRAIGHT CK 58, ET CETERA 1)

공중전 평균 30.6 (14.4 / 16.6)

PASSES pg BY ZONE | FORMATION SUMMARY

평균 패스 성공
- 하프라인 위쪽: 152회
- 하프라인 아래: 227회

패스 성공률
- 하프라인 위쪽: 70%
- 하프라인 아래: 89%

선발 포지션별 전적

포메이션	승	무	패	득점	실점
4-2-3-1	28	12	6	92	57
TOTAL					

SOUTHAMPTON FC

 Founded 구단 창립 1938년

 Owner 스포트 리퍼블릭

 CEO 헨리크 크라프트 1974.01.

 Manager 러셀 마틴 1986.01.04

 24-25 Odds 벳365 : 1000배 스카이벳 : 1000배

 Nationality 외국 선수 14명 잉글랜드 15명

 Age 29명 평균 25.1세

 **Height** 29명 평균 180cm

 Market Value 1군 25명 평균 752만 유로

 Game Points 23-24 2부 : 87점 통산 : 2284점

 **Win** 23-24 2부 : 26승 통산 : 594승

 Draw 23-24 2부 : 9무 통산 : 502무

 Loss 23-24 2부 : 11패 통산 : 738패

 Goals For 23-24 2부 : 87득점 통산 : 2384득점

 Goals Against 23-24 2부 : 63실점 통산 : 2697실점

 More Minutes 카일 워커피터스 4130분

 Top Scorer 애덤 암스트롱 24골

 More Assists 애덤 암스트롱 13도움

More Subs 라이언 프레이저 27회 교체 IN

More Cards 얀 베드나레크 Y13+R0

RANKING OF LAST 10 YEARS

	14-15	15-16	16-17	17-18	18-19	19-20	20-21	21-22	22-23	23-24
순위	7	6	8	17	16	11	15	15	20	4
점수	60점	63점	46점	36점	39점	52점	43점	40점	25점	87점

 0 **ENGLISH PREMIER LEAGUE**
 1 **ENGLISH FA CUP**
 0 **UEFA CHAMPIONS LEAGUE**
 0 **UEFA EUROPA LEAGUE**
0 **FIFA CLUB WORLD CUP**
 0 **UEFA-CONMEBOL INTERCONTINENTAL**

TOTO GUIDE 지난 시즌 상대팀별 전적

상대팀	홈	원정
Leicester City	1-4	0-5
Ipswich Town	0-1	2-3
Leeds Utd	3-1	2-1
West Brom	2-1	2-0
Norwich City	4-4	1-1
Hull City	1-2	2-1
Middlesbrough	1-1	1-2
Coventry City	2-1	1-1
Preston	3-0	2-2
Bristol City	1-0	1-3
Cardiff City	2-0	1-2
Millwall	1-2	1-0
Swansea City	5-0	3-1
Watford	3-2	1-1
Sunderland	4-2	0-5
Stoke City	0-1	1-0
QP Rangers	2-1	1-0
Blackburn	4-0	0-0
Sheffield Wed	4-0	2-1
Plymouth	2-1	2-1
Birmingham City	3-1	4-3
Huddersfield	5-3	1-1
Rotherham	1-1	2-0

St.MARY'S STADIUM

구장 오픈 2001년
구장 소유 사우샘프턴 FC
수용 인원 3만 2384명
피치 규모 105m X 68m
잔디 종류 하이브리드 잔디

위치	선수	국적	생년월일	출전(분)	출전경기	선발11	교체인	교체아웃	벤치출발	득점	도움	경고	경고누적	퇴장
GK	Gavin Bazunu	IRL	2002-02-20	3690	41	41	0	0	0	0	0	1	0	0
	Alex McCarthy	ENG	1989-12-03	720	8	8	0	0	15	0	0	0	0	0
	Joe Lumley	ENG	1995-02-15	0	0	0	0	0	34	0	0	0	0	0
DF	Kyle Walker-Peters	ENG	1997-04-13	4130	46	46	0	2	1	2	4	4	0	0
	Jan Bednarek	POL	1996-04-12	3817	45	42	3	2	5	2	0	13	0	0
	Taylor Harwood-Bellis	ENG	2002-10-30	3772	43	43	0	3	1	2	3	6	0	0
	Ryan Manning	IRL	1996-06-14	2843	40	30	10	5	17	0	2	9	0	0
	Jack Stephens	ENG	1994-01-27	1760	26	20	6	4	14	0	0	7	0	0
	Shea Charles	NIR	2003-11-05	1430	33	15	18	6	30	0	0	6	1	0
	James Bree	ENG	1997-10-11	1081	19	13	6	6	24	0	1	0	0	1
	Juan Larios	ESP	2004-01-12	0	0	0	0	0	0	0	0	0	0	0
	Jayden Meghoma	ENG	2006-06-28	0	0	0	0	5	0	0	0	0	0	0
	Nico Lawrence	ENG	2003-11-22	0	0	0	0	1	0	0	0	0	0	0
MF	Will Smallbone	IRL	2000-02-21	3286	46	38	8	25	9	7	4	8	0	0
	Stuart Armstrong	SCO	1992-03-30	2848	42	33	9	26	9	5	7	6	0	0
	Flynn Downes	ENG	1999-01-20	2829	36	34	2	12	2	2	3	11	0	0
	Joe Aribo	NGA	1996-07-21	1866	38	19	19	11	25	4	1	6	0	0
	Ryan Fraser	SCO	1994-02-24	1772	42	15	27	13	29	6	2	6	0	0
	David Brooks	WAL	1997-07-08	1027	20	13	7	13	8	2	6	2	0	0
	Joe Rothwell	ENG	1995-01-11	443	17	4	13	4	18	4	0	2	0	0
	Tyler Dibling	ENG	2006-03-12	2	1	0	1	0	16	0	0	0	0	0
	Cam Bragg	ENG	2005-04-10	0	0	0	0	0	1	0	0	0	0	0
FW	Adam Armstrong	ENG	1997-02-10	4014	49	47	2	22	2	24	13	5	0	0
	Che Adams	SCO	1996-07-13	2317	41	25	16	22	18	16	4	6	0	0
	Samuel Edozie	ENG	2003-01-28	1426	34	16	18	17	31	6	3	2	0	0
	Kamaldeen Sulemana	GHA	2002-02-15	947	25	10	15	10	23	0	3	4	0	0
	Sékou Mara	FRA	2002-07-30	616	29	5	24	5	37	3	2	1	0	0
	Samuel Amo-Ameyaw	ENG	2006-07-18	74	3	1	2	1	16	0	0	0	0	0
	Ross Stewart	SCO	1996-07-11	42	4	0	4	0	6	0	0	0	0	0

ENGLISH LC(2부리그) 2023-24 SEASON

SOUTHAMPTON FC vs. OPPONENTS PER GAME STATS

사우스햄튼 FC		vs	상대팀	구분
1.89	⚽	1.34		득점
15.2	👟	11.1		슈팅
5.6	●	3.8		유효슈팅
7.4	🚩	4.4		코너
1.8	🚩	2.2		오프사이드
684	PA	357		패스시도
614	PC	313		패스성공
90%	P%	88%		패스성공률
14.2	TK	18.1		태클
9.7	AD	9.5		공중전승리
8.4	IT	10.7		인터셉트
9.8		13.1		파울
2.41	🟨	2.72		경고
0.065	🟥	0.043		퇴장

2023-24 SEASON SQUAD LIST & GAMES PLAYED

* 골호 안의 숫자는 선발 출전 횟수, 교체 출전은 포함시키지 않음

LW: R.프레이저(11), K.슐레마나(8), S.에도지(7), A.암스트롱(6), C.애덤스(1)

CF: D.애덤스(21), A.암스트롱(16), C.알카라스(6), S.마라(3), S.암스트롱(2), J.아리보(1)

RW: A.암스트롱(13), D.브룩스(10), N.텔라(3), C.알카라스(2), S.에도지(2), R.프레이저(1), S.마라(1), S.아모아메아우(1)

LAM: N/A

CAM: A.암스트롱(6), S.에도지(5), C.애덤스(3), K.워커피터스(2), J.아리보(1), K.슐레마나(1)

RAM: N/A

LM: C.알카라스(1), R.프레이저(1), S.에도지(1)

CM: W.스몰본(35), F.다운스(31), DS.암스트롱(30), J.아리보(13), S.찰스(13), C.알카라스(4), J.로스웰(4), A.암스트롱(2), J.워드프라우스(1), D.브룩스(1)

RM: S.에도지(1), S.암스트롱(1), A.암스트롱(1)

LWB: R.매닝(2)

DM: N/A

RWB: K.워커피터스(1), J.아리보(1)

LB: R.매닝(27), J.브리(7), K.워커피터스(7), J.스테픈스(3)

CB: J.베드나레크(39), T.하우드벨리스(37), J.스테픈스(13), M.홀게이트(3), S.찰스(2)

RB: K.워커피터스(33), J.브리(6), T.하우드벨리스(3), M.홀게이트(3), J.스테픈스(1)

GK: G.바주누(41), A.맥카시(5)

SHOTS & GOALS

46경기 총 617슈팅 - 87득점

Inside The Box: 500-77
자책골 2-2
Outside The Box: 215-8

	유효 슈팅 267	비유효 슈팅 350
득점	87	블록 당함 221
GK 방어	180	골대 밖 114
유효슈팅률	43%	골대 맞음 15

신체별		공격 형태별 슈팅-득점	
왼발	23	OP/FB/SP	592-80
오른발	55	직접 프리킥	18-1
헤더	6	페널티킥	5-4

* OP: 지공 / FB: 속공 / SP: 세트플레이

GOAL TIME | WHO SCORED

시간대별 득점: 22, 15, 9, 16, 10, 15 (76, 61, 46, 45, 31, 15)

포지션별 득점:
- FW진 58골
- MF진 25골
- DF진 6골

* 상대 자책골 2골

득실차: 전반 골 득실차 +19, 후반 골 득실차 +5, 전체 골 득실차 +24

시간대별 실점: 14, 8, 13, 6, 9, 13

상대 포지션별 실점:
- DF진 9골
- MF진 23골
- FW진 32골

PASSES PER GAME | CORNER | DUELS pg

패스 시도 평균 684 (40 short, 19 long, 625 crosses)

패스 성공 평균 614 (23 short, 4 long, 587 crosses)

코너킥 형태 46경기 357 (97 inswinging, 5 outswinging, 181 straight, 74 et cetera)

땅볼 쟁탈전 평균 67.5 (32.2 succeeded, 35.3 failed)

상대 패스 시도 평균 357 (49, 15, 293)

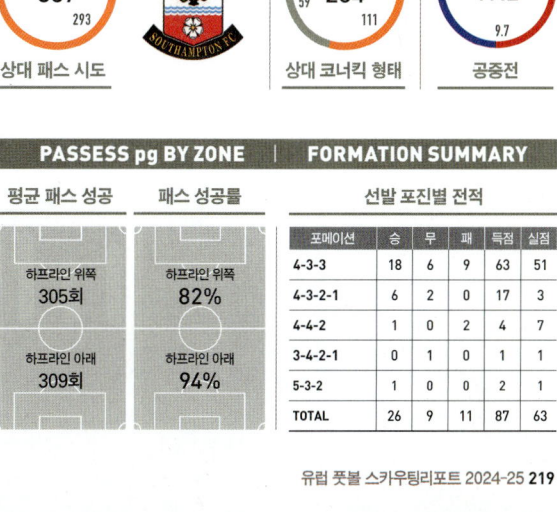

상대 코너킥 형태 46경기 204 (34, 59, 111)

공중전 평균 19.2 (9.5, 9.7)

PASSES pg BY ZONE | FORMATION SUMMARY

	평균 패스 성공	패스 성공률
하프라인 위쪽	305회	82%
하프라인 아래	309회	94%

선발 포지션별 전적

포메이션	승	무	패	득점	실점
4-3-3	18	6	9	63	51
4-3-2-1	6	2	0	17	3
4-4-2	1	0	2	4	7
3-4-2-1	0	1	0	1	1
5-3-2	1	0	0	2	1
TOTAL	26	9	11	87	63

천 하 통 일

天下統一

'꿈의 구단' 레알 마드리드는 2023-24시즌, 스페인 라리가와 유럽 챔피언스리그 우승의 '더블'을 달성했다. 여기에 친선전 성격이 강한 스페인 슈퍼컵도 덤으로 들어 올렸다. 레알 마드리드는 라리가 시즌 초반부터 선두를 질주했고, 최종 성적 29승 8무 1패, 승점 95점을 기록하며 통산 36번째 우승을 차지했다. 또한, 챔피언스리그에서도 9승 4무, 무패우승을 달성하며 통산 15번째 정상에 올랐다. 시즌 초반 주전 CF 벤제마의 이탈, 수비수 밀리탕, 골키퍼 쿠르투아의 부상 등 여러 악재가 겹쳤지만, 명장 안첼로티 감독의 탁월한 용병술, 벨링엄, 비니시우스, 호드리구 등 젊은 선수들의 활기찬 플레이가 큰 힘이 됐다. 레알은 2024-25시즌, 현역 세계 최고 선수 음바페가 합류한다. FC 바르셀로나, 아틀레티코 마드리드 등 전통적인 라이벌들이 도전하겠지만 레알의 독주는 계속될 전망이다.

LALIGA

2024-25시즌 라리가 우승 배당률

예상	팀	벳365	스카이벳	패디파워	윌리엄힐
1	Real Madrid	0.44배	0.44배	0.44배	0.44배
2	FC Barcelona	3.5배	4배	3.5배	3.5배
3	Atletico Madrid	9배	10배	8.5배	9배
4	Real Sociedad	25배	25배	20배	25배
5	Athletic Bilbao	25배	25배	25배	28배
6	Girona	20배	22배	33배	40배
7	Real Betis	40배	66배	33배	40배
8	Villarreal	80배	150배	66배	80배
9	Valencia	100배	200배	100배	100배
10	Sevilla	100배	200배	100배	100배
11	Celta Vigo	250배	150배	300배	500배
12	Valladolid	1000배	1000배	—	1000배
13	Espanyol	1000배	1000배	—	—
14	Alaves	500배	1000배	500배	500배
15	Leganes	1000배	1000배	—	1000배
16	Rayo Vallecano	1000배	1000배	1000배	1000배
17	Las Palmas	1000배	1000배	1000배	1000배
18	Real Mallorca	1000배	500배	1000배	1000배
19	Getafe	1000배	1000배	1000배	1000배
20	Osasuna	1000배	1000배	1000배	1000배

배당률은 2024년 7월 10일 기준. 강팀일수록 배당률은 낮아짐

2023-24시즌 라리가 순위

순위	팀	경기	승	무	패	득점	실점	득실	승점
1	Real Madrid ★	38	29	8	1	87	26	61	95
2	FC Barcelona ●	38	26	7	5	79	44	35	85
3	Girona ●	38	25	6	7	85	46	39	81
4	Atletico Madrid ●	38	24	4	10	70	43	27	76
5	Athletic Bilbao ●	38	19	11	8	61	37	24	68
6	Real Sociedad	38	16	12	10	51	39	12	60
7	Real Betis	38	14	15	9	48	45	3	57
8	Villarreal	38	14	11	13	65	65	0	53
9	Valencia	38	13	10	15	40	45	−5	49
10	Deportivo Alaves	38	12	10	16	36	46	−10	46
11	Osasuna	38	12	9	17	45	56	−11	45
12	Getafe	38	10	13	15	42	54	−12	43
13	Celta Vigo	38	10	11	17	46	57	−11	41
14	Sevilla	38	10	11	17	48	54	−6	41
15	Real Mallorca	38	8	16	14	33	44	−11	40
16	Las Palmas	38	10	10	18	33	47	−14	40
17	Rayo Vallecano	38	8	14	16	29	48	−19	38
18	Cadiz ▼	38	6	15	17	26	55	−29	33
19	Almeria ▼	38	3	12	23	43	75	−32	21
20	Granada ▼	38	4	9	25	38	79	−41	21

★ 우승   ● 챔피언스리그 출전   ● 유로파리그 출전   ▼ 강등

2024-25 LA LIGA MATCH SCHEDULE

*시간은 스페인 현지 시간. 대한민국은 스페인보다 8시간 빠름

DAY 1

Date	Home		Away
2024.8.15	Athletic Bilbao	vs	Getafe
2024.8.15	Real Betis	vs	Girona
2024.8.16	Celta de Vigo	vs	Alavés
2024.8.16	Las Palmas	vs	Sevilla
2024.8.17	Osasuna	vs	Leganés
2024.8.17	Valencia	vs	Barcelona
2024.8.18	Real Sociedad	vs	Rayo Vallecano
2024.8.18	Mallorca	vs	Real Madrid
2024.8.19	Valladolid	vs	Espanyol
2024.8.19	Villarreal	vs	Atlético de Madrid

DAY 2

Date	Home		Away
2024.8.25	Real Madrid	vs	Valladolid
2024.8.25	Getafe	vs	Rayo Vallecano
2024.8.25	Atlético de Madrid	vs	Girona
2024.8.25	Sevilla	vs	Villarreal
2024.8.25	Celta de Vigo	vs	Valencia
2024.8.25	Espanyol	vs	Real Sociedad
2024.8.25	Alavés	vs	Real Betis
2024.8.25	Barcelona	vs	Athletic Bilbao
2024.8.25	Osasuna	vs	Mallorca
2024.8.25	Leganés	vs	Las Palmas

DAY 3

Date	Home		Away
2024.8.28	Mallorca	vs	Sevilla
2024.8.28	Girona	vs	Osasuna
2024.8.28	Athletic Bilbao	vs	Valencia
2024.8.28	Las Palmas	vs	Real Madrid
2024.8.28	Real Betis	vs	Getafe
2024.8.28	Valladolid	vs	Leganés
2024.8.28	Rayo Vallecano	vs	Barcelona
2024.8.28	Atlético de Madrid	vs	Espanyol
2024.8.28	Real Sociedad	vs	Alavés
2024.8.28	Villarreal	vs	Celta de Vigo

DAY 4

Date	Home		Away
2024.9.1	Valencia	vs	Villarreal
2024.9.1	Getafe	vs	Real Sociedad
2024.9.1	Athletic Bilbao	vs	Atlético de Madrid
2024.9.1	Alavés	vs	Las Palmas
2024.9.1	Barcelona	vs	Valladolid
2024.9.1	Leganés	vs	Mallorca
2024.9.1	Espanyol	vs	Rayo Vallecano
2024.9.1	Osasuna	vs	Celta de Vigo
2024.9.1	Sevilla	vs	Girona
2024.9.1	Real Madrid	vs	Real Betis

DAY 5

Date	Home		Away
2024.9.15	Mallorca	vs	Villarreal
2024.9.15	Real Betis	vs	Leganés
2024.9.15	Atlético de Madrid	vs	Valencia
2024.9.15	Las Palmas	vs	Athletic Bilbao
2024.9.15	Celta de Vigo	vs	Valladolid
2024.9.15	Girona	vs	Barcelona
2024.9.15	Rayo Vallecano	vs	Osasuna
2024.9.15	Real Sociedad	vs	Real Madrid
2024.9.15	Espanyol	vs	Alavés
2024.9.15	Sevilla	vs	Getafe

DAY 6

Date	Home		Away
2024.9.22	Alavés	vs	Sevilla
2024.9.22	Getafe	vs	Leganés
2024.9.22	Athletic Bilbao	vs	Celta de Vigo
2024.9.22	Rayo Vallecano	vs	Atlético de Madrid
2024.9.22	Real Betis	vs	Mallorca
2024.9.22	Villarreal	vs	Barcelona
2024.9.22	Real Madrid	vs	Espanyol
2024.9.22	Valladolid	vs	Real Sociedad
2024.9.22	Osasuna	vs	Las Palmas
2024.9.22	Valencia	vs	Girona

DAY 7

Date	Home		Away
2024.9.25	Sevilla	vs	Valladolid
2024.9.25	Mallorca	vs	Real Sociedad
2024.9.25	Girona	vs	Rayo Vallecano
2024.9.25	Espanyol	vs	Villarreal
2024.9.25	Barcelona	vs	Getafe
2024.9.25	Leganés	vs	Athletic Bilbao
2024.9.25	Valencia	vs	Osasuna
2024.9.25	Real Madrid	vs	Alavés
2024.9.25	Las Palmas	vs	Real Betis
2024.9.25	Celta de Vigo	vs	Atlético de Madrid

DAY 8

Date	Home		Away
2024.9.29	Real Sociedad	vs	Valencia
2024.9.29	Celta de Vigo	vs	Girona
2024.9.29	Atlético de Madrid	vs	Real Madrid
2024.9.29	Osasuna	vs	Barcelona
2024.9.29	Athletic Bilbao	vs	Sevilla
2024.9.29	Valladolid	vs	Mallorca
2024.9.29	Rayo Vallecano	vs	Leganés
2024.9.29	Real Betis	vs	Espanyol
2024.9.29	Getafe	vs	Alavés
2024.9.29	Villarreal	vs	Las Palmas

DAY 9

2024.10.6	Alavés	vs	Barcelona
2024.10.6	Leganés	vs	Valencia
2024.10.6	Real Madrid	vs	Villarreal
2024.10.6	Espanyol	vs	Mallorca
2024.10.6	Getafe	vs	Osasuna
2024.10.6	Girona	vs	Athletic Bilbao
2024.10.6	Real Sociedad	vs	Atlético de Madrid
2024.10.6	Valladolid	vs	Rayo Vallecano
2024.10.6	Las Palmas	vs	Celta de Vigo
2024.10.6	Sevilla	vs	Real Betis

DAY 10

2024.10.20	Girona	vs	Real Sociedad
2024.10.20	Celta de Vigo	vs	Real Madrid
2024.10.20	Mallorca	vs	Rayo Vallecano
2024.10.20	Atlético de Madrid	vs	Leganés
2024.10.20	Barcelona	vs	Sevilla
2024.10.20	Valencia	vs	Las Palmas
2024.10.20	Alavés	vs	Valladolid
2024.10.20	Villarreal	vs	Getafe
2024.10.20	Athletic Bilbao	vs	Espanyol
2024.10.20	Osasuna	vs	Real Betis

DAY 11

2024.10.27	Mallorca	vs	Athletic Bilbao
2024.10.27	Espanyol	vs	Sevilla
2024.10.27	Getafe	vs	Valencia
2024.10.27	Real Betis	vs	Atlético de Madrid
2024.10.27	Real Madrid	vs	Barcelona
2024.10.27	Rayo Vallecano	vs	Alavés
2024.10.27	Real Sociedad	vs	Osasuna
2024.10.27	Valladolid	vs	Villarreal
2024.10.27	Las Palmas	vs	Girona
2024.10.27	Leganés	vs	Celta de Vigo

DAY 12

2024.11.3	Girona	vs	Leganés
2024.11.3	Celta de Vigo	vs	Getafe
2024.11.3	Athletic Bilbao	vs	Real Betis
2024.11.3	Osasuna	vs	Valladolid
2024.11.3	Atlético de Madrid	vs	Las Palmas
2024.11.3	Alavés	vs	Mallorca
2024.11.3	Sevilla	vs	Real Sociedad
2024.11.3	Valencia	vs	Real Madrid
2024.11.3	Barcelona	vs	Espanyol
2024.11.3	Villarreal	vs	Rayo Vallecano

DAY 13

2024.11.10	Espanyol	vs	Valencia
2024.11.10	Leganés	vs	Sevilla
2024.11.10	Real Betis	vs	Celta de Vigo
2024.11.10	Valladolid	vs	Athletic Bilbao
2024.11.10	Getafe	vs	Girona
2024.11.10	Mallorca	vs	Atlético de Madrid
2024.11.10	Villarreal	vs	Alavés
2024.11.10	Real Madrid	vs	Osasuna
2024.11.10	Rayo Vallecano	vs	Las Palmas
2024.11.10	Real Sociedad	vs	Barcelona

DAY 14

2024.11.24	Las Palmas	vs	Mallorca
2024.11.24	Osasuna	vs	Villarreal
2024.11.24	Getafe	vs	Valladolid
2024.11.24	Leganés	vs	Real Madrid
2024.11.24	Athletic Bilbao	vs	Real Sociedad
2024.11.24	Celta de Vigo	vs	Barcelona
2024.11.24	Atlético de Madrid	vs	Alavés
2024.11.24	Girona	vs	Espanyol
2024.11.24	Sevilla	vs	Rayo Vallecano
2024.11.24	Valencia	vs	Real Betis

DAY 15

2024.12.1	Espanyol	vs	Celta de Vigo
2024.12.1	Alavés	vs	Leganés
2024.12.1	Barcelona	vs	Las Palmas
2024.12.1	Rayo Vallecano	vs	Athletic Bilbao
2024.12.1	Mallorca	vs	Valencia
2024.12.1	Valladolid	vs	Atlético de Madrid
2024.12.1	Sevilla	vs	Osasuna
2024.12.1	Real Madrid	vs	Getafe
2024.12.1	Villarreal	vs	Girona
2024.12.1	Real Sociedad	vs	Real Betis

DAY 16

2024.12.8	Girona	vs	Real Madrid
2024.12.8	Celta de Vigo	vs	Mallorca
2024.12.8	Atlético de Madrid	vs	Sevilla
2024.12.8	Las Palmas	vs	Valladolid
2024.12.8	Athletic Bilbao	vs	Villarreal
2024.12.8	Leganés	vs	Real Sociedad
2024.12.8	Osasuna	vs	Alavés
2024.12.8	Getafe	vs	Espanyol
2024.12.8	Valencia	vs	Rayo Vallecano
2024.12.8	Real Betis	vs	Barcelona

DAY 17

2024.12.15	Alavés	vs	Athletic Bilbao
2024.12.15	Rayo Vallecano	vs	Real Madrid
2024.12.15	Barcelona	vs	Leganés
2024.12.15	Espanyol	vs	Osasuna
2024.12.15	Atlético de Madrid	vs	Getafe
2024.12.15	Villarreal	vs	Real Betis
2024.12.15	Valladolid	vs	Valencia
2024.12.15	Real Sociedad	vs	Las Palmas
2024.12.15	Mallorca	vs	Girona
2024.12.15	Sevilla	vs	Celta de Vigo

DAY 18

2024.12.22	Getafe	vs	Mallorca
2024.12.22	Girona	vs	Valladolid
2024.12.22	Celta de Vigo	vs	Real Sociedad
2024.12.22	Real Madrid	vs	Sevilla
2024.12.22	Real Betis	vs	Rayo Vallecano
2024.12.22	Leganés	vs	Villarreal
2024.12.22	Osasuna	vs	Athletic Bilbao
2024.12.22	Valencia	vs	Alavés
2024.12.22	Las Palmas	vs	Espanyol
2024.12.22	Barcelona	vs	Atlético de Madrid

DAY 19

2025.1.12	Sevilla	vs	Valencia
2025.1.12	Real Sociedad	vs	Villarreal
2025.1.12	Atlético de Madrid	vs	Osasuna
2025.1.12	Alavés	vs	Girona
2025.1.12	Athletic Bilbao	vs	Real Madrid
2025.1.12	Espanyol	vs	Leganés
2025.1.12	Rayo Vallecano	vs	Celta de Vigo
2025.1.12	Las Palmas	vs	Getafe
2025.1.12	Valladolid	vs	Real Betis
2025.1.12	Mallorca	vs	Barcelona

DAY 20

2025.1.19	Celta de Vigo	vs	Athletic Bilbao
2025.1.19	Espanyol	vs	Valladolid
2025.1.19	Girona	vs	Sevilla
2025.1.19	Leganés	vs	Atlético de Madrid
2025.1.19	Osasuna	vs	Rayo Vallecano
2025.1.19	Getafe	vs	Barcelona
2025.1.19	Real Betis	vs	Alavés
2025.1.19	Valencia	vs	Real Sociedad
2025.1.19	Real Madrid	vs	Las Palmas
2025.1.19	Villarreal	vs	Mallorca

DAY 21

2025.1.26	Las Palmas	vs	Osasuna
2025.1.26	Barcelona	vs	Valencia
2025.1.26	Atlético de Madrid	vs	Villarreal
2025.1.26	Alavés	vs	Celta de Vigo
2025.1.26	Athletic Bilbao	vs	Leganés
2025.1.26	Mallorca	vs	Real Betis
2025.1.26	Valladolid	vs	Real Madrid
2025.1.26	Sevilla	vs	Espanyol
2025.1.26	Rayo Vallecano	vs	Girona
2025.1.26	Real Sociedad	vs	Getafe

DAY 22

2025.2.2	Osasuna	vs	Real Sociedad
2025.2.2	Girona	vs	Las Palmas
2025.2.2	Getafe	vs	Sevilla
2025.2.2	Villarreal	vs	Valladolid
2025.2.2	Atlético de Madrid	vs	Mallorca
2025.2.2	Leganés	vs	Rayo Vallecano
2025.2.2	Valencia	vs	Celta de Vigo
2025.2.2	Barcelona	vs	Alavés
2025.2.2	Real Betis	vs	Athletic Bilbao
2025.2.2	Espanyol	vs	Real Madrid

DAY 23

2025.2.9	Rayo Vallecano	vs	Valladolid
2025.2.9	Las Palmas	vs	Villarreal
2025.2.9	Mallorca	vs	Osasuna
2025.2.9	Alavés	vs	Getafe
2025.2.9	Athletic Bilbao	vs	Girona
2025.2.9	Real Madrid	vs	Atlético de Madrid
2025.2.9	Sevilla	vs	Barcelona
2025.2.9	Real Sociedad	vs	Espanyol
2025.2.9	Valencia	vs	Leganés
2025.2.9	Celta de Vigo	vs	Real Betis

DAY 24

2025.2.16	Osasuna	vs	Real Madrid
2025.2.16	Real Betis	vs	Real Sociedad
2025.2.16	Espanyol	vs	Athletic Bilbao
2025.2.16	Atlético de Madrid	vs	Celta de Vigo
2025.2.16	Barcelona	vs	Rayo Vallecano
2025.2.16	Girona	vs	Getafe
2025.2.16	Leganés	vs	Alavés
2025.2.16	Villarreal	vs	Valencia
2025.2.16	Mallorca	vs	Las Palmas
2025.2.16	Valladolid	vs	Sevilla

DAY 25

2025.2.23	Rayo Vallecano	vs	Villarreal
2025.2.23	Celta de Vigo	vs	Osasuna
2025.2.23	Athletic Bilbao	vs	Valladolid
2025.2.23	Alavés	vs	Espanyol
2025.2.23	Valencia	vs	Atlético de Madrid
2025.2.23	Real Sociedad	vs	Leganés
2025.2.23	Real Madrid	vs	Girona
2025.2.23	Sevilla	vs	Mallorca
2025.2.23	Getafe	vs	Real Betis
2025.2.23	Las Palmas	vs	Barcelona

DAY 26

2025.3.2	Rayo Vallecano	vs	Sevilla
2025.3.2	Osasuna	vs	Valencia
2025.3.2	Barcelona	vs	Real Sociedad
2025.3.2	Atlético de Madrid	vs	Athletic Bilbao
2025.3.2	Real Betis	vs	Real Madrid
2025.3.2	Villarreal	vs	Espanyol
2025.3.2	Girona	vs	Celta de Vigo
2025.3.2	Mallorca	vs	Alavés
2025.3.2	Valladolid	vs	Las Palmas
2025.3.2	Leganés	vs	Getafe

DAY 27

2025.3.9	Celta de Vigo	vs	Leganés
2025.3.9	Real Betis	vs	Las Palmas
2025.3.9	Real Sociedad	vs	Sevilla
2025.3.9	Athletic Bilbao	vs	Mallorca
2025.3.9	Barcelona	vs	Osasuna
2025.3.9	Real Madrid	vs	Rayo Vallecano
2025.3.9	Valencia	vs	Valladolid
2025.3.9	Espanyol	vs	Girona
2025.3.9	Getafe	vs	Atlético de Madrid
2025.3.9	Alavés	vs	Villarreal

DAY 28

2025.3.16	Sevilla	vs	Athletic Bilbao
2025.3.16	Rayo Vallecano	vs	Real Sociedad
2025.3.16	Girona	vs	Valencia
2025.3.16	Atlético de Madrid	vs	Barcelona
2025.3.16	Leganés	vs	Real Betis
2025.3.16	Valladolid	vs	Celta de Vigo
2025.3.16	Las Palmas	vs	Alavés
2025.3.16	Mallorca	vs	Espanyol
2025.3.16	Villarreal	vs	Real Madrid
2025.3.16	Osasuna	vs	Getafe

DAY 29

2025.3.30	Real Betis	vs	Sevilla
2025.3.30	Celta de Vigo	vs	Las Palmas
2025.3.30	Barcelona	vs	Girona
2025.3.30	Athletic Bilbao	vs	Osasuna
2025.3.30	Getafe	vs	Villarreal
2025.3.30	Espanyol	vs	Atlético de Madrid
2025.3.30	Real Sociedad	vs	Valladolid
2025.3.30	Valencia	vs	Mallorca
2025.3.30	Real Madrid	vs	Leganés
2025.3.30	Alavés	vs	Rayo Vallecano

DAY 30

2025.4.6	Las Palmas	vs	Real Sociedad
2025.4.6	Real Madrid	vs	Valencia
2025.4.6	Barcelona	vs	Real Betis
2025.4.6	Leganés	vs	Osasuna
2025.4.6	Villarreal	vs	Athletic Bilbao
2025.4.6	Rayo Vallecano	vs	Espanyol
2025.4.6	Valladolid	vs	Getafe
2025.4.6	Girona	vs	Alavés
2025.4.6	Mallorca	vs	Celta de Vigo
2025.4.6	Sevilla	vs	Atlético de Madrid

DAY 31

2025.4.13	Getafe	vs	Las Palmas
2025.4.13	Real Betis	vs	Villarreal
2025.4.13	Athletic Bilbao	vs	Rayo Vallecano
2025.4.13	Alavés	vs	Real Madrid
2025.4.13	Atlético de Madrid	vs	Valladolid
2025.4.13	Celta de Vigo	vs	Espanyol
2025.4.13	Leganés	vs	Barcelona
2025.4.13	Valencia	vs	Sevilla
2025.4.13	Real Sociedad	vs	Mallorca
2025.4.13	Osasuna	vs	Girona

DAY 32

2025.4.20	Real Madrid	vs	Athletic Bilbao
2025.4.20	Espanyol	vs	Getafe
2025.4.20	Las Palmas	vs	Atlético de Madrid
2025.4.20	Barcelona	vs	Celta de Vigo
2025.4.20	Rayo Vallecano	vs	Valencia
2025.4.20	Mallorca	vs	Leganés
2025.4.20	Girona	vs	Real Betis
2025.4.20	Villarreal	vs	Real Sociedad
2025.4.20	Sevilla	vs	Alavés
2025.4.20	Valladolid	vs	Osasuna

DAY 33

2025.4.23	Real Betis	vs	Valladolid
2025.4.23	Barcelona	vs	Mallorca
2025.4.23	Atlético de Madrid	vs	Rayo Vallecano
2025.4.23	Athletic Bilbao	vs	Las Palmas
2025.4.23	Celta de Vigo	vs	Villarreal
2025.4.23	Getafe	vs	Real Madrid
2025.4.23	Leganés	vs	Girona
2025.4.23	Valencia	vs	Espanyol
2025.4.23	Alavés	vs	Real Sociedad
2025.4.23	Osasuna	vs	Sevilla

DAY 34

2025.5.4	Alavés	vs	Atlético de Madrid
2025.5.4	Espanyol	vs	Real Betis
2025.5.4	Las Palmas	vs	Valencia
2025.5.4	Girona	vs	Mallorca
2025.5.4	Real Sociedad	vs	Athletic Bilbao
2025.5.4	Rayo Vallecano	vs	Getafe
2025.5.4	Sevilla	vs	Leganés
2025.5.4	Villarreal	vs	Osasuna
2025.5.4	Valladolid	vs	Barcelona
2025.5.4	Real Madrid	vs	Celta de Vigo

DAY 35

2025.5.11	Celta de Vigo	vs	Sevilla
2025.5.11	Real Betis	vs	Osasuna
2025.5.11	Atlético de Madrid	vs	Real Sociedad
2025.5.11	Girona	vs	Villarreal
2025.5.11	Barcelona	vs	Real Madrid
2025.5.11	Mallorca	vs	Valladolid
2025.5.11	Leganés	vs	Espanyol
2025.5.11	Valencia	vs	Getafe
2025.5.11	Athletic Bilbao	vs	Alavés
2025.5.11	Las Palmas	vs	Rayo Vallecano

DAY 36

2025.5.14	Osasuna	vs	Atlético de Madrid
2025.5.14	Espanyol	vs	Barcelona
2025.5.14	Alavés	vs	Valencia
2025.5.14	Rayo Vallecano	vs	Real Betis
2025.5.14	Getafe	vs	Athletic Bilbao
2025.5.14	Real Sociedad	vs	Celta de Vigo
2025.5.14	Sevilla	vs	Las Palmas
2025.5.14	Villarreal	vs	Leganés
2025.5.14	Valladolid	vs	Girona
2025.5.14	Real Madrid	vs	Mallorca

DAY 37

2025.5.18	Valencia	vs	Athletic Bilbao
2025.5.18	Atlético de Madrid	vs	Real Betis
2025.5.18	Mallorca	vs	Getafe
2025.5.18	Barcelona	vs	Villarreal
2025.5.18	Celta de Vigo	vs	Rayo Vallecano
2025.5.18	Real Sociedad	vs	Girona
2025.5.18	Las Palmas	vs	Leganés
2025.5.18	Osasuna	vs	Espanyol
2025.5.18	Sevilla	vs	Real Madrid
2025.5.18	Valladolid	vs	Alavés

DAY 38

2025.5.25	Alavés	vs	Osasuna
2025.5.25	Real Madrid	vs	Real Sociedad
2025.5.25	Real Betis	vs	Valencia
2025.5.25	Leganés	vs	Valladolid
2025.5.25	Athletic Bilbao	vs	Barcelona
2025.5.25	Getafe	vs	Celta de Vigo
2025.5.25	Villarreal	vs	Sevilla
2025.5.25	Rayo Vallecano	vs	Mallorca
2025.5.25	Girona	vs	Atlético de Madrid
2025.5.25	Espanyol	vs	Las Palmas

REAL MADRID CF

🏆 36	🏆 20	🏆 15	🏆 2	🏆 5	🏆 3
SPANISH LA LIGA	SPANISH COPA DEL REY	UEFA CHAMPIONS LEAGUE	UEFA EUROPA LEAGUE	FIFA CLUB WORLD CUP	UEFA-CONMEBOL INTERCONTINENTAL

Founded 구단 창립 1902년
Owner 레알 마드리드 시민 구단
CEO 플로렌티노 페레즈 1947.03.08
Manager 카를로 안첼로티 1959.06.10
24-25 Odds 벳365 : 0.44배 / 스카이벳 : 0.44배

Nationality 36명 · 외국 선수 20명 · 스페인 16명
Age 36명 평균 25.5세
Height 36명 평균 183cm
Market Value 1군 24명 평균 4321만 유로
Game Points 23-24 : 95점 / 통산 : 6067점

Win 23-24 : 29승 / 통산 : 1820승
Draw 23-24 : 8무 / 통산 : 607무
Loss 23-24 : 1패 / 통산 : 601패
Goals For 23-24 : 87득점 / 통산 : 6483득점
Goals Against 23-24 : 26실점 / 통산 : 3376실점

More Minutes 페데리코 발베르데 2911분
Top Scorer 주드 벨링엄 19골
More Assists 토니 크로스 8도움
More Subs 호셀루 19회 교체 IN
More Cards 에두아르도 카마빙가 Y9+R0

TOTO GUIDE 지난 시즌 상대팀별 전적

상대팀	홈	원정
FC Barcelona	3-2	2-1
Girona	4-0	3-0
Atletico Madrid	1-1	1-3
Athletic Bilbao	2-0	2-0
Real Sociedad	2-1	1-0
Real Betis	0-0	1-1
Villarreal	4-1	4-4
Valencia	5-1	2-2
Alaves	5-0	1-0
Osasuna	4-0	4-2
Getafe	2-1	2-0
Celta Vigo	4-0	1-0
Sevilla FC	1-0	1-1
Mallorca	1-0	1-0
Las Palmas	2-0	2-1
Rayo Vallecano	0-0	1-1
Cadiz	3-0	3-0
Granada	2-0	4-0
Almeria	3-2	3-1

Estadio Santiago Bernabéu
구장 오픈 / 증개축: 1947년, 증개축 7회
구장 소유: 레알 마드리드 CF
수용 인원: 8만 1044명
피치 규모: 105m X 68m
잔디 종류: 하이브리드 잔디

STRENGTHS & WEAKNESSES

OFFENSE		DEFENSE	
직접 프리킥	C	세트피스 수비	A
문전 처리	A	상대 볼 뺏기	B
측면 돌파	A	공중전 능력	D
스루볼 침투	A	역습 방어	D
개인기 침투	A	지공 방어	C
카운터 어택	A	스루패스 방어	C
기회 만들기	B	리드 지키기	B
세트피스	C	실수 조심	C
OS 피하기	C	측면 방어력	C
중거리 슈팅	B	파울 주의	C
볼 점유율	A	중거리슈팅 수비	C

매우 강함 A / 강한 편 B / 보통 수준 C / 약한 편 D / 매우 약함 E

RANKING OF LAST 10 YEARS

14-15	15-16	16-17	17-18	18-19	19-20	20-21	21-22	22-23	23-24
2위 92점	2위 90점	1위 93점	3위 76점	3위 68점	1위 87점	2위 84점	1위 86점	2위 78점	1위 95점

위치	선수	국적	생년월일	출전(분)	출전경기	선발11	교체인	교체아웃	벤치출발	득점	도움	경고	경고누적	퇴장
GK	Andriy Lunin	UKR	1999-02-11	1890	21	21	0	0	17	0	0	2	0	0
	Kepa Arrizabalaga	ESP	1994-10-03	1197	14	13	1	0	22	0	0	1	0	0
	Thibaut Courtois	BEL	1992-05-11	333	4	4	0	1	1	0	0	0	0	0
	Diego Piñeiro	ESP	2004-02-13	0	0	0	0	0	14	0	0	0	0	0
	Fran González	ESP	2005-06-24	0	0	0	0	0	15	0	0	0	0	0
	Lucas Cañizares	ESP	2002-05-01	0	0	0	0	0	4	0	0	0	0	0
	Mario de Luis	ESP	2002-06-05	0	0	0	0	0	3	0	0	0	0	0
DF	Antonio Rüdiger	GER	1993-03-03	2708	33	30	3	2	4	1	0	7	0	0
	Daniel Carvajal	ESP	1992-01-11	2176	28	25	3	7	8	4	3	4	1	0
	Nacho Fernández	ESP	1990-01-18	1740	29	18	11	3	16	0	1	4	0	2
	Ferland Mendy	FRA	1995-06-08	1726	23	21	2	9	7	0	0	5	0	0
	Fran García	ESP	1999-08-14	1395	25	15	10	6	23	1	0	5	2	0
	David Alaba	AUT	1992-06-24	1156	14	14	0	2	1	0	1	2	0	0
	Éder Militão	BRA	1998-01-18	495	10	6	4	3	4	0	0	0	0	0
	Álvaro Carrillo	ESP	2002-04-06	0	0	0	0	0	3	0	0	0	0	0
	Vinícius Tobías	BRA	2004-02-23	0	0	0	0	0	2	0	0	0	0	0
	Edgar Pujol	DOM	2004-08-07	0	0	0	0	0	1	0	0	0	0	0
	Jacobo Ramón	ESP	2005-01-06	0	0	0	0	0	3	0	0	0	0	0
MF	Federico Valverde	URU	1998-07-22	2911	37	33	4	11	5	2	7	2	0	0
	Jude Bellingham	ENG	2003-06-29	2324	28	27	1	9	5	19	6	6	0	1
	Toni Kroos	GER	1990-01-04	2129	33	24	9	14	14	1	8	3	0	0
	Aurélien Tchouaméni	FRA	2000-01-27	1987	27	22	5	4	6	3	1	7	0	0
	Eduardo Camavinga	FRA	2002-11-10	1824	31	21	10	16	10	0	2	9	0	0
	Luka Modrić	CRO	1985-09-09	1686	32	18	14	14	19	2	6	0	0	0
	Lucas Vázquez	ESP	1991-07-01	1409	29	14	15	4	24	3	6	0	0	0
	Dani Ceballos	ESP	1996-08-07	584	20	5	15	2	24	0	0	0	0	0
	Arda Güler	TUR	2005-02-25	373	10	4	6	2	17	6	0	1	0	0
	Nico Paz	ARG	2004-09-08	19	4	0	4	0	12	0	0	0	0	0
	Mario Martín	ESP	2004-03-05	16	2	0	2	0	5	0	0	0	0	0
	Théo Zidane	FRA	2002-05-18	0	0	0	0	0	1	0	0	0	0	0
FW	Rodrygo	BRA	2001-01-09	2390	34	28	6	18	9	10	5	2	0	0
	Vinícius Júnior	BRA	2000-07-12	1875	26	22	4	15	7	15	5	7	0	0
	Joselu	ESP	1990-03-27	1674	34	15	19	5	21	10	2	1	0	0
	Brahim Díaz	MAR	1999-08-03	1550	31	18	13	17	20	8	6	0	0	0
	Gonzalo García	ESP	2004-03-24	17	2	0	2	0	7	0	0	0	0	0
	Álvaro Rodríguez	URU	2004-07-14	0	1	0	1	0	9	0	0	0	0	0

LA LIGA 2023-24 SEASON

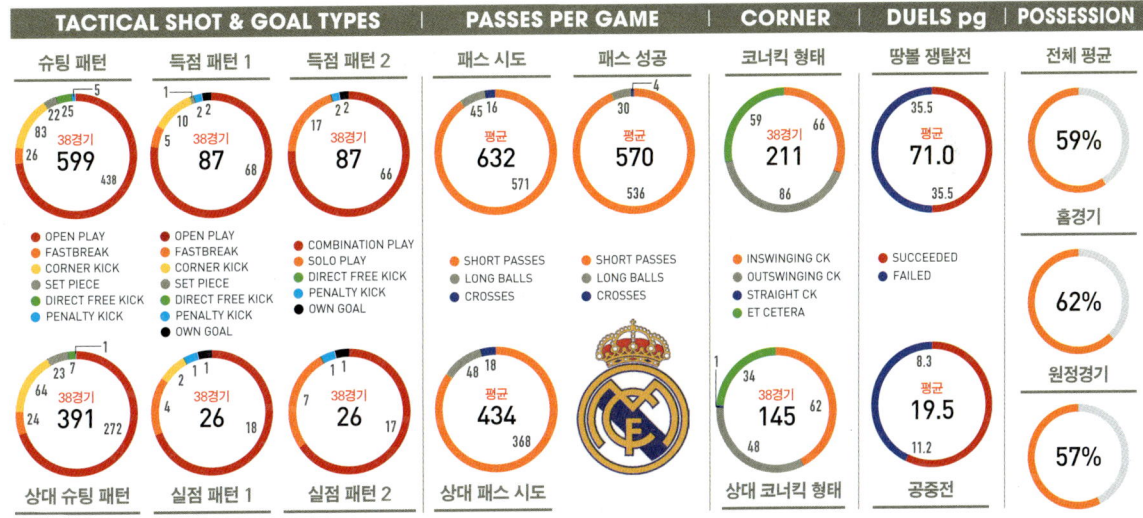

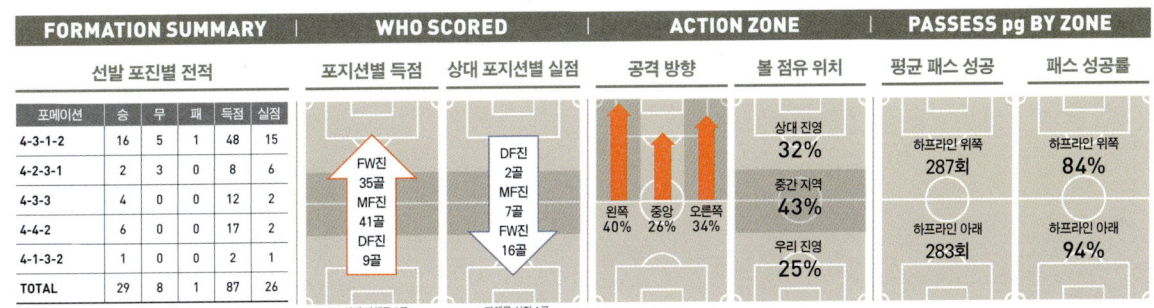

FC BARCELONA

Founded 구단 창립 1899년	**Owner** FC 바르셀로나 시민 구단	**CEO** 호안 라포르타 1962.06.29	**Manager** 한지 플릭 1965.02.24	**24-25 Odds** 벳365 : 3.5배 스카이벳 : 4배
Nationality ● 외국 선수 14명 ● 스페인 21명	**Age** 35명 평균 24.1세	**Height** 35명 평균 181cm	**Market Value** 1군 26명 평균 3229만 유로	**Game Points** 23-24 : 85점 통산 : 5890점
Win 23-24 : 26승 통산 : 1759승	**Draw** 23-24 : 7무 통산 : 613무	**Loss** 23-24 : 5패 통산 : 656패	**Goals For** 23-24 : 79득점 통산 : 6477득점	**Goals Against** 23-24 : 44실점 통산 : 3357실점
More Minutes 일카이 귄도안 2998분	**Top Scorer** 로베르토 레반도프스키 19골	**More Assists** 하피냐+1명 9도움	**More Subs** 페란 토레스+2명 17회 교체 IN	**More Cards** 조앙 칸셀루+1명 Y7+R0

Trophies
- **SPANISH LA LIGA**: 27
- **SPANISH COPA DEL REY**: 31
- **UEFA CHAMPIONS LEAGUE**: 5
- **UEFA EUROPA LEAGUE**: 0
- **FIFA CLUB WORLD CUP**: 3
- **UEFA-CONMEBOL INTERCONTINENTAL**: 0

TOTO GUIDE 지난 시즌 상대팀별 전적

상대팀	홈	원정
Real Madrid	1-2	2-3
Girona	2-4	2-4
Atletico Madrid	1-0	3-0
Athletic Bilbao	1-0	0-0
Real Sociedad	2-0	1-0
Real Betis	5-0	4-2
Villarreal	3-5	4-3
Valencia	4-2	1-1
Alaves	2-1	3-1
Osasuna	1-0	2-1
Getafe	4-0	0-0
Celta Vigo	3-2	2-1
Sevilla FC	1-0	2-1
Mallorca	1-0	2-2
Las Palmas	1-0	2-1
Rayo Vallecano	3-0	1-1
Cadiz	2-0	1-0
Granada	3-3	2-2
Almeria	3-2	2-0

Camp Nou

구장 오픈 / 증개축: 1957년, 증개축 3회
구장 소유: FC 바르셀로나
수용 인원: 9만 9354명
피치 규모: 105m X 68m
잔디 종류: 하이브리드 잔디

STRENGTHS & WEAKNESSES

OFFENSE		DEFENSE	
직접 프리킥	B	세트피스 수비	B
문전 처리	B	상대 볼 뺏기	B
측면 돌파	C	공중전 능력	C
스루볼 침투	A	역습 방어	D
개인기 침투	C	지공 방어	D
카운터 어택	C	스루패스 방어	D
기회 만들기	C	리드 지키기	D
세트피스	B	실수 조심	D
OS 피하기	D	측면 방어력	C
중거리 슈팅	A	파울 주의	C
볼 점유율	A	중거리슈팅 수비	C

매우 강함 A / 강한 편 B / 보통 수준 C / 약한 편 D / 매우 약함 E

RANKING OF LAST 10 YEARS

14-15	15-16	16-17	17-18	18-19	19-20	20-21	21-22	22-23	23-24
1	1	2	1	1	2	3	2	1	2
94점	91점	90점	93점	87점	82점	79점	73점	88점	85점

Squad

위치	선수	국적	생년월일	출전(분)	출전경기	선발11	교체인	교체아웃	벤치출발	득점	도움	경고	경고누적	퇴장
GK	Marc-André ter Stegen	GER	1992-04-30	2520	28	28	0	0	0	0	0	3	0	0
GK	Iñaki Peña	ESP	1999-03-02	900	10	10	0	0	25	0	0	0	0	0
GK	Ander Astralaga	ESP	2004-03-03	0	0	0	0	0	23	0	0	0	0	0
GK	Diego Kochen	USA	2006-03-19	0	0	0	0	0	26	0	0	0	0	0
GK	Á. Yaakobishvili	HUN	2006-03-06	0	0	0	0	0	1	0	0	0	0	0
DF	Jules Koundé	FRA	1998-11-21	2898	35	32	3	2	5	1	2	4	0	0
DF	João Cancelo	POR	1994-05-27	2505	32	29	3	8	3	2	4	7	0	0
DF	Andreas Christensen	DEN	1996-04-10	1997	30	27	3	21	9	1	2	4	0	0
DF	Ronald Araújo	URU	1999-03-07	1994	25	21	4	1	11	1	2	6	0	0
DF	Pau Cubarsí	ESP	2007-01-22	1562	19	18	1	5	8	0	0	4	0	0
DF	Alejandro Balde	ESP	2003-10-18	1378	18	15	3	3	5	0	1	1	0	0
DF	Íñigo Martínez	ESP	1991-05-17	1290	20	13	7	1	14	0	0	5	0	0
DF	Sergi Roberto	ESP	1992-02-07	863	14	10	4	7	18	3	2	4	0	0
DF	Héctor Fort	ESP	2006-08-02	321	7	4	3	4	20	0	2	0	0	0
DF	Marcos Alonso	ESP	1990-12-28	251	5	3	2	1	18	0	0	0	0	0
DF	M. Faye	SEN	2004-07-14	0	0	0	0	0	3	0	0	0	0	0
MF	İlkay Gündoğan	GER	1990-10-24	2998	36	33	3	7	4	5	9	5	0	0
MF	Frenkie de Jong	NED	1997-05-12	1637	20	20	0	3	1	2	0	7	0	0
MF	Pedri	ESP	2002-11-25	1481	24	16	8	13	8	4	2	3	0	0
MF	Fermín López	ESP	2003-05-11	1443	31	14	17	14	23	8	0	2	0	0
MF	Raphinha	BRA	1996-02-14	1370	28	17	11	12	13	6	9	4	0	1
MF	Gavi	ESP	2004-08-05	943	12	10	2	1	2	1	1	5	0	0
MF	Oriol Romeu	ESP	1991-09-24	929	28	11	17	10	26	0	1	4	0	0
MF	Marc Casadó	ESP	2003-09-14	13	2	0	2	0	21	0	0	0	0	0
MF	Aleix Garrido	ESP	2004-02-22	0	0	0	0	0	1	0	0	0	0	0
MF	Unai Hernández	ESP	2004-12-14	0	0	0	0	0	7	0	0	0	0	0
MF	Pau Prim	ESP	2006-02-22	0	0	0	0	0	1	0	0	0	0	0
FW	Robert Lewandowski	POL	1988-08-21	2759	35	32	3	12	3	19	8	5	0	0
FW	Lamine Yamal	ESP	2007-07-13	2196	37	22	15	10	16	5	5	3	0	0
FW	João Félix	POR	1999-11-10	1544	30	18	12	15	13	7	3	3	0	0
FW	Ferrán Torres	ESP	2000-02-29	1202	29	12	17	8	19	7	2	2	0	0
FW	Vitor Roque	BRA	2005-02-28	319	14	2	12	2	17	2	0	3	1	0
FW	Marc Guiu	ESP	2006-01-04	73	3	1	2	1	15	1	0	0	0	0
FW	Ángel Alarcón	ESP	2004-05-15	0	0	0	0	0	1	0	0	0	0	0
FW	Pau Victor	ESP	2001-11-26	0	0	0	0	0	3	0	0	0	0	0

LA LIGA 2023-24 SEASON

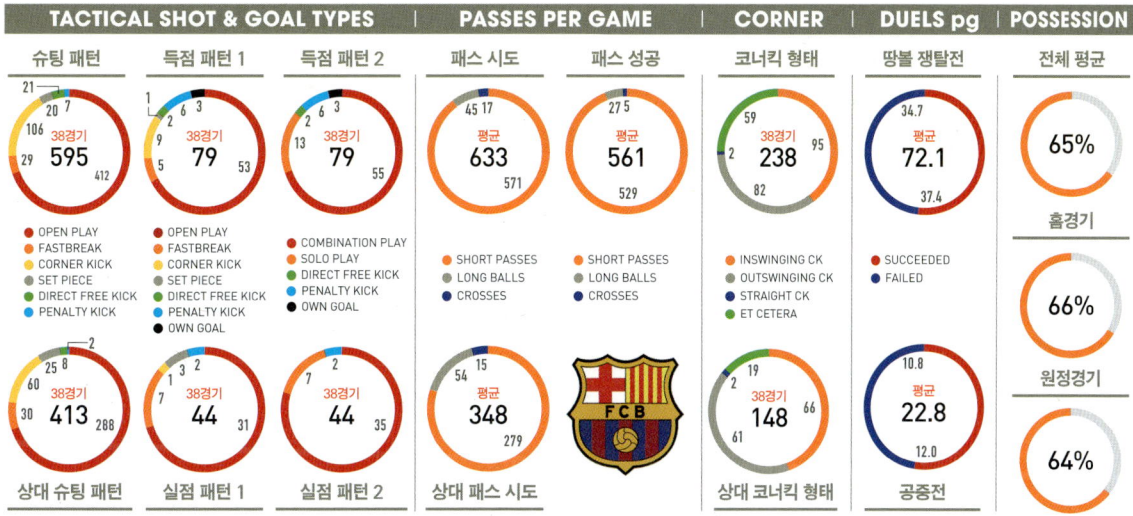

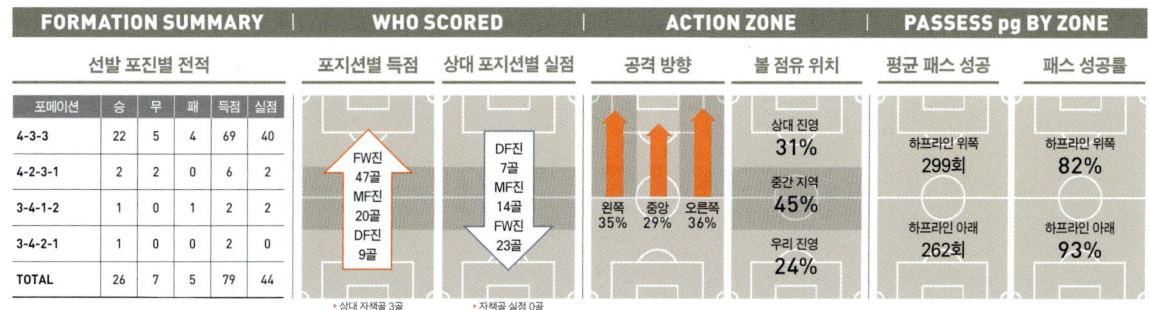

GIRONA FC

Founded	Owner	CEO	Manager	24-25 Odds
구단 창립 1930년	CFG, 히로나 FC 마르셀로 클라우레	델피 헬리 1969.04.22	미첼 산체스 1975.10.30	벳365 : 20배 스카이벳 : 22배

SPANISH LA LIGA	SPANISH COPA DEL REY	UEFA CHAMPIONS LEAGUE	UEFA EUROPA LEAGUE	FIFA CLUB WORLD CUP	UEFA-CONMEBOL INTERCONTINENTAL
0	0	0	0	0	0

Nationality	Age	Height	Market Value	Game Points
• 외국 선수 12명 • 스페인 19명	31명 평균 25.6세	31명 평균 181cm	1군 23명 평균 1073만 유로	23-24 : 81점 통산 : 218점

TOTO GUIDE 지난 시즌 상대팀별 전적

상대팀	홈	원정
Real Madrid	0-3	0-4
FC Barcelona	4-2	4-2
Atletico Madrid	4-3	1-3
Athletic Bilbao	1-1	2-3
Real Sociedad	0-0	1-1
Real Betis	3-2	1-1
Villarreal	0-1	2-1
Valencia	2-1	3-1
Alaves	3-0	2-2
Osasuna	2-0	4-2
Getafe	3-0	0-1
Celta Vigo	1-0	1-0
Sevilla FC	5-1	2-1
Mallorca	5-3	0-1
Las Palmas	1-0	2-0
Rayo Vallecano	3-0	2-1
Cadiz	4-1	1-0
Granada	7-0	4-2
Almeria	5-2	0-0

Estadi Montilivi

구장 오픈 / 증개축 1970년, 2017년
구장 소유 히로나 시
수용 인원 1만 1810명
피치 규모 100m X 68m
잔디 종류 천연 잔디

Win	Draw	Loss	Goals For	Goals Against
23-24 : 25승 통산 : 61승	23-24 : 6무 통산 : 35무	23-24 : 7패 통산 : 56패	23-24 : 85득점 통산 : 230득점	23-24 : 46실점 통산 : 213실점

	More Minutes	Top Scorer	More Assists	More Subs	More Cards
	파울로 카사니가 3420분	아르템 도브비크 24골	사비뉴 10도움	크리스티안 스투아니 26회 교체 IN	Y9+R0 양헬 에레라

STRENGTHS & WEAKNESSES

OFFENSE		DEFENSE	
직접 프리킥	C	세트피스 수비	B
문전 처리	A	상대 볼 뺏기	B
측면 돌파	A	공중전 능력	D
스루볼 침투	B	역습 방어	D
개인기 침투	B	지공 방어	E
카운터 어택	C	스루패스 방어	C
기회 만들기	B	리드 지키기	C
세트피스	C	실수 조심	D
OS 피하기	D	측면 방어력	C
중거리 슈팅	C	파울 주의	C
볼 점유율	A	중거리슛 수비	C

매우 강함 **A** 강한 편 **B** 보통 수준 **C** 약한 편 **D** 매우 약함 **E**

RANKING OF LAST 10 YEARS

14-15	15-16	16-17	17-18	18-19	19-20	20-21	21-22	22-23	23-24
3	4	2	10 (2부리그)	18	5	5	6	10	3
82점	66점	70점	51점	37점	63점	71점	68점	49점	81점

위치	선수	국적	생년월일	출전(분)	출전경기	선발11	교체인	교체아웃	벤치출발	득점	도움	경고	경고누적	퇴장
GK	Paulo Gazzaniga	ARG	1992-01-02	3420	38	38	0	0	0	0	0	2	0	0
	Juan Carlos	ESP	1988-01-20	0	0	0	0	0	31	0	0	1	0	0
	Toni Fuidias	ESP	2001-04-15	0	0	0	0	0	38	0	0	0	0	0
DF	Miguel Gutiérrez	ESP	2001-07-27	3037	35	35	0	5	1	2	7	4	0	0
	Daley Blind	NED	1990-03-09	2972	34	33	1	1	2	1	2	6	0	0
	Eric García	ESP	2001-01-09	2641	30	30	0	4	1	5	0	4	0	0
	Yan Couto	BRA	2002-06-03	2245	34	24	10	9	11	1	8	8	0	0
	Arnau Martínez	ESP	2003-04-25	1242	21	14	7	8	22	0	2	5	0	0
	Juanpe	ESP	1991-04-30	736	17	6	11	1	30	0	0	4	0	0
	Valery Fernández	ESP	1999-11-23	484	27	2	25	2	35	2	0	1	0	0
	Antal Yaakobishvili	HUN	2004-07-12	60	1	0	1	0	5	0	0	0	0	0
MF	Aleix García	ESP	1997-06-28	3201	37	36	1	2	1	3	6	4	0	1
	Iván Martín	ESP	1999-02-14	2747	36	33	3	21	4	5	4	5	0	0
	Yangel Herrera	VEN	1998-01-07	2121	29	27	2	18	3	5	0	9	0	0
	Viktor Tsyhankov	UKR	1997-11-15	2067	30	26	4	22	4	8	7	0	0	0
	David López	ESP	1989-10-09	1975	25	25	0	10	2	3	0	6	0	0
	Pablo Torre	ESP	2003-04-03	687	26	4	22	5	32	0	2	1	0	0
	Jhon Solís	COL	2004-10-03	369	18	2	16	2	27	0	0	0	0	0
	Toni Villa	ESP	1995-01-07	11	2	0	2	0	8	0	0	0	0	0
	Borja	ESP	1990-11-02	0	0	0	0	0	10	0	0	0	0	0
	Selvi	ESP	2005-01-29	0	1	0	1	0	4	0	0	0	0	0
	Iker Almena	ESP	2004-05-04	0	0	0	0	0	5	0	0	0	0	0
	Ricard Artero	ESP	2003-02-05	0	0	0	0	0	5	0	0	0	0	0
FW	Sávio	BRA	2004-04-10	2992	37	35	2	20	2	9	10	5	0	0
	Artem Dovbyk	UKR	1997-06-21	2606	36	32	4	22	4	24	8	2	0	0
	Portu	ESP	1992-05-21	1178	33	11	22	10	24	7	5	3	0	0
	Cristhian Stuani	URU	1986-10-12	782	31	5	26	5	27	9	3	6	0	0
	Jastin García	ESP	2004-01-15	30	3	0	3	0	13	0	0	0	0	0
	Carles Garrido	ESP	2004-10-04	0	0	0	0	0	1	0	0	0	0	0

LA LIGA 2023-24 SEASON

GIRONA FC vs. OPPONENTS PER GAME STATS

히로나 vs 상대팀	득점	슈팅	유효슈팅	코너킥	오프사이드	패스시도	패스성공	패스성공률	태클	공중전승리	인터셉트	파울	경고	퇴장
	2.24 / 1.21	12.8 / 13.4	4.9 / 4.4	4.2 / 4.2	2.5 / 1.3	559 / 419	491 / 337	88% / 80%	14.3 / 17.7	10.1 / 10.6	6.8 / 7.9	10.7 / 13.0	1.97 / 2.74	0.026 / 0.132

2023-24 SEASON SQUAD LIST & GAMES PLAYED
*괄호 안의 숫자는 선발 출전 횟수, 교체 출전은 포함시키지 않음

LW 사비뉴(3), 포르투(1)
CF A.도브비크(32), C.스투아니(5), 포르투(2)
RW I.마르틴(2), Y.쿠투(1), V.치한코프(1)

LAM 사비뉴(14)
CAM I.마르틴(11), 포르투(7), 사비뉴(6), P.토레(4), V.치한코프(2), Y.에레라(1)
RAM V.치한코프(10), Y.쿠투(3), 포르투(1)

LM 사비뉴(10), V.페르난데스(2), Y.쿠투(1)
CM A.가르시아(17), I.마르틴(16), Y.에레라(15), V.치한코프(1), J.솔리스(1)
RM V.치한코프(9), 사비뉴(2), Y.쿠투(2)

LWB M.구티에레스(10)
DM A.가르시아(19), Y.에레라(10), I.마르틴(4), D.로페스(2), J.솔리스(1)
RWB Y.쿠투(6), V.치한코프(3), Y.에레라(2)

LB M.구티에레스(25), D.블린트(3)
CB D.블린트(3), E.가르시아(23), D.로페스(23), 후안페(6), A.마르티네스(4)
RB Y.쿠투(11), A.마르티네스(10), E.가르시아(7)

GK P.카사니가(38)

SHOTS & GOALS
38경기 총 485슈팅 - 85득점
38경기 상대 총 509슈팅 - 46실점

	65-25	자책골 1-1
268-53		
151-6		

	유효 슈팅 187	비유효 슈팅 298
득점	85	블록 담함 110
GK 방어	102	골대 밖 180
유효슈팅률 39%		골대 맞음 8

	유효 슈팅 168	비유효 슈팅 341
실점	46	블록 129
GK 방어	122	골대 밖 203
유효슈팅률 33%		골대 맞음 9

176-2
288-34
45-10

SHOT TIME | GOAL TIME

시간대별 슈팅: 109, 65, 15, 76, 81, 31, 84, 70, 46, 45
시간대별 득점: 19, 12, 15, 13, 10, 31, 14, 17, 46, 45

슈팅 차이: 전반 슈팅 차이 -2, 후반 슈팅 차이 -22, 전체 슈팅 차이 -24
득실차: 전반 골 득실차 +18, 후반 골 득실차 +21, 전체 골 득실차 +39

시간대별 상대 슈팅: 114, 67, 15, 73, 73, 31, 109, 73, 46, 45
시간대별 실점: 8, 10, 15, 4, 5, 31, 13, 6, 46, 45

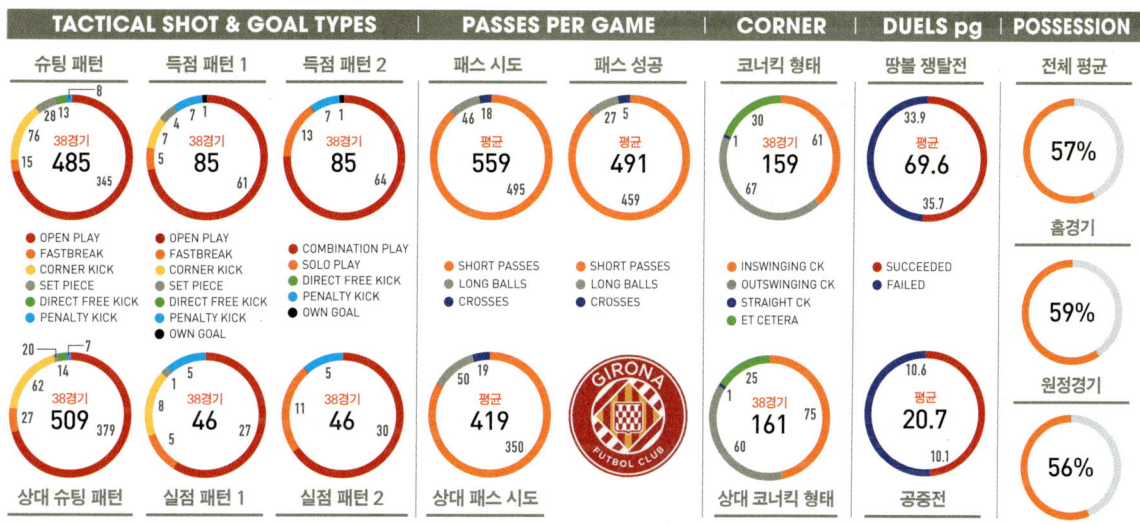

TACTICAL SHOT & GOAL TYPES | PASSES PER GAME | CORNER | DUELS pg | POSSESSION

슈팅 패턴 38경기 485
득점 패턴 1 38경기 85
득점 패턴 2 38경기 85
패스 시도 평균 559
패스 성공 평균 491
코너킥 형태 38경기 159
땅볼 쟁탈전 평균 69.6
전체 평균 57%
홈경기 59%
원정경기 56%

상대 슈팅 패턴 38경기 509
실점 패턴 1 38경기 46
실점 패턴 2 38경기 46
상대 패스 시도 평균 419
상대 코너킥 형태 38경기 161
공중전 평균 20.7

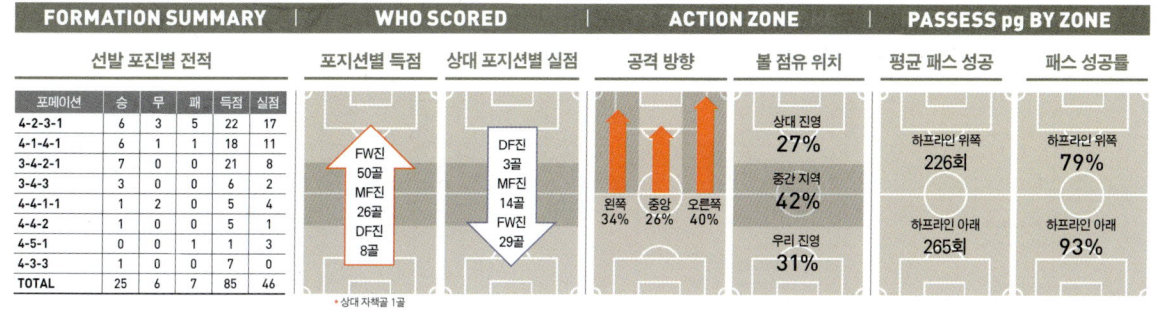

FORMATION SUMMARY

포메이션	승	무	패	득점	실점
4-2-3-1	6	3	5	22	17
4-1-4-1	6	1	1	18	11
3-4-2-1	7	0	0	21	8
3-4-3	3	0	0	6	2
4-4-1-1	1	2	0	5	4
4-4-2	1	0	0	5	1
4-5-1	0	0	1	1	3
4-3-3	1	0	0	7	0
TOTAL	25	6	7	85	46

WHO SCORED
포지션별 득점: FW진 50골, MF진 26골, DF진 8골
상대 포지션별 실점: DF진 3골, MF진 14골, FW진 29골
*상대 자책골 1골

ACTION ZONE
공격 방향: 왼쪽 34%, 중앙 26%, 오른쪽 40%
볼 점유 위치: 상대 진영 27%, 중간 지역 42%, 우리 진영 31%

PASSES pg BY ZONE
평균 패스 성공: 하프라인 위쪽 226회, 하프라인 아래 265회
패스 성공률: 하프라인 위쪽 79%, 하프라인 아래 93%

CLUB ATLÉTICO DE MADRID

Trophy	Count
SPANISH LA LIGA	11
SPANISH COPA DEL REY	10
UEFA CHAMPIONS LEAGUE	0
UEFA EUROPA LEAGUE	3
FIFA CLUB WORLD CUP	0
UEFA-CONMEBOL INTERCONTINENTAL	1

Club Info

- **Founded** 구단 창립: 1903년
- **Owner** 아틀레티코 홀드Co. 이단 오페르
- **CEO** 엔리케 세레소 1948.02.27
- **Manager** 디에고 시메오네 1970.04.28
- **24-25 Odds** 벳365 : 9배 / 스카이벳 : 10배
- **Nationality** 37명 / 외국 선수 18명 / 스페인 19명
- **Age** 37명 평균 26.6세
- **Height** 37명 평균 181cm
- **Market Value** 1군 25명 평균 1671만 유로
- **Game Points** 23-24 : 76점 / 통산 : 4856점
- **Win** 23-24 : 24승 / 통산 : 1398승
- **Draw** 23-24 : 4무 / 통산 : 662무
- **Loss** 23-24 : 10패 / 통산 : 820패
- **Goals For** 23-24 : 70득점 / 통산 : 4970득점
- **Goals Against** 23-24 : 43실점 / 통산 : 3531실점
- **More Minutes** 얀 오블락 3420분
- **Top Scorer** 앙투안 그리즈만 16골
- **More Assists** 앙투안 그리즈만 6도움
- **More Subs** 사울 20회 교체 IN
- **More Cards** 사울 Y9+R1

Metropolitano Stadium

- 구장 오픈: 2017년
- 구장 소유: 아틀레티코 마드리드
- 수용 인원: 6만 8456명
- 피치 규모: 105m × 68m
- 잔디 종류: 천연 잔디

TOTO GUIDE 지난 시즌 상대팀별 전적

상대팀	홈	원정
Real Madrid	3-1	1-1
FC Barcelona	0-3	0-1
Girona	3-1	3-4
Athletic Bilbao	3-1	0-2
Real Sociedad	2-1	2-0
Real Betis	2-1	0-0
Villarreal	3-1	2-1
Valencia	2-0	0-3
Alaves	2-1	0-2
Osasuna	1-4	2-0
Getafe	3-3	3-0
Celta Vigo	1-0	3-0
Sevilla FC	1-0	0-1
Mallorca	1-0	1-0
Las Palmas	5-0	1-2
Rayo Vallecano	2-1	7-0
Cadiz	3-2	0-2
Granada	3-1	1-0
Almeria	2-1	2-2

STRENGTHS & WEAKNESSES

OFFENSE		DEFENSE	
직접 프리킥	C	세트피스 수비	B
문전 처리	B	상대 볼 뺏기	C
측면 돌파	B	공중전 능력	D
스루볼 침투	A	역압 방어	C
개인기 침투	C	지공 방어	E
카운터 어택	B	스루패스 방어	C
기회 만들기	B	리드 지키기	B
세트피스	C	실수 조심	C
OS 피하기	E	측면 방어력	C
중거리 슈팅	B	파울 주의	C
볼 점유율	C	중거리슈팅 수비	D

매우 강함 A / 강한 편 B / 보통 수준 C / 약한 편 D / 매우 약함 E

RANKING OF LAST 10 YEARS

시즌	14-15	15-16	16-17	17-18	18-19	19-20	20-21	21-22	22-23	23-24
순위	3	3	3	2	2	3	1	3	3	4
점수	78점	88점	78점	79점	76점	70점	86점	71점	77점	76점

Squad

위치	선수	국적	생년월일	출전(분)	출전경기	선발11	교체인	교체아웃	벤치출발	득점	도움	경고	경고누적	퇴장
GK	Jan Oblak	SVN	1993-01-07	3420	38	38	0	0	0	0	0	1	0	0
GK	Horațiu Moldovan	ROU	1998-01-20	0	0	0	0	0	18	0	0	0	0	0
GK	Antonio Gomis	ESP	2003-05-20	0	0	0	0	0	38	0	0	0	0	0
GK	Sergio Mestre	ESP	2005-02-13	0	0	0	0	0	1	0	0	0	0	0
DF	Mario Hermoso	ESP	1995-06-18	2558	31	29	2	3	6	0	1	9	0	0
DF	Nahuel Molina	ARG	1997-12-02	1851	30	19	11	11	13	2	3	4	0	1
DF	Stefan Savi	MNE	1991-01-08	1629	23	19	4	3	13	0	0	6	1	0
DF	César Azpilicueta	ESP	1989-08-28	1420	25	14	11	8	15	0	2	4	0	0
DF	José Giménez	URU	1995-01-20	1323	22	14	8	4	10	0	0	5	0	0
DF	Reinildo Mandava	MOZ	1994-01-21	724	16	7	9	1	17	2	1	2	0	0
DF	Gabriel Paulista	BRA	1990-11-26	406	5	5	0	1	9	0	0	1	0	0
DF	Ilias Kostis	GRE	2003-02-27	0	0	0	0	0	7	0	0	0	0	0
DF	Marco Moreno	ESP	2001-02-20	0	0	0	0	0	6	0	0	0	0	0
MF	Axel Witsel	BEL	1989-01-12	2782	35	30	5	3	6	2	0	5	0	0
MF	Marcos Llorente	ESP	1995-01-30	2569	37	29	8	12	8	6	4	5	0	0
MF	Koke	ESP	1992-01-08	2504	35	32	3	14	3	0	4	5	0	0
MF	Rodrigo De Paul	ARG	1994-05-24	2086	34	25	9	20	9	3	5	7	0	0
MF	Pablo Barrios	ESP	2003-06-15	1558	24	17	7	9	7	0	1	5	0	0
MF	Saúl Ñíguez	ESP	1994-11-21	1364	34	14	20	9	23	1	0	9	1	0
MF	Thomas Lemar	FRA	1995-11-12	166	3	1	2	0	3	2	0	0	0	0
MF	Arthur Vermeeren	BEL	2005-02-07	160	5	2	3	2	16	0	0	2	0	0
MF	Aitor Gismera	ESP	2004-02-21	0	0	0	0	0	3	0	0	0	0	0
FW	Antoine Griezmann	FRA	1991-03-21	2653	33	31	2	12	3	16	6	5	0	0
FW	Samuel Lino	BRA	1999-12-23	2090	34	25	9	19	11	4	2	5	0	0
FW	Álvaro Morata	ESP	1992-10-23	1909	32	21	11	15	13	15	3	3	1	0
FW	Rodrigo Riquelme	ESP	2000-04-02	1523	34	17	17	13	21	3	5	1	0	0
FW	Ángel Correa	ARG	1995-03-09	1522	32	14	18	10	21	9	2	3	0	0
FW	Memphis Depay	NED	1994-02-13	887	23	9	14	8	17	5	1	2	0	0
FW	Salim El Jebari	ESP	2004-02-05	12	1	0	1	0	5	0	0	0	0	0
FW	Abde Raihani	MAR	2004-02-03	9	1	0	1	0	1	0	0	0	0	0
FW	Adrián Niño	ESP	2004-06-19	0	0	0	0	0	2	0	0	0	0	0
FW	Rayane Belaid	ALG	2005-05-11	0	0	0	0	0	1	0	0	0	0	0

LA LIGA 2023-24 SEASON

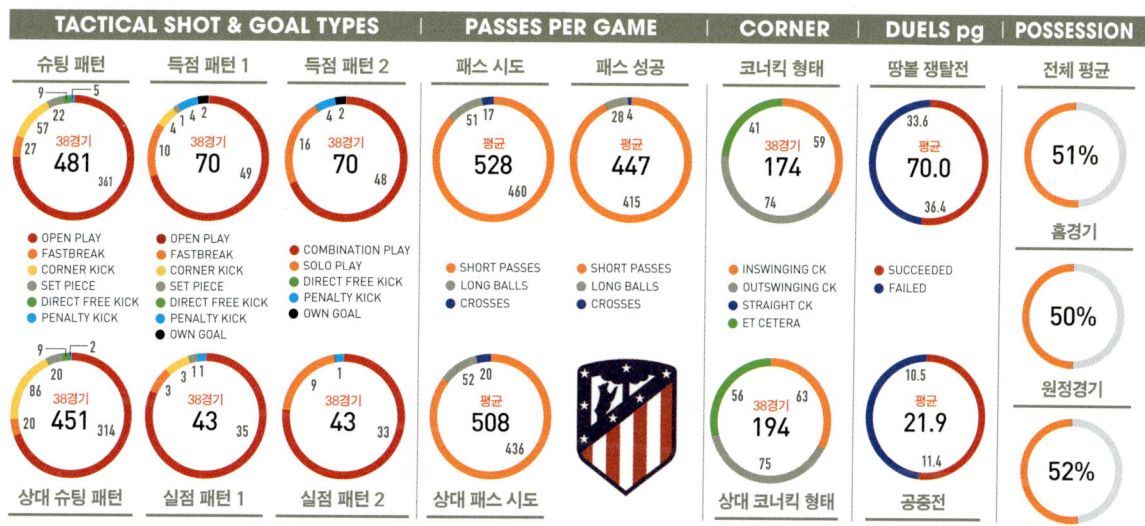

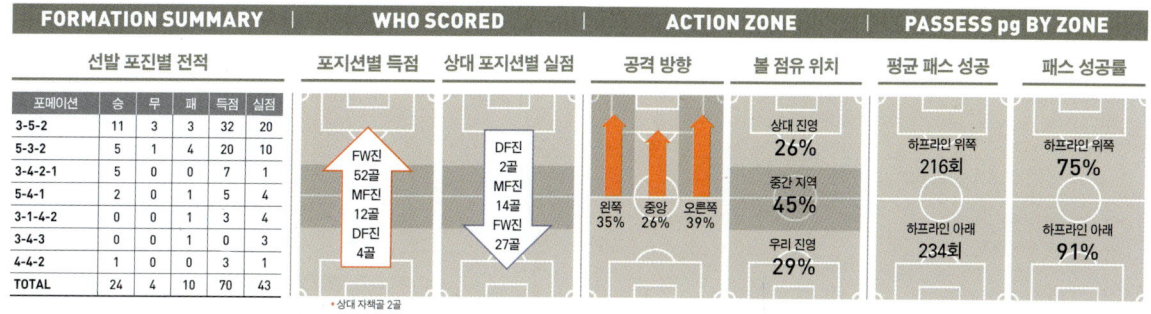

ATHLETIC BILBAO

8 SPANISH LA LIGA	**24** SPANISH COPA DEL REY	**0** UEFA CHAMPIONS LEAGUE	**0** UEFA EUROPA LEAGUE	**0** FIFA CLUB WORLD CUP	**0** UEFA-CONMEBOL INTERCONTINENTAL

Founded 구단 창립 1898년
Owner 아슬레틱 빌바오 시민 구단
CEO 존 우리아르테 1978.06.16
Manager 에르네스토 발베르데 1964.02.09
24-25 Odds 벳365 : 25배 스카이벳 : 25배

Nationality 외국 선수 1명 · 스페인 29명
Age 30명 평균 26.8세
Height 30명 평균 182cm
Market Value 1군 25명 평균 1046만 유로
Game Points 23-24 : 68점 통산 : 4627점

Win 23-24 : 19승 통산 1303승
Draw 23-24 : 11무 통산 718무
Loss 23-24 : 8패 통산 1007패
Goals For 23-24 : 61득점 통산 4951득점
Goals Against 23-24 : 37실점 통산 3990실점

More Minutes 우나이 시몬 3184분
Top Scorer 고르카 구루세타 14골
More Assists 니코 윌리엄스 11도움
More Subs 알렉스 베렝게르 20회 교체 IN
More Cards 아이토르 파레데스 Y8+R1

TOTO GUIDE 지난 시즌 상대팀별 전적

상대팀	홈	원정
Real Madrid	0-2	0-2
FC Barcelona	0-0	0-1
Girona	3-2	1-1
Atletico Madrid	2-0	1-3
Real Sociedad	2-1	0-3
Real Betis	4-2	1-3
Villarreal	1-1	3-2
Valencia	2-2	0-1
Alaves	2-0	2-0
Osasuna	2-2	2-0
Getafe	2-2	2-0
Celta Vigo	4-3	1-2
Sevilla FC	2-0	2-0
Mallorca	4-0	0-0
Las Palmas	1-0	2-0
Rayo Vallecano	4-0	1-0
Cadiz	3-0	0-0
Granada	1-1	1-1
Almeria	3-0	0-0

San Mamés Stadium

구장 오픈 2013년
구장 소유 산마메스 시
수용 인원 5만 3331명
피치 규모 105m X 68m
잔디 종류 하이브리드 잔디

STRENGTHS & WEAKNESSES

OFFENSE		DEFENSE	
직접 프리킥	C	세트피스 수비	B
문전 처리	B	상대 볼 뺏기	C
측면 돌파	B	공중전 능력	C
스루볼 침투	C	역습 방어	C
개인기 침투	C	지공 방어	C
카운터 어택	C	스루패스 방어	C
기회 만들기	B	리드 지키기	B
세트피스	C	실수 조심	C
OS 피하기	C	측면 방어력	C
중거리 슈팅	C	파울 주의	C
볼 점유율	C	중거리슈팅 수비	C

매우 강함 A · 강한 편 B · 보통 수준 C · 약한 편 D · 매우 약함 E

RANKING OF LAST 10 YEARS

14-15	15-16	16-17	17-18	18-19	19-20	20-21	21-22	22-23	23-24
7	5	7	16	8	11	10	8	8	5
55점	62점	63점	43점	53점	51점	46점	55점	51점	68점

위치	선수	국적	생년월일	출전(분)	출전경기	선발11	교체인	교체아웃	벤치출발	득점	도움	경고	경고누적	퇴장
GK	Unai Simón	ESP	1997-06-11	3184	36	36	0	2	1	0	0	2	0	0
	Julen Agirrezabala	ESP	2000-12-26	236	4	2	2	0	36	0	0	0	0	0
	Álex Padilla	ESP	2003-09-01	0	0	0	0	0	2	0	0	0	0	0
DF	Daniel Vivian	ESP	1999-07-05	2878	33	31	2	2	4	0	0	6	0	0
	Aitor Paredes	ESP	2000-04-29	2707	34	31	3	6	5	1	0	8	1	0
	Óscar de Marcos	ESP	1989-04-14	2263	28	26	2	5	6	1	5	5	0	0
	Iñigo Lekue	ESP	1993-05-04	2000	27	22	5	4	14	0	2	4	0	0
	Yuri Berchiche	ESP	1990-02-10	1930	27	22	5	6	5	3	1	5	0	0
	Yeray	ESP	1995-01-24	1154	19	14	5	5	8	0	0	1	0	1
	Imanol García	ESP	2000-06-08	523	9	5	4	2	30	0	0	2	0	0
	Unai Eguíluz	ESP	2002-03-19	0	0	0	0	0	9	0	0	0	0	0
	Hugo Rincón	ESP	2003-01-27	0	0	0	0	0	11	0	0	0	0	0
MF	Iñigo Ruiz de Galarreta	ESP	1993-08-06	2105	29	25	4	16	4	1	1	7	0	0
	Oihan Sancet	ESP	2000-04-25	1991	30	25	5	20	6	4	5	4	1	1
	Alex Berenguer	ESP	1995-07-04	1579	35	15	20	7	21	7	3	4	0	0
	Mikel Vesga	ESP	1993-04-08	1536	27	18	9	10	15	3	1	2	0	0
	Beñat Prados	ESP	2001-02-08	1450	26	16	10	11	22	0	1	1	0	0
	Ander Herrera	ESP	1989-08-14	1022	23	10	13	7	20	0	3	4	0	0
	Unai Gómez	ESP	2003-05-25	867	25	9	16	8	28	2	0	1	0	0
	Dani García	ESP	1990-05-24	738	17	7	10	4	21	1	0	4	0	0
	Raúl García	ESP	1986-07-11	402	20	1	19	1	35	1	0	4	0	0
	Mikel Jauregizar	ESP	2003-11-13	146	7	1	6	1	14	0	0	0	0	0
FW	Iñaki Williams	GHA	1994-06-15	2855	34	32	2	13	2	12	3	4	0	0
	Nico Williams	ESP	2002-07-12	2283	31	29	2	21	2	5	11	5	1	0
	Gorka Guruzeta	ESP	1996-09-12	2240	32	30	2	26	3	14	5	2	0	0
	Iker Muniain	ESP	1992-12-19	586	20	5	15	5	30	2	0	0	0	0
	Asier Villalibre	ESP	1997-09-30	503	18	4	14	4	34	2	1	0	0	0
	Malcom Adu Ares	ESP	2001-10-12	257	12	2	10	2	34	0	0	0	0	0
	Aingeru Olabarrieta	ESP	2005-11-14	8	1	0	1	0	4	0	0	0	0	0

LA LIGA 2023-24 SEASON

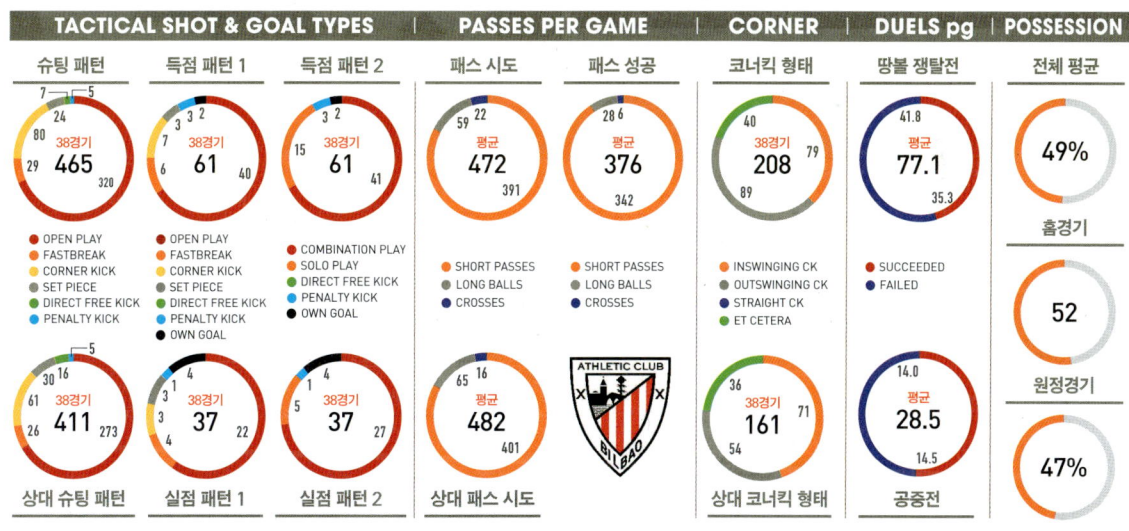

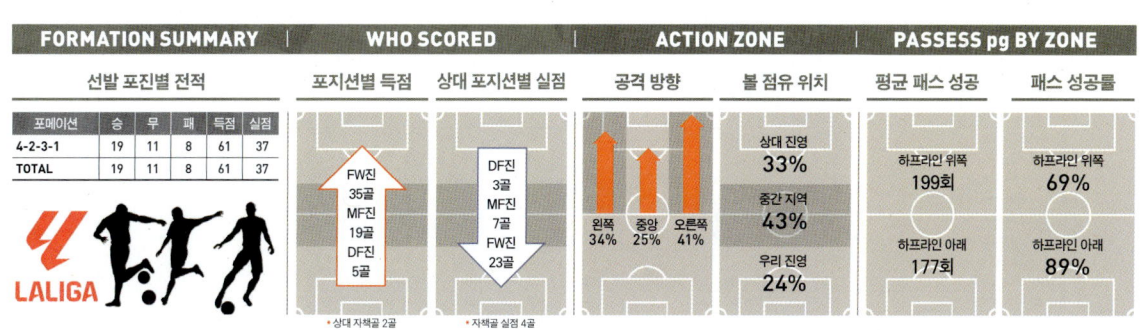

REAL SOCIEDAD

2	**3**	**0**	**0**	**0**	**0**
SPANISH LA LIGA	SPANISH COPA DEL REY	UEFA CHAMPIONS LEAGUE	UEFA EUROPA LEAGUE	FIFA CLUB WORLD CUP	UEFA-CONMEBOL INTERCONTINENTAL

Founded 구단 창립 1909년
Owner 레알 소시에다드 시민 구단
CEO 조킨 아페리바이 1966.05.27
Manager 이마놀 알과시울 1971.07.04
24-25 Odds 벳365 : 25배 스카이벳 : 25배

Nationality 33명
· 외국 선수 9명
· 스페인 29명
Age 38명 평균 24.9세
Height 38명 평균 181cm
Market Value 1군 28명 평균 1716만 유로
Game Points 23-24 : 60점 통산 : 3579점

Win 23-24 : 16승 통산 : 978승
Draw 23-24 : 12무 통산 : 645무
Loss 23-24 : 10패 통산 : 945패
Goals For 23-24 : 51득점 통산 : 3596득점
Goals Against 23-24 : 39실점 통산 : 3532실점

More Minutes 알렉산드로 레미로 3276분
Top Scorer 미켈 오야르사발 9골
More Assists 브라이스 멘데스 6도움
More Subs 우마르 사디크+1명 14회 교체 IN
More Cards 로벤 르노르망 Y13+R0

TOTO GUIDE 지난 시즌 상대팀별 전적

상대팀	홈	원정
Real Madrid	0-1	1-2
FC Barcelona	0-1	0-2
Girona	1-1	0-0
Atletico Madrid	0-2	1-2
Athletic Bilbao	3-0	1-2
Real Betis	0-0	2-0
Villarreal	1-3	3-0
Valencia	1-0	1-0
Alaves	1-1	1-0
Osasuna	0-1	1-1
Getafe	4-3	1-1
Celta Vigo	1-1	1-0
Sevilla FC	2-1	2-3
Mallorca	1-0	2-1
Las Palmas	2-0	0-0
Rayo Vallecano	0-0	2-2
Cadiz	2-0	0-0
Granada	5-3	3-2
Almeria	2-2	3-1

Reale Arena

구장 오픈 / 증개축 1993년, 2019년
구장 소유 산세바스티안 시
수용 인원 3만 9313명
피치 규모 105m X 68m
잔디 종류 천연 잔디

STRENGTHS & WEAKNESSES

OFFENSE		DEFENSE	
직접 프리킥	A	세트피스 수비	C
문전 처리	C	상대 볼 뺏기	B
측면 돌파		공중전 능력	A
스루볼 침투		역습 방어	C
개인기 침투		지공 방어	C
카운터 어택		스루패스 방어	C
기회 만들기		리드 지키기	B
세트피스	B	실수 조심	
OS 피하기	D	측면 방어력	C
중거리 슈팅	C	파울 주의	D
볼 점유율	B	중거리슈팅 수비	C

매우 강함 A 강한 편 B 보통 수준 C 약한 편 D 매우 약함 E

RANKING OF LAST 10 YEARS

14-15	15-16	16-17	17-18	18-19	19-20	20-21	21-22	22-23	23-24
12	9	6	12	9	6	5	6	4	6
46점	48점	64점	49점	50점	56점	62점	62점	71점	60점

위치	선수	국적	생년월일	출전(분)	출전경기	선발11	교체인	교체아웃	벤치출발	득점	도움	경고	경고누적	퇴장
GK	Alejandro Remiro	ESP	1995-03-24	3276	37	37	0	0	0	0	0	2	0	1
	Unai Marrero	ESP	2001-10-09	141	2	1	1	0	37	0	0	0	0	0
	Gaizka Ayesa	ESP	2001-04-02	0	0	0	0	0	8	0	0	0	0	0
	Aitor Fraga	ESP	2003-03-09	0	0	0	0	0	11	0	0	0	0	0
DF	Igor Zubeldia	ESP	1997-03-30	2524	30	29	1	5	2	0	2	11	0	1
	Robin Le Normand	FRA	1996-11-11	2473	29	28	1	5	7	2	0	13	0	0
	Hamary Traoré	MLI	1992-01-27	2298	31	27	4	10	5	0	2	7	0	0
	Jon Pacheco	ESP	2001-01-08	1521	23	16	7	2	20	1	1	8	0	0
	Kieran Tierney	SCO	1997-06-05	1242	20	14	6	12	10	0	2	1	0	0
	Aihen Muñoz	ESP	1997-08-16	1119	21	11	10	1	10	0	2	2	0	0
	Javi Galán	ESP	1994-11-19	1076	14	13	1	3	1	0	1	3	0	0
	Aritz Elustondo	ESP	1994-03-28	807	15	7	8	2	18	0	1	2	0	0
	Jon Mikel Aramburu	VEN	2002-07-23	542	11	5	6	3	13	0	0	3	0	0
	Álvaro Odriozola	ESP	1995-12-14	396	9	6	3	6	17	0	0	0	0	0
	Urko González	ESP	2001-03-20	155	5	2	3	2	35	0	0	1	0	0
	Jon Martín	ESP	2006-04-23	23	1	0	1	0	9	0	0	0	0	0
	Iñaki Rupérez	ESP	2003-01-07	0	0	0	0	0	8	0	0	0	0	0
MF	Martín Zubimendi	ESP	1999-02-02	2654	31	29	2	2	2	4	1	5	0	0
	Mikel Merino	ESP	1996-06-22	2484	32	27	5	7	3	5	3	3	0	0
	Mikel Oyarzabal	ESP	1997-04-21	2156	33	23	10	14	11	9	3	3	0	0
	Takefusa Kubo	JPN	2001-06-04	2152	30	24	6	10	10	7	4	2	0	0
	Beñat Turrientes	ESP	2002-01-31	1689	29	19	10	13	18	0	1	4	0	0
	Arsen Zakharyan	RUS	2003-05-26	1229	29	15	14	14	16	1	2	1	0	0
	Jon Ander Olasagasti	ESP	2000-08-14	349	14	2	12	2	35	0	0	3	0	0
	Jon Magunazelaia	ESP	2001-07-13	119	5	1	4	1	18	0	0	0	0	0
	Alberto Dadie	ESP	2002-07-20	27	1	0	1	0	1	0	0	0	0	0
	Pablo Marín	ESP	2003-01-03	0	0	0	0	0	2	0	0	0	0	0
FW	Brais Méndez	ESP	1997-01-07	2420	32	27	5	11	6	5	6	7	0	0
	Ander Barrenetxea	ESP	2001-12-27	1439	29	20	9	20	10	4	1	1	0	0
	Umar Sadiq	NGA	1997-02-02	1076	26	12	14	10	24	3	1	4	0	0
	Sheraldo Becker	NED	1995-02-09	772	15	8	7	8	8	2	2	1	0	0
	André Silva	POR	1995-11-06	728	19	9	10	9	19	3	0	1	0	0
	Carlos Fernández	ESP	1996-05-22	407	10	5	5	4	12	2	1	3	0	0
	Bryan Fiabema	NOR	2003-02-16	0	0	0	0	0	2	0	0	0	0	0

LA LIGA 2023-24 SEASON

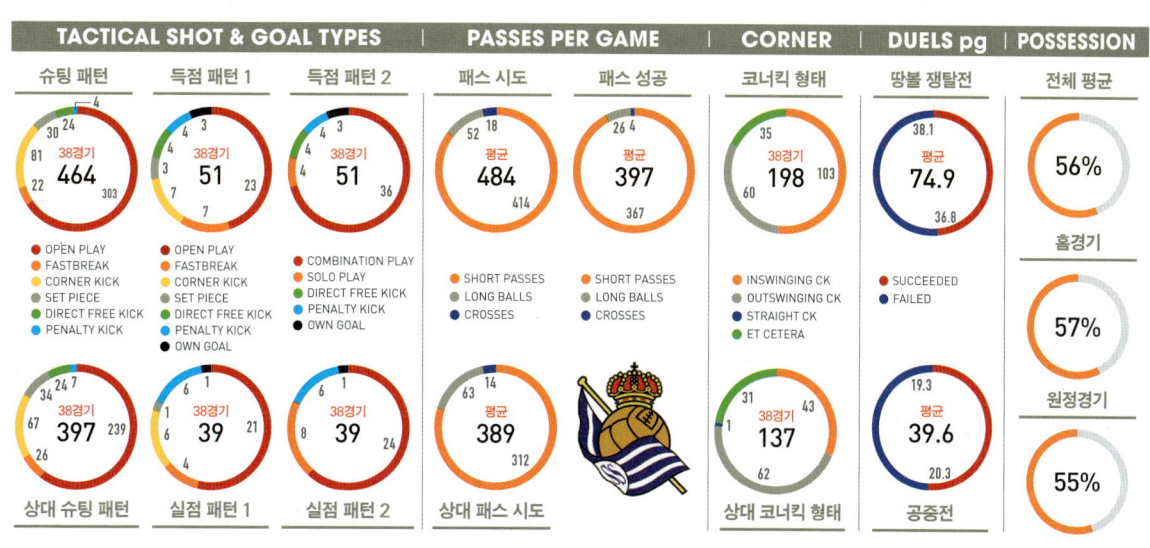

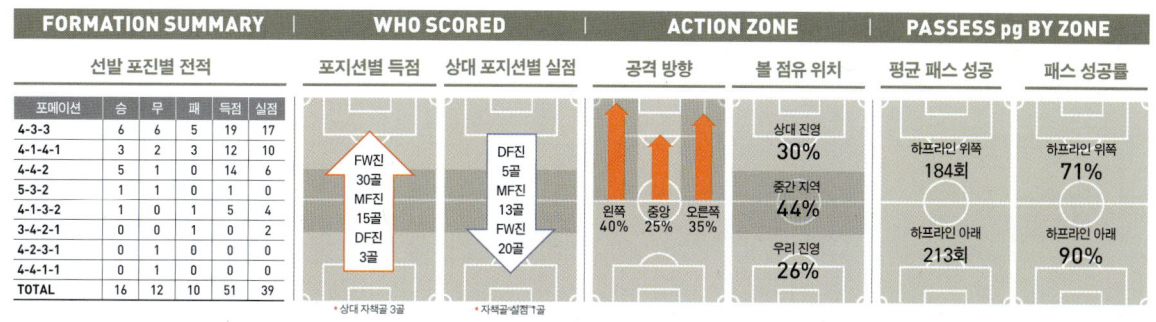

REAL BETIS BALOMPIÉ

1	3	0	0	0	0
SPANISH LA LIGA	SPANISH COPA DEL REY	UEFA CHAMPIONS LEAGUE	UEFA EUROPA LEAGUE	FIFA CLUB WORLD CUP	UEFA-CONMEBOL INTERCONTINENTAL

Founded 구단 창립 1907년
Owner 레알 베티스 시민 구단
CEO 앙헬 아로 가르시아 1974.01.01
Manager 마누엘 펠레그리니 1953.09.16
24-25 Odds 벳365 : 40배 스카이벳 : 66배

Nationality 외국 선수 17명 / 스페인 19명
Age 36명 평균 26.7세
Height 36명 평균 182cm
Market Value 1군 26명 평균 763만 유로
Game Points 23-24 : 57점 통산 : 2652점

Win 23-24 : 14승 통산 : 715승
Draw 23-24 : 15무 통산 : 507무
Loss 23-24 : 9패 통산 : 772패
Goals For 23-24 : 48득점 통산 : 2520득점
Goals Against 23-24 : 45실점 통산 : 2840실점

More Minutes 헤르만 페셀라 2771분
Top Scorer 윌리안 조세 10골
More Assists 이스코 +1명 5도움
More Subs 로드리고 산체스 +1명 20회 교체 IN
More Cards 이스코 Y10+R0

TOTO GUIDE 지난 시즌 상대팀별 전적

상대팀	홈	원정
Real Madrid	1-1	0-0
FC Barcelona	2-4	0-5
Girona	1-1	2-3
Atletico Madrid	0-0	1-2
Athletic Bilbao	3-1	2-4
Real Sociedad	0-2	0-0
Villarreal	2-3	2-1
Valencia	3-0	2-1
Alaves	0-0	1-1
Osasuna	2-1	2-0
Getafe	1-1	1-1
Celta Vigo	2-1	1-2
Sevilla FC	1-1	1-1
Mallorca	2-0	1-0
Las Palmas	1-0	2-2
Rayo Vallecano	1-0	0-2
Cadiz	1-1	2-0
Granada	1-0	1-1
Almeria	3-2	0-0

Estadio Benito Villamarín

구장 오픈 / 증개축: 1929년, 증개축 7회
구장 소유: 레알 베티스
수용 인원: 6만 720명
피치 규모: 105m X 68m
잔디 종류: 천연 잔디

STRENGTHS & WEAKNESSES

OFFENSE		DEFENSE	
직접 프리킥	C	세트피스 수비	D
문전 처리	C	상대 볼 뺏기	B
측면 돌파	B	공중전 능력	C
스루볼 침투	C	역습 방어	C
개인기 침투	C	지공 방어	C
카운터 어택	C	스루패스 방어	C
기회 만들기	C	리드 지키기	D
세트피스	C	실수 조심	C
OS 피하기	C	측면 방어력	C
중거리 슈팅	C	파울 주의	C
볼 점유율	C	중거리슈팅 수비	C

매우 강함 A / 강한 편 B / 보통 수준 C / 약한 편 D / 매우 약함 E

RANKING OF LAST 10 YEARS

14-15	15-16	16-17	17-18	18-19	19-20	20-21	21-22	22-23	23-24
1 84점	10 45점	15 39점	6 60점	10 50점	15 41점	6 61점	5 65점	6 60점	7 57점

위치	선수	국적	생년월일	출전(분)	출전경기	선발11	교체인	교체아웃	벤치출발	득점	도움	경고	경고누적	퇴장
GK	Rui Silva	POR	1994-02-07	2476	28	28	0	1	6	0	0	4	0	0
	Claudio Bravo	CHI	1983-04-13	630	7	7	0	0	13	0	0	0	0	0
	Fran Vieites	ESP	1999-05-07	314	4	3	1	0	29	0	0	0	0	0
	Guilherme Fernandes	POR	2001-03-28	0	0	0	0	0	8	0	0	0	0	0
DF	Germán Pezzella	ARG	1991-06-27	2771	32	32	0	4	1	1	0	7	0	0
	Chadi Riad	MAR	2003-06-17	2164	26	24	2	2	9	0	0	1	0	0
	Juan Miranda	ESP	2000-01-19	1862	25	21	4	8	14	1	1	8	0	0
	Héctor Bellerín	ESP	1995-03-19	1713	23	20	3	4	8	0	1	0	0	1
	Abner	BRA	2000-05-27	1395	23	15	8	3	18	0	1	3	0	0
	Sokratis Papastathopoulos	GRE	1988-06-09	1134	15	12	3	1	12	0	0	6	0	0
	Youssouf Sabaly	SEN	1993-03-05	1048	12	12	0	2	5	0	1	2	0	0
	Marc Bartra	ESP	1991-01-15	226	3	3	0	1	2	0	0	1	0	0
	Ricardo Visus	ESP	2001-04-24	164	3	1	2	0	11	0	0	0	0	0
	Pablo Busto	ESP	2005-09-15	42	2	0	2	0	7	0	0	0	0	0
	Nobel Mendy	SEN	2004-08-16	0	0	0	0	0	4	0	0	0	0	0
	Xavi Pleguezuelo	ESP	2003-01-14	0	0	0	0	0	7	0	0	0	0	0
MF	Isco	ESP	1992-04-21	2340	29	28	1	14	1	8	5	10	0	0
	Marc Roca	ESP	1996-11-26	1988	26	24	2	10	8	2	2	5	0	0
	Guido Rodríguez	ARG	1994-04-12	1851	24	22	2	7	2	0	0	6	0	0
	Johnny Cardoso	USA	2001-09-20	1332	17	15	2	6	4	1	2	3	0	0
	Pablo Fornals	ESP	1996-02-22	1155	15	14	1	8	1	3	2	2	0	0
	Nabil Fekir	FRA	1993-07-18	1047	19	10	9	6	11	1	2	1	0	0
	Rodri	ESP	2000-05-16	1038	29	9	20	7	28	0	0	2	0	0
	William Carvalho	POR	1992-04-07	666	22	4	18	4	21	1	3	0	0	0
	Sergi Altimira	ESP	2001-08-25	563	14	6	8	4	29	1	0	1	0	0
	Dani Pérez	ESP	2005-07-26	0	0	0	0	0	1	0	0	0	0	0
	Ginés Sorroche	ESP	2004-03-24	0	0	0	0	0	2	0	0	0	0	0
	Enrique Fernández	ESP	2003-11-16	0	0	0	0	0	2	0	0	0	0	0
FW	Ayoze Pérez	ESP	1993-07-23	2309	31	29	2	17	3	9	1	4	0	0
	Willian José	BRA	1991-11-23	1981	33	25	8	18	10	10	5	0	0	0
	Assane Diao	ESP	2005-09-07	1054	18	13	5	11	16	2	0	4	0	0
	Aitor Ruibal	ESP	1996-03-22	1015	18	11	7	5	20	2	1	5	0	0
	Abde Ezzalzouli	MAR	2001-12-17	850	26	6	20	5	24	1	0	1	0	0
	Ezequiel Ávila	ARG	1994-02-06	301	6	4	2	2	2	1	0	3	0	0
	Cédric Bakambu	COD	1991-04-11	194	4	2	2	2	2	0	0	0	0	0

LA LIGA 2023-24 SEASON

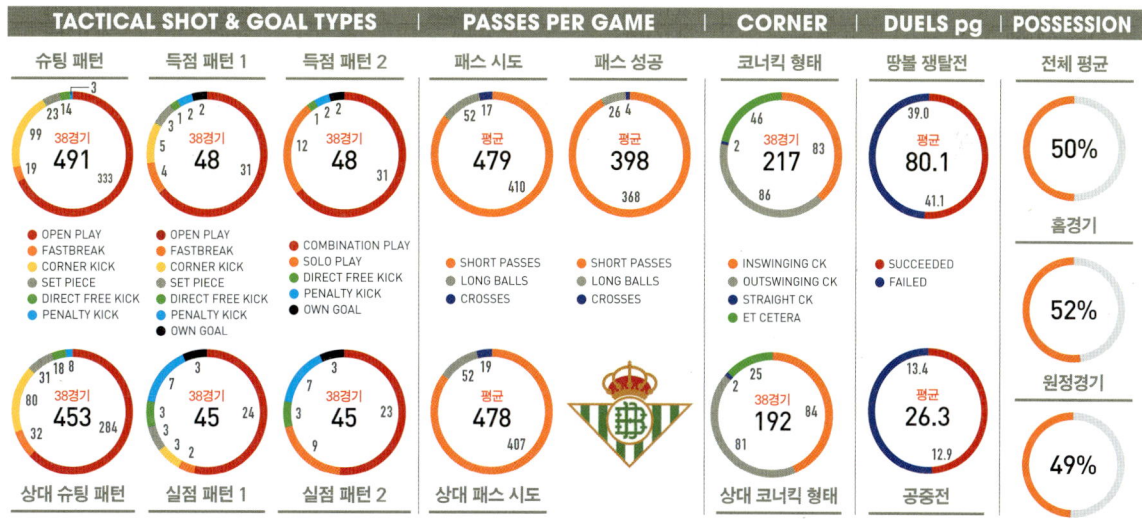

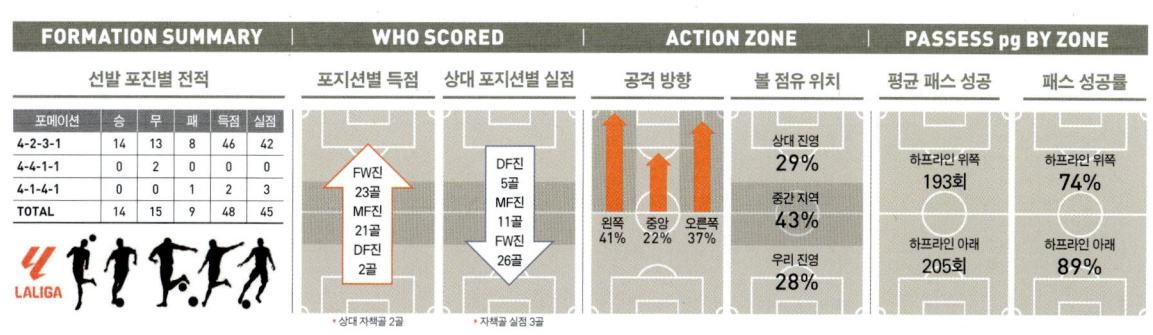

VILLARREAL CF

Founded 구단 창립 1923년	Owner 비야레알 CF 시민 구단	CEO 페르난도 로이그 1947.06.25	Manager 마르셀리노 1965.08.14	24-25 Odds 벳365 : 80배 스카이벳 : 150배	

SPANISH LA LIGA	SPANISH COPA DEL REY	UEFA CHAMPIONS LEAGUE	UEFA EUROPA LEAGUE	FIFA CLUB WORLD CUP	UEFA-CONMEBOL INTERCONTINENTAL
0	0	0	1	0	0

Nationality	Age	Height	Market Value	Game Points
43명 · 외국 선수 13명 · 스페인 30명	43명 평균 26.5세	43명 평균 183cm	1군 29명 평균 737만 유로	23-24 : 53점 통산 : 1369점

TOTO GUIDE 지난 시즌 상대팀별 전적

상대팀	홈	원정
Real Madrid	4-4	1-4
FC Barcelona	3-4	5-3
Girona	1-2	1-0
Atletico Madrid	1-2	1-3
Athletic Bilbao	2-3	1-1
Real Sociedad	0-3	3-1
Real Betis	1-2	3-2
Valencia	1-0	1-3
Alaves	1-1	1-1
Osasuna	3-1	1-1
Getafe	1-1	0-0
Celta Vigo	3-2	2-3
Sevilla FC	3-2	1-1
Mallorca	1-1	1-0
Las Palmas	1-2	0-3
Rayo Vallecano	3-0	1-1
Cadiz	0-0	1-3
Granada	5-1	3-2
Almeria	2-1	2-1

Estadio de la Cerámica

구장 오픈 / 증개축 1923년, 증개축 5회
구장 소유 비야레알 CF
수용 인원 2만 3000명
피치 규모 105m X 68m
잔디 종류 하이브리드 잔디

	Win	Draw	Loss	Goals For	Goals Against
	23-24 : 14승 통산 : 376승	23-24 : 11무 통산 : 241무	23-24 : 13패 통산 : 295패	23-24 : 65득점 통산 : 1308득점	23-24 : 65실점 통산 : 1126실점

More Minutes	Top Scorer	More Assists	More Subs	More Cards
필립 얀손 3240분	알렉산더 소를로트 23골	알렉스 바에나 14도움	호세 루이스 모랄레스 21회 교체 IN	알렉스 바에나 Y11+R0

STRENGTHS & WEAKNESSES

OFFENSE		DEFENSE	
직접 프리킥	C	세트피스 수비	E
문전 처리	B	상대 볼 뺏기	A
측면 돌파	B	공중전 능력	B
스루볼 침투	B	역습 방어	D
개인기 침투	C	지공 방어	C
카운터 어택	B	스루패스 방어	C
기회 만들기	B	리드 지키기	D
세트피스	C	실수 조심	C
OS 피하기	D	측면 방어력	C
중거리 슈팅	C	파울 주의	C
볼 점유율	C	중거리슈팅 수비	C

매우 강함 A 강한 편 B 보통 수준 C 약한 편 D 매우 약함 E

RANKING OF LAST 10 YEARS

14-15	15-16	16-17	17-18	18-19	19-20	20-21	21-22	22-23	23-24
6 60점	4 64점	5 67점	5 61점	14 44점	5 60점	7 58점	7 59점	5 64점	8 53점

위치	선수	국적	생년월일	출전(분)	출전경기	선발11	교체인	교체아웃	벤치출발	득점	도움	경고	경고누적	퇴장
GK	Filip Jörgensen	DEN	2002-04-16	3240	36	36	0	0	2	0	0	4	0	0
	Pepe Reina	ESP	1982-08-31	180	2	2	0	0	32	0	0	2	0	1
	Iker Álvarez	AND	2001-07-25	0	0	0	0	0	7	0	0	0	0	0
DF	Raúl Albiol	ESP	1985-09-04	2035	26	24	2	6	6	0	1	6	0	0
	Jorge Cuenca	ESP	1999-11-17	1960	29	21	8	5	14	3	1	7	0	0
	Kiko Femenía	ESP	1991-02-02	1580	23	16	7	3	20	0	0	7	1	0
	Alberto Moreno	ESP	1992-07-05	1488	27	17	10	13	13	2	2	3	2	0
	Yerson Mosquera	COL	2001-05-02	1228	16	14	2	1	3	2	1	4	0	0
	Aissa Mandi	ALG	1991-10-22	1111	16	12	4	3	20	1	0	0	0	0
	Juan Foyth	ARG	1998-01-12	1062	12	12	0	1	0	1	1	1	0	0
	Eric Bailly	CIV	1994-04-12	839	10	9	1	1	4	0	0	4	0	0
	Adrià Altimira	ESP	2001-02-28	780	11	10	1	6	8	0	0	3	0	0
	Carlos Romero	ESP	2001-10-29	259	7	2	5	2	12	0	0	1	0	0
	Stefan Leković	SRB	2004-01-09	28	1	0	1	0	4	0	0	0	0	0
	Abraham del Moral	ESP	2001-07-05	0	0	0	0	0	0	0	0	0	0	0
	Daniel Budesca	ESP	2006-05-27	0	0	0	0	0	1	0	0	0	0	0
MF	Álex Baena	ESP	2001-07-20	2599	34	33	1	20	1	2	14	11	0	1
	Daniel Parejo	ESP	1989-04-16	2587	33	29	4	10	5	3	5	4	0	0
	Santi Comesaña	ESP	1996-10-05	1656	27	20	7	9	13	0	2	7	1	0
	Étienne Capoue	FRA	1988-07-11	1443	32	15	17	6	22	1	1	8	0	0
	Alfonso Pedraza	ESP	1996-04-09	1120	19	14	5	7	5	1	3	4	0	1
	José Luis Morales	ESP	1987-07-23	1037	29	8	21	8	30	7	0	0	0	0
	Gonçalo Guedes	POR	1996-11-29	948	17	9	8	6	9	3	2	0	0	0
	Francis Coquelin	FRA	1991-05-13	911	17	10	7	8	9	0	0	4	0	0
	Ramon Terrats	ESP	2000-10-18	780	19	6	13	5	20	0	2	4	0	0
	Manu Trigueros	ESP	1991-10-17	298	14	2	12	1	36	0	0	0	0	0
	Denis Suárez	ESP	1994-01-06	131	4	1	3	0	4	0	0	0	0	0
FW	Alexander Sørloth	NOR	1995-12-05	2492	34	30	4	7	5	23	6	3	0	0
	Gerard Moreno	ESP	1992-04-07	2231	30	28	2	19	4	10	6	0	0	0
	Ilias Akhomach	MAR	2004-04-16	1512	31	17	14	15	20	2	2	0	0	0
	Bertrand Traoré	BFA	1995-09-06	567	11	6	5	5	7	1	0	0	0	0
	Yéremi Pino	ESP	2002-10-20	481	7	5	0	6	1	0	0	4	0	0
	Jorge Pascual	ESP	2003-04-09	13	1	0	1	0	3	0	0	0	0	0

LA LIGA 2023-24 SEASON

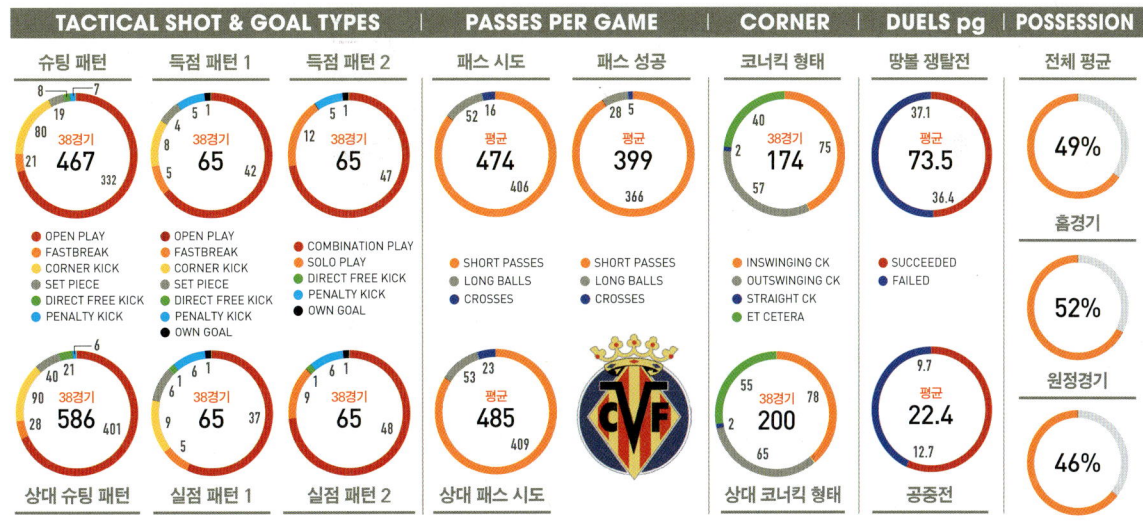

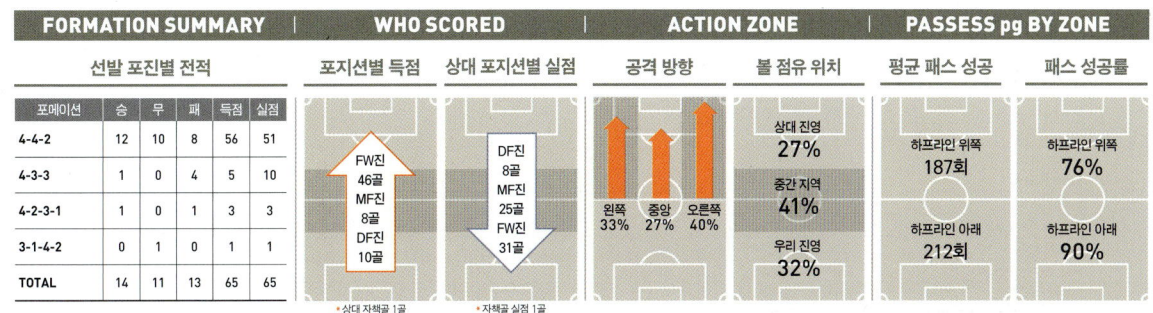

VALENCIA CF

🏆 6	🏆 8	🏆 0	🏆 1	🏆 0	🏆 0
SPANISH LA LIGA	SPANISH COPA DEL REY	UEFA CHAMPIONS LEAGUE	UEFA EUROPA LEAGUE	FIFA CLUB WORLD CUP	UEFA-CONMEBOL INTERCONTINENTAL

Founded 구단 창립 1919년
Owner 피터 림 1953.05.21
CEO 레이 훈 찬 1964.08.
Manager 루벤 바라하 1975.07.11
24-25 Odds 벳365 : 100배 / 스카이벳 : 200배

Nationality 34명 · 외국 선수 10명 · 스페인 24명
Age 34명 평균 23.5세
Height 34명 평균 182cm
Market Value 1군 25명 평균 864만 유로
Game Points 23-24 : 49점 통산 : 4546점

Win 23-24 : 13승 / 통산 : 1283승
Draw 23-24 : 10무 / 통산 : 697무
Loss 23-24 : 15패 / 통산 : 950패
Goals For 23-24 : 40득점 / 통산 : 4740득점
Goals Against 23-24 : 45실점 / 통산 : 3791실점

More Minutes 페펠루 3305분
Top Scorer 우고 두로 13골
More Assists 디에고 로페스 6도움
More Subs 로만 야렘추크+4명 14회 교체 IN
More Cards 우고 기야몬+1명 Y6+R0

TOTO GUIDE 지난 시즌 상대팀별 전적

상대팀	홈	원정
Real Madrid	2-2	1-5
FC Barcelona	1-1	2-4
Girona	1-3	1-2
Atletico Madrid	3-0	0-2
Athletic Bilbao	1-0	2-2
Real Sociedad	0-1	0-1
Real Betis	1-2	0-3
Villarreal	3-1	0-1
Alaves	0-1	0-1
Osasuna	1-2	1-0
Getafe	1-0	0-1
Celta Vigo	0-0	2-2
Sevilla FC	0-0	2-1
Mallorca	0-0	1-1
Las Palmas	1-0	0-2
Rayo Vallecano	0-0	1-0
Cadiz	2-0	4-1
Granada	1-0	1-0
Almeria	2-1	2-2

Mestalla Stadium
구장 오픈 / 증개축: 1923년, 증개축 6회
구장 소유: 발렌시아 시
수용 인원: 4만 9430명
피치 규모: 105m X 68m
잔디 종류: 천연 잔디

STRENGTHS & WEAKNESSES

OFFENSE		DEFENSE	
직접 프리킥	C	세트피스 수비	C
문전 처리	C	상대 볼 뺏기	B
측면 돌파	B	공중전 능력	D
스루볼 침투	C	역습 방어	C
개인기 침투	C	지공 방어	C
카운터 어택	C	스루패스 방어	D
기회 만들기	C	리드 지키기	C
세트피스	C	실수 조심	C
OS 피하기	C	측면 방어력	D
중거리 슈팅	B	파울 주의	C
볼 점유율	E	중거리슈팅 수비	D

매우 강함 A / 강한 편 B / 보통 수준 C / 약한 편 D / 매우 약함 E

RANKING OF LAST 10 YEARS

14-15	15-16	16-17	17-18	18-19	19-20	20-21	21-22	22-23	23-24
4위 77점	12위 44점	12위 46점	4위 73점	4위 61점	9위 53점	13위 43점	9위 48점	16위 42점	9위 49점

위치	선수	국적	생년월일	출전(분)	출전경기	선발11	교체인	교체아웃	벤치출발	득점	도움	경고	경고누적	퇴장
GK	Giorgi Mamardashvili	GEO	2000-09-29	3285	37	37	0	0	0	0	0	3	0	1
	Jaume Domènech	ESP	1990-11-05	79	2	1	1	1	33	0	0	0	0	0
	Cristian Rivero	ESP	1998-03-21	56	1	0	1	0	38	0	0	0	0	0
	Vicent Abril	ESP	2005-02-15	0	0	0	0	0	5	0	0	0	0	0
DF	Cristhian Mosquera	COL	2004-06-27	3072	36	33	3	1	4	0	0	2	0	0
	Thierry Correia	POR	1999-03-09	2161	31	25	6	12	7	0	2	4	0	1
	Dimitri Foulquier	FRA	1993-03-23	1833	33	19	14	5	14	0	0	3	0	0
	José Luis Gayà	ESP	1995-05-25	1798	24	22	2	9	3	1	2	2	0	0
	Cenk Özkaçar	TUR	2000-10-06	1596	23	18	5	3	18	0	0	3	0	0
	Hugo Guillamón	ESP	2000-01-31	1306	26	12	14	4	25	1	0	6	1	0
	Mouctar Diakhaby	GUI	1996-12-19	1074	14	12	2	3	4	1	0	6	1	0
	Yarek Gasiorowski	ESP	2005-01-12	731	14	7	7	2	24	0	0	1	0	0
	Jesús Vázquez	ESP	2003-01-02	705	20	6	14	3	21	1	0	1	0	0
	Rubén Iranzo	ESP	2003-03-14	10	1	0	1	0	18	0	0	0	0	0
MF	Pepelu	ESP	1998-08-11	3305	37	37	0	3	0	7	1	4	0	0
	Javi Guerra	ESP	2003-05-13	2504	36	28	8	11	8	4	1	3	0	1
	André Almeida	POR	2000-05-30	968	18	12	6	10	9	2	0	1	0	0
	Peter	DOM	2002-07-25	644	15	5	10	5	11	0	0	1	0	0
	Selim Amallah	MAR	1996-11-15	597	20	7	13	5	20	0	1	4	1	0
	Pablo Gozálbez	ESP	2001-04-30	100	5	1	4	1	30	0	0	0	0	0
	Hugo González	ESP	2003-02-07	79	9	0	9	0	25	0	1	0	0	0
	Martín Tejón	ESP	2004-04-12	1	1	0	1	0	2	0	0	0	0	0
	Marco Camus	ESP	2001-11-16	0	0	0	0	0	1	0	0	0	0	0
FW	Hugo Duro	ESP	1999-11-10	2997	37	35	2	22	2	13	2	4	0	0
	Diego López	ESP	2002-05-13	2671	36	30	6	22	6	3	6	2	0	0
	Fran Pérez	ESP	2002-09-09	2069	32	27	5	25	5	1	4	4	0	0
	Sergi Canós	ESP	1997-02-02	1231	27	15	12	15	13	1	2	2	0	0
	Roman Yaremchuk	UKR	1995-11-27	925	25	11	14	11	18	3	0	2	0	0
	Alberto Marí	ESP	2001-01-11	263	16	2	14	2	20	1	1	0	0	0
	Mario Dominguez	ESP	2004-02-10	22	3	0	3	0	7	0	0	0	0	0
	David Otorbi	ESP	2007-10-16	0	0	0	0	0	0	0	0	0	0	0

LA LIGA 2023-24 SEASON

VALENCIA CF vs. OPPONENTS PER GAME STATS

발렌시아 CF vs 상대팀

발렌시아		상대팀	항목
1.05	⚽ 득점	1.18	
9.9	👟 슈팅	10.8	
3.4	● 유효슈팅	4.3	
3.3	코너킥	4.8	
1.8	오프사이드	2.3	
406	PA 패스시도	523	
313	PC 패스성공	421	
77%	P% 패스성공률	80%	
17.3	TK 태클	16.1	
13.0	AD 공중전승리	16.7	
8.5	IT 인터셉트	7.1	
12.7	파울	13.0	
1.68	🟨 경고	2.68	
0.132	🟥 퇴장	0.132	

2023-24 SEASON SQUAD LIST & GAMES PLAYED

* 괄호 안의 숫자는 선발 출전 횟수, 교체 출전은 포함시키지 않음

LW
N/A

CF
H.두로(34), R.아렘추크(11)
A.알메이다(9), D.로페스(8)
S.아말라(3), A.마리(2)
J.게라(1)

RW
N/A

LAM
S.카노스(3), D.로페스(3)
S.아말라(1), P.고살베스(1)

CAM
D.로페스(3), A.알메이다(3)
J.게라(1), S.아말라(1)

RAM
F.페레스(7), P.곤살레스(1)

LM
S.카노스(12), D.로페스(10)
S.아말라(4), F.페레스(2)
J.게라(2), P.곤살레스(1)
H.두로(1)

CM
페펠루(29), J.게라(17)
H.기아몬(11), M.디아카비(3)

RM
F.페레스(18), D.로페스(6)
P.곤살레스(3), D.풀키에르(2)
T.코레이아(1)

LWB
N/A

DM
페펠루(8), J.게라(7)
H.기아몬(2)

RWB
N/A

LB
J.가야(22), J.바스케스(6)
Y.가시오로프스키(4), D.풀키에르(3)
C.외즈카자르(2), T.코레이아(1)

CB
C.모스케라(32), G.파울리스타(16)
C.외즈카자르(16), M.디아카비(9)
Y.가시오로프스키(5)

RB
T.코레이아(23), D.풀키에르(14)
C.모스케라(1)

GK
G.마마르다시빌리(37), J.도메네크(1)

SHOTS & GOALS

38경기 총 375슈팅 - 40득점
38경기 상대 총 412슈팅 - 45실점

	25-4		자책골
	204-32		1-1
	145-3		

유효슈팅 130		비유효 슈팅 245	
득점	40	블록 당함	90
GK 방어	90	골대 밖	150
유효슈팅률	35%	골대 맞음	5

유효슈팅 162		비유효 슈팅 250	
실점	45	블록	109
GK 방어	117	골대 밖	130
유효슈팅률	39%	골대 맞음	11

	140-4		
	230-21		자책골
	40-18		2-2

SHOT TIME | GOAL TIME

시간대별 슈팅
76 · 84 64 · 15
75 · 48 53 · 16
· 64 62 ·
60 · · 31
46 45

시간대별 득점
76 · 7 7 · 15
75 · 6 6 · 16
· 7 · ·
60 · 10 3 · 30
· · · 31
46 45

슈팅 차이
전반 슈팅 차이 +7
후반 슈팅 차이 -44
전체 슈팅 차이 -37

득점차
전반 골 득실차 +4
후반 골 득실차 -9
전체 골 득실차 -5

시간대별 상대 슈팅
76 · 90 50 · 15
75 · 54 65 · 16
· 96 57 ·
61 · · 30
· · · 31
46 45

시간대별 실점
76 · 12 4 · 15
75 · 7 4 · 16
· 13 5 ·
61 · · 30
· · · 31
46 45

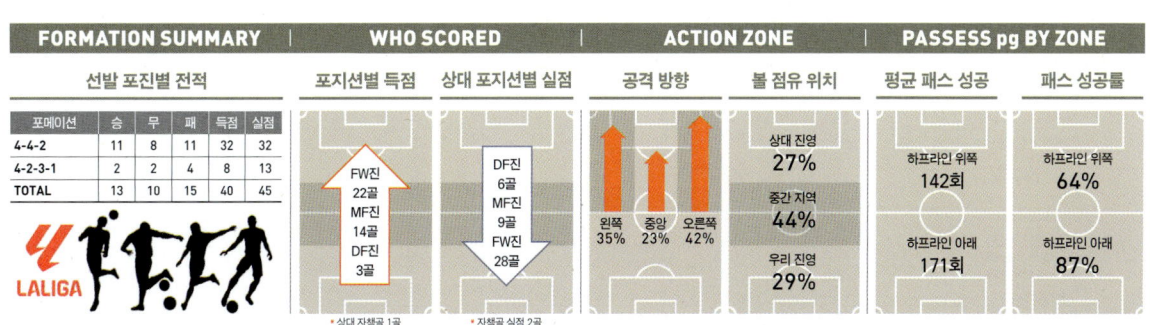

DEPORTIVO ALAVÉS

Founded	Owner	CEO	Manager	24-25 Odds
구단 창립 1921년	사사키 바스코니아 호세 안토니오 케레헤타	알폰소 페르난데스	루이스 가르시아 1972.12.01	벳365 : 500배 스카이벳 : 1000배

Nationality	Age	Height	Market Value	Game Points
외국 선수 12명 스페인 25명	37명 평균 24.2세	37명 평균 182cm	1군 23명 평균 423만 유로	23-24 : 46점 통산 : 707점

Win	Draw	Loss	Goals For	Goals Against
23-24 : 12승 통산 : 192승	23-24 : 10무 통산 : 131무	23-24 : 16패 통산 : 285패	23-24 : 36득점 통산 : 674득점	23-24 : 46실점 통산 : 955실점

More Minutes	Top Scorer	More Assists	More Subs	More Cards
안토니오 시베라 3060분	사무 오모로디온 8골	루이스 리오하+2명 4도움	카를로스 베나비데스 19회 교체 IN	압델카비르 아브카르 Y10+R0

TROPHIES

 0 SPANISH LA LIGA | 0 SPANISH COPA DEL REY | 0 UEFA CHAMPIONS LEAGUE | 0 UEFA EUROPA LEAGUE | 0 FIFA CLUB WORLD CUP | 0 UEFA-CONMEBOL INTERCONTINENTAL

TOTO GUIDE 지난 시즌 상대팀별 전적

상대팀	홈	원정
Real Madrid	0-1	0-5
FC Barcelona	1-3	1-2
Girona	2-2	0-3
Atletico Madrid	2-0	1-2
Athletic Bilbao	0-2	0-2
Real Sociedad	0-1	1-1
Real Betis	1-1	0-0
Villarreal	1-1	1-1
Valencia	1-0	1-0
Osasuna	0-2	0-1
Getafe	1-0	0-1
Celta Vigo	3-0	1-1
Sevilla FC	4-3	3-2
Mallorca	1-1	0-0
Las Palmas	0-1	1-1
Rayo Vallecano	1-0	0-2
Cadiz	1-0	0-1
Granada	3-1	0-2
Almeria	1-0	3-0

Mendizorrotza Stadium

구장 오픈 / 증개축: 1924년, 1997년
구장 소유: 빅토리아-가스테이스 시
수용 인원: 1만 9840명
피치 규모: 105m X 68m
잔디 종류: 천연 잔디

STRENGTHS & WEAKNESSES

OFFENSE		DEFENSE	
직접 프리킥	C	세트피스 수비	B
문전 처리	D	상대 볼 뺏기	C
측면 돌파	C	공중전 능력	C
스루볼 침투	C	역습 방어	C
개인기 침투	C	지공 방어	C
카운터 어택	B	스루패스 방어	C
기회 만들기	A	리드 지키기	B
세트피스	C	실수 조심	C
OS 피하기	C	측면 방어력	C
중거리 슈팅	B	파울 주의	C
볼 점유율	E	중거리슈팅 수비	C

매우 강함 A 강한 편 B 보통 수준 C 약한 편 D 매우 약함 E

RANKING OF LAST 10 YEARS

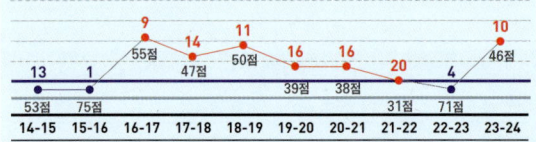

14-15	15-16	16-17	17-18	18-19	19-20	20-21	21-22	22-23	23-24
13 53점	1 75점	9 55점	14 47점	11 50점	16 39점	16 38점	20 31점	4 71점	10 46점

● 2부 리그

SQUAD

위치	선수	국적	생년월일	출전(분)	출전경기	선발11	교체인	교체아웃	벤치출발	득점	도움	경고	경고누적	퇴장
GK	Antonio Sivera	ESP	1996-08-11	3060	34	34	0	0	4	0	0	3	0	0
	Jesús Owono	EQG	2001-03-01	360	4	4	0	0	31	0	0	1	0	0
	Adrián Rodríguez	ARG	2000-12-12	0	0	0	0	0	16	0	0	0	0	0
	Gaizka García	ESP	2005-02-17	0	0	0	0	0	2	0	0	0	0	0
	Rubén Montero	ESP	2005-08-28	0	0	0	0	0	5	0	0	0	0	0
DF	Andoni Gorosabel	ESP	1996-08-04	2864	36	33	3	12	4	1	0	6	0	0
	Rafa Marín	ESP	2002-05-19	2437	33	27	6	1	9	0	0	6	0	0
	Javi López	ESP	2002-03-25	2386	32	25	7	5	12	1	3	3	0	0
	Abdelkabir Abqar	MAR	1999-03-10	2316	27	27	0	4	4	0	0	10	0	0
	Rubén Duarte	ESP	1995-10-18	1876	28	21	7	6	13	2	1	7	0	0
	Álex Sola	ESP	1999-06-09	1260	29	14	15	11	21	0	0	2	0	0
	Nahuel Tenaglia	ARG	1996-02-21	1128	25	11	14	2	23	1	1	5	0	0
	Aleksandar Sedlar	SRB	1991-12-13	949	11	11	0	3	1	1	0	2	0	0
	Eneko Ortiz	ESP	2003-05-26	13	1	0	1	0	9	0	0	0	0	0
	Víctor Parada	ESP	2002-04-04	1	2	0	2	0	10	0	0	0	0	0
	Joseda	ESP	2001-01-22	0	0	0	0	0	4	0	0	0	0	0
	Egoitz Muñoz	ESP	2004-04-14	0	0	0	0	0	5	0	0	0	0	0
	Álvaro García	ESP	2005-09-15	0	0	0	0	0	1	0	0	0	0	0
MF	Ander Guevara	ESP	1997-07-07	2937	37	33	4	10	4	1	0	7	0	0
	Jon Guridi	ESP	1995-02-28	2697	36	34	2	24	3	3	4	2	0	0
	Luis Rioja	ESP	1993-10-16	2515	37	31	6	26	7	5	4	4	0	0
	Antonio Blanco	ESP	2000-07-23	2435	33	29	4	12	6	0	1	5	0	1
	Carlos Benavidez	URU	1998-03-30	1122	29	10	19	5	23	3	1	5	0	0
	Ianis Hagi	ROU	1998-10-22	798	22	8	14	7	27	0	2	0	0	0
	Xeber Alkain	ESP	1997-06-26	297	10	3	7	3	35	0	0	1	0	0
	Tomás Mendes	ESP	2004-11-21	5	1	0	1	0	9	0	0	0	0	0
	Ander Sánchez	ESP	2004-01-24	0	0	0	0	0	3	0	0	0	0	0
	Selu Diallo	ESP	2003-10-01	0	0	0	0	0	9	0	0	0	0	0
FW	Samu Omorodion	ESP	2004-05-05	1920	34	21	13	18	14	8	1	6	0	0
	Kike	ESP	1989-11-25	1421	33	15	18	14	22	3	2	3	0	0
	Carlos Vicente	ESP	1999-04-23	1119	18	12	6	10	7	2	4	1	0	0
	Abde Rebbach	ALG	1998-08-11	713	23	6	17	6	32	1	1	1	0	0
	Giuliano Simeone	ARG	2002-12-18	628	14	6	8	5	14	1	2	1	0	0
	Joaquín Panichelli	ARG	2002-10-07	222	8	2	6	2	14	0	0	0	0	0
	Unai Ropero	ESP	2001-11-20	5	1	0	1	0	2	0	0	0	0	0
	Giorgi Gagua	GEO	2001-10-10	0	0	0	0	0	1	0	0	0	0	0

LA LIGA 2023-24 SEASON

DEPORTIVO ALAVÉS vs. OPPONENTS PER GAME STATS

알라베스		상대팀	지표
0.95	⚽ 득점	1.21	
12.3	👟 슈팅	11.9	
3.8	⚪ 유효슈팅	3.9	
4.9	🚩 코너	4.4	
1.8	🏁 오프사이드	1.6	
349	PA 패스시도	510	
258	PC 패스성공	412	
74%	P% 패스성공률	81%	
15.2	TK 태클	14.6	
15.4	AD 공중전승리	16.7	
7.3	IT 인터셉트	6.1	
12.7	파울	12.5	
2.26	🟨 경고	2.68	
0.026	🟥 퇴장	0.184	

2023-24 SEASON SQUAD LIST & GAMES PLAYED

* 괄호 안의 숫자는 선발 출전 횟수, 교체 출전은 포함시키지 않음

LW
L.리오하(3)

CF
S.오모로디온(21), K.가르시아(15)
J.파니첼리(1), M.델라푸엔테(1)
J.구리디(1)

RW
Á.솔라(1), X.알카인(1)
J.구리디(1)

LAM
L.리오하(19), G.시메오네(6)
A.레보흐(5), C.비센테(1)

CAM
J.구리디(24), I.하지(7)
J.파니첼리(1)

RAM
Á.솔라(12), C.비센테(11)
L.리오하(5), A.고로사벨(3)
X.알카인(1), I.하지(1)

LM
M.리오하(3), A.레보흐(1)

CM
A.게바라(6), A.블랑코(4)
C.베나비데스(3), J.구리디(3)

RM
J.구리디(2), L.리오하(2)
X.알카인(1)

LWB
J.로페스(1)

DM
A.게바라(27), A.블랑코(25)
C.베나비데스(7), J.구리디(1)

RWB
A.고로사벨(1)

LB
J.로페스(24), R.두아르테(13)

CB
A.아브카르(27), R.마린(27)
A.세들라르(11), R.두아르테(8)
N.테나글리아(6)

RB
A.고로사벨(31), N.테나글리아(5)
Á.솔라(1)

GK
A.시베라(34), J.오웬(4)

SHOTS & GOALS
38경기 총 468슈팅 - 36득점
38경기 상대 총 453슈팅 - 46실점

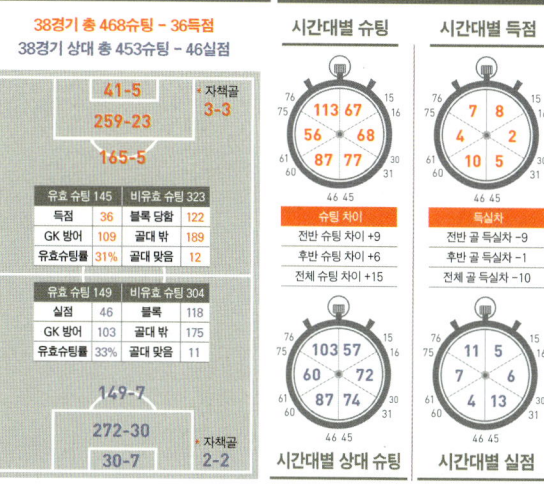

SHOT TIME | GOAL TIME

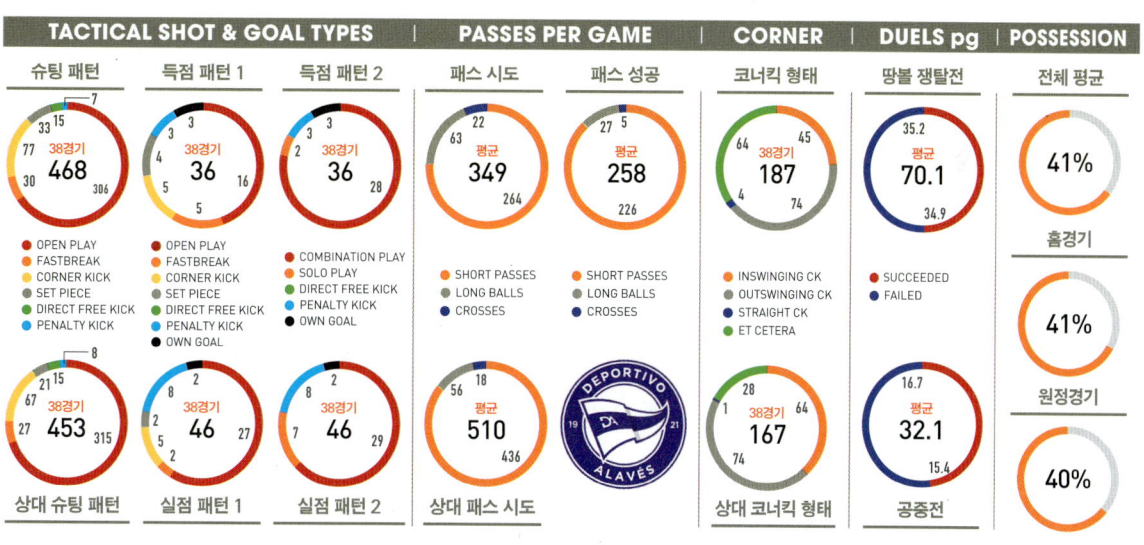

TACTICAL SHOT & GOAL TYPES | PASSES PER GAME | CORNER | DUELS pg | POSSESSION

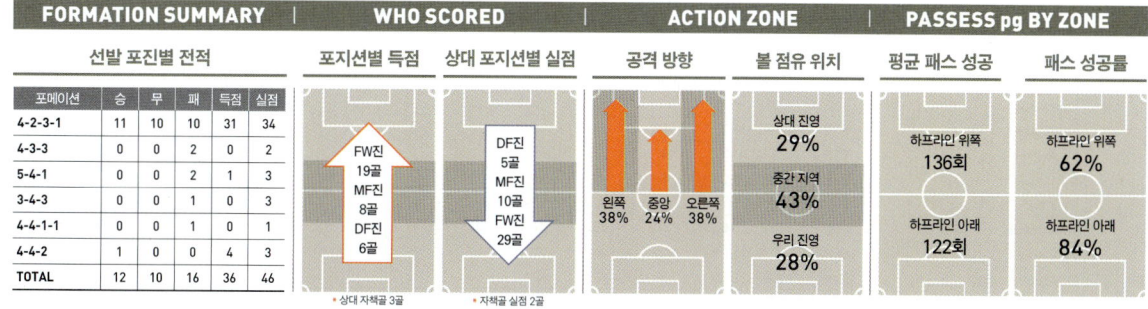

FORMATION SUMMARY

포메이션	승	무	패	득점	실점
4-2-3-1	11	10	10	31	34
4-3-3	0	0	2	0	2
5-4-1	0	0	2	1	3
3-4-3	0	0	1	0	3
4-4-1-1	0	0	1	0	1
4-4-2	1	0	0	4	3
TOTAL	12	10	16	36	46

WHO SCORED
포지션별 득점: FW진 19골, MF진 8골, DF진 6골
상대 포지션별 실점: DF진 5골, MF진 10골, FW진 29골
* 상대 자책골 3골
* 자책골 실점 2골

ACTION ZONE
공격 방향: 왼쪽 38%, 중앙 24%, 오른쪽 38%
볼 점유 위치: 상대 진영 29%, 중간 지역 43%, 우리 진영 28%

PASSES pg BY ZONE
평균 패스 성공: 하프라인 위쪽 136회, 하프라인 아래 122회
패스 성공률: 하프라인 위쪽 62%, 하프라인 아래 84%

CA OSASUNA

Founded 구단 창립 1920년	**Owner** CA 오사수나 시민 구단	**CEO** 루이스 사발사 1947.10.23	**Manager** 비센테 모레노 1974.10.24	**24-25 Odds** 벳365 : 1000배 스카이벳 : 1000배	
Nationality 외국 선수 3명 스페인 26명	**Age** 29명 평균 26.9세	**Height** 29명 평균 183cm	**Market Value** 1군 21명 평균 473만 유로	**Game Points** 23-24 : 45점 통산 : 1842점	
Win 23-24 : 12승 통산 : 488승	**Draw** 23-24 : 9무 통산 : 378무	**Loss** 23-24 : 17패 통산 : 640패	**Goals For** 23-24 : 45득점 통산 : 1699득점	**Goals Against** 23-24 : 56실점 통산 : 2084실점	
More Minutes 세르지오 에레라 2870분	**Top Scorer** 안테 부디미르 17골	**More Assists** 헤수스 아레소 6도움	**More Subs** 라울 가르시아 22회 교체 IN	**More Cards** 카테나 Y8+R1	

	SPANISH LA LIGA	SPANISH COPA DEL REY	UEFA CHAMPIONS LEAGUE	UEFA EUROPA LEAGUE	FIFA CLUB WORLD CUP	UEFA-CONMEBOL INTERCONTINENTAL
	0	0	0	0	0	0

TOTO GUIDE 지난 시즌 상대팀별 전적

상대팀	홈	원정
Real Madrid	2-4	0-4
FC Barcelona	1-2	0-1
Girona	2-4	0-2
Atletico Madrid	0-2	4-1
Athletic Bilbao	0-2	2-2
Real Sociedad	1-1	1-0
Real Betis	0-2	1-2
Villarreal	1-1	1-3
Valencia	0-1	2-1
Alaves	1-0	2-0
Getafe	3-2	2-3
Celta Vigo	0-3	2-0
Sevilla FC	0-0	1-1
Mallorca	1-1	2-3
Las Palmas	1-1	1-1
Rayo Vallecano	1-0	1-2
Cadiz	2-0	1-1
Granada	2-0	0-3
Almeria	1-0	3-0

Estadio El Sadar

구장 오픈 2021년
구장 소유 팜플로나 시
수용 인원 2만 3576명
피치 규모 104m X 67m
잔디 종류 천연 잔디

STRENGTHS & WEAKNESSES

OFFENSE		DEFENSE	
직접 프리킥	C	세트피스 수비	C
문전 처리	C	상대 볼 뺏기	C
측면 돌파	C	공중전 능력	A
스루볼 침투	C	역습 방어	C
개인기 침투	C	지공 방어	C
카운터 어택	C	스루패스 방어	D
기회 만들기	C	리드 지키기	C
세트피스	B	실수 조심	C
OS 피하기	C	측면 방어력	C
중거리 슈팅	C	파울 주의	C
볼 점유율	C	중거리슈팅 수비	C

매우 강함 A 강한 편 B 보통 수준 C 약한 편 D 매우 약함 E

RANKING OF LAST 10 YEARS

● 2부 리그

14-15	15-16	16-17	17-18	18-19	19-20	20-21	21-22	22-23	23-24
18	6	19	8	1	10	11	10	7	11
45점	64점	22점	64점	87점	52점	44점	47점	53점	45점

위치	선수	국적	생년월일	출전(분)	출전경기	선발11	교체인	교체아웃	벤치출발	득점	도움	경고	경고누적	퇴장
GK	Sergio Herrera	ESP	1993-06-05	2870	32	32	0	1	6	0	0	2	0	0
	Aitor Fernández	ESP	1991-05-03	550	7	6	1	0	32	0	0	2	0	0
	Pablo Valencia	ESP	2001-03-15	0	0	0	0	0	19	0	0	0	0	0
	Dimitrios Stamatakis	GRE	2003-04-23	0	0	0	0	0	9	0	0	0	0	0
DF	Jesús Areso	ESP	1999-07-02	2661	37	29	8	8	9	1	6	3	0	0
	Alejandro Catena	ESP	1994-10-28	2536	30	28	2	3	8	1	3	8	0	1
	David García	ESP	1994-02-14	2336	27	27	0	2	2	0	1	5	0	0
	Rubén Peña	ESP	1991-07-18	2105	29	26	3	19	5	0	2	3	0	0
	Johan Mojica	COL	1992-08-21	2040	30	22	8	7	11	0	3	1	0	0
	Juan Cruz	ESP	1992-07-28	1663	26	18	8	4	17	0	1	3	0	0
	Jorge Herrando	ESP	2001-02-28	1644	19	18	1	1	20	0	0	4	0	0
	Unai García	ESP	1992-09-03	559	9	6	3	1	21	1	0	5	1	0
	Íñigo Arguibide	ESP	2005-04-19	16	1	0	1	0	4	0	0	0	0	0
	Jorge Moreno	ESP	2001-07-25	13	1	0	1	0	2	0	0	0	0	0
MF	Aimar Oroz	ESP	2001-11-27	2350	33	26	7	18	7	2	1	3	0	0
	Moi Gómez	ESP	1994-06-23	2011	28	23	5	12	10	3	0	3	0	0
	Iker Muñoz	ESP	2002-11-05	1852	28	20	8	7	18	4	0	5	0	0
	Jon Moncayola	ESP	1998-05-13	1802	33	21	12	13	14	1	3	2	0	1
	Lucas Torró	ESP	1994-07-19	1793	28	21	7	1	16	1	0	0	0	0
	Rubén García	ESP	1993-07-14	1549	30	19	11	15	17	3	2	1	0	0
	Pablo Ibáñez	ESP	1998-09-20	1140	33	12	21	10	25	1	2	5	0	0
	Kike Barja	ESP	1997-04-01	293	16	3	13	3	18	0	0	0	0	0
	Asier Osambela	ESP	2004-10-30	9	1	0	1	0	3	0	0	0	0	0
	Xabi Huarte	ESP	2001-02-25	8	1	0	1	0	2	0	0	0	0	0
FW	Ante Budimir	CRO	1991-07-22	2448	33	29	4	19	5	17	2	4	0	0
	Raúl García	ESP	2000-11-03	1348	35	13	22	11	24	6	1	4	0	0
	José Arnáiz	ESP	1995-04-15	921	26	9	17	9	25	2	1	3	0	0
	Max Svensson	ESP	2001-11-08	2	1	0	1	0	1	0	0	0	0	0

LA LIGA 2023-24 SEASON

CA OSASUNA vs. OPPONENTS PER GAME STATS

오사수나 vs 상대팀													
	득점		슈팅		유효슈팅		코너킥		오프사이드		패스시도 (PA)		패스성공
1.18		1.47	11.2	11.5	3.4	4.0	4.5	4.6	1.8	3.3	433	483	333	359
77%		74%	13.8 (TK)	13.9	20.2 (AD)	17.6	6.9 (IT)	7.7	13.6	11.1	2.08	2.42	0.132	0.158

(패스성공률 / 태클 / 공중전승리 / 인터셉트 / 파울 / 경고 / 퇴장)

2023-24 SEASON SQUAD LIST & GAMES PLAYED

* 괄호 안의 숫자는 선발 출전 횟수, 교체 출전은 포함시키지 않음

LW: M.고메스(5), J.아르나이스(4), R.페냐(3), J.모히카(2), K.바르하(1), C.아빌라(1), R.가르시아(1)
CF: A.부디미르(29), R.가르시아(15), J.아르나이스(4), R.페냐(1)
RW: R.가르시아(9), C.아빌라(6), J.몬카욜라(1), K.바르하(1)

LAM: M.고메스(2), C.아빌라(1), R.페냐(1), K.바르하(1)
CAM: A.오로스(5)
RAM: C.아빌라(2), R.페냐(2), R.가르시아(1)

LM: R.페냐(3), M.고메스(2), J.아르나이스(1), A.오로스(1)
CM: A.오로스(20), J.몬카욜라(17), I.무뇨스(16), L.토로(16), P.이바녜스(12), M.고메스(12)
RM: R.가르시아(6), R.페냐(1)

LWB: J.모히카(5)
DM: L.토로(5), I.무뇨스(4), J.몬카욜라(3), M.고메스(2)
RWB: J.아레소(3), R.페냐(1)

LB: J.모히카(15), J.크루스(12), R.페냐(6)
CB: A.카테나(28), D.가르시아(27), J.에란도(18), U.가르시아(1), J.크루스(1)
RB: J.아레소(26), R.페냐(7)

GK: S.에레라(32), A.페르난데스(6)

SHOTS & GOALS

38경기 총 427슈팅 - 45득점
38경기 상대 총 437슈팅 - 56실점

| 27-8 |
| 248-32 |
| 152-5 |

유효 슈팅 129		비유효 슈팅 298	
득점	45	블록 당함	107
GK 방어	84	골대 밖	179
유효슈팅률	30%	골대 맞음	12

유효 슈팅 152		비유효 슈팅 285	
실점	56	블록	109
GK 방어	96	골대 밖	171
유효슈팅률	35%	골대 맞음	5

| 138-5 |
| 256-34 |
| 43-17 |

SHOT TIME | GOAL TIME

시간대별 슈팅: 96, 52, 10, 8 / 67, 58, 7, 8 / 75, 79, 9, 3
슈팅 차이 — 전반 슈팅 차이 0, 후반 슈팅 차이 -10, 전체 슈팅 차이 -10
득실차 — 전반 골 득실차 -1, 후반 골 득실차 -10, 전체 골 득실차 -11
시간대별 상대 슈팅: 96, 67, 14, 6 / 72, 49, 11, 9 / 80, 73, 11, 5
시간대별 실점

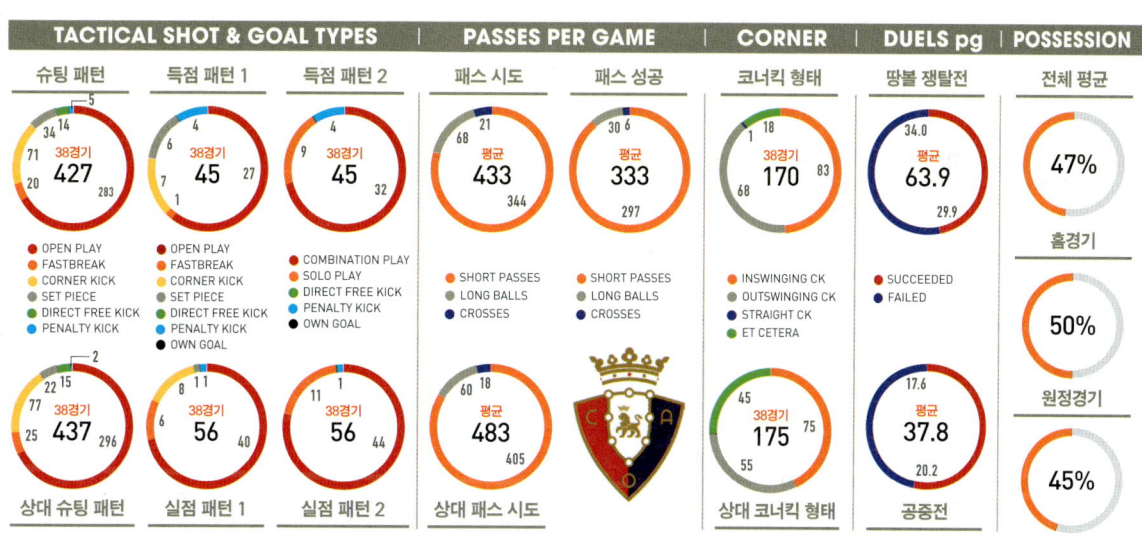

TACTICAL SHOT & GOAL TYPES | PASSES PER GAME | CORNER | DUELS pg | POSSESSION

슈팅 패턴 38경기 427 (34, 14, 5, 71, 20, 283)
득점 패턴 1 38경기 45 (6, 4, 27, 7, 1)
득점 패턴 2 38경기 45 (9, 4, 32)
패스 시도 평균 433 (21, 68, 344)
패스 성공 평균 333 (30, 6, 297)
코너킥 형태 38경기 170 (1, 18, 68, 83)
땅볼 쟁탈전 평균 63.9 (34.0, 29.9)
전체 평균 47%

OPEN PLAY / FASTBREAK / CORNER KICK / SET PIECE / DIRECT FREE KICK / PENALTY KICK
COMBINATION PLAY / SOLO PLAY / DIRECT FREE KICK / PENALTY KICK / OWN GOAL
SHORT PASSES / LONG BALLS / CROSSES
INSWINGING CK / OUTSWINGING CK / STRAIGHT CK / ET CETERA
SUCCEEDED / FAILED

상대 슈팅 패턴 38경기 437 (22, 15, 2, 77, 25, 296)
실점 패턴 1 38경기 56 (8, 1, 40, 6, 1)
실점 패턴 2 38경기 56 (11, 1, 44)
상대 패스 시도 평균 483 (60, 18, 405)
상대 코너킥 형태 38경기 175 (45, 75, 55)
공중전 평균 37.8 (17.6, 20.2)
홈경기 50%
원정경기 45%

FORMATION SUMMARY | WHO SCORED | ACTION ZONE | PASSESS pg BY ZONE

선발 포지션별 전적

포메이션	승	무	패	득점	실점
4-3-3	7	3	7	19	22
4-2-3-1	1	1	3	6	10
3-5-2	1	2	1	7	8
4-1-4-1	1	2	1	8	6
5-3-2	1	1	2	2	5
4-4-2	1	0	1	3	1
4-5-1	0	0	1	0	2
3-5-2	0	0	1	0	2
TOTAL	12	9	17	45	56

포지션별 득점: FW진 32골, MF진 9골, DF진 4골
상대 포지션별 실점: DF진 7골, MF진 16골, FW진 33골
공격 방향: 왼쪽 38%, 중앙 24%, 오른쪽 38%
볼 점유 위치: 상대 진영 30%, 중간 지역 43%, 우리 진영 27%
평균 패스 성공: 하프라인 위쪽 182회, 하프라인 아래 151회
패스 성공률: 하프라인 위쪽 66%, 하프라인 아래 87%

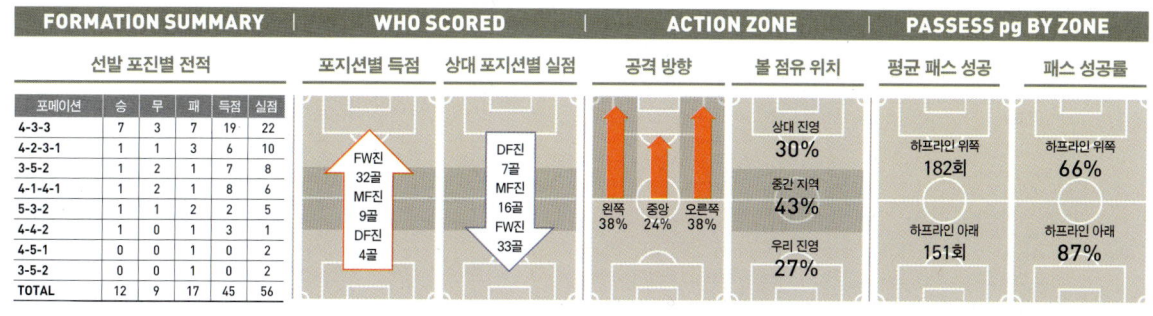

GETAFE CF

0	0	0	0	0	0
SPANISH LA LIGA	SPANISH COPA DEL REY	UEFA CHAMPIONS LEAGUE	UEFA EUROPA LEAGUE	FIFA CLUB WORLD CUP	UEFA-CONMEBOL INTERCONTINENTAL

Founded 구단 창립 1983년
Owner 앙헬 토레스 산체스 1952.05.07
CEO 앙헬 토레스 산체스 1952.05.07
Manager 호세 바르달라스 1964.03.05
24-25 Odds 벳365: 1000배 / 스카이벳: 1000배

Nationality 35명 · 외국 선수 14명 · 스페인 21명
Age 35명 평균 24.7세
Height 35명 평균 183cm
Market Value 1군 22명 평균 435만 유로
Game Points 23-24: 43점 / 통산: 833점

TOTO GUIDE 지난 시즌 상대팀별 전적

상대팀	홈	원정
Real Madrid	0-2	1-2
FC Barcelona	0-0	0-4
Girona	1-0	0-3
Atletico Madrid	0-3	3-3
Athletic Bilbao	0-2	2-2
Real Sociedad	1-1	3-4
Real Betis	1-1	1-1
Villarreal	0-0	1-1
Valencia	1-0	0-1
Alaves	1-0	0-1
Osasuna	3-2	2-3
Celta Vigo	3-2	2-2
Sevilla FC	0-1	3-0
Mallorca	1-2	0-0
Las Palmas	3-3	0-2
Rayo Vallecano	0-2	0-0
Cadiz	1-0	0-1
Granada	2-0	1-1
Almeria	2-1	3-1

Coliseum Alfonso Pérez
구장 오픈 / 증개축: 1998년, 2005년
구장 소유: 헤타페 시
수용 인원: 1만 7000명
피치 규모: 105m X 71m
잔디 종류: 천연 잔디

Win 23-24: 10승 / 통산: 228승
Draw 23-24: 13무 / 통산: 199무
Loss 23-24: 15패 / 통산: 295패
Goals For 23-24: 42득점 / 통산: 790득점
Goals Against 23-24: 54실점 / 통산: 921실점

STRENGTHS & WEAKNESSES

OFFENSE		DEFENSE	
직접 프리킥	C	세트피스 수비	D
문전 처리	C	상대 볼 뺏기	C
측면 돌파	D	공중전 능력	B
스루볼 침투	C	역습 방어	C
개인기 침투	C	지공 방어	C
카운터 어택	C	스루패스 방어	E
기회 만들기	C	리드 지키기	D
세트피스	C	실수 조심	C
OS 피하기	C	측면 방어력	C
중거리 슈팅	B	파울 주의	C
볼 점유율	D	중거리슈팅 수비	C

매우 강함 A / 강한 편 B / 보통 수준 C / 약한 편 D / 매우 약함 E

More Minutes 다비드 소리아 3414분
Top Scorer 보르하 마요랄 15골
More Assists 디에고 리코 7도움
More Subs 카를로스 알레냐 19회 교체 IN
More Cards 즈네 다코남 13Y+1R

RANKING OF LAST 10 YEARS

시즌	14-15	15-16	16-17	17-18	18-19	19-20	20-21	21-22	22-23	23-24
순위	15	19	3 (2부)	8	5	8	15	15	15	12
승점	37	36	68	55	59	54	38	39	42	43

위치	선수	국적	생년월일	출전(분)	출전경기	선발11	교체인	교체아웃	벤치출발	득점	도움	경고	경고누적	퇴장
GK	David Soria	ESP	1993-04-04	3414	38	38	0	1	0	0	0	3	0	0
	Daniel Fuzato	BRA	1997-07-04	6	1	0	1	0	38	0	0	0	0	0
	Jorge Benito	ESP	2006-06-06	0	0	0	0	0	15	0	0	0	0	0
	Djordjije Medenica	CZE	2006-11-17	0	0	0	0	0	7	0	0	0	0	0
DF	Gastón Álvarez	URU	2000-03-24	2537	34	29	5	5	7	2	0	7	0	0
	Diego Rico	ESP	1993-02-23	2537	32	28	4	8	4	0	7	10	0	0
	Dakonam Djené	TOG	1991-12-31	2493	33	30	3	11	3	0	0	13	1	0
	Omar Alderete	PAR	1996-12-26	2191	31	24	7	3	11	0	1	8	0	1
	Juan Iglesias	ESP	1998-07-03	1417	23	16	7	12	15	0	2	4	0	0
	José Ángel Carmona	ESP	2002-01-29	1308	30	15	15	10	16	1	0	9	0	0
	Domingos Duarte	POR	1995-03-10	907	15	11	4	2	16	0	0	4	1	1
	Jordi Martín	ESP	2001-01-05	572	13	5	8	5	19	0	0	1	0	0
	Nabil Aberdin	FRA	2002-08-23	180	2	1	1	0	3	0	0	0	0	0
	Fabrizio Angileri	ARG	1994-03-15	158	11	2	9	2	32	0	0	2	0	1
	Gorka Rivera	ESP	2004-08-01	2	1	0	1	0	4	0	0	0	0	0
	Alejandro Herranz	ESP	2004-11-26	0	0	0	0	0	2	0	0	0	0	0
	Sergio Gimeno	ESP	2001-05-25	0	0	0	0	0	2	0	0	0	0	0
MF	Nemanja Maksimović	SRB	1995-01-26	3272	37	37	0	8	0	4	0	4	0	0
	Luis Milla	ESP	1994-10-07	2122	27	25	2	9	2	0	1	6	0	0
	Carles Aleñà	ESP	1998-01-05	1011	29	10	19	10	25	1	1	6	0	0
	Óscar Rodríguez	ESP	1998-06-28	961	24	9	15	8	24	2	1	9	0	0
	Yellu Santiago	ESP	2004-05-25	657	14	8	6	8	11	1	0	4	0	0
	Ilaix Moriba	GUI	2003-01-19	607	14	8	6	8	4	0	2	4	0	0
	Mauro Arambarri	URU	1995-09-30	337	7	3	4	2	4	0	0	2	0	0
	Alberto Risco	ESP	2005-08-30	135	4	1	3	1	7	0	0	0	0	0
	Santi García	ESP	2001-08-29	24	1	0	1	0	2	0	0	0	0	0
	Jeremy Jorge	ESP	2003-02-19	1	1	0	1	0	2	0	0	0	0	0
	John Patrick Finn	ESP	2003-09-24	0	0	0	0	0	6	0	0	0	0	0
	Facundo Esnaider	ESP	2001-11-09	0	0	0	0	0	2	0	0	0	0	0
	Diego López	ESP	2001-10-21	0	0	0	0	0	0	0	0	0	0	0
FW	Mason Greenwood	ENG	2001-10-01	2667	33	30	3	7	3	8	6	6	0	1
	Borja Mayoral	ESP	1997-04-05	2164	27	25	2	15	2	15	1	2	0	0
	Jaime Mata	ESP	1988-10-24	1791	35	22	13	16	14	5	1	9	1	0
	Juanmi Latasa	ESP	2001-03-23	1551	32	15	17	10	21	2	0	6	1	0
	Yassin Tallal	MAR	2005-03-03	2	1	0	1	0	3	0	0	0	0	0

LA LIGA 2023-24 SEASON

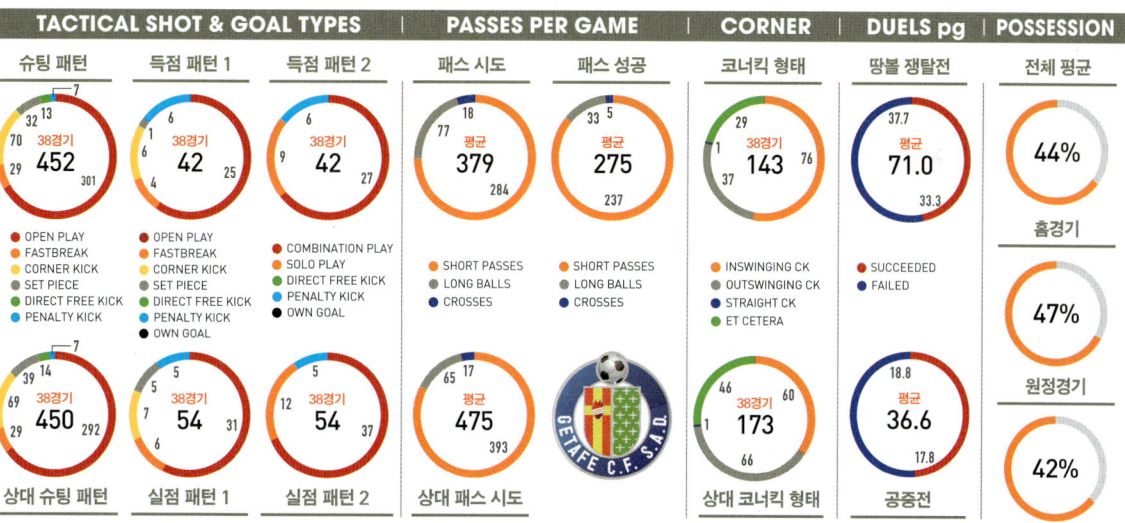

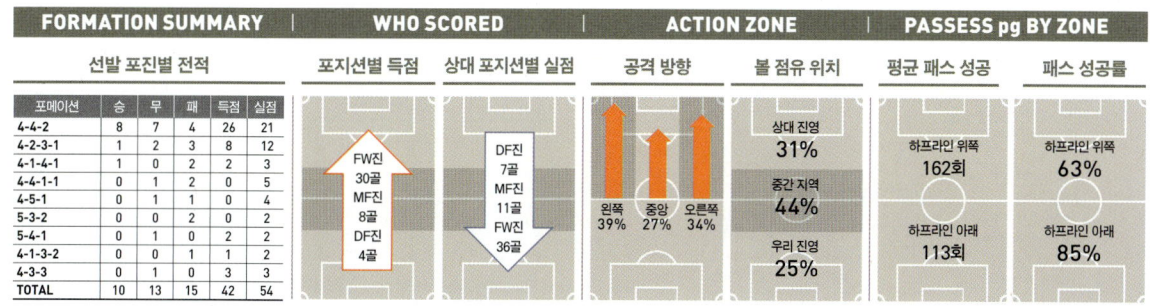

RC CELTA DE VIGO

Founded 구단 창립 1923년	**Owner** GCG SL	**CEO** 마리안 무리뇨 1975.05.25	**Manager** 클라우디오 히랄데스 1988.02.24	**24-25 Odds** 벳365 : 250배 스카이벳 : 150배	

Nationality 외국 선수 12명 스페인 26명	**Age** 38명 평균 25.4세	**Height** 38명 평균 182cm	**Market Value** 1군 28명 평균 401만 유로	**Game Points** 23-24 : 41점 통산 : 2457점

Win 23-24 : 10승 통산 : 663승	**Draw** 23-24 : 11무 통산 : 468무	**Loss** 23-24 : 17패 통산 : 833패	**Goals For** 23-24 : 46득점 통산 : 2614득점	**Goals Against** 23-24 : 57실점 통산 : 3006실점

More Minutes 오스카르 밍게사 3000분	**Top Scorer** 얀 스트란 라슨 13골	**More Assists** 이아고 아스파스 10도움	**More Subs** 아나스타시오스 두바카스 25회 교체 IN	**More Cards** 이아고 아스파스 Y6+R1

Honours

SPANISH LA LIGA	SPANISH COPA DEL REY	UEFA CHAMPIONS LEAGUE	UEFA EUROPA LEAGUE	FIFA CLUB WORLD CUP	UEFA-CONMEBOL INTERCONTINENTAL
0	0	0	0	0	0

TOTO GUIDE 지난 시즌 상대팀별 전적

상대팀	홈	원정
Real Madrid	0-1	0-4
FC Barcelona	1-2	2-3
Girona	0-1	0-1
Atletico Madrid	0-3	0-1
Athletic Bilbao	2-1	3-4
Real Sociedad	0-1	1-1
Real Betis	2-1	1-2
Villarreal	3-2	2-3
Valencia	2-2	0-0
Alaves	1-1	0-3
Osasuna	0-2	3-0
Getafe	2-2	2-3
Sevilla FC	1-1	2-1
Mallorca	0-1	1-1
Las Palmas	4-1	1-2
Rayo Vallecano	0-0	0-0
Cadiz	1-1	2-2
Granada	1-0	2-1
Almeria	1-0	3-2

Estadio Municipal de Balaídos

구장 오픈 / 증개축: 1928년, 증개축 5회
구장 소유: 비고 시
수용 인원: 2만 9000명
피치 규모: 105m X 70m
잔디 종류: 천연 잔디

STRENGTHS & WEAKNESSES

OFFENSE		DEFENSE	
직접 프리킥	C	세트피스 수비	D
문전 처리	C	상대 볼 뺏기	B
측면 돌파	B	공중전 능력	C
스루볼 침투	C	역습 방어	C
개인기 침투	C	지공 방어	D
카운터 어택	B	스루패스 방어	C
기회 만들기	B	리드 지키기	D
세트피스	C	실수 조심	C
OS 피하기	C	측면 방어력	D
중거리 슈팅	C	파울 주의	C
볼 점유율	D	중거리슈팅 수비	C

매우 강함 A 강한 편 B 보통 수준 C 약한 편 D 매우 약함 E

RANKING OF LAST 10 YEARS

14-15	15-16	16-17	17-18	18-19	19-20	20-21	21-22	22-23	23-24
8 51점	6 60점	13 45점	13 49점	17 41점	17 37점	8 53점	11 46점	13 43점	13 41점

위치	선수	국적	생년월일	출전(분)	출전경기	선발11	교체인	교체아웃	벤치출발	득점	도움	경고	경고누적	퇴장
GK	Vicente Guaita	ESP	1987-01-10	2402	27	26	1	0	7	0	0	2	0	0
	Iván Villar	ESP	1997-07-09	1015	12	12	0	0	23	0	0	0	0	2
	Coke Carrillo	ESP	2002-01-07	0	0	0	0	0	13	0	0	0	0	0
	César Fernández	ESP	2004-01-28	0	0	0	0	0	1	0	0	0	0	0
DF	Óscar Mingueza	ESP	1999-05-13	3000	38	33	5	7	5	2	2	4	0	0
	Unai Núñez	ESP	1997-01-30	2801	34	31	3	4	7	1	0	4	0	0
	Carl Starfelt	SWE	1995-06-10	2221	27	26	1	6	8	1	0	4	0	0
	Manu Sánchez	ESP	2000-08-24	1776	26	20	6	7	17	0	5	3	0	0
	Carlos Domínguez	ESP	2001-02-11	1585	22	18	4	6	19	0	0	2	0	0
	Mihailo Ristić	SRB	1995-10-31	808	12	9	3	3	10	0	0	2	0	0
	Javi Manquillo	ESP	1994-05-05	747	12	10	2	6	5	0	1	3	0	0
	Kevin Vázquez	ESP	1993-03-23	706	12	10	2	7	26	0	0	3	0	0
	Joseph Aidoo	GHA	1995-09-29	406	6	4	2	0	5	0	0	0	0	0
	Javi Rueda	ESP	2002-05-08	19	1	0	1	0	1	0	0	0	0	0
	Javi Domínguez	ESP	2001-03-26	0	0	0	0	0	3	0	0	0	0	0
	Javi Rodríguez	ESP	2003-06-26	0	0	0	0	0	6	0	0	0	0	0
MF	Fran Beltrán	ESP	1999-02-03	2435	33	28	5	12	10	0	0	2	0	0
	Luca De La Torre	USA	1998-05-23	1958	31	22	9	11	11	1	4	3	1	0
	Renato Tapia	PER	1995-07-28	1336	21	15	6	4	15	0	0	4	1	0
	Jailson	BRA	1995-09-07	893	14	9	5	1	10	0	1	1	0	0
	Hugo Álvarez	ESP	2003-07-02	762	12	8	4	4	7	1	1	1	0	0
	Hugo Sotelo	ESP	2003-12-19	720	17	8	9	7	29	0	1	1	0	0
	Carlos Dotor	ESP	2001-03-15	702	17	7	10	3	17	0	0	2	0	0
	Franco Cervi	ARG	1994-05-26	536	17	5	12	4	24	0	1	2	0	0
	Williot Swedberg	SWE	2004-02-01	433	15	4	11	5	27	5	0	1	0	0
	Damián Rodríguez	ESP	2003-03-17	258	5	3	2	2	6	0	2	1	0	0
	Yoel Lago	ESP	2004-03-25	90	1	1	0	0	0	0	0	0	0	0
FW	Jörgen Strand Larsen	NOR	2000-02-06	2888	37	36	1	26	1	13	3	5	0	0
	Iago Aspas	ESP	1987-08-11	2715	35	31	4	12	5	9	10	6	0	1
	Jonathan Bamba	CIV	1996-03-26	1996	27	24	3	15	6	3	2	0	0	0
	Tasos Douvikas	GRE	1999-08-02	884	32	7	25	5	28	7	1	2	0	0
	Carles Pérez	ESP	1998-02-16	771	16	7	9	7	22	1	1	1	0	0
	Tadeo Allende	ARG	1999-02-20	330	10	2	8	2	13	1	0	2	0	0
	Miguel Rodríguez	ESP	2003-04-29	288	15	2	13	1	32	0	0	2	0	0

LA LIGA 2023-24 SEASON

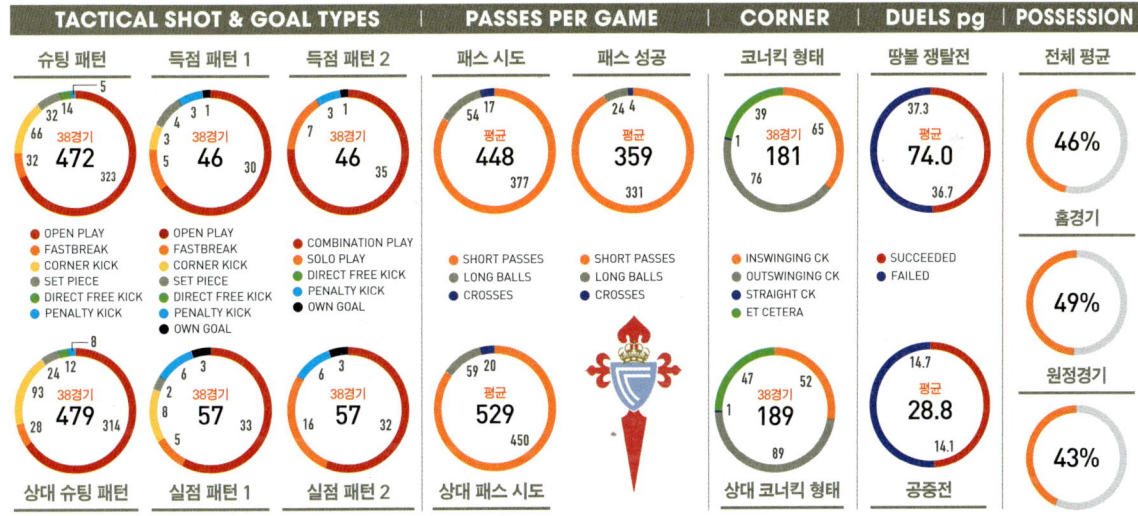

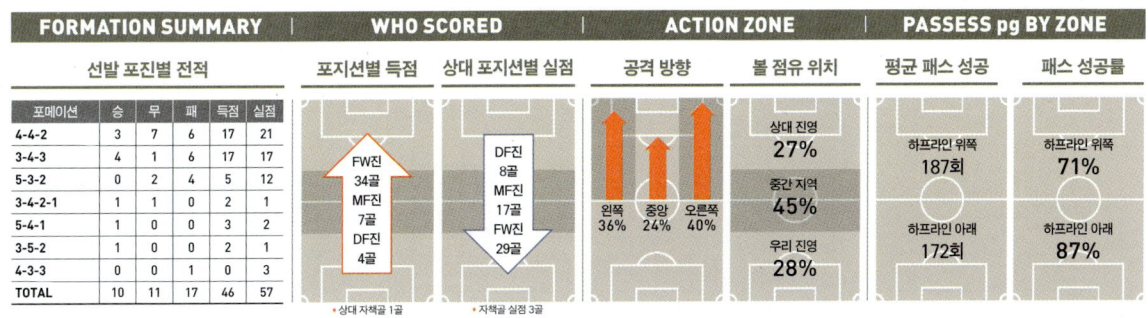

SEVILLA FC

Club Info

Founded 구단 창립 1890년	**Owner** 세비스타 네르비온 SA	**CEO** 호세 마리아 델 니도 1978.01.01	**Manager** 가르시아 피미엔타 1974.8.3	**24-25 Odds** 벳365 : 100배 스카이벳 : 200배	
Nationality ●외국 선수 20명 ●스페인 22명	**Age** 42명 평균 25.7세	**Height** 42명 평균 184cm	**Market Value** 1군 29명 평균 732만 유로	**Game Points** 23-24 : 41점 통산 : 3925점	
Win 23-24 : 10승 통산 : 1108승	**Draw** 23-24 : 11무 통산 : 601무	**Loss** 23-24 : 17패 통산 : 965패	**Goals For** 23-24 : 48득점 통산 : 4046득점	**Goals Against** 23-24 : 54실점 통산 : 3683실점	
More Minutes 루카스 오캄포스 2886분	**Top Scorer** 유세프 엔네시리 16골	**More Assists** 이삭 로메로+2명 4도움	**More Subs** 아드리아 페드로사 16회 교체 IN	**More Cards** 키케 살라스+1명 Y10+R0	

Trophies

1	5	0	7	0	0
SPANISH LA LIGA	SPANISH COPA DEL REY	UEFA CHAMPIONS LEAGUE	UEFA EUROPA LEAGUE	FIFA CLUB WORLD CUP	UEFA-CONMEBOL INTERCONTINENTAL

TOTO GUIDE 지난 시즌 상대팀별 전적

상대팀	홈	원정
Real Madrid	1-1	0-1
FC Barcelona	1-2	0-1
Girona	1-2	1-5
Atletico Madrid	1-0	0-1
Athletic Bilbao	0-2	0-2
Real Sociedad	3-2	1-2
Real Betis	1-1	1-1
Villarreal	1-1	2-3
Valencia	1-2	0-0
Alaves	2-3	3-4
Osasuna	1-1	1-0
Getafe	0-3	1-0
Celta Vigo	1-2	1-1
Mallorca	2-1	0-1
Las Palmas	1-0	2-0
Rayo Vallecano	2-2	2-1
Cadiz	0-1	2-2
Granada	3-0	3-0
Almeria	5-1	2-2

Ramón Sánchez Pizjuán Stadium

구장 오픈 / 증개축
1958년, 증개축 4회
구장 소유
세비야 FC
수용 인원
4만 2714명
피치 규모
105m X 68m
잔디 종류
천연 잔디

STRENGTHS & WEAKNESSES

OFFENSE		DEFENSE	
직접 프리킥	C	세트피스 수비	D
문전 처리	D	상대 볼 뺏기	A
측면 돌파	B	공중전 능력	B
스루볼 침투	C	역습 방어	C
개인기 침투	C	지공 방어	C
카운터 어택	B	스루패스 방어	D
기회 만들기	C	리드 지키기	C
세트피스	A	실수 조심	C
OS 피하기	C	측면 방어력	D
중거리 슈팅	C	파울 주의	C
볼 점유율	C	중거리슈팅 수비	E

매우 강함 A 강한 편 B 보통 수준 C 약한 편 D 매우 약함 E

RANKING OF LAST 10 YEARS

14-15	15-16	16-17	17-18	18-19	19-20	20-21	21-22	22-23	23-24
5 76점	7 52점	4 72점	7 58점	6 59점	4 70점	4 77점	4 70점	12 49점	14 41점

Squad

위치	선수	국적	생년월일	출전(분)	출전경기	선발11	교체인	교체아웃	벤치출발	득점	도움	경고	경고누적	퇴장
GK	Ørjan Nyland	NOR	1990-09-10	2160	24	24	0	0	4	0	0	1	0	0
	Marko Dmitrović	SRB	1992-01-24	1170	13	13	0	0	23	0	0	1	0	0
	Alberto Flores	ESP	2003-11-09	0	0	0	0	0	21	0	0	0	0	0
	Rafa Romero	ESP	2003-08-07	0	0	0	0	0	4	0	0	0	0	0
	Matías Árbol	ESP	2002-09-12	0	0	0	0	0	14	0	0	0	0	0
DF	Sergio Ramos	ESP	1986-03-30	2518	28	28	0	0	3	3	0	7	0	1
	Loïc Badé	FRA	2000-04-11	2284	28	27	1	7	3	0	1	5	0	1
	Jesús Navas	ESP	1985-11-21	2012	29	25	4	15	5	0	2	6	0	1
	Adrià Pedrosa	ESP	1998-05-13	1743	31	15	16	6	20	1	4	1	0	0
	Kike Salas	ESP	2002-04-23	1608	23	19	4	6	11	3	0	10	0	0
	Marcos Acuña	ARG	1991-10-28	1302	21	18	3	13	5	1	2	7	0	0
	Marcão	BRA	1996-06-05	352	7	3	4	1	17	0	0	2	0	0
	Tanguy Nianzou	FRA	2002-06-07	314	8	3	5	1	20	0	0	3	0	0
	Diego Hormigo	ESP	2003-04-16	36	1	0	1	0	4	0	0	0	0	0
	Darío Benavides	ESP	2003-01-12	0	0	0	0	0	11	0	0	0	0	0
MF	Lucas Ocampos	ARG	1994-07-11	2886	35	34	1	16	2	4	3	9	0	0
	Boubakary Soumaré	FRA	1999-02-27	2288	28	26	2	4	5	0	1	10	0	0
	Nemanja Gudelj	SRB	1991-11-16	1744	22	20	2	4	4	0	1	7	0	0
	Óliver Torres	ESP	1994-11-10	1621	27	18	9	15	12	0	1	3	0	0
	Suso	ESP	1993-11-19	1512	29	15	14	8	15	1	4	5	0	1
	Djibril Sow	SUI	1997-02-06	1470	24	18	6	15	9	1	1	5	0	0
	Juanlu Sánchez	ESP	2003-08-15	1172	26	11	15	4	26	0	2	2	0	0
	Dodi Lukebakio	BEL	1997-09-24	1124	23	12	11	10	12	5	1	0	0	0
	Lucien Agoumé	FRA	2002-02-09	778	12	9	3	4	4	0	0	3	0	0
	Erik Lamela	ARG	1992-03-25	458	13	5	8	3	15	2	0	3	0	0
	Joan Jordán	ESP	1993-07-06	377	8	4	4	4	27	0	0	1	0	0
	Adnan Januzaj	BEL	1995-02-05	185	8	0	8	0	19	0	0	0	0	0
	Manu Bueno	ESP	2004-07-27	115	4	1	3	1	13	0	0	1	0	0
	Hannibal Mejbri	TUN	2003-01-21	100	6	1	5	1	16	0	0	2	0	0
	Xavi Sintes	ESP	2001-08-05	0	0	0	0	0	3	0	0	0	0	0
	Lulo Dasilva	ESP	2002-10-04	0	0	0	0	0	4	0	0	0	0	0
	Stanis Idumbo Muzambo	BEL	2005-06-29	0	0	0	0	0	6	0	0	0	0	0
FW	Youssef En-Nesyri	MAR	1997-06-01	2576	33	28	5	11	5	16	2	4	0	0
	Isaac Romero	ESP	2000-05-18	1050	14	14	0	11	0	4	4	2	0	0
	Rafa Mir	ESP	1997-06-18	381	15	3	12	3	20	2	0	1	0	0
	Mariano	DOM	1993-08-01	239	9	2	7	2	12	0	1	0	0	0
	Alejo Véliz	ARG	2003-09-19	29	6	0	6	0	12	0	0	0	0	0
	Ibrahima Sow	SEN	2007-01-26	0	0	0	0	0	3	0	0	0	0	0
	Miguel Capi	ESP	2001-03-06	0	0	0	0	0	4	0	0	0	0	0

LA LIGA 2023-24 SEASON

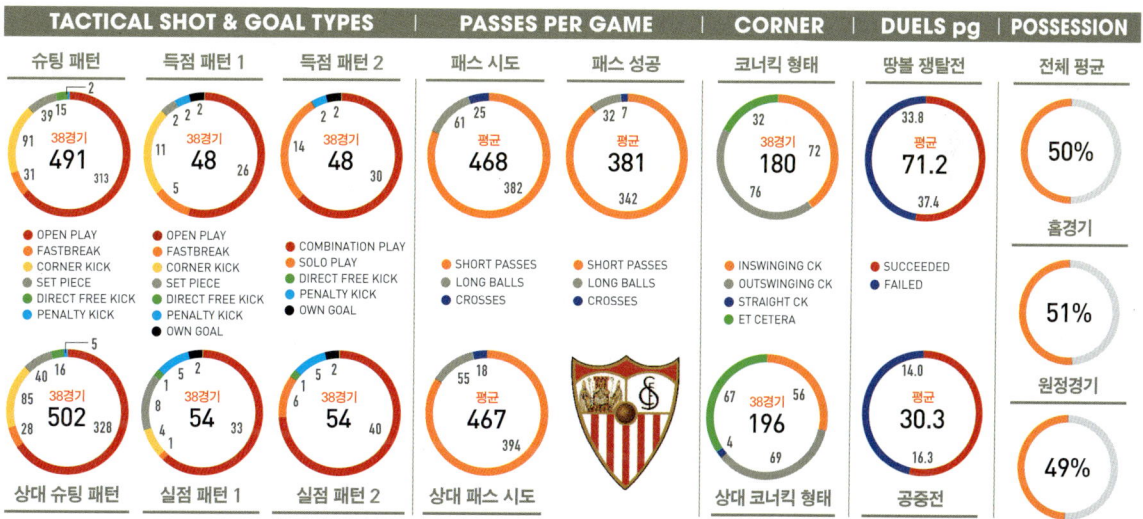

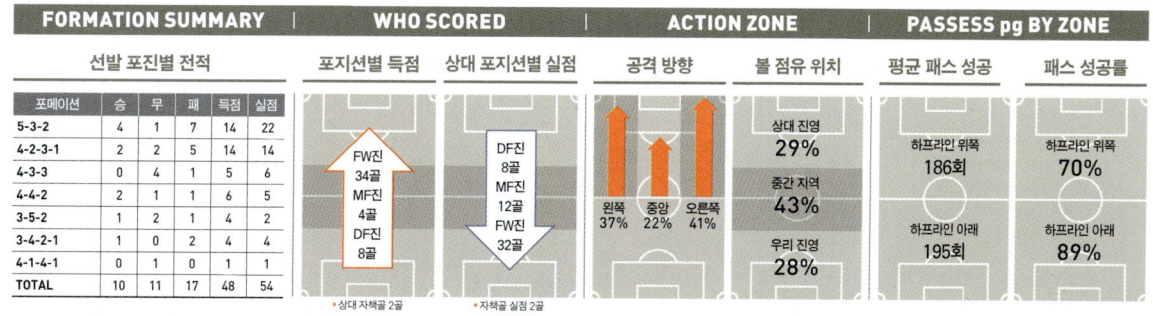

RCD MALLORCA

0	1	0	0	0	0
SPANISH LA LIGA	SPANISH COPA DEL REY	UEFA CHAMPIONS LEAGUE	UEFA EUROPA LEAGUE	FIFA CLUB WORLD CUP	UEFA-CONMEBOL INTERCONTINENTAL

Founded 구단 창립 1916년	Owner 앤디 콜버그 스티브 내시, 스티브 커	 CEO 앤디 콜버그 1959.08.17	Manager 하고바 아라세테 1978.04.22	24-25 Odds 벳365 : 1000배 스카이벳 : 500배	
Nationality 외국 선수 9명 스페인 22명	Age 31명 평균 27.8세	 Height 31명 평균 182cm	Market Value 1군 24명 평균 363만 유로	 Game Points 23-24 : 40점 통산 : 1417점	
Win 23-24 : 8승 통산 : 374승	Draw 23-24 : 16무 통산 : 295무	Loss 23-24 : 14패 통산 : 471패	Goals For 23-24 : 33득점 통산 : 1328득점	Goals Against 23-24 : 44실점 통산 : 1586실점	
More Minutes 프레드라그 라이코비치 3240분	 Top Scorer 베다드 무리치 7골	More Assists 다르데르 5도움	More Subs 아브돈 프라츠 23회 교체 IN	More Cards 다니 로드리게스 Y9+R0	

TOTO GUIDE 지난 시즌 상대팀별 전적

상대팀	홈	원정
Real Madrid	0-1	0-1
FC Barcelona	2-2	0-1
Girona	1-0	3-5
Atletico Madrid	0-1	0-1
Athletic Bilbao	0-0	0-4
Real Sociedad	1-2	0-1
Real Betis	0-1	0-2
Villarreal	0-1	1-1
Valencia	1-1	0-0
Alaves	0-0	1-1
Osasuna	3-2	1-1
Getafe	0-0	2-1
Celta Vigo	1-1	1-0
Sevilla FC	1-0	1-2
Las Palmas	1-0	1-1
Rayo Vallecano	2-1	2-2
Cadiz	1-1	1-1
Granada	1-0	2-3
Almeria	2-2	0-0

Estadi Mallorca Son Moix

구장 오픈 1999년
구장 소유 팔마 시
수용 인원 2만 3142명
피치 규모 105m X 68m
잔디 종류 천연 잔디

STRENGTHS & WEAKNESSES

OFFENSE		DEFENSE	
직접 프리킥	C	세트피스 수비	D
문전 처리	D	상대 볼 뺏기	A
측면 돌파	D	공중전 능력	A
스루볼 침투	B	역습 방어	C
개인기 침투	C	지공 방어	C
카운터 어택	C	스루패스 방어	C
기회 만들기	C	리드 지키기	B
세트피스	B	실수 조심	C
OS 피하기	D	측면 방어력	C
중거리 슈팅	C	파울 주의	E
볼 점유율	D	중거리슈팅 수비	C

매우 강함 A, 강한 편 B, 보통 수준 C, 약한 편 D, 매우 약함 E

RANKING OF LAST 10 YEARS

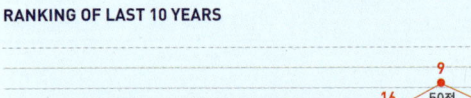

위치	선수	국적	생년월일	출전(분)	출전경기	선발11	교체인	교체아웃	벤치출발	득점	도움	경고	경고누적	퇴장
GK	Predrag Rajković	SRB	1995-10-31	3240	36	36	0	0	2	0	0	2	0	0
	Dominik Greif	SVN	1997-04-06	90	1	1	0	0	37	0	0	0	0	0
	Iván Cuéllar	ESP	1984-05-27	90	1	1	0	0	30	0	0	0	0	0
	Álex Quevedo	ESP	2004-04-28	0	0	0	0	0	1	0	0	0	0	0
DF	Giovanni González	URU	1994-09-20	2464	34	27	7	7	10	1	1	7	0	0
	Martin Valjent	SVK	1995-12-11	2355	28	28	0	6	1	0	1	5	0	0
	Matija Nastasić	SRB	1993-03-28	2257	26	25	1	0	8	2	0	8	0	0
	Antonio Raíllo	ESP	1991-10-08	2197	26	25	1	2	4	3	2	5	1	0
	Jaume Costa	ESP	1988-03-18	1683	30	19	11	11	17	0	1	7	0	0
	Pablo Maffeo	ESP	1997-07-12	1545	22	17	5	6	10	1	2	3	0	1
	Toni Lato	ESP	1997-11-21	1543	28	16	12	12	19	0	1	3	0	0
	Copete	ESP	1999-10-10	1339	19	17	2	9	18	1	1	7	0	0
	Nacho Vidal	ESP	1995-01-24	417	8	5	3	4	12	0	0	2	0	0
	Siebe Van Der Heyden	BEL	1998-05-30	287	6	4	2	3	28	0	0	2	0	1
	Miguelito	ESP	2001-01-12	0	0	0	0	0	2	0	0	0	0	0
	Yuzún Ley	ESP	2004-01-18	0	0	0	0	0	7	0	0	0	0	0
	Marcos Fernández	ESP	2003-07-17	0	0	0	0	0	4	0	0	0	0	0
MF	Dani Rodríguez	ESP	1988-06-06	2634	36	31	5	23	6	2	4	9	0	0
	Samú Costa	POR	2000-11-27	2304	34	26	8	9	11	1	1	8	0	0
	Sergi Darder	ESP	1993-12-22	2152	36	21	15	10	15	2	5	4	0	0
	Manu Morlanes	ESP	1999-01-12	1610	35	16	19	12	21	0	2	2	0	0
	Omar Mascarell	ESP	1993-02-02	1573	29	18	11	12	16	0	0	7	1	0
	Antonio Sánchez	ESP	1997-04-22	1464	29	21	8	21	17	3	1	3	0	0
	Nemanja Radonjić	SRB	1996-02-15	350	11	4	7	4	11	0	0	0	0	0
	Rubén Quintanilla	ESP	2002-04-03	0	0	0	0	0	8	0	0	0	0	0
FW	Vedat Muriqi	KVX	1994-04-24	2329	29	25	4	6	4	7	2	5	0	0
	Cyle Larin	CAN	1995-04-17	1823	35	20	15	17	17	3	2	8	0	0
	Abdón Prats	ESP	1992-02-17	1255	34	11	23	8	27	6	1	3	0	0
	Javi Llabrés	ESP	2002-09-11	233	16	1	15	1	37	0	1	0	0	0
	Pau Mascaró	ESP	2004-10-20	0	0	0	0	0	3	0	0	0	0	0

LA LIGA 2023-24 SEASON

RCD MALLORCA vs. OPPONENTS PER GAME STATS

마요르카		상대팀	
0.87	득점	1.16	
11.0	슈팅	12.6	
3.4	유효슈팅	3.9	
4.6	코너킥	4.0	
2.7	오프사이드	0.9	
391	패스시도 (PA)	486	
296	패스성공 (PC)	387	
76%	패스성공률 (P%)	80%	
18.1	태클 (TK)	18.6	
20.8	공중전승리 (AD)	18.6	
9.6	인터셉트 (IT)	7.8	
14.9	파울	11.4	
2.79	경고	1.39	
0.079	퇴장	0.026	

2023-24 SEASON SQUAD LIST & GAMES PLAYED

*괄호 안의 숫자는 선발 출전 횟수, 교체 출전은 포함시키지 않음

LW: D.로드리게스(1)
CF: V.무리치(25), C.래린(20), A.프라츠(11), A.은디아예(2), S.다르데르(1)
RW: A.산체스(1)

LAM: A.은디아이(1)
CAM: S.다르데르(1), A.산체스(1), D.로드리게스(1)
RAM: A.산체스(1)

LM: D.로드리게스(11), S.다르데르(3), N.라도니치(3)
CM: S.코스타(20), O.마스카렐(16), M.몰라네스(15), D.로드리게스(14), S.다르데르(14), A.산체스(8)
RM: A.산체스(9), D.로드리게스(4), S.다르데르(2), N.라도니치(1), J.아브레스(1)

LWB: J.코스타(3)
DM: M.몰라네스(2), S.코스타(1), O.마스카렐(1)
RWB: P.마페오(3)

LB: T.라토(16), J.코스타(16), P.마페오(2), S.반더헤이든(1)
CB: M.발리엔트(28), M.나스타시치(25), A.라이오(25), 코페테(17), G.곤살레스(10), S.반더헤이든(3), O.마스카렐(3)
RB: G.곤살레스(17), P.마페오(3), N.비달(5), A.산체스(1)

GK: P.라이코비치(36), D.그리프(1), I.쿠에야르(1)

SHOTS & GOALS

38경기 총 418슈팅 - 33득점
38경기 상대 총 480슈팅 - 44실점

30-7
261-24
127-2

	유효 슈팅 131		비유효 슈팅 287	
득점	33	블록 당함	113	
GK 방어	98	골대 밖	165	
유효슈팅률	31%	골대 맞음	9	

	유효 슈팅 149		비유효 슈팅 331	
실점	44	블록	136	
GK 방어	105	골대 밖	188	
유효슈팅률	31%	골대 맞음	7	

219-7
239-30
21-6   *자책골 1-1

SHOT TIME | GOAL TIME

시간대별 슈팅: 76 / 112 55 / 64 53 / 75 79 / 46 45 / 61 / 16 / 31
시간대별 득점: 76 / 12 7 / 4 2 / 4 5 / 46 45 / 61 / 16 / 31

슈팅 차이
전반 슈팅 차이 -28
후반 슈팅 차이 -34
전체 슈팅 차이 -62

득실차
전반 골 득실차 -7
후반 골 득실차 -4
전체 골 득실차 -11

시간대별 상대 슈팅: 76 / 85 61 / 94 62 / 106 72 / 46 45 / 15 / 30
시간대별 실점: 76 / 5 10 / 12 2 / 6 9 / 46 45 / 15 / 30

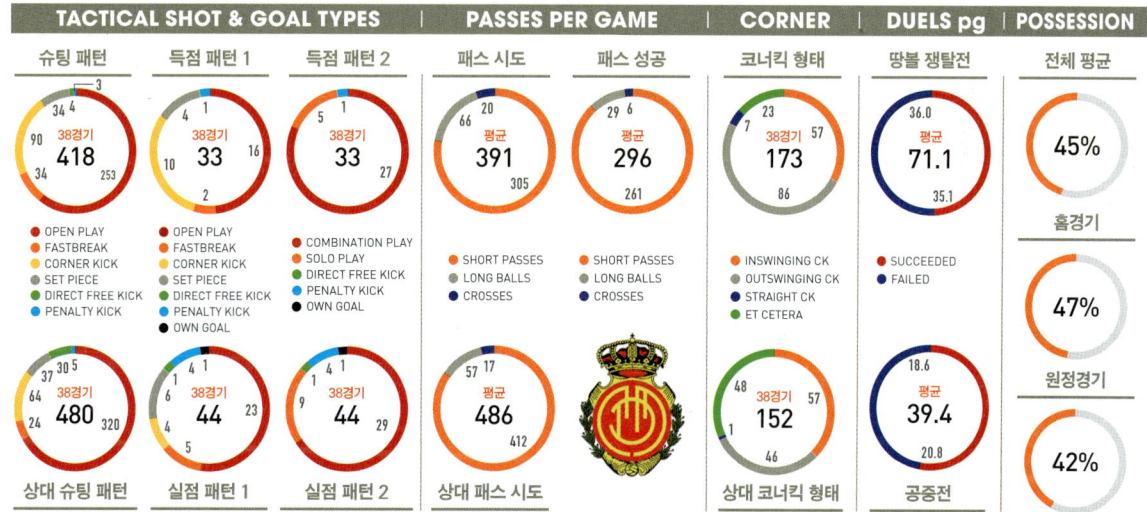

TACTICAL SHOT & GOAL TYPES | PASSES PER GAME | CORNER | DUELS pg | POSSESSION

슈팅 패턴 38경기 418
득점 패턴 1 38경기 33
득점 패턴 2 38경기 33
패스 시도 평균 391
패스 성공 평균 296
코너킥 형태 38경기 173
땅볼 쟁탈전 평균 71.1
전체 평균 45%
홈경기 47%
원정경기 42%

상대 슈팅 패턴 38경기 480
실점 패턴 1 38경기 44
실점 패턴 2 38경기 44
상대 패스 시도 평균 486
상대 코너킥 형태 38경기 152
공중전 평균 39.4

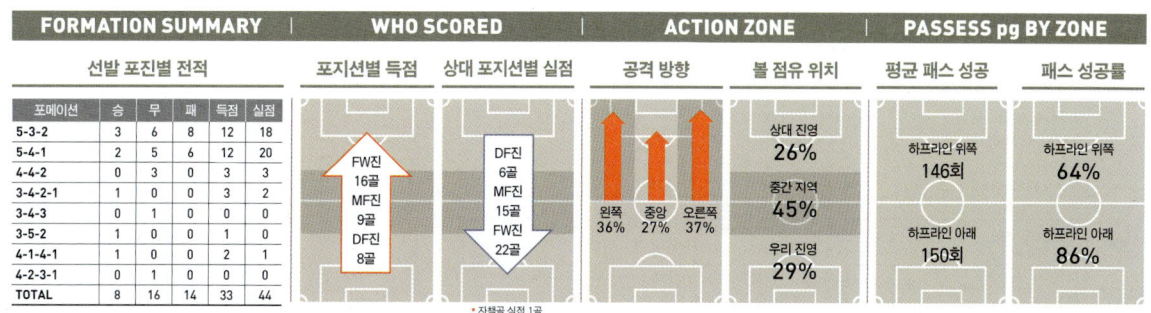

FORMATION SUMMARY

포메이션	승	무	패	득점	실점
5-3-2	3	6	8	12	18
5-4-1	2	5	6	12	20
4-4-2	0	3	0	3	3
3-4-2-1	1	0	0	3	2
3-4-3	0	1	0	0	0
3-5-2	1	0	0	1	0
4-1-4-1	1	0	0	2	1
4-2-3-1	0	1	0	0	0
TOTAL	8	16	14	33	44

WHO SCORED

포지션별 득점: FW진 16골, MF진 9골, DF진 8골
상대 포지션별 실점: DF진 6골, MF진 15골, FW진 22골
*자책골 실점 1골

ACTION ZONE

공격 방향: 왼쪽 36%, 중앙 27%, 오른쪽 37%
볼 점유 위치: 상대 진영 26%, 중간 지역 45%, 우리 진영 29%

PASSESS pg BY ZONE

평균 패스 성공: 하프라인 위쪽 146회, 하프라인 아래 150회
패스 성공률: 하프라인 위쪽 64%, 하프라인 아래 86%

UD LAS PALMAS

 Founded 구단 창립 1949년
 Owner UD 라스 팔마스 시민 구단
 CEO 미겔 앙헬 라미레스 1969.01.01
 Manager 루이스 카리온 1979.02.07
 24-25 Odds 벳365 : 1000배 스카이벳 : 1000배

 Nationality ● 외국 선수 10명 ● 스페인 25명
 **Age** 35명 평균 25.9세
 **Height** 35명 평균 180cm
 Market Value 1군 27명 평균 358만 유로
 Game Points 23-24 : 40점 통산 : 1405점

 **Win** 23-24 : 10승 통산 : 382승
 Draw 23-24 : 10무 통산 : 259무
 Loss 23-24 : 18패 통산 : 531패
 **Goals For** 23-24 : 33득점 통산 : 1404득점
 Goals Against 23-24 : 47실점 통산 : 1867실점

 More Minutes 알바로 바예스 3264분
 Top Scorer 키리안 로드리게스 6골
 More Assists 하비 무뇨스+2명 3도움
 **More Subs** 마르크 카르도나 20회 교체 IN
 More Cards 세르히 카르도나 Y10+R0

 0 **SPANISH LA LIGA**
 0 **SPANISH COPA DEL REY**
 0 **UEFA CHAMPIONS LEAGUE**
 0 **UEFA EUROPA LEAGUE**
 0 **FIFA CLUB WORLD CUP**
0 **UEFA-CONMEBOL INTERCONTINENTAL**

TOTO GUIDE 지난 시즌 상대팀별 전적

상대팀	홈	원정
Real Madrid	1-2	0-2
FC Barcelona	1-2	0-1
Girona	0-2	0-1
Atletico Madrid	2-1	0-5
Athletic Bilbao	0-2	0-1
Real Sociedad	0-0	0-2
Real Betis	2-2	0-1
Villarreal	3-0	2-1
Valencia	2-0	0-1
Alaves	1-1	1-0
Osasuna	1-1	0-1
Getafe	2-0	3-3
Celta Vigo	2-1	1-4
Sevilla FC	0-2	0-1
Mallorca	1-1	0-1
Rayo Vallecano	0-1	2-0
Cadiz	1-1	0-0
Granada	1-0	1-1
Almeria	0-1	2-1

Estadio Gran Canaria
구장 오픈 / 증개축 2003년, 2016년
구장 소유 그란 카나리아
수용 인원 3만 2392명
피치 규모 105m X 68m
잔디 종류 천연 잔디

STRENGTHS & WEAKNESSES

OFFENSE		DEFENSE	
직접 프리킥	C	세트피스 수비	B
문전 처리	D	상대 볼 뺏기	C
측면 돌파	C	공중전 능력	D
스루볼 침투	C	역습 방어	D
개인기 침투	C	지공 방어	D
카운터 어택	C	스루패스 방어	C
기회 만들기	C	리드 지키기	B
세트피스	C	실수 조심	D
OS 피하기	D	측면 방어력	C
중거리 슈팅	B	파울 주의	C
볼 점유율	A	중거리슈팅 수비	C

매우 강함 A 강한 편 B 보통 수준 C 약한 편 D 매우 약함 E

RANKING OF LAST 10 YEARS

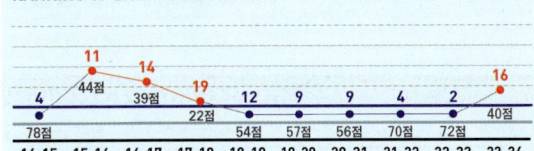

● 2부 리그

	14-15	15-16	16-17	17-18	18-19	19-20	20-21	21-22	22-23	23-24
순위	4	11	14	19	12	9	9	4	2	16
점수	78점	44점	39점	22점	54점	57점	56점	70점	72점	40점

위치	선수	국적	생년월일	출전(분)	출전경기	선발11	교체인	교체아웃	벤치출발	득점	도움	경고	경고누적	퇴장
GK	Álvaro Valles	ESP	1997-05-25	3264	37	37	0	0	0	0	0	2	0	1
	Aarón Escandell	ESP	1995-09-27	152	2	1	1	0	35	0	0	0	0	1
	Álvaro Killane	ARG	2004-12-14	0	0	0	0	0	2	0	0	0	0	0
DF	Mika Màrmol	ESP	2001-07-01	3181	36	36	0	2	1	0	1	5	1	0
	Sergi Cardona	ESP	1999-07-08	2815	35	30	5	5	5	1	2	10	1	0
	Alex Suárez	ESP	1993-03-18	2568	32	30	2	9	7	2	0	7	0	0
	Saúl Coco	EQG	1999-02-09	2293	30	26	4	1	7	1	0	6	0	1
	Marvin Park	ESP	2000-07-03	1851	31	17	14	10	15	0	2	5	0	0
	Julián Araujo	MEX	2001-08-13	1458	25	15	10	6	11	1	0	5	0	0
	Daley Sinkgraven	NED	1995-07-04	376	10	6	4	5	22	0	0	0	0	1
	Álvaro Lemos	ESP	1993-03-30	252	4	3	1	2	18	0	0	1	0	0
	Eric Curbelo	ESP	1994-01-14	101	2	1	1	0	21	0	0	0	0	0
	Gabriel Palmero	ESP	2002-01-02	0	0	0	0	0	19	0	0	0	0	0
MF	Kirian Rodríguez	ESP	1996-03-05	3216	37	36	1	7	1	6	2	7	0	0
	Javi Muñoz	ESP	1995-02-28	2647	37	30	7	14	7	2	3	6	0	0
	Alberto Moleiro	ESP	2003-09-30	1809	28	21	7	12	7	3	3	1	0	0
	Enzo Loiodice	FRA	2000-11-27	1790	34	19	15	15	15	0	0	0	0	0
	Maximo Perrone	ARG	2003-01-07	1630	29	20	9	15	13	0	0	6	0	0
	Pejiño	ESP	1996-07-29	500	17	6	11	6	26	1	1	0	0	0
	Benito Ramírez	ESP	1995-07-11	368	20	2	18	2	28	1	1	0	0	0
	Juanma Herzog	ESP	2004-05-13	291	4	3	1	0	18	2	0	0	0	0
	José Campaña	ESP	1993-05-30	165	8	1	7	1	11	0	0	0	0	0
	Fabio González	ESP	1997-02-12	119	6	1	5	1	16	0	0	0	0	0
	Omenuke Mfulu	COD	1994-03-20	78	5	1	4	1	22	0	0	1	0	0
	Iñaki González	ESP	2004-07-27	4	1	0	1	0	8	0	0	0	0	0
FW	Munir El Haddadi	MAR	1995-09-01	2471	38	32	6	29	6	3	2	3	0	0
	Sandro Ramírez	ESP	1995-07-09	1818	27	21	6	17	9	1	3	0	0	0
	Marc Cardona	ESP	1995-07-08	724	26	6	20	6	32	4	1	4	0	0
	Sory Kaba	GUI	1995-04-10	719	17	9	8	7	27	1	2	0	0	0
	Cristian Herrera	ESP	1991-03-13	158	8	1	7	0	30	1	0	0	0	0
	Pau Ferrer	ESP	2003-10-17	0	0	0	0	0	1	0	0	0	0	0

LA LIGA 2023-24 SEASON

UD LAS PALMAS vs. OPPONENTS PER GAME STATS

라스 팔마스 vs 상대팀

라스 팔마스		상대팀
0.87	득점	1.24
10.3	슈팅	11.7
3.3	유효슈팅	4.2
4.2	코너킥	5.6
2.4	오프사이드	4.3
583	패스시도	395
498	패스성공	298
85%	패스성공율	75%
17.4	태클	17.7
10.8	공중전승리	13.0
7.4	인터셉트	8.8
10.8	파울	13.8
2.21	경고	2.55
0.132	퇴장	0.132

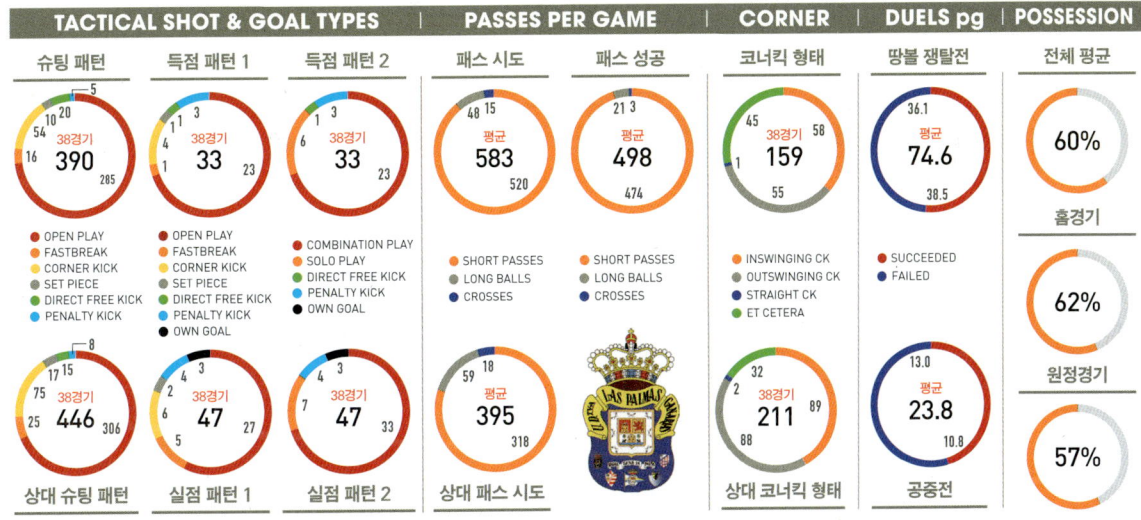

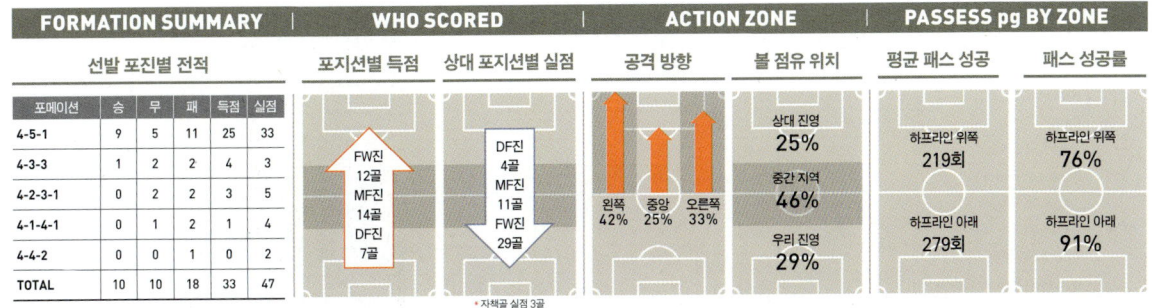

RAYO VALLECANO

SPANISH LA LIGA	SPANISH COPA DEL REY	UEFA CHAMPIONS LEAGUE	UEFA EUROPA LEAGUE	FIFA CLUB WORLD CUP	UEFA-CONMEBOL INTERCONTINENTAL
0	0	0	0	0	0

Founded 구단 창립 1924년	**Owner** 라울 마르틴 프레사 1977.01.10
CEO 라울 마르틴 프레사 1977.01.10	**Manager** 이니고 페레스 1988.01.18
24-25 Odds 벳365 : 1000배 스카이벳 : 1000배	**Nationality** 외국 선수 13명 스페인 13명
Age 26명 평균 29.3세	**Height** 26명 평균 180cm
Market Value 1군 25명 평균 274만 유로	**Game Points** 23-24 : 38점 통산 : 876점
Win 23-24 : 8승 통산 : 229승	**Draw** 23-24 : 14무 통산 : 189무
Loss 23-24 : 16패 통산 : 376패	**Goals For** 23-24 : 29득점 통산 : 914득점
Goals Against 23-24 : 48실점 통산 : 1309실점	**More Minutes** 스톨레 디미트리에프스키 3330분
Top Scorer 알바로 가르시아 6골	**More Assists** 우나이 로페스+1명 2도움
More Subs 효르헤 데푸르토스 22회 교체 IN	**More Cards** 파테 이스마일 Y10+R0

TOTO GUIDE 지난 시즌 상대팀별 전적

상대팀	홈	원정
Real Madrid	1-1	0-0
FC Barcelona	1-1	0-3
Girona	1-2	0-3
Atletico Madrid	0-7	1-2
Athletic Bilbao	0-1	0-4
Real Sociedad	2-2	0-0
Real Betis	2-0	0-1
Villarreal	1-1	0-3
Valencia	0-1	0-0
Alaves	2-0	0-1
Osasuna	2-1	0-1
Getafe	0-0	2-0
Celta Vigo	0-0	0-0
Sevilla FC	1-2	2-2
Mallorca	2-2	1-2
Las Palmas	0-2	1-0
Cadiz	1-1	0-0
Granada	2-1	2-0
Almeria	0-1	2-0

Campo de Fútbol de Vallecas

구장 오픈 / 증개축: 1976년, 증개축 2회
구장 소유: 마드리드 시
수용 인원: 1만 4708명
피치 규모: 100m X 65m
잔디 종류: 천연 잔디

STRENGTHS & WEAKNESSES

OFFENSE		DEFENSE	
직접 프리킥	A	세트피스 수비	B
문전 처리	D	상대 볼 뺏기	C
측면 돌파	B	공중전 능력	D
스루볼 침투	C	역습 방어	C
개인기 침투	C	지공 방어	C
카운터 어택	C	스루패스 방어	D
기회 만들기	C	리드 지키기	B
세트피스	B	실수 조심	D
OS 피하기	D	측면 방어력	C
중거리 슈팅	C	파울 주의	C
볼 점유율	D	중거리슈팅 수비	C

매우 강함 A 강한 편 B 보통 수준 C 약한 편 D 매우 약함 E

RANKING OF LAST 10 YEARS

시즌	14-15	15-16	16-17	17-18	18-19	19-20	20-21	21-22	22-23	23-24
순위	11	18	12	1	20	7	6	12	11	17
점수	49점	38점	53점	76점	32점	60점	67점	43점	49점	38점

선수 명단

위치	선수	국적	생년월일	출전(분)	출전경기	선발11	교체인	교체아웃	벤치출발	득점	도움	경고	경고누적	퇴장
GK	Stole Dimitrievski	MKD	1993-12-23	3330	37	37	0	0	1	0	0	2	0	0
	Dani Cárdenas	ESP	1997-03-28	90	1	1	0	0	36	0	0	0	0	0
DF	Florian Lejeune	FRA	1991-05-20	3328	37	37	0	1	0	3	1	5	0	0
	Iván Balliu	ALB	1992-01-01	2876	33	32	1	4	5	0	1	4	0	0
	Alfonso Espino	URU	1992-01-05	2513	31	29	2	9	8	0	1	9	0	0
	Abdul Mumin	GHA	1998-06-06	1695	20	19	1	1	16	1	0	5	0	1
	Aridane	ESP	1989-03-23	1691	19	19	0	1	12	0	0	3	0	0
	Pep Chavarria	ESP	1998-04-10	1163	22	12	10	4	24	1	1	4	1	0
	Andrei Rațiu	ROU	1998-06-20	627	12	6	6	3	28	0	0	1	0	0
	Diego Méndez	ESP	2003-08-29	4	1	0	1	0	14	0	0	0	0	0
	Martín Pascual	ESP	1999-08-04	0	0	0	0	0	25	0	0	0	0	0
MF	Isi Palazón	ESP	1994-12-27	2809	37	34	3	22	3	4	1	8	0	0
	Óscar Valentín	ESP	1994-08-20	2701	34	32	2	11	4	1	0	6	1	0
	Álvaro García	ESP	1992-10-27	2492	32	30	2	18	2	6	1	7	1	0
	Unai López	ESP	1995-10-30	2126	35	28	7	23	9	1	2	9	0	0
	Pathé Ciss	SEN	1994-03-16	1656	31	16	15	9	18	1	0	10	0	0
	Kike Pérez	ESP	1997-02-14	830	24	9	15	9	23	1	0	7	0	0
	Randy Nteka	FRA	1997-12-06	561	16	3	13	3	25	1	1	2	0	0
	Miguel Crespo	POR	1996-09-11	520	15	4	11	4	13	0	0	4	0	0
	Bebé	CPV	1990-07-12	194	19	0	19	0	34	2	0	1	0	0
	José Ángel Pozo	ESP	1996-03-15	18	2	0	2	0	31	0	0	0	0	0
FW	Sergio Camello	ESP	2001-02-10	1668	31	20	11	19	17	3	1	3	0	0
	Jorge De Frutos	ESP	1997-02-20	1540	36	14	22	12	23	2	0	1	0	0
	Óscar Trejo	ARG	1988-04-26	1383	31	19	12	17	14	0	0	4	0	0
	Raúl de Tomás	ESP	1994-10-17	1277	25	15	10	14	21	1	2	5	0	0
	Radamel Falcao García	COL	1986-02-10	391	22	2	20	2	33	1	0	4	0	0

LA LIGA 2023-24 SEASON

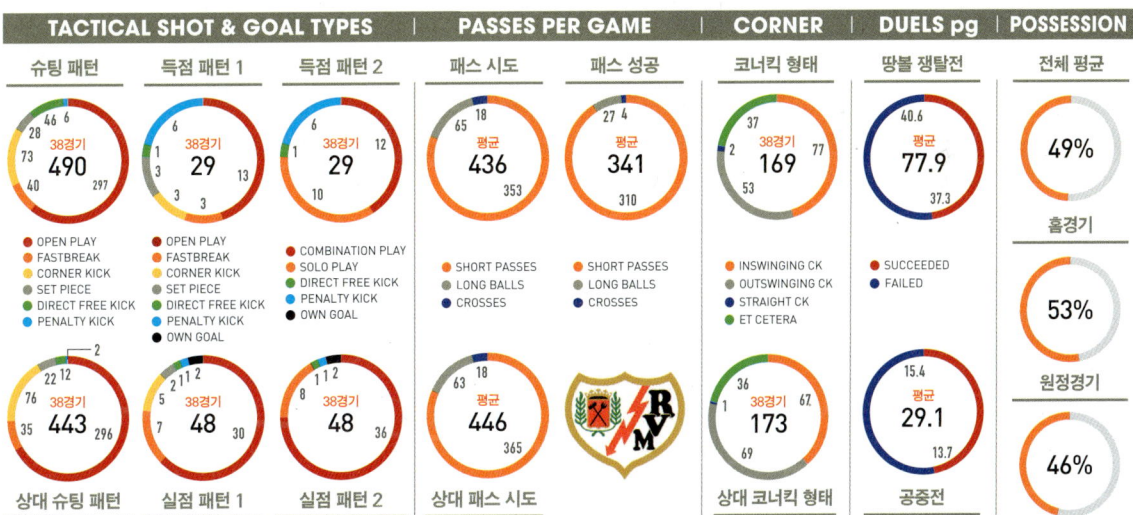

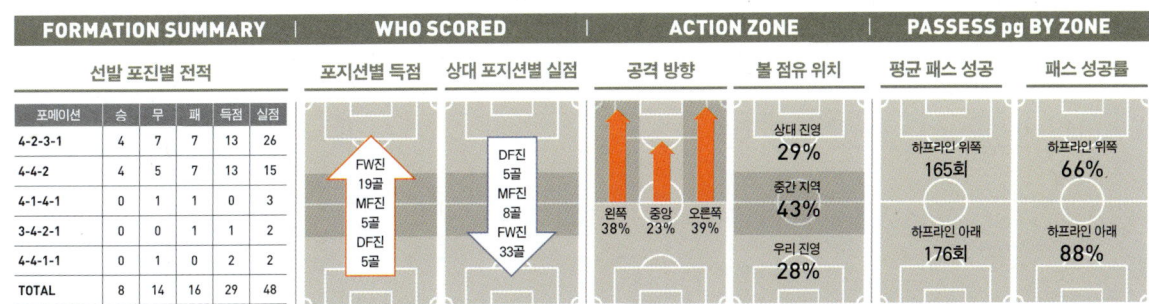

CD LEGANÉS SAD

Club Info

- **Founded**: 1928년
- **Owner**: CD 레가네스 시민 구단
- **CEO**: 제프 루나우 1966.06.08
- **Manager**: 보르하 히메네스 1985.01.21
- **24-25 Odds**: 벳365: 1000배, 스카이벳: 1000배

- **Nationality**: 외국 선수 7명 / 스페인 23명
- **Age**: 30명 평균 25.3세
- **Height**: 30명 평균 181cm
- **Market Value**: 1군 23명 평균 107만 유로
- **Game Points**: 23-24 2부: 74점 통산: 159점

- **Win**: 23-24 2부: 20승 / 통산: 39승
- **Draw**: 23-24 2부: 14무 / 통산: 42무
- **Loss**: 23-24 2부: 8패 / 통산: 71패
- **Goals For**: 23-24 2부: 56득점 / 통산: 137득점
- **Goals Against**: 23-24 2부: 27실점 / 통산: 200실점

- **More Minutes**: S.곤살레스 3668분
- **Top Scorer**: M.델라푸엔테 13골
- **More Assists**: F.포르티요 7도움
- **More Subs**: N.주아라 18회 교체 IN
- **More Cards**: Y.네유 Y12+R0

Trophies

SPANISH LA LIGA	SPANISH COPA DEL REY	UEFA CHAMPIONS LEAGUE	UEFA EUROPA LEAGUE	FIFA CLUB WORLD CUP	UEFA-CONMEBOL INTERCONTINENTAL
0	0	0	0	0	0

TOTO GUIDE 지난 시즌 상대팀별 전적

상대팀	홈	원정
Valladolid	0-0	1-1
Eibar	0-2	1-0
Espanyol	0-0	1-0
Real Oviedo	0-0	0-1
Racing	2-1	1-2
Sporting Gijon	2-1	1-1
Racing Ferrol	2-2	2-2
Elche	2-0	0-1
Levante	2-1	0-0
Burgos	2-0	0-1
Tenerife	1-1	0-0
Cartagena	0-0	3-0
Real Zaragoza	1-1	0-1
Albacete	2-0	0-1
Eldense	1-1	2-1
Huesca	2-0	0-0
Mirandes	4-0	3-1
Amorebieta	6-0	1-0
Alcorcon	3-0	2-0
Villarreal B	1-0	2-1
FC Andorra	0-1	3-2

Estadio Municipal de Butarque

- 구장 오픈 / 증개축: 1998년
- 구장 소유: 레가네스 시청
- 수용 인원: 1만 2454명
- 피치 규모: 105m X 70m
- 잔디 종류: 천연 잔디

RANKING OF LAST 10 YEARS

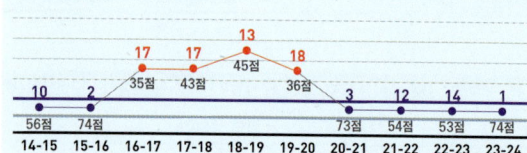

시즌	순위	승점
14-15	10	56점
15-16	2	74점
16-17	17	35점
17-18	17	43점
18-19	13	45점
19-20	18	36점
20-21	3	73점
21-22	12	54점
22-23	14	53점
23-24	1	74점

Squad

위치	선수	국적	생년월일	출전(분)	출전경기	선발11	교체인	교체아웃	벤치출발	득점	도움	경고	경고누적	퇴장
GK	Diego Conde	ESP	1998-10-20	3519	40	39	1	0	3	0	0	0	0	0
	Dani Jiménez	ESP	1990-03-05	261	4	3	1	1	37	0	0	0	0	0
	Javi Garrido	ESP	2003-09-07	0	0	0	0	0	2	0	0	0	0	0
	Alvin	ESP	2003-05-12	0	0	0	0	0	34	0	0	0	0	0
DF	Sergio González	ESP	1992-04-20	3668	41	41	0	2	0	6	1	6	0	0
	Enric Franquesa	ESP	1997-02-26	3649	41	41	0	5	0	2	5	6	0	0
	Jorge Sáenz	ESP	1996-11-17	3163	36	35	1	0	5	2	1	7	0	0
	Allan-Roméo Nyom	CMR	1988-05-10	2003	31	23	8	6	17	0	1	6	0	0
	Aritz Arambarri	ESP	1998-01-31	1615	25	19	6	6	18	0	0	5	0	0
	Borja López	ESP	1994-02-02	44	1	0	1	0	17	0	0	0	0	0
	Diyaeddine Abzi	CAN	1998-11-23	35	4	0	4	0	25	0	0	0	0	0
	Marco Leiton	ESP	2006-04-12	0	0	0	0	0	1	0	0	0	0	0
MF	Yvan Neyou	CMR	1997-01-03	2599	35	30	5	15	5	1	0	12	0	1
	Francisco Portillo	ESP	1990-06-13	2476	34	28	6	12	7	1	7	2	0	0
	Iker Undabarrena	ESP	1995-05-18	2228	32	26	6	13	7	1	2	10	0	0
	Daniel Raba	ESP	1995-10-29	2172	34	28	6	23	8	8	7	9	0	0
	Jorge Miramón	ESP	1989-06-02	1991	26	23	3	6	6	1	4	4	0	0
	Julián Chicco	ARG	1998-01-13	1547	32	16	16	10	23	2	0	6	0	1
	Seydouba Cissé	GUI	2001-02-10	1349	26	13	13	4	21	1	1	4	0	1
	Naïs Djouahra	FRA	1999-11-23	992	28	10	18	10	28	1	2	0	0	0
	Juan Cruz	ESP	2000-04-25	958	16	10	6	8	4	2	2	0	0	0
	Luis Perea	ESP	1997-08-25	816	17	9	8	4	29	0	0	6	0	0
	Darko Brašanac	SRB	1992-02-12	651	15	6	9	4	12	0	1	3	0	0
FW	Diego García	ESP	2000-04-19	2809	42	31	11	19	11	12	1	4	0	0
	Miguel De La Fuente	ESP	1999-09-03	2239	35	25	10	18	10	13	0	10	0	0
	Oscar Ureña	ESP	2003-05-31	457	17	4	13	4	35	0	0	1	0	0
	Sydney Osazuwa	ESP	2007-04-21	0	2	0	2	0	7	0	0	0	0	0
	Piri	ESP	2003-07-10	0	0	0	0	0	2	0	0	0	0	0
	Koke	ESP	2005-03-05	0	0	0	0	0	13	0	0	0	0	0

LA LIGA 2(2부리그) 2023-24 SEASON

CD LEGANÉS SAD vs. OPPONENTS PER GAME STATS

CD 레가네스 vs 상대팀

득점	슈팅	유효슈팅	코너킥	오프사이드	패스시도	패스성공	패스성공율	태클	공중전승리	인터셉트	파울	경고	퇴장
1.33 / 0.64	10.3 / 10.6	3.8 / 2.5	4.1 / 4.2	1.8 / 1.4	390 / 497	308 / 398	79% / 80%	14.4 / 14.5	14.6 / 15.6	7.6 / 7.5	13.4 / 12.5	2.48 / 2.48	0.071 / 0.095

2023-24 SEASON SQUAD LIST & GAMES PLAYED

*괄호 안의 숫자는 선발 출전 횟수, 교체 출전은 포함시키지 않음

LW
N.주아라(2)

CF
D.가르시아(28), M.델라푸엔테(23)
D.라바(5), F.포르티요(2)
O.우레나(2), J.크루스(2)
S.시세(1)

RW
D.라바(2)

LAM
F.포르티요(5), S.시세(2)
M.델라푸엔테(2), N.주아라(1)
J.미라몬(1), D.브라샤나치(1)

CAM
D.라바(4), F.포르티요(4)
S.시세(2), I.운다바레나(2)
D.가르시아(2)

RAM
D.라바(4), J.크루스(4)
J.미라몬(2), F.포르티요(1)
S.시세(1)

LM
F.포르티요(11), N.주아라(5)
D.라바(3), J.치코(2)
N.가르시아(2), S.시세(1)
O.우레나(1), 네유(1)
D.가르시아(1), I.운다바레나(1)

CM
Y.네유(24), I.운다바레나(20)
치코(10), F.에르난데스(8)
D.브라사나치(5), S.시세(1)
F.포르티요(3), J.미라몬(1)

RM
D.라바(10), I.운다바레나(3)
J.미라몬(3), N.주아라(3)
Y.네유(2), J.크루스(2)
O.우레나(1), F.포르티요(1)
P.에르난데스(1), J.치코(1)

LWB
E.프란케사(1)

DM
Y.네유(3), L.페레이로(2)
J.치코(1), S.시세(1)

RWB
S.시세(1)

LB
E.프란케사(40), J.크루스(1)

CB
S.곤살레스(41), J.사엔스(35)
A.아람바리(16), A.니욤(2)
J.치코(1)

RB
A.니욤(21), J.미라몬(16)
A.아람바리(3), S.시세(1)

GK
D.콘데(39), D.히메네스(3)

SHOTS & GOALS

42경기 총 431슈팅 – 56득점

Inside The Box **285-49**
Outside The Box **145-6**

유효슈팅 160	비유효슈팅 270
득점 56	블록 당함 92
GK 방어 104	골대 밖 169
유효슈팅률 37%	골대 맞음 9
	자책골 1골

신체별 득점	공격 형태별 슈팅-득점
왼발 15	OP/FB/SP 412-49
오른발 27	직접 프리킥 12-0
헤더 13	페널티킥 6-6

· OP : 지공 / FB : 속공 / SP : 세트플레이

GOAL TIME | WHO SCORED

시간대별 득점
76 — 14 — 15
— 9 — 3 — 10
61 — 11 — 9 — 31
60 — 46 45 — 30

포지션별 득점
FW진 34골
MF진 10골
DF진 11골

득실차
전반 골득실차 +5
후반 골득실차 +24
전체 골득실차 +29

· 상대 자책골 1골

시간대별 실점
76 — 4 — 8 — 15
— 2 — 2 —
61 — 4 — 7 — 30
60 — 46 45 — 31

상대 포지션별 실점
DF진 2골
MF진 10골
FW진 15골

PASSES PER GAME | CORNER | DUELS pg

패스 시도
평균 424 (22 / 43 / 359)

패스 성공
평균 344 (5 / 21 / 318)

● SHORT PASSES
● LONG BALLS
● CROSSES

코너킥 형태
46경기 203 (62 / 70 / 71)

● INSWINGING CK
● OUTSWINGING CK
● STRAIGHT CK
● ET CETERA

땅볼 쟁탈전
평균 66.9 (33.1 / 33.8)

● SUCCEEDED
● FAILED

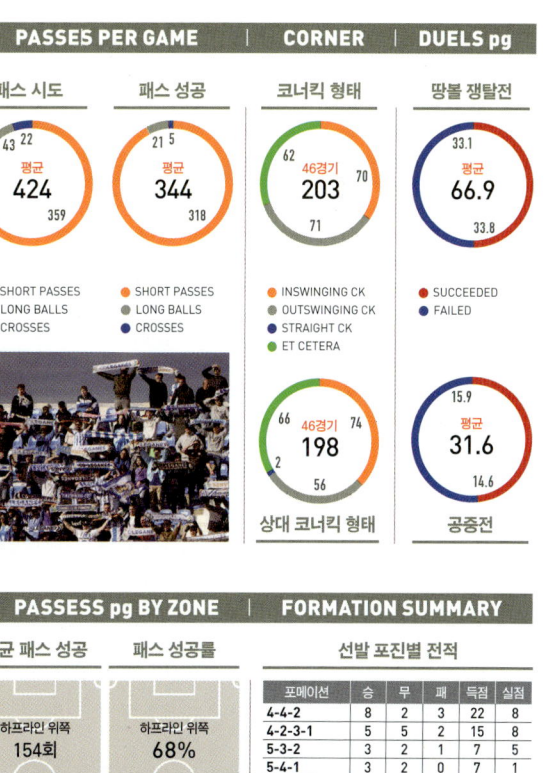

상대 코너킥 형태
46경기 198 (66 / 74 / 56 / 2)

공중전
평균 31.6 (15.9 / 14.6)

PASSESS pg BY ZONE

평균 패스 성공
하프라인 위쪽 154회
하프라인 아래 157회

패스 성공률
하프라인 위쪽 68%
하프라인 아래 88%

FORMATION SUMMARY

선발 포지션별 전적

포메이션	승	무	패	득점	실점
4-4-2	8	2	3	22	8
4-2-3-1	5	5	2	15	8
5-3-2	3	2	1	7	5
5-4-1	3	2	0	7	1
4-3-3	0	1	1	1	2
4-5-1	1	0	0	2	0
3-4-1-2	0	1	0	1	0
4-1-4-1	0	0	1	0	1
4-4-1-1	0	1	0	1	2
TOTAL	20	14	8	56	27

REAL VALLADOLID

Founded 구단 창립 1928년 | **Owner** 호누두 1976.09.18 | **CEO** 호누두 1976.09.18 | **Manager** 파올로 페셀라노 1983.04.25 | **24-25 Odds** 벳365 : 1000배 스카이벳 : 1000배

SPANISH LA LIGA	SPANISH COPA DEL REY	UEFA CHAMPIONS LEAGUE	UEFA EUROPA LEAGUE	FIFA CLUB WORLD CUP	UEFA-CONMEBOL INTERCONTINENTAL
0	0	0	0	0	0

Nationality 34명 · 외국 선수 11명 · 스페인 23명 | **Age** 34명 평균 25.1세 | **Height** 34명 평균 182cm | **Market Value** 1군 24명 평균 170만 유로 | **Game Points** 23-24 2부 : 72점 통산 1927점

TOTO GUIDE 지난 시즌 상대팀별 전적

상대팀	홈	원정
Leganes	1-1	0-0
Eibar	3-1	1-5
Espanyol	0-0	0-2
Real Oviedo	3-0	1-0
Racing	3-1	3-2
Sporting Gijon	2-0	1-1
Racing Ferrol	0-1	0-2
Elche	1-1	0-0
Levante	0-0	1-2
Burgos	3-0	0-1
Tenerife	2-0	1-2
Cartagena	1-0	2-0
Real Zaragoza	2-0	0-1
Albacete	0-0	0-2
Eldense	1-0	1-0
Huesca	1-0	0-0
Mirandes	3-2	1-0
Amorebieta	2-1	3-0
Alcorcon	0-2	1-1
Villarreal B	3-2	0-1
FC Andorra	2-0	1-2

Estadio José Zorrilla

구장 오픈 / 증개축 1982년 / 증개축 3회
구장 소유 바야돌리드 시 의회
수용 인원 2만 7618명
피치 규모 105m X 68m
잔디 종류 천연 잔디

Win 23-24 2부 : 21승 통산 : 498승 | **Draw** 23-24 2부 : 9무 통산 : 433무 | **Loss** 23-24 2부 : 12패 통산 : 687패 | **Goals For** 23-24 2부 : 51득점 통산 : 1896득점 | **Goals Against** 23-24 2부 : 36실점 통산 : 2396실점

More Minutes 몬추 3664분 | **Top Scorer** 마마두 실라 8골 | **More Assists** 스탄코 유리치+2명 5도움 | **More Subs** 루카스 로사 24회 교체 IN | **More Cards** 이반 산체스 Y10+R0

RANKING OF LAST 10 YEARS

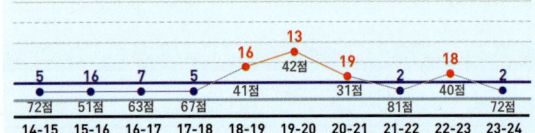

● 2부 리그

	14-15	15-16	16-17	17-18	18-19	19-20	20-21	21-22	22-23	23-24
순위	5	16	7	5	16	13	19	2	18	2
점수	72점	51점	63점	67점	41점	42점	31점	81점	40점	72점

위치	선수	국적	생년월일	출전(분)	출전경기	선발11	교체인	교체아웃	벤치출발	득점	도움	경고	경고누적	퇴장
GK	Jordi Masip	ESP	1989-01-03	2790	31	31	0	0	10	0	0	0	0	0
	André Ferreira	POR	1996-05-29	0	0	0	0	0	18	0	0	0	0	1
	Arnau Rafús	ESP	2003-04-27	0	0	0	0	0	9	0	0	0	0	0
DF	Luis Pérez	ESP	1995-02-04	3577	41	41	0	5	1	0	5	3	0	0
	Flavien Boyomo	FRA	2001-10-07	2974	38	33	5	3	7	1	0	5	0	1
	Sergio Escudero	ESP	1989-09-02	2600	35	33	2	18	8	3	3	9	0	0
	David Torres	ESP	2003-03-05	1847	24	21	3	5	15	0	1	3	0	0
	Lucas Rosa	BRA	2000-04-30	1622	35	11	24	0	29	1	1	6	0	0
	César Tárrega	ESP	2002-02-06	1310	16	15	1	1	4	1	0	3	1	0
	Lucas Oliveira	BRA	1996-02-02	755	11	9	2	4	8	0	0	2	0	0
	Javi Sánchez	ESP	1997-03-14	469	6	6	0	5	7	0	0	2	0	0
	Iván Garriel	ESP	2005-04-03	9	1	0	1	0	10	0	0	0	0	0
	Koke	ESP	2005-03-16	0	1	0	1	0	3	0	0	0	0	0
MF	Monchu	ESP	1999-09-13	3664	42	42	0	12	0	6	3	4	0	0
	Iván Sánchez	ESP	1992-09-23	2419	38	28	10	21	12	0	5	10	0	0
	Stanko Jurić	CRO	1996-08-16	2308	38	23	15	6	16	2	5	5	0	0
	Víctor Meseguer	ESP	1999-06-09	2137	33	24	9	14	16	6	4	6	0	0
	Kenedy	BRA	1996-02-08	1401	29	14	15	11	19	2	0	0	0	0
	César de la Hoz	ESP	1992-03-30	956	23	11	12	7	29	0	0	6	0	0
	Anuar	MAR	1995-01-15	917	20	12	8	11	16	2	1	5	0	0
	Alberto Quintana	ESP	2001-10-05	249	6	2	4	0	22	0	0	2	0	0
	Chuki	ESP	2004-04-29	0	0	0	0	0	8	0	0	0	0	0
	Jesús Martínez	ESP	2004-02-08	0	0	0	0	0	2	0	0	0	0	0
	Eugene Frimpong	GHA	2003-02-02	0	0	0	0	0	10	0	0	0	0	0
FW	Mamadou Sylla	SEN	1994-03-20	2242	29	26	3	11	4	8	2	6	0	0
	Raúl Moro	ESP	2002-12-05	1542	30	18	12	14	14	2	4	4	0	0
	Álvaro Negredo	ESP	1985-08-20	585	12	7	5	7	10	1	0	0	0	0
	Amath Ndiaye	SEN	1996-07-16	575	9	7	2	6	2	5	2	2	0	0
	Marcos André	BRA	1996-10-20	554	16	6	10	6	12	3	3	1	0	0
	Israel Salazar	ESP	2003-05-10	464	11	5	6	5	15	2	1	3	0	0
	Stipe Biuk	CRO	2002-12-26	448	11	5	6	6	5	9	0	0	0	0
	Iván Cédric	CMR	2001-12-22	426	12	4	8	3	15	2	2	0	0	0
	Adrián Arnu	ESP	2007-03-04	72	2	1	1	1	2	0	0	0	0	0
	Manuel Pozo	ESP	2001-12-12	61	1	1	0	1	0	0	0	0	0	0

LA LIGA 2(2부리그) 2023-24 SEASON

REAL VALLADOLID vs. OPPONENTS PER GAME STATS

레알 바야돌리드 CF vs 상대팀

레알	항목	상대
1.21	득점	0.86
13.4	슈팅	10.5
4.2	유효슈팅	3.4
5.2	코너킥	4.1
1.8	오프사이드	2.5
458	패스시도 PA	508
375	패스성공 PC	401
82%	패스성공%	79%
16.2	태클 TK	15.4
16.6	공중전승리 AD	14.9
7.7	인터셉트 IT	8.0
12.5	파울	13.5
2.52	경고	2.52
0.095	퇴장	0.119

2023-24 SEASON SQUAD LIST & GAMES PLAYED

※ 괄호 안의 숫자는 선발 출전 횟수, 교체 출전은 포함시키지 않음

LW: T.아누아르(5), A.은디아이(2), M.실라(2), S.비우크(1), R.모로(3), M.안드레(1), J.몬티엘(1)

CF: M.실라(22), N.케네디(10), A.네그레도(7), M.안드레(5), I.세드리치(4), V.메세게르(4), I.살라사르(2), I.산체스(1), J.몬티엘(2), A.아르누(1)

RW: I.산체스(4), I.살라사르(3), R.모로(3), N.케네디(1), A.은디아이(1), S.비우크(1), M.실라(2), T.아누아르(1)

LAM: T.아킨솔라(2), T.아누아르(1), N.케네디(1), R.모로(1)

CAM: I.산체스(5), V.메세게르(2), 몬추(1), J.몬티엘(1)

RAM: R.모로(3), I.산체스(2)

LM: 몬추(14), R.모로(7), T.아누아르(4), 야마스(2), S.비우크(1), V N.케네디(1), L.로사(1), 메세게르(1)

CM: 몬추(26), S.유리치(13), C.델라오스(9), L.올리베이라(9), I.산체스(3), V.메세게르(3)

RM: I.산체스(15), V.메세게르(9), 야마스(2), R.모로(2), N.케네디(1), T.아누아르(1), M.포소(1), 몬추(1), C.델라오스(1)

LWB: S.에스쿠데로(3), L.로사(1)

DM: S.유리치(10), V.메세게르(1)

RWB: L.페레스(3), L.로사(1)

LB: 에스쿠데로(30), L.로사(8), D.토레스(1)

CB: 보요모(33), D.토레스(20), 타라이(21), G.엔리키(9), J.산체스(6), A.킨타나(2), 로피노(1), C.델라오스(1)

RB: L.페레스(39)

GK: J.마시프(31), J.푸르타두(11)

SHOTS & GOALS

46경기 총 562슈팅 - 51득점

Inside The Box 340-44
Outside The Box 242-5

	유효 슈팅 176	비유효 슈팅 386
득점	51	블록 당함 155
GK 방어	125	골대 밖 218
유효슈팅률	31%	골대 맞음 13

자책골 2골

신체별 득점		공격 형태별 슈팅-득점
왼발	12	OP/FB/SP 534-49
오른발	25	직접 프리킥 24-1
헤더	12	페널티킥 4-1

OP: 지공 / FB: 속공 / SP: 세트플레이

GOAL TIME | WHO SCORED

시간대별 득점 — 13, 5, 9, 10, 15 (76, 61, 46, 31)

포지션별 득점: FW진 25골, MF진 17골, DF진 7골

득실차
전반 골득실차 +3
후반 골득실차 +12
전체 골득실차 +15

상대 자책골 2골

시간대별 실점 — 9, 5, 4, 7 (76, 61, 46, 45)

상대 포지션별 실점: DF진 8골, MF진 7골, FW진 19골

PASSES PER GAME | CORNER | DUELS pg

패스 시도 평균 464 (49, 21, 388)
패스 성공 평균 380 (28, 6, 346)

코너킥 형태 46경기 217 (41, 5, 106, 65)
- INSWINGING CK
- OUTSWINGING CK
- STRAIGHT CK
- ET CETERA

땅볼 쟁탈전 평균 70.6 (33.9, 36.7)
- SUCCEEDED
- FAILED

SHORT PASSES / LONG BALLS / CROSSES

상대 코너킥 형태 46경기 172 (37, 6, 70, 59)

공중전 평균 31.5 (14.9, 16.6)

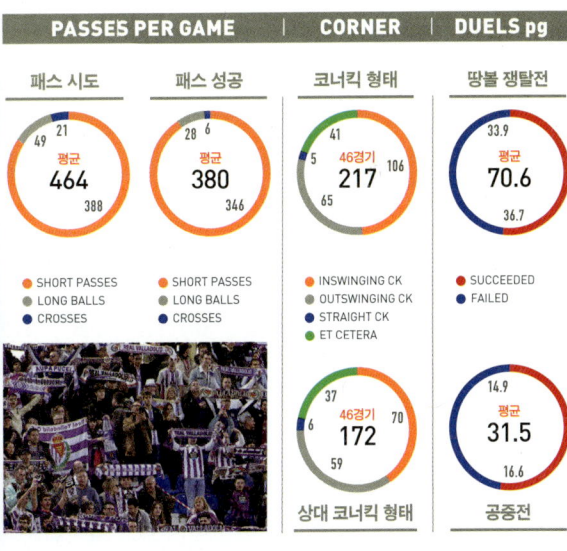

PASSESS pg BY ZONE | FORMATION SUMMARY

평균 패스 성공
하프라인 위쪽 189회
하프라인 아래 191회

패스 성공률
하프라인 위쪽 71%
하프라인 아래 90%

선발 포진별 전적

포메이션	승	무	패	득점	실점
4-3-3	9	3	3	21	10
4-4-2	2	5	4	8	11
4-2-3-1	2	0	2	5	3
4-1-4-1	5	0	2	10	6
4-1-3-2	2	0	0	4	0
3-5-2	1	1	0	2	1
3-4-3	0	0	1	1	5
TOTAL	21	9	12	51	36

RCD ESPANYOL

0	4	0	0	0	0
SPANISH LA LIGA	SPANISH COPA DEL REY	UEFA CHAMPIONS LEAGUE	UEFA EUROPA LEAGUE	FIFA CLUB WORLD CUP	UEFA-CONMEBOL INTERCONTINENTAL

Founded 구단 창립 1900년
Owner 라스타 그룹
CEO 천양셩 1970.01.01
Manager 마놀로 곤살레스 1979.01.14
24-25 Odds 벳365 : 1000배 / 스카이벳 : 1000배

Nationality 26명 · 외국 선수 7명 · 스페인 19명
Age 26명 평균 27.0세
Height 26명 평균 183cm
Market Value 1군 26명 평균 193만 유로
Game Points 23-24 2부 : 69점 / 통산 : 3658점

Win 23-24 2부 : 17승 / 통산 : 997승
Draw 23-24 2부 : 18무 / 통산 : 667무
Loss 23-24 2부 : 7패 / 통산 : 1152패
Goals For 23-24 2부 : 59득점 / 통산 : 3812득점
Goals Against 23-24 2부 : 40실점 / 통산 : 4156실점

More Minutes 마틴 브레이스웨이트 3698분
Top Scorer 마틴 브레이스웨이트 22골
More Assists 페레 미야 +4명 4도움
More Subs 살비 산체스 22회 교체 IN
More Cards 오마르 엘힐랄리 Y11+R1

TOTO GUIDE 지난 시즌 상대팀별 전적

상대팀	홈	원정
Leganes	0-1	0-0
Valladolid	2-0	0-0
Eibar	2-2	3-2
Sporting Gijon	0-0	0-2
Real Oviedo	2-1	0-2
Racing	2-0	0-2
Burgos	3-3	0-0
Levante	2-1	4-1
Racing Ferrol	3-0	0-0
Elche	2-0	2-2
Tenerife	1-1	0-1
Albacete	2-1	1-1
Real Zaragoza	1-1	1-0
Cartagena	3-0	2-0
Eldense	3-3	2-3
Huesca	0-0	1-1
Mirandes	3-0	1-0
Amorebieta	3-2	0-0
Alcorcon	2-0	1-1
Villarreal B	2-1	1-3
FC Andorra	1-1	1-1

Stage Front Stadium

구장 오픈 / 증개축 2009년
구장 소유 에스파뇰 구단
수용 인원 4만 명
피치 규모 105m X 68m
잔디 종류 천연 잔디

RANKING OF LAST 10 YEARS

시즌	순위	점수
14-15	10	49점
15-16	13	43점
16-17	8	56점
17-18	11	49점
18-19	7	53점
19-20	20	25점
20-21	1 (2부)	82점
21-22	14	42점
22-23	19	37점
23-24	4 (2부)	69점

위치	선수	국적	생년월일	출전(분)	출전경기	선발11	교체인	교체아웃	벤치출발	득점	도움	경고	경고누적	퇴장
GK	Fernando Pacheco	ESP	1992-05-18	2520	28	28	0	0	15	0	0	0	0	0
	Joan García	ESP	2001-05-04	1620	18	18	0	0	28	0	0	1	0	0
	Ángel Fortuño	ESP	2001-10-05	0	0	0	0	0	33	0	0	0	0	0
	Llorenç Serred	ESP	2005-09-04	0	0	0	0	0	2	0	0	0	0	0
	Íker Venteo	ESP	2003-04-24	0	0	0	0	0	1	0	0	0	0	0
DF	Leandro Cabrera	URU	1991-06-17	3460	41	38	3	2	5	1	1	8	0	0
	Omar El Hilali	MAR	2003-09-12	3149	39	35	4	9	4	0	4	11	1	0
	Brian Oliván	ESP	1994-04-01	2690	37	31	6	10	10	0	3	9	0	0
	Sergi Gómez	ESP	1992-07-28	2155	35	23	12	4	22	1	0	3	0	1
	Fernando Calero	ESP	1995-06-27	2154	27	25	2	6	12	3	0	10	0	1
	Víctor Ruíz	ESP	1989-01-25	947	16	11	5	4	20	0	2	4	0	0
	Óscar Gil	ESP	1998-04-26	892	20	10	10	5	35	0	0	8	0	0
	Ramon	BRA	2001-03-13	441	13	3	10	2	15	0	2	2	0	0
	Ian Forns	ESP	2004-02-05	122	2	2	0	2	6	0	0	0	0	0
	José Luis Català	ESP	2004-08-16	0	0	0	0	0	9	0	0	0	0	0
	Joan Puig	ESP	2002-11-16	0	0	0	0	0	6	0	0	0	0	0
	Marc Jurado	ESP	2004-04-13	0	0	0	0	0	3	0	0	0	0	0
	Ángel Gómez	ESP	2003-01-20	0	0	0	0	0	3	0	0	0	0	0
MF	Pere Milla	ESP	1992-09-23	2732	42	33	9	26	11	4	4	5	0	0
	Keidi Bare	ALB	1997-08-28	2260	39	24	15	13	15	0	3	10	0	1
	Álvaro Aguado	ESP	1996-05-01	2243	36	26	10	20	14	1	2	1	0	1
	José Gragera	ESP	2000-05-14	2163	34	24	10	8	18	1	0	10	0	0
	Nico Melamed	ESP	2001-04-11	1589	26	19	7	17	8	4	0	5	1	0
	Pol Lozano	ESP	1999-10-06	1538	23	18	5	9	12	0	1	6	0	0
	Edu Expósito	ESP	1996-08-01	1145	21	15	6	12	9	1	4	3	0	0
	Salvi	ESP	1991-03-30	1011	28	6	22	6	33	2	1	0	0	1
	José Carlos Lazo	ESP	1996-02-16	315	15	3	12	3	33	1	0	2	0	0
	Rafel Bauzà	ESP	2005-01-30	90	5	1	4	1	9	0	0	0	0	0
	Roger Martínez	ESP	2004-04-05	9	1	0	1	0	15	0	0	0	0	0
	Javi Hernández	ESP	2004-01-30	0	0	0	0	0	3	0	0	0	0	0
FW	Martin Braithwaite	DEN	1991-06-05	3698	43	41	2	4	2	22	3	4	0	0
	Javi Puado	ESP	1998-05-25	3132	38	36	2	16	4	16	2	6	0	0
	Jofre Carreras	ESP	2001-06-13	2118	39	25	14	22	17	3	4	2	0	0
	Keita Baldé	SEN	1995-03-08	464	22	3	19	3	31	0	6	0	0	0
	Gastón Vallés	URU	2001-05-10	351	14	3	11	3	15	0	1	0	0	0
	Antoniu Roca	ESP	2002-09-05	239	6	2	4	2	13	0	3	0	0	0
	Omar Sadik	MAR	2004-03-22	122	2	2	0	2	11	0	0	0	0	0
	Kenneth Soler	ESP	2001-02-16	12	1	0	1	0	4	0	0	0	0	0
	Nabili Zoubdi	ESP	2001-02-01	0	0	0	0	0	3	0	0	0	0	0

LA LIGA 2(2부리그) 2023-24 SEASON

RCD ESPANYOL vs. OPPONENTS PER GAME STATS

RCD 에스파뇰 vs 상대팀

	득점	슈팅	유효슈팅	코너킥	오프사이드	패스시도	패스성공	패스성공률	태클	공중전승리	인터셉트	파울	경고	퇴장
	1.40 / 0.93	12.1 / 10.9	3.7 / 3.2	5.1 / 4.7	1.7 / 2.5	424 / 474	344 / 371	81% / 78%	15.4 / 13.6	15.9 / 15.7	7.7 / 8.5	15.1 / 13.3	2.69 / 2.57	0.119 / 0.095

2023-24 SEASON SQUAD LIST & GAMES PLAYED

괄호 안의 숫자는 선발 출전 횟수, 교체 출전은 포함시키지 않음

LW: J.라소(2), K.발데(1), M.브레이스웨이트(1)
CF: M.브레이스웨이트(35), P.미아(18), J.푸아도(6), N.멜라메드(4), G.바예(3), K.발데(2), O.사디크(1)
RW: 호프레(2), J.푸아도(2)

LAM: J.푸아도(3), N.멜라메드(1), P.미아(1)
CAM: P.미아(3), N.멜라메드(3), J.푸아도(1), R.바우사(1), M.브레이스웨이트(1), K.바레(1)
RAM: 호프레(2), J.푸아도(1), S.산체스(1), R.산체스(1)

LM: J.푸아도(8), P.미아(6), N.멜라메드(5), E.에스포시토(5), 호프레(4), 바레(2), S.산체스(1), A.로카(1), A.아구아도(1)
CM: A.아구아도(21), P.로사노(15), 바레(15), J.그라네라(15), E.에스포시토(5)
RM: 호프레(11), P.미아(11), E.에스포시토(4), S.산체스(3), N.멜라메드(2), P.미아(1), JC.라소(1)

LWB: R.라몬(1), P.미아(1), B.올리반(1), S.산체스(1)
DM: A.아구아도(2), J.그라네라(3), P.로사노(3), K.바레(2), E.에스포시토(1)
RWB: O.엘힐랄(2), A.로카(1), 호프레(1)

LB: B.올리반(30), L.카브레라(4), R.라몬(2), I.포론스(2), P.미아(1)
CB: L.카브레라(30), S.고메스(23), F.칼레로(21), V.루이스(11), J.그라네라(2), O.엘힐랄(1)
RB: O.엘힐랄(29), O.힐(9), 호프레(1)

GK: F.파체코(28), J.가르시아(14)

SHOTS & GOALS

42경기 총 507슈팅 - 59득점

Inside The Box: 323-53
Outside The Box: 182-4
자책골 2-2

	유효 슈팅 155	비유효 슈팅 350
득점	59	블록 당함 143
GK 방어	123	골대 밖 195
유효슈팅률 31%		골대 맞음 12

자책골 2골

신체별 득점		공격 형태별 슈팅-득점	
왼발	6	OP/FB/SP	473-46
오른발	37	직접 프리킥	21-1
헤더	14	페널티킥	11-10

* OP: 지공 / FB: 속공 / SP: 세트플레이

GOAL TIME | WHO SCORED

시간대별 득점
14 / 6 / 15 / 8 / 6 / 16 / 13 / 10 / 31 / 60 / 46 45

포지션별 득점
FW진 40골
MF진 10골
DF진 7골

득실차: 전반 골득실차 +1 / 후반 골득실차 +18 / 전체 골득실차 +19

상대 자책골 2골

상대 포지션별 실점
DF진 10골
MF진 6골
FW진 23골

시간대별 실점
76 / 9 / 15 / 8 / 5 / 16 / 4 / 7 / 31 / 61 / 46 45

자책골 실점 1골

PASSES PER GAME | CORNER | DUELS pg

패스 시도 평균 424 (43/22/359)
패스 성공 평균 344 (21/5/318)
코너킥 형태 42경기 203 (62/70/71)
- SHORT PASSES / LONG BALLS / CROSSES
- INSWINGING CK / OUTSWINGING CK / STRAIGHT CK / ET CETERA

땅볼 쟁탈전 평균 66.9 (33.1/33.8)
- SUCCEEDED / FAILED

상대 코너킥 형태 42경기 198 (66/74/56/2)
공중전 평균 31.6 (15.7/15.9)

PASSESS pg BY ZONE | FORMATION SUMMARY

평균 패스 성공
하프라인 위쪽 168회
하프라인 아래 176회

패스 성공률
하프라인 위쪽 70%
하프라인 아래 89%

선발 포진별 전적

포메이션	승	무	패	득점	실점
4-4-2	10	12	5	37	26
4-2-3-1	5	0	0	12	3
3-4-3	0	2	0	1	1
3-5-2	0	0	1	1	3
4-1-4-1	0	1	0	1	1
4-3-3	1	1	0	2	1
4-4-1-1	1	1	1	3	3
5-4-1	0	1	0	2	2
TOTAL	17	18	7	59	40

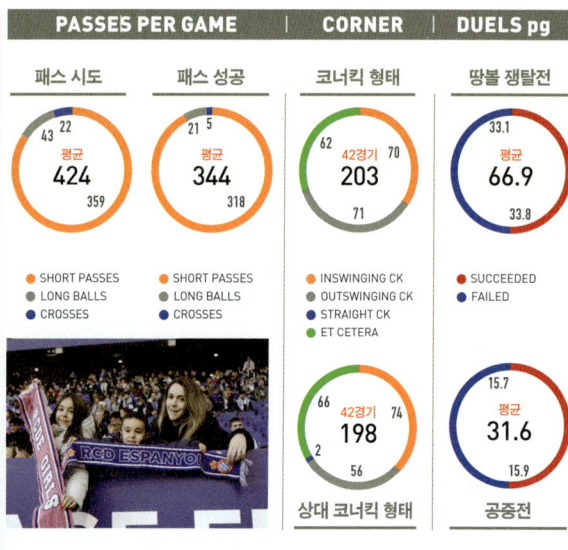

역 사 창 조
歷 史 創 造

독일 분데스리가에 새 역사가 만들어졌다. 바이에르 레버쿠젠은 분데스리가 2023-24 시즌 승점 90점을 기록, 슈투트가르트(73점), 바이에른 뮌헨(72점)을 멀찌감치 따돌리고 정상에 올랐다. 레버쿠젠이 분데스리가에서 우승한 건 1904년 구단 창단 이래 처음 있는 일이다. 무려 120년 만의 첫 우승이었다. 백전노장 MF 자카, 레프트백 그리말도, 공격형 미드필더 비르츠, CF 보니페이스, 센터백 타 등 전 포지션에 걸쳐 훌륭한 선수들이 모두 제 몫을 해냈다. 또한 사비 알론소 감독의 지도력과 용병술은 단연 압권이었다. 2024-25시즌은 레버쿠젠의 수성(守城)과 바이에른 뮌헨의 정상 탈환 여부에 관심이 집중된다. 도박사들은 여전히 뮌헨에 0.5배, 레버쿠젠에 2.5배의 배당률을 매겨 뮌헨의 우세를 점치고 있다. 과연 올 시즌 도박사들의 예상대로 전개될 것인가. 무척 흥미진진하다.

2024-25시즌 분데스리가 우승 배당률

예상	팀	벳365	스카이벳	패디파워	윌리엄힐
1	Bayern München	0.5배	0.5배	0.53배	0.5배
2	Bayer Leverkusen	2.5배	2.5배	2.75배	2.5배
3	Borussia Dortmund	10배	11배	12배	11배
4	RB Leipzig	12배	14배	14배	14배
5	Vfb Stuttgart	40배	40배	33배	33배
6	Eintracht Frankfurt	100배	125배	80배	100배
7	Borussia M.Gladbach	200배	150배	125배	125배
8	TSG Hoffenheim	200배	150배	150배	150배
9	Werder Bremen	250배	250배	175배	200배
10	Wolfsburg	250배	250배	150배	150배
11	SC Freiburg	200배	150배	175배	200배
12	FC Heidenheim	250배	250배	175배	250배
13	Union Berlin	500배	500배	175배	250배
14	Mainz	500배	500배	250배	250배
15	Bochum	500배	500배	500배	250배
16	St Pauli	500배	500배	300배	500배
17	Holstein Kiel	500배	500배	500배	500배
18	Augsburg	500배	500배	500배	500배

배당률은 2024년 7월 10일 기준, 강팀일수록 배당률은 낮아짐

2023-24시즌 분데스리가 순위

순위	팀	경기	승	무	패	득점	실점	득실	승점
1	Bayer Leverkusen ★	34	28	6	0	89	24	65	90
2	VfB Stuttgart ●	34	23	4	7	78	39	39	73
3	Bayern München ●	34	23	3	8	94	45	49	72
4	RB Leipzig ●	34	19	8	7	77	39	38	65
5	Borussia Dortmund ●	34	18	9	7	68	43	25	63
6	Eintracht Frankfurt	34	11	14	9	51	50	1	47
7	TSG Hoffenheim	34	13	7	14	66	66	0	46
8	FC Heidenheim	34	10	12	12	50	55	−5	42
9	Werder Bremen	34	11	9	14	48	54	−6	42
10	SC Freiburg	34	11	9	14	45	58	−13	42
11	Augsburg	34	10	9	15	50	60	−10	39
12	Wolfsburg	34	10	7	17	41	56	−15	37
13	Mainz 05	34	7	14	13	39	51	−12	35
14	Borussia M.Gladbach	34	7	13	14	56	67	−11	34
15	Union Berlin	34	9	6	19	33	58	−25	33
16	Bochum ◆	34	7	12	15	42	74	−32	33
17	FC Koln ▼	34	5	12	17	28	60	−32	27
18	Darmstadt ▼	34	3	8	23	30	86	−56	17

★ 우승 ● 챔피언스리그 출전 ● 유로파리그 출전 ◆ 승강 플레이오프 ▼ 강등

2024-25 BUNDESLIGA MATCH SCHEDULE

*시간은 독일 현지 시간. 대한민국은 독일보다 8시간 빠름

DAY 1

2024.8.23	Borussia M´gladbach	vs	Bayer Leverkusen
2024.8.24	Mainz	vs	1. FC Union Berlin
2024.8.24	FC St. Pauli	vs	1. FC Heidenheim 1846
2024.8.24	FC Augsburg	vs	Werder Bremen
2024.8.24	Wolfsburg	vs	Bayern München
2024.8.24	RB Leipzig	vs	VfL Bochum
2024.8.24	SC Freiburg	vs	Stuttgart
2024.8.24	Borussia Dortmund	vs	Eintracht Frankfurt
2024.8.24	TSG Hoffenheim	vs	Holstein Kiel

DAY 2

2024.8.31	1. FC Union Berlin	vs	FC St. Pauli
2024.8.31	VfL Bochum	vs	Borussia M´gladbach
2024.8.31	Holstein Kiel	vs	Wolfsburg
2024.8.31	Werder Bremen	vs	Borussia Dortmund
2024.8.31	Stuttgart	vs	Mainz
2024.8.31	Bayer Leverkusen	vs	RB Leipzig
2024.8.31	1. FC Heidenheim 1846	vs	FC Augsburg
2024.8.31	Bayern München	vs	SC Freiburg
2024.8.31	Eintracht Frankfurt	vs	TSG Hoffenheim

DAY 3

2024.9.14	Mainz	vs	Werder Bremen
2024.9.14	Borussia M´gladbach	vs	Stuttgart
2024.9.14	Wolfsburg	vs	Eintracht Frankfurt
2024.9.14	Holstein Kiel	vs	Bayern München
2024.9.14	Borussia Dortmund	vs	1. FC Heidenheim 1846
2024.9.14	FC Augsburg	vs	FC St. Pauli
2024.9.14	TSG Hoffenheim	vs	Bayer Leverkusen
2024.9.14	RB Leipzig	vs	1. FC Union Berlin
2024.9.14	SC Freiburg	vs	VfL Bochum

DAY 4

2024.9.21	FC Augsburg	vs	Mainz
2024.9.21	1. FC Union Berlin	vs	TSG Hoffenheim
2024.9.21	VfL Bochum	vs	Holstein Kiel
2024.9.21	FC St. Pauli	vs	RB Leipzig
2024.9.21	Werder Bremen	vs	Bayern München
2024.9.21	1. FC Heidenheim 1846	vs	SC Freiburg
2024.9.21	Stuttgart	vs	Borussia Dortmund
2024.9.21	Bayer Leverkusen	vs	Wolfsburg
2024.9.21	Eintracht Frankfurt	vs	Borussia M´gladbach

DAY 5

2024.9.28	Mainz	vs	1. FC Heidenheim 1846
2024.9.28	Borussia M´gladbach	vs	1. FC Union Berlin
2024.9.28	Holstein Kiel	vs	Eintracht Frankfurt
2024.9.28	Wolfsburg	vs	Stuttgart
2024.9.28	RB Leipzig	vs	FC Augsburg
2024.9.28	SC Freiburg	vs	FC St. Pauli
2024.9.28	Borussia Dortmund	vs	VfL Bochum
2024.9.28	Bayern München	vs	Bayer Leverkusen
2024.9.28	TSG Hoffenheim	vs	Werder Bremen

DAY 6

2024.10.5	FC Augsburg	vs	Borussia M´gladbach
2024.10.5	1. FC Union Berlin	vs	Borussia Dortmund
2024.10.5	VfL Bochum	vs	Wolfsburg
2024.10.5	FC St. Pauli	vs	Mainz
2024.10.5	Werder Bremen	vs	SC Freiburg
2024.10.5	1. FC Heidenheim 1846	vs	RB Leipzig
2024.10.5	Stuttgart	vs	TSG Hoffenheim
2024.10.5	Bayer Leverkusen	vs	Holstein Kiel
2024.10.5	Eintracht Frankfurt	vs	Bayern München

DAY 7

2024.10.19	Wolfsburg	vs	Werder Bremen
2024.10.19	Mainz	vs	RB Leipzig
2024.10.19	Borussia M´gladbach	vs	1. FC Heidenheim 1846
2024.10.19	Holstein Kiel	vs	1. FC Union Berlin
2024.10.19	SC Freiburg	vs	FC Augsburg
2024.10.19	TSG Hoffenheim	vs	VfL Bochum
2024.10.19	Bayern München	vs	Stuttgart
2024.10.19	Bayer Leverkusen	vs	Eintracht Frankfurt
2024.10.19	Borussia Dortmund	vs	FC St. Pauli

DAY 8

2024.10.26	Mainz	vs	Borussia M´gladbach
2024.10.26	1. FC Union Berlin	vs	Eintracht Frankfurt
2024.10.26	VfL Bochum	vs	Bayern München
2024.10.26	FC St. Pauli	vs	Wolfsburg
2024.10.26	FC Augsburg	vs	Borussia Dortmund
2024.10.26	Werder Bremen	vs	Bayer Leverkusen
2024.10.26	RB Leipzig	vs	SC Freiburg
2024.10.26	Stuttgart	vs	Holstein Kiel
2024.10.26	1. FC Heidenheim 1846	vs	TSG Hoffenheim

DAY 9

2024.11.2	Wolfsburg	vs	FC Augsburg
2024.11.2	Borussia M´gladbach	vs	Werder Bremen
2024.11.2	Holstein Kiel	vs	1. FC Heidenheim 1846
2024.11.2	SC Freiburg	vs	Mainz
2024.11.2	Bayern München	vs	1. FC Union Berlin
2024.11.2	TSG Hoffenheim	vs	FC St. Pauli
2024.11.2	Borussia Dortmund	vs	RB Leipzig
2024.11.2	Bayer Leverkusen	vs	Stuttgart
2024.11.2	Eintracht Frankfurt	vs	VfL Bochum

DAY 10

2024.11.9	Mainz	vs	Borussia Dortmund
2024.11.9	1. FC Union Berlin	vs	SC Freiburg
2024.11.9	VfL Bochum	vs	Bayer Leverkusen
2024.11.9	FC St. Pauli	vs	Bayern München
2024.11.9	FC Augsburg	vs	TSG Hoffenheim
2024.11.9	Werder Bremen	vs	Holstein Kiel
2024.11.9	RB Leipzig	vs	Borussia M´gladbach
2024.11.9	Stuttgart	vs	Eintracht Frankfurt
2024.11.9	1. FC Heidenheim 1846	vs	Wolfsburg

DAY 11

2024.11.23	TSG Hoffenheim	vs	RB Leipzig
2024.11.23	Wolfsburg	vs	1. FC Union Berlin
2024.11.23	Borussia M´gladbach	vs	FC St. Pauli
2024.11.23	Holstein Kiel	vs	Mainz
2024.11.23	Eintracht Frankfurt	vs	Werder Bremen
2024.11.23	Borussia Dortmund	vs	SC Freiburg
2024.11.23	Stuttgart	vs	VfL Bochum
2024.11.23	Bayer Leverkusen	vs	1. FC Heidenheim 1846
2024.11.23	Bayern München	vs	FC Augsburg

DAY 12

2024.11.30	FC Augsburg	vs	VfL Bochum
2024.11.30	Mainz	vs	TSG Hoffenheim
2024.11.30	1. FC Union Berlin	vs	Bayer Leverkusen
2024.11.30	FC St. Pauli	vs	Holstein Kiel
2024.11.30	SC Freiburg	vs	Borussia M´gladbach
2024.11.30	Werder Bremen	vs	Stuttgart
2024.11.30	Borussia Dortmund	vs	Bayern München
2024.11.30	RB Leipzig	vs	Wolfsburg
2024.11.30	1. FC Heidenheim 1846	vs	Eintracht Frankfurt

DAY 13

2024.12.7	Wolfsburg	vs	Mainz
2024.12.7	Borussia M´gladbach	vs	Borussia Dortmund
2024.12.7	VfL Bochum	vs	Werder Bremen
2024.12.7	Holstein Kiel	vs	RB Leipzig
2024.12.7	TSG Hoffenheim	vs	SC Freiburg
2024.12.7	Eintracht Frankfurt	vs	FC Augsburg
2024.12.7	Stuttgart	vs	1. FC Union Berlin
2024.12.7	Bayer Leverkusen	vs	FC St. Pauli
2024.12.7	Bayern München	vs	1. FC Heidenheim 1846

DAY 14

2024.12.14	Borussia M´gladbach	vs	Holstein Kiel
2024.12.14	1. FC Union Berlin	vs	VfL Bochum
2024.12.14	FC St. Pauli	vs	Werder Bremen
2024.12.14	FC Augsburg	vs	Bayer Leverkusen
2024.12.14	Mainz	vs	Bayern München
2024.12.14	SC Freiburg	vs	Wolfsburg
2024.12.14	Borussia Dortmund	vs	TSG Hoffenheim
2024.12.14	RB Leipzig	vs	Eintracht Frankfurt
2024.12.14	1. FC Heidenheim 1846	vs	Stuttgart

DAY 15

2024.12.21	Werder Bremen	vs	1. FC Union Berlin
2024.12.21	Wolfsburg	vs	Borussia Dortmund
2024.12.21	VfL Bochum	vs	1. FC Heidenheim 1846
2024.12.21	Holstein Kiel	vs	FC Augsburg
2024.12.21	TSG Hoffenheim	vs	Borussia M´gladbach
2024.12.21	Eintracht Frankfurt	vs	Mainz
2024.12.21	Stuttgart	vs	FC St. Pauli
2024.12.21	Bayer Leverkusen	vs	SC Freiburg
2024.12.21	Bayern München	vs	RB Leipzig

DAY 16

2025.1.11	FC Augsburg	vs	Stuttgart
2025.1.11	Mainz	vs	VfL Bochum
2025.1.11	Borussia M´gladbach	vs	Bayern München
2025.1.11	FC St. Pauli	vs	Eintracht Frankfurt
2025.1.11	SC Freiburg	vs	Holstein Kiel
2025.1.11	1. FC Heidenheim 1846	vs	1. FC Union Berlin
2025.1.11	Borussia Dortmund	vs	Bayer Leverkusen
2025.1.11	RB Leipzig	vs	Werder Bremen
2025.1.11	TSG Hoffenheim	vs	Wolfsburg

DAY 17

2025.1.14	Wolfsburg	vs	Borussia M´gladbach
2025.1.14	1. FC Union Berlin	vs	FC Augsburg
2025.1.14	VfL Bochum	vs	FC St. Pauli
2025.1.14	Werder Bremen	vs	1. FC Heidenheim 1846
2025.1.14	Holstein Kiel	vs	Borussia Dortmund
2025.1.14	Eintracht Frankfurt	vs	SC Freiburg
2025.1.14	Stuttgart	vs	RB Leipzig
2025.1.14	Bayer Leverkusen	vs	Mainz
2025.1.14	Bayern München	vs	TSG Hoffenheim

DAY 18

2025.1.18	Bayern München	vs	Wolfsburg
2025.1.18	1. FC Union Berlin	vs	Mainz
2025.1.18	1. FC Heidenheim 1846	vs	FC St. Pauli
2025.1.18	Werder Bremen	vs	FC Augsburg
2025.1.18	Stuttgart	vs	SC Freiburg
2025.1.18	Bayer Leverkusen	vs	Borussia M´gladbach
2025.1.18	Eintracht Frankfurt	vs	Borussia Dortmund
2025.1.18	VfL Bochum	vs	RB Leipzig
2025.1.18	Holstein Kiel	vs	TSG Hoffenheim

DAY 19

2025.1.25	FC St. Pauli	vs	1. FC Union Berlin
2025.1.25	Borussia M´gladbach	vs	VfL Bochum
2025.1.25	Wolfsburg	vs	Holstein Kiel
2025.1.25	Borussia Dortmund	vs	Werder Bremen
2025.1.25	FC Augsburg	vs	1. FC Heidenheim 1846
2025.1.25	RB Leipzig	vs	Bayer Leverkusen
2025.1.25	SC Freiburg	vs	Bayern München
2025.1.25	Mainz	vs	Stuttgart
2025.1.25	TSG Hoffenheim	vs	Eintracht Frankfurt

DAY 20

2025.2.1	Werder Bremen	vs	Mainz
2025.2.1	Stuttgart	vs	Borussia M´gladbach
2025.2.1	Bayern München	vs	Holstein Kiel
2025.2.1	Eintracht Frankfurt	vs	Wolfsburg
2025.2.1	FC St. Pauli	vs	FC Augsburg
2025.2.1	1. FC Union Berlin	vs	RB Leipzig
2025.2.1	Bayer Leverkusen	vs	TSG Hoffenheim
2025.2.1	1. FC Heidenheim 1846	vs	Borussia Dortmund
2025.2.1	VfL Bochum	vs	SC Freiburg

DAY 21

2025.2.8	Mainz	vs	FC Augsburg
2025.2.8	TSG Hoffenheim	vs	1. FC Union Berlin
2025.2.8	Holstein Kiel	vs	VfL Bochum
2025.2.8	Bayern München	vs	Werder Bremen
2025.2.8	RB Leipzig	vs	FC St. Pauli
2025.2.8	SC Freiburg	vs	1. FC Heidenheim 1846
2025.2.8	Borussia Dortmund	vs	Stuttgart
2025.2.8	Wolfsburg	vs	Bayer Leverkusen
2025.2.8	Borussia M´gladbach	vs	Eintracht Frankfurt

DAY 22

2025.2.15	1. FC Heidenheim 1846	vs	Mainz
2025.2.15	1. FC Union Berlin	vs	Borussia M´gladbach
2025.2.15	Eintracht Frankfurt	vs	Holstein Kiel
2025.2.15	Stuttgart	vs	Wolfsburg
2025.2.15	FC St. Pauli	vs	SC Freiburg
2025.2.15	Bayer Leverkusen	vs	Bayern München
2025.2.15	VfL Bochum	vs	Borussia Dortmund
2025.2.15	FC Augsburg	vs	RB Leipzig
2025.2.15	Werder Bremen	vs	TSG Hoffenheim

DAY 23

2025.2.22	Borussia M´gladbach	vs	FC Augsburg
2025.2.22	Borussia Dortmund	vs	1. FC Union Berlin
2025.2.22	Wolfsburg	vs	VfL Bochum
2025.2.22	SC Freiburg	vs	Werder Bremen
2025.2.22	Mainz	vs	FC St. Pauli
2025.2.22	RB Leipzig	vs	1. FC Heidenheim 1846
2025.2.22	TSG Hoffenheim	vs	Stuttgart
2025.2.22	Holstein Kiel	vs	Bayer Leverkusen
2025.2.22	Bayern München	vs	Eintracht Frankfurt

DAY 24

2025.3.1	Werder Bremen	vs	Wolfsburg
2025.3.1	RB Leipzig	vs	Mainz
2025.3.1	1. FC Heidenheim 1846	vs	Borussia M´gladbach
2025.3.1	FC Augsburg	vs	SC Freiburg
2025.3.1	1. FC Union Berlin	vs	Holstein Kiel
2025.3.1	VfL Bochum	vs	TSG Hoffenheim
2025.3.1	Stuttgart	vs	Bayern München
2025.3.1	Eintracht Frankfurt	vs	Bayer Leverkusen
2025.3.1	FC St. Pauli	vs	Borussia Dortmund

DAY 25

2025.3.8	Borussia M´gladbach	vs	Mainz
2025.3.8	Eintracht Frankfurt	vs	1. FC Union Berlin
2025.3.8	Bayern München	vs	VfL Bochum
2025.3.8	Wolfsburg	vs	FC St. Pauli
2025.3.8	Borussia Dortmund	vs	FC Augsburg
2025.3.8	Bayer Leverkusen	vs	Werder Bremen
2025.3.8	SC Freiburg	vs	RB Leipzig
2025.3.8	Holstein Kiel	vs	Stuttgart
2025.3.8	TSG Hoffenheim	vs	1. FC Heidenheim 1846

DAY 26

2025.3.15	FC Augsburg	vs	Wolfsburg
2025.3.15	Mainz	vs	SC Freiburg
2025.3.15	Werder Bremen	vs	Borussia M´gladbach
2025.3.15	1. FC Heidenheim 1846	vs	Holstein Kiel
2025.3.15	RB Leipzig	vs	Borussia Dortmund
2025.3.15	FC St. Pauli	vs	TSG Hoffenheim
2025.3.15	1. FC Union Berlin	vs	Bayern München
2025.3.15	Stuttgart	vs	Bayer Leverkusen
2025.3.15	VfL Bochum	vs	Eintracht Frankfurt

DAY 27

2025.3.29	SC Freiburg	vs	1. FC Union Berlin
2025.3.29	Bayer Leverkusen	vs	VfL Bochum
2025.3.29	Bayern München	vs	FC St. Pauli
2025.3.29	Borussia Dortmund	vs	Mainz
2025.3.29	TSG Hoffenheim	vs	FC Augsburg
2025.3.29	Eintracht Frankfurt	vs	Stuttgart
2025.3.29	Wolfsburg	vs	1. FC Heidenheim 1846
2025.3.29	Borussia M´gladbach	vs	RB Leipzig
2025.3.29	Holstein Kiel	vs	Werder Bremen

DAY 28

2025.4.5	1. FC Union Berlin	vs	Wolfsburg
2025.4.5	FC St. Pauli	vs	Borussia M´gladbach
2025.4.5	Mainz	vs	Holstein Kiel
2025.4.5	RB Leipzig	vs	TSG Hoffenheim
2025.4.5	Werder Bremen	vs	Eintracht Frankfurt
2025.4.5	1. FC Heidenheim 1846	vs	Bayer Leverkusen
2025.4.5	FC Augsburg	vs	Bayern München
2025.4.5	VfL Bochum	vs	Stuttgart
2025.4.5	SC Freiburg	vs	Borussia Dortmund

DAY 29

2025.4.12	TSG Hoffenheim	vs	Mainz
2025.4.12	Bayer Leverkusen	vs	1. FC Union Berlin
2025.4.12	Holstein Kiel	vs	FC St. Pauli
2025.4.12	VfL Bochum	vs	FC Augsburg
2025.4.12	Borussia M´gladbach	vs	SC Freiburg
2025.4.12	Wolfsburg	vs	RB Leipzig
2025.4.12	Eintracht Frankfurt	vs	1. FC Heidenheim 1846
2025.4.12	Bayern München	vs	Borussia Dortmund
2025.4.12	Stuttgart	vs	Werder Bremen

DAY 30

2025.4.19	Mainz	vs	Wolfsburg
2025.4.19	Werder Bremen	vs	VfL Bochum
2025.4.19	RB Leipzig	vs	Holstein Kiel
2025.4.19	SC Freiburg	vs	TSG Hoffenheim
2025.4.19	Borussia Dortmund	vs	Borussia M´gladbach
2025.4.19	FC Augsburg	vs	Eintracht Frankfurt
2025.4.19	1. FC Union Berlin	vs	Stuttgart
2025.4.19	FC St. Pauli	vs	Bayer Leverkusen
2025.4.19	1. FC Heidenheim 1846	vs	Bayern München

DAY 31

2025.4.26	VfL Bochum	vs	1. FC Union Berlin
2025.4.26	Werder Bremen	vs	FC St. Pauli
2025.4.26	Bayer Leverkusen	vs	FC Augsburg
2025.4.26	Holstein Kiel	vs	Borussia M´gladbach
2025.4.26	Bayern München	vs	Mainz
2025.4.26	Eintracht Frankfurt	vs	RB Leipzig
2025.4.26	Stuttgart	vs	1. FC Heidenheim 1846
2025.4.26	TSG Hoffenheim	vs	Borussia Dortmund
2025.4.26	Wolfsburg	vs	SC Freiburg

DAY 32

2025.5.3	1. FC Union Berlin	vs	Werder Bremen
2025.5.3	1. FC Heidenheim 1846	vs	VfL Bochum
2025.5.3	FC Augsburg	vs	Holstein Kiel
2025.5.3	Borussia M´gladbach	vs	TSG Hoffenheim
2025.5.3	Borussia Dortmund	vs	Wolfsburg
2025.5.3	Mainz	vs	Eintracht Frankfurt
2025.5.3	FC St. Pauli	vs	Stuttgart
2025.5.3	SC Freiburg	vs	Bayer Leverkusen
2025.5.3	RB Leipzig	vs	Bayern München

DAY 33

2025.5.10	Stuttgart	vs	FC Augsburg
2025.5.10	Bayern München	vs	Borussia M´gladbach
2025.5.10	Eintracht Frankfurt	vs	FC St. Pauli
2025.5.10	Holstein Kiel	vs	SC Freiburg
2025.5.10	VfL Bochum	vs	Mainz
2025.5.10	1. FC Union Berlin	vs	1. FC Heidenheim 1846
2025.5.10	Bayer Leverkusen	vs	Borussia Dortmund
2025.5.10	Werder Bremen	vs	RB Leipzig
2025.5.10	Wolfsburg	vs	TSG Hoffenheim

DAY 34

2025.5.17	FC Augsburg	vs	1. FC Union Berlin
2025.5.17	FC St. Pauli	vs	VfL Bochum
2025.5.17	Borussia Dortmund	vs	Holstein Kiel
2025.5.17	Borussia M´gladbach	vs	Wolfsburg
2025.5.17	TSG Hoffenheim	vs	Bayern München
2025.5.17	Mainz	vs	Bayer Leverkusen
2025.5.17	RB Leipzig	vs	Stuttgart
2025.5.17	SC Freiburg	vs	Eintracht Frankfurt
2025.5.17	1. FC Heidenheim 1846	vs	Werder Bremen

BAYER 04 LEVERKUSEN

Founded 구단 창립 1904년
Owner 바이에르 AG
CEO 페르난도 카로 1964.07.27
Manager 사비 알론소 1981.11.25
24-25 Odds 벳365 : 2.5배 / 스카이벳 : 2.5배

Nationality 외국 선수 21명 / 독일 선수 9명
Age 30명 평균 24.6세
Height 30명 평균 183cm
Market Value 1군 27명 평균 2401만 유로
Game Points 23-24 : 90점 / 통산 : 2441점

Win 23-24 : 28승 / 통산 : 677승
Draw 23-24 : 6무 / 통산 : 410무
Loss 23-24 : 0패 / 통산 : 447패
Goals For 23-24 : 89득점 / 통산 : 1631득점
Goals Against 23-24 : 24실점 / 통산 : 2031실점

More Minutes 루카시 흐라데키 2970분
Top Scorer 빅터 보니파스 14골
More Assists 알렉스 그리말도 13도움
More Subs 아담 홀로제크 18회 교체 IN
More Cards 요나탄 타 +2명 Y6+R0

1	2	0	1	0	0
GERMAN BUNDESLIGA	GERMAN DFB POKAL	UEFA CHAMPIONS LEAGUE	UEFA EUROPA LEAGUE	FIFA CLUB WORLD CUP	UEFA-CONMEBOL INTERCONTINENTAL

TOTO GUIDE 지난 시즌 상대팀별 전적

상대팀	홈	원정
Stuttgart	2-2	1-1
Bayern Munich	3-0	2-2
RB Leipzig	3-2	3-2
Dortmund	1-1	1-1
E. Frankfurt	3-0	5-1
Hoffenheim	2-1	3-2
Heidenheim	4-1	2-1
Werder Bremen	5-0	3-0
Freiburg	2-1	3-2
FC Augsburg	2-1	1-0
Wolfsburg	2-0	2-1
FSV Mainz	2-1	3-0
Monchengladbach	0-0	3-0
Union Berlin	4-0	1-0
Bochum	4-0	5-0
FC Koln	3-0	2-0
Darmstadt	5-1	2-0

Bay Arena

구장 오픈 / 증개축 1958년, 증개축 2회
구장 소유 바이엘 제약회사
수용 인원 3만 210명
피치 규모 105m X 68m
잔디 종류 천연 잔디

STRENGTHS & WEAKNESSES

OFFENSE		DEFENSE	
직접 프리킥	B	세트피스 수비	A
문전 처리	A	상대 볼 뺏기	C
측면 돌파	A	공중전 능력	D
스루볼 침투	B	역습 방어	C
개인기 침투	B	지공 방어	C
카운터 어택	B	스루패스 방어	C
기회 만들기	B	리드 지키기	B
세트피스	B	실수 조심	C
OS 피하기	D	측면 방어력	C
중거리 슈팅	A	파울 주의	B
볼 점유율	A	중거리슈팅 수비	C

매우 강함 A / 강한 편 B / 보통 수준 C / 약한 편 D / 매우 약함 E

RANKING OF LAST 10 YEARS

14-15	15-16	16-17	17-18	18-19	19-20	20-21	21-22	22-23	23-24
4	3	12	5	4	4	6	3	6	1
61점	60점	41점	55점	58점	63점	52점	64점	50점	90점

위치	선수	국적	생년월일	출전(분)	출전경기	선발11	교체인	교체아웃	벤치출발	득점	도움	경고	경고누적	퇴장
GK	Lukáš Hrádecký	FIN	1989-11-24	2970	33	33	0	0	1	0	0	2	0	0
	Matěj Kovář	CZE	2000-05-17	90	1	1	0	0	32	0	0	0	0	0
	Niklas Lomb	GER	1993-07-28	0	0	0	0	0	2	0	0	0	0	0
DF	Alex Grimaldo	ESP	1995-09-20	2787	33	31	2	5	2	10	13	1	0	0
	Jonathan Tah	GER	1996-02-11	2633	31	30	1	3	3	4	1	6	0	0
	Jeremie Frimpong	NED	2000-12-10	2265	31	27	4	20	6	9	7	6	0	0
	Edmond Tapsoba	BFA	1999-02-02	2085	28	23	5	3	7	0	1	4	0	0
	Odilon Kossounou	CIV	2001-01-04	1813	22	21	1	3	8	1	0	3	0	0
	Piero Hincapié	ECU	2002-01-09	1481	26	16	10	6	15	1	2	2	0	0
	Josip Stanišić	CRO	2000-04-02	1256	20	13	7	1	19	3	1	3	0	0
	Arthur	BRA	2003-03-17	184	4	2	2	1	6	0	2	0	0	0
	Timothy Fosu-Mensah	NED	1998-01-02	0	0	0	0	0	7	0	0	0	0	0
	Madi Monamay	BEL	2006-04-06	0	0	0	0	0	0	0	0	0	0	0
	Reno Münz	GER	2005-10-02	0	0	0	0	0	2	0	0	0	0	0
MF	Granit Xhaka	SUI	1992-09-27	2828	33	32	1	8	1	3	0	5	0	0
	Florian Wirtz	GER	2003-05-03	2382	32	26	6	17	6	11	11	3	0	0
	Jonas Hofmann	GER	1992-07-14	2215	32	26	6	19	7	5	7	3	0	0
	Exequiel Palacios	ARG	1998-10-05	1840	24	21	3	11	6	4	5	6	0	0
	Robert Andrich	GER	1994-09-22	1681	28	18	10	2	16	4	2	6	0	0
	Nathan Tella	ENG	1999-07-05	810	24	8	16	7	24	5	2	0	0	0
	Gustavo Puerta	COL	2003-07-23	39	7	0	7	0	28	0	0	0	0	0
	Noah Mbamba	BEL	2005-01-05	13	3	0	3	0	16	0	1	0	0	0
	Ayman Aourir	GER	2004-10-06	0	0	0	0	0	0	0	0	0	0	0
FW	Victor Boniface	NGA	2000-12-23	1554	23	18	5	14	5	14	8	2	0	0
	Patrik Schick	CZE	1996-01-24	1064	20	12	8	9	12	7	0	0	0	0
	Amine Adli	MAR	2000-05-10	892	23	8	15	7	19	4	4	5	0	0
	Adam Hložek	CZE	2002-07-25	444	23	5	18	6	25	2	2	0	0	0
	Borja Iglesias	ESP	1993-01-17	252	7	2	5	1	9	0	0	0	0	0
	Ken Izekor	GER	2007-05-24	0	0	0	0	0	0	0	0	0	0	0
	Francis Onyeka	GER	2007-04-29	0	0	0	0	0	2	0	0	0	0	0

BUNDESLIGA 2023-24 SEASON

BAYER 04 LEVERKUSEN vs. OPPONENTS PER GAME STATS

바이에르 레버쿠젠 vs 상대팀

	바이에르 레버쿠젠	상대팀
득점	2.62	0.71
슈팅	18.3	8.6
유효슈팅	7.1	3.1
코너	6.9	3.3
오프사이드	2.5	1.1
패스시도 (PA)	697	424
패스성공 (PC)	629	335
패스성공% (P%)	90%	79%
태클 (TK)	11.8	19.4
공중전승리 (AD)	9.0	8.3
인터셉트 (IT)	6.5	10.7
파울	8.0	10.4
경고	1.74	1.97
퇴장	0.029	0.147

2023-24 SEASON SQUAD LIST & GAMES PLAYED

괄호 안의 숫자는 선발 출전 횟수, 교체 출전은 포함시키지 않음

LW	CF	RW
N/A	V.보니페이스(17), P.시크(12) A.아딜(3), B.이글레시아스(2) J.호프만(2), A.홀로제크(1)	N/A

LAM	CAM	RAM
N/A	F.비르츠(26), J.호프만(24) A.아딜(5), N.텔라(4) A.홀로제크(4), J.프림퐁(1) V.보니페이스(1)	N/A

LM	CM	RM
Á.그리말도(3)	G.자카(32), E.팔라시오스(21) R.안드리히(14), N.아미리(1)	J.프림퐁(3)

LWB	DM	RWB
Á.그리말도(28), 아르투르(2) P.인카피에(1)	N/A	J.프림퐁(23), J.스타니시치(4) N.텔라(4)

LB	CB	RB
N/A	J.타(30), J.탑소바(23) O.코수누(21), P.인카피에(15) J.스타니시치(9), R.안드리히(4)	N/A

	GK	
	L.흐라데키(33), M.코바르(1)	

SHOTS & GOALS

34경기 총 622슈팅 - 89득점
34경기 상대 총 291슈팅 - 24실점

51-21
340-55
229-11
자책골 2-2

유효 슈팅 242		비유효 슈팅 380	
득점	89	블록 당함	167
GK 방어	153	골대 밖	196
유효슈팅률	39%	골대 맞음	17

유효 슈팅 105		비유효 슈팅 186	
실점	24	블록	75
GK 방어	81	골대 밖	108
유효슈팅률	36%	골대 맞음	3

108-1
162-15
21-8

SHOT TIME | GOAL TIME

시간대별 슈팅
121 / 70 / 9 / 15
107 / 95 / 16 / 11
115 / 114 / 20 / 13
46 / 45

시간대별 득점
20 / 9 / 15
16 / 11
20 / 13
46 / 45

슈팅 차이
전반 슈팅 차이 +140
후반 슈팅 차이 +191
전체 슈팅 차이 +331

득실차
전반 골 득실차 +22
후반 골 득실차 +43
전체 골 득실차 +65

시간대별 상대 슈팅
52 / 47 / 15
39 / 41 / 3 / 1
61 / 51 / 6 / 5
60 46/45 30

시간대별 실점
4 / 5 / 15
3 / 1
6 / 5
46/45

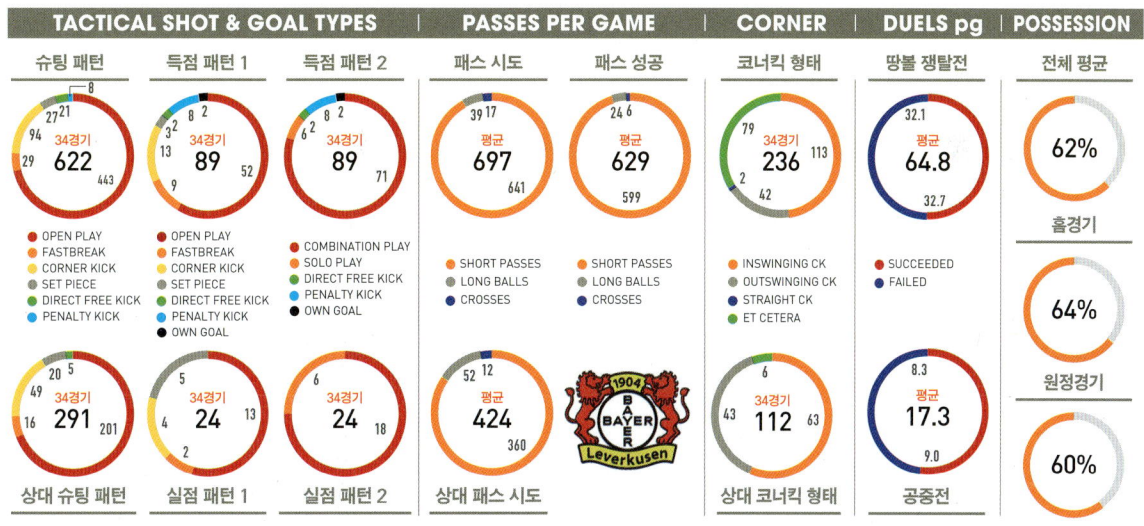

TACTICAL SHOT & GOAL TYPES | PASSES PER GAME | CORNER | DUELS pg | POSSESSION

슈팅 패턴
34경기 622
8 / 21 / 27 / 94 / 29 / 443
- OPEN PLAY
- FASTBREAK
- CORNER KICK
- SET PIECE
- DIRECT FREE KICK
- PENALTY KICK

득점 패턴 1
34경기 89
3 / 8 / 2 / 13 / 9 / 52
- OPEN PLAY
- FASTBREAK
- CORNER KICK
- SET PIECE
- DIRECT FREE KICK
- PENALTY KICK

득점 패턴 2
34경기 89
8 / 2 / 6 / 2 / 71
- COMBINATION PLAY
- SOLO PLAY
- DIRECT FREE KICK
- PENALTY KICK
- OWN GOAL

패스 시도
평균 697
39 / 17 / 641
- SHORT PASSES
- LONG BALLS
- CROSSES

패스 성공
평균 629
24 / 6 / 599
- SHORT PASSES
- LONG BALLS
- CROSSES

코너킥 형태
34경기 236
79 / 113 / 42
- INSWINGING CK
- OUTSWINGING CK
- STRAIGHT CK
- ET CETERA

땅볼 쟁탈전
평균 64.8
32.1 / 32.7
- SUCCEEDED
- FAILED

전체 평균
62%

상대 슈팅 패턴
34경기 291
20 / 5 / 49 / 16 / 201

실점 패턴 1
34경기 24
5 / 4 / 2 / 13

실점 패턴 2
34경기 24
6 / 18

상대 패스 시도
평균 424
52 / 12 / 360

상대 코너킥 형태
34경기 112
43 / 63

공중전
평균 17.3
8.3 / 9.0

홈경기
64%

원정경기
60%

FORMATION SUMMARY | WHO SCORED | ACTION ZONE | PASSES pg BY ZONE

선발 포지션별 전적

포메이션	승	무	패	득점	실점
3-4-2-1	25	6	0	82	23
3-4-1-2	3	0	0	7	1
TOTAL	28	6	0	89	24

포지션별 득점
FW진 32골
MF진 27골
DF진 28골

상대 포지션별 실점
DF진 3골
MF진 7골
FW진 14골

*상대 자책골 2골

공격 방향
왼쪽 35% / 중앙 29% / 오른쪽 36%

볼 점유 위치
상대 진영 34%
중간 지역 45%
우리 진영 21%

평균 패스 성공
하프라인 위쪽 354회
하프라인 아래 275회

패스 성공률
하프라인 위쪽 85%
하프라인 아래 94%

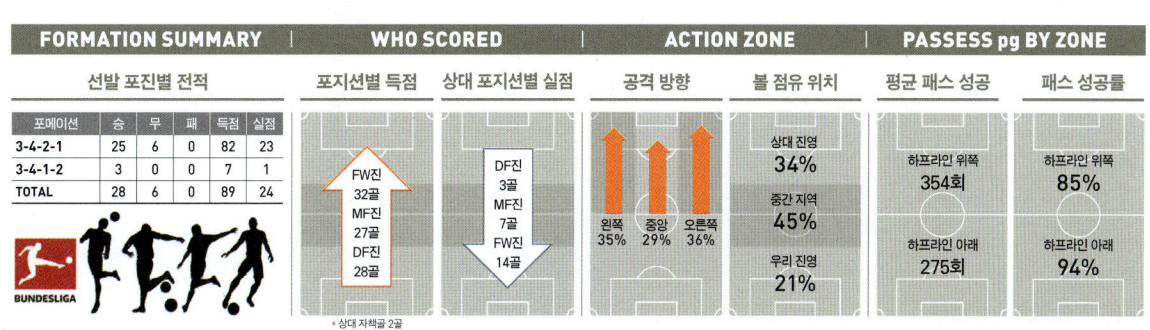

VFB STUTTGART

	German Bundesliga	German DFB Pokal	UEFA Champions League	UEFA Europa League	FIFA Club World Cup	UEFA-CONMEBOL Intercontinental
	5	3	0	0	0	0

Founded 구단 창립 1893년
Owner VfB 슈투트가르트 시민 구단
CEO 클라우스 포그트 1969.08.12
Manager 세바스티안 회네스 1982.05.12
24-25 Odds 벳365 : 40배 / 스카이벳 : 40배

Nationality 33명 / 외국 선수 13명 / 독일 선수 20명
Age 33명 평균 24.3세
Height 33명 평균 184cm
Market Value 1군 28명 평균 1082만 유로
Game Points 23-24 : 73점 / 통산 : 2838점

Win 23-24 : 23승 / 통산 : 789승
Draw 23-24 : 4무 / 통산 : 471무
Loss 23-24 : 7패 / 통산 : 674패
Goals For 23-24 : 78득점 / 통산 : 3189득점
Goals Against 23-24 : 39실점 / 통산 : 2838실점

More Minutes 발데마르 안톤 2887분
Top Scorer 세루 기라시 28골
More Assists 데니스 운다프 9도움
More Subs 정우영 21회 교체 IN
More Cards 아타칸 카라조르 Y9+R0

TOTO GUIDE 지난 시즌 상대팀별 전적

상대팀	홈	원정
Leverkusen	1-1	2-2
Bayern Munich	3-1	0-3
RB Leipzig	5-2	1-5
Dortmund	2-1	1-0
E. Frankfurt	3-0	2-1
Hoffenheim	2-3	3-0
Heidenheim	3-3	0-2
Werder Bremen	2-0	1-2
Freiburg	5-0	3-1
FC Augsburg	3-0	1-0
Wolfsburg	3-1	3-2
FSV Mainz	3-1	3-1
Monchengladbach	4-0	1-3
Union Berlin	2-0	3-0
Bochum	5-0	0-1
FC Koln	1-1	2-0
Darmstadt	3-1	2-1

MHPArena
구장 오픈 / 증개축 1933년, 증개축 10회
구장 소유 슈타디온 GmbH & CO.
수용 인원 6만 441명
피치 규모 105m X 68m
잔디 종류 천연 잔디

STRENGTHS & WEAKNESSES

OFFENSE		DEFENSE	
직접 프리킥	C	세트피스 수비	B
문전 처리	B	상대 볼 뺏기	B
측면 돌파	B	공중전 능력	D
스루볼 침투	A	역습 방어	C
개인기 침투	A	지공 방어	D
카운터 어택	C	스루패스 방어	C
기회 만들기	B	리드 지키기	C
세트피스	B	실수 조심	D
OS 피하기	C	측면 방어력	B
중거리 슈팅	C	파울 주의	C
볼 점유율	A	중거리슈팅 수비	C

매우 강함 A / 강한 편 B / 보통 수준 C / 약한 편 D / 매우 약함 E

RANKING OF LAST 10 YEARS

14-15	15-16	16-17	17-18	18-19	19-20	20-21	21-22	22-23	23-24
14	17	1	7	16	2	9	15	16	2
36점	33점	—	51점	28점	—	45점	33점	33점	73점
		69점			58점				

위치	선수	국적	생년월일	출전(분)	출전경기	선발11	교체인	교체아웃	벤치출발	득점	도움	경고	경고누적	퇴장
GK	Alexander Nübel	GER	1996-09-30	2700	30	30	0	0	0	0	0	1	0	0
	Fabian Bredlow	GER	1995-03-02	360	4	4	0	0	26	0	0	0	0	0
	Dennis Seimen	GER	2005-12-01	0	0	0	0	0	6	0	0	0	0	0
	Florian Schock	GER	2001-05-22	0	0	0	0	0	3	0	0	0	0	0
DF	Waldemar Anton	GER	1996-07-20	2887	33	32	1	2	1	0	3	7	0	0
	Atakan Karazor	GER	1996-10-13	2630	33	31	2	10	2	0	2	9	0	0
	Ito Hiroki	JPN	1999-05-12	2232	26	25	1	5	1	0	2	1	0	0
	Maximilian Mittelstädt	GER	1997-03-18	2104	31	23	8	7	10	2	4	5	0	0
	Dan-Axel Zagadou	FRA	1999-06-03	1453	19	16	3	2	3	1	0	1	0	0
	Josha Vagnoman	GER	2000-12-11	1181	18	12	6	5	6	2	2	2	0	0
	Pascal Stenzel	GER	1996-03-20	1066	23	14	9	12	18	0	5	2	1	0
	Anthony Rouault	FRA	2001-05-29	1006	22	11	11	6	15	0	2	3	0	0
	Leonidas Stergiou	SUI	2002-03-3	586	15	6	9	2	26	1	0	0	0	0
	Chase Anrie	JPN	2004-03-24	0	0	0	0	0	9	0	0	0	0	0
	Moussa Cissé	FRA	2003-04-29	0	0	0	0	0	1	0	0	0	0	0
MF	Angelo Stiller	GER	2001-04-04	2697	31	30	1	4	1	1	5	5	0	0
	Chris Führich	GER	1998-01-09	2594	34	33	1	28	1	8	7	2	0	0
	Enzo Millot	FRA	2002-07-17	2256	31	27	4	19	5	5	4	5	0	0
	Jeong Woo-Yeong	KOR	1999-09-20	618	26	5	21	4	21	2	3	1	0	0
	Mahmoud Dahoud	GER	1996-01-01	216	13	1	12	1	14	1	0	0	0	0
	Lilian Egloff	GER	2002-08-20	103	5	1	4	1	11	0	0	1	0	0
	Roberto Massimo	GER	2000-10-12	79	5	0	5	0	12	0	0	1	0	0
	Luca Raimund	GER	2005-04-09	27	3	0	3	0	11	0	0	0	0	0
	Haraguchi Genki	JPN	1991-05-09	25	2	0	2	0	26	0	0	0	0	0
	Samuele Di Benedetto	GER	2005-07-16	6	1	0	1	0	3	0	0	0	0	0
	Nikolas Nartey	DEN	2000-02-22	0	0	0	0	0	0	0	0	0	0	0
	Laurin Ulrich	GER	2005-01-31	0	0	0	0	0	0	0	0	0	0	0
	Raul Paula	GER	2004-01-25	0	0	0	0	0	4	0	0	0	0	0
FW	Sehrou Guirassy	GUI	1996-03-12	2214	28	25	3	10	3	28	2	5	0	0
	Deniz Undav	GER	1996-07-19	2098	30	23	7	15	7	18	9	5	0	0
	Jamie Leweling	GER	2001-02-26	1520	34	17	17	16	17	4	4	3	0	0
	Silas Katompa Mvumpa	COD	1998-10-06	889	27	8	19	8	20	5	2	0	0	0

BUNDESLIGA 2023-24 SEASON

VfB STUTTGART vs. OPPONENTS PER GAME STATS

VfB 슈투트가르트 vs 상대팀		독점	슈팅	유효슈팅	코너키	오프사이드	패스시도	패스성공률	태클	공중전승리	인터셉트	파울	경고	퇴장
2.29		1.15	15.7 / 11.1	6.3 / 3.9	4.9 / 4.2	1.5 / 1.7	642 / 421	558 / 325						
87%		77%	15.8 / 17.9	13.1 / 12.0	7.9 / 9.6	9.7 / 11.5	1.65 / 2.21	0.029 / 0.088						

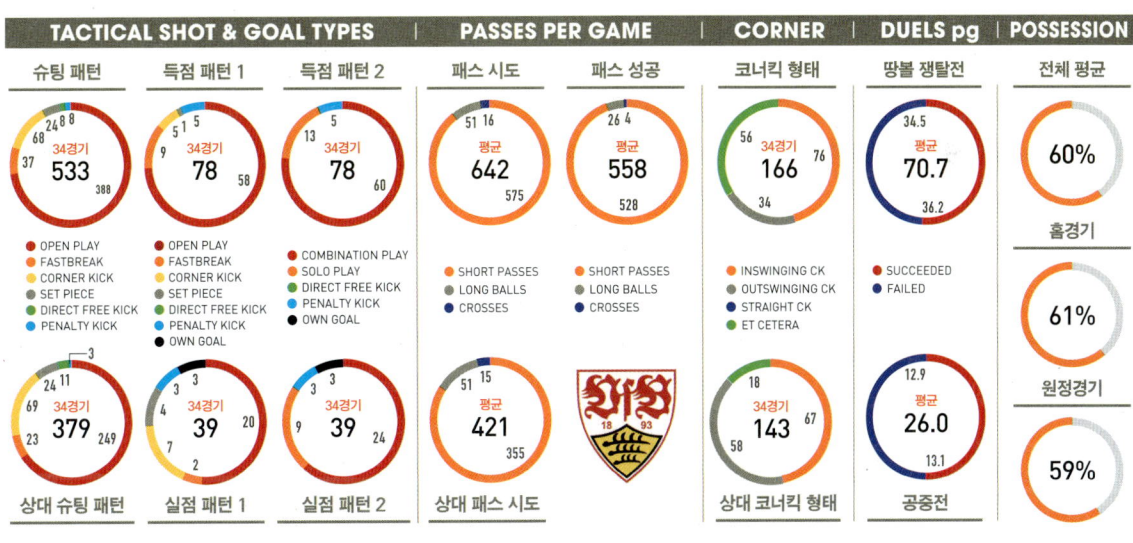

FC BAYERN MÜNCHEN

33	**20**	**6**	**1**	**2**	**2**
GERMAN BUNDESLIGA	GERMAN DFB POKAL	UEFA CHAMPIONS LEAGUE	UEFA EUROPA LEAGUE	FIFA CLUB WORLD CUP	UEFA-CONMEBOL INTERCONTINENTAL

Founded 구단 창립 1900년
Owner 바이에른 뮌헨 시민 구단
CEO 얀 크리스티안 드레젠 1967.09.04
Manager 뱅상 콩파니 1986.04.10
24-25 Odds 벳365 : 0.5배 스카이벳 : 0.5배

Nationality 외국인 선수 20명 / 독일 선수 15명 (35명)
Age 35명 평균 25.4세
Height 35명 평균 184cm
Market Value 1군 28명 평균 3116만 유로
Game Points 23-24 : 72점 / 통산 : 4067점

Win 23-24 : 23승 / 통산 : 1212승
Draw 23-24 : 3무 / 통산 : 431무
Loss 23-24 : 8패 / 통산 : 367패
Goals For 23-24 : 94득점 / 통산 : 4515득점
Goals Against 23-24 : 45실점 / 통산 : 2197실점

More Minutes 해리 케인 2844분
Top Scorer 해리 케인 36골
More Assists 르로이 자네 11도움
More Subs 마티 텔 24회 교체 IN
More Cards 알렉산다르 파블로비치 Y6+R0

RANKING OF LAST 10 YEARS

14-15	15-16	16-17	17-18	18-19	19-20	20-21	21-22	22-23	23-24
1	1	1	1	1	1	1	1	1	3
79점	88점	82점	84점	78점	82점	78점	77점	71점	72점

TOTO GUIDE 지난 시즌 상대팀별 전적

상대팀	홈	원정
Leverkusen	2-2	0-3
Stuttgart	3-0	1-3
RB Leipzig	2-1	2-2
Dortmund	0-2	4-0
E. Frankfurt	2-1	1-5
Hoffenheim	3-0	2-4
Heidenheim	4-2	2-3
Werder Bremen	0-1	4-0
Freiburg	3-0	2-2
FC Augsburg	3-1	3-2
Wolfsburg	2-0	2-1
FSV Mainz	8-1	3-1
Monchengladbach	3-1	2-1
Union Berlin	1-0	5-1
Bochum	7-0	2-3
FC Koln	2-0	1-0
Darmstadt	8-0	5-2

Allianz Arena

구장 오픈 / 증개축: 2005년, 증개축 2회
구장 소유: 뮌헨 슈타디온 GmbH
수용 인원: 7만 5024명
피치 규모: 105m X 68m
잔디 종류: 천연 잔디

STRENGTHS & WEAKNESSES

OFFENSE		DEFENSE	
직접 프리킥	C	세트피스 수비	A
문전 처리	A	상대 볼 뺏기	C
측면 돌파	A	공중전 능력	C
스루볼 침투	B	역습 방어	C
개인기 침투	A	지공 방어	D
카운터 어택	B	스루패스 방어	C
기회 만들기	A	리드 지키기	D
세트피스	B	실수 조심	D
OS 피하기	C	측면 방어력	C
중거리 슈팅	A	파울 주의	C
볼 점유율	A	중거리슈팅 수비	C

매우 강함 A / 강한 편 B / 보통 수준 C / 약한 편 D / 매우 약함 E

위치	선수	국적	생년월일	출전(분)	출전경기	선발11	교체인	교체아웃	벤치출발	득점	도움	경고	경고누적	퇴장
GK	Manuel Neuer	GER	1986-03-27	2054	23	23	0	1	0	0	0	1	0	0
	Sven Ulreich	GER	1988-08-03	990	11	11	0	0	21	0	0	1	0	0
	Daniel Peretz	ISR	2000-07-10	16	1	0	1	0	14	0	0	0	0	0
	Tom Hülsmann	GER	2004-04-11	0	0	0	0	0	2	0	0	0	0	0
DF	Alphonso Davies	CAN	2000-11-02	2068	29	24	5	8	7	2	5	0	0	0
	Kim Min-Jae	KOR	1996-11-15	1969	25	22	3	4	6	1	1	3	0	0
	Dayot Upamecano	FRA	1998-10-27	1763	25	19	6	5	9	1	0	2	1	0
	Matthijs de Ligt	NED	1999-08-12	1390	22	16	6	4	10	2	0	5	0	0
	Noussair Mazraoui	MAR	1997-11-14	1198	19	15	4	7	6	0	3	3	0	0
	Raphaël Guerreiro	POR	1993-12-22	1192	20	13	7	8	9	3	0	2	0	0
	Eric Dier	ENG	1994-01-15	1166	15	13	2	2	5	0	0	1	0	0
	Sacha Boey	FRA	2000-09-13	109	2	1	1	1	3	0	0	1	0	0
	Bouna Sarr	SEN	1992-01-31	105	2	1	1	0	9	0	0	0	0	0
	Matteo Pérez Vinlöf	SWE	2005-12-18	15	1	0	1	0	2	0	0	0	0	0
	Tarek Buchmann	GER	2005-02-28	0	0	0	0	0	6	0	0	0	0	0
	Adam Aznou	MAR	2006-06-02	0	0	0	0	0	6	0	0	0	0	0
MF	Leon Goretzka	GER	1995-02-06	2243	30	25	5	8	5	6	7	3	0	0
	Joshua Kimmich	GER	1995-02-08	2185	28	27	1	9	1	1	6	1	0	1
	Konrad Laimer	AUT	1997-05-27	1768	29	18	11	6	12	0	3	3	0	0
	Jamal Musiala	GER	2003-02-26	1767	24	20	4	16	5	10	6	2	0	0
	Aleksandar Pavlović	GER	2004-05-03	1230	19	14	5	7	11	2	2	6	0	0
	Kingsley Coman	FRA	1996-06-13	1123	17	15	2	13	3	3	3	1	0	0
	Serge Gnabry	GER	1995-07-14	433	10	5	5	6	8	3	1	0	0	0
	Lovro Zvonarek	CRO	2005-05-08	160	5	1	4	1	13	1	0	0	0	0
	Noël Aséko Nkili	GER	2005-11-22	0	0	0	0	0	3	0	0	0	0	0
	Jonathan Asp Jensen	DEN	2006-11-14	0	1	0	1	0	1	0	0	0	0	0
FW	Harry Kane	ENG	1993-07-28	2844	32	32	0	5	0	36	8	2	0	0
	Leroy Sané	GER	1996-01-11	2142	27	25	2	9	2	8	11	4	0	0
	Thomas Müller	GER	1989-09-13	1659	31	20	11	16	14	5	9	0	0	0
	Mathys Tel	FRA	2005-04-27	1030	30	6	24	2	28	7	5	2	0	0
	Eric Maxim Choupo-Moting	CMR	1989-03-23	703	27	7	20	4	25	2	2	1	0	0
	Bryan Zaragoza	ESP	2001-09-09	178	7	1	6	1	12	0	1	0	0	0
	M-Scholze	GER	2005-04-30	0	0	0	0	0	1	0	0	0	0	0

BUNDESLIGA 2023-24 SEASON

FC BAYERN MÜNCHEN vs. OPPONENTS PER GAME STATS

바이에른 뮌헨 vs 상대팀

항목	뮌헨	상대
득점	2.76	1.32
슈팅	18.8	10.4
유효슈팅	6.9	3.6
코너킥	6.7	2.8
오프사이드	1.8	1.5
패스시도 (PA)	656	415
패스성공 (PC)	583	362
패스성공률 (P%)	89%	87%
태클 (TK)	15.3	21.5
공중전승리 (AD)	12.2	9.8
인터셉트 (IT)	8.5	10.3
파울	8.9	9.4
경고	1.38	1.82
퇴장	0.059	0.088

2023-24 SEASON SQUAD LIST & GAMES PLAYED

*괄호 안의 숫자는 선발 출전 횟수, 교체 출전은 포함시키지 않음

LW: N/A
CF: H.케인(32), M.텔(2), T.뮐러(1)
RW: N/A

LAM: L.자네(9), J.무시알라(8), K.코망(7), S.나브리(4), E.추포모팅(1), M.텔(1), R.게레이루(1), B.사라고사(1)
CAM: T.뮐러(15), J.무시알라(11), E.추포모팅(6), S.나브리(1), L.자네
RAM: L.자네(15), K.코망(8), T.뮐러(4), M.텔(3), J.무시알라(1), L.즈보나레크(1)

LM: A.데이비스(1)
CM: L.고레츠카(2), K.라이머(1), A.파블로비치(1)
RM: J.키미히(1)

LWB: S.보이(1)
DM: L.고레츠카(23), J.키미히(15), A.파블로비치(13), K.라이머(8), R.게레이루(6)
RWB: N.마즈라위(1)

LB: A.데이비스(23), R.게레이루(5), N.마즈라위(3), B.사르(1)
CB: 김민재(22), D.우파메카노(19), M.더리히트(16), E.다이어(13)
RB: J.키미히(11), N.마즈라위(9), K.라이머(9), R.게레이루(1)

GK: M.노이어(23), S.울리히(11)

SHOTS & GOALS

34경기 총 639슈팅 - 94득점
34경기 상대 총 354슈팅 - 45실점

63-25
399-58
176-10
* 자책골 1-1

유효 슈팅 235		비유효 슈팅 404	
득점	94	블록 당함	194
GK 방어	141	골대 밖	197
유효슈팅률	37%	골대 맞음	13

유효 슈팅 124		비유효 슈팅 230	
실점	45	블록	85
GK 방어	79	골대 밖	139
유효슈팅률	35%	골대 맞음	6

150-7
185-34
19-4

SHOT TIME | GOAL TIME

시간대별 슈팅: 125 / 91 / 111 / 90 / 112 / 110
시간대별 득점: 17 / 18 / 20 / 7 / 16 / 16

슈팅 차이: 전반 슈팅 차이 +123, 후반 슈팅 차이 +162, 전체 슈팅 차이 +285
득실차: 전반 골 득실차 +21, 후반 골 득실차 +28, 전체 골 득실차 +49

시간대별 상대 슈팅: 72 / 58 / 38 / 56 / 76 / 54
시간대별 실점: 14 / 15 / 4 / 10 / 7 / 6

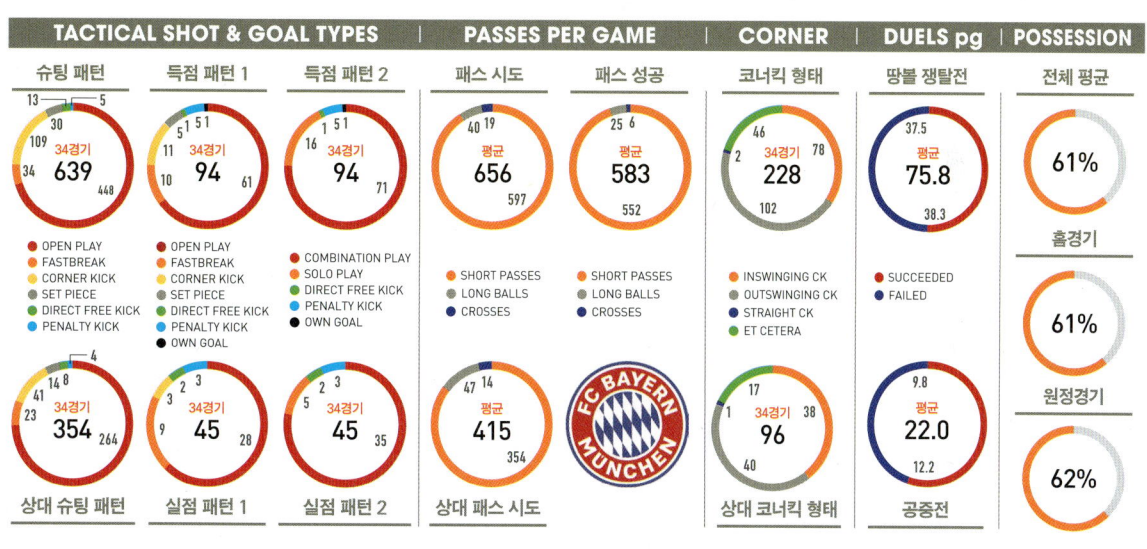

TACTICAL SHOT & GOAL TYPES | PASSES PER GAME | CORNER | DUELS pg | POSSESSION

슈팅 패턴 (34경기 639): 13 / 5 / 30 / 109 / 34 / 448
- OPEN PLAY, FASTBREAK, CORNER KICK, SET PIECE, DIRECT FREE KICK, PENALTY KICK

득점 패턴 1 (34경기 94): 5 / 11 / 51 / 10 / 61
- OPEN PLAY, FASTBREAK, CORNER KICK, SET PIECE, DIRECT FREE KICK, PENALTY KICK, OWN GOAL

득점 패턴 2 (34경기 94): 16 / 5 / 1 / 71
- COMBINATION PLAY, SOLO PLAY, DIRECT FREE KICK, PENALTY KICK, OWN GOAL

패스 시도 (평균 656, 597): 40 / 19
- SHORT PASSES, LONG BALLS, CROSSES

패스 성공 (평균 583, 552): 25 / 6
- SHORT PASSES, LONG BALLS, CROSSES

코너킥 형태 (34경기 228): 46 / 2 / 78 / 102
- INSWINGING CK, OUTSWINGING CK, STRAIGHT CK, ET CETERA

땅볼 쟁탈전 (평균 75.8): 37.5 / 38.3
- SUCCEEDED, FAILED

전체 평균: 61%

상대 슈팅 패턴 (34경기 354): 4 / 14 / 8 / 23 / 41 / 264

실점 패턴 1 (34경기 45): 2 / 3 / 9 / 3 / 28

실점 패턴 2 (34경기 45): 2 / 3 / 1 / 4 / 35

상대 패스 시도 (평균 415, 354): 47 / 14

상대 코너킥 형태 (34경기 96): 17 / 1 / 38 / 40

공중전 (평균 22.0): 9.8 / 12.2

홈경기: 61%
원정경기: 62%

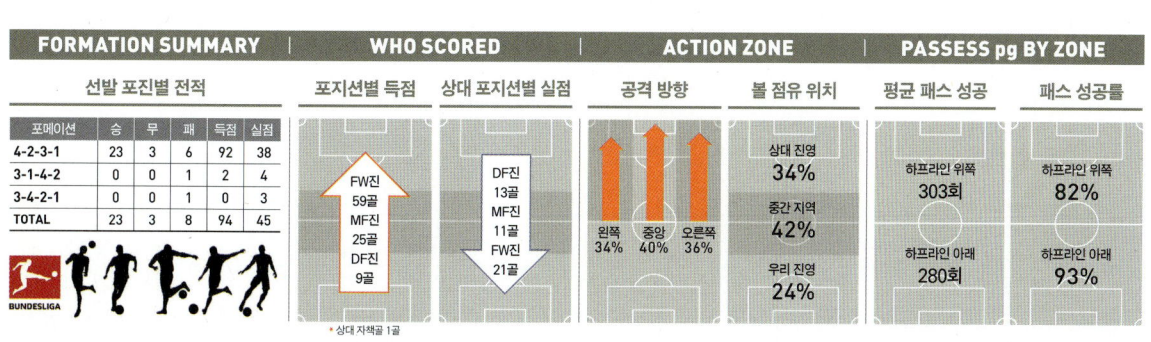

FORMATION SUMMARY | WHO SCORED | ACTION ZONE | PASSES pg BY ZONE

선발 포지션별 전적

포메이션	승	무	패	득점	실점
4-2-3-1	23	3	6	92	38
3-1-4-2	0	0	1	2	4
3-4-2-1	0	0	1	0	3
TOTAL	23	3	8	94	45

포지션별 득점: FW진 59골, MF진 25골, DF진 9골
상대 포지션별 실점: DF진 13골, MF진 11골, FW진 21골
* 상대 자책골 1골

공격 방향: 왼쪽 34%, 중앙 40%, 오른쪽 36%
볼 점유 위치: 상대 진영 34%, 중간 지역 42%, 우리 진영 24%

평균 패스 성공: 하프라인 위쪽 303회, 하프라인 아래 280회
패스 성공률: 하프라인 위쪽 82%, 하프라인 아래 93%

RB LEIPZIG

	GERMAN BUNDESLIGA	GERMAN DFB POKAL	UEFA CHAMPIONS LEAGUE	UEFA EUROPA LEAGUE	FIFA CLUB WORLD CUP	UEFA-CONMEBOL INTERCONTINENTAL
	0	2	0	0	0	0

Founded 구단 창립 2009년

Owner 레드불 GmbH

CEO 루벤 슈라이더 1975.10.18

Manager 마르코 로제 1976.09.11

24-25 Odds 벳365 : 12배 스카이벳 : 14배

TOTO GUIDE 지난 시즌 상대팀별 전적

상대팀	홈	원정
Leverkusen	2-3	2-3
Stuttgart	5-1	2-5
Bayern Munich	2-2	1-2
Dortmund	4-1	3-2
E. Frankfurt	0-1	2-2
Hoffenheim	3-1	1-1
Heidenheim	2-1	2-1
Werder Bremen	1-1	1-1
Freiburg	3-1	4-1
FC Augsburg	3-0	2-2
Wolfsburg	3-0	1-2
FSV Mainz	0-0	0-2
Monchengladbach	2-0	1-0
Union Berlin	2-0	3-0
Bochum	0-0	4-1
FC Koln	6-0	5-1
Darmstadt	2-0	3-1

Red Bull Arena

구장 오픈 2004년
구장 소유 레드불 아레나 소유회사
수용 인원 4만 7069명
피치 규모 105m X 68m
잔디 종류 천연 잔디

Nationality 외국 선수 18명 / 독일 선수 9명

Age 27명 평균 25.1세

Height 27명 평균 184cm

Market Value 1군 24명 평균 2100만 유로

Game Points 23-24 : 65점 통산 : 506점

Win 23-24 : 19승 통산 : 147승

Draw 23-24 : 8무 통산 : 65무

Loss 23-24 : 7패 통산 : 60패

Goals For 23-24 : 65득점 통산 : 540득점

Goals Against 23-24 : 39실점 통산 : 307실점

STRENGTHS & WEAKNESSES

OFFENSE		DEFENSE	
직접 프리킥	C	세트피스 수비	C
문전 처리	B	상대 볼 뺏기	C
측면 돌파	A	공중전 능력	D
스루볼 침투	A	역습 방어	C
개인기 침투	C	지공 방어	C
카운터 어택	A	스루패스 방어	C
기회 만들기	B	리드 지키기	C
세트피스	C	실수 조심	C
OS 피하기	D	측면 방어력	C
중거리 슈팅	C	파울 주의	C
볼 점유율	B	중거리슈팅 수비	C

매우 강함 A / 강한 편 B / 보통 수준 C / 약한 편 D / 매우 약함 E

More Minutes 다비트 라움 2745분

Top Scorer 로이 오펜다 24골

More Assists 사비어 시몬스 11도움

More Subs 크리스토프 바움가트너 21회 교체 IN

More Cards 사비어 시몬스 Y10+R1

RANKING OF LAST 10 YEARS

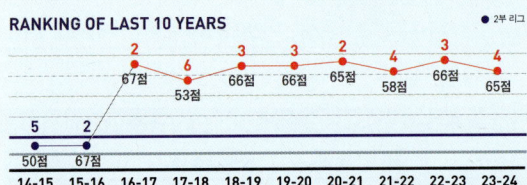

위치	선수	국적	생년월일	출전(분)	출전경기	선발11	교체인	교체아웃	벤치출발	득점	도움	경고	경고누적	퇴장
GK	Janis Blaswich	GER	1991-05-02	1890	21	21	0	0	13	0	0	0	0	0
	Péter Gulácsi	HUN	1990-05-06	1170	13	13	0	0	16	0	0	0	0	0
	Leopold Zingerle	GER	1994-04-10	0	0	0	0	0	10	0	0	0	0	0
	Timo Schlieck	GER	2006-03-02	0	0	0	0	0	0	0	0	0	0	0
DF	David Raum	GER	1998-04-22	2745	31	31	0	6	2	2	8	6	0	0
	Benjamin Henrichs	GER	1997-02-23	2532	33	28	5	10	5	1	5	5	0	0
	Castello Lukeba	FRA	2002-12-17	2185	32	24	8	2	10	1	0	3	0	0
	Mohamed Simakan	FRA	2000-05-03	2138	32	23	9	10	9	2	3	8	0	0
	Willi Orbán	HUN	1992-11-03	1583	19	18	1	2	1	0	0	2	0	0
	Lukas Klostermann	GER	1996-06-03	1430	25	16	9	3	13	1	0	3	0	0
	Christopher Lenz	GER	1994-09-22	42	5	0	5	0	26	0	0	0	0	0
	El Chadaille Bitshiabu	FRA	2005-05-16	28	6	0	6	0	20	0	0	0	0	0
	Tim Köhler	GER	2005-05-02	0	0	0	0	0	1	0	0	0	0	0
	Jonathan Norbye	NOR	2007-03-26	0	1	0	1	0	1	0	0	0	0	0
MF	Xavi Simons	NED	2003-04-21	2675	32	32	0	21	0	8	11	10	1	0
	Xaver Schlager	AUT	1997-09-28	2482	29	29	0	7	0	0	5	7	0	0
	Amadou Haidara	MLI	1998-01-31	1537	21	19	2	15	4	2	1	5	0	0
	Dani Olmo	ESP	1998-05-07	1455	21	17	4	11	4	4	5	0	0	0
	Kevin Kampl	SVN	1990-10-09	1360	26	14	12	7	19	1	0	3	0	0
	Christoph Baumgartner	AUT	1999-08-01	1147	32	11	21	11	23	5	1	3	0	0
	Nicolas Seiwald	AUT	2001-05-04	708	21	6	15	4	28	0	2	1	0	0
	Eljif Elmas	MKD	1999-09-24	257	14	2	12	2	15	0	0	0	0	0
	Nuha Jatta	GER	2006-03-15	0	1	0	1	0	3	0	0	0	0	0
FW	Loïs Openda	BEL	2000-02-16	2716	34	33	1	20	1	24	7	4	0	0
	Benjamin Šeško	SVN	2003-05-13	1529	31	17	14	15	16	14	2	1	0	0
	Yussuf Poulsen	DEN	1994-06-15	1211	28	12	16	11	19	5	2	2	0	0
	Yannick Eduardo	NED	2006-01-23	0	0	0	0	0	0	0	0	0	0	0

BUNDESLIGA 2023-24 SEASON

RB LEIPZIG vs. OPPONENTS PER GAME STATS

RB 라이프치히 vs 상대팀

	득점	슈팅	유효슈팅	코너킥	오프사이드	패스시도 (PA)	패스성공 (PC)	패스성공률 (P%)	태클 (TK)	공중전승리 (AD)	인터셉트 (IT)	파울	경고	퇴장
RB	2.26	15.8	6.6	5.9	2.0	554	470	85%	15.8	12.9	7.1	10.4	1.79	0.029
상대	1.15	11.8	3.5	4.1	1.5	448	354	79%	16.8	12.0	8.8	11.9	2.65	0.147

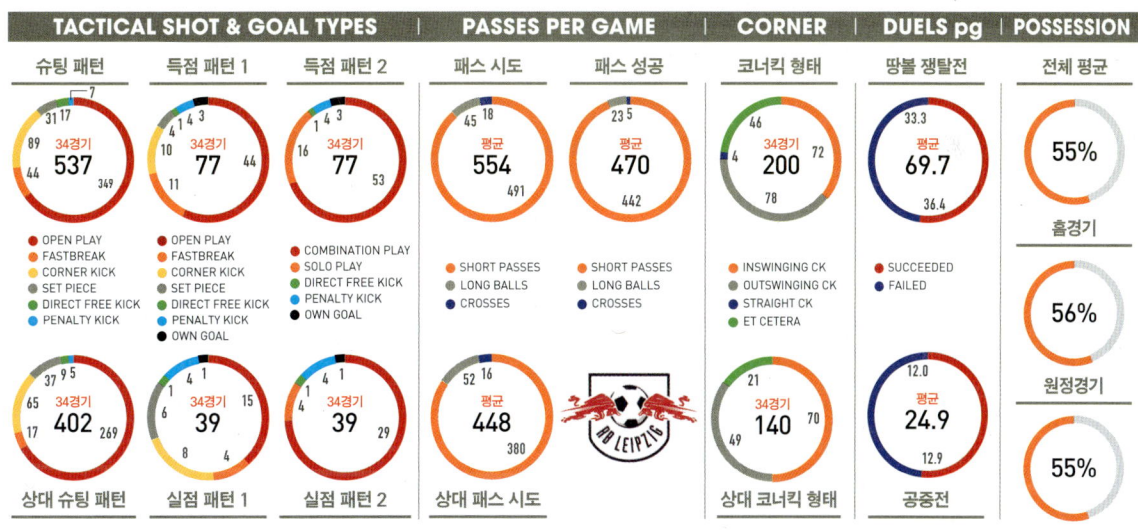

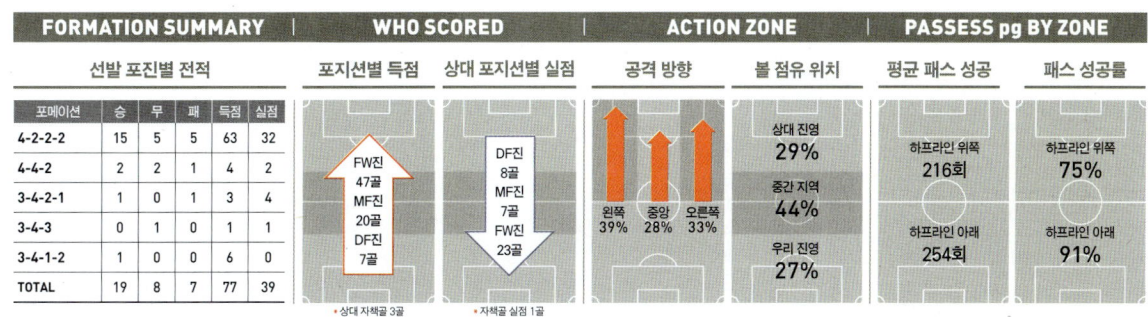

BORUSSIA DORTMUND

 Founded 구단 창립 1909년
 Owner 보루시아 도르트문트 시민 구단
 CEO 라스 리켄 1976.07.10
 Manager 누리 샤힌 1988.09.05
 24-25 Odds 벳365 : 10배 / 스카이벳 : 11배

5	5	1	0	0	1
GERMAN BUNDESLIGA	GERMAN DFB POKAL	UEFA CHAMPIONS LEAGUE	UEFA EUROPA LEAGUE	FIFA CLUB WORLD CUP	UEFA-CONMEBOL INTERCONTINENTAL

Nationality 외국 선수 16명 / 독일 선수 21명 (37명)
Age 37명 평균 24.8세
Height 37명 평균 184cm
Market Value 1군 29명 평균 1605만 유로
Game Points 23-24 : 63점 / 통산 : 3142점

Win 23-24 : 18승 / 통산 : 887승
Draw 23-24 : 9무 / 통산 : 481무
Loss 23-24 : 7패 / 통산 : 566패
Goals For 23-24 : 68득점 / 통산 : 3527득점
Goals Against 23-24 : 43실점 / 통산 : 2712실점

More Minutes 니코 슐로터벡 2861분
Top Scorer 니클라스 퓔크루크 12골
More Assists 율리안 브란트 11도움
More Subs 유사파 무코코 16회 교체 IN
More Cards 카림 아데예미 Y5+R1

TOTO GUIDE 지난 시즌 상대팀별 전적

상대팀	홈	원정
Leverkusen	1-1	1-1
Stuttgart	0-1	1-2
Bayern Munich	0-4	2-0
RB Leipzig	2-3	1-4
E. Frankfurt	3-1	3-3
Hoffenheim	2-3	3-1
Heidenheim	2-2	0-0
Werder Bremen	1-0	2-1
Freiburg	3-0	4-2
FC Augsburg	5-1	1-1
Wolfsburg	1-0	1-1
FSV Mainz	1-1	0-3
Monchengladbach	4-2	2-1
Union Berlin	4-2	2-0
Bochum	3-1	1-1
FC Koln	1-0	4-0
Darmstadt	4-0	3-0

Signal Iduna Park
구장 오픈 / 증개축 1974년, 증개축 2회
구장 소유 보루시아 도르트문트
수용 인원 8만 1365명
피치 규모 105m X 68m
잔디 종류 천연 잔디

STRENGTHS & WEAKNESSES

OFFENSE		DEFENSE	
직접 프리킥	A	세트피스 수비	C
문전 처리	B	상대 볼 뺏기	B
측면 돌파	B	공중전 능력	D
스루볼 침투	C	역습 방어	C
개인기 침투	C	지공 방어	E
카운터 어택	C	스루패스 방어	C
기회 만들기	C	리드 지키기	C
세트피스	C	실수 조심	D
OS 피하기	C	측면 방어력	C
중거리 슈팅	B	파울 주의	C
볼 점유율	B	중거리슈팅 수비	C

매우 강함 A / 강한 편 B / 보통 수준 C / 약한 편 D / 매우 약함 E

RANKING OF LAST 10 YEARS

시즌	14-15	15-16	16-17	17-18	18-19	19-20	20-21	21-22	22-23	23-24
순위	7	2	3	4	2	2	3	2	2	5
점수	46점	78점	64점	55점	76점	69점	64점	69점	71점	63점

선수 명단

위치	선수	국적	생년월일	출전(분)	출전경기	선발11	교체인	교체아웃	벤치출발	득점	도움	경고	경고누적	퇴장
GK	Gregor Kobel	SUI	1997-12-06	2366	27	27	0	1	0	0	0	1	0	0
GK	Alexander Meyer	GER	1991-04-13	694	8	7	1	0	27	0	0	0	0	0
GK	Silas Ostrzinski	GER	2003-11-19	0	0	0	0	0	0	0	0	0	0	0
GK	Marcel Lotka	POL	2001-05-25	0	0	0	0	0	7	0	0	0	0	0
DF	Nico Schlotterbeck	GER	1999-12-01	2861	33	32	1	3	2	2	1	4	0	0
DF	Julian Ryerson	NOR	1997-11-17	1771	21	20	1	6	4	4	1	3	0	0
DF	Mats Hummels	GER	1988-12-16	1582	25	20	5	6	9	3	0	4	0	1
DF	Niklas Süle	GER	1995-09-03	1507	23	14	9	1	18	1	0	0	0	0
DF	Ian Maatsen	NED	2002-03-10	1270	16	15	1	7	1	2	2	5	0	0
DF	Ramy Bensebaini	ALG	1995-04-16	1030	17	11	6	3	9	0	0	3	1	0
DF	Antonios Papadopoulos	GER	1999-09-10	116	2	1	1	0	4	0	0	0	0	0
DF	Mateu Morey	ESP	2000-03-02	111	3	2	1	2	12	0	0	0	0	0
DF	Guille Bueno	ESP	2002-09-18	0	0	0	0	0	1	0	0	0	0	0
MF	Julian Brandt	GER	1996-05-02	2230	32	26	6	14	6	7	11	2	0	0
MF	Marcel Sabitzer	AUT	1994-03-17	1965	25	23	2	4	4	4	3	3	0	1
MF	Emre Can	GER	1994-01-12	1956	25	22	3	6	7	2	2	5	0	0
MF	Salih Özcan	GER	1998-01-11	1180	23	13	10	5	19	0	3	3	0	0
MF	Felix Nmecha	ENG	2000-10-10	1016	20	10	10	6	10	1	2	3	0	0
MF	Kjell Wätjen	GER	2006-02-16	104	2	1	1	0	4	0	1	0	0	0
MF	Ole Pohlmann	GER	2001-04-05	52	2	0	2	0	5	0	0	0	0	0
MF	Samuel Bamba	GER	2004-02-13	45	2	0	2	0	4	0	0	0	0	0
MF	Abdoulaye Kamara	GUI	2004-11-06	0	0	0	0	0	0	0	0	0	0	0
FW	Niclas Füllkrug	GER	1993-02-09	2225	29	27	2	17	4	12	8	1	0	0
FW	Donyell Malen	NED	1999-01-09	1785	27	21	6	11	8	13	1	5	0	0
FW	Marco Reus	GER	1989-05-31	1610	26	18	8	16	14	6	6	2	0	0
FW	Marius Wolf	GER	1995-05-27	1160	22	12	10	3	20	0	1	2	0	0
FW	Jamie Bynoe-Gittens	ENG	2004-08-08	1060	25	14	11	13	20	1	4	1	0	0
FW	Jadon Sancho	ENG	2000-03-25	953	14	11	3	9	5	2	2	1	0	0
FW	Karim Adeyemi	GER	2002-01-18	912	21	10	11	8	14	3	1	5	1	0
FW	Youssoufa Moukoko	GER	2004-11-20	613	20	4	16	3	26	5	0	1	0	0
FW	Sébastien Haller	CIV	1994-06-22	393	14	5	9	5	12	0	1	2	0	0
FW	Julien Duranville	BEL	2006-05-05	10	2	0	2	0	5	0	0	0	0	0
FW	Paris Brunner	GER	2006-02-15	0	0	0	0	0	1	0	0	0	0	0

BUNDESLIGA 2023-24 SEASON

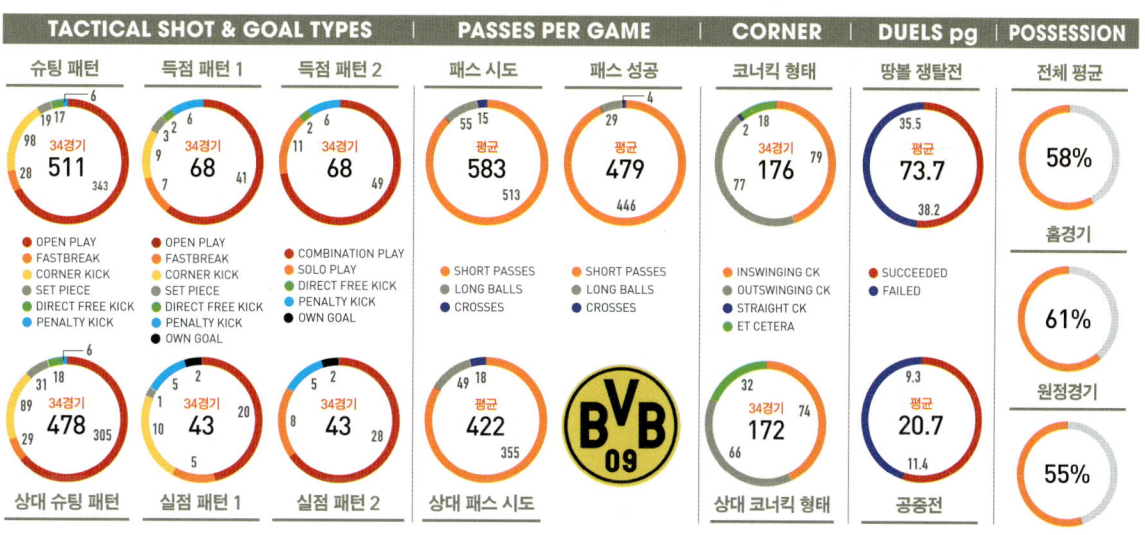

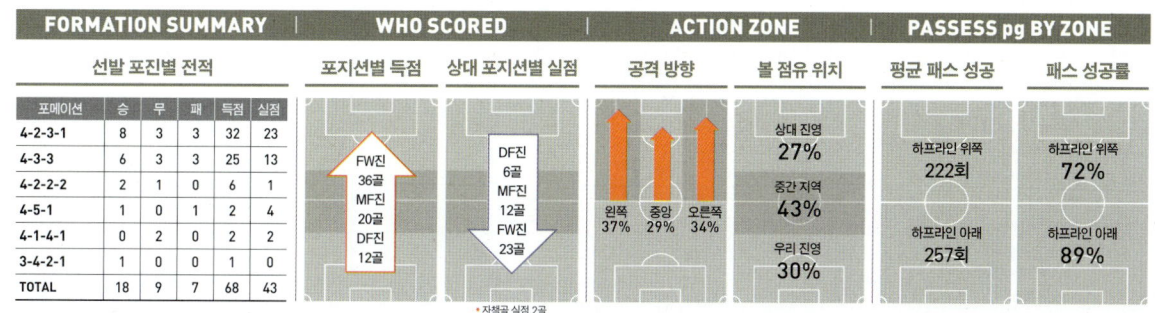

EINTRACHT FRANKFURT

1	5	0	2	0	0
GERMAN BUNDESLIGA	GERMAN DFB POKAL	UEFA CHAMPIONS LEAGUE	UEFA EUROPA LEAGUE	FIFA CLUB WORLD CUP	UEFA-CONMEBOL INTERCONTINENTAL

Founded 구단 창립 1899년
Owner 프랑크푸르트 시민 구단
CEO 마티아스 벡 1971.02.12
Manager 디노 토프묄러 1980.11.23
24-25 Odds 벳365 : 100배 스카이벳 : 125배

Nationality 36명 · 외국 선수 23명 · 독일 선수 13명
Age 36명 평균 24.6세
Height 36명 평균 185cm
Market Value 1군 33명 평균 727만 유로
Game Points 23-24 : 47점 통산 : 2535점

Win 23-24 : 11승 통산 : 684승
Draw 23-24 : 14무 통산 : 485무
Loss 23-24 : 9패 통산 : 697패
Goals For 23-24 : 51득점 통산 : 2929득점
Goals Against 23-24 : 50실점 통산 : 2884실점

More Minutes 윌리안 파초 2970분
Top Scorer 오마 마무시 12골
More Assists 오마 마무시 6도움
More Subs 닐스 운쿠 16회 교체 IN
More Cards 로빈 코흐 Y10+R0

TOTO GUIDE 지난 시즌 상대팀별 전적

상대팀	홈	원정
Leverkusen	1-5	0-3
Stuttgart	1-2	0-3
Bayern Munich	5-1	1-2
RB Leipzig	2-2	1-0
Dortmund	3-3	1-3
Hoffenheim	3-1	3-1
Heidenheim	2-0	2-1
Werder Bremen	1-1	2-2
Freiburg	0-0	3-3
FC Augsburg	3-1	1-2
Wolfsburg	2-2	0-2
FSV Mainz	1-0	1-1
Monchengladbach	2-1	1-1
Union Berlin	0-0	3-0
Bochum	1-1	1-1
FC Koln	1-1	0-2
Darmstadt	1-0	2-2

Deutsche Bank Park
구장 오픈 / 증개축: 1925년, 증개축 5회
구장 소유: 발트슈타디온 개발협회
수용 인원: 5만 1500명
피치 규모: 105m X 68m
잔디 종류: 천연 잔디

STRENGTHS & WEAKNESSES

OFFENSE		DEFENSE	
직접 프리킥	C	세트피스 수비	B
문전 처리	C	상대 볼 뺏기	A
측면 돌파	C	공중전 능력	D
스루볼 침투	C	역습 방어	C
개인기 침투	C	지공 방어	C
카운터 어택	B	스루패스 방어	C
기회 만들기	C	리드 지키기	C
세트피스	C	실수 조심	C
OS 피하기	C	측면 방어력	C
중거리 슈팅	C	파울 주의	D
볼 점유율	B	중거리슈팅 수비	C

매우 강함 A 강한 편 B 보통 수준 C 약한 편 D 매우 약함 E

RANKING OF LAST 10 YEARS

14-15	15-16	16-17	17-18	18-19	19-20	20-21	21-22	22-23	23-24
9	16	11	8	7	9	5	11	7	6
43점	36점	42점	49점	54점	45점	60점	42점	50점	47점

위치	선수	국적	생년월일	출전(분)	출전경기	선발11	교체인	교체아웃	벤치출장	득점	도움	경고	경고누적	퇴장
GK	Kevin Trapp	GER	1990-07-08	2880	32	32	0	0	0	0	0	2	0	0
	Jens Grahl	GER	1988-09-22	180	2	2	0	0	32	0	1	0	0	0
	Kauã Santos	BRA	2003-04-11	0	0	0	0	0	2	0	0	0	0	0
	Simon Simoni	ALB	2004-07-14	0	0	0	0	0	1	0	0	0	0	0
DF	William Pacho	ECU	2001-10-16	2970	33	33	0	0	0	0	2	7	0	0
	Robin Koch	GER	1996-07-17	2740	31	31	0	2	0	2	0	10	0	0
	Tuta	BRA	1999-07-04	2608	30	30	0	6	1	1	2	2	1	1
	Aurélio Buta	POR	1997-02-10	1747	30	20	10	13	12	1	1	5	0	0
	Philipp Max	GER	1993-09-30	1357	23	17	6	14	17	1	2	2	0	0
	Niels Nkounkou	FRA	2000-11-01	1301	29	13	16	6	18	3	2	4	1	0
	Hrvoje Smolčić	CRO	2000-08-17	340	11	3	8	1	28	1	0	0	0	0
	Makoto Hasebe	JPN	1984-01-18	213	8	2	6	1	29	0	0	1	0	0
	Nnamdi Collins	GER	2004-01-10	90	2	1	1	1	4	0	0	0	0	0
	Elias Baum	GER	2005-10-26	24	4	0	4	0	5	0	0	0	0	0
MF	Ellyes Skhiri	TUN	1995-05-10	2170	27	24	3	6	3	2	1	1	0	0
	Mario Götze	GER	1992-06-03	2076	30	23	7	15	3	3	2	3	0	0
	Junior Dina Ebimbe	FRA	2000-11-21	1971	31	25	6	21	6	5	3	5	0	0
	Farès Chaibi	ALG	2002-11-28	1920	28	21	7	15	8	2	4	2	0	0
	Hugo Larsson	SWE	2004-06-27	1884	29	21	8	8	9	2	1	1	0	0
	Donny van de Beek	NED	1997-04-18	359	8	4	4	5	11	0	0	1	0	0
	Sebastian Rode	GER	1990-10-11	55	8	1	7	1	7	0	0	0	0	0
	Timmy Chandler	USA	1990-03-29	13	6	0	6	0	18	0	1	0	0	0
	Marko Mladenović	SRB	2005-01-30	6	1	0	1	0	8	0	0	0	0	0
FW	Omar Marmoush	EGY	1999-02-07	2310	29	27	2	12	2	12	6	7	0	0
	Ansgar Knauff	GER	2002-01-10	2121	31	24	7	18	8	7	2	6	1	0
	Hugo Ekitike	FRA	2002-06-20	716	14	7	7	7	7	4	2	2	0	0
	Saša Kalajdžić	AUT	1997-07-07	329	5	5	0	4	0	0	0	0	0	0
	Jean-Mattéo Bahoya	FRA	2005-05-07	172	8	1	7	1	8	0	2	0	0	0
	Nacho Ferri	ESP	2004-10-05	66	8	0	8	0	12	1	0	0	0	0

BUNDESLIGA 2023-24 SEASON

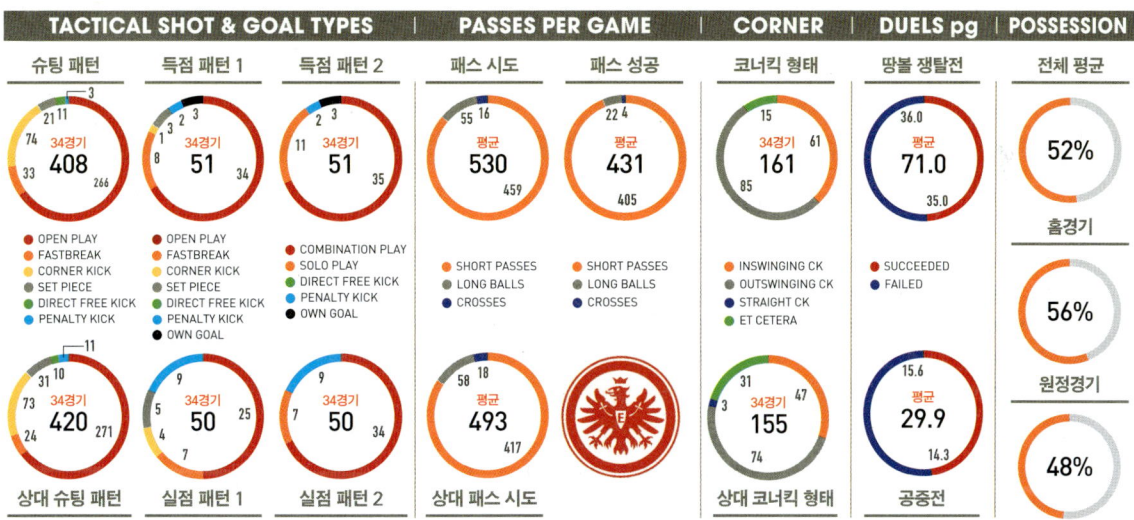

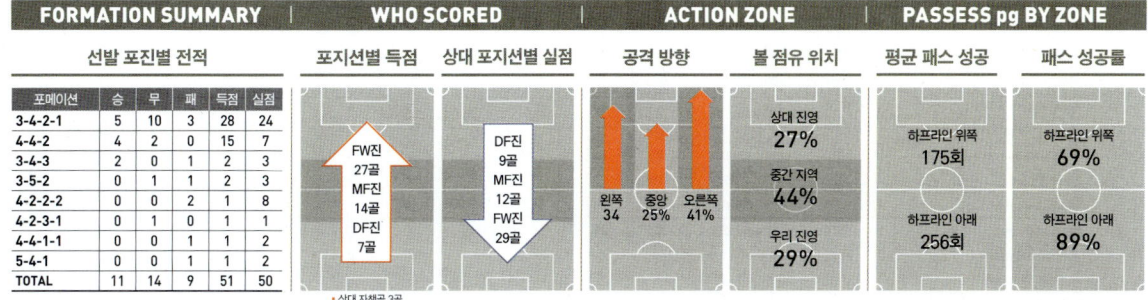

TSG 1899 HOFFENHEIM

Club Info

Founded 구단 창립 1899년	**Owner** 호펜하임 시민 구단	**CEO** 크리스티안 바웅게르트 1968.11.14
Manager 펠레그리노 마타라조 1977.11.28	**24-25 Odds** 벳365 : 200배 스카이벳 : 150배	
Nationality 27명 · 외국 선수 11명 · 독일 선수 16명	**Age** 27명 평균 26.0세	**Height** 27명 평균 185cm
Market Value 1군 28명 평균 520만 유로	**Game Points** 23-24 : 46점 통산 : 728점	
Win 23-24 : 13승 통산 : 193승	**Draw** 23-24 : 7무 통산 : 149무	**Loss** 23-24 : 14패 통산 : 202패
Goals For 23-24 : 66득점 통산 : 877득점	**Goals Against** 23-24 : 66실점 통산 : 861실점	
More Minutes 올리버 바우만 3060분	**Top Scorer** 막시밀리안 바이어 16골	**More Assists** 플로리안 그릴리치 +1명 6도움
More Subs 핀 베커 17회 교체 IN	**More Cards** 오잔 카박 Y10+R1	

Titles

- GERMAN BUNDESLIGA: 0
- GERMAN DFB POKAL: 0
- UEFA CHAMPIONS LEAGUE: 0
- UEFA EUROPA LEAGUE: 0
- FIFA CLUB WORLD CUP: 0
- UEFA-CONMEBOL INTERCONTINENTAL: 0

TOTO GUIDE 지난 시즌 상대팀별 전적

상대팀	홈	원정
Leverkusen	2-3	1-2
Stuttgart	0-3	3-2
Bayern Munich	4-2	0-3
RB Leipzig	1-1	1-3
Dortmund	1-3	3-2
E. Frankfurt	1-3	1-3
Heidenheim	1-1	3-2
Werder Bremen	2-1	3-2
Freiburg	1-2	2-3
FC Augsburg	3-1	1-1
Wolfsburg	3-1	2-2
FSV Mainz	1-1	1-4
Monchengladbach	4-3	1-2
Union Berlin	0-1	2-0
Bochum	3-1	2-3
FC Koln	1-1	3-1
Darmstadt	3-3	6-0

PreZero Arena

구장 오픈 / 증개축: 2009년
구장 소유: TSG 호펜하임
수용 인원: 3만 150명
피치 규모: 105m X 68m
잔디 종류: 천연 잔디

STRENGTHS & WEAKNESSES

OFFENSE		DEFENSE	
직접 프리킥	C	세트피스 수비	D
문전 처리	B	상대 볼 뺏기	C
측면 돌파	C	공중전 능력	C
스루볼 침투	B	역습 방어	C
개인기 침투	B	지공 방어	D
카운터 어택	B	스루패스 방어	D
기회 만들기	B	리드 지키기	D
세트피스	C	실수 조심	C
OS 피하기	C	측면 방어력	E
중거리 슈팅	B	파울 주의	C
볼 점유율	C	중거리슈팅 수비	C

매우 강함 A 강한 편 B 보통 수준 C 약한 편 D 매우 약함 E

RANKING OF LAST 10 YEARS

- 14-15: 8위 44점
- 15-16: 15위 37점
- 16-17: 4위 62점
- 17-18: 3위 55점
- 18-19: 9위 51점
- 19-20: 6위 52점
- 20-21: 11위 43점
- 21-22: 9위 46점
- 22-23: 12위 36점
- 23-24: 7위 46점

선수 명단

위치	선수	국적	생년월일	출전(분)	출전경기	선발11	교체인	교체아웃	벤치출발	득점	도움	경고	경고누적	퇴장
GK	Oliver Baumann	GER	1990-06-02	3060	34	34	0	0	0	0	1	1	0	0
GK	Luca Philipp	GET	2000-11-28	0	0	0	0	0	27	0	0	1	0	0
GK	Nahuel Noll	GER	2003-03-17	0	0	0	0	0	7	0	0	0	0	0
DF	Pavel Kaderábek	CZE	1992-04-25	2420	29	28	1	10	1	3	4	7	0	0
DF	Ozan Kabak	TUR	2000-03-25	2293	28	28	0	10	1	4	1	10	1	0
DF	John Brooks	USA	1993-01-28	1540	21	18	3	3	13	2	0	6	0	1
DF	Kevin Akpoguma	GER	1995-04-19	1093	17	11	6	2	17	0	0	7	0	0
DF	Stanley Nsoki	FRA	1999-04-09	631	11	7	4	2	7	0	0	2	1	0
DF	Tim Drexler	GER	2005-03-06	572	8	6	2	1	5	0	0	1	0	0
DF	David Jurásek	CZE	2000-08-07	489	13	4	9	2	12	0	1	1	0	0
DF	Kasim Adams	GHA	1995-06-22	4	1	0	1	0	8	0	0	0	0	0
MF	Anton Stach	GER	1998-11-15	2325	31	26	5	10	5	2	3	4	0	0
MF	Florian Grillitsch	AUT	1995-08-07	2295	30	25	5	5	5	1	6	8	0	0
MF	Grischa Prömel	GER	1995-01-09	2149	28	27	1	11	1	4	5	9	1	0
MF	Umut Tohumcu	GER	2004-08-11	1013	20	12	8	10	14	0	2	5	0	0
MF	Finn Ole Becker	GER	2000-06-08	594	22	5	17	5	27	0	0	1	0	0
MF	Tom Bischof	GER	2005-06-28	170	13	1	12	1	27	0	2	0	0	0
MF	Dennis Geiger	GER	1998-06-10	62	3	0	3	0	4	0	0	1	0	0
MF	Bambasé Conté	GER	2003-07-07	41	7	0	7	0	12	0	0	0	0	0
MF	Marco John	GER	2002-04-02	0	0	0	0	0	0	0	0	0	0	0
FW	Maximilian Beier	GER	2002-10-17	2434	33	29	4	20	4	16	1	0	0	0
FW	Andrej Kramarić	CRO	1991-06-19	2207	30	25	5	13	6	15	6	4	0	0
FW	Wout Weghorst	NED	1992-08-07	1986	28	24	4	12	5	7	3	4	0	0
FW	Ihlas Bebou	TOG	1994-04-23	1629	32	16	16	10	18	7	5	3	0	0
FW	Marius Bülter	GER	1993-03-29	1346	30	15	15	9	16	1	4	2	1	0
FW	Robert Skov	DEN	1996-05-20	1262	25	14	11	12	17	3	4	2	0	0
FW	Mërgim Berisha	KVX	1998-05-11	139	6	0	6	0	8	0	0	0	0	0
FW	Max Moerstedt	GER	2006-01-15	11	1	0	1	0	4	0	0	0	0	0

BUNDESLIGA 2023-24 SEASON

TSG 1899 HOFFENHEIM vs. OPPONENTS PER GAME STATS

호펜하임		상대팀	항목
1.94	⚽	1.94	득점
13.7	👟	16.8	슈팅
4.9	●	6.2	유효슈팅
4.4	🚩	5.7	코너킥
1.5	🚩	1.5	오프사이드
484	PA	492	패스시도
392	PC	390	패스성공
81%	P%	79%	패스성공률
15.2	TK	14.9	태클
15.4	AD	15.4	공중전승리
10.5	IT	8.2	인터셉트
10.0		11.5	파울
2.53	🟨	2.06	경고
0.147	🟥	0.147	퇴장

2023-24 SEASON SQUAD LIST & GAMES PLAYED

* 괄호 안의 숫자는 선발 출전 횟수. 교체 출전은 포함시키지 않음

LW: A.크라마리치(1), M.바이어(1)
CF: M.바이어(25), W.베호르스트(24), I.베부(9), A.크라마리치(3), M.빌터(2)
RW: I.베부(2)

LAM: N/A
CAM: A.크라마리치(10), M.바이어(3), I.베부(2)
RAM: N/A

LM: M.빌터(6), R.스코프(4), S.은소키(1), D.유라세크(1)
CM: G.프뢰메(25), A.스타흐(19), M.토홍추(12), A.크라마리치(11), F.그릴리치(8), F.베커(5), A.스틸러(1), T.비쇼프(1)
RM: P.카데라베크(9), R.스코프(1), I.베부(1), K.아크포구마(1)

LWB: R.스코프(8), M.빌터(7), D.유라세크(2)
DM: A.스타흐(2), G.프뢰메(2), F.그릴리치(1)
RWB: P.카데라베크(14), I.베부(2), R.스코프(1)

LB: S.은소키(3), A.셀러이(1), D.유라세크(1)
CB: O.카바크(28), J.A.브룩스(18), F.그릴리치(16), K.포크르트(14), K.아크포구마(10), T.드렉슬러(6), S.은소키(3)
RB: P.카데라베크(5)

GK: O.바우만(34)

SHOTS & GOALS

34경기 총 465슈팅 - 66득점
34경기 상대 총 572슈팅 - 66실점

23-10 자책골 1-1
269-46
172-9

유효 슈팅 167		비유효 슈팅 298	
득점	66	블록 당함	126
GK 방어	101	골대 밖	164
유효슈팅률	36%	골대 맞음	8

유효 슈팅 212		비유효 슈팅 360	
실점	66	블록	154
GK 방어	146	골대 밖	196
유효슈팅률	37%	골대 맞음	10

189-5
346-46
36-14 자책골 1-1

SHOT TIME | GOAL TIME

시간대별 슈팅: 76 83 64 16, 82 77 15, 99 60 31, 61 46 45 (전반 슈팅 차이 -47, 후반 슈팅 차이 -60, 전체 슈팅 차이 -107)

시간대별 득점: 76 12 12 16, 82 12 15, 13 8 31, 61 46 45 (전반 골 득실차 +7, 후반 골 득실차 -7, 전체 골 득실차 0)

시간대별 상대 슈팅: 76 133 80 16, 77 75 15, 114 93 31, 61 46 45

시간대별 실점: 76 15 5 16, 10 9 15, 16 11 31, 61 46 45

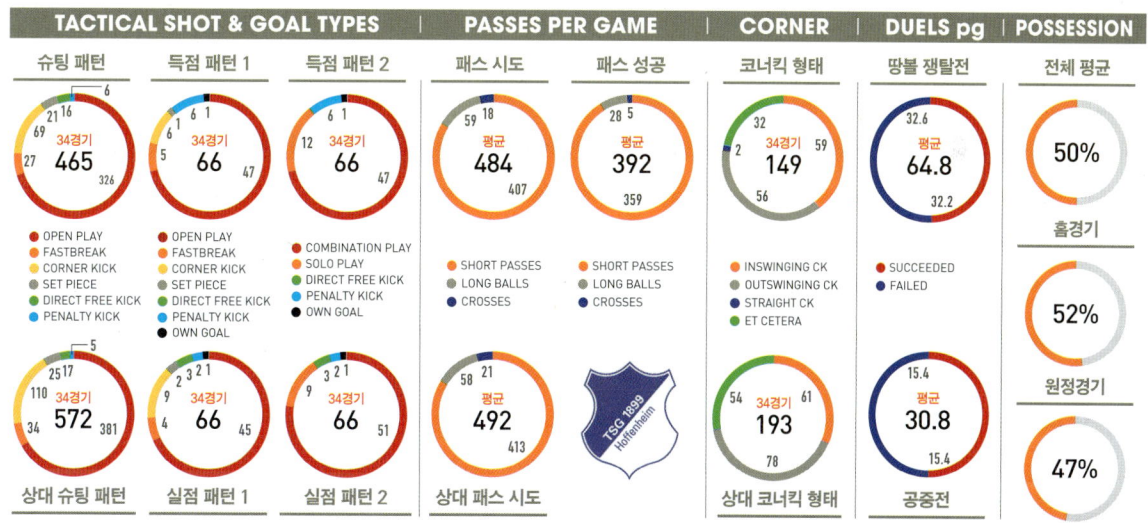

1.FC HEIDENHEIM

Founded 구단 창립 1849년	**Owner** 하이덴하임 시민 구단	**CEO** 홀거 산발트 1967.05.18	**Manager** 프랑크 슈미트 1974.01.03	**24-25 Odds** 벳365 : 250배 스카이벳 : 250배
Nationality ● 외국 선수 4명 ● 독일 선수 24명	**Age** 28명 평균 26.8세	**Height** 28명 평균 185cm	**Market Value** 1군 28명 평균 237만 유로	**Game Points** 23-24 : 42점 통산 : 42점
Win 23-24 : 10승 통산 : 10승	**Draw** 23-24 : 12무 통산 : 12무	**Loss** 23-24 : 12패 통산 : 12패	**Goals For** 23-24 : 50득점 통산 : 50득점	**Goals Against** 23-24 : 55실점 통산 : 55실점
More Minutes 케빈 뮐러 3060분	**Top Scorer** 팀 클라인딘스트 12골	**More Assists** 얀 니클라스 베스테 11도움	**More Subs** 케빈 세사 23회 교체 IN	**More Cards** 베네딕트 스테판 Y9+R0

	GERMAN BUNDESLIGA	GERMAN DFB POKAL	UEFA CHAMPIONS LEAGUE	UEFA EUROPA LEAGUE	FIFA CLUB WORLD CUP	UEFA-CONMEBOL INTERCONTINENTAL
	0	0	0	0	0	0

TOTO GUIDE 지난 시즌 상대팀별 전적

상대팀	홈	원정
Leverkusen	1-2	1-4
Stuttgart	2-0	3-3
Bayern Munich	3-2	2-4
RB Leipzig	1-2	1-2
Dortmund	0-0	2-2
E. Frankfurt	1-2	0-2
Hoffenheim	2-3	1-1
Werder Bremen	4-2	2-1
Freiburg	3-2	1-1
FC Augsburg	2-5	0-1
Wolfsburg	1-1	0-2
FSV Mainz	1-1	1-0
Monchengladbach	1-1	1-2
Union Berlin	1-0	2-2
Bochum	0-0	1-1
FC Koln	4-1	1-1
Darmstadt	3-2	1-0

Voith-Arena

구장 오픈 / 증개축: 1972년, 2013년
구장 소유: 하이덴하임 시
수용 인원: 1만 5000명
피치 규모: 105m X 68m
잔디 종류: 하이브리드 잔디

STRENGTHS & WEAKNESSES

OFFENSE		DEFENSE	
직접 프리킥	C	세트피스 수비	C
문전 처리	C	상대 볼 뺏기	A
측면 돌파	B	공중전 능력	A
스루볼 침투	C	역습 방어	C
개인기 침투	C	지공 방어	C
카운터 어택	B	스루패스 방어	C
기회 만들기	C	리드 지키기	D
세트피스	B	실수 조심	E
OS 피하기	C	측면 방어력	D
중거리 슈팅	C	파울 주의	C
볼 점유율	E	중거리슈팅 수비	C

매우 강함 A   강한 편 B   보통 수준 C   약한 편 D   매우 약함 E

RANKING OF LAST 10 YEARS

● 2부 리그

	14-15	15-16	16-17	17-18	18-19	19-20	20-21	21-22	22-23	23-24
순위	8	11	6	13	5	3	8	6	1	8
승점	46점	45점	46점	42점	55점	55점	51점	52점	67점	42점

위치	선수	국적	생년월일	출전(분)	출전경기	선발11	교체인	교체아웃	벤치출발	득점	도움	경고	경고누적	퇴장
GK	Kevin Müller	GER	1991-03-15	3060	34	34	0	0	0	0	0	1	0	0
	Vitus Eicher	GER	1990-11-05	0	0	0	0	0	33	0	0	0	0	0
	Frank Feller	GER	2004-01-07	0	0	0	0	0	1	0	0	0	0	0
DF	Patrick Mainka	GER	1994-11-06	3060	34	34	0	0	0	2	0	1	0	0
	Jonas Föhrenbach	GER	1996-01-26	2790	33	32	1	4	1	0	0	2	0	0
	Omar Traoré	GER	1998-02-04	2478	31	29	2	10	3	0	2	5	0	0
	Norman Theuerkauf	GER	1987-01-24	1256	25	14	11	10	19	0	1	3	0	0
	Tim Siersleben	GER	2000-03-09	907	14	10	4	1	23	0	0	0	0	0
	Marnon Busch	GER	1994-12-08	589	16	5	11	3	16	0	0	1	0	0
	Seedy Jarju	GAM	2004-10-28	0	0	0	0	0	1	0	0	0	0	0
MF	Jan-Niklas Beste	GER	1999-01-04	2625	31	31	0	26	0	8	11	4	0	0
	Lennard Maloney	GER	1999-10-08	2293	29	27	2	10	2	1	1	1	0	0
	Benedikt Gimber	GER	1997-02-19	2027	24	24	0	6	5	1	1	9	0	0
	Jan Schöppner	GER	1999-06-12	2002	26	23	3	7	11	2	2	3	0	0
	Kevin Sessa	GER	2000-07-06	997	30	7	23	7	25	3	0	1	0	0
	Adrian Beck	GER	1997-06-09	973	23	11	12	11	17	1	1	1	0	0
	Florian Pick	GER	1995-09-08	309	22	1	21	0	33	0	1	2	0	0
	Thomas Keller	GER	1999-08-05	0	2	0	2	0	6	0	0	0	0	0
	Luka Janeš	GER	2004-01-19	0	0	0	0	0	5	0	0	0	0	0
FW	Tim Kleindienst	GER	1995-08-31	2877	33	33	0	10	0	12	3	6	0	0
	Eren Dinkçi	GER	2001-12-13	2677	33	33	0	26	0	10	4	8	0	0
	Marvin Pieringer	GER	1999-10-04	1519	31	18	13	17	3	3	5	0	0	0
	Nikola Doveden	AUT	1994-07-06	645	21	5	16	5	25	3	1	0	0	1
	Denis Thomalla	GER	1992-08-16	430	21	3	18	3	23	0	0	0	0	0
	Stefan Schimmer	GER	1994-04-28	139	16	0	16	0	34	0	1	0	0	0
	Christian Kühlwetter	GER	1996-04-21	7	1	0	1	0	9	0	0	0	0	0

BUNDESLIGA 2023-24 SEASON

1.FC HEIDENHEIM vs. OPPONENTS PER GAME STATS

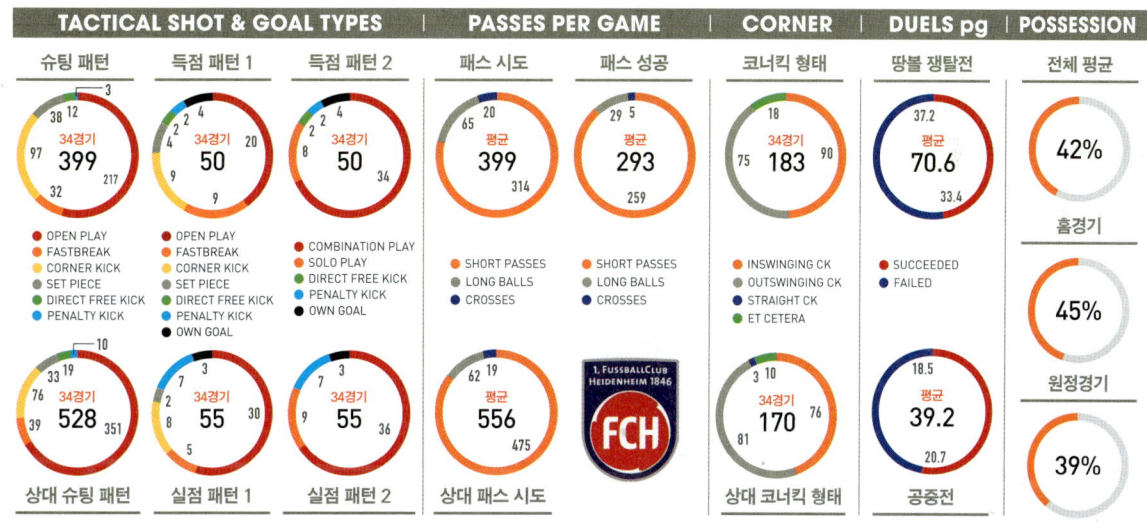

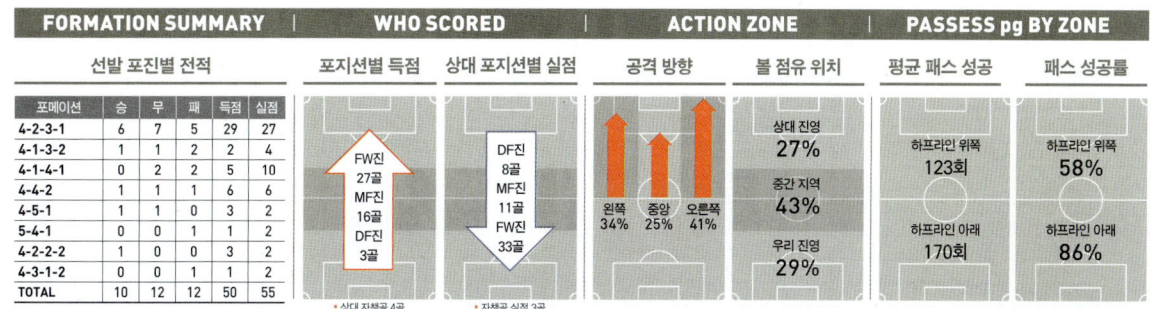

SV WERDER BREMEN

Club Info

Founded 구단 창립 1899년	**Owner** 베르더 브레멘 시민 구단	**CEO** 휴버투스 헤스그루베르 1960.10.14	**Manager** 올레 베르너 1988.05.04	**24-25 Odds** 벳365 : 250배 스카이벳 : 250배
Nationality 외국 선수 15명 / 독일 선수 15명	**Age** 30명 평균 26.1세	**Height** 30명 평균 185cm	**Market Value** 1군 25명 평균 416만 유로	**Game Points** 23-24 : 42점 통산 : 2964점
Win 23-24 : 11승 통산 : 821승	**Draw** 23-24 : 9무 통산 : 501무	**Loss** 23-24 : 14패 통산 : 680패	**Goals For** 23-24 : 48득점 통산 : 3309득점	**Goals Against** 23-24 : 54실점 통산 : 2953실점
More Minutes 마빈 둑슈 2712분	**Top Scorer** 마빈 둑슈 12골	**More Assists** 마빈 둑슈 9도움	**More Subs** 다비드 코브나키 19회 교체 IN	**More Cards** 루네로 비텐코트+1명 Y9+R0

Trophies

GERMAN BUNDESLIGA	GERMAN DFB POKAL	UEFA CHAMPIONS LEAGUE	UEFA EUROPA LEAGUE	FIFA CLUB WORLD CUP	UEFA-CONMEBOL INTERCONTINENTAL
4	6	0	0	0	0

TOTO GUIDE 지난 시즌 상대팀별 전적

상대팀	홈	원정
Leverkusen	0-3	0-5
Stuttgart	2-1	0-2
Bayern Munich	0-4	1-0
RB Leipzig	1-1	1-1
Dortmund	1-2	0-1
E. Frankfurt	2-2	1-1
Hoffenheim	2-3	1-2
Heidenheim	1-2	2-4
Freiburg	3-1	0-1
FC Augsburg	2-0	3-0
Wolfsburg	0-2	2-2
FSV Mainz	4-0	1-0
Monchengladbach	2-2	2-2
Union Berlin	2-0	1-2
Bochum	4-1	1-1
FC Koln	2-1	1-0
Darmstadt	1-1	2-4

Weserstadion

구장 오픈 / 증개축: 1947년, 증개축 9회
구장 소유: 슈타디온 GmbH
수용 인원: 4만 2100명
피치 규모: 105m X 68m
잔디 종류: 천연 잔디

STRENGTHS & WEAKNESSES

OFFENSE		DEFENSE	
직접 프리킥	B	세트피스 수비	C
문전 처리	C	상대 볼 뺏기	C
측면 돌파	B	공중전 능력	D
스루볼 침투	C	역습 방어	D
개인기 침투	C	지공 방어	C
카운터 어택	C	스루패스 방어	C
기회 만들기	C	리드 지키기	B
세트피스	C	실수 조심	C
OS 피하기	D	측면 방어력	C
중거리 슈팅	C	파울 주의	C
볼 점유율	C	중거리슈팅 수비	D

매우 강함 A / 강한 편 B / 보통 수준 C / 약한 편 D / 매우 약함 E

RANKING OF LAST 10 YEARS

시즌	14-15	15-16	16-17	17-18	18-19	19-20	20-21	21-22	22-23	23-24
순위	10	13	8	11	8	16	17	2(2부)	13	9
점수	43점	38점	45점	42점	53점	31점	31점	63점	36점	42점

Squad

위치	선수	국적	생년월일	출전(분)	출전경기	선발11	교체인	교체아웃	벤치출발	득점	도움	경고	경고누적	퇴장
GK	Michael Zetterer	GER	1995-07-12	2430	27	27	0	0	7	0	0	2	0	0
	Jiří Pavlenka	CZE	1992-04-14	630	7	7	0	0	17	0	0	0	0	0
	Spyros Angelidis	GRE	2005-01-28	0	0	0	0	0	1	0	0	0	0	0
	Eduardo Dos Santos Haesler	GER	1999-02-10	0	0	0	0	0	9	0	0	0	0	0
DF	Mitchell Weiser	GER	1994-04-21	2639	30	30	0	4	1	3	7	5	0	0
	Anthony Jung	GER	1991-11-03	2584	31	30	1	5	2	1	0	4	0	1
	Marco Friedl	AUT	1998-03-16	2199	25	25	0	2	0	1	0	6	0	0
	Miloš Veljković	SRB	1995-09-26	1920	23	21	2	2	3	2	1	5	0	0
	Felix Agu	GER	1999-09-27	1623	24	19	5	15	10	0	2	0	0	0
	Niklas Stark	GER	1995-04-14	1085	17	12	5	2	8	2	0	4	0	0
	Christian Groß	GER	1989-02-08	792	20	8	12	6	23	0	1	1	0	0
	Julián Malatini	ARG	2001-05-31	599	11	6	5	2	11	1	0	1	0	0
	Amos Pieper	GER	1998-01-17	591	7	7	0	1	5	0	0	0	0	0
	Cimo Röcker	GER	1994-01-21	0	0	0	0	0	11	0	0	0	0	0
MF	Romano Schmid	AUT	2000-01-27	2617	33	30	3	17	3	4	6	5	0	0
	Jens Stage	DEN	1996-11-08	2332	30	26	4	10	4	3	1	5	0	1
	Senne Lynen	BEL	1999-02-19	1795	32	20	12	10	13	0	3	6	0	0
	Leonardo Bittencourt	GER	1993-12-19	1585	29	19	10	18	8	1	2	9	0	0
	Olivier Deman	BEL	2000-04-06	1357	29	14	15	7	16	2	1	5	0	0
	Skelly Alvero	FRA	2002-05-02	120	6	1	5	1	8	1	0	1	0	0
	Naby Keita	GUI	1995-02-10	107	5	1	4	1	11	0	0	2	0	0
	Isak Hansen-Aarøen	NOR	2004-08-22	24	3	0	3	0	10	0	0	1	0	0
	Leon Opitz	GER	2005-04-11	16	3	0	3	0	14	0	0	0	0	0
	Jakob Löpping	SUI	2003-06-20	0	0	0	0	0	1	0	0	0	0	0
FW	Marvin Ducksch	GER	1994-03-07	2712	33	32	1	17	0	12	9	9	0	0
	Nick Woltemade	GER	2002-02-14	1179	30	12	18	11	21	2	0	5	0	0
	Justin Njinmah	GER	2000-11-15	1011	24	10	14	9	16	6	2	1	0	0
	Dawid Kownacki	POL	1997-03-14	366	22	3	19	3	29	0	0	0	0	0
	Joel Imasuen	USA	2004-10-27	1	1	0	1	0	2	0	0	0	0	0
	Kein Sato	JPN	2001-07-11	0	0	0	0	0	3	0	0	0	0	0

BUNDESLIGA 2023-24 SEASON

SV WERDER BREMEN vs. OPPONENTS PER GAME STATS

베르더 브레멘	vs	상대팀		득점	슈팅	유효슈팅	코너킥	오프사이드	패스시도	패스성공	패스성공률	태클	공중전승리	인터셉트	파울	경고	퇴장
1.41	⚽	1.59		12.2	15.7	3.9	4.9	3.5	5.9	2.1	2.1	466 PA 529		371 PC 425			
80%	P%	80%		17.8 TK 15.4		15.4 AD 17.2		8.4 IT 8.3		11.6	12.0	2.15	2.47	0.059	0.176		

2023-24 SEASON SQUAD LIST & GAMES PLAYED
*괄호 안의 숫자는 선발 출전 횟수, 교체 출전은 포함시키지 않음

LW	CF	RW
R.보레(2), N.볼테마데(1) M.둑슈(1)	M.둑슈(30), R.보레(9) J.은진마(8), N.볼테마데(6) D.코브나키(3), R.슈미트(2) N.퓔크루크(2)	J.은진마(2), R.슈미트(1) N.볼테마데(1)

LAM	CAM	RAM
N/A	R.슈미트(4), N.볼테마데(3) M.둑슈(1)	N/A

LM	CM	RM
A.용(3), O.데만(1)	J.슈타게(26), R.슈미트(23) L.비텐코트(19), S.리넨(17) C.그로스(2), N.볼테마데(1) S.알베로(1), N.케이타(1)	M.바이저(4)

LWB	DM	RWB
F.아구(15), O.데만(13) A.용(2)	S.리넨(3), C.그로스(1)	M.바이저(26), F.아구(4)

LB	CB	RB
N/A	A.용(25), M.프리들(25) M.벨리코비치(21), N.스타크(12) A.피퍼(7), J.말라티니(6) C.그로스(5), N.라프(1)	N/A

	GK	
	M.체터러(27), J.파블렌카(7)	

SHOTS & GOALS
34경기 총 415슈팅 - 48득점
34경기 상대 총 534슈팅 - 54실점

24-11
254-30 자책골 3-3
134-4

유효 슈팅 133		비유효 슈팅 282	
득점	48	블록 담함	109
GK 방어	85	골대 밖	164
유효슈팅률	32%	골대 맞음	9

유효 슈팅 167		비유효 슈팅 367	
실점	54	블록	161
GK 방어	113	골대 밖	198
유효슈팅률	31%	골대 맞음	8

177-8
305-35
51-10 자책골 1-1

SHOT TIME | GOAL TIME

시간대별 슈팅: 118 42 / 52 58 / 84 61
슈팅 차이
전반 슈팅 차이 -64
후반 슈팅 차이 -55
전체 슈팅 차이 -119

시간대별 득점: 11 7 / 13 9 / 9 5
득점차
전반 골 득실차 -8
후반 골 득실차 +2
전체 골 득실차 -6

시간대별 상대 슈팅: 133 62 / 89 83 / 87 80
시간대별 실점: 9 9 / 13 8 / 9 7

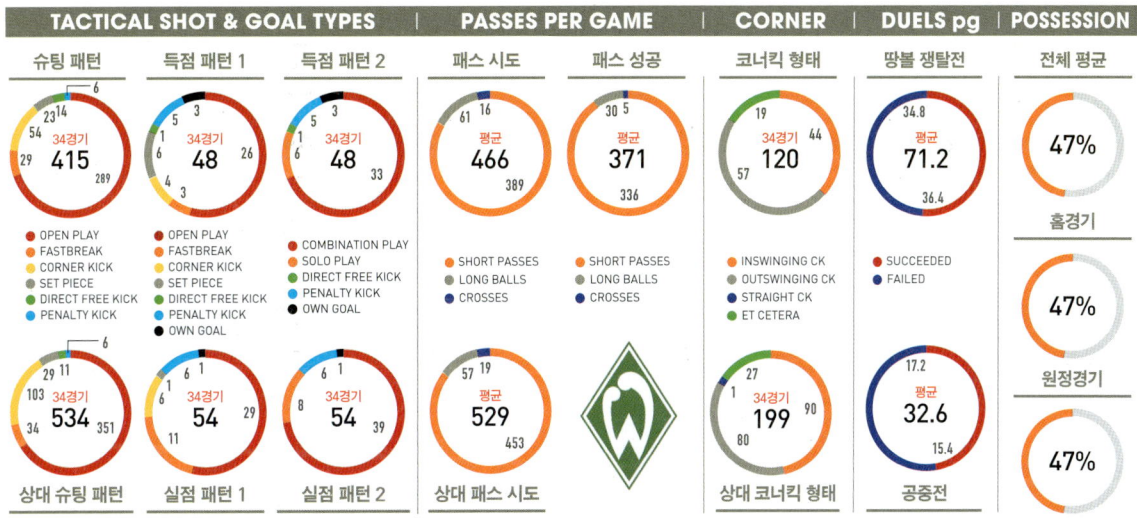

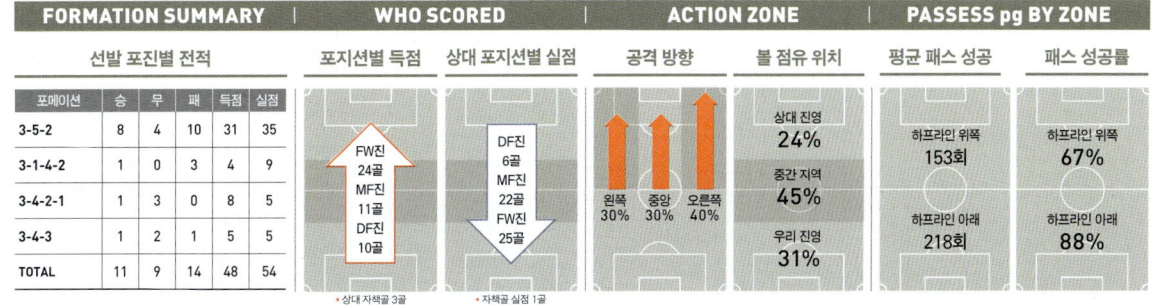

유럽 풋볼 스카우팅리포트 2024-25

SC FREIBURG

Founded 구단 창립 1904년	Owner 프라이부르크 시민 구단	CEO 에버하르트 푸그만 1953.10.20	Manager 율리안 슈스터 1985.04.15	24-25 Odds 벳365 : 200배 스카이벳 : 150배	
Nationality • 외국 선수 13명 • 독일 선수 20명	Age 33명 평균 26.3세	Height 33명 평균 185cm	 Market Value 1군 28명 평균 611만 유로	Game Points 23-24 : 42점 통산 : 1004점	
Win 23-24 : 11승 통산 : 264승	Draw 23-24 : 9무 통산 : 212무	Loss 23-24 : 14패 통산 : 340패	Goals For 23-24 : 45득점 통산 : 1056득점	Goals Against 23-24 : 58실점 통산 : 1288실점	
More Minutes 노아 아투불루 3060분	 Top Scorer 빈첸초 그리포 8골	More Assists 빈첸초 그리포 8도움	More Subs 노아 바이스하웁트 18회 교체 IN	More Cards 니콜라스 회플러 Y10+R1	

트로피

GERMAN BUNDESLIGA	GERMAN DFB POKAL	UEFA CHAMPIONS LEAGUE	UEFA EUROPA LEAGUE	FIFA CLUB WORLD CUP	UEFA-CONMEBOL INTERCONTINENTAL
0	0	0	0	0	0

TOTO GUIDE 지난 시즌 상대팀별 전적

상대팀	홈	원정
Leverkusen	2-3	1-2
Stuttgart	1-3	0-5
Bayern Munich	2-2	0-3
RB Leipzig	1-4	1-3
Dortmund	2-4	0-3
E. Frankfurt	3-3	0-0
Hoffenheim	3-2	2-1
Heidenheim	1-1	2-3
Werder Bremen	1-0	1-3
FC Augsburg	2-0	1-2
Wolfsburg	1-2	1-0
FSV Mainz	1-1	1-0
Monchengladbach	3-3	3-0
Union Berlin	0-0	1-2
Bochum	2-1	2-1
FC Koln	2-0	0-0
Darmstadt	1-1	1-0

Europa-Park Stadion

구장 오픈 2021년
구장 소유 프라이부르크 시
수용 인원 3만 4700명
피치 규모 105m X 68m
잔디 종류 천연 잔디

STRENGTHS & WEAKNESSES

OFFENSE		DEFENSE	
직접 프리킥	C	세트피스 수비	C
문전 처리	C	상대 볼 뺏기	C
측면 돌파	B	공중전 능력	B
스루볼 침투	C	역습 방어	E
개인기 침투	C	지공 방어	D
카운터 어택	C	스루패스 방어	C
기회 만들기	C	리드 지키기	C
세트피스	C	실수 조심	C
OS 피하기	C	측면 방어력	C
중거리 슈팅	B	파울 주의	C
볼 점유율	C	중거리슈팅 수비	D

매우 강함 A 강한 편 B 보통 수준 C 약한 편 D 매우 약함 E

RANKING OF LAST 10 YEARS

● 2부 리그

14-15: 17위 34점
15-16: 1위 72점
16-17: 7위 48점
17-18: 15위 36점
18-19: 13위 36점
19-20: 8위 48점
20-21: 10위 45점
21-22: 6위 55점
22-23: 5위 59점
23-24: 10위 45점

위치	선수	국적	생년월일	출전(분)	출전경기	선발11	교체인	교체아웃	벤치출발	득점	도움	경고	경고누적	퇴장
GK	Noah Atubolu	GER	2002-05-25	3060	34	34	0	0	0	0	0	0	0	0
	Florian Müller	GER	1997-11-13	0	0	0	0	0	34	0	0	0	0	0
	Benjamin Uphoff	GER	1993-08-08	0	0	0	0	0	0	0	0	0	0	0
	Niklas Sauter	GER	2003-04-06	0	0	0	0	0	0	0	0	0	0	0
	Jaaso Jantunen	FIN	2005-01-31	0	0	0	0	0	0	0	0	0	0	0
DF	Manuel Gulde	GER	1991-02-12	2048	27	23	4	4	9	1	0	4	1	0
	Matthias Ginter	GER	1994-01-19	1918	23	22	1	4	1	0	2	3	0	0
	Lukas Kübler	GER	1992-08-30	1850	26	22	4	8	7	1	0	7	0	0
	Kiliann Sildillia	FRA	2002-05-16	1802	27	20	7	2	11	0	1	2	0	1
	Philipp Lienhart	AUT	1996-07-11	1265	15	14	1	1	2	1	0	3	0	0
	Christian Günter	GER	1993-02-28	1067	15	13	2	9	3	1	0	1	0	0
	Jordy Makengo	FRA	2001-08-03	1019	20	10	10	5	17	0	0	1	0	0
	Attila Szalai	HUN	1998-01-20	101	3	0	3	0	15	0	0	0	0	0
	Kenneth Schmidt	GER	2002-06-13	63	5	0	5	0	12	0	0	0	0	0
	Max Rosenfelder	GER	2003-02-10	0	0	0	0	0	1	0	0	0	0	0
MF	Maximilian Eggestein	GER	1996-12-08	2919	33	33	0	5	0	1	1	6	0	0
	Vincenzo Grifo	ITA	1993-04-07	2345	32	29	3	23	5	8	8	3	0	0
	Nicolas Höfler	GER	1990-03-09	2333	28	26	2	3	2	1	1	10	0	1
	Ritsu Doan	JPN	1998-06-16	2254	30	26	4	13	4	7	2	2	0	0
	Roland Sallai	HUN	1997-05-22	1851	27	22	5	17	5	3	0	6	0	0
	Merlin Röhl	GER	2002-07-05	1485	24	17	7	13	10	2	3	3	0	1
	Yannik Keitel	GER	2000-02-15	920	15	11	4	4	14	1	0	0	0	0
	Noah Weißhaupt	GER	2001-09-20	743	24	6	18	3	21	1	2	1	0	0
	Florent Muslija	GER	1998-07-06	95	10	0	10	0	16	0	0	0	0	0
	Fabian Rüdlin	GER	1997-01-13	6	1	0	1	0	8	0	0	0	0	0
	Daniel-Kofi Kyereh	GHA	1996-03-08	0	0	0	0	0	0	0	0	0	0	0
	Ryan Johansson	LUX	2001-02-15	0	0	0	0	0	2	0	0	0	0	0
	Mika Baur	GER	2004-07-09	0	0	0	0	0	4	0	0	0	0	0
FW	Lucas Höler	GER	1994-07-10	2311	33	26	7	16	7	7	2	7	0	0
	Michael Gregoritsch	AUT	1994-04-18	1686	32	19	13	13	13	7	4	2	0	0
	Maximilian Philipp	GER	1994-03-01	309	17	1	16	1	23	1	0	2	0	0
	Junior Adamu	AUT	2001-06-06	89	15	0	15	0	28	0	0	0	0	0
	Maximilian Breunig	GER	2000-08-14	7	2	0	2	0	8	0	0	0	0	0

BUNDESLIGA 2023-24 SEASON

SC FREIBURG vs. OPPONENTS PER GAME STATS

SC 프라이부르크 vs 상대팀

	득점	슈팅	유효슈팅	코너킥	오프사이드	패스시도	패스성공	패스성공률	태클	공중전승리	인터셉트	파울	경고	퇴장
	1.32 / 1.71	11.9 / 15.0	4.1 / 4.7	3.8 / 5.6	1.5 / 1.3	378 / 527	330 / 426	79% / 81%	16.1 / 14.0	18.9 / 19.0	8.0 / 7.2	10.7 / 11.4	1.88 / 2.03	0.118 / 0.029

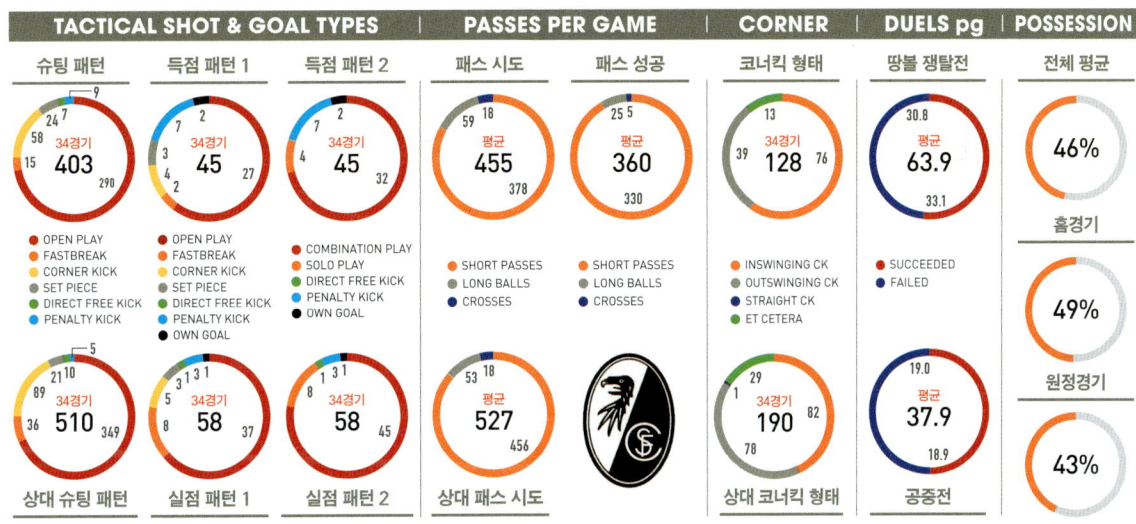

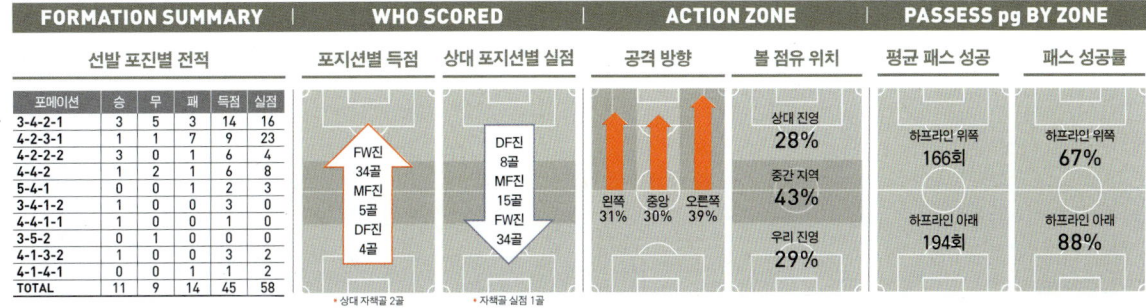

포메이션	승	무	패	득점	실점
3-4-2-1	3	5	3	14	16
4-2-3-1	1	1	7	9	23
4-2-2-2	3	0	1	6	4
4-4-2	1	2	1	6	8
5-4-1	0	0	1	2	3
3-4-1-2	1	0	0	3	0
4-4-1-1	1	0	0	1	0
3-5-2	0	1	0	0	0
4-1-3-2	1	0	1	3	2
4-1-4-1	0	0	1	1	2
TOTAL	11	9	14	45	58

FC AUGSBURG

Founded 구단 창립 1907년	**Owner** 클라우스 호프만 다비드 블리처	**CEO** 마르쿠스 크라프	**Manager** 에스 토루프 1970.02.21	**24-25 Odds** 벳365 : 500배 스카이벳 : 500배
Nationality ● 외국 선수 18명 ● 독일 선수 12명	**Age** 30명 평균 25.8세	 **Height** 30명 평균 185cm	**Market Value** 1군 27명 평균 442만 유로	 **Game Points** 23-24 : 39점 통산 : 504
 **Win** 23-24 : 10승 통산 : 130승	**Draw** 23-24 : 9무 통산 : 114무	**Loss** 23-24 : 15패 통산 : 198패	**Goals For** 23-24 : 50득점 통산 : 542득점	**Goals Against** 23-24 : 60실점 통산 : 706실점
More Minutes 펠릭스 우도카이 2923분	**Top Scorer** 엠레디 데미로비치 15골	**More Assists** 엠레디 데미로비치 9도움	**More Subs** 디온 벨리오 23회 교체 IN	**More Cards** 제프리 하우윌리우 Y7+R0

| | 0 GERMAN BUNDESLIGA | 0 GERMAN DFB POKAL | 0 UEFA CHAMPIONS LEAGUE | 0 UEFA EUROPA LEAGUE | 0 FIFA CLUB WORLD CUP | 0 UEFA-CONMEBOL INTERCONTINENTAL |

TOTO GUIDE 지난 시즌 상대팀별 전적

상대팀	홈	원정
Leverkusen	0-1	1-2
Stuttgart	0-1	0-3
Bayern Munich	2-3	1-3
RB Leipzig	2-2	0-3
Dortmund	1-1	1-5
E. Frankfurt	2-1	1-3
Hoffenheim	1-1	1-3
Heidenheim	1-0	5-2
Werder Bremen	0-3	0-2
Freiburg	2-1	0-2
Wolfsburg	3-2	3-1
FSV Mainz	2-1	0-1
Monchengladbach	4-4	2-1
Union Berlin	2-0	1-3
Bochum	2-2	1-1
FC Koln	1-1	1-1
Darmstadt	1-2	6-0

WWK Arena

구장 오픈 2009년
구장 소유 FC 아우크스부르크
수용 인원 3만 660명
피치 규모 105m X 68m
잔디 종류 천연 잔디

STRENGTHS & WEAKNESSES

OFFENSE		DEFENSE	
직접 프리킥	B	세트피스 수비	C
문전 처리	C	상대 볼 뺏기	A
측면 돌파	C	공중전 능력	C
스루볼 침투	C	역습 방어	C
개인기 침투	C	지공 방어	C
카운터 어택	C	스루패스 방어	C
기회 만들기	C	리드 지키기	B
세트피스	C	실수 조심	C
OS 피하기	E	측면 방어력	C
중거리 슈팅	C	파울 주의	C
볼 점유율	D	중거리슈팅 수비	D

매우 강함 A 강한 편 B 보통 수준 C 약한 편 D 매우 약함 E

RANKING OF LAST 10 YEARS

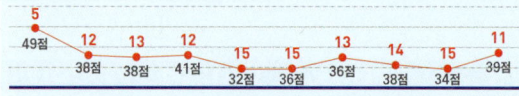

14-15	15-16	16-17	17-18	18-19	19-20	20-21	21-22	22-23	23-24
5 / 49점	12 / 38점	13 / 38점	12 / 41점	15 / 32점	15 / 36점	13 / 36점	14 / 38점	15 / 34점	11 / 39점

위치	선수	국적	생년월일	출전(분)	출전경기	선발11	교체인	교체아웃	벤치출발	득점	도움	경고	경고누적	퇴장
GK	Finn Dahmen	GER	1998-03-27	2790	31	31	0	0	0	0	0	4	0	0
	Tomáš Koubek	CZE	1992-08-26	270	3	3	0	0	31	0	0	0	0	0
	Marcel Łubik	POL	2004-05-19	0	0	0	0	0	3	0	0	0	0	0
DF	Felix Uduokhai	GER	1997-09-09	2923	33	33	0	1	0	2	0	4	1	0
	Jeffrey Gouweleeuw	NED	1991-07-10	2594	30	29	1	2	1	1	0	7	0	0
	Kevin Mbabu	SUI	1995-04-19	2048	25	22	3	4	4	0	2	5	0	0
	Mads Pedersen	DEN	1996-09-01	1783	27	19	8	5	11	1	1	5	0	1
	Iago	BRA	1997-03-23	1624	23	18	5	6	5	1	1	4	0	0
	Maximilian Bauer	GER	2000-02-09	807	14	9	5	3	20	1	0	3	0	0
	Patric Pfeiffer	GER	1999-08-20	506	11	4	7	2	18	0	1	0	0	0
	Robert Gumny	POL	1998-06-04	478	13	6	7	4	17	0	0	3	0	0
	Reece Oxford	ENG	1998-12-16	0	0	0	0	0	0	0	0	0	0	0
	Raphael Framberger	GER	1995-09-06	0	0	0	0	0	0	0	0	0	0	0
MF	Elvis Rexhbecaj	GER	1997-11-01	1994	25	24	1	10	2	2	0	4	0	0
	Ruben Vargas	SUI	1998-08-05	1977	31	25	6	22	6	4	4	3	0	0
	Arne Engels	BEL	2003-09-08	1399	32	13	19	10	19	3	2	1	0	0
	Niklas Dorsch	GER	1998-01-15	1387	21	16	5	7	10	0	0	5	0	0
	Fredrik Jensen	FIN	1997-09-09	1352	22	18	4	18	6	2	4	1	0	0
	Kristijan Jakić	CRO	1997-05-14	1055	14	13	1	5	2	2	1	4	0	0
	Arne Maier	GER	1999-01-08	999	22	10	12	9	17	2	4	0	0	0
	Tim Breithaupt	GER	2002-02-09	623	16	6	10	5	23	0	0	3	0	0
	Pep Biel	ESP	1996-09-05	273	11	0	11	0	14	0	1	0	0	0
	Mert Kömür	GER	2005-07-17	117	4	1	3	1	11	1	0	0	0	0
	Mahmut Kücüksahin	TUR	2004-04-07	0	1	0	1	0	1	0	0	0	0	0
	Daniel Hausmann	GER	2003-02-12	0	0	0	0	0	2	0	0	0	0	0
	David Deger	GER	2000-02-13	0	0	0	0	0	0	0	0	0	0	0
FW	Ermedin Demirović	BIH	1998-03-25	2881	33	33	0	10	0	15	9	7	0	0
	Philip Tietz	GER	1997-07-09	2406	34	31	3	27	3	8	4	1	0	0
	Sven Michel	GER	1990-07-15	573	22	5	17	5	25	2	1	2	0	0
	Dion Beljo	CRO	2002-03-01	561	26	3	23	2	28	2	0	2	0	0

BUNDESLIGA 2023-24 SEASON

FC AUGSBURG vs. OPPONENTS PER GAME STATS

아우크스부르크	vs	상대팀			
1.47	득점	1.76	12.9	슈팅	15.0
3.9	유효슈팅	5.4	4.9	코너	5.3
2.4	오프사이드	1.7	400	PA 패스시도	529
308	PC 패스성공	424	77%	P% 패스성공률	80%
15.5	TK 태클	14.4	17.7	AD 공중전승리	18.3
8.7	IT 인터셉트	7.3	13.4	파울	10.6
2.09	경고	1.85	0.088	퇴장	0.029

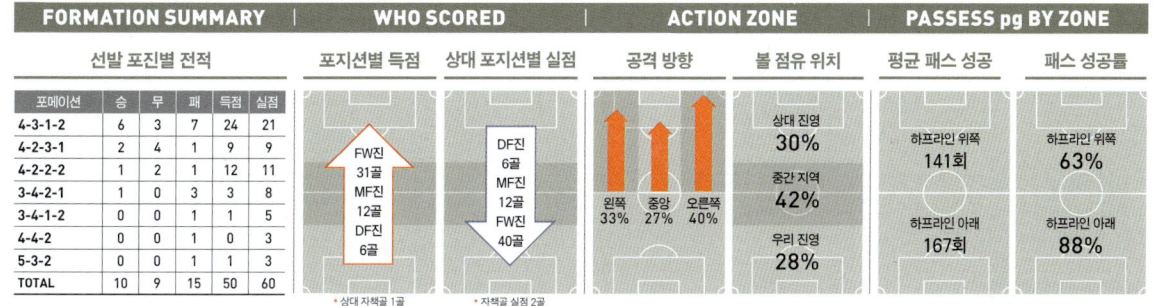

VfL WOLFSBURG

	1		1		0		0		0		0
	GERMAN BUNDESLIGA		GERMAN DFB POKAL		UEFA CHAMPIONS LEAGUE		UEFA EUROPA LEAGUE		FIFA CLUB WORLD CUP		UEFA-CONMEBOL INTERCONTINENTAL

Club Info

- **Founded** 구단 창립 1945년
- **Owner** 폭스바겐 AG
- **CEO** 마르셀 셰퍼 1984.06.07
- **Manager** 랄프 하젠휘틀 1967.08.09
- **24-25 Odds** 벳365 : 250배 / 스카이벳 : 250배
- **Nationality** 외국 선수 18명 / 독일 선수 11명 (29명)
- **Age** 29명 평균 25.2세
- **Height** 29명 평균 185cm
- **Market Value** 1군 28명 평균 723만 유로
- **Game Points** 23-24 : 37점 / 통산 : 1278점
- **Win** 23-24 : 10승 / 통산 : 348승
- **Draw** 23-24 : 7무 / 통산 : 234무
- **Loss** 23-24 : 17패 / 통산 : 336패
- **Goals For** 23-24 : 41득점 / 통산 : 1377득점
- **Goals Against** 23-24 : 56실점 / 통산 : 1342실점
- **More Minutes** 요나스 빈 2662분
- **Top Scorer** 요나스 빈 11골
- **More Assists** 요나스 빈 7도움
- **More Subs** 티아구 토마스 15회 교체 IN
- **More Cards** 막시밀리안 아놀트 Y9+R0

TOTO GUIDE 지난 시즌 상대팀별 전적

상대팀	홈	원정
Leverkusen	1-2	0-2
Stuttgart	2-3	1-3
Bayern Munich	1-2	0-2
RB Leipzig	2-1	0-3
Dortmund	1-1	0-1
E. Frankfurt	2-0	2-2
Hoffenheim	2-2	1-3
Heidenheim	2-0	1-1
Werder Bremen	2-2	2-0
Freiburg	0-1	2-1
FC Augsburg	1-3	2-3
FSV Mainz	1-3	1-1
Monchengladbach	1-3	0-4
Union Berlin	2-1	0-1
Bochum	1-0	1-3
FC Koln	1-1	2-1
Darmstadt	3-0	1-0

Volkswagen Arena

구장 오픈 2002년
구장 소유 볼프스부르크 AG
수용 인원 3만명
피치 규모 105m X 68m
잔디 종류 하이브리드 잔디

STRENGTHS & WEAKNESSES

OFFENSE		DEFENSE	
직접 프리킥	B	세트피스 수비	C
문전 처리	D	상대 볼 뺏기	C
측면 돌파	B	공중전 능력	C
스루볼 침투	C	역습 방어	C
개인기 침투	C	지공 방어	C
카운터 어택	C	스루패스 방어	C
기회 만들기	C	리드 지키기	C
세트피스	C	실수 조심	C
OS 피하기	C	측면 방어력	D
중거리 슈팅	C	파울 주의	C
볼 점유율	C	중거리슈팅 수비	C

매우 강함 A / 강한 편 B / 보통 수준 C / 약한 편 D / 매우 약함 E

RANKING OF LAST 10 YEARS

시즌	14-15	15-16	16-17	17-18	18-19	19-20	20-21	21-22	22-23	23-24
순위	2	8	16	16	6	7	4	12	8	12
승점	69점	45점	37점	33점	55점	49점	61점	42점	49점	37점

Squad

위치	선수	국적	생년월일	출전(분)	출전경기	선발11	교체인	교체아웃	벤치출발	득점	도움	경고	경고누적	퇴장
GK	Koen Casteels	BEL	1992-06-25	2250	25	25	0	0	0	0	0	2	0	0
	Pavao Pervan	AUT	1987-11-13	810	9	9	0	0	25	0	0	1	0	0
	Niklas Klinger	GER	1995-10-13	0	0	0	0	0	7	0	0	0	0	0
DF	Joakim Mæhle	DEN	1997-05-20	2454	30	27	3	5	4	2	3	5	0	0
	Maxence Lacroix	FRA	2000-04-06	2365	28	27	1	1	1	4	1	4	1	2
	Moritz Jenz	GER	1999-04-30	1746	22	21	1	4	7	0	1	6	1	0
	Cédric Zesiger	SUI	1998-04-26	1631	23	18	5	4	15	0	0	5	0	0
	Sebastiaan Bornauw	BEL	1999-03-22	1431	20	16	4	4	11	0	0	5	0	0
	Rogério	BRA	1998-01-13	906	13	10	3	3	6	1	0	0	0	0
	Kilian Fischer	GER	2000-10-12	293	6	4	2	3	20	0	0	1	0	0
	Anders Børset	NOR	2006-02-22	0	0	0	0	0	1	0	0	0	0	0
MF	Maximilian Arnold	GER	1994-05-27	2504	30	27	3	1	3	2	1	9	0	0
	Lovro Majer	CRO	1998-01-17	2120	32	25	7	21	9	5	5	5	0	0
	Ridle Baku	GER	1998-04-08	2014	33	22	11	12	11	1	0	4	0	0
	Mattias Svanberg	SWE	1999-01-05	1725	25	20	5	15	9	1	3	8	0	0
	Yannick Gerhardt	GER	1994-03-13	1634	25	18	7	10	12	2	1	0	0	0
	Kevin Paredes	USA	2003-05-07	1428	28	15	13	9	16	3	0	4	0	0
	Aster Vranckx	BEL	2002-10-04	1143	24	12	12	3	15	0	0	6	0	0
	Patrick Wimmer	AUT	2001-05-30	594	14	8	6	8	10	2	0	3	0	1
	Jakub Kamiński	POL	2002-06-05	463	17	4	13	3	25	0	2	0	0	0
	Bennit Bröger	GER	2006-07-01	10	1	0	1	0	1	0	0	0	0	0
	Kofi Amoako	GER	2005-05-06	0	2	0	2	0	6	0	0	0	0	0
FW	Jonas Wind	DEN	1999-02-07	2662	34	31	3	15	3	11	7	3	0	0
	Tiago Tomás	POR	2002-06-16	1028	26	11	15	11	17	4	1	3	0	0
	Václav Černý	CZE	1997-10-17	924	22	12	10	12	18	4	2	2	0	0
	Kevin Behrens	GER	1991-02-03	615	13	7	6	6	8	1	1	1	0	0
	Amin Sarr	SWE	2001-03-11	376	14	2	12	2	18	0	0	2	0	0
	Lukas Nmecha	GER	1998-12-12	39	3	0	3	0	3	1	0	0	0	0
	Dženan Pejčinović	GER	2005-02-15	33	4	0	4	0	8	0	0	0	0	0

BUNDESLIGA 2023-24 SEASON

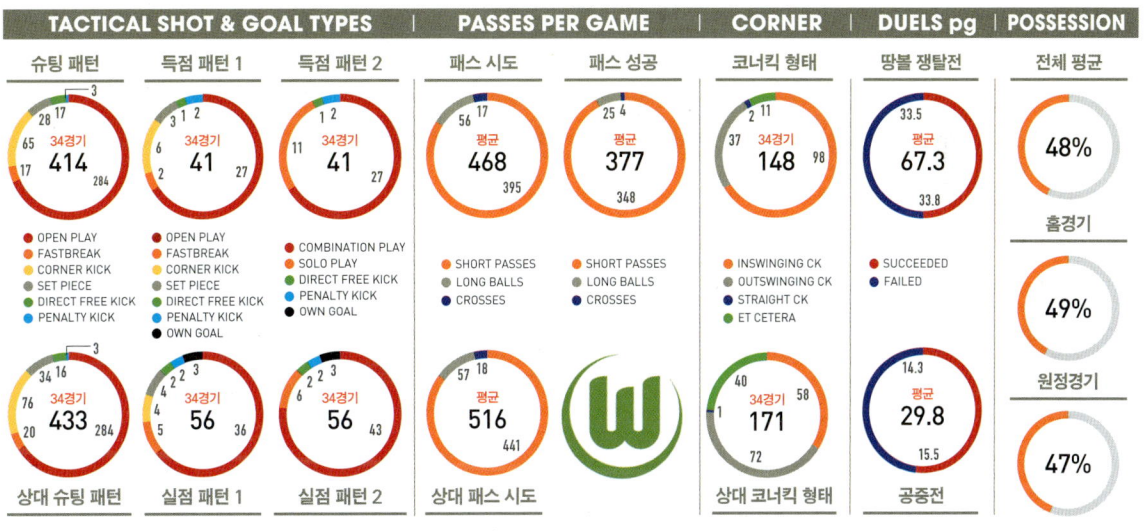

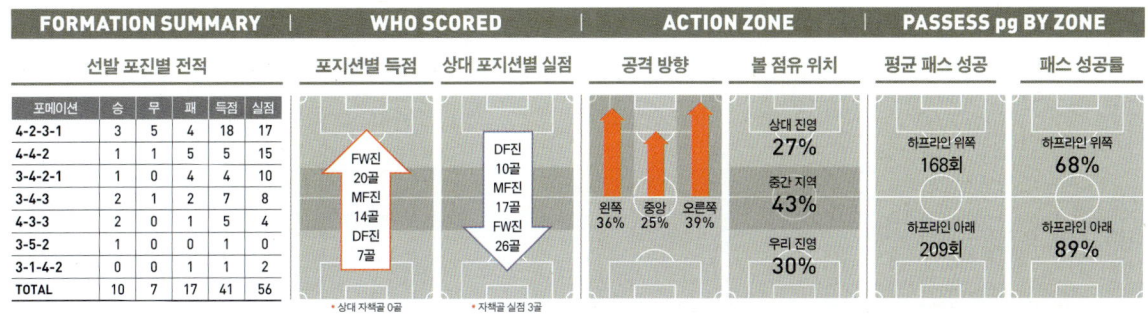

1.FSV MAINZ 05

0	0	0	0	0	0
GERMAN BUNDESLIGA	GERMAN DFB POKAL	UEFA CHAMPIONS LEAGUE	UEFA EUROPA LEAGUE	FIFA CLUB WORLD CUP	UEFA-CONMEBOL INTERCONTINENTAL

Founded 구단 창립 1905년
Owner FSV 마인츠 시민구단
CEO 슈테판 호프만 1963.06.14
Manager 보 헨릭슨 1975.02.07
24-25 Odds 벳365 : 500배 / 스카이벳 : 500배

Nationality 외국 선수 명 / 독일 선수 명 (32명)
Age 32명 평균 26.2세
Height 32명 평균 185cm
Market Value 1군 27명 평균 459만 유로
Game Points 23-24 : 35점 / 통산 : 763점

Win 23-24 : 7승 / 통산 : 201승
Draw 23-24 : 14무 / 통산 : 160무
Loss 23-24 : 13패 / 통산 : 251패
Goals For 23-24 : 39득점 / 통산 : 804득점
Goals Against 23-24 : 51실점 / 통산 : 914실점

More Minutes 세프 반덴베르크 2838분
Top Scorer 요나탄 부르카트 8골
More Assists 나디엠 아미리 4도움
More Subs 톰 크라우스 16회 교체 IN
More Cards 도미니크 코어 Y14+R1

TOTO GUIDE 지난 시즌 상대팀별 전적

상대팀	홈	원정
Leverkusen	0-3	1-2
Stuttgart	1-3	1-3
Bayern Munich	1-3	1-8
RB Leipzig	2-0	0-0
Dortmund	3-0	1-1
E. Frankfurt	1-1	0-1
Hoffenheim	4-1	1-1
Heidenheim	0-1	1-1
Werder Bremen	0-1	0-4
Freiburg	0-1	1-1
FC Augsburg	1-0	1-2
Wolfsburg	1-1	3-1
Monchengladbach	1-1	2-2
Union Berlin	1-1	1-4
Bochum	2-0	2-2
FC Koln	1-1	0-0
Darmstadt	4-0	0-0

Mewa Arena

구장 오픈 2011년
구장 소유 마인츠 토지 관리회사
수용 인원 3만 4000명
피치 규모 105m X 68m
잔디 종류 천연 잔디

STRENGTHS & WEAKNESSES

OFFENSE		DEFENSE	
직접 프리킥	B	세트피스 수비	B
문전 처리	D	상대 볼 뺏기	B
측면 돌파	B	공중암 능력	C
스루볼 침투	C	역습 방어	D
개인기 침투	B	지공 방어	B
카운터 어택	C	스루패스 방어	B
기회 만들기	B	리드 지키기	B
세트피스	A	실수 조심	C
OS 피하기	C	측면 방어력	D
중거리 슈팅	B	파울 주의	C
볼 점유율	D	중거리슈팅 수비	D

매우 강함 A 강한 편 B 보통 수준 C 약한 편 D 매우 약함 E

RANKING OF LAST 10 YEARS

14-15	15-16	16-17	17-18	18-19	19-20	20-21	21-22	22-23	23-24
11	6	15	14	12	13	12	8	9	13
40점	50점	37점	36점	43점	37점	39점	46점	46점	35점

위치	선수	국적	생년월일	출전(분)	출전경기	선발11	교체인	교체아웃	벤치출발	득점	도움	경고	경고누적	퇴장
GK	Robin Zentner	GER	1994-10-28	2700	30	30	0	0	0	0	0	3	0	0
	Daniel Batz	GER	1991-01-12	360	4	4	0	0	16	0	0	0	0	0
	Lasse Rieß	GER	2001-07-27	0	0	0	0	0	21	0	0	0	0	0
DF	Sepp van den Berg	NED	2001-12-20	2838	33	31	2	1	2	3	0	9	0	0
	Anthony Caci	FRA	1997-07-01	2493	31	29	2	9	2	2	3	8	0	0
	Phillipp Mwene	AUT	1994-01-29	2004	23	23	0	6	2	1	2	4	0	1
	Silvan Widmer	SUI	1993-03-05	1244	20	13	7	9	12	1	3	4	0	0
	Andreas Hanche-Olsen	NOR	1997-01-17	995	15	12	3	6	3	1	0	5	0	0
	Danny da Costa	GER	1993-07-13	825	19	9	10	5	20	0	1	1	0	0
	Stefan Bell	GER	1991-08-24	668	10	8	2	4	6	0	0	3	0	0
	Maxim Leitsch	GER	1998-05-18	377	7	4	3	1	4	0	0	2	0	0
	Maxim Dal	GER	2006-01-26	0	0	0	0	0	2	0	0	0	0	0
	Tim Müller	GER	2004-09-23	0	0	0	0	0	2	0	0	0	0	0
	Lasse Wilhelm	GER	2003-03-20	0	0	0	0	0	4	0	0	0	0	0
MF	Leandro Barreiro	LUX	2000-01-03	2606	31	29	2	3	2	4	1	8	0	0
	Dominik Kohr	GER	1994-01-31	2190	31	27	4	10	5	1	0	14	1	0
	Lee Jae-Song	KOR	1992-08-10	2126	29	24	5	18	5	6	3	6	0	0
	Brajan Gruda	GER	2004-05-31	1650	28	19	9	17	10	4	3	5	0	0
	Tom Krauß	GER	2001-06-22	1339	29	13	16	10	19	1	2	5	0	0
	Nadiem Amiri	GER	1996-10-27	1319	15	15	0	4	0	1	4	5	0	0
	Edimilson Fernandes	SUI	1996-04-15	1284	21	13	8	3	13	0	2	4	0	0
	Marco Richter	GER	1997-11-24	711	20	7	13	6	22	1	0	1	0	0
	Josuha Guilavogui	FRA	1990-09-19	406	11	5	6	3	18	0	1	1	0	0
	Merveille Papela	GER	2001-01-18	252	11	3	8	3	27	0	0	1	0	0
	Jessic Ngankam	GER	2000-07-20	182	7	2	5	2	9	0	0	0	0	1
FW	Jonathan Burkardt	GER	2000-07-11	1542	21	18	3	8	3	8	2	2	0	0
	Karim Onisiwo	AUT	1992-03-17	1498	24	17	7	11	9	1	3	1	0	0
	Ludovic Ajorque	FRA	1994-02-25	1355	26	15	11	6	17	2	2	5	0	0
	Nelson Weiper	GER	2005-03-17	121	5	1	4	1	6	0	0	0	0	0
	Marcus Müller	GER	2002-08-20	17	1	0	1	0	3	0	0	0	0	0
	David Mamutović	GER	2000-12-05	9	2	0	2	0	18	0	0	0	0	0

BUNDESLIGA 2023-24 SEASON

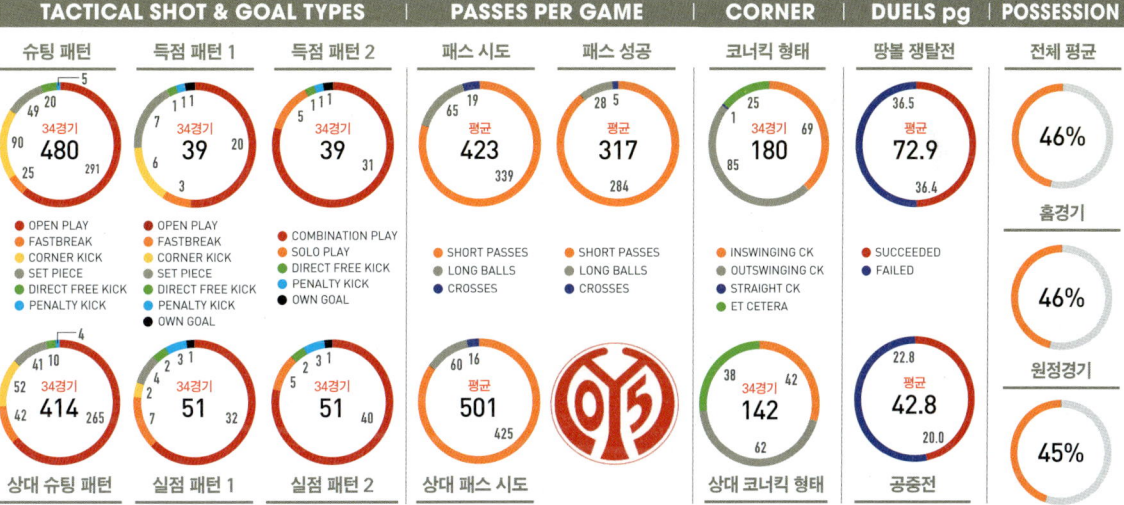

BORUSSIA MÖNCHENGLADBACH

F Founded 구단 창립 1900년	**O** Owner 묀헨글라트바흐 시민 구단	**C** CEO 롤프 쾨닉스 1941.08.19	**M** Manager 헤라르도 세오아네 1978.10.30	24-25 Odds 벳365 : 200배 스카이벳 : 150배	
31명 Nationality ●외국 선수 16명 ●독일 선수 15명	Age 31명 평균 26.2세	**H** Height 31명 평균 184cm	**€** Market Value 1군 31명 평균 523만 유로	**GP** Game Points 23-24 : 34점 통산 : 2796점	
W Win 23-24 : 7승 통산 : 764승	**D** Draw 23-24 : 3무 통산 : 504무	**L** Loss 23-24 : 14패 통산 : 640패	**GF** Goals For 23-24 : 56득점 통산 : 3238득점	**GA** Goals Against 23-24 : 67실점 통산 : 2800실점	
More Minutes 율리안 바이글 2766분	**G** Top Scorer 로빈 학 10골	**A** More Assists 프랑크 오노라 9도움	More Subs 네이선 응우무 18회 교체 IN	More Cards 율리안 바이글 Y10+R0	

	5	3	0	2	0	0
	GERMAN BUNDESLIGA	GERMAN DFB POKAL	UEFA CHAMPIONS LEAGUE	UEFA EUROPA LEAGUE	FIFA CLUB WORLD CUP	UEFA-CONMEBOL INTERCONTINENTAL

TOTO GUIDE 지난 시즌 상대팀별 전적

상대팀	홈	원정
Leverkusen	0-3	0-0
Stuttgart	3-1	0-4
Bayern Munich	1-2	1-3
RB Leipzig	0-1	0-2
Dortmund	1-2	2-4
E. Frankfurt	1-1	1-2
Hoffenheim	2-1	3-4
Heidenheim	2-1	1-1
Werder Bremen	2-2	2-2
Freiburg	0-3	3-3
FC Augsburg	1-2	4-4
Wolfsburg	4-0	3-1
FSV Mainz	2-2	1-1
Union Berlin	0-0	1-3
Bochum	5-2	3-1
FC Koln	3-3	1-3
Darmstadt	0-0	3-3

Borussia-Park

구장 오픈 2004년
구장 소유 묀헨글라트바흐
수용 인원 5만 4057명
피치 규모 105m × 68m
잔디 종류 천연 잔디

STRENGTHS & WEAKNESSES

OFFENSE		DEFENSE	
직접 프리킥	C	세트피스 수비	D
문전 처리	C	상대 볼 뺏기	A
측면 돌파	C	공중전 능력	C
스루볼 침투	C	역습 방어	C
개인기 침투	C	지공 방어	D
카운터 어택	C	스루패스 방어	D
기회 만들기	B	리드 지키기	E
세트피스	C	실수 조심	C
OS 피하기	C	측면 방어력	D
중거리 슈팅	C	파울 주의	D
볼 점유율	C	중거리슈팅 수비	C

매우 강함 A 강한 편 B 보통 수준 C 약한 편 D 매우 약함 E

RANKING OF LAST 10 YEARS

14-15	15-16	16-17	17-18	18-19	19-20	20-21	21-22	22-23	23-24
3위 66점	4위 55점	9위 45점	9위 47점	5위 55점	4위 65점	8위 49점	10위 45점	10위 43점	14위 34점

위치	선수	국적	생년월일	출전(분)	출전경기	선발11	교체인	교체아웃	벤치출발	득점	도움	경고	경고누적	퇴장
GK	Moritz Nicolas	GER	1997-10-21	2430	27	27	0	0	7	0	0	2	0	0
	Jonas Omlin	SUI	1994-01-10	630	7	7	0	0	1	0	1	1	0	0
	Jan Olschowsky	GER	2001-11-18	0	0	0	0	0	23	0	0	0	0	0
	Tobias Sippel	GER	1988-03-22	0	0	0	0	0	4	0	0	0	0	0
DF	Nico Elvedi	SUI	1996-09-30	2484	30	28	2	4	3	2	1	5	0	0
	Joe Scally	USA	2002-12-31	2237	31	25	6	6	9	1	4	4	0	0
	Luca Netz	GER	2003-05-15	2231	30	25	5	11	6	0	4	2	0	0
	Max Wöber	AUT	1998-02-04	2070	25	24	1	6	1	2	3	3	1	0
	Itakura Ko	JPN	1997-01-27	1599	20	18	2	5	2	3	0	9	0	0
	Marvin Friedrich	GER	1995-12-13	1561	24	17	7	3	16	0	0	1	0	0
	Stefan Lainer	AUT	1992-08-27	750	15	8	7	6	9	0	1	2	0	0
	Fabio Chiarodia	ITA	2005-06-05	148	7	1	6	1	23	0	0	0	0	0
	Lukas Ullrich	GER	2004-03-16	43	4	0	4	0	6	0	0	0	0	0
	Tony Jantschke	GER	1990-04-07	25	4	0	4	0	12	0	0	1	0	0
	Simon Walde	GER	2005-01-04	0	0	0	0	0	3	0	0	0	0	0
MF	Julian Weigl	GER	1995-09-08	2766	31	31	0	2	2	2	3	10	0	0
	Rocco Reitz	GER	2002-05-29	2141	34	24	10	17	10	6	3	1	0	1
	Kouadio Koné	FRA	2001-05-17	1567	22	18	4	10	5	1	1	6	0	1
	Nathan Ngoumou	FRA	2000-03-14	1383	32	14	18	15	20	5	2	1	0	0
	Robin Hack	GER	1998-08-27	1346	29	14	15	11	18	10	2	2	0	0
	Florian Neuhaus	GER	1997-03-16	1224	25	15	10	13	17	4	2	4	0	0
	Christoph Kramer	GER	1991-02-19	238	14	1	13	1	20	0	0	4	0	0
FW	Franck Honorat	FRA	1996-08-11	2359	32	28	4	18	4	3	9	1	0	0
	Alassane Pléa	FRA	1993-03-10	1928	27	24	3	19	3	7	4	1	0	0
	Jordan Siebatcheu	FRA	1996-04-26	1425	25	18	7	13	8	5	3	2	0	0
	Tomáš Čvančara	CZE	2000-08-13	889	21	7	14	6	14	4	1	4	0	0
	Patrick Herrmann	GER	1991-02-12	78	8	0	8	0	29	0	0	0	0	0
	Grant-Leon Ranos	ARM	2003-07-20	41	9	0	9	0	20	0	0	0	0	0
	Fukuda Shio	JPN	2004-04-08	32	5	0	5	0	6	0	0	0	0	0

BUNDESLIGA 2023-24 SEASON

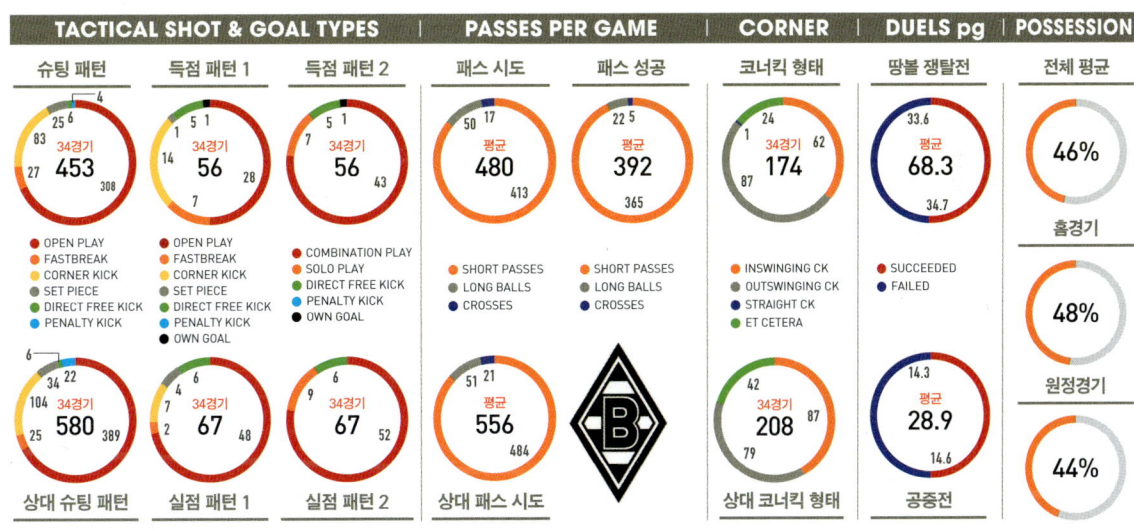

1.FC UNION BERLIN

0	0	0	0	0	0
GERMAN BUNDESLIGA	GERMAN DFB POKAL	UEFA CHAMPIONS LEAGUE	UEFA EUROPA LEAGUE	FIFA CLUB WORLD CUP	UEFA-CONMEBOL INTERCONTINENTAL

Founded 구단 창립 1906년
Owner 유니온 베를린 시민 구단
CEO 디르크 칭클러 1964.08.23
Manager 보 스벤손 1979.08.04
24-25 Odds 벳365 : 500배 스카이벳 : 500배

Nationality 26명
● 외국 선수 15명
● 독일 선수 11명
Age 26명 평균 27.7세
Height 26명 평균 185cm
Market Value 1군 24명 평균 532만 유로
Game Points 23-24 : 33점 통산 : 243점

Win 23-24 : 9승 통산 : 67승
Draw 23-24 : 6무 통산 : 42무
Loss 23-24 : 19패 통산 : 61패
Goals For 23-24 : 33득점 통산 : 225득점
Goals Against 23-24 : 58실점 통산 : 241실점

More Minutes 프레드릭 뢰노 2970분
Top Scorer 로빈 고젠스 6골
More Assists 케빈 폴란트 4도움
More Subs 브렌든 애런슨 16회 교체 IN
More Cards 로빈 고젠스 Y8+R1

RANKING OF LAST 10 YEARS
● 2부 리그
14-15: 7 / 47점
15-16: 6 / 49점
16-17: 4 / 60점
17-18: 8 / 47점
18-19: 3 / 57점
19-20: 11 / 41점
20-21: 7 / 50점
21-22: 5 / 57점
22-23: 4 / 62점
23-24: 15 / 33점

TOTO GUIDE 지난 시즌 상대팀별 전적

상대팀	홈	원정
Leverkusen	0-1	0-4
Stuttgart	0-3	0-2
Bayern Munich	1-5	0-1
RB Leipzig	0-3	0-2
Dortmund	0-2	2-4
E. Frankfurt	0-3	0-0
Hoffenheim	0-2	1-0
Heidenheim	2-2	0-1
Werder Bremen	2-1	0-2
Freiburg	2-1	0-0
FC Augsburg	1-1	0-2
Wolfsburg	1-0	1-2
FSV Mainz	4-1	1-1
Monchengladbach	3-1	0-0
Bochum	3-4	0-3
FC Koln	2-0	2-3
Darmstadt	1-0	4-1

Stadion An der Alten Försterei
구장 오픈 / 증개축: 1920년, 증개축 6회
구장 소유: 슈타디온 운영 회사
수용 인원: 2만 2012명
피치 규모: 109m X 73m
잔디 종류: 천연 잔디

STRENGTHS & WEAKNESSES

OFFENSE		DEFENSE	
직접 프리킥	C	셋피스 수비	C
문전 처리	D	상대 볼 뺏기	C
측면 돌파	B	공중전 능력	B
스루볼 침투	C	역습 방어	C
개인기 침투	C	지공 방어	C
카운터 어택	C	스루패스 방어	C
기회 만들기	C	리드 지키기	B
셋피스	C	실수 조심	D
OS 피하기	C	측면 방어력	C
중거리 슈팅	C	파울 주의	C
볼 점유율	E	중거리슈팅 수비	D

매우 강함 A 강한 편 B 보통 수준 C 약한 편 D 매우 약함 E

위치	선수	국적	생년월일	출전(분)	출전경기	선발11	교체인	교체아웃	벤치출발	득점	도움	경고	경고누적	퇴장
GK	Frederik Rønnow	DEN	1992-08-04	2970	33	33	0	0	0	0	0	2	0	0
	Alexander Schwolow	GER	1992-06-02	90	1	1	0	0	28	0	0	0	0	0
	Jakob Busk	DEN	1993-09-12	0	0	0	0	0	6	0	0	0	0	0
DF	Diogo Leite	POR	1999-01-23	2708	32	31	1	6	1	0	0	6	0	0
	Robin Gosens	GER	1994-07-05	2297	30	27	3	16	3	6	3	8	1	0
	Danilho Doekhi	NED	1998-06-30	2160	24	24	0	0	3	2	0	2	0	0
	Robin Knoche	GER	1992-05-22	1916	24	20	4	2	11	1	0	1	0	0
	Christopher Trimmel	AUT	1987-02-24	1652	26	19	7	10	13	0	2	2	0	1
	Kevin Vogt	GER	1991-09-23	1326	16	16	0	3	0	0	0	5	0	0
	Josip Juranović	CRO	1995-08-16	1291	21	14	7	6	10	0	2	4	0	0
	Jérôme Roussillon	FRA	1993-01-06	743	23	8	15	6	18	1	2	0	0	0
	Paul Jaeckel	GER	1998-07-22	230	6	2	4	0	23	0	0	0	0	0
	Oluwaseun Ogbemudia	GER	2006-07-18	0	0	0	0	0	2	0	0	0	0	0
MF	Lucas Tousart	FRA	1997-04-29	1575	23	18	5	8	8	0	0	5	0	0
	Alex Král	CZE	1998-05-19	1363	24	13	11	4	16	0	0	4	0	0
	Rani Khedira	GER	1994-01-27	1350	20	18	2	9	3	0	0	5	0	1
	Brenden Aaronson	USA	2000-10-22	1264	30	14	16	11	18	2	2	1	0	0
	Janik Haberer	GER	1994-04-02	1223	21	14	7	8	14	1	0	7	0	0
	András Schäfer	HUN	1999-04-13	1217	20	14	6	9	6	1	2	1	0	1
	Aïssa Laïdouni	TUN	1996-12-13	1064	23	10	13	6	20	0	3	2	0	0
	Tim Schleinitz	GER	2005-06-10	0	0	0	0	0	1	0	0	0	0	0
FW	Kevin Volland	GER	1992-07-30	1348	26	17	9	12	10	3	4	2	1	1
	Benedict Hollerbach	GER	2001-05-17	1283	28	15	13	14	18	5	0	2	0	0
	Yorbe Vertessen	BEL	2001-01-08	594	13	7	6	7	8	3	2	0	0	0
	Mikkel Kaufmann	DEN	2001-01-03	477	18	4	14	4	20	1	0	0	0	0
	Chris Bedia	CIV	1996-03-05	138	7	0	7	0	15	1	0	0	0	0

BUNDESLIGA 2023-24 SEASON

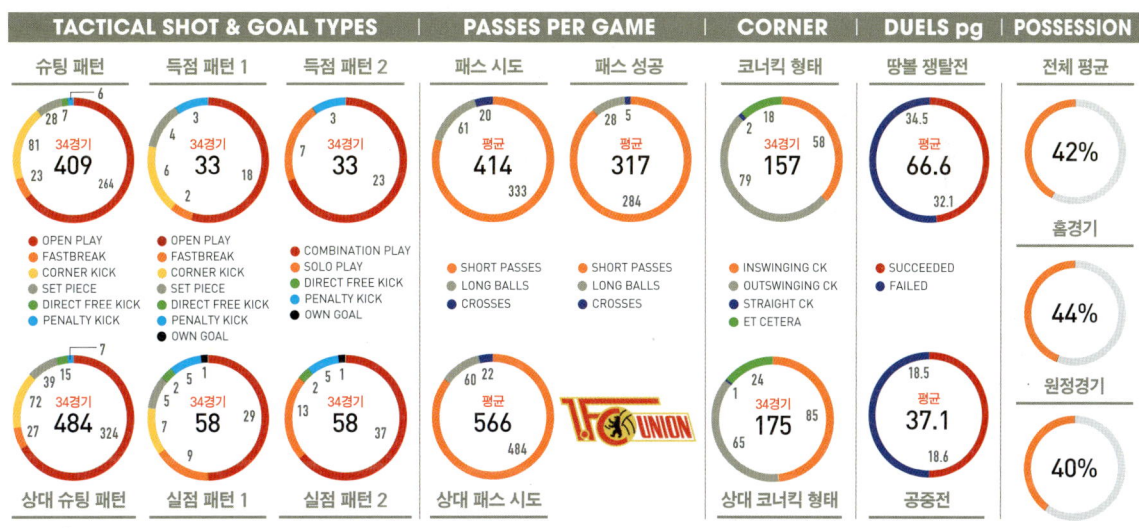

VFL BOCHUM

Founded 구단 창립 1848년	**Owner** VfL 보훔 시민 구단	**CEO** 한스 페터 빌리스 1958.07.06	**Manager** 피터 차이들러 1962.08.08	**24-25 Odds** 벳365 : 500배 스카이벳 : 500배	
Nationality 외국 선수 14명 독일 선수 16명	**Age** 30명 평균 28.4세	**Height** 30명 평균 184cm	**Market Value** 1군 29명 평균 218만 유로	**Game Points** 23-24 : 33점 통산 : 1484점	
Win 23-24 : 7승 통산 : 385승	**Draw** 23-24 : 12무 통산 : 329무	**Loss** 23-24 : 15패 통산 : 548패	**Goals For** 23-24 : 42득점 통산 : 1722득점	**Goals Against** 23-24 : 74실점 통산 : 2085실점	
More Minutes 마누엘 로렌첸 2970분	**Top Scorer** 케빈 스퇴거 7골	**More Assists** 케빈 스퇴거 9도움	**More Subs** 루카스 다소어 17회 교체 IN	**More Cards** 앙토니 로실라 Y10+R0	

	GERMAN BUNDESLIGA	GERMAN DFB POKAL	UEFA CHAMPIONS LEAGUE	UEFA EUROPA LEAGUE	FIFA CLUB WORLD CUP	UEFA-CONMEBOL INTERCONTINENTAL
	0	0	0	0	0	0

TOTO GUIDE 지난 시즌 상대팀별 전적

상대팀	홈	원정
Leverkusen	0-5	0-4
Stuttgart	1-0	0-5
Bayern Munich	3-2	0-7
RB Leipzig	1-4	0-0
Dortmund	1-1	1-3
E. Frankfurt	1-1	1-1
Hoffenheim	3-2	1-3
Heidenheim	1-1	0-0
Werder Bremen	1-1	1-4
Freiburg	1-2	1-2
FC Augsburg	1-1	2-2
Wolfsburg	3-1	0-1
FSV Mainz	2-2	0-2
Monchengladbach	1-3	2-5
Union Berlin	3-0	4-3
FC Koln	1-1	1-2
Darmstadt	2-2	2-1

Vonovia Ruhrstadion

구장 오픈 / 증개축 1911년, 증개축 2회
구장 소유 VfL 보훔
수용 인원 2만 6000명
피치 규모 105m X 68m
잔디 종류 천연 잔디

STRENGTHS & WEAKNESSES

OFFENSE		DEFENSE	
직접 프리킥	B	세트피스 수비	D
문전 처리	D	상대 볼 뺏기	B
측면 돌파	C	공중전 능력	A
스루볼 침투	C	압박 방어	E
개인기 침투	C	지공 방어	D
카운터 어택	C	스루패스 방어	D
기회 만들기	A	리드 지키기	D
세트피스	A	실수 조심	C
OS 피하기	E	측면 방어력	C
중거리 슈팅	C	파울 주의	D
볼 점유율	D	중거리슈팅 수비	C

매우 강함 A / 강한 편 B / 보통 수준 C / 약한 편 D / 매우 약함 E

RANKING OF LAST 10 YEARS

● 2부 리그 ● 3부 리그

	14-15	15-16	16-17	17-18	18-19	19-20	20-21	21-22	22-23	23-24
순위	11	5	9	6	11	8	1	13	14	16
점수	42점	51점	44점	48점	44점	46점	67점	42점	35점	33점

위치	선수	국적	생년월일	출전(분)	출전경기	선발11	교체인	교체아웃	벤치출발	득점	도움	경고	경고누적	퇴장
GK	Manuel Riemann	GER	1988-09-09	2970	33	33	0	0	0	0	0	5	0	0
	Andreas Luthe	GER	1987-03-10	90	1	1	0	0	11	0	0	0	0	0
	Niclas Thiede	GER	1999-04-14	0	0	0	0	0	20	0	0	0	0	0
	Hugo Rölleke	GER	2005-05-06	0	0	0	0	0	2	0	0	0	0	0
	Michael Esser	GER	1987-11-22	0	0	0	0	0	1	0	0	0	0	0
DF	Bernardo	BRA	1995-05-14	2926	33	33	0	2	0	1	0	9	0	0
	Erhan Mašović	SRB	1998-11-22	2217	29	24	5	3	8	0	0	7	0	0
	Keven Schlotterbeck	GER	1997-04-28	2183	27	24	3	1	5	5	1	9	0	0
	Ivan Ordets	UKR	1992-07-08	1879	24	21	3	1	5	1	0	4	0	0
	Cristian Gamboa	CRC	1989-10-24	1183	22	12	10	6	20	1	0	6	0	0
	Maximilian Wittek	GER	1995-08-21	1067	21	13	8	7	19	3	1	4	0	0
	Tim Oermann	GER	2003-10-06	712	16	8	8	5	10	0	0	2	0	0
	Danilo Soares	BRA	1991-10-29	350	5	3	2	1	13	0	0	0	0	0
	Noah Loosli	SUI	1997-01-23	339	10	2	8	2	24	0	0	1	0	0
	Moritz Römling	GER	2001-04-30	0	0	0	0	0	2	0	0	0	0	0
MF	Kevin Stöger	AUT	1993-08-27	2679	32	32	0	11	0	7	9	8	0	0
	Anthony Losilla	FRA	1986-03-10	2588	31	31	0	12	0	1	2	10	0	0
	Patrick Osterhage	GER	2000-02-01	1864	24	21	3	6	9	2	1	5	0	0
	Matúš Bero	SVK	1995-09-06	1668	24	20	4	12	4	1	1	6	0	0
	Christopher Antwi-Adjej	GER	1994-02-07	1212	25	11	14	10	16	2	2	5	0	0
	Felix Passlack	GER	1998-05-29	967	15	13	2	9	13	2	2	2	0	1
	Lukas Daschner	GER	1998-10-01	524	20	3	17	3	30	1	1	1	0	0
	Philipp Förster	GER	1995-02-04	377	13	3	10	3	22	0	0	1	0	0
	Moritz-Broni Kwarteng	GER	1998-04-28	275	11	2	9	2	15	0	1	1	0	1
	Agon Elezi	MKD	2001-03-01	0	0	0	0	0	5	0	0	0	0	0
FW	Takuma Asano	JPN	1994-11-10	2005	29	26	3	21	3	6	1	2	0	0
	Philipp Hofmann	GER	1993-03-30	1574	29	18	11	14	13	4	2	1	0	0
	Moritz Broschinski	GER	2000-09-23	1244	26	14	12	11	16	2	2	4	0	0
	Gonçalo Paciência	POR	1994-08-01	644	19	6	13	6	21	3	1	3	0	0

BUNDESLIGA 2023-24 SEASON

VfL BOCHUM vs. OPPONENTS PER GAME STATS

VfL 보훔 vs 상대팀

VfL 보훔	항목	상대팀
1.24	득점	2.18
15.4	슈팅	15.8
4.4	유효슈팅	5.6
15.4	코너킥	19.8
2.4	오프사이드	1.7
392	패스시도	464
277	패스성공	342
71%	패스성공률	74%
17.7	태클	14.4
24.7	공중전승리	24.5
9.1	인터셉트	9.2
13.1	파울	12.4
2.85	경고	2.21
0.059	퇴장	0.059

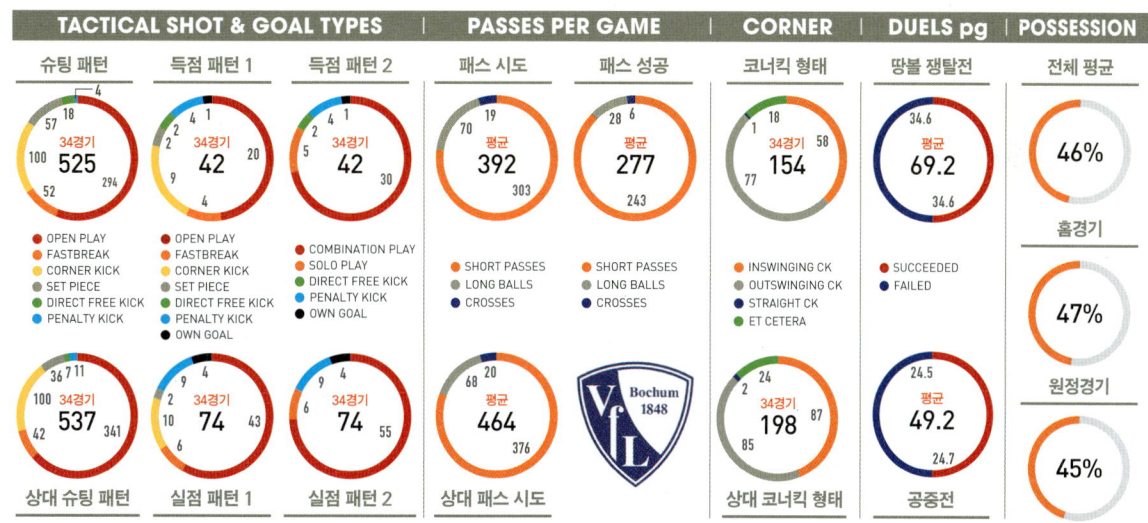

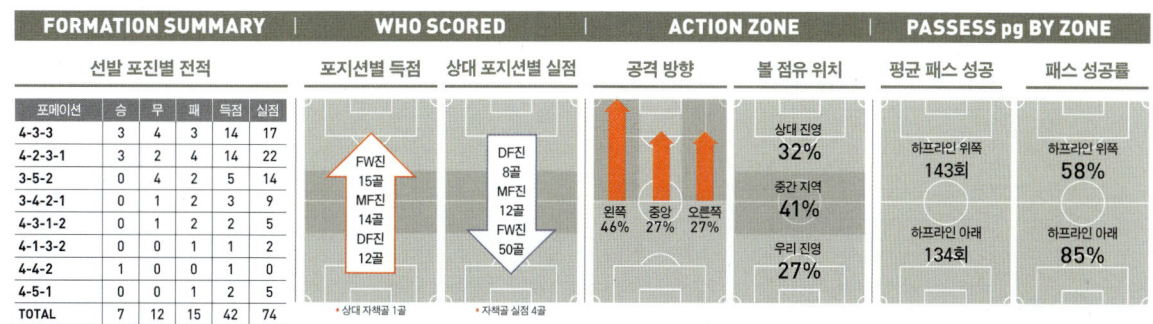

포메이션	승	무	패	득점	실점
4-3-3	3	4	3	14	17
4-2-3-1	3	2	4	14	22
3-5-2	0	4	2	5	14
3-4-2-1	0	1	2	3	9
4-3-1-2	0	1	2	2	5
4-1-3-2	0	0	1	1	2
4-4-2	1	0	1	0	0
4-5-1	0	0	1	2	5
TOTAL	7	12	15	42	74

FC ST. PAULI

0	0	0	0	0	0
GERMAN BUNDESLIGA	GERMAN DFB POKAL	UEFA CHAMPIONS LEAGUE	UEFA EUROPA LEAGUE	FIFA CLUB WORLD CUP	UEFA-CONMEBOL INTERCONTINENTAL

Founded 구단 창립 1910년
Owner FC 상파울리 시민 구단
CEO 오케 괴틀리히 1975.11.28
Manager 알렉산더 블레신 1973.05.23
24-25 Odds 벳365 : 500배 스카이벳 : 500배

Nationality 외국 선수 16명 / 독일 선수 11명 (27명)
Age 27명 평균 26.7세
Height 27명 평균 184cm
Market Value 1군 27명 평균 125만 유로
Game Points 23-24 2부 : 69점 통산 : 254점

Win 23-24 2부 : 20승 / 통산 : 58승
Draw 23-24 2부 : 9무 / 통산 : 80무
Loss 23-24 2부 : 5패 / 통산 : 134패
Goals For 23-24 2부 : 62득점 / 통산 : 296득점
Goals Against 23-24 2부 : 36실점 / 통산 : 485실점

More Minutes 니콜라 바실리 3060분
Top Scorer 마르셀 하르텔 17골
More Assists 마르셀 하르텔 12도움
More Subs 에티엔 아메니도 19회 교체 IN
More Cards 잭슨 어바인 Y8+R0

TOTO GUIDE 지난 시즌 상대팀별 전적

상대팀	홈	원정
Holstein Kiel	5-1	4-3
Dusseldorf	0-0	2-1
Hamburger SV	2-2	0-1
Karlsruher SC	2-1	1-2
Hannover 96	0-0	2-1
Paderborn	2-1	2-2
Greuther Furth	3-2	0-0
Hertha Berlin	2-0	2-1
Schalke 04	3-1	1-3
Elversberg	3-4	2-0
FC Nurnberg	5-1	2-0
Kaiserslautern	2-0	2-1
Magdeburg	0-0	0-1
Braunschweig	1-0	1-1
Wehen Wiesbaden	1-1	2-1
Hansa Rostock	1-0	3-2
Osnabruck	3-1	1-1

Millerntor-Stadion
구장 오픈 / 증개축 1963년 / 증개축 2회
구장 소유 FC 상파울리 구단
수용 인원 2만 9546명
피치 규모 105m X 68m
잔디 종류 천연 잔디

RANKING OF LAST 10 YEARS

14-15	15-16	16-17	17-18	18-19	19-20	20-21	21-22	22-23	23-24
15	4	7	12	9	14	10	5	5	1
37점	53점	45점	43점	49점	39점	47점	57점	58점	69점

● 2부 리그

위치	선수	국적	생년월일	출전(분)	출전경기	선발11	교체인	교체아웃	벤치출발	득점	도움	경고	경고누적	퇴장
GK	Nikola Vasilj	BIH	1995-12-02	3060	34	34	0	0	0	0	0	1	0	0
GK	Sascha Burchert	GER	1989-10-30	0	0	0	0	0	34	0	0	1	0	0
GK	Sören Ahlers	GER	1997-09-09	0	0	0	0	0	0	0	0	0	0	0
GK	Kevin Jendrzej	GER	2005-04-27	0	0	0	0	0	0	0	0	0	0	0
DF	Hauke Wahl	GER	1994-04-15	2874	33	32	1	1	1	0	0	3	1	0
DF	Karol Mets	EST	1993-05-16	2863	32	32	0	1	0	0	0	1	0	1
DF	Manolis Saliakas	GRE	1996-09-12	2672	31	31	0	16	0	2	2	6	1	0
DF	Eric Smith	SWE	1997-01-08	2241	26	26	0	3	0	1	3	7	0	0
DF	Lars Ritzka	GER	1998-05-07	1498	29	16	13	9	16	2	1	2	0	0
DF	Philipp Treu	GER	2000-12-03	1493	26	17	9	3	10	1	2	1	0	0
DF	Adam Dźwigała	POL	1995-09-25	729	17	7	10	1	25	0	0	3	0	0
DF	David Nemeth	AUT	2001-03-18	424	7	4	3	0	26	0	0	2	0	0
DF	Tjark Scheller	GER	2002-01-12	1	2	0	2	0	13	0	0	0	0	0
DF	Luca Günther	GER	2001-11-14	0	0	0	0	0	6	0	0	0	0	0
DF	Eric da Silva Moreira	GER	2006-05-03	0	1	0	1	0	5	0	0	0	0	0
MF	Marcel Hartel	GER	1996-01-19	2963	33	33	0	6	0	17	12	6	0	0
MF	Jackson Irvine	AUS	1993-03-07	2359	27	26	1	0	1	6	9	8	0	0
MF	Conor Metcalfe	AUS	1999-11-05	1854	30	21	9	15	9	3	5	6	0	0
MF	Aljoscha Kemlein	GER	2004-08-02	991	17	12	5	8	5	0	2	2	0	0
MF	Carlo Boukhalfa	GER	1999-05-03	78	17	0	17	0	28	1	0	1	0	0
MF	Scott Banks	SCO	2001-09-26	69	4	0	4	2	4	0	1	1	0	0
MF	Erik Ahlstrand	SWE	2001-10-14	0	0	0	0	0	1	0	0	0	0	0
FW	Johannes Eggestein	GER	1998-05-08	2238	29	27	2	24	7	9	4	2	0	0
FW	Oladapo Afolayan	ENG	1997-09-11	2220	31	27	4	24	4	9	3	4	0	0
FW	Elias Saad	GER	1999-12-27	2079	30	25	5	21	6	7	1	6	0	0
FW	Andreas Albers	DEN	1990-03-23	418	17	3	14	3	26	1	0	0	0	0
FW	Etienne Amenyido	GER	1998-03-01	182	19	0	19	0	23	0	2	1	0	0
FW	Danel Sinani	LUX	1997-04-05	131	7	0	7	0	33	1	0	2	0	0
FW	Maurides	BRA	1994-03-10	52	7	0	7	0	11	0	0	0	0	0
FW	Simon Zoller	GER	1991-06-26	38	4	0	4	0	9	0	0	0	0	0
FW	Bennet Winter	GER	2004-05-16	0	0	0	0	0	0	0	0	0	0	0
FW	Niklas Jessen	GER	2003-09-04	0	0	0	0	0	0	0	0	0	0	0

2°BUNDESLIGA(2부리그) 2023-24 SEASON

FC ST. PAULI vs. OPPONENTS PER GAME STATS

FC 상파울리 vs 상대팀

	득점	슈팅	유효슈팅	코너킥	오프사이드	패스시도	패스성공	패스성공률	태클	공중전승리	인터셉트	파울	경고	퇴장
FC	1.82	16.1	5.6	5.4	1.7	559	477	85%	12.6	12.9	6.7	9.5	1.85	0.118
상대	1.06	9.4	3.2	3.8	2.4	419	326	78%	15.4	13.3	9.3	11.1	2.00	0.059

2023-24 SEASON SQUAD LIST & GAMES PLAYED

• 괄호 안의 숫자는 선발 출전 횟수, 교체 출전은 포함시키지 않음

LW	CF	RW
E.사드(17), O.아폴라얀(3), M.하르텔(2)	J.에게슈타인(27), A.알버스(3), O.아폴라얀(2), M.하르텔(2)	O.아폴라얀(13), C.멧카프(9)

LAM	CAM	RAM
E.사드(1)	O.아폴라얀(6), E.사드(5), C.멧카프(3), M.하르텔(3)	O.아폴라얀(1)

LM	CM	RM
E.사드(2), O.아폴라얀(1)	J.어바인(25), M.하르텔(25), A.케뮬라인(12), C.멧카프(4), E.스미스(2)	O.아폴라얀(1), M.하르텔(1), C.멧카프(1)

LWB	DM	RWB
L.리츠카(14), P.트로이(12), C.멧카프(3)	E.스미스(1), J.어바인(1)	M.살리아카스(26), P.트로이(2), C.멧카프(1)

LB	CB	RB
P.트로이(3), L.리츠카(2)	K.메츠(32), H.발(32), E.스미스(23), A.즈비갈라(7), D.네메트(4), J.메디치(1)	M.살리아키스(5)

	GK	
	N.바실리(34)	

SHOTS & GOALS

34경기 총 547슈팅 - 62득점

Inside The Box 348-49 · 자책골 1-1
Outside The Box 199-12

유효 슈팅 190		비유효 슈팅 357	
득점	62	블록 당함	136
GK 방어	128	골대 밖	203
유효슈팅률	35%	골대 맞음	18

신체별		공격 형태별 슈팅-득점	
왼발	15	OP/FB/SP	531-58
오른발	35	직접 프리킥	13-1
헤더	11	페널티킥	3-3

• OP : 지공 / FB : 속공 / SP : 세트플레이

GOAL TIME | WHO SCORED

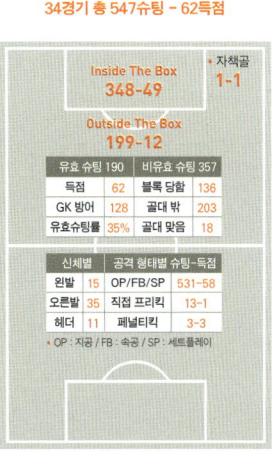

시간대별 득점 — 포지션별 득점
FW진 27골, MF진 29골, DF진 5골
• 상대 자책골 1골
상대 포지션별 실점
DF진 4골, MF진 9골, FW진 23골
득실차: 전반 골득실차 +21, 후반 골득실차 +5, 전체 골득실차 +26
시간대별 실점

PASSES PER GAME | CORNER | DUELS pg

패스 시도 평균 559 (49, 20, 490)
패스 성공 평균 477 (27, 6, 442)
코너킥 형태 34경기 183 (44, 60, 5, 74)
땅볼 쟁탈전 평균 61.2 (30.6, 30.6)

● SHORT PASSES ● SHORT PASSES ● INSWINGING CK ● SUCCEEDED
● LONG BALLS   ● LONG BALLS   ● OUTSWINGING CK ● FAILED
● CROSSES   ● CROSSES   ● STRAIGHT CK
                                ● ET CETERA

상대 패스 시도 평균 419 (59, 15, 345)

상대 코너킥 형태 34경기 130 (1, 14, 60, 55)
공중전 평균 26.2 (13.3, 12.9)

PASSESS pg BY ZONE | FORMATION SUMMARY

평균 패스 성공 / 패스 성공률
하프라인 위쪽 211회 / 74%
하프라인 아래 266회 / 92%

선발 포지션별 전적

포메이션	승	무	패	득점	실점
3-4-3	11	8	2	33	18
3-4-2-1	6	0	2	20	12
5-4-1	1	0	1	2	2
4-2-3-1	0	1	0	1	1
4-3-3	1	0	0	2	0
4-5-1	1	0	0	4	3
TOTAL	20	9	5	62	36

HOLSTEIN KIEL

Founded 구단 창립 1900년	**Owner** 홀슈타인 킬 시민 구단	**CEO** 슈테판 슈니클로드 1964.06.17	**Manager** 마르셀 라프 1979.04.16	**24-25 Odds** 벳365 : 500배 스카이벳 : 500배	
Nationality • 외국 선수 8명 • 독일 선수 21명	**Age** 29명 평균 25.8세	 **Height** 29명 평균 183cm	 **Market Value** 1군 29명 평균 106만 유로	**Game Points** 23-24 2부 : 68점 —	
Win 23-24 2부 : 21승	**Draw** 23-24 2부 : 5무	**Loss** 23-24 2부 : 8패	**Goals For** 23-24 2부 : 65득점	**Goals Against** 23-24 2부 : 39실점	
More Minutes 티몬 바이너 2700분	**Top Scorer** 스티븐 스크십스키 10골	**More Assists** 루이스 홀트비+1명 7도움	 **More Subs** 니콜라이 렘베르크 16회 교체 IN	**More Cards** 루이스 홀트비 Y8+R1	

0 GERMAN BUNDESLIGA	0 GERMAN DFB POKAL	0 UEFA CHAMPIONS LEAGUE	0 UEFA EUROPA LEAGUE	0 FIFA CLUB WORLD CUP	0 UEFA-CONMEBOL INTERCONTINENTAL

TOTO GUIDE 지난 시즌 상대팀별 전적

상대팀	홈	원정
Sankt Pauli	3-4	1-5
Dusseldorf	1-1	1-0
Hamburger SV	4-2	1-0
Karlsruher SC	1-0	2-0
Hannover 96	3-0	2-1
Paderborn	2-1	4-0
Greuther Furth	2-1	1-2
Hertha Berlin	2-3	2-2
Schalke 04	1-0	2-0
Elversberg	1-1	2-0
FC Nurnberg	0-2	4-0
Kaiserslautern	1-3	3-0
Magdeburg	2-4	1-1
Braunschweig	1-2	1-0
Wehen Wiesbaden	3-2	1-0
Hansa Rostock	2-0	3-1
Osnabruck	4-0	1-1

Holstein-Stadion

구장 오픈 / 증개축
1911년, 증개축 13회
구장 소유
홀슈타인 킬
수용 인원
1만 5034명
피치 규모
104m X 68m
잔디 종류
천연 잔디

RANKING OF LAST 10 YEARS

• 2부 리그
• 3부 리그

	14-15	15-16	16-17	17-18	18-19	19-20	20-21	21-22	22-23	23-24
순위	3	14		6	11	3		9	8	2
점수	67점	48점	67점	56점	49점	43점	62점	45점	46점	68점

• 독일 2부 리그 기록

위치	선수	국적	생년월일	출전(분)	출전경기	선발11	교체인	교체아웃	벤치출발	득점	도움	경고	경고누적	퇴장
GK	Timon Weiner	GER	1999-01-18	2700	30	30	0	0	3	0	0	1	0	0
	Thomas Dähne	GER	1994-01-04	270	3	3	0	0	9	0	0	0	0	0
	Marcel Engelhardt	GER	1993-04-05	90	1	1	0	0	25	0	0	0	0	0
	Noah Oberbeck	GER	2002-12-09	0	0	0	0	0	2	0	0	0	0	0
	Tyler Doğan	GER	2005-11-18	0	0	0	0	0	1	0	0	0	0	0
	Lio Rothenhagen	GER	2006-08-31	0	0	0	0	0	1	0	0	0	0	0
DF	Tom Rothe	GER	2004-10-29	2679	33	30	3	10	3	4	7	8	0	0
	Timo Becker	GER	1997-03-25	2278	28	26	2	7	2	7	3	3	0	0
	Colin Kleine-Bekel	GER	2003-01-24	2121	24	24	0	3	0	0	0	2	0	0
	Patrick Erras	GER	1995-01-21	2073	24	24	0	3	0	1	0	3	0	0
	Marco Komenda	GER	1996-11-26	1184	21	13	8	6	14	0	0	1	0	0
	Carl Johansson	SWE	1994-05-23	710	12	7	5	0	6	0	0	2	1	0
	Lasse Rosenboom	GER	2002-01-19	316	11	2	9	0	26	0	0	0	0	0
	Mikkel Kirkeskov	DEN	1991-09-05	69	6	0	6	0	13	0	0	0	0	0
	Nico Carrera	USA	2002-05-06	0	0	0	0	0	0	0	0	0	0	0
MF	Lewis Holtby	GER	1990-09-18	2258	31	25	6	8	6	5	7	8	1	0
	Philipp Sander	GER	1998-02-21	2080	25	24	1	9	1	3	4	4	0	0
	Marko Ivezić	SRB	2001-12-02	1901	29	22	7	7	12	1	0	4	0	0
	Steven Skrzybski	GER	1992-11-18	1735	26	23	3	22	5	10	4	2	0	0
	Finn Porath	GER	1997-02-23	1655	27	21	6	17	8	4	3	6	0	0
	Nicolai Remberg	GER	2000-06-19	1585	32	16	16	7	18	2	2	4	0	0
	Marvin Schulz	GER	1995-01-15	1320	27	13	14	7	17	1	2	4	0	0
	Jonas Sterner	GER	2002-05-13	510	16	5	11	3	18	2	0	1	0	0
	Joshua Mees	GER	1996-04-15	435	13	3	10	2	20	1	1	2	0	0
	Lucas Wolf	GER	2001-08-28	0	0	0	0	0	1	0	0	0	0	0
	Aurel Wagbe	GER	2004-02-04	0	1	0	1	0	9	0	0	0	0	0
FW	Shuto Machino	JPN	1999-09-30	2072	31	25	6	16	9	5	4	3	0	0
	Benedikt Pichler	AUT	1997-07-20	1191	22	15	7	15	7	8	1	2	0	0
	Alexander Bernhardsson	SWE	1998-09-08	916	13	10	3	7	3	4	0	0	0	0
	Jann-Fiete Arp	GER	2000-01-06	765	17	8	9	5	15	5	2	2	0	0
	Hólmbert Friðjónsson	ISL	1993-04-19	355	14	2	12	2	22	1	0	1	0	0
	Niklas Niehoff	GER	2004-08-20	51	4	0	4	0	13	1	0	0	0	0

2°BUNDESLIGA(2부리그) 2023-24 SEASON

HOLSTEIN KIEL vs. OPPONENTS PER GAME STATS

홀슈타인 킬 vs 상대팀

	득점	슈팅	유효슈팅	코너	오프사이드	패스시도	패스성공	패스성공률	태클	공중전승리	인터셉트	파울	경고	퇴장
	1.91 / 1.15	14.8 / 14.6	5.6 / 4.3	5.8 / 5.8	2.0 / 1.8	485 / 433	397 / 333	82% / 77%	15.8 / 13.8	18.6 / 16.8	9.5 / 7.2	12.5 / 10.8	2.18 / 2.12	0.088 / 0.147

2023-24 SEASON SQUAD LIST & GAMES PLAYED

*괄호 안의 숫자는 선발 출전 횟수, 교체 출전은 포함시키지 않음

LW
S.마치노(3), J.아르프(2)
A.베른하르드손(1)

CF
S.마치노(21), B.피흘러(14)
S.스크십스키(8), A.베른하르드손(5)
J.아르프(5), J.메스(3)
H.프리돈손(1)

RW
A.베른하르드손(3), S.스크십스키(2)
N.렘베르크(1)

LAM
B.시마칼라(1)

CAM
S.스크십스키(7), L.홀트비(4)
F.포라트(3), N.렘베르크(2)
A.베른하르드손(1), B.피흘러(1)
S.마치노(1)

RAM
N.렘베르크(1)

LM
T.로테(9)

CM
L.홀트비(20), P.산데르(20)
N.렘베르크(11), M.이베치치(9)
S.스크립스키(6), M.슐츠(6)
F.포라트(5), J.아르프(1)
B.시마칼라(1)

RM
F.포라트(5), T.베커(3)
J.스테르너(1)

LWB
T.로테(16), N.렘베르크(1)
P.산데르(1), F.포라트(1)

DM
P.산데르(1), M.이베치치(1)
L.홀트비(1)

RWB
F.포라트(7), T.베커(7)
J.스테르너(3), L.로젠붐(2)

LB
T.로테(5), M.코멘다(1)

CB
C.클라인베켈(24), P.에라스(24)
M.코멘다(12), M.이베치치(11)
T.베커(11), M.슐츠(7)
C.요한손(7)

RB
T.베커(5), J.스테르너(1)

GK
T.바이너(30), T.데네(3)
M.엥겔하르트(1)

SHOTS & GOALS

34경기 총 504슈팅 - 65득점

Inside The Box: 326-58
Outside The Box: 178-7

유효 슈팅 190		비유효 슈팅 314	
득점	65	블록 당함	119
GK 방어	125	골대 밖	177
유효슈팅률	38%	골대 맞춤	18

신체별		공격 형태별 슈팅-득점	
왼발	14	OP/FB/SP	481-60
오른발	41	직접 프리킥	17-0
헤더	10	페널티킥	6-5

OP : 지공 / FB : 속공 / SP : 세트플레이

GOAL TIME | WHO SCORED

시간대별 득점: 11, 5, 6, 13, 17, 13

득실차
전반 골득실차 +14
후반 골득실차 +12
전체 골득실차 +26

시간대별 실점: 10, 6, 8, 7, 4, 7

포지션별 득점
FW진 35골
MF진 17골
DF진 13골

상대 포지션별 실점
DF진 3골
MF진 14골
FW진 22골

PASSES PER GAME | CORNER | DUELS pg

패스 시도 평균 485 (62 / 17 / 406)
패스 성공 평균 397 (28 / 5 / 364)
코너킥 형태 34경기 198 (37 / 54 / 107)
땅볼 쟁탈전 평균 65.7 (33.7 / 32.0)

- SHORT PASSES
- LONG BALLS
- CROSSES

- INSWINGING CK
- OUTSWINGING CK
- STRAIGHT CK
- ET CETERA

- SUCCEEDED
- FAILED

상대 패스 시도 평균 433 (60 / 21 / 352)
상대 코너킥 형태 34경기 196 (41 / 69 / 86)
공중전 평균 35.4 (16.8 / 18.6)

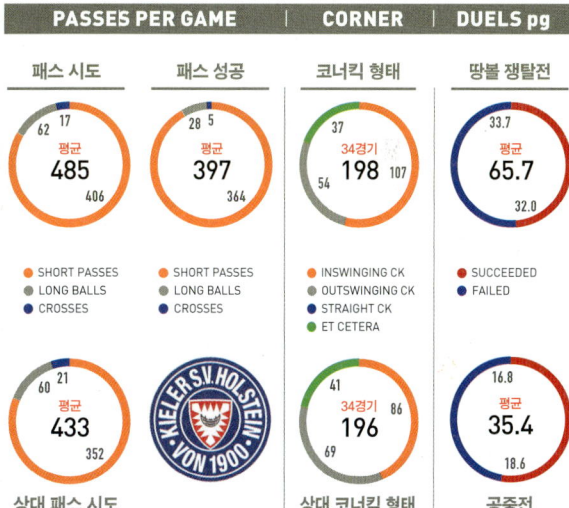

PASSES pg BY ZONE | FORMATION SUMMARY

	평균 패스 성공	패스 성공률
하프라인 위쪽	153회	68%
하프라인 아래	244회	90%

선발 포진별 전적

포메이션	승	무	패	득점	실점
3-5-2	5	2	3	16	13
3-4-1-2	5	0	3	20	13
3-4-3	5	1	0	13	4
4-3-1-2	2	1	1	7	4
3-4-2-1	1	1	1	4	5
5-3-2	1	0	0	1	0
4-2-3-1	1	0	0	2	0
3-1-4-2	1	0	0	2	0
TOTAL	21	5	8	65	39

SERIE A

명가부활
名家復活

이탈리아 세리에A의 명가 인테르 밀란이 우승 트로피를 되찾았다. 리그 통산 20회째이고, 지난 2020-21시즌 이후 3년 만에 감격을 누렸다. 시즌 초반부터 독주를 거듭했고, 결국 승점 94점의 압도적인 성적으로 2위 AC 밀란(75점), 3위 유벤투스(71점)을 여유 있게 제치며 완벽한 우승 레이스를 펼쳤다. 아르헨티나 국가대표 라우타로 마르티네스는 24골을 터뜨리며 우승의 일등공신이 되었다. 반면, 2022-23시즌 우승했던 나폴리는 김민재의 바이에른 뮌헨 이적 후 수비진이 무너지면서 리그 10위로 추락했다. 세리에A 2024-25시즌은 디펜딩 챔피언 인테르 밀란의 절대 강세 속에 전통의 라이벌인 유벤투스와 AC 밀란이 강력히 도전하는 구도가 예상된다. 도박사와 전문가들은 이들 '3강' 외에 나폴리, AS 로마, 아탈란타가 무시하지 못할 다크호스가 될 것이라고 전망하고 있다.

2024-25시즌 세리에A 우승 배당률

예상	팀	벳365	스카이벳	윌리엄힐	888스포트
1	Inter Milan	0.67배	0.62배	0.67배	0.67배
2	Juventus	4배	4배	3.5배	4배
3	AC Milan	6.5배	6배	6.5배	6.5배
4	Napoli	7배	8배	6.5배	7배
5	Atalanta	20배	18배	22배	20배
6	AS Roma	25배	28배	25배	25배
7	Lazio	50배	50배	50배	50배
8	Bologna	100배	80배	100배	100배
9	Fiorentina	100배	100배	100배	100배
10	Torino	250배	150배	250배	250배
11	Monza	250배	500배	250배	250배
12	Como	250배	500배	250배	250배
13	Udinese	500배	250배	500배	500배
14	Genoa	500배	250배	500배	500배
15	Parma	500배	750배	1000배	500배
16	Verona	1000배	750배	1000배	1000배
17	Lecce	1000배	750배	1000배	1000배
18	Venezia	1000배	1000배	1000배	1000배
19	Cagliari	1000배	1000배	1000배	1000배
20	Empoli	1000배	1000배	1000배	1000배

배당률은 2024년 7월 10일 기준. 강팀일수록 배당률은 낮아짐

2023-24시즌 세리에A 순위

순위	팀	경기	승	무	패	득점	실점	득실	승점
1	Inter Milan ★	38	29	7	2	89	22	67	94
2	AC Milan ●	38	22	9	7	76	49	27	75
3	Juventus ●	38	19	14	5	54	31	23	71
4	Atalanta ●	38	21	6	11	72	42	30	69
5	Bologna ●	38	18	14	6	54	32	22	68
6	AS Roma	38	18	9	11	65	46	19	63
7	Lazio	38	18	7	13	49	39	10	61
8	Fiorentina	38	17	9	12	61	46	15	60
9	Torino	38	13	14	11	36	36	0	53
10	Napoli	38	13	14	11	55	48	7	53
11	Genoa	38	12	13	13	45	45	0	49
12	Monza	38	11	12	15	39	51	-12	45
13	Verona	38	9	11	18	38	51	-13	38
14	Lecce	38	8	14	16	32	54	-22	38
15	Udinese	38	6	19	13	37	53	-16	37
16	Cagliari	38	8	12	18	42	68	-26	36
17	Empoli	38	9	9	20	29	54	-25	36
18	Frosinone ▼	38	8	11	19	44	69	-25	35
19	Sassuolo ▼	38	7	9	22	43	75	-32	30
20	Salernitana ▼	38	2	11	25	32	81	-49	17

★ 우승 ● 챔피언스리그 출전 ● 유로파리그 출전 ▼ 강등

2024-25 SERIE-A
MATCH SCHEDULE

*시간은 이탈리아 현지 시간. 대한민국은 이탈리아보다 8시간 빠름

DAY 1

2024.8.17	Parma	vs	Fiorentina
2024.8.17	Genoa	vs	Internazionale
2024.8.17	Empoli	vs	Monza
2024.8.17	Milan	vs	Torino
2024.8.18	Bologna	vs	Udinese
2024.8.18	Hellas Verona	vs	Napoli
2024.8.18	Lazio	vs	Venezia
2024.8.18	Cagliari	vs	Roma
2024.8.19	Lecce	vs	Atalanta
2024.8.19	Juventus	vs	Como 1907

DAY 2

2024.8.25	Udinese	vs	Lazio
2024.8.25	Hellas Verona	vs	Juventus
2024.8.25	Internazionale	vs	Lecce
2024.8.25	Parma	vs	Milan
2024.8.25	Torino	vs	Atalanta
2024.8.25	Monza	vs	Genoa
2024.8.25	Roma	vs	Empoli
2024.8.25	Fiorentina	vs	Venezia
2024.8.25	Cagliari	vs	Como 1907
2024.8.25	Napoli	vs	Bologna

DAY 3

2024.9.1	Venezia	vs	Torino
2024.9.1	Internazionale	vs	Atalanta
2024.9.1	Lazio	vs	Milan
2024.9.1	Udinese	vs	Como 1907
2024.9.1	Genoa	vs	Hellas Verona
2024.9.1	Fiorentina	vs	Monza
2024.9.1	Napoli	vs	Parma
2024.9.1	Bologna	vs	Empoli
2024.9.1	Juventus	vs	Roma
2024.9.1	Lecce	vs	Cagliari

DAY 4

2024.9.15	Torino	vs	Lecce
2024.9.15	Lazio	vs	Hellas Verona
2024.9.15	Monza	vs	Internazionale
2024.9.15	Parma	vs	Udinese
2024.9.15	Milan	vs	Venezia
2024.9.15	Genoa	vs	Roma
2024.9.15	Empoli	vs	Juventus
2024.9.15	Cagliari	vs	Napoli
2024.9.15	Atalanta	vs	Fiorentina
2024.9.15	Como 1907	vs	Bologna

DAY 5

2024.9.22	Roma	vs	Udinese
2024.9.22	Internazionale	vs	Milan
2024.9.22	Hellas Verona	vs	Torino
2024.9.22	Monza	vs	Bologna
2024.9.22	Venezia	vs	Genoa
2024.9.22	Lecce	vs	Parma
2024.9.22	Fiorentina	vs	Lazio
2024.9.22	Cagliari	vs	Empoli
2024.9.22	Atalanta	vs	Como 1907
2024.9.22	Juventus	vs	Napoli

DAY 6

2024.9.29	Torino	vs	Lazio
2024.9.29	Como 1907	vs	Hellas Verona
2024.9.29	Udinese	vs	Internazionale
2024.9.29	Roma	vs	Venezia
2024.9.29	Milan	vs	Lecce
2024.9.29	Parma	vs	Cagliari
2024.9.29	Bologna	vs	Atalanta
2024.9.29	Genoa	vs	Juventus
2024.9.29	Empoli	vs	Fiorentina
2024.9.29	Napoli	vs	Monza

DAY 7

2024.10.6	Udinese	vs	Lecce
2024.10.6	Fiorentina	vs	Milan
2024.10.6	Hellas Verona	vs	Venezia
2024.10.6	Napoli	vs	Como 1907
2024.10.6	Internazionale	vs	Torino
2024.10.6	Monza	vs	Roma
2024.10.6	Bologna	vs	Parma
2024.10.6	Atalanta	vs	Genoa
2024.10.6	Juventus	vs	Cagliari
2024.10.6	Lazio	vs	Empoli

DAY 8

2024.10.20	Venezia	vs	Atalanta
2024.10.20	Hellas Verona	vs	Monza
2024.10.20	Milan	vs	Udinese
2024.10.20	Lecce	vs	Fiorentina
2024.10.20	Roma	vs	Internazionale
2024.10.20	Juventus	vs	Lazio
2024.10.20	Como 1907	vs	Parma
2024.10.20	Cagliari	vs	Torino
2024.10.20	Empoli	vs	Napoli
2024.10.20	Genoa	vs	Bologna

DAY 9

2024.10.27	Atalanta	vs	Hellas Verona
2024.10.27	Udinese	vs	Cagliari
2024.10.27	Bologna	vs	Milan
2024.10.27	Torino	vs	Como 1907
2024.10.27	Internazionale	vs	Juventus
2024.10.27	Parma	vs	Empoli
2024.10.27	Napoli	vs	Lecce
2024.10.27	Fiorentina	vs	Roma
2024.10.27	Lazio	vs	Genoa
2024.10.27	Monza	vs	Venezia

DAY 10

2024.10.30	Venezia	vs	Udinese
2024.10.30	Empoli	vs	Internazionale
2024.10.30	Roma	vs	Torino
2024.10.30	Milan	vs	Napoli
2024.10.30	Lecce	vs	Hellas Verona
2024.10.30	Cagliari	vs	Bologna
2024.10.30	Juventus	vs	Parma
2024.10.30	Como 1907	vs	Lazio
2024.10.30	Atalanta	vs	Monza
2024.10.30	Genoa	vs	Fiorentina

DAY 11

2024.11.3	Hellas Verona	vs	Roma
2024.11.3	Internazionale	vs	Venezia
2024.11.3	Monza	vs	Milan
2024.11.3	Udinese	vs	Juventus
2024.11.3	Torino	vs	Fiorentina
2024.11.3	Bologna	vs	Lecce
2024.11.3	Lazio	vs	Cagliari
2024.11.3	Empoli	vs	Como 1907
2024.11.3	Napoli	vs	Atalanta
2024.11.3	Parma	vs	Genoa

DAY 12

2024.11.10	Venezia	vs	Parma
2024.11.10	Fiorentina	vs	Hellas Verona
2024.11.10	Cagliari	vs	Milan
2024.11.10	Roma	vs	Bologna
2024.11.10	Internazionale	vs	Napoli
2024.11.10	Monza	vs	Lazio
2024.11.10	Genoa	vs	Como 1907
2024.11.10	Juventus	vs	Torino
2024.11.10	Atalanta	vs	Udinese
2024.11.10	Lecce	vs	Empoli

DAY 13

2024.11.24	Torino	vs	Monza
2024.11.24	Venezia	vs	Lecce
2024.11.24	Milan	vs	Juventus
2024.11.24	Parma	vs	Atalanta
2024.11.24	Hellas Verona	vs	Internazionale
2024.11.24	Napoli	vs	Roma
2024.11.24	Como 1907	vs	Fiorentina
2024.11.24	Genoa	vs	Cagliari
2024.11.24	Empoli	vs	Udinese
2024.11.24	Lazio	vs	Bologna

DAY 14

2024.12.1	Udinese	vs	Genoa
2024.12.1	Cagliari	vs	Hellas Verona
2024.12.1	Milan	vs	Empoli
2024.12.1	Torino	vs	Napoli
2024.12.1	Fiorentina	vs	Internazionale
2024.12.1	Roma	vs	Atalanta
2024.12.1	Como 1907	vs	Monza
2024.12.1	Bologna	vs	Venezia
2024.12.1	Lecce	vs	Juventus
2024.12.1	Parma	vs	Lazio

DAY 15

2024.12.8	Venezia	vs	Como 1907
2024.12.8	Atalanta	vs	Milan
2024.12.8	Internazionale	vs	Parma
2024.12.8	Roma	vs	Lecce
2024.12.8	Hellas Verona	vs	Empoli
2024.12.8	Napoli	vs	Lazio
2024.12.8	Fiorentina	vs	Cagliari
2024.12.8	Juventus	vs	Bologna
2024.12.8	Genoa	vs	Torino
2024.12.8	Monza	vs	Udinese

DAY 16

2024.12.15	Udinese	vs	Napoli
2024.12.15	Parma	vs	Hellas Verona
2024.12.15	Lazio	vs	Internazionale
2024.12.15	Lecce	vs	Monza
2024.12.15	Milan	vs	Genoa
2024.12.15	Juventus	vs	Venezia
2024.12.15	Cagliari	vs	Atalanta
2024.12.15	Bologna	vs	Fiorentina
2024.12.15	Como 1907	vs	Roma
2024.12.15	Empoli	vs	Torino

DAY 17

2024.12.22	Torino	vs	Bologna
2024.12.22	Venezia	vs	Cagliari
2024.12.22	Hellas Verona	vs	Milan
2024.12.22	Roma	vs	Parma
2024.12.22	Internazionale	vs	Como 1907
2024.12.22	Monza	vs	Juventus
2024.12.22	Fiorentina	vs	Udinese
2024.12.22	Atalanta	vs	Empoli
2024.12.22	Genoa	vs	Napoli
2024.12.22	Lecce	vs	Lazio

DAY 18

2024.12.29	Cagliari	vs	Internazionale
2024.12.29	Udinese	vs	Torino
2024.12.29	Bologna	vs	Hellas Verona
2024.12.29	Parma	vs	Monza
2024.12.29	Milan	vs	Roma
2024.12.29	Napoli	vs	Venezia
2024.12.29	Lazio	vs	Atalanta
2024.12.29	Empoli	vs	Genoa
2024.12.29	Como 1907	vs	Lecce
2024.12.29	Juventus	vs	Fiorentina

DAY 19

2025.1.5	Venezia	vs	Empoli
2025.1.5	Internazionale	vs	Bologna
2025.1.5	Hellas Verona	vs	Udinese
2025.1.5	Torino	vs	Parma
2025.1.5	Como 1907	vs	Milan
2025.1.5	Roma	vs	Lazio
2025.1.5	Fiorentina	vs	Napoli
2025.1.5	Atalanta	vs	Juventus
2025.1.5	Lecce	vs	Genoa
2025.1.5	Monza	vs	Cagliari

DAY 20

2025.1.12	Udinese	vs	Atalanta
2025.1.12	Milan	vs	Cagliari
2025.1.12	Venezia	vs	Internazionale
2025.1.12	Torino	vs	Juventus
2025.1.12	Napoli	vs	Hellas Verona
2025.1.12	Monza	vs	Fiorentina
2025.1.12	Bologna	vs	Roma
2025.1.12	Genoa	vs	Parma
2025.1.12	Empoli	vs	Lecce
2025.1.12	Lazio	vs	Como 1907

DAY 21

2025.1.19	Roma	vs	Genoa
2025.1.19	Internazionale	vs	Empoli
2025.1.19	Juventus	vs	Milan
2025.1.19	Parma	vs	Venezia
2025.1.19	Hellas Verona	vs	Lazio
2025.1.19	Fiorentina	vs	Torino
2025.1.19	Bologna	vs	Monza
2025.1.19	Atalanta	vs	Napoli
2025.1.19	Cagliari	vs	Lecce
2025.1.19	Como 1907	vs	Udinese

DAY 22

2025.1.26	Udinese	vs	Roma
2025.1.26	Venezia	vs	Hellas Verona
2025.1.26	Lecce	vs	Internazionale
2025.1.26	Torino	vs	Cagliari
2025.1.26	Milan	vs	Parma
2025.1.26	Napoli	vs	Juventus
2025.1.26	Empoli	vs	Bologna
2025.1.26	Como 1907	vs	Atalanta
2025.1.26	Genoa	vs	Monza
2025.1.26	Lazio	vs	Fiorentina

DAY 23

2025.2.2	Udinese	vs	Venezia
2025.2.2	Roma	vs	Napoli
2025.2.2	Milan	vs	Internazionale
2025.2.2	Parma	vs	Lecce
2025.2.2	Monza	vs	Hellas Verona
2025.2.2	Juventus	vs	Empoli
2025.2.2	Fiorentina	vs	Genoa
2025.2.2	Atalanta	vs	Torino
2025.2.2	Bologna	vs	Como 1907
2025.2.2	Cagliari	vs	Lazio

DAY 24

2025.2.9	Venezia	vs	Roma
2025.2.9	Empoli	vs	Milan
2025.2.9	Torino	vs	Genoa
2025.2.9	Internazionale	vs	Fiorentina
2025.2.9	Hellas Verona	vs	Atalanta
2025.2.9	Napoli	vs	Udinese
2025.2.9	Cagliari	vs	Parma
2025.2.9	Lazio	vs	Monza
2025.2.9	Como 1907	vs	Juventus
2025.2.9	Lecce	vs	Bologna

DAY 25

2025.2.16	Udinese	vs	Empoli
2025.2.16	Milan	vs	Hellas Verona
2025.2.16	Juventus	vs	Internazionale
2025.2.16	Parma	vs	Roma
2025.2.16	Monza	vs	Lecce
2025.2.16	Atalanta	vs	Cagliari
2025.2.16	Fiorentina	vs	Como 1907
2025.2.16	Bologna	vs	Torino
2025.2.16	Genoa	vs	Venezia
2025.2.16	Lazio	vs	Napoli

DAY 26

2025.2.23	Venezia	vs	Lazio
2025.2.23	Internazionale	vs	Genoa
2025.2.23	Hellas Verona	vs	Fiorentina
2025.2.23	Roma	vs	Monza
2025.2.23	Torino	vs	Milan
2025.2.23	Cagliari	vs	Juventus
2025.2.23	Parma	vs	Bologna
2025.2.23	Como 1907	vs	Napoli
2025.2.23	Empoli	vs	Atalanta
2025.2.23	Lecce	vs	Udinese

DAY 27

2025.3.2	Udinese	vs	Parma
2025.3.2	Juventus	vs	Hellas Verona
2025.3.2	Roma	vs	Como 1907
2025.3.2	Napoli	vs	Internazionale
2025.3.2	Milan	vs	Lazio
2025.3.2	Atalanta	vs	Venezia
2025.3.2	Monza	vs	Torino
2025.3.2	Fiorentina	vs	Lecce
2025.3.2	Bologna	vs	Cagliari
2025.3.2	Genoa	vs	Empoli

DAY 28

2025.3.9	Parma	vs	Torino
2025.3.9	Internazionale	vs	Monza
2025.3.9	Lecce	vs	Milan
2025.3.9	Hellas Verona	vs	Bologna
2025.3.9	Napoli	vs	Fiorentina
2025.3.9	Lazio	vs	Udinese
2025.3.9	Como 1907	vs	Venezia
2025.3.9	Cagliari	vs	Genoa
2025.3.9	Empoli	vs	Roma
2025.3.9	Juventus	vs	Atalanta

DAY 29

2025.3.16	Udinese	vs	Hellas Verona
2025.3.16	Venezia	vs	Napoli
2025.3.16	Atalanta	vs	Internazionale
2025.3.16	Milan	vs	Como 1907
2025.3.16	Torino	vs	Empoli
2025.3.16	Genoa	vs	Lecce
2025.3.16	Roma	vs	Cagliari
2025.3.16	Fiorentina	vs	Juventus
2025.3.16	Bologna	vs	Lazio
2025.3.16	Monza	vs	Parma

DAY 30

2025.3.30	Hellas Verona	vs	Parma
2025.3.30	Internazionale	vs	Udinese
2025.3.30	Napoli	vs	Milan
2025.3.30	Venezia	vs	Bologna
2025.3.30	Lecce	vs	Roma
2025.3.30	Cagliari	vs	Monza
2025.3.30	Fiorentina	vs	Atalanta
2025.3.30	Como 1907	vs	Empoli
2025.3.30	Juventus	vs	Genoa
2025.3.30	Lazio	vs	Torino

DAY 31

2025.4.6	Roma	vs	Juventus
2025.4.6	Milan	vs	Fiorentina
2025.4.6	Parma	vs	Internazionale
2025.4.6	Monza	vs	Como 1907
2025.4.6	Torino	vs	Hellas Verona
2025.4.6	Atalanta	vs	Lazio
2025.4.6	Lecce	vs	Venezia
2025.4.6	Bologna	vs	Napoli
2025.4.6	Empoli	vs	Cagliari
2025.4.6	Genoa	vs	Udinese

DAY 32

2025.4.13	Venezia	vs	Monza
2025.4.13	Hellas Verona	vs	Genoa
2025.4.13	Napoli	vs	Empoli
2025.4.13	Internazionale	vs	Cagliari
2025.4.13	Udinese	vs	Milan
2025.4.13	Atalanta	vs	Bologna
2025.4.13	Lazio	vs	Roma
2025.4.13	Fiorentina	vs	Parma
2025.4.13	Como 1907	vs	Torino
2025.4.13	Juventus	vs	Lecce

DAY 33

2025.4.20	Torino	vs	Udinese
2025.4.20	Bologna	vs	Internazionale
2025.4.20	Milan	vs	Atalanta
2025.4.20	Roma	vs	Hellas Verona
2025.4.20	Parma	vs	Juventus
2025.4.20	Monza	vs	Napoli
2025.4.20	Empoli	vs	Venezia
2025.4.20	Cagliari	vs	Fiorentina
2025.4.20	Genoa	vs	Lazio
2025.4.20	Lecce	vs	Como 1907

DAY 34

2025.4.27	Internazionale	vs	Roma
2025.4.27	Internazionale	vs	Roma
2025.4.27	Venezia	vs	Milan
2025.4.27	Hellas Verona	vs	Cagliari
2025.4.27	Udinese	vs	Bologna
2025.4.27	Fiorentina	vs	Empoli
2025.4.27	Napoli	vs	Torino
2025.4.27	Como 1907	vs	Genoa
2025.4.27	Atalanta	vs	Lecce
2025.4.27	Juventus	vs	Monza
2025.4.27	Lazio	vs	Parma

DAY 35

2025.5.4	Roma	vs	Fiorentina
2025.5.4	Torino	vs	Venezia
2025.5.4	Internazionale	vs	Hellas Verona
2025.5.4	Parma	vs	Como 1907
2025.5.4	Genoa	vs	Milan
2025.5.4	Monza	vs	Atalanta
2025.5.4	Bologna	vs	Juventus
2025.5.4	Empoli	vs	Lazio
2025.5.4	Cagliari	vs	Udinese
2025.5.4	Lecce	vs	Napoli

DAY 36

2025.5.11	Milan	vs	Bologna
2025.5.11	Hellas Verona	vs	Lecce
2025.5.11	Torino	vs	Internazionale
2025.5.11	Udinese	vs	Monza
2025.5.11	Venezia	vs	Fiorentina
2025.5.11	Napoli	vs	Genoa
2025.5.11	Como 1907	vs	Cagliari
2025.5.11	Atalanta	vs	Roma
2025.5.11	Empoli	vs	Parma
2025.5.11	Lazio	vs	Juventus

DAY 37

2025.5.18	Roma	vs	Milan
2025.5.18	Hellas Verona	vs	Como 1907
2025.5.18	Monza	vs	Empoli
2025.5.18	Internazionale	vs	Lazio
2025.5.18	Parma	vs	Napoli
2025.5.18	Lecce	vs	Torino
2025.5.18	Fiorentina	vs	Bologna
2025.5.18	Cagliari	vs	Venezia
2025.5.18	Juventus	vs	Udinese
2025.5.18	Genoa	vs	Atalanta

DAY 38

2025.5.25	Como 1907	vs	Internazionale
2025.5.25	Empoli	vs	Hellas Verona
2025.5.25	Milan	vs	Monza
2025.5.25	Venezia	vs	Juventus
2025.5.25	Bologna	vs	Genoa
2025.5.25	Atalanta	vs	Parma
2025.5.25	Lazio	vs	Lecce
2025.5.25	Napoli	vs	Cagliari
2025.5.25	Torino	vs	Roma
2024.5.26	Juventus	vs	Monza

INTER MILAN

 Founded 구단 창립 1908년
 Owner 오크트리 캐피털
 **CEO** 주제페 마로타 1957.03.25
 Manager 시모네 인자기 1976.04.05
24-25 Odds 벳365 : 0.67배 스카이벳 : 0.62배

20	9	3	3	1	2
ITALIAN SERIE-A	COPPA ITALIA	UEFA CHAMPIONS LEAGUE	UEFA EUROPA LEAGUE	FIFA CLUB WORLD CUP	UEFA-CONMEBOL INTERCONTINENTAL

 Nationality 외국 선수 19명 / 이탈리아 13명
 Age 32명 평균 27.4세
 Height 32명 평균 183cm
 Market Value 1군 25명 평균 2553만 유로
 **Game Points** 23-24 : 94점 통산 : 5651점

TOTO GUIDE 지난 시즌 상대팀별 전적

상대팀	홈	원정
AC Milan	5-1	2-1
Juventus	1-0	1-1
Atalanta	4-0	2-1
Bologna	2-2	1-0
AS Roma	1-0	4-2
Lazio	1-1	2-0
Fiorentina	4-0	1-0
Torino	2-0	3-0
Napoli	1-1	3-0
Genoa	2-1	1-1
Monza	2-0	5-1
Hellas Verona	2-1	2-2
Lecce	2-0	4-0
Udinese	4-0	2-1
Cagliari	2-2	2-0
Empoli	2-0	1-0
Frosinone	2-0	5-0
Sassuolo	1-2	0-1
Salernitana	4-0	4-0

Stadio Guieseppe Meazza
구장 오픈 / 증개축 1926년, 증개축 4회
구장 소유 밀라노 시
수용 인원 7만 5923명
피치 규모 105m X 68m
잔디 종류 하이브리드 잔디

 Win 23-24 : 29승 통산 : 1597승
 **Draw** 23-24 : 7무 통산 : 860무
 Loss 23-24 : 2패 통산 : 700패
 **Goals For** 23-24 : 89득점 통산 : 5383득점
Goals Against 23-24 : 22실점 통산 : 3238실점

STRENGTHS & WEAKNESSES

OFFENSE		DEFENSE	
직접 프리킥	C	세트피스 수비	A
문전 처리	A	상대 볼 뺏기	C
측면 돌파	A	공중전 능력	B
스루볼 침투	C	역습 방어	C
개인기 침투	B	지공 방어	D
카운터 어택	A	스루패스 방어	C
기회 만들기	A	리드 지키기	C
세트피스	A	실수 조심	C
OS 피하기	D	측면 방어력	C
중거리 슈팅	C	파울 주의	C
볼 점유율	B	중거리슈팅 수비	C

매우 강함 A | 강한 편 B | 보통 수준 C | 약한 편 D | 매우 약함 E

More Minutes 얀 조머 3060분
Top Scorer 라우타로 마르티네스 24골
More Assists 헨리크 미카타리안 8도움
More Subs 다비데 프라테시 26회 교체 IN
More Cards 니콜로 바렐라 Y7+R0

RANKING OF LAST 10 YEARS

14-15	15-16	16-17	17-18	18-19	19-20	20-21	21-22	22-23	23-24
8	4	7	4	4	2	1	2	3	1
55점	67점	62점	72점	69점	82점	91점	84점	72점	94점

위치	선수	국적	생년월일	출전(분)	출전경기	선발11	교체인	교체아웃	벤치출발	득점	도움	경고	경고누적	퇴장
GK	Yann Sommer	SUI	1988-12-17	3060	34	34	0	0	3	0	0	1	0	0
	Emil Audero	ITA	1997-01-18	338	4	4	0	1	34	0	0	0	0	0
	Raffaele Di Gennaro	ITA	1993-10-03	22	1	0	1	0	37	0	0	0	0	0
	Alessandro Calligaris	ITA	2005-03-07	0	0	0	0	0	2	0	0	0	0	0
DF	Matteo Darmian	ITA	1989-12-02	2414	33	27	6	13	11	2	1	2	0	0
	Francesco Acerbi	ITA	1988-02-10	2386	29	26	3	1	5	3	1	1	0	0
	Alessandro Bastoni	ITA	1999-04-13	2283	28	28	0	14	6	1	3	5	0	0
	Federico Dimarco	ITA	1997-11-10	2105	30	29	1	28	7	5	6	0	0	0
	Carlos Augusto	BRA	1999-01-07	1704	37	14	23	3	23	0	3	1	0	0
	Benjamin Pavard	FRA	1996-03-28	1678	23	21	2	8	10	0	2	6	0	0
	Denzel Dumfries	NED	1996-04-18	1640	31	19	12	14	15	4	4	2	0	1
	Stefan de Vrij	NED	1992-02-05	1578	25	17	8	1	17	1	0	0	0	0
	Yann Aurel Bisseck	GER	2000-11-29	897	16	9	7	1	29	2	0	0	0	0
	Matteo Motta	ITA	2005-02-10	0	0	0	0	0	2	0	0	0	0	0
	Giacomo Stabile	ITA	2005-04-12	0	0	0	0	0	8	0	0	0	0	0
MF	Nicolò Barella	ITA	1997-02-07	2860	37	34	3	17	3	2	3	7	0	0
	Henrikh Mkhitaryan	ARM	1989-01-21	2804	36	35	1	21	3	2	8	4	0	0
	Hakan Çalhanoğlu	TUR	1994-02-08	2576	32	32	0	20	3	13	3	5	0	0
	Davide Frattesi	ITA	1999-09-22	934	32	6	26	5	30	6	3	1	0	0
	Kristjan Asllani	ALB	2002-03-09	771	23	6	17	2	31	1	2	1	0	0
	Juan Cuadrado	COL	1988-05-26	257	10	0	10	0	15	0	0	1	0	0
	Davy Klaassen	NED	1993-02-21	195	13	1	12	1	35	0	0	1	0	0
	Stefano Sensi	ITA	1995-08-05	43	4	0	4	0	27	0	1	0	0	0
	Ebenezer Akinsanmiro	NGA	2004-11-25	14	1	0	1	0	5	0	0	0	0	0
	Issiaka Kamate	FRA	2004-08-02	0	0	0	0	0	2	0	0	0	0	0
	Aleksandar Stanković	SRB	2005-08-03	0	0	0	0	0	11	0	0	0	0	0
FW	Marcus Thuram	FRA	1997-08-06	2707	35	34	1	21	2	13	7	3	0	0
	Lautaro Martínez	ARG	1997-08-22	2668	33	31	2	13	4	24	3	5	0	0
	Marko Arnautović	AUT	1989-04-19	781	27	5	22	3	25	3	1	0	0	0
	Alexis Sánchez	CHI	1988-12-19	750	23	6	17	3	27	2	5	0	0	0
	Tajon Buchanan	CAN	1999-02-08	151	10	0	10	0	19	1	0	0	0	0
	Amadou Sarr	SEN	2004-06-28	0	0	0	0	0	9	0	0	0	0	0

SERIE A 2023-24 SEASON

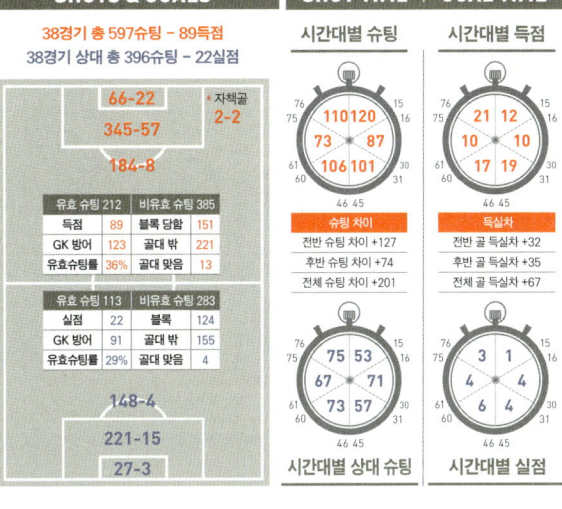
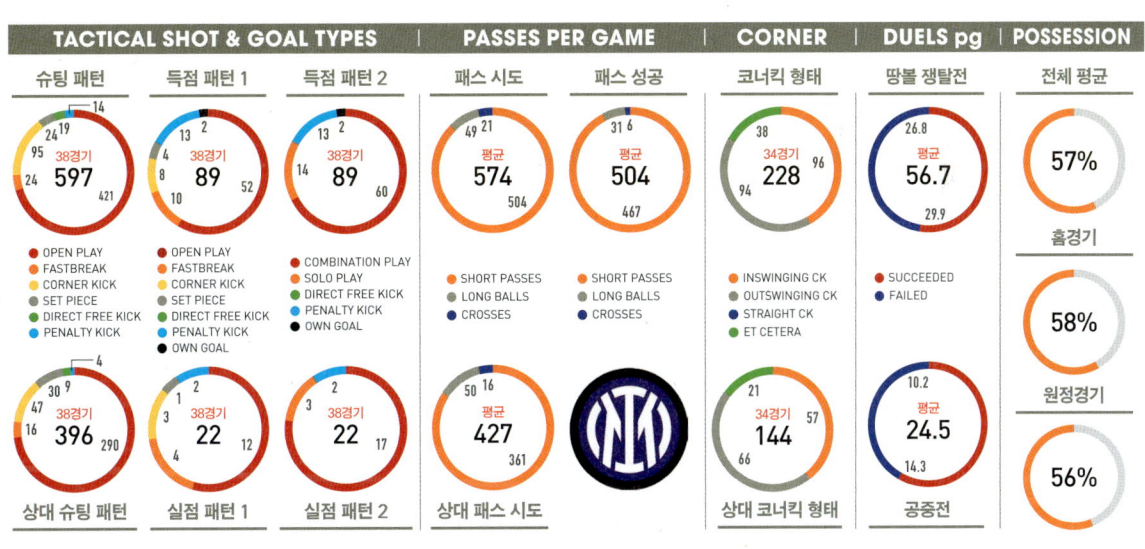
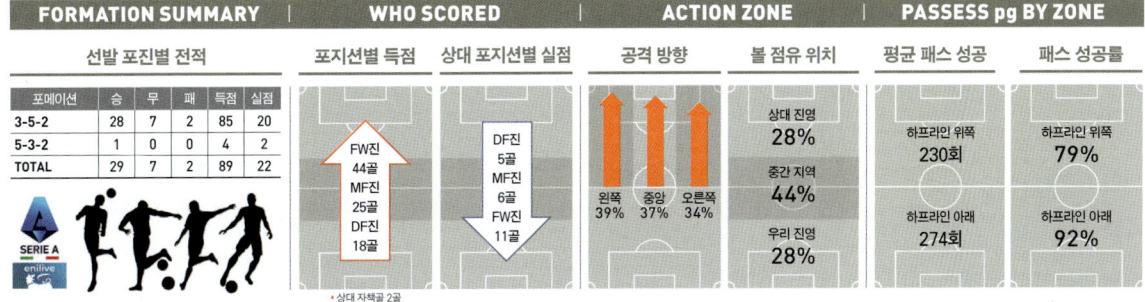

AC MILAN

	19	5	7	0	1	3
	ITALIAN SERIE-A	COPPA ITALIA	UEFA CHAMPIONS LEAGUE	UEFA EUROPA LEAGUE	FIFA CLUB WORLD CUP	UEFA-CONMEBOL INTERCONTINENTAL

 Founded 구단 창립 1899년
 Owner 레드 버드 캐피털
 CEO 파올로 스카로니 1946.11.28
 Manager 파올로 폰세카 1973.3.5
24-25 Odds 벳365 : 6.5배 스카이벳 : 6배

 Nationality ● 외국 선수 22명 ● 이탈리아 18명
 Age 40명 평균 23.9세
 Height 40명 평균 184cm
 Market Value 1군 26명 평균 2025만 유로
Game Points 23-24 : 75점 통산 : 5384점

 Win 23-24 : 22승 통산 : 1507승
Draw 23-24 : 9무 통산 : 901무
Loss 23-24 : 7패 통산 : 686패
 Goals For 23-24 : 76득점 통산 : 5086득점
 Goals Against 23-24 : 49실점 통산 : 3189실점

 More Minutes 티자니 레인더스 2829분
 **Top Scorer** 올리비에 지루 15골
 More Assists 하파엘 레앙 9도움
 **More Subs** 노아 오카포 22회 교체 IN
More Cards 테오 에르난데스 Y11+R1

TOTO GUIDE 지난 시즌 상대팀별 전적

상대팀	홈	원정
Inter Milan	1-2	1-5
Juventus	0-1	0-0
Atalanta	1-1	2-3
Bologna	2-2	2-0
AS Roma	3-1	2-1
Lazio	2-0	1-0
Fiorentina	1-0	2-1
Torino	4-1	1-3
Napoli	1-0	2-2
Genoa	3-3	1-0
Monza	3-0	2-4
Hellas Verona	1-0	3-1
Lecce	3-0	2-2
Udinese	0-1	3-2
Cagliari	5-1	3-1
Empoli	1-0	3-0
Frosinone	3-1	3-2
Sassuolo	1-0	3-3
Salernitana	3-3	2-2

Stadio San Siro
구장 오픈 / 증개축
1926년, 증개축 4회
구장 소유
밀라노 시
수용 인원
7만 5923명
피치 규모
105m X 68m
잔디 종류
하이브리드 잔디

STRENGTHS & WEAKNESSES

OFFENSE		DEFENSE	
직접 프리킥	C	세트피스 수비	C
문전 처리	A	상대 볼 뺏기	B
측면 돌파	A	공중전 능력	D
스루볼 침투	A	역습 방어	D
개인기 침투	A	지공 방어	D
카운터 어택	C	스루패스 방어	C
기회 만들기	B	리드 지키기	D
세트피스	B	실수 조심	C
OS 피하기	B	측면 방어력	C
중거리 슈팅	C	파울 주의	C
볼 점유율	B	중거리슈팅 수비	E

매우 강함 A 강한 편 B 보통 수준 C 약한 편 D 매우 약함 E

RANKING OF LAST 10 YEARS

14-15	15-16	16-17	17-18	18-19	19-20	20-21	21-22	22-23	23-24
10 52점	7 57점	6 63점	6 64점	5 68점	6 66점	2 79점	1 86점	4 70점	2 75점

위치	선수	국적	생년월일	출전(분)	출전경기	선발11	교체인	교체아웃	벤치출발	득점	도움	경고	경고누적	퇴장
GK	Mike Maignan	FRA	1995-07-03	2610	29	29	0	0	2	0	1	1	0	1
	Marco Sportiello	ITA	1992-05-10	630	7	7	0	0	19	0	0	0	0	0
	Antonio Mirante	ITA	1983-07-08	178	2	2	0	1	27	0	0	0	0	0
	Lapo Nava	ITA	2004-01-22	2	1	0	1	0	24	0	0	0	0	0
	Andrea Bartoccioni	ITA	2004-03-14	0	0	0	0	0	1	0	0	0	0	0
	Noah Raveyre	FRA	2005-06-22	0	0	0	0	0	1	0	0	0	0	0
	Lorenzo Torriani	ITA	2005-01-31	0	0	0	0	0	2	0	0	0	0	0
DF	Théo Hernández	FRA	1997-10-06	2795	32	31	1	4	1	5	4	11	0	1
	Davide Calabria	ITA	1996-12-06	2195	29	26	3	11	7	1	3	4	1	1
	Fikayo Tomori	ENG	1997-12-19	2124	26	24	2	4	3	4	0	7	1	0
	Alessandro Florenzi	ITA	1991-03-11	1729	31	19	12	8	17	1	4	5	0	0
	Malick Thiaw	GER	2001-08-08	1621	21	19	2	3	5	0	1	5	0	1
	Matteo Gabbia	ITA	1999-10-21	1275	18	14	4	4	5	2	1	5	0	0
	Simon Kjær	DEN	1989-03-26	1172	20	14	6	7	11	0	1	1	0	0
	Pierre Kalulu	FRA	2000-07-05	371	9	4	5	2	9	0	0	0	0	0
	Jan-Carlo Simić	SRB	2005-05-05	142	4	0	4	0	17	1	0	0	0	0
	Filippo Terracciano	ITA	2003-02-08	75	3	1	2	1	18	0	0	1	0	0
	Davide Bartesaghi	ITA	2005-12-29	72	6	0	6	0	24	0	0	0	0	0
	Álex Jiménez	ESP	2005-05-08	65	3	0	3	0	16	0	0	1	0	0
	Mattia Caldara	ITA	1994-05-05	32	1	0	1	0	6	0	0	0	0	0
	Clinton Nsiala-Makengo	FRA	2004-01-17	0	0	0	0	0	3	0	0	0	0	0
MF	Tijjani Reijnders	NED	1998-07-29	2829	36	33	3	12	4	3	3	8	0	0
	Ruben Loftus-Cheek	ENG	1996-01-23	2081	29	26	3	15	5	6	1	5	0	0
	Yunus Musah	USA	2002-11-29	1466	30	13	17	6	20	0	2	5	0	0
	Yacine Adli	FRA	2000-07-29	1411	24	17	7	11	21	1	2	3	0	0
	Ismaël Bennacer	ALG	1997-12-01	1151	20	13	7	9	8	2	2	2	0	0
	Tommaso Pobega	ITA	1999-07-15	314	11	3	8	2	17	0	0	0	0	0
	Kevin Zeroli	ITA	2005-01-11	25	3	0	3	0	14	0	0	0	0	0
	Victor Eletu	NGA	2005-04-01	0	0	0	0	0	1	0	0	0	0	0
FW	Christian Pulisic	USA	1998-09-18	2619	36	32	4	21	4	12	8	2	0	0
	Rafael Leão	POR	1999-06-10	2521	34	29	5	14	5	9	9	5	0	0
	Olivier Giroud	FRA	1986-09-30	2374	35	28	7	17	8	15	8	1	0	1
	Samuel Chukwueze	NGA	1999-05-22	1015	24	12	12	10	15	1	3	1	0	0
	Noah Okafor	SUI	2000-05-24	870	28	6	22	6	26	6	2	1	0	0
	Luka Jović	SRB	1997-12-23	869	23	8	15	5	22	6	1	2	0	1
	Francesco Camarda	ITA	2008-03-10	12	2	0	2	0	2	0	0	0	0	0
	Diego Sia	ITA	2006-03-10	0	0	0	0	0	1	0	0	0	0	0

SERIE A 2023-24 SEASON

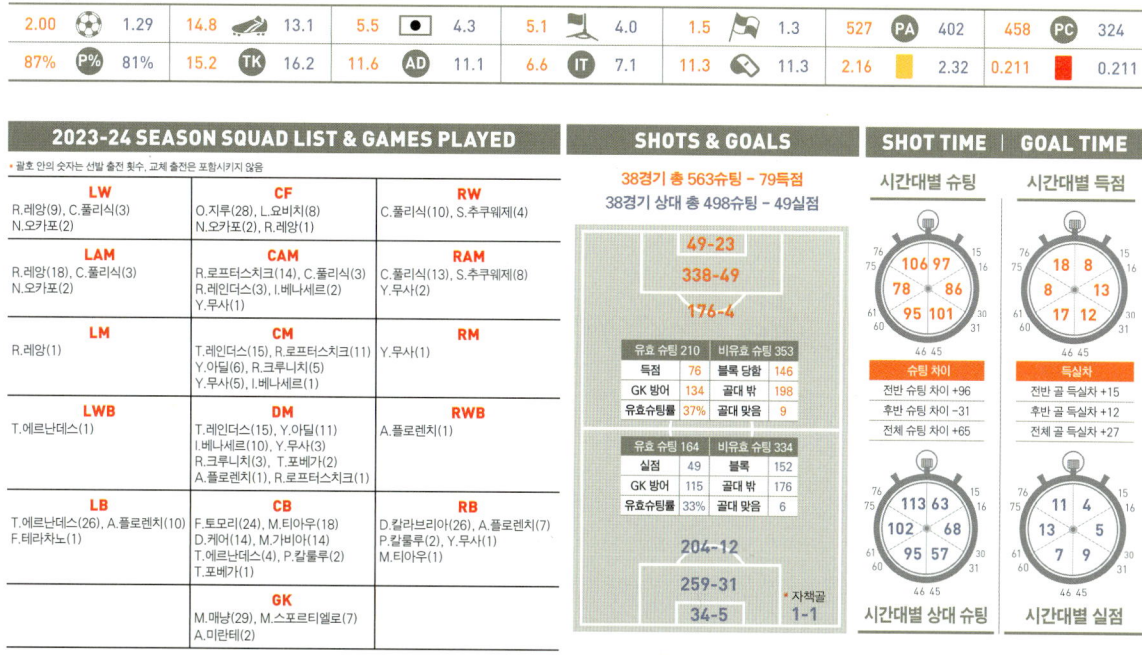

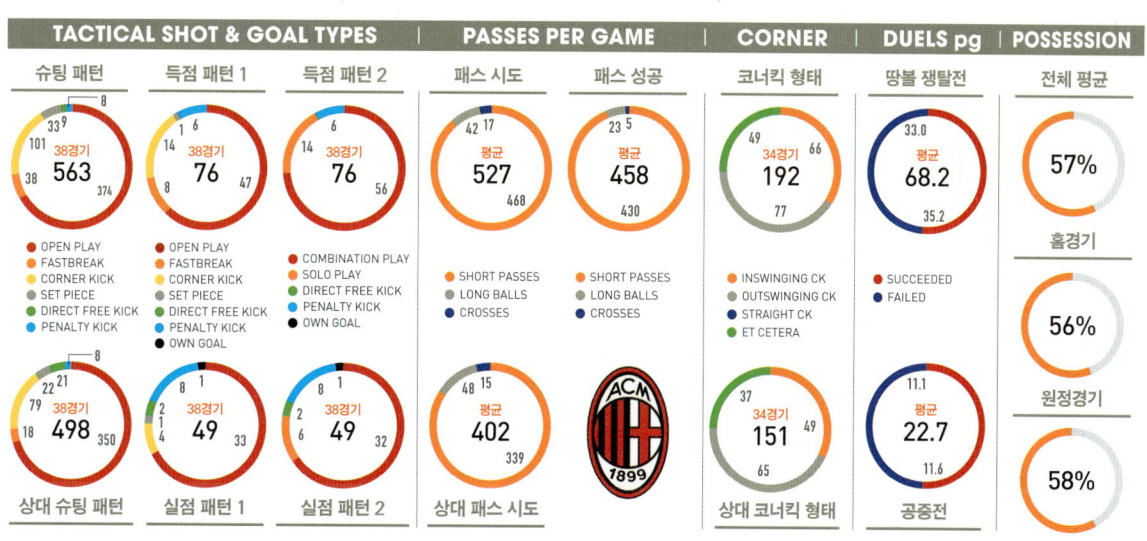

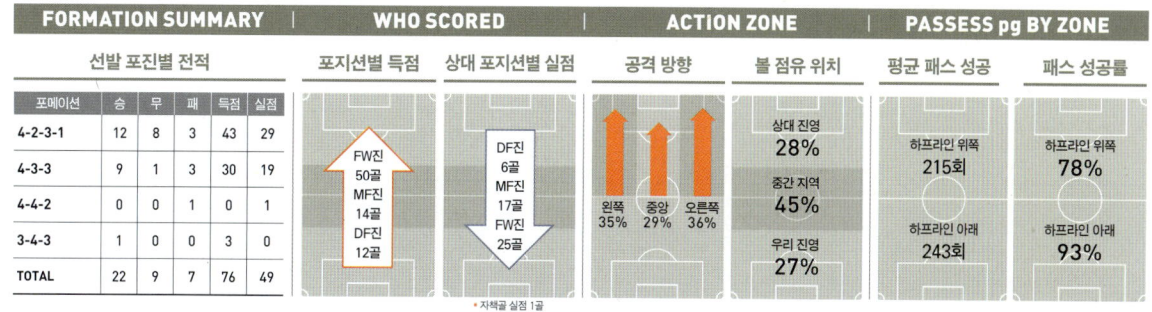

JUVENTUS FC

Founded 구단 창립 1897년	**Owner** 아넬리 패밀리	**CEO** 잔루카 페레로 1963.12.07	**Manager** 티아고 모타 1982.8.28	**24-25 Odds** 벳365 : 4배 스카이벳 : 4배	

Trophies					
ITALIAN SERIE-A 36	COPPA ITALIA 15	UEFA CHAMPIONS LEAGUE 2	UEFA EUROPA LEAGUE 3	FIFA CLUB WORLD CUP 0	UEFA-CONMEBOL INTERCONTINENTAL 2

Nationality 외국 선수 17명 / 이탈리아 18명	**Age** 35명 평균 25.7세	**Height** 35명 평균 186cm	**Market Value** 1군 27명 평균 1710만 유로	**Game Points** 23-24 : 71점 통산 : 5979점
Win 23-24 : 19승 통산 : 1715승	**Draw** 23-24 : 14무 통산 : 844무	**Loss** 23-24 : 5패 통산 : 559패	**Goals For** 23-24 : 54득점 통산 : 5441득점	**Goals Against** 23-24 : 31실점 통산 : 2936실점
More Minutes 브레메르 3234분	**Top Scorer** 두산 블라호비치 16골	**More Assists** 웨스턴 맥케니 7도움	**More Subs** 아르카디우시 밀리크 25회 교체 IN	**More Cards** 안드레아 캄비아소 Y10+R0

TOTO GUIDE 지난 시즌 상대팀별 전적

상대팀	홈	원정
Inter Milan	1-1	0-1
AC Milan	0-0	1-0
Atalanta	2-2	0-0
Bologna	1-1	3-3
AS Roma	1-0	1-1
Lazio	3-1	0-1
Fiorentina	1-0	1-0
Torino	2-0	0-0
Napoli	1-0	1-2
Genoa	0-0	1-1
Monza	2-0	2-1
Hellas Verona	1-0	2-2
Lecce	1-0	3-0
Udinese	0-1	3-0
Cagliari	2-1	2-2
Empoli	1-1	2-0
Frosinone	3-2	2-1
Sassuolo	3-0	2-4
Salernitana	1-1	2-1

Juventus Stadium
구장 오픈: 2011년
구장 소유: 유벤투스 FC
수용 인원: 4만 1507명
피치 규모: 105m X 68m
잔디 종류: 천연 잔디

STRENGTHS & WEAKNESSES

OFFENSE		DEFENSE	
직접 프리킥	A	세트피스 수비	C
문전 처리	C	상대 볼 뺏기	A
측면 돌파	B	공중전 능력	C
스루볼 침투	C	역습 방어	C
개인기 침투	C	지공 방어	C
카운터 어택	C	스루패스 방어	C
기회 만들기	B	리드 지키기	B
세트피스	B	실수 조심	C
OS 피하기	D	측면 방어력	C
중거리 슈팅	B	파울 주의	C
볼 점유율	C	중거리슈팅 수비	D

매우 강함 A 강한 편 B 보통 수준 C 약한 편 D 매우 약함 E

RANKING OF LAST 10 YEARS

14-15	15-16	16-17	17-18	18-19	19-20	20-21	21-22	22-23	23-24
1 (87점)	1 (91점)	1 (91점)	1 (95점)	1 (90점)	1 (83점)	4 (78점)	4 (70점)	7 (62점)	3 (71점)

Squad

위치	선수	국적	생년월일	출전(분)	출전경기	선발11	교체인	교체아웃	벤치출발	득점	도움	경고	경고누적	퇴장
GK	Wojciech Szczęsny	POL	1990-04-18	3150	35	35	0	0	1	0	0	1	0	0
GK	Mattia Perin	ITA	1992-11-10	226	3	3	0	1	30	0	0	0	0	0
GK	Carlo Pinsoglio	ITA	1990-03-16	44	1	0	1	0	38	0	0	0	0	0
GK	Giovanni Daffara	ITA	2004-12-05	0	0	0	0	0	3	0	0	0	0	0
GK	Giovanni Garofani	ITA	2002-10-20	0	0	0	0	0	1	0	0	0	0	0
GK	Simone Scaglia	ITA	2004-07-12	0	0	0	0	0	3	0	0	0	0	0
DF	Bremer	BRA	1997-03-18	3234	36	36	0	1	1	3	0	9	0	0
DF	Federico Gatti	ITA	1998-06-24	2641	32	30	2	7	7	4	0	7	0	0
DF	Danilo	BRA	1991-07-15	2450	29	27	2	0	3	1	1	7	0	0
DF	Andrea Cambiaso	ITA	2000-02-20	2389	34	28	6	24	7	2	3	10	0	0
DF	Daniele Rugani	ITA	1994-07-29	1186	17	13	4	3	25	2	0	2	0	0
DF	Alex Sandro	BRA	1991-01-26	716	16	8	8	2	17	1	0	1	0	0
DF	Mattia De Sciglio	ITA	1992-10-20	46	1	1	0	1	6	0	0	0	0	0
DF	Tiago Djaló	POR	2000-04-09	16	1	0	1	0	16	0	0	0	0	0
MF	Manuel Locatelli	ITA	1998-01-08	3011	36	34	2	5	3	1	4	6	0	0
MF	Adrien Rabiot	FRA	1995-04-30	2651	31	30	1	2	1	5	3	8	0	0
MF	Weston McKennie	USA	1998-08-28	2601	34	29	5	12	7	0	7	6	0	0
MF	Filip Kostić	SRB	1992-11-01	1834	29	26	3	23	11	0	4	2	0	0
MF	Fabio Miretti	ITA	2003-08-03	1108	25	16	9	16	21	1	1	3	0	0
MF	Nicolò Fagioli	ITA	2001-02-12	438	8	4	4	4	6	0	2	1	0	0
MF	Carlos Alcaraz	ARG	2002-11-30	376	10	3	7	2	10	0	1	0	0	0
MF	Hans Nicolussi Caviglia	ITA	2000-06-18	266	8	3	5	3	35	0	1	1	0	0
MF	Paul Pogba	FRA	1993-03-15	52	2	0	2	0	3	0	0	0	0	0
MF	Joseph Nonge	BEL	2005-05-15	23	2	0	2	1	22	0	0	1	0	0
MF	Nikola Sekulov	ITA	2002-02-18	10	1	0	1	0	1	0	0	0	0	0
MF	Luis Hasa	ITA	2004-01-06	0	0	0	0	0	1	0	0	0	0	0
FW	Dušan Vlahović	SRB	2000-01-28	2318	33	27	6	18	6	16	4	7	1	0
FW	Federico Chiesa	ITA	1997-10-25	2206	33	25	8	16	8	9	2	1	0	0
FW	Timothy Weah	USA	2000-02-22	1248	30	12	18	9	20	0	1	5	0	0
FW	Kenan Yıldız	TUR	2005-05-04	944	27	9	18	9	27	2	0	3	0	0
FW	Arkadiusz Milik	POL	1994-02-28	900	32	7	25	4	25	4	1	2	0	0
FW	Samuel Iling-Junior	ENG	2003-10-04	795	24	4	20	2	34	1	2	1	0	0
FW	Moise Kean	ITA	2000-02-28	651	19	8	11	8	15	0	0	1	0	0
FW	Leonardo Cerri	ITA	2003-03-04	6	1	0	1	0	1	0	0	0	0	0
FW	Tommaso Mancini	ITA	2004-07-23	0	0	0	0	0	1	0	0	0	0	0

SERIE A 2023-24 SEASON

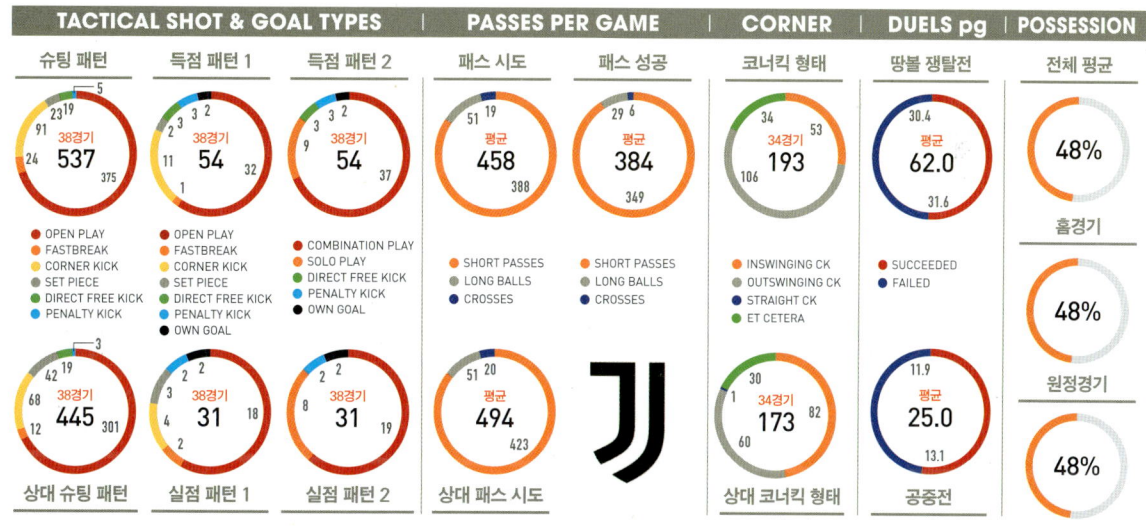

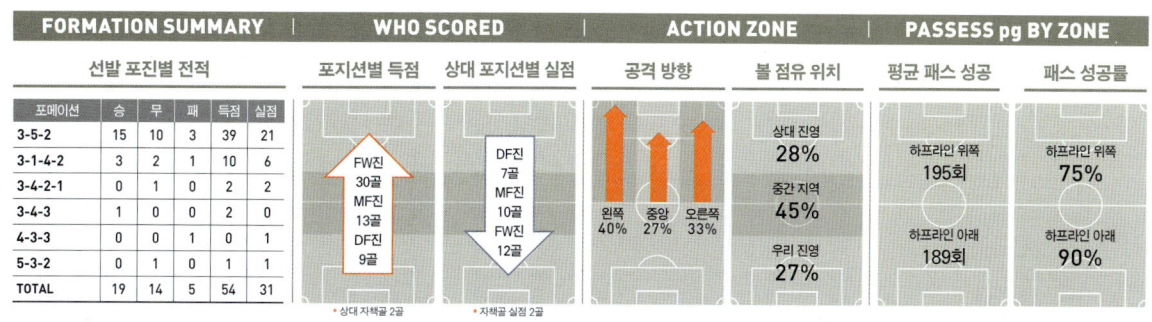

ATALANTA BC

Founded 구단 창립 1907년	**Owner** 스테판 팔류카 안토니오 페르카시	**CEO** 안토니오 페르카시 1953.06.09	**Manager** 잔피에로 가르페리니 1958.01.26	**24-25 Odds** 벳365 : 20배 스카이벳 : 18배	
Nationality 외국 선수 19명 이탈리아 19명	**Age** 38명 평균 24.8세	**Height** 38명 평균 186cm	**Market Value** 1군 명 25평균 1633만 유로	**Game Points** 23-24 : 69점 통산 : 2787점	
Win 23-24 : 21승 통산 : 699승	**Draw** 23-24 : 6무 통산 : 698무	**Loss** 23-24 : 11패 통산 : 817패	**Goals For** 23-24 : 72득점 통산 : 2611득점	**Goals Against** 23-24 : 42실점 통산 : 2852실점	
More Minutes 에데르송 2873분	**Top Scorer** 주루키 스카마카+1명 12골	**More Assists** 샤를 드케텔라러 8도움	**More Subs** 알렉세이 미란추크 15회 교체 IN	**More Cards** 마르턴 더룬 Y10+R0	

	ITALIAN SERIE-A	COPPA ITALIA	UEFA CHAMPIONS LEAGUE	UEFA EUROPA LEAGUE	FIFA CLUB WORLD CUP	UEFA-CONMEBOL INTERCONTINENTAL
	0	1	0	0	0	0

TOTO GUIDE 지난 시즌 상대팀별 전적

상대팀	홈	원정
Inter Milan	1-2	0-4
AC Milan	3-2	1-1
Juventus	0-0	2-2
Bologna	1-2	0-1
AS Roma	2-1	1-1
Lazio	3-1	2-3
Fiorentina	2-3	2-3
Torino	3-0	0-3
Napoli	1-2	3-0
Genoa	2-0	4-1
Monza	3-0	2-1
Hellas Verona	2-2	1-0
Lecce	1-0	0-0
Udinese	2-0	1-1
Cagliari	2-0	1-2
Empoli	2-0	3-0
Frosinone	5-0	1-2
Sassuolo	3-0	2-0
Salernitana	4-1	2-1

Gewiss Stadium

구장 오픈 / 증개축: 1928년, 증개축 2회
구장 소유: 스타디움 관리회사
수용 인원: 2만 1747명
피치 규모: 105m X 68m
잔디 종류: 하이브리드 잔디

STRENGTHS & WEAKNESSES

OFFENSE		DEFENSE	
직접 프리킥	C	세트피스 수비	C
문전 처리	B	상대 볼 뺏기	C
측면 돌파	B	공중전 능력	A
스루볼 침투	A	역습 방어	C
개인기 침투	C	지공 방어	C
카운터 어택	B	스루패스 방어	C
기회 만들기	B	리드 지키기	C
세트피스	C	실수 조심	C
OS 피하기	C	측면 방어력	D
중거리 슈팅	A	파울 주의	C
볼 점유율	D	중거리슈팅 수비	C

매우 강함 A 강한 편 B 보통 수준 C 약한 편 D 매우 약함 E

RANKING OF LAST 10 YEARS

위치	선수	국적	생년월일	출전(분)	출전경기	선발11	교체인	교체아웃	벤치출발	득점	도움	경고	경고누적	퇴장
GK	Marco Carnesecchi	ITA	2000-07-01	2426	27	27	0	1	11	0	0	0	0	0
	Juan Musso	ARG	1994-05-06	990	11	11	0	0	27	0	0	0	0	0
	Francesco Rossi	ITA	1991-04-27	4	1	0	1	0	35	0	0	0	0	0
	Paolo Vismara	ITA	2003-03-28	0	0	0	0	0	3	0	0	0	0	0
DF	Berat Djimsiti	ALB	1993-02-19	2832	37	32	5	4	6	0	1	4	0	0
	Giorgio Scalvini	ITA	2003-12-11	2555	33	31	2	13	2	1	3	3	0	0
	Matteo Ruggeri	ITA	2002-07-11	2466	34	28	6	21	9	0	4	3	0	0
	Sead Kolašinac	BIH	1993-06-20	2183	30	25	5	9	7	1	0	4	0	0
	Davide Zappacosta	ITA	1992-06-11	1877	31	23	8	17	13	2	1	5	0	0
	Hans Hateboer	NED	1994-01-09	1103	23	10	13	3	20	0	1	5	0	0
	Rafael Tolói	ITA	1990-10-10	961	18	10	8	4	16	0	0	5	1	0
	Emil Holm	SWE	2000-05-13	947	22	12	10	11	18	1	1	5	0	0
	Isak Hien	SWE	1999-01-13	930	16	9	7	0	8	0	1	3	0	0
	Mitchel Bakker	NED	2000-06-20	373	14	3	11	4	33	1	0	1	0	0
	Giovanni Bonfanti	ITA	2003-01-17	89	2	1	1	1	19	0	0	0	0	0
	José Palomino	ARG	1990-01-05	22	4	0	4	0	13	0	0	0	0	0
	Marco Palestra	ITA	2005-03-03	0	0	0	0	0	3	0	0	0	0	0
	Tommas Del Lungo	ITA	2003-11-21	0	0	0	0	0	1	0	0	0	0	0
	Pietro Comi	ITA	2005-06-11	0	0	0	0	0	5	0	0	0	0	0
MF	Éderson	BRA	1999-07-07	2873	36	32	4	8	5	6	1	8	0	0
	Teun Koopmeiners	NED	1998-02-28	2631	34	29	5	10	5	12	5	5	0	0
	Marten de Roon	NED	1991-03-29	2599	30	29	1	1	4	0	5	10	0	0
	Mario Pašalić	CRO	1995-02-09	2051	34	23	11	10	15	6	6	3	0	0
	Aleksey Miranchuk	RUS	1995-10-17	1170	27	12	15	8	23	3	5	1	0	0
	Michel Adopo	FRA	2000-07-19	100	10	0	10	0	36	0	1	0	0	0
	Leonardo Mendicino	ITA	2006-06-25	0	1	0	1	0	8	0	0	0	0	0
	Matteo Colombo	ITA	2004-03-09	0	0	0	0	0	1	0	0	0	0	0
	Alberto Manzoni	ITA	2005-06-25	0	0	0	0	0	1	0	0	0	0	0
FW	Charles De Ketelaere	BEL	2001-03-10	2040	35	25	10	24	11	10	8	1	0	0
	Ademola Lookman	NGA	1997-10-20	1900	31	22	9	18	10	11	7	4	0	0
	Gianluca Scamacca	ITA	1999-01-01	1457	29	17	12	16	15	12	6	1	0	0
	El Bilal Touré	MLI	2001-10-03	388	11	3	8	1	16	2	0	2	0	0
	Alessandro Cortinovis	ITA	2001-01-25	0	0	0	0	0	1	0	0	0	0	0
	Siren Diao	ESP	2005-01-21	0	0	0	0	0	2	0	0	0	0	0
	Moustapha Cissé	GUI	2003-09-14	0	0	0	0	0	3	0	0	0	0	0

SERIE A 2023-24 SEASON

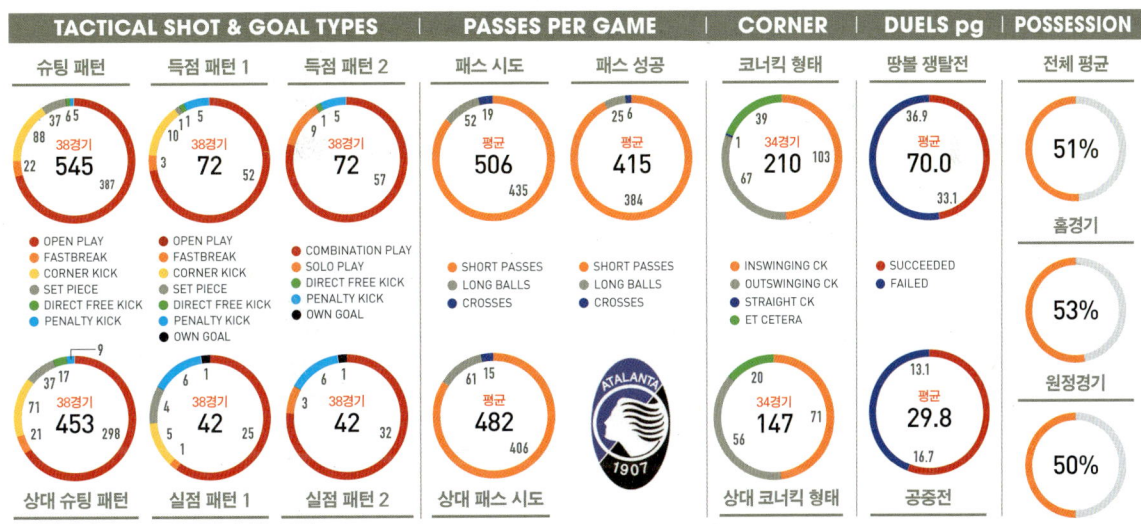

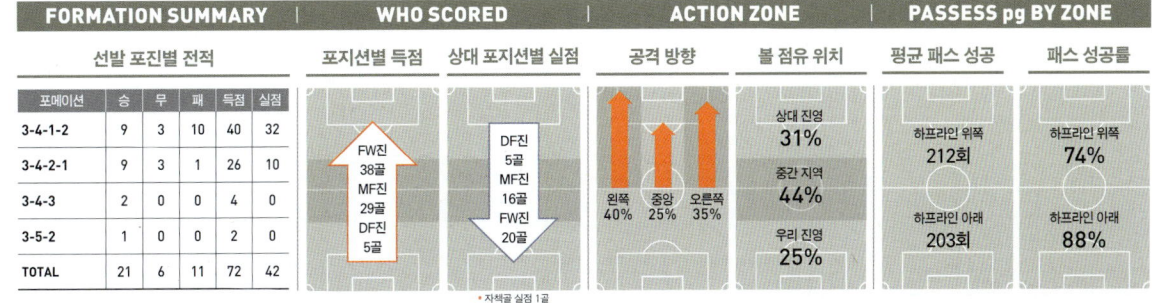

BOLOGNA FC 1909

 Founded 구단 창립 1909년
 Owner BFC 1909 Lux SPV
 CEO 조이 사푸토 1964.09.25
 Manager 빈첸초 이탈리아노 1977.12.10
 24-25 Odds 벳365 : 100배 스카이벳 : 80배

 Nationality 외국 선수 20명 / 이탈리아 10명
 Age 30명 평균 24.7세
 Height 30명 평균 185cm
 Market Value 1군 27명 평균 1080만 유로
 **Game Points** 23-24 : 68점 통산 : 3641점

 Win 23-24 : 18승 통산 : 942승
 **Draw** 23-24 : 14무 통산 : 823무
 Loss 23-24 : 6패 통산 : 877패
 Goals For 23-24 : 54득점 통산 : 3452득점
 Goals Against 23-24 : 32실점 통산 : 3239실점

 More Minutes 우카시 스코룹스키 2880분
 Top Scorer 요슈아 지르크제 11골
 More Assists 리카르도 칼라피오리 5도움
 More Subs 조반니 파비안 16회 교체 IN
 More Cards 레모 프로일러 Y9+R0

RANKING OF LAST 10 YEARS

연도	14-15	15-16	16-17	17-18	18-19	19-20	20-21	21-22	22-23	23-24
순위	14	15	15	15	10	12	12	13	9	5
점수	68점	42점	41점	39점	44점	47점	41점	46점	54점	68점

7	2	0	0	0	0
ITALIAN SERIE-A	COPPA ITALIA	UEFA CHAMPIONS LEAGUE	UEFA EUROPA LEAGUE	FIFA CLUB WORLD CUP	UEFA-CONMEBOL INTERCONTINENTAL

TOTO GUIDE 지난 시즌 상대팀별 전적

상대팀	홈	원정
Inter Milan	0-1	2-2
AC Milan	0-2	2-2
Juventus	3-3	1-1
Atalanta	1-0	2-1
AS Roma	2-0	3-1
Lazio	1-0	2-1
Fiorentina	2-0	1-2
Torino	2-0	0-0
Napoli	0-0	2-0
Genoa	1-1	0-2
Monza	0-0	0-0
Hellas Verona	2-0	0-0
Lecce	4-0	1-1
Udinese	1-1	0-3
Cagliari	2-1	1-2
Empoli	3-0	1-0
Frosinone	2-1	0-0
Sassuolo	4-2	1-1
Salernitana	3-0	2-1

Stadio Renato Dall'Ara

구장 오픈 / 증개축 1927년, 2015년
구장 소유 볼로냐 FC, 볼로냐 시
수용 인원 3만 1070명
피치 규모 105m X 68m
잔디 종류 천연 잔디

STRENGTHS & WEAKNESSES

OFFENSE		DEFENSE	
직접 프리킥	B	세트피스 수비	B
문전 처리	C	상대 볼 뺏기	B
측면 돌파	B	공중전 능력	D
스루볼 침투	C	역습 방어	C
개인기 침투	C	지공 방어	C
카운터 어택	C	스루패스 방어	C
기회 만들기	C	리드 지키기	C
세트피스	C	실수 조심	D
OS 피하기	C	측면 방어력	C
중거리 슈팅	C	파울 주의	C
볼 점유율	B	중거리슈팅 수비	C

매우 강함 A / 강한 편 B / 보통 수준 C / 약한 편 D / 매우 약함 E

위치	선수	국적	생년월일	출전(분)	출전경기	선발11	교체인	교체아웃	벤치출발	득점	도움	경고	경고누적	퇴장
GK	Łukasz Skorupski	POL	1991-05-05	2880	32	32	0	0	6	0	0	2	0	0
	Federico Ravaglia	ITA	1999-11-11	536	6	6	0	1	32	0	0	0	0	0
	Nicola Bagnolini	ITA	2004-03-14	4	1	0	1	0	30	0	0	0	0	0
	Tito Gasperini	ITA	2006-03-09	0	0	0	0	0	7	0	0	0	0	0
DF	Sam Beukema	NED	1998-11-17	2549	30	29	1	2	6	1	1	5	1	0
	Stefan Posch	AUT	1997-05-14	2418	31	29	2	11	3	1	2	7	1	0
	Riccardo Calafiori	ITA	2002-05-19	2347	30	26	4	3	10	2	5	4	0	0
	Victor Kristiansen	DEN	2002-12-16	2312	32	26	6	10	9	0	3	0	0	0
	Jhon Lucumí	COL	1998-06-26	2213	29	23	6	1	10	0	0	2	0	0
	Charalampos Lykogiannis	GRE	1993-10-22	900	22	10	12	7	27	2	1	2	0	0
	Lorenzo De Silvestri	ITA	1988-05-23	673	15	7	8	7	28	2	0	0	0	0
	Tommaso Corazza	ITA	2004-06-29	188	9	1	8	1	34	0	0	1	0	0
	Mihajlo Ilić	SRB	2003-07-04	0	0	0	0	0	18	0	0	0	0	0
	Adama Soumaoro	CIV	1992-06-18	0	0	0	0	0	2	0	0	0	0	0
	Wisdom Amey	ITA	2005-08-11	0	0	0	0	0	0	0	0	0	0	0
MF	Lewis Ferguson	SCO	1999-08-24	2718	31	31	0	6	0	6	3	8	0	0
	Remo Freuler	SUI	1992-04-15	2632	32	30	2	10	4	1	1	9	0	0
	Michel Aebischer	SUI	1997-01-06	2233	36	26	10	13	11	0	1	8	0	0
	Alexis Saelemaekers	BEL	1999-06-27	1891	30	21	9	14	10	4	2	1	0	0
	Giovanni Fabbian	ITA	2003-01-14	1051	27	11	16	9	27	5	2	0	0	0
	Kacper Urbański	POL	2004-09-07	920	22	9	13	7	29	0	1	0	0	0
	Nikola Moro	CRO	1998-03-12	838	23	10	13	9	28	1	0	0	0	0
	Oussama El Azzouzi	MAR	2001-05-29	537	18	5	13	4	24	2	2	4	0	0
FW	Joshua Zirkzee	NED	2001-05-22	2772	34	32	2	17	2	11	4	8	0	0
	Riccardo Orsolini	ITA	1997-01-24	1791	33	19	14	13	15	10	2	2	0	0
	Dan Ndoye	SUI	2000-10-25	1776	32	20	12	16	13	1	1	0	0	0
	Jens Odgaard	DEN	1999-03-31	431	10	5	5	5	8	2	0	0	0	0
	Jesper Karlsson	SWE	1998-07-25	344	7	4	3	4	20	0	0	0	0	0
	Santiago Castro	ARG	2004-09-18	238	8	2	6	1	10	1	1	0	0	0
	Tommaso Ravaglioli	ITA	2006-02-20	0	0	0	0	0	0	0	0	0	0	0

SERIE A 2023-24 SEASON

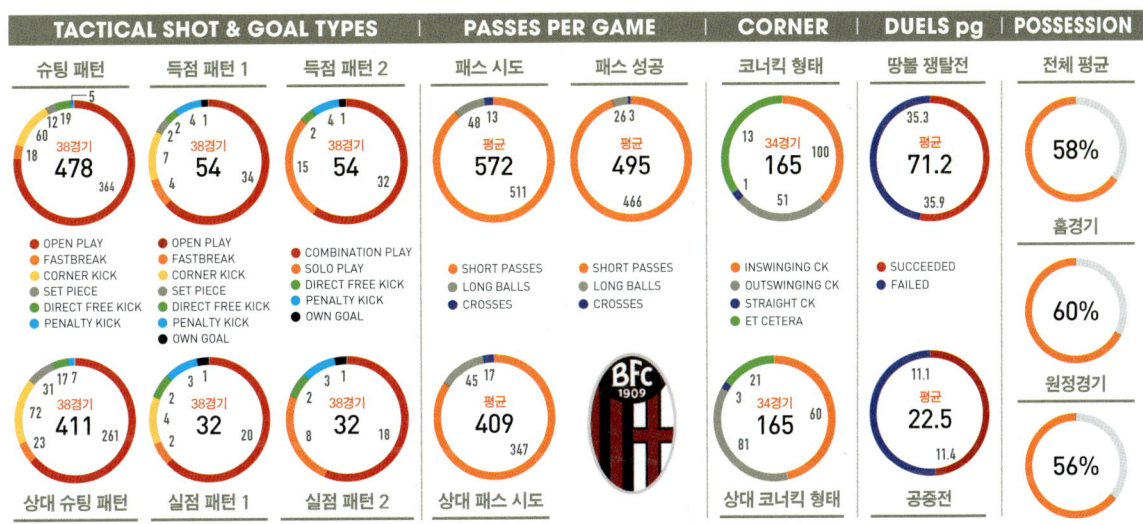

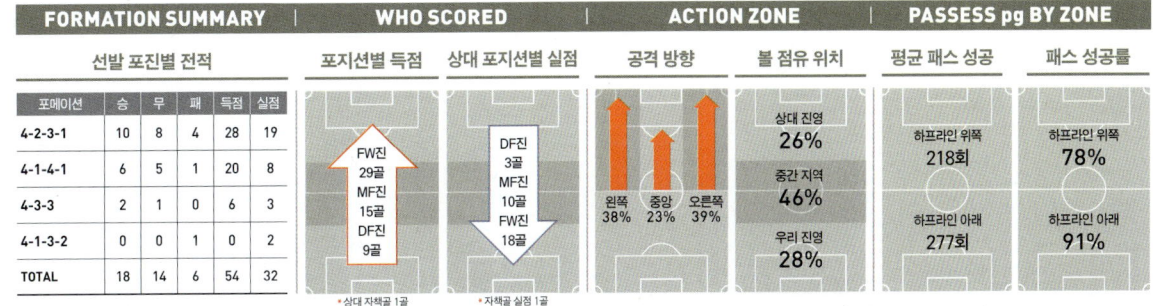

AS ROMA

Founded	Owner	CEO	Manager	24-25 Odds
구단 창립 1927년	더 프리드킨 그룹	댄 프리드킨 1965년 샌디에이고 출생	다니엘레 데로시 1983.07.24	벳365 : 25배 스카이벳 : 28배

Nationality	Age	Height	Market Value	Game Points
외국 선수 23명 이탈리아 23명	46명 평균 23.8세	46명 평균 184cm	1군 26명 평균 1231만 유로	23-24 : 63점 통산 : 4869점

Win	Draw	Loss	Goals For	Goals Against
23-24 : 18승 통산 : 1316승	23-24 : 9무 통산 : 921무	23-24 : 11패 통산 : 873패	23-24 : 65득점 통산 : 4575득점	23-24 : 46실점 통산 : 3526실점

More Minutes	Top Scorer	More Assists	More Subs	More Cards
브라이언 크리스탄테 3292분	로멜루 루카쿠+1명 13골	파울로 디발라 9도움	세르다르 아즈문 20회 교체 IN	레안드로 파레데스 Y15+R1

3	9	0	0	0	0
ITALIAN SERIE-A	COPPA ITALIA	UEFA CHAMPIONS LEAGUE	UEFA EUROPA LEAGUE	FIFA CLUB WORLD CUP	UEFA-CONMEBOL INTERCONTINENTAL

TOTO GUIDE 지난 시즌 상대팀별 전적

상대팀	홈	원정
Inter Milan	2-4	0-1
AC Milan	1-2	1-3
Juventus	1-1	0-1
Atalanta	1-1	1-2
Bologna	1-3	0-2
Lazio	1-0	0-0
Fiorentina	1-1	2-2
Torino	3-2	1-1
Napoli	2-0	2-2
Genoa	1-0	1-4
Monza	1-0	4-1
Hellas Verona	2-1	1-2
Lecce	2-1	0-0
Udinese	3-1	2-1
Cagliari	4-0	4-1
Empoli	7-0	1-2
Frosinone	2-0	3-0
Sassuolo	1-0	2-1
Salernitana	2-2	2-1

Stadio Olimpico

구장 오픈 / 증개축 1930년, 증개축 2회
구장 소유 이탈리아 올림픽위원회
수용 인원 7만 634명
피치 규모 105m X 66m
잔디 종류 천연 잔디

STRENGTHS & WEAKNESSES

OFFENSE		DEFENSE	
직접 프리킥	C	세트피스 수비	B
문전 처리	B	상대 볼 뺏기	C
측면 돌파	C	공중전 능력	C
스루볼 침투	C	역습 방어	D
개인기 침투	B	지공 방어	D
카운터 어택	C	스루패스 방어	C
기회 만들기	C	리드 지키기	B
세트피스	B	실수 조심	C
OS 피하기	C	측면 방어력	D
중거리 슈팅	C	파울 주의	C
볼 점유율	B	중거리슈팅 수비	C

매우 강함 A 강한 편 B 보통 수준 C 약한 편 D 매우 약함 E

RANKING OF LAST 10 YEARS

14-15: 2위 70점 | 15-16: 3위 80점 | 16-17: 2위 87점 | 17-18: 3위 77점 | 18-19: 6위 66점 | 19-20: 5위 70점 | 20-21: 7위 62점 | 21-22: 6위 63점 | 22-23: 6위 63점 | 23-24: 6위 63점

위치	선수	국적	생년월일	출전(분)	출전경기	선발11	교체인	교체아웃	벤치출발	득점	도움	경고	경고누적	퇴장
GK	Rui Patrício	POR	1988-02-15	2070	23	23	0	0	15	0	0	1	0	0
	Mile Svilar	BEL	1999-08-27	1350	15	15	0	0	23	0	0	1	0	0
	Pietro Boer	ITA	2002-05-12	0	0	0	0	0	36	0	0	0	0	0
	Renato Marin	BRA	2006-07-10	0	0	0	0	0	1	0	0	0	0	0
DF	Gianluca Mancini	ITA	1996-04-17	2874	36	34	2	8	3	4	1	9	0	0
	Diego Llorente	ESP	1993-08-16	2229	30	27	3	7	7	1	1	5	0	0
	Evan Ndicka	CIV	1999-08-20	2171	25	25	0	3	4	0	3	6	0	0
	Rasmus Kristensen	DEN	1997-07-11	1742	29	19	10	7	16	1	1	5	0	0
	Leonardo Spinazzola	ITA	1993-03-25	1312	24	15	9	11	15	1	2	0	0	0
	Rick Karsdorp	NED	1995-02-11	1216	18	14	4	11	20	0	2	2	0	0
	Angeliño	ESP	1997-01-04	1148	16	14	2	9	2	0	1	2	0	0
	Nicola Zalewski	POL	2002-01-23	964	22	10	12	8	27	0	1	2	1	0
	Zeki Çelik	TUR	1997-02-17	666	17	6	11	3	32	0	1	1	0	0
	Dean Huijsen	NED	2005-04-14	502	13	4	9	2	16	2	0	4	0	0
	Chris Smalling	ENG	1989-11-22	389	8	4	4	3	11	0	0	0	0	0
	Lovro Golič	SVN	2006-03-05	0	0	0	0	0	2	0	0	0	0	0
	Jan Oliveras	ESP	2004-07-07	0	0	0	0	0	2	0	0	0	0	0
MF	Bryan Cristante	ITA	1995-03-03	3292	37	37	0	3	0	3	4	8	0	0
	Leandro Paredes	ARG	1994-06-29	2646	34	32	2	14	2	3	5	15	0	1
	Lorenzo Pellegrini	ITA	1996-06-19	1865	29	20	9	13	11	8	3	7	0	0
	Edoardo Bove	ITA	2002-05-16	1776	31	18	13	9	20	0	2	2	0	0
	Houssem Aouar	ALG	1998-06-30	756	16	9	7	7	21	4	0	3	0	0
	Renato Sanches	POR	1997-08-18	142	7	1	6	2	18	1	0	0	0	0
	Riccardo Pagano	ITA	2004-11-28	47	4	0	4	0	23	0	0	0	0	0
	Niccolò Pisilli	ITA	2004-09-23	8	1	0	1	0	23	0	0	0	0	0
	Francesco D'Alessio	ITA	2004-02-21	0	0	0	0	0	1	0	0	0	0	0
FW	Romelu Lukaku	BEL	1993-05-13	2648	32	30	2	6	2	13	3	5	0	1
	Paulo Dybala	ARG	1993-11-15	1976	28	25	3	19	4	13	9	3	0	0
	Stephan El Shaarawy	ITA	1992-10-27	1738	33	19	14	14	19	3	4	2	0	0
	Sardar Azmoun	IRN	1995-01-01	568	23	3	20	3	26	3	0	4	0	0
	Tommaso Baldanzi	ITA	2003-03-23	516	13	6	7	6	10	0	1	2	0	0
	Tammy Abraham	ENG	1997-10-02	238	8	2	6	2	7	1	0	1	0	0
	João Costa	POR	2005-03-28	11	3	0	3	0	20	0	1	0	0	0
	Luigi Cherubini	ITA	2004-01-15	0	0	0	0	0	3	0	0	0	0	0
	Filippo Alessio	ITA	2004-12-24	0	0	0	0	0	1	0	0	0	0	0

SERIE A 2023-24 SEASON

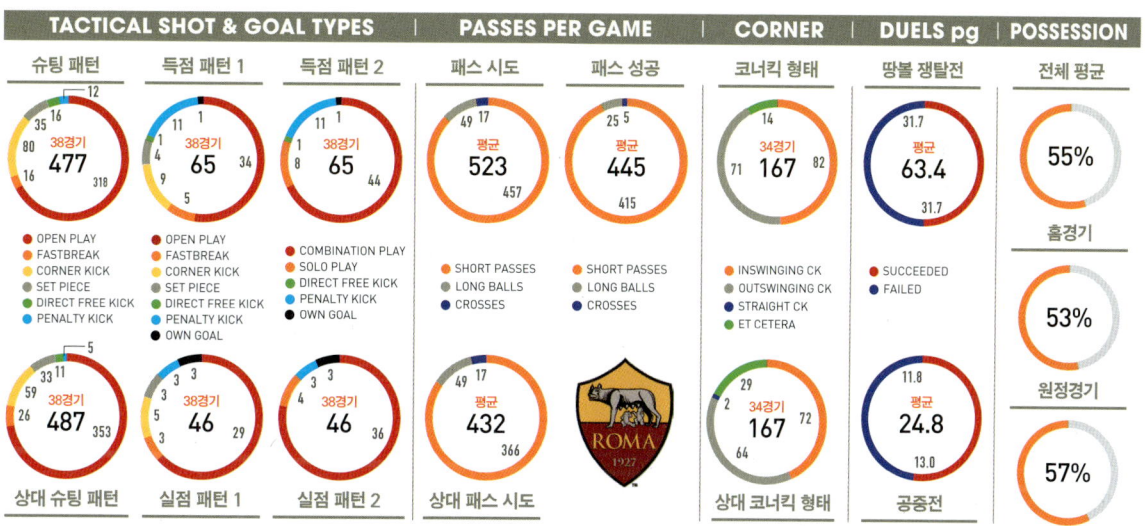

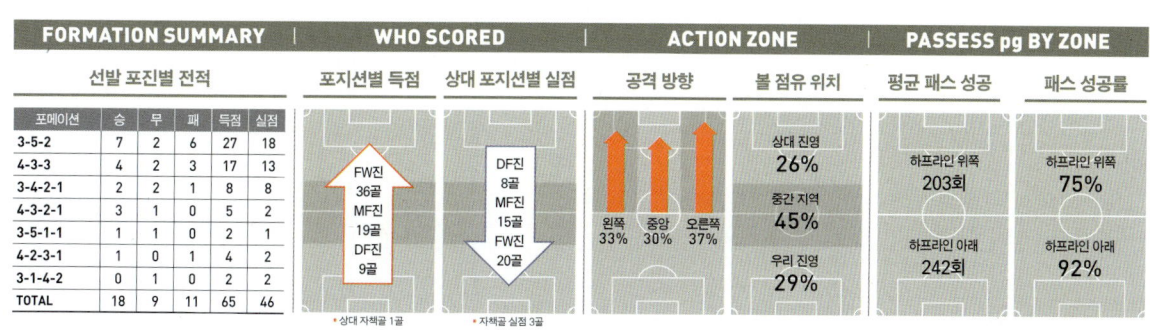

SS LAZIO

Founded 구단 창립 1900년	**Owner** 클라우디오 로티토 1957.05.09	**CEO** 클라우디오 로티토 1957.05.09	**Manager** 마르코 바로니 1963.9.11	**24-25 Odds** 벳365 : 50배 스카이벳 : 50배

ITALIAN SERIE-A	COPPA ITALIA	UEFA CHAMPIONS LEAGUE	UEFA EUROPA LEAGUE	FIFA CLUB WORLD CUP	UEFA-CONMEBOL INTERCONTINENTAL
2	7	0	0	0	0

Nationality • 외국 선수 17명 • 이탈리아 16명	**Age** 33명 평균 26.2세	**Height** 33명 평균 182cm	**Market Value** 1군 27명 평균 818만 유로	**Game Points** 23-24 : 61점 통산 : 4018점

TOTO GUIDE 지난 시즌 상대팀별 전적

상대팀	홈	원정
Inter Milan	0-2	1-1
AC Milan	0-1	0-2
Juventus	1-0	1-3
Atalanta	3-2	1-3
Bologna	1-2	0-1
AS Roma	0-0	1-1
Fiorentina	1-0	1-2
Torino	2-0	2-0
Napoli	0-0	2-1
Genoa	0-1	1-0
Monza	1-1	2-2
Hellas Verona	1-0	1-1
Lecce	1-0	1-2
Udinese	1-2	2-1
Cagliari	1-0	3-1
Empoli	2-0	2-0
Frosinone	3-1	3-2
Sassuolo	1-1	2-0
Salernitana	4-1	1-2

Stadio Olimpico

구장 오픈 / 증개축 1930년, 증개축 2회
구장 소유 이탈리아 올림픽위원회
수용 인원 7만 634명
피치 규모 105m X 66m
잔디 종류 천연 잔디

STRENGTHS & WEAKNESSES

OFFENSE		DEFENSE	
직접 프리킥	B	세트피스 수비	C
문전 처리	C	상대 볼 뺏기	C
측면 돌파	B	공중전 능력	D
스루볼 침투	C	역습 방어	C
개인기 침투	C	지공 방어	C
카운터 어택	C	스루패스 방어	C
기회 만들기	C	리드 지키기	D
세트피스	C	실수 조심	C
OS 피하기	D	측면 방어력	C
중거리 슈팅	C	파울 주의	E
볼 점유율	B	중거리슈팅 수비	C

매우 강한 A 강한 편 B 보통 수준 C 약한 편 D 매우 약함 E

Win 23-24 : 18승 통산 : 1082승	**Draw** 23-24 : 7무 통산 : 805무	**Loss** 23-24 : 13패 통산 : 909패	**Goals For** 23-24 : 49득점 통산 : 3912득점	**Goals Against** 23-24 : 39실점 통산 : 3463실점

More Minutes 아담 마루시치 3108분	**Top Scorer** 치로 임모빌레 7골	**More Assists** 루이스 알베르토 7도움	**More Subs** 페드로 28회 교체 IN	**More Cards** 알레시오 로마뇰리 Y9+R0

RANKING OF LAST 10 YEARS

14-15	15-16	16-17	17-18	18-19	19-20	20-21	21-22	22-23	23-24
3위 69점	8위 54점	5위 70점	5위 72점	8위 59점	4위 78점	6위 68점	5위 64점	2위 74점	7위 61점

위치	선수	국적	생년월일	출전(분)	출전경기	선발11	교체인	교체아웃	벤치출발	득점	도움	경고	경고누적	퇴장
GK	Ivan Provedel	ITA	1994-03-17	2700	30	30	0	1	2	0	0	0	0	0
	Christos Mandas	GRE	2001-09-17	720	9	8	1	0	27	0	0	0	0	0
	Luigi Sepe	ITA	1991-05-08	0	0	0	0	0	33	0	0	0	0	0
	Davide Renzetti	ITA	2006-06-09	0	0	0	0	0	10	0	0	0	0	0
DF	Adam Marušić	SRB	1992-10-17	3108	37	37	0	7	0	1	0	3	0	1
	Alessio Romagnoli	ITA	1995-01-12	2409	29	26	3	1	3	0	0	9	0	0
	Mario Gila	ESP	2000-08-29	1814	21	21	0	4	13	0	0	3	1	0
	Patric	ESP	1993-04-17	1609	20	19	1	2	9	2	0	4	0	0
	Nicolò Casale	ITA	1998-02-14	1557	20	16	4	2	17	0	0	5	0	0
	Elseid Hysaj	ALB	1994-02-02	1195	22	11	11	5	26	0	0	2	0	0
	Luca Pellegrini	ITA	1999-03-07	780	19	8	11	6	27	1	0	6	1	0
	Fabio Ruggeri	ITA	2004-12-13	0	0	0	0	0	10	0	0	0	0	0
MF	Mattéo Guendouzi	FRA	1999-04-14	2371	33	27	6	9	6	2	3	3	0	1
	Luis Alberto	ESP	1992-09-28	2321	33	29	4	16	5	5	7	7	0	0
	Mattia Zaccagni	ITA	1995-06-16	1972	28	24	4	21	4	6	1	8	0	0
	Manuel Lazzari	ITA	1993-11-29	1674	24	19	5	7	15	0	2	4	0	1
	Kamada Daichi	JPN	1996-08-05	1545	29	17	12	11	21	2	2	3	0	0
	Danilo Cataldi	ITA	1994-08-06	1360	28	15	13	12	22	1	0	8	0	0
	Nicolò Rovella	ITA	2001-12-04	1322	23	16	7	10	14	0	2	6	0	0
	Matías Vecino	URU	1991-08-24	1135	31	8	23	6	28	6	1	8	0	0
	Gustav Isaksen	DEN	2001-04-19	1070	28	12	16	12	24	3	1	3	0	0
	André Anderson	BRA	1999-09-23	0	0	0	0	0	7	0	0	0	0	0
	Luca Napolitano	ITA	2004-01-10	0	0	0	0	0	2	0	0	0	0	0
	Larsson Coulibaly	CIV	2003-04-17	0	0	0	0	0	0	0	0	0	0	0
FW	Felipe Anderson	BRA	1993-04-15	2783	38	33	5	19	5	5	6	3	0	0
	Valentín Castellanos	ARG	1998-10-03	1673	35	16	19	11	21	4	3	2	0	0
	Ciro Immobile	ITA	1990-02-20	1659	31	21	10	16	11	7	1	8	0	0
	Pedro	ESP	1987-07-28	795	33	5	28	5	32	1	1	1	0	0
	Diego González	PAR	2003-01-07	0	0	0	0	0	6	0	0	0	0	0
	Saná Fernandes	POR	2006-03-10	0	0	0	0	0	12	0	0	0	0	0

SERIE A 2023-24 SEASON

SS LAZIO vs. OPPONENTS PER GAME STATS

SS 라치오		상대팀				
1.29	득점	1.03				
11.7	슈팅	12.8				
3.7	유효슈팅	3.9				
5.2	코너	4.6				
1.9	오프사이드	1.0				
533	PA 패스시도	470				
453	PC 패스성공	390				
85%	P% 패스성공률	83%				
15.3	TK 태클	13.5				
11.0	AD 공중전승리	12.3				
7.8	IT 인터셉트	8.4				
12.4	파울	12.1				
2.66	경고	2.50				
0.132	퇴장	0.079				

2023-24 SEASON SQUAD LIST & GAMES PLAYED

*괄호 안의 숫자는 선발 출전 횟수, 교체 출전은 포함시키지 않음

LW: M.아카니(19), F.안데르손(6), 페드로(4)
CF: C.임모빌레(21), V.카스테야노(16), F.안데르손(1), 페드로(1)
RW: F.안데르손(19), G.이삭슨(10)

LAM: N/A
CAM: F.안데르손(5), L.알베르토(4), 가마라 D.(3), M.차카니(3), G.이삭슨(1)
RAM: N/A

LM: M.차카니(1)
CM: M.귀엠두지(27), L.알베르토(25), N.로벨라(16), D.카탈디(15), 가마라 D.(14), M.베시노(8)
RM: F.안데르손(1)

LWB: A.마루시치(2), L.펠레그리니(2), M.라차리(2), F.안데르손(1), M.차카니(1)
DM: N/A
RWB: A.마루시치(5), E.히사이(1), M.라차리(1), G.이삭슨(1)

LB: A.마루시치(15), E.히사이(8), L.펠레그리니(6), M.힐라(1)
CB: A.로마뇰리(26), M.힐라(20), 파트릭(19), N.카잘레(16), E.히사이(2), A.마루시치(1)
RB: M.라차리(16), A.마루시치(14)

GK: I.프로베델(30), C.만다스(8)

SHOTS & GOALS

38경기 총 443슈팅 - 49득점
38경기 상대 총 486슈팅 - 39실점

34-10 · 자책골 3-3
235-31
171-5

유효 슈팅 142		비유효 슈팅 301	
득점	49	블록 당함	126
GK 방어	93	골대 밖	165
유효슈팅률 32%		골대 맞음	10

유효 슈팅 148		비유효 슈팅 338	
실점	39	블록	127
GK 방어	109	골대 밖	201
유효슈팅률 30%		골대 맞음	10

187-5
262-23
37-11

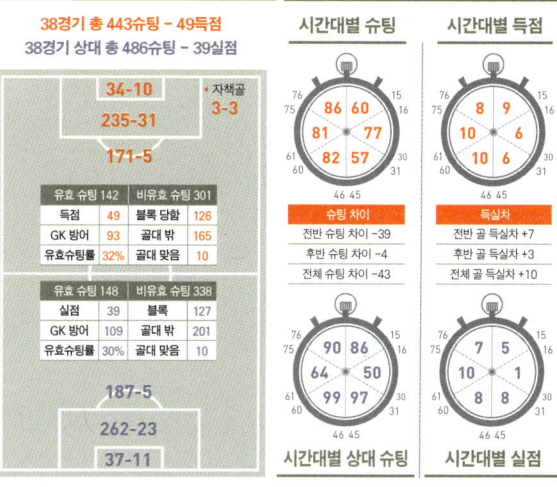

SHOT TIME / GOAL TIME

시간대별 슈팅 / 시간대별 득점

슈팅 차이 — 전반 슈팅 차이 -39, 후반 슈팅 차이 -4, 전체 슈팅 차이 -43
득실차 — 전반 골 득실차 +7, 후반 골 득실차 +3, 전체 골 득실차 +10

시간대별 상대 슈팅 / 시간대별 실점

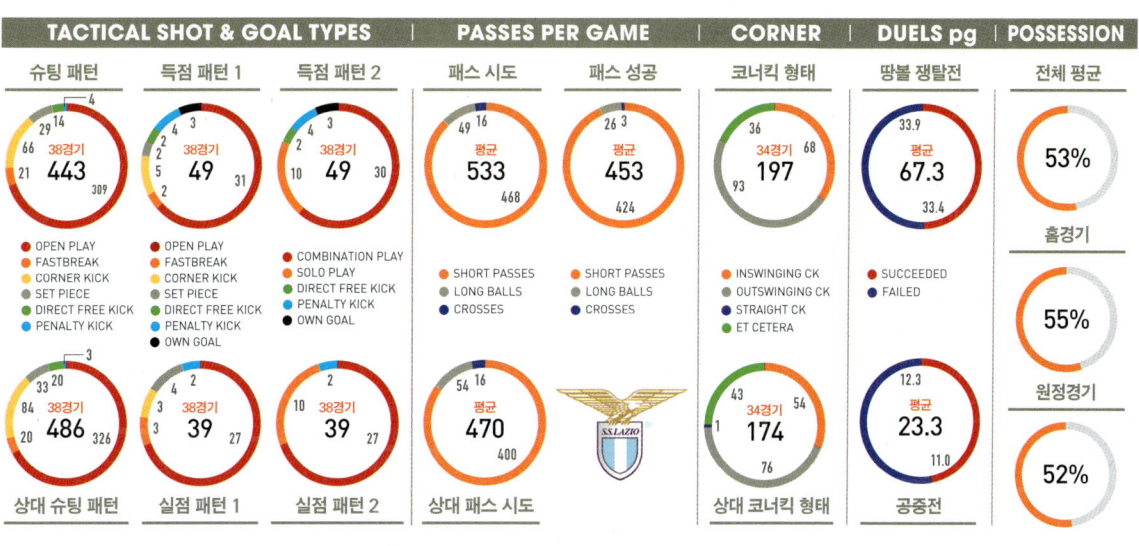

TACTICAL SHOT & GOAL TYPES | PASSES PER GAME | CORNER | DUELS pg | POSSESSION

슈팅 패턴 38경기 443 / 득점 패턴 1 38경기 49 / 득점 패턴 2 38경기 49
패스 시도 평균 533 / 패스 성공 평균 453
코너킥 형태 34경기 197
땅볼 쟁탈전 평균 67.3
전체 평균 53%
홈경기 55%
원정경기 52%

상대 슈팅 패턴 38경기 486 / 실점 패턴 1 38경기 39 / 실점 패턴 2 38경기 39
상대 패스 시도 평균 470
상대 코너킥 형태 34경기 174
공중전 평균 23.3

- OPEN PLAY / FASTBREAK / CORNER KICK / SET PIECE / DIRECT FREE KICK / PENALTY KICK
- COMBINATION PLAY / SOLO PLAY / DIRECT FREE KICK / PENALTY KICK / OWN GOAL
- SHORT PASSES / LONG BALLS / CROSSES
- INSWINGING CK / OUTSWINGING CK / STRAIGHT CK / ET CETERA
- SUCCEEDED / FAILED

FORMATION SUMMARY | WHO SCORED | ACTION ZONE | PASSES pg BY ZONE

선발 포지션별 전적

포메이션	승	무	패	득점	실점
4-3-3	13	4	12	36	33
3-4-2-1	4	3	1	12	6
4-4-2	1	0	0	1	0
TOTAL	18	7	13	49	39

포지션별 득점: FW진 26골, MF진 16골, DF진 4골
상대 포지션별 실점: DF진 5골, MF진 13골, FW진 21골
* 상대 자책골 3골

공격 방향 — 왼쪽 40%, 중앙 26%, 오른쪽 34%
볼 점유 위치 — 상대 진영 30%, 중간 지역 44%, 우리 진영 26%

평균 패스 성공 — 하프라인 위쪽 216회, 하프라인 아래 237회
패스 성공률 — 하프라인 위쪽 76%, 하프라인 아래 91%

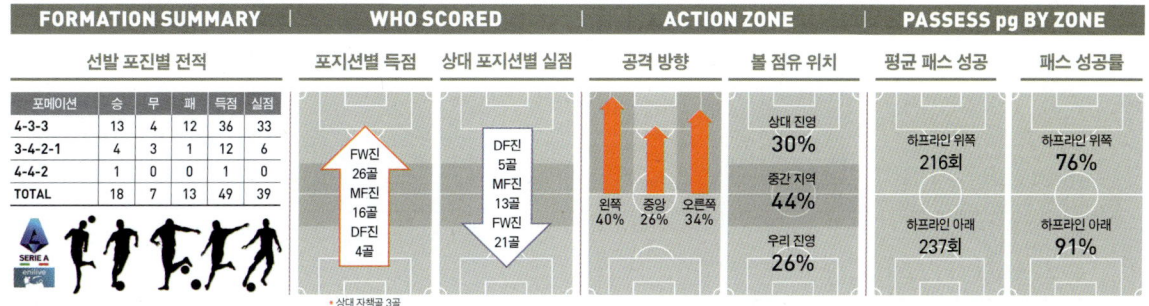

ACF FIORENTINA

Founded 구단 창립 1926년	**Owner** 뉴 피오렌티나 S.r.l	**CEO** 로코 코미소 1949.11.25	**Manager** 라파엘레 팔라디노 1984.04.17	**24-25 Odds** 벳365 : 100배 스카이벳 : 100배

ITALIAN SERIE-A	COPPA ITALIA	UEFA CHAMPIONS LEAGUE	UEFA EUROPA LEAGUE	FIFA CLUB WORLD CUP	UEFA-CONMEBOL INTERCONTINENTAL
2	6	0	0	0	0

Nationality 외국 선수 15명 이탈리아 17명	**Age** 32명 평균 25.5세	**Height** 32명 평균 182cm	**Market Value** 1군 28명 평균 861만 유로	**Game Points** 23-24 : 60점 통산 : 4324점
Win 23-24 : 17승 통산 : 1160승	**Draw** 23-24 : 9무 통산 : 889무	**Loss** 23-24 : 12패 통산 : 885패	**Goals For** 23-24 : 61득점 통산 : 4087득점	**Goals Against** 23-24 : 46실점 통산 : 3399실점
More Minutes 피에트로 테라차노 2970분	**Top Scorer** 니코 곤살레스 12골	**More Assists** 크리스티아노 비라기+1명 5도움	**More Subs** 음발라 은졸라 18회 교체 IN	**More Cards** 루카 라니에리 Y14+R0

TOTO GUIDE 지난 시즌 상대팀별 전적

상대팀	홈	원정
Inter Milan	0-1	0-4
AC Milan	1-2	0-1
Juventus	0-1	0-1
Atalanta	3-2	3-2
Bologna	2-1	0-2
AS Roma	2-2	1-1
Lazio	2-1	0-1
Torino	1-0	0-0
Napoli	2-2	3-1
Genoa	1-1	4-1
Monza	2-1	1-0
Hellas Verona	1-0	1-2
Lecce	2-2	2-3
Udinese	2-2	2-0
Cagliari	3-0	3-2
Empoli	0-2	1-1
Frosinone	5-1	1-1
Sassuolo	5-1	0-1
Salernitana	3-0	2-0

Stadio Artemio Franchi

구장 오픈 1931년
구장 소유 피렌체 시
수용 인원 4만 3147명
피치 규모 105m X 68m
잔디 종류 천연 잔디

STRENGTHS & WEAKNESSES

OFFENSE		DEFENSE	
직접 프리킥	C	세트피스 수비	A
문전 처리	B	상대 볼 뺏기	C
측면 돌파	C	공중전 능력	B
스루볼 침투		역습 방어	D
개인기 침투	A	지공 방어	C
카운터 어택		스루패스 방어	C
기회 만들기		리드 지키기	C
세트피스	B	실수 조심	C
OS 피하기	C	측면 방어력	D
중거리 슈팅	C	파울 주의	C
볼 점유율	A	중거리슈팅 수비	C

매우 강함 A 강한 편 B 보통 수준 C 약한 편 D 매우 약함 E

RANKING OF LAST 10 YEARS

14-15	15-16	16-17	17-18	18-19	19-20	20-21	21-22	22-23	23-24
4 / 64점	5 / 64점	8 / 60점	8 / 57점	16 / 41점	10 / 49점	14 / 40점	7 / 62점	8 / 56점	8 / 60점

위치	선수	국적	생년월일	출전(분)	출전경기	선발11	교체인	교체아웃	벤치출발	득점	도움	경고	경고누적	퇴장
GK	Pietro Terracciano	ITA	1990-03-08	2970	33	33	0	0	5	0	0	3	0	0
GK	Oliver Christensen	DEN	1999-03-22	360	4	4	0	0	24	0	0	0	0	0
GK	Tommaso Martinelli	ITA	2006-01-06	90	1	1	0	0	31	0	0	0	0	0
GK	Tommaso Vannucchi	ITA	2007-03-05	0	0	0	0	0	17	0	0	0	0	0
DF	Nikola Milenković	SRB	1997-10-12	2505	34	27	7	1	11	0	0	4	0	0
DF	Cristiano Biraghi	ITA	1992-09-01	2359	29	27	2	6	9	2	5	8	0	0
DF	Lucas Martínez Quarta	ARG	1996-05-10	2292	29	26	3	5	8	5	1	9	0	0
DF	Luca Ranieri	ITA	1999-04-23	2067	26	23	3	4	13	2	1	14	0	0
DF	Michael Kayode	ITA	2004-07-10	2063	26	22	4	8	12	1	1	3	0	0
DF	Fabiano Parisi	ITA	2000-11-09	1453	21	16	5	3	21	0	1	4	0	0
DF	Dodô	BRA	1998-11-17	523	9	7	2	3	10	0	0	0	0	0
DF	Davide Faraoni	ITA	1991-10-25	390	8	4	4	2	15	0	1	0	0	0
DF	Pietro Comuzzo	ITA	2005-02-20	39	4	0	4	0	32	0	0	1	0	0
DF	Christian Biagetti	ITA	2004-03-10	0	0	0	0	0	1	0	0	0	0	0
MF	Giacomo Bonaventura	ITA	1989-08-22	2287	31	27	4	16	8	8	3	6	0	0
MF	Arthur	BRA	1996-08-12	1993	33	23	10	19	14	2	3	2	0	0
MF	Alfred Duncan	GHA	1993-03-10	1898	30	24	6	18	13	2	5	2	0	0
MF	Rolando Mandragora	ITA	1997-06-29	1583	33	16	17	9	20	3	3	5	0	0
MF	Antonín Barák	CZE	1994-12-03	799	21	8	13	4	27	2	3	0	0	0
MF	Maxime López	FRA	1997-12-04	792	19	7	12	5	27	0	0	1	0	0
MF	Gaetano Castrovilli	ITA	1997-02-17	370	6	5	1	4	6	1	2	0	0	0
MF	Gino Infantino	ARG	2003-05-19	91	6	0	6	0	38	0	0	1	0	0
MF	Niccolò Fortini	ITA	2006-02-13	0	0	0	0	0	1	0	0	0	0	0
FW	Nicolás González	ARG	1998-04-06	1913	29	21	8	8	9	12	2	1	0	0
FW	Lucas Beltrán	ARG	2001-03-29	1696	32	21	11	18	14	6	6	0	0	0
FW	Jonathan Ikoné	FRA	1998-05-02	1685	28	18	10	11	14	3	1	5	0	0
FW	M'Bala Nzola	FRA	1996-08-18	1544	33	15	18	8	19	3	3	2	0	0
FW	Riccardo Sottil	ITA	1999-06-03	1107	22	13	9	12	19	2	3	1	0	0
FW	Cristian Kouamé	CIV	1997-12-06	1083	23	11	12	7	16	2	1	0	0	0
FW	Andrea Belotti	ITA	1993-12-20	952	15	11	4	7	4	3	0	0	0	0
FW	Maat Daniel Caprini	ITA	2006-02-11	0	0	0	0	0	2	0	0	0	0	0
FW	Fallou Sene	SEN	2004-08-21	0	0	0	0	0	1	0	0	0	0	0

SERIE A 2023-24 SEASON

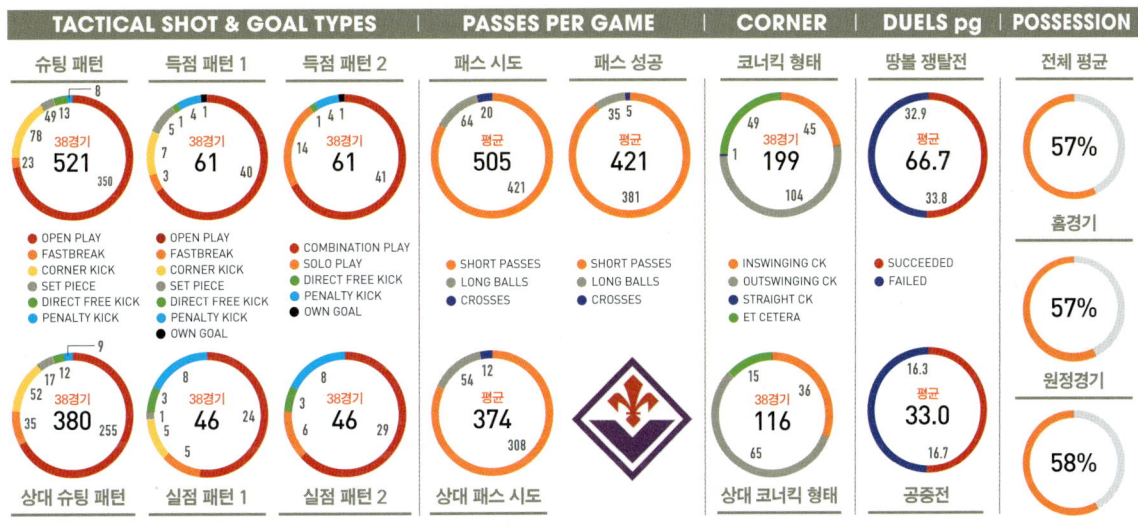

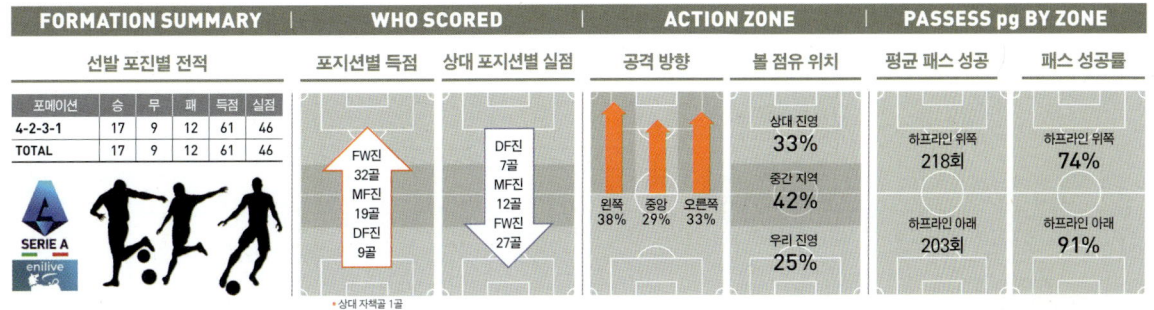

TORINO FC

 Founded 구단 창립 1906년
 Owner UT 커뮤니케이션
 CEO 우르바노 카이로 1957.05.21
 Manager 파올로 바놀리 1972.08.12
24-25 Odds 벳365 : 250배 스카이벳 : 150배

7	5	0	0	0	0
ITALIAN SERIE-A	COPPA ITALIA	UEFA CHAMPIONS LEAGUE	UEFA EUROPA LEAGUE	FIFA CLUB WORLD CUP	UEFA-CONMEBOL INTERCONTINENTAL

 Nationality ● 외국 선수 12명 ● 이탈리아 11명
 Age 34명 평균 24.3세
 **Height** 34명 평균 186cm
 **Market Value** 1군 25명 평균 736만 유로
 Game Points 23-24 : 43점 통산 : 3886점

 **Win** 23-24 : 13승 통산 : 1002승
 Draw 23-24 : 14무 통산 : 881무
 Loss 23-24 : 11패 통산 : 843패
 Goals For 23-24 : 36득점 통산 : 3623득점
 Goals Against 23-24 : 36실점 통산 : 3207실점

 More Minutes V.밀린코비치사비치 3240분
 **Top Scorer** 두반 사파타 12골
 More Assists 라울 벨라노바 7도움
 More Subs 피에트로 펠레그리 17회 교체 IN
 More Cards 카롤 리네티 Y12+R0

TOTO GUIDE 지난 시즌 상대팀별 전적

상대팀	홈	원정
Inter Milan	0-3	0-2
AC Milan	3-1	1-4
Juventus	0-0	0-2
Atalanta	3-0	0-3
Bologna	0-0	0-2
AS Roma	1-1	2-3
Lazio	0-2	0-2
Fiorentina	0-0	0-1
Napoli	3-0	1-1
Genoa	1-0	0-0
Monza	1-0	1-1
Hellas Verona	0-0	2-1
Lecce	2-0	1-0
Udinese	1-1	2-0
Cagliari	0-0	2-1
Empoli	1-0	2-3
Frosinone	0-0	0-0
Sassuolo	2-1	1-1
Salernitana	0-0	3-0

Stadio Olimpico Grande Torino
구장 오픈 / 증개축 1933년, 2006년
구장 소유 토리노 시
수용 인원 2만 7958명
피치 규모 105m X 68m
잔디 종류 천연 잔디

STRENGTHS & WEAKNESSES

OFFENSE		DEFENSE	
직접 프리킥	C	세트피스 수비	C
문전 처리	D	상대 볼 뺏기	C
측면 돌파	C	공중전 능력	C
스루볼 침투	C	역습 방어	C
개인기 침투	C	지공 방어	C
카운터 어택	C	스루패스 방어	C
기회 만들기	C	리드 지키기	A
세트피스	C	실수 조심	D
OS 피하기	C	측면 방어력	C
중거리 슈팅	B	파울 주의	C
볼 점유율	C	중거리슈팅 수비	D

매우 강함 A 강한 편 B 보통 수준 C 약한 편 D 매우 약함 E

RANKING OF LAST 10 YEARS

14-15	15-16	16-17	17-18	18-19	19-20	20-21	21-22	22-23	23-24
9	12	9	9	7	16	17	10	10	9
54점	45점	53점	54점	63점	40점	37점	50점	53점	43점

위치	선수	국적	생년월일	출전(분)	출전경기	선발11	교체인	교체아웃	벤치출발	득점	도움	경고	경고누적	퇴장
GK	Vanja Milinković-Savić	SRB	1997-02-20	3240	36	36	0	0	1	0	0	2	0	0
	Luca Gemello	ITA	2000-07-03	180	2	2	0	0	35	0	0	0	0	0
	Mihai Popa	ROU	2000-10-12	0	0	0	0	0	33	0	0	0	0	0
	Matteo Brezzo	ITA	2005-06-13	0	0	0	0	0	4	0	0	0	0	0
	Pietro Passador	ITA	2003-02-26	0	0	0	0	0	3	0	0	0	0	0
DF	Raoul Bellanova	ITA	2000-05-16	3065	37	36	1	19	1	1	7	5	0	0
	Ricardo Rodríguez	SUI	1992-08-25	2783	35	34	1	12	3	1	2	4	0	0
	Alessandro Buongiorno	ITA	1999-06-06	2530	29	29	0	3	1	3	0	7	0	0
	Mërgim Vojvoda	KVX	1995-02-01	1372	28	15	13	7	17	0	3	3	0	0
	Adam Masina	MAR	1994-01-02	1021	16	10	6	3	7	0	0	0	0	0
	Perr Schuurs	NED	1999-11-26	771	9	9	0	1	0	1	0	2	0	0
	Koffi Djidji	CIV	1992-11-30	759	13	8	5	4	9	0	0	2	0	0
	Matteo Lovato	ITA	2000-02-14	539	13	6	7	2	9	0	0	2	0	0
	Saba Sazonov	RUS	2002-02-01	348	12	2	10	2	30	0	0	2	0	0
	Alessandro Dellavalle	ITA	2004-05-11	14	1	0	1	0	4	0	0	0	0	0
	Jacopo Antolini	ITA	2004-01-10	0	0	0	0	0	7	0	0	0	0	0
	Côme Bianay Balcot	FRA	2005-05-13	0	0	0	0	0	3	0	0	0	0	0
	Vimoj Muntu Wa Mungu	FRA	2004-10-15	0	0	0	0	0	2	0	0	0	0	0
MF	Nikola Vlašić	CRO	1997-10-04	2615	33	30	3	10	3	3	2	3	0	0
	Samuele Ricci	ITA	2001-08-21	2400	32	28	4	9	6	1	2	7	1	0
	Adrien Tameze	FRA	1994-11-04	2154	29	25	4	4	10	0	0	6	0	1
	Ivan Ilić	SRB	2001-03-17	2101	31	25	6	9	7	3	2	3	0	0
	Valentino Lazaro	AUT	1996-03-24	1988	35	21	14	9	16	0	4	3	0	0
	Karol Linetty	POL	1995-02-02	1859	28	19	9	10	14	0	0	12	0	0
	Gvidas Gineitis	LTU	2004-04-15	530	14	4	10	2	25	0	0	2	0	0
	Aaron Ciammaglichella	ITA	2005-01-26	0	0	0	0	0	4	0	0	0	0	0
	Jonathan Silva	BRA	2004-04-24	0	0	0	0	0	6	0	0	0	0	0
FW	Duván Zapata	COL	1991-04-01	2893	35	34	1	13	1	12	4	2	0	0
	Antonio Sanabria	PAR	1996-03-04	2134	35	23	12	13	14	5	0	4	0	0
	Pietro Pellegri	ITA	2001-03-17	745	24	7	17	7	24	1	1	3	0	0
	David Okereke	NGA	1997-08-29	249	9	3	6	3	14	0	0	0	0	0
	Zanos Savva	CYP	2005-11-26	26	2	0	2	0	19	1	0	0	0	0
	Uroš Kabić	SRB	2004-01-01	0	0	0	0	0	14	0	0	0	0	0
	Alieu Eybi Njie	SWE	2005-05-14	0	0	0	0	0	2	0	0	0	0	0

SERIE A 2023-24 SEASON

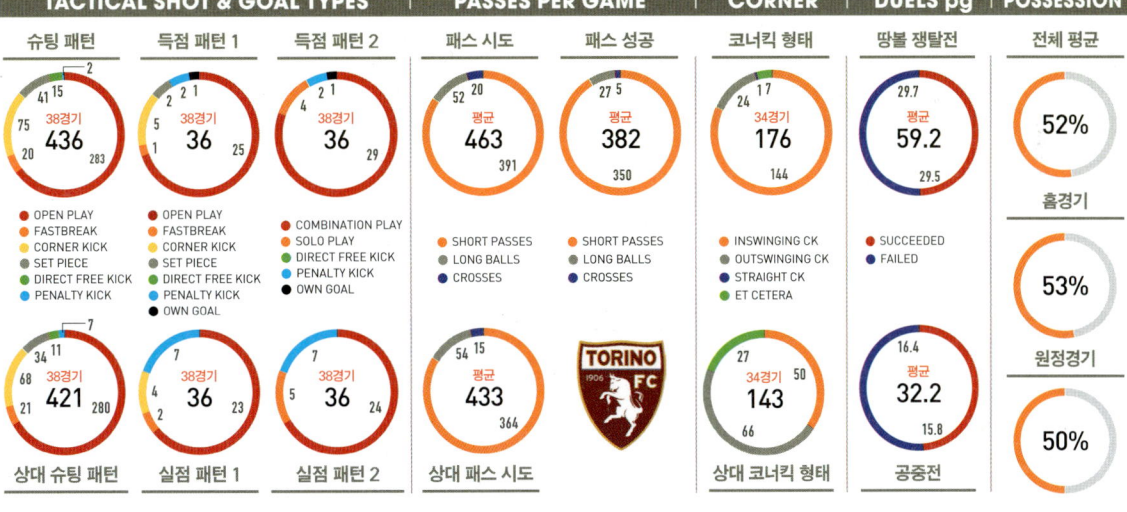

SSC NAPOLI

Club Info
- **Founded**: 1926년
- **Owner**: 아우렐리오 데라우렌티스 (1949.05.24)
- **CEO**: 아우렐리오 데라우렌티스 (1949.05.24)
- **Manager**: 안토니오 콘테 (1969.07.31)
- **24-25 Odds**: 벳365: 7배 / 스카이벳: 8배

Trophies
ITALIAN SERIE-A	COPPA ITALIA	UEFA CHAMPIONS LEAGUE	UEFA EUROPA LEAGUE	FIFA CLUB WORLD CUP	UEFA-CONMEBOL INTERCONTINENTAL
3	6	0	1	0	0

Squad Stats
- **Nationality**: 외국 선수 19명 / 이탈리아 10명
- **Age**: 29명 평균 26.8세
- **Height**: 29명 평균 182cm
- **Market Value**: 1군 26명 평균 1786만 유로
- **Game Points**: 23-24: 53점 / 통산: 4068점

23-24 시즌 성적
- **Win**: 13승 (통산 1086승)
- **Draw**: 14무 (통산 810무)
- **Loss**: 11패 (통산 760패)
- **Goals For**: 55득점 (통산 3659득점)
- **Goals Against**: 48실점 (통산 3009실점)
- **More Minutes**: 스타니슬라프 로보트카 3295분
- **Top Scorer**: 빅터 오시멘 15골
- **More Assists**: 마테오 폴리타노 7도움
- **More Subs**: 자코모 라스파도리 23회 교체 IN
- **More Cards**: 흐비차 크바라츠헬리아 Y8+R0

Stadio Diego Armando Maradona
- 구장 오픈 / 증개축: 1959년, 증개축 4회
- 구장 소유: 나폴리 시
- 수용 인원: 5만 4726명
- 피치 규모: 110m X 68m
- 잔디 종류: 천연 잔디

TOTO GUIDE — 지난 시즌 상대팀별 전적
상대팀	홈	원정
Inter Milan	0-3	1-1
AC Milan	2-2	0-1
Juventus	2-1	0-1
Atalanta	0-3	2-1
Bologna	0-2	0-0
AS Roma	2-2	0-2
Lazio	1-2	0-0
Fiorentina	1-3	2-2
Torino	1-1	0-3
Genoa	1-1	2-2
Monza	0-0	4-2
Hellas Verona	2-1	3-1
Lecce	0-0	4-0
Udinese	4-1	1-1
Cagliari	2-1	1-1
Empoli	0-1	0-1
Frosinone	2-2	3-1
Sassuolo	2-0	6-1
Salernitana	2-1	2-0

STRENGTHS & WEAKNESSES
OFFENSE		DEFENSE	
직접 프리킥	B	세트피스 수비	B
문전 처리	C	상대 볼 뺏기	B
측면 돌파	B	공중전 능력	C
스루볼 침투	A	역습 방어	C
개인기 침투	B	지공 방어	D
카운터 어택	B	스루패스 방어	D
기회 만들기	B	리드 지키기	B
세트피스	B	실수 조심	C
OS 피하기	D	측면 방어력	C
중거리 슈팅	C	파울 주의	C
볼 점유율	A	중거리슈팅 수비	C

매우 강함 A 강한 편 B 보통 수준 C 약한 편 D 매우 약함 E

RANKING OF LAST 10 YEARS
14-15	15-16	16-17	17-18	18-19	19-20	20-21	21-22	22-23	23-24
5위 63점	2위 82점	3위 86점	2위 91점	2위 79점	7위 62점	5위 77점	3위 79점	1위 90점	10위 53점

선수 명단

위치	선수	국적	생년월일	출전(분)	출전경기	선발11	교체인	교체아웃	벤치출발	득점	도움	경고	경고누적	퇴장
GK	Alex Meret	ITA	1997-03-22	2774	31	31	0	1	1	0	0	0	0	0
GK	Pierluigi Gollini	ITA	1995-03-18	630	7	7	0	0	23	0	0	0	0	0
GK	Nikita Contini	ITA	1996-05-21	16	1	0	1	0	35	0	0	0	0	0
GK	Hubert Idasiak	POL	2002-02-03	0	0	0	0	0	16	0	0	0	0	0
DF	Giovanni Di Lorenzo	ITA	1993-08-04	3235	36	36	0	1	0	1	6	6	0	0
DF	Amir Rrahmani	KVX	1994-02-24	2603	30	30	0	3	3	3	0	5	0	0
DF	Juan Jesus	BRA	1991-06-10	2118	24	23	1	3	7	1	0	7	0	0
DF	Leo Østigård	NOR	1999-11-28	1620	25	18	7	2	19	1	0	3	0	0
DF	Mathías Olivera	URU	1997-10-31	1573	23	18	5	8	9	1	1	3	0	0
DF	Mário Rui	POR	1991-05-27	1207	21	14	7	8	17	0	2	6	1	0
DF	Natan	BRA	2001-02-06	955	14	11	3	5	22	0	0	2	1	0
DF	Pasquale Mazzocchi	ITA	1995-07-27	425	10	4	6	3	15	0	1	0	0	1
DF	Luigi D'Avino	ITA	2005-12-08	0	0	0	0	0	14	0	0	0	0	0
MF	Stanislav Lobotka	SVK	1994-11-25	3295	38	38	0	13	0	0	1	4	0	0
MF	André-Frank Zambo Anguissa	CMR	1995-11-16	2791	34	32	2	8	2	0	2	2	0	0
MF	Khvicha Kvaratskhelia	GEO	2001-02-12	2752	34	32	2	18	2	11	6	4	0	0
MF	Piotr Zieliński	POL	1994-05-20	1937	28	23	5	19	7	3	2	1	0	0
MF	Jens Cajuste	SWE	1999-08-10	1008	26	11	15	9	23	0	2	7	0	0
MF	Jesper Lindstrøm	DEN	2000-02-29	413	22	2	20	2	31	0	0	2	0	0
MF	Hamed Traoré	CIV	2000-02-16	384	9	5	4	6	12	0	0	1	0	0
MF	Diego Demme	GER	1991-11-21	73	2	1	1	1	14	0	0	1	0	0
MF	Leander Dendoncker	BEL	1995-04-15	21	3	0	3	0	16	0	0	0	0	0
MF	Lorenzo Russo	ITA	2005-04-19	0	0	0	0	0	3	0	0	0	0	0
MF	Francesco Gioielli	ITA	2004-02-26	0	0	0	0	0	2	0	0	0	0	0
FW	Matteo Politano	ITA	1993-08-03	2385	37	31	6	29	6	8	7	2	0	1
FW	Victor Osimhen	NGA	1998-12-19	1989	25	22	3	8	4	15	3	5	1	0
FW	Giacomo Raspadori	ITA	2000-02-18	1572	37	14	23	10	23	5	3	0	0	0
FW	Giovanni Simeone	ARG	1995-07-05	789	28	8	20	7	29	1	0	3	0	0
FW	Cyril Ngonge	BEL	2000-05-26	304	13	1	12	1	12	1	0	2	0	0

SERIE A 2023-24 SEASON

SSC NAPOLI vs. OPPONENTS PER GAME STATS

SSC 나폴리 vs 상대팀		득점	슈팅	유효슈팅	코너	오프사이드	패스시도	패스성공	패스성공률	태클	공중전승리	인터셉트	파울	경고	퇴장
1.45		1.26	17.1	10.4	5.4	3.4	6.3	3.5	1.9	2.0	582 PA 368		506 PC 285			
87% P% 77%			15.0 TK 16.8		12.8 AD 13.1		6.3 IT 7.5		10.0	12.6	15.40	2.16	0.132	0.053		

2023-24 SEASON SQUAD LIST & GAMES PLAYED
* 괄호 안의 숫자는 선발 출전 횟수, 교체 출전은 포함시키지 않음

LW	CF	RW
K.크바라츠헬리아(31) G.라스파도리(3), J.린스트롬(1)	V.오시멘(22), G.라스파도리(8) M.시메오네(8)	M.폴리타노(29), G.라스파도리(2) J.린스트롬(1), A.제르빈(1) C.은공게(1), E.엘마스(1)

LAM	CAM	RAM
E.엘마스(1)	M.폴리타노(1), K.크바라츠헬리아(1) G.라스파도리(1), P.젤린스키(1)	M.폴리타노(1)

LM	CM	RM
N/A	S.로보트카(37), F.앙기사(31) P.젤린스키(22), J.카유스테(11) H.트라오레(5), E.엘마스(2) G.가에타노(1), D.데메(1)	N/A

LWB	DM	RWB
M.후이(1), P.마초키(1)	S.로보트카(1), F.앙기사(1)	G.디로렌초(1)

LB	CB	RB
M.올리베라(18), M.후이(13) 나탄(4), P.마초키(1)	A.라흐마니(30), J.제주스(23) L.외스티고르(18), 나탄(7)	G.디로렌초(34), P.마초키(2)

	GK	
	A.메렛(31), P.골리니(7)	

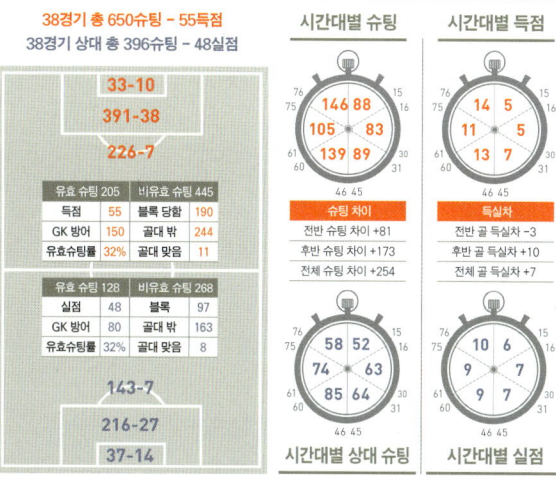

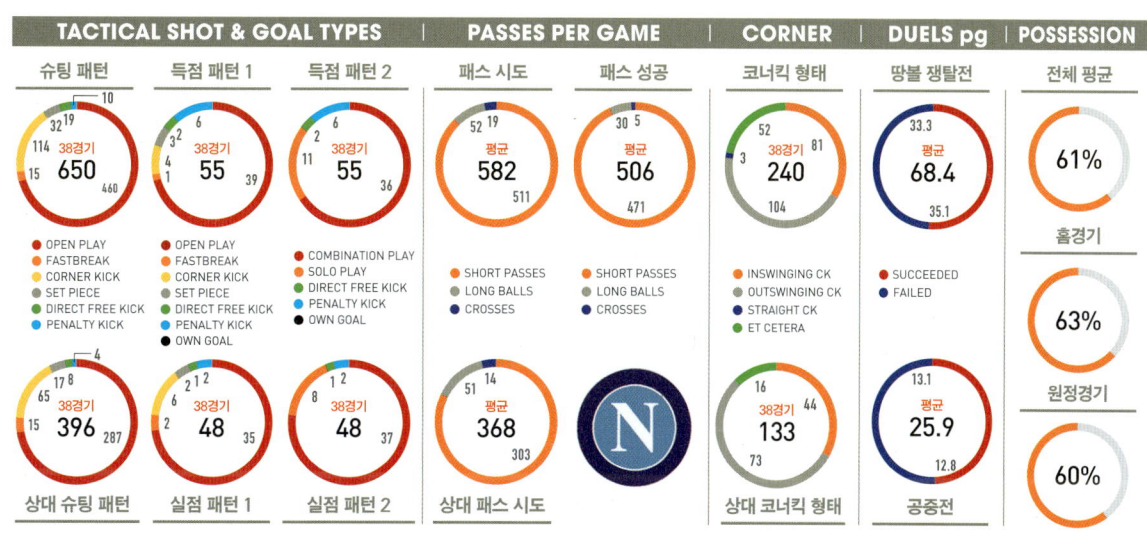

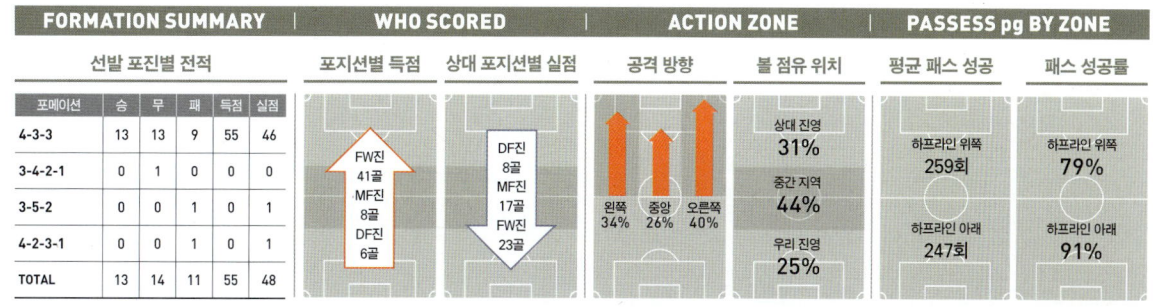

포메이션	승	무	패	득점	실점
4-3-3	13	13	9	55	46
3-4-2-1	0	1	0	0	0
3-5-2	0	0	1	0	1
4-2-3-1	0	0	1	0	1
TOTAL	13	14	11	55	48

GENOA CFC

Founded 구단 창립 1893년
Owner 777 파트너스
CEO 알베르토 찬그릴로 1958.04.13
Manager 알베르토 질라르디노 1982.07.05
24-25 Odds 벳365 : 500배 / 스카이벳 : 250배

ITALIAN SERIE-A	COPPA ITALIA	UEFA CHAMPIONS LEAGUE	UEFA EUROPA LEAGUE	FIFA CLUB WORLD CUP	UEFA-CONMEBOL INTERCONTINENTAL
9	1	0	0	0	0

Nationality 외국 선수 12명 / 이탈리아 11명
Age 32명 평균 25.7세
Height 32명 평균 184cm
Market Value 1군 27명 평균 566만 유로
Game Points 23-24 : 49점 / 통산 : 2406점

TOTO GUIDE 지난 시즌 상대팀별 전적

상대팀	홈	원정
Inter Milan	1-1	1-2
AC Milan	0-1	3-3
Juventus	1-1	0-0
Atalanta	1-4	0-2
Bologna	2-0	1-1
AS Roma	4-1	0-1
Lazio	0-1	1-0
Fiorentina	1-4	1-1
Torino	0-0	0-1
Napoli	2-2	1-1
Monza	2-3	0-1
Hellas Verona	1-0	2-1
Lecce	2-1	0-1
Udinese	2-0	2-2
Cagliari	3-0	1-2
Empoli	1-1	0-0
Frosinone	1-1	1-2
Sassuolo	2-1	2-1
Salernitana	1-0	2-1

Stadio Luigi Ferraris

구장 오픈 / 증개축: 1911년, 증개축 3회
구장 소유: 제노아 시
수용 인원: 3만 6599명
피치 규모: 105m X 68m
잔디 종류: 천연 잔디

Win 23-24 : 12승 / 통산 : 604승
Draw 23-24 : 13무 / 통산 : 594무
Loss 23-24 : 13패 / 통산 : 762패
Goals For 23-24 : 45득점 / 통산 : 2414득점
Goals Against 23-24 : 45실점 / 통산 : 2766실점

STRENGTHS & WEAKNESSES

OFFENSE		DEFENSE	
직접 프리킥	B	세트피스 수비	C
문전 처리	C	상대 볼 뺏기	B
측면 돌파	B	공중전 능력	B
스루볼 침투	C	역습 방어	C
개인기 침투	C	지공 방어	C
카운터 어택	C	스루패스 방어	D
기회 만들기	C	리드 지키기	C
세트피스	B	실수 조심	C
OS 피하기	C	측면 방어력	D
중거리 슈팅	C	파울 주의	D
볼 점유율	D	중거리슈팅 수비	C

More Minutes 호셉 마르티네스 3240분
Top Scorer 알베르트 귀드문드슨 14골
More Assists 모어텐 프렌드럽 5도움
More Subs 칼렙 에쿠반 19회 교체 IN
More Cards 마티아 바니 Y9+R0

RANKING OF LAST 10 YEARS

14-15	15-16	16-17	17-18	18-19	19-20	20-21	21-22	22-23	23-24
6 / 59점	11 / 46점	16 / 41점	17 / 36점	17 / 38점	11 / 42점	12 / 39점	19 / 28점	2 / 80점 (2부)	11 / 49점

위치	선수	국적	생년월일	출전(분)	출전경기	선발11	교체인	교체아웃	벤치출발	득점	도움	경고	경고누적	퇴장
GK	Josep Martínez	ESP	1998-05-27	3240	36	36	0	0	1	0	0	3	1	0
GK	Nicola Leali	ITA	1993-02-17	176	3	2	1	1	35	0	0	1	0	0
GK	Daniele Sommariva	ITA	1997-07-18	4	1	0	1	0	37	0	0	0	0	0
GK	Simone Calvani	ITA	2005-05-16	0	0	0	0	0	2	0	0	0	0	0
DF	Johan Vásquez	MEX	1998-10-22	2850	37	32	5	6	5	1	1	6	0	0
DF	Stefano Sabelli	ITA	1993-01-13	2451	32	30	2	24	4	0	1	5	0	0
DF	Koni De Winter	BEL	2002-06-12	2381	29	26	3	3	8	0	1	7	1	0
DF	Mattia Bani	ITA	1993-12-10	2310	27	27	0	4	3	2	0	9	0	0
DF	Aarón Martín	ESP	1997-04-22	1381	22	17	5	9	15	0	1	3	1	0
DF	Alessandro Vogliacco	ITA	1998-09-14	1172	20	14	6	9	18	0	1	4	0	0
DF	Djed Spence	ENG	2000-08-09	853	16	8	8	2	10	0	0	1	0	0
DF	Ridgeciano Haps	NED	1993-06-12	770	16	7	9	5	22	0	1	0	0	0
DF	Giorgio Cittadini	ITA	2002-04-18	103	5	1	4	1	14	0	0	0	0	0
DF	Alan Matturro	URU	2004-10-11	102	6	1	5	1	20	0	0	0	0	0
DF	Tommaso Pittino	ITA	2005-01-14	0	0	0	0	0	7	0	0	0	0	0
MF	Morten Frendrup	DEN	2001-04-07	3149	37	36	1	5	1	2	5	6	0	0
MF	Milan Badelj	CRO	1989-02-25	2555	33	32	1	22	3	1	2	4	0	0
MF	Kevin Strootman	NED	1990-02-13	1209	27	15	12	13	15	0	2	4	0	0
MF	Morten Thorsby	NOR	1996-05-05	1144	24	9	15	2	27	2	2	2	0	0
MF	Ruslan Malinovskyi	UKR	1993-05-04	316	9	3	6	3	7	2	1	0	0	0
MF	Emil Bohinen	NOR	1999-03-12	51	5	0	5	0	17	0	0	0	0	0
MF	Christos Papadopoulos	GRE	2004-11-01	3	1	0	1	0	8	0	0	0	0	0
MF	Riccardo Arboscello	ITA	2005-12-10	0	0	0	0	0	1	0	0	0	0	0
FW	Albert Guðmundsson	ISL	1997-06-15	3024	35	34	1	8	1	14	4	4	0	0
FW	Mateo Retegui	ITA	1999-04-29	2226	29	26	3	12	4	7	2	5	0	0
FW	Caleb Ekuban	GHA	1994-03-23	1120	29	10	19	6	21	4	1	0	0	0
FW	Junior Messias	BRA	1991-05-13	627	9	8	1	6	2	1	1	0	0	0
FW	Vitinha	POR	2000-03-15	279	9	2	7	1	8	2	0	2	0	0
FW	David Ankeye	NGA	2002-05-22	51	6	0	6	0	12	0	0	0	0	0

SERIE A 2023-24 SEASON

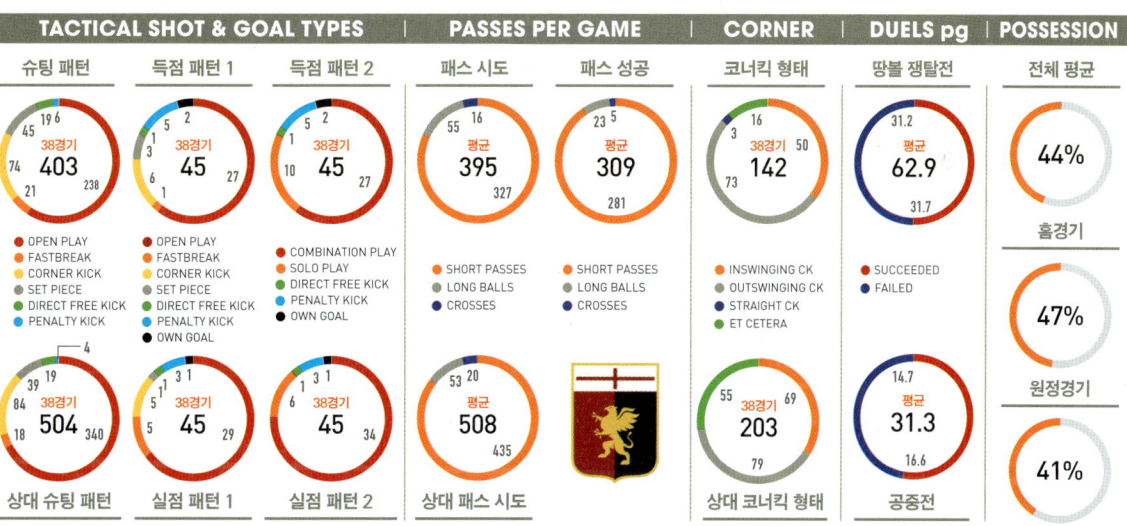
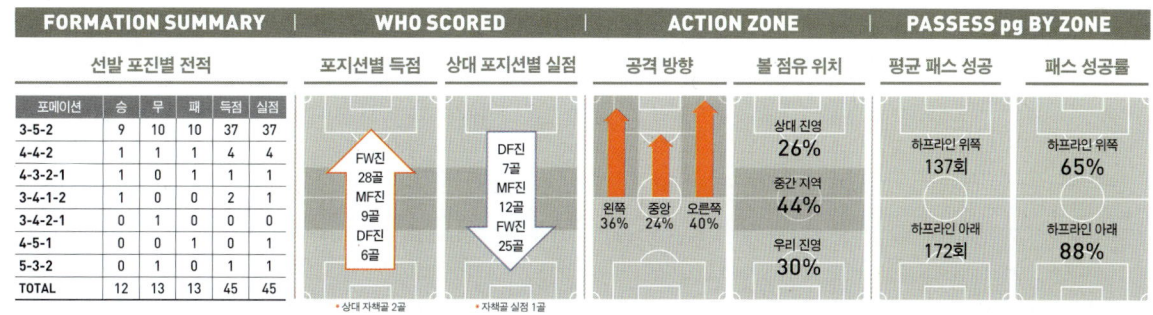

AC MONZA

ITALIAN SERIE-A 0	COPPA ITALIA 0	UEFA CHAMPIONS LEAGUE 0	UEFA EUROPA LEAGUE 0	FIFA CLUB WORLD CUP 0	UEFA-CONMEBOL INTERCONTINENTAL 0

Founded 구단 창립 1912년
Owner 베를루스코니 패밀리
CEO 파올로 베를루스코니 1949.12.06
Manager 알레산드로 네스타 1976.03.19
24-25 Odds 벳365: 250배 스카이벳: 500배

Nationality 외국 선수 12명 / 이탈리아 23명
Age 35명 평균 26.2세
Height 35명 평균 183cm
Market Value 1군 30명 평균 450만 유로
Game Points 23-24: 45점 / 통산: 97점

Win 23-24: 11승 / 통산: 25승
Draw 23-24: 12무 / 통산: 22무
Loss 23-24: 15패 / 통산: 29패
Goals For 23-24: 39득점 / 통산: 87득점
Goals Against 23-24: 51실점 / 통산: 103실점

More Minutes 마테오 페시나 3228분
Top Scorer 안드레아 콜파니 8골
More Assists 안드레아 콜파니 4도움
More Subs 발렌틴 카르보니 21회 교체 IN
More Cards 아르만도 이초+1명 Y9+R0

TOTO GUIDE 지난 시즌 상대팀별 전적

상대팀	홈	원정
Inter Milan	1-5	0-2
AC Milan	4-2	0-3
Juventus	1-2	0-2
Atalanta	1-2	0-3
Bologna	0-0	0-0
AS Roma	1-4	0-1
Lazio	2-2	1-1
Fiorentina	0-1	1-2
Torino	1-1	0-1
Napoli	2-4	0-0
Genoa	1-0	3-2
Hellas Verona	0-0	3-1
Lecce	1-1	1-1
Udinese	1-1	0-0
Cagliari	1-0	1-1
Empoli	2-0	0-3
Frosinone	0-1	3-2
Sassuolo	1-0	1-0
Salernitana	3-0	2-0

Stadio Brianteo

구장 오픈 1988년
구장 소유 몬차 시
수용 인원 1만 5039명
피치 규모 105m X 68m
잔디 종류 천연 잔디

STRENGTHS & WEAKNESSES

OFFENSE		DEFENSE	
직접 프리킥	C	세트피스 수비	D
문전 처리	D	상대 볼 뺏기	B
측면 돌파	C	공중전 능력	D
스루볼 침투	C	역습 방어	D
개인기 침투	C	지공 방어	E
카운터 어택	C	스루패스 방어	C
기회 만들기	B	리드 지키기	B
세트피스	C	실수 조심	C
OS 피하기	C	측면 방어력	C
중거리 슈팅	C	파울 주의	D
볼 점유율	B	중거리슈팅 수비	E

매우 강함 A / 강한 편 B / 보통 수준 C / 약한 편 D / 매우 약함 E

RANKING OF LAST 10 YEARS

● 2부 리그 ● 3부 리그 ● 4부 리그

14-15	15-16	16-17	17-18	18-19	19-20	20-21	21-22	22-23	23-24
14 45점	10 49점	1 53점	4 58점	5 60점	16 61점	3 64점	4 67점	11 52점	12 45점

위치	선수	국적	생년월일	출전(분)	출전경기	선발11	교체인	교체아웃	벤치출발	득점	도움	경고	경고누적	퇴장
GK	Michele Di Gregorio	ITA	1997-07-27	2874	33	33	0	2	1	0	0	0	0	0
	Alessandro Sorrentino	ITA	2002-04-03	546	7	5	2	0	33	0	0	0	0	0
	Stefano Gori	ITA	1996-03-09	0	0	0	0	0	37	0	0	0	0	0
	Andrea Mazza	ITA	2004-03-19	0	0	0	0	0	4	0	0	0	0	0
DF	Pablo Marí	ESP	1993-08-31	2617	34	30	4	6	4	0	0	7	0	0
	Luca Caldirola	ITA	1991-02-01	2139	29	23	6	3	13	1	0	6	1	0
	Samuele Birindelli	ITA	1999-07-19	2014	35	22	13	14	15	0	2	7	0	0
	Georgios Kyriakopoulos	GRE	1996-02-05	1716	28	20	8	12	18	0	3	3	0	0
	Armando Izzo	ITA	1992-03-02	1655	23	20	3	7	7	0	0	9	0	0
	Danilo D'Ambrosio	ITA	1988-09-09	1533	24	16	8	5	13	0	0	4	1	0
	Andrea Carboni	ITA	2001-02-04	1488	21	16	5	6	14	1	0	1	0	0
	Pedro Pereira	POR	1998-01-22	834	23	9	14	7	29	0	2	3	0	0
	Giulio Donati	ITA	1990-02-05	32	4	0	4	0	33	0	0	2	0	0
	Davide Bettella	ITA	2000-04-07	3	1	0	1	0	18	0	0	0	0	0
MF	Matteo Pessina	ITA	1997-04-21	3228	37	37	0	6	0	6	3	4	1	0
	Andrea Colpani	ITA	1999-05-11	2685	38	36	2	30	2	8	4	1	0	0
	Roberto Gagliardini	ITA	1994-04-07	2368	33	29	4	11	6	1	2	5	0	0
	Warren Bondo	FRA	2003-09-15	1469	25	14	11	6	22	1	1	0	0	0
	Jean-Daniel Akpa Akpro	CIV	1992-10-11	702	19	8	11	7	26	0	0	5	0	0
	Alessio Zerbin	ITA	1999-03-03	684	13	7	6	5	10	0	1	1	0	0
	José Machín Dicombo	EQG	1996-08-14	233	10	2	8	2	24	0	0	2	0	0
	Matija Popović	SRB	2006-01-08	0	0	0	0	0	3	0	0	0	0	0
	Alessandro Berretta	ITA	2006-01-01	0	0	0	0	0	2	0	0	0	0	0
	Leonardo Colombo	ITA	2005-06-04	0	0	0	0	0	1	0	0	0	0	0
FW	Dany Mota	POR	1998-05-02	2057	34	24	10	18	11	4	3	3	0	0
	Patrick Ciurria	ITA	1995-02-09	1601	22	18	4	8	11	0	1	2	0	0
	Lorenzo Colombo	ITA	2002-03-08	1363	25	16	9	13	20	4	1	3	0	0
	Milan Djurić	BIH	1990-05-22	1257	17	13	4	4	4	4	1	2	0	0
	Valentin Carboni	ARG	2005-03-05	1158	31	10	21	8	27	2	3	2	0	0
	Samuele Vignato	ITA	2004-02-24	339	10	3	7	3	19	1	0	2	0	0
	Daniel Maldini	ITA	2001-10-11	326	11	2	9	2	13	4	1	0	0	0
	Gianluca Caprari	ITA	1993-07-30	287	6	4	2	3	5	0	0	0	0	0
	Alejandro Gómez	ARG	1988-02-15	39	2	0	2	0	2	0	0	0	0	0
	Andrea Ferraris	ITA	2003-02-22	9	1	0	1	0	11	0	0	0	0	0

SERIE A 2023-24 SEASON

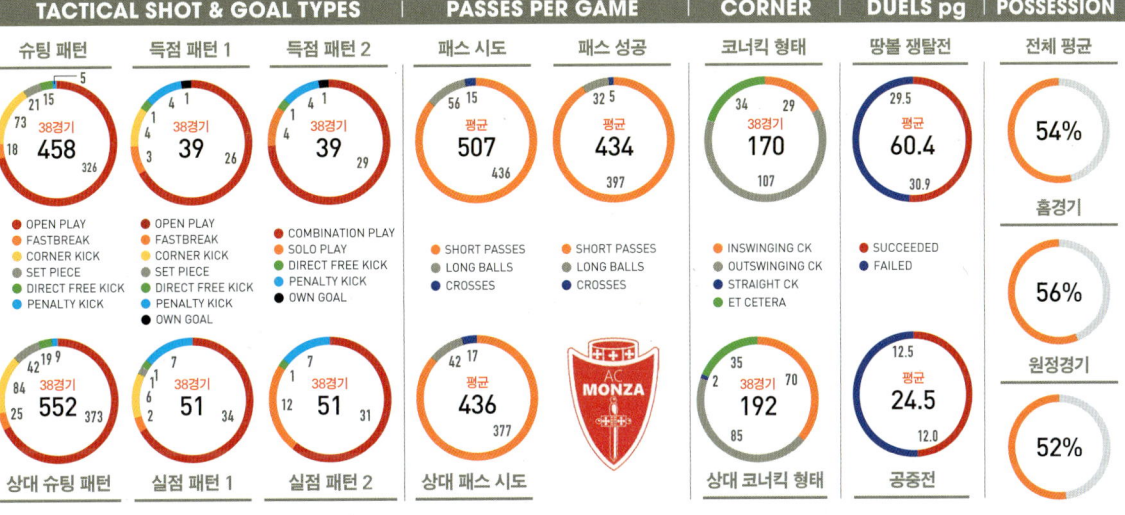

HELLAS VERONA FC

1	0	0	0	0	0
ITALIAN SERIE-A	COPPA ITALIA	UEFA CHAMPIONS LEAGUE	UEFA EUROPA LEAGUE	FIFA CLUB WORLD CUP	UEFA-CONMEBOL INTERCONTINENTAL

Club Info

- **Founded** 구단 창립 — 1903년
- **Owner** 마우리치오 세티 — 1963.06.05
- **CEO** 마우리치오 세티 — 1963.06.05
- **Manager** 파올로 자네티 — 1982.12.16
- **24-25 Odds** 벳365: 1000배 / 스카이벳: 750배
- **Nationality** 34명 (외국 선수 20명 / 이탈리아 14명)
- **Age** 34명 평균 24.5세
- **Height** 34명 평균 184cm
- **Market Value** 1군 27명 평균 293만 유로
- **Game Points** 23-24: 38점 / 통산: 1220점
- **Win** 23-24: 9승 / 통산: 288승
- **Draw** 23-24: 11무 / 통산: 356무
- **Loss** 23-24: 18패 / 통산: 451패
- **Goals For** 23-24: 38득점 / 통산: 1155득점
- **Goals Against** 23-24: 51실점 / 통산: 1500실점
- **More Minutes** 로렌초 몬티포 3330분
- **Top Scorer** 티자니 노슬린 +1명 5골
- **More Assists** 토마스 수슬로프 5도움
- **More Subs** 토마스 앙리 16회 교체 IN
- **More Cards** 두다 Y12+R2

TOTO GUIDE 지난 시즌 상대팀별 전적

상대팀	홈	원정
Inter Milan	2-2	1-2
AC Milan	1-3	0-1
Juventus	2-2	0-1
Atalanta	0-1	2-2
Bologna	0-0	0-2
AS Roma	2-1	1-2
Lazio	1-1	0-1
Fiorentina	2-1	0-1
Torino	1-2	0-0
Napoli	1-3	1-2
Genoa	1-2	0-1
Monza	1-3	0-0
Lecce	2-2	1-0
Udinese	1-0	3-3
Cagliari	2-0	1-1
Empoli	2-1	1-0
Frosinone	1-1	1-2
Sassuolo	1-0	1-3
Salernitana	0-1	2-1

Stadio Marcantonio Bentegodi
- 구장 오픈: 1963년 / 1989년
- 구장 소유: 베로나 시
- 수용 인원: 3만 9211명
- 피치 규모: 105m x 67m
- 잔디 종류: 천연 잔디

STRENGTHS & WEAKNESSES

OFFENSE		DEFENSE	
직접 프리킥	C	세트피스 수비	D
문전 처리	D	상대 볼 뺏기	B
측면 돌파	C	공중전 능력	A
스루볼 침투	C	역습 방어	C
개인기 침투	C	지공 방어	D
카운터 어택	A	스루패스 방어	C
기회 만들기	C	리드 지키기	C
세트피스	C	실수 조심	D
OS 피하기	C	측면 방어력	C
중거리 슈팅	C	파울 주의	D
볼 점유율	D	중거리슈팅 수비	C

RANKING OF LAST 10 YEARS

시즌	14-15	15-16	16-17	17-18	18-19	19-20	20-21	21-22	22-23	23-24
순위	13	20	2	19	5	9	10	9	18	13
점수	46점	28점	74점	25점	52점	49점	45점	53점	31점	38점

(● 2부 리그: 16-17, 18-19)

선수 명단

위치	선수	국적	생년월일	출전(분)	출전경기	선발11	교체인	교체아웃	벤치출발	득점	도움	경고	경고누적	퇴장
GK	Lorenzo Montipò	ITA	1996-02-20	3330	37	37	0	0	0	0	1	0	0	0
GK	Simone Perilli	ITA	1995-01-07	90	1	1	0	0	37	0	0	0	0	0
GK	Mattia Chiesa	ITA	2000-07-16	0	0	0	0	0	18	0	0	0	0	0
GK	Alessandro Berardi	ITA	1991-01-16	0	0	0	0	0	20	0	0	0	0	0
GK	Giacomo Toniolo	ITA	2004-04-01	0	0	0	0	0	1	0	0	0	0	0
DF	Giangiacomo Magnani	ITA	1995-10-04	2441	33	27	6	3	8	0	0	6	0	0
DF	Paweł Dawidowicz	POL	1995-05-20	2144	28	25	3	4	5	0	0	5	0	0
DF	Diego Coppola	ITA	2003-12-28	1632	24	18	6	4	19	2	0	9	0	0
DF	Juan Cabal	COL	2001-01-08	1497	22	17	5	6	13	0	0	6	0	0
DF	Fabien Centonze	FRA	1996-01-16	675	10	7	3	2	9	0	1	2	0	0
DF	Rúben Vinagre	POR	1999-04-09	274	12	2	10	1	15	0	0	0	0	0
DF	Nicolò Calabrese	ITA	2004-11-16	0	0	0	0	0	3	0	0	0	0	0
DF	Christian Corradi	ITA	2005-02-21	0	0	0	0	0	5	0	0	0	0	0
MF	Michael Folorunsho	ITA	1998-02-07	2794	34	33	1	15	1	5	1	5	0	0
MF	Ondrej Duda	SVK	1994-12-15	2464	32	29	3	11	4	1	4	12	2	0
MF	Tomáš Suslov	SVK	2002-06-07	2098	32	23	9	14	3	3	5	7	0	0
MF	Darko Lazović	SRB	1990-09-15	1940	32	22	10	21	10	3	2	0	0	1
MF	Jackson Tchatchoua	BEL	2001-06-23	1725	26	19	7	6	14	0	2	2	0	0
MF	Suat Serdar	GER	1997-04-11	1664	25	19	6	8	15	0	2	7	0	0
MF	Dani Silva	POR	2000-04-11	438	14	3	11	2	14	0	0	0	0	0
MF	Reda Belahyane	FRA	2004-06-01	90	2	1	1	1	15	0	0	0	0	0
MF	Charlys	BRA	2004-02-18	23	2	0	2	0	34	0	0	0	0	0
MF	Joselito	ESP	2004-02-09	0	0	0	0	0	7	0	0	0	0	0
MF	Nicola Patanè	ITA	2004-03-25	0	0	0	0	0	5	0	0	0	0	0
FW	Tijjani Noslin	NED	1999-07-07	1347	17	17	0	8	0	5	4	2	0	0
FW	Federico Bonazzoli	ITA	1997-05-21	1011	24	10	14	10	28	3	1	3	0	0
FW	Karol Świderski	POL	1997-01-23	494	15	3	12	3	12	2	0	0	0	0
FW	Stefan Mitrović	SRB	2002-08-15	389	10	4	6	4	11	0	0	0	0	0
FW	Thomas Henry	FRA	1994-09-20	324	18	2	16	2	24	3	0	2	0	0
FW	Juan Manuel Cruz	ARG	1999-07-19	107	4	1	3	1	18	0	0	0	0	0
FW	Elayis Tavşan	NED	2001-04-30	47	3	0	3	0	16	0	0	0	0	0
FW	Alphadjo Cissé	ITA	2006-10-22	7	1	0	1	0	9	0	0	0	0	0
FW	Junior Ajayi	CIV	2004-10-11	0	0	0	0	0	0	0	0	0	0	0

SERIE A 2023-24 SEASON

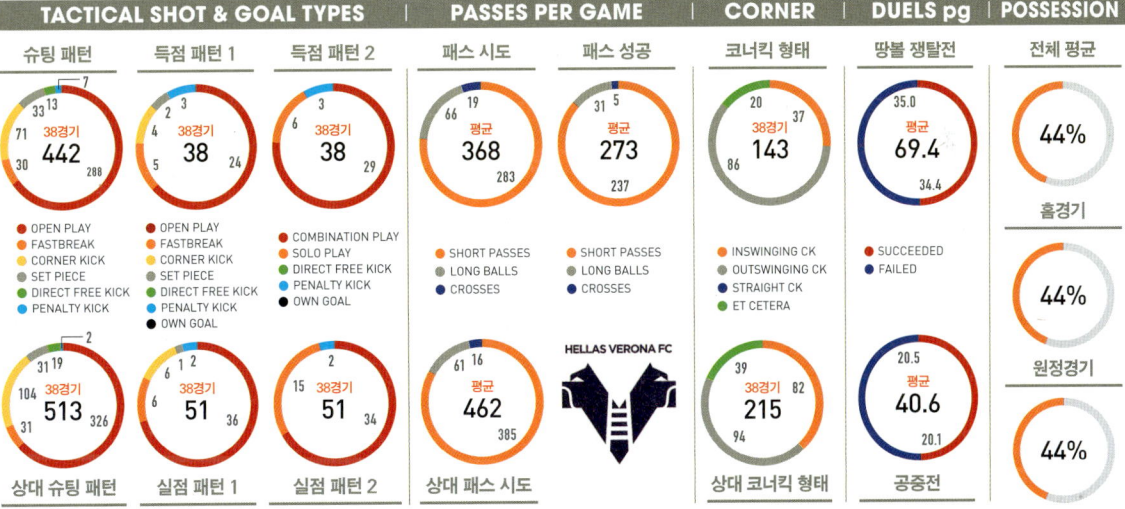

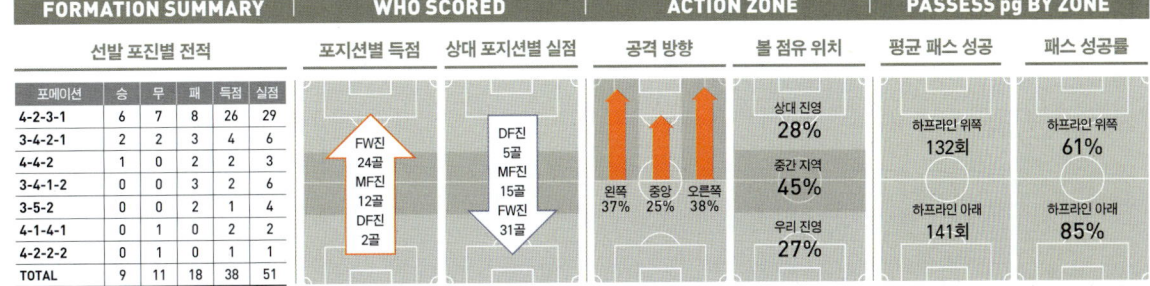

US LECCE

Club Info

- **Founded** 구단 창립: 1908년
- **Owner** US 레체 시민 구단
- **CEO** 사베리오 스티치 1975.05.11
- **Manager** 루카 고티 1967.09.13
- **24-25 Odds** 벳365 : 1000배 / 스카이벳 : 750배
- **Nationality**: 외국 선수 22명 / 이탈리아 7명 (29명)
- **Age**: 29명 평균 24.5세
- **Height**: 29명 평균 185cm
- **Market Value**: 1군 28명 평균 325만 유로
- **Game Points**: 23-24 : 38점 / 통산 : 604점
- **Win**: 23-24 : 8승 / 통산 : 139승
- **Draw**: 23-24 : 14무 / 통산 : 187무
- **Loss**: 23-24 : 16패 / 통산 : 314패
- **Goals For**: 23-24 : 32득점 / 통산 : 645득점
- **Goals Against**: 23-24 : 54실점 / 통산 : 1046실점
- **More Minutes**: 블라디미로 팔코네 3420분
- **Top Scorer**: 니콜라 크르스토비치 7골
- **More Assists**: 람베 반다 4도움
- **More Subs**: 로베르토 피콜리 23회 교체 IN
- **More Cards**: 일베르 라마다니 Y13+R0

Trophies

ITALIAN SERIE-A	COPPA ITALIA	UEFA CHAMPIONS LEAGUE	UEFA EUROPA LEAGUE	FIFA CLUB WORLD CUP	UEFA-CONMEBOL INTERCONTINENTAL
0	0	0	0	0	0

TOTO GUIDE 지난 시즌 상대팀별 전적

상대팀	홈	원정
Inter Milan	0-4	0-2
AC Milan	2-2	0-3
Juventus	0-3	0-1
Atalanta	0-2	0-1
Bologna	1-1	0-4
AS Roma	0-0	1-2
Lazio	2-1	0-1
Fiorentina	3-2	2-2
Torino	0-1	0-2
Napoli	0-4	0-0
Genoa	1-0	1-2
Monza	1-1	1-1
Hellas Verona	0-1	2-2
Udinese	0-2	1-1
Cagliari	1-1	1-1
Empoli	1-0	1-1
Frosinone	2-1	1-1
Sassuolo	1-1	3-0
Salernitana	2-0	1-0

Stadio Via del mare

구장 오픈 1966년
구장 소유 레체 시
수용 인원 4만 670명
피치 규모 105m X 68m
잔디 종류 천연 잔디

STRENGTHS & WEAKNESSES

OFFENSE		DEFENSE	
직접 프리킥	C	세트피스 수비	D
문전 처리	E	상대 볼 뺏기	B
측면 돌파	C	공중전 능력	C
스루볼 침투	C	역습 방어	C
개인기 침투	C	지공 방어	C
카운터 어택	C	스루패스 방어	E
기회 만들기	B	리드 지키기	B
세트피스	C	실수 조심	C
OS 피하기	C	측면 방어력	C
중거리 슈팅	B	파울 주의	D
볼 점유율	D	중거리슈팅 수비	C

매우 강함 A / 강한 편 B / 보통 수준 C / 약한 편 D / 매우 약함 E

RANKING OF LAST 10 YEARS

시즌	14-15	15-16	16-17	17-18	18-19	19-20	20-21	21-22	22-23	23-24
순위	7	3	2	1	18	16	4	1	16	14
점수	67점	63점	74점	76점	35점	36점	66점	72점	36점	38점

선수 명단

위치	선수	국적	생년월일	출전(분)	출전경기	선발11	교체인	교체아웃	벤치출발	득점	도움	경고	경고누적	퇴장
GK	Wladimiro Falcone	ITA	1995-04-12	3420	38	38	0	0	0	0	0	0	0	0
GK	Federico Brancolini	ITA	2001-07-14	0	0	0	0	0	34	0	0	0	0	0
GK	Jasper Samooja	FIN	2003-07-21	0	0	0	0	0	31	0	0	0	0	0
GK	Alexandru Borbei	ROU	2003-06-27	0	0	0	0	0	13	0	0	0	0	0
GK	Antonino. Viola	ITA	2003-07-14	0	0	0	0	0	0	0	0	0	0	0
DF	Federico Baschirotto	ITA	1996-09-20	3295	37	37	0	0	0	0	1	3	0	1
DF	Marin Pongračić	CRO	1997-09-11	3220	36	36	0	0	0	0	0	9	1	0
DF	Valentin Gendrey	FRA	2000-06-21	3052	37	35	2	9	2	0	3	5	0	0
DF	Antonino Gallo	ITA	2000-01-05	2502	35	30	5	17	8	0	3	2	0	0
DF	Patrick Dorgu	DEN	2004-10-26	1562	32	17	15	13	19	2	0	6	0	0
DF	Lorenzo Venuti	ITA	1995-04-12	354	14	3	11	2	34	0	0	1	0	0
DF	Ahmed Touba	ALG	1998-03-13	275	6	3	3	1	28	0	0	1	0	0
DF	Sebastian Esposito	AUS	2005-04-21	0	0	0	0	0	5	0	0	0	0	0
DF	Kastriot Dërmaku	ALB	1992-01-15	0	0	0	0	0	7	0	0	0	0	0
MF	Ylber Ramadani	ALB	1996-04-12	2976	34	34	0	7	0	1	0	13	0	0
MF	Pontus Almqvist	SWE	1999-07-10	2114	30	25	5	13	6	2	1	5	0	0
MF	Alexis Blin	FRA	1996-09-16	1631	31	16	15	7	19	0	2	4	0	0
MF	Mohamed Kaba	FRA	2001-10-27	1383	23	15	8	9	9	0	0	3	1	0
MF	Joan González	ESP	2002-02-01	1285	29	13	16	9	24	1	1	6	0	0
MF	Hamza Rafia	TUN	1999-04-02	1210	28	17	11	7	18	1	0	0	0	0
MF	Medon Berisha	ALB	2003-10-21	204	6	2	4	2	36	0	0	0	0	0
MF	Santiago Pierotti	ARG	2001-04-03	190	11	0	11	0	18	0	2	0	0	0
MF	Daniel Samek	CZE	2004-02-19	0	0	0	0	0	7	0	0	0	0	0
FW	Nikola Krstović	MNE	2000-04-05	2390	35	30	5	19	6	7	1	4	0	1
FW	Rémi Oudin	FRA	1996-11-18	1827	31	21	10	19	15	3	2	3	0	0
FW	Roberto Piccoli	ITA	2001-01-27	1361	35	12	23	8	23	5	0	5	0	0
FW	Lameck Banda	ZAM	2001-01-29	1360	21	17	4	14	5	2	4	5	0	1
FW	Nicola Sansone	ITA	1991-09-10	749	25	4	21	3	25	2	2	4	0	0
FW	Jeppe Corfitzen	DEN	2004-12-19	8	1	0	1	0	9	0	0	0	0	0
FW	Rares Burnete	ROU	2004-01-31	7	1	0	1	0	18	0	1	0	0	0

SERIE A 2023-24 SEASON

US LECCE vs. OPPONENTS PER GAME STATS

US 레체		상대팀
0.84	독점	1.42
13.5	슈팅	13.6
4.0	유효슈팅	4.6
4.5	코너킥	5.0
1.5	오프사이드	1.0
385	패스시도 (PA)	485
302	패스성공 (PC)	387
78%	패스성공률 (P%)	80%
15.9	태클 (TK)	16.7
14.9	공중전승리 (AD)	16.5
8.1	인터셉트 (IT)	7.2
13.3	파울	14.9
2.34	경고	2.32
0.132	퇴장	0.132

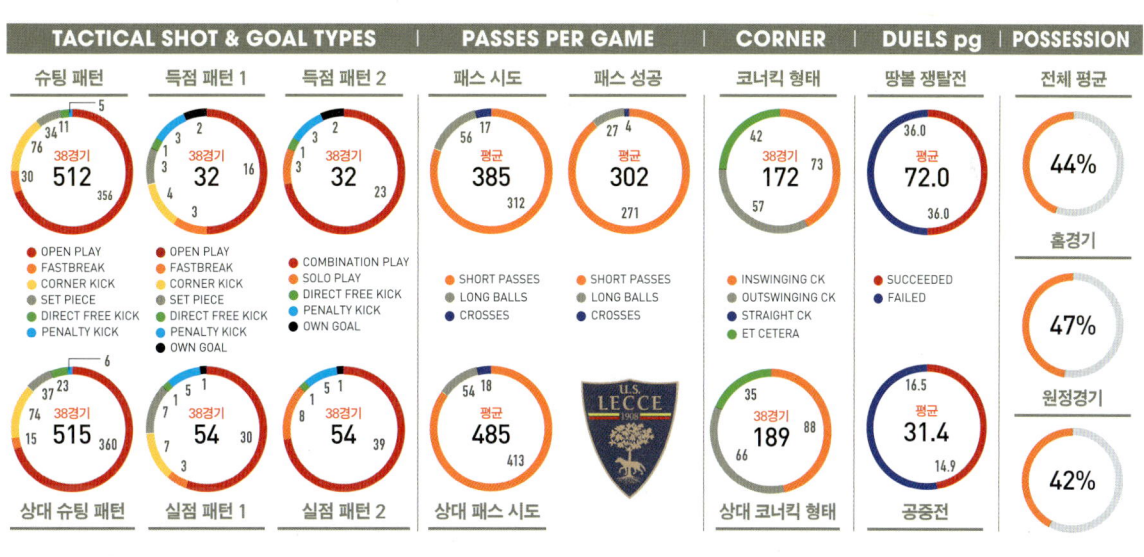

UDINESE CALCIO

ITALIAN SERIE-A: 0	COPPA ITALIA: 0	UEFA CHAMPIONS LEAGUE: 0	UEFA EUROPA LEAGUE: 0	FIFA CLUB WORLD CUP: 0	UEFA-CONMEBOL INTERCONTINENTAL: 0

Founded 구단 창립 1896년
Owner 잠파올로 포초 1941.05.25
CEO 프랑코 솔다티 1959.09.30
Manager 코스타 루나이치 1971.06.04
24-25 Odds 벳365 : 500배 스카이벳 : 250배

Nationality 35명 / 외국 선수 30명 / 이탈리아 5명
Age 35명 평균 25.2세
Height 35명 평균 185cm
Market Value 1군 29명 평균 453만 유로
Game Points 23-24 : 37점 / 통산 : 2238점

Win 23-24 : 6승 / 통산 : 571승
Draw 23-24 : 19무 / 통산 : 534무
Loss 23-24 : 13패 / 통산 : 689패
Goals For 23-24 : 37득점 / 통산 : 2250득점
Goals Against 23-24 : 53실점 / 통산 : 2528실점

More Minutes 왈라스 3245분
Top Scorer 로렌초 루카 8골
More Assists 로렌초 루카 4도움
More Subs 아이작 석세스 18회 교체 IN
More Cards 조앙 페레이라 Y9+R0

TOTO GUIDE 지난 시즌 상대팀별 전적

상대팀	홈	원정
Inter Milan	1-2	0-4
AC Milan	2-3	1-0
Juventus	0-3	1-0
Atalanta	1-1	0-2
Bologna	3-0	1-1
AS Roma	1-2	1-3
Lazio	1-2	2-1
Fiorentina	0-2	2-2
Torino	0-2	1-1
Napoli	1-1	1-4
Genoa	2-2	0-2
Monza	0-0	1-1
Hellas Verona	3-3	0-1
Lecce	1-1	2-0
Cagliari	1-1	0-0
Empoli	1-1	0-0
Frosinone	0-0	1-0
Sassuolo	2-2	1-1
Salernitana	1-1	1-1

Stadio Friuli
구장 오픈 / 증개축 1971년, 2016년
구장 소유 우디네세 칼쵸
수용 인원 2만 5144명
피치 규모 105m X 68m
잔디 종류 하이브리드 잔디

STRENGTHS & WEAKNESSES

OFFENSE		DEFENSE	
직접 프리킥	C	세트피스 수비	C
문전 처리	D	상대 볼 뺏기	B
측면 돌파	B	공중전 능력	B
스루볼 침투	C	역습 방어	C
개인기 침투	C	지공 방어	D
카운터 어택	C	스루패스 방어	C
기회 만들기	B	리드 지키기	D
세트피스	C	실수 조심	E
OS 피하기	C	측면 방어력	D
중거리 슈팅	C	파울 주의	D
볼 점유율	E	중거리슈팅 수비	C

매우 강함 A / 강한 편 B / 보통 수준 C / 약한 편 D / 매우 약함 E

RANKING OF LAST 10 YEARS

14-15	15-16	16-17	17-18	18-19	19-20	20-21	21-22	22-23	23-24
16	17	13	14	12	13	14	12	12	15
41점	39점	45점	40점	43점	45점	40점	47점	46점	37점

위치	선수	국적	생년월일	출전(분)	출전경기	선발11	교체인	교체아웃	벤치출발	득점	도움	경고	경고누적	퇴장
GK	Maduka Okoye	NGA	1999-08-28	1890	21	21	0	0	16	0	0	2	0	0
GK	Marco Silvestri	ITA	1991-03-02	1530	17	17	0	0	16	0	0	0	0	0
GK	Daniele Padelli	ITA	1985-10-25	0	0	0	0	0	30	0	0	1	0	0
GK	Federico Mosca	ITA	2005-08-08	0	0	0	0	0	6	0	0	0	0	0
GK	Joel Malusà	ITA	2007-03-28	0	0	0	0	0	6	0	0	0	0	0
DF	Nehuén Pérez	ARG	2000-06-24	3240	36	36	0	1	0	0	0	8	1	0
DF	Hassane Kamara	CIV	1994-09-19	2240	35	27	8	23	10	1	1	4	0	0
DF	Thomas Kristensen	DEN	2002-01-17	2096	26	23	3	2	9	0	1	3	1	0
DF	João Ferreira	POR	2001-03-22	1813	35	18	17	7	19	0	1	9	0	0
DF	Festy Ebosele	IRL	2002-08-02	1704	31	20	11	15	17	0	0	5	1	0
DF	Jordan Zemura	ZIM	1999-11-14	1031	27	10	17	10	24	1	0	1	0	0
DF	Kingsley Ehizibue	NED	1995-05-25	954	23	11	12	12	13	0	1	4	0	0
DF	Christian Kabasele	BEL	1991-02-24	859	13	10	3	1	25	1	1	5	0	0
DF	Lautaro Gianetti	ARG	1993-11-13	630	7	7	0	0	9	1	0	4	0	0
DF	Enzo Ebosse	CMR	1999-03-11	8	1	0	1	1	1	0	0	0	0	0
DF	Antonio Tikvić	CRO	2004-04-21	0	1	0	1	0	34	0	0	0	0	0
DF	James Abankwah	IRL	2004-01-16	0	0	0	0	0	4	0	0	0	0	0
DF	Samuel Nwachukwu	ITA	2005-11-04	0	0	0	0	0	3	0	0	0	0	0
DF	Matteo Palma	GER	2008-03-13	0	0	0	0	0	1	0	0	0	0	0
MF	Walace	BRA	1995-04-04	3245	37	37	0	7	0	2	0	7	0	0
MF	Lazar Samardžić	SRB	2002-02-24	2380	34	28	6	14	10	6	2	3	0	0
MF	Jaka Bijol	SVN	1999-02-05	2083	24	23	1	0	1	0	0	4	0	0
MF	Sandi Lovrič	AUT	1998-03-28	1990	29	21	8	10	8	1	3	1	0	1
MF	Roberto Pereyra	ARG	1991-01-07	1864	27	22	5	9	9	4	3	6	0	0
MF	Martín Payero	ARG	1998-09-11	1800	29	21	8	11	12	2	2	6	0	1
MF	Oier Zarraga	ESP	1999-01-04	394	15	4	11	2	34	2	0	0	0	0
MF	David Pejičić	SVN	2007-06-14	0	0	0	0	0	6	0	0	0	0	0
MF	Bor Žunec	SVN	2004-03-01	0	0	0	0	0	1	0	0	0	0	0
FW	Lorenzo Lucca	ITA	2000-09-10	2602	37	30	7	17	7	8	4	6	0	0
FW	Florian Thauvin	FRA	1993-01-26	1715	29	19	10	15	13	5	3	4	0	0
FW	Isaac Success	NGA	1996-01-07	870	27	9	18	7	27	1	1	4	0	0
FW	Brenner	BRA	2000-01-16	186	8	2	6	3	15	0	0	0	0	0
FW	Keinan Davis	ENG	1998-06-01	179	8	0	8	1	14	1	0	2	0	0
FW	Gerard Deulofeu	ESP	1994-03-13	0	0	0	0	0	0	0	0	0	0	0
FW	Raymond Asante	GHA	2004-05-27	0	0	0	0	0	0	0	0	0	0	0

SERIE A 2023-24 SEASON

UDINESE CALCIO vs. OPPONENTS PER GAME STATS

우디네세 vs 상대팀													
	득점	슈팅	유효슈팅	코너킥	오프사이드	패스시도	패스성공	패스성공률	태클	공중전승리	인터셉트	파울	경고	퇴장
	0.97 / 1.39	12.2 / 13.1	3.6 / 4.2	4.1 / 6.6	1.5 / 1.3	335 / 523	259 / -	0.768 / -						
	77% / 77%	15.9 / 17.1	15.1 / 12.8	8.6 / 6.6	13.1 / 11.7	2.47 / 2.13	0.132 / 0.079							

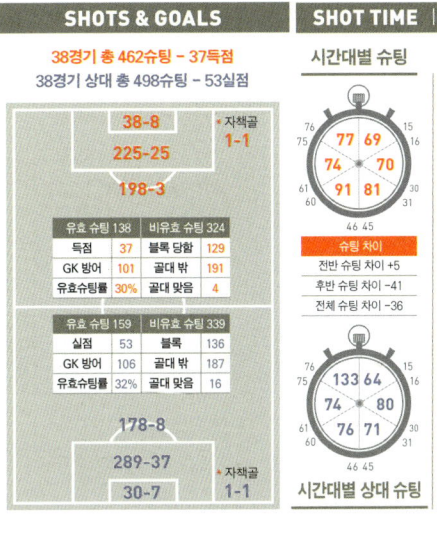

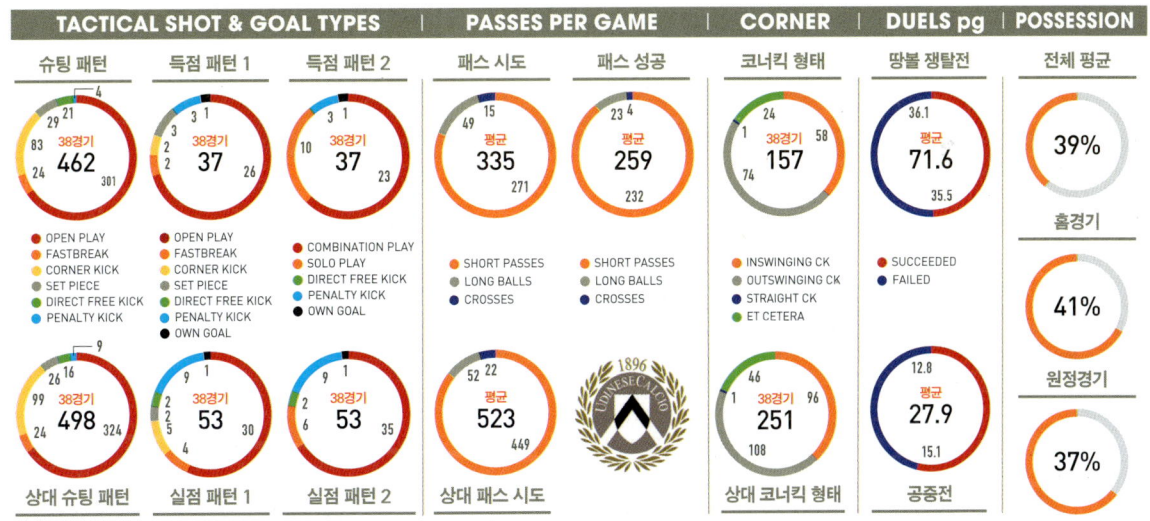

CAGLIARI CALCIO

Founded 구단 창립 1920년	**Owner** 플루오시드 그룹	**CEO** 토마소 줄리니 1977.06.18	**Manager** 다비데 니콜라 1973.03.05	**24-25 Odds** 벳365 : 1000배 스카이벳 : 1000배	

Nationality ● 외국 선수 15명 ● 이탈리아 15명	**Age** 30명 평균 27.1세	**Height** 30명 평균 185cm	**Market Value** 1군 27명 평균 309만 유로	**Game Points** 23-24 : 36점 통산 : 1760점

Win 23-24 : 8승 통산 : 426승	**Draw** 23-24 : 12무 통산 : 482무	**Loss** 23-24 : 18패 통산 : 574패	**Goals For** 23-24 : 42득점 통산 : 1627득점	**Goals Against** 23-24 : 68실점 통산 : 1928실점

More Minutes 알베르토 도세나 2978분	**Top Scorer** 베니토 비올라 5골	**More Assists** 지투 루붐부 5도움	**More Subs** 파올루 아지 16회 교체 IN	**More Cards** 나이탄 난데스+1명 Y7+R0

Honours

1 ITALIAN SERIE-A	**0** COPPA ITALIA	**0** UEFA CHAMPIONS LEAGUE	**0** UEFA EUROPA LEAGUE	**0** FIFA CLUB WORLD CUP	**0** UEFA-CONMEBOL INTERCONTINENTAL

TOTO GUIDE 지난 시즌 상대팀별 전적

상대팀	홈	원정
Inter Milan	0-2	2-2
AC Milan	1-3	1-5
Juventus	2-2	1-2
Atalanta	2-1	0-2
Bologna	2-1	1-2
AS Roma	1-4	0-4
Lazio	1-3	0-1
Fiorentina	2-3	0-3
Torino	1-2	0-0
Napoli	1-1	1-2
Genoa	2-1	0-3
Monza	1-1	0-1
Hellas Verona	1-1	0-2
Lecce	1-1	1-1
Udinese	0-0	1-1
Empoli	0-0	1-0
Frosinone	4-3	1-3
Sassuolo	2-1	2-0
Salernitana	4-2	2-2

Unipol Domus

구장 오픈 / 증개축 2017년 / 2018년
구장 소유 칼리아리 칼초
수용 인원 1만 6416명
피치 규모 105m X 68m
잔디 종류 천연 잔디

STRENGTHS & WEAKNESSES

OFFENSE		DEFENSE	
직접 프리킥	C	세트피스 수비	C
문전 처리	C	상대 볼 뺏기	B
측면 돌파	B	공중전 능력	C
스루볼 침투	C	역습 방어	C
개인기 침투	C	지공 방어	C
카운터 어택	C	스루패스 방어	D
기회 만들기	B	리드 지키기	C
세트피스	C	실수 조심	D
OS 피하기	C	측면 방어력	D
중거리 슈팅	C	파울 주의	C
볼 점유율	D	중거리슈팅 수비	C

RANKING OF LAST 10 YEARS

● 2부 리그

14-15	15-16	16-17	17-18	18-19	19-20	20-21	21-22	22-23	23-24
18 34점	1 83점	11 47점	16 41점	14 45점	16 37점	18 30점	5 60점	16 36점	

위치	선수	국적	생년월일	출전(분)	출전경기	선발11	교체인	교체아웃	벤치출발	득점	도움	경고	경고누적	퇴장
GK	Simone Scuffet	ITA	1996-05-31	2790	31	31	0	1	7	0	0	3	0	0
GK	Boris Radunović	SRB	1996-05-26	630	7	7	0	0	31	0	0	0	0	0
GK	Simone Aresti	ITA	1986-03-15	0	1	0	0	1	34	0	0	0	0	1
GK	Velizar-Iliya Iliev	BUL	2005-07-20	0	0	0	0	0	3	0	0	0	0	0
DF	Alberto Dossena	ITA	1998-10-13	2978	35	33	2	3	3	2	4	5	0	0
DF	Gabriele Zappa	ITA	1999-12-22	2555	38	25	13	7	13	1	3	2	0	0
DF	Tommaso Augello	ITA	1994-08-30	2431	32	28	4	16	8	1	1	5	0	0
DF	Yerry Mina	COL	1994-09-23	1218	14	14	0	3	1	2	0	4	0	0
DF	Mateusz Wieteska	POL	1997-02-11	959	19	10	9	2	25	0	1	3	1	0
DF	Adam Obert	SVK	2002-08-23	937	17	10	7	3	28	0	0	1	0	0
DF	Pantelis Hatzidiakos	GRE	1997-01-18	867	13	13	0	11	17	0	0	1	0	0
MF	Antoine Makoumbou	CGO	1998-07-18	2709	32	32	0	5	1	1	0	4	1	1
MF	Nahitan Nández	URU	1995-12-28	2355	33	29	4	17	4	2	3	7	0	0
MF	Matteo Prati	ITA	2003-12-28	1970	26	19	7	5	19	1	1	4	0	0
MF	Alessandro Deiola	ITA	1995-08-01	1609	27	19	8	9	18	1	0	7	0	0
MF	Ibrahim Sulemana	GHA	2003-05-22	1344	21	16	5	9	17	2	0	4	0	0
MF	Nicolas Viola	ITA	1989-10-12	1199	26	11	15	8	25	5	2	3	0	0
MF	Paulo Azzi	BRA	1994-07-15	938	25	9	16	6	29	0	0	1	0	0
MF	Jakub Jankto	CZE	1996-01-19	880	18	13	5	13	16	1	2	0	0	0
MF	Alessandro Di Pardo	ITA	1999-07-18	349	15	2	13	2	31	0	0	0	0	0
MF	Marco Mancosu	ITA	1988-08-22	156	6	3	3	3	11	0	0	0	0	0
FW	Zito Luvumbo	ANG	2002-03-09	1944	30	19	11	9	12	4	5	5	0	0
FW	Gianluca Lapadula	PER	1990-07-02	1205	23	14	9	8	14	3	1	3	0	0
FW	Gaetano Oristanio	ITA	2002-09-28	1101	25	11	14	10	20	2	1	1	0	0
FW	Andrea Petagna	ITA	1995-06-30	999	18	13	5	9	15	1	1	2	0	0
FW	Eldor Shomurodov	UZB	1995-06-29	934	22	10	12	10	17	3	3	1	0	0
FW	Gianluca Gaetano	ITA	2000-05-05	751	11	10	1	6	4	4	1	0	0	1
FW	Leonardo Pavoletti	ITA	1988-11-26	617	19	5	14	4	23	4	1	4	0	0
FW	Kingstone Mutandwa	ZAM	2003-01-05	34	5	0	5	0	14	1	0	0	0	0
FW	Alessandro Vinciguerra	ITA	2005-08-18	0	0	0	0	0	2	0	0	0	0	0

SERIE A 2023-24 SEASON

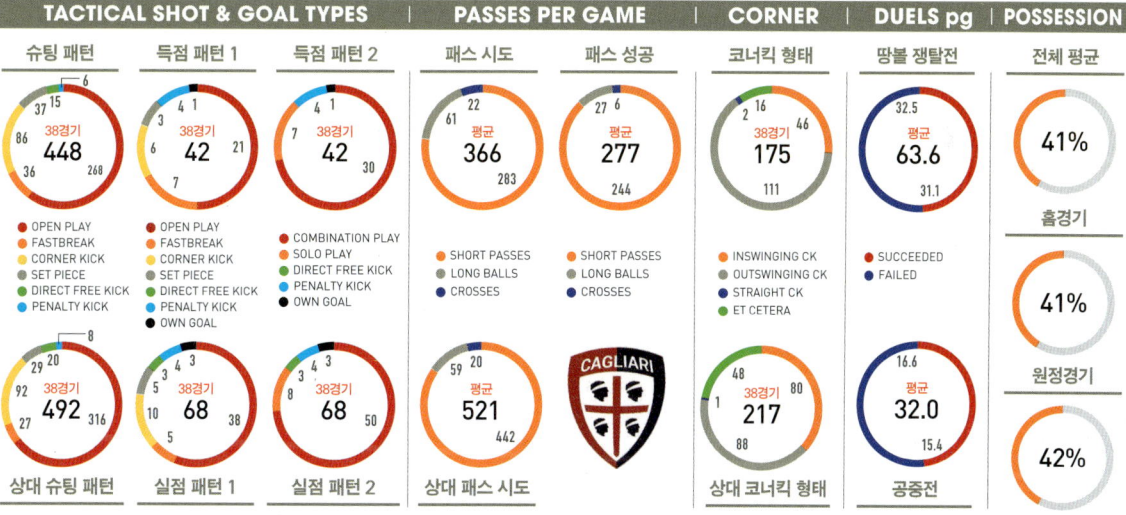

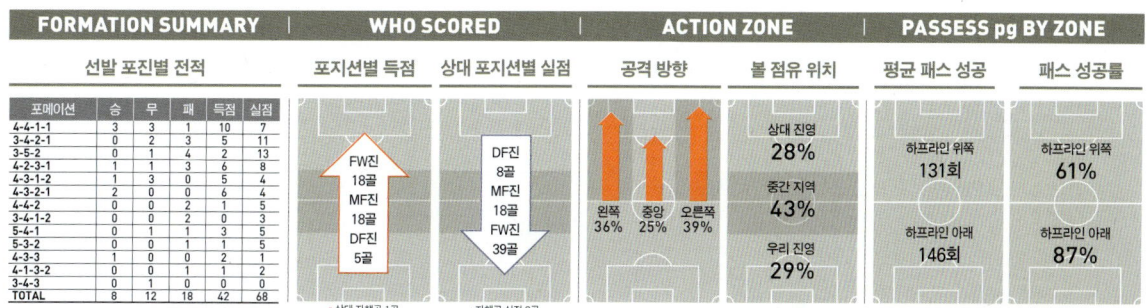

EMPOLI FC

ITALIAN SERIE-A 0	COPPA ITALIA 0	UEFA CHAMPIONS LEAGUE 0	UEFA EUROPA LEAGUE 0	FIFA CLUB WORLD CUP 0	UEFA-CONMEBOL INTERCONTINENTAL 0

Founded 구단 창립 1920년
Owner 파브리치오 코르시 1960.08.22
CEO 파브리치오 코르시 1960.08.22
Manager 로베르토 다베르사 1975.08.12
24-25 Odds 벳365 : 1000배 / 스카이벳 : 1000배

Nationality 31명 / 외국 선수 14명 / 이탈리아 17명
Age 31명 평균 26.0세
Height 31명 평균 184cm
Market Value 1군 29명 평균 232만 유로
Game Points 23-24 : 36점 / 통산 : 597점

Win 23-24 : 9승 / 통산 : 147승
Draw 23-24 : 9무 / 통산 : 161무
Loss 23-24 : 20패 / 통산 : 268패
Goals For 23-24 : 29득점 / 통산 : 571득점
Goals Against 23-24 : 54실점 / 통산 : 845실점

More Minutes 세바스티아노 루페르토 3407분
Top Scorer 음바이 니앙 6골
More Assists 라즈반 마린 3도움
More Subs 마테오 칸첼리에리 18회 교체 IN
More Cards 유세프 말레 Y11+R0

TOTO GUIDE 지난 시즌 상대팀별 전적

상대팀	홈	원정
Inter Milan	0-1	0-2
AC Milan	0-3	0-1
Juventus	0-2	1-1
Atalanta	0-3	0-2
Bologna	0-1	0-3
AS Roma	2-1	0-7
Lazio	0-2	0-2
Fiorentina	1-1	2-0
Torino	3-2	0-1
Napoli	1-0	1-0
Genoa	0-0	1-1
Monza	3-0	0-2
Hellas Verona	0-1	1-2
Lecce	1-1	0-1
Udinese	0-0	1-1
Cagliari	0-1	0-0
Frosinone	0-0	1-2
Sassuolo	3-4	3-2
Salernitana	1-0	3-1

Stadio Carlo Castellani
구장 오픈 1965년
구장 소유 엠폴리 시
수용 인원 1만 6824명
피치 규모 105m X 68m
잔디 종류 천연 잔디

STRENGTHS & WEAKNESSES

OFFENSE		DEFENSE	
직접 프리킥	C	세트피스 수비	D
문전 처리	D	상대 볼 뺏기	B
측면 돌파	B	공중전 능력	D
스루볼 침투	C	역습 방어	C
개인기 침투	C	지공 방어	C
카운터 어택	C	스루패스 방어	C
기회 만들기	C	리드 지키기	B
세트피스	C	실수 조심	C
OS 피하기	E	측면 방어력	C
중거리 슈팅	C	파울 주의	C
볼 점유율	D	중거리슈팅 수비	E

매우 강함 A / 강한 편 B / 보통 수준 C / 약한 편 D / 매우 약함 E

RANKING OF LAST 10 YEARS

14-15	15-16	16-17	17-18	18-19	19-20	20-21	21-22	22-23	23-24
15 / 42점	10 / 46점	18 / 32점	1 / 85점	18 / 38점	7 / 54점	1 / 73점	14 / 41점	14 / 43점	17 / 36점

● 2부 리그

위치	선수	국적	생년월일	출전(분)	출전경기	선발11	교체인	교체아웃	벤치출발	득점	도움	경고	경고누적	퇴장
GK	Elia Caprile	ITA	2001-08-25	2070	23	23	0	0	9	0	0	0	0	0
	Etrit Berisha	ALB	1989-03-10	1260	14	14	0	0	12	0	0	0	0	0
	Samuele Perisan	ITA	1997-08-21	90	1	1	0	0	37	0	0	0	0	0
	Jacopo Seghetti	ITA	2005-02-17	0	0	0	0	0	10	0	0	0	0	0
	Filippo Vertua	ITA	2006-11-05	0	0	0	0	0	2	0	0	0	0	0
DF	Sebastiano Luperto	ITA	1996-09-06	3407	38	38	0	1	0	1	1	4	0	0
	Sebastian Walukiewicz	POL	2000-04-05	2054	27	23	4	4	10	0	0	6	0	0
	Ardian Ismajli	ALB	1996-09-30	2045	26	23	3	3	6	0	0	2	0	0
	Liberato Cacace	NZL	2000-09-27	1908	31	18	13	7	19	0	1	6	0	0
	Bartosz Bereszyński	POL	1992-07-12	1767	24	22	2	7	9	0	1	3	0	0
	Tyronne Ebuehi	NGA	1995-12-16	1095	15	11	4	1	11	0	0	0	0	0
	Giuseppe Pezzella	ITA	1997-11-29	1087	19	14	5	9	9	0	0	4	0	0
	Simone Bastoni	ITA	1996-11-05	746	16	9	7	8	22	1	0	3	0	0
	Saba Goglichidze	GEO	2004-06-25	0	0	0	0	0	16	0	0	0	0	0
	Gabriele Indragoli	ITA	2004-02-20	0	0	0	0	0	6	0	0	0	0	0
MF	Youssef Maleh	ITA	1998-08-22	2611	34	30	4	13	4	0	1	11	0	0
	Alberto Grassi	ITA	1995-03-07	1905	27	22	5	13	10	0	1	5	1	0
	Răzvan Marin	ROU	1996-05-23	1817	30	20	10	9	15	0	3	3	0	0
	Jacopo Fazzini	ITA	2003-03-16	1226	31	14	17	12	18	1	1	6	0	0
	Szymon Żurkowski	POL	1997-09-25	872	13	10	3	7	8	4	0	4	0	0
	Viktor Kovalenko	UKR	1996-02-14	605	17	4	13	4	27	1	1	1	0	0
	Andrea Sodero	ITA	2004-08-07	4	1	0	1	0	2	0	0	0	0	0
FW	Nicolò Cambiaghi	ITA	2000-12-28	2563	37	29	8	18	8	1	1	3	0	0
	Emmanuel Gyasi	GHA	1994-01-11	1875	33	21	12	8	16	1	2	9	0	0
	Matteo Cancellieri	ITA	2002-02-12	1784	36	18	18	14	18	4	2	7	0	0
	Francesco Caputo	ITA	1987-08-06	1274	20	15	5	11	11	3	0	0	0	0
	Mbaye Niang	SEN	1994-12-19	705	14	5	9	5	11	6	1	1	0	0
	Alberto Cerri	ITA	1996-04-16	554	12	10	2	10	5	1	0	2	0	0
	Stiven Shpendi	ALB	2003-05-19	406	12	4	8	4	33	1	0	1	0	0
	Mattia Destro	ITA	1991-03-20	357	15	3	12	3	27	0	0	2	0	0
	Giacomo Corona	ITA	2004-02-24	4	1	0	1	0	2	0	0	0	0	0

SERIE A 2023-24 SEASON

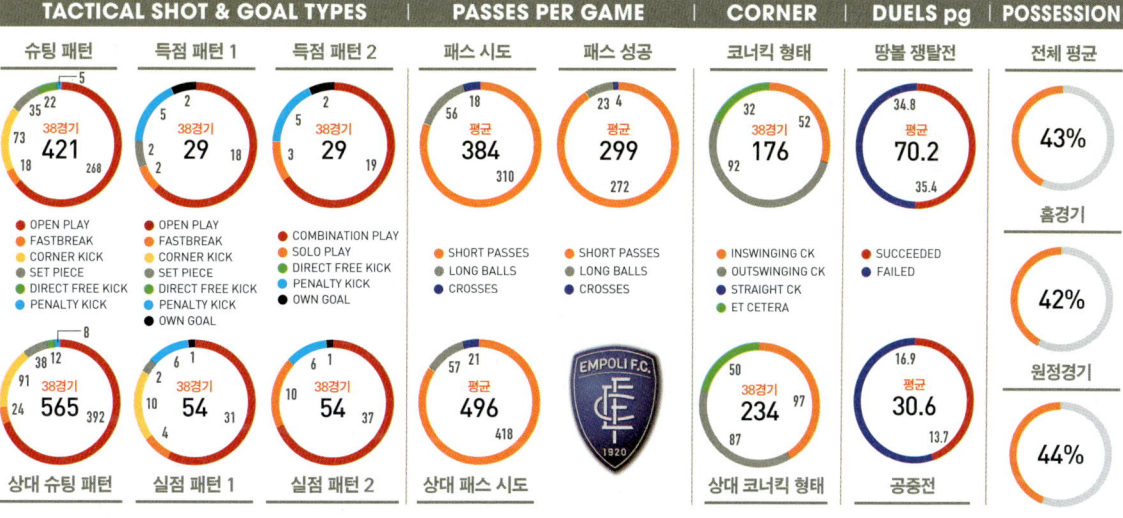

PARMA CALCIO 1913

0	3	0	2	0	0
ITALIAN SERIE-A	COPPA ITALIA	UEFA CHAMPIONS LEAGUE	UEFA EUROPA LEAGUE	FIFA CLUB WORLD CUP	UEFA-CONMEBOL INTERCONTINENTAL

Founded 구단 창립 1913년	**Owner** 파르마 칼초 시민 구단	**CEO** 카일 크라우스 1963.01.10	**Manager** 파비오 페카 1973.08.24	**24-25 Odds** 벳365 : 500배 스카이벳 : 750배
Nationality 외국 선수 25명 이탈리아 4명	**Age** 29명 평균 25.0세	**Height** 29명 평균 184cm	**Market Value** 1군 29명 평균 271만 유로	**Game Points** 23-24 2부 : 76점 통산 1399점
Win 23-24 2부 : 21승 통산 : 355승	**Draw** 23-24 2부 : 13무 통산 : 281무	**Loss** 23-24 2부 : 4패 통산 : 337패	**Goals For** 23-24 2부 : 66득점 통산 : 1259득점	**Goals Against** 23-24 2부 : 35실점 통산 : 1254실점
More Minutes 레안드로 치치솔라 3251분	**Top Scorer** 데니스 만 11골	**More Assists** 앙제요안 보니 7도움	**More Subs** 가브리엘 샤펭티에 22회 교체 IN	**More Cards** 알레산드로 서카티 Y8+R0

TOTO GUIDE 지난 시즌 상대팀별 전적

상대팀	홈	원정
Como	2-1	1-1
Venezia	2-1	2-3
Cremonese	1-1	2-1
Catanzaro	0-2	5-0
Palermo	3-3	0-0
Sampdoria	1-1	3-0
Brescia	2-1	2-0
Cosenza	1-1	0-0
Modena	1-1	0-3
Sudtirol	2-0	0-0
Reggiana	0-0	1-1
Pisa	3-2	2-1
Cittadella	2-0	2-1
Spezia	2-0	1-0
Ternana	3-1	3-1
Bari	2-1	1-1
Ascoli	1-1	3-1
FeralpiSalo	2-0	2-1
Lecco	4-0	2-3

Stadio Ennio Tardini
구장 오픈: 1923년, 증개축 1993년
구장 소유: 파르마 시
수용 인원: 2만 7906명
피치 규모: 105m X 68m
잔디 종류: 천연 잔디

RANKING OF LAST 10 YEARS

시즌	14-15	15-16	16-17	17-18	18-19	19-20	20-21	21-22	22-23	23-24
순위	20	(심각한 재정 문제로 15-16시즌 4부 강등)	2	14	11	49점	20	12	4	1
승점	19점	90점	70점	72점	41점	49점	20점	49점	61점	76점

위치	선수	국적	생년월일	출전(분)	출전경기	선발11	교체인	교체아웃	벤치출발	득점	도움	경고	경고누적	퇴장
GK	Leandro Chichizola	ARG	1990-03-27	3251	37	36	1	0	2	0	1	3	0	0
GK	Edoardo Corvi	ITA	2001-03-23	169	2	2	0	1	36	0	0	0	0	0
GK	Martin Turk	SVN	2003-08-21	0	0	0	0	0	37	0	0	0	0	0
DF	Enrico Delprato	ITA	1999-11-10	2949	35	32	3	1	5	2	3	5	0	0
DF	Alessandro Circati	AUS	2003-10-10	2528	29	28	1	2	9	1	0	8	0	0
DF	Yordan Osorio	VEN	1994-05-10	1948	24	21	3	1	12	0	1	2	0	0
DF	Woyo Coulibaly	FRA	1999-05-26	1882	26	21	5	3	13	0	2	4	1	0
DF	Gianluca Di Chiara	ITA	1993-12-26	1635	25	18	7	9	15	0	1	5	0	0
DF	Botond Balogh	HUN	2002-06-06	1352	17	16	1	0	17	0	0	3	1	1
DF	Vassilis Zagaritis	GRE	2001-05-04	635	10	7	3	3	22	0	0	2	0	0
DF	Cristian Ansaldi	ARG	1986-09-20	491	16	5	11	4	20	0	1	0	0	0
DF	Lautaro Valenti	ARG	1999-01-14	162	2	2	0	1	5	0	0	0	0	0
DF	Peter Amoran	SWE	2004-05-22	0	0	0	0	0	2	0	0	0	0	0
DF	Federico Motti	ITA	2004-03-06	0	0	0	0	0	3	0	0	0	0	0
MF	Adrián Bernabé	ESP	2001-05-26	2597	35	28	7	15	7	8	3	6	0	0
MF	Nahuel Estévez	ARG	1995-11-14	2302	32	25	7	6	10	3	1	6	0	0
MF	Hernani	BRA	1994-03-27	2197	36	25	11	12	11	3	3	4	1	0
MF	Simon Sohm	SUI	2001-04-11	1695	32	21	11	17	15	0	4	1	0	1
MF	Wylan Cyprien	FRA	1995-01-28	762	18	8	10	5	18	2	0	3	0	0
MF	Drissa Camara	CIV	2002-02-18	448	16	3	13	4	21	2	0	5	0	0
MF	Antoine Hainaut	FRA	2002-02-18	113	4	2	2	1	27	0	0	2	1	0
FW	Dennis Man	ROU	1998-08-26	2353	32	29	3	18	4	11	6	2	0	0
FW	Ange-Yoan Bonny	FRA	2003-10-25	2010	35	28	7	28	9	5	7	5	0	0
FW	Adrian Benedyczak	POL	2000-11-24	1838	31	23	8	21	10	10	3	4	0	0
FW	Valentin Mihăilă	ROU	2000-02-02	1609	32	21	11	20	15	6	2	4	0	0
FW	Anthony Partipilo	ITA	1994-10-27	987	27	8	19	8	25	3	1	3	0	0
FW	Antonio Čolak	CRO	1993-09-17	655	22	6	16	6	32	3	0	0	0	0
FW	Gabriel Charpentier	CGO	1999-05-17	629	24	2	22	2	25	4	3	2	0	0
FW	Tjaš Begić	SVN	2003-06-30	243	8	1	7	1	18	0	1	0	0	0
FW	Anas Haj Mohamed	TUN	2005-03-26	0	0	0	0	0	8	0	0	0	0	0

SERIE B(2부리그) 2023-24 SEASON

PARMA CALCIO 1913 vs. OPPONENTS PER GAME STATS

파르마 vs 상대팀

파르마		상대팀	항목
1.74	득점	0.92	
14.6	슈팅	11.3	
5.2	유효슈팅	3.1	
5.5	코너킥	4.3	
1.1	오프사이드	2.6	
497	패스시도 PA	462	
400	패스성공 PC	366	
80%	패스성공률 P%	79%	
13.2	태클 TK	17.1	
15.4	공중전승 AD	13.3	
9.4	인터셉트 IT	10.2	
12.3	파울	12.5	
2.18	경고	2.55	
0.158	퇴장	0.132	

2023-24 SEASON SQUAD LIST & GAMES PLAYED
*괄호 안의 숫자는 선발 출전 횟수, 교체 출전은 포함시키지 않음

LW: V.미하일라(1), A.베네디치카(1)
CF: A.Y.보니(27), A.촐라크(6), G.사펭티에(2), M.미할리아(2), A.베네디치카(1), D.만(1)
RW: A.베네디치카(1), D.만(1)

LAM: A.베네디치카(20), V.미하일라(11), D.카마라(2), D.만(1)
CAM: S.좀(14), A.베르나베(10), V.미하일라(5), 에르나니(3), D.카마라(1), A.Y.보니(1)
RAM: D.만(25), A.파르티필로(7), V.미하일라(1), S.좀(1)

LM: A.에르나니(4), M.미하일라(1), T.베기치(1)
CM: N.에스테베스(3), A.베르나베(1), A.에르나니(1), S.좀(1)
RM: A.베르나베(2), D.만(1), A.파르티필로(1)

LWB: N/A
DM: N.에스테베스(22), 에르나니(19), A.베르나베(15), W.시프리앙(8), S.좀(5)
RWB: N/A

LB: G.키아라(18), W.쿨리발리(8), V.자가리티스(7), 안살디(5)
CB: A.서카티(28), Y.오소리오(20), B.발로그(16), E.델프라토(10), L.발렌티(2)
RB: E.델프라토(22), W.쿨리발리(13), A.에노(2), Y.오소리오(1)

GK: L.치치솔라(36), E.코르비(2)

SHOTS & GOALS
38경기 총 556슈팅 - 66득점

Inside The Box 326-52 / 자책골 3-3
Outside The Box 227-11

	유효 슈팅 197		비유효 슈팅 359
득점	66	블록 당함	163
GK 방어	161	골대 밖	186
유효슈팅률	35%	골대 맞음	10

신체별 득점 / **공격 형태별 슈팅-득점**
- 왼발 24 / OP/FB/SP 514-53
- 오른발 36 / 직접 프리킥 28-1
- 헤더 3 / 페널티킥 11-9
* OP : 지공 / FB : 속공 / SP : 세트플레이

GOAL TIME | WHO SCORED

시간대별 득점: 76/15/16, 8/13, 60/13/8/31, 46 45
독실차: 전반 골득실차 +11, 후반 골득실차 +20, 전체 골득실차 +31

포지션별 득점:
- FW진 42골
- MF진 18골
- DF진 3골
* 상대 자책골 3골

상대 포지션별 실점:
- DF진 10골
- MF진 13골
- FW진 12골

시간대별 실점: 76/15/16, 5/4, 61/6/10/31, 7/5, 46 45

PASSES PER GAME | CORNER | DUELS pg

패스 시도 평균 497 (39 / 16 / 442)
패스 성공 평균 400 (19 / 5 / 376)
코너킥 형태 38경기 209 (111 / 67 / 3 / 28)
땅볼 쟁탈전 평균 67.6 (34.4 / 33.2)

- SHORT PASSES / LONG BALLS / CROSSES
- INSWINGING CK / OUTSWINGING CK / STRAIGHT CK / ET CETERA
- SUCCEEDED / FAILED

상대 코너킥 형태 38경기 162 (1 / 36 / 74 / 51)
공중전 평균 28.7 (13.3 / 15.4)

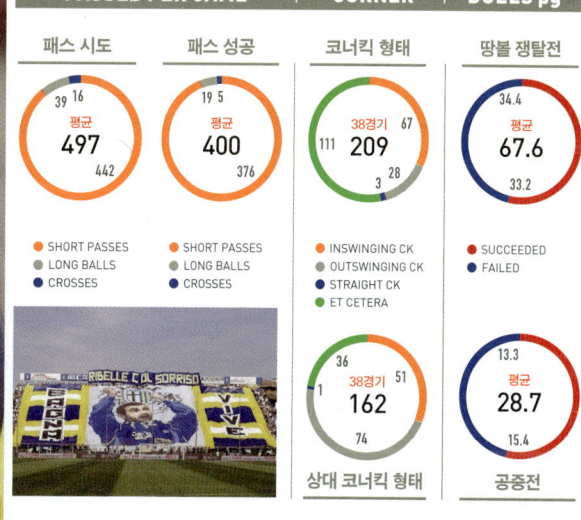

PASSES pg BY ZONE | FORMATION SUMMARY

평균 패스 성공 / 패스 성공률
- 하프라인 위쪽: 217회 / 74%
- 하프라인 아래: 183회 / 91%

선발 포진별 전적

포메이션	승	무	패	득점	실점
4-2-3-1	19	12	3	62	32
4-3-3	0	1	0	2	2
4-4-2	1	0	0	0	0
4-1-4-1	1	0	0	2	1
TOTAL	21	13	4	66	35

COMO 1907

 Founded 구단 창립 1907년

 Owner SENT 엔터테인먼트

 CEO 프란체스코 테라차니

 Manager 세스크 파브레가스 1987.05.04

 24-25 Odds 벳365 : 250배 스카이벳 : 500배

 Nationality 31명
- 외국 선수 12명
- 이탈리아 19명

 Age 31명 평균 26.1세

 **Height** 31명 평균 184cm

 Market Value 1군 31명 평균 164만 유로

 Game Points 23-24 2부 : 73점 통산 : 461점

 Win 23-24 2부 : 21승 통산 : 109승

Draw 23-24 2부 : 10무 통산 : 134무

Loss 23-24 2부 : 7패 통산 : 183패

 **Goals For** 23-24 2부 : 58득점 통산 : 411득점

 Goals Against 23-24 2부 : 40실점 통산 : 572실점

 **More Minutes** 아드리안 솀페르 3399분

 **Top Scorer** 파트릭 쿠트로네 14골

 **More Assists** 알레시오 로비네 +1명 6도움

 More Subs 무티르 샤지아 23회 교체 IN

 More Cards 마르코 쿠르토 +1명 Y7+R0

0 ITALIAN SERIE-A	0 COPPA ITALIA	0 UEFA CHAMPIONS LEAGUE	0 UEFA EUROPA LEAGUE	0 FIFA CLUB WORLD CUP	0 UEFA-CONMEBOL INTERCONTINENTAL

TOTO GUIDE 지난 시즌 상대팀별 전적

상대팀	홈	원정
Parma	1-1	1-2
Venezia	2-1	0-3
Cremonese	1-3	1-2
Catanzaro	1-0	2-1
Palermo	3-3	0-3
Sampdoria	1-0	1-1
Brescia	1-0	0-2
Cosenza	1-1	2-1
Modena	2-1	0-0
Sudtirol	2-0	1-0
Reggiana	2-2	2-2
Pisa	3-1	1-1
Cittadella	2-1	3-0
Spezia	4-0	1-0
Ternana	2-1	1-0
Bari	2-1	1-1
Ascoli	0-2	1-0
FeralpiSalo	2-1	5-2
Lecco	0-0	3-0

Stadio Giuseppe Sinigaglia

구장 오픈 1927년, 2002년
구장 소유 코모 시
수용 인원 1만 3602명
피치 규모 105m X 68m
잔디 종류

RANKING OF LAST 10 YEARS

- 2부 리그
- 3부 리그
- 4부 리그

14-15	15-16	16-17	17-18	18-19	19-20	20-21	21-22	22-23	23-24
22 467점	759점	33 281점	189점	12 32점	175점		13 47점	13 47점	2 73점

*이탈리아 2부 리그 기록

위치	선수	국적	생년월일	출전(분)	출전경기	선발11	교체인	교체아웃	벤치출발	득점	도움	경고	경고누적	퇴장
GK	Adrian Šemper	CRO	1998-01-12	3399	38	38	0	1	0	0	0	2	0	0
GK	Mauro Vigorito	ITA	1990-05-22	21	1	0	1	0	34	0	0	0	0	1
GK	Pierre Bolchini	ITA	1999-02-27	0	0	0	0	0	4	0	0	0	0	0
GK	Matteo Piombino	ITA	2005-01-01	0	0	0	0	0	3	0	0	0	0	0
DF	Federico Barba	ITA	1993-09-01	2611	32	29	3	2	7	3	0	2	0	1
DF	Cas Odenthal	NED	2000-09-26	2546	30	29	1	1	7	2	0	4	0	1
DF	Marco Curto	ITA	1999-01-05	1992	25	23	2	4	14	0	3	7	0	0
DF	Marco Sala	ITA	1999-06-04	1837	29	20	9	7	18	0	1	0	0	0
DF	Nicholas Ioannou	CYP	1995-11-10	1562	25	18	7	10	16	3	3	2	0	0
DF	Alessio Iovine	ITA	1991-02-01	1547	26	18	8	0	14	0	6	5	0	0
DF	Edoardo Goldaniga	ITA	1993-11-02	1440	16	16	0	0	0	2	0	4	0	0
DF	Tommaso Cassandro	ITA	2000-01-09	874	20	10	10	9	27	0	0	3	0	0
DF	Matteo Solini	ITA	1993-03-09	183	3	2	1	1	23	0	0	0	0	0
MF	Alessandro Bellemo	ITA	1995-08-07	2791	36	33	3	10	4	3	2	6	0	0
MF	Lucas Da Cunha	FRA	2001-06-09	2626	35	32	3	25	4	7	6	7	0	0
MF	Oliver Abildgaard	DEN	1996-06-10	1862	28	20	8	5	12	2	3	5	0	0
MF	Daniele Baselli	ITA	1992-03-12	899	24	8	16	8	21	0	1	0	0	1
MF	Matthias Braunöder	AUT	2002-03-27	871	13	9	4	2	7	1	0	1	0	0
MF	Moutir Chajia	BEL	1998-06-04	861	28	5	23	5	31	0	1	3	0	0
MF	Ben Lhassine Kone	CIV	2000-03-14	758	14	8	6	6	0	0	1	6	1	0
MF	Fabio Rispoli	ITA	2006-09-28	13	2	0	2	0	15	0	0	1	0	0
MF	Giuseppe Mazzaglia	ITA	2006-04-20	0	0	0	0	0	1	0	0	0	0	0
FW	Patrick Cutrone	ITA	1998-01-03	2479	32	29	3	19	3	14	4	4	0	0
FW	Alessandro Gabrielloni	ITA	1994-07-10	1957	37	23	14	22	15	9	2	3	0	0
FW	Simone Verdi	ITA	1992-07-12	1785	34	24	10	24	11	8	2	3	0	0
FW	Gabriel Strefezza	BRA	1997-04-18	1178	15	15	0	5	0	3	2	2	0	1
FW	Nicholas Gioacchini	USA	2000-07-25	194	9	1	8	1	16	0	0	0	0	0
FW	Jean-Pierre Nsamé	CMR	1993-05-01	180	8	1	7	1	16	0	0	1	0	0
FW	Tommaso Fumagalli	ITA	2000-02-20	85	5	0	5	0	0	0	0	0	0	0
FW	Samuel Ballet	SUI	2001-03-12	48	3	0	3	0	11	0	0	0	0	0
FW	Federico Chinetti	ITA	2005-12-05	0	0	0	0	0	2	0	0	0	0	0

SERIE B(2부리그) 2023-24 SEASON

COMO 1907 vs. OPPONENTS PER GAME STATS

코모 1907 vs 상대팀	득점	슈팅	유효슈팅	코너	오프사이드	패스시도	패스성공	패스성공률	태클	공중전승리	인터셉트	파울	경고	퇴장
	1.53 / 1.03	13.9 / 10.7	4.9 / 3.2	4.4 / 4.5	1.5 / 2.7	465 / 453	358 / 344	80% / 70%	13.6 / 15.1	15.6 / 15.4	9.0 / 10.4	14.8 / 13.8	2.18 / 2.34	0.132 / 0.079

2023-24 SEASON SQUAD LIST & GAMES PLAYED
*괄호 안의 숫자는 선발 출전 횟수, 교체 출전은 포함시키지 않음

LW: L.다쿠나(2), A.체리(1)
CF: P.쿠트로네(26), A.가브리엘로니(22), S.베르디(12), L.다쿠나(5), A.체리(1), M.샤지아(1), D.바셀리(1), J.P.은삼(1)
RW: P.쿠트로네(1), D.바셀리(1), S.베르디(1)

LAM: L.다쿠나(9), M.샤지아(1), G.스트레페자(1), N.조아키니(1), P.쿠트로네(1)
CAM: S.베르디(2), A.가브리엘로니(1), D.바셀리(1), P.쿠트로네(1), M.샤지아(1)
RAM: G.스트레페자(3), L.다쿠나(3), L.케리건(1), A.이오비네(1)

LM: L.다쿠나(8), M.샤지아(2), A.벨레모(1)
CM: A.벨레모(21), O.아빌드고르(12), B.코네(7), M.브라운외데(6), G.스트레페자(1)
RM: G.스트레페자(5), L.다쿠나(3), O.아빌드고르(1), A.블랑코(1), L.비날리(1)

LWB: M.살라(3), N.이오아누(2)
DM: A.벨레모(11), O.아빌드고르(7), D.바셀리(5), M.브라운외데(3), B.코네(1)
RWB: T.카산드로(5), A.이오비네(1), L.다쿠나(1), L.비날리(1)

LB: M.살라(17), N.이오아누(7)
CB: C.오덴탈(29), F.바르바(29), E.다니가르(16), M.쿠르토(14), M.솔리니(2)
RB: A.이오비네(10), 쿠르토(9), T.카산드로(5), L.비날리(2)

GK: A.셈페르(38)

SHOTS & GOALS

38경기 총 527슈팅 – 58득점

Inside The Box 304-52
Outside The Box 223-6

유효 슈팅 186		비유효 슈팅 341	
득점	58	블록 당함	148
GK 방어	128	골대 밖	176
유효슈팅률	35%	골대 맞음	17

신체별 득점		공격 형태별 슈팅-득점	
왼발	18	OP/FB/SP	506-53
오른발	28	직접 프리킥	16-1
헤더	12	페널티킥	5-4

* OP : 지공 / FB : 속공 / SP : 세트플레이

GOAL TIME | WHO SCORED

시간대별 득점
76/12/10/5
9/6/3
10/11/8
61/46 45/31

득점 58
전반 골득실차 +11
후반 골득실차 +7
전체 골득실차 +18

포지션별 득점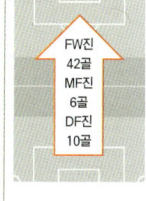
FW진 42골
MF진 6골
DF진 10골

상대 포지션별 실점
DF진 3골
MF진 7골
FW진 29골

시간대별 실점

* 자책점 실점 1골

PASSES PER GAME | CORNER | DUELS pg

패스 시도 평균 465 (46/20/399)
패스 성공 평균 358 (21/4/333)
- SHORT PASSES / LONG BALLS / CROSSES

코너킥 형태 38경기 169 (47/69/53)
- INSWINGING CK / OUTSWINGING CK / STRAIGHT CK / ET CETERA

땅볼 쟁탈전 평균 66.9 (34.5/32.4)
- SUCCEEDED / FAILED

상대 코너킥 형태 38경기 172 (39/61/72)

공중전 평균 31.0 (15.4/15.6)

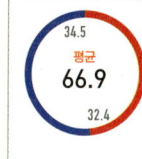

PASSESS pg BY ZONE | FORMATION SUMMARY

평균 패스 성공	패스 성공률
하프라인 위쪽 174회	하프라인 위쪽 69%
하프라인 아래 184회	하프라인 아래 87%

선발 포지션별 전적

포메이션	승	무	패	득점	실점
4-2-3-1	8	3	2	18	11
4-4-2	6	2	1	19	10
3-4-1-2	4	2	0	9	3
3-4-2-1	2	0	1	4	4
3-4-3	0	1	1	3	5
3-4-3	0	1	1	3	3
3-5-2	1	1	0	2	1
4-3-1-2	0	1	1	2	4
TOTAL	21	10	7	58	40

VENEZIA FC

VENEZIA FC

Founded 구단 창립 1907년
Owner VFC 뉴코 2020 LLC
CEO 던컨 니더아우어 1959.01.03
Manager 에우제비오 디프란체스코 1969.09.08
24-25 Odds 벳365: 1000배 / 스카이벳: 1000배

Nationality ● 외국 선수 16명 ● 이탈리아 9명
Age 25명 평균 26.5세
Height 25명 평균 183cm
Market Value 1군 25명 평균 161만 유로
Game Points 23-24 2부: 70점 통산: 437점

Win 23-24 2부: 21승 통산: 104승
Draw 23-24 2부: 7무 통산: 125무
Loss 23-24 2부: 10패 통산: 235패
Goals For 23-24 2부: 69득점 통산: 466득점
Goals Against 23-24 2부: 46실점 통산: 737실점

More Minutes 프랜시스 테스먼 3506분
Top Scorer 조엘 포야포로 22골
More Assists 니콜라스 피에리니 6도움
More Subs 크리스티안 귀트케어 23회 교체 IN
More Cards 마린 시베르코 Y9+R1

RANKING OF LAST 10 YEARS

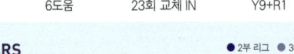

● 2부 리그 ● 3부 리그 ● 4부 리그

14-15	15-16	16-17	17-18	18-19	19-20	20-21	21-22	22-23	23-24
9 / 49점	1 / 90점	8 / 80점	5 / 67점	15 / 38점	11 / 50점	5 / 59점	20 / 27점	8 / 49점	3 / 70점

*이탈리아 2부 리그 기록

 0 **ITALIAN SERIE-A**
 1 **COPPA ITALIA**
 0 **UEFA CHAMPIONS LEAGUE**
 0 **UEFA EUROPA LEAGUE**
 0 **FIFA CLUB WORLD CUP**
0 **UEFA-CONMEBOL INTERCONTINENTAL**

TOTO GUIDE 지난 시즌 상대팀별 전적

상대팀	홈	원정
Parma	3-2	1-2
Como	3-0	1-2
Cremonese	2-1	0-1
Catanzaro	2-1	2-3
Palermo	1-3	3-0
Sampdoria	5-3	2-1
Brescia	2-0	0-0
Cosenza	1-1	2-4
Modena	2-2	3-1
Sudtirol	2-3	3-0
Reggiana	2-3	0-1
Pisa	2-1	2-1
Cittadella	2-0	0-0
Spezia	1-0	1-2
Ternana	1-0	1-0
Bari	3-1	3-0
Ascoli	3-1	0-0
FeralpiSalo	2-1	2-2
Lecco	2-2	2-1

Stadio Pier Luigi Penzo

구장 오픈 1913년, 2021년
구장 소유 베네치아 시
수용 인원 1만 1150명
피치 규모 105m X 68m
잔디 종류 천연 잔디

위치	선수	국적	생년월일	출전(분)	출전경기	선발11	교체인	교체아웃	벤치출발	득점	도움	경고	경고누적	퇴장
GK	Jesse Joronen	FIN	1993-03-21	2970	33	33	0	0	2	0	0	2	0	0
	Bruno Bertinato	BRA	1998-05-13	810	9	9	0	0	32	0	0	1	0	0
	Matteo Grandi	ITA	1992-10-12	0	0	0	0	0	42	0	0	1	0	0
	Gregor Pürg	EST	2005-12-07	0	0	0	0	0	7	0	0	0	0	0
	Eryk Slowikowski	USA	2005-04-04	0	0	0	0	0	1	0	0	0	0	0
DF	Antonio Candela	ITA	2000-04-27	3334	40	39	1	9	1	1	3	7	0	0
	Marin Šverko	CRO	1998-02-04	2803	37	33	4	9	4	0	0	9	1	0
	Francesco Zampano	ITA	1993-09-30	2711	38	30	8	13	9	1	5	7	1	0
	Giorgio Altare	ITA	1998-08-09	2291	35	25	10	6	14	4	3	7	0	1
	Michael Svoboda	AUT	1998-10-15	1803	23	19	4	1	7	0	4	1	0	0
	Nunzio Lella	ITA	2000-07-28	1017	24	14	10	14	22	0	1	4	0	0
	Marco Modolo	ITA	1989-03-23	573	10	7	3	5	31	0	0	0	0	0
	Ali Dembélé	FRA	2004-01-05	174	16	0	16	0	36	1	0	3	0	0
	Maximilian Ullmann	AUT	1996-06-17	111	4	0	4	0	35	0	0	1	0	0
	Lorenzo Busato	ITA	2004-02-09	34	2	0	2	0	11	0	0	0	0	0
MF	Tanner Tessmann	USA	2001-09-24	3506	41	39	2	3	2	7	3	8	0	0
	Gianluca Busio	USA	2002-05-28	3246	41	40	1	26	2	7	5	4	0	0
	Jay Idzes	NED	2000-06-02	2453	29	27	2	3	3	3	0	3	0	0
	Mikael Ellertsson	ISL	2002-03-11	1725	37	20	17	18	21	2	3	5	0	0
	Bjarki Bjarkason	ISL	2000-05-11	1623	35	15	20	11	26	3	1	1	0	0
	Magnus Andersen	DEN	1999-05-10	828	23	10	13	10	32	0	2	1	0	0
	Mato Jajalo	CRO	1988-05-25	307	15	2	13	2	24	0	0	2	0	0
	Denis Cheryshev	RUS	1990-12-26	160	9	1	8	1	40	0	0	1	0	0
	Federico Tavernaro	ITA	2005-01-05	0	0	0	0	0	1	0	0	0	0	0
FW	Joel Pohjanpalo	FIN	1994-09-13	3020	37	36	1	23	1	22	5	2	0	0
	Nicholas Pierini	ITA	1998-08-06	2380	42	28	14	27	14	6	6	1	0	0
	Christian Gytkjær	DEN	1990-05-06	1905	42	19	23	11	23	12	0	2	0	0
	Marco Olivieri	ITA	1999-06-30	362	23	1	22	2	32	1	1	1	0	0
	Alvin Okoro	NGA	2005-03-26	0	0	0	0	0	0	0	0	0	0	0

SERIE B(2부리그) 2023-24 SEASON

VENEZIA FC vs. OPPONENTS PER GAME STATS

베네치아 FC vs 상대팀

베네치아 FC	항목	상대팀
1.82	득점	1.18
13.8	슈팅	12.3
4.4	유효슈팅	3.3
5.1	코너킥	4.9
1.4	오프사이드	1.2
454	PA 패스시도	454
371	PC 패스성공	352
82%	P% 패스성공률	78%
12.7	TK 태클	13.5
14.7	AD 공중전승리	15.4
7.6	IT 인터셉트	9.8
12.5	파울	12.3
1.79	경고	2.50
0.132	퇴장	0.184

2023-24 SEASON SQUAD LIST & GAMES PLAYED

* 괄호 안의 숫자는 선발 출전 횟수, 교체 출전은 포함시키지 않음

LW: D.온센(6), D.체리세프(1)
CF: P.포안팔로(31), C.구티에어(18), N.피에리니(9), D.온센(2), M.올리비에리(1)
RW: N.피에리니(7)

LAM: D.온센(3), M.엘레트손(1)
CAM: N.피에리니(6), D.온센(4), N.렐라(1), J.포안팔로(1)
RAM: N.렐라(1), B.비아카손(1)

LM: M.엘레트손(12), 부시오(2), N.넬라(1), D.온센(2), M.코포드(1)
CM: G.부시오(24), T.테스먼(16), M.코포드(8), B.비아카손(4), M.엘레트손(4), N.피에리니(2), N.렐라
RM: G.부시오(7), N.렐라(7), B.비아카손(3), T.테스먼(1), N.피에리니(1)

LWB: F.참파노(12), B.비아카손(5), M.엘레트손(3)
DM: T.테스먼(18), M.K.안데르센(4), G.부시오(2), M.야알로(1)
RWB: A.칸델라(19), F.참파노(1)

LB: F.참파노(15), 시베르코(7)
CB: G.알타레(25), J.이제스(23), M.시베르코(22), M.스보보다(15), M.모돌로(1)
RB: A.칸델라(20), F.참파노(2)

GK: J.요로넨(29), 베르치나투(9)

SHOTS & GOALS

38경기 총 523슈팅 - 69득점

Inside The Box: 357-63
Outside The Box: 166-6

유효 슈팅 167	비유효 슈팅 356
득점 69	블록 당함 141
GK 방어 98	골대 밖 202
유효슈팅률 32%	골대 맞음 13

신체별		공격 형태별 슈팅-득점	
왼발	18	OP/FB/SP	503-63
오른발	42	직접 프리킥	14-1
헤더	9	페널티킥	6-5

* OP: 지공 / FB: 속공 / SP: 세트플레이

GOAL TIME | WHO SCORED

시간대별 득점: 76·19·15·16·8·6·13·5·13·10·31·61·60·46·45

포지션별 득점:
- FW진 42골
- MF진 18골
- DF진 9골

독실차
- 전반 골득실차 +11
- 후반 골득실차 +12
- 전체 골득실차 +23

시간대별 실점: 10·5·8·7·10·6·46·45

상대 포지션별 실점:
- DF진 4골
- MF진 14골
- FW진 27골

* 자책골 실점 1골

PASSES PER GAME | CORNER | DUELS pg

패스 시도: 평균 454 (45·20·389)
패스 성공: 평균 371 (23·6·342)

- SHORT PASSES
- LONG BALLS
- CROSSES

코너킥 형태: 38경기 193 (27·74·92)

- INSWINGING CK
- OUTSWINGING CK
- STRAIGHT CK
- ET CETERA

상대 코너킥 형태: 38경기 186 (39·78·69)

땅볼 쟁탈전: 평균 60.3 (30.4·29.9)
- SUCCEEDED
- FAILED

공중전: 평균 30.1 (15.4·14.7)

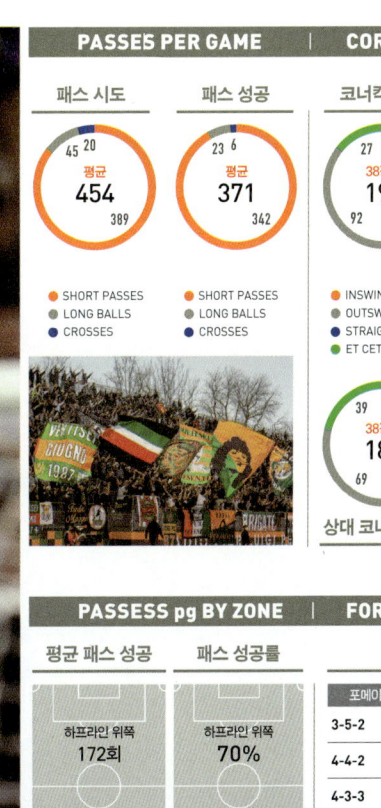

PASSES pg BY ZONE

	평균 패스 성공	패스 성공률
하프라인 위쪽	172회	70%
하프라인 아래	205회	90%

FORMATION SUMMARY

선발 포진별 전적

포메이션	승	무	패	득점	실점
3-5-2	9	2	5	30	19
4-4-2	6	1	2	14	10
4-3-3	4	1	2	14	8
4-2-3-1	2	3	1	11	9
TOTAL	21	7	10	69	46

LIGUE 1

무적함대
無敵艦隊

PSG가 다시 한번 프랑스 무대를 평정했다. PSG는 2023-24시즌 리그1에서 승점 76점을 기록, AS 모나코(67점), 브레스트(61점)을 여유있게 따돌렸다. 2021-22시즌 이후 리그 3년 연속 우승이고, 2014-15시즌 이후 최근 10년간 무려 8번이나 정상에 올랐다. 5대 리그에서 한 팀이 이렇게 압도적인 성적을 오랜 기간 유지하는 팀은 PSG와 함께 분데스리가의 바이에른 뮌헨 뿐이다(그 뮌헨도 지난 시즌 레버쿠젠에 우승을 내줬다). 리오넬 메시, 네이마르 등 월드 스타들이 팀을 떠났으나 PSG의 선수층은 무척 두터웠다. 대한민국 이강인이 PSG에서 어느 정도 자리를 잡은 건 한국 팬들에게는 무척 긍정적이다. 2024-25시즌 역시 PSG의 절대 강세 속에 마르세유, 리옹, AS 모나코 등 전통 강호들이 얼마나 추격할지 관심거리다. PSG로서는 음바페의 공백을 어떻게 메우느냐가 관건이 될 것이다.

2024-25시즌 리그1 우승 배당률

예상	팀	패디파워	윌리엄힐	벳페어	벳웨이
1	Paris Saint-Germain	0.25배	0.25배	0.25배	0.22배
2	Olympique Marseille	10배	12배	10배	14배
3	AS Monaco	12배	14배	12배	10배
4	Olympique Lyonnais	25배	20배	25배	20배
5	Lille OSC	16배	40배	16배	25배
6	Stade de Rennes	50배	50배	50배	40배
7	RC Lens	20배	50배	20배	20배
8	Nice	33배	66배	33배	33배
9	Stade de Reims	100배	100배	100배	80배
10	Brest	50배	100배	50배	40배
11	Montpellier	200배	150배	200배	100배
12	Toulouse	200배	250배	200배	100배
13	FC Nantes	300배	250배	300배	150배
14	St Etienne	300배	250배	300배	300배
15	Strasbourg	500배	500배	500배	150배
16	Auxerre	300배	500배	300배	500배
17	Le Havre	1000배	1000배	1000배	500배
18	Angers	1000배	1000배	1000배	500배

배당률은 2024년 7월 10일 기준. 강팀일수록 배당률은 낮아짐

2023-24시즌 리그1 순위

순위	팀	경기	승	무	패	득점	실점	득실	승점
1	Paris Saint-Germain ★	34	22	10	2	81	33	48	76
2	AS Monaco ●	34	20	7	7	68	42	26	67
3	Brest ●	34	17	10	7	53	34	19	61
4	Lille OSC ●	34	16	11	7	52	34	18	59
5	Nice ●	34	15	10	9	40	29	11	55
6	Olympique Lyonnais	34	16	5	13	49	55	-6	53
7	RC Lens	34	14	9	11	45	37	8	51
8	Olympique Marseille	34	13	11	10	52	41	11	50
9	Stade de Reims	34	13	8	13	42	47	-5	47
10	Stade de Rennes	34	12	10	12	53	46	7	46
11	Toulouse	34	11	10	13	42	46	-4	43
12	Montpellier	34	10	12	12	43	48	-5	42
13	Strasbourg	34	10	9	15	38	50	-12	39
14	FC Nantes	34	9	6	19	30	55	-25	33
15	Le Havre	34	7	11	16	34	45	-11	32
16	Lorient ◆	34	7	8	19	43	66	-23	29
17	FC Metz ▼	34	8	5	21	35	58	-23	29
18	Clermont Foot ▼	34	5	10	19	26	60	-34	25

★ 우승 ● 챔피언스리그 출전 ● 유로파리그 출전 ◆ 승강 플레이오프 ▼ 강등

2024-25 LIGUE 1 MATCH SCHEDULE

*시간은 프랑스 현지 시간. 대한민국은 프랑스보다 8시간 빠름

DAY 1

2024.8.18	Montpellier	vs	Strasbourg
2024.8.18	Brest	vs	Marseille
2024.8.18	Rennes	vs	Lyon
2024.8.18	Angers	vs	Lens
2024.8.18	Toulouse	vs	Nantes
2024.8.18	Le Havre	vs	Paris SG
2024.8.18	Monaco	vs	Saint-Étienne
2024.8.18	Auxerre	vs	Nice
2024.8.18	Stade de Reims	vs	Lille

DAY 2

2024.8.25	Lens	vs	Brest
2024.8.25	Lyon	vs	Monaco
2024.8.25	Marseille	vs	Stade de Reims
2024.8.25	Nice	vs	Toulouse
2024.8.25	Strasbourg	vs	Rennes
2024.8.25	Paris SG	vs	Montpellier
2024.8.25	Lille	vs	Angers
2024.8.25	Nantes	vs	Auxerre
2024.8.25	Saint-Étienne	vs	Le Havre

DAY 3

2024.9.1	Le Havre	vs	Auxerre
2024.9.1	Stade de Reims	vs	Rennes
2024.9.1	Monaco	vs	Lens
2024.9.1	Toulouse	vs	Marseille
2024.9.1	Lyon	vs	Strasbourg
2024.9.1	Angers	vs	Nice
2024.9.1	Brest	vs	Saint-Étienne
2024.9.1	Lille	vs	Paris SG
2024.9.1	Montpellier	vs	Nantes

DAY 4

2024.9.15	Strasbourg	vs	Angers
2024.9.15	Saint-Étienne	vs	Lille
2024.9.15	Marseille	vs	Nice
2024.9.15	Paris SG	vs	Brest
2024.9.15	Toulouse	vs	Le Havre
2024.9.15	Nantes	vs	Stade de Reims
2024.9.15	Rennes	vs	Montpellier
2024.9.15	Auxerre	vs	Monaco
2024.9.15	Lens	vs	Lyon

DAY 5

2024.9.22	Lille	vs	Strasbourg
2024.9.22	Rennes	vs	Lens
2024.9.22	Monaco	vs	Le Havre
2024.9.22	Montpellier	vs	Auxerre
2024.9.22	Nice	vs	Saint-Étienne
2024.9.22	Angers	vs	Nantes
2024.9.22	Stade de Reims	vs	Paris SG
2024.9.22	Lyon	vs	Marseille
2024.9.22	Brest	vs	Toulouse

DAY 6

2024.9.29	Le Havre	vs	Lille
2024.9.29	Toulouse	vs	Lyon
2024.9.29	Monaco	vs	Montpellier
2024.9.29	Angers	vs	Stade de Reims
2024.9.29	Nantes	vs	Saint-Étienne
2024.9.29	Lens	vs	Nice
2024.9.29	Paris SG	vs	Rennes
2024.9.29	Strasbourg	vs	Marseille
2024.9.29	Auxerre	vs	Brest

DAY 7

2024.10.6	Marseille	vs	Angers
2024.10.6	Rennes	vs	Monaco
2024.10.6	Strasbourg	vs	Lens
2024.10.6	Stade de Reims	vs	Montpellier
2024.10.6	Brest	vs	Le Havre
2024.10.6	Saint-Étienne	vs	Auxerre
2024.10.6	Nice	vs	Paris SG
2024.10.6	Lyon	vs	Nantes
2024.10.6	Lille	vs	Toulouse

DAY 8

2024.10.20	Monaco	vs	Lille
2024.10.20	Saint-Étienne	vs	Lens
2024.10.20	Brest	vs	Rennes
2024.10.20	Paris SG	vs	Strasbourg
2024.10.20	Montpellier	vs	Marseille
2024.10.20	Nantes	vs	Nice
2024.10.20	Toulouse	vs	Angers
2024.10.20	Auxerre	vs	Stade de Reims
2024.10.20	Le Havre	vs	Lyon

DAY 9

2024.10.27	Rennes	vs	Le Havre
2024.10.27	Angers	vs	Saint-Étienne
2024.10.27	Stade de Reims	vs	Brest
2024.10.27	Strasbourg	vs	Nantes
2024.10.27	Lens	vs	Lille
2024.10.27	Montpellier	vs	Toulouse
2024.10.27	Marseille	vs	Paris SG
2024.10.27	Nice	vs	Monaco
2024.10.27	Lyon	vs	Auxerre

DAY 10

2024.11.3	Lille	vs	Lyon
2024.11.3	Saint-Étienne	vs	Strasbourg
2024.11.3	Brest	vs	Nice
2024.11.3	Paris SG	vs	Lens
2024.11.3	Nantes	vs	Marseille
2024.11.3	Le Havre	vs	Montpellier
2024.11.3	Toulouse	vs	Stade de Reims
2024.11.3	Auxerre	vs	Rennes
2024.11.3	Monaco	vs	Angers

DAY 11

2024.11.10	Lens	vs	Nantes
2024.11.10	Rennes	vs	Toulouse
2024.11.10	Nice	vs	Lille
2024.11.10	Angers	vs	Paris SG
2024.11.10	Strasbourg	vs	Monaco
2024.11.10	Le Havre	vs	Stade de Reims
2024.11.10	Lyon	vs	Saint-Étienne
2024.11.10	Marseille	vs	Auxerre
2024.11.10	Montpellier	vs	Brest

DAY 12

2024.11.24	Nantes	vs	Le Havre
2024.11.24	Monaco	vs	Brest
2024.11.24	Auxerre	vs	Angers
2024.11.24	Stade de Reims	vs	Lyon
2024.11.24	Lille	vs	Rennes
2024.11.24	Saint-Étienne	vs	Montpellier
2024.11.24	Lens	vs	Marseille
2024.11.24	Paris SG	vs	Toulouse
2024.11.24	Nice	vs	Strasbourg

DAY 13

2024.12.1	Montpellier	vs	Lille
2024.12.1	Paris SG	vs	Nantes
2024.12.1	Marseille	vs	Monaco
2024.12.1	Lyon	vs	Nice
2024.12.1	Brest	vs	Strasbourg
2024.12.1	Toulouse	vs	Auxerre
2024.12.1	Rennes	vs	Saint-Étienne
2024.12.1	Stade de Reims	vs	Lens
2024.12.1	Le Havre	vs	Angers

DAY 14

2024.12.8	Lens	vs	Montpellier
2024.12.8	Strasbourg	vs	Stade de Reims
2024.12.8	Nantes	vs	Rennes
2024.12.8	Monaco	vs	Toulouse
2024.12.8	Lille	vs	Brest
2024.12.8	Angers	vs	Lyon
2024.12.8	Auxerre	vs	Paris SG
2024.12.8	Nice	vs	Le Havre
2024.12.8	Saint-Étienne	vs	Marseille

DAY 15

2024.12.15	Montpellier	vs	Nice
2024.12.15	Brest	vs	Nantes
2024.12.15	Marseille	vs	Lille
2024.12.15	Paris SG	vs	Lyon
2024.12.15	Toulouse	vs	Saint-Étienne
2024.12.15	Auxerre	vs	Lens
2024.12.15	Le Havre	vs	Strasbourg
2024.12.15	Rennes	vs	Angers
2024.12.15	Stade de Reims	vs	Monaco

DAY 16

2025.1.5	Lille	vs	Nantes
2025.1.5	Marseille	vs	Le Havre
2025.1.5	Strasbourg	vs	Auxerre
2025.1.5	Nice	vs	Rennes
2025.1.5	Angers	vs	Brest
2025.1.5	Saint-Étienne	vs	Stade de Reims
2025.1.5	Lyon	vs	Montpellier
2025.1.5	Monaco	vs	Paris SG
2025.1.5	Lens	vs	Toulouse

DAY 17

2025.1.12	Montpellier	vs	Angers
2025.1.12	Brest	vs	Lyon
2025.1.12	Paris SG	vs	Saint-Étienne
2025.1.12	Le Havre	vs	Lens
2025.1.12	Rennes	vs	Marseille
2025.1.12	Stade de Reims	vs	Nice
2025.1.12	Nantes	vs	Monaco
2025.1.12	Toulouse	vs	Strasbourg
2025.1.12	Auxerre	vs	Lille

DAY 18

2025.1.19	Stade de Reims	vs	Le Havre
2025.1.19	Angers	vs	Auxerre
2025.1.19	Rennes	vs	Brest
2025.1.19	Montpellier	vs	Monaco
2025.1.19	Saint-Étienne	vs	Nantes
2025.1.19	Marseille	vs	Strasbourg
2025.1.19	Lille	vs	Nice
2025.1.19	Lens	vs	Paris SG
2025.1.19	Lyon	vs	Toulouse

DAY 19

2025.1.26	Lens	vs	Angers
2025.1.26	Paris SG	vs	Stade de Reims
2025.1.26	Nice	vs	Marseille
2025.1.26	Auxerre	vs	Saint-Étienne
2025.1.26	Le Havre	vs	Brest
2025.1.26	Strasbourg	vs	Lille
2025.1.26	Monaco	vs	Rennes
2025.1.26	Nantes	vs	Lyon
2025.1.26	Toulouse	vs	Montpellier

DAY 20

2025.2.2	Toulouse	vs	Nice
2025.2.2	Rennes	vs	Strasbourg
2025.2.2	Monaco	vs	Auxerre
2025.2.2	Angers	vs	Le Havre
2025.2.2	Stade de Reims	vs	Nantes
2025.2.2	Marseille	vs	Lyon
2025.2.2	Montpellier	vs	Lens
2025.2.2	Brest	vs	Paris SG
2025.2.2	Lille	vs	Saint-Étienne

DAY 21

2025.2.9	Paris SG	vs	Monaco
2025.2.9	Lyon	vs	Stade de Reims
2025.2.9	Angers	vs	Marseille
2025.2.9	Saint-Étienne	vs	Rennes
2025.2.9	Nice	vs	Lens
2025.2.9	Lille	vs	Le Havre
2025.2.9	Nantes	vs	Brest
2025.2.9	Auxerre	vs	Toulouse
2025.2.9	Strasbourg	vs	Montpellier

DAY 22

2025.2.16	Stade de Reims	vs	Angers
2025.2.16	Le Havre	vs	Nice
2025.2.16	Monaco	vs	Nantes
2025.2.16	Rennes	vs	Lille
2025.2.16	Brest	vs	Auxerre
2025.2.16	Toulouse	vs	Paris SG
2025.2.16	Montpellier	vs	Lyon
2025.2.16	Marseille	vs	Saint-Étienne
2025.2.16	Lens	vs	Strasbourg

DAY 23

2025.2.23	Saint-Étienne	vs	Angers
2025.2.23	Auxerre	vs	Marseille
2025.2.23	Nice	vs	Montpellier
2025.2.23	Nantes	vs	Lens
2025.2.23	Lyon	vs	Paris SG
2025.2.23	Strasbourg	vs	Brest
2025.2.23	Le Havre	vs	Toulouse
2025.2.23	Rennes	vs	Stade de Reims
2025.2.23	Lille	vs	Monaco

DAY 24

2025.3.2	Lens	vs	Le Havre
2025.3.2	Auxerre	vs	Strasbourg
2025.3.2	Monaco	vs	Stade de Reims
2025.3.2	Saint-Étienne	vs	Nice
2025.3.2	Angers	vs	Toulouse
2025.3.2	Montpellier	vs	Rennes
2025.3.2	Marseille	vs	Nantes
2025.3.2	Paris SG	vs	Lille
2025.3.2	Lyon	vs	Brest

DAY 25

2025.3.9	Brest	vs	Angers
2025.3.9	Lille	vs	Montpellier
2025.3.9	Rennes	vs	Paris SG
2025.3.9	Marseille	vs	Lens
2025.3.9	Nice	vs	Lyon
2025.3.9	Toulouse	vs	Monaco
2025.3.9	Stade de Reims	vs	Auxerre
2025.3.9	Le Havre	vs	Saint-Étienne
2025.3.9	Nantes	vs	Strasbourg

DAY 26

2025.3.16	Strasbourg	vs	Toulouse
2025.3.16	Lens	vs	Rennes
2025.3.16	Nantes	vs	Lille
2025.3.16	Angers	vs	Monaco
2025.3.16	Montpellier	vs	Saint-Étienne
2025.3.16	Lyon	vs	Le Havre
2025.3.16	Nice	vs	Auxerre
2025.3.16	Paris SG	vs	Marseille
2025.3.16	Brest	vs	Stade de Reims

DAY 27

2025.3.30	Stade de Reims	vs	Marseille
2025.3.30	Lille	vs	Lens
2025.3.30	Monaco	vs	Nice
2025.3.30	Saint-Étienne	vs	Paris SG
2025.3.30	Toulouse	vs	Brest
2025.3.30	Angers	vs	Rennes
2025.3.30	Le Havre	vs	Nantes
2025.3.30	Auxerre	vs	Montpellier
2025.3.30	Strasbourg	vs	Lyon

DAY 28

2025.4.6	Paris SG	vs	Angers
2025.4.6	Stade de Reims	vs	Strasbourg
2025.4.6	Rennes	vs	Auxerre
2025.4.6	Lens	vs	Saint-Étienne
2025.4.6	Lyon	vs	Lille
2025.4.6	Marseille	vs	Toulouse
2025.4.6	Brest	vs	Monaco
2025.4.6	Nice	vs	Nantes
2025.4.6	Montpellier	vs	Le Havre

DAY 29

2025.4.13	Angers	vs	Montpellier
2025.4.13	Lens	vs	Stade de Reims
2025.4.13	Monaco	vs	Marseille
2025.4.13	Saint-Étienne	vs	Brest
2025.4.13	Strasbourg	vs	Nice
2025.4.13	Toulouse	vs	Lille
2025.4.13	Auxerre	vs	Lyon
2025.4.13	Le Havre	vs	Rennes
2025.4.13	Nantes	vs	Paris SG

DAY 30

2025.4.20	Marseille	vs	Montpellier
2025.4.20	Monaco	vs	Strasbourg
2025.4.20	Rennes	vs	Nantes
2025.4.20	Paris SG	vs	Le Havre
2025.4.20	Stade de Reims	vs	Toulouse
2025.4.20	Lille	vs	Auxerre
2025.4.20	Nice	vs	Angers
2025.4.20	Saint-Étienne	vs	Lyon
2025.4.20	Brest	vs	Lens

DAY 31

2025.4.27	Paris SG	vs	Nice
2025.4.27	Marseille	vs	Brest
2025.4.27	Lyon	vs	Rennes
2025.4.27	Angers	vs	Lille
2025.4.27	Lens	vs	Auxerre
2025.4.27	Le Havre	vs	Monaco
2025.4.27	Nantes	vs	Toulouse
2025.4.27	Strasbourg	vs	Saint-Étienne
2025.4.27	Montpellier	vs	Stade de Reims

DAY 32

2025.5.4	Nantes	vs	Angers
2025.5.4	Strasbourg	vs	Paris SG
2025.5.4	Auxerre	vs	Le Havre
2025.5.4	Saint-Étienne	vs	Monaco
2025.5.4	Toulouse	vs	Rennes
2025.5.4	Brest	vs	Montpellier
2025.5.4	Lille	vs	Marseille
2025.5.4	Lyon	vs	Lens
2025.5.4	Nice	vs	Stade de Reims

DAY 33

2025.5.11	Montpellier	vs	Paris SG
2025.5.11	Brest	vs	Lille
2025.5.11	Monaco	vs	Lyon
2025.5.11	Rennes	vs	Nice
2025.5.11	Toulouse	vs	Lens
2025.5.11	Le Havre	vs	Marseille
2025.5.11	Auxerre	vs	Nantes
2025.5.11	Stade de Reims	vs	Saint-Étienne
2025.5.11	Angers	vs	Strasbourg

DAY 34

2025.5.18	Nantes	vs	Montpellier
2025.5.18	Lens	vs	Monaco
2025.5.18	Paris SG	vs	Auxerre
2025.5.18	Strasbourg	vs	Le Havre
2025.5.18	Nice	vs	Brest
2025.5.18	Marseille	vs	Rennes
2025.5.18	Lyon	vs	Angers
2025.5.18	Saint-Étienne	vs	Toulouse
2025.5.18	Lille	vs	Stade de Reims

PARIS SAINT GERMAIN FC

Founded 구단 창립 1970년	**Owner** 카타르 스포츠 투자 악토스 파트너스	**CEO** 나세르 알켈라이피 1973.11.12	**Manager** 루이스 엔리케 1970.05.08	**24-25 Odds** 패디파워: 0.25배 윌리엄힐: 0.25배
Nationality • 외국 선수 19명 • 프랑스 14명	**Age** 33명 평균 25.2세	**Height** 33명 평균 183cm	**Market Value** 1군 30명 평균 3297만 유로	**Game Points** 23-24: 76점 통산: 3272점
Win 23-24: 22승 통산: 927승	**Draw** 23-24: 10무 통산: 491무	**Loss** 23-24: 2패 통산: 485패	**Goals For** 23-24: 81득점 통산: 3102득점	**Goals Against** 23-24: 33실점 통산: 2026실점
More Minutes 잔루이지 돈나룸마 2170분	**Top Scorer** 킬리안 음바페 27골	**More Assists** 우스만 뎀벨레 8도움	**More Subs** 곤살로 하모스 +1명 13회 교체 IN	**More Cards** 루카스 에르난데스 Y6+R0

🏆 12	🏆 15	🏆 0	🏆 0	🏆 0	🏆 0
FRENCH LIGUE-1	COUPE DE FRANCE	UEFA CHAMPIONS LEAGUE	UEFA EUROPA LEAGUE	FIFA CLUB WORLD CUP	UEFA-CONMEBOL INTERCONTINENTAL

TOTO GUIDE 지난 시즌 상대팀별 전적

상대팀	홈	원정
Monaco	5-2	0-0
Brest	2-2	3-2
Lille	3-1	1-1
Nice	2-3	2-1
Lyon	4-1	4-1
Lens	3-1	2-0
Marseille	4-0	2-0
Reims	2-2	3-0
Rennes	1-1	3-1
Toulouse	1-3	1-1
Montpellier	3-0	6-2
Strasbourg	3-0	2-1
Nantes	2-1	2-0
Le Havre	3-3	2-1
Lorient	0-0	4-1
Metz	3-1	2-0
Clermont	1-1	0-0

Parc des Princes
구장 오픈 / 증개축: 1972년, 증개축 3회
구장 소유: 파리 시의회
수용 인원: 4만 7929명
피치 규모: 105m X 68m
잔디 종류: 하이브리드 잔디

STRENGTHS & WEAKNESSES

OFFENSE		DEFENSE	
직접 프리킥	C	세트피스 수비	B
문전 처리	A	상대 볼 뺏기	C
측면 돌파	A	공중전 능력	D
스루볼 침투	A	역습 방어	C
개인기 침투	B	지공 방어	D
카운터 어택	A	스루패스 방어	C
기회 만들기	C	리드 지키기	D
세트피스	C	실수 조심	C
OS 피하기	A	측면 방어력	C
중거리 슈팅	A	파울 주의	C
볼 점유율	A	중거리슈팅 수비	C

매우 강함 **A** 강한 편 **B** 보통 수준 **C** 약한 편 **D** 매우 약함 **E**

RANKING OF LAST 10 YEARS

14-15	15-16	16-17	17-18	18-19	19-20	20-21	21-22	22-23	23-24
1 (83점)	1 (96점)	2 (87점)	1 (93점)	1 (91점)	2 (68점)	2 (82점)	1 (86점)	1 (85점)	1 (76점)

위치	선수	국적	생년월일	출전(분)	출전경기	선발11	교체인	교체아웃	벤치출발	득점	도움	경고	경고누적	퇴장
GK	Gianluigi Donnarumma	ITA	1999-02-25	2170	25	25	0	0	4	0	0	3	0	1
GK	Arnau Tenas	ESP	2001-05-30	528	6	5	1	0	14	0	1	0	0	0
GK	Keylor Navas	CRC	1986-12-15	360	4	4	0	0	18	0	0	0	0	0
GK	Alexandre Letellier	FRA	1990-12-11	0	0	0	0	0	6	0	0	0	0	0
GK	Louis Mouquet	POR	2004-07-21	0	0	0	0	0	2	0	0	0	0	0
DF	Achraf Hakimi	MAR	1998-11-04	1931	25	20	5	3	8	4	5	3	0	0
DF	Lucas Hernández	FRA	1996-02-14	1916	27	23	4	11	5	1	1	6	0	0
DF	Milan Škriniar	SVK	1995-02-11	1623	24	17	7	2	8	0	0	1	0	0
DF	Marquinhos	BRA	1994-05-14	1539	21	18	3	6	6	0	1	1	0	0
DF	Lucas Beraldo	BRA	2003-11-24	1011	13	12	1	2	4	1	0	4	0	1
DF	Nordi Mukiele	FRA	1997-11-01	792	16	9	7	3	20	0	0	2	0	0
DF	Yoram Zague	FRA	2006-05-15	372	5	4	1	0	2	1	0	1	0	0
DF	Nuno Mendes	POR	2002-06-19	265	6	2	4	2	4	1	1	3	0	0
DF	Layvin Kurzawa	FRA	1992-09-04	8	1	0	1	0	13	0	0	0	0	0
DF	Kouakou Gadou	FRA	2007-01-17	0	0	0	0	0	1	0	0	0	0	0
MF	Vitinha	POR	2000-02-13	2129	28	23	5	7	8	7	4	0	0	0
MF	Danilo Pereira	POR	1991-09-09	1993	26	22	4	2	9	0	0	2	0	0
MF	Warren Zaire-Emery	FRA	2006-03-08	1962	26	21	5	5	7	2	3	4	0	0
MF	Manuel Ugarte	URU	2001-04-11	1935	25	21	4	6	12	0	2	5	0	0
MF	Lee Kang-In	KOR	2001-02-19	1470	23	18	5	12	6	3	4	2	0	0
MF	Fabián Ruiz	ESP	1996-04-03	1194	21	14	7	6	14	1	3	3	0	0
MF	Carlos Soler	ESP	1997-01-02	1088	24	12	12	9	21	2	2	1	0	0
MF	Senny Mayulu	FRA	2006-05-17	322	8	3	5	3	11	0	1	0	0	0
MF	Ethan Mbappé	FRA	2006-12-29	45	3	0	3	0	12	1	0	0	0	0
FW	Kylian Mbappé	FRA	1998-12-20	2159	29	24	5	5	7	27	7	4	0	0
FW	Ousmane Dembélé	FRA	1997-05-15	1510	26	17	9	11	8	3	8	0	0	0
FW	Gonçalo Ramos	POR	2001-06-20	1419	29	16	13	13	16	11	1	1	0	0
FW	Bradley Barcola	FRA	2002-09-02	1379	25	18	7	15	6	4	7	2	0	0
FW	Randal Kolo Muani	FRA	1998-12-05	1264	26	13	13	9	15	6	5	0	0	0
FW	Marco Asensio	ESP	1996-01-21	1112	19	13	6	7	11	4	5	0	0	0

LIGUE 1 2023-24 SEASON

PARIS SAINT GERMAIN FC vs. OPPONENTS PER GAME STATS

PSG vs 상대팀

득점	슈팅	유효슈팅	코너킥	오프사이드	패스시도	패스성공	패스성공률	태클	공중전승리	인터셉트	파울	경고	퇴장
2.38 / 0.97	15.2 / 12.1	5.9 / 4.3	5.8 / 4.7	1.6 / 1.3	701 / 366	629 / 286	90% / 78%	17.2 / 19.2	8.2 / 8.0	7.9 / 11.0	10.4 / 11.0	1.50 / 1.47	0.088 / 0.059

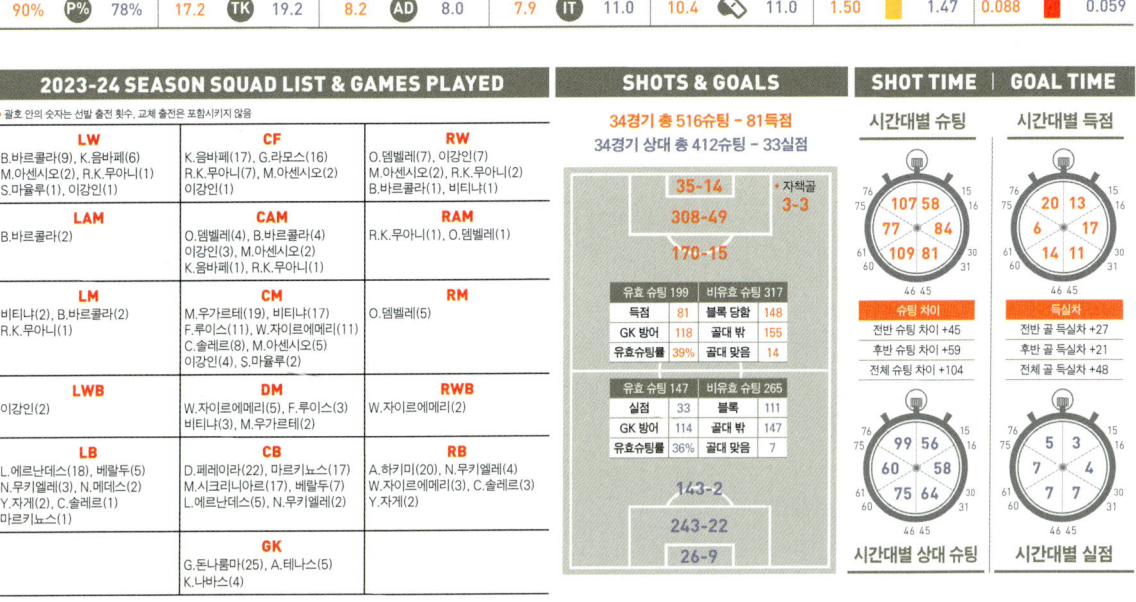

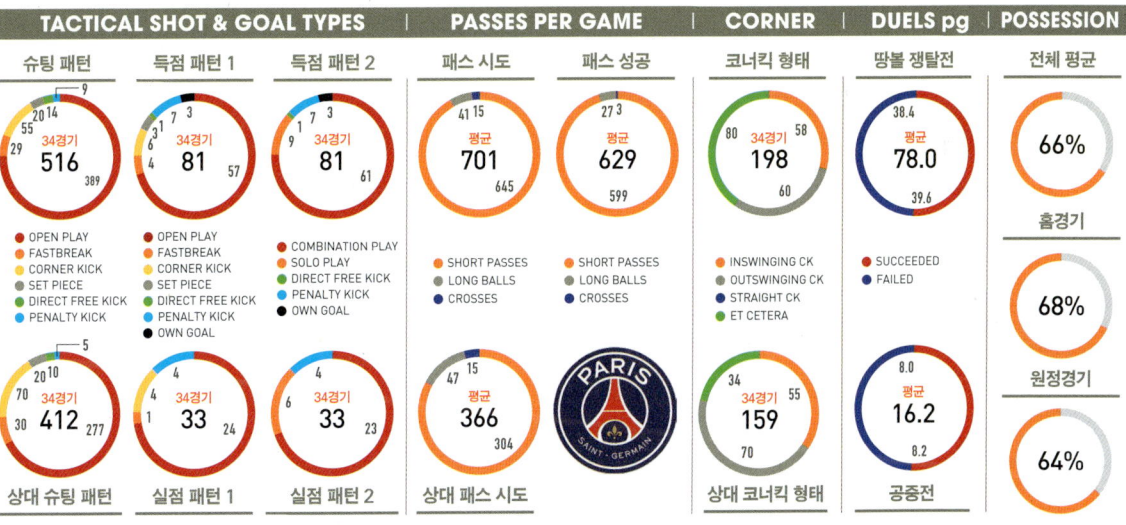

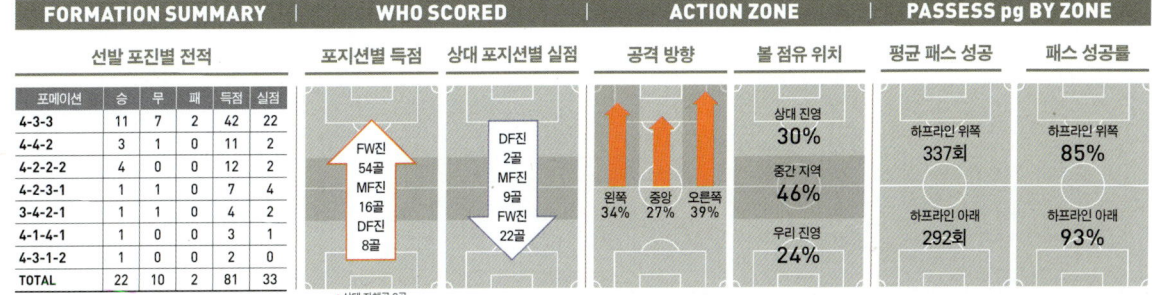

AS MONACO FC

F Founded 구단 창립 1924년	**O** Owner 모나코 스포츠 투자 하우스 그리말디	**C** CEO 드미트리 리볼로블레프 1966.11.22	**M** Manager 아디 휘터 1970.02.11	24-25 Odds 패티파워: 12배 윌리엄힐: 14배	

	FRENCH LIGUE-1	COUPE DE FRANCE	UEFA CHAMPIONS LEAGUE	UEFA EUROPA LEAGUE	FIFA CLUB WORLD CUP	UEFA-CONMEBOL INTERCONTINENTAL
	8	5	0	0	0	0

Nationality 외국 선수 18명 프랑스 11명	Age 29명 평균 24.0세	Height 29명 평균 181cm	Market Value 1군 24명 평균 1513만 유로	Game Points 23-24: 67점 통산: 3897점

Win 23-24: 20승 통산: 1081승	Draw 23-24: 7무 통산: 654무	Loss 23-24: 7패 통산: 669패	Goals For 23-24: 68득점 통산: 3664득점	Goals Against 23-24: 42실점 통산: 2725실점

More Minutes Y.포파나 2703분	Top Scorer W.벤예데르 16골	More Assists 미나미노 다쿠미 +1명 6도움	More Subs 크레팡 디아타 14회 교체 IN	More Cards 데니스 자카리아 Y11+R2

TOTO GUIDE 지난 시즌 상대팀별 전적

상대팀	홈	원정
Paris SG	0-0	2-5
Brest	2-0	2-0
Lille	1-0	0-2
Nice	0-1	3-2
Lyon	0-1	2-3
Lens	3-0	3-2
Marseille	3-2	2-2
Reims	1-3	3-1
Rennes	1-0	2-1
Toulouse	1-2	2-1
Montpellier	2-0	2-0
Strasbourg	3-0	1-0
Nantes	4-0	3-3
Le Havre	1-1	0-0
Lorient	2-2	2-2
Metz	2-1	5-2
Clermont	4-1	4-2

STADE LOUIS-II

구장 오픈 / 증개축: 1985년, 증개축 2회
구장 소유: 모나코 시
수용 인원: 1만 6360명
피치 규모: 105m X 68m
잔디 종류: 하이브리드 잔디

STRENGTHS & WEAKNESSES

OFFENSE		DEFENSE	
직접 프리킥	C	세트피스 수비	C
문전 처리	A	상대 볼 뺏기	B
측면 돌파	B	공중전 능력	C
스루볼 침투	A	역습 방어	C
개인기 침투	B	지공 방어	C
카운터 어택	B	스루패스 방어	C
기회 만들기	A	리드 지키기	C
세트피스	B	실수 조심	D
OS 피하기	D	측면 방어력	C
중거리 슈팅	B	파울 주의	C
볼 점유율	B	중거리슈팅 수비	C

매우 강함 A   강한 편 B   보통 수준 C   약한 편 D   매우 약함 E

RANKING OF LAST 10 YEARS

14-15	15-16	16-17	17-18	18-19	19-20	20-21	21-22	22-23	23-24
3위 71점	3위 65점	1위 95점	2위 80점	17위 36점	9위 40점	3위 78점	3위 69점	6위 65점	2위 67점

위치	선수	국적	생년월일	출전(분)	출전경기	선발11	교체인	교체아웃	벤치출발	득점	도움	경고	경고누적	퇴장
GK	Philipp Köhn	SUI	1998-04-02	1980	22	22	0	0	12	0	0	0	0	0
	Radosław Majecki	POL	1999-11-16	1080	12	12	0	0	22	0	0	1	0	0
	Yann Liénard	FRA	2003-03-16	0	0	0	0	0	2	0	0	0	0	0
DF	Wilfried Singo	CIV	2000-12-25	2187	25	24	1	0	1	1	1	8	0	1
	Guillermo Maripán	CHI	1994-05-06	1767	23	21	2	1	5	1	0	0	0	1
	Vanderson	BRA	2001-06-21	1649	20	20	0	8	5	3	1	5	1	0
	Ismail Jakobs	SEN	1999-08-17	1465	22	16	6	6	8	1	2	0	0	0
	Thilo Kehrer	GER	1996-09-21	1324	15	15	0	0	0	1	1	3	1	0
	Mohammed Salisu	GHA	1999-04-17	1034	12	11	1	0	6	0	1	2	0	0
	Kassoum Ouattara	FRA	2004-10-14	634	14	7	7	5	17	1	0	2	0	0
	Caio Henrique	BRA	1997-07-31	624	9	7	2	3	4	0	5	0	0	0
	Ritchy Valme	FRA	2005-02-03	0	0	0	0	0	5	0	0	0	0	0
	Aurélien Platret	FRA	2003-02-20	0	0	0	0	0	5	0	0	0	0	0
	Nazim Babaï	ALG	2003-01-14	0	0	0	0	0	1	0	0	0	0	0
MF	Youssouf Fofana	FRA	1999-01-10	2703	32	31	1	7	1	4	4	3	0	0
	Aleksandr Golovin	RUS	1996-05-30	2155	25	25	0	8	0	6	6	9	0	1
	Denis Zakaria	SUI	1996-11-20	2142	25	24	1	4	1	4	0	11	2	0
	Takumi Minamino	JPN	1995-01-16	2128	30	25	5	16	5	9	6	0	0	0
	Maghnes Akliouche	FRA	2002-02-25	1618	28	18	10	15	13	7	4	5	0	0
	Soungoutou Magassa	FRA	2003-10-08	1343	21	15	6	3	16	0	0	7	0	0
	Krépin Diatta	SEN	1999-02-25	1195	26	12	14	3	15	0	2	2	0	0
	Mohamed Camara	MLI	2000-01-06	1042	20	14	6	12	10	1	2	4	0	0
	Eliesse Ben Seghir	FRA	2005-02-16	424	13	4	9	4	12	2	1	0	0	1
	Edan Diop	FRA	2004-08-28	153	10	0	10	0	27	0	0	2	0	0
	Mamadou Coulibaly	FRA	2004-04-21	115	5	1	4	1	15	0	0	0	0	0
	Saimon Bouabré	FRA	2006-06-01	44	1	0	1	0	3	0	0	0	0	0
	Mayssam Benama	FRA	2005-03-09	0	0	0	0	0	2	0	0	0	0	0
FW	Wissam Ben Yedder	FRA	1990-08-12	2323	32	26	6	12	7	16	2	2	0	0
	Folarin Balogun	ENG	2001-07-03	1696	29	19	10	14	10	7	5	0	0	0
	Breel Embolo	SUI	1997-02-14	181	5	2	3	2	5	1	0	0	0	0
	Lucas Michal	FRA	2005-06-22	6	1	0	1	0	9	0	0	0	0	0

LIGUE 1 2023-24 SEASON

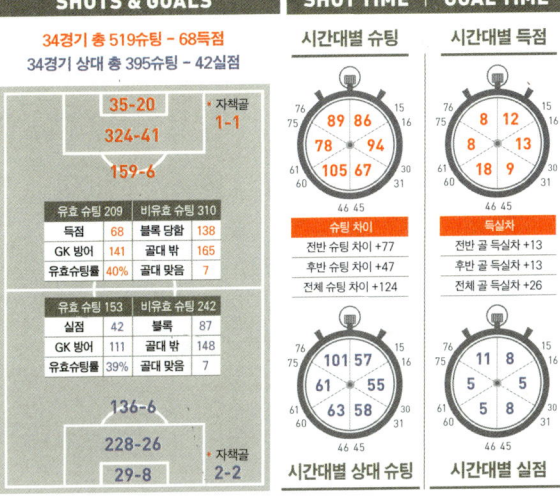

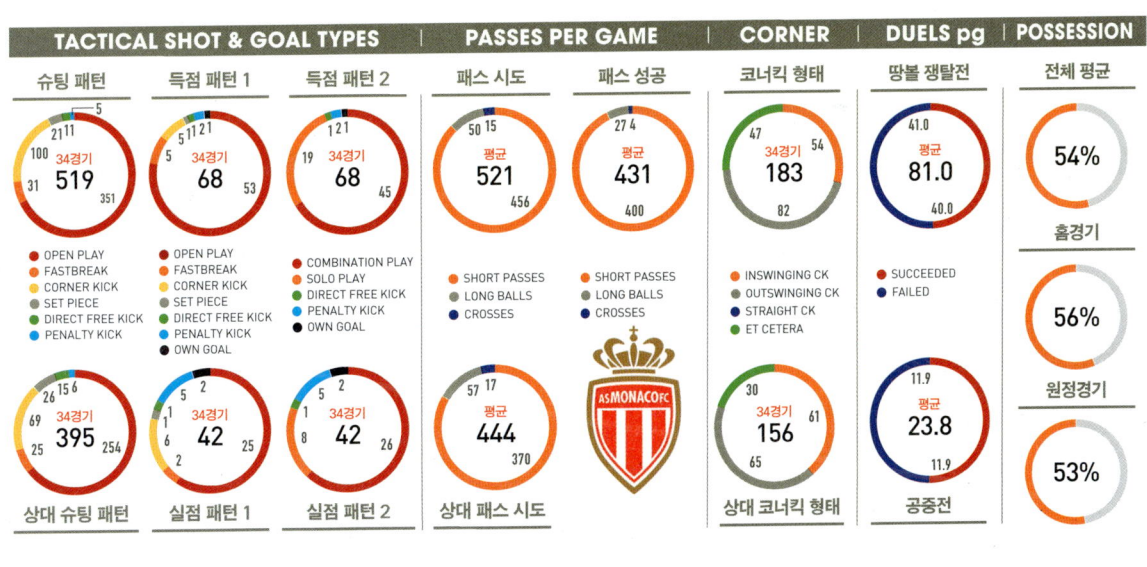

STADE BRESTOIS 29

FRENCH LIGUE-1 0	**COUPE DE FRANCE** 0	**UEFA CHAMPIONS LEAGUE** 0	**UEFA EUROPA LEAGUE** 0	**FIFA CLUB WORLD CUP** 0	**UEFA-CONMEBOL INTERCONTINENTAL** 0

Founded 구단 창립 1903년
Owner 스타드 브레스투아 시민 구단
CEO 드니 르샹 1964.03.01
Manager 에릭 로이 1967.09.23
24-25 Odds 패디파위 : 50배 윌리엄힐 : 100배

Nationality 27명
• 외국 선수 8명
• 프랑스 19명
Age 27명 평균 26.1세
Height 27명 평균 181cm
Market Value 1군 24명 평균 458만 유로
Game Points 23-24 : 61점 통산 : 795점

Win 23-24 : 17승 통산 : 200승
Draw 23-24 : 10무 통산 : 195무
Loss 23-24 : 7패 통산 : 275패
Goals For 23-24 : 53득점 통산 : 763득점
Goals Against 23-24 : 34실점 통산 : 942실점

More Minutes 케니 랄라+1명 2970분
Top Scorer 로맹 델카스티오 8골
More Assists 로맹 델카스티오 8도움
More Subs 조나스 마르탱 22회 교체 IN
More Cards 피에르 레멜루 Y11+R1

TOTO GUIDE 지난 시즌 상대팀별 전적

상대팀	홈	원정
Paris SG	2-3	2-2
Monaco	0-2	0-2
Lille	1-1	0-1
Nice	0-0	0-0
Lyon	1-0	3-4
Lens	3-2	0-1
Marseille	1-0	0-2
Reims	1-1	2-1
Rennes	0-0	5-4
Toulouse	1-1	3-0
Montpellier	2-0	3-1
Strasbourg	1-1	3-0
Nantes	0-0	2-0
Le Havre	1-0	0-1
Lorient	4-0	1-0
Metz	4-3	1-0
Clermont	3-0	1-1

Stade Francis-Le Blé
구장 오픈 / 증개축
1922년, 증개축 2회
구장 소유 브레스트 시
수용 인원 1만 5931명
피치 규모 105m X 68m
잔디 종류 천연 잔디

STRENGTHS & WEAKNESSES

OFFENSE		DEFENSE	
직접 프리킥	A	세트피스 수비	B
문전 처리	C	상대 볼 뺏기	A
측면 돌파	B	공중전 능력	A
스루볼 침투	C	역습 방어	C
개인기 침투	C	지공 방어	C
카운터 어택	C	스루패스 방어	C
기회 만들기	C	리드 지키기	C
세트피스	A	실수 조심	D
OS 피하기	C	측면 방어력	C
중거리 슈팅	B	파울 주의	C
볼 점유율	B	중거리슈팅 수비	C

매우 강함 A 강한 편 B 보통 수준 C 약한 편 D 매우 약함 E

RANKING OF LAST 10 YEARS

• 2부 리그

14-15	15-16	16-17	17-18	18-19	19-20	20-21	21-22	22-23	23-24
6	10	5	5	2	14	17	11	14	3
57점	47점	65점	65점	74점	34점	41점	48점	44점	61점

위치	선수	국적	생년월일	출전(분)	출전경기	선발11	교체인	교체아웃	벤치출발	득점	도움	경고	경고누적	퇴장
GK	Marco Bizot	NED	1991-03-10	2878	32	32	0	0	0	0	0	3	0	1
	Gregoire Coudert	FRA	1999-04-03	180	3	2	1	0	32	0	0	0	0	0
	Yan Marillat	FRA	1994-08-12	0	0	0	0	2	0	0	0	0	0	0
DF	Brendan Chardonnet	FRA	1994-12-22	2970	33	33	0	0	1	1	1	4	0	0
	Kenny Lala	FRA	1991-10-03	2970	33	33	0	0	0	2	3	7	0	0
	Bradley Locko	FRA	2002-05-06	2961	33	33	0	2	0	0	3	5	0	0
	Lilian Brassier	FRA	1999-11-02	2679	30	30	0	1	0	3	0	10	1	0
	Julien Le Cardinal	FRA	1997-08-03	467	12	5	7	1	20	0	0	3	0	0
	Jordan Amavi	FRA	1994-09-03	90	2	1	1	0	13	1	0	1	0	0
	Luck Zogbé	CIV	2005-03-24	10	1	0	1	0	14	0	0	0	0	0
	Antonin Cartillier	FRA	2004-06-23	0	0	0	0	0	10	0	0	0	0	0
MF	Romain Del Castillo	FRA	1996-03-29	2521	33	30	3	27	3	8	8	4	0	0
	Pierre Lees-Melou	FRA	1993-05-25	2521	29	29	0	3	0	4	0	11	1	0
	Hugo Magnetti	FRA	1998-05-30	2355	33	30	3	22	3	2	0	6	0	0
	Mahdi Camara	FRA	1998-06-30	2039	32	26	6	25	6	7	3	7	0	0
	Jonas Martin	FRA	1990-04-09	1193	31	9	22	6	22	0	1	3	0	0
	Mathias Pereira Lage	FRA	1996-11-30	1181	30	12	18	12	19	3	2	3	0	0
	Kamory Doumbia	MLI	2003-02-18	870	25	7	18	7	18	6	5	1	0	0
	Adrien Lebeau	FRA	1999-07-08	47	7	0	7	0	27	0	1	0	0	0
FW	Martín Satriano	URU	2001-02-20	1870	33	21	12	17	12	4	4	4	0	0
	Steve Mounié	BEN	1994-09-29	1771	32	20	12	14	12	6	2	2	0	0
	Jérémy Le Douaron	FRA	1998-04-21	1620	33	19	14	17	14	4	0	0	0	0
	Billal Brahimi	FRA	2000-03-14	206	18	1	17	1	25	0	0	1	0	0
	Axel Camblan	FRA	2003-08-30	83	7	0	7	0	22	0	0	1	0	0
	Djibrili Konte	FRA	2002-11-04	0	0	0	0	0	0	0	0	0	0	0

LIGUE 1 2023-24 SEASON

STADE BRESTOIS 29 vs. OPPONENTS PER GAME STATS

브레스트 vs 상대팀																
1.56	득점	1.00	14.2	슈팅	10.5	5.0	유효슈팅	3.9	4.5	코너킥	4.2	1.0	오프사이드	1.9	501 PA	425	410 PC	348
82% P%	82%	20.0 TK	17.2	17.8 AD	15.3	9.4 IT	9.0	12.2	13.1	2.47	1.85	0.147	0.176

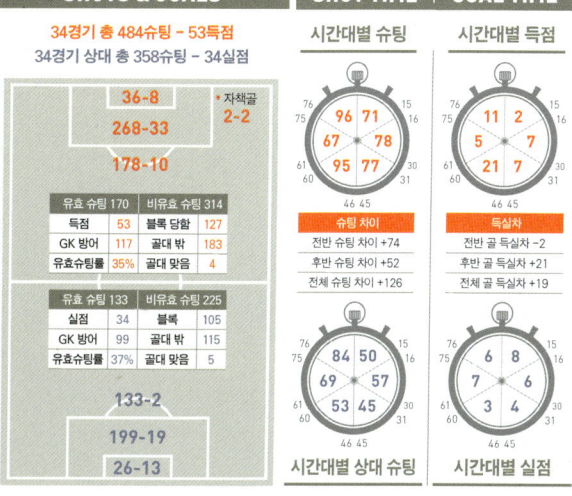

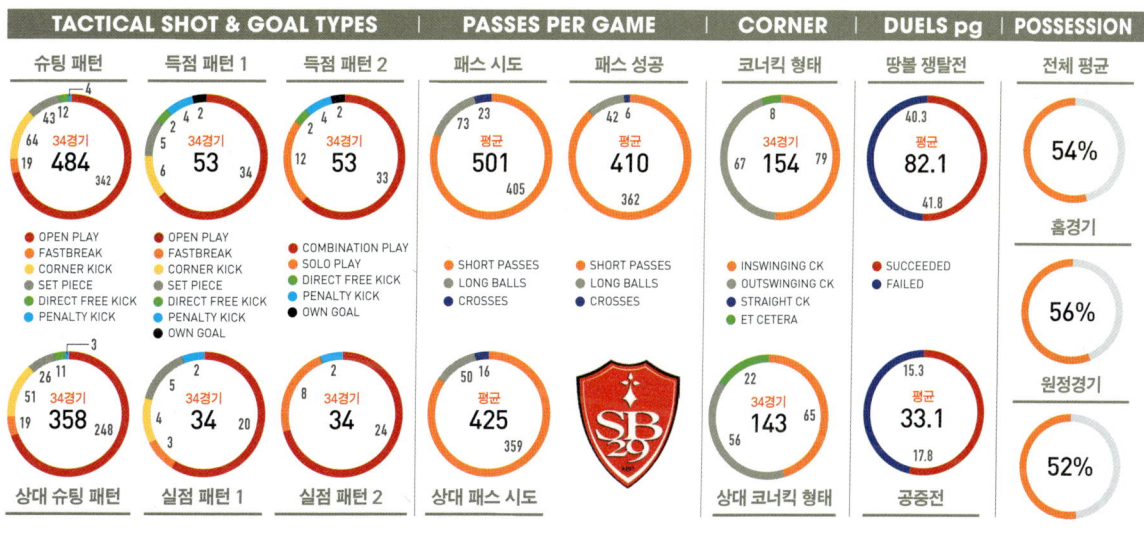

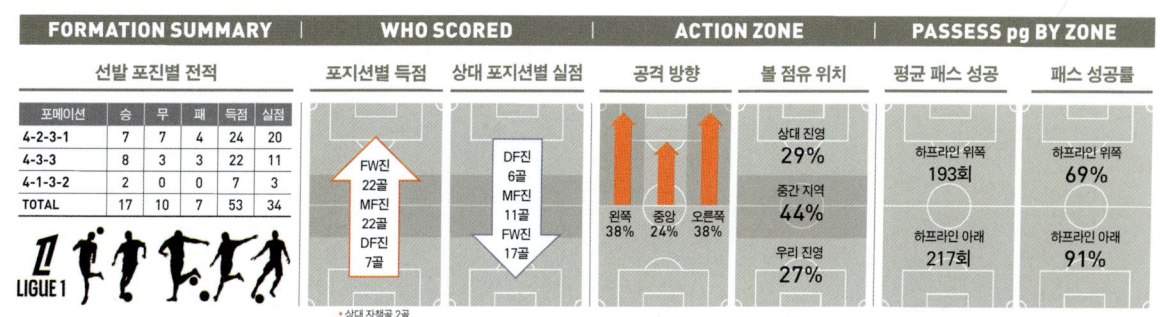

LILLE OSC

Founded	Owner	CEO	Manager	24-25 Odds
구단 창립 1944년	메를린 파트너스 SCSp	올리비에 레탕 1972.11.29	브루노 제네시오 1966.09.01	패디파워: 16배 윌리엄힐: 40배

	FRENCH LIGUE-1	COUPE DE FRANCE	UEFA CHAMPIONS LEAGUE	UEFA EUROPA LEAGUE	FIFA CLUB WORLD CUP	UEFA-CONMEBOL INTERCONTINENTAL
	4	6	0	0	0	0

Nationality	Age	Height	Market Value	Game Points
외국 선수 21명 / 프랑스 15명	36명 평균 23.9세	36명 평균 180cm	1군 25명 평균 1153만 유로	23-24: 59점 통산: 3389점

Win	Draw	Loss	Goals For	Goals Against
23-24: 16승 통산: 914승	23-24: 11무 통산: 647무	23-24: 7패 통산: 801패	23-24: 52득점 통산: 3317득점	23-24: 34실점 통산: 2939실점

More Minutes	Top Scorer	More Assists	More Subs	More Cards
뤼카 세발리에 2970분	조너선 데이비드 19골	앤절 고메스 8도움	레미 카벨라 16회 교체 IN	벵자맹 앙드레 Y9+R0

TOTO GUIDE 지난 시즌 상대팀별 전적

상대팀	홈	원정
Paris SG	1-1	1-3
Monaco	2-0	0-1
Brest	1-0	1-1
Nice	2-2	1-1
Lyon	3-4	2-0
Lens	2-1	1-1
Marseille	3-1	0-0
Reims	1-2	1-0
Rennes	2-2	2-2
Toulouse	1-1	1-3
Montpellier	1-0	0-0
Strasbourg	1-0	1-2
Nantes	2-0	2-1
Le Havre	3-0	2-0
Lorient	3-0	1-4
Metz	2-0	2-1
Clermont	4-0	0-0

Stade Pierre-Mauroy

구장 오픈 2012년
구장 소유 에파쥐 SA
수용 인원 5만 186명
피치 규모 105m X 68m
잔디 종류 하이브리드 잔디

STRENGTHS & WEAKNESSES

OFFENSE		DEFENSE	
직접 프리킥	C	세트피스 수비	A
문전 처리	C	상대 볼 뺏기	C
측면 돌파	C	공중전 능력	C
스루볼 침투	B	역습 방어	C
개인기 침투	B	지공 방어	D
카운터 어택	C	스루패스 방어	C
기회 만들기	C	리드 지키기	E
세트피스	B	실수 조심	C
OS 피하기	C	측면 방어력	C
중거리 슈팅	B	파울 주의	C
볼 점유율	A	중거리슈팅 수비	C

매우 강함 A / 강한 편 B / 보통 수준 C / 약한 편 D / 매우 약함 E

RANKING OF LAST 10 YEARS

14-15	15-16	16-17	17-18	18-19	19-20	20-21	21-22	22-23	23-24
8위 56점	5위 60점	11위 46점	17위 38점	2위 75점	4위 49점	1위 83점	10위 55점	5위 67점	4위 59점

위치	선수	국적	생년월일	출전(분)	출전경기	선발11	교체인	교체아웃	벤치출발	득점	도움	경고	경고누적	퇴장
GK	Lucas Chevalier	FRA	2001-11-06	2970	33	33	0	1	0	0	0	1	0	0
	Vito Mannone	ITA	1988-03-02	90	2	1	1	0	27	0	0	0	0	0
	Adam Jakubech	SVK	1997-01-02	0	0	0	0	0	12	0	0	0	0	0
	Tom Negrel	FRA	2003-04-13	0	0	0	0	0	1	0	0	0	0	0
	Lisandru Olmeta	FRA	2005-07-21	0	0	0	0	0	1	0	0	0	0	0
DF	Leny Yoro	FRA	2005-11-13	2672	32	30	2	1	4	2	0	5	0	0
	Ismaily	BRA	1990-01-11	2467	30	28	2	4	4	1	1	1	0	0
	Tiago Santos	POR	2002-07-23	2364	29	26	3	1	7	1	2	6	0	0
	Alexsandro	BRA	1999-08-09	2215	29	24	5	1	8	0	0	6	0	1
	Bafodé Diakité	FRA	2001-01-06	1697	21	19	2	2	6	5	2	3	0	0
	Gabriel Gudmundsson	SWE	1999-04-29	1264	25	14	11	7	20	1	0	2	0	0
	Samuel Umtiti	FRA	1993-11-14	183	6	2	4	1	14	0	0	1	0	0
	Rafael Fernandes	POR	2002-06-28	0	0	0	0	0	5	0	0	0	0	0
	Ousmane Touré	FRA	2005-02-18	0	0	0	0	0	2	0	0	0	0	0
	Vincent Burlet	BEL	2005-09-23	0	0	0	0	0	2	0	0	0	0	0
MF	Angel Gomes	ENG	2000-08-31	2583	31	29	2	15	2	0	8	5	0	0
	Benjamin André	FRA	1990-08-03	2575	30	29	1	6	1	4	0	9	0	0
	Edon Zhegrova	KVX	1999-03-31	2388	33	25	8	20	6	6	6	3	0	1
	Nabil Bentaleb	ALG	1994-11-24	1968	26	23	3	4	3	0	3	7	0	0
	Rémy Cabella	FRA	1990-03-08	1467	30	14	16	8	17	2	2	0	0	0
	Yusuf Yazıcı	TUR	1997-01-29	1316	27	16	11	14	14	5	2	5	0	0
	Hákon A. Haraldsson	ISL	2003-04-10	1287	26	15	11	14	18	2	0	5	0	0
	Ivan Cavaleiro	POR	1993-10-18	773	17	9	8	9	14	1	1	1	0	0
	Adam Ounas	ALG	1996-11-11	407	17	3	14	3	15	1	0	0	0	0
	Ayyoub Bouaddi	FRA	2007-10-02	124	9	1	8	0	23	0	0	2	1	0
	Ignacio Miramón	ARG	2003-06-12	40	2	1	1	1	18	0	0	0	0	0
	Joffrey Bazié	BFA	2003-10-27	0	0	0	0	0	2	0	0	0	0	0
FW	Jonathan David	CAN	2000-01-14	2640	34	30	4	16	4	19	4	4	0	0
	Tiago Morais	POR	2003-09-03	43	3	0	3	0	10	0	0	0	0	0
	Trevis Dago	FRA	2005-01-21	19	4	0	4	0	8	0	1	1	0	0
	Andrej Ilić	SRB	2000-04-03	7	2	0	2	0	3	1	0	0	0	0
	Ichem Ferrah	FRA	2005-09-23	2	1	0	1	0	1	0	0	0	0	0
	Aaron Malouda	FRA	2005-11-30	0	1	0	1	0	9	0	0	0	0	0

LIGUE 1 2023-24 SEASON

LILLE OSC vs. OPPONENTS PER GAME STATS

릴 OSC vs 상대팀

	득점	슈팅	유효슈팅	코너킥	오프사이드	패스시도	패스성공	패스성공률	태클	공중전승리	인터셉트	파울	경고	퇴장
	1.53 / 1.00	13.0 / 9.8	5.0 / 3.9	5.2 / 4.2	1.4 / 2.7	551 / 415	474 / 330	86% / 79%	17.5 / 17.7	10.9 / 10.3	8.6 / 10.0	11.1 / 15.2	1.97 / 2.26	0.088 / 0.000

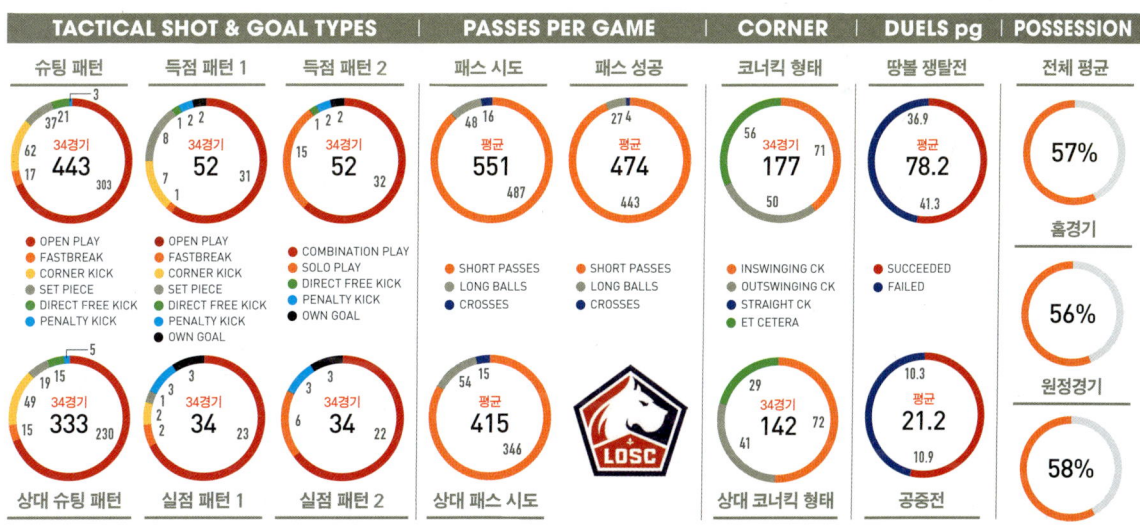

OGC NICE

4	3	0	0	0	0
FRENCH LIGUE-1	COUPE DE FRANCE	UEFA CHAMPIONS LEAGUE	UEFA EUROPA LEAGUE	FIFA CLUB WORLD CUP	UEFA-CONMEBOL INTERCONTINENTAL

Founded 구단 창립 1904년
Owner 이니오스 그룹 Ltd.
CEO 장피에르 리베르 1957.09.02
Manager 프랑크 에스 1971.04.15
24-25 Odds 패디파워: 33배 윌리엄힐: 66배

Nationality 34명 · 외국 선수 12명 · 프랑스 22명
Age 34명 평균 23.8세
Height 34명 평균 181cm
Market Value 1군 28명 평균 897만 유로
Game Points 23-24 : 55점 통산 : 3267점

Win 23-24 : 15승 통산 : 886승
Draw 23-24 : 10무 통산 : 610무
Loss 23-24 : 9패 통산 : 880패
Goals For 23-24 : 40득점 통산 : 3281득점
Goals Against 23-24 : 29실점 통산 : 3304실점

More Minutes 마르친 부카 3060분
Top Scorer 테레마스 모피 11골
More Assists 제레미 보가 6도움
More Subs 에반 게상 20회 교체 IN
More Cards 멜빈 바 Y7+R1

TOTO GUIDE 지난 시즌 상대팀별 전적

상대팀	홈	원정
Paris SG	1-2	3-2
Monaco	2-3	1-0
Brest	0-0	0-0
Lille	1-1	2-2
Lyon	0-0	0-1
Lens	2-0	3-1
Marseille	1-0	2-2
Reims	2-1	0-0
Rennes	2-0	0-2
Toulouse	1-0	1-2
Montpellier	1-2	1-0
Strasbourg	2-0	3-1
Nantes	1-2	0-1
Le Havre	1-0	1-3
Lorient	3-0	1-1
Metz	1-0	1-0
Clermont	0-0	1-0

Allianz Riviera

구장 오픈 2013년
구장 소유 니스 시
수용 인원 3만 6178명
피치 규모 105m X 68m
잔디 종류 천연 잔디

STRENGTHS & WEAKNESSES

OFFENSE		DEFENSE	
직접 프리킥	C	세트피스 수비	A
문전 처리	D	상대 볼 뺏기	B
측면 돌파	C	공중전 능력	C
스루볼 침투	C	역습 방어	C
개인기 침투	C	지공 방어	C
카운터 어택	C	스루패스 방어	C
기회 만들기	C	리드 지키기	B
세트피스	C	실수 조심	C
OS 피하기	C	측면 방어력	C
중거리 슈팅	C	파울 주의	C
볼 점유율	C	중거리슈팅 수비	C

매우 강함 A 강한 편 B 보통 수준 C 약한 편 D 매우 약함 E

RANKING OF LAST 10 YEARS

14-15	15-16	16-17	17-18	18-19	19-20	20-21	21-22	22-23	23-24
11 / 48점	4 / 63점	3 / 78점	8 / 54점	7 / 56점	5 / 41점	9 / 52점	5 / 66점	9 / 58점	5 / 55점

위치	선수	국적	생년월일	출전(분)	출전경기	선발11	교체인	교체아웃	벤치출발	득점	도움	경고	경고누적	퇴장
GK	Marcin Bułka	POL	1999-10-04	3060	34	34	0	0	0	0	0	2	0	0
	Maxime Dupé	FRA	1993-03-04	0	0	0	0	0	15	0	0	0	0	0
	Teddy Boulhendi	FRA	2001-04-09	0	0	0	0	0	10	0	0	0	0	0
DF	Dante	BRA	1983-10-18	2844	32	32	0	0	0	1	1	5	0	1
	Melvin Bard	FRA	2000-11-06	2662	32	31	1	8	1	1	2	7	0	1
	Jean-Clair Todibo	FRA	1999-12-30	2654	30	30	0	2	0	0	2	2	0	1
	Jordan Lotomba	SUI	1998-09-29	1808	28	21	7	12	10	1	0	4	0	0
	Youssouf Ndayishimiye	BDI	1998-10-27	1714	23	20	3	4	6	0	0	6	0	1
	Antoine Mendy	FRA	2004-05-27	415	10	4	6	3	18	0	0	0	0	0
	Tom Louchet	FRA	2003-05-04	399	13	3	10	2	19	1	1	1	0	0
	Romain Perraud	FRA	1997-09-22	354	19	2	17	1	27	1	0	0	0	0
	Valentin Rosier	FRA	1996-08-19	50	3	0	3	0	5	0	0	0	0	0
MF	Khéphren Thuram	FRA	2001-03-26	2115	27	25	2	9	2	1	1	7	0	0
	Pablo Rosario	NED	1997-01-07	2004	30	21	9	5	11	0	0	4	0	0
	Morgan Sanson	FRA	1994-08-18	1976	29	24	5	18	6	2	3	4	0	0
	Hicham Boudaoui	ALG	1999-09-23	1612	29	17	12	9	12	2	0	5	0	0
	Sofiane Diop	FRA	2000-06-09	501	10	6	4	6	4	0	0	0	0	0
	Alexis Claude-Maurice	FRA	1998-06-06	494	18	4	14	3	22	0	0	1	0	0
	Daouda Traoré	FRA	2006-07-22	15	1	0	1	0	6	0	0	0	0	0
	Alexis Beka Beka	FRA	2000-10-04	0	0	0	0	0	2	0	0	0	0	0
	Amidou Doumbouya	FRA	2007-08-05	0	0	0	0	0	2	0	0	0	0	0
FW	Jérémie Boga	CIV	1997-01-03	2011	28	24	4	17	4	6	6	1	0	0
	Terem Moffi	NGA	1999-05-25	1960	30	23	7	18	7	11	2	4	0	0
	Gaëtan Laborde	FRA	1994-05-03	1913	34	22	12	19	12	5	2	2	0	0
	Evann Guessand	FRA	2001-07-01	1542	34	14	20	7	20	6	1	0	0	0
	Mohamed-Ali Cho	FRA	2004-01-19	863	17	11	6	11	6	1	0	1	0	0
	Aliou Baldé	SEN	2002-12-12	66	7	0	7	1	30	0	0	0	0	0

LIGUE 1 2023-24 SEASON

OGC NICE vs. OPPONENTS PER GAME STATS

OGC 니스 vs 상대팀	득점	슈팅	유효슈팅	코너	오프사이드	패스시도	패스성공	태클	공중전승리	인터셉트	파울	경고	퇴장
	1.18 / 0.85	13.5 / 10.8	4.6 / 3.1	5.4 / 3.1	1.5 / 1.5	520 / 474	451 / 388						
	87% / 82%	15.8 / 20.1	11.3 / 10.9	8.6 / 8.6	11.8 / 11.3	1.82 / 2.09	0.118 / 0.147						

2023-24 SEASON SQUAD LIST & GAMES PLAYED
괄호 안의 숫자는 선발 출전 횟수, 교체 출전은 포함시키지 않음

LW	CF	RW
J.보가(21), S.디오프(5) G.라보르드(2), T.루세(1) M.A.쇼(1)	T.모피(20), E.게상(13) G.라보르드(1)	G.라보르드(16), M.A.쇼(10) T.모피(3), B.부아나니(1)

LAM	CAM	RAM
N/A	G.라보르드(3), J.보가(2) E.게상(1), M.상송(1) A.클로드모리스(1)	N/A

LM	CM	RM
N/A	K.튀랑(25), M.상송(23) Y.은다이시미(17), H.부다우이(17) P.로사리오(11), A.클로드모리스(3) T.루세(1), S.디오프(1)	N/A

LWB	DM	RWB
M.바(3), J.보가(1)	N/A	J.로톰바(3), T.루세(1)

LB	CB	RB
M.바(28), R.페로(2)	단치(32), J.토디보(30) P.로사리오(5), Y.은다이시미(3) A.멘디(2)	J.로톰바(18), Y.아탈(5) P.로사리오(5), A.멘디(2)

	GK	
	M.부카(34)	

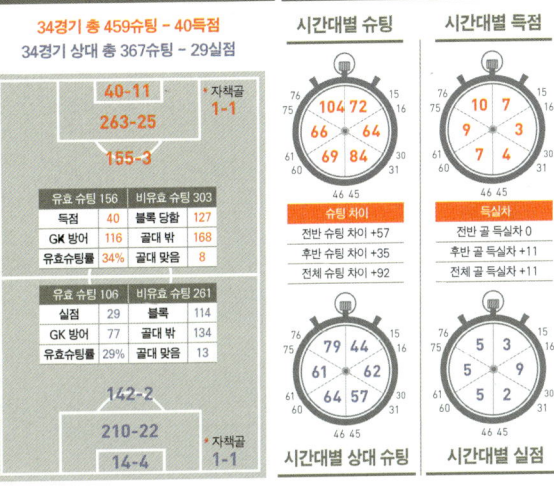

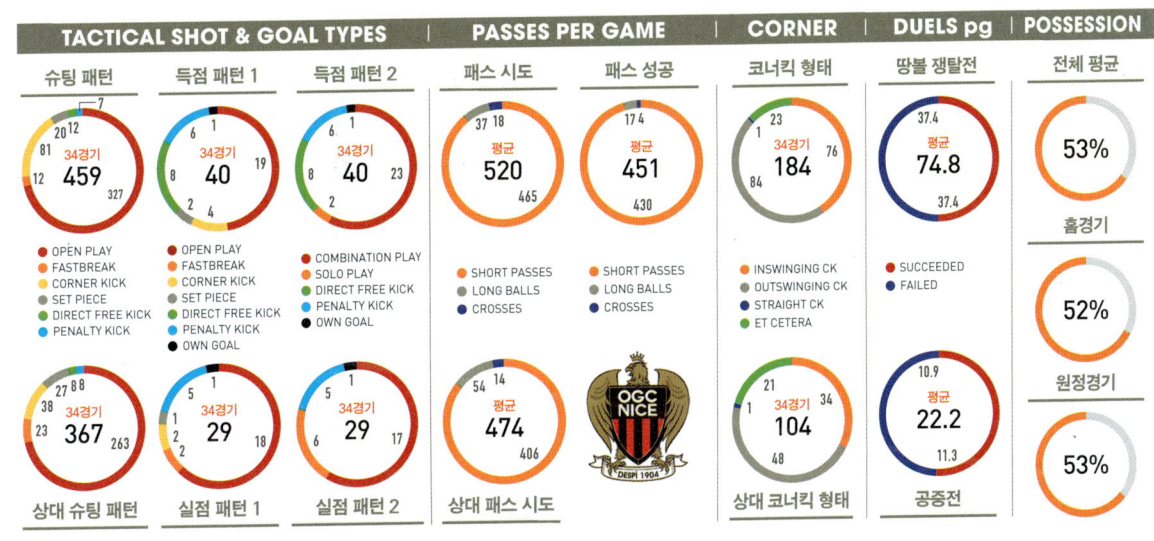

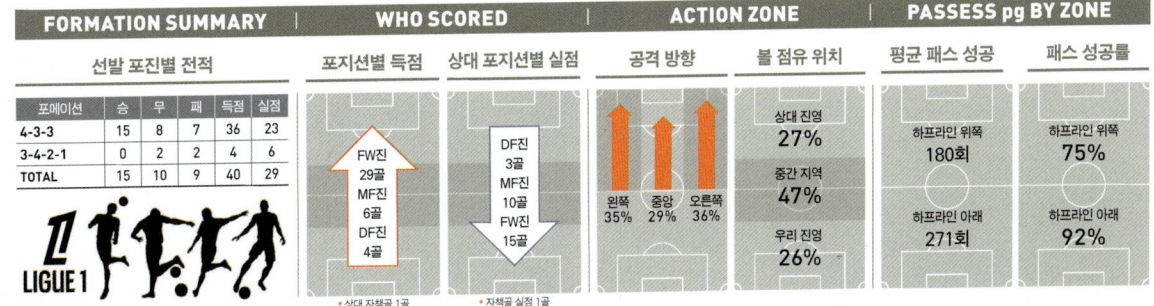

OLYMPIQUE LYONNAIS

Founded 구단 창립 1950년	**Owner** 존 텍스터 OL 그룹	**CEO** 로랑 프뤼돔 1974.08.29	**Manager** 피에르 사주 1979.05.05	**24-25 Odds** 패디파워: 25배 윌리엄힐: 20배	
Nationality 외국 선수 20명 프랑스 9명	**Age** 29명 평균 25.9세	 **Height** 29명 평균 180cm	**Market Value** 1군 28명 평균 834만 유로	**Game Points** 23-24 : 53점 통산 : 3748점	
Win 23-24 : 16승 통산 : 1046승	 **Draw** 23-24 : 5무 통산 : 611무	**Loss** 23-24 : 13패 통산 : 777패	 **Goals For** 23-24 : 49득점 통산 : 3660득점	**Goals Against** 23-24 : 55실점 통산 : 3166실점	
 **More Minutes** 막상스 카케레 3025분	**Top Scorer** 알렉상드르 라카제트 19골	**More Assists** 라얀 셰르키 6도움	**More Subs** 마마 발데 16회 교체 IN	**More Cards** 니콜라스 탈리아피코 Y6+R1	

7	5	0	0	0	0
FRENCH LIGUE-1	COUPE DE FRANCE	UEFA CHAMPIONS LEAGUE	UEFA EUROPA LEAGUE	FIFA CLUB WORLD CUP	UEFA-CONMEBOL INTERCONTINENTAL

TOTO GUIDE 지난 시즌 상대팀별 전적

상대팀	홈	원정
Paris SG	1-4	1-4
Monaco	3-2	1-0
Brest	4-3	0-1
Lille	0-2	4-3
Nice	1-0	0-0
Lens	0-3	2-3
Marseille	1-0	0-3
Reims	1-1	0-2
Rennes	2-3	1-0
Toulouse	3-0	3-2
Montpellier	1-4	2-1
Strasbourg	2-1	1-2
Nantes	1-0	3-1
Le Havre	0-0	1-3
Lorient	3-3	2-0
Metz	1-1	2-1
Clermont	1-2	1-0

Parc Olympique Lyonnais
구장 오픈 2016년
구장 소유 OL 그룹
수용 인원 5만 9186명
피치 규모 105m X 68m
잔디 종류 하이브리드 잔디

STRENGTHS & WEAKNESSES

OFFENSE		DEFENSE	
직접 프리킥	C	세트피스 수비	C
문전 처리	C	상대 볼 뺏기	A
측면 돌파	B	공중전 능력	C
스루볼 침투	C	역습 방어	E
개인기 침투	B	지공 방어	D
카운터 어택	C	스루패스 방어	D
기회 만들기	C	리드 지키기	B
세트피스	B	실수 조심	C
OS 피하기	C	측면 방어력	D
중거리 슈팅	C	파울 주의	C
볼 점유율	C	중거리슈팅 수비	E

매우 강함 A 강한 편 B 보통 수준 C 약한 편 D 매우 약함 E

RANKING OF LAST 10 YEARS

14-15	15-16	16-17	17-18	18-19	19-20	20-21	21-22	22-23	23-24
2위 75점	2위 65점	4위 67점	3위 78점	3위 72점	7위 40점	4위 76점	8위 61점	7위 62점	6위 53점

위치	선수	국적	생년월일	출전(분)	출전경기	선발11	교체인	교체아웃	벤치출발	득점	도움	경고	경고누적	퇴장
GK	Anthony Lopes	POR	1990-10-01	2790	31	31	0	0	0	0	0	0	0	0
	Lucas Perri	BRA	1997-12-10	0	0	0	0	0	16	0	0	0	0	0
	Justin Bengui João	FRA	2005-07-09	0	0	0	0	0	5	0	0	0	0	0
DF	Jake O'Brien	IRL	2001-05-15	2370	27	27	0	0	4	4	2	4	0	1
	Clinton Mata	BRA	1992-11-07	2221	28	25	3	4	6	0	3	6	0	0
	Nicolás Tagliafico	ARG	1992-08-31	2129	25	25	0	5	0	3	1	6	1	0
	Duje Ćaleta-Car	CRO	1996-09-17	1992	24	22	2	0	5	0	0	2	0	1
	Saël Kumbedi	FRA	2005-03-26	917	17	8	9	1	18	0	1	2	0	0
	Sinaly Diomandé	CIV	2001-04-09	890	10	10	0	1	6	0	0	2	0	0
	Dejan Lovren	CRO	1989-07-05	720	10	8	2	3	12	0	0	2	0	1
	Henrique Silva	BRA	1994-04-25	605	11	6	5	3	21	1	0	2	0	0
	Adryelson	BRA	1998-03-23	4	2	0	2	0	15	0	0	0	0	0
MF	Maxence Caqueret	FRA	2000-02-15	3025	34	34	0	4	0	1	3	1	0	0
	Corentin Tolisso	FRA	1994-08-03	1749	25	21	4	13	6	2	1	5	0	0
	Rayan Cherki	FRA	2003-08-17	1721	33	19	14	15	15	1	6	0	0	0
	Ainsley Maitland-Niles	ENG	1997-08-29	1432	23	16	7	6	13	1	4	1	0	0
	Nemanja Matić	SRB	1988-08-01	1259	15	15	0	6	0	0	0	1	0	0
	Orel Mangala	BEL	1998-03-18	397	8	4	4	3	7	2	0	0	0	0
	Mahamadou Diawara	FRA	2005-02-17	355	11	4	7	4	11	0	0	2	0	0
	Paul Akouokou	CIV	1997-12-20	308	8	4	4	4	11	0	0	1	0	0
	Johann Lepenant	FRA	2002-10-22	251	6	2	4	1	10	0	0	1	0	0
	Chaim El Djebali	TUN	2004-02-07	11	1	0	1	0	1	0	0	0	0	0
	Mohamed El Arouch	FRA	2004-04-06	1	1	0	1	0	5	0	0	0	0	0
FW	Alexandre Lacazette	FRA	1991-05-28	2306	29	27	2	14	2	19	2	3	0	0
	Ernest Nuamah	GHA	2003-11-01	1846	29	21	8	19	8	3	2	4	0	0
	Saïd Benrahma	ALG	1995-08-10	778	12	10	2	10	3	3	3	2	0	0
	Malick Fofana	BEL	2005-03-31	550	17	4	13	3	13	0	0	0	0	0
	Mama Baldé	GNB	1995-11-06	540	20	4	16	4	20	2	3	1	0	0
	Gift Orban	NGA	2002-07-17	471	13	5	8	5	11	1	0	2	0	0

LIGUE 1 2023-24 SEASON

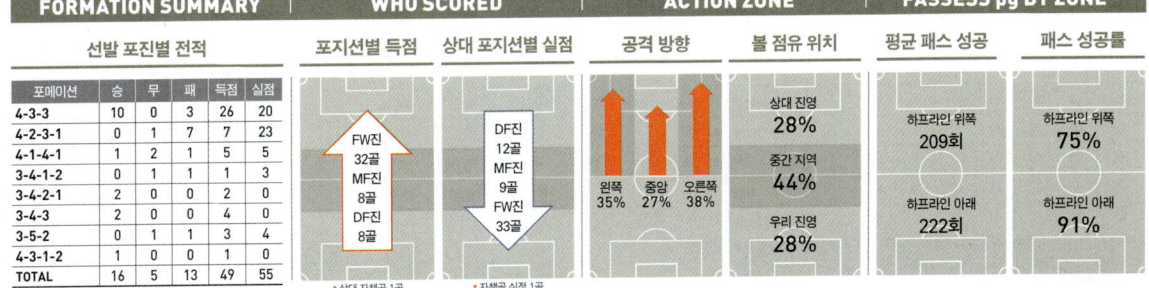

RC LENS

Founded 구단 창립 1906년	**Owner** 솔페리노 SARL 앰버 캐피털	**CEO** 조셉 우힐리안 1972.02.15	**Manager** 윌리엄 스틸 1992.10.14	**24-25 Odds** 패디파워: 20배 윌리엄힐: 50배	
Nationality 외국 선수 14명 프랑스 13명	**Age** 27명 평균 26.8세	**Height** 27명 평균 180cm	**Market Value** 1군 27명 평균 706만 유로	**Game Points** 23-24: 51점 통산: 3136점	
Win 23-24: 14승 통산: 841승	**Draw** 23-24: 9무 통산: 613무	**Loss** 23-24: 11패 통산: 814패	**Goals For** 23-24: 45득점 통산: 3202득점	**Goals Against** 23-24: 37실점 통산: 3179실점	
More Minutes 브리스 삼바 2970분	**Top Scorer** 엘리 와이 9골	**More Assists** 플로리앙 소토카 6도움	**More Subs** 모르강 길라보기 21회 교체 IN	**More Cards** 파쿤도 메디나 Y11+R0	

1	0	0	0	0	0
FRENCH LIGUE-1	COUPE DE FRANCE	UEFA CHAMPIONS LEAGUE	UEFA EUROPA LEAGUE	FIFA CLUB WORLD CUP	UEFA-CONMEBOL INTERCONTINENTAL

TOTO GUIDE 지난 시즌 상대팀별 전적

상대팀	홈	원정
Paris SG	0-2	1-3
Monaco	2-3	0-3
Brest	1-0	2-3
Lille	1-1	1-2
Nice	1-3	0-2
Lyon	3-2	3-0
Marseille	1-0	1-2
Reims	2-0	1-1
Rennes	1-1	1-1
Toulouse	2-1	2-0
Montpellier	2-2	0-0
Strasbourg	3-1	1-0
Nantes	4-0	1-0
Le Havre	1-1	0-0
Lorient	2-0	0-0
Metz	0-1	1-2
Clermont	1-0	3-0

Stade Bollaert-Delelis

구장 오픈 / 증개축
1933년, 증개축 6회
구장 소유
랑스 시
수용 인원
3만 8223명
피치 규모
105m x 68m
잔디 종류
천연 잔디

STRENGTHS & WEAKNESSES

OFFENSE		DEFENSE	
직접 프리킥	C	세트피스 수비	B
문전 처리	D	상대 볼 뺏기	C
측면 돌파	B	공중전 능력	B
스루볼 침투	B	역습 방어	C
개인기 침투	C	지공 방어	C
카운터 어택	C	스루패스 방어	C
기회 만들기	A	리드 지키기	C
세트피스	C	실수 조심	D
OS 피하기	E	측면 방어력	C
중거리 슈팅	A	파울 주의	C
볼 점유율	C	중거리슈팅 수비	C

매우 강함 **A** 강한 편 **B** 보통 수준 **C** 약한 편 **D** 매우 약함 **E**

RANKING OF LAST 10 YEARS

14-15	15-16	16-17	17-18	18-19	19-20	20-21	21-22	22-23	23-24
20	6	4	14	5	2	7	7	2	7
29점	58점	65점	43점	63점	53점	57점	62점	84점	51점

● 2부 리그

위치	선수	국적	생년월일	출전(분)	출전경기	선발11	교체인	교체아웃	벤치출발	득점	도움	경고	경고누적	퇴장
GK	Brice Samba	FRA	1994-04-25	2970	33	33	0	0	0	0	0	3	0	0
	Jean-Louis Leca	FRA	1985-09-21	90	1	1	0	0	33	0	0	0	0	0
	Yannick Pandor	FRA	2001-05-01	0	0	0	0	0	1	0	0	0	0	0
DF	Facundo Medina	ARG	1999-05-28	2714	31	30	1	1	1	1	3	11	0	0
	Kevin Danso	AUT	1998-09-19	2656	30	30	0	1	0	1	0	6	0	0
	Przemysław Frankowski	POL	1995-04-12	2194	30	24	6	7	8	3	2	4	0	0
	Jonathan Gradit	FRA	1992-11-24	2119	26	26	0	6	1	1	0	9	0	1
	Ruben Aguilar	FRA	1993-04-26	1923	25	22	3	6	6	1	3	3	0	0
	Deiver Machado	COL	1992-09-02	1126	19	13	6	9	7	4	0	4	0	0
	Abdukodir Khusanov	UZB	2004-02-29	810	11	9	2	3	18	0	0	5	0	0
	Massadio Haïdara	MLI	1992-12-02	734	18	7	11	4	19	0	1	1	0	0
	Jhoanner Chávez	ECU	2002-04-25	485	8	6	2	6	3	0	1	1	0	0
	Kény Mbala	FRA	2004-06-12	0	0	0	0	0	5	0	0	0	0	0
	Jimmy Cabot	FRA	1994-04-18	0	0	0	0	0	1	0	0	0	0	0
MF	Neil El Aynaoui	FRA	2001-07-02	1566	25	17	8	9	9	1	2	1	0	0
	Salis Abdul Samed	GHA	2000-03-26	1516	27	17	10	6	14	0	0	2	0	0
	David Costa	POR	2001-01-05	1498	25	17	8	13	9	4	2	3	0	0
	Angelo Fulgini	FRA	1996-08-20	1378	29	16	13	16	18	1	2	1	0	0
	Andy Diouf	FRA	2003-05-17	1320	25	16	9	15	17	1	0	2	0	0
	Adrien Thomasson	FRA	1993-12-10	1193	29	13	16	12	20	1	2	3	0	1
	Nampalys Mendy	SEN	1992-06-23	1056	16	13	3	8	11	0	1	2	0	0
	Ayanda Shishuba	BEL	2005-02-02	55	7	0	7	0	16	0	0	0	0	0
	Tom Pouilly	FRA	2003-06-18	0	0	0	0	0	4	0	0	0	0	0
	Fodé Sylla	FRA	2006-04-16	0	0	0	0	0	3	0	0	0	0	0
	Adam Abeddou	FRA	1996-08-17	0	0	0	0	0	1	0	0	0	0	0
FW	Florian Sotoca	FRA	1990-10-25	2602	32	29	3	8	3	7	6	4	0	1
	Elye Wahi	FRA	2003-01-02	1700	27	20	7	17	8	9	3	9	0	0
	Wesley Saïd	FRA	1995-04-19	1015	27	11	16	11	17	0	1	2	0	0
	Morgan Guilavogui	GUI	1998-03-10	554	23	2	21	3	27	2	0	1	0	0
	Anthony Bermont	FRA	2005-02-10	0	0	0	0	0	1	0	0	0	0	0
	Ibrahima Baldé	FRA	2003-01-17	0	0	0	0	0	0	0	0	0	0	0

LIGUE 1 2023-24 SEASON

RC LENS vs. OPPONENTS PER GAME STATS

RC 랑스 vs 상대팀

	득점	슈팅	유효슈팅	코너킥	오프사이드	패스시도	패스성공	PA	패스성공률	태클	공중전승리	PC	인터셉트	파울	경고	퇴장
	1.32	14.5	5.1	5.1	2.2	513		459		430		367				
	1.09	11.6	4.1	3.8	0.9											
	84%	16.3	13.6	8.8	13.1	2.15		2.06		0.088		0.059				
	80%	15.8	11.7	10.1	13.0											

2023-24 SEASON SQUAD LIST & GAMES PLAYED

*괄호 안의 숫자는 선발 출전 횟수, 교체 출전은 포함시키지 않음

LW
D.P.다코스타(1)

CF
E.와이(20), W.사이드(11)
F.소토카(9), M.길라보기(2)

RW
F.소토카(1)

LAM
N/A

CAM
F.소토카(17), A.풀지니(16)
A.토마손(12), D.P.다코스타(12)

RAM
N/A

LM
P.프랑코프스키(4), J.차베스(3)

CM
S.A.사메드(17), N.E.아이나우이(17)
A.디우프(16), N.멘디(13)
D.P.다코스타(4), A.토마손(1)
S.스피어링스(1)

RM
R.아길라르(5), P.프랑코프스키(2)

LWB
D.마차도(13), P.프랑코프스키(7)
M.하이다라(3), J.차베스(2)
F.마우아사(1)

DM
N/A

RWB
H.아길라르(14), P.프랑코프스키(11)
F.소토카(1)

LB
J.차베스(1)

CB
F.메디나(30), K.단소(30)
J.그라디(26), A.쿠사노프(9)
M.하이다라(4), R.아길라르(3)

RB
F.소토카(1)

GK
B.삼바(33), J.레카(1)

SHOTS & GOALS

34경기 총 494슈팅 - 45득점
34경기 상대 총 395슈팅 - 37실점

48-11
289-28
157-6

유효 슈팅 174		비유효 슈팅 320	
득점	45	블록 당함	132
GK 방어	129	골대 밖	175
유효슈팅률	35%	골대 맞음	13

유효 슈팅 139		비유효 슈팅 256	
실점	37	블록	120
GK 방어	102	골대 밖	131
유효슈팅률	35%	골대 맞음	5

139-2
225-26
31-9

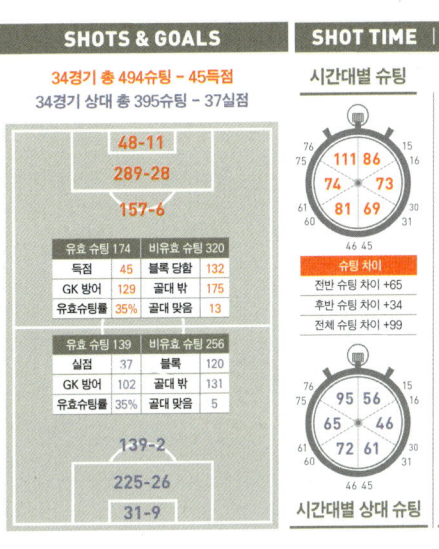

SHOT TIME | GOAL TIME

시간대별 슈팅: 111, 86, 74, 73, 81, 69
슈팅 차이
전반 슈팅 차이 +65
후반 슈팅 차이 +34
전체 슈팅 차이 +99

시간대별 득점: 10, 8, 5, 5, 13, 4
득실차
전반 골 득실차 +2
후반 골 득실차 +6
전체 골 득실차 +8

시간대별 상대 슈팅: 95, 56, 65, 46, 72, 61

시간대별 실점: 8, 4, 4, 4, 10, 7

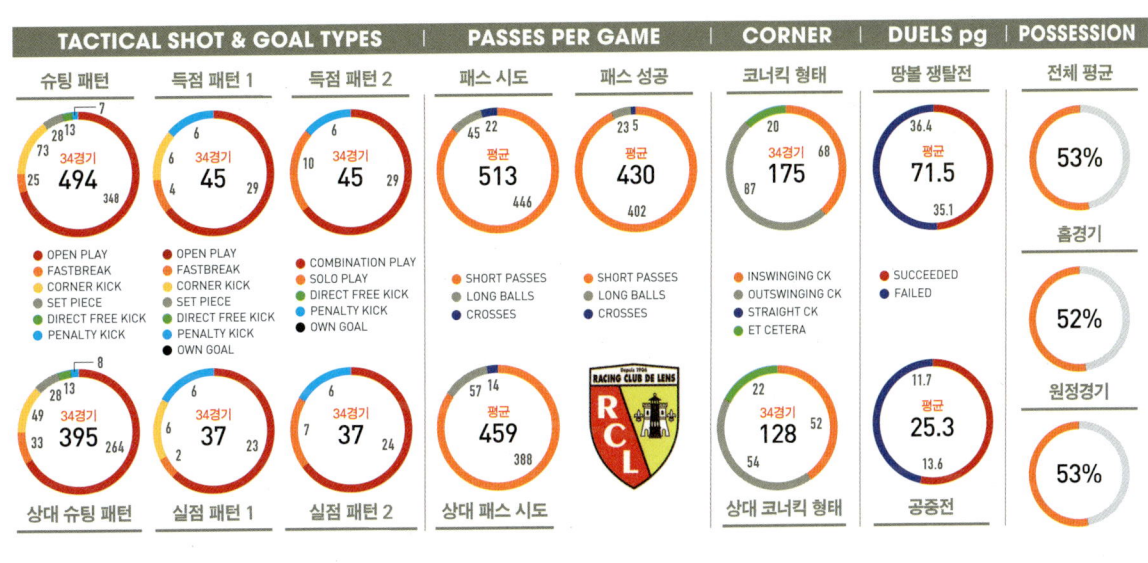

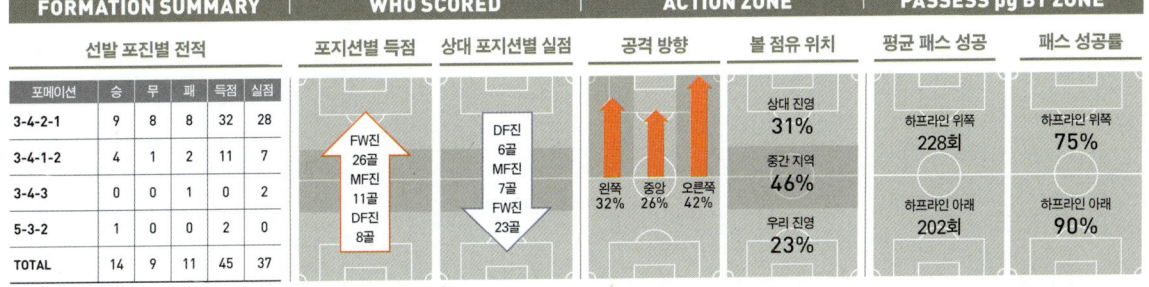

OLYMPIQUE DE MARSEILLE

DROIT AU BUT

9	10	1	0	0	0
FRENCH LIGUE-1	COUPE DE FRANCE	UEFA CHAMPIONS LEAGUE	UEFA EUROPA LEAGUE	FIFA CLUB WORLD CUP	UEFA-CONMEBOL INTERCONTINENTAL

Founded 구단 창립 1899년

Owner 프랭크 맥코트 마르가리타 루이드레퓌스

CEO 파블로 롱고리아 1986.06.09

Manager 로베르토 데 체르비 1979.06.06

24-25 Odds 패드파워: 10배 윌리엄힐: 12배

Nationality 42명 • 외국 선수 27명 • 프랑스 15명

Age 42명 평균 24.5세

Height 42명 평균 183cm

Market Value 1군 26명 평균 892만 유로

Game Points 23-24: 50점 통산: 4229점

Win 23-24: 13승 통산: 1184승

Draw 23-24: 11무 통산: 678무

Loss 23-24: 10패 통산: 788패

Goals For 23-24: 52득점 통산: 4262득점

Goals Against 23-24: 41실점 통산: 3383실점

More Minutes 파우 로페스 2939분

Top Scorer 피에르 오바메양 17골

More Assists 피에르 오바메양 8도움

More Subs 일리만 은디아이 +1명 11회 교체 IN

More Cards 사뮈엘 지고 Y7+R1

RANKING OF LAST 10 YEARS

14-15	15-16	16-17	17-18	18-19	19-20	20-21	21-22	22-23	23-24
4위 69점	13위 48점	5위 62점	4위 77점	5위 61점	2위 56점	5위 60점	2위 71점	3위 73점	8위 50점

TOTO GUIDE 지난 시즌 상대팀별 전적

상대팀	홈	원정
Paris SG	0-2	0-4
Monaco	2-2	2-3
Brest	2-0	0-1
Lille	0-0	1-3
Nice	2-2	0-1
Lyon	3-0	0-1
Lens	2-1	0-1
Reims	2-1	0-1
Rennes	2-0	0-2
Toulouse	0-0	2-2
Montpellier	4-1	1-1
Strasbourg	1-1	1-1
Nantes	2-0	1-1
Le Havre	3-0	2-1
Lorient	3-1	4-2
Metz	1-1	2-2
Clermont	2-1	5-1

Stade Vélodrome

구장 오픈 / 증개축: 1937년, 증개축 4회
구장 소유: 마르세유 시
수용 인원: 6만 7394명
피치 규모: 105m X 68m
잔디 종류: 하이브리드 잔디

STRENGTHS & WEAKNESSES

OFFENSE		DEFENSE	
직접 프리킥	C	세트피스 수비	C
문전 처리	C	상대 볼 뺏기	B
측면 돌파	B	공중전 능력	C
스루볼 침투	C	역습 방어	C
개인기 침투	C	지공 방어	C
카운터 어택	B	스루패스 방어	C
기회 만들기	B	리드 지키기	C
세트피스	B	실수 조심	C
OS 피하기	D	측면 방어력	C
중거리 슈팅	C	파울 주의	C
볼 점유율	B	중거리슈팅 수비	C

매우 강함 A 강한 편 B 보통 수준 C 약한 편 D 매우 약함 E

위치	선수	국적	생년월일	출전(분)	출전경기	선발11	교체인	교체아웃	벤치출발	득점	도움	경고	경고누적	퇴장
GK	Pau López	ESP	1994-12-13	2939	33	33	0	1	0	0	0	1	0	0
	Rubén Blanco	ESP	1995-07-25	121	2	1	1	0	31	0	0	0	0	0
	Simon Ngapandouetnbu	CMR	2003-04-12	0	0	0	0	0	4	0	0	0	0	0
	Jelle Van Neck	BEL	2004-03-07	0	0	0	0	0	1	0	0	0	0	0
DF	Leonardo Balerdi	ARG	1999-01-26	2275	27	26	1	4	4	2	0	5	1	0
	Chancel Mbemba	COD	1994-08-08	2209	25	25	0	2	1	2	2	1	0	0
	Jonathan Clauss	FRA	1992-09-25	2072	27	25	2	8	3	2	4	2	0	1
	Samuel Gigot	FRA	1993-10-12	1729	21	20	1	4	3	3	0	7	0	1
	Michael Amir Murillo	PAN	1996-02-11	993	16	10	6	2	9	3	2	3	0	0
	Ulisses Garcia	SUI	1996-01-11	906	13	10	3	2	6	0	0	1	0	0
	Quentin Merlin	FRA	2002-05-16	703	10	8	2	4	4	0	1	1	0	0
	Bamo Meité	CIV	2001-06-20	631	16	6	10	2	19	0	0	1	0	0
	Stéphane Sparagna	FRA	1995-02-17	0	0	0	0	0	7	0	0	0	0	0
	Léo Jousselin	FRA	2002-01-02	0	0	0	0	0	4	0	0	0	0	0
	Roggerio Nyakossi	SUI	2004-01-13	0	0	0	0	0	3	0	0	0	0	0
	Brice Negouai	FRA	2002-02-17	0	0	0	0	0	3	0	0	0	0	0
	Yakine Said M'Madi	COM	2004-03-11	0	0	0	0	0	1	0	0	0	0	0
MF	Jordan Veretout	FRA	1993-03-01	2184	29	24	5	6	5	1	2	4	0	0
	Amine Harit	MAR	1997-06-18	1828	28	21	7	14	7	1	2	5	0	0
	Iliman Ndiaye	SEN	2000-03-06	1624	30	19	11	16	11	3	3	0	0	1
	Geoffrey Kondogbia	CTA	1993-02-15	1458	26	15	11	6	11	0	0	3	0	0
	Azzedine Ounahi	MAR	2000-04-19	1214	21	15	6	11	12	2	0	3	0	0
	Valentin Rongier	FRA	1994-12-07	853	10	10	0	2	0	0	0	2	0	0
	Pape Gueye	SEN	1999-01-24	766	15	9	6	7	7	1	0	2	0	0
	Jean Onana	CMR	2000-01-08	561	13	5	8	3	9	1	0	1	0	0
	Bilal Nadir	FRA	2003-11-28	111	5	1	4	1	16	0	0	0	0	0
	Emran Soglo	ENG	2005-07-11	111	3	1	2	2	21	1	1	1	0	0
	Raimane Daou	COM	2004-11-20	24	1	0	1	0	3	0	0	0	0	0
	Sofiane Sidi Ali	FRA	1995-07-14	16	2	0	2	0	7	0	0	1	0	0
	Noam Mayoka-Tika	BEL	2003-11-02	0	1	0	1	0	12	0	0	0	0	0
	Alexandre Tunkadi	FRA	2004-06-07	0	0	0	0	0	1	0	0	0	0	0
FW	Pierre-Emerick Aubameyang	GAB	1989-06-18	2628	34	30	4	10	4	17	8	4	0	0
	Ismaila Sarr	SEN	1998-02-25	1448	23	15	8	8	10	3	4	1	0	0
	Luis Henrique	BRA	2001-12-14	780	15	8	7	3	9	1	0	0	0	0
	Faris Moumbagna	CMR	2000-07-01	543	13	5	8	3	9	3	1	0	0	0
	Joaquín Correa	ARG	1994-08-13	430	12	6	6	6	17	0	1	2	0	0
	Keyliane Abdallah	FRA	2006-04-05	3	1	0	1	0	8	0	0	0	0	0
	Iuri Moreira	POR	2004-03-24	0	0	0	0	0	0	0	0	0	0	0

LIGUE 1 2023-24 SEASON

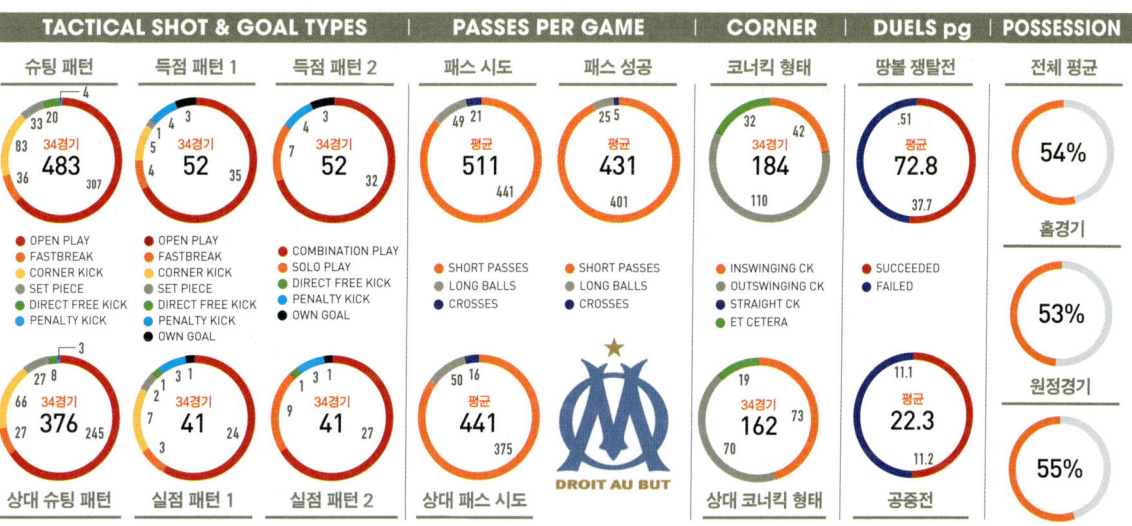

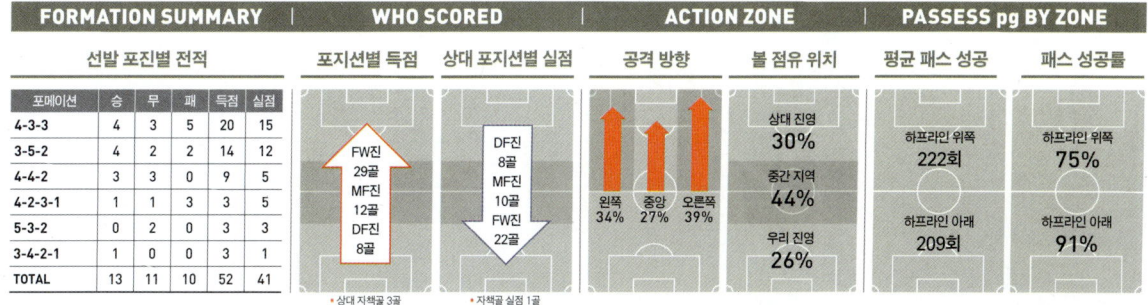

STADE DE REIMS

6	2	0	0	0	0
FRENCH LIGUE-1	COUPE DE FRANCE	UEFA CHAMPIONS LEAGUE	UEFA EUROPA LEAGUE	FIFA CLUB WORLD CUP	UEFA-CONMEBOL INTERCONTINENTAL

Founded 구단 창립 1931년
Owner 스타드 랭스 시민 구단
CEO 장피에르 케이요 1961.06.09
Manager 루카 엘스네르 1982.08.02
24-25 Odds 패디파워: 100배 윌리엄힐: 100배

Nationality 외국 선수 19명 / 프랑스 11명
Age 30명 평균 24.6세
Height 30명 평균 183cm
Market Value 1군 24명 평균 453만 유로
Game Points 23-24: 47점 / 통산: 2128점

Win 23-24: 13승 / 통산: 591승
Draw 23-24: 8무 / 통산: 355무
Loss 23-24: 13패 / 통산: 470패
Goals For 23-24: 42득점 / 통산: 2317득점
Goals Against 23-24: 47실점 / 통산: 1948실점

More Minutes 예반 디우프 3060분
Top Scorer 테디 테우마 6골
More Assists 이토 준야 7도움
More Subs 레다 카드라 15회 교체 IN
More Cards 토마스 포켓 Y8+R1

TOTO GUIDE 지난 시즌 상대팀별 전적

상대팀	홈	원정
Paris SG	0-3	2-2
Monaco	1-3	3-1
Brest	1-2	1-1
Lille	0-1	2-1
Nice	0-0	1-2
Lyon	2-0	1-1
Lens	1-1	0-2
Marseille	1-0	1-2
Rennes	2-1	1-3
Toulouse	2-3	1-1
Montpellier	1-2	3-1
Strasbourg	2-1	1-3
Nantes	0-0	1-0
Le Havre	1-0	2-1
Lorient	1-0	0-2
Metz	2-1	2-2
Clermont	2-0	1-4

STADE AUGUSTE-DELAUNE

구장 오픈 / 증개축: 1935년, 증개축 2회
구장 소유: 렝 시
수용 인원: 2만 1029명
피치 규모: 105m X 68m
잔디 종류: 하이브리드 잔디

STRENGTHS & WEAKNESSES

OFFENSE		DEFENSE	
직접 프리킥	B	세트피스 수비	C
문전 처리	C	상대 볼 뺏기	B
측면 돌파	B	공중전 능력	C
스루볼 침투	C	역습 방어	D
개인기 침투	A	지공 방어	C
카운터 어택	C	스루패스 방어	C
기회 만들기	C	리드 지키기	D
세트피스	C	실수 조심	D
OS 피하기	E	측면 방어력	C
중거리 슈팅	C	파울 주의	D
볼 점유율	C	중거리슈팅 수비	C

매우 강함 A / 강한 편 B / 보통 수준 C / 약한 편 D / 매우 약함 E

RANKING OF LAST 10 YEARS

● 2부 리그

14-15	15-16	16-17	17-18	18-19	19-20	20-21	21-22	22-23	23-24
15 / 44점	18 / 39점	7 / 55점	1 / 88점	8 / 55점	6 / 41점	14 / 42점	12 / 46점	11 / 51점	9 / 47점

위치	선수	국적	생년월일	출전(분)	출전경기	선발11	교체인	교체아웃	벤치출발	득점	도움	경고	경고누적	퇴장
GK	Yehvann Diouf	FRA	1999-11-16	3060	34	34	0	0	0	0	0	1	0	0
	Alexandre Olliero	FRA	1996-02-15	0	0	0	0	0	34	0	0	0	0	0
	Ludovic Butelle	FRA	1983-04-03	0	0	0	0	0	0	0	0	0	0	0
DF	Yunis Abdelhamid	MAR	1987-09-28	2782	31	31	0	1	0	4	0	5	0	0
	Emmanuel Agbadou	CIV	1997-06-17	2597	32	29	3	2	4	1	1	1	0	0
	Thomas Foket	BEL	1994-09-25	1838	27	22	5	12	10	0	1	8	1	0
	Thibault De Smet	BEL	1998-06-05	1835	27	22	5	9	8	0	0	7	0	1
	Joseph Okumu	KEN	1997-05-26	1742	21	19	2	2	4	1	0	3	0	0
	Sergio Akieme	ESP	1997-12-16	818	13	8	5	5	7	2	0	2	0	0
	Thérence Koudou	FRA	2004-12-13	300	8	3	5	3	10	0	0	3	0	0
	Benjamin Stambouli	FRA	1990-08-13	285	7	3	4	3	7	0	1	4	0	0
	Abdoul Koné	FRA	2005-04-22	196	3	3	0	3	0	0	0	0	0	0
	Maxime Busi	BEL	1999-10-14	158	5	1	4	0	7	0	0	1	0	0
	Killian Prouchet	FRA	2005-01-23	0	0	0	0	0	10	0	0	0	0	0
	Arthur Tchaptchet	FRA	2006-05-10	0	0	0	0	0	6	0	0	0	0	0
	Nhoa Sangui	FRA	2006-02-27	0	0	0	0	0	3	0	0	0	0	0
	Fallou Fall	SEN	2004-04-15	0	0	0	0	0	1	0	0	0	0	0
MF	Marshall Munetsi	ZIM	1996-06-22	2178	27	25	2	7	4	4	3	5	0	0
	Teddy Teuma	FRA	1993-09-30	2124	28	25	3	14	6	3	3	7	0	0
	Keito Nakamura	JPN	2000-07-28	1389	25	17	8	15	9	4	1	1	0	0
	Reda Khadra	GER	2001-07-04	1364	29	14	15	10	20	1	0	0	0	0
	Amir Richardson	MAR	2002-01-24	1351	28	14	14	12	17	3	1	4	0	0
	Valentin Edoa	FRA	2005-08-25	553	15	7	8	7	11	0	0	0	0	0
	Amadou Koné	CIV	2005-05-14	466	16	4	12	2	16	0	0	3	1	0
	Yaya Fofana	CIV	2004-06-12	28	4	0	4	0	9	0	0	0	0	0
	Samuel Koeberlé	FRA	2004-11-26	0	0	0	0	0	1	0	0	0	0	0
FW	Ito Junya	JPN	1993-03-09	2722	31	31	0	9	0	3	7	2	0	0
	Mohamed Daramy	SLE	2002-01-07	1656	25	19	6	14	6	4	5	0	0	0
	Oumar Diakité	CIV	2003-12-20	1589	28	18	10	13	12	5	1	4	0	0
	Mamadou Diakhon	FRA	2005-09-22	200	11	1	10	1	30	0	0	0	0	0
	Adama Bojang	GAM	2004-05-28	74	9	0	9	0	21	0	0	1	0	0
	Christ Mbondi	FRA	2004-10-20	1	1	0	1	0	5	0	0	0	0	0
	Ikechukwu Orazi	IRL	2007-06-11	0	0	0	0	0	1	0	0	0	0	0

LIGUE 1 2023-24 SEASON

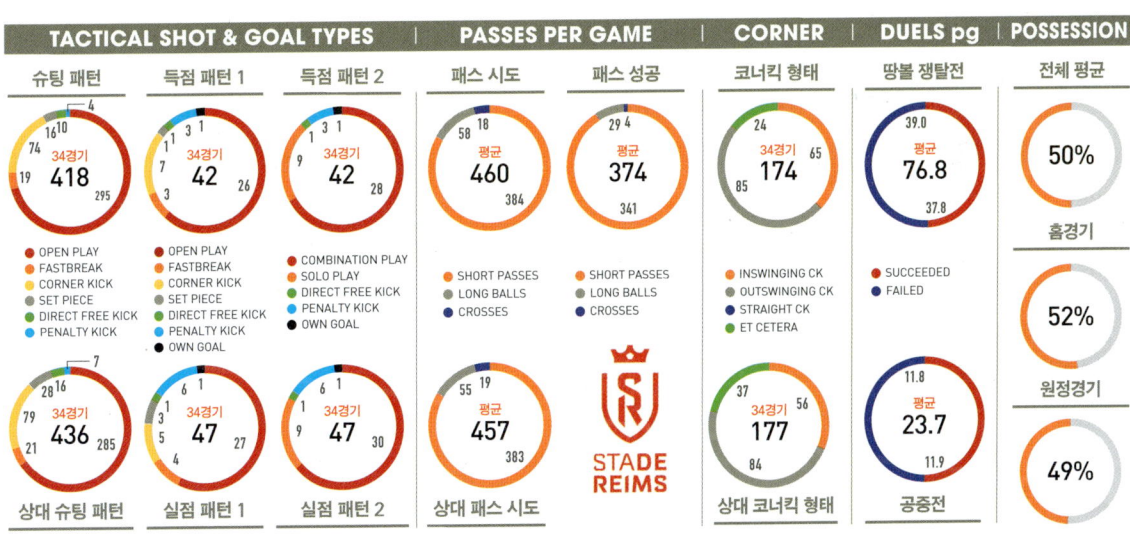

STADE RENNAIS FC

Founded 구단 창립 1901년	**Owner** 아르테미스 그룹	**CEO** 올리비에 클로아렉 1974.03.04	**Manager** 쥘리앙 스테판 1980.09.18	**24-25 Odds** 패디파워: 50배 윌리엄힐: 50배	
Nationality • 외국 선수 11명 • 프랑스 15명	**Age** 26명 평균 24.6세	**Height** 26명 평균 182cm	**Market Value** 1군 24명 평균 1103만 유로	**Game Points** 23-24 : 46점 통산 : 3174점	
Win 23-24 : 12승 통산 : 851승	**Draw** 23-24 : 10무 통산 : 621무	**Loss** 23-24 : 12패 통산 : 936패	**Goals For** 23-24 : 53득점 통산 : 3289득점	**Goals Against** 23-24 : 46실점 통산 : 3496실점	
More Minutes 스테브 만당다 3060분	**Top Scorer** 아르노 칼리무엔도 10골	**More Assists** 벤자맹 부리조 6도움	**More Subs** 이브라힘 살라+1명 19회 교체 IN	**More Cards** 아드리앙 트뤼페+1명 Y6+R0	

	FRENCH LIGUE-1	COUPE DE FRANCE	UEFA CHAMPIONS LEAGUE	UEFA EUROPA LEAGUE	FIFA CLUB WORLD CUP	UEFA-CONMEBOL INTERCONTINENTAL
	0	3	0	0	0	0

TOTO GUIDE 지난 시즌 상대팀별 전적

상대팀	홈	원정
Paris SG	1-3	1-1
Monaco	1-2	0-1
Brest	4-5	0-0
Lille	2-2	2-2
Nice	2-0	0-2
Lyon	0-1	3-2
Lens	1-1	1-1
Marseille	2-0	0-2
Reims	3-1	1-2
Toulouse	1-2	0-0
Montpellier	2-1	0-0
Strasbourg	1-1	0-2
Nantes	3-1	3-0
Le Havre	2-2	1-0
Lorient	1-2	1-2
Metz	5-1	3-2
Clermont	3-1	3-1

Roazhon Park
구장 오픈 / 증개축 1912년, 증개축 7회
구장 소유 렌 시
수용 인원 2만 9778명
피치 규모 105m X 68m
잔디 종류 하이브리드 잔디

STRENGTHS & WEAKNESSES

OFFENSE		DEFENSE	
직접 프리킥	C	세트피스 수비	C
문전 처리	B	상대 볼 뺏기	C
측면 돌파	B	공중전 능력	C
스루볼 침투	C	역습 방어	C
개인기 침투	B	지공 방어	C
카운터 어택	C	스루패스 방어	C
기회 만들기	B	리드 지키기	E
세트피스	B	실수 조심	C
OS 피하기	C	측면 방어력	C
중거리 슈팅	C	파울 주의	C
볼 점유율	C	중거리슈팅 수비	C

매우 강함 **A** 강한 편 **B** 보통 수준 **C** 약한 편 **D** 매우 약함 **E**

RANKING OF LAST 10 YEARS

14-15	15-16	16-17	17-18	18-19	19-20	20-21	21-22	22-23	23-24
9 50점	8 52점	9 50점	5 58점	10 52점	3 50점	6 58점	4 66점	4 68점	10 52점

위치	선수	국적	생년월일	출전(분)	출전경기	선발11	교체인	교체아웃	벤치출발	득점	도움	경고	경고누적	퇴장
GK	Steve Mandanda	FRA	1985-03-28	3060	34	34	0	0	0	0	0	1	0	0
	Gauthier Gallon	FRA	1993-04-23	0	0	0	0	0	34	0	0	1	0	0
	Geoffrey Lembet	CTA	1988-09-23	0	0	0	0	0	1	0	0	0	0	0
	Yann Batola	FRA	2004-01-26	0	0	0	0	0	0	0	0	0	0	0
DF	Arthur Theate	BEL	2000-05-25	2300	28	27	1	4	4	2	0	4	0	0
	Adrien Truffert	FRA	2001-11-20	2146	30	24	6	7	6	1	2	6	0	0
	Warmed Omari	FRA	2000-04-23	2072	25	23	2	2	7	1	0	5	0	1
	Jeanuël Belocian	FRA	2005-02-17	1448	23	16	7	9	16	0	1	0	0	0
	Christopher Wooh	CMR	2001-09-18	1387	18	15	3	1	15	1	0	3	0	1
	Guéla Doué	FRA	2002-10-17	1225	24	13	11	1	18	0	2	1	0	1
	Alidu Seidu	GHA	2000-06-04	593	11	7	4	4	7	0	0	3	0	0
	Mahamadou Nagida	CMR	2005-06-28	105	3	1	2	1	9	0	0	0	0	0
	Rayan Bamba	FRA	2004-04-14	0	0	0	0	0	2	0	0	0	0	0
MF	Benjamin Bourigeaud	FRA	1994-01-14	2437	32	29	3	17	3	9	6	1	0	0
	Baptiste Santamaria	FRA	1995-03-09	1928	30	22	8	9	12	0	1	4	0	0
	Désiré Doué	FRA	2005-06-03	1624	31	17	14	11	15	4	4	3	0	0
	Ludovic Blas	FRA	1997-12-31	1566	29	18	11	12	14	4	1	3	0	0
	Enzo Le Fée	FRA	2000-02-03	1534	25	19	6	14	7	0	1	3	0	0
	Azor Matusiwa	NED	1998-04-28	795	12	9	3	4	5	0	1	2	0	0
	Fabian Rieder	SUI	2002-02-16	355	15	2	13	3	21	1	0	0	0	0
	Djaoui Cissé	FRA	2004-01-31	2	1	0	2	0	5	0	0	0	0	0
FW	Arnaud Kalimuendo	FRA	2002-01-20	2152	30	25	5	19	5	10	1	6	0	0
	Amine Gouiri	FRA	2000-02-16	2075	31	24	7	16	9	7	3	2	0	0
	Martin Terrier	FRA	1997-03-04	1533	24	19	5	12	5	7	3	2	0	1
	Ibrahim Salah	MAR	2001-08-30	510	23	4	19	4	25	4	1	3	0	0
	Bertuğ Yıldırım	TUR	2002-07-12	454	21	2	19	2	27	0	1	3	0	0
	Mathis Lambourde	FRA	2006-01-09	9	1	0	1	0	12	0	0	0	0	0

LIGUE 1 2023-24 SEASON

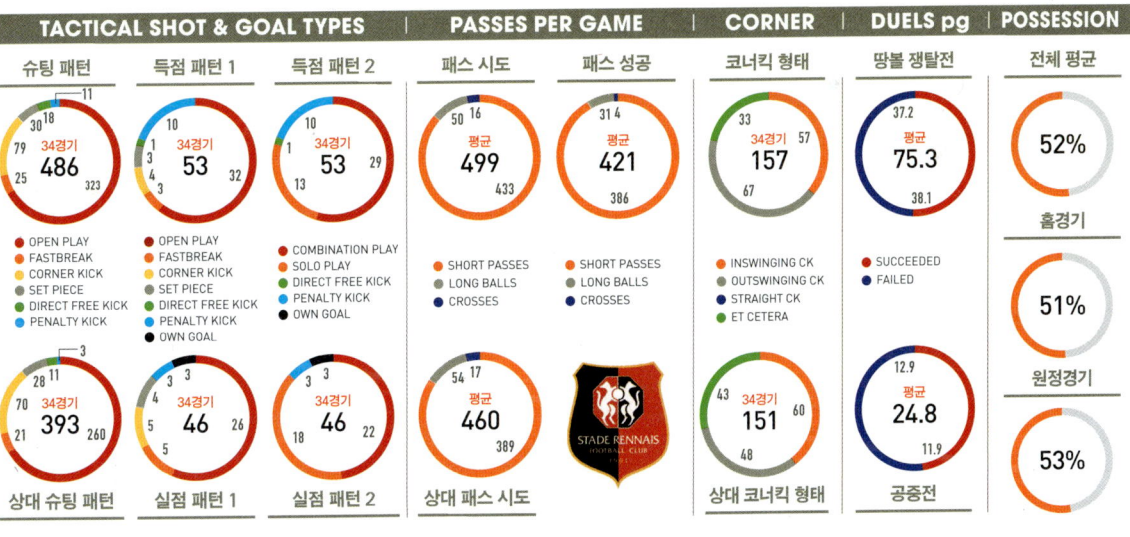

TOULOUSE FC

FRENCH LIGUE-1 0	**COUPE DE FRANCE** 2	**UEFA CHAMPIONS LEAGUE** 0	**UEFA EUROPA LEAGUE** 0	**FIFA CLUB WORLD CUP** 0	**UEFA-CONMEBOL INTERCONTINENTAL** 0

Founded 구단 창립 1970년
Owner 레드버드 캐피털
CEO 다미앙 코몰리 1971.11.24
Manager 카를레스 마르티네스 1984.05.18
24-25 Odds 패디파워: 200배 윌리엄힐: 250배

Nationality 31명 (외국 선수 22명, 프랑스 9명)
Age 31명 평균 23.2세
Height 31명 평균 182cm
Market Value 1군 27명 평균 434만 유로
Game Points 23-24: 43점 / 통산: 2505점

Win 23-24: 11승 / 통산: 657승
Draw 23-24: 10무 / 통산: 534무
Loss 23-24: 13패 / 통산: 753패
Goals For 23-24: 42득점 / 통산: 2414득점
Goals Against 23-24: 46실점 / 통산: 2617실점

More Minutes 기욤 레스트 3060분
Top Scorer 테이스 달링가 14골
More Assists 가브리엘 수아소 4도움
More Subs 프랑크 마그리 15회 교체 IN
More Cards 아론 되눔 +1명 Y8+R0

TOTO GUIDE 지난 시즌 상대팀별 전적

상대팀	홈	원정
Paris SG	1-1	3-1
Monaco	1-2	2-1
Brest	0-3	1-1
Lille	3-1	1-1
Nice	2-1	0-1
Lyon	2-3	0-3
Lens	0-2	1-2
Marseille	2-2	0-0
Reims	1-1	3-2
Rennes	0-0	2-1
Montpellier	1-2	0-3
Strasbourg	0-0	0-2
Nantes	1-2	2-1
Le Havre	1-2	0-1
Lorient	1-1	2-1
Metz	3-0	1-0
Clermont	2-2	3-0

Stadium de Toulouse

구장 오픈 / 증개축: 1949년, 증개축 6회
구장 소유: 툴루즈 시청
수용 인원: 3만 3150명
피치 규모: 105m X 68m
잔디 종류: 하이브리드 잔디

STRENGTHS & WEAKNESSES

OFFENSE		DEFENSE	
직접 프리킥	C	세트피스 수비	D
문전 처리	C	상대 볼 뺏기	B
측면 돌파	B	공중전 능력	B
스루볼 침투	B	역습 방어	C
개인기 침투	C	지공 방어	D
카운터 어택	B	스루패스 방어	C
기회 만들기	C	리드 지키기	D
세트피스	C	실수 조심	C
OS 피하기	C	측면 방어력	C
중거리 슈팅	C	파울 주의	D
볼 점유율	D	중거리슈팅 수비	C

매우 강함 A / 강한 편 B / 보통 수준 C / 약한 편 D / 매우 약함 E

RANKING OF LAST 10 YEARS

시즌	14-15	15-16	16-17	17-18	18-19	19-20	20-21	21-22	22-23	23-24
순위	17	17	13	18	16	20	3	1	13	11
승점	42점	40점	44점	37점	38점	13점	70점	79점	48점	43점

위치	선수	국적	생년월일	출전(분)	출전경기	선발11	교체인	교체아웃	벤치출발	득점	도움	경고	경고누적	퇴장
GK	Guillaume Restes	FRA	2005-03-11	3060	34	34	0	0	0	0	0	3	0	0
	Álex Domínguez	ESP	1998-07-30	0	0	0	0	0	34	0	0	0	0	0
	Thomas Himeur	FRA	2001-01-17	0	0	0	0	0	0	0	0	0	0	0
	Justin Lacombe	FRA	2003-04-09	0	0	0	0	0	0	0	0	0	0	0
DF	Rasmus Nicolaisen	DEN	1997-03-16	2927	33	33	0	1	0	2	0	5	1	0
	Logan Costa	CPV	2001-04-01	2649	31	29	2	1	2	1	1	6	0	0
	Gabriel Suazo	CHI	1997-08-09	2363	31	27	4	10	5	0	4	5	0	0
	Mikkel Desler	DEN	1995-02-19	1551	24	19	5	11	7	0	1	2	0	0
	Moussa Diarra	MLI	2000-11-10	1394	22	15	7	5	11	1	2	5	0	0
	Warren Kamanzi	NOR	2000-11-11	1182	24	12	12	6	20	0	3	1	0	0
	Christian Mawissa	FRA	2005-04-18	1116	17	12	5	3	13	2	0	3	0	0
	Kévin Keben	CMR	2004-01-26	524	8	7	1	5	17	0	0	1	0	0
	Ylies Aradj	FRA	2005-06-05	0	0	0	0	0	6	0	0	0	0	0
	Nicolas Wasbauer	FRA	2004-07-04	0	0	0	0	0	1	0	0	0	0	0
MF	Vincent Sierro	SUI	1995-10-08	2264	30	25	5	9	7	6	2	8	0	0
	Cristian Cásseres Jr.	VEN	2000-11-20	1949	32	23	9	12	11	1	3	1	0	0
	Aron Dønnum	NOR	1998-04-20	1603	27	19	8	18	9	0	1	1	0	0
	Stijn Spierings	NED	1996-03-12	1513	22	16	6	4	9	0	1	5	0	0
	Niklas Schmidt	GER	1998-03-01	1272	22	15	7	9	8	1	1	4	0	0
	Yann Gboho	FRA	2001-01-14	1199	16	13	3	9	3	3	2	1	0	0
	César Gelabert	ESP	2000-10-31	759	16	10	6	10	23	1	2	1	0	0
	Denis Genreau	AUS	1999-05-21	464	9	5	4	4	11	0	0	0	0	0
	Naatan Skyttä	FIN	2002-05-07	112	5	0	8	0	12	0	0	0	0	0
	Noah Lahmadi	FRA	2005-01-05	0	0	0	0	0	3	0	0	0	0	0
	Edhy Zuliani	ALG	2004-08-11	0	0	0	0	0	1	0	0	0	0	0
FW	Thijs Dallinga	NED	2000-08-03	2517	33	28	5	5	14	5	0	1	0	0
	Frank Magri	CMR	1999-09-04	1433	29	14	15	9	15	5	2	5	0	0
	Zakaria Aboukhlal	MAR	2000-02-18	758	13	9	4	8	4	3	0	2	0	0
	Shavy Babicka	GAB	2000-06-01	369	12	4	8	3	11	1	0	0	0	0
	Ibrahim Cissoko	NED	2003-03-26	235	11	2	9	2	18	1	1	1	0	0
	Noah Edjouma	FRA	2005-10-04	0	0	0	0	0	3	0	0	0	0	0
	Rafik Messali	ALG	2003-04-28	0	0	0	0	0	0	0	0	0	0	0

LIGUE 1 2023-24 SEASON

TOULOUSE FC vs. OPPONENTS PER GAME STATS

툴루즈 FC vs 상대팀

툴루즈	항목	상대
1.24	득점	1.35
11.9	슈팅	13.6
4.0	유효슈팅	4.1
4.4	코너킥	5.2
1.5	오프사이드	1.1
462	PA 패스시도	496
377	PC 패스성공	403
82%	P% 패스성공률	81%
18.0	TK 태클	15.6
14.3	AD 공중전승리	12.7
8.6	IT 인터셉트	9.2
14.7	파울	13.6
2.26	경고	1.82
0.029	퇴장	0.088

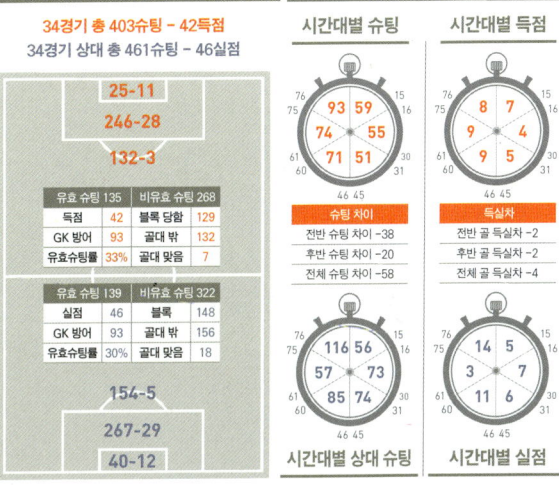

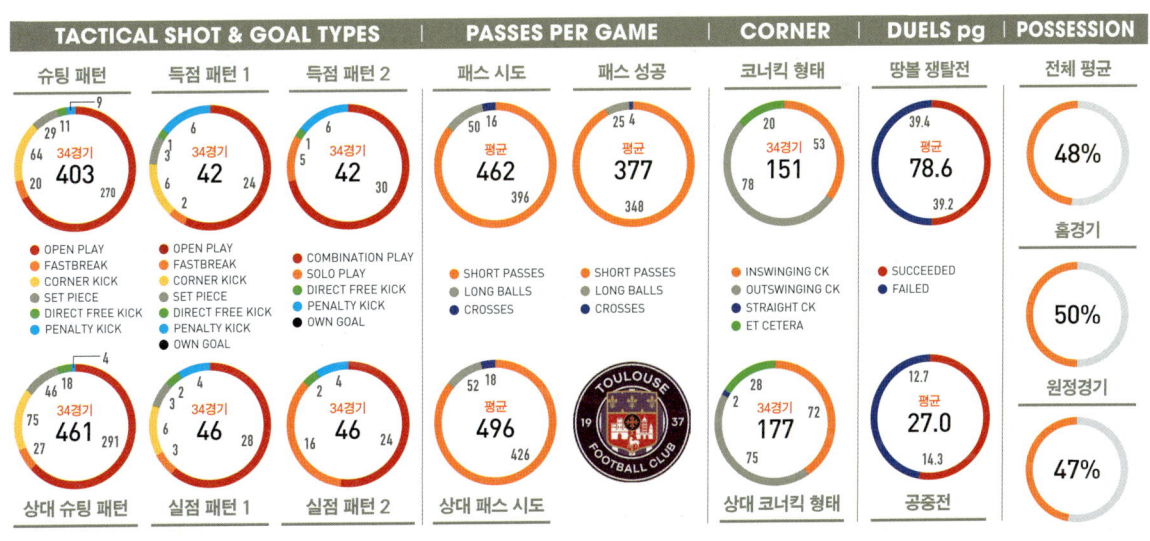

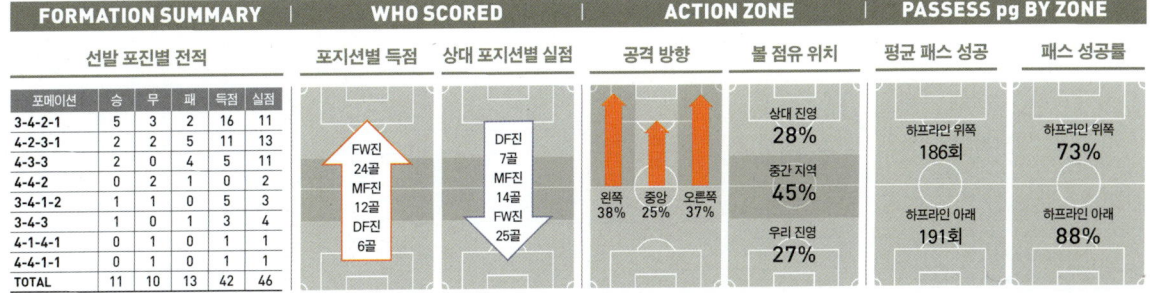

MONTPELLIER HSC

1	2	0	0	0	0
FRENCH LIGUE-1	COUPE DE FRANCE	UEFA CHAMPIONS LEAGUE	UEFA EUROPA LEAGUE	FIFA CLUB WORLD CUP	UEFA-CONMEBOL INTERCONTINENTAL

Founded 구단 창립 1919년
Owner 몽펠리에 HSC 시민 구단
CEO 로랑 니콜랭 1973.01.26
Manager 미셸 데자카리안 1963.02.18
24-25 Odds 패디파워: 200배 윌리엄힐: 150배

Nationality 외국 선수 12명 / 프랑스 19명 (31명)
Age 31명 평균 24.8세
Height 31명 평균 181cm
Market Value 1군 25명 평균 388만 유로
Game Points 23-24: 42점 / 통산: 1924점

Win 23-24: 10승 / 통산: 507승
Draw 23-24: 12무 / 통산: 404무
Loss 23-24: 12패 / 통산: 599패
Goals For 23-24: 43득점 / 통산: 1958득점
Goals Against 23-24: 48실점 / 통산: 2181실점

More Minutes 테지 사바니에 2777분
Top Scorer 테지 사바니에 9골
More Assists 테지 사바니에 6도움
More Subs 레오 르루아 18회 교체 IN
More Cards 테지 사바니에 Y8+R1

TOTO GUIDE 지난 시즌 상대팀별 전적

상대팀	홈	원정
Paris SG	2-6	0-3
Monaco	0-2	0-2
Brest	1-3	0-2
Lille	0-0	0-1
Nice	0-0	2-1
Lyon	1-2	4-1
Lens	0-0	2-2
Marseille	1-1	1-4
Reims	1-3	2-1
Rennes	0-0	1-2
Toulouse	3-0	2-1
Strasbourg	2-2	2-2
Nantes	1-1	0-2
Le Havre	2-2	2-0
Lorient	2-0	3-0
Metz	3-0	1-0
Clermont	1-1	1-1

Stade de la Mosson
구장 오픈 / 증개축: 1972년, 증개축 4회
구장 소유: 몽펠리에 시
수용 인원: 2만 484명
피치 규모: 105m X 68m
잔디 종류: 하이브리드 잔디

STRENGTHS & WEAKNESSES

OFFENSE		DEFENSE	
직접 프리킥	C	세트피스 수비	D
문전 처리	C	상대 볼 뺏기	C
측면 돌파	B	공중전 능력	C
스루볼 침투	C	역습 방어	D
개인기 침투	C	지공 방어	C
카운터 어택	A	스루패스 방어	C
기회 만들기	A	리드 지키기	C
세트피스	B	실수 조심	C
OS 피하기	C	측면 방어력	D
중거리 슈팅	C	파울 주의	D
볼 점유율	D	중거리슈팅 수비	E

매우 강함 A / 강한 편 B / 보통 수준 C / 약한 편 D / 매우 약함 E

RANKING OF LAST 10 YEARS

시즌	14-15	15-16	16-17	17-18	18-19	19-20	20-21	21-22	22-23	23-24
순위	7	12	15	6	10	8	8	13	12	12
점수	56점	49점	39점	59점	51점	40점	54점	43점	50점	42점

위치	선수	국적	생년월일	출전(분)	출전경기	선발11	교체인	교체아웃	벤치출발	득점	도움	경고	경고누적	퇴장
GK	Benjamin Lecomte	FRA	1991-04-26	2700	30	30	0	0	0	0	1	1	0	0
GK	Dimitry Bertaud	COD	1998-06-06	360	4	4	0	0	25	0	0	0	0	0
GK	Belmin Dizdarević	BIH	2001-08-09	0	0	0	0	0	10	0	0	0	0	0
DF	Bećir Omeragić	SUI	2002-01-20	2312	28	26	2	2	4	0	0	4	0	0
DF	Boubakar Kouyaté	MLI	1997-04-15	1930	23	22	1	2	2	0	2	5	0	1
DF	Issiaga Sylla	GUI	1994-01-01	1456	19	17	2	3	3	1	2	3	0	0
DF	Falaye Sacko	MLI	1995-05-01	1379	19	15	4	2	10	0	1	0	0	0
DF	Christopher Jullien	FRA	1993-03-22	1228	20	13	7	2	15	1	0	5	0	0
DF	Enzo Tchato	CMR	2002-11-23	1122	17	11	6	3	20	0	0	2	0	0
DF	Modibo Sagnan	FRA	1999-04-14	1055	13	12	1	3	2	2	0	5	0	0
DF	Lucas Mincarelli-Davin	ITA	2004-01-05	984	13	12	1	5	10	1	1	1	0	1
DF	Silvan Hefti	SUI	1997-10-25	713	11	9	2	4	7	0	1	1	0	0
DF	Théo Sainte-Luce	FRA	1998-10-20	345	6	3	3	2	10	0	1	0	0	0
DF	Teo Allix	FRA	2004-07-05	0	0	0	0	0	8	0	0	0	0	0
MF	Téji Savanier	FRA	1991-12-22	2777	32	32	0	12	0	9	6	8	0	1
MF	Joris Chotard	FRA	2001-09-24	2594	31	30	1	8	1	0	3	5	0	0
MF	Jordan Ferri	FRA	1992-03-12	2037	30	23	7	13	2	1	1	6	0	0
MF	Wahbi Khazri	TUN	1991-02-08	1132	25	13	12	12	12	1	0	6	0	0
MF	Khalil Fayad	FRA	2004-06-09	1022	23	12	11	11	19	3	0	2	0	0
MF	Tanguy Coulibaly	FRA	2001-02-18	619	16	7	9	6	11	1	0	4	0	0
MF	Léo Leroy	FRA	2000-02-14	484	21	3	18	2	25	0	1	4	0	0
MF	Sacha Delaye	FRA	2002-04-23	121	9	0	9	0	27	0	0	1	0	0
FW	Akor Adams	NGA	2000-01-29	2264	32	27	5	17	6	8	1	2	0	0
FW	Musa Al-Taamari	JOR	1997-06-10	1943	27	24	3	16	3	5	2	0	0	0
FW	Arnaud Nordin	FRA	1998-06-11	1253	20	15	5	10	5	5	3	1	0	1
FW	Yann Karamoh	FRA	1998-07-08	274	12	1	11	1	13	1	0	1	0	0
FW	Axel Gueguin	FRA	2005-03-24	130	3	1	2	0	4	1	0	0	0	0
FW	Othmane Maamma	MAR	2005-10-06	88	2	1	1	1	3	1	0	0	0	0
FW	Yanis Issoufou	FRA	2006-10-28	12	1	0	1	0	7	0	0	0	0	0
FW	Junior Ndiaye	FRA	2005-03-29	0	0	0	0	0	2	0	0	0	0	0

LIGUE 1 2023-24 SEASON

MONTPELLIER HSC vs. OPPONENTS PER GAME STATS

몽펠리에 HSC vs 상대팀																							
1.26	⚽	1.41	13.2	👟	16.0	4.8	●	5.1	4.1		5.1	1.6	🚩	1.4	411	PA	516	324	PC	422
79%	P%	82%	18.2	TK	16.9	12.8	AD	13.5	9.1	IT	8.9	12.7		13.9	2.00		2.38	0.147		0.147

2023-24 SEASON SQUAD LIST & GAMES PLAYED

* 괄호 안의 숫자는 선발 출전 횟수, 교체 출전은 포함시키지 않음

LW	CF	RW
T.쿨리발리(1), K.파야드(1)	A.애덤스(27), W.카즈리(5) M.알타미라(5), A.노르댕(3) Y.카라모(1), T.쿨리발리(1)	O.맘마(1), M.알타미라(1)

LAM	CAM	RAM
W.카즈리(7), M.알타미라(4) K.파야드(4), T.쿨리발리(4) A.노르댕(2)	T.사바니에(20), K.파야드(1)	M.알타미라(12), A.노르댕(8) K.파야드(1)

LM	CM	RM
I.실라(3), W.카즈리(1) T.쿨리발리(1), A.노르댕(1)	T.사바니에(12), J.쇼타르(9) J.페리(5), K.파야드(5) A.노르댕(1), L.르루아(1)	S.헤프티(3), M.알타미라(2) K.파야드(1)

LWB	DM	RWB
L.민카레이(2)	J.쇼타(21), J.페리(18) B.오메라기치(5), L.르루아(2)	S.헤프티(1), E.차토(1)

LB	CB	RB
I.실라(14), L.민카렐리(10) T.상튀레(3), M.에스테브(1) A.게긴(1)	K.쿠야테(22), B.오메라기치(21) C.쥘리앙(13), M.사냥(12) M.에스테브(11), F.사코(1)	F.사코(14), E.차토(10) S.헤프티(5)

	GK	
	B.르콩트(30), D.베르토(4)	

SHOTS & GOALS
34경기 총 450슈팅 - 43득점
34경기 상대 총 543슈팅 - 48실점

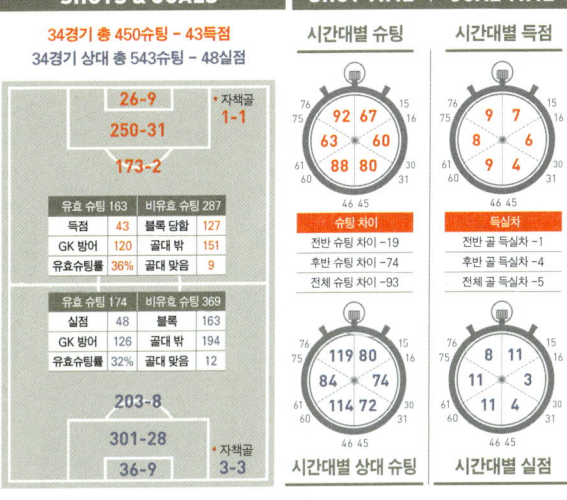

SHOT TIME | GOAL TIME
시간대별 슈팅 | 시간대별 득점

슈팅 차이 / 득실차
전반 슈팅 차이 -19 / 전반 골 득실차 -1
후반 슈팅 차이 -74 / 후반 골 득실차 -4
전체 슈팅 차이 -93 / 전체 골 득실차 -5

시간대별 상대 슈팅 | 시간대별 실점

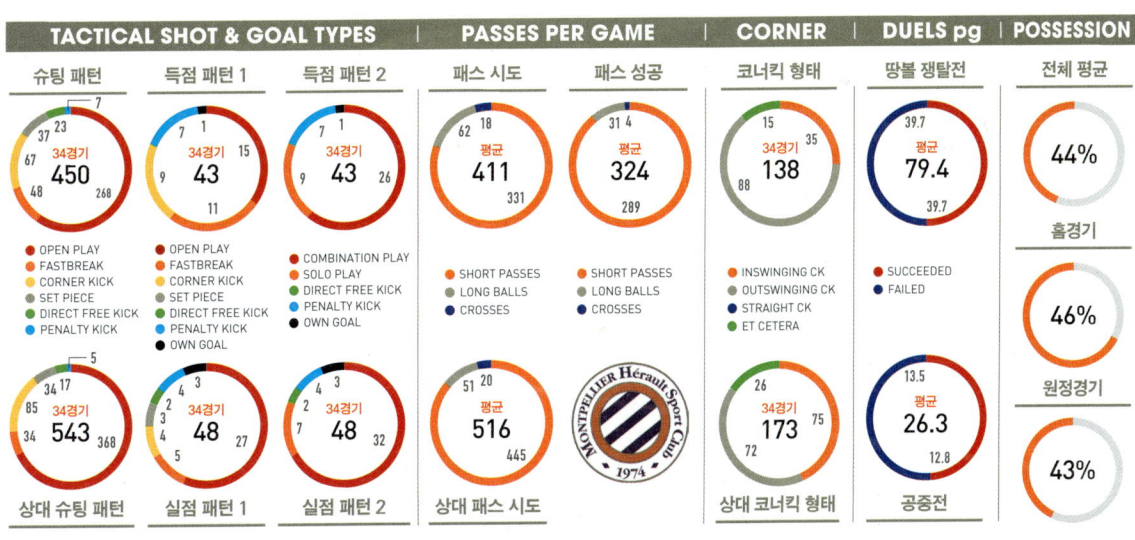

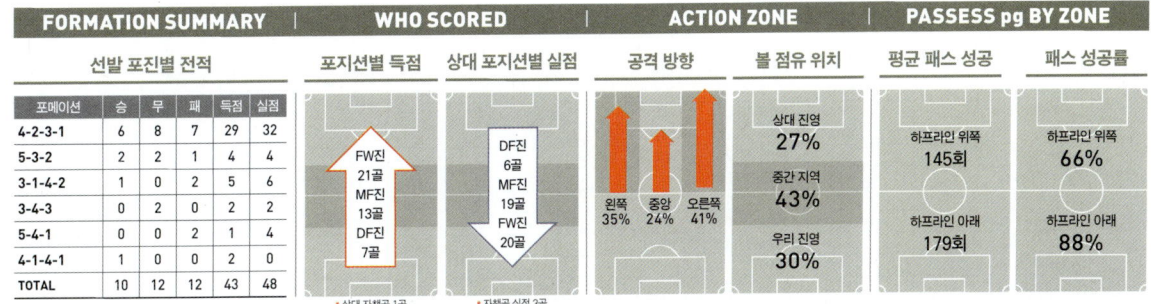

RC STRASBOURG ALSACE

구단 정보

- **Founded** 구단 창립: 1906년
- **Owner** 블루 Co
- **CEO** 마르크 켈레 (1968.01.14)
- **Manager** 파트리크 비에라 (1976.06.23)
- **24-25 Odds**: 패디파워 500배 / 윌리엄힐 500배

트로피

French Ligue-1	Coupe de France	UEFA Champions League	UEFA Europa League	FIFA Club World Cup	UEFA-CONMEBOL Intercontinental
1	3	0	0	0	0

팀 현황

- **Nationality**: 외국 선수 17명 / 프랑스 17명
- **Age**: 34명 평균 23.4세
- **Height**: 34명 평균 182cm
- **Market Value**: 1군 24명 평균 528만 유로
- **Game Points**: 23-24 39점 / 통산 2923점
- **Win**: 23-24 10승 / 통산 768승
- **Draw**: 23-24 9무 / 통산 619무
- **Loss**: 23-24 15패 / 통산 880패
- **Goals For**: 23-24 38득점 / 통산 3127득점
- **Goals Against**: 23-24 50실점 / 통산 3326실점
- **More Minutes**: 뤼카 페렝 2723분
- **Top Scorer**: 에마뉘엘 에메가 8골
- **More Assists**: 딜란 바크와 6도움
- **More Subs**: 케빈 가메이로 +1명 12회 교체 IN
- **More Cards**: 이브라히마 시소코 Y7+R0

TOTO GUIDE 지난 시즌 상대팀별 전적

상대팀	홈	원정
Paris SG	1-2	0-3
Monaco	0-1	0-3
Brest	0-3	1-1
Lille	2-1	0-1
Nice	1-3	0-2
Lyon	2-1	1-2
Lens	0-1	1-3
Marseille	1-1	1-1
Reims	3-1	1-2
Rennes	2-0	1-1
Toulouse	2-0	0-0
Montpellier	2-2	2-2
Nantes	1-2	3-1
Le Havre	2-1	1-3
Lorient	1-3	2-1
Metz	2-1	1-0
Clermont	0-0	1-1

Stade de la Meinau

- 구장 오픈 / 증개축: 1914년, 증개축 5회
- 구장 소유: 스트라스부르 시
- 수용 인원: 2만 6109명
- 피치 규모: 105m X 68m
- 잔디 종류: 하이브리드 잔디

STRENGTHS & WEAKNESSES

OFFENSE		DEFENSE	
직접 프리킥	C	세트피스 수비	C
문전 처리	C	상대 볼 뺏기	A
측면 돌파	B	공중전 능력	D
스루볼 침투	C	역습 방어	C
개인기 침투	C	지공 방어	C
카운터 어택	C	스루패스 방어	E
기회 만들기	C	리드 지키기	B
세트피스	C	실수 조심	D
OS 피하기	C	측면 방어력	C
중거리 슈팅	C	파울 주의	C
볼 점유율	D	중거리슈팅 수비	D

매우 강함 A 강한 편 B 보통 수준 C 약한 편 D 매우 약함 E

RANKING OF LAST 10 YEARS

14-15: 4 65점 / 15-16: 1 58점 / 16-17: 1 67점 / 17-18: 15 38점 / 18-19: 11 49점 / 19-20: 10 38점 / 20-21: 15 42점 / 21-22: 6 63점 / 22-23: 15 40점 / 23-24: 13 39점

선수 명단

위치	선수	국적	생년월일	출전(분)	출전경기	선발11	교체인	교체아웃	벤치출발	득점	도움	경고	경고누적	퇴장
GK	Alaa Bellaarouch	MAR	2002-02-01	1350	15	15	0	0	19	0	0	1	0	0
GK	Alexandre Pierre	HAI	2001-02-25	0	0	0	0	0	15	0	0	0	0	0
GK	Matthieu Dreyer	FRA	1989-03-20	0	0	0	0	0	6	0	0	0	0	0
DF	Lucas Perrin	FRA	1998-11-19	2723	31	30	1	1	4	0	1	3	0	0
DF	Frédéric Guilbert	FRA	1994-12-24	2493	32	29	3	6	4	2	0	3	0	0
DF	Marvin Senaya	FRA	2001-06-28	2137	32	23	9	6	10	1	1	4	1	0
DF	Thomas Delaine	FRA	1992-03-24	2052	27	24	3	13	6	1	1	5	0	0
DF	Abakar Sylla	CIV	2002-12-25	1792	22	19	3	3	12	2	0	4	0	0
DF	Ismaël Doukouré	FRA	2003-07-25	1660	22	19	3	7	8	0	0	4	0	0
DF	Junior Mwanga	FRA	2003-05-11	1457	22	17	5	11	12	1	0	3	0	0
DF	Saïdou Sow	GUI	2002-07-04	718	10	8	2	1	14	0	1	2	0	0
DF	Steven Baseya	FRA	2001-01-14	4	2	0	2	0	12	0	0	0	0	0
DF	Karol Fila	POL	1998-06-13	0	0	0	0	0	2	0	0	0	0	0
DF	Elies Araar Fernandez	TUN	2006-10-07	0	0	0	0	0	2	0	0	0	0	0
MF	Habib Diarra	SEN	2004-01-03	2313	31	28	3	12	3	3	1	3	0	0
MF	Ibrahima Sissoko	FRA	1997-10-27	1639	27	18	9	7	12	0	1	7	0	0
MF	Andrey Santos	BRA	2004-05-03	831	11	9	2	2	4	1	0	4	0	0
MF	Jessy Deminguet	FRA	1998-01-07	687	18	9	9	7	22	0	1	0	0	0
MF	Rabby Nzingoula	FRA	2005-11-25	129	6	1	5	1	9	0	1	0	0	0
MF	Jean-Eudes Aholou	CIV	1994-03-20	0	0	0	0	0	6	0	0	1	0	0
MF	Samir El Mourabet	FRA	2005-10-06	0	0	0	0	0	4	0	0	0	0	0
FW	Dilane Bakwa	FRA	2002-08-26	2187	31	25	6	14	8	3	6	4	1	0
FW	Emanuel Emegha	NED	2003-02-03	2087	28	23	5	15	5	8	1	3	0	0
FW	Kévin Gameiro	FRA	1987-05-09	1345	27	15	12	12	14	4	2	0	0	0
FW	Ângelo	BRA	2004-12-21	1089	21	11	10	6	11	0	3	1	0	0
FW	Moïse Sahi	MLI	2001-12-20	625	18	7	11	7	15	0	1	0	0	0
FW	Lebo Mothiba	RSA	1996-01-28	611	15	5	10	3	11	3	0	0	0	0
FW	Jérémy Sebas	FRA	2003-04-14	392	14	2	12	3	14	2	0	0	0	0
FW	Aboubacar Ali Abdallah	FRA	2006-04-02	124	9	1	8	1	10	0	1	0	0	0
FW	Mohamed Bechikh	FRA	2005-07-13	12	2	0	2	0	2	0	0	0	0	0
FW	Vignon Ouotro	CIV	2005-09-13	7	1	0	1	0	1	0	0	0	0	0
FW	Tidiane Diallo	FRA	2006-05-28	0	0	0	0	0	1	0	0	0	0	0

LIGUE 1 2023-24 SEASON

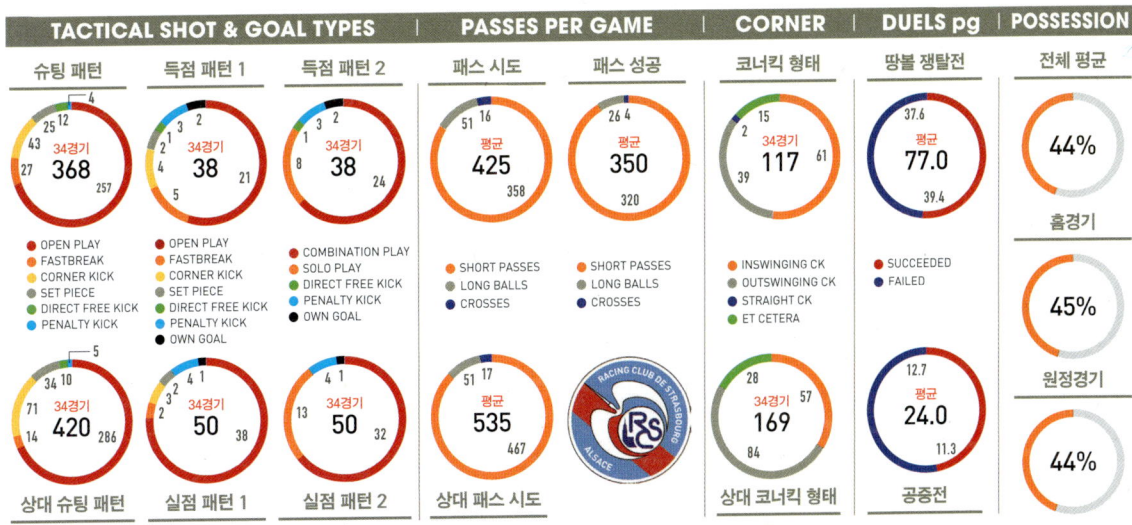

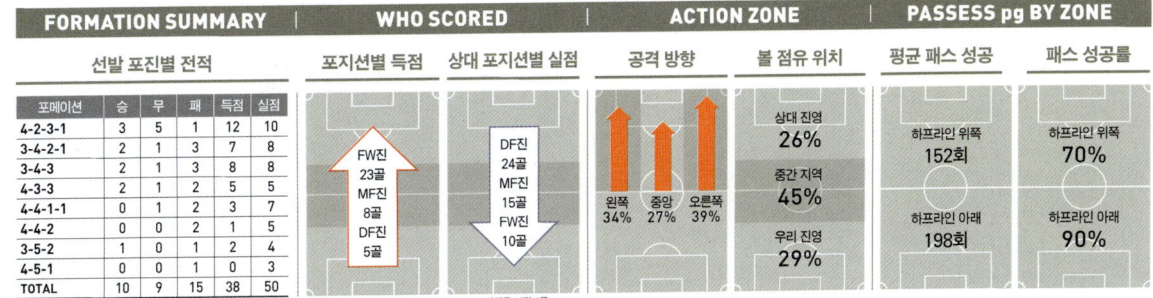

FC NANTES

8	4	0	0	0	0
FRENCH LIGUE-1	COUPE DE FRANCE	UEFA CHAMPIONS LEAGUE	UEFA EUROPA LEAGUE	FIFA CLUB WORLD CUP	UEFA-CONMEBOL INTERCONTINENTAL

Founded 구단 창립 1943년
Owner 발데마르 키타 1953.05.07
CEO 발데마르 키타 1953.05.07
Manager 앙투안 콤부아레 1963.11.16
24-25 Odds 패디파워: 300배 윌리엄힐: 250배

Nationality 외국 선수 13명 / 프랑스 19명
Age 32명 평균 25.9세
Height 32명 평균 182cm
Market Value 1군 25명 평균 374만 유로
Game Points 23-24: 33점 / 통산: 3178점

Win 23-24: 9승 / 통산: 866승
Draw 23-24: 6무 / 통산: 582무
Loss 23-24: 19패 / 통산: 630패
Goals For 23-24: 30득점 / 통산: 2852득점
Goals Against 23-24: 55실점 / 통산: 2285실점

More Minutes 페드로 치리베야 2603분
Top Scorer 모스타파 모하메드 8골
More Assists 모세스 사이먼 5도움
More Subs 압둘 카데르 밤바 22회 교체 IN
More Cards 더글라스 아우구스투 Y8+R0

TOTO GUIDE 지난 시즌 상대팀별 전적

상대팀	홈	원정
Paris SG	0-2	1-2
Monaco	3-3	0-4
Brest	0-2	0-0
Lille	1-2	0-2
Nice	1-0	2-1
Lyon	1-3	0-1
Lens	0-1	0-4
Marseille	1-1	0-2
Reims	0-1	0-0
Rennes	0-3	1-3
Toulouse	1-2	2-1
Montpellier	2-0	1-1
Strasbourg	1-3	2-1
Le Havre	0-0	1-0
Lorient	5-3	1-0
Metz	0-2	1-3
Clermont	1-2	1-0

Stade de la Beaujoire

구장 오픈 / 증개축 1984년, 2017년
구장 소유 남트 시
수용 인원 3만 5322명
피치 규모 105m X 68m
잔디 종류 하이브리드 잔디

STRENGTHS & WEAKNESSES

OFFENSE		DEFENSE	
직접 프리킥	A	세트피스 수비	C
문전 처리	D	상대 볼 뺏기	C
측면 돌파	B	공중전 능력	C
스루볼 침투	C	역습 방어	D
개인기 침투	C	지공 방어	C
카운터 어택	C	스루패스 방어	C
기회 만들기	C	리드 지키기	B
세트피스	C	실수 조심	C
OS 피하기	C	측면 방어력	D
중거리 슈팅	C	파울 주의	D
볼 점유율	D	중거리슈팅 수비	C

매우 강함 A · 강한 편 B · 보통 수준 C · 약한 편 D · 매우 약함 E

RANKING OF LAST 10 YEARS

14-15	15-16	16-17	17-18	18-19	19-20	20-21	21-22	22-23	23-24
14위 45점	14위 48점	7위 51점	9위 52점	12위 48점	13위 37점	18위 40점	9위 55점	16위 36점	14위 33점

위치	선수	국적	생년월일	출전(분)	출전경기	선발11	교체인	교체아웃	벤치출발	득점	도움	경고	경고누적	퇴장
GK	Alban Lafont	FRA	1999-01-23	2497	28	28	0	0	1	0	0	2	0	0
	Rémy Descamps	FRA	1996-06-25	540	6	6	0	0	18	0	0	1	0	0
	Denis Petric	SRB	1988-05-24	23	1	0	1	0	16	0	0	0	0	0
	Hugo Barbet	FRA	2001-11-22	0	0	0	0	0	1	0	0	0	0	0
DF	Jean-Charles Castelleto	CMR	1995-01-26	2466	28	28	0	2	0	2	0	5	0	0
	Eray Cümart	SUI	1998-02-04	1998	25	23	2	5	5	2	0	5	0	0
	Nicolas Pallois	FRA	1987-09-19	1585	23	17	6	2	17	0	1	5	0	0
	Jean-Kévin Duverne	FRA	1997-07-12	1350	19	15	4	6	12	0	0	5	0	0
	Nathan Zézé	FRA	2005-06-18	1021	13	11	2	1	12	0	0	1	0	0
	Nicolas Cozza	FRA	1999-01-08	895	13	10	3	3	4	0	0	2	0	0
	Kelvin Amian	FRA	1998-02-08	802	12	11	1	5	1	0	1	2	0	0
	Bastien Meupiyou	FRA	2006-03-19	9	1	1	0	0	3	0	0	0	0	1
	Enzo Mongo	FRA	2005-04-08	9	1	0	1	0	3	0	0	0	0	0
	Hugo Boutsingkham	FRA	2003-01-20	9	2	0	2	0	7	0	0	0	0	0
	Yannis M'Bemba	FRA	2001-07-01	0	0	0	0	0	1	0	0	0	0	0
MF	Pedro Chirivella	ESP	1997-05-23	2603	32	31	1	10	1	1	1	5	0	0
	Florent Mollet	FRA	1991-11-19	2090	29	24	5	13	7	4	4	4	0	0
	Moussa Sissoko	FRA	1989-08-16	1823	26	21	5	8	11	0	0	7	0	0
	Moses Simon	NGA	1995-07-12	1794	22	21	1	6	1	3	5	0	0	0
	Douglas	BRA	1997-01-13	1782	25	22	3	13	3	0	0	8	0	0
	Samuel Moutoussamy	COD	1996-08-12	1100	26	11	15	8	19	1	0	2	0	0
	Bénie Traoré	CIV	2002-11-30	498	14	4	10	3	11	0	1	1	0	1
	Dehmaine Assoumani	FRA	2005-04-17	0	0	0	0	0	2	0	0	0	0	0
	Mohamed Achi	FRA	2002-01-16	0	0	0	0	0	1	0	0	0	0	0
	Mathis Oger	FRA	2003-05-02	0	0	0	0	0	1	0	0	0	0	0
FW	Mostafa Mohamed	EGY	1997-11-28	2015	29	24	5	18	5	8	2	3	0	1
	Marcus Coco	FRA	1996-06-24	1487	28	18	10	16	14	1	0	2	0	0
	Matthis Abline	FRA	2003-03-28	1044	22	12	10	11	15	5	0	1	0	0
	Tinotenda Kadewere	ZIM	1996-01-05	781	14	8	6	6	6	1	0	1	0	0
	Kader Bamba	FRA	1994-04-25	592	23	1	22	6	31	2	1	0	0	0
	Ignatius Ganago	CMR	1999-02-16	182	6	2	4	2	5	0	0	0	0	0
	Stredair Owusu Appuah	FRA	2004-06-27	80	4	0	4	0	12	0	0	1	0	0
	Adel Mahamoud	COM	2003-02-04	9	1	0	1	0	6	0	0	0	0	0
	Joe-Loic Affamah	FRA	2002-06-29	0	0	0	0	0	1	0	0	0	0	0

LIGUE 1 2023-24 SEASON

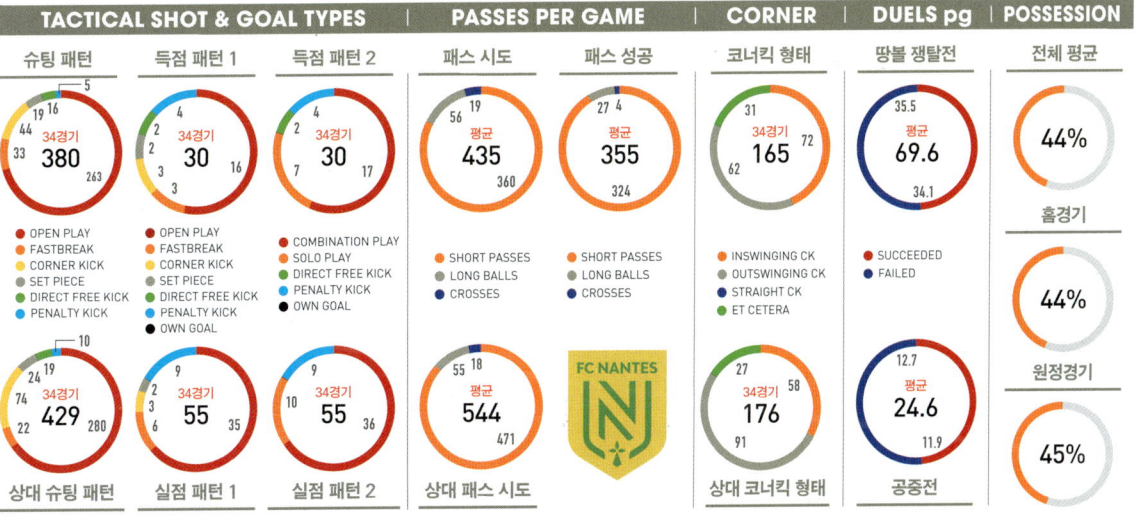

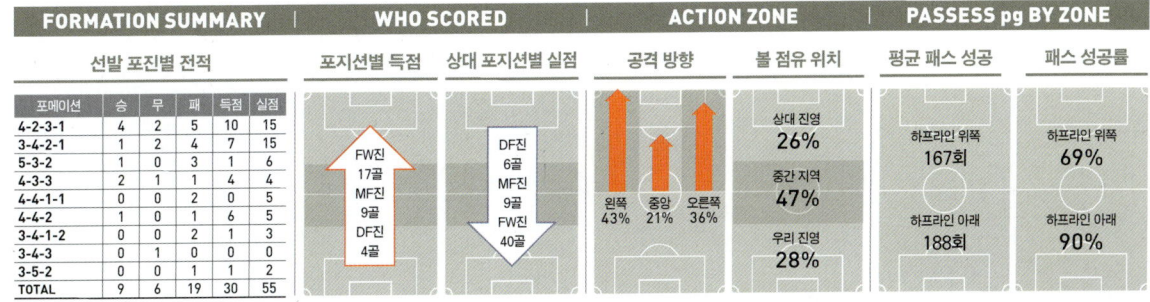

LE HAVRE AC

FRENCH LIGUE-1 0	**COUPE DE FRANCE** 1	**UEFA CHAMPIONS LEAGUE** 0	**UEFA EUROPA LEAGUE** 0	**FIFA CLUB WORLD CUP** 0	**UEFA-CONMEBOL INTERCONTINENTAL** 0

Founded 구단 창립 1884년
Owner 르아브르 AC 시민 구단
CEO 뱅상 볼프 1958.01.08
Manager 디디에 디가르 1986.07.12
24-25 Odds 패디파워: 1000배 / 윌리엄힐: 1000배

Nationality 외국 선수 15명 / 프랑스 15명
Age 30명 평균 25.1세
Height 30명 평균 183cm
Market Value 1군 24명 평균 279만 유로
Game Points 23-24: 32점 / 통산: 1043점

Win 23-24: 7승 / 통산: 264승
Draw 23-24: 11무 / 통산: 251무
Loss 23-24: 16패 / 통산: 391패
Goals For 23-24: 34득점 / 통산: 1037득점
Goals Against 23-24: 45실점 / 통산: 1329실점

More Minutes 아르튀르 데스마스 2970분
Top Scorer 에마뉘엘 사비 +2명 5골
More Assists 조수에 카시미르 5도움
More Subs 사뮈엘 그랑시르 19회 교체 IN
More Cards 아루나 산간테 Y8+R0

TOTO GUIDE 지난 시즌 상대팀별 전적

상대팀	홈	원정
Paris SG	0-2	3-3
Monaco	0-0	1-1
Brest	1-2	0-1
Lille	0-2	0-3
Nice	3-1	0-1
Lyon	3-1	0-0
Lens	0-0	1-1
Marseille	1-2	0-3
Reims	1-2	0-1
Rennes	0-1	2-2
Toulouse	1-0	2-1
Montpellier	0-2	2-2
Strasbourg	3-1	1-2
Nantes	0-1	0-0
Lorient	3-0	3-3
Metz	0-1	0-0
Clermont	2-1	1-2

Stade Océane
구장 오픈: 2012년
구장 소유: 르아브르 시
수용 인원: 2만 5178명
피치 규모: 105m X 68m
잔디 종류: 하이브리드 잔디

STRENGTHS & WEAKNESSES

OFFENSE		DEFENSE	
직접 프리킥	C	세트피스 수비	D
문전 처리	D	상대 볼 뺏기	C
측면 돌파	B	공중전 능력	B
스루볼 침투	C	역습 방어	D
개인기 침투	C	지공 방어	C
카운터 어택	C	스루패스 방어	C
기회 만들기	C	리드 지키기	B
세트피스	C	실수 조심	C
OS 피하기	C	측면 방어력	C
중거리 슈팅	C	파울 주의	C
볼 점유율	D	중거리슈팅 수비	C

매우 강함 A / 강한 편 B / 보통 수준 C / 약한 편 D / 매우 약함 E

RANKING OF LAST 10 YEARS

14-15	15-16	16-17	17-18	18-19	19-20	20-21	21-22	22-23	23-24
7	4	8	4	7	6	12	8	1	15
55점	65점	54점	66점	54점	44점	47점	50점	75점	32점

2부 리그: 14-15 ~ 22-23

위치	선수	국적	생년월일	출전(분)	출전경기	선발11	교체인	교체아웃	벤치출발	득점	도움	경고	경고누적	퇴장
GK	Arthur Desmas	FRA	1994-04-07	2970	33	33	0	0	0	0	0	2	0	0
	Mathieu Gorgelin	FRA	1990-08-05	90	1	1	0	0	29	0	0	1	0	0
	Paul Argney	FRA	2006-05-23	0	0	0	0	0	1	0	0	0	0	0
DF	Gautier Lloris	FRA	1995-07-18	2780	31	31	0	2	2	2	0	2	0	0
	Arouna Sangante	SEN	2002-04-12	2690	30	30	0	3	1	0	0	8	0	0
	Christopher Operi	FRA	1997-04-29	2447	28	28	0	2	0	3	4	6	0	0
	Étienne Youté Kinkoué	FRA	2002-01-14	1943	22	22	0	1	12	0	0	1	0	0
	Yoann Salmier	FRA	1992-11-21	1569	20	18	2	3	14	1	1	5	0	0
	Loïc Nego	HUN	1991-01-15	1564	28	18	10	13	13	0	3	3	0	0
	Oualid El Hajjam	FRA	1991-02-19	385	13	4	9	2	26	0	0	1	0	0
	Yoni Gomis	FRA	2005-09-23	0	0	0	0	0	2	0	0	0	0	0
	Aliou Thiare	SEN	2003-12-20	0	0	0	0	0	2	0	0	0	0	0
	Cheick Doumbia	FRA	2004-10-18	0	0	0	0	0	0	0	0	0	0	0
MF	Abdoulaye Touré	GUI	1994-03-03	2294	30	27	3	12	3	2	0	4	0	0
	Daler Kuzyayev	RUS	1993-01-15	2099	30	24	6	16	6	2	2	1	0	0
	Yassine Kechta	MAR	2002-02-25	1855	32	21	11	17	12	2	1	4	0	0
	Emmanuel Sabbi	USA	1997-12-24	1588	30	18	12	16	14	5	1	5	0	0
	Oussama Targhalline	MAR	2002-05-20	1032	14	12	2	8	3	0	0	3	1	1
	Samuel Grandsir	FRA	1996-08-14	589	23	4	19	2	27	1	1	3	1	1
	Rassoul Ndiaye	FRA	2001-12-11	517	19	6	13	4	19	0	0	3	1	1
	Aloïs Confais	FRA	1996-09-07	5	2	0	2	0	15	0	0	0	0	0
	Mokrane Bentoumi	FRA	2005-06-16	0	0	0	0	0	1	0	0	0	0	0
	Mathéo Bodmer	FRA	2004-05-06	0	0	0	0	0	0	0	0	0	0	0
FW	Josué Casimir	FRA	2001-09-24	2032	30	25	5	19	5	0	5	6	0	0
	Mohamed Bayo	GUI	1998-06-04	1394	22	16	6	12	7	5	1	4	0	0
	André Ayew	GHA	1989-12-17	1105	19	12	7	7	5	0	2	1	0	0
	Antoine Joujou	FRA	2003-03-12	766	23	6	17	5	20	0	2	1	0	0
	Élysée Logbo	FRA	2004-05-06	242	10	2	8	2	10	0	0	0	0	0
	Steve Ngoura	FRA	2005-02-22	215	12	1	11	1	14	0	0	0	0	0
	Simon Ebonog	CMR	2004-08-16	17	4	0	4	0	8	0	0	0	0	0

388 LE HAVRE AC

LIGUE 1 2023-24 SEASON

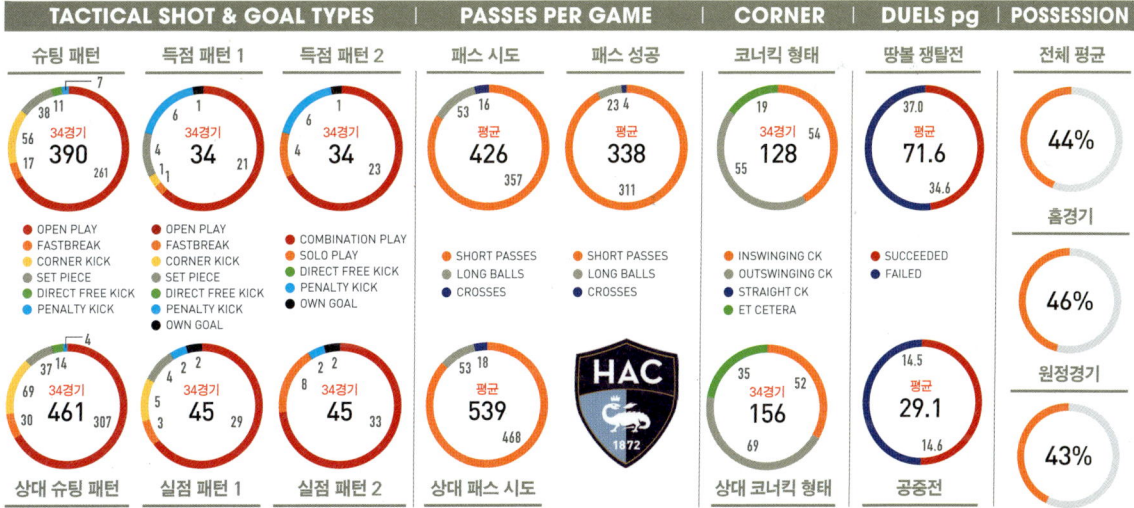

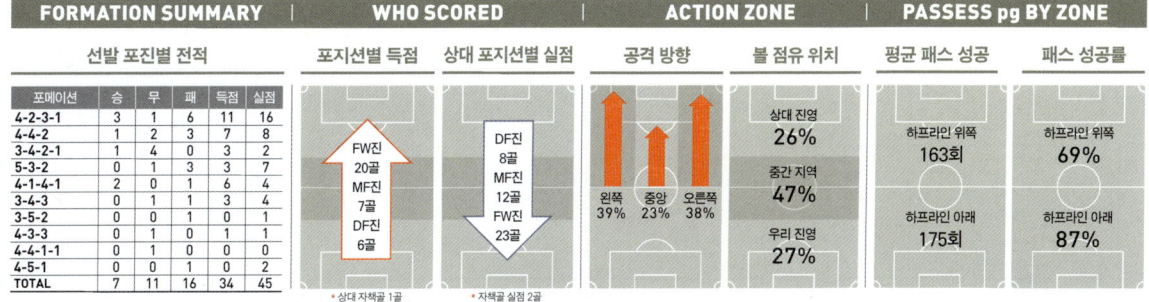

AJ AUXERRE

1	4	0	0	0	0
FRENCH LIGUE-1	COUPE DE FRANCE	UEFA CHAMPIONS LEAGUE	UEFA EUROPA LEAGUE	FIFA CLUB WORLD CUP	UEFA-CONMEBOL INTERCONTINENTAL

Founded 구단 창립 1905년
Owner 제임스 주 1961.04.28
CEO 밥티스트 말레베
Manager 크리스토프 펠리시아 1965.10.05
24-25 Odds 패디파워: 300배 / 윌리엄힐: 500배

Nationality 외국 선수 14명 · 프랑스 10명
Age 24명 평균 25.5세
Height 24명 평균 182cm
Market Value 1군 24명 평균 116만 유로
Game Points 23-24 2부: 74점 / 통산 1830점

Win 23-24 2부: 21승 / 통산 491승
Draw 23-24 2부: 11무 / 통산 357무
Loss 23-24 2부: 6패 / 통산 386패
Goals For 23-24 2부: 72득점 / 통산 1561득점
Goals Against 23-24 2부: 36실점 / 통산 1314실점

More Minutes 도노반 레옹 3330분
Top Scorer 아도 오나이우 15골
More Assists 가에탕 페랭 10도움
More Subs 아산 디우세 18회 교체 IN
More Cards 기디온 멘사 Y7+R0

TOTO GUIDE 지난 시즌 상대팀별 전적

상대팀	홈	원정
Angers	1-0	2-2
Saint-Etienne	5-2	0-1
Rodez Aveyron	3-1	0-2
Paris FC	2-0	2-0
Caen	2-1	1-1
Laval	4-0	3-1
Amiens	0-1	0-0
Guingamp	1-1	1-2
Pau FC	2-2	2-2
Grenoble	0-0	1-1
Bordeaux	3-1	4-2
SC Bastia	1-1	0-0
Annecy	4-0	2-0
AC Ajaccio	2-0	1-0
USL Dunkerque	0-1	3-1
Troyes	2-0	2-1
Quevilly Rouen	3-2	3-4
Concarneau	4-1	2-1
Valenciennes	0-0	4-1

Stade Abbé-Deschamps

구장 오픈 / 증개축 1919년, 1994년
구장 소유 AJ 오세르 구단
수용 인원 1만 8541명
피치 규모 110m X 60m
잔디 종류 천연 잔디

RANKING OF LAST 10 YEARS ● 2부 리그

	14-15	15-16	16-17	17-18	18-19	19-20	20-21	21-22	22-23	23-24
순위	9	8	17	11	15	11	6	3	17	1
승점	52점	55점	43점	47점	41점	34점	62점	74점	35점	74점

위치	선수	국적	생년월일	출전(분)	출전경기	선발11	교체인	교체아웃	벤치출발	득점	도움	경고	경고누적	퇴장
GK	Donovan Léon	GUY	1992-11-03	3330	37	37	0	0	1	0	0	1	0	0
GK	Theo De Percin	FRA	2001-02-02	90	1	1	0	0	37	0	0	0	0	0
GK	Sonny Laiton	FRA	2000-01-28	0	0	0	0	0	0	0	0	0	0	0
GK	Raphaël Adiceam	FRA	1990-07-03	0	0	0	0	0	0	0	0	0	0	0
DF	Théo Pellenard	FRA	1994-03-04	2872	34	31	3	1	7	0	2	4	0	0
DF	Jubal	BRA	1993-08-29	2790	33	32	1	3	1	6	1	6	0	1
DF	Paul Joly	FRA	2000-06-07	2733	37	32	5	11	5	0	8	1	0	0
DF	Gideon Mensah	GHA	1998-07-18	2099	26	24	2	6	3	0	2	7	0	0
DF	Clément Akpa	FRA	2001-11-24	1364	23	15	8	5	21	0	1	4	0	0
DF	Saad Agouzoul	MAR	1997-08-10	1132	16	12	4	2	22	0	0	4	0	0
DF	Colin Dagba	FRA	1998-09-06	522	16	5	11	5	20	0	0	0	0	0
DF	Ange Loïc N'Gatta	FRA	2003-12-11	105	4	1	3	1	4	0	0	0	0	0
DF	Madiou Keïta	GUI	2004-08-29	0	0	0	0	0	1	0	0	0	0	0
MF	Rayan Raveloson	MAD	1997-01-16	2819	34	31	3	5	3	4	6	1	0	1
MF	Elisha Owusu	GHA	1997-11-07	2527	33	30	3	10	3	1	2	4	1	0
MF	Assane Dioussé	SEN	1997-09-20	1625	34	16	18	7	21	0	0	1	0	0
MF	Kévin Danois	FRA	2004-06-28	38	9	0	9	0	17	1	0	0	0	0
MF	Nathan Buayi-Kiala	FRA	2004-02-29	30	4	0	4	0	16	0	0	0	0	0
FW	Gauthier Hein	FRA	1996-08-07	3225	37	37	0	10	0	11	9	6	0	0
FW	Gaëtan Perrin	FRA	1996-06-07	3011	38	35	3	22	3	7	10	1	0	0
FW	Florian Ayé	FRA	1997-01-19	2192	35	27	8	20	8	10	5	0	0	0
FW	Lassine Sinayoko	MLI	1999-12-08	2067	34	25	9	17	9	8	4	3	0	0
FW	Ado Onaiwu	JPN	1995-11-08	1902	34	20	14	16	14	15	1	1	0	0
FW	Issa Soumaré	SEN	2000-10-10	481	17	4	13	4	13	0	0	0	0	2
FW	Eros Maddy	NED	2001-02-05	119	14	0	14	0	20	0	0	0	0	0
FW	Tidiane Diawara	FRA	2005-04-29	0	0	0	0	0	0	0	0	0	0	0

LIGUE-2(2부리그) 2023-24 SEASON

AJ AUXERRE vs. OPPONENTS PER GAME STATS

AJ 오세르 vs 상대팀

	득점	슈팅	유효슈팅	코너킥	오프사이드	패스시도	패스성공	패스성공률	태클	공중전승리	인터셉트	파울	경고	퇴장
	1.89 / 0.87	15.1 / 10.0	4.7 / 3.4	6.3 / 3.9	1.2 / 2.0	532 / 439	450 / 339	85% / 77%	17.3 / 18.2	14.0 / 13.6	10.8 / 11.6	10.7 / 12.3	1.21 / 1.89	0.132 / 0.079

2023-24 SEASON SQUAD LIST & GAMES PLAYED

* 괄호 안의 숫자는 선발 출전 횟수, 교체 출전은 포함시키지 않음

LW	CF	RW
N/A	F.애예(27), A.오나이우(9) L.시나요코(3), O.카마라(2)	N/A

LAM	CAM	RAM
G.페랑(15), A.오나이우(10) L.시나요코(9), I.수마레(2)	G.에인(33), G.페랑(2) R.라벨로손(1)	L.시나요코(16), N.다코스타(1) G.페랑(16), G.에인(2) I.수마레(1)

LM	CM	RM
A.오나이우(1), I.수마레(2)	R.라벨로손(2), E.오우수(2) G.페랑(1)	G.에인(2), G.페랑(1)

LWB	DM	RWB
N/A	R.라벨로손(28), E.오우수(28)	N/A

LB	CB	RB
G.멘사(24), C.아크파(14)	주발(32), T.펠르나르(31) S.아구줄(12), C.아크파(1)	P.졸리(32), C.다그바(5) A.L.은가타(1)

	GK	
	D.레온(37), T.데페르신(1)	

SHOTS & GOALS

38경기 총 573슈팅 – 72득점

Inside The Box 383–63 · 자책골 7–7
Outside The Box 183–2

유효 슈팅 179		비유효 슈팅 394	
득점	72	블록 당함	152
GK 방어	107	골대 밖	225
유효슈팅률	31%	골대 맞음	17

신체별 득점		공격 형태별 슈팅-득점	
왼발	17	OP/FB/SP	551–62
오른발	30	직접 프리킥	11–0
헤더	18	페널티킥	4–3

* OP : 지공 / FB : 속공 / SP : 세트플레이

GOAL TIME | WHO SCORED

시간대별 득점
76 — 16 / 9 — 15
— 14 / 13 —
61 — 9 / 11 — 31
46 45

득실차
전반 골득실차 +17
후반 골득실차 +19
전체 골득실차 +36

시간대별 실점
76 — 10 / 3 — 15
— 3 / 6 —
61 — 7 / 7 — 31
46 45

포지션별 득점
FW진 53골
MF진 6골
DF진 6골

* 상대 자책골 7골

상대 포지션별 실점
DF진 5골
MF진 10골
FW진 19골

* 자책골 실점 2골

PASSES PER GAME | CORNER | DUELS pg

패스 시도
49 / 23
평균 532
460

패스 성공
30 / 6
평균 450
414

코너킥 형태
67 / 97
38경기 239
75

- SHORT PASSES
- LONG BALLS
- CROSSES

- INSWINGING CK
- OUTSWINGING CK
- STRAIGHT CK
- ET CETERA

땅볼 쟁탈전
36.1
평균 74.1
38.0

- SUCCEEDED
- FAILED

상대 코너킥 형태
1 / 21
38경기 149
58 / 69

공중전
13.6
평균 27.6
14.0

PASSES pg BY ZONE

평균 패스 성공	패스 성공률
하프라인 위쪽 215회	하프라인 위쪽 73%
하프라인 아래 235회	하프라인 아래 93%

FORMATION SUMMARY

선발 포진별 전적

포메이션	승	무	패	득점	실점
4-2-3-1	18	11	6	67	35
4-4-2	2	0	0	3	0
4-2-2-2	1	0	0	2	1
TOTAL	21	11	6	72	36

LIGUE 1

ANGERS SCO

Founded 구단 창립 1919년 | **Owner** 앙제 SCO 시민 구단 | **CEO** 로맹 샤반 | **Manager** 알렉상드르 뒤주 1976.01.08 | **24-25 Odds** 패디파워 : 1000배 윌리엄힐 : 1000배

 0 FRENCH LIGUE-1 | 0 COUPE DE FRANCE | 0 UEFA CHAMPIONS LEAGUE | 0 UEFA EUROPA LEAGUE | 0 FIFA CLUB WORLD CUP | 0 UEFA-CONMEBOL INTERCONTINENTAL

Nationality • 외국 선수 10명 • 프랑스 13명 | **Age** 23명 평균 26.3세 | **Height** 23명 평균 182cm | **Market Value** 1군 23명 평균 98만 유로 | **Game Points** 23-24 2부 : 68점 통산 1413점

Win 23-24 2부 : 20승 통산 366승 | **Draw** 23-24 2부 : 8무 통산 315무 | **Loss** 23-24 2부 : 10패 통산 467패 | **Goals For** 23-24 2부 : 56득점 통산 1546득점 | **Goals Against** 23-24 2부 : 42실점 통산 1751실점

More Minutes 히마드 압델리 3112분 | **Top Scorer** 로이스 디오니 15골 | **More Assists** 파리드 엘멜랄리 5도움 | **More Subs** 이브라히마 니앙 24회 교체 IN | **More Cards** 히마드 압델리 Y7+R0

RANKING OF LAST 10 YEARS

14-15	15-16	16-17	17-18	18-19	19-20	20-21	21-22	22-23	23-24
3 (64점)	9 (50점)	12 (46점)	14 (41점)	13 (46점)	11 (39점)	13 (44점)	14 (41점)	20 (18점)	2부 2 (68점)

TOTO GUIDE 지난 시즌 상대팀별 전적

상대팀	홈	원정
Auxerre	2-2	0-1
Saint-Etienne	0-3	0-2
Rodez Aveyron	2-1	1-4
Paris FC	2-0	1-3
Caen	3-0	0-2
Laval	1-1	0-1
Amiens	1-3	4-1
Guingamp	1-0	2-1
Pau FC	2-1	4-4
Grenoble	1-0	0-0
Bordeaux	2-0	0-1
SC Bastia	2-0	0-2
Annecy	0-0	2-1
AC Ajaccio	3-1	1-1
USL Dunkerque	0-0	1-0
Troyes	2-1	4-1
Quevilly Rouen	3-2	1-0
Concarneau	2-0	4-2
Valenciennes	2-0	0-1

Stade Raymond Kopa

구장 오픈 / 증개축 1912년, 2024년
구장 소유 앙제 시
수용 인원 1만 8752명
피치 규모 105m X 68m
잔디 종류 하이브리드 잔디

위치	선수	국적	생년월일	출전(분)	출전경기	선발11	교체인	교체아웃	벤치출발	득점	도움	경고	경고누적	퇴장
GK	Yahia Fofana	CIV	2000-08-21	2970	33	33	0	0	0	0	0	2	0	0
GK	Melvin Zinga	FRA	2002-03-16	450	5	5	0	0	33	0	0	1	0	0
GK	O. Pona	FRA	2006-06-21	0	0	0	0	3	0	0	0	0	0	0
GK	E. Pasture	FRA	2003-04-23	0	0	0	0	2	0	0	0	0	0	0
DF	Yan Valery	TUN	1999-02-22	3104	35	34	1	5	1	0	4	4	1	0
DF	Jordan Lefort	FRA	1993-06-28	3047	37	35	2	10	2	0	1	4	0	0
DF	Abdoulaye Bamba	CIV	1990-04-25	2891	33	32	1	1	4	0	0	5	0	0
DF	Cédric Hountondji	FRA	1994-01-19	2735	32	31	1	2	5	0	1	4	0	0
DF	Lilian Raolisoa	FRA	2000-06-16	1568	36	14	22	9	23	1	4	3	0	0
DF	Ousmane Camara	FRA	2003-03-06	88	4	0	4	0	20	0	0	0	0	0
DF	Marius Courcoul	FRA	2007-01-01	18	1	0	1	0	5	0	0	0	0	0
DF	Yacine Gaya	ALG	2004-11-15	0	0	0	0	0	0	0	0	0	0	0
MF	Himad Abdelli	FRA	1999-11-17	3112	35	35	0	5	0	9	2	7	0	0
MF	Pierrick Capelle	FRA	1987-04-15	2983	37	35	2	17	2	5	1	4	0	0
MF	Farid El-Melali	ALG	1997-05-05	2103	33	26	7	20	7	8	5	4	0	0
MF	Joseph Lopy	SEN	1992-03-15	1697	24	21	3	11	3	3	1	2	0	0
MF	Zinedine Ferhat	ALG	1993-03-01	1671	25	21	4	19	5	2	3	2	0	0
MF	Zinédine Ould Khaled	FRA	2000-01-14	1139	24	15	9	15	12	1	2	2	0	0
MF	Adrien Hunou	FRA	1994-01-19	261	24	1	23	1	35	1	0	0	0	0
MF	Yassin Belkhdim	FRA	2002-02-14	68	7	0	7	0	14	0	0	0	0	0
MF	D.N'Diaye	FRA	2005-08-18	0	0	0	0	0	1	0	0	0	0	0
FW	Loïs Diony	FRA	1992-12-20	3017	35	35	0	15	0	15	4	1	0	0
FW	Ibrahima Niane	SEN	1999-03-11	832	30	6	24	5	27	0	2	3	0	0
FW	Justin Kalumba	FRA	2004-12-25	720	13	10	3	9	6	0	2	0	0	0
FW	Esteban Lepaul	FRA	2000-04-18	693	17	6	11	6	11	3	3	1	0	0
FW	Sidiki Chérif	FRA	2006-12-15	87	7	0	7	0	8	0	0	0	0	0
FW	Noah Nadje	FRA	2003-11-12	44	1	0	1	0	1	0	0	0	0	0

LIGUE-2(2부리그) 2023-24 SEASON

ANGERS SCO vs. OPPONENTS PER GAME STATS

앙제 SCO vs 상대팀

앙제	지표	상대
1.47	득점	1.03
10.8	슈팅	11.4
3.9	유효슈팅	4.5
5.3	코너킥	4.5
1.7	오프사이드	1.1
465	패스시도 (PA)	468
384	패스성공 (PC)	365
83%	패스성공률 (P%)	78%
15.9	태클 (TK)	18.6
13.9	공중전승리 (AD)	14.3
10.8	인터셉트 (IT)	11.4
11.7	파울	11.9
1.50	경고	2.00
0.026	퇴장	0.211

2023-24 SEASON SQUAD LIST & GAMES PLAYED

* 괄호 안의 숫자는 선발 출전 횟수, 교체 출전은 포함시키지 않음

LW: J.M.바호야(1)
CF: L.디오니(34), I.니안(6), H.압델리(4), J.M.바호야(1), E.르폴(2)
RW: L.디오니(1)

LAM: F.엘메릴리(10), J.N.칼롬바(6), L.라울리소아(2), J.M.바호야(1), A.우누(1), H.압델리(1)
CAM: H.압델리(16), E.르폴(4), P.카펠르(2), F.엘메릴리(1), F.페르하트(1)
RAM: Z.페르하트(8), F.엘메릴리(6), L.라울리소아(4), J.N.칼롬바(3)

LM: F.엘메릴리(8), H.압델리(4), J.M.바호야(3), P.카펠르(1)
CM: P.카펠르(15), J.로피(13), Z.올드칼롬레드(3), H.압델리(3), B.멘디(3)
RM: Z.페르하트(12), L.라울리소아(2), J.N.칼롬바(1), F.엘메릴리(1)

LWB: L.라울리소아(1)
DM: P.카펠르(16), Z.올드칼롬레드(12), J.로피(8), H.압델리(7), J.우누(1), B.멘디(1)
RWB: Y.발레리(1)

LB: J.르포르트(21), F.아닌(15), L.라울리소아(1)
CB: A.방바(32), C.운톤지(31), J.르포르트(14)
RB: Y.발레리(33), L.라울리소아(4)

GK: Y.포파나(33), M.징가(5)

SHOTS & GOALS

38경기 총 409슈팅 - 56득점

Inside The Box 280-47 | **자책골** 1-1
Outside The Box 128-8

	유효 슈팅 148	비유효 슈팅 261
득점	56	블록 당함 87
GK 방어	92	골대 밖 174
유효슈팅률	36%	골대 맞음 7

신체별 득점		공격 형태별 슈팅-득점	
왼발	12	OP/FB/SP	394-47
오른발	36	직접 프리킥	7-1
헤더	7	페널티킥	7-7

* OP: 지공 / FB: 속공 / SP: 세트플레이

GOAL TIME | WHO SCORED

시간대별 득점: 17, 3, 8, 9, 16

득실차
전반 골득실차 +7
후반 골득실차 +7
전체 골득실차 +14

시간대별 실점: 7, 7, 15, 7, 8, 5

포지션별 득점
FW진 22골
MF진 29골
DF진 4골

* 상대 자책골 1골

상대 포지션별 실점
DF진 6골
MF진 7골
FW진 26골

* 자책골 실점 3골

PASSES PER GAME | CORNER | DUELS pg

패스 시도: 평균 465 (49, 21, 395)
패스 성공: 평균 384 (28, 5, 351)
● SHORT PASSES ● LONG BALLS ● CROSSES

코너킥 형태: 38경기 202 (43, 93, 66)
● INSWINGING CK ● OUTSWINGING CK ● STRAIGHT CK ● ET CETERA

상대 코너킥 형태: 38경기 171 (18, 78, 75)

땅볼 쟁탈전: 평균 74.0 (37.2, 36.8)
공중전: 평균 28.2 (14.3, 13.9)
● SUCCEEDED ● FAILED

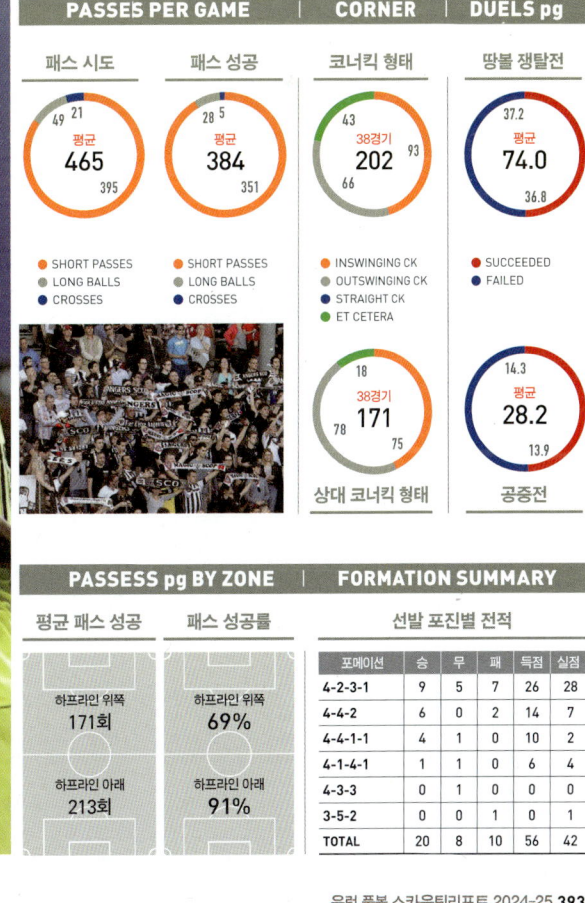

PASSES pg BY ZONE | FORMATION SUMMARY

평균 패스 성공
하프라인 위쪽 171회
하프라인 아래 213회

패스 성공률
하프라인 위쪽 69%
하프라인 아래 91%

선발 포지션별 전적

포메이션	승	무	패	득점	실점
4-2-3-1	9	5	7	26	28
4-4-2	6	0	2	14	7
4-4-1-1	4	1	0	10	2
4-1-4-1	1	1	0	6	4
4-3-3	0	1	0	0	0
3-5-2	0	0	1	0	1
TOTAL	20	8	10	56	42

AS SAINT-ÉTIENNE

Founded 구단 창립 1919년	**Owner** 킬머 스포츠 벤쳐	**CEO** 이반 가지디스 1964.09.13
Manager 올리비에 달로글리오 1964.05.16	**24-25 Odds** 패디파워: 300배 윌리엄힐: 250배	**Nationality** 외국 선수 9명 프랑스 15명
Age 24명 평균 26.0세	**Height** 24명 평균 182cm	**Market Value** 1군 명 평균 134만 유로
Game Points 23-24 2부: 65점 통산: 3849점	**Win** 23-24 2부: 19승 통산: 1062승	**Draw** 23-24 2부: 8무 통산: 666무
Loss 23-24 2부: 11패 통산: 804패	**Goals For** 23-24 2부: 48득점 통산: 3859득점	**Goals Against** 23-24 2부: 31실점 통산: 3269실점
More Minutes 고티에 라소뇌르 2970분	**Top Scorer** 이브라힘 시소코 12골	**More Assists** 마티외 카파로 8도움
More Subs 마흐무드 벤타이그 19회 교체 IN	**More Cards** 앙토니 브리앙송+1명 Y7+R0	

10	6	0	0	0	0
FRENCH LIGUE-1	COUPE DE FRANCE	UEFA CHAMPIONS LEAGUE	UEFA EUROPA LEAGUE	FIFA CLUB WORLD CUP	UEFA-CONMEBOL INTERCONTINENTAL

TOTO GUIDE 지난 시즌 상대팀별 전적

상대팀	홈	원정
Auxerre	1-0	2-5
Angers	2-0	3-0
Rodez Aveyron	1-1	1-2
Paris FC	0-1	0-0
Caen	1-0	2-1
Laval	0-0	1-0
Amiens	0-1	0-1
Guingamp	1-3	2-2
Pau FC	1-2	1-0
Grenoble	0-1	0-0
Bordeaux	2-1	0-0
SC Bastia	3-2	4-0
Annecy	2-1	1-1
AC Ajaccio	0-0	0-2
USL Dunkerque	2-0	0-1
Troyes	5-0	1-0
Quevilly Rouen	2-1	1-2
Concarneau	1-0	1-0
Valenciennes	0-0	2-0

Stade Geoffroy-Guichard

구장 오픈 / 증개축 1931년, 증개축 3회
구장 소유 AS 생테티엔 구단
수용 인원 4만 1965명
피치 규모 105m X 68m
잔디 종류 하이브리드 잔디

RANKING OF LAST 10 YEARS

14-15	15-16	16-17	17-18	18-19	19-20	20-21	21-22	22-23	23-24
5위 69점	6위 58점	8위 50점	7위 55점	4위 66점	17위 30점	11위 46점	18위 74점	8위 56점	3위 65점

*프랑스 2부 리그 기록

위치	선수	국적	생년월일	출전(분)	출전경기	선발11	교체인	교체아웃	벤치출발	득점	도움	경고	경고누적	퇴장
GK	Gautier Larsonneur	FRA	23-02-97	2970	33	33	0	0	0	0	0	3	0	0
	Etienne Green	FRA	19-07-00	540	6	6	0	0	31	0	0	0	0	0
	Issiaka Touré	FRA	07-11-04	0	0	0	0	1	0	0	0	0	0	0
	Boubacar Fall	FRA	03-02-01	0	0	0	0	0	0	0	0	0	0	0
DF	Léo Petrot	FRA	15-04-97	2732	36	31	5	9	8	1	0	3	0	0
	Dennis Appiah	FRA	09-06-92	2601	34	29	5	3	5	0	3	4	0	0
	Anthony Briançon	FRA	28-11-94	2546	32	29	3	5	6	1	1	7	0	0
	Dylan Batubinsika	COD	15-02-96	2104	27	23	4	1	7	1	1	3	0	0
	Mickaël Nadé	FRA	04-03-99	1990	24	23	1	6	9	2	1	3	1	0
	Yvann Maçon	FRA	01-10-98	1530	19	18	1	6	1	1	1	4	0	0
	Mahmoud Bentayg	MAR	30-10-99	560	21	2	19	0	22	1	0	3	0	0
	Bryan Djile	CMR	23-05-02	0	0	0	0	0	4	0	0	0	0	0
	Beres Owusu	FRA	19-09-03	0	0	0	0	0	1	0	0	0	0	0
MF	Mathieu Cafaro	FRA	25-03-97	2493	35	30	5	21	5	4	8	5	0	0
	Dylan Chambost	FRA	19-08-97	2466	34	28	6	8	6	7	4	0	0	0
	Florian Tardieu	FRA	22-04-92	2335	32	25	7	6	7	1	0	4	0	0
	Aïmen Moueffek	FRA	09-04-01	1964	35	23	12	17	13	4	1	2	0	0
	Benjamin Bouchouari	MAR	13-11-01	1813	35	22	13	19	15	0	1	7	0	0
	Thomas Monconduit	FRA	10-02-91	1311	24	15	9	11	9	0	1	5	0	1
	Lamine Fomba	FRA	26-01-98	1196	28	14	14	12	20	0	3	0	0	0
	Stéphane Diarra	FRA	09-12-98	586	15	3	8	3	0	2	0	0	0	0
	Mathis Amougou	FRA	18-01-06	16	1	0	1	0	1	0	0	0	0	0
	Darling Bladi	FRA	11-06-04	11	2	0	2	0	0	0	0	0	0	0
	Cheikh Fall	FRA	05-02-04	9	1	0	1	0	6	0	0	0	0	0
	Antoine Gauthier	FRA	01-07-04	0	1	0	1	0	0	0	0	0	0	0
FW	Ibrahim Sissoko	MLI	27-11-95	2238	30	26	4	13	5	12	1	2	0	0
	Irvin Cardona	FRA	08-08-97	1459	20	17	3	11	3	9	3	3	0	0
	Nathanaël Mbuku	FRA	16-03-02	937	19	9	10	7	10	4	1	1	0	0
	Ibrahima Wadji	SEN	05-05-95	485	9	5	4	3	4	0	0	0	0	0
	Maxence Rivera	FRA	30-05-02	142	13	4	9	3	17	0	0	1	0	0
	Karim Cissé	GUI	14-11-04	142	8	0	8	0	10	2	0	1	0	0
	Enzo Mayilla	CMR	02-01-06	0	0	0	0	0	1	0	0	0	0	0

LIGUE-2 (2부리그) 2023-24 SEASON

AS SAINT-ÉTIENNE vs. OPPONENTS PER GAME STATS

생테티엔 vs 상대팀

생테티엔	지표	상대팀
1.26	득점	0.82
13.2	슈팅	11.5
4.5	유효슈팅	3.2
5.3	코너	5.4
2.4	오프사이드	2.1
475	패스시도 (PA)	466
391	패스성공 (PC)	364
82%	패스성공률 (P%)	78%
18.7	태클 (TK)	17.4
14.2	공중전승리 (AD)	13.8
10.3	인터셉트 (IT)	10.4
13.5	파울	13.6
1.84	경고	1.76
0.053	퇴장	0.053

2023-24 SEASON SQUAD LIST & GAMES PLAYED

괄호 안의 숫자는 선발 출전 횟수, 교체 출전은 포함시키지 않음

LW: S.디아라(6), D.샹보스트(2), M.리베라(2), M.카파로(1)
CF: I.시소코(25), G.사르보니에(6), 와지(5), D.샹보스트(3), N.음부쿠(1), V.로브리(1)
RW: M.카파로(9), N.음부쿠(1), I.카르도나(1)

LAM: M.카파로(2), M.리베라(1)
CAM: D.샹보스트(5), V.로브리(1), M.카파로(1), A.무에페크(1)
RAM: M.카파로(1), N.음부쿠(1), I.카드로나(1)

LM: 카파로(13), B.부슈아리(7), 퐁바(3), 샹보스트(3), 무에페크(2), I.카르도나(2), 음부쿠(1)
CM: B.부슈아리(11), 샹보스트(9), 몽공뒤(7), 퐁바(4), 무에페크(3), S.디아라(1), 타디외(1)
RM: I.카르도나(6), 퐁바(6), 음부쿠(5), 샹보스트(5), B.부슈아리(4), 무에페크(3), 카파로(1)

LWB: S.디아라(1), D.아피아(1), M.벤타이그(1), N.은쿤쿠(1)
DM: F.타디외(23), T.몽공뒤(8), A.무에페크(1), L.퐁바(1)
RWB: D.아피아(2), M.카파로(1), M.리베라(1)

LB: 페트로(25), 마송(8), 벤타이그(1)
CB: 브리앙송(29), 바투빈시카(22), 나드(22), 페트로(5), D.아피아(2)
RB: D.아피아(24), 마송(9), 무에페크(1)

GK: 라소뇌르(32), E.그린(6)

SHOTS & GOALS

38경기 총 503슈팅 - 48득점

Inside The Box	자책골
320-39	2-2

Outside The Box	
181-7	

유효슈팅 171	비유효슈팅 332
득점 48	블록 당함 129
GK 방어 123	골대 밖 195
유효슈팅률 34%	골대 맞음 8

신체별	공격 형태별 슈팅-득점
왼발 15	OP/FB/SP 470-36
오른발 21	직접 프리킥 21-2
헤더 10	페널티킥 10-8

* OP: 지공 / FB: 속공 / SP: 세트플레이

GOAL TIME | WHO SCORED

시간대별 득점

득실차
전반 골득실차 +14
후반 골득실차 +3
전체 골득실차 +17

시간대별 실점

포지션별 득점

FW진 28골 / MF진 11골 / DF진 7골

상대 자책골 2골

상대 포지션별 실점

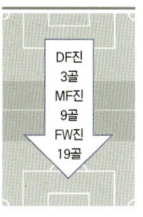
DF진 3골 / MF진 9골 / FW진 19골

PASSES PER GAME

패스 시도: 평균 475 (43 / 19 / 413)
패스 성공: 평균 391 (23 / 5 / 363)

- SHORT PASSES
- LONG BALLS
- CROSSES

CORNER

코너킥 형태: 38경기 201 (1 / 24 / 71 / 105)

- INSWINGING CK
- OUTSWINGING CK
- STRAIGHT CK
- ET CETERA

상대 코너킥 형태: 38경기 204 (43 / 75 / 86)

DUELS pg

땅볼 쟁탈전: 평균 77.6 (38.8 / 38.8)

- SUCCEEDED
- FAILED

공중전: 평균 28.0 (13.8 / 14.2)

PASSES pg BY ZONE

	평균 패스 성공	패스 성공률
하프라인 위쪽	172회	70%
하프라인 아래	220회	91%

FORMATION SUMMARY

선발 포지션별 전적

포메이션	승	무	패	득점	실점
4-1-4-1	9	4	4	25	11
4-3-3	8	1	4	14	7
4-2-3-1	1	1	2	5	7
4-4-2	0	0	1	1	2
4-5-1	0	1	0	1	1
3-4-1-2	0	0	1	0	1
3-4-2-1	1	0	0	2	1
3-5-1-1	0	1	0	0	1
3-5-2	0	0	0	0	0
TOTAL	19	8	11	48	31

사진 제공
gettyimages.com

선수, 팀 데이터 참조 및 분석
fifa.com, uefa.com, conmebol.com, the-afc.com, concacaf.com, espn.com, goal.com,
playmakerstats.com, soccerway.com, sofascore.com, whoscored.com, wikipedia.org,
beinsports.com, namu.wiki, transfermarkt.com, capology.com, salarysport.com,
timeanddate.com, naver.com, daum.net

유럽 풋볼 스카우팅리포트 2024-25

2024년 7월 31일 1판 1쇄 발행 | 2024년 9월 15일 1판 2쇄 발행

지은이 장원구 김태석 김강현

발행인 황민호 | **콘텐츠4사업본부장** 박정훈
편집기획 강경양 이예린 | **마케팅** 조안나 이유진 이나경
제작 최택순 성시원 | **디자인** 엔드디자인
발행처 대원씨아이(주) | **주소** 서울특별시 용산구 한강대로 15길 9-12
전화 (02)2071-2018 | **팩스** (02)797-1023 | **등록** 제3-563호 | **등록일자** 1992년5월11일
www.dwci.co.kr

ISBN 979-11-7245-750-1 13690

● 이 책은 대원씨아이㈜와 저작권자의 계약에 의해 출판된 것이므로, 무단 전재 및 유포, 공유, 복제를 금합니다.
● 이 책 내용의 전부 또는 일부를 이용하려면 반드시 저작권자와 대원씨아이(주)의 서면동의를 받아야 합니다.
● 잘못 만들어진 책은 판매처에서 교환해 드립니다.
● 책 가격은 뒤표지에 있습니다.

북중미 월드컵
예선 가이드북

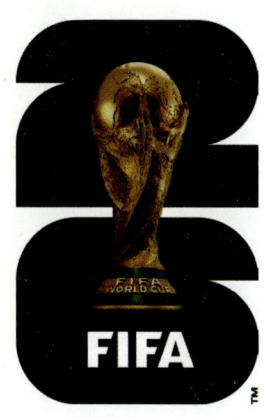

CONTENTS

아시아B조 프리뷰 · 04
대한민국
이라크
요르단
오만
팔레스타인
쿠웨이트

아시아A조 프리뷰 · 18
아시아C조 프리뷰 · 20
남미 예선 프리뷰 · 22
유럽 예선 프리뷰 · 28
아프리카 예선 프리뷰 · 36
북중미 예선 프리뷰 · 42
FIFA WC 2026 VENUES · 46

아시아B조
프리뷰

一虎五狼
일호오랑

1강-2중-3약, 명확한 판세
중동 원정, 컨디션 조절 관건

'극동 호랑이 1마리와 중동 늑대 5마리.' 조 추첨 직후 한 중국 인터넷 언론을 장식한 제목이다.

원래 중국 인터넷 언론은 자극적이기로 소문나 있지만, 이 헤드라인은 무척 독특했다. 동아시아의 호랑이(대한민국)가 중동의 늑대들(이라크, 요르단, 오만, 팔레스타인, 쿠웨이트)에 둘러싸여 어떻게 레이스를 전개할지 무척 궁금해하는 것 같았다.

대한민국은 1986년 이후 11회 연속 월드컵 본선 진출을 노린다. 아시아 국가 중 월드컵 예선 횟수에 관한 한, 대한민국과 비교할 국가는 그 어디에도 없다. 대한민국의 업적은 그냥 압도적이다. 아시아에 할당된 본선 티켓이 8.5장으로 크게 늘었기에 대한민국의 11회 연속 출전 가능성은 매우 크다고 할 수 있다.

현재 대한민국의 전력은 역대 최강으로 평가받는다. 프리미어리그 득점왕 출신 손흥민(토트넘), 저돌적인 윙어 황희찬(울버햄튼), 천재 미드필더 이강인(PSG), '괴물' 수비수 김민재(바이에른 뮌헨), 박스-투-박스 미드필더 황인범(즈베즈다), 2선 전 지역을 아우르는 이재성(마인츠 05) 등 유럽 프로무대에서 활약 중인 선수들이 그 어느 때보다도 많다. 경쟁력 자체가 과거와는 아예 다르다는 얘기다.

물론, 선수단 구성이 좋다고 해서 꼭 좋은 결과를 낸다는 보장은 없다. 카타르 아시안컵에서의 참담한 실패가 그 증거다. 당시 사령탑이던 위르겐 클린스만은 역대 가장 큰 비판을 받으며 물러났다.

축구협회는 클린스만의 후임으로 '레전드' 홍명보 전 울산 감독에게 대표팀 지휘봉을 맡겼다. 그를 영입할 당시 말도 많고 탈도 많았지만, 이제 다 지난 일이다. 앞으로는 홍감독이 중심이 되어 월드컵 예선을 뚫고, 본선에서 좋은 성적(16강 이상)을 내야 한다. 물론, 협회의 감독 임명 과정 때 잘못된 일들은 반드시 고쳐야 할 것이다.

대한민국의 본선행에 가장 큰 걸림돌이 될 팀은 이라크와 요르단이다. 이 두 팀은 지난번 아시안컵에서도 매우 위력적인 모습을 보였다. 이라크는 조별리그에서 일본을 격파했고, 요르단은 한국에 승리하면서 결승까지 진출했다.

이라크는 무서운 복병이다. 두 달 전까지는 3차 예선 조 추첨 때 3포트에 들어갈 것이라는 전망이 많았다. 그러나 2차 예선에서 파죽의 6연승을 거두며 FIFA 랭킹을 꾸준히 향상시켰고, 결국 마지막 순간 사우디아라비아를 3포트로 끌어내리고 2포트로 올라섰다.

스페인 출신 헤수스 카사스 감독은 뛰어난 전술가다. 아시안컵에 이어 월드컵 2차 예선에서도 효율적인 블록 수비, 빠른 공수 전환, 날카로운 다이렉트 플레이로 상대를 압도했다. B조 1위를 노리는 한국으로서는 가장 경계해야 할 팀이다.

요르단도 결코 만만치 않다. 대한민국은 이미 지난 아시안컵 준결승에서 요르단의 위력적인 압박과 전광석화 같은 속공에 속절없이 무너진 바 있다. 물론, 당시 사령탑이 한국 축구 역사상 최악의 감독이었던 클린스만이었다는 점을 간과해서는 안 된다.

그럼에도 2차 예선에서 보여줬던 요르단의 실력은 매우 까다롭다. 한국은 당시의 실패를 교훈 삼아 철저히 준비해야 한다.

대한민국이 이라크, 요르단전을 잘 넘긴다면, 오만, 팔레스타인, 쿠웨이트전에선 비교적 편한 승부를 펼칠 수 있을 것이다.

사실, 전력상으로는 대한민국이 월등히 우세하다는 것을 부인할 수는 없다. 문제는 원정경기 스케줄이다. 상대팀이 모두 중동에 몰려 있기에 이동 거리 및 컨디션 조절이 쉽지 않은 상황이다. 그리고, 상대국 경기장의 잔디 상태도 그리 좋아 보이지 않는다. 전력 외적의 이런 변수들이 어떻게 작용하느냐가 관건이 될 것이다.

아시아 3차 예선 B조 일정

DAY 1	DAY 2	DAY 3	DAY 4	DAY 5
2024.09.05	2024.09.10	2024.10.10	2024.10.15	2024.11.14
대한민국 vs 팔레스타인	오만 vs 대한민국	이라크 vs 팔레스타인	대한민국 vs 이라크	이라크 vs 요르단
이라크 vs 오만	팔레스타인 vs 요르단	요르단 vs 대한민국	요르단 vs 오만	오만 vs 팔레스타인
요르단 vs 쿠웨이트	쿠웨이트 vs 이라크	오만 vs 쿠웨이트	팔레스타인 vs 쿠웨이트	쿠웨이트 vs 대한민국

DAY 6	DAY 7	DAY 8	DAY 9	DAY 10
2024.11.19	2025.03.20	2025.03.25	2025.06.05	2025.06.10
오만 vs 이라크	대한민국 vs 오만	대한민국 vs 요르단	이라크 vs 대한민국	대한민국 vs 쿠웨이트
팔레스타인 vs 대한민국	이라크 vs 쿠웨이트	팔레스타인 vs 이라크	오만 vs 요르단	요르단 vs 이라크
쿠웨이트 vs 요르단	요르단 vs 팔레스타인	쿠웨이트 vs 오만	쿠웨이트 vs 팔레스타인	팔레스타인 vs 오만

KOREA REPUBLIC

대한민국

MANAGER : HONG Myungbo 홍명보(洪明甫)

1969년 2월 12일 서울 출생. 1990년~2002년까지 A매치 137경기에 출전해 10골을 넣었다. 총 4차례 월드컵에 출전했고, 2002 월드컵 4강에 올랐다. U-23 대표 감독으로 2012년 런던 올림픽 동메달, 울산 현대 감독으로 2022, 2023년 K리그 2연속 우승을 이끈 건 커리어의 정점이었다. 반면 2014년 브라질 월드컵 때는 조별리그에서 탈락했다. 2024년 7월 8일, 10년 만에 대표팀 감독으로 복귀했다. 그는 전술가라기보다는 카리스마형 매니저에 가깝다. 선수단 장악 능력은 최고다.

OFFENSE MECHANISM : 아시아 최강의 윙어택

점유율을 바탕으로 확률 높은 공격을 펼친다. 짧은 패스 게임이 주를 이루지만 중거리 패스와 롱볼도 적절히 가미한다. 지공 때는 센터백 김민재, 수비형 미드필더 정우영으로부터 1차 빌드업이 시작된다. 대한민국의 2선 공격수들은 아시아권에서는 단연 압도적인 기량과 스피드를 지니고 있기에 이들이 수시로 위치를 바꾸며 콤비네이션 플레이, 솔로 플레이를 다양하게 전개한다. 공격 상황 파이널 서드에서는 좌우를 폭넓게 활용한다. 활발한 윙어택은 단연 아시아 최강이다.

DEFENSE MECHANISM : 미드블록 존 프레스

하이 프레스를 지양(止揚)하고, 하프라인부터 수비라인을 형성한다. 수비의 기본은 존-프레스다. 도전하는 수비와 기다리는 수비를 적절히 병행한다. 코너킥 때는 지역방어를 기본으로 한다. 가끔 상대 위협적인 공격수에 1~2명에 대해 맨마킹을 할 때도 있다. 수비 상황 로블록에서는 좌우폭 평균 39m로 보통 수준이고, 라인 컨트롤러는 골라인에서 평균 18m 전후에 위치한다. 수비진에서 빌드업을 하다 볼을 뺏겼을 때 공→수 트랜지션이 잘 안돼 결정적인 위기를 맞기도 한다.

COUNTRY & FOOTBALL ASSOCIATION

면적	인구	공용어	정부 형태	시간대
9만 970km² 세계 108위	5208만명 세계 28위	한국어	대통령 중심제 공화국	UTC보다 9시간 빠름

종교	총 GDP	1인 GDP	주요 산업	재래식 군사력
개신교 20% 불교 15% 가톨릭 8%	1조 7600억 달러 세계 14위 2024년 IMF	3만 4033달러 세계 41위 2024년 IMF	반도체, 전자, IT 자동차, 조선 군수, 철강, 한류	세계 5위 *핵무기는 제외 2024년 GFP

축구협회 창립 : 1933년 / FIFA 가입 : 1948년 / AFC 가입 : 1954년 / EAFF 가입 : 2002년

국제 대회 우승 - 준우승

2 - 4	5 - 3	5 - 2
AFC ASIAN CUP	ASIAN GAME FOOTBALL	*EAFF E-1 CHAMPIONSHIP
1 - 1	12 - 5	2 - 2
AFC U-23 ASIAN CUP	AFC U-20 ASIAN CUP	AFC U-17 ASIAN CUP

*동아시아 지역 대회

STAR PLAYERS

FW Son Heungmin(손흥민)
2차 예선 6경기-536분-7골-1도움-0경고-0퇴장

토트넘 홋스퍼 소속. 아시아 역대 최고의 선수. EPL 득점왕 출신이다. 북중미 월드컵 아시아 2차 예선에서 7골을 터뜨려 카타르의 알모에즈 알리와 함께 공동 1위에 올랐다. 그는 '홍명보 사단'에서도 '프리롤'이다. 오픈 상황에서의 폭발적인 드리블, 양발을 사용한 중거리 슈팅, 날카로운 패스, 캡틴으로서의 리더십을 발휘할 것이다.

MF Lee Kangin(이강인)
2차 예선 6경기-409분-4골-3도움-0경고-0퇴장

PSG 소속. 축구 천재다. 대한민국은 물론이고 아시아에서 가장 테크닉이 뛰어난 선수 중 1명이다. 지난 시즌 리그1 최강 PSG에서 자리를 잘 잡았고, 올 시즌 더 큰 활약이 기대된다. 그의 환상적인 플레이는 모두 '마법의 왼발'에서 시작된다. 화려한 드리블, 감각적인 패스, 정확한 프리킥은 스페인, 아르헨티나 선수들을 연상케 한다.

DF Kim Minjae(김민재)
2차 예선 4경기-360분-0골-1도움-0경고-0퇴장

바이에른 뮌헨 소속. 부상 여파로 아시아 2차 예선 6경기 중 4경기만 뛰었다. 그러나 정상적인 몸 상태일 경우 그 누구도 부인할 수 없는 대표팀 수비의 핵이다. 지난 시즌 분데스리가 전반기에는 최고의 수비수였다. 그러나 아시안컵 출전 이후 컨디션이 하락하면서 에릭 다이어에게 주전 자리를 내줬다. 올 시즌 반등이 필요하다.

FW HWANG Heechan(황희찬)
2차 예선 4경기-263분-2골-0도움-0경고-0퇴장

울버햄튼 소속. 지난 시즌 EPL에서 12골-3도움을 올렸고, 북중미 월드컵 아시아 2차 예선 싱가포르 홈, 원정경기에서 각각 1골씩 터뜨렸다. 좌측면과 최전방을 수시로 넘나들며 골을 넣고, 동료에게 패스를 연결했다. 그는 강심장이다. 2018 아시안게임 우즈벡전, 2024 아시안컵 호주전에서 결정적인 PK를 과감하게 성공시켰다.

MF HWANG Inbeom(황인범)
2차 예선 6경기-501분-0골-0도움-0경고-0퇴장

츠르베나 즈베즈다 소속. 대표팀 중원의 핵이다. 지칠 줄 모르는 지구력으로 그라운드 전체를 커버하는 '박스-투-박스' MF다. 날카로운 장단패스와 기습적인 중거리 슈팅이 위력적이다. 월드컵 2차 예선 6경기에 모두 출전해 팀의 중심을 잡아줬다. 지난 시즌 세르비아 슈퍼리그에서 5골-5도움, UCL에서 1골 1도움을 각각 기록했다.

DF SEOL Youngwoo(설영우)
2차 예선 4경기-216분-0골-1도움-0경고-0퇴장

FK 츠르베나 즈베즈다 소속. 수비진의 멀티-포지션 플레이어. 황문기, 김문환과 라이트백 주전을 놓고 경쟁할 수도 있고, 김진수가 부상으로 빠진 레프트백 선발로 출전할 수도 있다. 기본기가 잘 갖춰져 있고, 축구 IQ가 우수하다. 체력이 좋아 수비에서 공간을 잘 커버하며, 공격에 활발히 가담한다. 드리블할 때 특유의 접는 동작이 압권이다.

WCQ 2nd ROUND RESULT

C조 1위 5승 1무 20득점 1실점

2023.11.16 vs.싱가포르 5-0승
골 : 조규성, 황희찬, 손흥민, 황의조, 이강인

2023.11.21 @중국 3-0승
골 : 손흥민②, 정승현

2024.03.21 vs.태국 1-1무
골 : 손흥민

2024.03.26 @태국 3-0승
골 : 이재성, 손흥민, 박진섭

2024.06.06 @싱가포르 7-0승
골 : 이강인②, 주민규, 손흥민②, 배준호, 황희찬

2024.06.11 vs.중국 1-0승
골 : 이강인

| FIFA RANKING LAST 12MONTHS | YEAR 2023 | JUL 28 | AUG 28 | SEP 26 | OCT 24 | NOV 23 | DEC 23 | YEAR 2024 | JAN 23 | FEB 22 | MAR 22 | APR 22 | MAY 23 | JUN 22 |

KOREA REPUBLIC vs. AFC WCQ 2nd ROUND OPPONENTS PER GAME STATS

대한민국 vs 상대국

	점유율	득점	슈팅	유효슈팅	비유효슈팅	프리킥	코너킥	오프사이드	GK선방	파울	경고	위협적공격
대한민국	71%	3.33	16.2	7.4	8.8	11.2	7.5	2.3	1.0	12.2	0.670	60
상대국	29%	0.17	4.8	1.2	3.6	12.8	1.8	0.8	4.0	11.0	2.330	21

TEAM POTENTIAL

89점
B조 6개국 중 1위

| 공격력 9점 | 수비→공격 트랜지션 9점 | 수비력 8점 | 공격→수비 트랜지션 8점 | 선수층 10점 |
| 선수 경험치 9점 | 감독 리더십 9점 | 감독 전술 8점 | 조 추첨 9점 | 출전 횟수 10점 |

*각 항목은 10점 만점, B조 6개국 사이의 상대평가

OFFENSIVE STYLE
다이렉트 플레이 ← → 포제션 풋볼

DEFENSIVE STYLE
리트릿 디펜스 ← → 카운터 프레싱

FORMATION

4-2-3-1

- CF 황희찬 (손흥민 / 주민규 / 오세훈)
- LM 손흥민 (황희찬 / 양민혁 / 엄지성)
- AM 이재성 (손흥민 / 이강인 / 이동경)
- RM 이강인 (양민혁 / 이재성 / 엄지성)
- CM 정우영 (박용우 / 정호연)
- CM 황인범 (정호연 / 이동경)
- LB 설영우 (이명재 / 최우진)
- CB 김영권 (권경원 / 이한범)
- CB 김민재 (정승현)
- RB 김문환 (황문기 / 설영우)
- GK 조현우 (송범근 / 김준홍)

SQUAD LIST
*2024년 8월 26일 발표 명단

포지션	선수	생년월일	A출전	A득점
GK	Jo Hyeonwoo	1991.09.25	33	0
	Song Bumkeun	1997.10.15	1	0
	Kim Joonhong	2003.06.03	0	0
DF	Kwon Kyungwon	1992.01.31	32	2
	Kim Minjae	1996.11.15	63	4
	Kim Youngwon	1990.02.27	111	7
	Jung Seunghyun	1994.04.03	25	1
	Lee Hanbeom	2002.06.17	0	0
	Seol Youngwoo	1998.12.05	16	0
	Lee Myungjae	1993.11.04	1	0
	Choi Woojin	2004.07.18	0	0
	Hwang Moongi	1996.12.08	0	0
	Kim Moonhwan	1995.08.01	27	0
MF	Park Yongwoo	1993.09.10	15	0
	Jung Wooyoung	1989.12.14	74	3
	Hwang Inbeom	1996.09.20	60	6
	Lee Jaesung	1992.08.10	88	11
	Son Heungmin	1992.07.08	127	48
	Hwang Heechan	1996.01.26	66	14
	Lee Donggyeong	1997.09.20	8	1
	Jeong Hoyeon	2000.09.28	1	0
	Yang Minhyeok	2006.04.16	0	0
	Eom Jisung	2002.05.09	1	1
	Lee Kangin	2001.02.19	29	10
FW	Joo Minkyu	1990.04.13	4	1
	Oh Sehun	1999.01.25	0	0

Player's Functions

Dribblers: 손흥민, 이강인, 황희찬

Long Range: 손흥민, 이강인, 정우영

Free Kickers: 손흥민, 이강인, 정우영

11m Penalty Takers: 황희찬, 손흥민, 이강인

Key Passes: 손흥민, 이재성, 이강인

30m Long Balls: 황인범, 정우영, 손흥민

Corner Kickers: 이강인, 손흥민, 황인범

Box To Box: 이재성, 황인범, 정호연

Holding MF: 정우영, 박용우, 정호연

Line Controls: 김민재, 김영권, 이한범

Tacklers: 권경원, 김민재, 정우영

Headers: 오세훈, 김민재, 권경원

IRAQ

이라크

MANAGER : Jesús CASAS 헤수스 카사스

1973년 10월 23일 스페인 마드리드 출생. 1992부터 10년간 프로 선수로 뛰었지만 그리 유명한 선수는 아니었다. 은퇴 직후 카디스 유스 팀에서 코치 생활을 시작했고, 카디스, 로타, 코닐 등에서 성인 선수들을 지도했다. 2018년 왓포드, 2019~2022년 2월까지 스페인 대표팀 코치로 활약했고, 2022년 12월, 이라크 대표팀 정식 감독으로 선임되었다. 유망주를 잘 발굴하고, 조직적인 전술을 잘 짜는 감독으로 알려져 있다. 아시안컵 조별리그에서 일본을 격파해 눈길을 끌었다.

OFFENSE MECHANISM : 간결한 종(縱)방향 플레이

간결하고 효율적인 공격을 펼친다. 종방향 다이렉트 플레이에 강점이 있다. 카사스 감독의 철학이기도 하다. 일단 로블록 빌드업에서는 센터백, 중앙 미드필더, 공격형 미드필더(윙어)를 거치는 전통 방식을 기본으로 깔지만, 후방에서 전방으로 한 번에 롱볼을 넘겨주는 기습 작전도 수시로 구사한다. 파이널 서드에 상대 수비가 밀집해 있으면 스트링보다는 좌우로 넘겨 재차 크로스를 올리거나 과감하게 중거리 슈팅을 날리는 편이다. 장신들의 세트플레이 헤더는 위력적이다.

DEFENSE MECHANISM : 효율적 리트릿과 도움수비

수비의 기본은 리트릿이다. 특별한 경우가 아니면 1차 저지선은 하프라인이다. 구간을 나누고, 각자의 지역을 효율적으로 방어하며, 근처의 동료들이 매우 효율적으로 도움 수비를 간다. 수비 상황 로블록에서는 다른 중동 국가들에 비해 상대적으로 좌우폭이 좁은 편이다. 그렇기에 상대의 짧은 패스 콤비네이션을 잘 막아낸다. 반면, 반대편 공간으로 크게 오픈시켰을 때 공략을 종종 당한다. 로블록에서 라인 컨트롤러는 골라인에서 평균 16~17m에 위치한다. 비교적 낮은 위치다.

COUNTRY & FOOTBALL ASSOCIATION

면적	인구	공용어	정부 형태	시간대
43만 8317km² 세계 59위	4551만명 세계 35위	아랍어	대통령 중심제 공화국	UTC+3시간 대한민국 -6시간

종교	총 GDP	1인 GDP	주요 산업	재래식 군사력
시아파 63% 수니파 35% 기타 종교 1%	2659억 달러 세계 51위 2024년 IMF	5715달러 세계 127위 2024년 IMF	석유, 화학, 섬유 비료, 금속, 가축, 건축자재, 비료	세계 45위 *핵무기는 제외 2024년 GFP

축구협회 창립 : 1948년 / FIFA 가입 : 1950년 / AFC 가입 : 1970년 / WAFF 가입 : 2001년

국제 대회 우승 – 준우승

1-0 AFC ASIAN CUP	1-1 ASIAN GAME FOOTBALL	1-3 *WAFF CHAMPIONSHIP
1-0 AFC U-23 ASIAN CUP	5-2 AFC U-20 ASIAN CUP	1-0 AFC U-17 ASIAN CUP

*서아시아 지역 대회.

STAR PLAYERS

FW Aymen HUSSEIN(아이멘 후세인)
2차 예선 65경기-317분-4골-0도움-0경고-0퇴장
CS 스팍시엔 소속. 중동 최강의 CF. 190cm의 체격, 강력한 파워, 필살의 결정력으로 '경계 대상 1호'로 꼽힌다. 월드컵 2차 예선에서는 5경기 4골로 여전한 존재감을 과시했다. 박스 내외곽에서 강력한 슈팅을 터뜨리고, 타점 높은 헤더를 구사한다. 카타르 아시안컵 요르단전 '잔디 먹방'으로 퇴장 당해 팀을 곤란하게 만들었다.

MF Zidane IQBAL(지단 이크발)
2차 예선 4경기-208분-1골-0도움-0경고-0퇴장
FC 위트레흐트 소속. 파키스탄 아버지와 이라크인 어머니 사이에 잉글랜드 맨체스터에서 태어난 3중 국적자. 본인의 장래를 위해 이라크 대표팀을 선택했다. 프랑스 축구 전설 지네딘 지단을 존경해 본인의 이름도 지단으로 지었다. 아시아 2차 예선에서 화려한 드리블, 정확한 패스, 활발한 수비 가담으로 팀 승리를 도왔다.

MF Osama RASHID(오사마 라시드)
2차 예선 5경기-392분-1골-0도움-0경고-0퇴장
비젤라 소속. 네덜란드 청소년 대표 출신이지만 이라크 국가대표를 선택했다. 지난 2011년부터 13년간 유럽 9개 구단에서 풍부한 경험을 쌓았다. '박스-투-박스' 미드필더로 이라크 팀플레이의 핵이다. 부지런히 움직이면서 공격과 수비의 밸런스를 유지시킨다. 박스 외곽에서 터뜨리는 기습적인 중거리 슈팅은 치명적인 무기다.

MF Ali JASIM(알리 자심)
2차 예선 6경기-462분-2골-2도움-0경고-0퇴장
알쿠와 알자위야 소속. 공격형 미드필더, 라이트윙, 센터포워드를 넘나드는 만능 공격수. 월드컵 2차 예선 6경기에 모두 출전했고, 2골-2도움을 올리며 공격을 이끌었다. 이라크 최고의 테크니션이다. 화려한 드리블로 상대 수비 1~2명을 쉽게 제친다. 팀의 프리킥 기회 때 제1옵션이며 박스 외곽에서 강렬한 중거리 슈팅을 날린다.

DF Rebin SULAKA(레빈 술라카)
2차 예선 6경기-529분-0골-1도움-0경고-0퇴장
2010년 프로에 데뷔한 이래 14년간 스웨덴, 카타르, 불가리아 등에서 14개 팀을 옮겨 다닌 '저니맨'이다. FC 서울과는 2024년 2월 21일 계약했다. 이라크 수비진의 중심이다. 라인 컨트롤, 커버플레이, 큰 키를 활용한 공중전에 강점이 있다. 2022년 2월 개인적인 이유로 대표팀에서 은퇴했지만, 2024년 아시안컵 때 복귀했다.

DF Saad NATIQ(사드 나티크)
2차 예선 2경기-153분-0골-0도움-0경고-0퇴장
알쿠와 알자위야 소속. 188cm의 장신 센터백 겸 수비형 미드필더다. 2013년 FIFA U-20 월드컵 4위, 2014년 아시안 게임 동메달 등 연령별 대표팀에서 성과를 냈다. 강력한 태클, 타점 높은 헤더가 특기다. 현 대표팀에서는 신예 자이드 타신과 센터백 1자리를 놓고 경쟁 중이다. 아시아 2차 예선에서는 2경기 153분간 출전했다.

WCQ 2nd ROUND RESULT

F조 1위 6전 전승 17득점 2실점

2023.11.16 vs.인도네시아 5-1승
골 : B.레산, 자책골, O.라시드, Y.아민, A.알하마디인

2023.11.21 @베트남 1-0승
골 : M.알리

2024.03.22 vs.필리핀 1-0승
골 : M.알리

2024.03.26 @필리핀 5-0승
골 : A.후세인②, A.알아마리, Z.이크발, Z.타신

2024.06.06 @인도네시아 2-0승
골 : A.후세인, A.J.엘라이비

2024.06.12 vs.베트남 3-1승
골 : H.알리, A.J.엘라이비, A.후세인

FIFA RANKING LAST 12MONTHS	YEAR 2023	JUL	AUG	SEP	OCT	NOV	DEC	YEAR 2024	JAN	FEB	MAR	APR	MAY	JUN
		70	70	69	68	63	63		63	59	59	58	58	55

IRAQ vs. AFC WCQ 2nd ROUND OPPONENTS PER GAME STATS

이라크 vs 상대국

	점유율	득점	슈팅	유효슈팅	비유효슈팅	프리킥	코너킥	오프사이드	GK선방	파울	경고	위협적공격
	64% / 36%	2.83 / 0.33	13.5 / 4.6	5.8 / 1.8	7.5 / 3.2	9.0 / 11.3	4.8 / 2.8	1.8 / 0.3	0.8 / 3.0	9.2 / 9.2	0.500 / 2.167	65 / 35

TEAM POTENTIAL

81점
B조 6개국 중 2위

- 공격력 8점
- 수비 → 공격 트랜지션 8점
- 수비력 9점
- 공격 → 수비 트랜지션 8점
- 선수층 8점
- 선수 경험치 8점
- 감독 리더십 8점
- 감독 전술 9점
- 조 추첨 8점
- 출전 횟수 7점

*각 항목은 10점 만점, B조 6개국 사이의 상대평가

OFFENSIVE STYLE
다이렉트 플레이 ●――― 포제션 풋볼

DEFENSIVE STYLE
리트릿 디펜스 ――●―― 카운터 프레싱

FORMATION

4-2-3-1

- CF: AY.후세인 (A.모하나드 / A.알하마디)
- LM: B.레산 (A.야흐야 / Y.아민)
- AM: Z.이크발 (I.바예시 / A.자심)
- RM: I.바예시 (A.자심 / Z.이크발)
- CM: A.알아마리 (A.알리)
- CM: O.라시드 (S.하디)
- LB: M.도스키 (A.알하지지)
- CB: R.술라카 (D.이스마일)
- CB: S.나티크 (Z.타신)
- RB: AL.후세인 (A.모히딘)
- GK: J.하산 (F.탈립 / K.알레카베)

PROBABLE SQUAD LIST

포지션	선수	생년월일	A출전	A득점
GK	Jalal Hassan	1991.05.18	83	0
	Kumel Al-Rekabe	2004.08.19	0	0
	Hussein Hassan	2002.11.15	0	0
	Ali Kadhim	1997.10.24	0	0
DF	Rebin Sulaka	1992.04.12	42	1
	Saad Natiq	1994.03.19	39	1
	Manaf Younis	1996.11.16	17	1
	Hussein Ali	2002.03.01	12	1
	Zaid Tahseen	2001.01.29	11	1
	Ahmed Yahya	1997.05.27	8	0
	Mustafa Saadoon	2001.05.25	3	0
	Akam Hashim	1998.08.16	1	0
	Ahmed Maknzi	2001.09.24	0	0
MF	Bashar Resan	1996.12.22	64	4
	Ibrahim Bayesh	2000.05.01	54	6
	Safaa Hadi	1998.10.14	38	1
	Osama Rashid	1992.01.17	37	2
	Amir Al-Ammari	1997.07.27	31	2
	Ali Jasim	2004.01.20	13	2
	Zidane Iqbal	2003.04.27	12	1
	Youssef Amyn	2003.08.21	10	1
	Louai El Ani	1997.07.12	3	0
	Mohamed Al-Taay	2000.06.15	1	0
	Marko Farji	2004.03.16	0	0
FW	Aymen Hussein	1996.03.22	76	27
	Mohanad Ali	2000.06.20	48	20

Player's Functions

Dribblers: A.자심 / I.바예시 / Y.아민

Long Range: O.라시드 / A.자심 / I.바예시

Free Kickers: A.자심 / Y.아민 / A.모하나드

Penalty Takers (11m): AY.후세인 / A.알아마리 / A.아드난

Key Passes: Z.이크발 / A.J.엘라이비 / A.알아마리

Long Balls (30m): S.나티크 / I.바예시 / R.술라카

Corner Kickers: A.자심 / I.바예시 / Y.아민

Box To Box: Z.이크발 / O.라시드 / A.알아마리

Holding MF: S.하디 / A.알리 / R.술라카

Line Controls: R.술라카 / S.나티크

Tacklers: A.알아마리 / R.술라카 / Z.타신

Headers: AY.후세인 / M.유누스 / M.마헤드

JORDAN

요르단

MANAGER : Jamal SELLAMI 자말 셀라미

1970년 10월 6일 모로코 카사블랑카 출생. 현역 시절 라자 카사블랑카, 베식타슈 등에서 미드필더로 활약했고, 모로코 국가대표로 38회의 A매치에 출전한 스타 출신이다. 은퇴 후 FUS 라바트, 모로코, 라자 카사블랑카 등에서 선수들을 지도했고, 2024년 6월, 요르단 감독으로 부임했다. 카타르 아시안컵에서 대한민국을 침몰시켰던 우신 아무타 감독의 후임이기에 요르단 팬들은 기대반, 걱정반을 하고 있다. 기존 요르단 스타들을 계속 중용하면서 강력한 역습을 구사할 것이다.

OFFENSE MECHANISM : 아시아 톱클래스 역습

종방향 다이렉트 플레이와 역습 위주다. 요르단의 역습은 아시아 톱클래스다. 점유율은 그리 높지 않다. 짧은 패스와 중거리 패스 위주 공격이지만 패스 타이밍을 빨리 가져간다. 수비라인은 평균 수준인데 최전방 트리오(CF와 2명의 AM)가 가끔 도전적으로 프레스를 하다가 상대의 볼을 탈취한 후 풀스피드로 카운터어택을 전개한다. 카타르 아시안컵 때 대한민국을 유린했던 바로 그 전술이다. 전문 용어는 없지만, 공격형 미드필더가 좌우로 벌리거나 윙백이 깊숙이 침투한다.

DEFENSE MECHANISM : 미드블럭 존 프레스

라인이 높은 편은 아니다. 수비의 주전장(主戰場)은 미드블럭이다. 기다리는 수비와 전방 압박을 자유롭게 변환한다. 상대적으로 수비 실수는 적은 편이다. 수비의 좌우폭이 다른 중동 국가보다 살짝 넓은 편이라 상대의 측면 공격, 좌우로 크게 전환하는 패스에 대해서는 잘 대처한다. 반면, 짧은 패스로 하프스페이스를 공략하는 팀에는 약점을 보인다. 스위퍼 야잔 알아라브가 전진할 때 수비형 미드필더 누르 알라와브데가 수시로 커버한다. 압달라 나시브는 강력한 태클을 구사한다.

COUNTRY & FOOTBALL ASSOCIATION

면적	인구	공용어	정부 형태	시간대
8만 9342km² 세계 111위	1117만명 세계 84위	아랍어 영어	의원 내각제 입헌 군주국	UTC+3시간 대한민국 -6시간

종교	총 GDP	1인 GDP	주요 산업	재래식 군사력
수니파 92% 기독교 6% 기타 종교 2%	536억 달러 세계 91위 2024년 IMF	4705달러 세계 136위 2024년 IMF	관광, 정보, 의료 비료, 칼륨, 인산 제약, 석유, 화학	세계 80위 *핵무기는 제외 2024 GFP

축구협회 창립 : 1949년 / FIFA 가입 : 1956년 / AFC 가입 : 1975년 / WAFF 가입 : 2015년

국제 대회 우승 - 준우승

0-0 AFC ASIAN CUP	0-0 ASIAN GAME FOOTBALL	0-3 *WAFF CHAMPIONSHIP
0-0 AFC U-23 ASIAN CUP	0-0 AFC U-20 ASIAN CUP	0-0 AFC U-17 ASIAN CUP

*서아시아 지역 대회.

STAR PLAYERS

FW Yazan AL-NAIMAT (야잔 알나이마트)
2차 예선 6경기-533분-3골-4도움-0경고-0퇴장

알아흘리 소속. 요르단 부동의 CF. 카타르 아시안컵 때 대한민국 격파의 선봉장이다. 이번 월드컵 2차 예선에서는 6경기에 모두 선발로 출전해 3골-4도움을 올렸다. 알나이마트는 다양한 재능의 공격수다. 박스 안에서의 결정력, 슈팅 기술뿐만 아니라 역습 주도 능력, 섬세한 패스까지 갖췄다. 대한민국의 경계대상 1호다.

FW Mousa AL-TAAMARI (무사 알타마리)
2차 예선 6경기-537분-5골-0도움-0경고-0퇴장

몽펠리에 소속. '요르단의 메시'로 불리는 최고의 스타다(정작 본인은 이 별명을 싫어한다). 폭발적인 스피드를 자랑하기에 역습에 최적화된 2선 공격수다. 드리블로 상대 수비 1~2명쯤은 쉽게 제친다. 왼발잡이로 다양한 슈팅 기술을 선보인다. 결정력도 높다. 이번 월드컵 2차 예선 6경기에 출전해 팀내 최다인 5골을 터뜨렸다.

MF Ali OLWAN (알리 올완)
2차 예선 6경기-523분-4골-0도움-0경고-0퇴장

알샤말 소속. 알타마리와 함께 요르단 2선 공격을 책임진다. 알타마리가 속공에 최적화된 폭발적인 선수라면, 올완은 요르단 내 최고의 테크니션으로 꼽힌다. 퍼스트 터치가 정확하고, 볼을 잘 지켜내며 화려한 드리블과 날카로운 패스를 구사한다. 월드컵 2차 예선 6경기에 모두 선발로 출전했고, 정확한 결정력으로 4골을 기록했다.

MF Noor AL-RAWABDEH (누르 알라와브데)
2차 예선 6경기-539분-1골-1도움-0경고-0퇴장

셀랑고르 FA 소속. '박스-투-박스' 미드필더. 그뿐만 아니라 1차 빌드-업의 출발점이기도 하다. 월드컵 2차 예선 6경기 동안 꾸준히 선발 출전하며 팀의 밸런스를 유지시켰다. 전방으로 정확히 롱볼을 날려주고, 강력한 킥을 바탕으로 박스 외곽에서 위력적인 중거리 슈팅과 프리킥을 구사한다. 요르단 U-23(올림픽 대표) 출신.

DF Yazan AL-ARAB (야잔 알아라브)
2차 예선 4경기-359분-0골-0도움-1경고-0퇴장

무아이테르 소속. 요르단 U-23 대표 출신이고, 2017년부터 국가대표로 활약해 왔다. 월드컵 2차 예선 4경기 동안 백3 시스템의 중앙에 포진해 전체 수비를 조율했다. 시야가 넓고, 축구 IQ가 우수하며 적재적소에 커버플레이를 펼친다. 후방 빌드-업 상황에서 전방으로 정확한 롱볼을 날려준다. 세트 피스 때 타점 높은 헤더를 구사한다.

DF Abdallah NASIB (압달라 나시브)
2차 예선 4경기-360분-0골-0도움-2경고-0퇴장

알후세인 소속. 강력한 스토퍼. 몸싸움을 잘 하고, 전투적인 승부 근성을 발휘한다. '상대팀 에이스 킬러'다. 월드컵 2차 예선 때 여러 차례 강력한 태클로 파울을 기록했고, 옐로카드 2장을 받았다. 센터백치고 키(184cm)는 평범하지만, 자리를 잘 잡기에 공중전 승률이 높은 편이다. 카타르 아시안컵 때 베스트 11에 선정되었다.

WCQ 2nd ROUND RESULT

G조 1위 4승 1무 1패 16득점 4실점

2023.11.16 @타지키스탄 1-1무
골 : Y.알나이마트

2023.11.22 vs. 사우디아라비아 0-2패
골 : —

2024.03.21 @파키스탄 3-0승
골 : M.알타마리②, A.올완

2024.03.27 vs.파키스탄 7-0승
골 : M.알타마리③, Y.나이마트, S.로잔, A.올완, 사라

2024.06.07 vs.타지키스탄 3-0승
골 : A.올완, Y.알나이마트, S.사데

2024.06.12 @사우디아라비아 2-1승
골 : A.올완, N.알라와브데

FIFA RANKING LAST 12MONTHS	YEAR 2023	JUL	AUG	SEP	OCT	NOV	DEC	YEAR 2024	JAN	FEB	MAR	APR	MAY	JUN
		82	82	84	82	87	87		87	70	70	71	71	68

JORDAN vs. AFC WCQ 2nd ROUND OPPONENTS PER GAME STATS

요르단 vs 상대국

	점유율	득점	슈팅	유효슈팅	비유효슈팅	프리킥	코너킥	오프사이드	GK선방	파울	경고	위협적공격
52% BP 49%	2.67	0.67	16.2	8.7	5.5	3.5	10.7	5.2	13.5 FK 11.2			
6.7	4.3	2.5	2.0	2.8	2.8	10.0	11.5	1.83	1.83	71 DA 55		

TEAM POTENTIAL

77점
B조 6개국 중 3위

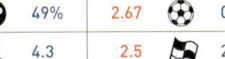 공격력 7점
 수비→공격 트랜지션 9점
 수비력 8점
공격→수비 트랜지션 8점
선수층 8점

선수 경험치 8점
감독 리더십 7점
감독 전술 8점
조 추첨 8점
출전 횟수 6점

*각 항목은 10점 만점, B조 6개국 사이의 상대평가

OFFENSIVE STYLE
다이렉트 플레이 ———●——— 포제션 풋볼

DEFENSIVE STYLE
리트릿 디펜스 ———●——— 카운터 프레싱

FORMATION

BASIC
3-4-2-1

CF Y.알나이마트
A.올완 / M.아부리즈크 / A 알아타르

AM A.올완
M.알마르디 / M.아부즈라이크 / Y.잘부시

AM M.알타마리

WB A.하시시
M.알마르디 / M.쇼카트 / F 아와드

CM M.알라시단

CM N.알라와브데
R.아예드

WB E.하다드
E.셀바이에

CB S.알아잘린
S.알로잔

CB Y.알아라브
A 바니 야신

CB A.나시브
B.마레이

GK Y.압둘라일라
A.알주비 / M.알파쿠리

PROBABLE SQUAD LIST

포지션	선수	생년월일	A출전	A득점
GK	Yazeed Abulaila	1993.01.08	46	0
	Nour Bani Attiah	1993.01.25	0	0
	Ahmad Al-Juaidi	2001.04.09	0	0
DF	Abdullah Al-Zubi	1989.10.08	6	0
	Mohammad Abu Hashish	1995.05.09	34	0
	Abdallah Nasib	1994.02.25	37	2
	Bara' Marei	1994.04.15	16	0
	Yazan Al-Arab	1996.01.31	60	2
	Feras Shelbaieh	1993.11.27	35	2
	Salem Al-Ajalin	1988.02.18	38	2
	Saed Al-Rosan	1997.02.01	6	1
	Ihsan Haddad	1994.02.05	79	2
MF	Yousef Abu Jalboush	1998.06.15	5	0
	Aref Al-Haj	2001.05.28	1	0
	Noor Al-Rawabdeh	1997.02.24	50	2
	Mahmoud Al-Mardi	1993.10.06	62	8
	Rajaei Ayed	1993.07.25	55	0
	Ibrahim Sadeh	2000.04.27	33	2
	Mahmoud Shawkat	1995.05.20	3	0
	Mohannad Abu Taha	2003.02.02	4	0
	Nizar Al-Rashdan	1999.03.23	22	2
	Saleh Rateb	1994.12.18	38	0
FW	Ali Olwan	2000.11.18	44	14
	Mousa Al-Tamari	1996.11.03	73	23
	Yazan Al-Naimat	1999.06.04	48	18
	Abdullah Al-Attar	1992.10.04	5	0
	Mohammad Aburiziq	1999.02.01	1	0

Player's Functions

Dribblers
M.알타마리
A.올완
M.아부즈라이크

Long Range
N.알라와브데
M.알타마리
M.알마르디

Free Kickers
M.알타마리
M.알마르디
N.알라와브데

Penalty Takers 11m
Y.알나이마트
M.알타마리
E.하다드

Key Passes
M.알타마리
A.올완
Y.잘부시

Long Balls 30m
M.알라시단
E.하다드
Y.알아라브

Corner Kickers
M.알마르디
M.알타마리
Y.알아라브

Box To Box BTB
N.알라와브데
M.알라시단
M.쇼카트

Holding MF
R.아예드
S.알로잔
M.알라시단

Line Controls
Y.알아라브
A.바니야신

Tacklers
M.알라시단
E.하다드
A.나시브

Headers
Y.알나이마트
A.나시브
Y.알아라브

OMAN

오만

MANAGER : Jaroslav ŠILHAVÝ 야로슬라프 실하비

1961년 11월 3일 체코 플젠 출생. 현역 시절 시코다 플젠, RH 체브, 슬라비아 프라하, 페트라 드르노비체, 빅토리아 지즈코프를 거치며 수비수로 뛰었고, 체코슬로바키아 국가대표로 A매치 4경기에 출전했다. 현역 은퇴 후 바로 지도자로 나섰다. 2005년 스파르타 프라하 2군을 시작으로 20년간 10팀을 넘나든 '저니맨'이다. 2018년 체코 대표팀 감독을 맡아 5년간 지도했고, 유로 2020에서 팀을 8강으로 이끌었다. 2024년 2월, 오만 대표팀 감독으로 부임했다.

OFFENSE MECHANISM : 짧은 패스 빌드업 중시

점유율을 중시한다. 후방 빌드업은 CB 콤비 K. 알브라이키와 A. 알카미시, CM 듀오 H. 알사디와 A. 알알라위의 '2+2 시스템'에서 추진된다. 짧은 패스와 중거리 패스 위주의 보수적인 경기 운영을 한다. 파이널 서드에서 좌우폭을 좁게 가져간다. 즉, 좌우 방향 전환 때 하프 스페이스를 거쳐 짧게 이동한다. 물론, 대한민국을 상대로 할 때는 공격 스타일이 달라질 것이다. 수비 위주 역습, 좌우 폭을 넓게 사용하며 롱볼을 더 많이 가미할 전망이다. 축구는 상대적일 수밖에 없다.

DEFENSE MECHANISM : 뒤쪽 공간 안 내주는 조직력

오만이 수비를 할 때 "좌우폭은 좁게, 전후폭은 넓게" 가져간다. 측면 수비를 할 때는 상대를 압박해 짧은 패스 콤비네이션을 최대로 막는 데 중점을 둔다. 대신 반대편으로 크게 오픈시킬 때는 공간을 쉽게 내주는 약점을 보인다. 반면, 전후방 폭은 다른 중동 국가들에 비해 4~5m 정도 넓다. 로블록의 라인 컨트롤러는 골라인에서 평균 16~17m에 위치한다. 될 수 있으면 뒤쪽 공간을 내어주지 않겠다는 의도다. 코너킥 수비 때는 지역방어와 대인방어를 반반 정도 섞는다.

COUNTRY & FOOTBALL ASSOCIATION

면적	인구	공용어	정부 형태	시간대
30만 9500km² 세계 71위	390만명 세계 130위	아랍어	이슬람 종교국 전제 군주제	UTC+4시간 대한민국 −5시간

종교	총 GDP	1인 GDP	주요 산업	재래식 군사력
이슬람교 86% 기독교 6% 힌두교 6%	1089억 달러 세계 66위 2024년 IMF	2만 3109달러 세계 63위 2024년 IMF	석유, 천연 가스 건설, 시멘트, 화학 구리, 철강, 광섬유	세계 78위 *핵무기는 제외 2024년 GFP

축구협회 창립 : 1978년 / FIFA 가입 : 1978년 / AFC 가입 : 1980년 / WAFF 가입 : 2010년

국제 대회 우승 - 준우승

 0-0 AFC ASIAN CUP   0-0 ASIAN GAME FOOTBALL    0-0 *WAFF CHAMPIONSHIP

 0-0 AFC U-23 ASIAN CUP   0-0 AFC U-20 ASIAN CUP    2-0 AFC U-17 ASIAN CUP

*서아시아 지역 대회

STAR PLAYERS

FW Issam AL-SABHI (이삼 알사브히)
2차 예선 5경기-383분-1골-1도움-2경고-0퇴장

알나흐다 소속. 대표팀 경력 5년째인 센터포워드. 현재 CF 주전 자리를 놓고 무센 알가사니, 오마르 알칼미와 경쟁중이다. 지난 1월 아시안컵 때는 다소 아쉬운 퍼포먼스를 선보였지만, 월드컵 2차 예선 때는 5경기에 출전해 1골-1도움을 올리며 팀 승리를 뒷받침했다. 박스 안에서 섬세한 볼터치로 정확히 골을 터뜨린다.

FW Salaah AL-YAHYAEI (살라 알야흐야에이)
2차 예선 3경기-199분-0골-0도움-0경고-0퇴장

카타르 SC 소속. '오만의 메시'로 불리는 2선 공격수. 알사브히, 알가사니 등 CF 뒤에 포진해 공격을 조율한다. 월드컵 2차 예선에서 아직 득점이 없지만, 화려한 드리블과 정확한 장·단 패스를 구사하며 팀플레이를 이끌었다. 팀의 프리킥, 페널티킥 전문 키커 중 1명으로 나선다. 2016년부터 오만 대표로 활약해 왔다.

MF Jameel AL-YAHMADI (자밀 알야흐마디)
2차 예선 5경기-288분-0골-2도움-0경고-0퇴장

알카라이티야트 소속. 폭발적인 측면돌파를 시도하는 라이트윙. 월드컵 2차 예선 5경기에 출전해 2도움을 올렸다. 알야흐야에이와의 콤비네이션 플레이는 매우 위력적이다. 박스 외곽에서 시도하는 중거리 슈팅은 강력한 무기다. 2018년, 오만 U-23(올림픽) 대표에서 국가대표로 승격했고, 이후 60경기 이상의 A매치에 출전했다.

MF Harib AL-SAADI (하리브 알사디)
2차 예선 6경기-536분-0골-0도움-2경고-0퇴장

알나흐다 소속. 강력한 태클로 백4 라인 앞에서 수비진을 보호하고, 정확한 장단 패스로 빌드-업의 출발점이 된다. 킥이 위력적이라 직접 프리킥 전문 키커고, 박스 외곽에서 폭발적인 중장거리 슈팅을 날린다. 저돌적인 수비를 펼치다 카드를 많이 수집하는 편이다. 2016년부터 국가대표로 활약하며 50차례 이상의 A매치에 출전했다.

DF Ali AL-BUSAIDI (알리 알부사이디)
2차 예선 5경기-363분-0골-2도움-0경고-0퇴장

알시브 소속. 공격 성향이 매우 강한 좌측면의 지배자. 레프트백이지만, 왼쪽 윙백, 레프트윙 등 터치 라인을 따라 여러 위치를 넘나든다. 빠른 스피드, 위협적인 드리블, 정확한 크로스, 폭발적인 프리킥 등 공격적인 면에서 돋보인다. 아시아 2차 예선에서 2도움을 기록했다. 멘탈이 강하고, 공격에서 수비로의 전환이 빠른 편이다.

DF Ahmed AL-KHAMISI (아흐메드 알카미시)
2차 예선 6경기-502분-0골-1도움-0경고-0퇴장

알시브 FC 소속. 중앙 수비수. 174cm로 체격은 작다. 그러나 축구 IQ가 우수하고, 시야가 넓은 데다 민첩한 커버플레이를 펼친다. 소속 팀에서는 평균 5개 이상의 가로채기를 성공시킨다. 패스 루트를 파악하고, 전진하면서 잘 끊어낸다. 30살 때인 지난 2021년, FIFA 아랍컵 때 처음 대표로 발탁됐으나 이후 주전 자리를 굳혔다.

WCQ 2nd ROUND RESULT

D조 1위 4승 1무 1패 11득점 2실점

2023.11.17 vs.대만 3-0승
골 : O.알말키, A.알카비, M.살레

2023.11.22 @키르기스스탄 0-1패
골 : -

2024.03.22 vs.말레이시아 2-0승
골 : I.알사브히, M.알가사니

2024.03.26 @말레이시아 2-0승
골 : O.알말키, M.알가프리

2024.06.06 @대만 3-0승
골 : A.알무샤이프리③

2024.06.12 vs.키르기스스탄 1-1무
골 : 자책골

FIFA RANKING LAST 12MONTHS	YEAR 2023	JUL	AUG	SEP	OCT	NOV	DEC	YEAR 2024	JAN	FEB	MAR	APR	MAY	JUN
		73	73	73	72	74	74		74	80	80	77	77	76

OMAN vs. AFC WCQ 2nd ROUND OPPONENTS PER GAME STATS

오만 vs 상대국

	BP 점유율		득점		슈팅		유효슈팅		비유효슈팅		FK 프리킥		코너킥		오프사이드		GK선방		파울		경고		DA 위협공격
58%		42%	1.83		0.33	20.8		7.0	7.8		2.0	13.0		5.0		9.4			11.8			
8.8		4.6	2.0		1.6	1.8		5.6	9.8		8.8	1.40		1.80					76			49

TEAM POTENTIAL

72점
B조 6개국 중 4위

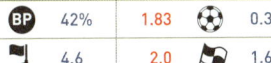 공격력 7점
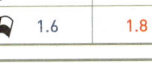 수비→공격 트랜지션 7점
 수비력 7점
 공격→수비 트랜지션 8점
 선수층 7점

선수 경험치 7점
감독 리더십 8점
감독 전술 8점
조 추첨 7점
출전 횟수 6점

*각 항목은 10점 만점, B조 6개국 사이의 상대평가

OFFENSIVE STYLE
다이렉트 플레이 ←→ 포제션 풋볼

DEFENSIVE STYLE
리트릿 디펜스 ←→ 카운터 프레싱

FORMATION

4-2-3-1

CF I.알사브히
O.알말키 / M.알가사니

LM A.알무샤이프리 (Z.함이그비리)
AM S.알야흐야에이 (J.알야흐마디)
RM J.알야흐마디 (A.알알라위)

CM H.알사디 (A.파와즈)
CM A.알알라위 (Z.알이그비리)

LB A.알부사이디 (A.알카비)
CB M.알무살라미 (K.알브라이키)
CB A.알카미시 (M.라마단)
RB A.알사무시 (A.알하르시)

GK I.알무카이니
(F.알라샤이디 / A.알라와히)

PROBABLE SQUAD LIST

포지션	선수	생년월일	A출전	A득점
GK	Faiz Al-Rushaidi	1988.07.19	67	0
	Ibrahim Al-Mukhaini	1997.06.20	21	0
	Ahmed Al-Rawahi	1994.05.05	5	0
	Bilal Al-Balushi	1996.05.29	0	0
DF	Ali Al-Busaidi	1991.03.21	75	1
	Ahmed Al-Khamisi	1991.11.26	35	0
	Khalid Al-Braiki	1993.07.03	31	0
	Fahmi Durbin	1993.10.10	30	0
	Ahmed Al-Kaabi	1996.09.15	30	0
	Mahmood Al-Mushaifri	1993.01.14	28	0
	Juma Al-Habsi	1996.01.28	27	0
	Amjad Al-Harthi	1994.01.01	25	1
	Abdulaziz Al-Gheilani	1995.05.14	13	0
	Ghanim Al-Habashi	1998.08.04	0	0
MF	Harib Al-Saadi	1990.02.01	77	1
	Jameel Al-Yahmadi	1996.07.27	58	3
	Salaah Al-Yahyaei	1998.08.17	47	8
	Zahir Al-Aghbari	1999.05.28	33	0
	Abdullah Fawaz	1996.10.03	32	5
	Arshad Al-Alawi	2000.04.12	30	6
	Mataz Saleh	1996.05.28	23	3
	Musab Al-Mamari	2000.01.22	12	0
	Tamim Al-Balushi	1999.11.03	2	0
	Nasser Al-Rawahi	2001.06.26	0	0
FW	Muhsen Al-Ghassani	1997.03.27	45	8
	Khalid Al-Hajri	1994.03.19	41	17
	Issam Al-Sabhi	1997.05.01	34	8
	Omar Al-Malki	1994.01.04	13	4
	Abdulrahman Al-Mushaifri	1997.11.28	5	0

Player's Functions

Dribblers
S.알야흐야에이
J.알야흐마디
A.알무샤이프리

Long Range
H.알사디
A.알알라위
J.알야흐마디

Free Kickers
H.알사디
S.알야흐야에이
A.알알라위

11m Penalty Takers
S.알야흐야에이
O.알말키
E.알사브히

Key Passes
S.알야흐야에이
A.알무사이프리
J.알야흐마디

30m Long Balls
A.알가사니
A.알하르시
A.알알라위

Corner Kickers
H.알사디
J.알야흐마디
S.알야흐야에이

Box To Box
A.알알라위
A.파와즈
M.살레

Holding MF
H.알사디
A.파와즈
A.알알라위

Line Controls
A.알카미시
M.알무살라미
M.라마단

Tacklers
M.알무살라미
A.알알라위
A.알사디

Headers
I.알사브히
O.알말키
A.알무샤이프리

PALESTINE

팔레스타인

MANAGER : Makram DABOUB 마크람 다부브

1972년 12월 23일 튀니지의 튀니스 출생. 현역 시절 에스페랑스 튀니지, 에스페랑스 자르지스에서 골키퍼로 활약했다. 은퇴 직후인 2010년 팔레스타인 대표팀 코치를 맡아 11년간 임무를 수행했고, 2021년 국가대표 감독으로 승격했다. 다부브는 지휘봉을 잡자마자 바로 능력을 발휘했다. 팔레스타인은 아시안컵 조별리그에서 1승 1무 1패를 기록, 조 3위로 16강에 올랐고, 월드컵 아시아 2차 예선에서는 2승 2무 2패를 올리며 호주에 이어 2위로 3차 예선에 진출했다.

OFFENSE MECHANISM : 위력적 역습, 좁은 좌우폭

종방향(縱方向) 다이렉트 플레이와 역습에 특화된 팀이다. 점유율에는 크게 신경 쓰지 않는다. 특별한 경우를 제외하고 공격수 1~2명이 하프라인에 진을 치고 있다가 찬스가 생기면 최단 시간에 파이널 서드에 진입해 승부를 본다. 반면 파이널 서드에서 횡방향(橫方向)으로 볼을 돌릴 때는 좌우폭을 좁게 가져간다. 블록으로 함께 움직이고, 좌우 방향 전환 때 짧은 패스로 하프 스페이스를 통해 단계를 거친다. 밀집 수비를 깨기 위해 기습적인 중거리 슈팅을 자주 구사한다.

DEFENSE MECHANISM : 하프라인 블록, 존 프레스

하이 프레스는 지양(止揚)하고, 하프라인 블록 및 존 프레스에 치중한다. 수비할 때 로블록은 좌우폭과 전후폭 모두 좁다. 즉, 블록을 형성해 함께 움직이고, 상대의 짧은 패스 콤비네이션을 막는 데 중점을 둔다는 뜻이다. 대신, 크게 반대편으로 열어줄 때는 공간을 점령당하면서 2차 크로스를 쉽게 내주는 약점이 있다. 라인 컨트롤러는 골라인에서 19~20m로 비교적 높이 위치한다. 상대의 중거리 슈팅을 우선 방어하겠다는 의도다. 공격하다 끊겼을 때 트랜지션에 문제가 있다.

COUNTRY & FOOTBALL ASSOCIATION

- **면적** 6020km² 세계 163위
- **인구** 523만명 세계 120위
- **공용어** 아랍어 영어
- **정부 형태** 이원 집정제 공화국
- **시간대** UTC+2시간 대한민국-7시간

- **종교** 이슬람교 92% 기독교 6% 기타 종교 1%
- **총 GDP** 191억달러 세계 198위 2024년 IMF
- **1인 GDP** 3478달러 세계 150위 2024년 IMF
- **주요 산업** 관광, 석재 과일, 채소
- **재래식 군사력** — 랭킹 145위 밖 2024년 GFP

축구협회 창립 : 1928년 / FIFA 가입 : 1998년 / AFC 가입 : 1998년 / WAFF 가입 : 2000년

국제 대회 우승 - 준우승

 0-0 AFC ASIAN CUP	0-0 ASIAN GAME FOOTBALL	 0-0 *WAFF CHAMPIONSHIP
0-0 AFC U-23 ASIAN CUP	0-0 AFC U-20 ASIAN CUP	 0-0 AFC U-17 ASIAN CUP

*서아시아 지역 대회.

STAR PLAYERS

FW Oday DABBAGH(오다이 다바그)
2차 예선 6경기-482분-3골-0도움-0경고-0퇴장

샤를루아 SC 소속. 팔레스타인 본토 출신으로 유럽에서 활약하는 거의 유일한 선수다. 주전 센터포워드로서 월드컵 2차 예선 6경기에 출전해 3골을 넣었다. 탄탄한 체격에 몸동작이 민첩하고, 볼 키핑, 패스, 드리블, 문전 처리 등 다방면에서 장점을 보인다. 역습에 최적화된 공격수다. 팔레스타인 전문 페널티 키커 중 1명이다.

MF Tamer SEYAM(타메르 세얌)
2차 예선 3경기-250분-0골-0도움-0경고-0퇴장

PT 프라차우프 소속. 주 위치는 레프트윙이지만, 상황에 따라 최전방에 출전할 수도 있다. 팔레스타인 공격 전술의 핵이다. 측면에서 화려한 드리블로 상대 수비를 돌파하고, 동료에게 칼날 패스를 찔러준다. 박스 외곽에서 시도하는 왼발 중거리 슈팅 및 직접 프리킥은 강력한 무기다. 다바그와 함께 네널티킥 전문 키커로 나선다.

DF Michel TERMANINI(미셸 테르마니니)
2차 예선 6경기-540분-1골-0도움-0경고-0퇴장

카즈마 소속. 팔레스타인계 이민 2세로 스웨덴 말뫼에서 태어났다. 2중 국적이지만 팔레스타인을 선택해 U-23 대표를 거쳐 국가대표로 올라왔다. 월드컵 2차 예선 6경기에 모두 선발 풀타임 출전한 수비진의 핵이다. 안정된 라인 컨트롤, 안정된 커버 플레이, 1차 빌드-업 상황에서의 정확한 롱볼 패스 등 뒷문을 든든히 지켜준다.

FW Zaid QUNBAR(자이드 쿰바르)
2차 예선 4경기-210분-0골-0도움-0경고-0퇴장

자발 알무카바르 소속. 186cm의 장신 공격수로 오다이 다바그와 '전방 쌍포'를 이룬다. 골을 많이 넣는 선수는 아니지만, 연계형 스트라이커로 헤더로 떨궈주는 패스, 외곽에서 가운데로 컷-인하는 동료에게 살짝 내주는 패스가 비교적 정확하다. 팔레스타인 U-23(올림픽) 대표 출신이고, 2023년부터 국가대표로 활약해 왔다.

MF Mohammed RASHID(모하메드 라시드)
2차 예선 6경기-285분-0골-0도움-0경고-0퇴장

페르세바야 수라바야 소속. 중앙 MF로 팔레스타인 팀 전술 운용의 중심이다. 수비형 MF 오다이 카루브와 호흡이 잘 맞는다. 강한 지구력으로 그라운드를 '박스-투-박스'로 움직인다. 1차 빌드-업의 기점으로 수비수에게 패스를 받은 후 정확한 패스를 부채살처럼 뿌려준다. 지난 2018년, 팔레스타인 U-23 대표에서 바로 승격했다.

DF Musab AL-BATTAT(무사브 알바타트)
2차 예선 5경기-420분-0골-1도움-0경고-0퇴장

알파이살리 소속. 공격 성향이 강한 라이트백. 자국에서는 "팔레스타인의 카일 워커"로 불린다. 대표팀 내 태클 성공률 1위이고, 패스의 길을 차단해 인터셉트도 종종 성공시킨다. 우측 터치라인을 따라 저돌적으로 돌파한 뒤 정확한 크로스를 올린다. 2013년부터 팔레스타인 국가대표로 활약해왔고, 60회 이상의 A매치에 출전했다.

WCQ 2nd ROUND RESULT

I조 2위 2승 2무 2패 6득점 6실점

2023.11.16 @레바논 0-0무
골 : —

2023.11.21 vs.호주 0-1패
골 : —

2024.03.22 vs.방글라데시 5-0승
골 : O.다바그③, S.쿰보르②

2024.03.26 @방글라데시 1-0승
골 : M.테르마니니

2024.06.07 vs.레바논 0-0무
골 : —

2024.06.11 @호주 0-5패
골 : —

FIFA RANKING LAST 12MONTHS

YEAR 2023	JUL	AUG	SEP	OCT	NOV	DEC	YEAR 2024	JAN	FEB	MAR	APR	MAY	JUN
	96	96	97	96	99	99		99	97	97	93	93	95

PALESTINE vs. AFC WCQ 2nd ROUND OPPONENTS PER GAME STATS

팔레스타인 vs 상대국

점유율	득점	슈팅	유효슈팅	비유효슈팅	프리킥	코너	오프사이드	GK선방	파울	경고	위협적공격
53% 47%	1.67 1.00	15.0 11.2	3.8 3.8	11.2 7.4	20.4 22.2	6.0 3.6	2.8 0.2	2.6 3.6	13.6 14.6	1.80 3.40	61 39

TEAM POTENTIAL
67점
B조 6개국 중 5위

- 공격력 6점
- 수비 → 공격 트랜지션 7점
- 수비력 7점
- 공격 → 수비 트랜지션 6점
- 선수층 7점
- 선수 경험치 7점
- 감독 리더십 7점
- 감독 전술 7점
- 조 추첨 7점
- 출전 횟수 6점

*각 항목은 10점 만점, B조 6개국 사이의 상대평가

OFFENSIVE STYLE
다이렉트 플레이 ——●—— 포제션 풋볼

DEFENSIVE STYLE
리트릿 디펜스 ——●—— 카운터 프레싱

FORMATION
4-4-2

FW: S.쿰바르 / O.다바그 (O.파라지 / T.세얌 / W.아부알리 / Z.쿰바르)
LM: T.세얌 (J.칸틸라나 / I.바트란)
CM: M.라시드 (M.아부와르다) / O.카루브 (A.마하지나 / M.제이단)
RM: M.아부와르다 (Z.쿰바르 / I.바트란)
LB: C.살다냐 (M.칼릴)
CB: M.살레 (A.마하지나) / M.테르마니니 (Y.하메드)
RB: M.알바타트 (M.파라위)
GK: R.하마다 (A.카두라 / B.카루브)

PROBABLE SQUAD LIST

포지션	선수	생년월일	A출전	A득점
GK	Rami Hamadeh	1994.03.24	51	0
	Baraa Kharoub	1998.03.20	0	0
	Mahdi Assi	2004.12.24	0	0
DF	Musab Al-Battat	1993.11.12	65	1
	Mohammed Saleh	1993.07.18	33	0
	Yaser Hamed	1997.12.09	29	5
	Michel Termanini	1998.05.08	18	2
	Mousa Farawi	1998.03.22	17	0
	Mohammed Khalil	1998.04.05	16	0
	Samer Jondi	1996.09.27	10	0
	Camilo Saldaña	1999.07.13	10	0
	Ali Rabei	2002.10.09	0	0
MF	Mohammed Darweesh	1991.06.02	47	0
	Mohammed Rashid	1995.01.29	45	2
	Mahmoud Abu Warda	1995.05.31	36	3
	Oday Kharoub	1993.02.05	32	0
	Jonathan Cantillana	1992.05.26	29	10
	Ataa Jaber	1994.10.03	8	0
	Ameed Mahajna	1996.10.11	5	0
	Ameed Sawafta	2000.07.10	4	0
	Moustafa Zeidan	1998.06.07	1	0
FW	Tamer Seyam	1992.11.25	65	13
	Oday Dabbagh	1998.12.03	38	16
	Islam Batran	1994.10.01	32	6
	Zaid Qunbar	2002.09.04	10	1
	Omar Faraj	2002.03.09	1	0
	Wessam Abou Ali	1999.01.04	1	0

Player's Functions

Dribblers: T.세얌 / I.바트란 / M.아부와르다
Long Range: M.제이단 / I.바트란 / T.세얌
Free Kickers: T.세얌 / M.제이단 / I.바트란

Penalty Takers (11m): T.세얌 / O.다바그
Key Passes: M.아부와르다 / T.세얌 / I.바트란
Long Balls (30m): O.카루브 / M.라시드 / M.테르마니니

Corner Kickers: C.살다냐 / O.다바그 / M.아부와르다
Box To Box (BTB): M.라시드 / J.칸틸라나 / O.카루브
Holding MF: O.카루브 / A.자베르 / A.사와프타

Line Controls: M.테르마니니 / M.살레 / Y.하메드
Tacklers: M.알바타트 / Y.하메드 / O.알카루브
Headers: T.세얌 / O.다바그 / Z.쿰바르

KUWAIT

쿠웨이트

MANAGER : Juan Antonio PIZZI 후안 안토니오 피치

1968년 6월 7일 아르헨티나 산타페주 로사리오 출생. 현역 시절 로사리오 센트랄, 발렌시아, 바르셀로나, 리버 플레이트 등에서 CF로 활약하며 364경기-160골을 기록했다. 은퇴 후인 2004년부터 20년간 클럽 및 국가대표 14개 팀을 지도했다. 그중 2016 칠레를 코파 아메리카 우승으로 이끈 건 최고의 순간이었다. 2023 AFC 아시안컵 때 바레인 대표팀 감독을 맡아 팀을 16강으로 이끌었지만, 해고당했다. 그러나 2024년 7월 16일, 쿠웨이트 대표팀 감독으로 전격 복귀했다.

OFFENSE MECHANISM : 철저한 수비 위주 역습

쿠웨이트는 아시아 2차 예선에서 철저한 역습 전술로 임했다. 강팀 카타르를 상대로는 아예 점유율 자체를 포기하며 주구장창 수비만 했고, 인도를 상대로도 점유율을 내줬다. 한 수 아래의 아프가니스탄을 상대로 7대3 경기를 펼쳤고, 2승을 올리며 가까스로 3차 예선에 합류할 수 있었다. 지공 때 후방 빌드업은 CB 하산 알에네지와 수비형 미드필더 레드하 하니를 통해 이뤄진다. 측면 공격은 좌우 미드필더를 거쳐 전개되지만 좌우 풀백이 공격에 가담하는 횟수는 많지 않다.

DEFENSE MECHANISM : 로블록에서 좁은 좌우폭

수비의 기본은 리트릿과 구역별 지역방어다. 수비할 때 로블록의 좌우폭이 좁은 편이라 함께 움직이면서 상대의 짧은 패스 콤비네이션을 방어하는 데 중점을 둔다. 측면 선수들의 기동력이 좋기에 상대가 반대편으로 크게 오픈해도 잘 쫓아간다. 카타르전에서도 이런 수비 형태를 보였다. 단, 한수 아래의 아프가니스탄을 상대로는 좌우폭을 상대적으로 넓게 가져갔다. 1대1과 2대2 수비에 자신이 있었고, 측면 공격을 좀더 효율적으로 막기 위해 그 형태를 택했다. 그리고 성공했다.

COUNTRY & FOOTBALL ASSOCIATION

면적 1만 7818km² 세계 158위 | 인구 314만명 세계 136위 | 공용어 아랍어 영어 | 정부 형태 의원내각제 입헌군주국 | 시간대 UTC+3시간 대한민국 -6시간

종교 이슬람교 75% 기독교 18% 기타 종교 6% | 총 GDP 1604억달러 세계 59위 2024년 IMF | 1인 GDP 3만 6878달러 세계 36위 2024년 IMF | 주요 산업 석유화학, 시멘트 건설, 건설자재 농업, 식품처리 | 재래식 군사력 세계 77위 *핵무기는 제외 2024년 GFP

축구협회 창립 : 1952년 / FIFA 가입 : 1964년 / AFC 가입 : 1964년 / WAFF 가입 : 2010년

국제 대회 우승 - 준우승

 1-1 AFC ASIAN CUP |  0-2 ASIAN GAME FOOTBALL |  1-0 *WAFF CHAMPIONSHIP

  0-0 AFC U-23 ASIAN CUP | 0-0 AFC U-20 ASIAN CUP |  0-0 AFC U-17 ASIAN CUP

*서아시아 지역 대회.

STAR PLAYERS

FW Yousef NASSER(유세프 나세르)
2차 예선 4경기-351분-0골-0도움-0경고-0퇴장
카즈마 소속. 센추리 클럽에 가입한 베테랑 센터포워드. 2009년부터 쿠웨이트 국가대표로 활약해 왔다. 190cm의 큰 체격에 파워 넘치는 정통파 스트라이커. 박스 안에서 강력하고 정확한 슈팅으로 골을 터뜨리고, 세트 피스 헤더도 위력적이다. 외곽에서 안으로 파고드는 2선 공격수들에게 섬세한 포스트 피딩을 해준다.

MF Redha HANI(레드하 하니)
2차 예선 6경기-422분-0골-0도움-1경고-0퇴장
쿠웨이트 SC 소속. 2차 예선 6경기에 모두 선발로 출전했다. 수비형 미드필더로서 포백을 보호한다. 저돌적인 태클을 구사하고, 1차 빌드-업 상황에 전방으로 정확한 통볼을 뿌려준다. 동료들 사이에 강력한 리더십을 발휘한다. 한때 마흐디 다시티의 도전이 있었으나 하니에 대한 쿠웨이트 코칭스태프의 신뢰는 매우 높은 편이다.

DF Khalid EL EBRAHIM(칼리드 엘에브라힘)
2차 예선 5경기-388분-0골-0도움-1경고-0퇴장
카드시아 SC 소속. 쿠웨이트에서 '통곡의 벽'으로 불리는 중앙 수비수. 파하드 알아제리와 좋은 콤비를 이룬다. 190cm의 큰 키에 넓은 시야와 우수한 축구 IQ를 지녔다. 수비진 라인 컨트롤과 커버플레이에 강점이 있는 센터백이다. 그의 아버지 모하메드는 현직 축구 감독, 동생인 아흐마드는 현역 축구 선수인 '풋볼 패밀리'다.

MF Eid AL-RASHEEDI(에이드 알라시디)
2차 예선 5경기-252분-1골-2도움-0경고-0퇴장
카드시아 SC 소속. 라이트윙과 공격형 미드필더를 넘나드는 개인기 좋은 2선 공격수. 월드컵 2차 예선 5경기(선발 2경기+교체 3경기)에 출전해 1골-2도움을 기록했다. 90분 기준 팀 내 드리블 돌파 1위고, 박스 외곽에서 과감한 중거리 슈팅을 날린다. 아메드 알드헤피리와 라이트윙 주전 자리를 놓고 치열하게 경쟁 중이다.

MF Mohammad DAHMAN(모하마드 다만)
2차 예선 6경기-531분-2골-1도움-0경고-0퇴장
쿠웨이트 SC 소속. 월드컵 2차 예선 6경기에 모두 선발로 출전했고, 카타르 원정을 제외한 5경기는 모두 풀타임 활약했다. 쿠웨이트 팀 내 최고의 테크니션이다. 주 위치는 레프트윙과 공격형 미드필더. 화려한 드리블로 상대 수비를 돌파하는 크랙이다. 강렬한 중거리 슈팅과 날카로운 직접 프리킥, 칼날 스루패스를 구사한다.

DF Salman BORMEYA(살만 보르메야)
2차 예선 2경기-173분-0골-0도움-1경고-0퇴장
알나스르 SC 소속. 공격 성향이 강한 레프트백이다. 월드컵 2차 예선 때는 컨디션 난조로 2경기 출전에 그쳤으나 3차 예선에선 다시 중용될 것으로 보인다. 메샤리 가넴과의 포지션 경쟁이 관건이다. 저돌적인 수비를 펼치고, 상대의 볼을 탈취한 뒤 전방 패스 혹은 과감한 드리블로 빠르게 전환한다. 파울을 많이 범하는 게 문제다.

WCQ 2nd ROUND RESULT

A조 2위 2승 1무 3패 6득점 6실점

2023.11.17 vs.인도 0-1패
골 : —

2023.11.22 @아프가니스탄 4-0승
골 : S.알카디②, M.다만, A.세하브

2024.03.22 @카타르 0-3패
골 : —

2024.03.27 vs.카타르 1-2패
골 : M.다만

2024.06.06 @인도 0-0무
골 : —

2024.06.12 vs.아프가니스탄 1-0승
골 : E.알라셰디

FIFA RANKING LAST 12MONTHS	YEAR 2023	JUL	AUG	SEP	OCT	NOV	DEC	YEAR 2024	JAN	FEB	MAR	APR	MAY	JUN
		141	141	135	136	136	136		136	137	137	139	139	137

KUWAIT vs. AFC WCQ 2nd ROUND OPPONENTS PER GAME STATS

쿠웨이트 vs 상대국

쿠웨이트		상대국	항목
52%	BP	48%	점유율
1.00	⚽	1.00	득점
12.3	👟	9.7	슈팅
4.7	●	3.5	유효슈팅
7.7	☐	6.2	비유효슈팅
15.5	FK	12.5	프리킥
4.0	⚓	4.3	코너킥
1.8	🚩	4.3	오프사이드
2.5	✋	3.7	GK선방
10.5	🏷	12.7	파울
2.00	🟨	1.33	경고
63	DA	55	위협적공격

TEAM POTENTIAL

67점

B조 6개국 중 5위

- 공격력 6점
- 수비 → 공격 트랜지션 7점
- 수비력 7점
- 공격 → 수비 트랜지션 6점
- 선수층 7점
- 선수 경험치 6점
- 감독 리더십 8점
- 감독 전술 7점
- 조 추첨 6점
- 출전 횟수 7점

*각 항목은 10점 만점, B조 6개국 사이의 상대평가

OFFENSIVE STYLE: 다이렉트 플레이 ←●→ 포제션 풋볼

DEFENSIVE STYLE: 리트릿 디펜스 ←●→ 카운터 프레싱

FORMATION

4-1-4-1

- CF: Y.나세르 (S.알칼디 / M.알페네니)
- LM: M.다만 (A.세하브)
- CM: A.세하브 (H.알하르비)
- CM: F.알하르비 (B.알살라마)
- RM: E.알라시디 (A.알드헤비리)
- DM: R.하니 (M.다시티)
- LB: S.보르메야 (M.가남)
- CB: K.에브라힘 (M.가남)
- CB: H.알에네자 (F.알하제리 / K.에브라힘)
- RB: R.알도사리 (H.알에네자)
- GK: S.압둘가푸르 (A.카밀 / B.알사눈)

PROBABLE SQUAD LIST

포지션	선수	생년월일	A출전	A득점
GK	Sulaiman Abdulghafour	1991.02.26	42	0
	Saud Al-Hoshan	2000.03.18	0	0
	Abdulrahman Al-Fadhli	2001.03.23	0	0
DF	Fahad Al-Hajeri	1991.11.10	82	6
	Khalid El Ebrahim	1992.08.28	44	3
	Sami Al-Sanea	1993.01.09	22	1
	Hassan Al-Enezi	2000.09.01	17	0
	Rashed Al-Dousari	2000.07.18	14	0
	Mahdi Dashti	2001.10.26	12	0
	Meshari Ghanem	1998.09.15	11	0
	Abdulaziz Wadi	1998.12.06	5	0
MF	Ahmed Al-Dhefiri	1992.01.09	59	5
	Sultan Al-Enezi	1992.09.29	55	0
	Hamad Al Harbi	1992.07.25	34	0
	Redha Hani	1996.04.22	33	1
	Ali Khalaf	1995.01.16	15	1
	Abdullah Al-Fahed	1997.02.12	14	0
	Bader Al-Fadhel	1997.04.22	12	2
	Salman Bormeya	1992.07.25	4	0
FW	Yousef Naser	1990.10.09	107	48
	Faisal Zayid	1991.10.09	61	7
	Eid Al-Rashidi	1999.05.25	41	3
	Shabaib Al-Khaldi	1998.08.11	38	18
	Mobarak Al-Faneeni	2000.01.21	33	5
	Mohammad Daham	2000.02.17	14	3
	Athbi Shehab Saleh	1993.10.14	14	1
	Bandar Bouresli	1996.01.01	6	0

Player's Functions

Dribblers: E.알라시디 / M.다만 / M.알파네니

Long Range: E.알라시디 / F.알하르비 / M.다만

Free Kickers: Y.나세르 / M.다만 / F.알하르비

11m Penalty Takers: M.다만 / S.알칼디 / K.에브라힘

Key Passes: M.다만 / F.알하르비 / Y.나세르

30m Long Balls: S.알에네자 / M.가리브 / R.하니

Corner Kickers: Y.알술레이만 / M.다만 / E.알라시디

BTB Box To Box: M.알후아이디 / A.알데피리 / H.알하르비

Holding MF: R.하니 / H.알하르비 / M.가리브

Line Controls: K.에브라힘 / H.알에네자 / F.알하제리

Tacklers: H.알에네자 / H.알에네자 / R.하니

Headers: H.알하르비 / M.다만 / Y.나세르

아시아A조
프리뷰

亞杯再現

배재현

"AGAIN ASIAN CUP"
이란 카타르 우즈벡 UAE

북중미 월드컵 아시아 예선 A조에서는 2023 AFC 카타르 아시안컵의 연장전이 열린다.

3차 예선 시드를 받은 이란, 2포트의 카타르, 3포트의 우즈베키스탄, 4포트의 아랍에미리트가 모두 지난 1월 아시안컵 때 한 차례씩 맞대결을 벌였고, 모두 치열하게 승부를 펼쳤다.

이란은 조별리그 C조에서 아랍에미리트에 2-1로 승리했다. 카타르와 우즈베키스탄은 8강에서 만나 1대1로 비긴 뒤 카타르가 승부차기에서 3-2로 신승했다. 그리고, 카타르는 준결승에서 이란을 만나 대접전 끝에 3-2로 이겼다. 카타르는 내친김에 결승에서 요르단을 3-1로 완파하고 정상에 올랐다.

공교롭게 이 4팀이 이번 3차 예선에서 모두 한 조에 속해 다시 한번 자웅을 겨루게 될 것이다. 서로를 너무나 잘 알고 있기에 선수들 간의 치열한 경쟁, 감독들의 수 싸움이 불꽃을 튀길 것이다.

서아시아 최강 이란은 2014년 이후 3회 연속, 통산 6번째 월드컵 본선 진출을 노린다. 자국 출신 아미르 갈레노에이 감독은 지난 2023년 3월 대표팀을 맡은 이후 1년 3개월간 18승 4무 1패 승률 87%(무승부는 0.5승으로 계산)의 뛰어난 성적을 거뒀다. 메흐디 타레미, 사르다르 아즈문, 알리레자 자한바흐시 등 베테랑들과 아민 하즈바비, 아리아 유세피, 다바이 호세이네자드 등 젊은 선수들이 잘 조화를 이뤄 강한 전력을 자랑한다. 유럽 선수들을 연상케 하는 높이와 파워, 단순하고 빠른 종방향 다이렉트 플레이는 상대팀 선수들에게는 공포의 대상이다.

A조에서 이란과 경쟁할 팀은 카타르다. 2019, 2023 아시안컵에서 연속 우승하면서 AFC의 톱클래스로 올라섰다. 월드컵 2차 예선 A조에서 5승 1무 18득점 3실점의 안정된 실력을 뽐냈다. 스페인 출신 틴틴 마르케스 감독은 2023년 12월 6일 대표팀 지휘봉을 잡은 이후 현재까지 10승 2무 1패의 압도적인 기록을 냈다. 물론 가장 큰 업적은 아시안컵 우승이었다.

아시안컵에서 8골을 터뜨리며 MVP와 득점왕을 휩쓴 아크람 아피프, 강력한 센터포워드 알모에즈 알리, 베테랑 미드필더 카림 부디아프, 만능 수비수 타렉 살만 등 아시안컵 우승의 주역들이 건재하다.

카타르는 이란과는 달리 짧은 패스를 기반으로 한 포제션 풋볼에 비중을 둔다. 수비에서는 하프라인 근처에 블록을 형성하고 기다리는 수비를 주로 구사한다. 경기 운영은 다소 보수적이다.

중앙아시아의 강호 우즈베키스탄도 주목해야 할 팀이다. 아시안컵 8강 진출에 이어 이번 아시아 2차 예선 E조에서 이란과 4승 2무 동률을 이뤘지만 골 득실에 밀려 2위로 통과했다. 당시 이란과는 2-2, 0-0 등 2경기 모두 비김으로써 꽤 탄탄한 전력임을 입증했다.

아랍에미리트는 대한민국 축구팬들에게 '벤투의 팀'으로 유명하다. 그가 대한민국의 월드컵 16강 꿈을 이루게 해준 주인공인 데다, 최근 국가대표 감독 선임 문제로 축구계가 한바탕 홍역을 치른 만큼 기억이 더욱 새롭다.

아랍에미리트는 아시아 2차 예선 H조에서 바레인, 예멘 네팔을 만나 5승 1무, 16득점 2실점의 좋은 성적으로 통과했다. 술탄 아딜, 파비우 리마, 알리 마브쿠트가 3골씩 터뜨리는 등 득점 루트가 분산된 게 특징이다. 중원 사령관 알리 살레는 3도움으로 팀을 이끌었다.

이상 4팀 중에서 직행 티켓 2장과 PO 티켓 2장이 결정될 것이다. 즉 키르기스스탄과 북한에게는 기회가 별로 없을 것이라는 얘기다.

북한은 코로나 사태로 아예 문을 닫았다가 복귀한 지 얼마 안 되는 데다 아직 완전한 개방을 하지 않고 있다. 아마 홈경기는 중국 등 제3국에서 치를 가능성이 크다.

월드컵 아시아 3차 예선 A조 일정

DAY 1 2024.09.05	DAY 2 2024.09.10	DAY 3 2024.10.10	DAY 4 2024.10.15	DAY 5 2024.11.14
이란 vs 키르기스스탄	아랍에미리트 vs 이란	카타르 vs 키르기스스탄	이란 vs 카타르	카타르 vs 우즈베키스탄
카타르 vs 아랍에미리트	키르기스스탄 vs 우즈베키스탄	우즈베키스탄 vs 이란	우즈베키스탄 vs 아랍에미리트	아랍에미리트 vs 키르기스스탄
우즈베키스탄 vs 북한	북한 vs 카타르	아랍에미리트 vs 북한	키르기스스탄 vs 북한	북한 vs 이란

DAY 6 2024.11.19	DAY 7 2025.03.20	DAY 8 2025.03.25	DAY 9 2025.06.05	DAY 10 2025.06.10
아랍에미리트 vs 카타르	이란 vs 아랍에미리트	이란 vs 우즈베키스탄	카타르 vs 이란	이란 vs 북한
키르기스스탄 vs 이란	카타르 vs 북한	키르기스스탄 vs 카타르	아랍에미리트 vs 우즈베키스탄	우즈베키스탄 vs 카타르
북한 vs 우즈베키스탄	우즈베키스탄 vs 키르기스스탄	북한 vs 아랍에미리트	북한 vs 키르기스스탄	키르기스스탄 vs 아랍에미리트

아시아 C조
프리뷰

蹴三國志
축 삼 국 지

일본 호주 사우디 죽음의 조
신태용 인도네시아 선전 기대

C조는 그야말로 '죽음의 조'다. 일본 호주 사우디가 모여 아시아판 '축구 삼국지'를 치른다.

해당 국가의 감독, 선수, 국민들은 엄청난 경쟁 구도 때문에 머리에서 피가 마르겠지만, 멀찌감치 떨어져 관전하는 '제3국 단순 팬'의 입장에선 이보다 더 재미있을 수 없는 구조다.

재미있는 건, 이런 조 편성이 4년 전과 완전히 데칼코마니로 다가온다는 점이다. 카타르 월드컵 3차 예선 때도 일본 사우디 호주가 한 조에 속해 경쟁을 벌였다. 일본과 사우디는 본선에 직행했고, 호주는 플레이오프를 거쳐 천신만고 끝에 살아남아(당시 페루와 승부차기까지 갔다), 'PO 생존왕'이라는 달갑지 않은 별명까지 붙었다.

C조의 전체적인 판도는 '3강-1중-2약'이다. 그리고 A, B조와는 달리 동아시아권 팀들이 많이 속해 있다. 일본과 호주는 B조의 대한민국에 비해 이동 거리에서 훨씬 이득을 많이 보는 셈이다.

일본은 아시아 2차 예선 B조에서 6전 전승 24득점 무실점의 '만화 축구'를 선보였다. 물론, 상대팀의 수준이 많이 떨어진 게 사실이지만 평균 6골씩 뽑아냈다는 그 사실만큼은 인정해야 한다.

올해로 6년째 대표팀을 맡고 있는 모리야스 하지메 감독은 아시아 국가 중 가장 많은 해외파를 중심으로 팀을 탄탄히 운영해 왔다. 비록 지난 아시안컵에서는 이란에 불의의 일격을 당해 탈락했지만, 월드컵 2차 예선에서의 압도적인 경기력을 바탕으로 "북중미 월드컵 때 8강에 오를 것"이라는 말을 공공연히 하고 있다.

CF 우에다 아야세는 2차 예선에서 6골을 터뜨렸고, 2선 공격수 이토 준야는 4도움으로 팀 승리를 뒷받침했다. AM 도안 리츠는 3골-2도움의 만능 활약을 보였고, 구보 다케후사, 미나미노 다쿠미, 이타쿠라 고, 도미야스 다케히로 등 유럽파들이 제몫을 해냈다.

그레이엄 아놀드 감독 '사커루' 호주의 목표는 딱 하나다. 더이상 피 말리는 플레이오프에는 나서지 않겠다는 것. 호주는 2006 독일, 2018 러시아, 2022 카타르 월드컵까지 무려 3번이나 '러시안룰렛'을 치렀다. 이 고통스러운 상황을 다시는 맞고 싶지 않다.

호주는 2차 예선에서 팔레스타인, 레바논, 방글라데시를 상대로 6전 전승, 22득점 무실점을 기록했다. 상대팀들이 '승점 자판기' 수준이라 큰 의미는 없다. 그 기간 다양한 전술을 실험하고, 많은 선수를 테스트했다. 쿠시니 엔지가 4골, 제이미 매클래런이 3골을 넣었고, 잭슨 어바인과 크레익 구든이 중원에서 조율했다. 장신 센터백 해리 수타, 아시아 최고 GK 매슈 라이언의 뒷문도 비교적 튼튼했다.

일본 호주와 함께 3강을 형성한 사우디아라비아 역시 본선 직행을 위해 사력을 다할 것이다. 로베르토 만치니 감독은 이탈리아 대표팀 감독이던 시절, 2022 카타르 월드컵 유럽예선에서 스위스에 밀려 플레이오프에 갔다가 북마케도니아에 일격을 맞은 아픔이 있다.

사우디아라비아는 2차 예선 4골을 터뜨린 살레 알셰흐리, 3골을 기록한 피라스 알부라이칸, 중원사령관 알리 무크타르와 모하메드 카노, 젊은 수비수 아운 알살룰리 등이 팀의 중심을 이룬다.

C조에서는 3강의 위세가 워낙 대단해 하위권 팀들로서는 플레이오프 진출권을 따내는 게 현실적인 목표다. 바레인과 인도네시아는 2023 아시안컵에서 16강에 올랐던 기세를 살려 PO를 노린다.

신태용 감독의 인도네시아는 자국 축구 사상 처음 월드컵 아시아 3차 예선에 진출했다. '그라운드의 여우'가 과연 또 기적을 만들 수 있을까. 인도네시아 국민 모두 신 감독을 지켜볼 것이다.

2차 예선 최종전에서 대한민국에 0-1 최소 점수차로 잘 버텨낸 중국은 태국을 극적으로 제치고 3차 예선에 합류했다. 그러나 중국이 본선 직행 티켓은 물론이고, PO 진출권을 따내는 것도 쉽지 않다.

아시아 3차 예선 C조 일정

DAY 1	DAY 2	DAY 3	DAY 4	DAY 5
2024.09.05	2024.09.10	2024.10.10	2024.10.15	2024.11.14
일본 vs 중국	바레인 vs 일본	호주 vs 중국	일본 vs 호주	호주 vs 사우디아라비아
호주 vs 바레인	중국 vs 사우디아라비아	사우디아라비아 vs 일본	사우디아라비아 vs 바레인	바레인 vs 중국
사우디아라비아 vs 인도네시아	인도네시아 vs 호주	바레인 vs 인도네시아	중국 vs 인도네시아	인도네시아 vs 일본

DAY 6	DAY 7	DAY 8	DAY 9	DAY 10
2024.11.19	2024.03.20	2025.03.25	2025.06.05	2025.06.10
바레인 vs 호주	일본 vs 바레인	일본 vs 사우디아라비아	호주 vs 일본	일본 vs 인도네시아
중국 vs 일본	호주 vs 인도네시아	중국 vs 호주	바레인 vs 사우디아라비아	사우디아라비아 vs 호주
인도네시아 vs 사우디아라비아	사우디아라비아 vs 중국	인도네시아 vs 바레인	인도네시아 vs 중국	중국 vs 바레인

남미 예선
프리뷰

전 국 십 웅
戰國十雄

춘추시대 진(晉)나라가 멸망한 BC 403년부터 진(秦)나라 시황제가 중원을 통일한 BC 221년까지를 전국시대(戰國時代)라 부른다. 말 그대로 '전쟁의 시대'다. 이 시기 대륙에서는 한(韓), 조(趙), 위(魏), 제(齊), 초(楚), 연(燕), 진(秦)의 7국이 나라의 운명을 걸고 대결했다. 이들을 전국칠웅(戰國七雄)이라 불렀다. 현재 남미 대륙에서는 북중미월드컵 티켓을 놓고 아르헨티나, 브라질, 우루과이, 콜롬비아, 에콰도르, 베네수엘라, 칠레, 파라과이, 페루, 볼리비아 10개국이 경쟁한다. 각 팀 전력 차이가 크지 않아 매번 '축구 전쟁'이 벌어진다. 이들은 남미 축구의 '전국십웅(戰國十雄)'이다.

메이저 4연속 우승에 도전

월드컵 남미 예선은 지난 2023년 9월 8일 시작됐다. 남미 연맹 소속 10팀이 참가해 2025년 9월까지 홈&어웨이 풀리그로 팀당 18경기씩 치른다. 1위~6위는 본선에 직행하고, 7위는 대륙 간 플레이오프에 출전한다. 본선 진출 단순 경쟁률을 따지면 65%나 된다.

팀 수에 비해 티켓 수가 압도적으로 많다. 이 때문에 타대륙에서는 "남미에 너무 많은 출전권을 주는 것 아니냐"며 볼멘소리를 한다. 하지만, 월드컵 우승권인 아르헨티나와 브라질, 월드컵 8강~4강권 전력인 콜롬비아, 우루과이, 복병으로 지목되는 에콰도르 등 남미는 그야말로 '소수 정예'다. 실력 있는 팀이 많기에 어쩔 수 없다.

전체 일정의 3분의 1이 진행된 현재 아르헨티나가 5승 1패 승점 15점으로 1위에 올라 있고, 우루과이가 4승 1무 1패 승점 13점으로 2위, 콜롬비아가 3승 3무 12점으로 3위를 달리고 있다.

아르헨티나는 지난 7월 15일 폐막한 2024 코파아메리카에서도 우승했다. 이로써 2021 코파아메리카, 2022 월드컵에 이어 3회 연속 메이저대회 정상에 올랐다. 스페인이 2008 유로, 2010 월드컵, 2012 유로 등 3연속 메이저대회에서 우승한 이후 12년 만의 일이다.

편한 마음으로 경기하는 '축구의 神'

리오넬 메시는 요즘 "축구를 즐긴다"는 말을 많이 한다. 그는 축구선수로서 이룰 수 있는 모든 것을 이뤘다. 특히 2022 카타르 월드컵 우승은 본인 축구 인생의 화룡점정(畵龍點睛)이었다. 당초 카타르 월드컵을 끝으로 은퇴한다고 했으나 생각을 바꿨다. 우승 압박에서 완전히 벗어나 즐거운 마음으로 볼을 찬다. A매치 때마다 대표팀 유니폼 한가운데 위치한 월드컵 우승 패치를 흐뭇하게 바라본다.

리오넬 스칼로니의 아르헨티나는 예전 대표팀과는 결이 다르다. 과거에는 강력한 공격 축구가 특징이었다. 하지만 현 대표팀은 결과를 내는데 최적화된 팀이다. 화려하지 않지만, 효율적으로 경기를 운영하고, 잘 지지 않는 팀으로 진화했다.

실제 아르헨티나는 경기에서 이겨도 1대0 아니면 2대0이 많다. 다른 월드컵 우승 후보들이 가끔 '양민학살'을 하며 5골 이상을 터뜨리는 것과 비교했을 때 시원한 느낌은 주지 않는다. 하지만 끈끈하다. 특히 위기 상황을 잘 넘기고, 어떻게 하든 승리를 가져온다. 아르헨티나가 승부차기에 유난히 강한 것도 그런 측면에서 설명할 수 있다. 엔소 페르난데스, 알렉시스 매카리스터, 로드리고 데폴 등 '투사형' 미드필더가 많은 것도 팀에 긍정적인 요소로 작용한다.

여기에 파리 올림픽이 끝나면 U-23 대표팀에서 클라우디오 에체베리, 티아고 알마다, 루시아노 곤도우 등 젊은 천재들이 A대표팀에 합류한다. 전력이 한층 업그레이드 될 것이다.

28경기 연속 무패, 자국 축구 역사상 최강

'코파아메리카 준우승팀 콜롬비아는 아르헨티나에 패하기 전까지 A매치 28경기 연속 무패(22승 6무)의 놀라운 레이스를 펼쳤다.

이 기간 콜롬비아는 평가전 때 독일에 2-0, 스페인에 1-0으로 각각 승리했고, 월드컵 예선에서 브라질을 2-1로 잡았으며, 코파아메리카 준결승에서 우루과이를 1-0으로 꺾었다. 현재 진행 중인 북중미 월드컵 남미 예선에서도 무패(3승 3무)를 달리고 있다.

현 대표팀은 카를로스 발데라마, 레네 이기타, 레오넬 알바레스, 파우스티노 아스프리야 등을 배출했던 1980년대말~1990년대 초반 대표팀과 함께 콜롬비아 역대 최강 대표팀으로 평가받는다.

아르헨티나 출신 네스토르 로렌소 감독은 빠른 선수들을 전방에 세우고 화끈한 다이렉트 플레이로 공격을 전개한다. 콜롬비아의 역습 능력은 그야말로 '월드 클래스'다. 수비에서는 전방 압박과 블록 디펜스를 효율적으로 변화시키며 상대의 공격을 무력화한다.

콜롬비아 상승세의 주역은 화려하게 부활한 하메스다. 한때 퇴물 취급을 받기도 했지만, 월드컵 예선(1골-2도움)과 코파아메리카(1골-6도움)를 통해 클래스를 다시 한번 입증했다.

또한, 욘 코르도바, 다니엘 무뇨스, 루이스 디아스 등 득점 루트가 다양한 게 특징이며, 예리 미나, 다빈손 산체스가 탄탄한 수비를 선보인다. 골키퍼 카밀로 바르가스는 심심찮게 선방쇼를 펼친다.

'비엘사식' 공격 축구, 젊은 선수들 맹활약

남미축구 전통강호 우루과이도 매우 인상적인 경기력을 선보이는 중이다. 우루과이는 코파아메리카와 월드컵 예선에서 폭발적인 역습과 화려한 윙플레이를 선보이며 팬들을 즐겁게 만들었다.

특히 월드컵 예선에서는 브라질과 아르헨티나에 각각 2-0으로 완승하면서 세계 축구팬의 이목을 집중시켰다.

우루과이 축구 부활의 선봉장은 역시 아르헨티나 출신 명장 마르셀로 비엘사 감독이다. 그는 우루과이가 카타르 월드컵 조별리그에서 탈락한 후 지휘봉을 잡았다.

비엘사는 대표팀 개혁을 위해 에딘손 카바니, 페르난도 무슬레라 등 노장들을 제외했다. 그리고, 다르윈 누녜스, 파쿤도 펠리스트리, 막시 아라우호, 로날드 아라우호, 마누엘 우가르테, 페데리코 발베르데 등 20대 초중반 젊은 선수들 중심으로 팀을 확 바꿔버렸다.

'비엘사 축구'의 특징은 수비 블록에서 순간적인 압박을 하고, 상대의 볼을 뺏어 최단 시간에 볼을 전방으로 운반해 바로 승부를 보는 것이다. 종방향 다이렉트 플레이에 중점을 두면서, 패스 회전을 최소화하고, 빠르게 전개하는 것이다. 윙 플레이와 중앙 돌파, 박스 침투와 중거리 슈팅을 자유롭게 응용하며 다양한 공격 패턴을 가져간다. 이런 패턴은 월드컵 예선을 통해 극대화됐다.

유일한 아쉬운 점은 CF 누녜스의 결정력. 그는 코파아메리카 준결승 콜롬비아전에서 여러 차례 기회를 놓쳤다. 좀더 분발해야 한다.

심각한 위기의 브라질, 체질개선 필요

브라질은 '축구 왕국', '월드컵의 영원한 우승 후보'로 불린다. 그런데 최근 행보는 무척 실망스럽다. 월드컵 남미 예선에서 승점 7점으로 중간 순위 6위에 머물러 있다. 이는 역사상 처음이다.

왜 이렇게 됐을까. 문제는 브라질 축구협회에 있다. 브라질은 2022 카타르 월드컵 직후 카를로 안첼로티 감독을 영입하려고 했다. 당시 그는 레알 마드리드와 계약 기간 1년이 남아있었다. 그를 기다리는 1년간 대행체제(하몬 메네제스, 페르난두 지니즈)를 유지했다. 그런데 이게 문제였다. 이들 대행의 전술 운용 및 선수단 장악력은 형편없었다. 그러는 와중에 안첼로티는 레알과 재계약을 해버렸다.

협회는 부랴부랴 도리발 주니오르와 계약했지만 흐트러진 팀 분위기를 잡을 수는 없었다. 그 결과는 코파아메리카 8강 탈락이었다. 도리발은 시간만 주어진다면 팀을 정상궤도로 올려놓을 수 있다. 비니시우스, 호드리구, 루카스 파케타, 브루누 기마랑이스, 마르키뇨스, 알리송 등 '월드 클래스' 선수들이 모여있기에 월드컵 예선 순위 상승은 시간문제다. 브라질이 살아나려면 체질을 개선해야 한다.

우선, 자신감을 되찾는 일이다. 코파아메리카 때 선수들이 위축돼 보였다. 예전처럼 과감하고 창의적이며 능동적으로 뛰어야 한다.

그리고 젊은 선수들의 경기력이 올라와야 한다. 특히 17살 신예 스트라이커 엔드릭이 '9번' 역할을 제대로 해야 한다. 현재 부상으로 전력에서 제외된 네이마르의 복귀 시점이 매우 중요하다.

'야구 강국' 베네수엘라 사상 첫 출전 도전

남미는 그 어느 대륙보다도 축구 열기가 뜨겁다. 그렇기에 대부분 국가에서 축구는 국기(國技)로 통하며 전 국민을 뭉치게 한다.

하지만, 남미에서 유일하게 축구가 국기가 아닌 나라가 있다. 바로 베네수엘라다. 이 나라에서는 야구의 인기가 가장 높다. 미국프로야구(MLB)에서 활약한 호세 알투베, 펠릭스 에르난데스, 미겔 카브레라, 프란시스코 로드리게스 등 스타들이 모두 베네수엘라 출신이다. 올해도 MLB에는 58명의 베네수엘라 출신 선수들이 뛰고 있다. 도미니카공화국(108명)에 이어 두 번째로 많은 숫자다. 이런 상황이라 축구에는 그다지 신경 쓸 겨를이 없었다. 하지만 최근 베네수엘라 대표팀의 선전이 거듭되면서 축구 인기가 크게 높아졌다.

베네수엘라는 월드컵 남미 예선에서 2승 3무 1패, 승점 9점으로 중간 순위 4위에 올라 있다. 또한, 최근 폐막한 코파아메리카에서 에콰도르, 멕시코, 자메이카를 연파하고 3연승으로 8강에 진출했다. 현재의 페이스를 유지한다면 남미에 배정된 월드컵 티켓이 6.5장이기에 자국 축구 역사상 처음 본선에 출전할 가능성이 충분하다.

아르헨티나 출신 페르난도 바티스타 감독은 2023년 3월 대표팀을 맡은 뒤 과감한 선수 기용과 전술 변화로 팀을 확 바꿔놓았다. 노장 CF 살로몬 론돈은 여전히 위력적이고, 창조적인 공격형 미드필더 에두아르드 베요, 중원 사령관 호세 마르티네스와 양헬 에레라, 젊은 수비수 욘 아람부루, 미겔 나바로 등이 잘 해주고 있다.

젊은 선수 주축인 에콰도르의 스피드-업

에콰도르는 2000년대 들어 남미축구에서 늘 복병으로 꼽혀왔다. 코파아메리카에서 8강에 진출해 아르헨티나를 만나 승부차기 끝에 아깝게 졌다. 그리고 현재 진행 중인 월드컵 남미 예선에서도 승점 8점으로 중간 순위 5위를 유지하고 있다.

에콰도르는 예선 3승 2무 1패로 승점 11점이 되어야 한다. 그러나 카타르 월드컵 예선 때 바이론 카스티요가 출생 신고를 허위 신고한 것이 적발되어 이번 예선전에 승점 3점이 삭감됐다. 그럼에도 하위권으로 처지지 않았다.

에콰도르는 매우 역동적이고, 도전적이다. 절대 포기하는 법이 없다. 끝까지 투쟁심을 발휘하면서 상대를 정말 피곤하게 만든다. 남미 국가 중 하이 프레스를 가장 많이 구사하고, 스피드를 최대한 활용한 종방향 다이렉트 플레이를 즐긴다.

현 대표팀에는 젊은 선수들이 대거 기용됐다. 2선 공격수 켄드리 파에스는 이제 겨우 17세다. 유로에 참가했던 스페인의 라민 야말 다음으로 어린 선수다. LW 제레미 사르미엔토, LB 피에로 인카피에, CM 모이세스 카이세도, CB 윌리안 파초 등 코파아메리카에서 확실한 주전으로 기용된 선수들이 모두 22세였다. 7월 15일 현재 공석인 에콰도르의 감독을 누가 맡느냐가 큰 관심사다.

반등 필요한 파라과이 칠레 볼리비아 페루

월드컵 예선에서 하위권으로 처진 파라과이, 칠레, 볼리비아, 페루는 특단의 조치를 취해야 한다. 일단 순위를 중간으로 끌어올리는 게 출발점이다.

파라과이는 2010년 이후 16년 만에 월드컵 본선 진출을 꿈꾼다. 그러나 상황은 그리 녹록지 않다. 코파아메리카 조별리그에서 콜롬비아, 브라질, 코스타리카에 모두 지며 꼴찌로 탈락했다. 그 여파로 다니엘 가르네로 감독이 물러났다. 파라과이는 훌리오 엔시소, 파브리시오 페랄타, 다미안 보바디야, 라몬 소사 등 20대 초반 선수들이 주축을 이룬다. 가능성은 있는 팀이다. 빨리 감독을 선임해야 한다.

'황금세대'를 내세워 2015, 2016년 코파아메리카 2년 연속 우승했던 칠레는 '명예회복'을 노린다. 알렉시스 산체스, 마우리시오 이슬라 등 30대들이 다리오 오소리오, 세사르 페레스 등 20대 초반반 신예들과 얼마나 호흡을 맞추느냐가 관건.

승점 3점의 볼리비아와 2점 페루는 예선 순위표 아래 끝단에 위치한다. 월드컵 본선 티켓 직행권인 6위 브라질(7점)에는 아직 가시권에 있다. 하지만 올 하반기 4경기에서 최소 3승 이상 올리지 못한다면 2025년 예선 레이스는 정말 힘들어진다.

FIFA 월드컵 2026 남미 예선 중간 순위

순위	국가	경기	승	무	패	득점	실점	득실	승점
1	아르헨티나	6	5	0	1	8	2	+6	15
2	우루과이	6	4	1	1	13	5	+8	13
3	콜롬비아	6	3	3	0	6	3	+3	12
4	베네수엘라	6	2	3	1	6	3	+3	9
5	에콰도르*	6	3	2	1	5	3	+2	8
6	브라질	6	2	1	3	8	7	+1	7
7	파라과이	6	1	2	3	1	3	-2	5
8	칠레	6	1	2	3	3	7	-4	5
9	볼리비아	6	1	0	5	4	14	-10	3
10	페루	6	0	2	4	1	8	-7	2

DAY 1
2023.09.08
파라과이 0-0 페루
콜롬비아 1-0 베네수엘라
아르헨티나 1-0 에콰도르
2023.09.09
우루과이 3-1 칠레
브라질 5-1 볼리비아

DAY 2
2023.09.13
볼리비아 0-3 아르헨티나
에콰도르 2-1 우루과이
베네수엘라 1-0 파라과이
칠레 0-0 콜롬비아
페루 0-1 브라질

DAY 3
2023.10.13
콜롬비아 2-2 우루과이
볼리비아 1-2 에콰도르
아르헨티나 1-0 파라과이
칠레 2-0 페루
브라질 1-1 베네수엘라

DAY 4
2023.10.18
베네수엘라 3-0 칠레
파라과이 1-0 볼리비아
에콰도르 0-0 콜롬비아
우루과이 2-0 브라질
페루 0-2 아르헨티나

DAY 5
2023.11.17
볼리비아 2-0 페루
베네수엘라 0-0 에콰도르
콜롬비아 2-1 브라질
아르헨티나 0-2 우루과이
칠레 0-0 파라과이

DAY 6
2023.11.22
파라과이 0-1 콜롬비아
우루과이 3-0 볼리비아
에콰도르 1-0 칠레
브라질 0-1 아르헨티나
페루 1-1 베네수엘라

DAY 7
2024.09.05
우루과이 vs 파라과이
페루 vs 콜롬비아
브라질 vs 에콰도르
볼리비아 vs 베네수엘라
아르헨티나 vs 칠레

DAY 8
2024.09.10
콜롬비아 vs 아르헨티나
베네수엘라 vs 우루과이
파라과이 vs 브라질
칠레 vs 볼리비아
에콰도르 vs 페루

DAY 9
2024년 10월 중
페루 vs 우루과이
베네수엘라 vs 아르헨티나
볼리비아 vs 콜롬비아
칠레 vs 브라질
에콰도르 vs 파라과이

DAY 10
2024년 10월 중
우루과이 vs 에콰도르
콜롬비아 vs 칠레
브라질 vs 페루
파라과이 vs 베네수엘라
아르헨티나 vs 볼리비아

DAY 11
2024년 11월 중
우루과이 vs 콜롬비아
페루 vs 칠레
베네수엘라 vs 브라질
파라과이 vs 아르헨티나
에콰도르 vs 볼리비아

DAY 12
2024년 11월 중
콜롬비아 vs 에콰도르
브라질 vs 우루과이
볼리비아 vs 파라과이
아르헨티나 vs 페루
칠레 vs 베네수엘라

DAY 13
2025년 3월 중
우루과이 vs 아르헨티나
페루 vs 볼리비아
브라질 vs 콜롬비아
파라과이 vs 칠레
에콰도르 vs 베네수엘라

DAY 14
2025년 3월 중
콜롬비아 vs 파라과이
베네수엘라 vs 페루
볼리비아 vs 우루과이
아르헨티나 vs 브라질
칠레 vs 에콰도르

DAY 15
2025년 6월 중
콜롬비아 vs 페루
베네수엘라 vs 볼리비아
파라과이 vs 우루과이
칠레 vs 아르헨티나
에콰도르 vs 브라질

DAY 16
2025년 6월 중
우루과이 vs 베네수엘라
페루 vs 에콰도르
브라질 vs 파라과이
볼리비아 vs 칠레
아르헨티나 vs 콜롬비아

DAY 17
2025년 9월 중
우루과이 vs 페루
콜롬비아 vs 볼리비아
브라질 vs 칠레
파라과이 vs 에콰도르
아르헨티나 vs 베네수엘라

DAY 18
2025년 9월 중
페루 vs 파라과이
베네수엘라 vs 콜롬비아
볼리비아 vs 브라질
칠레 vs 우루과이
에콰도르 vs 아르헨티나

유럽 예선 프리뷰

妙技饗宴
묘 기 향 연

지구촌 축구팬의 가슴을 뜨겁게 만들었던 UEFA 유로 2024는 '무적함대' 스페인의 우승으로 막을 내렸다. 스페인은 다양한 전술을 구사하며 조별리그부터 결승전까지 7연승을 내달렸다. '축구 종가' 잉글랜드는 조별리그 경기력이 안 좋았지만, 토너먼트에서 살아나 여러 차례 '극장 경기'를 선보였다. 그러나 결승전에서 스페인에 무릎을 꿇었다. 스위스, 오스트리아, 튀르키예는 복병답게 과감한 플레이를 선보여 호평을 받았다. 반면, 프랑스, 포르투갈, 이탈리아, 벨기에 등은 실망스러운 성적을 남긴 채 퇴장했다. 이제 축구팬의 시선은 월드컵 유럽 예선으로 쏠린다. 그라운드는 더욱 뜨거워질 것이다.

유로 끝, WC 예선 시작

유럽은 세계 축구의 중심이다. 유럽 5대 리그에는 세계 최고 선수들이 모여 늘 '꿈의 축제'를 벌인다. 선수들은 치열한 경쟁을 통해 실력을 업그레이드한다.

스타 플레이어들은 천문학적인 연봉을 받고, 미디어의 집중 관심 대상이 되며, 아름다운 아내(또는 여자친구)와 함께 하고, 소속팀 및 국가대표팀 명예 홍보대사를 맡는 등 부와 명예를 모두 손에 쥔다. 유럽 프로리그는 이 스타들의 주무대다. 유럽 프로리그에는 유럽 선수뿐 아니라 개인기 뛰어난 남미 선수, 운동 능력이 탁월한 아프리카 선수 상당수가 활약 중이다. 그들은 대부분 각 국가의 대표 선수들이고, 실력과 인기 면에서 단연 압도적인 스타들이다. 4년마다 열리는 지구촌 최대의 축제 월드컵에도 유럽 프로 무대에서 활약하는 선수들이 다수를 차지한다.

지난 한 달, 유럽뿐 아니라 전 지구촌을 달궜던 UEFA 유로 2024는 스페인의 우승으로 막을 내렸다. 이 대회는 스페인의 화려한 부활, 잉글랜드의 결승 진출, 프랑스의 허무한 탈락, 스위스와 터키의 선전 등 많은 스토리를 남겼다. 라민 야말, 자말 무시알라, 주드 벨링엄 등 젊은 선수들의 부상도 크게 눈길을 끌었다.

조 추첨 12월 24일, 예선 시작 내년 3월 21일

이제 축구팬의 관심은 다음 단계로 넘어갔다. 바로 2026 북중미 월드컵 유럽 예선이다. 다른 대륙에서는 이미 예선전이 시작돼 치열한 접전을 벌이고 있다. 유럽은 올해 하반기에는 네이션스리그를 치르고, 2025년 3월부터 월드컵 예선에 들어간다.

이번 월드컵 유럽에 배당된 본선 티켓은 16장. 지난 카타르 대회까지는 13장이었다. 월드컵 출전국 수가 32개국에서 48개국으로 늘면서 유럽 티켓도 많아졌다. 물론 유럽의 티켓 증가율은 23%로 아프리카(90%), 아시아(89%)에 비하면 상당히 낮은 편이다. FIFA는 인구수가 압도적으로 많은 이 두 대륙의 티켓 수를 확 늘려줌으로써 수입을 극대화하려는 상업적 측면에서 이같은 결정을 내렸다.

유럽축구연맹(UEFA)에는 55개국이 소속되어 있다. 이중 우크라이나를 침공한 러시아는 FIFA와 UEFA의 제재를 받아 출전 자격이 박탈됐다. 러시아를 제외한 54개국이 이번 월드컵 예선에 참가한다.

A조~F조의 6개조에는 4팀, G조~L조의 6개조에는 5팀이 속해 홈&어웨이 풀리그를 치른다. 각조 1위는 본선에 직행한다.

각조 2위 12팀은 네이션스리그 상위권 4팀과 함께 묶여 플레이오프를 치른다. 총 16팀을 4개조로 나누고, 각조 1위, 총 4팀이 최종 본선 티켓을 얻는다.

월드컵 예선전의 판도는 팀의 전력과 함께 대진운이 매우 중요하게 작용한다. 유럽 예선 조 추첨은 올해 크리스마스 이브(12월 24일)에 스위스 니옹에 위치한 UEFA 본부에서 열린다.

화려하게 복귀한 무적함대 스페인

스페인이 돌아왔다. 막강한 공격과 세련된 패스플레이, 탄탄한 조직력으로 전 세계인들로부터 찬사를 받으면서 말이다.

스페인은 7월 16일 폐막한 UEFA 유로 2024 결승전에서 잉글랜드를 제압하고, 지난 2012년 이후 12년 만에, 통산 4번째 우승했다.

스페인은 이 대회 7연승으로 정상에 올랐다. 8강전부터 독일, 프랑스, 잉글랜드 등 강팀들을 나란히 2-1로 연파한 건 인상적이었다. 오픈플레이와 패스트브레이크의 조화, 콤비네이션플레이와 솔로플레이의 능동 변환, 중앙 돌파와 측면 돌파의 적절한 분배, 전방 압박과 블록수비의 자율 전환, 노장과 신예의 빼어난 호흡, 강한 리더십과 놀라운 전술 능력을 보여준 감독 등 모든 면에서 완벽했다.

로드리를 중심으로 파비안 루이스, 다니 올모, 페드리, 미켈 메리노가 출전한 MF진은 반박 불가 세계최강이었다. 향후 부상에서 돌아올 가비까지 합류한다면 '미드필드 드림팀'이 탄생한다.

폭발적인 윙플레이를 선보인 10대 청소년 콤비 니코 윌리암스와 라민 야말, 다이내믹한 레프트백 마르크 쿠쿠렐라, 잉글랜드전 결승골의 주인공 미켈 오야르사발, 유로 2024 MVP 로드리, 중앙 수비 콤비로 뒤를 든든히 지킨 에메릭 라포르트와 로뱅 르노르망, 골키퍼 우나이 시몬 등 전 포지션에 걸쳐 환상적인 경기를 선보였다.

스페인은 월드컵 예선 때 시드를 받는다. 어느 팀이 포트2, 포트3로 온다고 하더라도 무난히 조 1위로 월드컵 본선에 직행할 것이다.

부활한 '종가' 잉글랜드, 하지만 "2% 부족"

잉글랜드는 유로 2024 결승 스페인전에서 최선을 다해 좋은 경기를 펼쳤다. 그러나 거기까지였다. 우승을 하기에는 2%가 부족했다.

잉글랜드에는 분데스리가 득점왕 해리 케인, 라리가 최고 선수 주드 벨링엄, 프리미어리그 톱티어 2선 공격수 필 포든과 부카요 사카, '슈퍼 서브' 올리 왓킨스, 중원 사령관 데클런 라이스, 만능 수비수 카일 워커, 수비의 중심 존 스톤스, 반사신경이 뛰어난 골키퍼 조던 픽포드 등 전 포지션에 걸쳐 월드 클래스 선수들이 포진해 있다.

당연히 유로 우승후보 1순위였다. 그러나 본선 조별리그에서 팬들의 기대를 전혀 충족시키지 못해 '수면 축구'라는 오명까지 썼다. 16강부터는 매경기 '극장 축구'를 선보여 팬을 열광케했다. 하지만 이건 안정된 경기 운영과는 거리가 멀다. 롤러코스터이기 때문이다. 어찌어찌해서 결승에는 진출했지만, 스페인이라는 벽을 넘지 못했다.

대회 폐막 후 잉글랜드 언론과 팬들은 사우스게이트 감독의 전술 부재 및 선수 기용에 대해 집중적인 비판을 쏟아냈다. 하지만 이 모든 게 감독의 책임이냐 묻는다면 대답하기 쉽지 않다.

그는 누가 뭐래도 잉글랜드의 2018 월드컵 4강, 유로 2020 및 2024 준우승을 이끈 감독이기 때문이다. 향후 잉글랜드 축구계에서 그의 거취를 놓고 뜨거운 논쟁이 벌어질 것이다. 하지만 길게 끌 수는 없다. 월드컵 유럽 예선 시작이 코앞이다.

가능성 충분히 보인 '오렌지 군단'의 투혼

네덜란드는 조별리그 D조에서 1승 1무 1패로 조 3위를 기록, 가까스로 16강에 올랐다. 하지만, 16강전에서 루마니아를 3-0, 8강전에서 튀르키예를 2-1로 각각 누르고 4강에 올랐다. 그리고 잉글랜드와의 준결승에서 '극장 경기'를 펼치며 1-2로 아깝게 졌다. 조별리그에서의 부진을 토너먼트에서 제대로 만회한 셈이다.

당초 전문가들은 로날드 쿠만 감독의 능력에 대해 그리 높게 평가하지 않았다. 전임자 루이 반할 감독이 2014 월드컵 3위, 2022 월드컵 8강을 견인하며 두 대회 통산 9승 3무의 압도적인 성적을 남겼기에 쿠만에 대해 '기대반 걱정반'이었던 게 사실이다.

하지만 쿠만은 보란 듯이 유로 4강에 올랐다. 우승하지 못했기에 아쉽지만, 애당초 네덜란드는 우승후보군에 있지 않았던 팀이다.

네덜란드는 유로 6경기를 치르며 평균 54%의 점유율을 가져갔다. 폴란드, 루마니아, 튀르키예 등 수비 위주 역습을 하는 팀에게는 평균 60% 이상의 점유율을 보였다. 반면, 프랑스와 잉글랜드 두 강팀에게는 많이 밀렸다. 네덜란드는 선택과 집중을 할 수밖에 없었다.

쿠만의 네덜란드는 노장-중견-신예의 조화가 잘 이뤄진 팀이다. 세계 최고 센터백 콤비 버질 반데이크와 스테판 더브레이, 만능 공격수 멤피스 데파이는 30대다. 미드필더 예르디 스하우턴, 수비수 네이션 아케, 라이트백 덴젤 둠프리스는 20대 후반이다. 골키퍼 바르트 베르브뤼헌, 공격형 미드필더 사비 시몬스, 윙어 코디 학포 등은 20대 초중반이다. 연령별 균형이 잘 갖춰져 있기에 조금씩 변화를 주면서도 꾸준히 성적을 낼 수 있다.

향후 월드컵 유럽 예선에서 이들이 어떤 하모니를 펼쳐 보이느냐는 꽤 재미있는 관전 포인트가 될 것이다.

세계 최강 멤버 프랑스의 아쉬운 경기력

프랑스는 2010년대 중반 이후 늘 '영원한 우승후보'로 꼽혀왔다. 유로 2016 준우승, 2018 월드컵 우승, 2022 월드컵 준우승 등 항상 트로피 가장 가까운 위치에서 맴돌았다. 더구나 "같은 수준의 대표팀을 3개 이상 만들 수 있다"고 할 정도로 선수층이 두텁다.

프랑스는 유로 2024의 가장 강력한 우승후보였다. 그러나 결과는 실망 그 자체다. 조별리그 D조에서 오스트리아, 네덜란드, 폴란드를 상대로 1승 2무, 2득점 1실점의 초라한 성적을 냈다. 그 2골도 PK와 상대 수비 자책골에 힘입었다. 필드골은 없었다.

혹시 16강 토너먼트에 가면 달라질까 했는데 그렇지 않았다. 벨기에에 고전 끝에 1-0승, 포르투갈과는 0-0 무승부 이후 승부차기로 이겼다. 준결승에서는 최강 스페인을 상대로 선전했지만 역전패했다.

프랑스는 유로에서 실패했다. 하지만 디디에 데샹 감독의 거취에는 큰 변화는 없을 것이다. 유로보다 훨씬 중요한 월드컵 예선이 코앞에 닥쳐있기 때문이다. 프랑스 축구협회의 생각도 마찬가지다.

하지만 근본적으로 생각해봐야 한다. 세계 최고 선수 킬리안 음바페, 미드필드 사령관 앙투안 그리즈만, 폭발적인 윙어 우스만 뎀벨레, 역동적인 미드필더 아드리앙 라비오와 오렐리앙 추아메니, 바르셀로나 라이트백 쥘 쿤데, '바란의 후계자' 윌리엄 살리바 등 세계 최강의 선수단을 보유하고 있다. 이런 초호화 멤버를 가지고 그렇게 소극적이고 재미없는 축구를 하느냐는 비판이 끊이지 않는다.

이기기 위해 효율적인 축구를 할 수는 있다. 하지만 프랑스 정도의 팀이라면 좀 더 적극적인 공격 축구를 해야 한다. 그게 세계 축구팬을 위한 일이다. 프랑스 선수단이라면 경기 내용과 결과, '두마리 토끼'를 잡을 수 있다. 데샹 감독의 생각이 바뀌어야 한다.

밝은 미래의 독일, 화려한 공격 축구

독일은 스페인과 함께 가장 좋은 경기력을 선보인 팀이다.
율리안 나겔스만 감독이 이끈 독일은 조별리그 A조에서 스코틀랜드를 5-1, 헝가리를 2-0으로 각각 완파해 1위를 확정한 뒤 최종전에서는 스위스와 1-1로 비겼다. 그리고 16강전에서도 '다크호스' 덴마크를 2-0으로 누르며 순항했다.
하지만, 8강전에서 우승팀 스페인을 만나 1-2로 역전패했다. 특히, 연장 후반 상대 수비수 쿠쿠렐라의 명백한 핸드볼을 앤서니 테일러 주심이 보고서도 휘슬을 불지 않아 논란이 됐다. 만약 PK가 선언됐다면 경기는 어떻게 변할지 알 수 없었다.
어쨌든 경기는 끝났고, 독일은 아쉽게 탈락했다. 그러나 유로 기간 독일이 보여준 화끈한 공격 축구는 매우 높은 평가를 받았다.
독일은 지공과 속공, 측면 돌파와 중앙 돌파, 박스 안 슈팅과 중장거리 슈팅, 짧은 패스 게임과 롱볼 게임, 조직적인 플레이와 개인 플레이 등 모든 면에서 가장 다양한 공격 루트를 선보인 팀이다.
경기 도중 천변만화(千變萬化)하는 상황에 빠르게 대처하는 나겔스만 감독의 전술과 선수들의 임기응변 능력은 압권이었다.
독일 축구의 핵심은 플로리안 비르츠, 일카이 귄도안, 자말 무시알라로 구성된 '2선 공격'에 있다. 이들 트리오는 매우 역동적이고 화려하며 다양한 공격 루트를 개발했다.
카이 하베르츠는 '폴스 9' 선발로, 정통파 CF 니클라스 퓔크루크는 후반에 조커로 투입됐다. 나겔스만 감독은 앞으로도 상대팀이나 경기 진행 상황에 맞춰 유동적으로 이들을 기용할 것이다.
요나탄 타와 안토니오 뤼디거 센터백 콤비는 개인 능력만큼은 압도적으로 뛰어나다. 그러나 좀더 호흡을 맞춰야한다.

챔피언의 실패, 황금세대의 종말

디펜딩 챔피언 이탈리아는 이번 대회를 실패로 끝냈다.
'죽음의 B조'에서 1승 1무 1패로 스페인에 이어 조 2위로 16강에 올랐지만, 딱 거기까지였다. 스위스에 일방적으로 밀렸다. 유로 2020에서 우승했지만 2018년, 2022년 월드컵에서 연달아 탈락했다.
이탈리아는 선수들의 퀄리티가 예전 같지 않다. 이탈리아 출신 레알 마드리드의 명장 카를로 안첼로티 감독은 "현 대표팀에 월드 클래스 선수는 골키퍼 돈나룸마 1명뿐"이라고 혹평했다. 사실이다.
스팔레티 감독은 이제 결단을 내려야 한다. 알레산드로 바스토니, 리카르도 칼라피오리, 잔루카 스카마카 등 20대 초중반 선수들을 주축으로 삼고, 현재 U-23, U-20 팀에서 더 많은 선수를 수급할 필요가 있다. 그리고 30대 노장들은 대표팀에서 제외하는 게 미래를 위해서 좋다. 월드컵 유럽 예선이 시작되기 전에 팀을 정비해야 한다.
벨기에는 2010년대 중반 이후 늘 FIFA 랭킹 상위권을 유지해왔다. 그러나 2018 러시아 월드컵 3위 입상 후 메이저대회에서 실패를 거듭했다. 그리고, 이번 유로 2024 16강 탈락을 끝으로 '황금세대'는 공식적으로 막을 내렸다.
이번 대회에서 케빈 더브라위너, 쿤 카스텔스, 아마두 오나나, 티모시 카스타뉴, 유리 틸레만스는 제 몫을 다했다. 그러나 로이스 오펜다, 로멜루 루카쿠, 도디 루케바키오 등 공격진들이 여러 차례 기회를 날렸다. 특히 루카쿠의 결정력 미스는 정말 심각했다.
이제 도메니코 테데스코 감독은 월드컵 예선을 앞두고 세대교체를 적극적으로 해야 한다. 노장들을 내보내고, 아르투르 베어메렌, 제노 데바스트, 요한 바카요코, 제레미 도쿠 등 20대 초반 선수 위주로 싹 물갈이할 필요가 있다. 그렇지 않으면 미래가 없다.

감독의 전술 중요성 입증한 다크호스 3국

이번 대회 우승팀 스페인, 홈팀 독일과 함께 가장 큰 칭찬을 받은 팀들은 스위스, 오스트리아, 튀르키예 3국이다. 이 국가들은 유로 2024 개막 전부터 강력한 복병으로 지목된 바 있다.

스위스는 조별리그 A조에서 1승 2무 조 2위를 기록해 토너먼트에 진출했다. 16강전에서는 디펜딩 챔피언 이탈리아를 2-0으로 완파했고, 8강전에서는 잉글랜드와 1-1로 비긴 뒤 승부차기에서 밀렸다.

오스트리아는 유로가 열리기 전 평가전에서 연승 행진을 거듭하며 '태풍의 눈'으로 지목받았다. 유로 조별리그 D조에서는 2승 1패 승점 6점으로 프랑스(5점), 네덜란드(4점)에 앞서 조 1위로 16강에 올랐다. 16강전에서 튀르키예에 1-2로 패해 물러났지만, 대회 내내 선전을 펼치며 깊은 인상을 남겼다.

튀르키예는 조별리그 F조에서 2승 1패를 기록, 포르투갈과 동률을 이뤘으나 골득실에서 밀려 조 2위로 토너먼트에 합류했다. 16강전에서 오스트리아를 2-1로 꺾었고, 8강전에선 네덜란드와 접전 끝에 1-2로 석패했으나 좋은 평가를 받았다.

스위스의 무라트 야킨, 오스트리아의 랄프 랑닉, 튀르키예의 빈첸초 몬텔라 감독은 지도자의 리더십과 전술 운용 능력이 경기 승패에 얼마나 크게 영향을 미치는 지 몸소 보여줬다. 이들은 강팀을 상대로 전혀 위축되지 않고, 당당히 맞서게 했다. 적재적소에 선수를 기용하고, 조직력을 극대화시켜 정확한 패스 게임을 전개했으며, 압박과 블록 수비를 능동적으로 변화시켰다.

'명장 밑에 약졸 없다'는 말처럼 이들의 지도력에 힘입어 스위스, 오스트리아, 튀르키예는 유럽의 강팀들과 당당히 맞서며 강력한 모습을 선보였다.

선수 개개인을 분석하면 스위스의 주장 그라니트 자카와 미드필더 미셸 에비셰, 오스트리아 중원사령관 마르셀 자비처와 수비수 스테판 포쉬, 튀르키예 수비수 메리흐 데미랄과 미드필더 아르다 귈레르 등이 돋보이는 모습을 보였다.

이들 3개국은 유로 2024 선전을 발판 삼아 월드컵 유럽 예선에서도 상당한 위력을 발휘할 가능성이 크다. 스페인 프랑스 잉글랜드 독일 네덜란드 포르투갈 등 유럽의 강팀들도 결코 무시할 수 없는 다크호스로서 예선 판도를 뒤흔들 것으로 보인다.

유로 2024는 축구계에 몇가지 전술적인 특징을 선사했다. 수비에서는 하이프레스보다는 후방 블록 수비가 대세를 이뤘다. 즉, 도전하는 수비보다는 안정적으로 기다리는 수비가 많았다는 뜻이다. 지역을 분담하고, 적당하게 압박을 하고 풀어주면서 효율적으로 수비했다. 공격에서는 종방향 다이렉트 플레이가 많았다. 간결하고 적극적인 플레이를 펼쳐 빌드업 시작부터 슈팅까지 시간을 최소화했다.

그리고 유로 2020에 비해 윙 어택이 많이 늘었다. 여기에 파이널 서드에 두줄 수비를 친 팀을 대상으로 과감한 중거리 슈팅을 많이 시도한 것도 눈에 띄는 점이다. 이러한 전술적인 특징은 곧 시작할 월드컵 유럽 예선에서도 그대로 이어질 가능성이 크다.

유럽 예선 조 편성 및 진행 방법

A조	B조	C조	D조	E조	F조
4개팀	4개팀	4개팀	4개팀	4개팀	4개팀
1위-본선 직행	1위-본선직행	1위-본선직행	1위-본선직행	1위-본선직행	1위-본선직행
2위-PO 진출	2위-PO 진출	2위-PO 진출	2위-PO 진출	2위-PO 진출	2위-PO 진출
3위-예선 탈락	3위-예선 탈락	3위-예선 탈락	3위-예선 탈락	3위-예선 탈락	3위-예선 탈락
4위-예선 탈락	4위-예선 탈락	4위-예선 탈락	4위-예선 탈락	4위-예선 탈락	4위-예선 탈락

G조	H조	I조	J조	K조	L조
5개팀	5개팀	5개팀	5개팀	5개팀	5개팀
1위-본선직행	1위-본선직행	1위-본선직행	1위-본선직행	1위-본선직행	1위-본선직행
2위-PO 진출	2위-PO 진출	2위-PO 진출	2위-PO 진출	2위-PO 진출	2위-PO 진출
3위-예선 탈락	3위-예선 탈락	3위-예선 탈락	3위-예선 탈락	3위-예선 탈락	3위-예선 탈락
4위-예선 탈락	4위-예선 탈락	4위-예선 탈락	4위-예선 탈락	4위-예선 탈락	4위-예선 탈락
5위-예선 탈락	5위-예선 탈락	5위-예선 탈락	5위-예선 탈락	5위-예선 탈락	5위-예선 탈락

유럽 예선 플레이오프 진행 방법

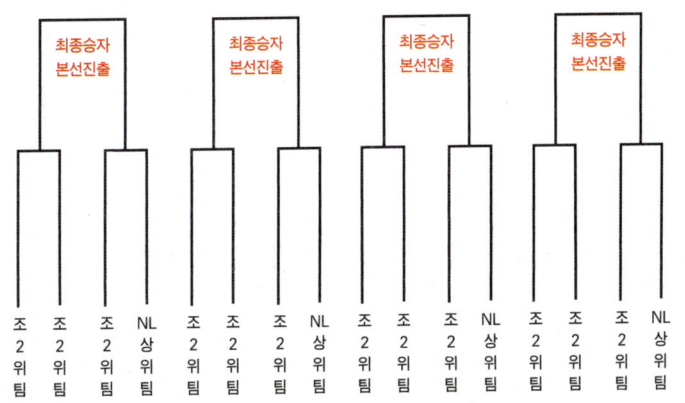

유럽 예선 일정표

라운드	매치데이		일정
	5개팀 조	4개팀 조	
1라운드 조별 리그	DAY 1	친선 경기	2025.03.21~22
	DAY 2	친선 경기	2025.03.24~25
	DAY 3	친선 경기	2025.06.06~07
	DAY 4	친선 경기	202506.09~10
	DAY 5	DAY 1	2025.09.04~06
	DAY 6	DAY 2	2025.09.07~09
	DAY 7	DAY 3	2025.10.09~11
	DAY 8	DAY 4	2025.10.12~14
	DAY 9	DAY 5	2025.11.13~15
	DAY 10	DAY 6	2025.11.16~18
2라운드 PO 토너먼트	플레이오프 준결승		2026.03.26
	플레이오프 결승		2026.03.31

아프리카 예선 프리뷰

熱氣充滿
열기충만

**CAF 소속 54팀 참가 열전
대륙 스타 총출동 축구 전쟁**

사상 최다 9.5장 티켓 잡아라

아프리카 대륙이 뜨거워지고 있다. 북중미 월드컵 지역 예선전이 치열하게 전개되면서 열기가 전 대륙을 뒤덮고 있어서다.

CAF(아프리카축구연맹)에서는 소속 54개국이 모두 예선에 출전했다. 한 조에 6팀씩 총 9개 조로 나뉘어 홈&어웨이 팀당 10경기씩 치른다. 각 조 1위는 본선에 직행한다. 각 조 2위 중 성적이 좋은 4팀이 토너먼트를 거쳐 1팀을 선발하고, 그 팀이 대륙 PO에 출전한다. 사실 아프리카에서 티켓을 따내는 건 무척 어렵다. 각 조에서 오직 1팀만 본선에 직행하기 때문이다. 물론, 유럽도 그런 방식이지만 유럽에서는 자체 플레이오프를 통해 2위 12팀 중 4팀이 구제된다. 아프리카는 오직 1팀만, 그것도 대륙 PO 진출권을 얻는 것뿐이다.

그래서 아프리카 회원국들은 그동안 CAF에 "예선 방식을 바꾸자"고 여러 차례 건의했으나, 아직은 실현되지 못하고 있다.

아프리카는 다른 대륙에 비해 상하위 팀 간 전력 차이가 비교적 작은 편이다. 그렇기에 늘 이변이 일어난다. 가장 최근에 있었던 국제대회는 지난 1~2월에 열렸던 CAF 네이션스컵이었다. 이 대회에서 홈팀 코트디부아르는 그동안의 부진을 씻고 정상에 오른 반면, 카타르 월드컵에서 선전한 모로코(4위), 세네갈(16강)은 다소 실망스러운 성적을 남겼다.

'포스트 드록바' 시대 연 코트디부아르

2000년대 초반, 아프리카 최강으로 꼽혔던 코트디부아르. 2010년대 중반 이후 다소 주춤했던 이 팀은 네이션스컵 우승으로 '제2의 전성기'를 열어젖혔다.

코트디부아르는 A조 조별리그에서 기니아비소에 2-0승, 나이지리아에 0-1패, 적도기니에 4-0 승을 거두며 조 2위로 토너먼트에 나섰다. 16강전에서 강력한 우승후보였던 세네갈과 1-1로 비긴 뒤 승부차기로 이겼고, 8강전 말에 2-1 승, 준결승 콩고민주공화국전 1-0 승, 결승전에서 나이지리아를 다시 만나 2-1로 승리하면서 지난 2015년 이후 9년만에 대회에서 우승했다.

코트디부아르는 네이션스컵 우승의 기세를 몰아 월드컵 아프리카 예선 초반에 기세를 올렸다. 예선 F조에서 세이셸에 9-0, 감비아에 2-0, 가봉에 1-0으로 이겼고, 케냐와 0-0으로 비겨 3승 1무, 승점 10점으로 중간 순위 1위에 올랐다.

자국 국가대표 출신 에메르스 파에 감독은 과감한 다이렉트 플레이와 효율적인 블록 수비로 팀을 잘 만들어놓았다. 세바스티앙 알레, 세코 포파나, 울리 볼리 등 베테랑들과 카림 코나테, 시몬 아딩그라, 윌프리드 싱고 등 20대 초반 젊은 선수들이 조화를 이뤘다. 객관적인 전력상 '드록바 시대' 이후 가장 좋다는 평이다.

전 리버풀 동료 살라, 마네의 마지막 월드컵 도전

모하메드 살라(이집트)는 아프리카 축구 역사상 최고 선수다. 그는 EPL 명문 리버풀 FC에서 숱한 득점 기록을 세웠고 우승 트로피까지 들어 올렸다. 이제 그에게 남은 건 고국 이집트의 월드컵 본선 16강(또는 8강) 진출이다. 올해 32세인 그로서는 실질적인 마지막 월드컵 도전이 될 것이다. 살라는 아프리카 예선 A조에서 4경기 5골-2도움이라는 절정의 기량을 뽐내며 팀을 1위로 이끌었다.

또한, 트레제게 역시 예선에서 5골을 기록 중이며, 아프리카 네이션

스컵에서 4골을 터뜨렸던 모스타파 모하메드의 화력도 뜨겁다.
살라의 전 리버풀 동료 사디오 마네(세네갈)도 월드컵 무대 최후의 도전에 나선다. 그는 리버풀을 떠나 바이에른 뮌헨을 거쳐 현재 사우디 알나스르에서 활약 중이다. 그의 기량은 여전히 뛰어나다.
알리우 시세 세네갈 감독은 마네를 중심으로 아비브 디알로, 파프 사르, 칼리두 쿨리발리, 에두아르 멘디, 파프 게이, 이스마일 자콥스 등 스타들을 여전히 중용하고 있다.
세네갈은 아프리카 B조에서 2승 2무 승점 8점으로 수단(3승 1무 승점 10점)에 이어 2위다. 두 팀은 2025년 3월 17일과 9월 1일 두차례 맞대결한다. 이 경기 결과가 티켓 향방을 좌우할 것이다.

"AGAIN 2022" 월드컵 4강 신화 모로코

북아프리카 강호 모로코는 2022 카타르 월드컵 때 벨기에, 스페인, 포르투갈 등 유럽의 강호들을 차례로 격파하면서 4강에 올랐다. 남미, 유럽이 아닌 대륙의 국가가 4강에 오른 건 1930년 미국, 2002년 대한민국에 이어 월드컵 역사상 모로코가 세 번째였다.
왈리드 레그라기 감독은 영광의 순간을 재현하겠다는 다부진 목표를 세웠다. 당연히 현 대표팀은 카타르 멤버가 다수를 점하고 있다.
모로코는 우승을 자신했던 2024 아프리카 네이션스컵에서 16강에 머물러 체면을 구겼다. 당시 남아공화국에 0-2로 패해 비판받았다.
하지만, 월드컵 아프리카 예선 E조에서 초반 파죽의 3연승(10득점 1실점)을 기록하면서 1위를 굳건히 지켰다.
아시라프 하키미, 아유브 엘카비, 하킴 지예시, 나예드 아게르드, 아제딘 우나히, 세피안 암라바트 등 스타들이 건재하다.

전통강호 카메룬 알제리 가나 나이지리아

카메룬은 아프리카 최다인 6회 출전에 아프리카 최초로 8강(1990년)에 진출했다. 알제리는 1982 스페인 월드컵 때 독일을 격파하는 등 조별리그에서 최초로 2승을 올렸던 팀이다. 가나는 2006년 16강, 2010년 8강에 진출했고, 2022년엔 대한민국을 3-2로 격파했다. 나이지리아는 역대 월드컵에 5번 출전해 3차례나 16강에 진출했다.
이들 중 나이지리아를 제외하고 이번 예선에서 모두 선전하고 있다.
카메룬은 D조에서 2승 2무 승점 8점으로 선두에 올라 있고, 알제리는 G조에서 3승 1패 승점 9점으로 모잠비크와 동률이나 골득실차에 앞서 1위다. 가나는 I조에서 3승 1패 승점 9점으로 동률의 코모로에 득실차에서 밀려 2위지만 언제든 치고 올라갈 수 있다.
카메룬은 뱅상 아부바카르, 브라이언 음뵈모, 크리스토퍼 우, 프랑크 앙귀사 등 주축 멤버들이 제 몫을 해낸다. 알제리는 라미즈 제루키, 우셈 아우아르, 바그다드 부네자, 파레스 샤이비가 팀을 이끈다. 가나에서는 예선에서 4골을 터뜨린 조단 아이유를 정점으로 이냐키 윌리암스, 기디온 멘사, 모하메드 쿠두스 등이 빛을 내고 있다.
유일하게 고전 중인 팀은 나이지리아. C조에서 3무 1패 승점 3점으로 중간 순위 5위로 추락했다. 남은 6경기에서 최소 5승을 올려야 1위 가능성이 살아난다. 일단 공석인 감독부터 선임해야 한다.
나이지리아는 세리에 A를 평정한 빅터 오시멘(나폴리), 프리미어리그 경험이 풍부한 켈레치 이히나초(레스터 시티), 레버쿠젠 분데스리가 무패 우승의 주역 빅터 보니페이스 등 아프리카의 '스타 군단'이다. 현재의 부진을 뚫고 나갈 힘을 가졌다. 지켜봐야 한다.

아프리카 깜짝 놀라게 한 코모로 수단 르완다

예선에서 파란을 일으킨 팀은 코모로, 수단, 르완다이다. 이 국가들은 월드컵에 한 번도 출전한 적이 없는 데다, 선수단 구성에서도 기존 아프리카 강팀보다 한참 부족한 편이다. 그럼에도, 이번 예선에서 중간 순위 각조 1위에 올라 라프리카 대륙 전체를 흔들었다.

B조의 수단은 첫 경기인 토고전을 1-1로 비긴 뒤 콩고민주공화국(1-0승), 모리타니아(2-0승), 남수단(3-0승)에 3연승을 거두며 1위로 올라섰다. 수단의 강점은 특출한 스타플레이어 없어도 선수들이 고루 활약해준다는 점이다. 이번 예선에서 공격수 5명이 1골씩 기록했다. 수비에서는 경험이 풍부한 무스타파 카르슘, 바키트 카미스 등이 비교적 탄탄한 모습을 보이고 있다.

C조의 르완다는 월드컵 예선 최대 이변의 주인공이다. FIFA 랭킹 131위에 불과한 팀이지만 현재 2승 1무 1패 승점 7점으로 남아공화국과 선두권을 유지하고 있다.

I조의 코모로는 아프리카 축구계에서도 '변방'에 불과하다. 그러나 중앙아프리카를 4-2로 물리친 데 이어 강호 가나에 1-0, 차드에 2-0으로 승리하는 등 3승 1패를 기록, 단독 선두로 올라섰다.

FIFA 월드컵 2026 아프리카 예선 중간 순위

순위	A조	경기	승	무	패	득점	실점	득실	승점
1	이집트	4	3	1	0	11	2	+9	10
2	기니비소	4	1	3	0	3	2	+1	6
3	부르키나파소	4	1	2	1	7	5	+2	5
4	시에라레온	4	1	2	1	4	5	-1	5
5	에티오피아	4	0	3	1	1	4	-3	3
6	지부티	4	0	1	3	2	10	-8	1

순위	B조	경기	승	무	패	득점	실점	득실	승점
1	수단	4	3	1	0	7	1	+6	10
2	세네갈	4	2	2	0	6	1	+5	8
3	콩고민주공화국	4	2	1	1	4	2	+2	7
4	토고	4	0	3	1	2	3	-1	3
5	남수단	4	0	2	2	1	8	-7	2
6	모리타니아	4	0	1	3	0	5	-5	1

순위	C조	경기	승	무	패	득점	실점	득실	승점
1	르완다	4	2	1	1	3	1	+2	7
2	남아프리카	4	2	1	1	6	5	+1	7
3	베넹	4	2	1	1	4	3	+1	7
4	레소토	4	1	2	1	3	2	+1	5
5	나이지리아	4	0	3	1	4	5	-1	3
6	짐바브웨	4	0	2	2	2	6	-4	2

순위	D조	경기	승	무	패	득점	실점	득실	승점
1	카메룬	4	2	2	0	9	3	+6	8
2	리비아	4	2	1	1	4	3	+1	7
3	카보베르데	4	2	1	1	4	4	0	7
4	앙골라	4	1	3	0	2	1	+1	6
5	모리셔스	4	1	1	2	3	6	-3	4
6	에스와티니	4	0	0	4	1	6	-5	0

순위	E조	경기	승	무	패	득점	실점	득실	승점
1	모로코	3	3	0	0	10	1	+9	9
2	니제르	3	2	0	1	5	2	+3	6
3	탄자니아	3	2	0	1	2	2	0	6
4	잠비아	4	1	0	3	6	7	-1	3
5	콩고	3	0	0	3	2	13	-11	0

순위	F조	경기	승	무	패	득점	실점	득실	승점
1	코트디부아르	4	3	1	0	12	0	+12	10
2	가봉	4	3	0	1	7	5	+2	9
3	부룬디	4	2	1	1	8	6	+2	7
4	케냐	4	1	2	1	7	3	+4	5
5	감비아	4	1	0	3	9	9	0	3
6	세이셸	4	0	0	4	2	22	-20	0

순위	G조	경기	승	무	패	득점	실점	득실	승점
1	알제리	4	3	0	1	8	4	+4	9
2	모잠비크	4	3	0	1	6	5	+1	9
3	보츠와나	4	2	0	2	6	5	+1	6
4	기니아	4	2	0	2	4	4	0	6
5	우간다	4	2	0	2	4	4	0	6
6	소말리아	4	0	0	4	3	9	-6	0

순위	H조	경기	승	무	패	득점	실점	득실	승점
1	튀니지	4	3	1	0	6	0	+6	10
2	나미비아	4	2	2	0	6	1	+5	8
3	라이베리아	4	2	1	1	5	2	+3	7
4	말라위	4	2	0	2	4	3	+1	6
5	적도기니	4	1	0	3	1	7	-6	3
6	상투메프린시페	4	0	0	4	1	10	-9	0

순위	I조	경기	승	무	패	득점	실점	득실	승점
1	코모로	4	3	0	1	8	4	+4	9
2	가나	4	3	0	1	7	5	+2	9
3	마다가스카르	4	2	1	1	5	2	+3	7
4	말리	4	1	2	1	5	4	+1	5
5	중앙아프리카	4	1	1	2	7	9	-2	4
6	차드	4	0	0	4	1	9	-8	0

*에리트레아는 예선 개막 직전 출전 포기. E조는 아프리카에서 유일하게 5팀으로 예선 치름

A조

DAY 1
2023.11.15
에티오피아 0-0 시에라레온
2023.11.16
이집트 6-0 지부티
2023.11.17
부르키나파소 1-1 기니비소

DAY 2
2023.11.19
시에라레온 0-2 이집트
2023.11.20
지부티 0-1 기니아비소
2023.11.21
에티오피아 0-3 부르키나파소

DAY 3
2024.06.05
시에라레온 2-1 지부티
2024.06.06
이집트 2-1 부르키나파소
기니아비소 0-0 에티오피아

DAY 4
2024.06.09
지부티 1-1 에티오피아
2024.06.10
기니아비소 1-1 이집트
부르키나파소 2-2 시에라레온

DAY 5
2025.03.16
부르키나파소 vs 지부티
시에라레온 vs 기니아비소
에티오피아 vs 이집트

DAY 6
2025.03.23
기니아비소 vs 부르키나파소
이집트 vs 시에라레온
에티오피아 vs 지부티

DAY 7
2025.08.31
기니아비소 vs 시에라레온
지부티 vs 부르키나파소
이집트 vs 에티오피아

DAY 8
2025.09.07
부르키나파소 vs 이집트
기니아비소 vs 지부티
시에라레온 vs 에티오피아

DAY 9
2025.10.05
지부티 vs 이집트
시에라레온 vs 부르키나파소
에티오피아 vs 기니아비소

DAY 10
2025.10.12
부르키나파소 vs 에티오피아
지부티 vs 시에라레온
이집트 vs 기니아비소

B조

DAY 1
2023.11.15
콩고민주공화국 2-0 모리타니아
2023.11.16
수단 1-1 토고
2023.11.18
세네갈 4-0 남수단

DAY 2
2023.11.19
수단 1-0 콩고민주공화국
2023.11.21
남수단 0-0 모리타니아
토고 0-0 세네갈

DAY 3
2024.06.05
토고 1-1 남수단
2024.06.06
모리타니아 0-2 수단
세네갈 1-1 콩고민주공화국

DAY 4
2024.06.09
콩고민주공화국 1-0 토고
모리타니아 0-1 세네갈
2024.06.11
남수단 0-3 수단

DAY 5
2025.03.16
콩고민주공화국 vs 남수단
토고 vs 모리타니아
수단 vs 세네갈

DAY 6
2025.03.23
모리타니아 vs 콩고민주공화국
세네갈 vs 토고
수단 vs 남수단

DAY 7
2025.08.31
모리타니아 vs 토고
남수단 vs 콩고민주공화국
세네갈 vs 수단

DAY 8
2025.09.07
콩고민주공화국 vs 세네갈
모리타니아 vs 남수단
토고 v 수단

DAY 9
2025.10.05
남수단 vs 세네갈
토고 vs 콩고민주공화국
수단 vs 모리타니아

DAY 10
2025.10.12
콩고민주공화국 vs 수단
남수단 vs 토고
세네갈 vs 모리타니아

C조

DAY 1
2023.11.15
르완다 0-0 짐바브웨
2023.11.16
나이지리아 1-1 레소토
2023.11.18
남아프리카 공화국 2-1 베냉

DAY 2
2023.11.19
짐바브웨 1-1 나이지리아
2023.11.21
르완다 2-0 남아프리카 공화국
레소토 0-0 베냉

DAY 3
2024.06.06
베냉 1-0 르완다
2024.06.07
나이지리아 1-1 남아프리카 공화국
짐바브웨 0-2 레소토

DAY 4
2024.06.10
베냉 2-1 나이지리아
2024.06.11
남아프리카 공화국 3-1 짐바브웨
레소토 0-1 르완다

DAY 5
2025.03.16
남아프리카 공화국 vs 레소토
짐바브웨 vs 베냉
르완다 vs 나이지리아

DAY 6
2025.03.23
베냉 vs 남아프리카 공화국
나이지리아 vs 짐바브웨
르완다 vs 레소토

DAY 7
2025.08.31
베냉 vs 짐바브웨
레소토 vs 남아프리카 공화국
나이지리아 vs 르완다

DAY 8
2025.09.07
남아프리카 공화국 vs 나이지리아
베냉 vs 레소토
짐바브웨 vs 르완다

DAY 9
2025.10.05
레소토 vs 나이지리아
짐바브웨 vs 남아프리카 공화국
르완다 vs 베냉

DAY 10
2025.10.12
남아프리카 공화국 vs 르완다
레소토 vs 짐바브웨
나이지리아 vs 베냉

D조

DAY 1
2023.11.16
카보베르데 0-0 앙골라
2023.11.17
카메룬 3-0 모리셔스
에스와티니 0-1 리비아

DAY 2
2023.11.21
모리셔스 0-0 앙골라
리비아 1-1 카메룬
에스와티니 0-2 카보베르데

DAY 3
2024.06.06
리비아 2-1 모리셔스
2024.06.07
앙골라 1-0 에스와티니
2024.06.08
카메룬 4-1 카보베르데

DAY 4
2024.06.11
카보베르데 1-0 리비아
앙골라 1-1 카메룬
모리셔스 2-1 에스와티니

DAY 5
2025.03.16
카보베르데 vs 모리셔스
리비아 vs 앙골라
에스와티니 vs 카메룬

DAY 6
2025.03.23
앙골라 vs 카보베르데
카메룬 vs 리비아
에스와티니 vs 모리셔스

DAY 7
2025.08.31
앙골라 vs 리비아
모리셔스 vs 카보베르데
카메룬 vs 에스와티니

DAY 8
2025.09.07
카보베르데 vs 카메룬
앙골라 vs 모리셔스
리비아 vs 에스와티니

DAY 9
2025.10.05
모리셔스 vs 카메룬
리비아 vs 카보베르데
에스와티니 vs 앙골라

DAY 10
2025.10.12
카보베르데 vs 에스와티니
모리셔스 vs 리비아
카메룬 vs 앙골라

E조

DAY 1
2023.11.17
잠비아 4-2 콩고
2023.11.18
니제르 0-1 탄자니아

DAY 2
2023.11.21
탄자니아 0-2 모로코
니제르 2-1 잠비아

DAY 3
2024.06.06
콩고 0(몰수)3 니제르
모로코 2-1 잠비아

DAY 4
2024.06.11
잠비아 0-1 탄자니아
콩고 0-6 모로코

DAY 5
2025.03.16
탄자니아 vs 콩고
니제르 vs 모로코

DAY 6
2025.03.23
콩고 vs 잠비아
모로코 vs 탄자니아

DAY 7
2025.08.31
콩고 공화국 vs 탄자니아
모로코 vs 니제르

DAY 8
2025.09.07
잠비아 vs 모로코
탄자니아 vs 니제르

DAY 9
2025.10.05
탄자니아 vs 잠비아
니제르 vs 콩고 공화국

DAY 10
2025.10.12
잠비아 vs 니제르
모로코 vs 콩고 공화국

F조	G조	H조	I조
DAY 1 2023.11.16 가봉 2-1 케냐 부룬디 3-2 감비아 2023.11.17 코트디부아르 9-0 세이셸	**DAY 1** 2023.11.16 알제리 3-1 소말리아 보츠와나 2-3 모잠비크 2023.11.17 기니 2-1 우간다	**DAY 1** 2013.11.15 적도 기니 0(몰수)3 나미비아 2013.11.17 튀니지 4-0 상투메 프린시페 라이베리아 0-1 말라위	**DAY 1** 2023.11.17 가나 1-0 마다가스카르 말리 3-1 차드 코모로 4-2 중앙아프리카공화국
DAY 2 2023.11.19 부룬디 1-2 가봉 2023.11.20 세이셸 0-5 케냐 감비아 0-2 코트디부아르	**DAY 2** 2023.11.19 모잠비크 0-2 알제리 2023.11.21 소말리아 0-1 우간다 보츠와나 1-0 기니	**DAY 2** 2023.11.20 라이베리아 3(몰수)0 적도 기니 2023.11.21 상투메 프린시페 0-2 나미비아 말라위 0-1 튀니지	**DAY 2** 2023.11.20 차드 0-3 마다가스카르 말리 1-1 중앙아프리카공화국 2023.11.21 코모로 1-0 가나
DAY 3 2024.06.07 케냐 1-1 부룬디 코트디부아르 1-0 가봉 2024.06.08 감비아 5-1 세이셸	**DAY 3** 2024.06.06 알제리 1-2 기니 2024.06.07 모잠비크 2-1 소말리아 우간다 1-0 보츠와나	**DAY 3** 2024.06.05 나미비아 1-1 라이베리아 튀니지 1-0 적도 기니 2024.06.06 말라위 3-1 상투메 프린시페	**DAY 3** 2024.06.05 중앙아프리카공화국 1-0 차드 마다가스카르 2-1 코모로 말리 1-2 가나
DAY 4 2024.06.11 가봉 3-2 감비아 케냐 0-0 코트디부아르 세이셸 1-3 부룬디	**DAY 4** 2024.06.10 기니 0-1 모잠비크 우간다 1-2 알제리 소말리아 1-3 보츠와나	**DAY 4** 2024.06.09 나미비아 0-0 튀니지 상투메 프린시페 0-1 라이베리아 2024.06.10 적도 기니 1-0 말라위	**DAY 4** 2024.06.10 가나 4-3 중앙아프리카공화국 2024.06.11 마다가스카르 0-0 말리 차드 0-2 코모로
DAY 5 2025.03.16 가봉 vs 세이셸 감비아 vs 케냐 부룬디 vs 코트디부아르	**DAY 5** 2025.03.16 기니 vs 소말리아 모잠비크 vs 우간다 보츠와나 vs 알제리	**DAY 5** 2025.03.16 적도 기니 vs 상투메 프린시페 말라위 vs 나미비아 라이베리아 vs 튀니지	**DAY 5** 2025.03.16 가나 vs 차드 중앙아프리카공화국 vs 마다가스카르 코모로 vs 말리
DAY 6 2025.03.23 케냐 vs 가봉 코트디부아르 vs 감비아 부룬디 vs 세이셸	**DAY 6** 2025.03.23 우간다 vs 기니 알제리 vs 모잠비크 보츠와나 vs 소말리아	**DAY 6** 2025.03.23 나미비아 vs 적도 기니 튀니지 vs 말라위 라이베리아 vs 상투메 프린시페	**DAY 6** 2025.03.23 마다가스카르 vs 가나 말리 vs 중앙아프리카공화국 코모로 vs 차드
DAY 7 2025.08.31 케냐 vs 감비아 세이셸 vs 가봉 코트디부아르 vs 부룬디	**DAY 7** 2025.08.31 우간다 vs 모잠비크 소말리아 vs 기니 알제리 vs 보츠와나	**DAY 7** 2025.08.31 나미비아 vs 말라위 상투메 프린시페 vs 적도 기니 튀니지 vs 라이베리아	**DAY 7** 2025.08.31 마다가스카르 vs 중앙아프리카공화국 차드 vs 가나 말리 vs 코모로
DAY 8 2025.09.07 가봉 vs 코트디부아르 케냐 vs 세이셸 감비아 vs 부룬디	**DAY 8** 2025.09.07 기니 vs 알제리 우간다 vs 소말리아 모잠비크 vs 보츠와나	**DAY 8** 2025.09.07 적도 기니 vs 튀니지 나미비아 vs 상투메 프린시페 말라위 vs 라이베리아	**DAY 8** 2025.09.07 가나 vs 말리 마다가스카르 vs 차드 중앙아프리카공화국 vs 코모로
DAY 9 2025.10.05 세이셸 vs 코트디부아르 감비아 vs 가봉 부룬디 vs 케냐	**DAY 9** 2025.10.05 소말리아 vs 알제리 모잠비크 vs 기니 보츠와나 vs 우간다	**DAY 9** 2025.10.05 상투메 프린시페 vs 튀니지 말라위 vs 적도 기니 라이베리아 vs 나미비아	**DAY 9** 2025.10.05 차드 vs 말리 중앙아프리카공화국 vs 가나 코모로 vs 마다가스카르
DAY 10 2025.10.12 가봉 vs 부룬디 세이셸 vs 감비아 코트디부아르 vs 케냐	**DAY 10** 2025.10.12 기니 vs 보츠와나 소말리아 vs 모잠비크 알제리 vs 우간다	**DAY 10** 2025.10.12 적도 기니 vs 라이베리아 상투메 프린시페 vs 말라위 튀니지 vs 나미비아	**DAY 10** 2025.10.12 가나 vs 코모로 차드 vs 중앙아프리카공화국 말리 vs 마다가스카르

适逢其會

적봉기회

늘어난 티켓+개최국 안만나
파나마 코스타리카 자메이카

'적봉기회'란 '때마침 좋은 기회(시기)를 만난다'는 사자성어다. 이번 월드컵 북중미 예선에 출전한 모든 국가에 해당한다. 월드컵 출전 티켓이 늘어난 데다 미국, 캐나다, 멕시코 등 개최국을 만나지 않게 됐다.

그동안 북중미에서는 3.5장의 적은 티켓을 놓고 미국, 멕시코, 코스타리카 등 '3강'이 대부분 이를 독점해 왔다. 아주 가끔 틈새시장이 열릴 때 캐나다, 온두라스, 엘살바도르, 자메이카, 파나마 등이 얼굴을 내밀 수 있었다.

하지만 2026 월드컵은 미국, 멕시코, 캐나다에서 공동개최하기에 자동 출전권이 주어졌고, 총 6.5장 중 3.5장을 놓고 남은 북중미 국가들이 경쟁하는 구도가 만들어졌다.

이번 북중미 예선에 출전한 국가는 총 32개국. FIFA 랭킹이 높은 28개국은 2차 예선에 자동 진출했고, 하위권 4개국이 두팀씩 홈&어웨이 경기를 치렀다. 앵귈라가 터크스 카이코제도를, 영국령 버진아일랜드가 미국령 버진아일랜드를 각각 승부차기로 제압하고 2차 예선에 합류했다.

총 30개국이 모인 2차 예선은 5팀씩 6개조로 나뉘어 팀당 4경기씩 단일리그를 치른다. 그리고 각조 1,2위팀 등 총 12팀이 3차 예선에 진출한다. 3차 예선은 4팀 3개조로 나뉘어 홈&어웨이로 팀당 6경기를 벌인다. 각조 1위 3팀은 월드컵 본선에 직행하고, 2위 중 성적이 좋은 2팀은 대륙간 플레이오프 진출권을 얻는다. 2위 중 성적이 가장 나쁜 팀은 탈락한다. 물론 각조 3,4위도 마찬가지다.

팀당 2경기씩 치른 2차 예선이 한창 진행 중인 현재, A조 온두라스, B조 코스타리카, C조 퀴라소와 아이티, D조 니카라과와 파나마, E조 과테말라와 자메이카, F조 수리남이 각조 선두다. 이제 반환점을 돌았기에 2경기씩 치를 후반기는 더욱 뜨거워질 전망이다.

현재 각조 1위에 오른 국가 중 가장 돋보이는 팀은 파나마다. 2018 러시아 월드컵 본선에 진출했던 파나마는 2023 골드컵 준우승을 차지했고(통산 준우승 3회), 지난 7월 15일 폐막한 코파아메리카에서도 8강에 진출해 눈길을 끌었다. 파나마는 특히 골드컵과 코파아메리카에서 연달아 미국을 잡아 탈락시켰고, 결국 이 때문에 그렉 버홀터 감독이 경질되는 결과를 만들었다.

북중미 전통 강호 코스타리카도 지켜봐야 한다. 이 팀은 역대 월드컵에 통산 4차례 출전했고, 1990년 이탈리아, 2014년 브라질 월드컵 때 16강에 진출해 세계를 놀라게 만들었다. 지난 코파아메리카 조별리그 1차전에서 브라질과 0-0 무승부를 이뤘다.

일단 이 두 팀이 월드컵 본선에 가장 근접한 팀이다. 그러나 "공은 둥글다"고 했고 "끝날 때까지 끝난 게 아니다"는 명언이 있다.

'레게 전사들' 자메이카, 네덜란드에 선수 수출을 많이 하는 수리남, 여러 선수가 프리미어리그에 활약 중인 트리니다드토바고, 전통 스포츠 강국으로 축구에 신경을 쓰기 시작한 쿠바도 주목할 팀이다.

북중미 예선 프로세스

1차 예선 종료
영국령 버진제도가 미국령 버진제도를 물리침
앵귈라가 터크스 케이커스제도를 물리침

2차 예선 현재 진행중
총 30개국이 5개국씩 6개조로 나뉘어 단일 리그
각조 1,2위 등 총 12개팀 3라운드 진출

3차 예선 2025년 9월 시작
12개국이 4개국 3개조로 나뉘어 홈&어웨이 리그
각조 1위 3팀 본선, 성적 좋은 2위 2개팀 대륙 PO

북중미 2차 예선

A조

DAY 1
2024.06.05
앤티가 바부다 1-1 버뮤다
2024.06.06
온두라스 3-1 쿠바

DAY 2
2024.06.08
케이맨 제도 1-0 앤티가 바부다
2024.06.09
버뮤다 1-6 온두라스

DAY 3
2024.06.11
쿠바 3(몰수)0 케이맨 제도

DAY 4
2025.06.04
버뮤다 vs 케이맨제도

DAY 5
2025.06.06
앤티가 바부다 vs 쿠바
2025.06.07
케이맨 제도 vs 온두라스

DAY 6
2025.06.10
쿠바 vs 버뮤다
온두라스 vs 앤티가 바부다

B조

DAY 1
2024.06.05
트리니다드 토바고 2-2 그레나다
2024.06.06
코스타리카 4-0 세인트키츠 네비스

DAY 2
2024.06.08
바하마 1-7 트리니다드 토바고
2024.06.09
그레나다 0-3 코스타리카

DAY 3
2024.06.11
세인트키츠 네비스 1-0 바하마

DAY 4
2025.06.04
그레나다 vs 바하마

DAY 5
2025.06.06
트리니다드 토바고 vs 세인트키츠 네비스
2025.06.07
바하마 vs 코스타리카

DAY 6
2025.06.10
세인트키츠 네비스 vs 그레나다
2025.06.10
코스타리카 vs 트리니다드 토바고

C조

DAY 1
2024.06.05
퀴라소 4-1 바베이도스
2024.06.06
아이티 2-1 세인트루시아

DAY 2
2024.06.08
아루바 0-2 퀴라소
2024.06.09
바베이도스 1-3 아이티

DAY 3
2024.06.11
세인트루시아 2-2 아루바

DAY 4
2025.06.04
바베이도스 vs 아루바

DAY 5
2025.06.06
퀴라소 vs 세인트 루시아
아루바 vs 아이티

DAY 6
2025.06.10
세인트루시아 vs 바베이도스
아이티 vs 퀴라소

D조

DAY 1
2024.06.05
니카라과 4-1 몬트세랫
2024.06.06
파나마 2-1 가이아나

DAY 2
2024.06.08
벨리즈 0-4 니카라과
2024.06.09
몬트세랫 1-3 파나마

DAY 3
2024.06.01
가이아나 6-1 벨리즈

DAY 4
2025.06.04
몬트세랫 vs 벨리즈

DAY 5
2025.06.06
니카라과 vs 가이아나
2025.06.07
벨리즈 vs 파나마

DAY 6
2025.06.10
쿠바 vs 버뮤다
온두라스 vs 앤티가 바부다

E조

DAY 1
2024.06.05
과테말라 6-0 도미니카 연방
2024.06.06
자메이카 1-0 도미니카 공화국

DAY 2
2024.06.08
영국령 버진아일랜드 0-3 과테말라
2024.06.09
도미니카 연방 2-3 자메이카

DAY 3
2024.06.11
도미니카 공화국 4-0 영국령 버진아일랜드

DAY 4
2025.06.04
도미니카 연방 vs 영국령 버진아일랜드

DAY 5
2025.06.06
과테말라 vs 도미니카 공화국
2025.06.07
영국령 버진아일랜드 v 자메이카

DAY 6
2025.06.10
도미니카 공화국 vs 도미니카 연방
자메이카 vs 과테말라

F조

DAY 1
2024.06.05
수리남 4-1 세인트빈센트 그레나딘
2024.06.06
엘살바도르 0-0 푸에르토리코

DAY 2
2024.06.08
앵귈라 0-4 수리남
2024.06.09
세인트빈센트 그레나딘 1-3 엘살바도르

DAY 3
2024.06.11
푸에르토리코 8-0 앵귈라

DAY 4
2025.06.04
세인트빈센트 그레나딘 vs 앵귈라

DAY 5
2025.06.06
수리남 vs 푸에르토리코
2025.06.07
앵귈라 vs 엘살바도르

DAY 6
2025.06.10
푸에르토리코 vs 세인트빈센트 그레나딘
엘살바도르 vs 수리남

FIFA 월드컵 2026 북중미 2차 예선 중간 순위

순위	A조	경기	승	무	패	득점	실점	득실	승점
1	온두라스	2	2	0	0	9	2	+7	6
2	쿠바	2	1	0	1	4	3	+1	3
3	케이먼제도	2	1	0	1	1	3	-2	3
4	앤티가 바부다	2	0	1	1	1	2	-1	1
5	버뮤다	2	0	1	1	2	7	-5	1

순위	B조	경기	승	무	패	득점	실점	득실	승점
1	코스타리카	2	2	0	0	7	0	+7	6
2	트리니다드토바고	2	1	1	0	9	3	+6	4
3	세인트 키츠 네비스	2	1	0	1	1	4	-3	3
4	그레나다	2	0	1	1	2	5	-3	1
5	바하마스	2	0	0	2	1	8	-7	0

순위	C조	경기	승	무	패	득점	실점	득실	승점
1	퀴라소	2	2	0	0	6	1	+5	6
2	아이티	2	2	0	0	5	2	+3	6
3	세인트루시아	2	0	1	1	3	4	-1	1
4	아루바	2	0	1	1	2	4	-2	1
5	바베이도스	2	0	0	2	2	7	-5	0

순위	D조	경기	승	무	패	득점	실점	득실	승점
1	니카라과	2	2	0	0	8	1	+7	6
2	파나마	2	2	0	0	5	1	+4	6
3	가이아나	2	1	0	1	3	3	0	3
4	몬트세랫	2	0	0	2	2	7	-5	0
5	벨리제	2	0	0	2	1	7	-6	0

순위	E조	경기	승	무	패	득점	실점	득실	승점
1	과테말라	2	2	0	0	9	0	+9	6
2	자메이카	2	2	0	0	4	2	+2	6
3	도미니카 공화국	2	1	0	1	4	1	+3	3
4	도미니카	2	0	0	2	2	9	-7	0
5	영국령 버진아일랜드	2	0	0	2	0	7	-7	0

순위	F조	경기	승	무	패	득점	실점	득실	승점
1	수리남	2	2	0	0	8	1	+7	6
2	푸에르토리코	2	1	1	0	8	0	+8	4
3	엘살바도르	2	1	1	0	3	1	+2	4
4	세인트빈센트그레나딘	2	0	0	2	2	7	-5	0
5	앵귈라	2	0	0	2	0	12	-12	0

오세아니아 예선 프리뷰

苦盡甘來
고 진 감 래

오세아니아주 월드컵 예선에는 OFC 소속 11개국이 참가한다. 일정은 2024년 9월~2025년 3월이다. 예선은 총 3단계로 열린다.

소속 11개국 중 FIFA 랭킹이 낮은 4개국이 토너먼트를 벌여 1팀만 살아남는다. 그 팀이 FIFA 랭킹 상위권인 7개국과 함께 총 8팀이 2차 예선을 벌인다.

A, B조 각 4팀씩 소속되어 풀리그를 벌인다. 각조 1,2위팀이 4강에 올라 토너먼트로 겨룬다. A조 1위와 B조 2위, B조 1위와 A조 2위가 준결승을 치르고, 승자가 결승에서 만나 우승팀을 가린다. 우승팀은 본선에 직행하고, 준우승팀은 대륙간 플레이오프에 출전한다.

현시점 OFC의 선두주자는 누가 뭐래도 뉴질랜드다. 이미 2차례 월드컵 출전 경험이 있고, 지역 최강자를 가리는 OFC 네이션스컵에서도 11번의 대회 중 무려 6번이나 우승한 경력이 있다.

잉글랜드 출신 대런 베이즐리 감독이 이끄는 현 뉴질랜드는 노장-중견-신예가 조화를 이룬 팀이다. 2024 네이션스컵 우승 당시 4골을 터뜨린 벤 웨인, 베테랑 FW 코스타 바바루지스, 중원 사령관 알렉스 루퍼, 젊은 수비수 핀 서면 등이 팀의 중심을 이루고 있다.

유럽 선수들을 연상케 하는 좋은 체격에 강력한 파워사커와 종방향 다이렉트 플레이, 타점 높은 헤더로 시원시원하게 승부를 본다.

2024 네이션스컵 준우승팀 바나투도 본선 직행 티켓을 노리고 있다. 이 팀은 그동안 OFC에서도 변방이었으나, 안방에서 네이션스컵을 개최해 결승까지 진출하면서 한단계 업그레이드 됐다. 브라질 출신 줄리아누 슈멜링 감독은 바나투를 매우 역동적인 팀으로 만들었다. FW 켄지 탱지스, MF 봉고 칼로, DF 제이슨 토머스가 주축이다.

이 두팀 외에도 2012년 네이션스컵 우승팀인 타이티, 늘 지역 강자로 꼽혀온 뉴칼레도니아와 솔로몬제도 등도 눈여겨봐야 한다. OFC의 티켓 경쟁은 매우 치열하게 전개될 것이다.

'고진감래'는 '고생 끝에 좋은 일이 온다'는 사자성어다. 이는 월드컵 예선에 출전하는 OFC 모든 국가에 해당한다. 사상 처음 본선 직행 티켓이 생기기 때문이다.

그동안 OFC에는 정상적인 본선 티켓이 주어지지 않았다. 대륙 예선 1위는 늘 아시아, 남미, 북중미 등 다른 대륙에서 살아남는 팀과 플레이오프를 치러야 했다. 하지만 대부분 탈락했다. OFC 국가 중 월드컵 본선 무대를 밟아본 국가는 1974년, 2006년의 호주, 1982년, 2010년의 뉴질랜드 딱 2팀뿐이다. 이중 호주는 2007년부터 AFC로 편입되어 아시아 국가들과 예선을 치른다.

하지만 본선 진출국이 32개국에서 48개국으로 늘어난 2026 북중미 월드컵부터는 OFC에 직행 티켓이 1장 주어지고, 예선 2위가 대륙 플레이오프에 나선다. 이제 '플레이오프 포비아'는 없어졌다.

월드컵 오세아니아 예선 프로세스

1라운드	2라운드		3라운드
OFC 11개팀 중 하위권 4팀이 토너먼트 치러 승자가 2R 진출	A조 1위-4강 진출 2위-4강 진출 3위, 4위-탈락	B조 1위-4강 진출 2위-4강 진출 3위, 4위-탈락	1위-본선 2위-PO A1 B2 B1 A2

FIFA WC 2026 VENUES

인류 역사상 최대의 스포츠 축제가 될 2026 FIFA 북중미 월드컵 개막(2026년 6월 12일)까지 이제 22개월여 남았다. 이 대회는 캐나다, 멕시코, 미국 등 3개국 16개 도시에서 열린다. 공동개최는 2002년 한일 월드컵에 이어 24년 만이지만, 3개국 공동개최는 이번이 처음이다. 북중미 월드컵은 사상 최초로 48개국이 참가한다. 매머드 대회로 확장된 셈이다. 참가국 수가 많아진 만큼 개최도시 역시 대폭 늘었다. 캐나다의 밴쿠버와 토론토, 멕시코의 멕시코시티, 과달라하라, 몬테레이, 미국의 시애틀, 샌프란시스코, 로스앤젤레스, 캔자스시티, 댈러스, 휴스턴, 애틀랜타, 마이애미, 필라델피아, 보스턴, 뉴욕 등 3개국 16개 도시에서 '꿈의 제전'이 펼쳐진다. 세계 축구 스타들의 환상적인 '축구쇼'와 함께 특색 있는 각 도시의 아름다운 모습까지 함께 즐길 수 있다. 월드컵의 주무대가 될 16개 도시, 16개 경기장을 유럽풋볼 스카우팅 리포트에서 미리 가본다.

HOST CITIES & STADIUMS

①밴쿠버 BC 플레이스
②시애틀 루멘 필드
③샌프란시스코 리바이스 스타디움
④로스앤젤레스 소파이 스타디움
⑤과달라하라 에스타디오 라크론
⑥멕시코시티 아스테카 스타디움
⑦몬테레이 에스타디오 BBVA
⑧휴스턴 NRG 스타디움
⑨댈러스 AT&T 스타디움
⑩캔자스시티 애로헤드 스타디움
⑪애틀랜타 메르세데스-벤츠 스타디움
⑫마이애미 하드락 스타디움
⑬토론토 BMO 필드
⑭보스턴 질렛 스타디움
⑮필라델피아 링컨파이낸셜 스타디움
⑯뉴욕 멧라이프 스타디움

DISTANCE BETWEEN HOST CITIES

*수치는 국제 공항 간 비행거리 km

개최 도시	①VAN	②SEA	③SF	④LA	⑤GUA	⑥MC	⑦MON	⑧HOU	⑨DAL	⑩KC	⑪ATL	⑫MIA	⑬TOR	⑭BOS	⑮PHI	⑯NY
①VANCOUVER		244	1538	2056	4428	4785	3967	3931	3533	3147	4475	5527	4190	5131	4779	4852
②SEATTLE	244		1301	1819	4224	4574	3757	3721	3322	2937	4264	5316	3979	4920	4568	4641
③SAN FRANCISCO	1538	1301		611	3141	3552	3060	3115	2743	2905	3997	4890	4231	5009	4656	4730
④LOS ANGELES	2056	1819	611		2566	2977	2485	2540	2323	2650	3556	4428	4056	4834	4404	4555
⑤GUADALAJARA	4428	4224	3141	2566		549	830	1557	1731	2596	2784	3435	3965	4499	3992	4170
⑥MEXICO CITY	4785	4574	3552	2977	549		936	1522	1838	2702	2752	3397	3928	4461	3954	4132
⑦MONTERREY	3967	3757	3060	2485	830	936		774	938	1802	2004	4793	3170	3714	3207	3385
⑧HOUSTON	3931	3721	3115	2540	1557	1522	774		401	1182	1279	1929	2420	2994	2486	2664
⑨DALLAS	3533	3322	2743	2323	1731	1838	938	401		889	1294	2149	2216	2878	2371	2549
⑩KANSAS CITY	3147	2937	2905	2650	2596	2702	1802	1182	889		1335	2387	1585	2338	1854	1998
⑪ATLANTA	4475	4264	3997	3556	2784	2752	2004	1279	1294	1335		1066	1529	1750	1248	1426
⑫MIAMI	5527	5316	4890	4428	3435	3397	4793	1929	2149	2387	1066		2387	2407	1903	2078
⑬TORONTO	4190	3979	4231	4056	3965	3928	3170	2420	2216	1585	1529	2387		882	807	827
⑭BOSTON	5131	4920	5009	4834	4499	4461	3714	2994	2878	2338	1750	2407	882		631	345
⑮PHILADELPHIA	4779	4568	4656	4404	3992	3954	3207	2486	2371	1854	1248	1903	807	631		184
⑯NEW YORK	4852	4641	4730	4555	4170	4132	3385	2664	2549	1998	1426	2078	827	345	184	

VANCOUVER 밴쿠버 북태평양 연안 아름답고 살기 좋은 도시

캐나다 남서부 태평양 연안에 위치한 아름다운 도시. 토론토, 몬트리올에 이은 캐나다 제3의 도시이다. '세계에서 가장 살기 좋은 도시' 조사에서 늘 상위권에 오를 정도로 거주 환경이 좋다. 도시의 주요 산업은 금융업과 건설업이다. 또한, '북쪽의 헐리웃'이라 불릴 정도로 엔터테인먼트 산업이 활성화되어 있다. 밴쿠버 다운타운, 특히 버라드역 주변을 보면 영화, 드라마 스태프들이 한 달에 2~3번 정도 촬영을 위해 부지런히 세팅하는 모습을 볼 수 있다. 주요 관광지로는 밴쿠버 250개 레스토랑이 참가하는 다인 아웃 페스티벌, 다운타운 번화가인 롭스 스트리트, 축제가 자주 열리는 그랜빌 스트리트, 세계적인 도심 속 공원 스탠리 파크, 4D 영화와 놀이기구가 환상의 조합을 이룬 플라이오버 캐나다 등이 유명하다. 이 도시에는 북미하키리그(NHL)의 밴쿠버 커넉스와 메이저리그사커(MLS)의 밴쿠버 화이트 캡스가 활약 중이다.

Distance To Other Cities

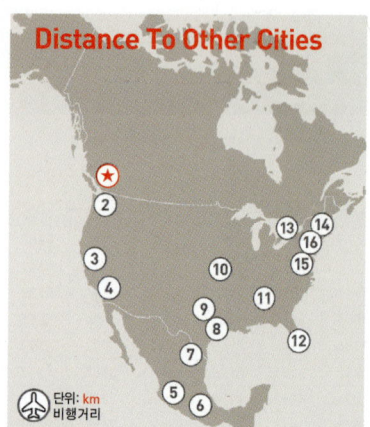

단위: km 비행거리

★밴쿠버	—	⑨댈러스	3533
②시애틀	244	⑩캔자스시티	3147
③샌프란시스코	1538	⑪애틀란타	4475
④로스앤젤레스	2056	⑫마이애미	5527
⑤과달라하라	4428	⑬토론토	4190
⑥멕시코시티	4785	⑭보스턴	5131
⑦몬테레이	3967	⑮필라델피아	4779
⑧휴스턴	3931	⑯뉴욕	4852

TIME DIFFERENCE
대한민국보다 13시간 느림 / UTC보다 4시간 느림

| 도시 설립 1886년 | 도시 66만명 광역 264만명 | 면적 124km² 고도 152m |  산업 금융, 의료 미디어, 건설 | 1인당 GDP 4만달러 | 평균 기온 12~21℃ | 평균 강수 36~54mm | 평균 습도 60~62% |

BC PLACE

• 날짜는 한국 시간

날짜	대진
06.14(일)	M6 : 조별 리그
06.19(금)	M27 : 조별 리그
06.22(월)	M40 : 조별 리그
06.15(일)	M51 : 조별 리그
06.20(금)	M64 : 조별 리그
07.03(금)	M85 : 32강전
07.08(수)	M96 : 16강전

1983년에 개장했고, 2010~2011년 사이 5억 6000만달러를 들여 대대적으로 증축했다. 중앙에 초대형 비디오 스크린을 장착했고, 지붕은 개폐식 돔으로 지어졌다. 도심 접근성이 뛰어나다.

FIFA WC 2026 HOST CITIES

구장 오픈 : 1983년(2.3억달러*)	최근 증개축 : 2011년	소유권 : 브리티시 콜롬비아주
경기장 형태 : 전용 구장	평상시 수용 : 5만 4405명	월드컵 수용 : 4만 9000명
잔디 형태 : 천연 잔디	피치 사이즈 : 105m x 68m	조명도 : 2600룩스

SEATTLE 시애틀 자연친화 도시, 글로벌 기업들 집결

캐나다 접경 태평양 연안에 위치한 '에머럴드 시티.' 시애틀이라는 도시명은 1854년 인디언 대추장 이름에서 따왔다고 한다. 미국 대도시 중 치안이 좋고, 집값도 상대적으로 저렴한 편이다. 숲, 언덕, 강, 호수가 많아 '북미의 스위스'로 불린다. 웬만한 집에는 주차장에 보트나 카누를 한 대씩 보유하고 있다. 면허증만 있으면 강에서 싱싱한 연어를 직접 잡을 수도 있다. 시애틀에는 보잉, 마이크로소프트, 아마존닷컴, 닌텐도 아메리카, 코스트코, 스타벅스, 밸브 코퍼레이션, 번지 스튜디오, 여행 사이트 익스피디아 등 다국적 기업들이 자리잡고 있다. 타워 꼭대기에 우주선 모양이 있는 스페이스 니들, 미국에서 가장 오래된 재래시장 파이크 플레이스 마켓, 항공기 제조사 보잉 공장, 시애틀 야경 사진의 인기 장소 케리 공원, 1976년에 오픈 한 스타벅스 1호점. 시애틀 대중음악 박물관, 시애틀 아쿠아리움 등이 주요 관광지다.

Distance To Other Cities

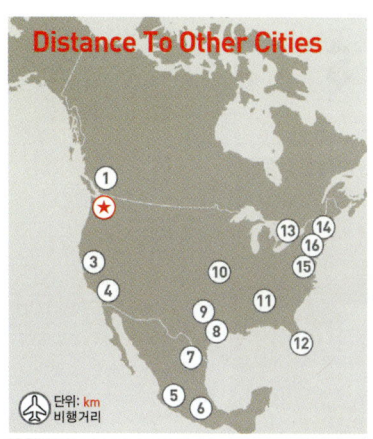

단위: km 비행거리

①밴쿠버	244	⑨댈러스	3322
★시애틀	—	⑩캔자스시티	2937
③샌프란시스코	1301	⑪애틀랜타	4264
④로스앤젤레스	1819	⑫마이애미	5316
⑤과달라하라	4224	⑬토론토	3979
⑥멕시코시티	4574	⑭보스턴	4920
⑦몬테레이	3757	⑮필라델피아	4568
⑧휴스턴	3721	⑯뉴욕	4641

TIME DIFFERENCE
대한민국보다 13시간 느림 / UTC보다 4시간 느림

 도시 설립 1793년
 도시 279만명 / 광역 620만명
 면적 3630km² / 고도 77m
 산업 금융, 관광, 부동산, 미디어
 1인당 GDP 6만 3천달러
 평균 기온 16~25℃
 평균 강수 64~71mm
 평균 습도 61~63%

LUMEN FIELD

*날짜는 한국 시간

날짜	대진
06.16(화)	M7 : 조별 리그
06.20(토)	M17 : 조별 리그
06.25(목)	M41 : 조별 리그
06.27(금)	M56 : 조별 리그
07.02(목)	M67 : 조별 리그
07.07(화)	M77 : 32강전

폭파 해체된 킹덤의 자리에 건설됐다. 북쪽 끝이 오픈된 U자형으로 시애틀 시내와 넓은 북쪽 광장이 보인다. 북쪽 13층짜리 수직 방향 스코어보드와 지붕 위 아치 구조물은 상징적이다.

구장 오픈 : 2002년(4.3억달러)	증개축 : —	소유권 : 워싱턴주 경기장관리국	
경기장 형태 : 전용 구장	평상시 수용 : 6만 9000명	월드컵 수용 : 6만 1812명	
잔디 형태 : 천연 잔디	피치 사이즈 : 105m x 68m	조명도 : 1200룩스	

SAN FRANCISCO 샌프란시스코 구글, 애플, 실리콘 밸리…IT 코어

미국 캘리포니아주 북부 문화, 경제, 상업의 거점 도시다. 1776년 6월 29일에 도시로 발달했고, 캘리포니아 '골드러시'에 힘입어 1848년부터 크게 성장했다. 샌프란시스코 베이 에어리어는 2024년 기준, 1인당 GDP 14만 4633달러로 미국 최고 수준을 자랑한다. 애플, 구글, 인스타그램 등 세계 최대의 IT 기업들이 위치한다. 또한, 암젠, 제네테크, 바이오젠 등 세계적인 제약회사들, 갭과 리바이스 등 다국적 의류업체, X-코프, 드롭박스, 핀터레스트, 우버 등 유명 스타트업 기업들도 소재한다. 금융 산업도 발달해서 뱅크 오브 아메리카, 비자, 웰스 파고, 찰스 슈왑 본사가 자리한다. 미국의 대표적인 '교육도시'로 UC 버클리와 스탠포드 대학이 있다. 인기 있는 관광지로 시원한 여름, 멋진 안개, 가파르고 구불구불한 언덕, 조화롭고 다양한 건축물, 골든게이트 다리, 케이블카, 알카트라즈 연방 교도소, 차이나타운 등이 유명하다.

Distance To Other Cities

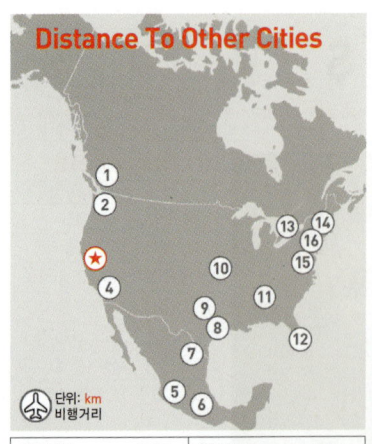

단위: km 비행거리

①밴쿠버	1538	⑨댈러스	2743
②시애틀	1301	⑩캔자스시티	2905
★샌프란시스코	—	⑪애틀랜타	3997
④로스앤젤레스	611	⑫마이애미	4890
⑤과달라하라	3141	⑬토론토	4231
⑥멕시코시티	3552	⑭보스턴	5009
⑦몬테레이	3060	⑮필라델피아	4656
⑧휴스턴	3115	⑯뉴욕	4730

TIME DIFFERENCE
대한민국보다 16시간 느림 / UTC보다 8시간 느림

도시 설립	도시 81만명	면적 601km²	산업 IT, 섬유	1인당 GDP	평균 기온	평균 강수	평균 습도
1776년	광역 467만명	고도 8m	조선, 관광	29만 달러	12~19℃	1~5mm	71~75%

LEVI'S STADIUM

*날짜는 한국 시간

날짜	대진
06.14(일)	M8 : 조별 리그
06.17(수)	M20 : 조별 리그
06.20(토)	M31 : 조별 리그
06.23(화)	M44 : 조별 리그
06.26(금)	M60 : 조별 리그
07.29(목)	M81 : 32강전

2014년 오픈한 이후 NFL 샌프란시스코 49ers. 홈구장으로 사용 중이다. 녹지 공간을 갖춘 천장, 태양광 패널, 재활용수를 이용한 운동장 관개 시설 등 최첨단 친환경 설비를 갖췄다.

구장 오픈 : 2014년(13억달러)	증개축 : —
경기장 형태 : 전용 구장	평상시 수용 : 7만 909명
잔디 형태 : 천연 잔디	피치 사이즈 : 105m x 68m
소유권 : 산타클라라 경기장관리국	월드컵 수용 : 6만 1198명
	조명도 : 3444룩스

LOS ANGELES 로스 앤젤레스 세계 대중문화의 중심지, 어린이의 천국

'천사의 도시', '어린이들의 천국'으로 유명한 LA는 뉴욕에 이은 미국 제2의 도시이다. 비즈니스, 국제 무역, 엔터테인먼트, 항공 우주 산업, 고급 기술, 석유, 문화, 미디어, 패션, 과학, 스포츠, 관광의 중심지다. 활발한 경제, 뛰어난 아케이드성, 따뜻한 지중해성 기후, 아름다운 해변, 맛있는 음식, 자유로운 분위기에 힘입어 매년 엄청난 외국 관광객이 몰려든다. 블록 버스터 영화, 대중음악으로 전 세계 엔터테인먼트 산업의 중심지로 불린다. 지구상에서 가장 권위 있는 영화제인 '아카데미 시상식'이 열리는 곳이기도 하다. 관광지로는 할리우드, 유니버설 스튜디오, 디즈니랜드, 그리피스 천문대, 베벌리 힐스, 말리부 해변, 네더컷 자동차 박물관 등이 유명하다. 연고지 스포츠팀으로는 NBA의 LA 레이커스와 LA 클리퍼스, MLB의 LA 다저스와 LA 에인절스, NHL의 애너하임 덕스, MLS의 LA 갤럭시와 LA FC 등이 활약 중이다.

Distance To Other Cities

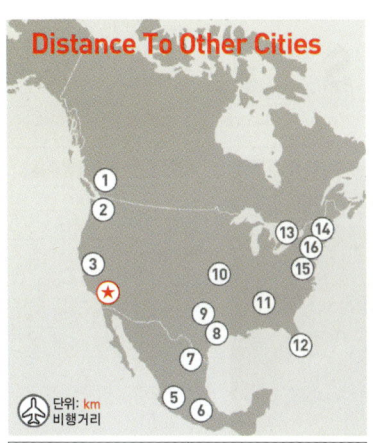

단위: km 비행거리

①밴쿠버	2056	⑨댈러스	2323
②시애틀	1819	⑩캔자스시티	2650
③샌프란시스코	611	⑪애틀랜타	3556
★로스앤젤레스	—	⑫마이애미	4428
⑤과달라하라	2566	⑬토론토	4056
⑥멕시코시티	2977	⑭보스턴	4834
⑦몬테레이	2485	⑮필라델피아	4404
⑧휴스턴	2540	⑯뉴욕	4555

TIME DIFFERENCE
대한민국보다 13시간 느림 / UTC보다 4시간 느림

도시 설립	도시 385만명	면적 1299km²	산업 금융, 의료	1인당 GDP	평균 기온	평균 강수	평균 습도
1781년	광역 1331만명	고도 28m	서비스, 관광, 영화	8만 7천달러	17~26℃	1~2mm	66~67%

SOFI STADIUM

*날짜는 한국 시간

날짜	대진
06.13(토)	M4 : 조별 리그
06.16(화)	M15 : 조별 리그
06.19(금)	M26 : 조별 리그
06.22(월)	M39 : 조별 리그
06.26(금)	M59 : 조별 리그
06.29(월)	M73 : 32강전
07.03(금)	M84 : 32강전
07.11(토)	M98 : 8강전

FIFA WC 2026 HOST CITIES

건축 비용, 명명권 모두 세계 최고가다. 파크 부지에 NFL 네트워크, 오피스, 고급 콘도미니엄, 공연장이 지어졌다. 특수 소재 반투명 돔구장으로 지붕 전체에 디스플레이를 선보인다.

구장 오픈 : 2020년(60억 달러)   **증개축** : —   **소유권** : StadeCO LA
경기장 형태 : 전용 구장   **평상시 수용** : 7만 240명   **월드컵 수용** : 6만 3000명
잔디 형태 : 천연 잔디   **피치 사이즈** : 105m x 68m   **조명도** : 2790룩스

GUADALAJARA 과달라하라 온화한 휴양지, 마리아치와 데킬라의 도시

멕시코 중부에 위치한 제2의 도시. 마리아치와 테킬라로 유명하다. 밤이 되면 광장에서는 마리아치 공연이 펼쳐지고, 주민들은 술집에 삼삼오오 모여 테킬라를 마신다. 높은 산맥에 둘러싸여 있으며, 해발 1567m 고원에 위치하여 기후가 쾌적하다. 스페인 식민지 시절 규모가 커졌고, 이후 멕시코 독립운동의 중요한 거점이 되었다. 할리스코주의 주도로 지역 문화의 중심지다. 농업, 관광업, 첨단 정보 산업이 고루 발달하였다. 최근에는 '멕시코의 실리콘밸리'로 불릴 정도로 정보통신산업의 중심지로 성장했다. 관광업도 경제에서 차지하는 비중이 크다. 식민지 시대 옛 건물은 인기가 있으며, 기후가 좋아 휴양지로도 유명하다. 카바나스 문화회관, 과달라하라 대성당, 총독 관저, 도자기와 유리공예로 유명한 소도시 틀라케바케 & 토날라, 과달라하라 시내 가장 규모가 큰 산쇼니 시장은 외국인들에게 필수 관광코스로 꼽힌다.

Distance To Other Cities

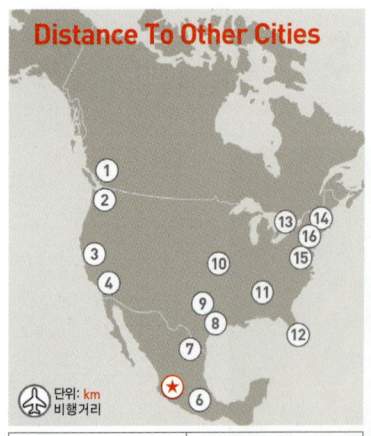

단위: km
비행거리

① 밴쿠버	4428	⑨ 댈러스	1731
② 시애틀	4224	⑩ 캔자스시티	2596
③ 샌프란시스코	3141	⑪ 애틀랜타	2784
④ 로스앤젤레스	2566	⑫ 마이애미	3435
★ 과달라하라	—	⑬ 토론토	3965
⑥ 멕시코시티	549	⑭ 보스턴	4499
⑦ 몬테레이	830	⑮ 필라델피아	3992
⑧ 휴스턴	1557	⑯ 뉴욕	4170

TIME DIFFERENCE
대한민국보다 13시간 느림 / UTC보다 4시간 느림

| 도시 설립 1542년 | 도시 139만명 광역 529만명 | 면적 151km² 고도 1566m | 산업 전자부품 소프트웨어, 무역 | 1인당 GDP 2만 2천달러 | 평균 기온 17~28℃ | 평균 강수 191~273mm | 평균 습도 63~71% |

ESTADIO AKRON

*날짜는 한국 시간

날짜	대진
06.12(금)	M2 : 조별 리그
06.19(금)	M28 : 조별 리그
06.24(수)	M48 : 조별 리그
06.27(토)	M66 : 조별 리그

멕시코 명문 CD 과달라하라 치바스의 홈구장. 외벽이 천연잔디로 덮이고, 특이한 언덕 모양의 외관으로 유명하다. 이 디자인은 주변 경관과 역동적이면서도 유려한 연결을 보여준다.

구장 오픈 : 2010년(2억 달러*)	증개축 : —	소유권 : 아마우리 베르가라
경기장 형태 : 전용 구장	평상시 수용 : 4만 8071명	월드컵 수용 : 4만 2542명
잔디 형태 : 천연 잔디	피치 사이즈 : 105m x 68m	조명도 : 2900룩스

MEXICO CITY 멕시코시티 북중미 최대 도시 …3번째 월드컵 개최

멕시코 중부 고원 해발 2240m에 자리 잡은 메트로폴리탄 대도시. 도시 인구 920만명, 광역권 인구 2300만명으로 서구권 OECD 국가 중 최대 규모다. 도심의 레포르마 대로(大路)와 폴랑코 일대에는 마천루가 쭉쭉 서 있고, 유럽의 여느 도시들처럼 분수, 동상 등이 잘 설치되어 있다. 도심은 라틴아메리카 유럽풍이다. 또한, 16세기 이후 스페인 식민지 시대의 교회, 건축물들은 비교적 잘 보존된 편이다. 멕시코시티의 총생산액은 멕시코 전체의 25%를 차지한다. 수입의 75%는 서비스업에서, 25%는 제조업에서 발생한다. 관광지로는 피라미드 유적 테오티아칸, 멕시코 국립 인류학 박물관, 차풀테펙성, 멕시코 예술궁전, 프리다칼로 미술관, 과달루페 성모 성당, 소우마야 미술관, 템플로 마요르, 멕시코 국립궁전, 메트로폴리타나 대성당 등이 유명하다. 1990년, 아놀드 슈워츠제네거 주연 SF 영화 '토털 리콜'의 촬영지였다.

Distance To Other Cities

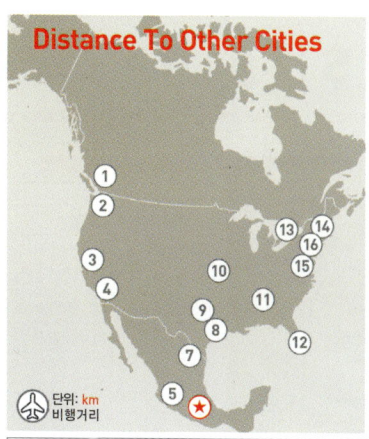

단위: km 비행거리

①밴쿠버	4785	⑨댈러스	1838
②시애틀	4574	⑩캔자스시티	2702
③샌프란시스코	3552	⑪애틀랜타	2752
④로스앤젤레스	2977	⑫마이애미	3397
⑤과달라하라	549	⑬토론토	3928
★멕시코시티	—	⑭보스턴	4461
⑦몬테레이	936	⑮필라델피아	3954
⑧휴스턴	1522	⑯뉴욕	4132

TIME DIFFERENCE
대한민국보다 13시간 느림 / UTC보다 4시간 느림

도시 설립	도시 921만명	면적 1485km²	산업 철강, 건축	1인당 GDP	평균 기온	평균 강수	평균 습도
1325년	광역 2180만명	고도 2240m	시멘트, 가구	9800달러	13~25℃	137~177mm	64~69%

ESTADIO AZTECA
•날짜는 한국 시간

날짜	대진
06.12(금)	M1 : 조별 리그
06.18(목)	M24 : 조별 리그
06.25(목)	M53 : 조별 리그
07.01(수)	M79 : 32강전
07.06(월)	M92 : 16강전

1970년과 1986년 두 번의 월드컵 결승전이 치러졌다. 개장 이래 총 4차례 증개축되었다. 최근 증개축 때는 파나소닉 LED 전광판이 설치되고, 중계석 및 관중 편의시설이 대폭 보강되었다.

구장 오픈 : 1966년	증개축 : 2016년	소유권 : 텔레비사
경기장 형태 : 전용 구장	평상시 수용 : 8만 7523명	월드컵 수용 : 7만 5243명
잔디 형태 : 천연 잔디	피치 사이즈 : 105m x 68m	조명도 : 1100룩스

MONTERREY 몬테레이   라틴 아메리카의 대표적인 공업도시

멕시코 동북부 누에보레온주 최대도시로 수도인 멕시코시티, 과달라하라에 이은 멕시코 제3의 도시다. 해발 540m 지점에 있으며, 아열대기후지만, 겨울에는 평균 13℃ 정도로 온화해 미국 관광객이 많이 찾는다. 1700년대, 멕시코가 스페인에서 독립하며 작은 마을로 성장하기 시작했고, 1900년대 중반, 상공업 위주 도시로 발전하며 큰 도시가 되었다. 제철 공업의 중심지답게 세계 여러 나라의 기업이 많이 진출해 있다. 현대기아차 공장, 레고 공장도 위치해 있다. 현대기아차는 2016년부터 이곳 현지공장에서 자동차를 양산해왔다. 향후 나비스타 인터내셔널의 전기 트럭 공장, 테슬라의 기가팩토리도 이곳에 건설될 예정이다. 몬테레이는 멕시코에서 관광지로 유명하다. 가볼 만한 곳은 파세오 산타루시아, 몬테레이 철 박물관, 가르시아 동굴, 메트로폴리탄 대성당, 몬테레이 역사 박물관, 라스파토라 동물원, 푼디도라 공원 등이다.

Distance To Other Cities

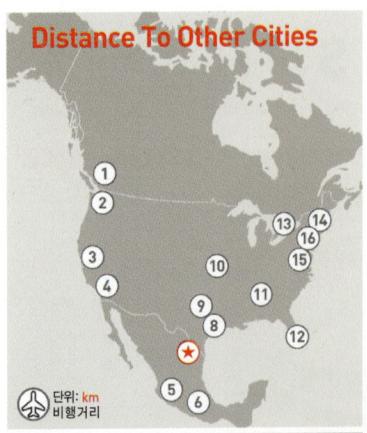

단위: km 비행거리

①밴쿠버	3967	⑨댈러스	938
②시애틀	3757	⑩캔자스시티	1802
③샌프란시스코	3060	⑪애틀랜타	2004
④로스앤젤레스	2485	⑫마이애미	4793
⑤과달라하라	830	⑬토론토	3170
⑥멕시코시티	936	⑭보스턴	3714
★몬테레이	—	⑮필라델피아	3207
⑧휴스턴	774	⑯뉴욕	3385

TIME DIFFERENCE
대한민국보다 13시간 느림 / UTC보다 4시간 느림

도시 설립	도시 / 광역	면적 / 고도	산업	1인당 GDP	평균 기온	평균 강수	평균 습도
1770년	114만명 / 534만명	325km² / 540m	철강 석유, 시멘트	3만 5천달러	22~34℃	43~68mm	63~66%

ESTADIO BBVA
*날짜는 한국 시간

날짜	대진
06.15(월)	M12 : 조별 리그
06.21(일)	M36 : 조별 리그
06.25(목)	M54 : 조별 리그
06.30(화)	M75 : 32강전

에스타디오 테크놀로히코를 대체하기 위해 2015년에 완공됐다. 디자인은 세계적인 설계 기업 파퓰러스가 담당했다. 멕시코 최대 은행인 BBVA가 명명권을 따내 그 이름을 사용 중이다.

구장 오픈 : 2010년(2억 달러*)	증개축 : —	소유권 : 아마우리 베르가라
경기장 형태 : 전용 구장	평상시 수용 : 4만 8071명	월드컵 수용 : 4만 2542명
잔디 형태 : 천연 잔디	피치 사이즈 : 105m x 68m	조명도 : 2900룩스

HOUSTON 휴스턴 미국 남부 최대 도시, 우주 산업의 메카

미국 텍사스주 최대도시이자 미국에서 뉴욕, 로스앤젤레스, 시카고에 이어 4번째로 크다. 휴스턴에는 미국 항공우주국(NASA)의 존슨 우주센터가 있다. 또한, 액시엄 스페이스 등 주요 민간 우주 업체들도 휴스턴에서 활동 중이다. 우주 프로그램에 쓰일 첨단기술부품을 만들며, 섬유, 식품, 제지, 기계 등의 공업도 함께 발달하였다. 휴스턴은 미국의 대표적인 석유도시다. 아랍에미리트의 두바이, 카타르의 도하와 함께 부자 석유 도시를 상징한다. 세계의 석유 에너지 대기업들 본사가 이곳에 있고, 세계적인 에너지 박람회가 대부분 휴스턴에서 개최된다. 그리고, 의료 산업으로도 유명하다. 이 도시 남쪽 텍사스 메디컬센터는 세계 최대 규모의 복합 의료단지다. 21개의 대형병원(대학병원급), 다양한 리서치 센터와 교육기관이 모여있다. MD 앤더슨 암센터를 비롯한 치료 기관들이 많고, 심장 수술에서도 매우 높은 평가를 받는다.

Distance To Other Cities

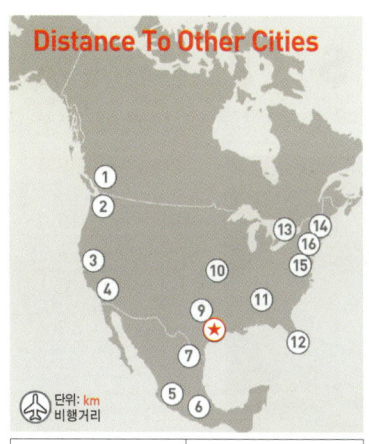

단위: km 비행거리

①밴쿠버	3931	⑨댈러스	401
②시애틀	3721	⑩캔자스시티	1182
③샌프란시스코	3115	⑪애틀랜타	1279
④로스앤젤레스	2540	⑫마이애미	1929
⑤과달라하라	1557	⑬토론토	2420
⑥멕시코시티	1522	⑭보스턴	2994
⑦몬테레이	774	⑮필라델피아	2486
★휴스턴	—	⑯뉴욕	2664

TIME DIFFERENCE
대한민국보다 13시간 느림 / UTC보다 4시간 느림

 도시 설립 1836년
 도시 230만명 광역 712만명
 면적 1740km² 고도 32m
 산업 석유, 가스, 석유화학
 1인당 GDP 6만 4천달러
 평균 기온 23~32℃
 평균 강수 10~15mm
 평균 습도 73~77%

NRG STADIUM

*날짜는 한국 시간

날짜	대진
06.15(월)	M10 : 조별 리그
06.18(목)	M23 : 조별 리그
06.21(일)	M35 : 조별 리그
06.24(수)	M47 : 조별 리그
06.27(토)	M65 : 조별 리그
06.30(화)	M76 : 32강전
07.05(일)	M90 : 16강전

미식풋볼(NFL) 막내팀 휴스턴 텍산스의 합류와 함께 건설된 다목적 경기장이다. 개폐식 지붕과 초대형 전광판으로 유명하다. 명명권을 따낸 회사의 이름대로 NRG 스타디움으로 불린다.

구장 오픈 : 2002년(3.5억달러) **증개축** : — **소유권** : 해리스카운티 SC Corp.
경기장 형태 : 전용 구장 **평상시 수용** : 7만 2220명 **월드컵 수용** : 6만 2444명
잔디 형태 : 천연 잔디 **피치 사이즈** : 105m x 68m **조명도** : 3200룩스

DALLAS 댈러스 가장 미국적인 도시, 석유 산업 중심지

미국 텍사스주 북동부에 위치한다. 텍사스주에서 3번째, 미국에서 9번째로 큰 도시다. 이곳 경제는 집회 비즈니스, 관광, 석유화학, 금융, 목화재배 등에 의존한다. 매년 수백만 명의 사람들이 댈러스에서 열리는 집회에 참석해 도시 경제에 수억 달러의 수입을 만들어준다. 이곳에는 엑손-모빌 주식회사, 애트모스 에너지 주식회사, 홀리 주식회사, 크로스텍스 에너지 주식회사 등 많은 석유회사의 본사가 위치한다. 텍사스 동부 160km에 위치한 동텍사스 유전이 도시의 경제와 번영을 이끌어왔다. 이곳에는 또한, 컴퓨터 소프트웨어와 인터넷과 관련된 사업들도 활발하게 진행되고 있다. 그리고 통신 기구, 식품, 기계 등의 공업도 발달하였다. 댈러스에 산재한 약 2000여개의 산업 시설들은 도시의 노동력을 위한 직업을 꾸준히 공급해준다. 댈러스는 1963년 11월 22일, 존 F. 케네디 대통령이 암살된 곳으로 유명하다.

Distance To Other Cities

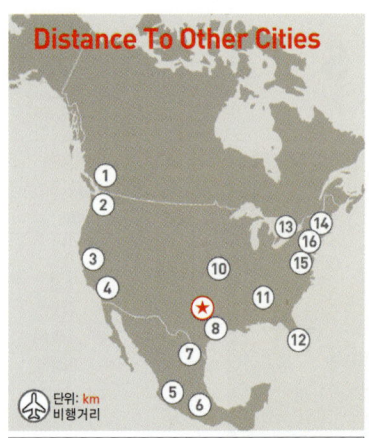

단위: km 비행거리

①밴쿠버	3533	★댈러스	—
②시애틀	3322	⑩캔자스시티	889
③샌프란시스코	2743	⑪애틀랜타	1294
④로스앤젤레스	2323	⑫마이애미	2149
⑤과달라하라	1731	⑬토론토	2216
⑥멕시코시티	1838	⑭보스턴	2878
⑦몬테레이	938	⑮필라델피아	2371
⑧휴스턴	401	⑯뉴욕	2549

TIME DIFFERENCE
대한민국보다 13시간 느림 / UTC보다 4시간 느림

 도시 설립 1856년
 도시 130만명 광역 764만명
 면적 999km² 고도 130m
 산업 석유 무역, 운송
 1인당 GDP 7만 7천달러
 평균 기온 24~35℃
 평균 강수 53~93mm
 평균 습도 53~63%

AT&T STADIUM

• 날짜는 한국 시간

날짜	대진
06.15(월)	M11 : 조별 리그
06.18(목)	M22 : 조별 리그
06.23(화)	M43 : 조별 리그
06.26(금)	M57 : 조별 리그
06.28(일)	M70 : 조별 리그
07.01(수)	M78 : 32강전
07.04(토)	M88 : 32강전
07.07(화)	M93 : 16강전
07.15(수)	M101 : 준결승전

FIFA WC 2026 HOST CITIES

대형 우주선을 연상시키는 아름다운 외관을 지닌 지붕 개폐형 돔구장이다. AT&T가 연간 2000만 달러에 명명권을 획득했다. 필드 중앙에 55m×22m 초대형 전광판이 설치되어 있다.

구장 오픈 : 2009년(13억달러*)	증개축 : —	소유권 : 알링턴시
경기장 형태 : 전용 구장	평상시 수용 : 9만 2967명	월드컵 수용 : 8만 415명
잔디 형태 : 천연 잔디	피치 사이즈 : 105m x 68m	조명도 : 3735룩스

KANSAS CITY   캔자스시티   농축산물 거래 중심지, 로데오 경기 개최

미국 중서부 미주리주와 캔자스주에 걸쳐서 위치한다. 두 캔자스시티는 처음에 별도로 설립되었고, 서로 다른 주에 속했기에, 이름만 같을 뿐 하나의 도시는 아니며, 일종의 쌍둥이 도시라 할 수 있다. 미주리강과 캔자스강의 합류점에 위치해 수운과 철도 교통의 중심지로 발달했다. 이곳은 농산물과 가축의 중요한 거래 중심지로 가축시장과 곡물창고, 육류와 식료품 가공시설 등이 갖추어져 있다. 또한, 기계, 운송장비, 철강, 화학제품, 자동차부품, 석유정유, 인쇄, 출판 등 제조업도 활발하다. 타운 남쪽에는 세계 최초의 현대식 쇼핑센터 컨트리클럽 플라자가 있다. 시내에는 이곳저곳에 많은 분수가 설치되어 있다. 대표적인 음식으로는 쇠고기, 돼지고기, 닭고기 등을 이용해 마른 양념을 발라 두었다가 구워서 소스를 잔뜩 얹어서 훈제한 캔자스시티 바비큐가 있다. 현재 캔자스시티 지역에는 100개가 넘는 바비큐 전문 레스토랑이 있다.

Distance To Other Cities

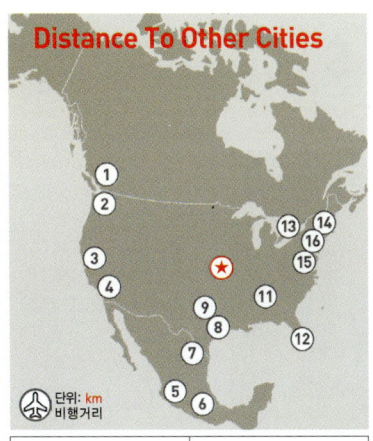

단위: km 비행거리

①밴쿠버	3147	⑨댈러스	889
②시애틀	2937	★캔자스시티	—
③샌프란시스코	2905	⑪애틀랜타	1335
④로스앤젤레스	2650	⑫마이애미	2387
⑤과달라하라	2596	⑬토론토	1585
⑥멕시코시티	2702	⑭보스턴	2338
⑦몬테레이	1802	⑮필라델피아	1854
⑧휴스턴	1182	⑯뉴욕	1998

TIME DIFFERENCE
대한민국보다 13시간 느림 / UTC보다 4시간 느림

 도시 설립 1830년
 도시 51만명 광역 239만명
 면적 826km² 고도 210m
 산업 유통, 제조 금융, 목축업
 1인당 GDP 6만 2천달러
 평균 기온 21~31℃
 평균 강수 98~134mm
 평균 습도 73~77%

ARROWHEAD STADIUM

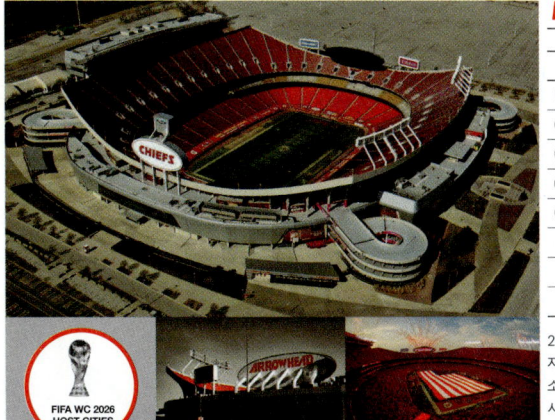

• 날짜는 한국 시간

날짜	대진
06.18(수)	M19 : 조별 리그
06.22(일)	M34 : 조별 리그
06.26(금)	M58 : 조별 리그
06.28(일)	M69 : 조별 리그
07.04(토)	M87 : 32강전
07.12(일)	M100 : 8강전

2020년 대규모 리노베이션을 하며 캔자스시티 치프스의 역사를 알리는 장소와 조형물이 추가되었다. 관중 편의시설이 확충되었고, 유명 바비큐 프랜차이즈 잭스택 BBQ 매장이 들어섰다.

구장 오픈 : 1972년(4300만달러*)　**증개축** : 2010년(3.8억달러**)　**소유권** : 잭슨시 경기장청
경기장 형태 : 전용 구장　**평상시 수용** : 7만 6640명　**월드컵 수용** : 6만 9070명
잔디 형태 : 천연 잔디　**피치 사이즈** : 105m x 68m　**조명도** : 2300룩스

ATLANTA 애틀랜타 미국 남부 교통 요지, 코카콜라와 수족관

미국 조지아주 중북부에 위치한다. 시내 인구는 50만 명이지만, 광역 도시권은 600만 명으로 미국 동남부 최대의 도시다. 남북전쟁 때 북군에게 철저하게 파괴되었지만, 재건과정을 거쳐 발전의 기틀을 마련했다. 현재 미국 동남부 경제, 문화, 교통의 중심지다. 코카콜라, 델타 항공, 홈디포, UPS, CNN, TBS 등 거대 회사들의 본사가 소재한 큰 도시가 되었다. 애틀랜타시뿐만 아니라 인근에도 다국적 기업들이 들어서고 있다. 현대기아자동차가 조지아와 앨라배마 경계선에 공장을 유치했다. 세계적인 '명품' 자동차 메이커 메르세데스-벤츠의 미국지사도 애틀랜타 인근에 자리잡았다. 또한, 한국 기업인들의 투자도 늘고있다. 1996년 하계 올림픽이 열린 도시로 유명하다. 이런저런 이유로 국제적인 인지도가 상당히 높은 도시로 꼽는다. 딥사우스 지역으로 토종 주민들은 완전한 남부식 영어(스코틀랜드, 아일랜드식)를 구사한다.

Distance To Other Cities

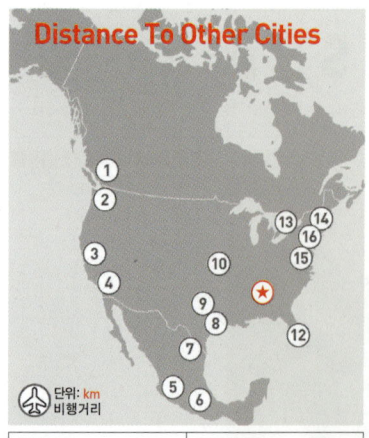

단위: km 비행거리

①밴쿠버	4475	⑨댈러스	1294
②시애틀	4264	⑩캔자스시티	1335
③샌프란시스코	3997	애틀랜타	—
④로스앤젤레스	3556	⑫마이애미	1066
⑤과달라하라	2784	⑬토론토	1529
⑥멕시코시티	2752	⑭보스턴	1750
⑦몬테레이	2004	⑮필라델피아	1248
⑧휴스턴	1279	⑯뉴욕	1426

TIME DIFFERENCE
대한민국보다 13시간 느림 / UTC보다 4시간 느림

도시 설립	도시 54만명 광역 614만명	면적 353km² 고도 76m	산업 무역, 운송 의료, 교육	1인당 GDP 7만 7천달러	평균 기온 21~31℃	평균 강수 115~121mm	평균 습도 69~74%
1853년							

FIFA WC 2026 HOST CITIES

MERCEDES-BENZ STADIUM
*날짜는 한국 시간

날짜	대진	
06.16(화)	M14	조별 리그
06.19(금)	M25	조별 리그
06.22(월)	M38	조별 리그
06.25(목)	M50	조별 리그
06.28(일)	M72	조별 리그
07.02(목)	M80	32강전
07.08(수)	M95	16강전
07.16(목)	M102	준결승전

세계적인 건축 업체 HOK가 건설한 동 구장. 삼각형 패널 여러개를 이어 붙인 듯한 독특한 디자인, 경기장 지붕을 원형 형태로 둘러싼 전광판, 맞물리듯이 돌아가는 가변형 지붕이 특징이다.

구장 오픈: 2017년(16억달러) **증개축**: — **소유권**: 조지아주 의회
경기장 형태: 전용 구장 **평상시 수용**: 7만 5000명 **월드컵 수용**: 6만 5085명
잔디 형태: 천연 잔디 **피치 사이즈**: 105m x 68m **조명도**: 3300룩스

MIAMI 마이애미 금융 무역 엔터 관광…다기능 국제도시

미국 플로리다주 중심도시. 광역권 기준 미국 전체 9위 규모다. 금융, 상업, 엔터테인먼트, 국제무역, 의료 및 헬스케어 등이 발달했다. 스위스 금융기업 UBS에 의해 로스앤젤레스와 뉴욕에 이어 미국 전체에서 가장 부유한 도시 3위, 전 세계적으로 가장 구매력이 있는 도시 3위에 선정됐다. 아름다운 해변과 어우러진 화려한 커튼월 고층빌딩으로 유명하다. 현재 마이애미에는 아마존 창업자 제프 베이조스를 비롯해 이방카 트럼프, 재러드 쿠슈너, 타미 힐피거, 리오넬 메시, 맷 데이먼, 제니퍼 로페즈, 샤키라, 오프라 윈프리, 마돈나, 지젤 번천, 톰 브래디, 데이비드 베컴 등 유명인들이 거주한다. 대서양에 접해 있어 바다와 가까운 쪽은 호텔, 콘도미니엄, 오피스, 레스토랑 등이 위치한다. 대서양 연안 곳곳에 크고 작은 섬들이 있어 크루즈 터미널 혹은 엄격하게 출입이 통제되는 부촌이 자리한다. 도심 가까이에 국제공항이 있다.

Distance To Other Cities

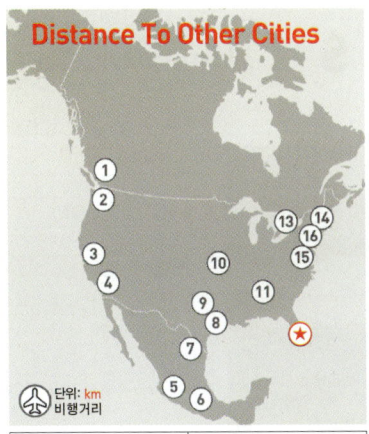

단위: km 비행거리

①밴쿠버	5527	⑨댈러스	2149
②시애틀	5316	⑩캔자스시티	2387
③샌프란시스코	4890	⑪애틀랜타	1066
④로스앤젤레스	4428	★마이애미	—
⑤과달라하라	3435	⑬토론토	2387
⑥멕시코시티	3397	⑭보스턴	2407
⑦몬테레이	4793	⑮필라델피아	1903
⑧휴스턴	1929	⑯뉴욕	2078

TIME DIFFERENCE 대한민국보다 13시간 느림 / UTC보다 4시간 느림

 도시 설립 1896년
 도시 45만명 / 광역 609만명
 면적 145km² / 고도 2m
 산업 관광 크루즈, 금융
 1인당 GDP 4만 9천달러
 평균 기온 26~31℃
 평균 강수 187~267mm
 평균 습도 74~76%

HARD ROCK STADIUM

• 날짜는 한국 시간

날짜	대진
06.16(화)	M13 : 조별 리그
06.22(월)	M37 : 조별 리그
06.25(목)	M49 : 조별 리그
06.28(일)	M71 : 조별 리그
07.04(토)	M86 : 32강전
07.12(일)	M99 : 8강전
07.19(일)	M103 : 3-4위전

리노베이션을 하면서 편의시설을 크게 개선했다. 전광판을 모서리에 설치하고, 관중석 전체를 덮는 지붕공사를 마무리했다. 대표적인 휴양지답게 슈퍼볼(NFL 결승전)을 6번이나 개최했다.

구장 오픈 : 1972년(4300만달러*)   **증개축** : 2010년(3.8억달러**)   **소유권** : 잭슨시 경기장청
경기장 형태 : 전용 구장   **평상시 수용** : 7만 6640명   **월드컵 수용** : 6만 9070명
잔디 형태 : 천연 잔디   **피치 사이즈** : 105m x 68m   **조명도** : 2300룩스

TORONTO 토론토 용광로…200여 민족과 130여개 언어

캐나다 온타리오주의 주도이자, 캐나다 최대의 도시. 대표적인 이민 도시로 전세계 200여민족이 모여 130개 언어가 통용되고 있다. 토론토 다운타운의 베이 스트리트에는 토론토증권거래소를 비롯해 캐나다 5대 은행인 TD, RBC, CIBC, BMO, 스코샤뱅크 등 주요 금융기관이 위치한다. 토론토는 제조업도 발달해 있다. 1990년대 전후 디트로이트가 몰락한 이후 토론토가 북아메리카 자동차 제조업의 새 중심지가 되었다. 토론토 근교에는 제너럴 모터스 어셈블리 플랜트, 캐나다 굴지의 자동차부품 메이커 마그나 인터내셔널, 일본의 완성차 메이커 도요타와 혼다 등이 자리한다. 이밖에 생명공학과 전력 사업도 규모가 매우 큰 비즈니스로 꼽힌다. 토론토는 캐나다의 대표적인 관광도시다. CN 타워, 리플리 아쿠아리움 오브 캐나다, 로열 온타리오 박물관, 카사 로마, 나이아가라 폭포, 레고랜드, 토론토 하버 크루즈 등이 유명하다.

Distance To Other Cities

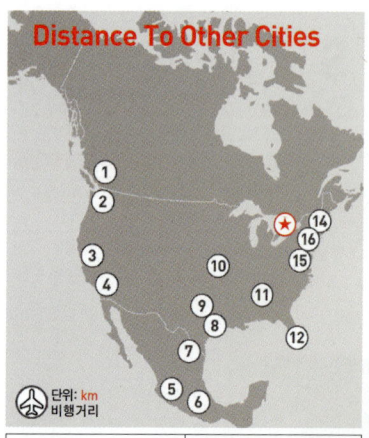

①밴쿠버	4190	⑨댈러스	2216
②시애틀	3979	⑩캔자스시티	1585
③샌프란시스코	4231	⑪애틀랜타	1529
④로스앤젤레스	4056	⑫마이애미	2387
⑤과달라하라	3965	★토론토	—
⑥멕시코시티	3928	⑭보스턴	882
⑦몬테레이	3170	⑮필라델피아	807
⑧휴스턴	2420	⑯뉴욕	827

TIME DIFFERENCE 대한민국보다 13시간 느림 / UTC보다 4시간 느림

도시 설립	도시 279만명	면적 630km²	산업 금융, 관광	1인당 GDP	평균 기온	평균 강수	평균 습도
1793년	광역 620만명	고도 77m	부동산, 미디어	6만 3천달러	16~25℃	64~71mm	61~63%

BMO FIELD

*날짜는 한국 시간

날짜	대진
06.13(토)	M3 : 조별 리그
06.18(목)	M21 : 조별 리그
06.21(일)	M33 : 조별 리그
06.24(수)	M46 : 조별 리그
06.27(토)	M62 : 조별 리그
07.03(금)	M83 : 32강전

2007년, 토론토 FC의 MLS 합류에 맞춰 지어진 전용구장이다. 2014년, BMO 필드로 이전하며 지붕을 설치하는 등 증개축 했다. 2026 월드컵에 맞춰 4만 5500석으로 확장될 예정이다.

구장 오픈 : 2007년(4700만달러)	증개축 : 2016년(1.2억 달러**)	소유권 : 토론토시
경기장 형태 : 전용 구장	평상시 수용 : 4만 5500명	월드컵 수용 : 4만 100명
잔디 형태 : 천연 잔디	피치 사이즈 : 105m x 68m	조명도 : 2798룩스

BOSTON 보스턴 세계 최고 교육도시, 금융업, 의료 산업 세계적 수준

미국 북동부 매사추세츠주의 주도. 미국에서 가장 오래된 도시 중 하나이고, 뉴잉글랜드 지역의 중심지다. 보스턴은 세계 최고의 교육도시다. 보스턴 시내에는 보스턴 대학, 버클리 음대, 노스이스턴 대학, 에머슨 칼리지, 서포크 대학 등이 있고, 위성도시 케임브리지에는 하버드 대학과 MIT가 위치한다. 또한, 보스턴 근교에는 터프츠 대학, 보스턴 칼리지, 웰즐리 칼리지, 브랜다이스 대학이 자리하고 있다. 1980년대부터 발전하기 시작한 생명공학 분야는 단연 세계 최고 수준이고, 실리콘 밸리와 뉴욕 다음으로 벤처 캐피탈의 투자액을 많이 받을 정도로 금융업도 발달해 있다. 매사추세츠 종합병원, 하버드 의학전문대학원, 보스턴 아동병원, 브리검 여성병원, 다나파버 암센터 등 보건 수준도 매우 우수하다. NFL의 패트리어츠, MLB의 레드삭스, NBA의 셀틱스, NHL의 브루인스 등 4대 프로 스포츠팀을 모두 보유하고 있다.

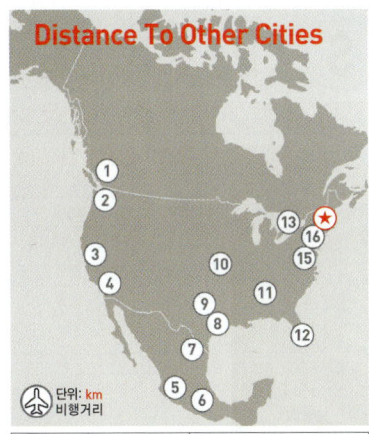

Distance To Other Cities
단위: km 비행거리

①밴쿠버	5131	⑨댈러스	2878
②시애틀	4920	⑩캔자스시티	2338
③샌프란시스코	5009	⑪애틀랜타	1750
④로스앤젤레스	4834	⑫마이애미	2407
⑤과달라하라	4499	⑬토론토	882
⑥멕시코시티	4461	★보스턴	—
⑦몬테레이	3714	⑮필라델피아	631
⑧휴스턴	2994	⑯뉴욕	345

TIME DIFFERENCE
대한민국보다 13시간 느림 / UTC보다 4시간 느림

도시 설립	도시 67만명	면적 232km²	산업 의료, 교육	1인당 GDP	평균 기온	평균 강수	평균 습도
1630년	광역 494만명	고도 13m	금융, 보험	10만 9천달러	17~26℃	83~99mm	68~69%

GILLETTE STADIUM
*날짜는 한국 시간

날짜	대진
06.14(일)	M5 : 조별 리그
06.17(수)	M18 : 조별 리그
06.20(토)	M30 : 조별 리그
06.24(수)	M45 : 조별 리그
06.27(토)	M61 : 조별 리그
06.30(화)	M74 : 32강전
07.10(금)	M97 : 8강전

다목적 경기장. NFL 뉴잉글랜드 패트리어츠와 MLS 뉴잉글랜드 레벌루션의 홈경기장이다. 질레트가 명명권을 획득했다. 2002년 9월 5일 영국의 록밴드 롤링 스톤스가 이곳에서 공연했다.

구장 오픈 : 2002년(3.3억 달러*)	증개축 : —	소유권 : 크래프트 그룹
경기장 형태 : 전용 구장	평상시 수용 : 7만명	월드컵 수용 : 6만 335명
잔디 형태 : 천연 잔디	피치 사이즈 : 105m x 68m	조명도 : 2885룩스

PHILADELPHIA 필라델피아 미국 최초 수도, 유럽풍 구시가지 매력

미국 펜실베이니아주 최대도시이자 미국 북동부에서 뉴욕 다음으로 큰 도시다. 미합중국 역사상 최초의 수도(1790~1800년)였기에 역사적인 기념물들이 그대로 남아 있다. 델라웨어강을 낀 도시 동남쪽 구시가지에는 인디펜던스 홀과 초기 국회의사당, 외무부 건물 등이 자리 잡고 있으며, 자유의 종을 비롯한 건국 초기 연방정부의 수많은 집무실, 회관 등이 들어서 있다. 독립선언, 최초의 은행도 이곳에 있다. 필라델피아는 일제강점기 대한민국 해외 독립운동의 전초기지였다. 당시 이곳에서 서재필 박사를 중심으로 애국지사들이 독립운동을 꾸준히 전개했다. 필라델피아에서 가장 발달한 산업은 교육, 금융, 보건 등 서비스업이다. 제약업과 식품 가공업 또한 발달했다. 필라델피아의 통신업은 미국 독립 이후로부터 전해져 내려오는 산업이다. 케이블 방송과 인터넷 공급기업인 컴캐스트가 필라델피아에 본사를 두고 있는 이유이다.

도시 설립	도시 279만명	면적 232km²	산업 의료, 교육	1인당 GDP	평균 기온	평균 강수	평균 습도
1793년	광역 494만명	고도 13m	금융, 보험	10만 9천달러	17~26℃	83~99mm	68~69%

Distance To Other Cities

단위: km 비행거리

①밴쿠버	4779	⑨댈러스	2371
②시애틀	4568	⑩캔자스시티	1854
③샌프란시스코	4656	⑪애틀랜타	1248
④로스앤젤레스	4404	⑫마이애미	1903
⑤과달라하라	3992	⑬토론토	807
⑥멕시코시티	3954	⑭보스턴	631
⑦몬테레이	3207	★필라델피아	—
⑧휴스턴	2486	⑯뉴욕	184

TIME DIFFERENCE
대한민국보다 13시간 느림 / UTC보다 4시간 느림

LINCOLN FINANCIAL STADIUM
*날짜는 한국 시간

날짜	대진
06.15(월)	M9 : 조별 리그
06.20(토)	M29 : 조별 리그
06.23(화)	M42 : 조별 리그
06.26(금)	M55 : 조별 리그
06.28(일)	M68 : 조별 리그
07.05(일)	M89 : 16강전

미식축구와 축구 전용구장. 2002년 링컨 파이낸셜이 명명권을 획득했다. 남쪽 골라인 스탠드에 풍력 발전을 위한 소형 풍차가 여러개 설치되어 있고, HD 전광판이 새롭게 추가됐다.

구장 오픈 : 2002년(3.3억 달러*)	증개축 : —	소유권 : 크래프트 그룹
경기장 형태 : 전용 구장	평상시 수용 : 7만명	월드컵 수용 : 6만 335명
잔디 형태 : 천연 잔디	피치 사이즈 : 105m x 68m	조명도 : 2885룩스

NEW YORK 뉴욕 세계 경제의 중심지, 미국의 자존심

세계에서 가장 유명한 대도시다. 미국 수도는 워싱턴 DC지만, 뉴욕은 그 강력한 영향력으로 '세계의 수도'로 불린다. 월스트리트는 세계 금융 1번지, 브로드웨이는 세계 문화의 중심지다. 미국 4대 지상파 방송국 중 3곳이 뉴욕에 있고, 런던, 밀라노, 파리와 함께 세계 4대 패션 위크가 열리는 곳이다. 미국 내 상업, 금융, 무역의 중심지이자 공업도시로서 세계 경제의 중심지라 할 수 있다. 많은 박물관, 극장, 영화관 등이 있어 미국 문화에서 매우 중요한 위치를 점한다. 또한, 음악, 건축, 영화, 디자인, 현대미술 등 예술 분야를 선도한다. 세련된 현대식 빌딩과 운치있고 웅장한 고딕 빌딩이 어우러져 환상적인 분위기를 연출한다. 랜드마크로는 자유의 여신상, 트리니티 교회, 월가, UN 본부, 뉴욕증권거래소, 나스닥, 타임스 스퀘어, 엠파이어 스테이트 빌딩, 센트럴파크, 구겐하임 미술관, 맨해튼교, 세계무역센터 등 정말 많다.

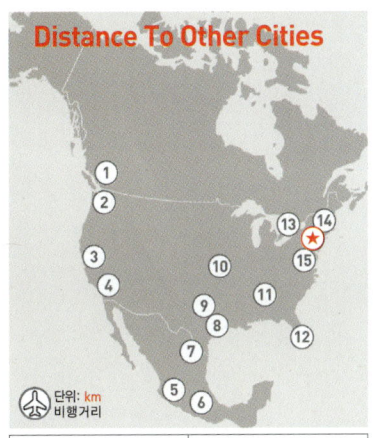

Distance To Other Cities

단위: km 비행거리

①밴쿠버	4852	⑨댈러스	2549
②시애틀	4641	⑩캔자스시티	1998
③샌프란시스코	4730	⑪애틀란타	1426
④로스앤젤레스	4555	⑫마이애미	2078
⑤과달라하라	4170	⑬토론토	827
⑥멕시코시티	4132	⑭보스턴	345
⑦몬테레이	3385	⑮필라델피아	184
⑧휴스턴	2664	★뉴욕	—

TIME DIFFERENCE 대한민국보다 13시간 느림 / UTC보다 4시간 느림

도시 설립 1624년 | 도시 880만명 광역 2015만명 | 면적 1224km² 고도 10m | 산업 금융, 의료 무역, 교육, 서비스 | 1인당 GDP 10만 4천달러 | 평균 기온 19~28℃ | 평균 강수 115~117mm | 평균 습도 64~65%

MET-LIFE STADIUM

•날짜는 한국 시간

날짜	대진
06.14(일)	M7 : 조별 리그
06.17(수)	M17 : 조별 리그
06.23(화)	M41 : 조별 리그
06.26(금)	M56 : 조별 리그
06.28(일)	M67 : 조별 리그
07.01(수)	M77 : 32강전
07.06(월)	M91 : 16강전
07.20(월)	M104 : 결승전

FIFA 월드컵 2026 결승전이 치러질 메인스타디움. 완벽한 설계로 스탠드 어느 위치에서든 피치가 상당히 잘 보인다. 120개의 매장을 갖춘 아울렛, 카지노가 부속 시설로 입점해 있다.

구장 오픈 : 2010년(16억 달러) | 증개축 : — | 소유권 : 스타디움 컴퍼니
경기장 형태 : 전용 구장 | 평상시 수용 : 8만 7157명 | 월드컵 수용 : 7만 4895명
잔디 형태 : 천연 잔디 | 피치 사이즈 : 105m x 68m | 조명도 : 3120룩스

**유럽 풋볼 스카우팅리포트 2024-25 특별판
북중미 월드컵 예선 가이드북**

2024년 7월 31일 1판 1쇄 발행 | 2024년 9월 15일 1판 2쇄 발행

지은이 장원구
발행인 황민호 | **콘텐츠4사업본부장** 박정훈
편집기획 강경양 이예린 | **마케팅** 조안나 이유진 이나경
제작 최택순 성시원 | **디자인** 엔드디자인
발행처 대원씨아이(주) | **주소** 서울특별시 용산구 한강대로 15길 9-12
전화 (02)2071-2018 | **팩스** (02)797-1023 | **등록** 제3-563호 | **등록일자** 1992년5월11일
www.dwci.co.kr

ISBN 979-11-7245-750-1 13690

● 이 책은 대원씨아이㈜와 저작권자의 계약에 의해 출판된 것이므로, 무단 전재 및 유포, 공유, 복제를 금합니다.
● 이 책 내용의 전부 또는 일부를 이용하려면 반드시 저작권자와 대원씨아이(주)의 서면동의를 받아야 합니다.
● 잘못 만들어진 책은 판매처에서 교환해 드립니다.
● 책 가격은 뒤표지에 있습니다.